REISEVORBEREITUNG

PRAKTISCHE TIPPS

ÄGYPTEN UND SEINE BEWOHNER

KAIRO UND UMGEBUNG

NILTAL

WESTLICHE WÜSTE

MITTELMEER UND DELTA

ROTES MEER

SINAI

TAUCHREVIERE IM ROTEN MEER

ANHANG

Stefan Loose Travel Handbücher

**Unser ganz besonderer Dank gilt
Hisham Ghoneim** und **Astrid Meister**: Hisham hat uns seine Wohnung in Kairo zur Verfügung gestellt, uns das Kairoer Leben näher gebracht, uns bei der Organisation der Touren geholfen, uns in die Wüste gebracht und war immer da, wenn wir die Hilfe eines kompetenten Ägypters brauchten. Astrid, unsere Freundin und Kommilitonin, hat uns die Informationen zu Nubien gegeben und den Text zum Nubien-Museum geschrieben. Sie war es auch, die den Kontakt zu Hisham hergestellt hat.

Ein Riesendankeschön erhält **Willy Forster** von Sindbad-Reisen in Urdorf (Zürich). Er hat uns viele Fotos zur Verfügung gestellt und uns über 24 Monate hinweg mit aktuellsten Informationen gefüttert.

Manuela Fräßle und **Thomas Baur** haben uns auf einer Recherche-Reise nach Ägypten begleitet und uns geholfen, Ägypten noch einmal mit den Augen desjenigen zu sehen, der zum ersten Mal in dieses Land reist. Sie haben uns beim Recherchieren unterstützt und uns wunderschöne Abende beschert, sei es im Wüstencamp oder im Kairoer Kaffeehaus. Thomas hat uns darüber hinaus stets mit seinen Computer-Kenntnissen aus der Patsche geholfen, wenn das Ding mal wieder abstürzte und Dateien verloren geglaubt waren...

Wertvolle Hilfe haben uns außerdem **Ingrid und Muhammad al-Kabany** (Inmo Divers) aus Dahab geleistet. Von ihnen stammen alle Unterwasserfotos sowie die Tauchinformationen rund um Dahab. Weitere Hilfe beim Tauchkapitel haben wir durch die Internetseiten von **Werner Lau**, www.wernerlau.com, sowie die von **Roland Schumm**, www.rolanddiving.com, erhalten. Großen Dank schulden wir auch Rolf Schmidt von Sinai Divers in Sharm el Shaikh, der sich bereit erklärt hat, das Tauchkapitel auf inhaltliche Fehler hin zu korrigieren.

Rimun, unserem niemals müden Fahrer in der Wüste, möchten wir für die zigtausende von Kalorien danken, die er uns in Form vorzüglicher Mahlzeiten angedeihen ließ, für die vielen Lieder, die er gesungen hat, und die Sicherheit, die er beim Fahren ausstrahlte.

Vor allem aber möchten wir den vielen vielen Ägyptern danken, denen wir auf unseren Reisen begegnet sind und die uns ihr Land in all seinen Facetten nahe gebracht haben. Besonders erwähnt seien hier die **Angestellten der Touristeninformationen in Assuan, Luxor, Dâkhla, Alexandria, Marsa Matrûh und Hurghada**. Ihnen allen herzlichen Dank! Ihnen allen herzlichen Dank!

Schreibt uns!
Wir sind auf Anregungen, Ergänzungen und Korrekturen angewiesen, wenn auch dieses Buch aktuell bleiben soll. Dieses Buch wurde im Sommer 2003 fertig gestellt.
Informationen, die von den Lesern kommen, sind sicherlich aktueller.

Zuschriften bitte an:
Stefan Loose Travel Handbücher
Zossener Str. 55/2, 10961 Berlin
info@loose-verlag.de

Kein Brief bleibt ungelesen, die brauchbarsten Zuschriften belohnen wir mit einem Freiexemplar aus unserem Verlagsprogramm.

Bitte beachten: Informationen sollten so exakt wie möglich sein, v.a. Ortsangaben, Adressen etc. Hotels möglichst in einen Plan einzeichnen.
Vielen Dank!

Travel Handbuch

Ägypten

1. Auflage

سفرة سعيدة

Muriel Brunswig und Martin Schemel

Aktuelle Reisetipps auf 476 Seiten!

Ägypten
Stefan Loose Travel Handbücher
© **Oktober 2003**
DuMont Reiseverlag

1. Auflage

Alle Rechte vorbehalten – insbesondere die der
Vervielfältigung und Verbreitung in gedruckter Form
sowie die zur elektronischen Speicherung in Datenbanken und zum Verfügbarmachen für die Öffentlichkeit zum individuellen Abruf, zur Wiedergabe auf
dem Bildschirm und zum Ausdruck beim Nutzer (Online-Nutzung), auch vorab und auszugsweise.

Die in diesem Buch enthaltenen Angaben wurden
von den Autoren nach bestem Wissen erstellt und
vom Lektorat im Verlag mit großer Sorgfalt auf ihre
Richtigkeit überprüft. Trotzdem sind, wie der Verlag
nach dem Produkthaftungsrecht betonen muss, inhaltliche und sachliche Fehler nicht vollständig auszuschließen. Deshalb erfolgen alle Angaben ohne
Garantie des Verlags oder der Autoren. Der Verlag
und die Autoren übernehmen keinerlei Verantwortung und Haftung für inhaltliche und sachliche Fehler.
Alle Landkarten und Stadtpläne in diesem Buch
sind von den Autoren erstellt worden und werden
ständig überarbeitet.

Gesamtredaktion und -herstellung:
Bintang Buchservice GmbH
Zossener Str. 55/2, 10961 Berlin
Fotos: Bildnachweis s.S. 8
Karten: Anja Linda Dicke, Klaus Schindler,
Annette Ochs – Die folgenden Pläne sind dem
DuMont Kunstreiseführer bzw. Richtig Reisen
Ägypten entnommen: S. 214, 258, 284, 223, 219, 280,
241, 259, 221, 226/227, 238, 231, 235, 138, 233.
Lektorat: Jessika Zollickhofer
Layout: Britta Dieterle
Farbseitengestaltung: Matthias Grimm
Umschlaggestaltung: Gritta Deutschmann,
Britta Dieterle

Druck & Weiterverarbeitung:
Westermann Druck Zwickau GmbH

ISBN 3-7701-6140-8

Inhalt

Wissenswertes im Kasten 8
Vorwort 9
Zur Umschrift des Arabischen 10

REISEVORBEREITUNG 11
Ein- und Ausreise 12
Anreise 15
Informationen 19
Landkarten und Stadtpläne 21
Klima und Reisezeit 21
Geld 23
Gepäck 25
Gesundheit 27
Versicherungen 29
Frauen allein unterwegs 30
Reisen mit Kindern 32
Reisende mit Behinderungen 33
Schwule und Lesben 33
Reiseziele 34

PRAKTISCHE TIPPS 38
Übernachtung 39
Essen und Trinken 40
Verkehrsmittel 42
Feste und Feiertage 48
Einkaufen 51
Post und Telekommunikation 53
Kriminalität und Sicherheit 55
Als Gast in Ägypten 56
Sonstiges 57

ÄGYPTEN UND SEINE BEWOHNER .61
Geografie 62
Flora und Fauna 63
Bevölkerung 64
Das alte Ägypten 66

Ägyptische Geschichte
 von den Römern bis heute 85
Chronik des modernen Ägyptens 91
Staat und Gesellschaft 97
Familie und Alltag 100
Wirtschaft 103
Religion 108
Kunst und Kultur 116

KAIRO UND UMGEBUNG 123

Kairo (al-Qâhira) 124
Downtown 126
Das Ägyptische Museum 137
Das Islamische Kairo 140
Die Totenstädte 152
Altkairo 156
Gazîra und Zamâlik 159
Doqqi und Muhandisîn 160
Die Insel Roda 160
Die Pharaonen-Inseln 162
Heliopolis 162

Die Umgebung von Kairo 180
Giza 181
Memphis 189
Saqqâra 190
Dahshûr 192
Maidûm 194
Fayûm 194

NILTAL 197

**Das Niltal zwischen Beni Suef
 und Luxor** 198
Beni Suef 199
Minyâ 199

Die Umgebung von Minyâ 202
Hermopolis und Tuna el Gabal 202
Tell el Amârna 203
Assiût 205
Die Umgebung von Assiût 208
Sohag (Sûhâg) 209
Die Umgebung von Sohag 210
Abydos 210
Qena (Qinâ) 213
Dendera 213

**Luxor (al-Uqsur), Karnak
und Theben West** 216
Sehenswürdigkeiten am Ostufer 218
Theben West 225

**Das Niltal zwischen
Luxor und Assuan** 252
Esna 253
El Kâb und Kaum el Ahmar 256
Edfu 256
Gabal Silsila 258
Kom Ombo (Kaum Umbû) 259

Assuan (Aswân) 261
Sehenswertes südlich der Stadt 262
Sehenswerte Nil-Inseln 264
Sehenswürdigkeiten am Westufer ... 267
Die Umgebung von Assuan 275

Nubien 277
Der Hochdamm (Sadd el Âli) 278
Philae (Agilkia) 279
Kalabsha 281
Die Tempel des Wadi el Sebua
(as-Sâbi') 282
Neu-Amada 283
Qasr Ibrahîm 283
Abu Simbel 283

WESTLICHE WÜSTE 288

Sîwa 293
Die weitere Umgebung von Sîwa 300
Baharîya 301
Schwarze Wüste (Sahrâ' as-Saudâ') ..309
Nationalpark Weiße Wüste
(Sahrâ' al-Baidâ') 309
Farâfra 310
Dâkhla 314
Kharga 324
Gabal Uwaynat, Gilf Kabîr
und das Große Sandmeer 331

MITTELMEER UND DELTA 334

Alexandria (al-Iskandariya) 336
El Anfûshî 340
Downtown 342
Bibliotheca Alexandrina und Nekropole
von Shatbi (Maqâbir Shatbi) 344
Museen 344
Pompejus-Säule, Serapeum
und Katakomben von
Kaum el Shuqqâfa 345
Strände 346
Die Umgebung von Alexandria 355

Westlich von Alexandria 357
Abu Sîr 357
El Alamain 357
Sîdî 'Abd el Rahmân 360
Marsa Matrûh 360
Sallûm 363

Das Delta 363
Qanâtir 364
Wadi Natrûn 364
Tanta 368
Rosetta (Rashîd) 368
Tanis 370

Der Suezkanal 371
Port Saʻîd 372
Die Umgebung von Port Saʻîd 376
Ismâʼiliya 376
Timsâh-See (Buhairat el Timsâh) 379
Suez 379

ROTES MEER 382

Antoniuskloster und Pauluskloster ..384
El Gouna 386
Hurghada (al-Gharda'a) 386
Safâga 396
El Qusair 397
Richtung Marsa Alam 400

SINAI 402

Westküste bis Ra's Muhammad 403
Uyûn Mûsâ 406
Ra's Sudr 406
Qalaʼat el Gundî 406
Hammam Faraʼûn 407
Abu Zenîma und Umgebung 407
Tûr Sinai (El Tûr) 408
Ra's Muhammad 408

Ostküste bis Tâbâ 411
Sharm el Shaikh und Naʼâma Bay ...412
Nabq-Nationalpark 417
Dahab 418
Die Umgebung von Dahab 423
Nuwaiba......................424
Die Küste bis Tâbâ 427
Tâbâ 428

St. Catherine Protectorate 428
Katharinenkloster und Mosesberg ...430
Milga 434
Wadi Fairân 438

Die Mittelmeerküste 438
El Arîsh 439
Zaranik-Protektorat 440

TAUCHREVIERE IM ROTEN MEER 442

Hurghada und Umgebung 443
Port Safâga und der Süden 447
Sharm el Shaikh und Umgebung 448
Dahab und Umgebung 450

ANHANG 452

Sprachführer Ägyptisch 453
Glossar......................461
Bücherliste 464
Index 467
Über die Autoren 473
Kartenverzeichnis 476

Wissenswertes im Kasten

Einige Preisbeispiele in E£	.25
Reisen im Konvoi	.47
Der koptische Kalender	.50
Einkaufen für Fortgeschrittene	.53
Die wichtigsten Dynastien im Überblick	.71
Ein Kind wird geboren	.74
Der Böse Blick	.101
Mädchenbeschneidung in Ägypten	.102
Ein großes Land mit wenig Platz	.104
Die Bedeutung des Tourismus	.106
Hauptbahnhof, ein Film von Yussuf Chahine	.120
Orientierungshilfe bei der Ankunft in Kairo	.125
Asterix erobert Rom	.127
Die vier sunnitischen Rechtsschulen	.147
Muhammad Ali und die Reformierung Ägyptens	.150
Juden in Ägypten	.156
Die Zabbâlîn, Kairos Müllsucher	.158
Lehnert & Landrock, ein Laden mit Geschichte	.172
Wissa Wassef Art Center	.189
Agatha Christies Achnaton	.206
Animal Care in Egypt (ACE)	.225
Ausflüge von Luxor	.252
Segeltouren auf dem Nil	.266
Toshka – Ägyptens Mammutprojekt	.278
Touren durch die Westliche Wüste	.292
Berber, die Barbaren Afrikas	.296
Die Sanûsî	.304
Leben im Lehm	.319
Darb al-'Arba'în – der Weg der vierzig Tage	.323
Der englische Patient	.332
Minen!	.335
Frühes Christentum in Alexandria	.338
Der Leuchtturm von Alexandria – eines der sieben Weltwunder	.340
Herakleion	.355
Ansprache des deutschen Botschafters anlässlich des Jahrestages der Schlacht von El Alamain	.358
Sufismus oder islamische Mystik	.367
Der Streit um den Stein von Rosetta	.369
Frei wie ein Falke?	.370
Ein Windpark am Roten Meer	.385
Youssria, Ägyptens erste Rangerin	.430
Trekkingtouren	.436
Tauchen und Umweltschutz	.443
Die Tierwelt unter Wasser	.447

Bildnachweis

UMSCHLAG
Vorn: Muriel Brunswig und Martin Schemel
Hinten: Muriel Brunswig und Martin Schemel

INNENTEIL
Schwarzweißfotos:
Alle von Muriel Brunswig und Martin Schemel außer S. 172: Lehnert & Landrock, Abdruck mit freundlicher Genehmigung von Edouard Lambelet, Kairo

Zeichnungen:
S. 77, 79, 81 aus DuMont, Richtig Reisen Ägypten, 8. Auflage, 1992

Farbfotos:
Alle Fotos von Muriel Brunswig und Martin Schemel außer im dritten Bildblock S. 5 (1) und 6 (1): Willy Foster; im vierten Bildblock Seite 3 rechts oben (2) und Seite 4 (1), Muhammad al-Kabany; Hintergrundgrafiken: Matthias Grimm

Wo die Uhren anders ticken

*Unvorbereitetes Wegeilen
bringt unglückliche Wiederkehr
(Johann Wolfgang v. Goethe)*

„Hello", „Welcome" tönt es von überall her! Herzlich willkommen in Ägypten! Winkende Kinder, junge Frauen und Männer: Die Menschen hier heißen den Gast im Land willkommen. Wo immer man ist, wohin man geht, immer wird einem dieser Ruf entgegen eilen. Und wer einmal länger in Ägypten war, wird feststellen: Er ist ernst gemeint! Immer und überall fühlt sich der Reisende willkommen, und zwar nicht nur dann, wenn er bereit ist, Geld da zu lassen.

Der erste Tourist Ägyptens war kein anderer als der griechische Geschichtsschreiber Herodot im 5. Jh. v.Chr.! Seitdem haben Millionen von Menschen das Land bereist und nur wenige konnten sich dem Zauber, der dem nordöstlichsten Land Afrikas anhaftet, entziehen. Trotz der Dauer-Krise im Nahen Osten ist Ägypten das Touristenziel Nummer eins in dieser Region. Denn wer kennt nicht Bilder der großartigen Pyramiden von Gîza, wer kann sich der Faszination Kleopatras wirklich entziehen, und wer hat noch nie vom Nil, dem längsten Fluss Afrikas, gehört? Aber es ist nicht nur die pharaonische Kultur, die dieses Land zu einem kulturellen Leckerbissen macht. Die koptische Religion und der Islam mit ihren vielen Facetten und Dynastien verleihen dem Land eine einzigartige Vielfalt, die überall spürbar ist. Hinzu kommen grandiose Landschaften und Naturschauspiele, z.B. die wunderbare Unterwasserwelt des Roten Meeres oder die begeisternde Bergwelt des Sinai. Man kann die Mittelmeerprise schnuppern oder die geradezu atemberaubende Weite der Wüste sowie die Wohltat einer Oase erleben. Hinzu kommt ein sonniges Klima, mehrere tausend Kilometer Strand, herrliche Feriendomizile und faszinierende Städte.

Man darf jedoch nicht vergessen, dass Ägypten ein Land der so genannten Dritten Welt ist, auch wenn man sich gerade in Touristenorten

und in den Großstädten heftig bemüht, Modernität zur Schau zu stellen. Die meisten Menschen hier leben in Armut und profitieren wenig vom Fortschritt: So funktioniert in Ägypten auch vieles ganz anders als bei uns. Wer Perfektion erwartet, wird enttäuscht sein; wer glaubt, in Ägypten könne man mit Logik Dinge erkämpfen oder erklären, muss zwangsläufig verzweifeln. In Ägypten gehen die Uhren anders als bei uns. Pünktlichkeit ist hier anscheinend ein Fremdwort. Statt sich darüber zu ärgern, sollte man lernen, damit umzugehen. Ungeduld und Hektik sind Eigenschaften, die in Ägypten nur zur Verzweiflung führen und den Spaß an der Reise nehmen.

When in Rome, do as the Romans do, ist eine der wichtigsten Regeln für denjenigen, der in dieses Land reist. Wer es schafft, sich anzupassen und nicht immer alles in Frage zu stellen, wird eine wunderbare Zeit in diesem aufregenden Land haben.

Zur Umschrift des Arabischen

Die Übertragung von arabischen Wörtern und Namen ins Deutsche bereitet nicht nur uns Kopfzerbrechen. Es gibt eine wissenschaftliche Umschrift, die auf dem 19. Orientalistenkongress (1953) in Rom festgelegt wurde, doch besteht diese aus vielen Sonderzeichen und ist deswegen sehr umständlich zu lesen. Wir haben aus diesem Grund auf die wissenschaftliche Umschrift verzichtet und stattdessen auf eine vereinfachte Form der Transkription zurückgegriffen, die weit verbreitet ist (unsere Umschriftentabelle findet sich im Anhang, s.S. 453). Nun tauchte jedoch das Problem auf, dass ägyptische Straßennamen, Ortsschilder und Eigennamen nur selten in dieses Schema passen, denn sie sind in sich nicht stimmig, und ein jeder scheint in Ägypten die Transkription anzuwenden, die ihm richtig scheint: Regellos, inkonsequent, chaotisch. Wie mit diesem Problem umgehen?

Wir haben beschlossen, Termini, die auch im Deutschen vorkommen, in ihrer deutschen Form zu verwenden, wie z.B. Koran, Scharia etc. Bei Ortsnamen haben wir jeweils die arabische Schreibweise transkribiert. Falls es einen deutschen Namen für den Ort gibt, haben wir diesen gewählt und den arabischen in Klammern dahinter geschrieben, wie z.B. Kairo (al-Qâhira). Falls Orte, Städte oder Straßennamen vor Ort vollkommen anders in lateinischen Buchstaben wiedergegeben werden, als wir das in unserer Transkription tun, haben wir in Klammern hinter der arabischen Transkription auch noch die in Ägypten gebräuchliche Schreibweise gesetzt, z.B. Sh. el Nil (Sh. el Neel). Oft ergibt sich diese besondere ägyptische Schreibweise durch die Übertragung der arabischen Aussprache in die englische Schreibweise.

Eine weitere Schwierigkeit tut sich beim arabischen Artikel „al-" (bzw. assimiliert an-, as-, at-, ad-, ar-, az-) auf. Im Allgemeinen verbindet man diesen Artikel durch einen Bindestrich mit dem dazugehörigen Wort (z.B. al-Medina). Die Ägypter jedoch wandeln das al- mit Vorliebe in ein „el" ohne Bindestrich um. Wir haben uns dem, der leichteren Orientierung zuliebe, v.a. bei Eigen- und Straßennamen angepasst, was uns als Arabisten jedoch Magenschmerzen bereitet. Um uns zu beruhigen, haben wir uns daher bei Orten, historischen Personen und Ereignissen der „richtigen" Transkription bedient. Da es sich dabei wirklich nur um den Artikel handelt, wird das, inshâ'allâh, auch beim Leser keine allzu große Verwirrung hervorrufen.

Eine Besonderheit des ägyptischen Dialektes ist der Buchstabe Ǧ. Er wird im Hocharabischen mit dem Laut „dsch" wiedergegeben, im Ägyptischen jedoch mit einem einfachen „g". Diese sprachliche Besonderheit haben wir im gesamten Buch berücksichtigt und nur dann den hocharabischen Begriff dahinter in Klammern gesetzt, wenn wir davon ausgehen mussten, der Leser versteht nicht, um welchen Begriff es sich handelt, wie z.B. bei dem Wort *gihâd,* dem bei uns bekannten Begriff „Dschihad". Langvokale haben wir, gemäß der arabischen Schreibweise, mit einem ^ gekennzeichnet.

Namen noch lebender Personen haben wir in der Form übernommen, in der diese sie selbst schreiben (z.B. Nagib Machfus oder Alifa Rifaat), auch wenn das den Transkriptionsregeln widerspricht. Dasselbe gilt für Hotel- oder Restaurantnamen. Türkische oder mongolische Namen, vor allem jene von mamlukischen oder osmanischen Herrschern, haben wir in der türkischen Schreibweise übernommen, auch wenn sie im Arabischen – als Fremdwörter – anders geschrieben werden.

Reisevorbereitung

Ein- und Ausreise

Einreisevorschriften können sich ändern. Das tun sie zwar selten, aber es kann passieren. Aus diesem Grund sollte sich jeder Ägypten-Tourist zusätzlich zu den hier aufgeführten Informationen bei der zuständigen ägyptischen Auslandsvertretung (Botschaft oder Konsulat) nach Neuerungen bei den Einreisebestimmungen erkundigen.

> **Hinweis** Reisende mit doppelter deutsch-ägyptischer Staatsbürgerschaft werden in Ägypten immer nur als Ägypter gesehen. Sie unterliegen den ägyptischen Gesetzen, die sich z.T. gerade für Frauen erheblich von den unseren unterscheiden. Kinder mit dieser doppelten Staatsbürgerschaft gelten in Ägypten als allein ägyptisch. So hat das ägyptische Elternteil das Recht, den Aufenthalt seiner Kinder zu bestimmen, unabhängig vom Wunsch des nicht-ägyptischen Elternteils. Die Botschaft, sonst sehr hilfsbereit, kann in diesen Fällen nicht weiterhelfen.

Visa

Ein- und Ausreise sind nur mit einem gültigen **Reisepass** möglich, der ab Einreisedatum noch 6 Monate gültig sein muss. Ein Personalausweis ist nicht ausreichend. Das für Ägypten benötigte **Visum** kann im Voraus bei den Botschaften und Konsulaten (Adressen s.u.) beantragt werden, es ist aber auch auf den ägyptischen **Flughäfen** und zumindest bisweilen auch an Schiffshäfen bei der Anreise gegen US-Dollar oder bereits getauschte ägyptische Lira erhältlich, was wesentlich unkomplizierter ist. Man kauft sich am ausgewiesenen Schalter eine Wertmarke (US$15), klebt diese in den Pass und reist (ohne Passbild und Antrag) ein. Man erhält einen Stempel und kann sich nun drei Wochen frei im Land bewegen. Wer mit einer Chartermaschine einreist und somit einen Reiseveranstalter hat, kann sich diese Prozedur vom Reiseleiter abnehmen lassen.

Ausnahme: Türken oder Osteuropäer mit Wohnsitz in Deutschland müssen das Visum im Voraus beantragen. Sie können es nicht an der Grenze erhalten.

Wer sich das Visum bereits in Europa besorgt, kann den Visumsantrag per Faxabruf unter der Nummer ✆ 0190-771097010 erhalten. Hierin sind auch die aktuellen Einreisebestimmungen abgedruckt. Benötigt werden ein Foto und der ausgefüllte Antrag: Beides schickt man zusammen mit dem Reisepass und einem für ein Einschreiben frankierten Rückumschlag sowie beigelegter Visumsgebühr an das zuständige Konsulat. Die **Visumsgebühren** für europäische Touristen belaufen sich bei Antrag von Deutschland aus, auf 20 € für eine oder mehrere Einreisen, für deutsche Geschäftsreisende auf 25 €. Für Angehörige anderer Staaten, die das Visum in Deutschland beantragen, kostet es 30 € bei einmaliger Einreise und 35 € bei mehrmaliger Einreise. Für Geschäftsreisende wird noch einmal ein Zuschlag von 10 € bei einmaliger Einreise, und 25 € bei mehrmaliger Einreise verlangt.

Wer eine **Arbeitserlaubnis** beantragen möchte, muss dafür einen negativen HIV-Test vorweisen. Der Test muss in Ägypten durchgeführt werden. Ausländische Tests werden nicht anerkannt.

Kinder unter 16 Jahren können, wenn sie im Pass der Eltern mit Foto eingetragen sind, das Visum direkt über diesen Elternteil erhalten. Kleinkinder unter einem Jahr brauchen kein Foto. Sind die Kinder im Pass ihrer Eltern eingetragen, brauchen sie keine Gebühren für das Visum zu bezahlen. Leichter ist es jedoch, wenn die Kinder mit eigenem Kinderpass (der ein Foto haben muss) reisen.

Bei der **Landeinreise von Israel** aus ist es etwas komplizierter, da die Bestimmungen und Vorsichtsmaßnahmen hier strenger sind. Wer von Israel aus kommt, kann sein Visum nicht erst an der Grenze erhalten. Man muss es entweder von Europa mitbringen, oder es in Tel Aviv oder Amman (Jordanien) beantragen. Beides ist recht unkompliziert und an einem Tag machbar (Kosten etwa US$20).

Etwas aufwändig und nicht immer einfach ist das **Visum in Nuwaiba oder Alexandria** zu bekommen, auch wenn beide Häfen offizielle Visumsstellen sind. Einfacher ist es auch hier, das Visum im Voraus (z.B. in Amman oder Damaskus, Adressen s.u.) zu organisieren.

Wer nur 14 Tage auf der Sinai-Halbinsel verbringen möchte und dabei die Strecke Taba, Sharm el Shaikh, einschließlich Katharinenkloster, nicht verlässt, kann ein **Sinai-Permit** verlangen. Es kostet US$5 Stempel- und Bearbeitungsgebühr und berechtigt dazu, sich auch ohne Visum 14 Tage lang an der Ostküste des Sinai – allerdings nur dort – aufzuhalten. Die Ausreise muss über die selbe Grenze erfolgen wie die Einreise.

Das Einreisevisum ist in der Regel drei Wochen gültig. Wer länger bleiben möchte, kann problemlos eine **Visumsverlängerung** beantragen. Das geht bei den Passport Offices, der ägyptischen Passbehörde. Völlig unproblematisch ist es in Hurghada, Luxor und Assuan, wo kein gewaltiger Bürokratiebau hinter der Visumsverlängerung steht, wie bei der Mugamma in Kairo.

Adressen für die Visumsverlängerung finden sich in den einzelnen Ortskapiteln.

Für eine Verlängerung braucht man ein Passfoto, eine Kopie des Passes, etwas Zeit und ein wenig Geld (s.u.). Man geht zur Behörde, folgt dem Hinweisschild zum entsprechenden Schalter „Visa Extension", füllt ein Formular aus (in dem man angibt, wie lange man noch bleiben möchte), bezahlt ein kleines Entgelt (das sich je nach Aufenthaltsdauer staffelt, Kosten für 11 Monate 10 E£), gibt seinen Pass ab und wartet – im Normalfall etwa eine halbe Stunde. Dann bekommt man seinen Pass zurück und hat seine Verlängerung. Erfreulich unkompliziert und unbürokratisch!

Aktueller Hinweis

Angesichts der aktuellen Situation im Nahen Osten und insbesondere im Hinblick auf die Ereignisse des 11. Septembers 2001 und die darauf folgenden „Anti-Terror"-Operationen v.a. der USA kann es überall im Nahen Osten zu spontanen anti-israelischen und anti-amerikanischen Kundgebungen und Unmutsäußerungen kommen. Ägypten als eines der wichtigsten Länder der Region ist davon nicht ausgenommen. Diese Unmutsäußerungen stellen jedoch nicht automatisch eine Gefahr für Touristen dar. Seit 1997 hat es in Ägypten keine Anschläge islamistischer Aktiviten mehr auf Ausländer gegeben. Dies ist auf die konsequenten (und für Touristen z.T. manchmal unbequemen) Anstrengungen der ägyptischen Regierung zurückzuführen, die eigene Bevölkerung sowie Ausländer vor Gewaltakten zu schützen. Auch wenn man Anschläge nie ganz ausschließen kann, so ist die Chance, dass dies in naher Zukunft passieren wird, doch äußerst gering. **Das Auswärtige Amt sieht keinerlei Grund, von einer Ägyptenreise abzuraten.** Die ägyptische Regierung hat versichert, den guten Ruf Ägyptens als reizvolles Urlaubsziel wahren zu wollen. Es wurden weit reichende Sicherheitsmaßnahmen ergriffen, damit Touristen gut geschützt reisen können (Näheres s.S. 55, Kriminalität und Sicherheit).

Da wir nicht in der Lage sind, vorauszusagen, wie die weitere politische Entwicklung in dieser Region sein wird, empfehlen wir unseren Lesern, sich vor der Reise noch einmal beim Auswärtigen Amt nach dem aktuellen Stand der Dinge zu erkundigen (www.auswaertiges-amt.de). Wir raten zu erhöhter Aufmerksamkeit bei größeren Menschenansammlungen und zu sehr respektvollem Verhalten in den Altstädten und rund um Moscheen. Wir gehen zwar nicht davon aus, dass es in deren Nähe zu Eskalationen kommen könnte. Doch ist aufgrund der jüngsten politischen Ereignisse die gegenseitige Wahrnehmung von Moslems und Nicht-Moslems auf beiden Seiten mit vielen Vorurteilen belastet, weshalb man gerade in dieser Zeit mehr als sonst versuchen sollte, einander mit Respekt und Toleranz zu begegnen.

Wir möchten an dieser Stelle ganz eindringlich darauf hinweisen, dass Ägypter genauso unter dem Terror der Fundamentalisten leiden wie Touristen – mehr noch, denn sie sind viel häufiger damit konfrontiert als wir. Und dass Islam nicht gleich Terror bedeutet, versteht sich eigentlich von selbst (Näheres dazu s.S. 112, Fundamentalismus).

Diplomatische Vertretungen
... Ägyptens im Ausland

Deutschland:
Botschaft der Arabischen Republik Ägypten
Waldstr. 15, 13156 Berlin
☏ 030-4775470, 📠 030-4771049
💻 www.egypt.de

Generalkonsulat der Arabischen Republik Ägypten
Eysseneckstr. 34, 60322 Frankfurt
☏ 069-9551340, 📠 069-5972131

Generalkonsulat der Arabischen Republik Ägypten
Harvestehuder Weg 47, 20149 Hamburg
☏ 040-4101031, 4133260, 📠 040-4106115

Österreich:
Botschaft der Arabischen Republik Ägypten
Trautsohngasse 6
Visa-Angelegenheiten: Hohe Warte 52-54, 1080 Wien
☏ 01-3708108, ☏ Visa-Angelegenheiten 01-3708108, 📠 01-370810827

Schweiz:
Botschaft der Arabischen Republik Ägypten
Elfenauweg 61, 3006 Bern
☏ 031-3528055, 3528012, 📠 031-3520625

Israel:
Botschaft der Arabischen Republik Ägypten
54, Rehov Basel, Tel Aviv
☏ 03-5464151

Generalkonsulat der Arabischen Republik Ägypten
68, Afrati Street, Bna Betkha, Eilat
☏ 07-5976115

Jordanien:
Botschaft der Arabischen Republik Ägypten
Riyad el-Mefleh St., No. 14
Between 3rd and 4th Circles, Amman
P.O.Box 35178
☏ 01-5605202, 5605203, 📠 01-5604082
📧 egypt@embegyptjordan.com

Generalkonsulat der Arabischen Republik Ägypten
Sh. Al Istiqlal, Wahrhat al Arabiya, Aqaba
☏ 03-316171

...in Ägypten

Botschaft der Bundesrepublik Deutschland
Sh. Hassan Sabrî, Kairo Zamâlik
☏ 02-3410015 oder 3399600, 📠 02-3410530
📧 germemb@tedata.net.eg
💻 www.german-embassy.org.eg

Botschaft der Republik Österreich
Sh. Wissa Wassif, Kairo Doqqi
☏ 02-5702975, 📠 02-5702979
📧 Kairo-OB@bmaa.gv.at
💻 www.austria.org.eg

Botschaft der Schweiz
Sh. 'Abd el Khâlik Tharwât, Kairo Innenstadt
☏ 02-770545, 📠 02-5745236
📧 vertretung@cai.rep.admin.ch

Zollbestimmungen

Offiziell müssen folgende Dinge bei der Einreise für den **Zoll deklariert** werden: Fotoausrüstungen, die über die touristenübliche Größe hinausgehen; Elektrogeräte wie Laptop etc., Funkgeräte.

Verboten ist die Einfuhr größerer Beträge (über 1000 E£) an ägyptischen Pfund sowie von Drogen, Narkotika und pornografischem Material.

Zollfrei eingeführt werden dürfen 400 Zigaretten, 3 l Alkohol, Dinge des alltäglichen Bedarfs, einschließlich Fotoapparat, Filme etc.

Wer mit **Katzen oder Hunden** einreist, braucht ein amtstierärztliches Gesundheitszeugnis, das bei Ankunft in Ägypten nicht älter als zwei Wochen sein darf. Bei der Ankunft werden die Tiere untersucht. Die Quarantäne-Ärzte entscheiden, ob das Tier in Quarantäne kommt oder nicht. Eine Quarantäne-Station befindet sich auf dem Flughafen von Kairo. Nähere Infos erteilt die ägyptische Botschaft.

In Ägypten besteht wie in vielen anderen Ländern auch ein striktes Verbot für die **Ausfuhr von Antiquitäten** sowie Pflanzen und Tieren, die unter das Artenschutzgesetz fallen. Das gilt v.a. für **Korallen**.

Für die Ausfuhr von **Teppichen** muss eine Genehmigung des Handelsministeriums vorliegen. Im Normalfall besorgt der Händler diese – unbedingt darauf bestehen!

Offiziell ist auch die Ausfuhr von in Ägypten gekauften **Gold- und Silberwaren** verboten. Doch wird diesem Verbot bei Schmuck und kleinen Gegenständen so gut wie nie nachgegangen.

Anreise

Es ist definitiv am einfachsten, per Flugzeug von Europa aus nach Ägypten zu kommen. Von einer Landeinreise über Israel, den Sudan oder Libyen rät das Auswärtige Amt derzeit ab. Problemlos ist hingegen die Einreise mit dem Schiff über den Hafen Alexandria oder von Aqaba (Jordanien) nach Nuwaiba.

Mit dem Flugzeug von Europa

Fast alle internationalen Fluglinien steuern Kairo an. Die **Airlines** differieren beachtlich in ihrer Sicherheit, der Flugdauer (Anzahl und Dauer der Zwischenstopps) und dem Preis. Der seit Jahren tobende Preiskrieg hat auf diesen Routen zu einem Preisverfall geführt. Wer Wert auf Sicherheit und Service legt, bekommt ein Graumarkt-Ticket einer zuverlässigen Fluglinie, wie z.B. Olympic oder KLM, bereits für 350 €. Flüge mit der Egypt Air haben den Vorteil, dass man direkt ab Frankfurt, München, Berlin, Düsseldorf, Zürich oder Wien nach Kairo und von dort problemlos weiter zu jeder möglichen Destination innerhalb Ägyptens reisen kann. Auch Lufthansa, Austrian Air und Swiss Airline fliegen direkt.

Tickets von osteuropäischen Fluglinien sind häufig günstiger als die der westeuropäischen. Es kann bei diesen jedoch zu unangenehm langen Aufenthalten kommen. Zudem gilt die Sicherheit bei vieler dieser Fluglinien als nicht allzu hoch. Normalerweise ist die Geltungsdauer von Billigtickets auf 6 Monate begrenzt. Zudem kann man mit ihnen nicht die Fluggesellschaft wechseln und bekommt kein Geld zurückerstattet, wenn der Flug nicht angetreten wird.

Bei weniger strikter Handhabung ist zumindest eine Stornierungsgebühr fällig. Für die **Umbuchung** des Rückflugs müssen etwa 50 € bezahlt werden.

Wer nur einen zwei- oder dreiwöchigen Urlaub plant, ist am günstigsten dran, wenn er einen Charterflug nach Sharm el Shaikh oder Hurghada nimmt. So fliegen Eurowings, LTU, Tui, Hapag Loyd u.a. von den meisten deutschen Flughäfen für durchschnittlich 300–400 € nach Ägypten. Wer Last Minute bucht, zahlt oftmals nur 150 € für ein Ticket.

> Gebuchte Flüge müssen bei einigen wenigen Airlines noch spätestens drei Tage vor Abflug rückbestätigt werden, was auch telefonisch geschehen kann. Nicht selten sind die Maschinen überbucht, und die Letzten kommen trotz Rückbestätigung nicht mehr mit. Es empfiehlt sich daher, rechtzeitig am Flughafen zu erscheinen.

Der einzige Flughafen innerhalb Ägyptens, der über einen Airportbus verfügt, ist Kairo. Während man bei der Ankunft am Flughafen in allen anderen ägyptischen Städten auf überteuerte Taxis angewiesen ist (Näheres siehe bei den einzelnen Städten), kann man in der Hauptstadt das Flughafen-Areal in einem modernen ac-Bus verlassen. Der ac-Bus Nr. 356 fährt direkt ab dem Flughafen-Ausgang (erst Terminal 1, dann Terminal 2) in die Innenstadt. Endstation ist der Platz hinter dem Ägyptischen Museum. Abfahrt alle halbe Stunde zwischen 6.30 und 22.30 Uhr. Kosten: E£3 (Näheres s.S. 125, Kapitel Kairo).

Flugbuchung im Internet

Um Flüge online direkt zu buchen, muss man kein Reiseexperte sein. Allerdings werden auf den Seiten der Fluggesellschaften die meisten Tickets nur zum offiziellen IATA-Tarif angeboten. Auch in den endlosen, verwirrenden Listen zahlloser Internet-Reisebüros und Reiseportale (die z.T. auf dieselbe Datenbank zugreifen) sind günstige Offerten eher selten und der Service lässt mitunter zu wünschen übrig, so dass sich die Seiten vor allem zum Recherchieren eignen. Wer dann weiß, welche Airline zu welchem Preis die günstigste Route fliegt und zudem noch Plätze verfügbar hat, kann immer noch den Preis als Obergrenze nehmen und in Reisebüros nach günstigeren Angeboten fahnden.

Zudem hat das Reisebüro den Vorteil, dass es dort einen Ansprechpartner gibt, der bei Problemen kontaktiert werden kann.

Wer flexibel ist oder schon bald losfahren möchte, findet jedoch auch Seiten mit Last-Minute-Angeboten oder Sondertarifen für Flüge, Hotelzimmer oder Tickets, die teils nur im Netz von Veranstaltern, Hotels oder Airlines offeriert werden.

1A-FLY.DE 🖥 www.1a-fly.de
5 vor 12, Lastminute 🖥 www.lastminute.de
Del Mundo 🖥 www.delmundo.de
Deutsches Reisebüro 🖥 www.der.de
Discount-Flug 🖥 www.discount-flug.de
Expedia 🖥 www.expedia.de
Flug.de 🖥 www.flug.de
Flugbörse 🖥 www.flugboerse.de
Mc Flight 🖥 www.mcflight.de
Nix wie weg 🖥 www.nix-wie-weg.de
Offerto 🖥 www.offerto.de
Opodo.de 🖥 www.opodo.de
Reiseplanung 🖥 www.reiseplanung.de
STA Travel 🖥 www.statravel.de
Travel Overland 🖥 www.traveloverland.de
TUI 🖥 www.tui.de

Über Land aus den Nachbarländern

Die deutsche Botschaft in Kairo rät derzeit von einer Einreise über Land via Israel, Sudan oder Libyen ab. Einfacher ist es, vom jordanischen Aqaba aus per Schiff nach Nuwaiba zu kommen bzw. per Mittelmeerfähre von Italien nach Alexandria, wo sich die Einreise samt Formalitäten relativ einfach gestaltet – sofern man ohne Auto einreist. Relativ unproblematisch ist die Einreise mit dem öffentlichen Bus von Israel, Syrien oder Jordanien aus (Linienbusse), die regelmäßig mehrmals pro Woche fahren. Die israelische Busgesellschaft Egged und die ägyptische East Delta bedienen die Strecke Kairo – Tel Aviv/Jerusalem. Wer von Israel aus auf den Sinai möchte, muss bis Taba. Von dort gibt es regelmäßige Busverbindungen zum Katharinenkloster und nach Nuwaiba sowie nach Sharm el Shaikh. Für alle, die auf dem Landweg oder per Schiff einreisen, gelten die selben Einreiseprozeduren wie für Flugzeugpassagiere (s.S. 12). Man darf sich jedoch nicht darauf verlassen, in Nuwaiba ein Visum zu bekommen, weshalb wir dazu raten, bei Landeinreise das Visum vorher zu organisieren.

Einreise mit dem Auto

Man sollte es sich gut überlegen, ob man mit dem eigenen Auto nach Ägypten einreist. Es ist zum einen eine wirklich lange Strecke, will man über Land dorthin reisen, und zum anderen teuer, wenn man die Fähre von Italien nimmt. Hinzu kommen lange und kostspielige Formalitäten, die notwendig sind, um sich mit dem eigenen Auto längere Zeit in Ägypten aufhalten zu können. Da lohnt es sich weit mehr, einen Mietwagen zu nehmen, zumal die Kosten kaum nur geringfügig höher liegen.

Für all diejenigen, die der Auto-Anreise dennoch nicht scheuen, hier ein kurzer Überblick über die Wege und Formalitäten, die einen erwarten. Wir haben uns ausführliche Erklärungen gespart, wohl wissend, dass jeder, der nach Ägypten reist, sich vorher bei einem der Automobilclubs genauestens informieren wird. Die hier aufgeführten Angaben beruhen auf dem Informationsmaterial, das der **ARCD**, der Auto- und Reiseclub Deutschland (Adresse s.u.), uns freundlicherweise zur Verfügung gestellt hat und den wir mit bestem Gewissen empfehlen können.

> **Grenzübergänge:**
> **Alexandria**: Fährverbindung von Genua und Neapel. Das Hafenzollamt ist tgl. außer Fr von 8–17 Uhr geöffnet sowie bei Ankunft und Abfahrt aller Schiffe.
>
> **Jordanien:** Fährverbindungen Aqaba – Nuwaiba
>
> **Sudan:** Abû Hamad – Wadi Halfa – Assuan. Grenzübertritt Ägypten–Sudan und umgekehrt auf dem Seeweg (via Nâsr-Stausee) möglich.
>
> **Israel:** Nicht erlaubt mit Mietwagen oder Allradfahrzeug. Außer am Yom Kippur (israelischer Feiertag) und dem Aid al Adha (islamischer Feiertag) sind die Grenzübergänge Rafiah (ca. 50 km südlich von Ashkelon, Gaza) und Taba (ca. 10 km von Eilat) 24 Std. geöffnet.
>
> **Erforderliche Fahrzeugpapiere:**
> • Ein **Carnet de Passage** eines Automobilclubs oder ein Garantieschreiben einer

Passt zu allem – Stella-Bier

in Ägypten akkreditierten Bank (dass sie erforderlichenfalls für die fälligen Zollgebühren und -abgaben aufkommt) oder eine Versicherungserklärung einer ägyptischen Behörde oder Institution des dortigen öffentlichen Sektors (dass im Falle der Nichtwiederausfuhr des Pkw die Zollgebühren und -abgaben bezahlt werden; in dieser Erklärung sind genaue Kfz-Daten anzugeben) oder eine Kaution in Höhe der Zollgebühren in frei konvertierbarer Währung (wird beim Verlassen des Landes gegen Formular DE 93 zurückgezahlt).

- Ein Carnet de Passage ist außerdem erforderlich für **Kfz-Anhänger** (mit zweifachem Inventarverzeichnis in englischer Sprache), Wohnmobile (ebenfalls mit zweifacher Inventarangabe) und Wasserfahrzeuge aller Art. Dieses Carnet muss auf den Namen des Fahrzeugführers ausgestellt sein (Name und Anschrift im Internationalen Führerschein und im Carnet müssen übereinstimmen). Der zollfreie Aufenthalt beträgt max. 6 Monate und endet mit Ablauf des Visums. Das Fahrzeug wird in den Reisepass eingetragen.

Die Grenzdokumente sind erhältlich beim:
ADAC, Am Westpark 8, 81373 München,
01805-101112, www.adac.de, und in dessen Geschäftsstellen.
ARCD, PF 440, 91427 Bad Windsheim,
09841-4090, 40964, www.arcd.de,
club@arcd.de.
Allgemeiner Touring-Automobil Deutschland,
Amalienburgstr. 23, 81247 München,
089-8811048.

Jedes einreisende Auto erhält ein **ägyptisches Kfz-Kennzeichen** (60 E£), das auf das eigene geschraubt wird. Ist die Ausreise über einen anderen Grenzübergang geplant, sollte bereits bei der Einreise die Rückgabe der Nummernschilder mit der Zollbehörde geklärt werden: Bei Einreise muss eine Zoll-Service-Gebühr von 1050 E£ zuzüglich einer Bearbeitungsgebühr von 20 E£ entrichtet werden: Diese **Einfuhrgenehmigung** berechtigt zu einem Aufenthalt von bis zu 3 Monaten. Für eine Verlängerung um weitere 3 Monate ist nochmals die gleiche Gebühr fällig.

Wird das Fahrzeug nicht vom Eigentümer selbst gefahren, muss der Fahrer im Besitz einer Benutzungsvollmacht des Eigentümers sein. Diese muss durch ein ägyptisches Konsulat beglaubigt werden.

Führerschein/Kennzeichen

Es muss ein **Internationaler Führerschein** vorliegen. Der Inhaber muss mindestens 21 Jahre alt sein und den Führerschein schon mindestens ein Jahr lang besitzen. Außerdem ist eine **Internationale Zulassung** erforderlich. Das Nationalkennzeichen D bzw. CH oder A muss an der Rückseite des Fahrzeugs angebracht sein. Bei Langzeitaufenthalten muss nach einem Jahr ein ägyptischer Führerschein beantragt werden. In der Regel ist eine Umschreibung bei Vorlage des nationalen und internationalen Führerscheins möglich.

Haftpflichtversicherung

Es besteht ein Haftpflichtversicherungszwang. Die internationale Grüne Versicherungskarte hat keine Geltung. Bei der Einreise muss eine Kurzhaftpflichtversicherung abgeschlossen werden. Die Versicherungsgebühr liegt zwischen 70 und 80 E£. Da bei Entschädigungszahlungen ägyptischer Versicherungen immer mit großen Schwierigkeiten zu rechnen ist, ist es unbedingt erforderlich, bereits zu Hause eine zusätzliche Kurzkasko- und Insassenunfallversicherung abzuschließen. Bei Langzeitaufenthalten sollte umgehend bei einer ägyptischen Versicherung eine Vollkaskoversicherung abgeschlossen werden. Vorübergehend eingeführte Kfz sind für einen Aufenthalt bis zu 90 Tagen von der ägyptischen Kfz-Steuer befreit.

Ausreise

Es gibt, abgesehen vom Flugzeug, derzeit vier Ausreisemöglichkeiten: Auf dem Landweg über Libyen (falls man überhaupt ein libysches Visum erhält) oder Israel, via Fähre nach Jordanien oder via Fähre nach Italien.

Die **Fähren** von Aqaba nach Nuwaiba sind im Vergleich zwar recht teuer (rund 30 US$ p.P. und 100 US$ pro Fahrzeug), fahren aber regelmäßig und mehrmals am Tag. Der Fährbetrieb zwischen Italien und Alexandria wurde seit den Anschlägen von 1997 immer wieder für längere Perioden lahm gelegt, so dass sich der Reisende im Einzelfall erkundigen muss, ob es eine Fährverbindung, meist von Genua oder Neapel aus, gibt. Während es im Frühjahr 2003 wieder möglich war, Alexandria mit der Fähre von Italien aus anzusteuern, wurde diese Verbindung im Sommer 2003 bereits wieder eingestellt. Die Kosten für den Fährtransfer sind immens hoch. Sie liegen bei über 500 € p.P. und Fahrzeug. Hinzu kommen bei einer Ausreise mit dem Auto zusätzliche Kosten von etwa 300 bis 400 €, die allein für die Abwicklung in Alexandria bezahlt werden müssen.

Informationen

Fremdenverkehrsämter

Grundsätzlich informieren natürlich die Botschaften und Konsulate über das Land (Adressen s. S. 14).

Weitere Informationsstellen sind:
Ägyptisches Fremdenverkehrsamt
Kaiserstr. 64a, 60329 Frankfurt
069-252319, 069-239876

Ägyptisches Fremdenverkehrsamt
Elisabethstr. 4, 1010 Wien
01-5876633, 01-5876634

Ägyptisches Fremdenverkehrsamt
9, Rue des Alpes, 1201 Genf
022-7329132, 022-7381727

Euro-Arabischer Freundeskreis
Köhlerweg 4, 83558 Maithenbeeth
www.eaf-ev.de. Der EAF ist ein Verein, der sich die Völkerverständigung zur Aufgabe gemacht hat und deutschlandweit, vor allem aber um München herum, viele interessante Informations- und Kulturabende rund um die arabische Welt veranstaltet.

Die **Touristeninformationen in Ägypten** selbst waren in den vergangenen Jahren schlecht und sind es an manchem Ort noch immer, doch merkt man in jüngster Zeit die verstärkten Bemühungen des ägyptischen Tourismus-Ministeriums, das Personal der Büros besser auszubilden. Die Büros liegen meist recht zentral, oft in der Nähe des Bahnhofs, und sind täglich geöffnet. Es gibt kein überregionales Zeichen, das auf das Informationsbüro hinweist. Meist ist ein kleines Schild mit einem I zu sehen.

Bis heute findet man kaum brauchbares Informationsmaterial, es gibt weder Stadtpläne noch Broschüren mit echtem Informationsgehalt. Das Personal ist in vielen Fällen jedoch relativ gut ausgebildet und hat sich wichtige Informationsblätter selbst zusammengestellt. Man kann sich, sollte man das Glück haben, an ein Büro mit kompetentem Personal zu geraten, über Möglichkeiten des öffentlichen Verkehrs informieren, über Markttage, Abfahrtszeiten, Konvoi-Zeiten, Mulid-Daten, Eintrittspreise u.v.m.

Die Büros in Assuan, Luxor, Assiût, Dâkhla, Bahariya, Siwa, Marsa Matrûh und Suez haben außerdem sehr gut Englisch (oder Deutsch) sprechende Mitarbeiter, die mit Freude über die Region und laufende Projekte sprechen. In diesen Büros ist der Reisende sehr gut aufgehoben und kann wirklich so gut wie alles erfahren, was er zum unkomplizierten Reisen braucht. Hier werden auch Touren vermittelt, Anhaltspunkte für Preise gegeben und Taxis organisiert.

Enttäuschend sind die Büros in Kairo. Nur das kleine Büro im Ramses-Bahnhof hat überhaupt Englisch sprechendes Personal, das sehr bemüht ist. Es gibt hier jedoch so gut wie keine Informationen zum Mitnehmen, aber immerhin liegen Fahrpläne aus.

Ägypten im Internet
Ägypten offiziell
www.sis.gov.eg
Tausend interessante Informationen von offizieller ägyptischer Seite. Viele Links zu den ägyptischen Zeitungen, Historisches, Veranstaltungen etc.

Ägypten Online
www.aegypten-online.de
Virtuelle Tour durch Ägypten: Von Kairo, Luxor, Assuan, dem Felsentempel von Abu Simbel bis zu den Sandstränden des Roten Meeres.

Ägyptologie-Forum
🖥 www.selket.de
Fragen zur klassischen Ägyptologie: Geschichte, Mythologie, gesellschaftliche Strukturen, Politik. Informativer Newsletter und vieles mehr.

Chufu
🖥 www.chufu.de
Sehr schöne Seite mit vielseitigem Hintergrundwissen rund um Ägypten.

Deutsches Ägypten-Forum
🖥 www.aegypten.biz.
Das deutsche Internet-Forum zu Ägypten: Viele Informationen rund um Ägypten, Diskussionsforum und Länderinformationen.

Deutsche Botschaft Kairo
🖥 www.german-embassy.org.eg
Offizielle Homepage der deutschen Botschaft in Kairo. Hier wird über die aktuelle Lage und die Botschaft selbst informiert. Außerdem gibt es einen Kulturkalender mit Veranstaltungstipps für Kairo, Links zu allen Kulturzentren, auch denen der Schweiz und Österreich, sowie einen Pressespiegel darüber, „was ägyptische Zeitungen zu Deutschland schreiben". Gut!

Egypt Tourism Net
🖥 www.tourism.egnet.net
Wer will, kann sich hier seinen Namen in Hieroglyphen transkribieren lassen, außerdem detaillierte Listen von Reisebüros, Hotels, Autovermietungen etc.

Islamisches Recht
🖥 www.cyberfatwa.de
Die beste Sammlung islamischer Rechtsurteile überhaupt. Interessant zum Stöbern, v.a. für Urteile aus der Azhar-Moschee in Kairo.

Kairo
🖥 www.cairocafe.com.eg
Sensationelle Homepage mit den ultimativen Ausgehtipps in Kairo, Restaurant-Neueröffnungen, Kunstausstellungen der Galerien u.v.m.
🖥 www.egy.com
Private Website mit vielen Infos zur Geschichte und Kultur des Landes mit Schwerpunkt Kairo.

Kopten
🖥 www.coptic.net
Internetseiten mit Infos zur koptischen Religion.
🖥 www.coptic-churches.ch
Internetseiten der koptischen Gemeinde in der Schweiz. Interessantes zur Geschichte und Liturgie der Kopten in deutscher Sprache.

Kulturdialog
🖥 www.qantara.de
Dreisprachiges Internet-Portal für den europäisch-islamischen Kulturdialog. Es beschäftigt sich mit Themen wie Religion, Menschenrechte, Feminismus, Literaturaustausch und Globalisierung.

Nahost
🖥 www.nahost.de
Umfangreiches Portal für Nahost und Nordafrika mit allen Infos zu Tourismus, Politik, Ländern etc. Sehr gute Seiten.

Sindbad-Reisen
🖥 www.sindbad-reisen.com
Eigentlich ein Tourenanbieter, aber die Homepage ist gespickt mit vielen wertvollen Informationen und Artikeln zu Ägypten, so dass man fast vergisst, auf einer Reisebüro-Page zu sein! Und außerdem: Sindbad-Reisen nach Ägypten sind ausgesprochen gut!

Tourismus-Ministerium
🖥 www.touregypt.net
Homepage des ägyptischen Tourismus-Ministeriums; Hinweise insbesondere zu den archäologischen Sehenswürdigkeiten und Museen.

Web Pharao
🖥 www.tut62.net
Ständig aktualisierte, schön gestaltete Homepage zu allem, was für Touristen interessant ist. Wann ist welches Grab im Tal der Gräber offen? Wann ist ein bestimmtes Festival? Viele interessante Links und gute Hinweise. Vorstellung verschiedener Aspekte des Alten Ägypten.

Landkarten und Stadtpläne

Es gibt nicht allzu viele **Landkarten** zu Ägypten. Die beste, da übersichtlich, aktuell und vollständig, ist unserer Meinung nach die Nelles Map Egypt (Maßstab 1:2,5 Mill. und Detailkarte des gesamten Nils 1:750 000). Sie gehört zu den ganz wenigen Straßenkarten, die Gesamt-Ägypten zeigen und nicht nur den Nil.

Sehr übersichtlich und recht aktuell ist die Karte von Freytag & Berndt im Maßstab von 1:1 Mill., ebenso die Karte von Bartholomew: World Travel Map of Egypt. Leider fehlt auf beiden Karten die gesamte westliche Wüste.

Michelin hat keine Ägypten-Gesamtkarte. Es gibt lediglich eine Nord-Ost-Afrika-Karte im Maßstab 1:4 Mill., die gut ist, um einen Überblick zu gewinnen, aber mehr auch nicht.

Eine sehr gute, detaillierte Regionalkarte ist die in Israel (Tel Aviv) erschienene **Sinai Map of Attractions**, im Maßstab 1:250 000. Sie gibt einen detaillierten und sehr guten Überblick über den Sinai. Leider ist sie nur im Spezialhandel, wie z.B. in Landkartenhäusern oder Expeditionsläden, zu erhalten.

Ägyptische **Stadtpläne** sind fast noch schwieriger aufzutreiben als gute Landkarten. Die sicherlich besten stammen von Lonely Planet: Ihre Cairo City Map ist eine Sammlung kleiner Karten mit Ausschnitten von Kairo. Sehr aktuell, sehr gut, sehr detailliert. Die Stadtplansammlung Cairo City Maps, herausgegeben von der AUC in Kairo, ist hingegen allenfalls mäßig. Gut sind die beiden Stadtpläne von Alexandria und Kairo, die man auf der Nelles Map findet. Die Stadtpläne, die man von den Fremdenverkehrsämtern sowie den Touristen-Informationsbüros in Ägypten erhält, sind schlecht und völlig veraltet.

> **Hinweis:** Auf all diesen Landkarten fehlt die so genannte neue Desert Road, die von Assiût nach Kairo etwa 30 km westlich des Nils führt.

Klima und Reisezeit

Klima

In einer schmalen Zone im Norden Ägyptens herrscht typisches Mittelmeerklima. Die Winter sind hier recht kühl und feucht, die Sommer trocken und heiß. Mit Ausnahme des Sinais und des Nildeltas findet man im restlichen Land ein heißes und arides subtropisches **Halbwüsten- oder Wüstenklima** vor. Die Sommer, die hier de facto von Mai bis September dauern, sind mit Tagestemperaturen von nicht selten über 40 °C sehr heiß und an Trockenheit kaum zu überbieten. Die Sommernächte können im Süden allerdings empfindlich kalt sein. Im **Nildelta** besteht ebenso wie entlang der **Mittelmeerküste** ein winterfeuchtes, sommertrockenes Klima.

In den Bergregionen des **Sinai** sind die Tages- und Jahrestemperaturschwankungen aufgrund der unterschiedlichen Höhenlagen von 0–2637 m über dem Meeresspiegel. stärker ausgeprägt als in den anderen nördlichen Landesteilen. Auch die Niederschlagsmenge ist hier größer, und folglich können Wadis – episodisch Wasser führende Trockentäler – zu gewaltigen und gewalttätigen Wasserwalzen werden, die keinen Stein auf dem anderen lassen. Wer Schnee in Ägypten sucht, sollte sich im Winter hierher begeben, wenn auf den Gipfeln frostige Temperaturen vorherrschen.

Die **Hauptjahreszeiten** in Ägypten sind der relativ kühle Winter und der extrem heiße Sommer. Der Winter wird von den Ägyptern durch den Regen definiert, der, wenn überhaupt, zwischen Oktober und April fällt. Der regenreichste Monat ist der Dezember. Für die Übergangszeiten Frühling und Herbst bleiben nur wenige Tage.

Die **Kontinentalität** des Klimas nimmt von Nord nach Süd zu und somit auch die Jahrestemperaturamplitude, d.h. die Temperaturgegensätze zwischen den einzelnen Jahreszeiten, so dass im Winter die Nächte im Süden kälter sind als an der Mittelmeerküste.

So wie die Temperaturunterschiede entgegen dem Nillauf zunehmen, so nimmt die **Niederschlagsmenge** in eben dieser Richtung rasch ab, wofür jedoch nicht der Nil verantwortlich ist, sondern die zunehmende Entfernung vom Mittelmeer, das zum einen aufgrund der „Wärmespeicherung" des Wassers in aller Regel ausgleichend auf Temperaturgegensätze wirkt und wo es wegen der Wasserverdunstung zu vermehrten Niederschlägen kommt. Im mediterranen Alexandria fallen durchschnittlich fast 200 mm Regen, in Kairo immerhin ca. 25 mm und in Assuan nur noch 3 mm pro Jahr (zum Vergleich: Norddeutsches Tiefland 500–700 mm). Mit zunehmender Aridität (Trockenheit) steigt auch die **Variabilität der Niederschläge**, was bedeutet, dass man im Süden so manches Jahr vergeblich auf den erfrischenden Winterregenguss wartet.

Die am häufigsten auftretenden Winde in Ägypten sind die **Nordostpassate**. Gefürchtet sind heiße, trockene (Staub-)Stürme. Sie werden *khamsin* genannt und wehen an ca. 50 Tagen zwischen März und Mai jeweils 2–3 Tage in Folge aus der Sahara durch das Land.

Reisezeit

Für eine Reise in das Land am Nil sollte man die teilweise extremen klimatischen Bedingungen, insbesondere die sehr hohen Sommertemperaturen, nicht außer Acht lassen. Am angenehmsten sind die Temperaturen im ganzen Land – mit Ausnahme der Berghöhen des Sinai – zwischen Oktober und April. In diese Zeit fällt die **touristische Hauptsaison** für den größten Teil des Landes, denn auch die Weihnachts- und Osterferien liegen in diesem Intervall, so dass manche Attraktion vor allem im südlichen Landesteil von einer Flut von Reisegruppen heimgesucht wird. Wenn man bereit ist, es mit größerer Hitze aufzunehmen, dann bietet sich ein Ägyptenaufenthalt in der **Nebensaison** an. Hotels, Strände, Museen, Attraktionen, Restaurants usw. sind dann weniger frequentiert, und wo man sonst nur als einer von vielen wahrgenommen wird, ist man dann ein herzlich aufgenommener Gast, dem sehr viel mehr Aufmerksamkeit und Freundlichkeit entgegengebracht wird. Außerdem sind die Tage länger und Ausflüge können so gemütlicher gestaltet werden. Die Sonne scheint zwischen 7 Std. (Dezember in Alexandria) und 14 Std. (Juni in Hurghada).

Die **Wassertemperaturen** des Roten Meeres (ganzjährig über 20 °C, im Sommer häufig bis 28 °C) erlauben einen ganzjährigen Badebetrieb. Allerdings weht im Frühjahr oft ein starker und manchmal dazu noch kalter Wind. Am Mittelmeer liegt die Badesaison im und um den Sommer.

Kairo

	ø Tageshöchsttemp.	ø Tagestiefsttemp.	Niederschlag in mm
Jan	19	9	4
Feb	21	9	5
März	24	11	3
April	26	14	1
Mai	33	18	1
Juni	35	20	0
Juli	35	22	0
Aug	35	22	0
Sep	32	20	0
Okt	30	18	1
Nov	26	14	1
Dez	21	10	8
ø / Jahr	28	16	24

Luxor

	ø Tageshöchsttemp.	ø Tagestiefsttemp.	Niederschlag in mm
Jan	23	6	0
Feb	25	7	0
März	29	11	0
April	35	16	1
Mai	39	20	0
Juni	41	23	0
Juli	41	24	0
Aug	41	24	0
Sep	38	21	0
Okt	35	16	0
Nov	30	12	0
Dez	25	8	0
ø / Jahr	34	16	1

El Qusair

	ø Tageshöchsttemp.	ø Tagestiefsttemp.	Niederschlag in mm
Jan	22	14	0
Feb	23	14	0
März	25	16	0
April	27	19	0
Mai	30	23	0
Juni	32	25	0
Juli	33	26	0
Aug	34	27	0
Sep	32	25	0
Okt	30	23	1
Nov	27	19	2
Dez	24	16	0
ø / Jahr	28	21	3

Die Monate Januar und Februar sind die kältesten. Dann kann in Kairo auch schon mal ein kleiner Hagelschauer niedergehen. Die mittlere tägliche Minimumtemperatur liegt dann in der Hauptstadt bei 9 °C, das mittlere tägliche Maximum bei 18 °C. Ab Mitte März trüben oft Staub- oder Sandstürme, die mehrere Tage anhalten können, den Blick und die Freude am Reisen. Sie bringen heiße, trockene Sahara-Luft auch in die entlegensten Landesteile. Zwischen Juni und August werden die Temperaturspitzen erreicht. Dann ist es im Süden des Landes mit teilweise weit über 40 °C trotz der geringen Luftfeuchtigkeit kaum mehr auszuhalten.

Um eventuellen zusätzlichen Komplikationen auf der Reise aus dem Weg zu gehen, lohnt der Blick auf die **islamischen Feiertage** (s.S. 48), die sich jedoch nach unserem Kalender jedes Jahr verschieben, da das islamische Jahr um etwa 10 Tage kürzer ist. Dann kann es durchaus vorkommen, dass viele Hotels und Verkehrsmöglichkeiten ausgebucht sind oder nur eingeschränkt funktionieren. Was für den einen ein Spektakel, kann für den anderen dann möglicherweise zum Debakel werden. Im Fastenmonat **Ramadan** ist das öffentliche Leben am Tage oft eingeschränkt. Restaurants, Banken, Behörden usw. haben dann veränderte kürzere Öffnungszeiten. Sich selbst sollte man in dieser Zeit ebenfalls zurücknehmen und tagsüber Gelüsten wie Essen, Trinken und Rauchen in der Öffentlichkeit nicht nachgehen. Dies kann für so manchen den Reisegenuss erheblich einschränken.

Geld

Währung

Landeswährung ist das ägyptische „Guiné", (E£), auch ägyptisches Pfund oder Lira genannt. Ein Guiné besteht aus 100 Qurush, auch Piaster (pt) genannt. Es gibt Geldnoten im Wert von 10 pt, 25 pt, 50 pt, E£1, E£5, E£10, E£50, E£100 und E£200. Die wenigen existierenden Münzen sind 10, 20 und 25 pt.

Die Preise sind häufig in E£ angeschrieben, manchmal jedoch auch in Qurush. 335 muss also nicht zwangsweise 335 E£ sein, sondern kann auch 3,35 E£ sein.

Wechselkurse (Stand: Sommer 2003)

1 €	=	6,98 E£
1 E£	=	0,145 €
1 sFr	=	4,54 E£
1 E£	=	0,22 sFr

Aktuelle Wechselkurse unter 💻 www.oanda.com

Mitnahme von Bargeld

Bargeld birgt das größte Risiko, da bei Verlust alles weg ist. Doch mit ein paar US$-Noten kann man schnell mal ein Taxi oder die Airport Tax bezahlen. Euro-Scheine sind überall bekannt.

Reiseschecks

Sicherheit bieten Reiseschecks (Travellers Cheques), die gegen 1% Provision bei jeder Bank erhältlich sind. €-, US$-, £- oder sFr-Reiseschecks von AMEXCO (American Express), Visa oder Thomas Cook werden in allen Touristenzentren eingelöst. Da die Gebühr beim Einlösen pro Scheck berechnet wird, nimmt man am besten wenige Schecks, aber dafür mit einem höheren Wert, mit. Bei Verlust oder Diebstahl werden sie im nächsten Vertragsbüro ersetzt. Wichtig ist, dass für den Nachweis die Kaufabrechnung an einer anderen Stelle aufbewahrt wird als die Schecks. Außerdem hilft eine Aufstellung aller bereits eingelösten Schecks, denn diese werden natürlich nicht ersetzt.

Geldkarten

Im Gegensatz zu Bankschecks macht es Sinn, die **Geldkarte** der Bank oder **EC-Karte** mitzunehmen, sofern sie das Maestro- oder Cirrus-Symbol trägt. Mit diesen Karten und der Geheimzahl kann man an vielen Geldautomaten mit dem entsprechenden Symbol ägyptisches Bargeld abheben, Standorte der Geldautomaten finden sich in den jeweiligen Ortskapiteln. Umgerechnet wird zum Briefkurs, die Gebühr beträgt pro Transaktion knapp 2 €. Der Maximalbetrag kann bei der Hausbank erfragt werden und beträgt meist 500 € pro Tag.

Eine weitere Alternative sind **Kreditkarten** wie American Express, Visa, MasterCard (Eurocard) oder Diner's Card. Mit der Karte kann man nicht nur Flugtickets, Mietwagen, Einkäufe, Hotel- und Restaurantrechnungen im oberen Preisniveau bargeldlos bezahlen, sondern auch Bargeld abheben. Auszahlungs- und Akzeptanzstellen sowie Geldautomaten (ATM) sind in Ägypten weit verbreitet. Für die Barauszahlung am Geldautomaten benötigt man die Kreditkarte und die Geheimzahl.

Es ist ratsam, eine angemessene Summe als Guthaben auf dem Kreditkarten-Konto zu deponieren, denn sobald der vorgegebene Kreditrahmen überzogen ist, wird die Karte gesperrt. Auf viele Kreditkarten-Konten werden sogar Zinsen gezahlt, die gar nicht unattraktiv sind. Hier lohnt es sich auf jeden Fall, sich vorher zu informieren. Verlust oder Diebstahl sind sofort zu melden, damit man gegen den Missbrauch der Karte abgesichert ist (maximale Haftung ca. 50 €). Bei Mietwagen oder Flügen, die mit der Karte bezahlt werden, ist in der Regel automatisch eine Unfallversicherung inklusive.

> **Warnung**: Die Kreditkarte darf beim Bezahlen nicht aus den Augen gelassen werden, damit kein zweiter Kaufbeleg erstellt werden kann, auf dem später die Unterschrift gefälscht wird! Sie darf auch niemals in einem Safe, der auch anderen zugänglich ist, verwahrt werden. Schon viele Reisende mussten zu Hause den Kontoauszügen entnehmen, dass während ihrer Abwesenheit hemmungslos „eingekauft" worden war.

> **Informationen und Notfallnummern für Kreditkarteninhaber**
> **Visa**: 🖳 www.visa.de. Alle Visa-Kreditkarten werden von Visa International unter der kostenlosen Nummer: ✆ +1-410-581-3836 oder 581-7931 gesperrt.
> Visa International in Frankfurt ist unter ✆ +49-69-920110 zu erreichen.
> **American Express**: 🖳 www.american-express.com/germany/; Infos unter ✆ 069-97971000 (auch bei Verlust für Ersatzkarten zuständig).
> **Euro/Mastercard**: 🖳 www.eurocard.de/; Infos unter ✆ 069-79330; internationaler Notfalldienst: ✆ +1-314-2756690.
> **Diners' Club**: 🖳 www.dinersclub.com; Infos und Sperrung unter ✆ 069-66166123.

Überweisungen

Bei Überweisungen von Geld aus Europa schickt die Bank aus Ägypten ein Telex oder Fax (die Telex- bzw. Fax-Nummer notieren) an die Heimatbank und fordert den entsprechenden Betrag an. Eine telegrafische Anweisung kostet etwa 30–40 €. Der überwiesene Betrag wird zum Devisenkurs umgerechnet und bar oder in Travellers Cheques gegen eine Gebühr von etwa 10 € ausgezahlt.

Banken und Wechselstuben

Fast alle Städte Ägyptens haben Filialen der Commercial Bank, der Banque Masr und der National Bank of Egypt. Sie alle tauschen Geld oder Reiseschecks. ⏱ tgl. außer Fr 8.30–14 Uhr, manchmal auch noch 17–20 Uhr (darauf sollte man sich aber nicht verlassen!).

Die Misr International Bank hat außerdem fast immer einen EC-Automaten, an dem man mit Geheimnummer Geld ziehen kann. Andere Banken haben ab und zu ebenfalls EC-Karten-Automaten. Das ist jedoch von Stadt zu Stadt unterschiedlich (nähere Informationen im jeweiligen Ortskapitel).

Neben den Banken gibt es vor allem in den Städten manchmal auch Wechselstuben, die länger und vor allem über die Mittagszeit geöffnet sind. Hier kann man meist nur Bares tauschen. Die Kurse entsprechen in etwa denen der Banken.

Reisekosten

Das Leben in Ägypten ist sehr billig. V.a. Lebensmittel, Unterkünfte bis zu drei Sternen und öffentliche Transportmittel sind nicht mit dem europäischen Preisniveau zu vergleichen. Natürlich kann man auch in Ägypten internationale Küche genießen und dafür internationale Preise bezahlen. In aller Regel jedoch ist es sehr günstig, in einem Restaurant zu **essen**. Es gibt ganz einfache Restaurants, in denen man für E£2 eine Schüssel voll Kushari erhält oder einen Teller mit Taamiya und Fûl (s.S. 40 f.). Sie bieten jedoch selten mehr als eine einzige Speise an. Kleine Restaurants mit gemischter Speisekarte liegen im Preisniveau für Hauptspeisen meist um E£8–20. In internationalen Restaurants oder ausgesprochen guten ägyptischen Restaurants bewegen sich die Preise für ein Hauptgericht um E£25–70, abhängig von der Kategorie des Speiselokals.

Selbstversorger können in Ägypten äußerst billig leben: Brot, Tee und Zucker sind subventioniert und somit preisgünstig. Auch Obst und Gemüse kosten erheblich weniger als bei uns (z.B. Mandarinen ab E£1). Teuer sind dagegen importierte Waren wie Bananen, Lipton-Tee, Nescafé etc.

Bei den **Unterkünften** gibt es eine weite Spanne an Zimmerpreisen. Im günstigsten Fall kann man ein DZ für E£5 haben. Man darf dann aber weder Komfort noch Sauberkeit erwarten. „Ordentlich wohnen" kann man ganz gut ab E£30. Nach oben hin sind die Preise natürlich offen.

Öffentliche Verkehrsmittel sind äußerst günstig. Eine Zugfahrt von Kairo nach Assuan kostet z.B. in der 1. Klasse nicht mehr als E£80, eine Busfahrt von Kairo nach Suez nicht mehr als E£10. Auch Taxifahrten sind günstig. Innerhalb einer Stadt kosten sie nie mehr als E£3–5. Mit Sammeltaxis zahlt man für weitere Strecken etwas mehr als mit Bus (der Fahrpreis liegt aber nie mehr als 25% über dem für Busse).

Einige Preisbeispiele in E£	
Frühstück	10
Tee	1
Kaffee	2
Frischer Obstsaft	0,25–2
Bier im Restaurant	9
Bier im Laden	4
Große Flasche Wasser	1, 50
Tauchausrüstung/Tag	100
Schnorchelzeug/Tag	15
Kamelritt/Std.	15–40
Taxifahrt Innenstadt	3–5
Taxi/Tag	70
Dinner mit Bauchtanzshow	120
Gallabia	20
Wasserpfeife	ab 40
Prakt. Arzt/Behandlung	60–100
Prakt. Arzt/ Hausbesuch	150

Für fast jedes Monument, das besichtigt werden kann, werden relativ hohe **Eintrittspreise** verlangt (E£5–20, bisweilen auch mehr). Das geht schnell ins Geld, zumal es so viele sehenswerte Bauten und Stätten gibt! Mit einem **Internationalen Studentenausweis (ISIC)** erhält man auf den Eintritt zu historischen Stätten 50% Ermäßigung. Fast immer wird eine Gebühr von E£5–10 als „Fotografier-Erlaubnis" erhoben. Diese Regelung wird in Krisenzeiten jedoch häufig aufgehoben, um das Reisen attraktiver zu machen.

Für Videoaufnahmen wird bei den meisten Sehenswürdigkeiten eine extrem hohe Gebühr von E£100 verlangt. Dies gilt auch für das Fotografieren mit Stativ. Digitalkameras werden häufig mit Videogeräten verwechselt, was keine böse Absicht ist. Wer auch bei Digitalkameras durch den Sucher statt auf das Display schaut, kann einem solchen Missverständnis leicht vorbeugen.

Gepäck

Die folgende Liste dient auch uns seit vielen Jahren als Hilfe beim Packen. Sie ist jedoch keineswegs vollständig und kann nach individuellen Bedürfnissen ergänzt werden.

Kleidung
- **Feste Schuhe** (für Trekking-Touren reichen Turnschuhe meist aus)
- **Sandalen** (in die man leicht hinein- und herausschlüpfen kann)
- **Gummi-*** oder **Trekkingsandalen** (unter Duschen Pilzgefahr!)
- **Hosen*** bzw. **Röcke*** aus Baumwolle, die nicht zu eng sitzen und mindestens knielang sein sollten.
- **Hemden*** oder **Blusen***
- **T-Shirts*** / **Polo-Shirt*** mit Ärmel (mit Kragen fürs Schnorcheln)
- **Jacke** (für die An- und Abreise, kühle Nächte in den Bergen und ac-Busse)
- **Pullover**
- **Regenschirm** (keine Gummijacke wegen Wärmestau!)
- **Sonnenschutz**: Hut/Brille* (in unzerbrechlicher Box)/Sonnencreme
- **Socken** (für den Abend dichte, nicht allzu kurze Socken als Moskitoschutz)
- **Unterwäsche** (aus Baumwolle); für Frauen BH
- **Badekleidung**, für Frauen außerhalb der Touristenzentren einteiliger Badeanzug

Hygiene und Pflege
- **Zahnbürste***, **Zahnpasta*** in stabiler Tube
- **Shampoo**/Haarpflegemittel
- **Nagelschere*** und Nagelfeile
- **Kosmetika** und Hautpflegemittel

- ✗ **Rasierer** (in abgelegenen Gebieten ist ein Nassrasierer zu bevorzugen)
- ✗ **Papiertaschentücher**
- ✗ **Feuchties** (zur Hygiene unterwegs)
- ✗ **Tampons** (ausreichend mitnehmen)
- ✗ **Toilettenpapier*** (in einfachen Hotels und auf vielen öffentlichen Toiletten nicht vorhanden)
- ✗ **Moskito-Schutz** (da es im Niltal und an der Küste sonst sehr ungemütlich werden kann)
- ✗ **Nähzeug** (Zwirn/Nähseide/Nadeln/Sicherheitsnadeln)

Sonstiges

- ✗ **Reisewecker*** (oder Armbanduhr mit eingebautem Wecker)
- ✗ **Taschenlampe***
- ✗ **Taschenmesser** (z.B. Schweizer Messer)
- ✗ **Reiseapotheke** (s.S. 28)
- ✗ **Notizbuch*** und Stifte*
- ✗ **Reisepass** (evtl. Internationaler Studentenausweis und Personalausweis, der zum Geldabheben reicht, wenn der Pass hinterlegt wurde)
- ✗ **Impfpass** (oder zumindest eine Kopie davon für den Notfall)
- ✗ **Internationaler Führerschein**
- ✗ **Geld** (Bargeld/Reiseschecks/Abrechnung über Schecks/Kreditkarte)
- ✗ **Flugtickets**
- ✗ **Kopien der Dokumente** (wegen des Einreisestempels nach der Einreise anfertigen)
- ✗ **Reiseführer, Landkarten, Reiselektüre**
- ✗ **Kleine Geschenke** (Postkarten, Briefmarken, Münzen, Fotos von daheim oder Sofortbildkamera für Fotos von den Gastgebern, Buntstifte, Murmeln oder Haargummis statt Bonbons für Kinder... für weitere Anregungen sind wir dankbar)

Wer in einfachen Unterkünften wohnen wird, braucht zudem

- ✗ **Seife*** oder seifenfreie Waschlotion im bruchsicheren Behälter
- ✗ dünne **Handtücher***, die schnell trocknen
- ✗ **Waschmittel** in der Tube
- ✗ **Plastikbürste*** (zum Reinigen von Wäsche und Schuhen)
- ✗ **Kordel** (als Wäscheleine)
- ✗ **Vorhängeschloss*** (und kleine Schlösser* fürs Gepäck)

* *Diese Gegenstände sind in Ägypten preiswerter zu erwerben.*

Kleider machen Leute

Während einer Reise wird man evtl. von Einheimischen eingeladen. Handelt es sich um eine Hochzeit oder ein anderes Familienfest, wird erwartet, dass Gäste sich dem Anlass entsprechend kleiden. Deshalb sollte auch ein gutes Stück im Gepäck sein, das längere Reisen unbeschadet übersteht. In Ägypten beurteilt man die Menschen weit mehr als in Europa nach ihrem Äußeren. Ein schmuddeliges Outfit stößt auf Ablehnung. Auch allzu tief ausgeschnittene und eng anliegende Kleidung wird vor allem bei Frauen als obszön angesehen. Wäsche wird fast überall innerhalb von 24 Std. für wenig Geld gewaschen und gebügelt. In vielen Traveller-Hotels gibt es zudem die Möglichkeit, selbst zu waschen.

Rucksäcke, Koffer und Taschen

Wer überwiegend mit öffentlichen Verkehrsmitteln unterwegs ist und längere Strecken zu Fuß zurücklegen will, reist am besten mit Rucksack. Beim Kauf probiert man ihn mit etwa 15 kg Inhalt an. Ein Kompromiss zwischen Koffer und Rucksack sind die Koffer-Rucksäcke, die von der Vorderseite bepackt werden und bei denen das Tragegestell eingepackt werden kann. Wer sein Gepäck nicht weit tragen muss, kann auch mit Koffer reisen. Vorteil: Man wird nicht dem negativen Image belegt, das Rucksack-Touristen manchmal haben. Zudem sind sie in öffentlichen Verkehrsmitteln leichter zu verstauen als sperrige Rucksäcke. Ein zusätzlicher Tages-Rucksack oder eine Falttasche kann unterwegs bei Tagesausflügen oder Kurztrips das Gepäck aufnehmen und auf dem Heimflug für weiteren Stauraum sorgen. Notfalls gibt es überall billige Koffer und Reisetaschen zu kaufen. Für Kameras benötigt man Fototaschen, die möglichst nicht schon von außen auf den wertvollen Inhalt schließen lassen. Sie sollten aus festem Material bestehen (nicht aufschlitzbar!), gut verschließbar sein (denn der Sand geht überall durch!) und Platz für weiteres Handgepäck haben. Wertsachen wie Geld, Pässe, Schecks und Tickets lassen sich am besten nah am Körper in einem breiten Bauchgurt aus Baumwollstoff aufbewahren. Unter Hosen und locker fallenden Kleidern kann man ihn um die Hüfte gebunden unauffällig tragen. Alle Papiere – auch das Geld – werden zusätzlich durch eine Plastikhülle geschützt, denn Schweiß ist zerstörerisch, und unleserliche Bankbescheinigungen oder Flugtickets machen Ärger.

Gesundheit

Wer sich auf eine Reise in ein fernes Land begibt, sollte darauf gefasst sein, dass sein Körper in der Fremde empfindlicher reagieren könnte als zu Hause. Wer also gesundheitliche Probleme hat, sollte sich vorher unbedingt bei seinem Hausarzt erkundigen, ob der Gesundheitszustand diese Reise und das völlig andere Klima zulässt. Die medizinische Versorgung in Ägypten entspricht außerhalb Kairos nicht dem westeuropäischen Standard. Im Sommer erreichen die Temperaturen auch im Schatten bis zu 40 °C, bei Ausflügen in Wüstenregionen deutlich mehr. In jedem Fall Flüssigkeitsverlust ausgleichen und sich einen Sonnenschutz in Form von Kopfbedeckung und Sonnenmilch zulegen!

Grundsätzlich sollten Ägypten-Besucher sich vor Antritt der Reise bewusst machen, dass Ägypten noch immer ein Land der so genannten „Dritten Welt" ist, in dem kein Reisender Infrastrukturen finden wird, die den westlichen entsprechen. Das gilt insbesondere im medizinischen Bereich. Aus diesem Grund sollte man vor Antritt der Reise auf jeden Fall darauf achten, eine Auslandskrankenversicherung mit Rückholschutz abzuschließen und die Police mit Telefonnummer immer bei sich haben.

Vorsorge

Vorsorgeimpfungen sind für die Einreise aus Europa nicht zwingend vorgeschrieben, jedoch sollte zur Frage, welcher Impfschutz anzuraten ist, der Hausarzt konsultiert werden. Eine Gelbfieberimpfung ist vorgeschrieben für Einreisende, die sich innerhalb der letzten 6 Monate in Endemiegebieten (Botswana, Malawi, Mauretanien, Belize, Costa Rica, Guatemala, Honduras, Nicaragua, Trinidad und Tobago) aufgehalten haben.

Sinnvoll sind in jedem Fall Impfungen gegen **Tetanus**, **Diphterie**, **Polio**, **Hepatitis A** und **Hepatitis B**. Wer sich viele Monate in Ägypten aufhält, sollte sich außerdem gegen **Tollwut** und **Typhus** impfen lassen. Bei Kindern sollte ein altersentsprechender Impfschutz gemäß Impfkalender vorliegen, bevor zusätzlich empfohlene Impfungen durchgeführt werden.

Alle großen Städte sowie alle ländlichen Gebiete entlang des Nils, der Sinai und Hurghada sind malariafrei. Allein die Oase Fayûm ist ein ausgewiesenes **Malariagebiet**. Doch ist das Risiko, sich dort diese Krankheit einzufangen, allenfalls zwischen Mai und Oktober gegeben. In Anbetracht der starken Nebenwirkungen einer Malariaprophylaxe kann man dieses Risiko vernachlässigen. Der beste Malariaschutz ist der Schutz vor Moskitostichen, da die Krankheit auf diesem Wege auf den Menschen übertragen wird.

Hygiene

Ägypten-Reisende können nicht mit hygienischen Verhältnissen rechnen, die den unseren entsprechen. Aus diesem Grund gelten in Ägypten, wie in so vielen nicht-europäischen Staaten, besondere **Vorsichtsmaßnahmen**, die jedoch nicht in Hysterie ausarten sollten.

Es sollte klar sein, dass **Leitungswasser** und erst recht Nilwasser tabu sind. Auch bei Softeis oder rohem Fleisch sollten die Alarmglocken schrillen. Der Genuss von Salaten wird allgemein als bedenklich eingestuft, doch ist das unseres Erachtens nicht wirklich der Fall. Anders verhält es sich mit Obst: Es sollte in jedem Fall geschält werden.

Ein ganz besonderes Problem stellt die **Bilharziose** dar, die durch Nilwasser übertragen werden kann. Auf gar keinen Fall im Nil baden, und zwar nicht nur wegen der Bilharziosegefahr, sondern auch aufgrund der übermäßigen Verschmutzung durch Fäkalien und Abwässer. Ärzte raten sogar bereits von einem Fußbad ab!

Bei **Durchfallerkrankungen**, von denen wahrscheinlich jeder Ägypten-Tourist einmal betroffen sein wird, ist immer auf eine ausreichende Flüssigkeits- und Elektrolytzufuhr zu achten. Abgepackte Glukose-Elektrolyt-Mischungen sind im Handel erhältlich und gehören unbedingt in die Reiseapotheke.

Schlangen und Skorpione

Selten, aber dennoch nicht zu unterschätzen, ist die Gefahr, die von Schlangen und Skorpionen ausgeht. Gerade, wenn man in der Wüste unterwegs ist, sollte man festes Schuhwerk tragen. Schuhe und Kleidung sowie Schlafsäcke müssen vor dem Anziehen geprüft und ausgeschüttelt werden, da sowohl Schlangen als auch Skorpione gern darin übernachten. Gegen viele Schlangen- und Skorpiongifte gibt es ein Anti-Serum, das jedoch im Notfall nur in den allerseltensten Fällen wirklich zur Verfügung steht. Falls man doch an ein Serum gelangt, ist es wichtig, das richtige auszuwählen. Dafür ist eine genaue Beschreibung der Schlange notwendig.

Hilfe bei Schlangenbissen:

Das Körperteil mit der Bissstelle muss ruhig gehalten werden. Ist kein Arzt in der Nähe, muss man eine Notbehandlung durchführen. Innerhalb von fünf Minuten nach dem Biss muss man mit einer Rasierklinge oder einem scharfen Messer einen glatten Schnitt durch die Bisswunde machen, der mindestens 5 mm tief sein sollte. Die Wunde ausbluten lassen, nicht aussaugen!

Das gebissene Körperteil wenn möglich 15 cm oberhalb des Bisses abbinden, um den Rückstrom des giftigen Blutes zu verhindern. Die Binde muss jedoch locker genug sein, damit noch Blut in das Körperteil fließen kann. Schmerzmittel einnehmen, viel trinken und schnellstmöglich einen Arzt aufsuchen!

Hilfe bei Skorpionbissen:

Die Bissstelle kühlen und ruhig stellen. Wer hat, sollte ein Anti-Histaminikum einnehmen und zum Arzt gehen!

Sonnenbrand und Hitzschlag

Selbst bei bedecktem Himmel ist die Sonneneinstrahlung unglaublich intensiv. Viele Reisende treffen nur am Strand Vorkehrungen gegen Sonnenbrand und Hitzschlag, doch ist dies auch bei Touren durchs Hinterland unbedingt notwendig. Es empfiehlt sich, als wichtigste Schutzmaßnahmen regelmäßig Cremes mit hohem Lichtschutzfaktor auf die Haut aufzutragen, Hut und Sonnenbrille zu tragen und tagsüber viel zu trinken.

Erschöpfungszustände bei zu starker Hitzeeinwirkung äußern sich durch Kopfschmerzen, Übelkeit, Benommenheit und erhöhte Temperatur. Um die Symptome zu lindern, sollte man unbedingt schattige Bereiche aufsuchen und genügend Flüssigkeit zu sich nehmen. Erbrechen und Orientierungslosigkeit können auf einen Hitzschlag hinweisen, der potenziell lebensbedrohlich ist – deshalb muss man sich sofort in medizinische Behandlung begeben.

Vorschlag für eine Reiseapotheke

Basisausstattung

- ✗ **Verbandzeug** (Heftpflaster, Leukoplast, Blasenpflaster, Mullbinden, elastische Binde, sterile Kompressen, Verbandpäckchen, Pinzette)
- ✗ **sterile Einmalspritzen und -kanülen** in verschiedenen Größen (mit ärztlicher Bestätigung, dass sie medizinisch notwendig sind, damit man nicht für einen Fixer gehalten wird)
- ✗ **Fieberthermometer**
- ✗ **Kondome**
- ✗ **Lärmstopp** (gegen Lärmbelästigung)
- ✗ **Beipackzettel**

Schmerzen und Fieber

- ✗ keine acetylsalicylsäurehaltigen Medikamente, **Benuron**, **Dolormin**
- ✗ **Buscopan** (gegen krampfartige Schmerzen)
- ✗ **Antibiotika*** gegen bakterielle Infektionen (in Absprache mit dem Arzt)

Magen- und Darmerkrankungen

- ✗ **Imodium akut** (gegen Durchfall, v.a. vor längeren Fahrten)
- ✗ **Elotrans** (zur Rückführung von Mineralien; Kinder: Oralpädon Pulver)
- ✗ **Dulcolax Dragees**, **Laxoberal Tropfen** (gegen Verstopfung)
- ✗ **Talcid**, **Riopan** (gegen Sodbrennen)

Erkrankungen der Haut

- ✗ **Desinfektionsmittel** (Betaisodona Lösung, Hansamed Spray, Kodan Tinktur)
- ✗ **Tyrosur Gel, Nebacetin Salbe RP** (bei infizierten oder infektionsgefährdeten Wunden)
- ✗ **Soventol Gel, Azaron Stift, Fenistil Tropfen, Teldane Tabletten** (bei Juckreiz nach Insektenstichen oder allergischen Erkrankungen)
- ✗ **Soventol Hydrocortison Creme, Ebenol Creme** (bei starkem Juckreiz oder stärkerer Entzündung)
- ✗ **Cortison- und antibiotikahaltige Salbe** gegen Bläschenbildung nach Quallenkontakt
- ✗ **Wund- & Heilsalbe** (Bepanthen)
- ✗ **Fungizid ratio, Canesten** (bei Pilzinfektionen)
- ✗ **Berberil, Yxin** (Augentropfen bei Bindehautentzündungen)

Erkältungskrankheiten
- **Olynth Nasenspray, Nasivin**
- **Dorithricin, Dolo Dobendan** (bei Halsschmerzen)
- **Silomat** (Hustenstiller)
- **ACC akut, Mucosolvan, Gelomyrtol** (zum Schleim lösen)

Kreislauf
- **Korodin, Effortil** (Kreislauf anregend)

Reisekrankheit
- **Superpep Kaugummis, Vomex**

Sonnenschutz mit UVA- und UVB-Filter
- **Sonnenmilch**
- **Sonnenschutzstift** für die Lippen.

Bitte bei den Medikamenten Gegenanzeigen und Wechselwirkungen beachten und sich vom Arzt oder Apotheker beraten lassen.
(* rezeptpflichtig in Deutschland)

Versicherungen

Reiserücktrittskostenversicherung
Bei einer pauschal gebuchten Reise ist eine Rücktrittskostenversicherung meist im Preis inbegriffen (zur Sicherheit sollte man nachfragen). Wer individuell plant, muss sich um die Absicherung dieses Risikos selbst kümmern. Reisebüros bieten z.T. Versicherungen an oder vermitteln den Abschluss.

Viele Reiserücktrittskostenversicherungen müssen kurz nach der Buchung abgeschlossen werden (in der Regel bis 14 Tage danach). Bei Krankheit oder Tod eines Familienmitglieds oder Reisepartners ersetzt die Versicherung die Stornokosten der Reise. Eine Reiseunfähigkeit wegen Krankheit muss durch ein ärztliches Attest nachgewiesen werden.

Die Kosten der Versicherung richten sich nach dem Preis der Reise und der Höhe der Stornogebühren. Zum Teil gibt es eine Selbstbeteiligung.

Reisegepäckversicherung
Viele Versicherungen bieten die Absicherung des Verlustes von Gepäck an, einige haben sich sogar darauf spezialisiert (z.B. Elvia). Allen Versicherungen ist gemein, dass die Bedingungen, unter denen das Gepäck abhanden kommen „darf", sehr eng gefasst sind. Deshalb ist es wichtig, die Versicherungsbedingungen genau zu studieren und sich entsprechend zu verhalten. Bei vielen Versicherungen ist z.b. das Gepäck in unbewacht abgestellten Kraftfahrzeugen zu keinem Zeitpunkt versichert. Kameras oder Fotoapparate dürfen wegen möglicher Mopeddräuber nicht über die Schulter gehängt werden, sondern müssen am Körper befestigt sein, sonst zahlt die Versicherung nicht (so Gerichtsurteile). Ohnehin sind Foto- und videotechnische Geräte meist nur bis zu einer bestimmten Höhe oder bis zu einem bestimmten Prozentsatz des Neuwertes versichert, auch Schmuck unterliegt Einschränkungen, ebenso wie Bargeld.

Entscheidet man sich für eine Reisegepäckversicherung, ist darauf zu achten, dass sie Weltgeltung hat, die gesamte Dauer der Reise umfasst und in ausreichender Höhe abgeschlossen ist. Wer eine wertvolle Fotoausrüstung mitnimmt, kann darüber nachdenken, eine Zusatzversicherung abzuschließen (s.u.).

Tritt ein Schadensfall ein, muss der Verlust sofort bei der Polizei gemeldet werden. Eine Checkliste, auf der alle Gegenstände und ihr Wert eingetragen sind, ist dabei hilfreich. Ansonsten sollte alles, was nicht ausreichend versichert ist, im Handgepäck transportiert werden.

Eine Reisegepäckversicherung mit einer Deckung von rund 2000 € kostet für 24 Tage ca. 30 Euro, als Jahresvertrag etwa 60–70 €.

Fotoversicherung
Um hochwertige Fotoausrüstungen voll abzusichern, kann es sinnvoll sein, eine zusätzliche Fotoapparate-Versicherung abzuschließen. Diese ist zwar relativ teuer, aber die Geräte sind so gegen alle möglichen Risiken versichert. Die Kosten richten sich nach dem Wert der Ausrüstung bzw. der Versicherungssumme.

Reisekrankenversicherung
Es ist ratsam, auf alle Fälle eine Reisekrankenversicherung abzuschließen. Nur wenige private Krankenkassen schließen den weltweiten Schutz im Krankheitsfall ein. Die meisten Reisebüros und einige Kreditkartenorganisationen bieten aber der-

artige Versicherungen an. Bei Krankheit – speziell Krankenhausaufenthalten – kann sehr schnell eine erhebliche Summe zusammenkommen, die aus eigener Tasche bezahlt werden müsste. Ist man versichert, kann man die Kosten gegen Vorlage der Rechnungen zu Hause geltend machen. Einschränkungen gibt es natürlich auch hier, besonders bezüglich Zahnbehandlungen (nur Notfallbehandlung) und chronischen Krankheiten (Bedingungen durchlesen).

Die später bei der Versicherung einzureichende **Rechnung** sollte folgende Angaben enthalten:

- ✗ Name, Vorname, Geburtsdatum, Behandlungsort und -datum
- ✗ Diagnose
- ✗ erbrachte Leistungen in detaillierter Aufstellung (Beratung, Untersuchungen, Behandlungen, Medikamente, Injektionen, Laborkosten, Krankenhausaufenthalt)
- ✗ Unterschrift des behandelnden Arztes
- ✗ Stempel

Wer im Ausland schwer erkrankt, wird zu Lasten der Versicherung heimgeholt, aber nur, wenn er plausibel darlegen kann, dass am Urlaubsort keine ausreichende Versorgung gewährleistet ist. Dann geht es mit Linienmaschinen oder auch mit eigens losgeschickten Ambulanzflugzeugen nach Hause. Die meisten Versicherungen haben inzwischen den Passus „wenn medizinisch notwendig" in das Kleingedruckte aufgenommen. Aber gerade die medizinische Notwendigkeit ist nicht immer leicht zu beweisen. Ist der Passus „wenn medizinisch sinnvoll und vertretbar" formuliert, kann man wesentlich besser für eine Rückholung argumentieren.

Die *Universa Krankenversicherung AG* versichert Reisende auf allen Auslandsreisen (auch Geschäftsreisen), die nicht länger als zwei Monate dauern, zu einem Preis von 8 € p.P. bzw. ab Eintrittsalter 60 17,80 € pro Jahr. Der Auslandsschutzbrief des *ADAC* gilt ein Jahr lang für Reisen von jeweils maximal 45 Tagen und kostet für Mitglieder 11,70 €, Nicht-Mitglieder zahlen 13,50 €. Weitere Anbieter sind u.a. *Debeka*, *Signal*, *ARAG* und *HUK 24*.

Wer länger verreisen möchte, sollte nach Langzeittarifen für bis zu 3 Jahren fragen.

Versicherungspakete

Von verschiedenen Unternehmen werden Versicherungspakete angeboten, die neben der Reisekrankenversicherung eine Gepäck-, Reiserücktrittskosten- und Reise-Notruf-(oder Rat&Tat-) Versicherung einschließen. Mit Letzterer erhält man über eine Notrufnummer Soforthilfe während der Reise. Krankenhauskosten werden sofort von der Versicherung beglichen, und bei ernsthaften Erkrankungen übernimmt sie den Rücktransport. Ist der Versicherte nicht transportfähig und muss länger als 10 Tage im Krankenhaus bleiben, kann eine nahe stehende Person auf Kosten der Versicherung einfliegen. Auch beim Verlust der Reisekasse erhält man über den Notruf einen Vorschuss.

Die Pakete sind jedoch, ebenso wie die günstigen Krankenversicherungs-Angebote, auf maximal 5 bis 8 Wochen begrenzt. Da bei längeren Reisen bis zu einem Jahr nur Einzelversicherungen möglich sind, und der Versicherungsschutz teurer wird, sollte man in diesem Fall die Leistungen verschiedener Unternehmen vergleichen. Wer sich optimal absichern möchte, schließt eine separate Kranken-, Reise-Notruf- (auch: Rat&Tat-), Unfall- und Gepäckversicherung ab. Bei häufigen Auslandsreisen können die Einzelversicherungen oder das Paket auch für ein ganzes Jahr abgeschlossen werden. Dann besteht auf allen Reisen Versicherungsschutz, sofern diese nicht länger als 6 Wochen dauern. Entsprechende Versicherungspakete lassen sich bequem über Reisebüros abschließen, wobei die Kosten von Dauer und Wert der Reise abhängen.

Frauen allein unterwegs

Sich als blonde Frau in der arabischen, vor allem der ägyptischen, Männerwelt zurecht zu finden, ist nicht ganz einfach. Frau braucht definitiv starke Nerven, ein sehr gesundes Selbstbewusstsein und eine schnelle Reaktionsgabe. Verfügt sie darüber, kann es zwar immer noch anstrengend, aber trotzdem ganz nett sein, Ägypten als Frau im Alleingang zu erkunden. Es gibt eine goldene Regel, die zu beachten wirklich lohnt: Wer sicher auftritt, wird sich auch schnell und leicht zurechtfinden. Unsicherheit ruft Unsicherheit hervor, und gerade in Ägypten reagieren die Menschen auf jede Schwäche.

Daneben gibt es ein paar Grundregeln, an die eine Frau sich halten sollte:

✗ Nie auf ein „Hello" reagieren! Kein Ägypter würde dies je zu einer ihm unbekannten Frau seines Kulturkreises sagen. Es ist nicht unhöflich, derartige „Willkommensgrüße" zu ignorieren, auch wenn es eine leider nur allzu verbreitete Unsitte ist, nicht reagierende Frauen mit den Worten „Eh, you don't say hello to me?" zu beschimpfen.

✗ Den Blick lieber schweifen lassen, als Männer direkt anzusehen. Sonnenbrillen – auch sonst von großem Nutzen – tun hier Wunder.

✗ Laut und empört reagieren, wenn jemand einen anfasst, sei es auch nur am Ärmel oder der Schulter. Die Umstehenden können ruhig hören, dass ein Mann Unsittliches tut. Im Falle ernsthafter Belästigung greifen sie dann meist ein. Ein „Don't touch me" oder auf Arabisch: „La tâlmisi" können Wunder wirken. Man darf eine Berührung auf keinen Fall dulden, denn das signalisiert, dass man auch für mehr offen ist! Zum Glück passiert es selten, dass Männer „grabschen". Wenn es doch einmal vorkommt, dann deswegen, weil viele tatsächlich in dem Glauben sind, europäische Frauen wollten das. Eine Europäerin besitzt in ihren Augen oft keine Moral. Deswegen, so die Schlussfolgerung, mag sie so etwas, oder schlimmer noch, es ist egal, ob sie es mag oder nicht. Sich darüber aufzuregen macht wenig Sinn. Vielmehr sollte man sich fragen, wie es zu diesem Bild kommt. Wenn man sich vergegenwärtigt, dass Ägypten zu einem der größten „Sex-Urlaubsländer" für Frauen zählt (es gibt tatsächlich eine recht große Zahl männlicher Prostituierter), und man manch westliche Frau beobachtet, wie sie sich auf der Straße verhält (offenes Flirten, knappe Shorts etc.), kann man den Gedankengang vielleicht zumindest im Ansatz nachvollziehen – jedenfalls, wenn man bedenkt, wie sehr eine Frau mit diesem Verhalten gegen die guten Sitten des Landes verstößt. Das bedeutet nicht, dass Zudringlichkeiten ägyptischer Männer zu entschuldigen wären. Grabschen lässt sich nicht rechtfertigen, aber im Grunde passiert es auch nur, weil sich die wenigsten Frauen wirklich wehren. Jede Berührung, die akzeptiert wird, macht auch anderen Mut, damit anzufangen.

✗ Oberster Grundsatz: Eine allein reisende Frau ist nicht ledig! Sie sollte immer einen Ehemann haben, am besten auch Kinder und das alles dokumentieren können (Fotos, Ehering etc.). Natürlich kennen viele Ägypter diesen Trick, aber auch wenn sie es nicht unbedingt glauben, ruft es zumindest Unsicherheit hervor – es könnte ja stimmen.

✗ Die Ägypterinnen beobachten! Auch hier gilt: „When in Rome do as the Romans do" (Verhalte dich in Rom so wie die Römer). Natürlich gibt es den wesentlichen Unterschied, dass ägyptische Frauen selten allein reisen, beobachtet man sie aber auf der Straße, kann man so einiges von ihnen lernen.

Wer als Frau allein nach Ägypten reist und Kairo verlassen möchte, sollte sich darüber im Klaren sein, was es bedeutet, wirklich auf sich allein gestellt zu sein. Zumindest außerhalb des Hauses dominiert eine Männergesellschaft.

Nur in Kairo und Alexandria sowie in wenigen Touristenorten finden sich in den Cafés, den Restaurants und Hotels Frauen, die ohne männliche Begleitung unterwegs sind. Lässt man die beiden Großstädte aber hinter sich, wird es sehr schwierig, in Kontakt mit einheimischen Frauen zu kommen. Hinzu kommt, dass außerhalb der Städte auch kaum eine Frau etwas anderes spricht als Arabisch. Insofern fallen sie als echte Gesprächspartner aus. Übrig bleiben Paare, Touristen und Männer. Doch in Anbetracht der oben genannten Umstände ist es wenig ratsam, sich auf ägyptische Männer einzulassen. Selbst eine lapidare Einladung in die Familie zum Tee kann sich nämlich schnell als Ausflug ins Schlafzimmer entpuppen...

Frauen zu zweit haben es, was Kontakte anbelangt, einfacher. Zu zweit kann man schneller reagieren und fühlt sich nicht so leicht ausgeliefert. Mehr und mehr scheint sich auch das Bild durchzusetzen, dass manche europäischen Frauen wirklich nur reisen wollen, was auch zunehmend akzeptiert wird. Frau muss mit ein wenig mehr Pfiffen rechnen, mit mehr oder minder eindeutigen Einladungen, wird aber letztendlich ähnlich schöne Erlebnisse haben wie gemischte Paare oder allein reisende Männer.

Reisen mit Kindern

Immer mehr Kinder begleiten ihre Eltern auf „abenteuerliche" Reisen, so auch nach Ägypten. Grundsätzlich ist dies auch gar kein Problem. Wie alle Orientalen lieben auch Ägypter Kinder über alles. Kinder sind immer willkommen, und wenn man mit ihnen unterwegs ist, kommt man um ein Vielfaches schneller in Kontakt mit der einheimischen Bevölkerung als ohne. Das gilt in besonderem Maße für Individualreisende. Dennoch sollte man beim Reisen mit Kindern auf ein paar Dinge achten:

Die **Anreise per Flugzeug** ist immer beschwerlich, muss jedoch nicht zum Stress werden. Am lästigsten sind die Wartezeiten auf den Flughäfen. Man kann sie allerdings sehr gut nutzen, um sich und die Kinder in den überall vorhandenen Wasch- bzw. Mutter-und-Kind-Räumen in Ruhe zu waschen, die Zähne zu putzen und die Kleidung zu wechseln, was in den beengten Flugzeugtoiletten nur mit Mühe zu bewerkstelligen ist.

Der Komfort im Flugzeug selbst variiert je nach Fluggesellschaft. Die renommierten bieten „schwebende" Kinderbettchen für Säuglinge, Kinder-Menüs, die vor denen für Erwachsene ausgegeben werden, damit man den Kindern beim Essen behilflich sein kann. Meist gibt es Spiele, Bastelmaterial oder Ähnliches. Es kann aber passieren, dass es weder Milch noch eine Möglichkeit, sie zu erwärmen, gibt, von Babynahrung ganz zu schweigen. Besonders mit einem Kind unter 2 Jahren, das noch keinen Anspruch auf einen Sitzplatz hat, sollte nur eine der großen Fluggesellschaften in Betracht gezogen werden; der Service ist ungleich besser, und man wird beim Aus- und Einsteigen bevorzugt behandelt, was bei Billiganbietern und Chartergesellschaften nicht immer der Fall ist.

Eine **Rückentrage** für die Kleinsten hat sich bestens bewährt, man kann sie notfalls auch im Flugzeug aufstellen und dem Kind somit ein Minimum an Bewegungsfreiheit geben. Gerade als allein reisendes Elternteil sollte man sich nicht scheuen, Mitreisende und Flugpersonal um Hilfe zu bitten. In jedem Fall empfiehlt sich eine Ausrüstung mit Windeln, Babynahrung und Wechselwäsche wie für eine Dreitagereise, denn für einen unvorhergesehenen Aufenthalt sollte man immer gewappnet sein.

Für die ersten Nächte nach der Ankunft braucht man ein gutes, möglichst ruhiges **Hotel**, in dem sich niemand übermäßig durch ein weinendes oder aufgedrehtes Kind gestört fühlt. Ältere und reisegewohnte Kinder kommen mit der Umstellung eher zurecht, dennoch sollte man auf großartige Unternehmungen gleich nach der Ankunft tunlichst verzichten. Für die Nacht muss unbedingt etwas zu essen und zu trinken bereitgehalten werden.

Keine übertriebene Angst vor Schmutz, Krankheiten und fremder Sprache! Kinder haben normalerweise gute Abwehrkräfte, finden leicht Anschluss und regeln viele Sachen nonverbal. Sie verstehen sehr schnell die Notwendigkeit, sich öfter als gewohnt die Hände zu waschen, kein Wasser aus der Wasserleitung zu trinken etc. Man sollte das Kind aber vor der Reise gründlich untersuchen lassen und darauf achten, dass es alle erforderlichen **Impfungen** – einschließlich jener gegen Kinderkrankheiten – besitzt.

Natürlich bringt das Reisen mit Kind auch **Nachteile**. Es ist auf jeden Fall teurer, denn das Übernachten unter freiem Himmel oder die Benutzung einer glitschigen Gemeinschaftsdusche sind mit Kindern kein Vergnügen. Folglich wird man mehr auf Mittelklasse-Unterkünfte zurückgreifen. Und vom öffentlichen Nachtleben ist man ausgeschlossen, es sei denn, man wechselt sich mit jemandem bei der Betreuung ab.

Kinder leiden häufiger unter Darmerkrankungen. Ist das Kind noch sehr klein und trinkt aus der Flasche, sollte man unbedingt darauf achten, das Milchpulver mit Mineralwasser anzurühren. Wichtig ist außerdem eine ausreichende Flüssigkeitszufuhr und ein wirksamer **Sonnenschutz**. Reisen im Hochsommer sollten auf jeden Fall unterlassen werden! Das Immunsystem von Kleinkindern ist noch nicht so ausgebildet wie das von Erwachsenen, weswegen alle Hygienevorschriften strenger beachtet werden sollten. Wenn das Kind gerade in der Phase ist, wo es alles in den Mund steckt, ist es besser, nicht nach Ägypten zu reisen!

Bei jeder noch so kurzen Fahrt sollte man etwas **Proviant** und zumindest ein Kinder-T-Shirt zum Wechseln im Handgepäck haben. Erwachsene können warten, bis irgendwann angehalten wird, wo es etwas zu essen/trinken gibt – Kindern verdirbt eine unfreiwillige Hungerkur oder Durststrecke nachhaltig die Lust am Reisen.

Sehr wichtig ist die Einbeziehung der Kinder in die **Vorbereitung** der Reise. Kinder möchten am Planen oder Kofferpacken teilnehmen und ihre Wünsche sollten im Rahmen des Möglichen berücksichtigt werden. Es ist auch hilfreich, darüber zu sprechen, was es in Ägypten zu sehen und zu erleben gibt. Welches Kind wird nicht von der Vorstellung zahlreicher Tiere, vom Buddeln und Muschelsuchen am Strand und vor allem von den geheimnisvollen Pyramiden begeistert sein?

Nicht vergessen!

- Reisepass
- Impfpass
- SOS-Anhänger mit allen wichtigen Daten
- Kleidung – strapazierfähige, leichte Sachen
- Wegwerfwindeln
- Babynahrung
- Fläschchen für Säuglinge
- Walkman und Kassetten
- Spiele und Bücher
- Fotos von wichtigen Daheimgebliebenen gegen Heimweh
- Kuscheltier (muss gehütet werden wie ein Augapfel, denn ein verloren gegangener Liebling kann allen den Rest der Reise verderben – reiseerprobte Kinder beugen vor, indem sie nur das zweitliebste Kuscheltier mitnehmen)
- Sonnencreme mit hohem Lichtschutzfaktor
- Kopfbedeckung

Reisende mit Behinderungen

Ägypten als Individual-Reiseland für Behinderte zu empfehlen wäre fatal. Es gibt so gut wie keine behindertengerechte Infrastruktur. Eine Straßenüberquerung in Kairo ohne die Möglichkeit, im geeigneten Moment loszurennen, ist quasi unmöglich. Fast kein Hotel ist behindertengerecht gebaut, die wenigsten Fahrstühle sind groß genug für einen Rollstuhl, und Busse und Züge verfügen über viel zu hohe Trittstufen.

Die Ägypter sind zwar grundsätzlich offen und hilfsbereit. Doch darf und kann man sich nicht darauf verlassen, dass diese Hilfsbereitschaft ausreichend wäre, um einen Urlaub in Ägypten zu verbringen.

Schwule und Lesben

In den meisten islamischen Ländern ist Homosexualität illegal und wird als ein Affront gegen den Islam betrachtet. Man sei entweder Moslem oder schwul, heißt es. Konservative Prediger warnen oft davor, dass Homosexuelle in die Hölle wandern. Ägypten steht nicht allein mit der gesellschaftlichen Ächtung von Homosexualität. Im Juni 2002 haben zahlreiche islamische Länder gemeinsam versucht, die Teilnahme von Schwulen- und Lesbengruppen an der UN-Aids-Konferenz zu vereiteln.

Im ägyptischen Recht wird Homosexualität nicht ausdrücklich erwähnt, sie ist rein praktisch jedoch verboten. So werden „Straffällige" wegen „obszönen Verhaltens" und „Missachtung der Religion" angeklagt. Es drohen Gefängnisstrafen zwischen drei Monaten und fünf Jahren. Homosexualität ist in dieser konservativen Gesellschaft ein Tabu, sowohl bei den Moslems als auch bei den Kopten. Die meisten ägyptischen Homosexuellen sind deshalb gezwungen, ein Doppelleben zu führen. Denn schwul oder lesbisch sein bedeutet in Ägypten, Außenseiter, Perverser, Aussätziger zu sein. Eine Warnung in roten Lettern steht auf zahlreichen Seiten ägyptischer Homosexueller im Internet: „Der ägyptische Staatssicherheitsdienst kann dich verfolgen. Vermeide es, dich immer am gleichen Ort einzuloggen." Seit dem großen Schauprozess im Jahre 2001, bei dem 52 Kairoer Jugendliche angeklagt wurden, weil sie sich auf einem Vergnügungsboot angeblich homosexueller Praktiken hingegeben hätten, ist man in der Schwulenszene vorsichtiger geworden.

Für schwule und lesbische Ägypten-Reisende bedeutet all dies jedoch kaum eine Einschränkung im Reisen. Denn wer durch die Straßen läuft, wird sehr schnell erkennen, dass hier, wie in den meisten anderen arabischen Ländern auch, Männer und Frauen jeweils Hand in Hand miteinander laufen.

Man sollte jedoch vermeiden, Zärtlichkeiten auf offener Straße auszutauschen. Die Schwulenszene Kairos und Alexandrias (eine Lesbenszene findet sich unseres Wissens nach in Ägypten nicht) hat eigene Homepages, die über interne Treffen etc. informieren. Doch ist dies illegal und kann auch für Europäer sehr ernste Konsequenzen haben.

Reiseziele

Um es gleich vorwegzunehmen: Ägypten ist so groß und vielseitig, dass es niemandem gelingen wird, in 14 Tagen das ganze Land zu bereisen. Wer kann, sollte sich mehr Zeit nehmen oder aber mehrmals kommen und sich jedes Mal einen anderen Teil vornehmen.

Es gibt wohl nur wenige Länder, die so vielseitige Reiseziele bieten wie Ägypten. Da gibt es zum einen die klassische Nilreise, von der schon Gustave Flaubert und Agatha Christie schwärmten, aber auch Wüstentouren lohnen den Weg nach Ägypten. Außerdem kann man sich dem Pyramidenkult hingeben oder aber in die Tiefen des Roten Meeres abtauchen, um die wunderbare Unterwasserwelt zu bestaunen.

Und dann sind da natürlich Kairo, das in all seinem Chaos und seiner islamischen Architektur eine eigene Reise wert ist, und – nicht nur für Bibelreisende, sondern auch für Trekkingfans und Badeurlauber – der Sinai.

Das folgende Kapitel soll einen Überblick über die schönsten Reiseziele und Reiserouten im Land geben, damit man bei der Qual der Wahl ein wenig Unterstützung hat.

Kairo und die Welt der Pyramiden

Kairo und seine Umgebung sind eine eigene Reise wert. Um nur die wichtigsten Sehenswürdigkeiten der Stadt – das Ägyptische Museum, die islamischen Viertel, die Friedhöfe, das koptische Viertel, die Nilinseln, das lebendige Einkaufsviertel in Downtown – zu sehen, das Nachtleben zu erkunden und eine Nilfahrt auf einem Ausflugsdampfer zu unternehmen, braucht man bereits mehrere Tage, ohne dabei in die Tiefe gehen zu können.

Das **islamische Kairo** kann man am besten erleben, wenn man sich treiben lässt und nicht stur den Stadtplänen und Besichtigungsprogrammen folgt. Wer es schafft, einfach einmal abzuschalten und das Leben um sich herum aus der Perspektive eines Kaffeehaus-Besuchers auf sich wirken zu lassen, wird plötzlich das Hupen und den Autolärm gar nicht mehr wahrnehmen, sondern genüsslich seinen Tee oder Kaffee schlürfen, den Duft der Wasserpfeifen um sich herum einatmen und ganz plötzlich spüren, dass Kairo eine der schönsten und lebendigsten Städte der Welt ist.

Unbedingt lohnenswert für alle, die sich für moderne Kunst interessieren oder aber einmal die Gegensätze des Landes hautnah erleben möchten, ist ein Besuch der modernen **Galerien** der Stadt. Die Townhouse Gallery, die Galerie Mashrabia oder die vielen kleinen Galerien in Zamâlik bieten dem Reisenden einen Blick in eine ganz neue Welt Ägyptens. Hier kommt man mit der intellektuellen und akademisch gebildeten Schicht des Landes zusammen.

Ein absolutes Muss ist ein Besuch im **Ägyptischen Museum**, in dem hunderttausende Exponate aus 5000 Jahren auf kleinstem Raum präsentiert werden. Dieser Spaziergang durch das alte Ägypten lässt wohl keinen Besucher kalt, genauso wenig wie ein Besuch der **Pyramiden von Giza und Saqqâra**. Auch hierfür sollte man jeweils mindestens einen Tag einplanen.

Die klassische Nilreise

Wer an Ägypten denkt, dem fällt meist zuerst die klassische Nilreise ein, die Reise in das Land der Pharaonen, zu den Grabstätten der Gottkönige, nach Karnak, Abu Simbel und natürlich zum großartigen Tempel der Königin Hatschepsut.

Die Mehrheit der Nilreisenden fährt mit einem Luxusdampfer **von Assuan nach Luxor**. Unterwegs wird an den wichtigsten Tempeln, also in Kom Ombo, Edfu und Esna, gehalten. Wesentlich beschaulicher, aber dafür auch wesentlich unbequemer reist, wer statt des Luxusdampfers eine Feluke besteigt, ein kleines ägyptisches Boot, wie es seit der Zeit der Pharaonen auf dem Nil umhersegelt. Doch für welche Reiseart man sich auch entscheidet, in jedem Fall kann man in aller Ruhe die Landschaften an sich vorbei ziehen sehen, den Bauern bei der Arbeit auf den Feldern zuschauen, die Erhabenheit des Nils und vor allem die faszinierenden Tempel unterwegs bestaunen. Die Fahrt zwischen Assuan und Luxor dauert in der Regel drei Tage.

Für **Assuan** selbst sollte man mehr als einen Tag veranschlagen. Der Besuch des Nubien-Museums oder ein paar ruhige Stunden im Nubischen Haus, ein Spaziergang über die Insel Elephantine und ein Tagesausflug nach **Abu Simbel** sind High-

Kom Ombo: Klassisches Ziel einer Nilreise

Luxor und Theben sind so voller Sehenswürdigkeiten, dass man eine gute Woche veranschlagen sollte, wenn man alles sehen möchte. Kaum etwas ist schöner (zumindest außerhalb der Sommermonate) als eine Radtour durch Theben West, wenn man abwechseln kann zwischen aktivem Strampeln und geruhsamen Besichtigungen von Gräbern und Monumental-Tempeln. Der Besuch des Hatschepsut-Tempels und des Tals der Könige sind ein Muss für jeden, der hinterher behaupten möchte, in Ägypten gewesen zu sein. Doch auch hier lohnt es sich, Zeit mitzubringen. Lieber selektieren und sich Zeit nehmen, um zwischendurch einmal einen Tee zu trinken oder ein Gespräch zu führen!

Für Karnak, am Ostufer des Nils, braucht man einen weiteren halben Tag, und wer wirklich „heiß" auf Pharaonisches ist, sollte sich die Mühe machen und auch die Tempelanlagen von **Abydos** und **Dendera** ansehen. Beides ist jeweils an einem Tag – auch mit öffentlichen Verkehrsmitteln – zu schaffen.

Wüstentouren

Wer in die Tiefen der Wüste eintauchen möchte, wer einmal ein wirkliches Sandmeer sehen möchte und **prähistorische Malereien**, die beweisen, dass die Wüste einst ein Meer war, braucht mindestens 14 Tage, gute Sitzknochen, noch bessere Nerven und einen zuverlässigen Veranstalter, der ihn zum Gilf Kabîr bringt. Doch auch Reisende mit weniger Zeit und Abenteuerlust können in Ägypten etwas von der Weite der Wüste erfahren.

Seit das New Valley und auch Sîwa per Asphaltstraße erreichbar geworden sind, können Reisende mit öffentlichen Verkehrsmitteln in die Oasen und somit in die Wüste gelangen. Ein absolutes Highlight unter den Oasen ist **Sîwa**, das jedoch auch am schwierigsten (mit öffentlichen Transportmitteln nur über Marsa Matrûh) zu erreichen ist. Sîwa, bis vor wenigen Jahren noch für Touristen geschlossen, zeigt Oasenleben, das seit vielen Generationen unverändert scheint.

Heiße Quellen, z.T. schweflig und zum Baden geeignet, finden sich in der gesamten Wüste und sind für uns ein Grund, vor allem im Winter hierher zu kommen, um dann unter einem klaren Sternenhimmel und mit frierender Nase ins heiße Nass zu sinken…

Ein Muss für jeden, der sich für fantastische Landschaften und Felsformationen interessiert, ist ein Ausflug, am besten über Nacht, in die **Weiße Wüste**. Hier hat die Erosion fantastische Steingebilde geschaffen, die den Reisenden in eine andere Welt, eine Welt fern jeder Realität, versetzen. Touren in die Weiße Wüste werden in allen Oasen von lokalen Unternehmen angeboten und gehören zu den schönsten Wüstenerlebnissen überhaupt. Da die Weiße Wüste vor wenigen Jahren zum Naturschutzgebiet erklärt wurde, ist anzunehmen, dass die Schönheit dieses Ortes auch noch ein paar Jahrzehnte lang erhalten bleibt.

In die **Östliche Wüste** kommt man zurzeit nur unter höchsten Sicherheitsauflagen. Einige Klöster und Wadis in dieser Gegend sind jedoch als Tagesausflüge von Hurghada oder Port Safaga aus erreichbar und können vor Ort gebucht werden. Auf eigene Fast loszuziehen ist in dieser Ecke gefährlich, da große Teile des küstennahen Gebirges vermint sind.

Der Sinai und die Unterwasserwelt des Roten Meeres

Der Sinai ist eine ganze Welt für sich: Grandioses Wüstengebirge, herrliche Strände, faszinierende Unterwasserwelten, Nationalparks in jeder Ecke, freundliche Menschen und eine Geschichte, die bis in die pharaonische Zeit zurück reicht.

Wer tauchen möchte, wird in Ägypten voll auf seine Kosten kommen, denn die **Tauchgründe** im Roten Meer, gleich ob rund um den Sinai oder entlang der Küste bei Hurghada und südlich davon, gehören zu den schönsten der ganzen Welt. Das Land ist auf den Tauchtourismus in bester Weise eingestellt, und so findet man überall dort, wo die Tauchgründe lohnen, internationale Tauchschulen und -basen, Tauchboote und Hotels (Näheres s.S. 386 f.).

Wer wirklich nur zum Tauchen nach Ägypten reisen möchte, sollte sich um ein Pauschalangebot von Europa aus kümmern.

Die Tauchgründe Ägyptens sind so zahlreich, dass selbst Taucher, die in Ägypten leben, es nicht schaffen, alle zu ergründen! Man kann versunkene

Schiffe erkunden, wie im Golf von Suez, oder großen Fischschwärmen folgen; man kann mit Meeresschildkröten in die Tiefen tauchen, Höhlen durchschwimmen, Korallen bewundern und Haie bestaunen. Oder aber man taucht erst gar nicht ab und genießt die Unterwasserwelt von oben, mit Schnorchel und Taucherbrille…

An der Küste steht ein Hotel neben dem anderen, und außer diesen ist nichts zu sehen. Wem der Sinn nicht nur nach großen Hotels, sondern eher nach kleinen Bungalowkolonien und einer individuellen, entspannten Atmosphäre steht, der ist am besten in **Dahab** aufgehoben, wo es sich herrlich ein paar Tage aushalten lässt. **Sharm el Shaikh** ist vor allem für Pauschaltouristen interessant, die auf europäischen Standard und westliche Küche nicht verzichten möchten.

Wer ein wenig mehr vom Land sehen möchte als nur die Unterwasserwelt, ist im Landesinneren des Sinai besser aufgehoben. Fantastische Bergwelten erlebt man im **St. Catherine Protectorate**, der Region rund um das sehenswerte Katharinenkloster, das um den Brennenden Dornbusch am Fuße des Berges Horeb, auf dem Moses die Zehn Gebote erhalten haben soll, gebaut wurde. Hier kann man mit den Beduinen des Sinai wandern oder einfach für ein paar Tage auf ausgedehnten Spaziergängen die frische Bergluft genießen. **Sinai-Trekkings** gehören für den sportlich Interessierten zu den schönsten Ägypten-Erlebnissen überhaupt. Wer sich die Zeit nimmt und einmal für eine Woche oder noch länger durch die Berge zieht, wird merken, wie einsam und schön die Natur in Ägypten sein kann.

Praktische Tipps

Übernachtung

In Ägypten gibt es vom kleinen Wüstencamp bis zum Superluxushotel à la 1001 Nacht so ziemlich alles, was das Herz begehrt, wenn auch nicht überall. Die Doppelzimmer in den einfachsten Unterkünften kosten häufig nicht viel mehr als E£5, der Preis für ein Zimmer der teuren Luxushotels hingegen ist nach oben hin völlig offen.

Viele **Hotels**, vor allem in den nordägyptischen Städten, sind in alten Kolonialbauten untergebracht. Das trifft auf kleine Billigunterkünfte ebenso zu wie auf große Luxushotels. Viele Bauten atmen geradezu Geschichte – im Mena House Oberoi in Giza oder dem Old Cataract Hotel in Assuan z.B. logierte Agatha Christie –, und das merkt man ihnen an. Bei den Billig-Unterkünften bedeutet das hohe Alter häufig, dass Wasserhähne tropfen oder der Putz von den Wänden bröckelt, aber dafür umgibt diese Häuser eine ganz besondere Atmosphäre. Bei den Hotels der mittleren und oberen Preisklasse, wie z.B. dem Windsor-Hotel in Kairo (Mittelklasse) oder den beiden bereits erwähnten Old Cataract und Mena House Oberoi (absolute Luxusklasse) bedeutet dies, den Komfort der internationalen Sterne in einem Ambiente zu genießen, das den Gast von den „alten Zeiten" träumen lässt.

Nur wenige Hotels in Ägypten sind aus dem alten und ökologisch wundervollen Baustoff Lehm errichtet. Dazu gehören z.B. das Hotel Marsam in Luxor oder die Shâli Lodge in Sîwa, aber auch einfache Unterkünfte wie Nâsr's Hotel in Dâkhla oder die neu eröffnete Eco Lodge in Milga bieten dem Reisenden die Möglichkeit, in Lehmhäusern zu wohnen. Die Wände atmen und die Temperaturen im Inneren sind stets angenehm: Im Sommer erfrischend kühl und im Winter wunderbar wärmend.

Neben den Hotels gibt es vor allem in der Wüste und auf dem Sinai so genannte **Camps**. Dies sind in aller Regel kleine Hütten-Kolonien bzw. Bungalow-Siedlungen. Meistens sind es einfache Camps mit kollektiven Sanitäranlagen. Die Hütten sind i.A. sauber, klein und nur rudimentär mit Matratzen, Leintüchern und einer Glühbirne ausgestattet. Manche Camps bieten hingegen richtige Häuser mit Betten, einem Tisch und Stühlen im Zimmer. Ganz luxuriöse Camps haben sogar eigene Bäder in den Häuschen und richtige Betten mit Leintüchern, Bettdecken und Kopfkissen.

Camps haben den Vorteil, dass sie meist in herrlicher Landschaft liegen, sehr preisgünstig sind und eine nette Atmosphäre ausstrahlen. Ein Nachteil ist, dass sie, abgesehen von Dahab und Milga auf dem Sinai, meist weit außerhalb liegen. Die Camp-Besitzer holen Gäste jedoch gern vom Busbahnhof ab.

Einfach, aber oft erfreulich sauber, sind ägyptische **Jugendherbergen**, die fast alle auch Doppelzimmer haben. Ein Jugendherbergsausweis ist selten erforderlich. Die Zimmer sind jedoch kaum günstiger als die der einfachen Hotels. In Sharm el Shaikh kostet ein DZ ohne Bad beispielsweise mehr als manches 3-Sterne-Hotel.

Die **Preise** der Unterkünfte variieren stark in **Haupt- und Nebensaison**, wobei es regional völlig unterschiedlich sein kann, welche Saison gerade ist. Wenn z.B. im Sommer in Luxor und Assuan Tiefstpreise für Hotelzimmer erhandelt werden können (man sollte auch und gerade bei Hotels immer versuchen zu handeln, vor allem, wenn man ein paar Tage länger bleiben möchte), muss man in Alexandria und an der gesamten Mittelmeerküste zu dieser Zeit mit Höchstpreisen rechnen. Wenn es dann allerdings im Winter schwierig wird, ein gutes Zimmer in Assuan zu bekommen, stehen in Alexandria und Marsa Matrûh die besten Häuser leer.

Ein Frühstück ist nur selten im Preis inbegriffen, und wenn doch, ist es meist nicht sehr üppig. Ist es gut oder mehr als nur ein Keks, haben wir es vermerkt.

Preiskategorien der Unterkünfte
Die im Buch angegebenen Sternchen stehen nicht für die Qualität des Hauses, sondern geben lediglich die Preiskategorie für ein **Doppelzimmer** an. So bedeutet:

kein Stern	unter E£25
*	E£25–50
**	E£50–100
***	E£100–200
****	E£200–400
*****	ab E£400

Der Preis ist nicht immer ausschließliches Kriterium für den Zustand eines Zimmers. Gerade bei den Unterkünften bis zwei Sternchen kann die

Qualität eines Zimmers sehr unterschiedlich sein, abhängig auch davon, an welchem Ort sich die Unterkunft befindet. Während man in Kairo z.B. für E£30 kaum ein anständiges Zimmer findet, kann man für denselben Preis in Assuan oder Dahab bereits ein sauberes Zimmer mit Bad, warmem Wasser und eventuell sogar TV erwarten.

Ab drei Sternchen aufwärts ist meist schon ein Pool dabei, zumindest aber ein Kühlschrank und ein TV. In diesen Hotels der Mittelklasse darf man bereits etwas Komfort erwarten, auch wenn man seine Sauberkeits-Ansprüche an ägyptische Verhältnisse anpasst, das heißt, es ist sauber, aber nicht unbedingt blitzblank.

Vier Sternchen bedeuten auch in Ägypten bereits gehobene Preise und somit wirklichen Komfort. Die Hotels dieser Preisklasse sind häufig für Gruppen und die ägyptische Oberschicht. Da die Zimmer für europäische Verhältnisse nicht überteuert sind, vor allem in Anbetracht des Gebotenen, sind sie für Reisende, die großen Komfort suchen, aber keinen internationalen Luxus-Standard erwarten, die richtige Hotelklasse.

Die großen Fünf-Sterne-Hotels sind nur noch selten in ägyptischer Hand. Hier entspricht die Anzahl der von uns des Preises wegen vergebenen Sternchen häufig der Landeskategorie. Es sind fast ausschließlich internationale Ketten wie Hilton, Meridien etc.

Essen und Trinken

Wie künstlich die Grenzen im Vorderen Orient sind, zeigt sich nicht zuletzt auch in der Küche. Die Länder des Nahen Ostens bilden gerade in diesem Bereich, wo aktuelle Tagespolitik und Landesgrenzen keine Rollen spielen, sondern allein die Zunge ausschlaggebend ist, eine nahezu perfekte kulturelle Einheit mit gemeinsamen kulinarischen Traditionen. So ist es auch nicht weiter verwunderlich, dass sich die ägyptische, die libanesische und die syrische Küche ähneln. Hier wie dort gibt es eine vielseitige Vorspeisenwelt, jede Menge Fleisch- und Geflügelgerichte und, wie in jedem Küstenland, natürlich auch beste Fischspeisen!

Befasst man sich mit der nahöstlichen Esskultur, dann ist ein ganz wesentlicher Faktor von Bedeutung: Die Region liegt inmitten der wichtigsten Handelskarawanenstraßen der Vergangenheit. Die Gewürze aus Asien beeinflussten die Kochkünste der Einheimischen genauso wie die naturgegebene Fruchtbarkeit des Landes, in dem Datteln und Obst, Weizen und Gemüse angebaut werden. Riesige Weiden, auf denen Schafe, Ziegen und Kühe weiden, stehende und fließende Gewässer und nicht zuletzt das Rote Meer mit all seinem Fischreichtum sind Grundlagen für diese vielfältige Küche, die immer und zu allen Seiten hin offen war.

Heute bietet sich dem Reisenden eine Vielfalt von Speiselokalen an: Kleine Bretterbuden und Garküchen, einfache Gaststätten, Restaurants und natürlich Gourmet-Tempel der Extra-Klasse. Eine Besonderheit der arabischen Welt sind die Kaffeehäuser, **Ahwas** genannt. Sie haben vor allem in der Männerwelt die Funktion eines öffentlichen Wohnzimmers. Hier trifft man sich, um in aller Ruhe eine Wasserpfeife zu rauchen, Tee zu trinken, den neuesten Nachrichten zu lauschen oder lautstark ein Fußballspiel im Fernsehen zu verfolgen. Überall in Ägypten wird man diese Ahwas finden. Vor allem in Kairo gibt es ganz fantastische Kaffeehäuser, die z.T. seit vielen Jahren als Literaten-Treff dienen.

Der Prophet hat einmal gesagt: „Wer lange leben möchte, der nehme sein Morgenmahl früh und sein Abendmahl spät ein", und nach diesem Grundsatz scheinen die Ägypter zu leben. Gefrühstückt wird früh, d.h. nach dem Frühgebet gegen 5 Uhr. Das Mittagessen wird nach dem Mittagsgebet, meist gegen 13 Uhr, eingenommen und das Abendessen beginnt selten vor 21.30 Uhr.

Einfache Gerichte

Fûl – So genannte Pferde-Bohnen. Fûl sind günstig, machen satt und halten lange vor. Sie werden langsam über mehrere Stunden gekocht und in unterschiedlichster Weise gegessen: Mit Olivenöl und Zitronen, mit Joghurt, als Sandwich mit Salat, mit Hackfleisch und Knoblauch, mit Eiern und Taamîya... Wer einmal richtig gut Fûl essen gehen und sich dabei von der Vielfalt der Bohnen-Küche überzeugen möchte, sollte dies in dem kleinen Kantinen-artigen Restaurant *At-Tabie ad-Dumyati* in Kairo (s.S. 166) machen.

Taamiya – Bei uns auch als Falafel bekannt. Kichererbsen- oder Fûl-Grieß wird mit Gewürzen,

Ei und Zwiebeln zu einer Frikadelle geformt und frittiert. Köstlich, günstig und fast überall zu bekommen.

Kushârî – Ein einfaches, aber köstliches Gericht aus Linsen, Reis, Nudeln, gerösteten Zwiebeln, einer Tomatensoße und nach Belieben noch Knoblauch-Zitronensaft. Man isst es in speziell darauf ausgerichteten Restaurants.

Mulukhîya – Eine Suppe mit spinatartigem Gemüse und manchmal auch Reis und Huhn.

Fatîr – Eine Art Pizza, nur fetter. Wird frisch gebacken und sowohl süß als auch salzig gegessen.

Shawârma – Das, was bei uns als Döner Kebab bekannt ist, nur ist es hier besser, günstiger und frischer.

Aish oder ***Khubz*** – Brot, meist in Form eines Fladenbrotes, aber auch kleine, Baguette-artige Brote, die jedoch weicher sind und nach nichts schmecken.

Vorspeisen

Tahîna – Eine sämige Soße aus gepresstem Sesam, Knoblauch, Gewürzen; wird meistens zu Fleisch- oder Fischgerichten gereicht und mit Brot gegessen.

Baba Ghanûsh – Auberginenpüree mit Joghurt und meist viel Knoblauch.

Hummus – Kichererbsenbrei mit Tahîna.

Mahshî – Gefüllte Gemüse, z.B. Weinblätter, Zucchini, Auberginen, Paprika.

Fata – Fladenbrot, Kichererbsen, Knoblauch, Joghurt, zu einem köstlichen heißen Gericht vermischt, oft mit Hackfleischsoße.

Batâta – Pommes frites

Salâta – Salat, meist mit Tomaten, Gurken, Paprika, Zwiebeln. Oft ohne Öl.

Gibna – Käse: Frischkäse, Hartkäse, Weichkäse. Immer kräftig, immer salzig.

Bastirm – Ein türkischer Schinken: Rinderfilet, getrocknet und geräuchert und mit einer würzigen und scharfen Paprika-Ummantelung.

Hauptgerichte

Hamam – Taube gefüllt, gedämpft, gekocht, gegrillt, gebraten. Taube gibt es in allen Variationen.

Samak – Fisch, auch hier: gegrillt, gebraten, gekocht. Entlang des Nils wird vor allem der Nil-Barsch angeboten, am Mittelmeer findet man häufig Seezunge, Kabeljau und Shrimps. Das Rote Meer bietet vor allem Thunfisch, Hai, Hummer, Shrimps, Tintenfische sowie Brassen.

Kebab – Rind-, Hammel- oder Lammfleisch, oft mit Reis serviert, gegrillt auf Spießen oder gebraten.

Kefta – Hackfleisch gegrillt oder gebraten.

Farakh – Hähnchen, meist gegrillt und häufig zäh. Zu den meisten Gerichten wird Reis, Pommes frites und/oder Gemüse gereicht.

Nachspeisen

Umm Alî – Das wohl klebrigste, süßeste Backwerk überhaupt, mit viel Zucker, Rosenwasser, Nüssen

Muhalabîya – Milchpudding, manchmal Crème brûlée.

Muhalabîya bi l-Rûz – Milchreis

Kunâfa – Ein Erbe der Osmanen: ein süßes fettes Grießgericht, das in einer Metallschale serviert wird.

Halwayât – Süßigkeiten, vor allem gebackene; Kekse mit Pistazien und Rosenwasser, Nüssen und Mandeln u.v.m.

Getränke

Fruchtsäfte – Je nach Jahreszeit kann man so ziemlich in jeder Stadt in kleinen Saftläden Säfte der Saison bestellen oder auch einen Fruchtcocktail. Bester Orangensaft (Asîr Butra'âl), Bananenmilch (Mûz bi l-Laban), Mangosaft (Asîr Mangu), Zuckerrohrsaft (Asab), Limonensaft (Asîr Laimûn) und vieles mehr. All dies zu niedrigen Preisen.

Sahlab – Ein heißes Getränk, das aus Stärke, Milch, Kokosnuss, Nüssen, Rosinen und ab und zu auch Bananen hergestellt wird.

Shâi – Tee. Es gibt ihn überall. Wer keinen Lipton-Beuteltee möchte, sollte sagen: Shâi âdi. Wer unbedingt Lipton-Tee möchte, bestellt einen Shâi Liptûn.

Karkadi – Hibiskustee. Es gibt ihn kalt und heiß und immer ist er gesüßt und schmeckt leicht säuerlich. Das Beste, was es im Sommer zu trinken gibt!

Tamarhindi – Tamarindensaft, gesüßt und gekühlt.

Ahwa – Mokka. Man kann ihn *masbût* trinken, dann ist er leicht gesüßt. Oder man trinkt ihn *saada*, also ohne Zucker bzw. *ziyâda*, dann ist er sehr süß! Außerdem gibt es natürlich auch häufig **Nescafé**.

Essen und Trinken

Mâ – Wasser. Möglichst immer aus der Flasche. Am besten schmeckt Baraka, aber auch Siwa und Safi sind gute Marken (nur ohne Kohlensäure).

Bîra – Bier. Die gängigen Marken heißen **Stella** und **Saqqâra** (gesprochen: Sa'ara). Stella ist weniger stark, weniger bitter und weniger teuer. Natürlich gibt es auch Heineken und Meister-Bier.

Nabîdh – Wein. Obschon die Weinherstellung in Ägypten bis in pharaonische Zeiten zurück reicht, hat man es heute verlernt, wirklich guten Wein zu produzieren. Trinkbar ist vor allem der Omar al-Khayyam, genannt nach einem persischen Poeten des Mittelalters, der dem Wein sehr zugetan war.

Außerdem gibt es natürlich jede Menge importierte Erfrischungsgetränke, wie Cola, Pepsi, Sprite etc. Die ägyptischen Schnäpse sind aufgrund ihres hohen Methanol-Gehaltes gesundheitsschädigend.

Verkehrsmittel

Grundsätzlich muss man differenzieren, wo man sich in Ägypten mit öffentlichen Verkehrsmitteln bewegen möchte. Denn es macht einen gewaltigen Unterschied, ob man im **Niltal** oder woanders reist. Während es im Niltal manchmal etwas schwieriger ist, von A nach B zu kommen, ist es in allen anderen Landesteilen, also dort, wo Touristen keine Auflagen gemacht werden, mit welchem Zug oder Bus sie wohin fahren dürfen, sehr einfach.

Ägypten hat ein recht weites öffentliches Verkehrsnetz. So kann man in diesem Land fast jeden Ort mehr oder minder problemlos ansteuern, ohne dabei auf einen eigenen Wagen angewiesen zu sein. Und wo man mit öffentlichen Verkehrsmitteln nicht mehr weiterkommt, stehen Taxis oder Tourenanbieter zur Verfügung.

Ein Problem ist eher, dass ausländische Touristen nicht uneingeschränkt im Land herumreisen können. Beispielsweise dürfen Linienbusse im Niltal nur maximal vier Touristen befördern, Sammeltaxis und Minibusse nur zwei (und selbst das tun sie oftmals nicht), und auch nur vier der Züge, die zwischen Assuan und Kairo verkehren, dürfen von Europäern genutzt werden. All das geschieht angeblich zu deren Sicherheit. Vorsichtsmaßnahmen über Vorsichtsmaßnahmen erschweren das Reisen, wenn man entlang des Nils andere Ziele als Luxor und Assuan ansteuern möchte. Doch sollte sich keiner davon abhalten lassen, auch Ziele jenseits dieser Orte zu besuchen, denn mit Geduld, einem freundlichem Lächeln und viel Zeit kommt man auch im Niltal überall hin und die Bevölkerung, die außerhalb der Touristenhochburgen lebt, ist überaus freundlich und hilfsbereit.

Grundsätzlich gilt: Es gibt kaum feste **Fahrpläne** bzw. ändern sich die bestehenden häufig. Aus diesem Grunde wurden hier oft nur die Verbindungen sowie bei längeren Fahrten zusätzlich die übliche Dauer angegeben. Wenn wir Abfahrtszeiten angegeben haben, dann nur als Anhaltspunkte, nie als gültige Zeiten. Allein bei den **Zügen im Niltal**, die für Touristen erlaubt sind, haben sich die Abfahrtszeiten in den letzten Jahren nur geringfügig verschoben, so dass man davon ausgehen kann, dass diese stimmen. Der Reisende muss stets die aktuellen Abfahrtszeiten selbst beschaffen. Bei Verkehrsmitteln, die keine festen Abfahrtszeiten haben (wie z.B. Überlandbusse, in die man unterwegs zusteigt, oder Sammeltaxis, die abfahren, wenn sie voll sind), haben wir in aller Regel darauf verwiesen.

Inlandflüge

Ägypten verfügt über ein angenehm großes, bisweilen sehr nützliches Inlandflugnetz. So kann man mehrmals täglich von Kairo aus alle größeren Städte anfliegen und zwei Mal täglich von Assuan nach Abu Simbel kommen. Auch der Sinai ist eine beliebte Flugdestination.

Die Preise für Inlandflüge sind vergleichsweise hoch, zumal sie in US$ erhoben werden. Buchen kann man alle Flüge über **Egypt Air**. Sie ist die einzige beständige Fluglinie im Land. Daneben gibt es weitere kleine Fluglinien, die jedoch kommen und gehen. Allein Air Sinai, die zur Egypt Air gehört, gibt es schon länger, sie ist aber nicht günstiger als die staatliche Hauptlinie. Hier ein paar Preisbeispiele für One-way-Flüge von Kairo aus: Luxor US$121, Assuan US$167, Alexandria US$72, Hurghada US$131, Sharm el Shaikh US$138.

Eisenbahn

Zugfahren in Ägypten ist bequem, zumindest wenn man die komfortablen klimatisierten Züge nimmt, die auch für Touristen zugelassen sind. Es ist nicht unbedingt das günstigste Verkehrsmittel (es sei denn, man fährt 3. Klasse, auf Holzbänken), sicherlich aber eines der sichersten und angenehmsten – gesetzt den Fall, man möchte von Kairo nach Alexandria oder von Kairo Richtung Assuan, denn diese Linien sind gut ausgebaut und die Züge komfortabel. Außerdem gibt es für diese Strecken (einigermaßen zuverlässige) Fahrpläne.

Die Linien von Kairo durch das Delta nach Port Said über Ismâ'iliya und Suez sind in mehr als miserablem Zustand, ebenso die Strecke von Kharga nach Luxor.

Das Hauptproblem der Züge im Niltal sind **fehlende Fahrpläne**. Leider können auch Schalterbeamte oder Schaffner häufig nicht weiterhelfen. Die wenigen Fahrpläne, die existieren, sind meist veraltet oder ungültig und außerdem: Wer kann schon Arabisch lesen? Bekommt man in Luxor, Assuan oder Kairo noch einigermaßen gute Auskünfte über die nächsten Abfahrtszeiten, wird es in Esna, Edfu oder Sohâg schon wesentlich schwieriger. Zum einen gibt es hier kaum noch jemanden, der etwas anderes als Arabisch spricht, zum anderen sind die Auskünfte, die gegeben werden, nicht wirklich zuverlässig. Nicht nur einmal ist es uns passiert, dass ein Zug nach Auskunft der Bahnbeamten um 14 Uhr kommen sollte und dann um 13.30 Uhr abfuhr. Die Konsequenz, die wir daraus gezogen haben, ist die, dass man sich nie auf Auskünfte verlassen sollte, auch wenn sie von hochoffiziellen Personen kommen. Wer mit dem Zug reist, sollte frühzeitig am Bahnhof sein und viel Zeit mitbringen. Da die Zugfrequenz glücklicherweise recht hoch ist, kommt mit großer Sicherheit innerhalb der nächsten Stunde eine Bahn in die gewünschte Richtung vorbei, es sei denn, man möchte um die Mittagszeit reisen, da kann es manchmal ein wenig länger dauern. Da sich aber in der Nähe eines jeden Bahnhofs ein Teehaus befindet, muss das nicht weiter schlimm sein. Auch wenn man so viel Zeit braucht, um voran zu kommen, so hat das Bahnfahren im Niltal einen entscheidenden Vorteil: Man kann historische Stätten wie Abydos, Dendera, Kom Ombo oder auch Esna problemlos und ohne Konvoi alleine besichtigen, und das lohnt die Warterei unbedingt!

Es gibt in Ägyptens Zügen drei **Klassen** und eine Luxus-Klasse der Firma Wagon Lit. Letztere sind luxuriöse Schlafwagen europäischen Standards, die auf der Linie Assuan–Luxor–Kairo Nacht für Nacht in beide Richtungen verkehren. Die erste und zweite Klasse in ac-Zügen (eine dritte Klasse gibt es hier nicht) ähneln sich, der Unterschied liegt vor allem im Platz, der dem Einzelnen zur Verfügung steht. **Platzreservierungen** sind vorgeschrieben, insofern müssen die Tickets im Vorhinein gekauft werden.

In den nicht klimatisierten Zügen herrscht keine Reservierungspflicht. Es gibt sie nur in der zweiten und dritten Klasse, wobei diese sich wiederum kaum voneinander unterscheiden. In beiden Klassen gibt es nur Holzbänke und es ist sehr dreckig. Dafür kosten diese Züge nur einen Bruchteil des Preises für ac-Züge.

Wer einen internationalen Studentenausweis hat, kann bei allen Zügen 33% **Ermäßigung** verlangen.

Überlandbusse

Busse sind außerhalb des Niltals sicherlich das bequemste und praktischste Verkehrsmittel. Und selbst im Niltal, wo hohe Auflagen gemacht werden, kann man mit dem Bus bequem von jedem Ort überall hin fahren!

Busse haben den großen Vorteil, dass sie häufig verkehren, relativ bequem sind (ganz selten nur passiert es, dass man stehen muss) und fast jede Stadt Ägyptens anfahren. Die Qualität der Buslinien ist unterschiedlich. Es gibt Busse, die so klapperig sind, dass man sich wundert, wie sie sich überhaupt fortbewegen können; Busse, die nach Benzin stinken, deren Sitze kaum noch tragen oder immer wieder nach hinten klappen und deren Schaltknüppel bei jeder Unebenheit der Straße aus dem Gang hüpfen. Auf der anderen Seite gibt es **Luxusbusse** wie Super-Jet, die zwischen allen großen Städten Ägyptens verkehren. Sie haben häufig eigene Busbahnhöfe. Die Tickets sind ein wenig teurer als für Standard-Busse, jedoch max. um 20%. Die Busse haben eine Klimaanlage, hochmodernes Equipment und viel Beinfreiheit.

Ganz egal, wie komfortabel die Busse sind, es gibt ein paar Dinge, die alle gemein haben, z.B. ein Videogerät, das auch während der Fahrt, oftmals in ohrenbetäubender Lautstärke, läuft. Gezeigt werden ägyptische Schnulzen und amerikanische, Gewalt verherrlichende Billig-Produktionen. Viele Busse haben auch eine kleine Bord-Toilette. Die Sitze rund um diese sind weniger zu empfehlen, da manchmal „Duftschwaden" aus undichten Türen herüber wehen können.

Die meisten Busse fahren pünktlich ab (plus/minus 20 Minuten) und kommen mehr oder weniger auch pünktlich an (plus/minus 1 Stunde). AC-Busse sind oftmals sehr kalt, weswegen man immer auch ein paar Socken und einen Pulli mitnehmen sollte.

Der **Ticketkauf** gestaltet sich abhängig davon, wo man ist und wohin man möchte. Während es zum Beispiel nicht nötig ist, in Kairo ein Ticket Richtung Alexandria im Vorhinein zu kaufen, ist dies anzuraten, wenn man in Baharìya sitzt und den einzigen direkten Bus des Tages nach Kairo erwischen möchte. Wir haben in den einzelnen Kapiteln angegeben, wie häufig die Busse fahren, so kann man abschätzen, ob ein Ticketkauf im Voraus erforderlich ist oder nicht. Schaden kann es jedenfalls nicht! In manchen Bussen kann man das Ticket erst im Bus kaufen, dann z.B., wenn der Bus nicht in dem Ort, in dem man sich befindet, startet, sondern nur auf der Durchreise ist. Wenn Busse selten fahren, so wie z.B. in den Oasen oder im Sinai, kann es vorkommen, dass kein Platz mehr frei ist. Dann muss man eben auf den nächsten warten, der im ungünstigsten Fall erst am nächsten Tag fährt. Wirklich notwendig ist der Ticketkauf im Voraus an den Tagen vor offiziellen Festen und Feiertagen, denn dann kann es zu Engpässen kommen.

> **Hinweis**: Vorsicht bei Angeboten wie Tee, Kaffee, Erfrischungsgetränken. Sie sind nicht im Preis inbegriffen. Da die „Bus-Boys" jedoch ganz gut am Verkauf dieser Getränke verdienen, versuchen sie bisweilen auf recht penetrante Art und Weise, diese an den Mann zu bringen. Mit vollkommen überteuerten Preisen wollen sie ein paar Guiné nebenbei verdienen. So kann ein Tee mit Keks locker E£20 kosten. Man sollte sich also genauestens nach dem Preis erkundigen und nachhaken, was in diesem Preis inbegriffen ist.

Mini-Busse und Sammeltaxis

Mini-Busse, heutzutage fast alle moderne japanische 10-Sitzer Busse, fahren i.A. nur Ziele in der näheren Umgebung an bzw. bedienen kürzere Fernstrecken wie z.B. Kairo–Fayûm, Luxor–Assuan oder Hurghada–Port Safaga. Komfort wird hier klein geschrieben (wenig Platz für Gepäck, harte Sitze, wenig Beinfreiheit), dafür erreicht man mit ihnen fast jeden Ort in der näheren Umgebung. Oft sind die Mini-Bus-Bahnhöfe nahe bei den anderen Busbahnhöfen; in großen Städten gibt es meist mehrere Mini-Busbahnhöfe, in der Regel einen für jede Himmelsrichtung. Nie wird man einen Ticketschalter finden, denn die **Tickets** werden erst bei Fahrtantritt oder im Fahrzeug gekauft. Feste **Fahrpläne** gibt es nur selten, aber es gibt Richtlinien, wann diese Busse abfahren: meist bis zum frühen Nachmittag im stündlichen Rhythmus, danach wird es schwer bis unmöglich, einen Bus zu bekommen. Schlepper und Fahrer rufen die Zielorte an den Mini-Busbahnhöfen aus. Es gibt **Festpreise**.

Das Praktische an diesen Bussen ist, dass man überall auf der Strecke aus- bzw. zusteigen kann, indem man sich an die Straße stellt und den Bus per Handzeichen anhält.

Viele dieser Mini-Busse verkehren auch als Sammeltaxis, d.h. sie fahren erst ab, wenn sie voll sind. Sie steuern die Ziele der näheren Umgebung an, so auch alle Dörfer. Ihre Abfahrtsstelle ist meist in der Nähe der Mini-Bus-Bahnhöfe; häufig haben beide sogar nur einen einzigen Bahnhof. Sammeltaxis sind für den Reisenden v.a. dann von Bedeutung, wenn kein Bus oder Mini-Bus mehr fährt oder wenn die Abfahrt des nächsten offiziellen Busses noch einige Stunden dauern kann. Eng wird es hier wie bei den Bussen vor allem vor den großen Feiertagen, dann muss man sich auf sehr anstrengende Fahrten gefasst machen.

Im Niltal kann es vorkommen, dass Fahrer sich aus Angst vor der Polizei und den Sicherheitskontrollen weigern, Touristen mitzunehmen. In den kleinen Bussen sind offiziell max. zwei Touristen erlaubt.

Fähren und Boote

Die für den Reisenden wohl wichtigsten Boote sind die Nuwaiba-Fähre nach Aqaba (s.S. 424, An- und Abreise), das Schnellboot, das Hurghada mit Sharm el Shaikh verbindet (s.S. 396, Hurghada) sowie die Nilschiffe, Feluken (s.S. 266, Assuan) und Kreuzfahrtschiffe, die Gäste meist von Assuan nach Luxor oder Edfu bringen. Letztere werden am besten von Europa aus im Rahmen einer Pauschalreise gebucht.

In Kairo gibt es die so genannten Riverboats, Fährlinien, die selten fahren und selten halten, aber sicherlich das angenehmste Nahverkehrsmittel der Hauptstadt sind (Fahrpläne hängen aus).

Südlich von Kairo gibt es entlang des Nils jede Menge kleinerer Fähren (alle 25 pt), die die Nilbewohner dort, wo keine Brücke ist, von einer Seite des Nils zur anderen bringen. Man findet sie in jeder Stadt am Flussufer sowie an vielen anderen Stellen außerhalb.

Kleine Fähren verbinden auch die Städte am Suezkanal mit der jeweils anderen Seite. Sie sind kostenlos.

U-Bahn

Kairo hat die einzige Metro Afrikas. Der Versuch, den Verkehr unter die Erde zu verlegen, ist aber letzten Endes misslungen, weil man die gesamte U-Bahn viel zu klein gebaut hat, so dass hier heute mehr Gedränge herrscht als irgendwo sonst. Die beiden Linien, die derzeit in Betrieb sind, sind stets überfüllt. Davon einmal abgesehen, funktionieren sie relativ gut und verkehren mehr oder weniger fahrplanmäßig. Eine einfache Fahrt kostet zwischen 25 pt und E£1. Näheres s. S. 178.

Taxis

Taxi fahren funktioniert in Ägypten nicht ganz so, wie man es aus Europa gewohnt ist. Man steigt in ein Taxi ein, nennt sein Ziel und bezahlt – das Taxameter ist nie an, und wenn doch, zeigt es einen Preis, der vor 20 Jahren gegolten hätte. Grundsätzlich gilt: Innenstadtstrecken E£3–5, weitere Strecken E£5–7. Fernstrecken bis 20 km kosten in der Regel E£10–15, Flughafenfahrten immer um E£20, selten mehr. Nachts und sehr früh morgens müssen grundsätzlich Preise ausgehandelt werden.

Taxis dürfen nur innerhalb festgelegter Gebiete fahren (in den einzelnen Kapiteln sind die Taxi-Preise mit angegeben).

Kutschen (Kaleche)

In Luxor und einigen anderen Orten gibt es zusätzlich zu den Taxis so genannte Kaleches, Kutschen, die den Besucher von A nach B bringen. Die meisten Kutscher verlangen astronomische Preise, da sie wissen, wie gern Touristen einmal mit dem Pferdewagen unterwegs sind, statt mit einem Auto. Es ist in der Tat wunderbar beschaulich, von einer Pferdekutsche aus die Stadt und das Treiben auf den Straßen zu beobachten. Als Richtpreis: Eine halbe Stunde darf nicht mehr als E£7 kosten, eine volle Stunde nicht mehr als E£10. Preis und Ziel müssen vorher ausgehandelt werden.

Auto

Das Fahren in Ägypten, besonders in Kairo, erfordert ein hohes Maß an Mut, Sicherheit im Umgang mit einem Auto und Flexibilität. Ägypten ist weltweit das Land mit den meisten Unfalltoten, und das merkt man der Fahrweise der Ägypter an. Nachts ohne Licht zu fahren, um dann kurz vor einer Kollision aufzublenden, ist eine durchaus übliche Unart. Man sollte aus diesem Grund unbedingt **Fahrten nach Anbruch der Dunkelheit meiden**. Nicht nur waghalsige, sondern geradezu lebensbedrohliche Überholmanöver sind in diesem Land keine Seltenheit, und **Verkehrsregeln**, die, man sollte es nicht glauben, tatsächlich existieren, sind dazu da, ignoriert zu werden. Am leichtesten begreift man dies, wenn man in Kairo steht und sich versucht bewusst zu machen, dass in dieser Stadt eigentlich ein Hupverbot gilt... Man muss ständig mit Unerwartetem rechnen! Grundsätzlich scheint es, als schauten Ägypter nie nach hinten. Platz schafft man sich mit Hilfe der Hupe und ein jeder achtet in erster Linie auf den Verkehr vor sich.

Doch wer sich unerschrocken und ohne übertriebene Sorge um das Auto in den ägyptischen Verkehr stürzen möchte, kann auch die vielen Vorteile genießen, die Selbstfahrer haben: die Freiheit, überall anzuhalten, wo man möchte, und Orte aufzusuchen, die man sonst nur in Gruppen besuchen oder mit einem Taxi anfahren kann. Eingeschränkt wird diese Freiheit nur im Niltal, wo sich Selbstfahrer an die Konvoizeiten halten müssen (s. S. 251, 274, 287).

Das gut ausgebaute **Straßennetz** Ägyptens umfasst etwa 65 000 km, von denen rund 50 000 km befestigt sind. Einige Straßen sind gebührenpflichtig. Dazu gehören die Straßen: Kairo–Alexandria, Kairo–Ain Sukhna, Ismā'iliya –Port Sa'īd. Diese Gebühren sind jedoch sehr gering. Für Fahrten zum Sinai ist der Ahmad-Hamdi-Tunnel unter dem Suezkanal ganztägig geöffnet. Die Straße entlang des Roten Meeres ist für Touristen mit eigenem Pkw nur bis Marsa Alam geöffnet. Gerade in diesem Gebiet ist es wichtig, nicht von der Straße abzukommen, da hier noch viele **Minenfelder** sind. Ein Ausscheren kann hier also lebensgefährlich sein.

Die meisten Straßen sind in sehr gutem Zustand, und das Netz der neuen und ausgebesserten Straßen wird immer größer. Kleine und wenig befahrene Nebenstraßen können in weniger gutem Zustand sein. Häufig sind auch ansonsten recht gute Straßen im Ortsbereich nur mäßig. Die meisten Pisten im Land sind für Pkw nicht zu befahren.

An die häufigen **Polizei- oder Militärkontrollen** sollte man langsam heranfahren. Weiterfahren darf man nur, wenn man eine deutliche Aufforderung dazu erhalten hat. Oftmals werden Pkw mit Touristen ein Stück weit von Militärfahrzeugen und/oder Panzern begleitet. Im Allgemeinen sind Polizisten Touristen gegenüber ausgesprochen freundlich und hilfsbereit – also keine Angst!

Die **Straßenschilder** sind meist die gleichen wie in Europa.

In fast jedem Dorf gibt es **Reparaturwerkstätten**, wobei hier oft mehr improvisiert als wirklich repariert wird. Dennoch sollte man diese Leistungen nicht unterschätzen! In den großen Städten ist eine zuverlässige Reparatur gewährleistet. Oft befinden sich Autoreparaturwerkstätten an den großen Ausfallstraßen der Städte, meist nahe dem Busbahnhof. Der ADAC empfiehlt, sich im Vorhinein bei seinem Autohändler ein Verzeichnis aller Kundendienststellen der eigenen Automarke sowie die wichtigsten Ersatzteile zu besorgen.

Bleifreies **Benzin** gibt es fast nirgends. Super hat sehr niedrige Oktanwerte; Super verbleit: 90 Oktan, E£1 pro Liter; Masrolin (eine ägyptische Benzinmischung; verbleit): 95 Oktan, E£1,10/l. Diesel: 45 Pt/l.

Verkehrsvorschriften
- ✗ Die **Höchstgeschwindigkeit** beträgt in geschlossen Ortschaften 30 km/h, außerhalb geschlossener Ortschaften für Pkw mit Anhänger 50 km/h, Pkw/Wohnmobil/Motorrad 60 km/h, auf Autobahnen und Schnellstraßen 90 km/h.
- ✗ Es herrscht **Rechtsverkehr**, doch das bedeutet nicht viel. Man sollte immer vorsichtig fahren, da bei der einheimischen Bevölkerung das Rechtsüberholen nicht unüblich ist.
- ✗ Vorsicht: Auch in **Einbahnstraßen** muss mit Gegenverkehr gerechnet werden!
- ✗ Die **Vorfahrtsregel** „rechts vor links" ist – so gültig sie auf dem Papier sein mag – in der Praxis hinfällig.
- ✗ Eine rote **Ampel** bedeutet nicht unbedingt, dass man anhalten sollte. Am einfachsten ist es, man orientiert sich an den anderen Autofahrern und fährt, wenn diese auch fahren.

Weitere Informationen gibt der **Automobile et Touring Club d'Egypte**, 10, Sh. Qasr el Nil, Kairo, ✆ 02-5743176.

Mietwagen
Bei Mietwagen sollte man sich überlegen, ob man sich an einen **internationalen Anbieter** wie Avis oder Europcar oder an einen lokalen wenden will. Internationale Firmen bieten einen internationalen Service, der es dem Reisenden erlaubt, schon von Deutschland aus ein Auto zu buchen. Die Preise einer Buchung zu Hause unterscheiden sich häufig nicht von denen einer Buchung vor Ort, dafür muss man sich aber schon vor der Reise festlegen, wann man das Auto haben will. Eine zentrale Reservierung in Deutschland ist bei Avis unter ✆ 0180-55577, 🖥 www.avis.de und bei Europcar unter ✆ 0180-5221122, 🖥 www.europcar.com möglich.

Die meisten und besten Angebote erhält man in Kairo (s.S. 174). Man sollte mit einem Preis zwischen US$100–300 pro Woche rechnen zuzüglich einer Kilometerpauschale von US$0,50 pro Kilometer (bei 100 Freikilometern am Tag). Fast alle Autovermieter haben limitierte Kilometer und nur wenige bieten einen wirklich guten Versicherungsschutz.

Außerhalb Kairos kann man Autos in Alexandria, Sharm el Shaikh, Luxor und Hurghada mieten. In anderen Orten nur bei lokalen Vermietern, die jedoch häufig versicherungslos sind. Hier lohnt es sich, Taxis mit Fahrer für mehrere Tage zu mieten, denn diese fallen unter das Personen-Beförderungs-Gesetz und haben daher einen entsprechenden Versicherungsschutz.

Viele der **lokalen Anbieter** kann man über Reisebüros kontaktieren. Sie vermieten ihre Autos häufig mit Fahrer. Auch wenn das im ersten Moment absurd klingen mag: Ein **Auto mit Chauf-**

feur ist oft billiger als eines ohne! Zudem ist ein Fahrer manchmal gar nicht schlecht. Die Beschilderung in Ägypten ist eher mäßig und häufig stimmen Straßen nicht mit den Karten überein. Hinzu kommt, dass man sich als Mitfahrer viel besser auf die Landschaft konzentrieren kann und nicht auf den z.T. nervenaufreibenden Verkehr achten muss. Die meisten Fahrer wissen viel über die Gegend zu erzählen und kennen Orte, an die man als Selbstfahrer wohl nie kommen würde. Das Einzige, was einem bei einem Mietwagen mit Fahrer passieren kann, ist, dass der Fahrer sehr auf Provisionen aus ist. Denn viele der Fahrer leben von den Provisionen, die sie von Händlern und Hotelbesitzern erhalten, wenn sie ausländische Gäste dorthin bringen. In solchen Fällen ist es notwendig, energisch einzugreifen, will man sich nicht dirigieren lassen, sondern selbst bestimmen.

> **Worauf beim Mieten eines Wagens zu achten ist**:
> ✗ Vollkaskoversicherung inkl.?
> ✗ Insassenversicherung inkl.?
> ✗ Steuer (im Normalfall 20% des Mietpreises) inkl.?
> ✗ Kosten für die Kilometerpauschale?
> ✗ Zustand des Autos? (der ägyptische TÜV ist nicht so gründlich wie bei uns)

Reisen im Konvoi

Zum Glück sind die Zeiten vorbei, in denen man sich als Tourist mit öffentlichen Verkehrsmitteln ausschließlich im Konvoi bewegen durfte. Von wenigen Ausnahmen abgesehen, kann man sich, vorausgesetzt, man hält sich an ein paar Grundregeln (z.B. nur vier Touristen pro Reisebus etc.), überall im Land frei bewegen. Und dennoch: Oftmals kommt man gar nicht um Konvoifahrten herum, wenn man von A nach B möchte, sei es, weil die öffentlichen Verkehrsmittel nur zu Konvoizeiten fahren, oder weil man den ganzen Aufwand des Alleinreisens nicht auf sich nehmen möchte und daher organisiert reist.

Grundsätzlich ist gegen das Reisen im Konvoi gar nichts zu sagen. Konvoifahrten müssen nicht unbedingt immer nur anstrengend sein. Meist verlaufen sie nicht anders als andere Fahrten, nur dass man am Ende und Anfang jeder Reise an Sammelpunkten auf die anderen wartet. In Ägypten wartet man ja auch ohne triftigen Grund unheimlich oft, und insofern sollte dies kein Problem darstellen. Unangenehm werden Konvoifahrten, wenn sie zu Zielen aufbrechen, die nur und ausschließlich für Touristen interessant sind, wie z.B. die **Fahrt nach Abu Simbel**, wenn 70 und mehr Busse gleichzeitig am Ziel ankommen und diesen Bussen mehrere Tausend Menschen entströmen, die dann alle am Ticketschalter anstehen, um sich in den 90 Minuten Aufenthalt den Tempel anzusehen... Dann wird die Bewegungsfreiheit doch sehr stark eingeengt, womit man erst einmal umgehen können muss. Doch gibt es auch für dieses Problem eine Lösung: Eine Nacht in Abu Simbel einschieben! Wer mit dem öffentlichen Bus im Konvoi kommt, kann am nächsten Tag mit einem öffentlichen Bus im Konvoi zurück. Das gilt im Grunde für alle Orte Mittel- und Oberägyptens. Wir haben in jedem Kapitel angegeben, wie man auch öffentlich und ohne Konvoi (wenn möglich) von A nach B kommen kann. Anders sieht es bei **Selbstfahrern** und **Taximietern** aus. Sie sind im Niltal immer auf Konvois angewiesen. Sie dürfen sich gar nicht ohne bewegen. Zwar wurde uns mehrmals berichtet, man könne versuchen, mit dem Konvoi loszufahren, um dann unterwegs auszuscheren, aber spätestens bei der nächsten Polizeikontrolle muss der Reisende wieder auf den nächsten Konvoi warten... Da Konvoifahrten also so wichtig sind, haben wir in diesem Buch immer alle Konvoizeiten angegeben. Grundsätzlich sollte man sich jedoch stets noch einmal vor Ort nach den aktuellen Zeiten erkundigen, denn diese können sich ändern.

Fahrrad

Immer mehr Menschen finden es spannend, Afrika mit dem Fahrrad zu bereisen. Erfahrungsberichten von Radlern zufolge ist Ägypten ein sehr angenehmes Land zum Radfahren. Die Menschen sind offen und freuen sich über den exotischen Anblick eines Fahrradfahrers – kein Ägypter käme jemals auf die Idee, lange Strecken mit einem Fahrrad zu bewältigen!

Probleme bringen neben ab und zu Steine werfenden Kindern die hohen Temperaturen sowie der Höllenverkehr in den Städten. Nicht zu unterschätzen sind in jedem Fall auch die großen Höhenunterschiede im Sinai, die Entfernungen in der Wüste und die Konvoi-Zeiten im Niltal, an die sich auch Radfahrer zu halten haben. Außerdem ist es schwierig, unterwegs in kleineren Ortschaften eine Unterkunft zu finden. Dann ist wildes Campen angesagt, d.h. ein Zelt o.Ä. muss von Europa mitgebracht werden.

Weiterhin sollte man sich darüber im Klaren sein, dass **Reparaturwerkstätten** (die es zumindest in Kairo und Alexandria gibt) selten die wesentlichen Ersatzteile für europäische Fahrräder haben. Man sollte daher wichtige Ersatzteile, Schläuche etc. dabei haben.

Vor allem die kleinen **Straßen** eignen sich hervorragend zum Radfahren. Man wird aber immer wieder darauf angewiesen sein, auf die großen Straßen auszuweichen, die weniger angenehm und gefährlicher sind. Autofahrer rechnen einfach nicht mit Radfahrern. Das sollte man sich immer klar machen.

Feste und Feiertage

Die großen und wichtigen Feste Ägyptens sind religiöser Natur, gleich, ob es sich dabei um christliche oder moslemische handelt. Neben den bedeutenden Feiertagen dieser beiden Glaubensrichtungen gibt es religiöse Feste, die von beiden Gemeinden gefeiert werden, z.B. einige Mûlids (s.u.), darunter das Shamm an-Nasîm. Die wichtigsten islamischen Feste sind das Ramadan-Fest, das Schlachtfest und die Mûlids. Die koptischen Feste werden vor allem innerhalb der Familie gefeiert und unterscheiden sich als christliche Feiertage kaum von den unseren.

Ramadan und Aid al-Fitr

Der neunte islamische Monat ist der **Fastenmonat** Ramadan. Er dauert von Neumond zu Neumond und verschiebt sich Jahr für Jahr um etwa zehn Tage. Von Sonnenaufgang bis Sonnenuntergang ist es Moslems nicht gestattet, zu essen, zu trinken, rauchen oder sexuell aktiv zu sein. Sobald aber die Sonne hinter dem Horizont verschwunden ist (was im Sommer recht spät, im Winter hingegen erfreulich früh der Fall ist), beginnt das *iftâr*, das „Frühstück", wie man das Fastenbrechen nennt. Nach dem Vorbild des Propheten beginnen die Moslems das *iftâr* mit einer Dattel. Kurz darauf wird eine Fastensuppe gereicht, der sich etwas später eine üppige Mahlzeit anschließt. Gegessen werden darf bis zum Morgengrauen, das durch den Muezzin angekündigt wird. Im Ramadan ist jede Mahlzeit ein Festessen, und die Menschen geben ein Vielfaches dessen aus, was sie im übrigen Jahr für Nahrung brauchen.

Der Ramadan ist ein Monat der Rückbesinnung, in welchem daran erinnert werden soll, dass alle Freuden Geschenke Gottes sind. Beim Fasten werden dem Menschen die Sünden verziehen, Gott hält die Tore der Hölle in diesen Tagen geschlossen, so sagt man, denn: „yuhibb Allâh as-Saum", Gott liebt das Fasten.

Kranke, Schwache, Schwangere, Reisende und Frauen, die ihre Menstruation haben, dürfen während des Fastenmonats essen und trinken. Die dadurch „verlorenen" Tage sollten jedoch so bald wie möglich nachgeholt werden.

Während des Ramadan spielt sich das Leben v.a. nachts ab. In allen Städten sind so genannte „Ramadanzelte" aufgebaut, in denen gegessen und gefeiert wird. Entsprechend lange dauert es morgens, bis die Läden und Geschäfte aufmachen. Manche Menschen reagieren in dieser Zeit aggressiver als üblich – kein Wunder, denn viele müssen trotz Hunger und Durst ihrer Arbeit nachgehen. Etwa eine Stunde, bevor es dunkel wird, beginnen die Menschen zu hetzen. Es wird noch schnell eingekauft, alles ruft nach einem Taxi. Wer um diese Uhrzeit auf ein öffentliches Transportmittel angewiesen ist, muss sich auf lange Wartezeiten gefasst machen. Dann leeren sich die Straßen, der Muezzin ruft zum Gebet, und es tritt Stille ein. Gefräßige Stille. Es dauert ein paar Stunden, und dann beginnen die bunten, verzauberten Ramadan-Nächte…

Die schönsten Nächte sind die letzten zehn. Dann werden die Straßen zum Basar und zum offenen Restaurant. Überall werden Öfen aufgestellt, um die köstlichen Kunafa-Süßigkeiten zuzubereiten, die man vor allem im Ramadan mit Freunden isst. Man kleidet die gesamte Familie neu ein, es werden Karusselle und große Verstärkeranlagen aufgebaut, man fiebert dem letzten Tag, dem 'Aid al-Fitr oder auch 'Aid as-saghîr (das kleine Fest) entgegen. An diesem letzten Tag, dem 30. Ramadan, ist der Höhepunkt des Fastenmonats erreicht. Man schlachtet Schafe und feiert die Entbehrungen des vergangenen Monats.

Aid al-Adhâ

Während das Ramadanfest auch das kleine Fest ('Aid as-saghîr) genannt wird, handelt es sich beim Aid al-Adhâ um das „große Fest", das **Aid al-kabîr**. Dieses **Schlachtfest** (wie es in der Übersetzung heißt) soll den Moslem an Abraham erinnern, dem Gott befahl, seinen Sohn zu töten. Jeder kennt die Geschichte aus der Bibel (Genesis 22, 1–19): Gott wollte den Gehorsam Abrahams (arab. Ibrahim) testen, indem er ihm befahl, seinen Sohn zu opfern. Als Ibrahim seine Gottesfurcht beweisen wollte, stoppte Gott die grausame Tat und ließ ihn stattdessen ein Schaf schlachten. Heute wird die Tat Ibrahims nachgeahmt, indem jeder Moslem, der es sich leisten kann, an diesem Tag, dem **10. Tag des Pilgermonats** (12. islam. Monat), ein Tier schlachtet. Zwei Drittel des Fleisches ist denen zugedacht, die es sich nicht leisten können, den Rest verspeist man selbst. In aller Regel beginnt das Fest mit einem gemeinsamen Besuch des Friedhofs. Danach trifft sich die Familie zum Frühstück, bei dem jede Menge Süßigkeiten aufgetischt werden. Der Rest des Tages wird Verwandtenbesuchen gewidmet. Kinder erhalten Geschenke wie bei uns zu Weihnachten, alle tragen ihre Festtagskleidung. Es ist ruhig auf den Straßen an diesem Tag, denn alles spielt sich innerhalb der Häuser ab.

Auch wenn dieses Fest als heiliger gilt als das Ramadanfest, so wird es doch nicht ganz so ausgiebig gefeiert, denn im Unterschied zum „kleinen Aid" gehen ihm keine Entbehrungen voraus.

Mûlid

Mûlid heißt in der Übersetzung so viel wie „Geburtstag" und so etwas wie eine bunte, wilde Geburtstagsfeier ist es auch! Sänger, Bauchtänzerinnen, Gaukler, Bettler, Huren, Diebe, Haschischhändler tummeln sich. All das in einem bunten Marktgewimmel, obwohl es eigentlich ein heiliges Fest ist, das zu Ehren von Dorfheiligen gefeiert wird. Für uns Europäer scheinen Mûlid-Feiern auf den ersten Blick ein anarchistisches Vergnügen bar jeder Religiosität zu sein, für die meisten Ägypter sind sie jedoch ernsthafte Wallfahrten.

Viele Dörfer haben einen Heiligen, dessen Grab zum Jahrestag aufgesucht wird und um das herum an diesem Tag Mûlid gefeiert wird. Der Heiligenkult ist keine ägyptische Erfindung. Auch wenn konservative Moslems ihn ablehnen: So lange es den Islam gibt, gibt es auch eine Heiligenverehrung, obwohl der offizielle Islam keine Heiligen kennt, nur „Freunde Gottes". Heilige verfügen über *baraka,* den Segen Gottes, den sie, auch tot, weitergeben können. Die Berührung seines Grabes überträgt den Segen des Heiligen auf den Menschen, der ihn berührt. Dies ist die Erklärung für die große Rolle, die die Heiligenverehrung in Ägypten und anderswo spielt. Doch auch Kopten feiern Mûlids; sie verehren dabei ihre christlichen Heiligen, und manch Heiliger ist sogar für beide Religionen zuständig. Dann feiern Kopten und Moslems zusammen, wie z.B. beim Shamm an-Nasîm.

Die meisten Mûlids finden im Herbst statt. Es gibt keine festgelegten Daten. Mal feiert man es früher, mal später. Grund dafür ist der Ursprung des Mûlids, nämlich das Erntedankfest, das seit Jahrtausenden überall auf der Welt gefeiert wird. Dieser „heidnische" Ursprung, gepaart mit den Ausschweifungen, die laut Aussage von Michael Lehmann, *GEO*-Redakteur und Ägyptenkenner, „sogar die Love Parade in den Schatten stellen", führen in Ägypten in konservativen Kreisen zu vehementer Kritik. Für die z.T. fundamentalistischen Gelehrten sind die Feste wilde Ausschweifungen, die nichts mit dem Islam zu tun haben. Die Regierung hat darauf reagiert: Sie versucht ein wenig Ordnung in das bunte Durcheinander zu bringen und dem **Mûlid an-Nabî**, dem eigentlich heiligsten aller Mûlids, dem Geburtstag des Propheten nämlich, einen offiziellen Anstrich zu verleihen. Mit mäßigem Erfolg: Das „heiligste" aller Mûlids ist staubtrocken und, um noch einmal mit Lehmanns Worten zu sprechen, „hat eher den Charme einer DGB-Veranstaltung am 1. Mai".

Hidjra- Jahr	Ramadan Beginn	Aid al-Fitr	Aid al-Adha	Mûlid an-Nabi
1424	27.10.03	25.11.03	2.2.04	3.5.04
1425	15.10.04	13.11.04	21.1.05	22.4.05
1426	4.10.05	2.11.05	10.1.06	11.4.06
1427	23.9.06	22.10.06	30.12.06	1.4.07

Der islamische Kalender

Neben unserem christlichen Kalender existiert in allen islamisch-sunnitischen Ländern auch noch der Mondkalender. Man findet häufig eine Datumsangabe sowohl in christlicher Zeitrechnung *(milâdi)* als auch in moslemischer *(hidjrî)*.

Ein Hidjrî entspricht einem Jahr christlicher Zeitrechnung minus 10–11 Tage je nach Mondaufgang; 100 Hidjrî entsprechen ungefähr 97 Jahren christlicher Zeitrechnung. Jedes neue islamische Datum beginnt abends mit Sonnenuntergang und jeder neue islamische Monat mit Mondaufgang.

Der offizielle arbeitsfreie Wochentag ist in Ägypten der **Freitag**. An diesem Tag sind alle Banken, Behörden und Ämter sowie die meisten Läden geschlossen, mit Ausnahme der koptischen Viertel.

Monatsnamen
1. Muharram
2. Safar
3. Rabia I (Rabi' al-awwal)
4. Rabia II (Rabi' ath-thani)
5. Djumâda I (al-awwal)
6. Djumâda al-akhîra
7. Radjab
8. Sha'bân
9. Ramadân
10. Shawwal
11. Thu l-Qa'ada
12. Thu l-Hidjra

Nationalfeiertage

An den meisten nationalen Feiertagen (mit Ausnahme des Tags der Arbeit) geht das normale Leben in Ägypten seinen Gang. Nur Ämter, Schulen und andere offizielle Stellen sind geschlossen, auf den Straßen kann man manchmal Paraden sehen und im Fernsehen wird von der Großartigkeit des Landes und seiner Politik berichtet.

1. Januar	Neujahr
7. Januar	Koptisches Weihnachtsfest
25. April	Sinai Liberation Day (feiert den Abzug der Israelis 1982)
1. Mai	Tag der Arbeit
26. Juli	Revolutionstag (Erinnerung an die Revolution von Nasser 1952)
6. Oktober	6th October Day (feiert den Erfolg im Oktober-Krieg 1973 gegen Israel)

Koptische Feiertage

Das koptische **Weihnachtsfest** findet Jahr für Jahr am 7. Januar statt. Seit 2003 ist es als Zugeständnis an die koptischen Ägypter (und weil die Geburt Christi auch im Koran vermerkt wurde) ein Nationalfeiertag. Es wird vor allem im Familienkreis und im Gegensatz zum europäischen Weihnachten eher ruhig begangen. Einkaufswahn und Weihnachtsstress sind den ägyptischen Christen fremd. Für sie ist Weihnachten immer noch eine spirituelle Angelegenheit, die sich in der Kirche abspielt. Dem Fest geht ein 40-tägiges Fasten voraus, das mit einer vierstündigen Messe am Weihnachtsabend beendet wird. Danach treffen sich die Familien zum Essen.

Das wichtigste koptische Fest ist **Ostern**. Es findet wie bei uns am ersten Sonntag nach Vollmond im Frühling (nach dem 20. März) statt. Auch hierbei handelt es sich um ein spirituelles Familienfest. Ihm geht ein 55-tägiges Fasten voraus.

Ostern und Weihnachten haben die Geschäfte in den koptischen Vierteln geschlossen.

> **Der koptische Kalender** Der koptische Kalender entspricht dem julianischen Kalender (s.u.), die koptische Zeitrechnung beginnt jedoch erst im Jahre 284, als Diokletian römischer Kaiser wurde und die Christen dermaßen brutal verfolgte, dass seine Thronbesteigung als „Jahr der Märtyrer" in die koptische Geschichte einging. Die Kopten behielten den damals üblichen julianischen Kalender. Das koptische Jahr beginnt im Herbst. Es hat 12 Monate à 30 Tagen und einen 13. Monat mit 5 oder 6 Tagen.

Festivals und Messen

Internationale Buchmesse in Kairo
Die größte arabische Buchmesse findet jedes Jahr für zwei Wochen auf dem internationalen Messegelände in Kairo statt.

Das genaue Datum kann man über die Lokalzeitungen sowie die diversen Kairo-Links (s.S. 173) erfahren.

Abu Simbel Festival
Am 22. Februar und am 22. Oktober scheint die Sonne genau in das Innere des Tempels und beleuchtet mit ihren goldenen Strahlen die Götterstatuen darin. Ramses II., unter dessen Herrschaft die großartigsten Bauten entstanden, ließ den Tempel so errichten, dass die Sonne die Statuen am 21. Oktober, seinem Geburtstag, und am 21. Februar, dem Tag seiner Thronbesteigung, beleuchtete. Durch die Versetzung des Tempels nach oben, hat sich dieser Zeitpunkt um 24 Std. nach hinten verschoben.

Luxor Marathon
Im Februar treffen sich Hunderte von Läufern, um entlang der wichtigsten archäologischen Stätten Thebens einen Marathon zu laufen.

Nitaq Festival
Das Kairoer Festival der modernen Kunst mit Ausstellungen, Dichterlesungen, Literaten-Cafés, Musik u.Ä. findet jedes Jahr im Februar statt.

Tourismus Festival
Shopping, Souvenirs, Promotion. Das Land feiert im April in vielen Städten sich und seinen Tourismus.

Folklore Festival
Das kleine Städtchen Ismâ'iliya feiert alljährlich in der letzten August-Woche ein Folklore-Fest, zu dem Gruppen aus der ganzen arabischen Welt anreisen. Nett und bunt!

Alexandria Film Festival
Ein internationales Filmfestival mit überwiegend arabischen Filmen, das jedes Jahr im September abgehalten wird.

Siwa Festival
In den Vollmondnächten im Oktober feiert man in Siwa ein einzigartiges Festival, zu dem Fremde willkommen sind, an dem sie aber nicht teilnehmen dürfen. Es ist sehr religiös und soll die Freundschaftsbande der Bewohner wieder erneuern.

Musik Festival
Das Musik Festival der arabischen Welt wird über 10 Tage gefeiert und ist definitiv einer der Höhepunkte im November für alle Musikliebhaber. Es findet im Opernhaus von Kairo statt und ist ausschließlich auf Arabisch.

Cairo International Film Festival
Größer als das Filmfest in Alexandria und bunter. 14 Tage lang im Dezember werden viele internationale Filme vorgestellt.

Tickets für die Buchmesse und die Film-Festivals gibt es jeweils an der Kasse. Alle anderen Festivals sind offen.

Einkaufen

Der Souvenirkauf gehört zu jedem Urlaub dazu. Über einen orientalischen Basar zu bummeln und sich das ein oder andere Stück zu erfeilschen, zählt zu den schönsten Erinnerungen an eine Ägypten-Reise. Feilschen will jedoch gelernt sein, denn die meisten Basarhändler wissen, dass es nicht unbedingt zu den Stärken des durchschnittlichen Abendländers gehört, und so wird er alle Regeln der Kunst anwenden, damit der Europäer einen möglichst hohen Preis für das begehrte Stück zahlt.

Es gibt eine große Bandbreite an Waren der unterschiedlichsten Qualität. Wer nicht aufpasst, bekommt schnell Plastik als Edelstein untergejubelt, oder eine antike Statue entpuppt sich als neu.

Die qualitativ besten und günstigsten Waren findet man bei den **Werkstätten** selbst, die sich häufig in der Nähe der Sûqs befinden. Hier kann man den Preis selten um mehr als 10% drücken. Das ist aber auch nicht nötig, denn die Preise liegen hier in aller Regel weit unter denen der Basarhändler und sind meist korrekt. In den großen Souvenirläden entlang der Hauptstraßen der Basare in Kairo, Luxor oder Assuan kann man mit einer

Handelsspanne von bis zu 50%, zum Teil noch mehr, rechnen. Also, ein Preisvergleich lohnt in jedem Fall. Als Grundregel gilt: Je weiter man sich von den Touristenzentren entfernt, desto günstiger kann man die Dinge erstehen.

Zu den schönen Souvenirs gehören vor allem **Silber- und Goldschmuck**. Goldschmuck gilt als Wertanlage und wird aus diesem Grund der Frau als deren Existenzsicherung zur Hochzeit geschenkt. So ist es auch nicht weiter verwunderlich, dass er vor allem am ägyptischen Geschmack ausgerichtet ist und für Europäer leicht kitschig bis überladen wirken kann. Goldschmuck wird nach Gramm bezahlt; am besten, man erkundigt sich vorher nach dem internationalen Goldpreis. Hinzu kommt häufig ein kleiner Aufpreis für die Verarbeitung, der in aller Regel jedoch sehr gering ist. Bei Silberschmuck variiert der Grammpreis je nachdem, wie aufwendig das Stück gearbeitet ist. Gelegentlich wird versucht, dem Touristen ein Schmuckstück als antik zu verkaufen. Meist dürfte es sich hierbei um ein lediglich auf antik getrimmtes Stück handeln. Wirkliche Antiquitäten sind rar und äußerst teuer.

Auffallend schön ist der **Beduinenschmuck**, vor allem jener aus Sîwa. Die Stücke werden von Hand hergestellt und weisen oft florale Muster auf oder sind mit magischen Zahlenspielen oder Koranversen verziert. Auch hier richtet sich der Preis häufig nach der Grammzahl, das bedeutet jedoch nicht, dass man nicht handeln könnte. Handeln ist in Ägypten immer angesagt!

Beliebt als Reiseerinnerung sind auch **Wasserpfeifen**, die so genannten **Schischas**. Man findet sie in unterschiedlichster Qualität auf allen Basaren. Eine gute Wasserpfeife kann man ab E£40 erhalten. Wer sie aber nicht als reine Zierde besitzen möchte, sollte unbedingt vorher prüfen, ob sie auch funktioniert. In gesonderten Tabakläden kann man entsprechenden **Tabak** kaufen, den es in sämtlichen Geschmacksvariationen gibt, wie z.B. Aprikose (Mishmish), Erdbeere (Fres oder Tût), Apfel (Tufâh) oder Früchtecocktail (Fawâkih). Nicht aromatisierter Tabak heißt Dukhân. Nützlich für den deutschen Hausgebrauch ist zudem die **selbst zündende Kohle**, die man meist in denselben Läden kaufen kann, wo es auch die Wasserpfeifen gibt. Man hält die Kohle mit einer Zange in eine Kerze oder an ein Feuerzeug und wartet so lange, bis sie brennt.

Weit ist das Angebot an **Parfums und Blumenessenzen**. Überall werden diese wunderbaren Öle verkauft (100 ml reine Essenz kosten etwa 40 €) Wer möchte, kann sich auch sein Lieblingsparfum mixen lassen. Listen hängen aus! Wer Essenzen kaufen möchte, sollte sich vergewissern, dass es sich dabei um wirkliche Öle handelt und nicht um mit Duftstoffen versetztes Speiseöl (erkennt man daran, ob das Öl nach ein paar Stunden immer noch duftet oder der Duft schon völlig verflogen ist). Dazu gehören die wunderschönen **gläsernen Flakons**, die man im ganzen Orient findet. Zarte Gebilde aus mundgeblasenem Glas in allen Formen und Farben und meist mit so gut geschliffenen Hälsen, dass die Öle tatsächlich nicht auslaufen (ausprobieren!).

Wer durch die Sûqs der Städte läuft, wird sich den **Düften des Orients** nicht verschließen können. Kaffee duftet mit Kardamom um die Wette, Zimtstangen kämpfen gegen den Duft getrockneter Rosen an und überall liegen Kräuter und Hibiskus (Karkadi) zum Verkauf aus. In gut verschlossenen Beuteln kann man diese Düfte einfangen und nach Hause transportieren.

Typisch ägyptisch und vor allem bei Pauschalreisenden sehr beliebt sind bemalte **Papyri**. Vor allem fliegende Händler bei den Pyramiden oder so genannte „Papyrus-Museen" in Luxor verkaufen dieses älteste Papier der Welt. Der Papyrus, den man in Luxor kaufen kann, gilt als der beste. Man sollte sich versichern, dass es sich dabei auch um echten Papyrus handelt und nicht um Fälschungen (erkennt man daran, ob der Papyrus bricht, wenn man ihn knickt; falls ja, ist er echt). Es gibt wirklich schöne Stücke, die aber ihren Preis kosten. Auch hier gilt: Handeln, was das Zeug hält!

Ähnliches gilt für **Alabaster**, aus dem Vasen, Lampen, Schalen und Figuren hergestellt werden. Man findet die besten Manufakturen in Theben West, kann aber auf allen Basaren des Landes, die sich auf Souvenirs spezialisiert haben, gute Stücke kaufen.

Außerdem gibt es in Ägypten, so wie in fast allen anderen arabischen Ländern auch, Lederwaren, Schals, Bauchtanz-Kostüme, Musikinstrumente, Kupfer- und Messingwaren etc. Es gibt sie hier aber weder in besonderer Qualität noch in besonderer Ausführung.

Einkaufen für Fortgeschrittene
Käufer (K): Friede sei mit dir! Was für ein schöner Tag. Wie geht es dir, oh du Besitzer dieses wunderbaren Geschäftes?
Verkäufer (V): Und mit dir sei auch Friede! Danke, es geht mir gut. Komm doch herein und setze dich. Sicherlich bist du sehr müde vom vielen Laufen. Darf ich dir einen Tee bringen?
K: Ja, gern. Wahrlich, ich bin schrecklich müde. Ein Tee wäre gut. Gott möge dich dafür segnen.
V: Geht es dir auch gut? So setz' dich doch! Genieße einfach das Sitzen in meinem kleinen bescheidenen Laden.
K: Ah, der Tee tut gut. Wie gut kannst du ihn doch zubereiten! Allah möge deine Hände segnen und dir Gesundheit schenken!
(Es wird geschwiegen, jeder trinkt seinen Tee.)
K: Sage mir, oh mein Bruder, dieser Teppich hier, was mag der wohl kosten?
V: Bruder, unter uns herrscht doch Einigkeit, was soll ich dir den Teppich verkaufen, ich schenke ihn dir!
K: Nein, nein, nie würde ich so ein großzügiges Geschenk annehmen! Sage, mein Bruder, was soll er denn nun kosten?
V: Nun gut, weil du es bist, werde ich dir einen Preis nennen. Einen, der so gut ist, dass ich keinen Piaster daran verdiene. Ich gebe ihn dir zu dem Preis, zu dem auch ich ihn kaufte. Sagen wir 500 Guiné.
K: Aber Bruder, ich dachte, unter uns herrsche Einigkeit! 500 Guiné, das ist mehr als ich in einem Monat verdiene. Wenn ich den Teppich nun kaufe, wird meine Frau wie eine Bestie über mich herfallen, weil ich das ganze Geld für einen Teppich statt für Fleisch ausgegeben habe. Nein mein Bruder, beim besten Willen, so geht das nicht!
V: Aber sieh doch, wie schön er gewebt ist. Aber weißt du, Bruder, ich kenne die Frauen. Meine ist auch so. Weil du es bist und weil wir doch zusammenhalten müssen, werde ich dir diesen Teppich für 450 Guiné geben. Was denkst du?
K: Oh, schau nur. Du gehst ja gar nicht runter. Wie soll ich das meiner Frau nahe bringen! Nein, schau, sagen wir 200 Guiné und ich kann ihr noch ein schönes Schmuckstück kaufen, dann wird sie glücklich sein und Fleisch bekommen wir auch.
V: Bei den Augen meiner Kinder, 200 Guiné? Das geht nicht. Ich habe auch eine Frau und vier Kinder. Und wenn sie erfährt, dass ich diesen wertvollen Teppich für nur 200 Guiné verkauft habe, dann wird sie mich töten. Sei gnädig und gib mir noch ein wenig mehr.
K: Nun, wir sind doch Brüder. Zwischen uns herrscht Einigkeit. Treffen wir uns in der Mitte, sagen wir 300 Guiné und jeder wird am Abend seiner Frau mit bestem Gewissen in die Augen sehen können.
V: Freund, sagen wir 350 Guiné und du hast einen wunderbaren Kauf gemacht.
K: Gut, so soll es sein. Möge Allah dich und die Deinen beschützen.
V: Gott möge deinen Kauf segnen.
K: Und auch dich möge er segnen.
Der Verkäufer ruft einem kleinen Jungen im Basar zu, er solle noch einen Tee bringen, der Junge bringt den Tee. Nach zwei Stunden verabschieden sich die beiden Männer voneinander – beide im Gefühl, ein gutes Geschäft gemacht zu haben.

Post und Telekommunikation

Post

Briefe und Postkarten können von jeder Post aus nach Europa verschickt werden. Die Wahrscheinlichkeit, dass diese auch ankommen, ist relativ groß, auch wenn es bis zu drei Wochen dauern kann.

Briefe bis 15 g und **Postkarten** nach Europa kosten E£1,25. Dringend abzuraten ist von Briefkästen, die in den Städten aufgestellt sind.

In Alexandria und Kairo gibt es „Postlagernd-Schalter" (Poste Restante), wo man unter Vorlage seines Ausweises die postlagernde Post abholen kann. Man sollte unbedingt auch unter seinem Vornamen suchen lassen, denn oft kann man bei fremden Namen nur schwer zwischen Vor- und Nachname unterscheiden.

Ein **Paket** zu verschicken ist ein langwieriger und nervenaufreibender Prozess, da man die Zollformalitäten nicht umgehen kann. Da werden Warenwerte geschätzt, Sachen durchsucht, Papiere geprüft. Ein Paket muss nach bestimmten Richtlinien gepackt sein, darf nicht länger als 1 m sein und nicht breiter als 50 cm. Maximales Gewicht ist 30 kg, wobei jedes Kilo auf dem Seeweg nach Europa rund E£10 kostet und auf dem Luftweg rund E£20.

Überall im Land findet man Büros von **EMS (Express Mail Service)**. Briefe bis 500 g kosten rund E£60 nach Europa, bis 1 kg E£75. Die Briefe kommen in der Regel innerhalb von 48 Std. an.

Telefon

Seit ein paar Jahren gibt es praktische **Telefonkarten** von unterschiedlichen Firmen (am weitesten verbreitet ist die Firma Menatel, gefolgt von Nilo-Phone), mit denen man in den meisten größeren Orten von öffentlichen Kartentelefonzellen aus ins Ausland anrufen kann. Es gibt sie zu E£10, 20 und 30. Erwerben kann man die Telefonkarten in den kleinen Läden, die mit entsprechenden Schildern werben.

Die **Telefonbüros** sind völlig veraltet, das Telefonieren ist hier teurer als per Kartentelefon und noch dazu sehr aufwendig. Ebenso unpraktisch sind die **Münztelefone**. Überall telefoniert man heute mit Karten der oben genannten Firmen.

Eine Minute **nach Europa** kostet rund E£10. Es ist auch möglich, von den großen Hotels aus zu telefonieren, dort werden jedoch häufig erheblich höhere Gebühren verlangt.

Die ägyptischen **Mobiltelefone** funktionieren wie in Europa per GSM. Wer auf seinem Handy das internationale Roaming freigeschaltet hat, kann in Ägypten problemlos telefonieren. Die Tarife sind unterschiedlich, je nach Anbieter. Die Netzabdeckung im Land ist erfreulich groß, wenngleich diese verständlicherweise in der Wüste sowie auf dem Sinai häufig durchbrochen wird. Mobinil und Click sind die beiden in Ägypten vertretenen Firmen.

Fax

Faxe zu senden ist, ähnlich wie das Telefonieren, teuer. Eine Seite nach Europa kostete 2003 E£15. Faxe können von der Post sowie den meisten großen Hotels aus gesandt werden.

Wer sich Faxe „postlagernd" schicken lassen möchte, kann auch dies. Häufig wird dafür eine „Aufbewahrungsgebühr" von meist E£5 verlangt.

Vorwahlen

Von Ägypten nach
Deutschland	0049
Österreich	0043
Schweiz	0041

Von D, A, CH nach
Ägypten	0020

Ägyptische Städtevorwahlen
03	Alexandria
097	Assuan
088	Assiût
02	Baharîya
082	Beni-Suef
092	Dâkhla
057	Damietta
068	El Arîsh
084	El Faiyûm
050	El Mansûra
086	El Minyâ
092	Farâfra
02	Gîza
065	Hurghada
064	Ismâ'iliya
02	Kairo
092	Kharga
095	Luxor
03	Marsa Matrûh
066	Port Sa'îd
096	Qena
062	Sharm El Shaikh
043	Sohâg
069	Sinai
062	Suez
040	Tantâ

Internet

Internet ist inzwischen weit verbreitet, auch wenn man nicht davon ausgehen kann, dass der Internet-Zugang überall im Land möglich ist. Doch alle größeren Städte (mit Ausnahme von Alexandria, wo es nur wenige Internet-Cafés gibt) und Traveller-Zentren wie z.B. Dahab haben jede Menge guter und schneller Server, auf die man in Internet-Cafés Zugriff hat. Selbst viele der günstigeren Hotels bieten ihren Gästen inzwischen einen Internet-Service an, auch wenn es sich hierbei häufig um sehr langsame Geräte handelt. Eine Stunde kostet in der Regel zwischen E£3 und 10, abhängig auch, aber nicht nur, von der Geschwindigkeit des Servers.

Kriminalität und Sicherheit

Auch wenn es seit 1997 keine Anschläge islamistischer Aktivisten mehr auf Ausländer gegeben hat, bemüht sich Ägyptens Regierung immer noch sehr, Touristen vor derartigen **Terroranschlägen** zu schützen (s.S. 13, aktueller Hinweis). Zu den Sicherheitsmaßnahmen der Regierung gehört die Begleitung von Touristenbussen und -zügen sowie sonstigen touristischen Ausflugsfahrten im Niltal sowie von dort nach Hurghada durch Fahrzeuge der Sicherheitsbehörden. Diese Maßnahmen bringen es mit sich, dass alle Touristenfahrzeuge in dieser Region nur im Konvoi fahren dürfen. Das kann manchmal lästig sein, vor allem, wenn man individuell unterwegs ist (Näheres s.S. 47, 251, 274, 287).

Öffentliche **Überlandbusse**, die zu anderen Zeiten als den Konvoizeiten fahren, dürfen bis max. vier Touristen mitnehmen, Minibusse und Sammeltaxis im Niltal dürfen zurzeit zwei Personen mitnehmen, was aber sehr ungern getan wird, weshalb behauptet wird, man dürfe gar keine Touristen mitnehmen.

Wer sich im Niltal mit dem **Zug** bewegen möchte und sich dabei nicht auf die vier nur selten haltenden Züge, die Touristen erlaubt sind, beschränken möchte, muss damit rechnen, unterwegs keine Unterkunft zu finden (Ausnahme: Assuan, Luxor, Assiût), da viele Hotelbesitzer, vor allem in Mittelägypten, Angst vor dem damit verbundenen, unserer Meinung nach stark übertriebenen Sicherheitsaufwand haben. Wer zu einem der vielen Tempel will, die sich außerhalb Luxors oder Assuans befinden, muss sich darauf gefasst machen, beim Aussteigen aus dem Zug von Soldaten in Empfang genommen zu werden. Diese sind in aller Regel jedoch sehr freundlich und begleiten einen zu den Tempelanlagen oder vermitteln einem zumindest ein Taxi dorthin (wie z.B. in Abydos), was ganz angenehm und hilfreich sein kann.

Auf den **Flughäfen** in Kairo, Hurghada und Sharm el Shaikh werden erhöhte Sicherheitsmaßnahmen ergriffen. Passagiere und Gepäck werden dort verstärkt kontrolliert. Hierdurch kann es zu längeren Wartezeiten bei der Abfertigung und somit auch zu Verschiebungen der Flugzeiten kommen.

Ähnliche, wenn auch nicht ganz so strenge Sicherheitskontrollen durchläuft man in den Übrigen auch in fast allen großen **Hotels**. Wer eines der großen Häuser oder beispielsweise auch die AUC (American University of Cairo) betreten möchte, muss damit rechnen, dass die Tasche durchleuchtet und durchsucht wird und man selbst durch einen Metalldetektor laufen muss.

Eine Gefahr ganz anderer Art sind die **Minenfelder**, die vereinzelt im Sinai, verstärkt entlang der Küste des Roten Meeres südlich von Hurghada, in der Region rund um El Alamain und in den Grenzregionen zum Sudan und Libyen zu finden sind. Solange man sich jedoch auf vorgegebenen Wegen, Pisten und Straßen bewegt, braucht man keine Angst zu haben: Doch Vorsicht bei Querfeldeinfahrten im Geländewagen!

Wie in allen Ländern der Welt, gibt es natürlich auch in Ägypten Kriminalität. Diese ist jedoch weniger stark ausgeprägt als in Europa. Die soziale Kontrolle funktioniert sehr gut, und so kann man sich sicher sein, dass die Umstehenden immer auf einen achten werden. Doch gerade in sozialen Brennpunkten wie einigen der Außenviertel Kairos oder Alexandrias kann es natürlich immer wieder einmal zu Übergriffen kommen. Da sich der durchschnittliche Reisende jedoch kaum in diesen Vierteln aufhält, wird er selten bis gar nicht in „brenzlige" Situationen kommen. Doch auch außerhalb dieser „Brennpunkte" können größere und kleinere **Gaunereien** vorkommen. Das beginnt bei den immer wiederkehrenden Versuchen, Touristen zu übervorteilen, z.B. von Taxifahrern, die einen überhöhten Preis fordern, Ladenbesitzern, die neue Stücke als antik verkaufen etc. Vor dieser „Alltagskriminalität" sollte man sich durch zähe Preisverhandlungen und ein wachsames Auge schützen. Etwas anders sieht es bei **Diebstahl** aus. Nicht, dass Ägypten eine ausgesprochen hohe Zahl an Diebstählen vorzuweisen hätte, das Gegenteil trifft eher zu. Diebstahl ist etwas relativ Seltenes, aber er kommt vor. Dann sollte man ihn unverzüglich der Polizei melden. Die Chance, dass man seine Sachen wieder zurückbekommt, sind dabei eher gering, aber gerade im Falle einer abgeschlossenen Reiseversicherung sollte man unter keinen Umständen auf diesen Gang verzichten. Diebstählen vorbeugen kann man natürlich immer noch am besten, wenn man die Wertgegenstände sicher verstaut bei sich trägt und nicht offen im Wagen oder im Hotel liegen lässt, auch wenn Hoteldiebstahl sehr selten ist.

Als Gast in Ägypten

Wer durch Kairos Khân el Khalîlî läuft und aggressiv beschimpft wird, weil er nichts kaufen möchte, wer versucht, auf dem Weg zu den Pyramiden den für Kairener üblichen Preis für ein Taxi zu bezahlen, und dann im hohen Bogen aus dem Taxi geworfen wird, weil es zu wenig ist, oder wer die Anschläge auf Touristenzentren 1997 in Erinnerung hat, wird uns nicht glauben, wenn wir sagen: In Ägypten ist jeder Reisende ein Gast.

Der Tourismus hat in Ägypten bunte Blüten getrieben. Vorbei sind die Zeiten, wo man hier nach den Regeln des Korans jeden Fremden als Gast aufnahm. Doch wen wundert das? Wenn ein Land so vom Tourismus überflutet wird wie Ägypten, dann bleibt es nicht aus, dass man sich nicht immer als gern gesehener Gast vorkommt. Oft versuchen Ägypter, in möglichst kurzer Zeit möglichst viel am Touristen zu verdienen, denn die Chance, dass dieser noch einmal kommt, ist gering. Also gilt es, herauszuholen, was aus ihm herauszuholen ist! So zumindest scheint es an den großen „Touristenumschlagplätzen", vor allem aber dort, wo Reisegruppen sich nur kurz aufhalten. Vergleicht man die Armut der meisten Ägypter mit dem zumindest nach außen demonstrierten Reichtum der Touristen, wird ein derartiges Verhalten vielleicht etwas nachvollziehbarer. Dabei ist es nicht typisch für das Land und seine Menschen. Nur ein Bruchteil der Bevölkerung benimmt sich so. Dieser Bruchteil jedoch arbeitet im Tourismus und insofern ist man als Tourist mit eben dieser kleinen Minderheit am häufigsten in Kontakt.

Man tut den Menschen, die in Ägypten leben, aber mehr als Unrecht, wenn man die Einstellung der am Tourismus Verdienenden verallgemeinert. Wie oft sind wir auf unseren Reisen eingeladen worden – in Familien, ins Teehaus, zum Essen und auch zum Übernachten. Wie viele Gespräche hatten wir mit Ägyptern, die sich für uns und unsere Kultur interessierten, ohne dabei einen Teppich verkaufen oder ein Visum ergattern zu wollen. Gastfreundschaft wird im ganzen Orient groß geschrieben, und darin bildet auch Ägypten keine Ausnahme. Die Kunst ist es hier, das Land ein wenig außerhalb der Touristenströme zu suchen, sich von den allgemeinen Routen der Pauschaltouristen zu entfernen und keine Angst vor Berührungen zu haben. Die Menschen sind offen und freundlich, freuen sich an unserem Interesse für ihre Heimat und sind erpicht darauf zu hören, wie wir ihr Land finden.

Wer Ägypten sucht, findet es vor allem außerhalb der Touristenbasare: In den Wohnvierteln der Städte, in einem Teehaus, fern der alten Tempel, in den Oasenorten und auf dem Land. Das Gespräch mit einem der Kellner kann dabei genauso spannend sein wie das freundliche Grüßen des Bauern auf dem Feld. 90% aller „Hello, how are you" kommen von Herzen und sind mehr als nur platte Anmache.

Es ist wunderbar bereichernd, mit den Menschen hier in Kontakt zu kommen, wenn man es schafft, sich ohne Angst auf Gespräche einzulassen, vor allem, wenn sie außerhalb der Basarmeilen zustande kommen. Man sollte sich jedoch bewusst machen, dass das alltägliche Leben durch Traditionen und feste Umgangsformen geprägt ist, die nicht selten völlig anders sind als bei uns.

Es gibt nicht immer Erklärungen für das, was uns unverständlich ist. Andere Länder, andere Sitten! Und diese sind nicht besser und nicht schlechter als unsere.

Ein paar Grundregeln

Grundsätzlich sind Ägypter sehr tolerant. Sie respektieren fremdes Verhalten und sehen über manchen Fauxpas hinweg. Andererseits wird ein Gast natürlich jede Menge Pluspunkte sammeln, wenn er ein paar Grundregeln einhält:

1 Man begrüßt einander. Ein „Hello, how are you?", sollte beantwortet werden mit der Gegenfrage. Ist man bei einer Familie zu Gast, sollte die **Begrüßung** respektvoll auf Arabisch vollzogen werden: „as-Salâmu alaikum" wird mit einem „waalaikum as-Salâm" erwidert. Älteren Menschen küsst man dabei die Hand, Männer und Frauen untereinander küssen sich auf die Wangen. Die Hand, die man sich zur Begrüßung entgegenstreckt, wird anschließend als Geste des Respekts zum Herzen geführt.

2 Zeit ist ein dehnbarer Begriff im Orient. **Verspätungen** sind an der Tagesordnung. „AsSabr gamîl", „Geduld ist schön", sagen die Araber, und da haben sie ja nicht ganz Unrecht.

3 Wer eine Moschee oder ein Zimmer betritt, muss die **Schuhe ausziehen**. Auch wenn der Gastgeber beteuert, das müsse nicht sein, so ist es doch mehr als unhöflich, die Schuhe anzubehalten.

4 **Zärtlichkeitsbezeugungen** zwischen Mann und Frau in der Öffentlichkeit sind tabu. Sie sind sogar gesetzlich verboten!

5 **Kleider** machen Leute. Jede Form abgerissener Kleidung ist für die meisten Ägypter eine Beleidigung, denn sie ist den Bettlern vorbehalten. Wer Geld hat, sich ordentliche Kleidung zu kaufen, ist verpflichtet, dies auch zu tun.

6 Während des Monats **Ramadan** sollte es vermieden werden, vor anderen zu essen, zu trinken oder zu rauchen.

7 Wenn man außerhalb des Ramadans im Bus oder Zug oder während eines Gesprächs mit einem Ägypter eine Kekspackung öffnet, einen Schluck Wasser aus der Flasche trinkt oder sich eine Zigarette anzündet, sollte man unbedingt auch **dem Gegenüber etwas anbieten**. Nichts ist unhöflicher, als allein vor den Augen des anderen zu essen, zu rauchen oder zu trinken.

8 Wer bei einer Familie zu Gast ist, darf die **Gastgeschenke** nicht vergessen. Das können Kleinigkeiten aus der Heimat sein oder ein T-Shirt, Süßigkeiten oder kleine Parfums. Auch sind Zigaretten und kleine Spielsachen für die Kinder immer willkommen.

9 Wenn **Essen** gereicht wird, sollte der Gast zugreifen. Nichts ist so unhöflich wie schlechte Esser. Gegessen wird immer nur mit der rechten Hand, die linke ist unrein. Wenn man genug hat, ist es oftmals besser, nicht ganz aufzuessen, denn ein leerer Teller kann bedeuten, dass ein Nachschlag erwünscht ist.

10 Wenn man einen Menschen **fotografieren** möchte, sollte man ihn vorher fragen, denn die Kameralinse könnte die Seele des Fotografierten stehlen und der Böse Blick könnte sich auf ihn lenken (s.S. 101).

11 So „neugierig" einem die Fragen des Gastgebers manchmal vorkommen: Man sollte Rede und Antwort stehen. Indiskrete Fragen lassen sich mit indiskreten Gegenfragen beantworten. **Kommunikation** ist alles!

12 Ist man **bei einer Familie zum Schlafen** eingeladen, ist es wichtig zu wissen, dass dies laut Gesetz bei der Touristenpolizei gemeldet werden muss und von dieser (angeblich zum Schutz des Touristen) oftmals verboten wird. Meldet man sich nicht an, könnte die Gastfamilie große Schwierigkeiten bekommen.

Sonstiges
Arbeit

Wer in Ägypten arbeiten möchte, braucht neben einer Arbeitserlaubnis vor allem einen negativen HIV-Test. Dieser muss in Ägypten gemacht worden sein. Ausländische Tests werden nicht anerkannt.

Am einfachsten ist es, wenn man für eine internationale Firma, Organisation oder Schule arbeitet. Dann organisiert diese die benötigten Papiere. Wer nicht bei internationalen Firmen oder Instituten Arbeit in Ägypten sucht, kann versuchen, als Sprachlehrer an einer ägyptischen Schule zu arbeiten oder in einem Hotel, sei es als Tauchlehrer oder Surflehrer, als Rezeptionist oder Buchhalter. Dies bedeutet jedoch auch, dass man sich eventuell allein um die entsprechenden Papiere bemühen muss, und das kann sehr aufwendig sein. Am besten ist es, man informiert sich bei den Botschaften über die Bestimmungen.

Viele Archäologen arbeiten „schwarz" in Ägypten, d.h. ohne Arbeitserlaubnis. In diesem Fall werden beide Augen zugedrückt, wenn die Arbeitgeber nichtägyptisch sind. Wer hingegen bei ägyptischen Ausgrabungen dabei sein möchte, braucht eine Arbeitsbewilligung.

Elektrizität

220V AC, 50 Hz. Die Stecker entsprechen denen in Europa. Zu Problemen kann es durch Schwankungen im Stromnetz kommen, weswegen es sich für denjenigen, der einen Laptop mit sich trägt, empfiehlt, einen Zwischenstecker mitzunehmen, der diese Spannungen auffängt (im Elektro-Handel erhältlich).

Fotografieren

Wunderschöne Fotomotive und fast immer gute Lichtverhältnisse sorgen für einen hohen Filmverbrauch. Die **Filme**, die man in Ägypten erstehen kann, sind in der Regel teurer als bei uns und in der Qualität häufig wesentlich schlechter, was v.a. an der schlechten Lagerung liegt. Ähnliches gilt für **Batterien**: Die Auswahl ist gering.

Man sollte immer daran denken, dass Ägypten ausgedehnte Wüstengebiete hat, das heißt **Staub und Sand** finden sich binnen kürzester Zeit in allen Ecken und Ritzen. Gut verschließbare Beutel schützen Kamera und Filme. Auch die **Feuchtigkeit** der Küstenregionen kann Probleme schaffen. Am besten hilft hier Reis in der Kameratasche.

Wer gern fotografiert, sollte für Innen- und Suq-Aufnahmen **Weitwinkelobjektive** parat haben. **Teleobjektive** sind für Porträts hilfreich, da man dann die Kamera der Person nicht direkt vor das Gesicht halten muss. Praktisch sind **Sonnenblenden** und **Polfilter** während der hellen Mittagsstunden, doch sollte man der Lichtverhältnisse wegen sowieso zu dieser Tageszeit aufs Fotografieren verzichten.

Ägypten ist ein islamisches Land. Das bedeutet, dass nach den Regeln der Religion ein Bilderverbot herrscht. Nun ist es nicht so, dass alle Moslems es ablehnen, abgelichtet zu werden, dennoch sollte man an das **Fotografieren von Menschen** mit äußerster Sensibilität herangehen. Kameras können, je nachdem, wie damit umgegangen wird, wie eine Waffe wirken. Außerdem glauben viele Moslems, der „böse Blick" könne sich auf sie lenken, wenn man mit einer Kamera auf sie zeigt, oder ihre Seele würde von der Kamera gestohlen werden. Jedes Foto eines Menschen ist ein Eindringen in dessen Privatsphäre, weswegen man sich unbedingt vorher die Erlaubnis für eine Aufnahme holen sollte. „Mumkin Sûra?" („Ist ein Foto möglich?"), ist eine einfache Frage, die in den meisten Fällen mit einem freundlichen Nicken beantwortet wird. Wird einem der Wunsch verwehrt, sollte man dies respektieren.

Ganz und gar taktlos ist es, betende oder bettelnde Menschen zu fotografieren. Überhaupt haben Ägypter wenig Verständnis für das Bedürfnis der Europäer, „pittoreske" Armut für die Ewigkeit festzuhalten. Dies ist beleidigend und entwürdigend! Ähnliches gilt, wenn man ein Gespräch mit jemandem beginnt, um dann sofort die Kamera hervorzuholen. Häufig wirkt das verletzend, ebenso wie es als demütigend empfunden werden kann, wenn man nach einem freundlichen Foto die Geldbörse zückt. Besser ist es, nachdem man eine Weile mit den Leuten gesprochen hat, höflich zu fragen, ob man ein „Abschiedsfoto" machen darf, am besten noch mit einem selbst, und von dem man dann einen Abzug nach Ägypten schickt. Solche Bilder sind in aller Regel heiß begehrt und erfreuen beide Seiten!

Besonderes Feingefühl sollte man bei Fotos von Frauen walten lassen. Die meisten Frauen werden es nicht erlauben, sich „einfach so" fotografieren zu lassen. Der Hauptgrund liegt darin, dass viele fremde Männer diese Frau auf dem Bild sehen könnten. Sie kommt dadurch zu sehr in die öffentliche Sphäre, die eigentlich Männern vorbehalten ist.

Es ist verboten, **Fotos von politischen oder militärischen Objekten** (dazu gehören auch Brücken, mit Ausnahme der Assuan-Staumauer) zu machen. In einigen Gebieten ist das Fotografieren generell verboten. In diesen Fällen wird im Buch darauf hingewiesen.

Hygiene

Ägypten gehört sicherlich nicht zu den hygienischsten Ländern der Welt. Der Müll wird häufig überallhin geworfen, Müllverbrennungsanlagen gibt es wenige. Vor allem in Ballungszentren liegen immer wieder verwesende Tiere herum, und an vielen Ecken riecht es unangenehm. **Öffentliche Toiletten** (nicht die der Hotels) sind bisweilen unerträglich dreckig. Es gibt nur selten und meist auch nur in Hotels europäische Sitztoiletten. Die meisten öffentlichen Toiletten sind Stehtoiletten ohne Spülung. Dafür steht ein Eimer Wasser bereit. Mit diesem Wasser wäscht man sich normalerweise auch, denn Toilettenpapier gibt es keines. Also: nach Verlassen der Toilettenkabine Hände waschen! Der Reisende tut gut daran, immer ein Papiertaschentuch mitzunehmen, das er jedoch nie in den Abfluss werfen darf, da dieser sonst verstopft. Die sanitären Anlagen in den meisten Hotels sind gut bis sehr gut.

Medien

Die Presselandschaft wartet mit über 50 Tages- und an die 200 Wochenzeitungen auf. Zahlreiche Magazine ergänzen das Angebot. Trotz Aufhebung der Pressezensur obliegt die Ernennung der Herausgeber von Zeitungsverlagen dem Staatspräsidenten. Die drei größten **arabischen Tageszeitungen** sind *Al-Akhbâr, Al-Ahrâm* und *Al-Gumhurîya* mit jeweils einer Auflage von fast 1 Mill. Exemplaren. Unter den **Wochenzeitungen** sticht die *Akhbâr al-Yawm* mit einer Auflage von fast 1,2 Mill. hervor.

Die beste **englischsprachige Zeitung** ist *Al-Ahrâm weekly*. Sie bietet auch einen Veranstaltungskalender für Kairo und Alexandria. Außerdem gibt es die *Egyptian Gazette*, die jedoch wesentlich schlechter und in der Berichterstattung weniger objektiv ist. Das Hochglanz-Magazin *Cairo today* kommt einmal im Monat heraus und hat neben dem neuesten Kinoprogramm vor allem Veranstaltungstipps zum Inhalt.

Die **Egyptian Radio and Television Union (ERTU)** wurde 1928 gegründet. Rundfunkprogramme gibt es in Ägypten auf Arabisch, Englisch und Französisch. 1960 ging die ERTU mit zwei nationalen und sechs regionalen Fernsehprogrammen auf Sendung. Diese sind ohne Satellit zu empfangen. Durch den Start des ersten ägyptischen Satelliten Nilesat 1 im Jahre 1998 soll das Programm in Zukunft auf 84 Fernsehkanäle und 400 Radiostationen erweitert werden, was teilweise schon umgesetzt wurde. Die Nachrichten werden sowohl in Englisch als auch in Arabisch ausgestrahlt.

Internationale Zeitungen und Zeitschriften sind vor allem in Kairo sowie in Hurghada, Sharm el Shaikh und Luxor erhältlich. In den Ortskapiteln wurde angegeben, wo man sie erstehen kann.

Mit einem guten Weltempfänger ist die **Deutsche Welle** über Kurzwelle auf verschiedenen Frequenzen zu empfangen. Aktuelle Frequenzauskünfte erteilt rund um die Uhr die Technische Beratung, ✆ 0221/3893208. Weitere Infos über die Programme und Macher auf der Website der Deutschen Welle, 🖳 www.dwelle.de.

Notfall

Nahezu jeder Ort in Ägypten besitzt eine **Apotheke**, die oft eine sehr gute Auswahl an Medikamenten hat, und ein kleines Krankenhaus. Das sagt jedoch reichlich wenig über die Qualität aus. Wirklich gute Krankenhäuser gibt es nur in Kairo und Alexandria. Die Apotheker sprechen in aller Regel jedoch Englisch (Krankenhauspersonal hingegen nur in seltenen Fällen) und können so am einfachsten erste Hilfe leisten. Wenn es irgendwie geht, sollte man immer versuchen, wieder zurück nach Kairo zu kommen. Näheres s. S. 175 f.

Die **Touristenpolizei** bietet im Notfall keine wirkliche Hilfe, zumal sie in den seltensten Fällen Englisch spricht. Wer wirklich Hilfe braucht, sollte versuchen, jemanden zu finden, der übersetzen kann, aber auch dann ist Hilfe nur im Zweifelsfall gewährleistet. Wer in wirkliche Not gerät, tut gut daran, seine Botschaft zu kontaktieren und sich beim Hotelpersonal erste Hilfe zu holen.

Wichtige Telefonnummern für Notfälle:	
Ambulanz	✆ 123
Feuerwehr	✆ 125
Polizei	✆ 122
Touristenpolizei	✆ 126

Öffnungszeiten

Die meisten öffentlichen Institutionen, darunter auch Banken und Ämter, haben freitags und oft auch noch samstags geschlossen. Banken haben in aller Regel zwischen 8.30 und 14 Uhr geöffnet. Manche Banken machen am Nachmittag gegen 17 Uhr wieder auf und haben dann bis 20 Uhr geöffnet. Wechselstuben haben meist durchgehend bis spät abends auf. Ämter haben normalerweise von 8–14 Uhr geöffnet, Touristeninformationen meist wesentlich länger, bisweilen sogar bis 21 Uhr.

Geschäfte und Läden haben unregelmäßige Öffnungszeiten. Die meisten öffnen gegen 9 Uhr morgens und schließen für eine Siesta, um dann am späten Nachmittag wieder zu öffnen. Im Winter ist diese Siesta kürzer.

Während des Ramadans verschieben sich alle Öffnungszeiten. Da man in der Nacht noch isst, beginnt das öffentliche Leben nicht vor 10 Uhr, meist erst gegen 11 Uhr. Kurz vor Sonnenuntergang wird dann alles geschlossen, und am späten Abend machen zumindest die Geschäfte wieder auf.

Sprachschulen

Ägypten ist eines der beliebtesten Länder der arabischen Welt für alle, die Arabisch lernen wollen. Der ägyptische Dialekt ist derjenige, der in der arabischen Welt am weitesten verbreitet ist. Das liegt vor allem an der Filmindustrie, die hier angesiedelt ist. Folgende Institute in Kairo bieten Sprachkurse an und/oder vermitteln Privatlehrer:

DEAC (Département d'Enseignement de l'Arabe Contemporain), im französischen Konsulat, 2 Zanqat el Fadl, Sh. Qasr el Nil, ✆ 02/3912138, ℻ 3912137, ✉ deac@cfcc.ie-eg.com. Sehr gute Kurse: Sommer-Intensivkurse 4 Wochen à 20 Std. im Juli und September. Dann Halbjahres- (E£3300) und Ganzjahreskurse (E£5500). Unterrichtssprache ist Arabisch. Dialektkurse und Hocharabisch.

British Council, 192, Sh. el Nil, Agouza, ✆ 02/3031514, ℻ 3443076, 🖳 www.britcoun.org. Der BC bietet sowohl Kurse in klassischem Arabisch als auch in Dialekt an. Für einen 6-Wochen-Kurs mit 8 Std. pro Woche zahlt man um E£850.

Arabic Language Institute, in der American University of Cairo (AUC), Mîdân Tahrîr, P.O. Box 2511, ✆ 02/3542964, ℻ 3557665, ✉ alu@auc.acs.eun.eg. Die teuerste, aber sicherlich beste Möglichkeit, Arabisch zu lernen. Der 6-Wochen-Kurs kostet ab 2700 €, jeder andere Kurs ist wesentlich teurer. Dafür gibt es spitzenmäßige Lehrer und ein Intensivprogramm zum Lernen auf sämtlichen Niveaus.

International Language Institute, 3, Sh. Mahmud Azmi, Sahafiyin, Muhandisin, ✆ 02/3463087, ℻ 3035624, ✉ ili@starnet.com.eg. Eine Stunde Unterricht kostet hier durchschnittlich E£50, meist angeboten in 6–8-wöchigen Kursen. Gute Lehrer, wenn auch nicht zu vergleichen mit denen im Arabic Language Institute.

Der ***Deutsche Akademische Austauschdienst (DAAD)*** in Kairo bietet auf seiner Homepage unter 🖳 http://cairo.daad.de eine ausführliche Liste von Sprachkursanbietern in Ägypten. Sehr gute Kurse in Deutschland führt das Landesspracheninstitut in Bochum durch. Wer also Arabisch in Deutschland erlernen und dabei nicht unbedingt auf Volkshochschulkurse zurückgreifen möchte, dem sei folgende Adresse empfohlen: ***Landesspracheninstitut NRW Arabicum***, PF 24 04 33, 44742 Bochum, ✆ 0234/700-7899 oder 700-7750, ℻ 0234/7094-119, 🖳 www.ruhr-uni-bochum.de/lsi, ✉ lsi.nrw@rz.ruhr-uni-bochum.de.

Trinkgeld

Ein Trinkgeld von 10–15% ist in Restaurants, Hotels, im Taxi, bei Frisören, bei Stadtführern, Schuhputzern etc. üblich. Gerade im Dienstleistungsbereich sind es die Trinkgelder, von denen sich die Arbeitenden finanzieren. Doch auch hier gilt: Alles im rechten Rahmen. Wer zu viel gibt, wirkt protzig und kränkt den Empfänger damit. Falsch ist es, jede Gefälligkeit in barer Münze ausgleichen zu wollen. So ist es z.B. unsinnig, jemandem ein Trinkgeld dafür zu geben, dass er einem den Weg gewiesen oder ein Restaurant empfohlen hat.

Visaverlängerung

In Ägypten muss jeder, der länger als drei Wochen im Land bleiben möchte, sein Visum verlängern. Das ist in der Mugamma in Kairo am kompliziertesten. Leichter ist es auf den Passämtern in Luxor oder Assuan sowie in Hurghada und Alexandria. Man braucht nicht viel mehr als ein wenig Geduld, ein Passfoto und etwas Geld. Damit geht man ins Passamt, füllt zwei Formulare aus, geht an die Kasse, zahlt Geld ein, geht zurück und gibt den Beleg mit dem Foto und den Formularen ab. Dann gibt es einen Stempel in den Pass und man darf länger bleiben. Hinweise zum Einreisevisum s. S. 12. Die Adressen der einzelnen Passämter sind in den jeweiligen Ortskapiteln verzeichnet.

Kosten: bis 6 Monate E£11,50; 6–12 Monate E£16,50; 1 Jahr und länger E£46,50.

Wäschereien

In Ägypten gibt es zwar in den Städten Wäschereien, aber es ist nicht notwendig, diese aufzusuchen, denn so gut wie alle Hotels, selbst die einfachsten, bieten ihren Gästen einen so genannten „Laundry Service" an. Der Preis richtet sich meist nach der Anzahl der Wäschestücke und kostet zwischen 50 pt (Unterwäsche) und E£ 5 (Jeans).

Zeitunterschied

In Ägypten gilt die Mitteleuropäische Zeit (MEZ) + 1 Std. Da Ägypten jedoch keine Sommerzeit hat, besteht im Sommer kein Zeitunterschied.

Ägypten und seine Bewohner

Geografie

Mit ca. 1 Mill. km² ist Ägypten nahezu dreimal so groß wie Deutschland. Über 95% der Landesfläche sind fast menschenleere **Wüste oder wüstenähnliche Landschaft**. Die Westliche oder Libysche Wüste bedeckt über die Hälfte des Landes. Die Östliche Wüste, auch Arabische Wüste genannt, macht etwa ein Fünftel der Landesfläche aus. Getrennt werden diese beiden großen Wüstenzonen durch den sich s-förmig durch das Land windenden längsten Fluss Afrikas – den **Nil**. Dank diesem in Ägypten 1–23 km breiten und über 1000 km langen, fruchtbaren Flusstal sind in dieser ansonsten recht unwirtlichen Region seit mehr als 4000 Jahren menschliche Ansiedlungen möglich: Ohne den Nil kein Leben.

Verantwortlich für die geradlinigen **Grenzverläufe** im Süden und Westen des Landes ist, wie so oft auf dem afrikanischen Kontinent, die Kolonialgeschichte. Im Norden ans Mittelmeer und im Osten ans Rote Meer grenzend, hat Ägypten dort keine unmittelbaren Nachbarn, auch wenn die Arabische Halbinsel bei Vollmond zum Greifen nahe scheint. Im Nordosten ist das Land über den Sinai mit Israel und dem Gazastreifen verbunden. Von der Nordspitze des Golfes von Aqaba ist es auch nur ein Katzensprung ins Königreich Jordanien, es besteht jedoch keine Landverbindung. Im Süden grenzt der Sudan und im Westen Libyen an Ägypten.

Erdgeschichtlich war Ägypten Teil des Urkontinents Gondwana, der im Jurazeitalter auseinanderbrach. Der **Ostsaharische Schild**, d.h. das südliche Grundgebirge, wurde nach Norden und Nordwesten gekippt, wodurch die Entwässerungsrichtung von Süd nach Nord verlief. Tektonische Bewegungen bildeten verschiedene Senken. Ab dem Oberen Jura fanden mehrere Meerestransgressionen statt. Dabei überflutete das Meer aufgrund von Meeresspiegelschwankungen oder Festlandsenkungen Festlandflächen, wodurch marine (während der Meeresüberflutung) und – nachdem das Meer sich zurückgezogen hatte – kontinentale Sedimente bis ins heutige Südägypten hinein abgelagert wurden. Bei der Hebung des **Nubischen Schildes**, des Grundgebirgssockels für die östliche Gebirgskette (der Östlichen Wüste), wurden die Graniteinschlüsse im Gebiet um Assuan freigelegt. Diese bilden noch heute den ersten von insgesamt sechs **Nilkatarakten** (Stromschnellen).

Die **Westliche Wüste** besteht aus fast horizontal lagernden Kalk- und Sandsteinschichten, wodurch Tafelländer und Schichtstufen entstehen konnten. Lange Verwitterungsvorgänge unter extrem trockenen Bedingungen begünstigten die Entstehung von so genannten **Hamadas**, Landschaften mit kantigem Gesteinsschutt, auch Steinscherbenwüsten genannt. In den Beckenlandschaften entstanden **Ergs**, d.h. geschlossene, mächtige Sandgebiete, deren Dünen wandern können. Bis 135 m unter dem Meeresspiegel liegt im Norden der Libyschen Wüste die 20 000 km² große (ungefähr die Fläche von Rheinland-Pfalz), von Steilstufen umrahmte, lebensfeindliche **Qattâra-Senke**. Im äußersten Südwesten, dem sogenannten Grenzkreuz, liegen kleine, aus Grundgebirge bestehende Massive, deren höchster Gipfel immerhin 1934 m über dem Meeresspiegel erreicht. Die höchste Tafel besitzt das **Gilf Kabîr-Plateau** mit 1082 m.

Die **Östliche Wüste** wird hauptsächlich vom Roten-Meer-Gebirge eingenommen, das eine Höhe von bis zu 2187 m erreicht, wobei der südliche Teil höher ist. Auch hier hat sich eine Schichtstufenlandschaft gebildet. Die im Querschnitt kastenförmigen Wadis werden hier bei episodischen Regenfällen zu reißenden, breiten Flüssen.

Der **Sinai**, zwischen dem Golf von Aqaba und dem Golf von Suez gelegen und durch den Suezkanal vom restlichen Ägypten abgetrennt, umfasst eine Fläche von 60 000 km² (nur Bayern ist als einziges deutsches Bundesland größer als dieser scheinbar so kleine Zipfel Ägyptens). Der mit 2635 m höchste Berg Ägyptens, der Gabal Katrîn, liegt im Grundgebirge, welches das südliche Drittel des Sinai bedeckt. Sedimentsteinschichten bilden in den beiden nördlichen Dritteln eine Schichtstufenlandschaft, die nach Süden und Osten steil abfällt.

Das flache **Nildelta** ist ungefähr so groß wie Hessen: ca. 22 000 km². Dies entspricht der doppelten Fläche des Niltals. Früher war das Delta von Sümpfen und vielen Nilarmen durchzogen und wie das Niltal dem jährlichen Hochwasserturnus unterworfen. Heute fließt das Wasser durch die Regulierung am Assuan-Hochdamm das ganze Jahr über gleichmäßig ab. Sieben Nilarme und zwei

Hauptkanäle bilden heute die letzten Flussverzweigungen, bevor der Strom sich ins Mittelmeer ergießt, was jedoch sehr gemächlich geschieht, denn das Gefälle beträgt auf den 160 km von Kairo bis zur Mündung nur 30 m.

Flora und Fauna

Aufgrund der naturräumlichen Gegebenheiten von Wüste und Gebirge können in großen Landesteilen Ägyptens nur sehr spezialisierte Arten überleben. Wo Süßwasser verfügbar ist, macht der Mensch vielen ehemaligen Wildtierarten das Leben schwer bzw. hat sie schon vertrieben oder ausgerottet. Am artenreichsten ist in Ägypten die Unterwasserwelt, doch auch diese leidet an manchen Orten unter dem Andrang der staunenden Touristen. So sieht man, wenn man durchs Land fährt und sich nicht gerade im Frühjahr oder Herbst entlang der Zugvogelrouten bewegt, vor allen Dingen Kulturpflanzen entlang des Nils und Haustiere. Letztere sind in Ägypten zahlreich, denn der Technisierungsstand entspricht nicht dem unseren, so dass Last- und Zugtiere in der Landwirtschaft unabkömmlich sind. Selbst wild erscheinende Dromedare (in Afrika gibt es nur diese einhöckerigen Kamele) haben einen Besitzer, und auch wenn sie für die Beduinen nicht mehr die Bedeutung von einst haben, so sind sie doch immer noch ein Zeichen von Reichtum.

Flora

Die natürliche Vegetation Ägyptens hat sich der vorherrschenden Trockenheit und Hitze angepasst. Die Pflanzen setzen ihre Verdunstung herab und tragen nur sehr kleine Blätter und Dornen. Bäume und Sträucher findet man hauptsächlich in Senken und Wadis und auch an Gebirgsfüßen, da der Boden dort tiefgründiger ist und die Pflanze so besser an die Wasser führenden Schichten herankommen oder mit episodisch auftretenden Regenfällen ihren Wasserbedarf decken kann. Drei Vegetationszonen kommen in Ägypten vor: die mediterrane Küste vom Mittelmeer bis nördlich der Oase Bahariya, die Küste des Roten Meeres und die beinahe niederschlagslosen Wüstengebiete. Auf der vom Roten und dem Mittelmeer umgebenen Sinai-Halbinsel sind alle drei Vegetationszonen vertreten.

Im Schutzgebiet Nabq im Südosten des Sinai stehen die nördlichsten Mangroven der Erde.

Steppenartig verläuft die **Küstenzone** von der libyschen Grenze im Westen bis zur israelischen Grenze im Osten. Es finden sich hier Kräuter und Sträucher, wie zum Beispiel Kapern und Wermut. In den Wadis stehen vereinzelt Akazien. Die Vegetation entlang des **Roten Meeres** hat sich an die relativ hohe Luftfeuchtigkeit angepasst. Es gibt hier Salz liebende Pflanzen, die den Abfluss aus den Bergen nutzen, und in Wadis finden sich Akazien. Außerdem wachsen hier Palmen, Kräuter und Gräser.

Im größten Teil des Landes, der fast niederschlagslosen **Wüste**, nimmt die Dichte der nur spärlich vorhandenen Vegetation zum Landesinnern hin ab. Einzeln oder in kleinen Gruppen finden sich an günstigen Standorten, wie z.B. Wadis oder Senken, den einzigen Stellen, wo sich ohne regelmäßige Niederschläge und bei hohen Temperaturen eine ganzjährige Vegetation entwickeln kann, Akazien oder Dumpalmen. Sollte man jedoch das Glück haben, einen ausgiebigeren Regenguss in der Wüste zu erleben, erscheint der farbenfrohe Blütenteppich, der dann mancherorts kurz darauf inmitten des „Nichts" aufgeht, kaum zu glauben.

Das meiste Grün, das der Reisende in Ägypten zu Gesicht bekommt, ist die üppige Vegetation entlang des **Nils**. Sie bildet direkt oder indirekt die Nahrungsgrundlage für die allermeisten Ägypter. Dieselbe Bedeutung haben auch das fruchtbare Nildelta und die **Oasen** der Westlichen Wüste. Die Vegetation besteht hier fast nur aus Kulturpflanzen, die intensiv angebaut werden, um das unmittelbare Umland, aber auch die Metropole Kairo mit Obst, Gemüse, Fleisch usw. zu versorgen. Endemische Pflanzenarten kommen hier kaum mehr vor, denn fruchtbares Land ist quasi Gold wert. Die **Lotus- und Papyruspflanze**, zu pharaonischen Zeiten Symbole des Königreichs, sind nur in Parks zu bestaunen. In der Nil-Stromoase finden sich wild wachsende Bäume wie die **Sykomore**, die **Tamariske** und in Oberägypten die **Dumpalme** und einige wenige andere Arten. Entlang des Nils und der zahllosen Be- und Entwässerungskanäle hat sich eine Vielzahl von Wasserpflanzen angesiedelt, darunter **Schilfrohr** und **Wasserhyazinthe**. Die Engländer führten Letztere als Zierpflanze in Ägypten ein, wo sie jedoch aufgrund ihres schnellen Wachstums zur

Plage geworden ist und die Bauern immer wieder damit beschäftigt sind, sie zu beseitigen.

Fauna

In Ägypten gibt es das **Nilpferd** schon lange nicht mehr. Obwohl es zu pharaonischen Zeiten teilweise als göttlich verehrt wurde, war das Elfenbein der Hauer so begehrt und die Verwüstungen der Felder durch dieses massige Tier so groß, dass es schließlich ausgerottet wurde. Der früher wegen seiner Federn begehrte **Vogelstrauß** ist ebenfalls verschwunden. Dem **Nilkrokodil** erging es ähnlich: Die bis zu 3 m langen Tiere leben heute in Ägypten nur noch im Nasser-Stausee. Die exzessive Nutzung der Ressourcen in Ägypten hat zum Verschwinden von Großsäugern wie Löwe, Leopard und verschiedenen Antilopenarten geführt. Diese Tiere gab es in Ägypten bis in die römische Zeit hinein in einer damals noch üppigeren Vegetation.

Die heutigen **Wildtiere** der Wüste haben sich den harten Umweltbedingungen angepasst. Um hier konkurrieren zu können, muss man genügsam und hitzebeständig sein. Vor allem Randgebiete der Wüste oder steppenartige Regionen sind Lebensraum für meist scheue Tiere wie Rotfuchs, Schakal, Dorcas-Gazelle, Hyäne, den großohrigen Wüstenfuchs Fennek, die Wüstenmaus und viele kleine Nagetiere. Chamäleons, Warane, Agamen, verschiedene Eidechsen- und Schlangenarten (z.B. die giftigen Speikobras und Hornvipern) repräsentieren die **Reptilien** der Wüste. Eine Begegnung mit grünen und schwarzen Skorpionen kann schmerzhaft sein: Sie verstecken sich an dunklen Orten, wie z.B. unter Steinen oder in Ritzen. Mücken werden in Oasen schon mal zur Stechplage. Andere (angenehmere) **Insekten** sind Schmetterlinge und Libellen. Sehr zahlreich sind mit ungefähr 150 Arten die **Vögel** in der Wüste vertreten, darunter z.B. Steinlerche und Steinschwalbe.

Entlang des Nils mit seinem Delta und der Oase Fayûm erwartet den Reisenden eine artenreichere Tierwelt. Auch hier kommen zahlreiche, von den Ägyptern ungeliebte Schlangenarten (über 30 verschiedene landesweit) vor. Eidechsen, Agamen, Geckos, Nilwarane und Ägyptische Landschildkröten fühlen sich hier wohl. Der Schlangenfeind **Mungo** geht im Schutz des Schilfrohrs auf Jagd. Im Delta kommen u.a. Wildgänse, Enten, Flamingos und Fischadler vor. An stehenden Gewässern lauern oft Schwärme von Stechmücken und Moskitos. Reiher, Störche, Wasser- und Blässhühner und viele andere Vögel, wie z.B. Schnepfen, Spatzen, Raben, haben in unmittelbarer Nähe zum Wasser ihr Zuhause. Besonders oft sieht man die kleinen weißen **Kuhreiher** in den Feldern umherschreiten. Diverse **Raubvögel** wie Milan und Falke ziehen am Himmel ihre Bahnen.

Tauben und **Wachteln** stehen bei den Ägyptern auf dem Speiseplan. Erstere werden sehr oft in weithin sichtbaren Türmen gehalten.

Bevölkerung

Ägyptens Bevölkerung ist ein buntes Gemisch der unterschiedlichsten Völker. Hier leben Araber, Nubier, Kopten und Berber.

Araber

Die **größte Bevölkerungsgruppe** Ägyptens machen die Araber aus, die im 7. Jh. hier einwanderten. Als ihren Stammvater betrachten sie Ismâ'il, den Sohn Abrahams und der ägyptischen Sklavin Hagar. Laut Bibel, Genesis 16 (1-15) und 21 (9–21), war Ismâ'il der einzige Sohn Abrahams, bis seine legitime Frau Sara ihm Isaak gebar. Um ihrem eigenen Sohn das Alleinerbe zu sichern, ließ Sara schließlich Ismâ'il und Hagar verstoßen. Die beiden flohen in die Wüste und ließen sich in der Nähe von Mekka nieder, wo Ismâ'il sich eine Frau aus Ägypten nahm und zum Stammvater der Araber wurde.

Dieser Version zufolge wären die Araber ursprünglich halbe Ägypter, die sich jedoch über die Jahrhunderte nicht weiter mit diesen vermischten, sondern auf der Arabischen Halbinsel, dem so genannten Hidjâz (heute Saudi-Arabien, Jemen, die Emirate und Oman) lebten, bis sie im 4. Jh. begannen, nach Norden zu wandern, und die sich dann im 7. Jh., mit dem Aufkommen des Islams, in der gesamten Welt verstreuten.

Zu den Arabern Ägyptens gehören neben der städtischen Bevölkerung vor allem die **Beduinen**. Sie sind wahrscheinlich den arabischen Einwanderern des 7. Jhs. am ähnlichsten, haben sie doch überwiegend die Lebensweise der „Eindringlinge" beibehalten. Sie zählen nur etwa eine halbe Million und leben teils in der Libyschen Wüste, teils auf der Sinai-Halbinsel. Die wenigsten Beduinen sind Vollnomaden. Die meisten haben einen kleinen Winterwohnsitz und leben von der Viehzucht, dem Handel und dem Tourismus, z.B. als Bergführer auf Trekkingtouren im Sinai oder als Wüstenguide in der Libyschen Wüste.

Die Vollnomaden des Landes haben Tierherden, vornehmlich Ziegen und Kamele, die sie auf der Suche nach Futter durchs Land treiben, was aufgrund des Klimas, vor allem aber der modernen Landesgrenzen, immer schwieriger wird. Zudem versucht der ägyptische Staat, die Nomaden sesshaft zu machen, was auch mehr oder minder gelingt.

Fellachen

Die Fellachen (von arab. *fellâh*, „Bauer"), die Nilbauern Ägyptens, stammen zum größten Teil von der autochthonen Bevölkerung Ägyptens ab. Rein praktisch kann man bei den Fellachen heute kaum noch unterscheiden, ob sie mehr arabischen oder altägyptischen Ursprungs sind, denn häufig mischten sie sich mit Nubiern und v.a. Arabern.

Die Fellachen lebten jahrhundertelang als Pächter der Nilfelder. Sie bearbeiteten Land, das Großgrundbesitzern gehörte. Doch dann kam Nasser und mit ihm die Revolution (1952). Das gesamte Agrarland wurde unter den Fellachen aufgeteilt und so wurden aus einst besitzlosen Pächtern Grundbesitzer. Doch was auf den ersten Blick wie eine Befreiung aussieht, ist auf den zweiten Blick ein Übel, das den Bauern entlang des Nils die Lebensgrundlage nimmt. Denn nach dem hier herrschenden Erbrecht teilen die Väter ihren Besitz unter den Söhnen auf. Und so zerteilt sich das Land in immer kleinere Parzellen, die nicht mehr ausreichen, um ganze Familien zu ernähren. So wandern mehr und mehr Fellachen in die Städte ab, vor allem nach Kairo, das mit vermeintlichem Wohlstand, Anerkennung, Luxus lockt…, was bleibt ist häufig hier wie dort ein tristes Dasein in Armut.

Nubier

Als Nubier bezeichnet man die Bewohner Nubiens, eine Region zwischen dem 1. Nilkatarakt südlich von Assuan und dem 6. Katarakt im Sudan. Sie gehören zusammen mit den Altägyptern zu den ältesten Einwohnern des Landes. Woher genau die Bezeichnung „Nubien" kommt, ist ungewiss. Sicher weiß man jedoch, dass die Bezeichnung *Nuba* bereits 200 v.Chr. von einem griechischen Autoren für das am Westufer des Nils lebende Volk verwendet wurde. Rund 100 000 Nubier lebten hier bis 1963 in Dörfern und Weilern meist vom Dattelanbau. 1964 machte die Überflutung ihres Lebensraumes als Folge des großen Staudammbaus ihre zwangsweise **Umsiedlung** notwendig. Im Raum Kom Ombo (rund 60 km nördlich von Assuan), dem heute so genannten „Neu-Nubien", wurden neue Dörfer für die Nubier aus dem Boden gestampft. Diese Siedlungen haben mit der alten Heimat, aus der die Nubier vertrieben wurden, nichts mehr gemein: Alt-Nubien war ein geradezu paradiesischer Landstrich in einer von der restlichen Bevölkerung isolierten Lage. Die Nubier selbst bezeichneten es als *Balad al-Amân* (Land der Sicherheit). Die alten Häuser waren aus Lehm gebaut und mit bunten Wandmalereien mit Motiven aus Umwelt und Alltag versehen. Sie hatten eine großzügige Raumaufteilung mit einem separaten Brautzimmer und einem offenen Innenhof, um den herum die Zimmer lagen, und unterschieden sich dadurch von allen anderen ägyptischen Behausungen. Die Dörfer schmiegten sich direkt an das Nilufer. An diesen fruchtbaren Abschnitt schlossen sich Sanddünen und Palmenhaine an. Wohnen und Arbeiten waren so eine räumliche Einheit.

Die neuen Dörfer hingegen liegen weit vom Wasser entfernt in einer unfruchtbaren Gegend und die Häuser wurden in europäischer Einheitsbauweise errichtet. Eine Zuckerrohrfabrik sollte den Arbeitserwerb sichern. Die Fabrikarbeit wurde jedoch von der Mehrheit der Nubier abgelehnt.

Mit der veränderten Lebenssituation ging auch der Verlust nubischer kultureller Werte einher (viele nubische Rituale standen in engem Zusammenhang mit dem Nil, wie z.B. das Bad der Neugeborenen). Die Häuser wurden nicht mehr bemalt, die traditionelle Lebensweise sowie die nubische Sprache gingen mehr und mehr verloren. Viele Männer zogen als Arbeitsmigranten nach Kairo und Alexandria, wo sie sich als Hausmeister, Kellner und Hausangestellte verdingten und so die meiste Zeit von der Familie getrennt lebten. Der Untergang der nubischen Kultur, unterstützt vom ägyptischen Staat, der die Nubier in der offiziellen Statistik nicht mehr als ethnische Gruppe gesondert aufführt, schien vorprogrammiert. Doch dann machte sich, ganz langsam, vor allem unter jungen Nubiern in Kairo, ein Trend breit, der die eigene Kultur wieder zum Leben erwecken sollte. Man gründet zahlreiche nubische Clubs, in welchen nicht nur die Erinnerung an die alte Heimat lebendig gehalten wird, sondern auch traditionelle Feste gefeiert werden, nubische Zeitungen erscheinen und neuerdings nubische Sprachkurse abgehalten werden. Gerade in der nubischen Musik bleibt die kulturelle Besonderheit weiterhin erkennbar. Die im Dialekt vorgetragenen Hochzeitslieder sprechen von der nie vergangenen Liebe zur alten Heimat und den aufgegebenen Bräuchen. Auch in der modernen Popmusik, die klassisch-nubische Rhythmen mit afrikanischen und ägyptischen verbindet, wird zwar häufig auf Arabisch gesungen, die Themen jedoch sind traditionsgebunden. Der Nubier Muhammad Munîr ist einer der bekanntesten ägyptischen Popstars. Er tritt mit seiner internationalen Band auch außerhalb der Landesgrenzen auf (Näheres zur nubischen Musik s. S. 117 f).

Heute finden sich unter den Nubiern nicht mehr nur Bauern, sondern sie sind in allen Wirtschaftszweigen und politischen Ämtern vertreten.

Kopten

Etwa 10% der Bevölkerung Ägyptens besteht aus Kopten. Sie sind ethnisch gesehen weder Araber noch Nubier, sondern stammen von den alten Ägyptern ab. Sie sehen sich selbst als die autochthone Bevölkerung des Landes, die die Araber als Okkupanten ertragen muss, und bleiben vorwiegend unter sich. In jüngster Zeit sind sie mehr und mehr den Repressalien islamischer Fundamentalisten ausgesetzt.

Da sie streng genommen eher eine Religionsgemeinschaft als ein Volk sind, finden sich nähere Informationen zu den Kopten im Religionskapitel (s. S. 108).

Die Berber

Ägyptens Berbergemeinde ist winzig. Allein in der Oase Sîwa und Umgebung leben noch Berber. Mehr und mehr assimilieren sie sich mit den anderen ägyptischen Volksgruppen, vor allem den Arabern. Und doch gibt es hier in Sîwa noch eine kleine Gruppe, die bis zum heutigen Tag eine Berbersprache als Muttersprache hat. Die Berber Ägyptens sind zu wenige, um sich wirklich organisieren zu können, und waren so stets auf eine Kooperation mit den sie beherrschenden Mächten angewiesen.

Das alte Ägypten

Geschichte
Prädynastische Zeit (5500–3100 v. Chr.)

Bereits im Paläolithikum (Altsteinzeit) waren das Niltal und das damals noch fruchtbare angrenzende Gebiet bewohnt, doch ausgeprägte Kulturen entstanden im Niltal erst ab dem späten Neolithikum (Jungsteinzeit). Die ehemals nomadisierenden Menschen mussten sich aufgrund der fortschreitenden Austrocknung in Nordafrika in die Stromoase zurückziehen, wo sie sesshaft wurden und von Landwirtschaft und Fischfang lebten. Dies war die Grundvoraussetzung für die Entwicklung, die später zur ägyptischen Hochkultur führte. In Oberägypten war bereits das Kupfer bekannt, angebaute Getreidesorten waren Weizen und Gerste.

Aus vielen Fürstentümern im Niltal kristallisierten sich nach und nach zwei Königreiche heraus: Das eine, das so genannte Königreich **Unterägypten**, befand sich im Deltagebiet, das andere, das Königreich **Oberägypten**, erstreckte sich etwa vom heutigen Kairo bis nach Assuan. Als erster gesamtägyptischer König gilt **Menes**, der mit der legendären **Vereinigung** beider Reiche die Grundlage für das alte Ägypten schuf. Die weiße Krone Oberägyptens und die rote Krone Unterägyptens zierten von nun an das Haupt des Königs und symbolisierten den Zusammenhalt der beiden Reiche. Hauptstadt der ersten und zweiten Dynastie war Thinis bei Abydos, weshalb man von der **Thinitenzeit** spricht.

Altes Reich (2686–2181 v. Chr.) und Erste Zwischenzeit (2181–2055 v. Chr.)

Mit der **3. Dynastie** begann das so genannte **Alte Reich**, das bis zur 6. Dynastie dauerte. König **Djoser** verlegte die Hauptstadt nach Memphis, an die Nahtstelle zwischen Ober- und Unterägypten (etwa 20 km südlich von Kairo), teilte das Land in Provinzen (Gaue) ein und ließ unter seinem später als Gott verehrten Wesir Imhotep die Stufenpyramide

Mit Passion erklären die Nubier ihre traditionelle Kultur

in Saqqâra erbauen. Seine Expeditionen gelangten bis auf den Sinai und nach Nubien, welche schließlich ägyptische Kolonien wurden. Unter Huni, dem letzten König der 3. Dynastie, wurde die Pyramide von Maidûm begonnen. Die bekanntesten Bauwerke des alten Ägypten entstanden während der **4. Dynastie**. Snofru baute an der Pyramide von Maidûm weiter, vollendete in Dahshûr die „echte" (im Unterschied zu Stufenpyramiden) Rote Pyramide und die Knickpyramide. Und Cheops ließ in Gîza seine zu den Weltwundern der Antike zählende Pyramide erbauen. Später gesellten sich die Pyramide von Chephren und Mykerinos hinzu. Ersterer ließ dort auch die berühmte Sphinx zum Schutz vor bösen Mächten aus einem Felsen hauen. Schepseskaf, der letzte Herrscher der 4. Dynastie, brach mit der Pyramidentradition. Er ließ die Kultstätte seines Vaters Mykerinos zu Ende bauen, sein eigenes Grab wurde jedoch wieder in Mastaba-Gestalt errichtet, eine Grabform, die an eine große Sitzbank ohne Lehnen erinnert *(mastaba* ist das arabische Wort für „Bank"). Während der **5. Dynastie** erstarkte der **Kult des Sonnengottes Re**. Als Sonnenheiligtümer ragten erst Pfeiler, später Obelisken in den Himmel. Allerdings setzte ab nun auch eine Schwächung der Zentralgewalt ein. Gaufürsten lehnten sich auf, es kam zu Hungersnöten, traditionelle Werte verfielen, sogar vor Königsgräbern schreckten Diebe nicht zurück. Autonomiebestrebungen, die in bürgerkriegsähnlichen Zuständen gipfelten, ließen das Alte Reich schließlich mit der 6. Dynastie zusammenbrechen.

Es begann die so genannte **Erste Zwischenzeit**, in der zwei größere (wieder Ober- und Unterägypten) und viele kleinere Reiche mit ihren Königen nebeneinander regierten. So herrschten z.B. während der 9. und 10. Dynastie 15 Könige in ihrer Hauptstadt Herakleopolis Magna im südlichen Fayûm. Die herrschende Dynastie im oberägyptischen Theben konnte sich schließlich gegen die Machthaber in Memphis durchsetzen. **Mentuhotep II. (11. Dynastie)** gelang es, Unterägypten militärisch zu erobern und die beiden Landesteile erneut zu einigen.

Mittleres Reich (2055–1650 v.Chr.) und Zweite Zwischenzeit (1650–1550 v.Chr.)

Das Zeitalter des so genannten **Mittleren Reiches** war eingeläutet. Es kam zu einer Stärkung der königlichen Macht. Außengrenzen wurden nun teilweise mit Berufssoldaten gesichert oder erweitert. In Palästina entstanden Handelsposten, die Versorgung mit den wichtigen Rohstoffen Holz und Metall wurde sichergestellt, die Verwaltungsstrukturen wurden gestärkt. **Amenemhet I.**, der erste König der **12. Dynastie**, verlegte die Hauptstadt des Landes nach El Lisht am nördlichen Ausgang der Oase **Fayûm**. Unter Sesostris II. begann man damit, das Sumpfland von Fayûm trockenzulegen und das Gebiet zu kultivieren. Vollendet wurde dieses erfolgreiche Großprojekt unter Amenemhet III., der den Oaseneingang bei Hawâra zu seiner Pyramidenstätte wählte. Das Gebiet, in dem der Krokodilsgott Sobek verehrt wurde, war zur fruchtbarsten Region des Landes aufgestiegen. Die Macht des Königshauses schwächelte jedoch bald wieder und schon während der **13. Dynastie** kam es aufgrund von Thronstreitigkeiten über 70 Mal zum Herrscherwechsel. Gleichzeitig herrschte im Ostdelta und in Südpalästina eine 14. Dynastie. Das Reich war zum zweiten Mal auseinander gebrochen.

Es begann die so genannte **Zweite Zwischenzeit**. Im Norden des Landes hatten sich schon ab Mitte des 17. Jh. v.Chr. die „Herrscher der Fremdländer", die **Großen Hyksos**, etabliert. Mit sechs Königen waren sie die Vertreter der 15. Dynastie. Gleichzeitig herrschten die so genannten **Kleinen Hyksos**, die 16. Dynastie. Die Volkszugehörigkeit und Herkunft der Hyksos ist nicht geklärt. Vielleicht eroberten sie das Land von auswärts, vielleicht waren sie bereits im Land und rissen als ehemalige vorderasiatische Söldner die Macht an sich. Ihr militärischer Erfolg basierte auf ihren, den ägyptischen Fußsoldaten überlegenen Streitwagentruppen, die an der Spitze ihrer Kampfformationen standen. Ein thebanisches Fürstengeschlecht unter Seqenenre Taa II. aus der 17. Dynastie lehnte sich zuerst gegen die Fremdherrscher auf, und Seqenenres Sohn Kamose setzte den Widerstand fort.

Neues Reich (1550–1069 v.Chr.) und Dritte Zwischenzeit (1069–747 v.Chr.)

Nach über hundert Jahren Fremdherrschaft gelang **Ahmose**, dem Bruder von Kamose, die Einnahme der Hauptstadt der Hyksos, Auaris, im östlichen Nildelta, und die Usurpatoren konnten schließlich vertrieben werden. Mit Ahmose, der für das ägyptische Heer nun auch Streitwagen angeschafft hatte, begann 1550 v.Chr. die **18. Dynastie** und das **Neue Reich**. Es war die Ära einer großen künstlerischen und kulturellen Blüte, deren Resultat bis heute viele Ägyptenbesucher staunen lässt. Außenpolitisch wurden ebenfalls große Erfolge erzielt. Der erste Nachfolger von Ahmose, **Amenophis I.**, trieb den Neuaufbau des Staates voran. Er reformierte das Kalenderwesen und ließ landesweit, hauptsächlich aber in Theben, wo Amun nun endgültig als universaler Gott anerkannt wurde, neue Tempel errichten. Einer seiner Baumeister schlug vor, die Herrscher in Zukunft in einem versteckten Tal jenseits des Fruchtlandes in Westtheben zu begraben. Amenophis I. selbst ließ sich hier noch nicht begraben, aber die Idee des heute so bekannten Tals der Könige war geboren. **Thutmosis I.** war der erste König, der sich hier begraben ließ. Wenig später folgten zwei sehr bekannte Herrscher des Neuen Reiches: **Thutmosis III.** und seine Stiefmutter **Hatschepsut**, die als Regentin für ihren unmündigen Stiefsohn eingesetzt wurde. Bald herrschte sie mit Unterstützung der Priesterschaft zwei Dekaden lang als Königin. Sie schickte eine Expedition ins Weihrauchland Punt, von der es eine ausführliche Darstellung in ihrem Totentempel Dair el Bahri gibt.

Thutmosis übernahm 1486 v.Chr. nach ihrem ungeklärten Tod die Herrschaft und nannte sich fortan Pharao (das Wort bedeutet eigentlich „Das große Haus" und bezeichnete im Alten und Mittleren Reich den Palast und Hof des Herrschers; erst ab der 18. Dynastie wird der Herrscher selbst so genannt). Thutmosis versuchte das Andenken der Hatschepsut auszulöschen, indem er selbst noch auf den Spitzen der Obelisken ihren Namen wegmeißeln ließ. Mehrere Feldzüge wurden unternommen, um der Bedrohung im syro-palästinensischen Raum, die von der Koalition des Stadtstaates Qadesh mit dem Reich der Mitanni ausging, zu begegnen. Gekrönt wurden diese Vorstöße mit der Überquerung des Euphrat, was bei den Nachbarn sowohl Schrecken als auch Anerkennung für die ägyptische Macht hervorrief. Durch taktische dynastische Heiratsallianzen sicherten sich die ägyptischen Pharaonen Frieden und Wohlstand.

Unter **Amenophis III.** entstanden wunderschöne Paläste und Statuen aus wertvollen Materialien und in einem Ausmaß, wie man es in Ägypten bis dahin noch nicht gesehen hatte. Amenophis III. lehnte sich auch gegen bestehende Dogmen auf und nahm Teje, ein Haremsmädchen, zu seiner Frau, eine Position, in die er eigentlich nur seine Schwester hätte erheben dürfen, denn nur sie hätte als „Gottesgemahlin des Amun" den Thronfolger als Sohn des Gottes Amun empfangen können. Bei den Priestern des großen Amun-Tempels stießen diese und andere Provokationen von Seiten des Herrscherhauses auf Ablehnung. Die Auseinandersetzung erreichte unter dem Nachfolger **Amenophis IV.** ihren Höhepunkt. Er machte Schluss mit der ägyptischen Vielgötterei, verfemte den Gott Amun, ließ Tempel schließen und erklärte die Sonnenscheibe Aton zum alleinigen Gott. Der in der modernen Zeit oft Ketzerkönig genannte Pharao, der sich von nun an Echnaton („Dem Aton wohlgefällig") nannte, brachte mit diesem Vorgehen der Menschheit wahrscheinlich den ersten Monotheismus ihrer Geschichte. Er ließ in **Karnak** einen gewaltigen Aton-Tempel errichten und sah sich selbst mit seiner Gemahlin **Nofretete** als Mittler zwischen den Menschen und dem neuen Sonnengott. Den Schnitt verschärfte der König, indem er später sogar Theben verließ und sich in seiner neu erbauten Hauptstadt Achet-Aton (Licht des Aton) beim heutigen Tell el Amârna niederließ.

Unter Echnaton veränderte sich auch die Kunst. Waren die Darstellungen zuvor sehr stilisiert, so entwickelte sich mit dem so genannten Amarna-Stil eine realistischere Kunstform. Aufgrund der neuen Glaubenslehre fühlten sich die Künstler motiviert, freier zu schaffen. Abbildungen des Pharaos im Kreise seiner Familie waren nun keine Seltenheit. Die Personen wurden nicht immer zu ihrem Vorteil dargestellt, die Linien waren weicher. Der neue Kunststil fand auch noch unter den drei Nachfolgern Echnatons Verbreitung.

Nach 15 Regierungsjahren starb der so herausragende Pharao unter nicht geklärten Umständen. Der zweite Nachfolger Echnatons, Tutanchaton, setzte die alte Götterwelt wieder ein und änderte seinen Namen in **Tutanchamun** um. Sein recht kleines Grab sorgte 1922 n.Chr. für Aufsehen, als es von Howard Carter entdeckt wurde. Das einzige nicht beraubte Grab eines Pharao war gefunden worden. Die Ausstattung lässt die Besucher im Museum in Kairo noch heute den Atem anhalten.

Der Nachfolger Tutanchamuns war Eje, ein Onkel des Echnaton. Nach ihm gelangte Haremhab, der Oberbefehlshaber des Heeres, auf den Thron. Er ließ die von Echnaton errichteten Bauten zerstören. Der von Haremhab designierte Thronnachfolger, Offizier Paramessu, nannte sich zu seiner Amtszeit **Ramses I.** Er wurde zum Begründer der **19. Dynastie** und dem Namensvater der Ramessiden (19. und 20. Dynastie). Obwohl der Name Ramses insgesamt elf Mal als Name eines Pharaos auftaucht, ist bei uns **Ramses II.** als *der* ägyptische Pharao schlechthin bekannt. Das liegt vor allem an seiner regen monumentalen Bautätigkeit, die er während seiner langen Regierungszeit von über 66 Jahren ausleben durfte. In fast allen Ruinen findet sich sein Name, und ungefähr die Hälfte der in Ägypten erhaltenen Tempel sind unter seiner Ägide entstanden. Dank eines glücklichen Zufalls konnte er eine Niederlage gegen die Hethiter in der **Schlacht von Qadesh** abwenden und die eigentlich schwache Leistung in seinen Bauten als ruhmreichen Sieg darstellen lassen. Der Nachfolger **Merenptah**, der 14. Sohn von über 100 Nachkommen Ramses II., hatte gegen die aus dem Mittelmeerraum ins Nildelta einfallenden Seevölker zu kämpfen. Erst **Ramses III.**, der zweite König der 20. Dynastie, konnte eine Krise, die durch Thronfolgestreitigkeiten am Ende der 19. Dynastie verschärft wurde, bewältigen. Sein Sieg gegen die Libyer und die mit diesen verbündeten Seevölker konnte die wirtschaftliche Misere Ägyptens allerdings nicht bremsen. Der Niedergang des ägyptischen Reiches hatte begonnen und wurde durch einen Bürgerkrieg zur Zeit Ramses XI. besiegelt.

In der **Dritten Zwischenzeit** gelang es dem Bubastiden (nach der Hauptstadt Bubastis im östlichen Nildelta) **Scheschonq**, einem libyschen Häuptling und dem Begründer der **22. Dynastie**, noch einmal im ganzen Land als König anerkannt zu werden. Andere libysche Fürsten erklärten sich jedoch selbst auch zu Königen. Schließlich war Ägypten in viele kleine rivalisierende Herrschaftsgebiete zerfallen.

Spätzeit (747–332 v.Chr.)

Mit der **25. Dynastie**, den so genannten **Kuschiten** aus dem Sudan, begann die Spätzeit. Mitte des 7. Jhs. v.Chr. ließ König Taharka noch einmal im ganzen Land bauen. Die Goldquellen Nubiens bildeten den wirtschaftlichen Rückhalt seines Reiches. Von Norden drangen die Assyrer bis nach Memphis vor. Vom Fürstenhaus in Sais (im Nildelta) unterstützt, gelang es diesen, die Kuschiten aus Unterägypten zu vertreiben. Es war **Psammetich I.**, dem die Unabhängigkeit von den Assyrern gelang. Mit seiner neu gegründeten **26. Dynastie** blühte das Pharaonenreich zum letzten Mal auf. **Necho II.** drang noch einmal bis an den Orontes in Syrien vor. Er begann mit dem Bau eines Kanals zwischen dem Mittelmeer und dem Roten Meer. Die Ägypter zogen mit den Assyrern mittlerweile als Verbündete gegen den babylonischen König Nebukadnezar nach Palästina, wo sie vernichtend geschlagen wurden und sich ins Heimatland zurückziehen mussten.

Die neue Vormacht im Vorderen Orient, die **Perser** (27. und 31. Dynastie), besetzten unter **Kambyses** 525 v.Chr. Ägypten. Das Land wurde für ca. 120 Jahre zu einer persischen Satrapie (Provinz). Die Eroberer schändeten anfangs die religiösen Stätten, was ihnen die Missgunst der Bevölkerung einbrachte. Danach stritten sich ägyptische Kleinkönigreiche um den Einfluss im Land. Der letzte einheimische Pharao Ägyptens, Nektanebos II. aus der 30. Dynastie, suchte sein Heil in der Flucht nach Libyen.

Alexander der Große und die Ptolemäer (332–30 v.Chr.)

Mit der Machtübernahme Alexander des Großen in Ägypten und seinen Nachfolgern beginnt die so genannte **Ptolemäerzeit** oder die **Zeit der Griechen**. Alexander der Große erreichte 332 v.Chr. das Land am Nil und vertrieb die Perser. Er war als Befreier willkommen und so fiel es ihm leicht, sich zum Herrscher des ehemaligen Pharaonenreichs zu erklären. Das Amun-Orakel in der Oase Siwa, wohin er sich mit seinem Gefolge begab, bestätigte seinen Anspruch. Er gründete im östlichen Nildelta die Stadt **Alexandria**, die zum unumstrittenen kulturellen Zentrum der hellenistischen Welt aufstieg. Das Museion der Stadt wurde zur größten und wichtigsten Bibliothek überhaupt; hier forschten die großen Gelehrten der Welt. Als Alexander 323 in Babylon starb, wurde sein Leichnam nach Ägypten überführt – bis heute ist allerdings nicht geklärt, wo sich sein Grab befindet. Sein großes Weltreich teilten sich die **Diadochen**, die Feldherren, untereinander auf. Ägypten fiel an **Ptolemaios I. Soter I.**, den Begründer der Dynastie der

Ptolemäer. Unter diesen blühte das alte Pharaonenreich noch einmal auf. Die Herrscher versuchten, die griechische und altägyptische Kultur miteinander zu verschmelzen. Serapis wurde zum neuen Staatsgott. Dieser stellt eine Verbindung zwischen Zeus und Dionysos auf der einen Seite und Osiris-Apis auf der anderen dar. Während der Ptolemäerzeit entstanden die letzten großen Tempelbauten von Philae, Kom Ombo, Dendera und Edfu in Ägypten. Zu Beginn der Dynastie konnte das Reich noch vergrößert werden: **Ptolemaios III.** kämpfte erfolgreich gegen die Seleukiden, eine makedonische Herrscherdynastie in Syrien, und konnte deren Reich sogar teilweise einnehmen. Die Beute aus seinen Feldzügen brachte dem Land Wohlstand. Zur Regierungszeit **Ptolemaios VI.** bedrängte der Seleukide Antiochos III. mit Unterstützung des Makedoniers Philip V. das Reich. Doch nun griff Rom zum ersten Mal in die ägyptische Geschichte ein. Weil die Ptolemäer die Römer im Kampf gegen die Karthager mit Getreidelieferungen unterstützt hatten, erklärte die Macht am Tiber sich bereit, ihnen gegen die Feinde beizustehen. Die Autonomie des ägyptischen Reiches wurde dadurch vorerst gerettet. Thronstreitigkeiten unter den Folgeherrschern, bei denen auch vor Kinder-, Gatten-, Mutter- und Brudermord nicht zurückgeschreckt wurde, führten jedoch im Jahre 80 v.Chr. zu dem Notstand, dass es keinen Thronerben mehr gab. Ein unehelicher Sohn des verstorbenen Königs wurde eingesetzt. Dessen Tochter ist die berühmte **Kleopatra VII.** Sie und ihr Bruder Ptolemaios VIII. übernahmen nach dem Tod des Vaters die Regierung.

Die Römer bedrängten das ägyptische Reich zunehmend, denn sie wollten sich die wertvollen Kornkammern des Landes sichern. Schließlich landete **Julius Cäsar** mit seinen Truppen in Ägypten, um eine Provokation von Seiten Ptolemaios VIII. zu rächen. Die römischen Truppen gewannen den Kampf, doch der 52 Lenze alte Kaiser verfiel dem Charme der 22-jährigen Kleopatra. Geschickt konnte diese mit Hilfe Cäsars ihren Thron und die Eigenständigkeit des Landes wahren.

Die wichtigsten Dynastien im Überblick

(Die Daten vor 690 v. Chr. sind ungefähre Angaben.)

PRÄDYNASTISCHE ZEIT	5500–3100
FRÜHDYNASTISCHE ZEIT	3100–2686
1. Dynastie	3100–2890
Ka'a	um 2890
2. Dynastie	2890–2686
Hetepsechemui	um 2890
ALTES REICH	2686–2181
3. Dynastie	2686–2613
Djoser	2667–2648
Huni	2637–2613
4. Dynastie	2613–2494
Snofru	2613–2589
Cheops	2589–2566
Chepren	2558–2532
Mykerinos	2532–2503
Schepseskaf	2503–2498
5. Dynastie	2494–2345
Neferirkare	2475–2455
Schepseskare	2455–2448
6. Dynastie	2345–2181
Teti	2345–2323
Merenre	2287–2278
ERSTE ZWISCHENZEIT	2181–2055
7. und 8. Dynastie	2181–2160
zahlreiche Herrscher, die nur kurz regierten	
9. und 10. Dynastie (Herakleopoliten)	2160–2025
11. Dynastie (nur in Theben)	2125–2055
MITTLERES REICH	2055–1650
11. Dynastie (in ganz Ägypten)	2055–1985
Mentuhotep II.	2055–2004
Mentuhotep III.	2004–1992
Mentuhotep IV.	1992–1985
12. Dynastie	1985–1795
Überschneidungen bei Regierungszeiten kommen zustande, da teilweise Vater und Sohn zusammen regieren.	

Amenemhet I.	1985–1955
Sesostris I.	1965–1920
Sesostris II.	1880–1874
Amenemhet III.	1855–1808
Nefrusobek (Königin)	1799–1795
13. Dynastie	1795–nach 1650
14. Dynastie	1750–1650

ZWEITE ZWISCHENZEIT	1650–1550
15. Dynastie	1650–1550
(„Große Hyksos")	
16. Dynastie	1650–1550
(„Kleine Hyksos")	
zeitgleich mit der 15. Dynastie	
17. Dynastie	1650–1550
ebenfalls zeitgleich mit der 15. Dynastie	
Segenenre Taa II.	um 1560
Kamose	1555–1550

NEUES REICH	1550–1069
18. Dynastie	1550–1295
Ahmose	1550–1525
Amenophis I.	1525–1504
Thutmosis I.	1504–1492
Thutmosis III.	1479–1425
Hatschepsut (Königin)	1473–1458
Thutmosis IV.	1400–1390
Amenophis III.	1390–1352
Amenophis IV./Echnaton	1352–1336
Semenchkare	1338–1336
Tutanchamun	1336–1327
Eje	1327–1323
Haremhab	1323–1295
19. Dynastie	1295–1186
Ramses I.	1295–1294
Sethos	1294–1279
Ramses II.	1279–1213
Merenptah	1213–1203
Amenmesse	1203–1200
Sethos II.	1200–1194
20. Dynastie	1186–1069
Ramses III.	1184–1153
Ramses IX.	1126–1108
Ramses X.	1108–1099
Ramses XI.	1099-1066

DRITTE ZWISCHENZEIT	1069–747
21. Dynastie	1069–747
(Taniten)	

22. Dynastie	945–715
(Bubastiden/Libyer)	
Scheschonk I.	945–924
23. Dynastie	815–715
(Taniten/Libyer)	
Zeitgleiche Herrscherlinien in Tanis, Leontopolis und Herakleopolis Magna	
24. Dynastie	727–715

SPÄTZEIT	747–332
25. Dynastie	747–656
(Kuschiten)	
Pije (Pianchi)	747–716
Schabaka	716–702
Schabataka	702–690
Taharka	690–664
Tanwetamani	664–656
26. Dynastie	664–525
(Saïten)	
Psammetich I.	664–610
Necho II.	610–595
27. Dynastie	525–404
(1. Perserzeit)	
Kambyses	525–522
Darius I.	522–486
Darius II.	424–405
28. Dynastie	404–399
29. Dynastie	399–380
Nepherites I.	399–393
Nepherites	um 380
30. Dynastie	380–343
Nektanebos I.	380–362
31. Dynastie	343–332
(2. Perserzeit)	

PTOLEMÄERZEIT	332–30
Makedonische Dynastie	332–305
Alexander der Große	332–323
Philippos Arrhidaios	323–317
Alexander II.	317–305
(von 310–305 nur nomineller Herrscher)	
Ptolemäer	305–30
Ptolemaios I. Soter I.	305–285
Ptolemaios III. Euergetes I.	246–221
Ptolemaios IV. Philopator	221–205
Ptolemaios VIII. Euergetes II.	170–116
Kleopatra VII. Philopator	51–30

Nach dem gewaltsamen Tod des bekannten Römers im Jahr 44 v.Chr. angelte sich Kleopatra Cäsars politischen Erben **Marcus Antonius**. Die Machtspielchen des Paares führten jedoch dazu, dass der Senat in Rom Marcus Antonius zum Vaterlandsverräter erklärte. Der ausgesandte **Oytavian**, der spätere Kaiser Augustus, gewann die **Seeschlacht bei Actium** 31 v.Chr. gegen die Ägypter und hielt kurz darauf in Alexandria Einzug. Die beiden Liebenden wählten den Freitod. Marcus entschied sich für das Schwert, Kleopatra setzte sich angeblich eine Giftschlange an ihren Busen. Das alte Ägypten war Geschichte.

Die Erforschung des alten Ägyptens

Die Zeugnisse der altägyptischen Kultur faszinierten schon die Griechen und danach die Römer. Als jedoch das Christentum im Nahen Osten Einzug hielt, ging die Begeisterung für die alte Kultur zunehmend zurück, wenngleich seit den Kreuzzügen einige Reisende nach Ägypten kamen, um christliche Stätten aufzusuchen. Obwohl nie ganz vergessen, wurde das Interesse am Land der Pharaonen erst im 17. Jh. durch die Beschreibungen einzelner europäischer Reisender wieder erweckt. Unter ihnen war der Brite **John Greaves**, der u.a. die Cheops-Pyramide vermaß und seine Ergebnisse in seiner *Pyramidographie* der Öffentlichkeit zur Verfügung stellte. Im 18. Jh. berichtete der Engländer **Richard Pococke** in einem zweibändigen Werk von seiner Entdeckung verschiedener Gräber im Tal der Könige und der bebilderte Reisebericht des Dänen **Frederick Norden** faszinierte Europa.

Entscheidend für die wissenschaftliche Erforschung des alten Ägyptens war der Ägyptenfeldzug **Napoleons** im Jahre 1798. Denn der Korse brachte nicht nur über 30 000 Soldaten mit, sondern auch über 100 Wissenschaftler unterschiedlicher Couleur mit entsprechender Ausrüstung und Bibliothek. Diese widmeten sich dem Studium und Abzeichnen der altägyptischen Bauwerke. Das Ergebnis war das mehrbändige Werk *Description de l'Égypte,* das mit seinen über 3000 Zeichnungen als erste umfassende Darstellung der Bauwerke Ägyptens einen wahren Begeisterungssturm in Europa auslöste. Diese Begeisterung lockte viele Sammler, Schatzjäger und Plünderer an die Stätten des Nils, wobei Briten, Franzosen und Italiener die Hauptrolle spielten. Den Briten stand anfangs der Italiener **Giovanni Battista Belzoni** zur Seite, der wohl als der größte Plünderer der altägyptischen Kunstschätze zu gelten hat. Berühmtheit erlangte er aber auch durch die Entdeckung des Eingangs der Chephren-Pyramide (bis dahin hatte man geglaubt, die Pyramiden hätten keinen Zugang) und die Entdeckung des Grabes von Sethos I. im Tal der Könige. Bald hielten sich auch die Preußen nicht mehr zurück. Unter Anweisung von Friedrich Wilhelm IV. stellte **Karl Richard Lepsius** für das Museum in Berlin in der Mitte des 19. Jhs. eine Sammlung mit altägyptischen Textinschriften zusammen.

1822 gelang dem Franzosen **Jean François Champollion** mit Hilfe des **Steins von Rosetta** die Entzifferung der Hieroglyphen. Dies bedeutete einen Meilenstein in der Erforschung der Kultur des alten Ägypten (s.u.). Champollion konnte 1835 Muhammad Ali dazu bewegen, ein Gesetz zu erlassen, mit dem alle in Ägypten gefundenen Altertümer zum Landeseigentum erklärt wurden. Allerdings stieß die Bestimmung bei den ausländischen Mächten auf taube Ohren; sie suchten oft unter dem Deckmantel der wissenschaftlichen Forschung weiter und schafften Kunstgegenstände ins Ausland.

In der zweiten Hälfte des 19. Jhs. begann unter **Auguste Mariette** eine systematischere archäologische Untersuchung der altägyptischen Stätten. Die 1859 unter ihm gegründete Altertumsverwaltung hatte die Funktion, alle archäologischen Untersuchungen in Ägypten zu überwache, und in dem 1863 von ihm gegründeten ägyptischen Museum in Kairo (s.S. 137) mussten alle im Land gefundenen antiken Objekte abgeliefert werden.

Dem Briten **Flinders Petrie** ist es zu verdanken, dass die Ägyptologie Ende des 19. Jhs. eine eigenständige wissenschaftliche Disziplin wurde.

Historische Quellen

Als François Champollion 1822 die Entzifferung des 1799 beim gleichnamigen Ort gefundenen **Steins von Rosetta** gelang, kam Licht ins Dunkel der Geschichte des alten Ägyptens. Auf dem Granitstein stand in drei Sprachen und Schriften derselbe Text geschrieben: In Hieroglyphisch, in Demotisch (einer Weiterentwicklung des Hieroglyphischen) und in Griechisch. Anhand dieser

Dreisprachigkeit war der Schlüssel zum Verständnis der Hieroglyphen gefunden. Man konnte von nun an Schriftmaterial auswerten und sich somit ein genaueres Bild der Vergangenheit machen, während man zuvor allein auf die Deutung von Bauwerken und Bildern angewiesen war.

Papyri, Steinscherben (Ostraka), Texte an den Wänden von Pyramiden und Särgen, auf Leder, Holz und anderem gaben plötzlich Einblick in die alte Hochkultur: So erfuhr man beispielsweise die Namen von Königen, Göttern und Städten. Weisheitslehren, Reiseberichte, Fabeln, Autobiografien,

Ein Kind wird geboren Schon im alten Ägypten waren Verhütungsmittel bekannt, aber in aller Regel freute man sich sehr über Nachkommen. Um eine **Schwangerschaft** festzustellen, gab es verschiedene Mittel. Die Augenfarbe einer Schwangeren konnte unter Umständen Aufschluss über ihren Zustand geben oder die körperliche Reaktion von mutmaßlichen Schwangeren auf eingenommene Mixturen. War eine Schwangerschaft festgestellt, wurde als Nächstes das Geschlecht des Embryos bestimmt. Die Schwangere urinierte auf Emmer (eine Weizenart) und Gerste. Sproß der Emmer, würde es ein Mädchen werden, wuchs hingegen die Gerste, so gab es einen Jungen. Nun galt es, böse Geister und Dämonen von der Schwangeren fern zu halten. Der Böse Blick der Missgünstigen wurde mit Hilfe von **Amuletten** abgelenkt. Kleine Figuren der schützenden Gottheiten wurden der Frau um den Hals gehängt, um Schwangerschaft und Geburt positiv zu beeinflussen. Pflanzliche und andere **Mixturen** wurden verabreicht, um Entzündungen der Gebärmutter oder Brusterkrankungen zu verhindern. Um eine Fehlgeburt zu vermeiden, wurden die Haare der Frau eng an den Kopf gezogen und hinten zu einem Schwanz geflochten. Die Vagina wurde mit einem Stofftampon verstopft.

Wenn alles zum Besten stand und die **Niederkunft** nahte, musste die Schwangere das Haus verlassen, denn es durfte durch die Geburt und die anschließende Reinigung der Frau nicht beschmutzt werden. Im einfachen Volk wurde für die Niederkunft extra eine Laubhütte errichtet, aber auch auf dem Dach war eine Geburt möglich. Meist zwei (männliche) Geburtshelfer standen der Schwangeren bei der Entbindung bei. Zunächst wurde ihr zur Entspannung die Haarfrisur gelöst. Das Kind wurde auf einem einfachen **Gebärstuhl** zur Welt gebracht. Stimme und Größe des Neugeborenen lieferten den Geburtshelfern sogleich Anhaltspunkte über dessen Lebensfähigkeit. Der glückliche Vater entlohnte die Helfer und nahm das Neugeborene in seine Arme. Vater oder Mutter gaben nun dem Kind seinen **Namen**. Dieser konnte auf das Verhalten oder Aussehen des neuen Erdenbürgers anspielen oder ein Dankesspruch sein. Auch das Kind erhielt ein Amulett, denn die Todesgefahr war noch nicht gebannt. Die Kindersterblichkeit war ebenso wie der Tod im Wochenbett im alten Ägypten keine Seltenheit. Die junge Mutter wurde mit hoch frisiertem Haar zurück ins Bett gebracht. Sie verbrachte zusammen mit dem Neugeborenen noch eine zweiwöchige **Reinigungszeit** in der Laube. Tägliche Opfer an die Götter, Amulette, Gebete und Zaubersprüche schützten sie und ihr Kind. Eine große Gefahr stellte das Versiegen der Muttermilch oder eine Brustentzündung dar. Auch hierfür gab es diverse Gegenmittelchen. Schien sich in den ersten Tagen alles zum Guten zu entwickeln, gab es ein **Fest**. Die Mutter empfing mit ihrem Säugling die Frauen aus der Nachbarschaft, die ihr Blumen und andere Gaben brachten. Nach zwei Wochen verließ die Mutter das Kindbett, und sobald das Baby groß genug war, wurde es in einem Tragetuch überall hin mitgenommen.

Die Kinder wurden sehr lange, teilweise bis zum Alter von drei Jahren gestillt, denn die Umstellung von Muttermilch auf Nilwasser endete im zarten Kindesalter oft tödlich. Manche Mütter stillten drei Kinder parallel mit ihrer eigenen Muttermilch. Versiegte die Muttermilch zu früh, wurde nach einer **Amme** gesucht. Diese war leicht an ihrer Tracht zu erkennen. Im alten Ägypten genossen Ammen ein hohes Ansehen und waren sehr stark in die Familie integriert.

Erzählungen u.a. vertieften das Verständnis für das Vergangene. Doch nicht nur das – man konnte sich endlich auch ein genaueres Bild vom Alltag des „einfachen Volkes" machen: Da die Bauwerke, die die Jahrtausende überdauert hatten, den Herrschern und Göttern geweiht waren, gaben sie keinen Aufschluss über die Alltagskultur, und die Lehmhäuser der Bevölkerung waren längst verfallen.

Seit numehr fast 200 Jahren werden die alten Texte studiert, doch noch immer ist nicht alles ausgewertet, so dass man auf neue und vielleicht revolutionierende Forschungsergebnisse hoffen kann.

Die Götterwelt

Den alten Ägyptern schien ihre (natürliche) Umwelt oft geheimnisvoll und bisweilen bedrohlich. Mit Hilfe von Göttinnen und Göttern jedoch, die die wesentlichen Dinge, wie z.B. das Leben nach dem Tod oder die Nilhochwasser, personifizierten, gelang es ihnen, die für sie unverständlichen Phänomene zu erklären.

In der Vorzeit wurden viele Mächte verehrt, z.B. Pflanzen, Steine oder der Nil. Eine besondere Bedeutung nahmen dabei bestimmte **Tiere** ein, vor allem Tiere, die durch eine körperliche Besonderheit auffielen, etwa ein Stier mit einem weißen Horn o.Ä. Später galten teilweise ganze Tierarten als heilig; einige von ihnen wurden im Tempel gehalten, nach ihrem Tod mumifiziert und auf eigenen Begräbnisstätten bestattet. Zur Herrschaftszeit der Thiniten kam es zu einer Vermenschlichung der Götter. Diese konnten nun als Menschen erscheinen bzw. als Mischgestalt in Form eines menschlichen Körpers mit einem Tierkopf. Einige konnten auch als Mensch, Mischgestalt oder Tier erscheinen. Jede Gottheit hatte ganz bestimmte Eigenschaften, das heißt, sie besaß menschliche Verhaltensweisen und Gefühle.

Ein allgemein gültiger religiöser Kanon existierte nicht. In den verschiedenen **Kultzentren** gab es je einen eigenen Schöpfergott und lokale Schutzgottheiten. Entsprechend vielfältig sind die Schöpfungsmythen, was manchmal dazu führte, dass es innerhalb der altägyptischen Religion einander widersprechende Glaubensvorstellungen gab. An den großen Kultstätten existierte oft eine Götter-Dreiheit (Vater, Mutter und Sohn), wie z.B. die thebanische Götter-Triade Amun, Mut und Chons. In Heliopolis bestand sogar eine Neunheit von Göttern. Es gab inhaltliche Überschneidungen und Verbindungen zwischen einzelnen Gottheiten, auch wenn diese in anderen Kultzentren verehrt wurden. Manche Götter fanden sich an verschiedenen Orten, aber jeweils in Gesellschaft anderer Nebengötter. Einige verschmolzen miteinander, sei es aus politischen Gründen oder einfach im Laufe der Zeit. So wurde z.B. aus dem Lokalgott von Theben, Amun, und dem alten Sonnengott von Heliopolis, Re, Amun-Re, der höchste Gott des Neuen Reiches. Die Bereitschaft der alten Ägypter, immer neue Gottheiten zu finden und schon bestehende miteinander zu verschmelzen, führte im Laufe der Zeit zu einer fast unüberschaubaren **Göttervielfalt** und zu einer endlosen Mixtur an Götterchakteren, die häufig über (unterschiedliche) Mythen miteinander verquickt waren.

Die Bedeutung der Götter war sehr stark von der herrschenden Königsfamilie abhängig. So waren die **Lokalgötter** am Herrschersitz besonders beliebt, während andere an Wichtigkeit verloren oder mit anderen vereint wurden. Von Beginn der Dynastiezeit an galt der lebende König als „Sohn des Re" und besaß eine göttliche Natur. Er wurde als „Guter Gott" oder „Großer Gott" bezeichnet. Allerdings wurde ihm erst nach seinem Tod ein eigener Kult im Totentempel zugestanden. Berühmte Persönlichkeiten wurden manchmal lange nach ihrem Tod zur Gottheit erhoben. Imhotep, der Wesir und Berater von Djoser und Architekt der Stufenpyramide von Saqqâra, etwa erlangte erst 2000 Jahre nach seinem Tod die Ehre der Göttlichkeit.

Die wichtigsten altägyptischen Götter
Amun

Erscheint als Gott mit Kopfschmuck mit Doppelfedern, als Widder, Mann mit Widderkopf, Gans, Mann mit Froschkopf oder als Fruchtbarkeitsgott mit erigiertem Penis. Schon im Alten Reich wird „Der Verborgene" als Urgott betrachtet. Ab der 11. Dynastie wird er als **Schöpfergott** zur Hauptgottheit Thebens. Dort wurde er im **Tempel von Karnak** zusammen mit seiner Gattin, der Muttergöttin Mut, und ihrem Sohn Chons verehrt. Im Neuen Reich war er zum höchsten Gott in ganz Ägypten aufgestiegen. Durch die Verschmelzung mit Re, dem Sonnengott von Heliopolis, zu Amun-Re nahm er außerdem das Wesen des Sonnengottes an.

Anubis

Erscheint als Gott mit Schakalkopf oder hundeartigem Kopf oder als Schakal. Er ist der „Herr des heiligen Landes". Gemeint sind hiermit die Begräbnisstätten, denn Anubis ist der **Totengott**, der sich u.a. um den Erhalt des Leichnams durch Einbalsamierung und Versorgung des Verstorbenen kümmerte. Er schützte die Mumie vor ungeliebten Geistern. Als im Verlauf der Geschichte Osiris die Stelle des Totengottes übernahm, änderte sich das Aufgabenfeld von Anubis. Er fungierte von nun an als Helfer beim Totengericht.

Apis

Erscheint als Stier. Galt in Memphis als **Symbol der Fruchtbarkeit** und Sohn des Ptah. Die bereits zu Lebzeiten zur Mumifizierung auserkorenen Stiere wurden mit Pomp beigesetzt und verehrt.

Aton

Die **Sonnenscheibe**. War Symbol für den Himmelskörper Sonne und somit die Erscheinungsform des Sonnengottes Re. Amenophis IV., der unter dem Namen Echnaton („Dem Aton wohlgefällig") in die Annalen einging, erhob Aton zum einzigen Gott der Ägypter und bekämpfte vehement die Vielgötterei in seinem Reich. Die erste monotheistische Religion der Welt war entstanden. Nach dem Tod von Echnaton wurde die alte Götterordnung jedoch wiederhergestellt. Auch die Priester trieben dies voran, denn sie sahen sich unter Echnaton ihrer Autorität und ihres Einflusses und somit zum Teil auch ihrer immensen Einkünfte beraubt.

Atum

Als Gott mit Doppelkrone oder seltener als Urgottheit in Form einer Schlange dargestellt. Der Name bedeutet „Der Einzige". Er war der **Schöpfergott**, der sich selbst erschuf, damit er den Urhügel, Raum und Zeit, Menschen und andere Götter erschaffen konnte. In seinem Kultzentrum **Heliopolis** war er das Oberhaupt einer Götterneunheit und verschmolz hier als Sonnengott zeitweise mit dem Sonnengott Re zu Re-Atum.

Bastet

Göttin mit Löwen- oder Katzenkopf. Ihr Kultzentrum war **Bubastis**, wo sie als Göttin der Freude und Liebe verehrt wurde.

Bes

Eine Vielzahl von gnomenhaften Fratzengottheiten, selten mit Federkrone dargestellt, steht hinter diesem Namen. Sie waren **schützende Dämonen**, die feindliche Mächte und böse Schlangen bekämpften und Ehegemächer schützten.

Chnum

Gott mit Widderkopf oder Widder. Er wurde hauptsächlich auf der Insel **Elephantine** am ersten Nilkatarakt als Gott der Nilquellen und Gott der Fruchtbarkeit verehrt. Als Schöpfergott formte er die Menschen auf der Töpferscheibe, an der er oft dargestellt wurde. Somit gilt er als „der Vater der Väter und die Mutter der Mütter".

Chons

Erscheint als Kind mit Kopfschmuck, der Vollmond und Mondsichel darstellt. Der Gottessohn des thebanischen Götterpaares Amun und Mut wurde zum **Heil- und Orakelgott**. Der Name Chons, der auch dem Mond zugeordnet ist, bedeutet „der Wandler", was vermutlich auf die Mondwanderung entlang des Firmaments zurückzuführen ist.

Geb

Erdgott und somit auch Gott der Fruchtbarkeit, manchmal mit Gans oder Krone als Kopfschmuck. Er ist Gatte und Bruder der Himmelsgöttin Nut und Vater der gemeinsamen Kinder Isis, Osiris, Nephthys und Seth.

Hapi

Gott der Nilüberschwemmung, dargestellt mit Hängebrüsten und einem Kopfschmuck aus Wasserpflanzen.

Harachte

Gott mit Falkenkopf, auf dem die Sonnenscheibe ruht. Die Symbole von Horus und Re sind hier vereint. Der Name bedeutet „Horus am Horizont"; im Neuen Reich war er als Re-Harachte ein landesweit anerkannter **Sonnengott**.

Hathor

Göttin mit Kuhohren oder -hörnern und Sonnenscheibe als Kopfschmuck oder Kuh. Kultzentrum war der Tempel in **Dendera**, sie wurde aber auch in anderen Teilen des Landes verehrt und galt als Tochter des Sonnengottes Re. Sie war Himmelsgöttin, **Göttin der Liebe und des Tanzes** und wurde von den Griechen mit Aphrodite gleichgesetzt.

Horus

Gott mit Falkenkopf oder Falke. Horus wurde als **Sonnengott** verehrt. Er galt als Sohn von Isis und

Amun

Anubis

Atum

Bastet

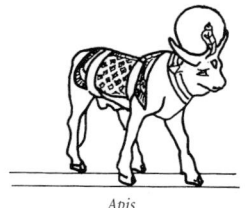
Apis

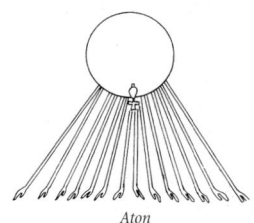
Aton

Bes

Chnum an der Töpferscheibe

Chons

Hathor

Osiris. Der Pharao im alten Ägypten galt als eine Erscheinung des Horus, der als Falke auch den Himmel und die Sonne verkörperte. Hieraus entstand die oft abgebildete geflügelte Sonne. Hauptgegenspieler von Horus war sein Bruder Seth. Beide teilten sich Ägypten. Horus war der unterägyptische, Seth der oberägyptische Gott. Diese Zweiteilung wurde später zugunsten von Horus abgewandelt, der über das fruchtbare Land herrschen durfte, während man Seth nur die trostlose Wüste zusprach.

Imhotep

Ein sitzender Mann mit Kappe. Dieser Gott geht auf eine historische Person zurück, was bei den meisten anderen Gottheiten unsicher ist. Imhotep war der **Wesir und Berater von König Djoser**. Er ließ vermutlich für diesen die Stufenpyramide in Saqqâra erbauen. Im Laufe der nachfolgenden Dynastien wurden ihm immer mehr Weisheiten zugeschrieben und im Neuen Reich opferten ihm die Schreiber einen Tropfen Tinte. In der Spätzeit wurde er zum Gott und Sohn des Ptah. Er galt als Schutzherr der Baumeister und wurde von den Griechen mit Asklepios (schlangenumwundener Äskulap-Stab), dem Gott der Heilkunde, gleichgesetzt.

Isis

Die Hieroglyphe für ihren Namen stellt das Bild eine Sitzes dar, denn diese Göttin personifizierte den königlichen Thron. Deshalb wird sie auch mit einem Thron als Kopfschmuck dargestellt. Sie war die Schwestergemahlin des Osiris. Dieser war von Seth getötet worden, doch dem Mythos zufolge suchte und fand Isis ihn wieder und empfing von ihm den Sohn Horus. Sie gilt als **Mutter- und Schutzgöttin**, die vor allem Kinder vor Gefahren schützt. Von ihren vielen Kultorten spielt **Philae** eine herausragende Rolle. Zusammen mit ihrem Göttergatten war sie bis in die späte Antike sehr populär. Zur Zeit des römischen Imperiums verbreitete sich ihr Kult bis weit nach Europa.

Maat

Diese wohl bedeutendste Göttin wird als Frau mit einer einzelnen Straußenfeder als Kopfschmuck dargestellt. Der Name bedeutet **Wahrheit, Gerechtigkeit und Richtigkeit**. Maat galt als Tochter des Sonnengottes Re, der die Gerechtigkeit und Ordnung für die Welt, also die Inhalte, für die Maat steht, gewährleisten musste. Doch auch der einfache Mensch musste sich um Maat kümmern, denn sonst würde das Chaos ausbrechen und er würde dem Totengericht, bei dem das Herz des Toten gegen die Straußenfeder der Maat aufgewogen wurde, nicht gelassenen Auges entgegensehen können.

Mandulis

Dieser unternubische Gott wird mit einem Kopfschmuck aus Widderhörnern, Federn, Sonnenscheibe und Kobras dargestellt. In Ägypten war sein Kultzentrum in **Philae**, und er kann mit Horus verglichen werden.

Mut

Auf ihrem Kopf trägt diese Göttin eine Geierhaube und oft gleichzeitig die ägyptische Doppelkrone. Mit ihrem Gatten Amun und ihrem Sohn Chons bildete sie seit dem Neuen Reich die thebanische Göttertriade. Sie galt als Tochter des Sonnengottes Re und ihr Hauptkultzentrum lag in **Karnak**.

Nechbet

Diese Göttin erscheint in Geiergestalt. Schützend fliegt der Vogel schon seit der 1. Dynastie über dem König, eine Symbolik, die immer wieder auftaucht. Sie war die **Schutzgöttin von Oberägypten** und wurde im Neuen Reich als Geburtsgöttin verehrt.

Nefertem

„Der Vollkommene" wird als Mann mit einer Lotusblüte als Kopfschmuck dargestellt. Er gehört zur Triade von **Memphis**. Er steht in enger Verbindung mit dem Sonnengott.

Neith

Die Göttin trägt die Krone Unterägyptens und in der Hand hält sie einen Schild und zwei gekreuzte Pfeile. Sie ist eine alte **Waffengöttin** der Ägypter, später Kriegs- und Jagdgöttin. Sie ist aber auch die Gottesmutter, die den Re gebar und dadurch zur Muttergöttin wurde. Von den Griechen wurde sie mit Athene gleichgesetzt.

Nephthys

Die Göttin erscheint als Frau mit einem Korb als Kopfschmuck. Ihr Name bedeutet „Hausherrin".

Zusammen mit Isis, ohne die sie selten erscheint, weint sie um ihren Bruder Osiris, den Gemahl von Isis. Mit ihm soll sie Anubis gezeugt haben. Verheiratet ist sie aber mit ihrem Bruder Seth, der wiederum den gemeinsamen Bruder Osiris umbrachte.

Nut
Sie ist die **Himmelsgöttin**. Dargestellt wird sie, wie sie mit den Fingerspitzen den Boden berührend sich in hohem Bogen über ihren am Boden liegenden Gatten Geb beugt. Zusammen mit diesem hat sie die Kinder Isis, Osiris, Nephthys und Seth. Am Morgen gebiert sie die Sonne im Osten und verschluckt sie bei Sonnenuntergang wieder. Dadurch verkörpert sie die Mutter des Königs, der nach seinem Tod zum Sonnengott aufsteigt. Diese Rolle der beschützenden Mutter findet sich in dem Glauben wieder, dass der Sarg Nut sei. Ab dem Neuen Reich erscheint ihr Abbild deshalb auf dem Sargdeckel.

Osiris
Dieser bekannteste Gott des altägyptischen Pantheons wird als mumifizierter Mann mit der wei-

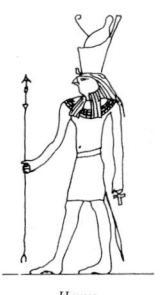
Horus

Imhotep

Isis

Maat

Mut

Neith

Nephthys

Osiris

ßen Krone Oberägyptens dargestellt. In den Händen hält er Zepter und Geißel. Seine Haut ist schwarz oder grün. Nut und Geb sind seine Eltern, Isis, Seth und Nephthys seine Geschwister. Anfangs wurde er in Busiris im Nildelta als **Fruchtbarkeitsgott** verehrt, der von seinem Vater die Macht über das fruchtbare Land erhalten hat. Sein Beiname bedeutet „Der Vollendete", „Das ewig gute Wesen" oder „Erster der Westlichen" (d.h. der Toten, die im Westen die Unterwelt betraten). Im Mythos wird Osiris von seinem Bruder Seth getötet und in den Nil geworfen. Seine trauernde Schwestergemahlin findet ihn jedoch wieder und sie zeugen Horus, der den Kampf gegen Seth fortsetzt. Osiris wird zum **Totengott**, der den Tod überwand und unsterblich wurde. Ab der 5. Dynastie wurde der tote König mit ihm identifiziert. Kultorte entstanden im Laufe der Zeit im ganzen Land, besonders aber an seiner Grabstätte in **Abydos**. Ein Symbol des Osiris war der Djed-Pfeiler, der auch als Amulett getragen wurde. Er stand für Stabilität und verkörperte das Rückgrat von Osiris.

Ptah

Dieser Gott wird als mumiengestaltiger Mann dargestellt. Auf seinem Haupt sitzt eine eng anliegende Kappe und mit beiden Händen hält er ein Zepter. Er war der Hauptgott der Hauptstadt des Alten Reiches **Memphis**, wo er zusammen mit dem Lotusgott Nefertem und der Löwengöttin Sachmet die Göttertriade bildete. Später verschmolz er mit Sokaris und Osiris zu Ptah-Soker-Osiris. Der heilige Stier Apis galt als Mittler und Sohn des Ptah. Ursprünglich war Ptah ein Ur-Schöpfergott, er war aber auch der **Schützer der Handwerker und Künstler**.

Re

Der erste bedeutende **Sonnengott** wird als Falke oder als Mann mit Falkenkopf und Sonnenscheibe dargestellt. Sein Kultzentrum lag in **Heliopolis** (d.h. „Stadt der Sonne"). Im Zentrum des Kultes standen Sonnenheiligtümer und Obelisken, deren verkleidete Spitze die ersten Sonnenstrahlen am Morgen widerspiegelten. Ab der 4. Dynastie war „Sohn des Re" einer der fünf Königsnamen, wodurch eine enge Verbindung des Sonnengottes mit dem Herrscher zum Ausdruck gebracht wurde. In der Legende reiste der Sonnengott tagsüber in verschiedener Gestalt von seinem Gefolge begleitet mit der Sonnenbarke über den Himmel, nachts durchquerte er die Unterwelt. Der mächtige Re wurde oft mit anderen Göttern kombiniert, so z.B. zu Amun-Re oder Re-Harachte, wodurch er an Macht verlor. Deshalb sah sich Amenophis IV. (Echnaton) wohl gezwungen, der Idee des Sonnengottes einen neuen Namen – Aton – zu geben, eine Vorstellung, die allerdings nur wenige Jahrzehnte später unterging.

Sachmet

Die löwenköpfige Göttin hatte ihren Hauptkultort in **Memphis**, wo sie mit Nefertem und Ptah die Triade der Götter vervollständigte. Ihr Name bedeutet „die Mächtige". Oft wird sie als **Löwin** dargestellt. In Theben wird sie häufig mit der dortigen weiblichen Gottheit Mut gleichgestellt oder verbindet sich mit ihr zu Mut-Sachmet. Sie ist eine **Göttin des Krieges**, die die Macht des Pharaos darstellt, als dessen Mutter sie im Alten Reich genannt wird.

Satet

Diese Göttin wird mit einer weißen Federkrone und Antilopenhörnern dargestellt. Sie ist die Gattin des Widdergottes Chnum und gilt als „Herrin von Elephantine" als **Schutzgöttin der Kataraktgebiete** und Bringerin des reinigenden Nilwassers.

Serapis

Ptolemaios I. Soker benutzte diesen Namen, um in der neuen Stadt Alexandria einen Kult zu begründen, der sowohl von Ägyptern als auch von Makedonen angenommen werden sollte. Serapis ist die altgriechische Namensform von Osiris-Apis, die von den Griechen mit Zeus und Dionysos gleichgesetzt wurden. Der Kult des neu entstandenen ptolemäischen Mischgottes verbreitete sich in der hellenistischen und der ägyptischen Welt und hielt sich bis weit in die römische Epoche hinein.

Seth

Dargestellt wird der Gott als ein nicht identifizierbares Tier mit einem windhundartigen Körper und einem langen gespaltenen Schwanz, einer ziemlich langen, rüsselartigen Schnauze und zwei eckigen Ohren. Oft auch als Mann mit dem Kopf dieses (evtl. ausgestorbenen) Tieres, das wohl wenn überhaupt, dann in der Wüste lebte. Er, der Sohn von

Geb und Nut, war im dualistischen Weltbild der Ägypter der Gegenspieler seines Bruders Osiris, den er der Legende nach ermordete. Man verband ihn mit **Chaos, Unfruchtbarkeit und Wüste**. Osiris assoziierte man hingegen mit Vegetation, Landwirtschaft, Kultur und der geordneten Welt. Unter den Hyksos erlangte Seth trotz all seiner negativen Eigenschaften den Status eines Hauptgottes, und auch in der Ramessidenzeit wurde er sehr verehrt, was sich im Königsnamen Sethos widerspiegelt.

Sobek

Vor allem in der Oase **Fayûm**, später auch in anderen Orten (z.B. Kom Ombo, Dendera) verehrter Gott. Dargestellt als Mann mit Krokodilskopf oder als Krokodil. Er verkörpert die Fruchtbarkeit des Nilwassers, aber auch die Stärke und Gefährlichkeit des Reptils, dem man am Wasser oft begegnen konnte.

Thoëris

„Die Große"; die Schutzgöttin hat die Gestalt eines aufrecht stehenden, trächtigen Nilpferdes. Die Arme sind menschlich, der Kopf ist der eines Krokodils und ihre Füße entstammen einem Löwen. Sie gilt als dämonenartige **Beschützerin der Schwangeren und Wöchnerinnen**.

Thot

Der ursprüngliche Mondgott wird in der Gestalt eines Ibis oder Pavians dargestellt. Oder als Mann mit einem Ibiskopf mit Mondsichel und -scheibe, in den Händen Schreibutensilien. Er galt als Herr der Zeit, der Mathematik, des Wissens und des Schreibens und wurde so zum **Schutzherrn der Beamten**. Beim Totengericht hatte er die Rolle des Schreibers inne, der die Taten des Verstorbenen notierte.

Ptah

Re

Sachmet

Serapis

Sobek

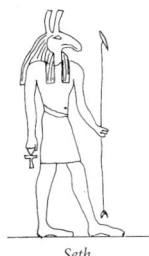
Seth

Thot

Thoëris

Die Tempel

Generell gab es im alten Ägypten zwei Arten von Tempeln: Die **Kulttempel** waren einem oder mehreren Göttern, meist einer Göttertriade, gewidmet, denen man hier Opfer darbrachte, um sich ihrer Gunst sicher zu sein. Der **Totentempel** oder Grabtempel hingegen war einem verstorbenen Herrscher und seiner Identifizierung mit unterschiedlichen Göttern vermacht und war oft das Zentrum einer ganzen Anlage, zu der auch der Palast des Königs gehörte.

Der Aufbau beider Tempel war ähnlich: Der Komplex war umgeben von einer hohen Mauer aus Lehmziegeln, und die verschiedenen Höfe und Säle reihten sich in aller Regel entlang einer geraden Hauptachse an. Der Weg vom Eingang zum Allerheiligsten stieg leicht an, während die Decke des Tempels gleichzeitig niedriger wurde. Je näher man an das Allerheiligste herankam, desto dunkler wurde es also. Meist führte ein **Prozessionsweg** zum Tempel, der in aller Regel mit Säulen oder Sphingen bestanden war. Beiderseits des Eingangs standen ab dem Mittleren Reich Obelisken und große Statuen. Der Zugang erfolgte über den meist gewaltigen, aus zwei Tortürmen bestehenden **Pylon** (griech. „Tor"). In den Tortürmen befanden sich auf der Außenseite hohe Nischen, in denen Fahnen flatterten. Nach dem Pylon folgte ein von Säulen umstandener **Innenhof**. Der eigentliche Tempel schloss sich an den Hof an. Durch so genannte Schranken (Mauern zwischen Säulen, die jedoch nicht bis an die Decke reichten) war eine **Vorhalle** mit Säulen (Pronaos) vom Innenhof abgetrennt. Durch einen Zugang gelangte man in den anschließenden **Großen Säulensaal (Hypostyl)**, dessen Dach auf zahlreichen, in Reihen angeordneten Säulen unterschiedlichster Form ruhte. Im Innern des Tempels lag das **Sanktuarium**, in dem die Gottheit wohnte, denn der Tempel war das „Haus Gottes" bzw. der „Palast Gottes". Das Allerheiligste war ein recht kleiner, dunkler Raum, in dem in einer **Barke** die Statue des Gottes aufbewahrt wurde. Nur der König oder sein Stellvertreter, der Hohepriester des Tempels, durften bis hierher vordringen. Wurde in einem Tempel mehreren Gottheiten gehuldigt, so befanden sich die **Kapellen der Nebengottheiten** neben dem Sanktuarium, das auch noch von weiteren kleinen Räumen umgeben war. Hier wurden hauptsächlich Kultgegenstände aufbewahrt.

Der Tempel galt als **Modell** des Ortes, an dem die Schöpfung stattgefunden hatte: Der Sockel, auf dem die Barke im Allerheiligsten ruhte, verkörperte den Urhügel, der der Beginn der Schöpfung war.

Wenn man heute einen Tempel in Ägypten betritt, sind die Anlagen oftmals komplizierter als der oben beschriebene Grundplan. Das liegt meist daran, dass verschiedene Bauherren sich daran zu schaffen machten bzw. die Anlage erweiterten. So entstanden z.B. vor dem ehemaligen Eingangspylon neue Höfe und Eingangspylone. Aber auch der Untergrund konnte ein Motiv für eine veränderte Bauart sein, wie z.B. bei den beiden ursprünglich gänzlich in Fels gehauenen Tempeln von Abu Simbel.

Die Kulttempel, die heute in Ägypten zu sehen sind, entstanden fast alle ab dem Neuen Reich. Im Alten Reich baute man mit „baufälligen" Lehmziegeln und so ist von den Tempeln aus jener Epoche nicht mehr viel erhalten. Die Tempel des Mittleren Reiches wurden oft „recycelt", d.h. um sich die Mühe eines aufwendigen Transportes neuer Steine zu sparen, wurden die Steine der alten Tempel für den Neubau benutzt.

Um einen Tempel besuchen zu dürfen, musste man sich rituell reinigen. In der Spätzeit wurden bestimmte Auflagen gemacht, wie z.B. die Entfernung aller Körperhaare oder das Schneiden der Finger- und Fußnägel. Geschlechtsverkehr war mehrere Tage vor einem Tempelbesuch untersagt und verschiedene Kleidervorschriften waren zu beachten. Die **rituelle Reinigung** fand teilweise innerhalb des Tempelkomplexes statt, wozu das Wasser des **Heiligen Sees** diente.

In einem Tempel fanden keine Gottesdienste statt, dem einfachen Volk war der Zugang verwehrt. Teilweise oder zu verschiedenen Epochen durfte aber der Innenhof von der Öffentlichkeit betreten werden. Dann wurden dort vor den Statuen der Götter oder Könige Opfer oder Bittgebete dargebracht oder es wurde ein Orakel befragt. Bei zahlreichen **Feiern** im Tempel wurde die verhüllte Götterstatue auf den Schultern der Priester aus ihrem Schrein heraus getragen. Tänzer, Sänger und Musikanten wollten dann mit ihrer Kunst die Götter erheitern und es ging sehr fröhlich zu. Die täglichen Rituale, wie Waschen, Ankleiden und Essensversorgung der Götterstatue, fanden im dunklen Innern des Tempels statt und wurden von Priestern vollzogen. Die meisten **Priester** hatten jedoch mit der Kult-Statue selbst gar keinen Kontakt. Sie kümmerten sich hauptsächlich um die Instandhaltung, Reinigung und Sicherung des Tempels.

Der gesamte Tempelkomplex war ein wichtiges wirtschaftliches Zentrum für das Umland. Er besaß eine **Anlegestelle am Nil**, oft Bäckereien, Apotheken, Metzgereien und auch Brauereien sowie riesige Magazine. In der Tempelanlage von Karnak z.B. waren zu Spitzenzeiten über 81 000 Menschen beschäftigt, über 60 Dörfer gehörten dazu und fast eine halbe Million Tiere wurden in seiner Umgebung gehalten. Einen Großteil der „eigenen" Bevölkerung konnte ein Tempel selbst ernähren, denn nach den **Opfergaben** an die Götter wurden diese wieder an die Menschen zurückgegeben. Man glaubte, dass die Gottheiten nur die Essenzen der geopferten Speisen aufnehmen würden, so dass die Lebensmittel danach wieder für die Allgemeinheit – v.a. aber für die Priester – zur Verfügung standen. Der Tempel war auch eine **Lehrstätte**, in der zukünftige Beamte und Priester ausgebildet wurden. Aufgrund seiner Schutzmauern diente er überdies als Aufbewahrungsort für Schriften aller Art.

Der Totenglaube der alten Ägypter

Schon lange vor dem Bestehen einer formalen Staatsreligion glaubte man im vorpharaonischen Ägypten an ein Leben nach dem Tod. Grabstätten waren mit Alltagsgegenständen wie Töpfen, Waffen und ähnlichen **Beigaben** ausgestattet, die der Mensch auch im Jenseits brauchen würde. Texte, die man in Gräbern fand, berichten davon, dass die Toten in den Himmel, in das Reich der Sonne, aufsteigen würden. Dies konnte auf dem Rücken eines Falken, mit Hilfe duftenden Räucherwerks, einer Leiter oder eines Floßes geschehen.

Man glaubte, dass es im Totenreich alles im Überfluss gäbe. Bevor man jedoch in das ersehnte Jenseits gelangen konnte, wurde man durch die so genannte „Wiegung des Herzens" geprüft. Dabei wurde in der „Halle der vollständigen Wahrheit", einem Zwischenraum zwischen Diesseits und Jenseits, das Verhalten im diesseitigen Leben untersucht. Osiris, der Hauptgott, sowie 40 weitere Götter wohnten diesem **Totengericht** bei. Der Verstorbene musste jedem schwören, dass er sich nicht einer langen Liste von Vergehen schuldig gemacht hatte. Die Aussagen wurden von dem Gott Thot festgehalten. Symbolisch wurde das Herz gegen eine Feder, die Maat, die Göttin der Wahrheit und Gerechtigkeit, darstellte, aufgewogen. War das Herz nicht im Gleichgewicht mit der Feder, wurde es von einem krokodilsköpfigen Ungeheuer aufgefressen und der Verstorbene hörte auf zu existieren – eine Horrorvorstellung für jeden Lebenden im alten Ägypten. Wenn der Verstorbene die Prüfung jedoch bestand, war ihm ein Weiterleben im Jenseits beschieden. Er erhielt das gewogene Herz zurück, denn es galt als Zentrum des Denkens, der Erinnerung, der Gefühle sowie des Intellektes. Das Gehirn hingegen spielte bei den alten Ägyptern keine Rolle. Man hielt es lediglich für eine Füllmasse.

Die Mumifizierung

Um den Körper für die Ewigkeit zu erhalten, versuchte man, eine Technik zu entwickeln, die diesen vor der Verwesung schützen sollte. Nach anfänglichen Fehlversuchen entdeckte man dann während der 3. Dynastie, dass es notwendig war, den Körper sowohl von innen als auch von außen zu trocknen. Zuerst wurde der Leichnam rituell gewaschen, wozu Natronlösung verwendet wurde. Danach wurde er auf einem langen Tisch ausgestreckt, das Gehirn entfernt und weggeworfen. Die wichtigsten inneren Organe wurden herausgenommen, einbalsamiert und in spezielle Krüge, so genannte **Kanopen** gegeben, die man dem Toten mit in sein Grab gab, denn man ging davon aus, dass sie im Jenseits wieder gebraucht würden. Während bestimmter Epochen wurden sie auch wieder in den Körper zurückgelegt. Das **Herz** als Sitz der Persönlichkeit war das wichtigste Körperorgan und wurde deshalb nie aus dem Körper entfernt. Als Nächstes stopfte man die Hohlräume im Körper mit harzgetränktem Leinen, Sägemehl und Natron aus und ließ den Leichnam 40 Tage lang mit Natron bedeckt ruhen. Das Natron trocknete den Körper aus und wirkte gleichzeitig antiseptisch. Nach diesem Prozess wog der Körper nur noch ein Viertel seines ursprünglichen Gewichts. Er wurde nun gewaschen und erneut gefüllt. Es folgte eine rituelle Einsalbung mit diversen Ölen, Wein und auch Milch. Köperöffnungen wurden mit Wachs oder Leinen verschlossen. Dann erhielt der Leichnam unter Umständen **Grabamulette**. Manchmal wurden Hand- und Fußsohlen mit Henna gefärbt oder gar die Wangen gerötet; seltener wurde er eingekleidet. Wohlhabende erhielten kostbaren Schmuck. Die Mumien aus der griechisch-römischen Zeit wurden mit Blattgold auf Gesicht, Nägeln und Brust geschmückt. Nach diesem Zeremoniell wurden sie von Spezialisten in (bis zu 300 m^2 große) Bandagen eingewickelt, was etwa zwei Wochen dauerte. Meist bestand das Wickelmaterial aus Leinen, wobei oft Schutzamulette mit eingewickelt wurden. Die Könige ab dem Neuen Reich wurden nach der Art von Osiris mit vor der Brust gekreuzten Armen bandagiert, ansonsten lagen die Arme der Männer über ihrem Genitalbereich, während die der Frauen auf ihren Oberschenkeln ruhten. Bevor die Mumie in den Sarkophag gelegt wurde, erhielt sie eine **Totenmaske**, die bei Wohlhabenden vergoldet sein konnte. Bei den Pharaonen war sie gar aus reinem Gold. Insgesamt dauerte solch ein Mumifizierungsprozess 70 Tage.

Die Gräber

Von der einfachen Grube bis hin zur 146 m hohen Pyramide war jede Grabstätte für die alten Ägypter ein Ort für die Ewigkeit, und so wurden die Gräber wenn möglich aus Stein und abseits der großen Nilüberschwemmungen gebaut, was allerdings auch wirtschaftliche Gründe hatte, war der fruchtbare Ackerboden doch auch im Altertum schon sehr kostbar. Körper und Grabbeigaben waren notwendig für das Weiterleben des Verstorbenen im Jenseits. Am Grab brachten die Hinterbliebenen diesem Gaben dar.

Das einfachste Grab war eine Grube für den Leichnam, über der man einen Hügel aus Ziegeln oder Steinen errichtete. An der Ostseite befand sich ein Grabstein und davor ein Kult-Platz, an dem gebetet und die Gaben für den Verstorbenen dargebracht wurden, damit dieser es im Jenseits gut hatte. Angehörige der ärmeren Bevölkerungsschichten mussten sich in Massengräbern bestatten lassen, in denen die Toten oftmals ohne Beigaben einfach auf eine Matte gelegt wurden, denn ein Sarg war meist unerschwinglich.

Die einfachste Form der Königsgräber und Gräber anderer Nobler des Alten Reichs wird heute **Mastaba** genannt, nach dem arabischen Wort für „Bank". Und tatsächlich erinnert die Form mancher Gräber an eine große Sitzbank ohne Lehne. Im Wüstenboden lagen durch Schächte erreichbare, versenkte Kammern. Das Innere einer *mastaba* konnte aus mehreren Räumen für den Grabherren, seine Gattin, seine Kinder und für die Vorratshaltung bestehen. Der Oberbau bestand meist aus einer rechteckigen Einfassung aus Ziegeln oder Kalksteinblöcken, die oft mit Sand aufgeschüttet wurde. Den Kult-Platz im Osten bildete eine Nische, die mit einer Scheintür ausgestattet war. Sie verband symbolisch die Lebenden mit dem Toten. Ab der 3. Dynastie entstand vielfach eine richtige Kultkammer oder eine Kultkapelle an Stelle der Nische. Die noblen Grabstätten waren von vielen einfachen geordneten Gräbern (durch Stelen gekennzeichnet) oder kleineren *mastaba* umgeben. In diesen direkt umliegenden Gräbern wurden oft Frauen, Bedienstete, Handwerker oder Lieblingshunde des Königs bestattet.

Die **Pyramide** wurde zwischen der 3.–17. Dynastie als Königsgrab gewählt. Ab der 4. Dynastie erhielten auch die Königinnen Pyramiden, wenn diese auch kleiner waren. Wer nicht aus der Königsfamilie stammte, durfte höchstens ein Pyramidion, eine winzige Pyramide, über seiner Grabstätte haben.

Die erste Pyramide war die in der Grundform rechteckige Stufenpyramide des Königs Djoser aus der 3. Dynastie in Saqqâra. Sie war im Grunde die Weiterentwicklung einer *mastaba*. Über dieser wurde zuerst eine in vier Stufen aufsteigende Pyramide errichtet, die dann später durch eine sechsstufige Pyramide überbaut wurde. Diese „unechte" Pyramide gilt als erster monumentaler Steinbau der Welt. Die erste „echte" Pyramide entstand in Maidûm (wahrscheinlich unter Huni). Sie wurde zuerst sieben-, dann achtstufig gebaut und anschließend verkleidet. Unter Snofru entstand auch die Rote Pyramide (wegen des rötlichen Bausteins so genannt) und die auffällige Knickpyramide von Dahshûr. Letztere verdankt ihren Namen der Tatsache, dass sich ihr Seitenneigungswinkel in 45 m Höhe ändert. Für diese Bauweise gibt es verschiedene Erklärungsversuche. Wahrscheinlich ist jedoch, dass das Bauwerk schneller als geplant vollendet werden sollte und man deshalb den Winkel änderte. Hierfür spricht v.a., dass die Bausteine des oberen Teils weniger sorgfältig bearbeitet wurden. Unter den vielen Pyramiden Ägyptens ragt diejenige von Cheops in Giza heraus. Sie ist die höchste und vollkommenste, auch wenn diejenige von Chepren vor Ort höher erscheint, da sie höher liegt.

Bau, Proportionen, die unterirdischen Begräbnisanlagen und die zu den Pyramiden gehörenden Tempel nahmen verschiedenartige Ausprägungen an. Zur Gesamtanlage gehörte schon sehr bald eine **Nebenpyramide**, die allerdings weder Sarkophag noch Kultstätten besaß. Beigesetzt wurden bei den Pyramiden in Gruben oft auch hölzerne **Sonnenbarken**. Der **Totentempel** lag in der Regel direkt im Osten der Pyramide. Er bestand aus einem großen Hof mit Umgängen und einem für die Öffentlichkeit unzugänglichen Sanktuar mit der Scheintür. Ab der 5. Dynastie musste der Totentempel auch Räume für die Mumifizierung enthalten. Er gliederte sich oft in drei Teile: An der Grenze zur fruchtbaren Nilaue lag ein Taltempel, der durch einen überdachten Aufweg mit dem eigentlichen Pyramidentempel verbunden war.

In der 11. Dynastie begann ein neuer Grabstil. Hervorgerufen durch den Wunsch mancher Würdenträger, an ihrem Heimatort und nicht an der Seite ihres Herrschers begraben zu werden, errichteten sie Gräber im Inneren eines Berges. Auch die Pharaonen begannen ab der 18. Dynastie damit, ihre letzte Ruhestätte in Felsen anzulegen. Die bekanntesten liegen im so genannten **Tal der Könige**, einem kleinen Gebirgsseitental am Westufer des Nils in Theben. Thutmosis I., der dritte Herrscher der 18. Dynastie, war der erste Pharao, der sich hier begraben ließ. Über hundert Meter tief sind die gewaltigsten Gräber in den Fels gehauen und bestehen aus verschiedenen, mit Bildern und Texten bemalten Kammern und Korridoren. Der Grundriss der Anlagen hing u.a. auch vom Gesteinsuntergrund ab. Trotzdem wurden nach der 18. Dynastie die Anlagen nicht mehr rechtwinklig angelegt, sondern die einzelnen Räume reihten sich geradlinig hintereinander auf. Und da **Grabräuber** schon damals bekannt waren, versuchte man sie durch irreführende Schächte und Treppen vom wahren Totenschatz abzulenken. Für den Kulttempel am Grab war in dem engen Felstal kein Platz mehr vorhanden. So entstanden diese in der Ebene in einer vorher noch nie da gewesenen Monumentalität. Sie waren jedoch nicht mehr direkt mit der Begräbnisstätte verbunden.

Ägyptische Geschichte von den Römern bis heute

West- und Ost-Roms Herrschaft über Ägypten (30 v.Chr.–639 n.Chr.)

Nach beinahe 3000 Jahren unter der Herrschaft ägyptischer Pharaonen gelangte das Land am Nil im 1. Jh. v.Chr. unter römische Herrschaft. Die römischen Provinzgouverneure beuteten das Land als Kornkammer aus und rekrutierten Soldaten für die römischen Armeen. Die Herrscher in Rom ließen sich von den Ägyptern als Pharaonen verehren, das Erbe der beiden Vorgängerkulturen wurde respektiert und an den bestehenden Tempeln wurde oftmals weiter gebaut.

Das **Christentum** gelangte laut Überlieferung schon 61 n.Chr. nach Ägypten und fand dort sehr schnell Verbreitung. So wurde Alexandria bald Sitz eines Bischofs. Die blutigen Verfolgungen der Anhänger der neuen Religion unter Kaiser **Diokletian** ließen diese in unzugängliche Gebiete flüchten, wodurch in der Östlichen Wüste und im Wadi Natrûn die ersten Klöster entstanden. Kaiser **Konstantin** legalisierte schließlich 313 n.Chr. die christliche Religion, was allerdings nicht die erhoffte Ruhe in Ägypten einkehren ließ: Es gab innerhalb der christlichen Gemeinde Meinungsverschiedenheiten über das Wesen Jesu. Der alexandrinische Patriarch Athanasius konnte sich schließlich in Ägypten mit seiner These der Wesensgleichheit des Gottessohnes mit dem Gottvater durchsetzen, und das Christentum wurde 391 n.Chr. sogar zur Staatskirche erklärt. Die unmittelbare Folge waren Tempelzerstörungen mit nachfolgender Umfunktionierung zur Kirche und die Vernichtung des pharaonischen Kulturerbes.

Das römische Weltreich wurde 395 n.Chr. zweigeteilt. Ägypten gehörte von nun an zur oströmischen „Hälfte", dem **Byzantinischen Reich**. Hungersnöte und die Pest setzten dem Land immer wieder schwer zu.

Im Jahre 451 n.Chr. führte eine theologische Auseinandersetzung zum **Konzil von Chalkedon**. Die Auffassung des alexandrinischen Bischofs, dass Jesus als eine Person Gott und Mensch in sich untrennbar vereint (Monophysitismus), konnte die orthodoxen Duophysiten (Jesus ist eine Person mit zwei Naturen, die selbstständig auftreten können) nicht überzeugen. Es kam zur Abspaltung der ägyptischen Kirche von der Reichskirche von Byzanz und zur Gründung der bis heute noch unabhängigen koptischen Kirche.

619 n.Chr. eroberten die **Perser** das Land am Nil. Doch nur 20 Jahre später wurde es von den Anhängern eines neuen Glaubens erobert. Der Islam sollte von nun an die Geschicke und Geschichte Ägyptens bestimmen.

Der Islam kommt nach Ägypten

Das erste Eindringen des Moslems nach Ägypten ist mit dem Namen **Amr ibn al-ʿÂs** verbunden, einem General, der in den Heeren des zweiten Kalifen Umar diente. Ägypten lag auf wichtigen Handelsrouten und war daher für die moslemischen Eroberer ein begehrtes Ziel. Von hier aus wollten sie auch weiter gen Westen ziehen, um den ganzen Norden Afrikas zu erobern.

General Amr erreichte Ägypten im Jahre 639. Er hatte eine Armee von 4000 Mann unter sich. El Arish war die erste Stadt, die er eroberte. Nur wenig später erreichte er Bilbays, das heutige Qantâra.

Mit Hilfe einer zweiten Armee, die unter dem Befehl des legendären **Ibn az-Zubair**, stand, kam es im Jahre 640 in Heliopolis (heute ein Stadtviertel von Kairo) zu der entscheidenden Schlacht zwischen den Truppen des Kalifen gegen die Byzantiner. Die Hauptstadt des Reiches fiel und allein Babylon, die Regierungsfestung, blieb noch in den Händen der Byzantiner. Diese wurde ein Jahr später jedoch aufgegeben und die Byzantiner flohen auf Nilschiffen ins Mittelmeer. Ägypten war erobert. Die moslemischen Truppen drangen immer weiter nach Süden vor und erreichten den Sudan.

Die moslemischen Araber waren bei den Kopten Ägyptens mehr als willkommen. Während sie unter den Byzantinern aufgrund ihrer abweichenden Auffassung vom Wesen Jesu verfolgt worden waren, ließen die Moslems ihnen ihren Glauben. Gegen eine kleine Steuer, die so genannte *djizya*, durften Christen und Juden ihre Religion frei ausüben.

Ägypten wurde zu einer umayyadischen Provinz, die von Damaskus aus regiert wurde. 750 kam es zum Machtwechsel in der islamischen Welt: Die **Abbasiden** hatten die Umayyaden gestürzt und verlegten die Hauptstadt von Damaskus in den Irak, wo sie 762 Bagdad gründeten. Ägypten lag somit weiter denn je vom islamischen Machtzentrum entfernt und war mehr oder weniger sich selbst überlassen. 100 Jahre lang herrschten die Abbasiden in Bagdad, dann begann ihr Reich in viele Kleinstaaten zu zerbröckeln. Der einflussreichste darunter war der Staat der Tuluniden, einer ägyptischen Statthalter-Dynastie, die sich unter **Ibn Tulûn** 868 von den Abbasiden losgesagt hatten. Die Tuluniden erklärten **Fustât**, die Vorgängerstadt von Kairo, zu ihrer neuen Hauptstadt und dehnten ihren Machtbereich bis nach Syrien aus, das sie bis 905 von Fustât aus beherrschten.

Die Kalifate von Ägypten (969–1250)

969 ging die Macht in Ägypten an die **Fatimiden** über, die von Nordafrika in den Vorderen Orient eindrangen. Die Fatimiden, die ihren Namen von Fatima, der Tochter des Propheten und Ehefrau des vierten Kalifen Ali, ableiteten, vertraten den schiitischen Glauben und lehnten sich v.a. gegen die ihrer Meinung nach illegitime Herrschaft der Umayyaden und Abbasiden auf. Sie errichteten in al-Qâhira, zu Deutsch **Kairo**, das unter ihnen gegründet wurde, ein eigenes Kalifat und unterwarfen von hier aus erst den Süden Syriens und später, nachdem sie die Byzantiner im Norden besiegt hatten, das gesamte Bilâd ash-Shâm, Groß-Syrien, also die heutigen Länder Syrien, Jordanien, Libanon und Palästina. Das Land erlebte eine kulturelle Blüte, die jedoch nur bis ins 11. Jh. anhielt. Durch die Pest und ausbleibende Nilfluten verarmte die Bevölkerung, und an den Grenzen des fatimidischen Reiches brach Unruhe aus, als türkische Gruppen nach Iran und in den Irak vordrangen. 1055 übernahm der Seldschuke Toghilbek die Vormundschaft über die schwachen Abbasiden-Kalifen in Bagdad. Damit war die Grundlage für eines der wichtigsten Staatengebilde im Vorderen Orient geschaffen: das seldschukische Reich, das bis zum Ende seiner Herrschaft der Hauptgegner der Fatimiden blieb.

Während die Seldschuken ab Ende des 11. Jhs. mit den Kreuzfahrern in Konfrontation gerieten, drohte den Fatimiden aus den eigenen Reihen eine existenzielle Gefahr: **Salâh ad-Dîn**, der bei uns so bekannte Saladin, erhob sich, zog gegen die Kreuzfahrer in den Krieg und begründete eine neue Dynastie, die 1171 die Fatimiden in Kairo ablöste: die sunnitisch-islamische **Ayyubiden**-Dynastie. Mit ihr zog der sunnitische Islam in Ägypten ein. Zeit ihres Bestehens war der Kampf gegen die christlichen Kreuzfahrerstaaten das Hauptanliegen der Ayyubiden-Dynastie.

Ägypten unter den Mamluken und Osmanen (1250–1798)

Die Ayyubiden wurden schließlich 1250 von den **Mamluken** gestürzt, die eine eigene Dynastie gründeten. Die Mamluken waren Nachfahren von auf dem Schwarzmeermarkt gekauften Sklaven und hatten einen Großteil der ayyubidischen Armee ausgemacht. Ihren Namen erhielten sie nach der arabischen Bezeichnung für Sklave/Besitz: *mamlûk*. Ihnen gelang es 1291 auch, die letzten Kreuzfahrer von der Levante-Küste (und damit aus der islamischen Welt) zu vertreiben. Schnell konnten sie ihre Macht von Ägypten auch auf andere Gebiete, vor allem Richtung Nordosten, also Syrien, ausbreiten. Keine andere Dynastie hat den Baustil des Landes so sehr geprägt wie die der Mamluken. Sie ließen riesige Paläste und Karawansereien errichten, um ihre Macht zu demonstrieren.

Die Herrschaft der Mamluken wurde durch Angriffe der **Mongolen** bedroht, die vergeblich versuchten, die Macht an sich zu reißen. 1400/01 zerstörten sie Damaskus und besetzten es 40 Tage lang. Weitere Städte wurden geplündert und zerstört, jedoch keine im Kernland Ägyptens.

Die Mamluken, als Sklaven so genannte „Emporkömmlinge", hatten während ihrer gesamten Herrschaft immer mit internen Streitigkeiten und Intrigen zu kämpfen. Keiner ihrer Herrscher starb eines natürlichen Todes, alle wurden ermordet. Das lag unter anderem an ihrem komplizierten Erbfolgesystem, denn nur wer als Sklave geboren war, durfte zum Sultan werden. Da die Herrschenden aber nur ungern die Macht ihrer Familie abgaben, kam es in den fast 300 Jahren ihrer Herrschaft zu Mord und Totschlag.

1453 fiel als letzte byzantinische Stadt Konstantinopel in die Hände der Moslems und wurde zu Istanbul. Die **Osmanen**, die sich Mitte des 14. Jhs. aus einem seldschukischen Fürstenhaus an der Westküste der Türkei gegründet hatten, wagten den Sturm auf die wohl am besten befestigte Stadt des Nahen Ostens und gewannen. Damit war die Herrschaft der Byzantiner beendet und die osmanische Herrschaft begann.

Bis 1517 konnten sich die Mamluken in Ägypten noch halten, dann ging das Land offiziell an die Osmanen über, die von nun an zumindest nominell 400 Jahre lang herrschen sollten. Die Mamluken regierten jedoch in Kairo weiter als Statthalter, wenn auch unter der Oberherrschaft der Osmanen, denen sie tributpflichtig waren.

Das osmanische Herrschaftsgebiet war das größte, das es in der islamischen Geschichte bis dahin gegeben hatte: Von Istanbul aus regierten die Osmanen die gesamte Türkei, sie drangen im Westen bis Wien vor, sie regierten den Nahen und Mittleren Osten, die arabische Halbinsel sowie große Teile Nordafrikas. Allein Marokko, das zu weit ab vom Schuss war, sowie der Iran, wo sich die Safawiden Anfang des Jahrhunderts als herrschende Macht durchsetzen konnten und die schiitische Religion als Staatsreligion ausriefen, blieben von der osmanischen Herrschaft verschont.

Die osmanische Regierung, die ihren Sitz in Istanbul hatte, setzte in der gesamten islamischen Welt Statthalter ein, die v.a. ihre eigene Bereicherung im Sinn hatten und die Bewohner ihrer Provinzen ausbeuteten. Die Ägypter wurden von diesen Statthaltern besonders gebeutelt. Die mamlukischen Gouverneure hatten quasi die Allmacht über ihre Bezirke und herrschten gewalttätig und rigide. Bald lösten sich die ersten von ihnen von der direkten Herrschaft der Osmanen los.

Doch die eigentliche Gefahr sahen die Osmanen nicht in den nach Unabhängigkeit strebenden Gouverneuren, sondern im Interesse Europas an den Gebieten, die dem Osmanischen Reich unterstanden. Obwohl die Osmanen ein lebhaftes Interesse an der Öffnung nach Westen hatten und europäische Handelsniederlassungen und Konsulate im eigenen Reich förderten, konnte es doch nicht in ihrem Sinne sein, die Macht an die Europäer abzugeben. Genau das aber passierte.

Von Napoleon bis zur Revolution (1798–1952)

Ende des 18. Jhs. hatte England die Herrschaft über das Mittelmeer errungen. Das brachte **Napoleon** auf den Plan. Er, der sich als Herrscher der Welt sah, konnte es nicht zulassen, dass England die Seewege nach Indien kontrollierte. Und so landeten seine Truppen am 1. Juli 1798 in Ägypten. Anfangs siegesgewiss ließ Napoleon in Ägypten die Tricolore wehen, doch das Glück hielt nicht lange. Denn als Reaktion auf seinen Erfolg schlossen Großbritannien und die osmanische Führung in Istanbul ein Verteidigungsbündnis. Die britische Flotte unter **Lord Nelson** konnte noch im selben Jahr die französische Seemacht bei Abu Qîr schlagen. Zwar hielt diese Wiedereroberung nicht viel länger als ein Jahr, doch war das französische Selbstbewusstsein angekratzt worden. So kam es, dass bereits drei Jahre nach dem geglückten Einmarsch und der damit quasi einhergehenden Entmachtung der Osmanen die französische Vormachtstellung wieder zerschlagen wurde.

Doch so kurz die Herrschaft der Franzosen in Ägypten war, sie hatte dem Land den Weg zu einem modernen Staat geebnet. Denn unter den Generälen **Jean Baptiste Kleber** und **Abd Allâh Menou** gab es die ersten weit reichenden Veränderungen in Verwaltung und Politik, wie z.B. die Schaffung eines Kabinetts (Diwan) in Kairo.

Als die Franzosen das Land verließen, entstand ein Machtvakuum, das sich die mamlukischen Statthalter zunutze machten: Es bildeten sich immer wieder neue Fraktionen, die nichts anderes im Sinn hatten als sich auf Kosten der Bevölkerung zu bereichern. Die innere Ordnung und Sicherheit wurden langsam so untergraben, dass sich die Bevölkerung kaum noch auf die Straße wagte. Dieses Chaos wusste sich vor allem ein Mann, eine der wichtigsten Persönlichkeiten in der Geschichte des modernen Ägyptens, zunutze zu machen: **Muhammad Ali** (1786–1848), ein des Lesens und Schreibens unkundiger Söldner aus Makedonien und Befehlshaber unter den osmanischen Truppen, die die Franzosen 1801 geschlagen hatten. Einst als Gouverneur der Osmanen in Ägypten eingesetzt, ernannte er sich zum Regenten des Landes, gab sich den Titel des Vizekönigs (Khedive) und schaffte den Übergang von der Herrschaft der Türken zum modernen Ägypten. Mit dem Machtantritt Muhammad Alis hatte das ägyptische Volk erstmals einen Herrscher, der auch von den islamischen Rechtsgelehrten, den so genannten ulamâ, als solcher anerkannt wurde. Zwar hatte er noch einige innenpolitische Kämpfe mit den Osmanen und außenpolitische Kämpfe mit den Briten auszufechten, doch gelang es ihm in nur zehn Jahren, beide Seiten zu besiegen.

Seine Nachfolger Abâs (reg. 1848–54) und Muhammad Sa'îd (reg. 1854–63) setzten die durch Muhammad Ali eingeführte Modernisierung fort. Während ihrer Regierungszeiten begann man mit dem **Bau des Suezkanals**, und erste Bewässerungssysteme, Eisenbahnen, Zuckerraffinerien, Schulen und eine Armee entstanden. Unter Ismâ'il (reg. 1863–92), dem Enkel Muhammad Alis, wurde der Suezkanal vollendet. Doch das Glück über den Besitz des Kanals währte nicht lange: Sein Bau hatte den Staat in den Bankrott geführt, und so blieb nur die Konsequenz, die Suezkanal-Aktien zu verkaufen. Die **Briten** erhielten den Zuschlag und nahmen so zunehmend Einfluss auf die Region. Innerhalb kürzester Zeit schafften sie es, das Land ersten nationalistischen ägyptischen Unruhen zum Trotz fast ganz unter ihre Kontrolle zu bringen und es de facto zu regieren. **Lord Comer** wurde zum ersten Generalkonsul ernannt und der Khedive **Abâs II.** (1892–1917) zum Marionettensultan. 1914 wurde Ägypten zum britischen Protektorat. Das Interesse der Briten galt neben dem Kanal vor allem der Baumwolle, die das Land produzierte. Die Textilindustrie war der wichtigste Industriezweig in England. 1917 wurde Abâs II. aufgrund seiner Sympathie für die Feinde Großbritanniens im 1. Weltkrieg abgesetzt.

1919 kam es zu erneuten nationalistischen Unruhen. Dabei spielte vor allem ein Mann eine wesentliche Rolle: **Sa'ad Zaghlûl** (1860–1927), Anführer der Revoltierenden und späterer Chef der ab 1923 regierenden Wafd-Partei. Diese Unruhen hatten zur Folge, dass sich England 1922 formal zurückziehen musste. Kâmil, der Nachfolger des gestürzten Abâs II., wurde der erste König einer konstitutionellen Monarchie. Er nannte sich fortan **Fu'âd I.** Es folgten die ersten so genannten freien Wahlen und Sa'ad Zaghlûl wurde Premierminister.

Was nun folgte, war eine kulturelle Blüte. Eine bunte Presselandschaft entstand, Literatenzirkel bildeten sich, die ersten Kinos und Konzerthäuser eröffneten... Die britische High Society fand es plötzlich „schick", nach Ägypten zu gehen, um hier ihre Debütantinnen zu feiern. Das änderte sich, als Fu'âd I. nach seinem Tod im April 1936 von seinem Sohn **Faruk** abgelöst wurde. Es kam zu politischen Unruhen; eine Koalitionsregierung wurde gebildet. Sie bewog Großbritannien dazu, auf einige im britisch-ägyptischen Vertrag von 1923 verbriefte Rechte zu verzichten und seine Truppen in die Suezkanal-Zone zurückzuziehen.

Mit **Beginn des 2. Weltkrieges** drangen italienische und deutsche Truppen in Ägypten ein. Da sie jedoch von der britisch-ägyptischen Armee unter **General Montgomery** besiegt wurden, blieb Ägypten britisch. In den Kriegsjahren kam es zu weiteren Siegen und Schlachten. Hitler wollte unbedingt Einfluss nehmen auf dieses Land und schickte Spione, darunter auch Graf Almásy (s. S. 332), und Truppen nach Ägypten, um es zu erobern. Mit der bekannten **Schlacht in El Alamain** (s. S. 358) 1942 schien das Schicksal Ägyptens besiegelt – es wurde zur Kolonie.

Mit dem Ende des Krieges hofften die Ägypter, endlich die Unabhängigkeit zu erlangen. Doch weder Verhandlungen der Regierung noch Demonstrationen der Nationalisten konnten den Truppenabzug der Briten aus Ägypten erreichen. Es kam in der Folgezeit zu Guerilla-Kämpfen gegen britische Einrichtungen in der Suezkanal-Zone. Parallel dazu führten Korruption und Misswirtschaft, Ausbeutung und Kriegsschäden zu Arbeitslosigkeit und Massenarmut, die massive soziale Spannungen mit sich brachten. All dies entlud sich im so genannten **Putsch der freien Offiziere**.

Ägypten wird zur Republik

Am 23. Juli 1952 putschten Offiziere unter Leitung von **Muhammad Nagib** und **Gamal Abdel Nasser** und zwangen König Faruk, abzudanken. Die Monarchie war abgeschafft.

Im Juni 1953 wurde die Republik ausgerufen. General Nagib wurde Staatspräsident, und der ihm unterstehende Revolutionsrat ließ alle Parteien verbieten. Doch obwohl Nagib zum Staatspräsidenten ernannt worden war, behielt Nasser alle Macht in den Händen. 1956 löste er Nagib im Amt ab und herrschte von nun an allein. Mit Oberst Nasser gelangte einer der drei Staatspräsidenten der letzten 50 Jahre an die Macht, die gleichzeitig auch die drei Hauptphasen der Politik und Wirtschaft Ägyptens prägten und prägen. Der neue Staatspräsident propagierte einen **Panarabismus**, eine Rückbesinnung auf die arabischen Wurzeln und damit auf die Gemeinschaft mit den arabischen Nachbarn, weg vom Einfluss der Briten, und einen am Ostblock ausgerichteten Sozialismus. Mit einer **Bodenreform** zu Gunsten der Bauern wollte er den feudalen Landbesitz abschaffen. Dies gelang wegen staatlichen Missmanagements jedoch nur teilweise. Verzögerungen bei der Verteilung des Landes führten dazu, dass der Staat das Land teilweise selbst verwaltete. Und nach der Verteilung stellte sich oftmals heraus, dass auf den neu entstanden Kleinparzellen nicht produktiv gewirtschaftet werden konnte. Unter Nasser wurden viele **Sozialgesetze** erlassen und eine Industrialisierungspolitik betrieben, die den Absatz heimischer Produkte gewährleisten sollte. Höhepunkt war der ehrgeizige **Bau des Assuan-Hochdammes**, der 1970 nach elfjähriger Bauphase eingeweiht werden konnte und mit dem verschiedene Ziele wie die Ausdehnung der Anbaufläche, die Garantie der Wasserversorgung, Schutz vor Überschwemmungen, Energiegewinnung u.a. verbunden waren. Nachdem die Briten 1954 vertraglich den Abzug vom Suezkanal zugesichert hatten, ließ Nasser diesen 1956 verstaatlichen. Frankreich, Großbritannien und Israel intervenierten und besetzten den Kanal und Teile der Sinai-Halbinsel (Näheres zur Geschichte des Suezkanals s. S. 371). Die USA und die Sowjetunion drängten die Besatzer jedoch zum Rückzug.

1958 kam es zum Zusammenschluss zur **Vereinigten Arabischen Republik**, an der Ägypten, Syrien und der Nordjemen beteiligt waren. Allerdings hielt dieses Bündnis nur bis 1961. Im selben Jahr wurde in Ägypten der „Arabische Sozialismus" verkündet und die neu gegründete **Arabische Sozialistische Union** wurde zum politischen Organ des immer noch herrschenden Militärregimes.

Der folgenden Wirtschaftskrise versuchte Nasser mit umfangreichen **Verstaatlichungen** beizukommen. Im eskalierenden Nahost-Konflikt, bei dem es zu Übergriffen von israelischer Seite aus auf Jordanien kam, verbündete sich dieser Staat mit Syrien und Ägypten. Trotz amerikanischer Vermittlung konnte der so genannte **Sechs-Tage-Krieg** zwischen Israel und den zahlenmäßig unterlegenen Truppen der arabischen Verbündeten nicht verhindert werden. Am 5. Juli 1967 begannen die Israelis mit Luftangriffen auf Flughäfen der drei Staaten, am 6. Juni folgte eine Landoffensive. Der am 6. Tag des Krieges geschlossene Waffenstillstand kam für die Ägypter einer Katastrophe gleich: Sie mussten den Sinai aufgeben, und der Suezkanal, der starke Kriegszerstörungen erlitten hatte, diente von nun an als Grenze zwischen den beiden Feindstaaten.

Nach dem plötzlichen Tod des charismatischen Führers Nasser im Jahre 1970 übernahm der bisherige Vize-Präsident **Anwar el Sadat** das Amt des Staatspräsidenten. Er wandte sich von Nassers Sozialismus ab und betrieb eine Öffnung gegenüber dem Westen, um ausländische Investoren ins Land zu locken. Der einheimische Markt geriet in eine Krise, Ägypten wurde von ausländischen Produkten geradezu überschwemmt, und das, was Nasser vermeiden wollte, trat nun ein: Im Land vergrößerte sich die soziale Ungleichheit, nur eine kleine Schicht von Neureichen konnte von der Öffnung profitieren. Auch der von Sadat stark forcierte Wohnungsbau nutzte nur wenigen, denn bezahlbare Sozialwohnungen entstanden nicht.

Am 6. Oktober 1973, dem jüdischen Feiertag Yom Kippur, griffen ägyptische Truppen völlig überraschend israelische Stellungen am Ostufer des Suezkanals an und konnten genauso überraschend die bis dahin als unschlagbar geltende israelische Armee, wenngleich unter Rückschlägen, teilweise von der Kanalzone zurückdrängen. Am 22. Oktober kam es zu einem Waffenstillstandsabkommen. Zum ersten Mal fühlte Ägypten sich nicht mehr als Verlierer gegenüber seinem Nachbarn Israel. Der Teilsieg der ägyptischen Truppen führte schließlich zum „kalten" **Frieden mit Israel**, der durch das Abkommen von Camp David besiegelt wurde. Nach über 30 Jahren Kriegszustand mit Israel sollten die nachbarschaftlichen Beziehungen in Zukunft friedlicher Natur sein. Israel bekam Ausgleichszahlungen von Ägypten und musste im Gegenzug bis 1982 den Sinai Stück für Stück zurückgeben. Sadat erhielt für seine Bemühungen den Friedensnobelpreis. Der Friedensschluss war manchen Ägyptern, aber vor allem den anderen arabischen Staaten, ein Dorn im Auge und Ägypten wurde isoliert; der Sitz der Arabischen Liga wurde von Kairo nach Tunis verlegt.

1976 fanden die ersten einigermaßen freien Parlamentswahlen statt. Die von Sadat gegründete **Nationaldemokratische Partei (NDP)** ging aus diesen wie auch aus den folgenden Wahlen stets als Sieger hervor, denn eine eigentliche Opposition gab es nicht. Unter Sadat kamen die von Nasser ins Exil getriebenen Angehörigen der Muslimbrüder wieder ins Land und andere islamische Gruppen wurden geduldet. Die Krise 1981, ausgelöst durch die Erhöhung des Brotpreises, führte fast zu einem ägyptischen Bürgerkrieg. Eine Verhaftungswelle erfasste das Land; die mutig gewordene Opposition sah sich stark bedrängt. Am 13. Oktober desselben Jahres erschossen islamische Extremisten, die mit dem ägyptisch-israelischen Friedensschluss nicht einverstanden waren, Präsident Sadat bei einer Militärparade.

Ägypten unter Mubarak

Nachfolger im Präsidentenamt wurde der 1928 geborene, bis heute amtierende **Muhammad Hosni Mubarak**, der schon seit 1975 das Amt des stellvertretenden Staatspräsidenten bekleidet hatte. Er wurde zum Erben der beiden so unterschiedlichen wirtschaftspolitischen Ausrichtungen von Nasser und Sadat. Nachdem sich die Lage im Land entspannt hatte, wandte er sich einer **Demokratisierung** zu, von der u.a. politische Gefangene und die Presse profitierten. Seine Regierungspartei, die NDP, blieb jedoch unangefochten an der Macht. Als guter außenpolitischer Stratege gelang unter ihm 1989 die Wiederaufnahme Ägyptens in die Arabische Liga. Deren Sitz wurde erneut nach Kairo verlegt. Seit 1991 wurden unter dem Druck des Internationalen Währungsfonds strenge Maßnahmen zur **Liberalisierung der Wirtschaft** eingeleitet. Staatliche Gesellschaften wurden privatisiert und die Gebrauchsgütersubventionen sehr stark abgebaut. Der Staat musste auch die Preiskontrolle von wichtigen Produkten der Landwirtschaft wie Baumwolle und Weizen aufgeben.

Seit Anfang der 90er Jahre lähmten **Terroranschläge** das Land, u.a. als Folge der USA-freundlichen Politik Hosni Mubaraks. Die traurigsten Beispiele hierfür sind die beiden Anschläge in Kairo und Luxor im Jahr 1997, von denen auch Ausländer betroffen waren. 72 Menschen starben. Islamische Extremisten, vor allem Mitglieder der **Gama'a Islamiya** (Näheres dazu s.S. 113), übernahmen die Verantwortung. Der Staat reagierte mit zahlreichen Verhaftungen. Um die Gegner besser ausfindig machen zu können, wurden ganze Zuckerrohrfelder, die als mutmaßliches Versteck dienten, gerodet. Die Islamisten gaben klein bei und versprachen, den Kampf unbewaffnet weiter zu führen.

Trotz der Anschläge im Land und der Spannungen mit allen Nachbarstaaten, v.a. mit dem Sudan, gilt Ägypten als eines der stabilsten Länder der Region. Zusammen mit anderen islamischen Staaten sprach sich die Regierung im März 2003 gegen den drohenden **Irakkrieg** aus, der allerdings durch den gemeinsamen Beschluss nicht verhindert werden konnte. Bei Antikriegsdemonstrationen am 20. und 21. März 2003 in Kairo wurden zahlreiche Demonstranten festgenommen, einige wurden verletzt, manche wurden tagelang festgehalten. Die Regierung wollte die Lage unter Kontrolle halten und die Sicherheitskräfte gingen mit entsprechender Härte vor.

Die Frage ist, ob die Unterdrückung einer wahren politischen und religiösen Opposition die richtige Lösung ist. Wird der harte Umgang mit allem Nicht-Regierungskonformem eines Tages nicht doch zu einer Eskalation der Lage führen und Ägypten destabilisieren oder gar in ein Chaos stürzen?

Mubarak, der 1999 mit beinahe 94% der Stimmen in seinem Amt bestätigt wurde, ist seit über 20 Jahren Staatspräsident. Die meisten Ägypter kennen nur ihn als Staatschef. Vielen fällt es deshalb schwer, sich das Land unter einem anderen Führer vorzustellen, obwohl Mubarak, wie u.a. auf ihn verübte Attentate beweisen, sich nicht bei allen der oft zur Schau gestellten Beliebtheit erfreut. Im Land macht man sich schon Gedanken um einen Nachfolger des mittlerweile über Siebzigjährigen. Im Gespräch ist immer wieder der Sohn des Präsidenten, der sich politisch bis jetzt allerdings noch nicht sehr hervorgetan hat.

Ägypten sieht sich heute einer Vielzahl von Herausforderungen gegenüber. Ob diese in den kommenden Jahren bewältigt werden, bleibt offen. Doch die Zukunft sieht für Ägypten nicht gerade rosig aus. **Auseinandersetzungen zwischen Moslems und Kopten** führen v.a. im mittleren Niltal immer wieder zu gegenseitigen Übergriffen. Jedes Jahr verzeichnet das Land einen **Bevölkerungszuwachs** von 2%. Es kann nicht endlos seine Siedlungsflächen vergrößern: Die Anbauflächen werden wohl trotz aufwendiger Anstrengungen die wachsende Bevölkerung nicht ernähren können. Hinzu kommt die große Abhängigkeit von Nahrungsmittelimporten, aber auch von Gebrauchsgüterimporten, und auf die Hauptdevisenbringer kann sich Ägypten auch nicht verlassen: Welt- oder regionalpolitische Ereignisse haben aufgezeigt, wie schnell die Einnahmen aus dem Suezkanal zurückgehen können, oder wie die heimkehrenden Gastarbeiter zu Zeiten des Golfkrieges 1990/91 den Staat zusätzlich belasteten. Auch der Tourismus ist ein sehr sensibles Geschäft, der die in ihn gesteckten Erwartungen wahrscheinlich nicht in vollem Umfang erfüllen wird. Innenpolitisch bleiben also noch viele Fragen offen.

Chronik des modernen Ägyptens

30 v.Chr.–324 n.Chr.
Die **Römer** herrschen in Ägypten. Sie übernehmen den Pharaonenkult und erklären Ägypten zu ihrer Kornkammer.

324–641
Die **Byzantiner** herrschen in Ägypten. Nach dem Konzil von Chalkedon im Jahre 451 n.Chr. kommt es zur **Abspaltung der Kopten**, die von nun an verfolgt werden.

Ab 640
Die Moslems erobern das gesamte Niltal und bringen den **Islam** sowie die arabische Sprache nach Ägypten.

868
Ahmad Ibn Tulûn begründet die **Tuluniden-Dynastie** (bis 905).

969
Die **Fatimiden** erobern Ägypten von Westen (Libyen) aus und gründen al-Qâhira (Kairo).

1171
Sultan Salâh ad-Din übernimmt die Macht und herrscht bis 1193. Er ist der Begründer der sunnitisch-islamischen **Ayyubiden-Dynastie** (bis 1250). Er mobilisiert die arabische Welt zum Heiligen Krieg gegen die christlichen Kreuzfahrerstaaten.

Um 1250
Die **Mamluken** stürzen die Dynastie der Ayyubiden und übernehmen (bis 1517) die Herrschaft.

1517
Die (sunnitisch-)islamischen **Osmanen** unterwerfen unter Sultan Selim I. den gesamten Nahen Osten und Ägypten, das (offiziell) bis 1913 (weitgehend selbst verwaltete) Provinz des riesigen Osmanischen Reiches bleibt.

21. Juli 1798
Die Franzosen unter **Napoleon Bonaparte** besiegen in der entscheidenden Schlacht bei den Pyramiden von Giza die Mamluken und erobern Ägypten.

1801
Türkische und britische Einheiten vertreiben die napoleonischen Truppen aus Ägypten.

1805
Der aus Albanien stammende türkische Offizier **Muhammad Ali** macht sich zum Pascha (Statthalter) von Ägypten (1806 offiziell von Istanbul anerkannt). Er leitet eine umfangreiche **Modernisierung** des Landes ein und schafft damit die Basis für den späteren unabhängigen Staat Ägypten.

1812
Muhammad Ali wird von den Türken mit der **Eroberung des Wahabiten-Reiches** (heute Saudi-Arabien) beauftragt. Dank einer mit modernsten Waffen ausgestatteten ägyptisch-türkischen Armee gelingt ihm dies bis 1814.

1820–1822
Muhammad Ali unterwirft das obere Niltal (Sudan).

1831
Muhammad Ali wird der erbliche Titel „Khedive" (Vizekönig) zuerkannt. (Nominell ist noch immer der osmanische Herrscher König von Ägypten.)

1848
Abâs I., Enkel von Muhammad Ali, übernimmt die Macht in Ägypten. Bis zur britischen Besetzung des Landes 1882 verschiedene Nachfolger.

25. April 1859
Der **Bau des Suezkanals** wird begonnen.

17. November 1869
Der unter der Leitung von **Ferdinand Vicomte de Lesseps** gebaute Suezkanal wird eingeweiht.

Ab 26. Juni 1879
Der Vizekönig von Ägypten, **Ismâ'il**, muss aufgrund der hohen Staatsverschuldung Ägyptens die ägyptischen Anteile am Suezkanal an Großbritannien verkaufen. Daraufhin wird Ismâ'il von Istanbul abgesetzt.

1881
Militärrevolte nationalistischer Offiziere unter Ahmad Arabî, die mit der **Besetzung Ägyptens durch die Briten** im Juli 1882 beendet wird.

20. Dezember 1914
Ägypten wird während des Ersten Weltkriegs offiziell **britisches Protektorat** unter Vizekönig Husain Kâmil.

Frühjahr 1922
Aufgrund anhaltender schwerer Unruhen in ganz Ägypten sehen sich die Briten gezwungen, das Land in die **Unabhängigkeit** zu entlassen, behalten sich jedoch weitgehende Rechte vor. **Fu'âd I.** besteigt am 15. März den Thron von Ägypten.

November 1922
Der britische Archäologe **Howard Carter** entdeckt im Tal der Könige in der Nähe der oberägyptischen Stadt Luxor den Eingang zum Grab Tutanchamuns, des um 1337 v. Chr. im Alter von etwa 18 Jahren vermutlich ermordeten Pharaos.

19. April 1923
Ägypten wird mit einer neuen Verfassung zur **konstitutionellen Monarchie**. Bei den Parlamentswahlen gewinnt die nationalistische **Wafd-Partei**, die die nächsten drei Jahrzehnte die führende politische Macht in Ägypten bleibt.

1928
Gründung der Muslimbruderschaft unter Hasan al-Banâ'.

28. April 1936
Faruk wird Nachfolger von Fu'âd I. Großbritannien muss Privilegien in Ägypten aufgeben.

Ab 1939
Italienische und deutsche Truppen dringen in Ägypten ein, werden jedoch von der britisch-ägyptischen Armee unter **General Montgomery** besiegt.

22. März 1945
Mit dem Ziel weitgehender wirtschaftlicher, politischer und militärischer Zusammenarbeit gründen Ägypten, Irak, (Süd-)Jemen, (Trans)Jordanien, Libanon, Saudi-Arabien und Syrien die **Arabische Liga**.

14. Mai 1948
Im **ersten arabisch-israelischen Krieg** dringen ägyptische Truppen in Israel ein. Sie werden unter schweren Verlusten zurückgetrieben.

26. Januar 1952
Wütende Nationalisten stecken in Kairo mehrere ausländische Einrichtungen in Brand.

23. Juli 1952
Nach einem unblutigen **Putsch** unter Oberst **Gamal Abdel Nasser** übernimmt das Militär die Macht in Ägypten. König Faruk wird zur Abdankung gezwungen und geht ins Exil.

Dezember 1952
In Ägypten wird die Verfassung von 1923 außer Kraft gesetzt und eine **Landreform** durchgeführt, die den Boden der Großgrundbesitzer teilweise verstaatlicht.

18. Juni 1953
In Ägypten wird die Republik ausgerufen. **Muhammad Nagib** wird Staatspräsident.

April 1954
Nasser wird Staatspräsident.

Oktober 1954
Vertrag über den **Abzug der britischen Truppen** aus Ägypten.

26. Juli 1956
Nasser verstaatlicht den Suezkanal. Die Israelis besetzen daraufhin die gesamte **Sinai-Halbinsel** und den Gazastreifen.

1957
Israel zieht sich aus dem Sinai zurück, nachdem es die Garantie für die Zufahrt zur Hafenstadt Elat im Golf von Aqaba erhalten hat.

1. Februar 1958
Ägypten und Syrien fusionieren zur **Vereinigten Arabischen Republik (VAR)** und schließen kurz darauf mit dem Nordjemen einen Föderationsvertrag ab.

28. September 1961
Es kommt zur **Abspaltung Syriens**. Nasser löst in Ägypten die Nationalversammlung und die VAR auf.

1963
Eine deutsche Firma bekommt die Leitung der Arbeiten zur Rettung der ägyptischen Felsentempel von **Abu Simbel** übertragen. Die beiden Tempel am westlichen Nilufer aus der Zeit von Pharao Ramses II. (1304–1213 v.Chr.) sind durch den Bau des Assuan-Staudammes gefährdet. Auf Kosten der UNESCO werden sie zersägt und innerhalb von vier Jahren 65 m höher wieder aufgebaut.

1964
Eine **neue Verfassung** erweitert die Machtbefugnisse des ägyptischen Präsidenten und macht den Islam zur Staatsreligion.

Mai 1967
Staatspräsident Nasser verbündet sich mit Jordanien und Syrien, zwingt die UNO-Friedenstruppen zum Abzug aus der Suezkanalzone, blockiert den Golf von Aqaba (23.5.) und konzentriert seine Truppen erneut im Sinai.

5. Juni 1967
Die Israelis greifen Ägypten, Jordanien und Syrien an und erobern in einem sechs Tage dauernden Blitzkrieg die syrischen Golanhöhen, den Gazastreifen, die Sinai-Halbinsel und das Westjordanland einschließlich der Altstadt von Jerusalem.

21. Juli 1970
Mit der Inbetriebnahme der zwölften und letzten Turbine wird der **Bau des Assuan-Staudamms** nach elf Jahren abgeschlossen.

28. September 1970
Staatspräsident Nasser stirbt. Sein Nachfolger wird **Anwar el Sadat**, der in Ägypten einen umfangreichen Liberalisierungsprozess einleitet.

6. Oktober 1973
Die arabischen Staaten greifen **Israel** am Yom-Kippur-Tag an (Ägypten überquert den Suezkanal, Syrien dringt auf die Golanhöhen vor), werden jedoch von den israelischen Truppen rasch wieder abgedrängt, die nun ihrerseits auf syrisches Gebiet und auf das Westufer des Suezkanals vorstoßen. Der für beide Seiten verlustreiche Krieg wird am 25. Oktober durch einen vom US-amerikanischen Außenminister Henry Kissinger vermittelten Waffenstillstandsvertrag beendet.

1975
In einem Zwischenabkommen machen sowohl Israel als auch die arabischen Staaten Zugeständnisse und verpflichten sich, den Waffenstillstand von 1973 einzuhalten.

17. September 1978
Durch Vermittlung des US-amerikanischen Präsidenten Jimmy Carter unterzeichnen der ägyptische Präsident Anwar el Sadat und der israelische Ministerpräsident Menachem Begin in **Camp David** (Landsitz des US-Präsidenten) ein erstes **Friedensabkommen**. Israel muss bis 1982 den Sinai zurückgeben.

6. Oktober 1981
Sadat wird während einer Militärparade in Kairo von islamischen Fundamentalisten, Anhängern der „Organisation zur Befreiung Ägyptens", erschossen.

Sein Nachfolger wird der bisherige Vizepräsident **Hosni Mubarak**.

1987
Staatspräsident Hosni Mubarak wird per Volksentscheid für weitere sechs Jahre im Amt bestätigt.

17. Januar 1991
Ägypten stellt sich im **Golfkrieg** auf die Seite der multinationalen Streitkräfte gegen den Irak und wird dafür von den USA und den Ölstaaten der Arabischen Halbinsel mit einem Schuldenerlass von fast 15 Milliarden US-Dollar belohnt.

Zwischen Ägypten und **Sudan** kommt es zu massiven Auseinandersetzungen um den Grenzverlauf, der 1899 auf den 22. Breitengrad festgelegt wurde.

1992
Die militante Untergrundorganisation **Gama'a Islamiya** (Islamische Vereinigung) erklärt der weltlichen Regierung Hosni Mubaraks den Krieg. Nach vermehrten Attentaten kommt es zu Verhaftungswellen und zahlreichen Todesurteilen. In den folgenden Jahren werden immer wieder blutige Anschläge verübt, die 1997 im Anschlag von Luxor gipfeln und hunderte Menschen das Leben kosten.

12. Oktober 1992
Ein schweres **Erdbeben** richtet in der Zwölf-Millionen-Hauptstadt Kairo schwere Schäden an. Fast 600 Menschen kommen ums Leben, über 10 000 werden z.T. schwer verletzt.

26. Juni 1995
Präsident Hosni Mubarak entgeht in Addis Abeba (Äthiopien) nur knapp einem Mordanschlag.

12. März 1996
In **Sharm el Shaikh** treffen sich 30 Staats- und Regierungschefs, um über Lösungen für einen schnellen und dauerhaften Frieden im Nahen Osten zu beraten.

21. Mai 1997
Präsident Hosni Mubarak empfängt in Kairo Palästinenserchef Yasir Arafat zu Gesprächen, die eine Lösung der Nahost-Krise herbeiführen sollen.

18. September 1997
Bei einem **Anschlag** auf einen Bus vor dem Ägyptischen Museum in Kairo sterben zehn Touristen, darunter neun Deutsche; 24 Menschen kommen mit Verletzungen ins Krankenhaus.

12. November 1997
Moslemische Extremisten überfallen einen u.a. mit vielen Touristen besetzten Personenzug rund 450 km südlich von Kairo und erschießen drei Sicherheitskräfte, die zur Bewachung des Zuges eingesetzt waren.

17. November 1997
Sechs mit Maschinenpistolen bewaffnete islamische Terroristen erschießen vor bzw. im Hatschepsut-Tempel in der Nähe der oberägyptischen Stadt **Luxor** 58 ausländische Urlauber, darunter fünf

Über 20 Jahre im Amt – Hosni Mubarak

Deutsche und 31 Schweizer. 50 weitere Personen werden z.T. schwer verletzt. Dies ist der bislang blutigste Terroranschlag auf Touristen im Nahen Osten.

Die ohnehin gespannte Lage zwischen Ägypten und **Sudan** verschärft sich, da Präsident Hosni Mubarak die sudanesische Regierung als Urheber des Attentats bezichtigt.

18. November 1997
Die **Gama'a Islamiya** (Islamische Vereinigung) bekennt sich in einem Schreiben zu dem Massaker bei Luxor.

5. Dezember 1998
Das deutsche Archäologen-Team, das seit mehr als zehn Jahren rund 100 km nördlich von Kairo Überreste der einst vom bauwütigen Pharao Ramses II. (reg. 1290–1224 v.Chr.) errichteten Hauptstadt **Pi-Ramesse** ausgräbt, stößt unter einer 60 cm dicken Nilschlammschicht auf Teile des Wohnpalastes des wohl bedeutendsten Pharaos des alten Ägypten.

18. April 1999
Das Oberste Militärgericht in Kairo verurteilt neun Angeklagte, denen seit Februar im Zusammenhang mit dem Massaker von Luxor (1997) der Prozess gemacht wurde, in Abwesenheit zum Tode und ein weiteres Dutzend zu lebenslanger Haft.

30. April 1999
Nachdem die **Gama'a Islamiya** erklärt, künftig auf jegliche bewaffnete Aktionen im In- und Ausland verzichten zu wollen, entlässt die Regierung als Geste der Aussöhnung rund 1000 Mitglieder der Organisation aus den Gefängnissen. Seitdem ist es in Ägypten nie mehr zu einem Anschlag gegen Touristen gekommen.

1. Juni 1999
Ägyptische Archäologen entdecken in der rund 400 km südwestlich von Kairo gelegenen Oase **Bahariya** mehrere Grabanlagen mit rund 50 Mumien aus der Zeit um 200 v.Chr.

6. September 1999
In der Hafenstadt **Port Sa'id** wird Präsident Hosni Mubarak leicht am Arm verletzt, als ein Mann mit einem Messer auf ihn losgeht, während er aus dem geöffneten Fenster seines Wagens winkt. Der Attentäter wird bei dem Zwischenfall von der Leibgarde des Präsidenten erschossen.

1. Januar 2000
Bei **Unruhen zwischen Kopten und Moslems** in mehreren Dörfern im Süden Ägyptens kommen mindestens 20 Menschen ums Leben. Etwa 40 weitere werden verletzt und zahlreiche Gebäude gehen in Flammen auf.

26. Januar 2000
Das Parlament in Kairo beschließt ein **neues Scheidungsrecht**, das Frauen die Auflösung der Ehe ohne Begründung ermöglicht.

24. Februar 2000
Staatspräsident Hosni Mubarak begrüßt auf dem Kairoer Flughafen **Papst Johannes Paul II.** Das Oberhaupt der katholischen Kirche besucht eine der heiligsten biblischen Stätten, den Berg Sinai, und betet im griechisch-orthodoxen Katharinenkloster am Fuß des Berges.

3. April 2000
In Kairo geht das erste **EU-Afrika-Gipfeltreffen** zu Ende. Vertreter von 67 Staaten, davon mehr als 30 Staats- und Regierungschefs, nahmen an der von der Europäischen Union und der Organisation für Afrikanische Einheit (OAU) veranstalteten zweitägigen Konferenz teil.

1. Juni 2000
Der französische Meeresarchäologe Franck Goddio entdeckt knapp 6 km vor der ägyptischen Mittelmeerküste bei Abu Qir die Überreste der versunkenen Stadt **Herakleion**, die bis zur Gründung Alexandrias 331 v.Chr. die wichtigste Hafenstadt Ägyptens war.

30. Juni 2000
Ein japanisches Archäologen-Team entdeckt südlich von Giza drei Pharaonengräber aus der Zeit des Alten Reichs (2700–2300 v.Chr.).

15. November 2000
Erste fast demokratische **Wahlen** zum ägyptischen Parlament (Rat des Volkes). Die Urnengänge waren von gewaltsamen Auseinandersetzungen über-

schattet, wobei nach offiziellen Angaben 14 Menschen ums Leben kamen. Ausländische Wahlbeobachter waren mit dem Hinweis auf die richterliche Überwachung nicht zugelassen.

13. März 2001

In der Nähe von Luxor entführt ein ägyptischer Reiseleiter vier deutsche Touristen. Kurz nach der **Geiselnahme** meldet er sich über Handy bei der deutschen Botschaft in Kairo mit der Forderung, seine von ihm geschiedene deutsche Frau solle seine beiden drei und acht Jahre alten Söhne zurückbringen. Das Drama geht unblutig zu Ende und die Geiseln kommen nach kurzer Zeit wieder frei.

8. Oktober 2001

Staatspräsident Hosni Mubarak billigt die am Tag zuvor von den USA gestartete Militäraktion gegen Afghanistan, fordert Washington jedoch gleichzeitig auf, sich stärker als bisher für eine Lösung des Nahost-Konflikts einzusetzen.

15. November 2001

In einem Stadtteil Kairos stoßen ägyptische Archäologen bei der Untersuchung einer Baustelle in 3 m Tiefe auf zwei Begräbnisstätten aus der 26. Dynastie (664–525 v. Chr.).

20. Februar 2002

In einem mit mehreren tausend Menschen völlig überfüllten Zug von Kairo nach Assuan explodiert rund 60 km südlich von Kairo nachts ein Gaskocher, den das Personal zum Teekochen benutzte. Das dadurch ausgelöste Feuer setzt sieben der insgesamt elf Waggons in Brand und führt zum bislang schwersten **Zugunglück** in Ägypten mit 373 Toten.

März 2003

Treffen von 22 arabischen Staatsoberhäuptern in **Sharm el Shaikh** zur Beratung, was gegen den zweiten Golf-Krieg zu tun ist.

Staat und Gesellschaft

Staatsaufbau und Verfassung

Der offizielle Staatsname Ägyptens lautet **Arabische Republik Ägypten** (Gumhûriya Misr al-arabiya). Die Hauptstadt des Landes ist Kairo (al-Qâhira). Verwaltungstechnisch ist das Land in 26 Gouvernate *(muhâfazât)* mit je einem vom Staatspräsidenten ernannten Gouverneur sowie 113 Distrikte unterteilt.

Die Staatsform ist eine **Präsidialrepublik**, bei der der Staatspräsident als Staatsoberhaupt vom Abgeordnetenhaus für sechs Jahre benannt und per Referendum bestätigt wird. Der wieder wählbare Präsident besitzt umfangreiche Macht: Er ist der Oberbefehlshaber der Streitkräfte, kann mit Zustimmung des Abgeordnetenhauses den Krieg erklären, ernennt und entlässt den Ministerpräsidenten, die Kabinettsmitglieder, hohe Richter u.a. Er verkündet oder prüft Gesetze und kann Notstandsregelungen veranlassen. Zuletzt wurde Präsident Mubarak im September 1999 mit fast 94% der Stimmen für weitere sechs Jahre in seinem Amt bestätigt.

Das Mehrparteiensystem erlaubt keine Parteien, die sich auf Religion oder Abstammung berufen.

Die **Volksversammlung** *(maglis ash-sha'ab)* muss aus mindestens 350 Abgeordneten bestehen, von denen nach Möglichkeit mindestens die Hälfte Bauern oder Arbeiter sein sollten. Der Maglis wird für fünf Jahre direkt gewählt. Zehn Abgeordnete kann der Präsident selbst ernennen, außerdem kann er die Volksversammlung im Notstandsfall nach einer Volksbefragung auflösen. Zurzeit sitzen 454 Abgeordnete im Parlament. Die letzten Wahlen zur Nationalversammlung fanden in mehreren Etappen Ende des Jahres 2000 statt. Dabei erhielt die **NDP (Nationaldemokratische Partei)** 388 der 444 Sitze. 10 Abgeordnete wurden vom Präsidenten bestimmt, 37 Sitze erhielten Unabhängige, unter ihnen auch 17 gemäßigte Vertreter der Muslimbruderschaft. Die restlichen Sitze teilen sich vier Oppositionsparteien (Nasserist Arab Democratic Party, National Progressive Unionist Grouping, New Wafd Party und Liberal Party). Die Wahlen wurden erstmals von Richtern überwacht. Der Präsident hatte faire Wahlen versprochen. Allerdings waren vor dem Wahltermin zahlreiche Oppositionelle verhaftet worden, und am Wahltag soll Sympathisanten der Muslimbruderschaft vielfach der Zugang zu den Wahllokalen verwehrt worden sein. So eskalierte die Situation in der Endphase; mehrere Menschen sollen zu Tode gekommen und mehrere hundert verletzt worden sein.

In Ägypten ist der Islam (ca. 94% der Bevölkerung sind moslemisch) **Staatsreligion** und eine erweiterte und modernisierte Form der **Scharia** (s.S. 110) gilt seit der Verfassungsänderung von 1980 als Hauptquelle für das Personen- und Familiengesetz. Christen und Juden unterliegen in zivilen Angelegenheiten einer eigenen Rechtsprechung. Für das bürgerliche Recht gilt das **Zivilgesetzbuch** von 1949, das viele französische und schweizerische Komponenten beinhaltet.

Nach der Ermordung Sadats 1981 wurde in Ägypten der **Ausnahmezustand** verhängt. Dieser wurde immer wieder verlängert und ist bis heute in Kraft. Die seit 1971 geltende Ständige **Verfassung** garantiert, außer in Kriegszeiten, den Bürgern Freiheitsrechte sowie Medien- und Pressefreiheit. Diese Freiheitsrechte können durch den bestehenden Ausnahmezustand jedoch jederzeit beschnitten werden.

In Ägypten besteht eine dreijährige, allerdings selektive, **Wehrpflicht** für Männer ab 18. Die modernisierte ägyptische Streitmacht besteht aus ca. 450 000 Mann. Über 200 000 weitere bewaffnete Uniformierte (Nationalgarde, Grenzschutz, Küstenwache, Zentrale Sicherheitskräfte) ergänzen den staatlichen Sicherheitsapparat.

> **Ägyptischer Durchschnitt**
> Eine durchschnittliche ägyptische Familie besteht statistisch aus 4,6 Personen. Ihr stehen ca. E£12 000 pro Jahr (ungefähr 2000 €) zur Verfügung. 30% der Familien besitzen mehr Geld. Die ärmsten 3% haben weniger als E£3000 pro Jahr. 44% des Geldes werden für Nahrungsmittel ausgegeben, 15% für die Wohnung, 5,5% für Transport und 3% für Zigaretten.

Bildungswesen

Ein modernes Schulwesen nach europäischem Vorbild wurde in Ägypten im 19. Jh. unter Muhammad Ali eingeführt. Bis dahin war die Bildung Aufgabe der religiösen Institutionen gewesen. Es gab Koranschulen und Schulen, die von der koptischen Kirche unterhalten wurden. Die im 10. Jh. erbaute **Al-Azhar-Moschee** in Kairo galt mit der angegliederten Universität über viele Jahrhunderte als die wichtigste Hochschule der gesamten moslemischen und arabischen Welt und ist bis heute in religiösen Fragen richtungweisend.

Heutzutage ist die Schulbildung in Ägypten als Grundrecht in der Verfassung verbürgt. Die seit 1923 bestehende sechsjährige **allgemeine Schulpflicht** ab sechs Jahren wurde wegen Lehrermangels 1991 auf fünf Jahre verkürzt. Zum Hochschulzugang berechtigt die anschließende sechs Jahre dauernde Sekundarstufe. Grund- und Sekundarschule sind generell kostenfrei. Die Anstrengungen im Bildungswesen führten in der Statistik zu einer Einschulungsrate von landesweit beinahe 100% für die Grundschule. Immerhin noch 75% der Kinder im entsprechenden Alter werden für die Sekundarschule angemeldet. Doch diese Zahlen verschleiern ein wenig die Realität an ägyptischen Schulen, denn es gibt zahlreiche Schulabbrecher (bis zu 30%). Oft haben Kinder keine Zeit für die Schule, denn obwohl verboten, schätzt man die Zahl der arbeitenden Kinder in Ägypten auf 1,5–2,5 Mill. Die Qualität der Schulbildung lässt zu wünschen übrig. Klassen mit mehr als 70 Schülern sind keine Seltenheit. Die schlecht bezahlten Lehrer sind unmotiviert, da sie von ihrem Gehalt kaum leben können. Wer wirklich etwas lernen möchte und auch die Prüfungen bestehen will, findet sich oft nachmittags beim Klassenlehrer zu Privatstunden ein. So mancher Lehrer verdient damit ein Vielfaches des Lehrerlohnes, was ihn am nächsten Tag in der Schule nicht gerade zu Höchstleistungen animiert.

Die **Analphabetenrate** liegt noch sehr hoch, auch wenn Ägypten 1998 den UNESCO-Preis für die Bekämpfung des Analphabetentums erhielt. Vor allen Dingen für Erwachsene ab 15 Jahren liegen die Schätzungen sehr hoch und bewegen sich zwischen 40–50%. Dabei liegt die Rate bei den Frauen um über 10% höher als bei Männern, da die Ausbildung von Mädchen von traditionellen Familien oft noch immer als „unnötig" betrachtet wird.

In Ägypten gibt es 15 **Universitäten**, davon befinden sich fünf in Kairo (darunter die in den 60er Jahren zu einer modernen Hochschule umgewandelte Universität Al-Azhar und seit 1920 die American University of Cairo/AUC). Der Grundstein für eine deutsche Universität wurde gelegt. Mitte der 90er Jahre waren ca. 700 000 Studierende eingeschrieben, wovon etwas mehr als ein Drittel weiblichen Geschlechts war.

Gesundheitswesen

Das Gesundheitswesen in Ägypten gehört sicher nicht zu den dringendsten Problemen des Landes. Allerdings besteht eine große Qualitätslücke zwischen dem öffentlichen und dem für die meisten sehr teuren privaten Gesundheitssektor. In Ersterem sind die Ärzte aufgrund schlechter Bezahlung und einer häufigen Zusatzbeschäftigung nach Dienstschluss (oftmals in einer privaten Klinik) wenig motiviert, die **Krankenhäuser** sind überfüllt und schlecht ausgerüstet. Das Pflegepersonal ist ebenso unterbezahlt, schlecht ausgebildet und gilt in der Öffentlichkeit als korrupt und schlampig. Bei Erstbehandlungen suchen deshalb 60% der Kranken private Kliniken und Krankenhäuser auf.

Ein großer Unterschied besteht auch zwischen der Gesundheitsversorgung im städtischen und im ländlichen Bereich. Hier klaffen die Zahlen der zur Verfügung stehenden Ärzte (landesweit ungefähr 2 Ärzte/1000 Personen) und Gesundheitseinrichtungen (landesweit 2 Betten/1000 Personen) weit auseinander. So stirbt in Gesamtägypten eines von zwölf Kindern im Alter von unter fünf Jahren, während es im ländlichen Ägypten eines von fünf ist.

Die **Hepatitis C** konnte sich in Ägypten u.a. deswegen so stark ausbreiten, weil während einer Bilharziose-Ausrottungskampagne in den 70er Jahren die verwendeten Spritzen nicht steril waren. Heute leiden 20% der Bevölkerung unter dieser unheilbaren und die Leber schädigenden Krankheit.

Die Anstrengungen, die vom Gesundheitsministerium unternommen wurden, um die hohe **Geburtenrate** zu verringern, zeitigen offenbar erste Erfolge. Laut einer Umfrage betrug die Anzahl der verheirateten Frauen, die im Jahr 2000 eine Form der Geburtenkontrolle benutzten, 56%. 1985 waren es noch nicht einmal 25%.

AIDS ist ein Thema, das bisher tabuisiert wurde. Aktuelle Zahlen sind unbekannt oder werden verschleiert. Solange es keine anonymen Zentren gibt, wo man sich testen lassen kann, und solange es keine anständige Behandlung von AIDS-Kranken gibt, wird das auch so bleiben. Alles, was man weiß, ist, dass die Rate der HIV-Infizierten in Ägypten deutlich niedriger ist als südlich der Sahara. Das hängt jedoch nicht mit Präventiv-Maßnahmen der Regierung zusammen, sondern vielmehr mit dem konservativen Leben der Araber im Allgemeinen. In der Hoffnung, die Informationslücke zu schließen, hat die WHO 2002 mit ersten Kampagnen begonnen und das Gesundheitsministerium hat seit 1996 eine AIDS-Hotline.

Verkehrswesen

Die älteste Eisenbahn Afrikas feierte 2001 ihr 150-jähriges Bestehen. Die 80 000 Angestellten der **Egyptian National Railway (ERN)** betreuen ein Schienennetz von über 9400 km, wovon ungefähr 1500 km in den letzten 20 Jahren entstanden sind. Nur etwa 1000 km der Strecke sind zweigleisig und nur wenige Kilometer sind elektrifiziert. Der Zug ist vor allem für die ärmeren Bevölkerungsschichten die einzige erschwingliche Fortbewegungsmöglichkeit. 2,3 Mill. Menschen nutzen die Eisenbahn täglich in Ägypten.

Die einzige **U-Bahn/Metro** Afrikas fährt in Kairo. Die erste Linie wurde 1989 eröffnet und war von Anfang an überfüllt. Heute sind zwei Linien in Betrieb, eine dritte befindet sich im Bau, der Eröffnungstermin wird jedoch ständig verschoben. Mit 1,4 Mill. Passagieren täglich zählt dieses afrikanische Unikum zu den meistfrequentierten Verkehrsmitteln der Welt und ist aus der Hauptstadt nicht mehr wegzudenken.

Der 21 m tiefe und 193 km lange **Suezkanal** spielt in der internationalen Schifffahrt eine wichtige Rolle, ist er doch mit dem Panamakanal eine der zwei Hauptabkürzungen im Schiffsverkehr. Für Ägypten ist der oft umkämpfte Kanal mit seinen ca. 15 000 durchfahrenden Schiffen im Jahr ein wichtiger Devisenbringer (1,9 Milliarden US$ im Jahr 2000), denn die nicht billigen Passagegebühren fallen an den ägyptischen Staat. Vier Fünftel der Schiffe, die den Kanal passieren, sind heutzutage Containerschiffe. Demnächst soll der Suezkanal erweitert werden, so dass Riesenschiffe mit einem Tiefgang bis 25 m passieren können. Der wichtigste Hafen des Landes ist Alexandria, gefolgt von Damietta, Port Sa'id und Suez. Für diese vier Häfen ist eine Erweiterung geplant oder schon im Bau. Die ägyptischen **Binnenwasserwege** auf dem

Nil und seinen Kanälen spielen immer noch eine große Rolle für den Güterverkehr.

Trotz der neuesten weltpolitischen Entwicklungen hat der Flugverkehr in und nach Ägypten in den letzten Jahren zugelegt. Am größten Flughafen des Landes, dem **Kairo International Airport**, wurden im Jahr 2001 über 8 Mill. Passagiere abgefertigt. An nächster Stelle rangieren Hurghada und, an den Fluggastzahlen gemessen, Sharm el Shaikh und Luxor. Insgesamt bestehen um die 90 Flughäfen im ganzen Land. Im November 2002 wurde bei Marsa Alam der erste private Flughafen eröffnet, der momentan von Chartergesellschaften aus der Schweiz und Italien angeflogen wird, um die Touristenströme am Roten Meer auch in den Süden zu bringen. Eine kuwaitische Investmentgruppe investierte fürs erste 50 Mill. US$. Die nationale Fluggesellschaft **Egypt Air** transportierte 2001 fast 3,5 Mill. Passagiere. Sie unterhält 35 Flugzeuge und hat 24 000 Beschäftigte.

Aufgrund der steigenden Autozahlen und der wachsenden Mobilität, aber auch aus infrastrukturellen Überlegungen wird in Ägypten das **Straßennetz** ständig erweitert. Der Verkehr konzentriert sich hauptsächlich in und um Kairo und Alexandria, im Delta, im Niltal und auf der Strecke Kairo–Alexandria. In den anderen Teilen des Landes ist die Straßenauslastung viel geringer, doch z.B. auch die Straßen zwischen den Oasen der Westlichen Wüste, auf der Sinai-Halbinsel und entlang der Küsten sind meist in gutem asphaltierten Zustand. Mit einem neuen Stadtring, Tunneln und ständig neuen Hochstraßen versucht man in Kairo dem ständigen Verkehrsstau, den die 750 000 Fahrzeuge hier täglich verursachen, beizukommen.

Schon im Jahre 1960 wurde in der Kapitale ein öffentlicher Busverkehr gegründet, der sich bald als effizienter als das bis dahin weit verbreitete Straßenbahnnetz erwies. Seit 1985 ergänzen Minibusse das Fortkommen im Kairoer Straßenverkehr. In Ägypten waren 2001 knapp über 3 Mill. Fahrzeuge angemeldet. Ungefähr jeder fünfte Haushalt besitzt einen Wagen. In der internationalen Statistik hält Ägypten seit vielen Jahren einen traurigen Rekord: Hier gibt es die meisten Verkehrstoten pro gefahrenen Kilometer. Bei über 22 000 Unfällen im Jahr 2000 kamen 4844 Menschen ums Leben.

Familie und Alltag

Familie

Auch heute noch lebt ein Großteil der Ägypter in **Großfamilien**, d.h. es wohnen oftmals drei Generationen in einem Haus. In den Städten, vor allem in der oberen Mittelschicht und in der Oberschicht, macht sich allerdings ein Trend zur Kleinfamilie hin bemerkbar. Doch selbst die Kleinfamilien wählen ihren Wohnort zumeist in der Nähe eines der Elternhäuser, so dass der Familienbund auch ohne eine gemeinsame Wohnung gewährleistet ist. Auf dem Land lebt fast immer eines der Kinder mit der eigenen Familie im Haus der Eltern, meist ist es ein Sohn. Die „Kinder", vor allem die Töchter, leben bis zu ihrer Heirat bei den Eltern. Allein zum Studium oder wenn der Arbeitsplatz nicht am Wohnort der Eltern ist, verlassen Kinder das elterliche Heim. Nur ganz selten leben Ägypter aus freien Stücken allein. Das Familienoberhaupt ist offiziell der Mann, in der Realität jedoch sieht es häufig so aus, dass die Mutter (v.a. wenn mehrere Generationen zusammen leben) das Regiment führt.

Jedes Familienmitglied ist für den Erhalt der **Familienehre** verantwortlich. Gerät eines der Mitglieder in eine unehrenhafte Situation, leidet die gesamte Familie darunter. Einen besonderen Stellenwert nimmt dabei die **Jungfräulichkeit** der Töchter ein, denn diese bestimmt bis heute das Ansehen einer Familie. Ist dieses geschädigt, kann es zum Ausschluss aus der Gemeinschaft kommen, was wiederum weit reichende Folgen für die Familie haben kann. Um dem zu entgehen, kommt es häufiger zum Verstoß der „ehrlosen" Tochter.

Eine Sonderrolle unter den Familien spielen die Großfamilien der **Beduinen**. Hier leben noch immer mehrere Generationen zusammen, meist in Clans und Stämme getrennt. Während das Stammes- und Clanwesen in Ägypten ansonsten eine weit untergeordnete Rolle spielt als z.B. die Zugehörigkeit zu einer der Religionsgruppen oder zu einer ethnischen Minderheit, ist unter Nomaden der Stammeszusammenhalt noch immer von großer Bedeutung. Dieser Zusammenhalt, den man im kleineren Maße auch in der Familie und im Dorf findet, stammt aus der arabischen Tradition.

Der Böse Blick Der „Böse Blick", arab. *Ain,* ist wohl das bekannteste und vielleicht auch das bedeutendste Beispiel für den Dämonen- und Geisterglauben im Islam. Man kennt ihn in der gesamten islamischen Welt und jedes Land hat seine eigenen Methoden gefunden, sich dagegen zu schützen. In der Türkei beispielsweise hängt man überall dort, wo es möglich ist, ein blaues Auge aus Glas oder anderem Material auf. In Ägypten binden Autofahrer einen Kinderschuh an die Stoßstange, so dass der Böse Blick vom Fahrer abgelenkt wird und dieser keinen Unfall baut. In Syrien werden Gesichter auf die Autos gemalt, und in Marokko und Mauretanien sind besonders Koranamulette beliebt. Auch bekämpft in der Vorstellung der meisten Moslems alles Glänzende wie Glas, Spiegel, Satin oder anderes Geschmeide den Bösen Blick. Weitere „Gegenzauber" des „kleinen Mannes" sind zum Beispiel die Anrufung Gottes, *bi-smillâh,* die Darstellung des „Guten Blickes", z.B. durch einen Kreis mit einem zentralen Punkt in der Mitte, oder die Umrandung der Augen mit *kohol* (schwarzer Kohle). Gegen den Bösen Blick hilft auch Bernstein, der zudem therapeutische Wirkung hat, da sich beim direkten Tragen auf der Haut durch den Schweiß Mineralien lösen, die gegen Hautkrankheiten schützen.

Es gibt auch Menschen, die mit Geistern und dem Bösen Blick umgehen können. Sie halten Geisterbeschwörungen ab, wie z.B. die Zâr, eine islamische mystische Sekte, die man vor allen Dingen in der Region rund um Assuan findet.

Eine besondere Bedeutung als Schutz gegen alles Böse, nicht nur den Bösen Blick, hat die Zahl 5, die man, wann immer es geht, nennt. Die Zahlenmagie stammt aus vorislamischer Zeit und wurde vom Propheten übernommen, der viele Regeln seiner Religion danach ausrichtete. So gibt es beispielsweise die fünf Pfeiler des Glaubens (s.S. 109) und die fünf Gebetszeiten. Eines der wichtigsten Schutzsymbole ist im Zusammenhang mit der Zahl 5 die Hand Fatimas, das Symbol des Islams schlechthin.

Ehe und Heirat

Die **Ehe** ist sowohl im Islam als auch im Christentum die einzig erlaubte Beziehung zwischen Männern und Frauen, die nicht verwandtschaftlich miteinander verbunden sind. Sie dient der Sicherung der Nachkommenschaft und der Ordnung der Gemeinschaft.

Der Islam erlaubt es einem Mann, bis zu vier Frauen zu heiraten, wenn er in der Lage ist, diese gleichermaßen zu lieben und zu versorgen. In fast allen islamischen Ländern ist die Polygamie jedoch die Ausnahme. Moslemische Männer dürfen auch Christinnen und Jüdinnen heiraten, moslemische Frauen hingegen dürfen nur einen Moslem zum Mann nehmen, da die Abstammung über den Vater definiert wird und so eventuelle Kinder nicht moslemisch geboren würden.

Suchten früher die Eltern die Braut bzw. den Bräutigam ihrer Kinder aus, so setzt sich heute zumindest in der Oberschicht der Trend der Liebesheirat durch. Häufig kennt sich ein Paar schon einige Zeit, bevor es heiratet. Die Ehe wird durch einen Ehevertrag besiegelt. Hierin wird auch die Höhe des Brautgeldes festgelegt, das die Frau im Falle der Scheidung oder Witwenschaft absichert.

Die **Hochzeit** an sich wird traditionell gefeiert, auch wenn dies heute in modernen Hochzeitskleidern geschieht. Das Fest zieht sich mehrere Tage hin, wobei die Familie des Bräutigams anfangs getrennt von der Familie der Braut feiert. Erst am letzten Tag zieht die Familie des Bräutigams zum Haus der Braut, wo man die neue Familie willkommen heißt. Gemeinsam geht es zurück zum Haus des Mannes, wo dann gefeiert wird. Um Mitternacht ziehen sich die Eheleute in ihre Gemächer zurück.

Moderne Familien der Oberschicht feiern häufig in den Foyers großer Hotels, die dann die Funktion des Bräutigamhauses einnehmen. Statt in das neue Heim ziehen sich Braut und Bräutigam dann in die Hochzeitssuite zurück.

Mädchenbeschneidung in Ägypten Spätestens seitdem Waris Diries Buch *Wüstenblume* weltweit auf den Bestsellerlisten Platz 1 belegte, weiß man in der Medienöffentlichkeit über die Verstümmelung kleiner Mädchen Bescheid. Und obwohl man über Sensationslüsternheit der Medien schimpfen mag: In diesem Falle tut sie denjenigen, die unter dieser unmenschlichen Form von Frauenunterdrückung leiden, Gutes: Sie sorgt dafür, dass dieses Übel bekannt und bekämpft wird.

Bereits in den 50er Jahren haben ägyptische Frauenverbände, bestehend aus Gynäkologinnen und Frauenrechtlerinnen, damit angefangen, Kampagnen gegen Genitalverstümmelung zu starten - lange Zeit gegen den Willen der Regierung. Seit den 80er Jahren befassen sich nun auch die UNICEF und erste europäische Frauenverbände mit dieser **Menschenrechtsverletzung**. Heute gibt es weltweit mehr als hundert Verbände und Initiativen, die gegen diese brutale Form der Unterdrückung kämpfen und dabei ganz langsam Erfolge erzielen.

Vorbei sind zum Glück die Zeiten, in denen man den Islam für die Beschneidung von Mädchen verantwortlich machte. Denn der **Ursprung** dieser Tradition ist wesentlich älter und das Verbreitungsgebiet zieht sich über die gesamte Welt. Funde aus Jungsteinzeit und Bronzezeit beweisen, dass die Genitalbeschneidung auch in unseren Breitengraden praktiziert wurde und bis ins 20. Jh. – man mag es kaum glauben – sogar von manchen westlichen Medizinern als geeignete Therapie gegen lesbische Neigungen, Masturbation, „Hypersexualität" und Hysterie angesehen wurde.

Das Ursprungsgebiet der Mädchenbeschneidung ist unmöglich zu ermitteln. Hinweise darauf, dass sie aus Ostafrika oder gar der arabischen Halbinsel kommt, sind wissenschaftlich fragwürdig. Bei den alten Ägyptern wurde dieser Ritus (denn als solcher wurde die Beschneidung betrachtet) nur bei reichen Familien, wie den Königsfamilien, als Voraussetzung für gesellschaftlichen Status und Heirat praktiziert. Im römischen Reich stieg wahrscheinlich daher der Verkaufspreis von beschnittenen Sklavinnen. In Europa wurde im 19. Jh. das Zusammenklammern der Schamlippen als medizinische Behandlung gegen diverse sexuelle „Störungen" empfohlen (s.o.), aber wieder aufgegeben, weil keine Ergebnisse erzielt wurden. Die Amputation der Klitoris wurde Mitte des 19. Jhs. von England nach Amerika eingeführt und war hier wie dort ein Statussymbol, denn nur, wer aus dem Adel stammte, konnte sich diese Operation leisten.

Ägypten, **Sudan**, **Somalia**, **Äthiopien**: Dies sind heute die Länder, in denen man die Mädchenbeschneidung noch immer durchführt. Gründe dafür gibt es viele. In der westlichen Welt macht man heute vor allem den Islam für die Beschneidung von Frauen verantwortlich. Da diese Verstümmelung jedoch gegen die Prinzipien der Religion verstößt (s.S. 102 f.), ist diese Begründung nicht stichhaltig. Befragt man die Mütter der Mädchen, die beschnitten werden, weshalb sie dies mit ihrer Tochter machen lassen, kommen Rechtfertigungen wie Hygiene, Förderung der Fruchtbarkeit, Angst, die Tochter bekäme sonst keinen Mann u.Ä. Tatsächlich ist es vor allem ein Initiationsritual und eine Absicherung seitens des Mannes, um sich der Treue der Frau gewiss zu sein.

In Ägypten hat man Mitte der 80er Jahre die Genitalverstümmelung per Gesetz verboten. Dennoch werden bis heute vor allem in der breiten Unterschicht die meisten Mädchen beschnitten. Auch wenn sich die Azhar-Moschee (s.S. 140 f.) dazu negativ äußert und die Klitorisbeschneidung als „überkommenen Brauch" bezeichnet, bleibt doch in den Köpfen der meisten Ägypter (auch Kopten!) das Denken fest verankert, dass dies ein notwendiger Schritt ist, die Frauen auf das „harte Leben" vorzubereiten.

Seit den 50er Jahren gibt es in Ägypten Frauen- und Ärzte-Verbände, die gegen die Klitorisbeschneidung kämpfen. 1979 veranstaltete die Cairo Family Planning Association anlässlich des Internationalen Jahres des Kindes ein Seminar unter Beteiligung anerkannter WissenschaftlerInnen, dessen Ergebnis in

Form von empfohlenen **Maßnahmen zur Unterbindung der Mädchenbeschneidung** herausgegeben wurde. 1979 war auch das Jahr, in dem erstmals internationale Organisationen verstärkt gegen die Genitalverstümmelung Front machten. Seither folgte eine Konferenz der anderen, doch geändert hat sich in Ägypten nur innerhalb der Oberschicht und der gebildeten Mittelschicht etwas. Denn genauer betrachtet ist diese Praxis vor allem eine **Folge fehlender Bildung und Aufklärung**. Insofern ist diesem Problem nur mit verstärkten Bemühungen im Bildungsbereich und Aufklärung zu begegnen. Damit einhergehen sollte die Verbesserung der rechtlichen und sozialen Lage der Frau. Die Erfahrung zeigt, dass gebildete Frauen kaum noch ihre Töchter beschneiden lassen. Ein Wandel erfolgt letztlich jedoch nur in dem Tempo, den die einheimische Bevölkerung festlegt. Und das ist in Ägypten nicht unbedingt das schnellste…

Wirtschaft

Die wichtigsten Devisenbringer Ägyptens sind das Erdöl, der Tourismus, die Einnahmen aus den Benutzungsgebühren für den Suezkanal und die Überweisungen der im Ausland lebenden Ägypter. Die genaue Zahl der **Auslandsägypter** ist nur schwer zu erfassen, sie liegt zwischen 2–4 Mill. Darunter sind auch viele der im Land teuer ausgebildeten Fachkräfte, die in Ägypten keine Arbeit gefunden haben und nun im Ausland ihr Glück versuchen. Der Großteil der Exil-Ägypter lebt in den benachbarten Golfstaaten und arbeitet auf den Erdölfeldern.

Weltweit betrachtet gehört Ägypten mittlerweile zu den Ländern mit mittlerem Einkommen. Es ist das am zweitstärksten industrialisierte Land Afrikas. Die **Liberalisierung** in der Wirtschaft, zu der auch der Abbau von Subventionen gehörte, hat die sozialen Lebensumstände erschwert und so leben heute 30% der Bevölkerung unterhalb der Armutsgrenze. Die **Auslandsverschuldung** Ägyptens ist sehr hoch (über 30 Milliarden US$). Die importierten Waren kosten das Land drei Mal so viel wie der Erlös aus den Exporten. Haupthandelspartner sind die EU, wobei Italien mit 20% als Hauptabnehmeland die wichtigste Rolle spielt. Deutschland rangiert als zweitwichtigster Hauptlieferant mit fast 10% Anteil an den Importen hinter den USA (ca.18%).

Ungefähr 20 Mill. Menschen sind in Ägypten erwerbstätig. Die **Arbeitslosenrate** lag 1997 offiziell bei ca. 8%, bei inoffiziellen Schätzungen wird von doppelt so vielen Erwerbslosen ausgegangen. Festzuhalten ist hier, dass die Arbeitslosigkeit der Frauen mehr als doppelt so hoch ist wie die der Männer und dass über ein Drittel der Erwerbstätigen als unterbeschäftigt gilt. Die versteckte Arbeitslosigkeit zeigt sich in Ägypten z.B. daran, dass öffentliche Ämter oft stark übersetzt sind. Dies ist das Resultat einer jahrzehntelangen Verpflichtung von Seiten des Staates, alle Hochschulabsolventen mit einer Arbeitsstelle zu versorgen.

Der so genannte **informelle Sektor** macht in Ägypten ungefähr ein Drittel der gesamten wirtschaftlichen Aktivität des Landes aus. Der Einzelhandel, das Handwerk, aber auch die Infrastruktur der Großstädte sind sehr stark davon abhängig. In diesem Bereich, in dem es keine soziale Absicherung gibt und die Arbeitsbedingungen katastrophal sind, arbeiten immer mehr Frauen und auch die kriminelle Kinderarbeit hat hier ihre größte Verbreitung.

Im Jahr 2000 konnten sich 30% der ägyptischen Familien ein Minimum an Nahrung und Obdach nicht leisten. Die im urbanen Raum lebenden Ägypter sind relativ gesehen heute ärmer als im Jahre 1958. **Soziale Disparitäten** tun sich überall im Land auf: Die 10% der reichsten Ägypter konsumieren so viel wie die 50% der ärmsten. In Gesamtägypten leiden 18% der Kinder unter Unterernährung, für Oberägypten ergibt sich sogar eine Zahl von 27%. Im Niltal südlich von Giza werden 5% des Industriewertes erwirtschaftet, die Industriemetropole Kairo und die zehn größten Industriestädte (alle nördlich von Kairo gelegen) tragen 90% dazu bei.

Ein großes Land mit wenig Platz   Schon Ende des 19. Jhs. war Ägypten das am dichtesten besiedelte Land Afrikas, und das hat sich bis heute nicht geändert. Die **Einwohnerzahl** hat sich seither verfünffacht, obwohl sich die bewohnte Fläche kaum vergrößert hat. Sie entspricht ungefähr der Größe Baden-Württembergs (35 000 km²), beherbergt aber fast sieben Mal so viele Menschen. So betrachtet ist das heutige Ägypten das am dichtesten besiedelte Land der gesamten Erdkugel.

70% der Landesbewohner leben in urbanen Zentren mit mehr als 10 000 Einwohnern. Die Einwohnerzahl Ägyptens bewegt sich momentan auf die Marke von 70 Mill. zu. Ende dieses Jahrhunderts könnten es laut Prognosen 140 Mill. Menschen sein. Die ehrgeizigen Neulandgewinnungsprojekte der letzten eineinhalb Jahrhunderte konnten nur einen Bruchteil des Bevölkerungswachstums auffangen.

Die **Wachstumsrate** bewegt sich heute unter der 2%-Marke, fast 1% weniger als in den 70er Jahren. Trotzdem müssten in den nächsten zehn Jahren jährlich 250 000 Arbeitsstellen geschaffen werden und das Bruttoinlandprodukt müsste um über 40% pro Jahr gesteigert werden, um die benötigten Arbeitsplätze zu schaffen.

Kairo steht an 15. Stelle der größten Metropolen der Erde. Im Großraum Kairo leben mindestens geschätzte 18 Mill. Menschen, in Kairo-Stadt ungefähr 12 Mill. Aufgrund der hohen durchschnittlichen Einwohnerdichte der Stadt von 25 000 Einwohnern/km² gehört sie zu den am dichtesten besiedelten Stadtagglomerationen der Welt. In manchen Stadtteilen leben mehr als 100 000 Einwohner auf einem Quadratkilometer. Die Bedeutung der Stadt für Ägypten ist enorm. Bei der letzten Volkszählung im Jahr 1996 lebten 17% der Einwohner Ägyptens in der Hauptstadt. Sie ist gemessen an der Einwohnerzahl ungefähr vier Mal so groß wie die zweitgrößte Stadt des Landes (Alexandria) und fast 30 Mal so groß wie die drittgrößte Stadt (Port Sa'îd). Die Hälfte der Einwohner Ägyptens lebt und arbeitet in einem Umkreis von 100 km von Kairo. Erweitert man den Kreis auf 150 km, dann ergibt sich sogar eine Zahl von 70%.

Die Pläne der ägyptischen Regierung sehen vor, die Agrar- und Siedlungsfläche bis zum Jahr 2017 auf über 20% der Landesfläche zu erweitern (heute sind es 4%). Die größte Bedeutung kommt dabei dem Toshka-Projekt (s.S. 278) und dem Bau des Salâm-Kanals zu, der Nil- und aufbereitetes Abwasser in den Norden des Sinais leiten soll. Doch wenn diese Mega-Projekte irgendwann einmal fertig gestellt sein werden, bleibt abzuwarten, ob sich genügend willige Umsiedler für die neu gewonnenen Flächen finden. Denn die Bauern lieben ihren Nil über alles, und ein Kairener kennt sich nur selten im Ackerbau aus.

Landwirtschaft

Der so genannte primäre Wirtschaftssektor kann in Ägypten aufgrund des dürftigen Wasserangebots nur auf 3–4% der Landesfläche betrieben werden. Der Anbau erfolgt zum allergrößten Teil auf direkt oder indirekt vom Nil gespeisten Bewässerungsflächen. Hinzu kommen die Anbauflächen in den Oasen, die durch die Erschließung natürlicher Wasserquellen aus dem Saharabecken kultiviert werden. Seit Jahrtausenden bildete die Landwirtschaft das Rückgrat der Volkswirtschaft. Die alten Ägypter bauten hauptsächlich Weizen und Gerste an. Weitere Anbauprodukte waren u.a. Bohnen, Linsen, Zwiebeln, Dattelpalmen, Trauben, Baumwolle, Hirse, Sesam. Das wichtigste Viehfutter war Bersim (alexandrinischer Klee). Die Araber brachten Reis, Zuckerrohr und verschiedene Obstkulturen ins Land, die Osmanen führten den Anbau von Mais ein.

Bevor der Hochdamm in Assuan errichtet wurde, war der Anbau am Nil hauptsächlich von den Wasserschwankungen des Nils bestimmt. Auch heute noch unterliegt er einer komplizierten, allerdings den neuen Bewässerungsmöglichkeiten angepassten Fruchtfolge. Es werden durchschnittlich 1,9 Ernten pro Jahr und Agrarfläche erzielt. Ohne die modernen Bewässerungsmöglichkeiten wäre nur eine Ernte pro Jahr möglich.

Noch bis in die frühen 70er Jahre galt Ägypten als Exporteur verschiedener landwirtschaftlicher Produkte. Heute muss das Land 50% seiner Nahrungsmittel importieren und liegt mit dieser Zahl mit an der Weltspitze. Fruchtbares Land ging in den letzten Jahren trotz verschiedener Versuche der Neulandgewinnung verloren. Wertvolles Land wurde in Bauland umgewandelt. Eine schnell wachsende Bevölkerung, die sich in den letzten 30 Jahren ungefähr verdoppelt hat, fordert ihren Tribut. Echte Dörfer finden sich in Ägypten immer seltener, denn selbst auf dem Lande gleichen die Ortschaften eher kleinen Städten mit mehrstöckigen Gebäuden. Das Niltal darf man sich nicht als einsam und beschaulich vorstellen, denn es zählt zu den Erdregionen mit einer sehr großen Bevölkerungsdichte. Ein Drittel der Erwerbstätigen verdient hier den täglichen Lohn und die hiesige Landwirtschaft erwirtschaftet 16% des Bruttoinlandprodukts. Mit der Feldbestellung zusammenhängende Wirtschaftszweige schaffen jedoch weitere Arbeitsplätze und Wirtschaftskraft, z.B. die Düngemittelproduktion oder Weiterverarbeitung der **Baumwolle**. Diese wird als Sommerfrucht auf ungefähr 20% der Anbaufläche kultiviert und ist das wichtigste landwirtschaftliche Exportgut und sogar das zweitwichtigste Exportgut überhaupt, allerdings weit abgeschlagen hinter dem Erdöl. Weitere Exportschlager der ägyptischen Landwirtschaft sind Reis, Kartoffeln und Zitrusfrüchte. **Reis** wird auf 10% der landwirtschaftlichen Nutzfläche angebaut. Der Wasserbedarf beim Reisanbau ist jedoch relativ hoch, weshalb die Regierung die Anbauflächen begrenzt. Der **Zucker** wird in Ägypten zu 70% aus Zuckerrohr und zu 30% aus Zuckerrüben hergestellt. Die Eigenproduktion reicht allerdings nicht aus: Importe ergänzen den sehr hohen Bedarf.

Brot ist für die reichen und armen Ägypter das Nahrungsmittel Nummer eins. So kommt es, dass das Land den höchsten Weizenverbrauch auf der gesamten Erde hat. Seit 1950 muss z.T. über die Hälfte des Bedarfs eingeführt werden, und in manchen Jahren wird Ägypten zum größten Weizenimporteur des ganzen Planeten. Der Brotpreis ist in Ägypten immer noch subventioniert, die Subventionen werden nach und nach verringert. Einheimischen Produzenten wird in Ägypten oft mehr für ihr Getreide bezahlt als Importeuren. Manch schlauer Bauer nutzte diese Chance, kaufte „billigen" Importweizen und verkaufte ihn anschließend an die Regierung weiter. Die garantierten Abnahmepreise erhöhten in letzter Zeit allerdings die Weizenanbauflächen in Ägypten.

Der Obstanbau hat den Weizenanbau an vielen Orten zurückgedrängt, wird aber meist auf Neuland getätigt. Die gängigsten Obstsorten sind **Zitrusfrüchte** (über 40% der Obstanbaufläche), Bananen, verschiedene Melonen- und Mangosorten, Erdbeeren und Äpfel. Die letzten beiden erzielen beim Verkauf in den Städten einen besonders hohen Preis. Über 6 Mill. **Dattelpalmen** stehen im Niltal und auch in den Oasen; ihre Früchte bilden für die ärmere Bevölkerungsschicht eine preiswerte Nahrungsgrundlage.

Unter den vielen **Gemüsesorten** nimmt die Tomate eine Spitzenstellung ein, die auf fast 40% der Gemüseanbaufläche gezogen wird. Ansonsten werden Karotten, Zwiebeln, Knoblauch, Kohl, Hülsenfrüchte, aber auch mediterrane Sorten wie Paprika, Artischocke und Aubergine angebaut. Unter den tropischen Arten seien hier die Okraschote, auch Bâmiya genannt, und Mulukhiya (eine Art Spinat) erwähnt.

Natürliche Weiden stehen in Ägypten für die **Tierhaltung** nicht zur Verfügung. Die wichtigste Futterpflanze, der Bersim, muss im Bewässerungsfeldbau erwirtschaftet werden. In manchen Jahren nahm der Anbau der Futterpflanze fast die Hälfte der Anbaufläche im Winter ein. Im Sommer wird oft Trockenfutter (Mais, Gerste, Stroh) benötigt, um Engpässe bei der Versorgung der Tiere auszugleichen, denn Grünfutter ist zu dieser Jahreszeit nur in geringem Maße vorhanden. Der Viehbestand in Ägypten ist relativ hoch. Gehalten werden Kamele, Wasserbüffel, Rinder, Schafe, Ziegen, Geflügel und sogar über 100 000 Schweine. Der gestiegene Bedarf an Schweinefleisch ist auf die Touristenbranche zurückzuführen. Trotz des recht hohen Viehbestands von über 15 Mill. Tieren ist Fleisch für sehr viele Menschen in Ägypten kaum zu bezahlen, denn die Fleisch- und auch die Milchproduktion ist aufgrund der Futterkosten sehr teuer. Büffel und Rinder werden außerdem als Arbeitstiere genutzt. Der Fleischverzehr eines Ägypters liegt bei nur 20% eines durchschnittlichen Europäers.

Trotz einer Gesamtküstenlänge von über 2500 km spielt der **Fischfang** in Ägypten keine sehr große Rolle. Er wird hauptsächlich in den Lagunen-Seen Burullus und Manzala im Nildelta und im Qârûn-See in der Oase Fayûm betrieben. Durch die ungünstige Lage zum Markt und den daraus folgenden hohen Transportkosten ist der Anteil der im Roten Meer und dem Nasser-See gefangenen Meerestiere gering.

Die Landwirtschaft Ägyptens erfordert auch heute noch in aller Regel einen hohen Einsatz an menschlicher Arbeitskraft, wobei der Durchschnitts-Bauer nur eine sehr kleine Fläche bewirtschaftet. Für 1000 in der Landwirtschaft tätige Menschen stehen in Ägypten 11 Traktoren bereit. In Westeuropa haben die Bauern ca. hundertmal so viele Zugmaschinen zur Verfügung. Viele Menschen, die in Ägypten im Agrarsektor tätig sind, hoffen auf fallende Exportschranken und Verträge mit großen Absatzmärkten wie der EU. Außerdem soll das Agrarland von momentan ca. 4% der gesamten Landesfläche auf ein Viertel erweitert werden. So sehen zumindest die gewagten Pläne der Regierung für die nächsten 20 Jahre aus.

Bodenschätze und Energie

Malachit und **Türkis** wurden in Ägypten schon vor ca. 5000 Jahren abgebaut, **Gold** wird seit 3000 Jahren geschürft. Heute zählen **Eisenerz**, **Kohle**, **Phosphate**, **Mangan** und **Kalkstein** zu den wichtigsten Bergbauprodukten. Sie werden entweder in der eigenen Industrie verwendet oder exportiert. Im Grunde ist Ägypten nicht arm an den unterschiedlichsten Bodenschätzen. Doch weite Transportwege und hohe Erschließungskosten haben dazu geführt, dass z.B. Gold, Zink, Blei, Kupfer, Schwefel und Uran nur in geringem Umfang abgebaut werden.

Die mit Abstand wichtigsten Bodenschätze für die Wirtschaft Ägyptens sind Erdöl und das in großem Umfang erst in jüngerer Zeit geförderte **Erdgas**. Das Erdöl stammt zu über 70% aus den Ölfeldern am Golf von Suez. Es umfasste in den letzten Jahren mitunter über die Hälfte der Gesamtexporte und war wichtigster Devisenbringer des Landes.

Die Bedeutung des Tourismus Laut einer Studie des *Egyptian Center for Economic Studies* ist der wirkliche **Beitrag des Tourismus zum Bruttoinlandprodukt** viel höher als die angenommenen 2%. Denn diese berücksichtigen nur die direkten Einnahmen von Hotels und Touristen-Restaurants. Laut Studie gibt ein durchschnittlicher Tourist aber über 60% seines Geldes außerhalb dieser Einrichtungen aus. Er kauft Souvenirs, die hergestellt, transportiert, verteilt und verkauft werden; er nutzt Kameltouren und Taxis. Er will seine Kleidung gewaschen haben, und Einrichtungen wie Flugplätze, Hotels oder Swimming Pools werden für ihn in Stand gehalten. Er geht oft außerhalb der Hotelanlagen in nicht speziell auf Touristen ausgerichtete Restaurants essen, und die Zutaten für die Speisen müssen angebaut und transportiert, die Mahlzeiten zubereitet und serviert werden usw. Hinzu kommt, dass das von den Touristen ausgegebene Geld für eine höhere Kaufkraft innerhalb der ägyptischen Bevölkerung sorgt. Der Tourismus hat somit Einfluss auf mehr Bereiche als irgendein anderer ägyptischer Wirtschaftszweig. Der Studie zufolge schaffen 1 Mill. US$, die von Touristen in Ägypten ausgegeben werden, 329 Arbeitsstellen. Selbst die arbeitskraftintensive Bekleidungsindustrie (183 Arbeitsplätze für den Wert von 1 Mill. US$ Exportkleidung) kann dies nicht toppen. Fast 13% der ägyptischen Arbeitskräfte – das entspricht mehr als 4 Mill. Menschen – sind auf die ein oder andere Art mit dem Tourismus verbunden. Die Studie kommt zu dem Schluss, dass der eigentliche Beitrag des Fremdenverkehrsgewerbes bei Betrachtung aller Aspekte 10% des Bruttoinlandprodukts ausmacht. Ohne Zweifel ist die Tourismusbranche in den letzten Jahrzehnten trotz aller Rückschläge zu einer der Hauptstützen der ägyptischen Wirtschaft und zum **Hauptdevisenbringer** geworden. Der Höhepunkt wurde im Jahr 2000 erreicht: Eine Rekordbesucherzahl von 5,4 Mill. Touristen brachten dem Land 4,5 Milliarden US$. Doch dann kam der Schock des 11. Septembers 2001, von dem sich die ägyptische Fremdenverkehrsbranche noch nicht erholt hat. Im November 2001 kamen nur noch halb so viele Touristen wie im November 2000 ins Land. Selbst Getränkehersteller bekamen die mangelnde Nachfrage nach Bier Ende 2001 zu spüren. Der Staat bemüht sich seither mit vielfältigen Mitteln, den Sektor wieder zu Höchstleistungen anzukurbeln. So wurde z.B. versucht, den ägyptischen **Inlandtourismus** mit Billigflügen und Preisnachlässen bei Hotels zu forcieren. Für die Gäste verschiedener Golfstaaten entfiel die Visumspflicht, deutsche und italienische Besucher konnten zeitweise mit einem Personalausweis einreisen, und die Amerikaner sollten mit einer Wanderausstellung ausgewählter ägyptischer Altertumsgüter im Metropolitan Museum of Modern Art in New York nach Ägypten gelockt werden.

Die Regierung erhofft sich vom Tourismus noch viel mehr als die Spitzenwerte der Vergangenheit. Betten- und Besucherzahlen und Einkünfte aus dem Tourismussektor sollen in den nächsten 20 Jahren das Doppelte des bisherigen Rekordjahres erreichen. Die Regierung meint das Zeichen der Zeit erkannt zu haben und fördert den Ausbau der schon vorhandenen Touristenzentren, schafft aber auch Kapazitäten in den noch recht unberührten Regionen wie Wüste und Sinai sowie im Bereich der Golf- und Wellnessferien. Eine Schlüsselstellung nehmen die fantastischen **Tauchgebiete am Roten Meer** ein. Ihre Schönheit und die relative Nähe zum europäischen Markt sollen dafür sorgen, die geplanten Bettenkapazitäten auszufüllen. 1982 gab es drei Hotels mit 312 Zimmern auf der Festlandseite des Roten Meeres. Momentan stehen über 30 000 Zimmer zur Verfügung, im Jahr 2012 soll die Zahl von 115 000 Betten erreicht werden. Eine 10-jährige Steuerbefreiung für Investitionen in die Hotel- und Tourismusbranche und billiges Bauland für solche Vorhaben führten in den letzten Jahren zu einer immensen Bautätigkeit entlang der Küste zwischen Hurghada und Marsa Alam. Doch nicht alles wird zu Ende gebaut. Viele Bauruinen säumen (nicht nur) diesen Küstenabschnitt. Auf der Westseite der Sinai-Halbinsel bietet sich ein ähnliches Bild. Die großen Hoffnungen in die erwarteten israelischen Touristen dort nahmen ein jähes Ende, als diese seit Beginn der zweiten Intifada ausblieben.

Im März 2002 lagen die Buchungszahlen in den Hotels des Landes nur noch 10% unter denen des Vorjahres, doch wurde nur halb so viel eingenommen, denn die Touristen wurden mit großen **Preisnachlässen** ins Land gelockt. Außerdem kamen sie nun nicht mehr so häufig aus Westeuropa. Sparsamere Gäste aus Russland, Osteuropa und China sorgten zwar für eine gute Auslastung der Hotelbetten, hielten sich allerdings beim Souvenirkauf zurück.

Das Rohöl wird zu ungefähr 70% in den Raffinerien des Landes in Kairo, Alexandria und um Suez weiterverarbeitet. Das geförderte Erdgas wird zu 100% im Land selbst verbraucht. Mit den im Jahre 2000 entdeckten großen Erdgasvorkommen und diversen Offshore-Ölfeldern gelang Ägypten der Sprung in die Top 20 der Energieproduzenten. Nach dem Bau des Assuan-Hochdammes wurden über ein Viertel der Elektrizität des Landes mit Wasserkraft erzeugt. Heute stammen über 80% der Gesamtkapazität aus Erdgaskraftwerken.

Industrie

Die **Textilbranche** (Baumwolle, Wolle, Leinen, importierte Seide) zählte neben dem Mahlen von Getreide, dem Pressen von Öl, der Töpferei und kleineren Branchen Anfang des 19. Jhs. zu den wichtigsten Handwerkszweigen Ägyptens. Muhammad Ali (reg. 1805–48) etablierte unter Mithilfe ausländischer Experten eine landeseigene **Rüstungsindustrie**. In der Mitte des 19. Jhs. wurde die Industrialisierung vorangetrieben, wobei die Textilindustrie vor der Zucker- und Rüstungsindustrie an erster Stelle rangierte. Unter der britischen Besatzung (1882–1927) wurde die Bewässerungswirtschaft stark ausgebaut, um den heimischen Markt mit billiger Importbaumwolle zu versorgen. Erst als der Baumwollexport zurückging, begann man mit der Förderung anderer Industrien.

Die wichtigen Industriezweige Ägyptens heute sind zum einen die Altindustrien, d.h. die Textilindustrie und die **Nahrungsmittelindustrie**, die beide sehr arbeitsintensiv sind, und die neuen Industrien, d.h. die **Erdölverarbeitung**, die Schwerindustrie, die Bauindustrie, die Düngemittelindustrie und die mit dem Erdöl verbundene chemische Industrie. Pharmazeutische und Elektroindustrie gewinnen an Bedeutung, und auch der **Maschinen- und Kfz-Bau** (über 50 000 produzierte Fahrzeuge im Jahr 1996) befindet sich im Aufbau. Derzeit wird ungefähr ein Drittel des Bruttoinlandprodukts von der Industrie erwirtschaftet und ungefähr 25% der Erwerbstätigen sind in diesem so genannten sekundären Sektor tätig.

Nachdem die Industrie jahrzehntelang in staatlicher Hand lag, taten sich mit der Liberalisierung zu Beginn der 90er Jahre große Missstände auf, die immer noch nicht behoben sind. Ägypten ist, was Maschinen und Ersatzteile anbelangt, sehr stark importabhängig, und um auf dem großen Weltmarkt mithalten zu können, sind hohe Investitionen und eine rasche Modernisierung notwendig.

Dienstleistungswesen

Dieser so genannte tertiäre Sektor dominiert die ägyptische Wirtschaft, denn er erwirtschaftet ungefähr die Hälfte des Bruttoinlandprodukts und ungefähr 40% der Erwerbstätigen sind in diesem Wirtschaftszweig beschäftigt. Handel, Banken, Versicherungen, die Einnahmen aus dem Suezkanal, die staatlichen Einrichtungen mit all den vielen Beamten und vor allem das Tourismusgewerbe bilden das Rückgrat dieses Sektors, der von der versteckten Arbeitslosigkeit des Landes besonders betroffen ist. Über ein Viertel der Erwerbstätigen sind bei der Regierung beschäftigt. Niedrige Gehälter (das Anfangsgehalt eines Akademikers im Staatsdienst liegt unter 25 € im Monat), Übersetzung und beamtenfreundliche Gesetze (Straffreiheit und Kündigungsschutz bei mangelhafter Arbeit, Pension und andere Privilegien) führten zu einem recht laxen und verantwortungslosen Umgang der Staatsdiener mit ihren Pflichten (auch Korruption und Diebstahl kommen vor). Für viele sind Nebenerwerbstätigkeiten im informellen Sektor ein Muss, um bei dem geringen Verdienst für sich und die Familie ein Auskommen zu schaffen. Für den Staat bedeutet dies, dass der Verwaltungsapparat träge, aufgebläht, überteuert und ineffizient ist. Die daraus oftmals entstehende wild wuchernde Bürokratie macht so manchem Ägypter, aber auch manchem Ausländer, das Leben nicht gerade leicht (s.S. 127, Kasten).

Religion

90% der Ägypter sind sunnitische **Moslems**. Der Großteil der verbleibenden 10% sind **Kopten**. Außerdem lebt eine kleine jüdische Gemeinde in Ägypten (s.S. 156) sowie eine kleine Gruppe griechisch-orthodoxer Christen. Die verschiedenen Religionsgemeinschaften leben mehr oder minder friedlich nebeneinander, auch wenn es immer wieder einmal zu Auseinandersetzungen kommt, die dann vor allem von der Presse (ägyptisch und international) breitgetreten werden. Vor dem Gesetz sind alle Ägypter, unabhängig von ihrem Glauben, gleichberechtigt.

Der Islam in Ägypten

Der Islam ist in Ägypten allgegenwärtig. Er durchdringt den Alltag und somit auch die Wahrnehmung des Reisenden. *Inshá'allâh*, so Gott will, ist wohl die gängigste Formel, die zu fast jeder Gelegenheit gebraucht wird. Sie drückt nicht nur die **Allgegenwart Gottes** aus, sie zeigt auch, dass der Mensch Gott vollkommen ergeben ist und nichts geschieht, ohne dass Gott es will. So bedeutet das Wort „Islam" auch nichts anderes als „Hingabe".

Geschichte

Anfang des **7. Jh. n.Chr.** überkamen einen einfachen Kaufmann aus Mekka Visionen, die der Beginn einer der größten Religionen der Welt waren. „Iqra", „lies", sagte eine Stimme zu ihm, und so rezitierte er die erste Sure, das erste Kapitel, des Korans. Der Mekkaner **Muhammad** hatte einen göttlichen Auftrag erhalten: Er war als Prophet Gottes auserwählt worden und sollte den Islam unter den Menschen verbreiten. Nach anfänglicher Ablehnung gelang es ihm, eine Gemeinschaft um sich zu sammeln, mit deren Hilfe er es innerhalb weniger Jahre schaffte, die gesamte arabische Halbinsel zu erobern. Nur wenige Jahrzehnte nach seinem Tod (632) konnte sich das islamische Reich unter seinen Nachfolgern, den **Kalifen**, im Westen über Marokko (683) bis Spanien (711) und im Osten bis ins Industal (711) ausweiten. Das Zentrum des Islams verlagerte sich von der arabischen Halbinsel in den Vorderen Orient, ins heutige Syrien. 762 wurde Bagdad gegründet und unter der neuen Herrscherdynastie der Abbasiden verlagerte sich die Macht dorthin.

Ägypten war bereits im 7 Jh. durch den Feldzug von **Amr ibn al-'Âs** (s.S. 86) mit dem Islam in Berührung gekommen, und ab dieser Zeit begann sich die neue Religion allmählich im ganzen Land zu verbreiten. Einen Höhepunkt in der islamischen Geschichte erlebte Ägypten sicherlich unter der Herrschaft der **Fatimiden** ab dem 10. Jh., die Kairo gründeten und Ägypten zum Zentrum der islamischen Welt machten (Näheres s.S. 86). Die Fatimiden waren Schiiten, also Anhänger der Partei Alis (der Name Schiiten stammt aus dem arabischen: *shî'at 'alî*, „die Partei Alis"). Diese „Aliden", wie sie auch genannt werden, waren im Gegensatz zu den Sunniten der Meinung, dass nur ein Mitglied der Propheten-Familie die islamische Gemeinde anführen dürfte, nicht aber eine weltliche Macht. Ali war der Cousin des Propheten und Vater seiner Enkel. Außerdem war er der Ehemann von Fatima, der Tochter des Propheten und Namensgeberin für die Fatimiden.

Doch obwohl die Fatimiden lange Zeit in Ägypten herrschten, konnte sich ihre Glaubensrichtung nicht halten. Spätestens unter den **Osmanen**, die im 16. Jh. die Macht im östlichsten Land Nordafrikas übernahmen, wurden die Moslems Ägyptens wieder zu Sunniten. Sie hatten sich in ihrem Glauben den Herrschenden angepasst.

Allgemeine Grundlagen

Die Lehre des Islams orientiert sich sowohl am Judentum als auch am Christentum. Es gibt zwei unumstößliche Grundprinzipien: **1. der Glaube an die Einheit Gottes** (arab. *al-illâh = Allâh*). „Sag: Er ist Gott, ein Einziger. Gott, durch und durch, ist der, an den man sich wendet. Er hat weder gezeugt, noch ist er gezeugt worden. Und keiner ist ihm ebenbürtig" (Sure 112); **2. der Glaube an das Jüngste Gericht**: An diesem Tag werden alle Taten gerächt; der Mensch kann ins Paradies eingehen oder muss für immer in der Hölle schmoren.

Der Islam sieht sich als Erweiterung der bisherigen Schriftreligionen, als deren Verbesserung – die endgültige Religion –, und Muhammad als letzter Prophet ist somit das „**Siegel**" **der Religion**: Er korrigierte, was vor ihm falsch war; er schuf Klarheit, wo bis dahin Dunkelheit herrschte. Er ist kein Heiliger, kein Sohn Gottes. Er hatte die Aufgabe, den Koran, das geschriebene Wort Gottes, unter die Menschen zu bringen und seiner Gemeinde ein Vorbild zu sein. Doch auch Muhammad war fehlbar, denn er war nur ein Mensch. Es gab Propheten vor ihm, von denen die meisten auch in der christlichen und jüdischen Religion als Propheten anerkannt sind: Moses, Noah, Jesus u.a. Doch es gibt keinen Propheten mehr nach ihm. Die Übereinstimmungen mit dem christlichen und jüdischen Glauben führten dazu, dass diese toleriert werden. Doch in den Augen der Moslems haben beide Religionen einen entscheidenden Fehler: Sie erkennen den letzten der Propheten nicht an. Die Christen wagen es außerdem, einen Propheten als Gottessohn zu sehen, Maria als Gottesmutter zu bezeichnen und an den Heiligen Geist zu glauben. Somit ähneln sie Polytheisten, denn sie lehnen die Einheit Gottes ab.

In dem Bewusstsein, dass Gott allgegenwärtig ist, erfüllt der Moslem seine religiösen Gebote. Fünf dieser Gebote, auch die **Fünf Pfeiler des Glaubens** genannt, sind für ihn Pflicht.

1. Das Glaubensbekenntnis (arab. *shahâda*): „La ilâha illâ Allah wa Muhammad Rasûlu Allâh" (Es gibt keinen Gott außer Gott und Muhammad ist sein Prophet).

2. Das Fasten im Monat Ramadan (arab. *saum*): Der Ramadan ist der neunte Monat des islamischen Kalenders. Am 27. dieses Monats wurde Muhammad zum ersten Mal die Offenbarung zuteil. Der Monat dient den Gläubigen dazu, in sich zu gehen und Gott neu zu erfahren. Gefastet wird von Sonnenaufgang bis Sonnenuntergang (Näheres dazu s.S. 48 f.).

3. Die Almosen (arab. *zakât*): Der Gläubige ist verpflichtet, seinen Besitz mit ärmeren Menschen zu teilen. Dieser Beitrag sollte jedoch nicht über „das Entbehrliche" hinausgehen. In der frühen islamischen Gesellschaft wurde häufig ein Zehntel des Gewinns als Zakât, auch Almosensteuer genannt, gefordert.

4. Das tägliche Pflichtgebet (arab. *salât*): Fünf Mal am Tag muss der Moslem seine Gebete verrichten (bei Sonnenaufgang, mittags, nachmittags, bei Sonnenuntergang und bei Nacht). Er wird dazu vom Mueuzzin aufgefordert, der laut von den Moscheen zum Gebet ruft: „Gott ist groß. Es gibt keinen Gott außer Gott und Muhammad ist sein Prophet. Komme zum Gebet, komme zum Heil, Gott ist groß". Früh am Morgen fügt der Muezzin noch hinzu: „Das Gebet ist besser als der Schlaf".

Dem Gebet geht die rituelle Waschung voraus. Sowohl diese als auch das Gebet an sich folgen einem festgelegten Ritus. Für Reisende, menstruierende Frauen und Kranke gelten Ausnahmeregelungen. Die wenigsten Moslems gehen heute fünf Mal am Tag zum Gebet in die Moschee, und nicht alle beten überhaupt noch fünfmal am Tag. Zum obligatorischen Moscheegang am Freitag hingegen sind die Moscheen i.A. sehr gut besucht.

5. Die Pilgerfahrt nach Mekka (ägypt. *hagg*, hocharab. *hadsch*): Diese soll antreten, wer die Kraft und die finanziellen Mittel dazu hat. Die Pilgerreise ist eine Reise an jene Stätten, an denen der Prophet lebte und wirkte. Neben einer symbolischen Steinigung des Satans werden verschiedene Orte aufgesucht. Höhepunkt des Hagg aber ist der Besuch der Kaaba, des Heiligtums des Islams: Abraham soll dieses Haus errichtet haben. Man umschreitet es sieben Mal und küsst den Stein. Danach betet man in der Großen Moschee. Wer einmal dieses Ritual vollzogen hat, darf sich ehrenhaft „Haggî" bzw. „Hâg" (als Frau Hâga) nennen.

Neben diesen fünf Säulen gibt es weitere Regeln, die ein Moslem zu beachten hat. Der Genuss von Alkohol, insbesondere von Wein, ist verboten. Obwohl heute in vielen islamischen Ländern ein **Alkoholverbot** herrscht, ist diese Regel nicht koranisch. Ein Verbot hätte sich zur Zeit der Offenbarung auch kaum durchsetzen lassen. Schon zu Pharaos Zeiten wurde in Ägypten Wein angebaut und Bier gebraut, und diese Tradition ist bis heute lebendig (Näheres dazu s.S. 42). Auch ist es dem Moslem verboten, **Schweinefleisch** (arab. *khanzîr*), Fleisch von nicht geschächteten Tieren oder Aas zu essen. „Schächten" heißt: Ein Tier wird im Namen Gottes (arab. *bi-smillâh*) durch Kehlschnitt getötet.

Die religiösen Regeln des Islams werden durch den **Koran**, das geschriebene Wort Gottes, sowie **Hadithe** bestimmt. Hadithe (was übersetzt so viel wie „Gespräch" heißt) sind Überlieferungen der Taten und Aussprüche Muhammads. Zusammen gelten sie als Hauptquellen des islamischen Rechts, der **Scharia**. Diese, von moslemischen Gelehrten vom 10. bis zum 14. Jahrhundert zusammengetragene **Lebens- und Rechtsordnung**, wird heute in dieser Form nicht mehr praktiziert. Spätestens seit Beginn der Kolonialzeit wurde sie durch europäische Rechtsnormen ersetzt oder zumindest durch sie erweitert. Das betrifft vor allem die Bereiche des Staates und der Verwaltung. Innerhalb des Familienrechts hingegen wird in Ägypten wie in vielen anderen islamischen Ländern auch noch auf Teilbereiche der Scharia zurückgegriffen.

Bei uns wird Scharia häufig mit Amputationen, Steinigungen oder auch Gewalt gegen Nicht-Moslems gleichgesetzt. Erstere beide gehören zu den so genannten „Hadd"-Strafen. Hierbei handelt es sich um einen minimalen Ausschnitt dieses komplexen Rechtssystems. Die Beweise bei Vergehen, die diese Strafen zur Folge haben, sind laut Scharia dermaßen schwierig zu erbringen, dass in den meisten Fällen ihrer Anwendung gar nicht nach der „richtigen" Scharia gehandelt wird. Gewalt gegen Nicht-Moslems steht im Widerspruch zum Islam, vor allem wenn es sich dabei um Gewalt gegen Christen und Juden handelt (vgl. Abschnitt zum Fundamentalismus). Sie hat nichts mit der Scharia zu tun. Hier, wie in vielen anderen Bereichen, muss die Religion für machtpolitische Interessen herhalten.

Frauen und Männer

Im Westen wird die Moslemin noch immer als benachteiligte, unterdrückte Frau angesehen. Hört man dann die grauenhaften Geschichten von Klitorisbeschneidungen in Ägypten und Ostafrika, verstärkt sich das negative Bild. Und in der Tat: Ägyptens Frauen haben es nicht leicht. Das liegt allerdings weniger an ihrer Religion, denn auch Koptinnen werden beschnitten und haben sich an strenge Regeln zu halten, als viel mehr an der Tradition, die sich auf den Islam beruft, in Wirklichkeit aber viel älter ist.

Der Islam ist keine frauenfeindliche Religion, auch wenn er leider immer wieder so gedeutet und gelebt wird. Doch herrscht im Islam eine strikte Geschlechtertrennung, mit der auch eine Aufgabenteilung einhergeht. Diese Geschlechtertrennung wird in unseren Breitengraden gern mit einer Unterdrückung der Frau gleichgesetzt. Aber wie sieht der Islam die Frau wirklich?

Es gibt nur wenige Verse im Koran, die sich mit der Stellung der Frau beschäftigen. Zudem sind diejenigen, die dieses Thema zum Inhalt haben, sehr unterschiedlich interpretierbar. Denn der **Koran** ist, und das ist für die meisten Kritiker seine Hauptschwäche, vielfältig interpretierbar. Somit ist es für niemanden möglich, die „ultimative" Wahrheit herauszufinden. Doch gibt es Interpretationstendenzen. Als Beispiel sei hier ein sehr umstrittener Vers zitiert, der sich intensiv mit der Frauenproblematik auseinandersetzt und vielen „Frauenunterdrückern" als Rechtfertigung dient: „...Und die Männer stehen bei alledem eine Stufe über ihnen..." (Sure 4, Vers 34). Nun gibt es zumindest zwei Interpretationen. Die erste interpretiert den Vers so, dass der Mann über der Frau steht. Er hat Verfügungsgewalt über sie. Er ist besser, wertvoller und stärker, und er hat aus diesem Grund das Recht, über die Frau zu bestimmen. Das Problem dieser Interpretation besteht darin, dass sie den Kontext völlig außer Acht lässt, was jedoch nach Meinung verschiedener Religionsgelehrter nicht weiter schlimm ist. Ihrer Meinung nach liegt Gottes Gnade unter anderem darin, dass einzelne Verse einzeln interpretiert werden können.

Die zweite mögliche Interpretation betrachtet den Kontext, in welchem der Vers steht, und analysiert den Ausdruck „über etwas stehen" genauer. Das Wort, das sich im Koran findet, ist „qawwâm", was im Wörterbuch auch mit der Bedeutung „behüten / beschützen" wiedergegeben wird. Das verändert den Inhalt des Verses. Der Mann steht also nicht über der Frau, sondern behütet sie. Der Kontext handelt von Heirat, Scheidung, Witwenschaft und ökonomischer Versorgung. Demnach ist der Mann der Frau überlegen, er muss sie schützen, er ist verantwortlich für sie. Nur wenige Verse weiter betont der Koran die Gleichheit von Mann und Frau; demnach muss eine Ehe vor allem partnerschaftlich sein: „...Frauen haben in der Behandlung von Seiten der Männer dasselbe zu beanspruchen, wozu sie ihrerseits den Männern gegenüber verpflichtet sind". Nach dieser v.a. von gläubigen Feministinnen bevorzugten Interpretation gibt es keine Unterdrückung.

Im Koran wird häufig der Zusammenhang zwischen Frau und Gebärtätigkeit erwähnt, es ist aber nicht die Rede davon, dass die Pflege der Kinder oder andere frauentypische Tätigkeiten zwangsläufig der Frau obliegen. Dennoch verlangt die islamische Tradition von der Frau ein bestimmtes Verhalten und die Übernahme bestimmter „weiblicher" Aufgaben. Dazu gehört die **Hausarbeit**, da die Frau, durch die Geburt mehr oder weniger ans Haus gebunden, sich vorwiegend dort aufhält. Der Grundgedanke hierbei ist, dass jeder innerhalb eines Haushalts verschiedene Aufgaben und Rollen übernimmt, um den anderen das Leben zu erleichtern. Unterdrückung oder Machtmissbrauch sind Verstöße gegen den Islam. Von Frauen wird „Gehorsam" gefordert, wie z.B. in Vers 34 der vierten Sure: „Die rechtschaffenen Frauen sind gehorsam", wobei man diesen Vers häufig als Gehorsamkeit gegenüber den Männern interpretiert. Liest man aber das arabische Original, geht eindeutig daraus hervor, dass es sich hierbei um den Gehorsam gegenüber Gott handelt. Auch Männer werden auf diese Art und Weise gemahnt.

Vor Gott sind Mann und Frau ohne Unterschied: „...Ich werde keine Handlung unbelohnt lassen, die einer von euch begeht, gleichviel ob männlich oder weiblich. Ihr gehört ja als Gläubige zueinander ohne Unterschied des Geschlechts" (Sure 3, Vers 195). Gott schuf Mann und Frau aus einem Wesen. Es gibt in der islamischen Schöpfungsgeschichte keinen Unterschied zwischen den Geschlechtern. Sie werden als ein Paar gesehen, die sich gegenseitig bedingt und ergänzt: „Und von allen Lebendigen haben wir ein Paar geschaffen." (Sure 51, Vers 49).

Der Islam sieht die **Sexualität** als „Urkraft" des menschlichen Seins, die zu jedem Paar gehört. Sie ist ein Geschenk Gottes an Mann und Frau und darf als solches nicht abgelehnt werden. Geschlechtsverkehr ohne Lust ist koranisch sogar verboten! Dies zeigt, dass die **Klitorisbeschneidung** keine islamische Tradition sein kann. Sie ist eine altägyptische Unsitte, die die Keuschheit der Frau gegenüber ihrem Mann garantieren soll. Leider hat sich diese vorislamische Tradition auch im modernen Ägypten (und in anderen nordostafrikanischen Ländern) durchgesetzt, und so werden auch heute noch junge Mädchen, gleich ob Christinnen oder Musleminnen, beschnitten. Dass religiöse Übereiferer dieses grausame Verbrechen an Frauen islamisch ausschlachten wollen, ist ein Beweis ihrer Unkenntnis und manchmal auch ihres Fanatismus, der mit Religion nichts gemein hat (nähere Infos zur Klitorisbeschneidung s.S. 102 f.).

Laut Koran ist es dem Mann gestattet, vier Ehefrauen zu haben, jedoch nur, wenn er dazu in der Lage ist, alle vier Frauen gleichermaßen zu lieben und gleich zu behandeln. Nun steht aber auch im Koran, und zwar nur wenige Abschnitte nach dem, der einem Mann die Ehe mit vier Frauen erlaubt, dass nur Allah es vermag, mehrere Menschen gleichermaßen zu lieben. Damit ist für islamische Modernisten der Beweis erbracht, dass **Polygamie** unislamisch ist. Dass sie im Koran dennoch erlaubt ist, hängt, so sehen es die Modernisten, wahrscheinlich damit zusammen, dass zu Kriegszeiten ein Frauenüberschuss herrschte und die Gesellschaft verpflichtet war, die Frauen zu versorgen. So war es auch durchaus üblich, dass ein Mann die Witwe seines verstorbenen Bruders heiratete, um sie und ggf. ihre Kinder zu versorgen.

Etwa 2% der ägyptischen Männer sind heute noch mit mehr als einer Frau verheiratet. Die Polygamie ist in diesem Land am Aussterben. Kaum ein Mann kann und will sie sich noch leisten. Dass sie in vielen islamischen Ländern noch immer erlaubt ist, hängt vor allem damit zusammen, dass es Männer sind, die diese Gesetze machen. Ethisch wie religiös ist sie jedoch sehr umstritten.

Fundamentalismus in Ägypten

Ein Gläubiger darf keinen Gläubigen (dazu gehören auch Christen und Juden, Anm. d. Autoren) *töten, es sei denn aus Versehen; und wer einen Gläubigen aus Versehen tötet, der soll einen gläubigen Sklaven befreien und das Sühnegeld soll seiner Familie gezahlt werden (…). Und wer einen Gläubigen mit Vorsatz tötet, dessen Lohn ist die Hölle; ewig soll er darin verweilen, und Allâh zürnt ihm und verflucht ihn und bereitet für ihn eine gewaltige Strafe* (Sure 4, Vers 92, 93).

Ägypten wird noch immer schnell in Zusammenhang mit den Muslimbrüdern und **Anschlägen auf Touristen**, zu denen sich Anhänger fundamentalistischer Gruppierungen bekennen, in Zusammenhang gebracht – und das zu Recht, waren touristische Highlights in den letzten Jahren doch immer wieder Austragungsort von Kämpfen radikaler moslemischer Fundamentalisten und der Regierung. Sei es der Anschlag auf den Hatschepsut-Tempel in Luxor 1997 oder der Anschlag auf das Ägyptische Museum in Kairo im selben Jahr, jedes Mal wurden ausländische Gäste verletzt und getötet. Dabei ging es bei den Anschlägen viel weniger darum, Touristen umzubringen, als der Regierung des Landes zu schaden, denn die Täter hofften, durch die Anschläge 1. die Wirtschaft massiv zu stören, 2. das Ansehen Ägyptens in der Welt zu schmälern und 3. auf die Missstände im Land aufmerksam zu machen. Dass dabei Menschen ums Leben kamen, war „bedauerlich", so die Aussage der Kämpfer.

Radikale Moslems machen weltweit nur einen verschwindend geringen Teil aus, und doch sind sie es, die unser Bild von der islamischen Welt prägen. Das ist durchaus nachvollziehbar, richtet sich der Fundamentalismus doch direkt **gegen den Westen**, zumindest nach außen. Bei vielen Radikalen werden „der Westen" und die korrupten Staatschefs, die sich mit dem Westen verbünden, für all das verantwortlich gemacht, was in der islamischen Welt schief geht. Doch so absurd dieser Gedanke auf den ersten Blick scheinen mag, ist er nicht, macht doch „der Westen" mit dem Islam dasselbe! Gerade in jüngster Zeit, verstärkt seit dem 11. September, musste die Religion des Islams immer wieder für ein neues Feindbild herhalten. Die Machenschaften von Usama bin Laden, einst von den USA ausgebildet und mit Waffen versehen, dienten als Beweis für die Aggressivität des Islams. Der Krieg gegen Saddam Hussein wurde in der Presse immer wieder als Krieg gegen den Islam dargestellt. Selbstmordattentäter in Palästina waren der lebendige Beweis dafür, wie gefährlich der Islam ist. Und schnell wurde die Schlussfolgerung Islam = Gewalt = Terror gezogen. Wie unrecht man damit der Religion und weltweit vielen Millionen Moslems tut, ist man sich dabei kaum bewusst.

Die Wurzeln der heutigen Gewalt gehen auf das Ende des 19. Jhs. zurück, als europäische Kolonialmächte in die islamische bzw. arabische Welt eindrangen. Mit der damit einhergehenden Ausbeutung der einheimischen Bevölkerung wurde zum ersten Mal die eigene Situation in Frage gestellt. Wie konnte der Islam so weit verkommen, dass er seine Anhänger nicht schützen konnte, und der europäischen Welt, der er jahrhundertelang überlegen war, nun militärisch, technisch und wissenschaftlich unterlegen sein? Die Schlussfolgerung war, dass es nicht an der Religion selbst liegen konnte, sondern an seiner Ausübung bzw. an den Veränderungen, die der Islam im Laufe von 1250 Jahren erfahren hatte. Wollte man also der Unterdrückung und Ausbeutung entgegen treten, musste man sich, rein religiös, wieder auf die Wurzeln zurückbesinnen. In der gesamten islamischen Welt bildeten sich Gruppen Intellektueller, die sich dieses Problems annahmen und die Rückkehr zum „wahren Islam" forderten, darunter eine Gruppe um Hasan al-Bannâ', den Gründer der **Muslimbrüder** (Ikhwân al-Muslimîn). Hasan wurde in Kairo ausgebildet und arbeitete mehrere Monate in Ismâ'iliya am Suezkanal. Bereits dort scharte er eine Gruppe Gleichgesinnter um sich, die sich 1928 zur Muslimbruderschaft zusammenschlossen. Das oberste Ziel dieser Vereinigung war weniger die Bekämpfung des Westens als vielmehr die Rückkehr zum Islam. Vor allem entlang des Suezkanals, also dort, wo Ägypter für die Briten arbeiteten und die Ausbeutung so Tag für Tag erlebten, entstanden erste Widerstandsnester, die alle mehr oder minder im Zusammenhang mit den Muslimbrüdern standen.

Nach 1932 begannen die Muslimbrüder Missionare durch Kairo zu schicken. Sie predigten, leisteten vor allem jedoch wohltätige Hilfe, gründeten Hospitäler und Schulen, bauten Manufakturen auf und schufen so Arbeitsplätze: Sie wollten beweisen, dass man Europa nicht brauchte, um eine Industrialisierung in Gang zu setzen. Sie wollten der ägyptischen Wirtschaft, die durch ihre Abhängigkeit von England am Boden lag, aus der Misere helfen. Die Aktionen und Propaganda der Brüder richteten sich ausschließlich gegen die Orientpolitik der Engländer sowie gegen die Zionisten, die Palästina zu Israel machten.

Nach dem 2. Weltkrieg spitzte sich die innenpolitische Lage zu. Die Regierungen lösten einander in kurzen Abständen ab und die Muslimbrüder, die inzwischen in ganz Ägypten ihr Netzwerk geschaffen hatten, versuchten mitzumischen. Sie hatten eine paramilitärische Organisation aufgebaut, die 1948 im Palästina-Krieg auch eingesetzt wurde. Es kam zu ersten Anschlägen auf die ägyptische Regierung, die ihrer Meinung nach nicht im Interesse der Moslems handelte. 1948 wurde der damalige Premierminister an-Nuqrâshî, der die Muslimbrüder hatte verbieten lassen, ermordet. In den kommenden Jahren, erst unter Gamal Abdel Nasser, dann unter Anwar el Sadat, kam es mal zu engen Kooperationen zwischen den Muslimbrüdern und der Regierung, mal wurde die Vereinigung wieder verboten, je nach dem politischen Interesse der Herrschenden.

Vor allem Sadat hatte ein reges Interesse daran, die Muslimbrüder in die Regierung mit einzubeziehen, denn sie waren inzwischen zu einer wohlhabenden Schicht herangewachsen und hatten ein eigenes Wirtschaftsnetz aufgebaut. Unter Nasser nach Saudi-Arabien geflohen, kamen sie wohlhabend nach Ägypten zurück und bildeten einen wichtigen Bestandteil der neuen Unternehmerklasse. Die unteren Schichten hatten mit den Muslimbrüdern, die nun vor allem in der Mittelklasse angesiedelt waren, ein wichtiges Sprachrohr verloren, was eine neue und radikalere Gruppe hervorbrachte: die **Gama'a Islamiya**, die von Studenten organisiert war und sowohl in den Armenvierteln als auch in den eigenen Kreisen erfolgreich Propaganda betrieb.

Die kommenden Jahre waren geprägt von islamischen Oppositionsbewegungen, die als Einzige den Mut hatten, sich der **korrupten Regierung**, die auch nach Sadats Tod fortbestand, entgegen zu stellen. Anschläge und Gewaltakte häuften sich, doch immer waren sie vor allem gegen die Regierung gerichtet. Dass die radikalen islamischen Gruppierungen einen regen Zulauf fanden, lag an ihrer Arbeit und ihrer Argumentation: Sie klärten Missstände auf und bekämpften sie. Vor allem Universitäten boten einen fruchtbaren Boden für ihre Aktivitäten. Sie schufen ein soziales Netzwerk, Schulen und Krankenhäuser, organisierten den maroden Universitätsbetrieb, indem sie Studienzimmer zur Verfügung stellten und Nachhilfekurse anboten, und wurden so unentbehrlich. Und genau darauf zielte auch ihre Argumentation ab: „Kommt, schließt euch uns an und wir werden eine bessere Welt haben!"

Anhänger islamistischer Ideen träumen von einer Welt, die frei ist von Gewalt und Armut, in der Gerechtigkeit herrscht, und nicht das Geld. Sie behaupten, eine Welt, die nach den Prinzipien von Koran und Sunna, den Traditionen, beherrscht werde, sei frei von menschlichem Egoismus und Klassenkampf. Die Durchsetzung der vollkommenen und allumfassenden Gerechtigkeit ist ihrer Meinung nach allein durch Gott möglich, weshalb nur ein **Gottesstaat** wirklich gerecht sein kann. Diese Idee eines utopischen Staates möchten Fundamentalisten bis heute um jeden Preis durchsetzen. Dafür sind sie auch bereit, Gewalt anzuwenden.

Der Gedanke der Fundamentalisten fällt vor allem bei sozial benachteiligten Menschen auf fruchtbaren Boden. Mit der einfachen Argumentation, der sich die Muslimbrüder und die Gama'a sowie andere, ähnliche Gruppierungen bedienen, nämlich, dass diese Menschen nur deshalb in solch einer Situation leben, weil sich die Welt vom Islam entfernt habe, können die Massen mobilisiert werden – Massen, die an sich weder radikal noch gewalttätig sind. Es zählen keine Argumente, es zählen Emotionen und Taten. Während es der ägyptische Staat verschläft, Armenspeisungen durchzuführen und Krankenstationen in Armenvierteln zu bauen, haben sich religiöse Gruppierungen dieser Missstände angenommen und beweisen so jeden Tag aufs Neue, dass ihre Argumente stimmen.

Mit ihrem Versprechen von einer heilen Welt ziehen Prediger die Verzweifelten an, die nichts mehr zu verlieren haben, und bis 1997 waren sie auch in der breiten Bevölkerung, abgesehen natürlich von der Oberschicht, dafür hoch angesehen. Doch dann kam der **Anschlag von Luxor**, bei dem 57 unschuldige Menschen starben und der Tourismus, immerhin eine der wichtigsten Einnahmequellen des Landes, auf Null ging. Damit hatte die Gama'a, die Urheberin des Anschlags, zum ersten Mal im großen Maße den Unmut der Bevölkerung auf sich gezogen. Deren Anhänger versuchten zu retten, was zu retten war, und ließen öffentlich erklären, dass sie nie wieder vorhätten, Touristen zu töten, doch Ägyptens Ruf war ein für alle Mal angeschlagen. Und darunter litt die breite Bevölkerungsschicht, die zumindest am Rande am Tourismus mit verdiente.

Heute geht von radikalen moslemischen Gruppen kaum noch Gefahr für Touristen aus. Sie arbeiten jedoch im Untergrund und sind in steter Opposition mit der Regierung. Je desolater die wirtschaftliche Situation ist und je weniger die Regierung dagegen unternimmt, desto mehr Zulauf bekommen sie. Immer häufiger erreichen uns Nachrichten über Fehden und Anschläge, die jedoch nicht auf Europäer, sondern auf ägyptische „Westerners" verübt werden. Doch auch die aggressiven Auseinandersetzungen zwischen Kopten und Moslems, seit jeher ein angespanntes Verhältnis, nehmen zu. Das Feindbild vom Westen, das sich seit dem Imperialismus nie verflüchtigt hat, wird durch die Taten eines George W. Bush in bester Weise bestätigt, und so machen sich auch in Ägypten immer mehr antiwestliche Tendenzen breit. Das Verrückte an der Sache ist, dass die Gastfreundschaft über der Ablehnung der amerikanischen Politik steht. Einen Gast willkommen zu heißen, ist noch immer wichtiger als die Kriegspolitik der Amerikaner. Wenn dieser Gast dann zudem einem Land entstammt, das sich dem amerikanischen Willen widersetzt, umso besser!

Zwar hat die ägyptische Regierung die oberste islamische Instanz weltweit auf ihrer Seite, nämlich Scheich Tantâwî, oberster Mufti der Azhar-Moschee (s.S. 140 f., Kairo), doch reicht dies nicht auf Dauer, um das Brodeln im Untergrund aufzuhalten.

Die Kopten

Ca. 10% der Ägypter sind Christen, die meisten davon Kopten. Die meisten Kopten leben in Mittelägypten auf dem Land oder in Kairo. Bereits ihr Name weist auf ihre Herkunft hin: Er geht auf das Arabische „al-qipt", griechisch „Aigyptioi", zurück und ist daher gleichbedeutend mit „Ägypter".

Geschichte der Kopten

Die Kopten gehören zu den frühesten Christen der Geschichte. Sie sind direkte Nachkommen der Pharaonen und wurden im 1. Jh. von dem heiligen **Apostel Markus** in Alexandria zum Christentum bekehrt. Die Kopten bezeichnen ihn als den ersten Patriarchen (Oberhaupt) der Kirche. Alexandria war zu Markus' Zeit weltberühmt für seine Universität und seine wichtigen vorchristlichen philosophischen Schulen. Hier, in diesem geistigen Zentrum der antiken Welt, begann Markus seine Mission, weshalb man die koptische Kirche auch die **alexandrinische Kirche** nennt. Er gründete die theologische Schule von Alexandria. Neben Theologie wurden auch Physiologie, Medizin, Astronomie, Musik und Sprachen unterrichtet. Von hier aus verbreitete sich das Christentum im ganzen Land und bekam rasch Zulauf. Doch die koptische Kirche war nie eine Staatskirche, sie musste sich seit ihrem Bestehen in einer stark antikoptischen Umgebung behaupten. Kaiser **Diokletian** ließ im 3. Jh. 800 000 Kopten aufgrund ihres Glaubens töten. Dieses Ereignis war für die Gemeinde ein Trauma, von dem sie sich lange nicht erholte. Bis heute erinnert die **koptische Zeitrechnung** an dieses Ereignis. Denn sie beginnt in dem Jahr der Hinrichtungen, d.h. in unserem Jahr 284 n.Chr. Allein diese Tatsache weist bereits auf die wichtige Rolle hin, die

Märtyrer (denn als solche wurden die getöteten Kopten gesehen) in der Religion spielen. Sie sind Sinnbild der Verfolgungen und des Leids, das erduldet werden musste. Als Märtyrer zu sterben gilt als hohe Auszeichnung, denn man kann sich in eine Reihe mit dem Apostel Markus, dem Heiligen Georg, der Heiligen Katharina u.v.a. stellen. Die sonntägliche Lektüre des Märtyrerbuches *Synexarium*, in dem vom Tod der heiligen Märtyrer berichtet wird, ist Pflicht.

Einen weiteren Schlag erlitten die Kopten im 5. Jh., als es nach dem **Konzil von Chalkedon** im Jahre 451 n.Chr. zur Verfolgung der Kopten durch ihre eigenen Glaubensbrüder kam. Im Mittelpunkt des Streits stand die Frage um die wahre Natur Christi. Die Kopten distanzierten sich von dem auf dem Konzil gefundenen Kompromiss, dass Jesus von göttlicher und menschlicher Natur zugleich sei, wobei diese beiden Naturen „untrennbar", aber „nicht vermischt" seien. Denn ihnen zufolge hat Jesus nur die eine, göttliche Natur.

Die **arabische Eroberung** Ende des 7. Jhs. erschien den damals Verfolgten wie eine Erlösung. Unter den Moslems erhielten sie einen Sonderstatus, der ihnen zumindest Religionsfreiheit gewährte – gegen Geld, versteht sich. So konnten sie friedlich bis ins 11. Jh. leben. Doch dann kam die Herrschaft al-Hâkims, eines wahrscheinlich geisteskranken Fatimiden (s.S. 86). Er, der 1021 auf geheimnisvolle Weise verschwand, ließ Tausende von Kopten als Heiden töten. Die Herrscher nach al-Hâkim distanzierten sich von dieser Tat, doch war die Gemeinde der Kopten nun stark dezimiert: Aus einer starken Glaubensgemeinschaft war eine kleine Minderheit geworden, und es dauerte lange, bis ihr Status wiederhergestellt war. Heute sind Kopten der Verfassung nach den Moslems gleichberechtigt. Sie stehen unter dem Schutz des Präsidenten. Das bedeutet jedoch nicht, dass es zwischen Kopten und Moslems keine Spannungen gäbe. Anfang der 90er Jahre des 20. Jhs. kam es zu massiven Unruhen, u.a. als Folge des Golfkriegs, der von vielen radikalen Gruppen als Krieg gegen den Islam gesehen wurde. Eine Gegenreaktion war u.a. die „Verteidigung" des Islams durch Bekämpfung der nicht-moslemischen Minderheiten und Fremden im Land (in dieser Zeit begannen auch die Anschläge auf Touristen). Kirchen wurden in Brand gesteckt, Menschen verletzt, Wohnungen geplündert. Seitdem versucht die Regierung alles Erdenkliche, um Kopten zu schützen und ihren Status zu verteidigen, und bislang kam es zu keinen weiteren Ausschreitungen.

Klöster

Von herausragender Bedeutung sind die Klöster und das Mönchtum. Die Anfänge des Klosterlebens gehen auf den Heiligen **Antonios** (251–356) zurück. Sie entstanden vor allem zum Schutz der Mönche, die in der Weite der Wüste leben wollten und nicht selten in Höhlen oder in Oasengärten entlang von Karawanenstrecken lebten, wo sie eine leichte Beute für Räuber waren. Es entstanden die ersten Schutzwälle, die ersten Klostermauern, dann die Innenhäuser, die Gärten zur Versorgung etc. Mit Schaffung der ersten Klöster begann auch eine eigene koptische Kunst, die sich vor allem in den Klöstern manifestierte. Neben der besonderen Baukunst gehören dazu das Eingravieren in Stein, Holzschnitzereien, Webkunst, Papierherstellung (außer Papyrus wurden sieben verschiedene Arten von Papier entwickelt), die Herstellung von einfachem und farbigem Glas, die Verarbeitung verschiedener Metalle sowie die Malerei, insbesondere von Ikonen.

Noch heute spielen Klöster im Leben der Kopten eine herausragende Rolle. So sind sie nicht nur ein beliebtes Ausflugsziel christlicher Familien, sondern auch höchst heilige Orte.

Die Organisation der Kirche

Oberhaupt der koptischen Kirche ist der Patriarch von Alexandria. Seit dem 11. Jh. befindet sein Amtssitz jedoch in Kairo, im Kloster Dair al-Anba Ruwais. Nach der auf den altkirchlichen Konzilien festgelegten Ordnung gehört er mit dem römischen Papst und dem ökumenischen Patriarchen von Istanbul zu den ranghöchsten Bischöfen der Christenheit. **Papst Shenouda III.** amtiert seit 1971 und ist der 117. Nachfolger des hl. Markus. Er ist heute das Oberhaupt der koptischen Kirche. Ihm unterstehen im In- und Ausland Bischöfe, die sich für ihre Gemeinden engagieren.

Das Verhältnis der Kopten zu anderen Christen

Jahrhundertelang wurden Kopten von Glaubensbrüdern verfolgt. Das prägte ihre Einstellung zu anderen Christen. Als eine der ersten christlichen Gemeinschaften sehen sie sich als auserkorene Gruppe. Durch ihr historisches Leid sind sie einander stärker verbunden als die meisten anderen christlichen Gemeinden. Das manifestiert sich u.a. in einer eigenen Sprache und einem Symbol ihres Glaubens, dem koptischem Kreuz, welches auf die Innenseite des Handgelenks tätowiert wird.

Doch hat sich das Verhältnis zwischen Kopten und anderen christlichen Gemeinden in den letzten Jahrzehnten erheblich gewandelt. So kam es nach mehreren interkonfessionellen Gesprächen zwischen Februar 1988 und Juli 1989 zu diversen Abkommen der katholischen, der evangelischen sowie der orientalisch orthodoxen Kirchen mit der koptischen Kirche. In verschiedenen Schlussprotokollen wurde eine gemeinsame Christologieformel unterzeichnet. Seit diesen Einigungen herrscht ein wenig mehr Offenheit. Doch können alte Ressentiments nicht so einfach abgelegt werden, eine Annäherung braucht eben ihre Zeit.

Kunst und Kultur

Ägypten, darin ist man sich wohl in der gesamten arabischen Welt einig, spielt im arabischen Kulturleben eine Vorreiterrolle. Sei es beim Film (Ägypten hat die größte arabische Filmindustrie), in der Musik oder der Literatur: Ägypten war und ist bis heute Vorbild für vieles, was sich später in anderen arabischen Ländern entwickelt(e). Ein Grund dafür ist sicherlich die besondere geografische Lage des Landes: Ein afrikanischer Staat an der Grenze zu Asien, der politisch wie kulturell seit Jahrtausenden die unterschiedlichsten Kulturen beherbergte und nährte.

Kairos Stellung innerhalb der arabischen Welt kann man, was den Film betrifft, durchaus mit Hollywood vergleichen, und was die Musik anbelangt, so braucht es den Vergleich mit New York nicht zu scheuen. Denn hier fanden im 20. Jh. nicht nur die meisten politischen Schlüsselerlebnisse statt, hier wirkte man maßgeblich an der arabischen Identität mit, die sich zu einem großen und wichtigen Teil auf die arabische Kultur stützt.

König Faruk war es, der in den 30er und 40er Jahren die Kunst an seinem Hof förderte, so wie es im 18. und 19. Jh. an den europäischen Höfen gang und gäbe war. Aus der gesamten arabischen Welt holte er Musiker und Poeten zu sich und förderte sie. Das erste Drittel des 20. Jhs. war eine Zeit, in der Intellektuelle und Künstler versuchten, eine moderne arabische Kultur zu definieren. König Faruk lag ganz im Trend, als er Künstler um sich scharte, die Teil dieser neuen arabischen Kultur werden sollten. So wurde Kairo ganz automatisch ein Zentrum der arabischen Kultur.

Wer meint, mit Nassers Staatsstreich 1952 wäre es mit der regen Kulturszene vorbei gewesen, der irrt. Nasser propagierte, ganz dem Wesen der Zeit entsprechend, einen Panarabismus (s.S. 89), der sich auch auf die arabische Kunst und Kultur belebend auswirkte. Der ägyptische Dialekt, generell sehr beliebt, wurde zur Sprache des Films und der Musik. Ägyptische Regisseure und Musiker, Sänger und Schauspieler wurden so populär, dass Kairos Ruf als *das* Kulturzentrum der arabischen Welt endgültig besiegelt war.

Musik

Es ist schwer, wenn nicht gar unmöglich, von einem Beginn der ägyptischen Musik zu sprechen. Eins ist klar: Musik ist nichts, was sich auf die Stadt bzw. auf das Königshaus beschränkt (hat). Vor allem die ländlichen Gebiete Ägyptens boten ein reichhaltiges Repertoire an Musik, das heute leider mehr und mehr verschwindet. Man kann davon ausgehen, dass die ländliche Musik Oberägyptens ein Erbe der Pharaonen ist, ähneln doch die Instrumente, die man in den Wandmalereien pharaonischer Stätten fand, darunter Flöten, Tamburine und Becken, den traditionellen Instrumenten der „Landmusik" heute.

In den Städten des Nordens war Musik vor allem wichtigen Zeremonien vorbehalten (Beschneidung, Hochzeit, Beerdigung), doch gab es am Obernil daneben schon vor Jahrtausenden das unterhaltsame Lied, die *mûsîqâ baladî* oder **Volksmusik**. Und während man auf dem Land seine volkstümlichen Weisen pflegte, wurden die Städte durch äußere Einflüsse geprägt, am stärksten sicherlich durch die **osmanische Hofmusik**, die sich auch in der Kairoer Oberschicht mehr und mehr durchsetzte. Diese klassische arabische Musik ist, vor allem für westliche Ohren, ein mehr oder minder monotoner Gesang, dessen Rhythmen und

Harmonien für uns ungewohnt bis unzumutbar klingen. Doch diente sie vorwiegend zeremoniellen oder religiösen Zwecken und war weniger dazu da, zu unterhalten. Bei Feiern, Totenmessen und religiösen Zusammenkünften hatte die Musik ihre feste Funktion: Derwische ließen sich durch sie in Ekstase versetzen, Trauernde sollte sie in ihrem Leid trösten. Die **klassischen Instrumente** waren die Flöte (arab. *nay*), die Vorgängerin der Laute (arab. *al-'Ud,* auch *la-ud,* woraus „Laute" wurde), die Zither (arab. *qanun*) und die Trommeln *daf, darbuka* und *riqq.*

Der Umschwung von der klassischen zur modernen Musik vollzog sich nach dem Ersten Weltkrieg mit dem Untergang der Osmanen. Man produzierte die erste Schallplatte und musste die Lieder auf Plattenlänge kürzen – damit war der erste Schritt getan. Außerdem sollte die Musik nun auch unterhalten, und zwar nicht mehr nur die Oberschicht, sondern auch das breite Volk. Es begann das Zeitalter der **arabischen Operette**, sicherlich stark beeinflusst von europäischen Imperialmächten, die zu dieser Zeit in Kairo vertreten waren.

Ein weiterer Schritt wurde dann durch die großen Sängerinnen und Sänger vollzogen. Viele kamen vom Land und brachten ihre eigene ländliche Musik mit, die sie in die Klänge der Großstadt integrierten. So entstand eine Musik, die neu war und die bis heute prägend ist. Die bekannteste Vertreterin dieser gelungenen Mischung war **Umm Kulthûm** (geb. 1897), die größte und berühmteste arabische Sängerin aller Zeiten. Sie kam aus einem kleinen Dorf und sang sich, zunächst noch als Junge verkleidet, in die Kairoer Oberschicht hinauf, später dann in die Herzen aller Araber. Sie, der „Stern des Orients", deren „Gesang nicht aus der Kehle kam, sondern aus dem ganzen Körper", starb 1975, doch ist sie bis heute unlösbar mit der arabischen Musik verbunden. Sie wurde richtungweisend für Komponisten ihrer Zeit, wie Riyâd as-Sunbati und Zakkariya Ahmad. Umm Kulthûms Gesänge waren eine gelungene Melange aus Liebesliedern, politischen Liedern und religiösen Gesängen, was nur auf den ersten Blick ein Widerspruch zu sein scheint. Religiöse und profane Musik werden in der islamischen Welt nicht so streng getrennt wie z.B. bei uns. Viele der großen arabischen Sänger und Komponisten erhielten eine profunde Ausbildung in der Koranrezitation, bevor sie begannen, sich der weltlichen Musik zuzuwenden. Aus dieser Tradition entstammt beispielsweise **Sayyid Darwîsh** (1892–1923), der Elemente und Formen der westlichen Musik seiner Zeit geschickt mit überlieferten arabischen Elementen mischte. Seine Musik zeigt bis heute Wirkung, und das weit über die Grenzen Ägyptens hinaus. Er ist für die Ägypter so etwas wie ein Nationalheld, dem es Anfang der 20er Jahre gelang, ohne osmanische Einflüsse eine eigene ägyptische Musikrichtung zu schaffen, und das in einer Zeit, als Ägypten auf der Suche nach einer neuen Identität war.

Die bereits erwähnte Umm Kulthûm war eine der ersten Sängerinnen, deren Lieder auf eine Schallplatte gepresst wurden. Ihr folgten **Muhammad 'Abd al-Wahhâb** und **Farîd al-'Atrâsh**. Mit diesen beiden begann der Einzug in die Moderne. Sie bereiteten dem modernen arabischen Schlager den Weg, der durch **'Abd al-Halîm Hâfiz** weitergeführt wurde, indem dieser moderne westliche Elemente in die arabische Musik einbaute. Als Schauspieler wirkte er in vielen Filmen mit und schrieb auch die Musik dafür. Viele seiner Lieder haben einen fröhlichen Klang und ähneln europäischer Filmmusik aus den 50er Jahren.

Ägyptische Musik ist jedoch nicht nur arabische Musik. Ägypten besteht zu einem nicht unwesentlichen Teil aus **Nubien**, einer schwarzafrikanischen Region. Während also im Norden des Landes die Musik vor allem durch mittelöstliche Klänge bestimmt wird, ist die Musik des Südens durch Schwarzafrika bestimmt. Fachlich gesprochen heißt das, dass die Musik des Südens sich vor allem durch die Pentatonik (eine Tonleiter, die aus fünf Ganztönen besteht) definiert, die des Nordens hingegen durch eine Tonleiter, die nur aus Halbtönen besteht. Heute werden beide Musikformen, zumindest zum Teil, vermischt, doch gibt es auch Musiker, die noch fast authentische klassische nubische Musik spielen, wie z.B. **Hamza ad-Dîn**, einer der großen, international bekannten nubischen Musiker, dessen Musik jedoch stark von seinem sufischen Glauben geprägt ist, also leicht ins Trance-artige verfällt, oder auch **Ali Hassan Kuban**, der international durch das Berlin-Festival 1989 bekannt wurde.

Sollte sich der Reisende für diese schwarzafrikanische Musik interessieren, so wird er es schwer haben, Entsprechendes in Kairo oder überhaupt in Ägypten zu finden. In den Kassettenläden zumindest sind ihre Kassetten und CDs nicht vertreten. Woran das liegt? Vielleicht u.a. daran, dass die Nubier ihre Musik lieber spielen als hören. Es liegt aber sicher auch daran, dass sich nubische Musik nicht gut verkauft, denn die arabische Musik ist einfach populärer. Und arabische Ägypter kämen nie auf die Idee, dass es darüber hinaus noch etwas anderes gibt. In Deutschland hingegen kann man in jedem gut sortierten CD-Laden wunderbare CDs mit nubischer Musik kaufen.

Heute, zu Beginn des 21. Jahrhunderts, haben die klassischen Sänger wie Umm Kulthûm und 'Abd al-Wahhâb noch immer einen hohen Stellenwert. Und doch haben sie den Weg nicht versperrt für das, was man allgemein als **Arabo-Pop** bezeichnet. Zwei Vertreter dieser Musikrichtung sind **al-Hakîm** und **Magda Rûmî**. Zur Zeit der Recherche war gerade ein Sänger namens **Mustapha Amar** „in". Ihre Musik ist billige Popmusik, mit viel Synthesizern, viel Bass und wenig Text. Diese neue Musik schallt aus allen Plattenläden, sie umschwirrt den Reisenden fast permanent und ist, wie jede Popmusik, heftigen Moden unterworfen.

Eine Ausnahme unter den modernen Sängern ist ganz sicher **Muhammad Munîr**, in Europa v.a. als Held des Kinofilms Al-Masîr – Das Schicksal von Yussuf Chahine bekannt. Ihm gelingt es, traditionelle Klänge ganz zeitgemäß mit westlichen Jazz-Elementen zu vermischen. Das Ergebnis ist eine zauberhafte moderne Musik, die für westliche Ohren nicht nur schön klingt, sondern geradezu süchtig macht…

Orientalischer Tanz (Raqs Sharqî)

Der orientalische Tanz, häufig auch als Bauchtanz bezeichnet, ist ein vorislamischer Tanz, der die Schöpfung und Fruchtbarkeit darstellen soll. Man glaubt, dass dieser „orientalische" Tanz, bei dem die Bewegung der Hüfte das wichtigste Ausdrucksmittel ist, einst nicht nur in dieser Region getanzt wurde, sondern weltweit. Anfangs allein als religiöses Ritual gedacht, wurde er in der orientalischen Welt zu einem beliebten Unterhaltungstanz, während er in weiten Teilen der übrigen Welt zusammen mit den dazugehörigen religiösen Riten ausstarb.

Diese Theorie ist zwar wissenschaftlich umstritten, aber nicht ganz von der Hand zu weisen, denn noch immer spielen die Hüftbewegungen vieler traditioneller Tänze eine wichtige Rolle: Der Flamenco beispielsweise ähnelt dem Bauchtanz sehr stark, aber auch balinesische Tempeltänze sind dem Bauchtanz in den Grundbewegungen nicht unähnlich. Dass der Bauchtanz vor allem in der arabischen Welt überdauerte, liegt daran, dass er hier nach dem Willen der Kalifen, die sich gern mit tanzenden Sklavinnen umgaben, überleben durfte.

Innerhalb der orientalischen Welt gilt Ägypten als Hochburg des Tanzes. In Kairo gibt es mehr als in jeder anderen Stadt Bühnen (häufig in großen Hotels), auf denen Tänzerinnen ihren hocherotischen Tanz vor Hunderten von Zuschauern aufführen. Die bekanntesten Bauchtänzerinnen in Ägypten gehören zu den am besten verdienenden Frauen im Land. Sie werden mehr gefeiert und bewundert als irgendwelche Filmstars oder Musiker und besser bezahlt als jedes Model, während den weniger erfolgreichen Tänzerinnen oftmals der Makel des Lasterhaften anhaftet.

Die bekannteste Tänzerin Ägyptens ist **Fifi Abdou**, die für jede ihrer Darbietungen Stargagen von US$3000–20 000 erhält, aber nur noch selten auftritt. Ähnlich bekannt und beliebt sind die Tänzerinnen Dina, Safwa und Lucy. Seit wenigen Jahren drängen auch immer mehr europäische Tänzerinnen auf den ägyptischen Markt, doch fehlt ihnen häufig – so sehen es zumindest viele Ägypter – die „Seele" des Tanzes.

Heute werden sehr häufig in den Hotels, die vor allem Pauschaltouristen beherbergen, drittklassige Shows geliefert, die einen Hauch des „wahren" Orients versprühen sollen. Wer sich für wirklich gute Tänze interessiert, findet sie in Kairo (im Veranstaltungskalender der al-Ahrâm weekly nachsehen). Man muss jedoch mit einem hohen Eintrittspreis (ab E£80) rechnen. Eine gute Adresse ist z.B. der Nachtclub König Ramses oder auch das Hotel Semirames. Weniger gut, auch weil sie einen zweifelhaften Ruf haben, sind die Clubs entlang der Pyramid Road in Kairo.

Film

Der ägyptische Film ist in Europa nur ein vager Begriff. Im arabischen Raum hingegen stellt er eine ganze Welt dar. Sechzig Jahre ägyptisches Filmschaffen und mehrere tausend Produktionen haben erheblich zur Unterhaltung und zur Bewusstseinsbildung der arabischen Welt beigetragen. Vor allem seit der Einführung des Fernsehens ist der ägyptische Film weit über die Grenzen des Landes hinaus bekannt.

Das ägyptische Filmgeschäft war von Anfang an auf den Kommerz ausgerichtet. So entfällt auch nur ein Bruchteil der Produktionen auf das kritische und engagierte Filmschaffen. Andererseits waren unter dem Industriekonzept anfangs auch die kommerziellen Musikfilme, Komödien und Melodramen häufig von hervorragender Qualität. Heute tut sich die Filmindustrie etwas schwerer damit und das Publikum ist auch nicht mehr so unvoreingenommen wie am Anfang. Man kennt amerikanische Actionfilme und kommt durch das Fernsehen, vor allem durch die Satellitenschüsseln, mit Filmen aus der ganzen Welt in Berührung, mit mexikanischen Seifenopern genauso wie mit deutschen Heimatserien.

Seit dem Beginn des ägyptischen Films in den 30er Jahren hat die Branche einen rasanten Wandel erfahren. Die **Musikfilme**, bis in die 80er Jahre hinein die wichtigsten Filme überhaupt, gibt es heute gar nicht mehr. Die neuen Filme – Action-, Karate- und Polizeifilme sowie Schnulzen und Slapstick-Komödien –, die man den amerikanischen Billigproduktionen durchaus abgeschaut hat, liegen voll im Trend. Die alten, nostalgischen, einst so prächtigen Kinosäle sind geschlossen, von den ehemals 450 Sälen, die es in den 40er und 50er Jahren gab, stehen heute noch 140. Videogeräte und Fernsehen haben den Kinos den Rang abgelaufen. Ganz verschwunden sind die fahrenden Lichtspieltheater, die in den 60er Jahren noch durch ganz Ägypten fuhren.

Doch auch wenn sich die Bedeutung des Films seit den 60er Jahren enorm verändert hat, so bleibt Kairos Vorrangstellung in der arabischen Filmwelt unangefochten. Bis heute werden die meisten aller arabischen Filme in der ägyptischen Hauptstadt produziert. Die Filmindustrie ist eine der wichtigsten für das Land geworden. Für die Produktionen stellt der Staat jedoch keine Mittel mehr zur Verfügung. Selbst große und bekannte Regisseure und Produzenten, wie z.B. **Muhammad Khân** oder **Yussuf Chahine**, drehen laut Khân mit „Kameras, die in Europa im Museum stehen". Bei seiner Einweihung 1935 waren die Studios Misr die weltweit

Hauptbahnhof, ein Film von Yussuf Chahine
Ein Beispiel für ein Meisterwerk des ägyptischen Films ist die einfache, tragische Milieustudie *Hauptbahnhof* (R: Yussuf Chahine, D: Abdelhay Adib, Alvise Orfanelli, 1958). Die Hauptperson ist ein Mann namens Qenauwi. Dieser ist in einem riesigen Bahnhof gefangen, auf dem er irgendwann hungrig und frierend gelandet ist und wo er zufällig eine bescheidene Arbeit an einem Kiosk gefunden hat. Er hat zum Sterben zu viel und zum Leben zu wenig und sitzt dort fest. Qenauwi ist heimatlos, allein und sexuell frustriert, da er nicht ausreichend Geld hat, um zu heiraten. Alles, was er hat, ist eine unstillbare Sehnsucht nach Liebe und Glück, das er glaubt, mit der Limonadenverkäuferin Hannuma erleben zu können. Doch da er sie weder als Ehefrau noch als Sexualpartnerin haben kann, beschließt er, sie zu töten. Er hält ihr ein großes Messer an den Hals und schleift sie auf die Schienen, wo er sie als Geisel festhält. Sein Arbeitgeber, der Kioskbesitzer, redet ihm gut zu und verspricht, dass er sie bald, ja jetzt gleich, heiraten dürfe und nur seine Arme ausbreiten müsse, damit ihm die Hochzeitskleider überstreifen könne. So wird dem schreienden Qenauwi die Zwangsjacke angelegt.

Der Film gibt minuziös das Milieu des Hauptbahnhofs in Kairo wieder. Er beginnt als fast schon trockene Studie und endet als Psychothriller, der das Thema Sexualität mit all seinen Problemen und Tabus direkt angeht.

Es gibt nur einen Grund, warum dieser Film die Zensur überlebte: Qenauwi war verrückt. Und diese Verrücktheit erlaubte die zugleich lyrische und kalte Beschreibung der Gewalt, die diesen Film ausmacht und die den ägyptischen Zuschauer auf ein Problem aufmerksam macht, das ihn selbst angeht: Gewalt als Folge verdrängter Sexualität.

Hauptbahnhof lief in Ägypten nur wenige Tage in zweitklassigen Sälen. In Europa hingegen gilt der Film als Chahines Meisterwerk schlechthin.

am besten eingerichteten. Doch seitdem, sagt Yussuf Chahine, „wurde keine Schraube mehr erneuert". Erstaunlich also, dass trotzdem noch immer so viele Filme produziert werden.

Die Qualität der Filme leidet jedoch nicht nur unter dem schlechten Equipment, sondern noch unter einem ganz anderen Problem: der Zensur und dem Moralismus des Publikums. Die **Zensur** kommt in erster Linie nicht einmal von der ägyptischen Regierung, sondern von den Filmverleihern, die hauptsächlich im Libanon oder in den Golfstaaten sitzen und die Produktionen finanzieren. Sie sorgen dafür, dass die Filme dem Geschmack der Verleiher angepasst werden, deren Prüderie und Tabus oft jedes Drehbuch und jeden Film erheblich beschneiden. Das bedeutet, dass alle Szenen menschlicher Nähe zwischen Mann und Frau, selbst zwischen Mutter und Sohn (da die beiden Schauspieler ja nicht wirklich verwandt sind), verboten sind, ebenso wie jeder kritische Unterton zur Herrschaft, religiösen Zwängen u.a.

All das bedeutet jedoch nicht, dass es in Ägypten keine guten Filme mehr gäbe. Viele Regisseure haben in Europa studiert, arbeiten z.T. mit europäischen Filmstudios zusammen und können so auch experimentelle und kritische Filme wagen. Der Versuch engagierter Filmemacher, die Wirklichkeit darzustellen, verleiht vielen ägyptischen Filmen einen besonderen Reiz. Gerade die neueren Filme der bereits erwähnten Regisseure Yussuf Chahine oder Muhammad Khân beweisen dies, aber auch **Salâh Abu Seif**, der viele von Nagib Machfus' Romanen verfilmt hat, oder die folgenden Generationen, Filmemacher wie **Yussri Nassrallah**, der unter Chahine lernte, oder **Sherif Arafa**, beweisen, dass es noch gute ägyptische Filme gibt.

Literatur

Nicht nur die ägyptische Musik und der ägyptische Film sind in der gesamten arabischen Welt bekannt, auch die Literatur des Landes ist weit über die Landesgrenzen hinaus bekannt. Das Klima in Kairo war offen genug, um hier große Werke entstehen zu lassen, und so ist es weiter verwunderlich, dass die bekanntesten arabischen Schriftsteller der Moderne aus Ägypten stammen. Früh schon gab es Literatenzirkel, denen bekannte Namen wie Nagib Machfus, Tayyib Salih (ein Sudanese, der in Ägypten lebte) und Taha Hussein entstammen.

Nagib Machfus ist vor allem bei uns in Europa sehr bekannt. Auf ihn geht die bekannte Kairoer Trilogie *(Zwischen den Pälasten, Palast der Sehnsucht, Zuckergässchen)* zurück, in der die Geschichte einer Familie erzählt wird, die im alten islamischen Kairo im Zwiespalt zwischen Modernität und Tradition lebt. Machfus wurde 1911 in Kairo geboren und wuchs in eben jenen Vierteln auf, von denen er in seinen Kairoer Romanen schreibt. 1988 erhielt er als erster arabischer Schriftsteller den Nobelpreis für Literatur, und seine Bücher gehören spätestens seitdem zur Weltliteratur.

Wer in die Welt von Machfus eintaucht, riecht den Dampf der Wasserpfeifen, hört die Stimmen der Händler, atmet den würzigen Duft der Basare ein und schmeckt den Tee, der hier im Laufe eines Tages literweise getrunken wird. Durch Machfus wird der ägyptische Alltag lebendig. Er kritisiert und hat keine Angst, seine Meinung zu sagen. Das stieß nicht immer auf ein positives Echo. So wurde 1994 ein Anschlag auf den Schriftsteller zu verübt. Diese Tat hat ihn dermaßen mitgenommen, dass er seitdem keine Romane mehr schreibt. Allein Essays und Kommentare für ägyptische Zeitungen wie *al-Ahram* werden von ihm noch veröffentlicht.

Ebenfalls recht bekannt in der westlichen Welt sind die Werke des blinden Schriftstellers **Taha Hussein**. Er setzte sich wie nur wenige arabische Autoren bereits in den 40er Jahren für Frauenrechte ein, indem er in seinem Buch *Ahlâm Sheherazâd* (Die Träume Scheherazades) Humanismus mit Feminismus gleichsetzte. Er behauptet in diesem Buch, das mehr Essay als Roman ist, dass „die Zivilisation siegt, wenn Männer lernen, mit dem menschlichen Wesen in Dialog zu treten, das ihnen am nächsten ist, mit der Frau, die ihr Lager teilt". Dieser Ansatz, den auch arabische Frauenrechtlerinnen aufgenommen haben, wurde im Westen heftig diskutiert. Hussein sowie weitere Autoren, darunter **Yussuf Idris** und **Taufiq Hakim**, schreiben in ähnlicher Tradition wie Machfus, und in all ihren Romanen steht das Leben in Ägypten im Vordergrund. Nicht selten bedienen sie sich dabei der orientalischen Erzählkunst von *TausendundeinerNacht* und reihen eine Geschichte an die andere.

In den vergangenen Jahren haben sich auch einige ägyptische Schriftstellerinnen wie **Suleman Taufiq**, **Salwa Bakr**, **Nawal Saadawi** und **Alifa Rifaat** einen Namen gemacht. Auf sensible Art und

Weise erzählen ihre Kurzgeschichten und Romane vom Leben ägyptischer Frauen. Sie berichten von den Ungerechtigkeiten im alltäglichen Leben und ihrem Kampf gegen Unterdrückung. Vor allem Romane dieser Autorinnen sind ägyptischen Fundamentalisten seit langem ein Dorn im Auge.

Ägyptische Romane in deutscher Übersetzung verlegen vor allem der Unions-Verlag, der Lenos-Velag, die Edition Orient sowie der Verlag Das arabische Buch. Eine kleine Auswahl von Romanen findet sich in der Bücherliste im Anhang (s. S. 464).

Moderne Kunst

Moderne Kunst etabliert sich in Ägypten immer mehr. Vor allem in Kairo, aber auch in Alexandria, schießen Galerien aus dem Boden, die z.T. großartige Ausstellungen ägyptischer Künstler zeigen. Moderne Kunst ist salonfähig geworden, nachdem sie jahrelang als belanglos betrachtet wurde. Es gibt zwar noch immer keine richtige Ausbildung in moderner Kunst, doch die Künstler haben sich selbst geholfen und Kunstschulen ins Leben gerufen. Sie versuchen oftmals, im Ausland zu studieren, und schließen sich zu Zirkeln zusammen. Längst schon gibt es namhafte Künstler, die über die Landesgrenzen hinaus bekannt sind, wie z.B. der nubische Maler **Abdel Fatâh el Badrî**, die Kairoer Künstlerin **Katherine Bakhûm** oder der aus Alexandria stammende **Mahmûd Sa'îd**.

Gute Galerien wie die Cairo-Berlin, die Townhouse Gallery oder Mashrabia (alle drei in Kairo) haben stets Wechselausstellungen und unterstützen Künstler, aber auch kleinere Galerien, wie z.B. Safar Khân im Herzen von Zamâlik, zeigen Ausstellungen unterschiedlichster Künstler.

Dass moderne Kunst sich nicht auf die Städte allein beschränkt, zeigt das Badr-Museum in Farâfra (s. S. 310). Hier, inmitten der Wüste, hat sich der Bildhauer und Maler **Badr** niedergelassen und arbeitet mit dem Material, das er vor Ort findet: Lehm, Holz, Sand. Seine Kunst ist sehr naiv, aber sie berichtet anschaulich vom Leben in den Oasen.

Wer sich für die moderne Kunst Ägyptens interessiert, findet weitergehende Literatur in der Mashrabia-Galerie sowie unter 🖳 www.elzamzamy.com.

Islamische Kunst

Im Islam herrscht ein **Bilderverbot**. Dieses Verbot geht auf einen Hadîth, einen Ausspruch des Propheten zurück. Aischa, die Lieblingsfrau des Propheten und eine der wichtigsten Quellen für die Worte des Propheten, soll folgende Begebenheit erzählt haben: „Der Gesandte Gottes kam von einer Reise zurück. Ich hatte auf eines meiner Simse ein Tuch von mir gelegt mit Abbildungen. Als der Gesandte Gottes es erblickte, ergriff er es, zerriss es und sagte: Die schlimmste Strafe beim Jüngsten Gericht werden jene erleiden, die die Schöpfung nachgeahmt haben."

Dieser Ausspruch hat die Kunstgeschichte in der islamischen Welt geprägt. Kein sakraler Gegenstand wird je mit einer Abbildung versehen sein. Auswirkungen hatte das islamische Bilderverbot v.a. auf die **Kalligrafie**, die nun in den Vordergrund künstlerischen Schaffens gelangte. Sie ersetzte die Malerei in der islamischen Welt und bildet bis heute die einzige Verzierung in Moscheen.

Während die westliche Kunst immer darauf bedacht ist, stets Neues zu kreieren, besteht das Wesen der Kalligrafie in der Wiederholung, denn in der Wiederholung liegt Gottes Segen. Koranverse werden als Kalligrafie von einem Meister zum nächsten der nachfolgenden Generation weitergegeben. Die Schriftkunst dient dazu, die Ehrfurcht des Menschen vor dem Wort Gottes, das in arabischer Sprache offenbart wurde, aufzuzeichnen. Kalligrafie gilt als zeitlos und der beste Kalligraf ist derjenige, der es schafft, die überlieferten Formen der Schriftkunst zu meistern.

Islamische Architektur
Die Moschee (masgid oder gâmir)

Am Anfang war es nicht mehr als ein Quadrat in der Wüste. Die ersten Anhänger Muhammads malten es in den Sand, um damit die Stelle für ihr Gebet zu markieren. Es sollte nach Mekka orientiert sein, andere Bedingungen gab es nicht. So sah die erste Moschee, der „Ort der Niederwerfung" (arab. *masdjid*), aus.

Was von diesen Anfängen übrig geblieben ist, ist die viereckige Form. Ansonsten schmücken heute prächtige Ornamente und Kalligrafien die Wände der Moscheen, Säulen stützen die Dächer und prachtvolle Kuppeln schirmen sie nach oben hin ab.

Es gibt im Islam keine festen Regeln dafür, wie eine Moschee aufgebaut sein muss. Ein überdachter Raum mit einer parallel zu den Gebetsreihen stehenden Frontwand war jedoch praktisch und nicht sehr aufwendig im Bau und setzte sich daher durch. Zudem bot sich ein ebener Boden an, der mit Matten und Teppichen belegt wurde, auf denen die Betenden sitzen oder knien konnten. Sowohl weite Säulenhallen als auch einfache Schattendächer aus Palmwedeln können als Gebetsraum dienen. Die meisten Moscheen haben einen **Vorhof**, der die Betenden, die in der Moschee keinen Platz mehr finden, fassen soll. Das gilt v.a. für das Gemeinschaftsgebet am Freitag. Obligatorischer Bestandteil jeder Moschee ist inzwischen auch der *mihrâb*, die **Gebetsnische**, die in die Gebetsrichtung (*qibla*) weist, sowie die *minbar* oder **Gebetskanzel**. *Mihrab* und *minbar* erinnern an den Propheten, der stets an der Mekka zugewandten Wand zu beten und zu predigen pflegte, und sind erstmals im umayyadischen Umbau von Muhammads Haus in Medina durch Walid I. (707) entwickelt worden. Die Gebetsnische wurde das zentrale Ausstattungselement einer Moschee und ihrer künstlerischen Gestaltung wurde besondere Aufmerksamkeit gewidmet.

Das dritte Element, das eine Moschee ausmacht, ist das **Minarett**. Auch dieses geht auf eine Weisung des Propheten zurück. Er hatte angeordnet, dass ein Ausrufer (arab. *al-mu'azzin*) fünf Mal täglich die Gebetszeiten verkünden solle. Anfangs an den christlichen Kirchturm angelehnt, wandelte sich bald die Form des Minaretts, auch wenn sie nie vereinheitlicht wurde. So hatte jede Dynastie ihren eigenen Baustil und damit für sie typische Minarette. Während die Fatimiden beispielsweise viele ihrer Minarette sehr solide bauten und zum Teil sogar mit Wehrmauern umgaben (wie bei der al-Hâkim-Moschee in Kairo), errichteten die Osmanen schlanke Bleistiftminarette, wie man sie sehr gut bei der Alabaster-Moschee in der Zitadelle von Kairo bewundern kann.

Im Zentrum des Vorhofes befindet sich in aller Regel ein **Brunnen**, an dem die Moslems ihre rituelle Waschung vor dem Gebet vollziehen können. Dieser Brunnen ist häufig so groß wie ein kleiner Teich, um den herum kleine Bänke angeordnet sind, auf denen die Gläubigen sich sitzend waschen.

Die Koranschule (madrasa)

Viele Jahre dienten Moscheen auch als Schulen, wie z.B. die Azhar-Moschee, die zweitälteste Universität der Welt. In ihnen wurden religiöse Inhalte weitergegeben und diskutiert. Das wandelte sich ab dem 10. Jh., als erste, von Moscheen unabhängige **Koran- und Religionsschulen**, auf Deutsch auch als Medersa bekannt, entstanden. Sie wurden häufig unterstützt durch eine öffentliche Stiftung (arab. *waqf*) und erhielten die Einnahmen öffentlicher Institutionen, wie die eines Hammams oder einer Karawanserei. Die Medersa in ihrer klassischen Form (die sich aus der persischen Architektur des 10. Jhs. ableitet) folgt einem kreuzförmigen Plan mit vier **Liwanen** (überdachten Nischen), die um einen Hof herum angeordnet sind. Dieses Muster wurde zwar nicht immer, aber sehr häufig, eingehalten. Aus diesem Grundriss entstanden in Ägypten viele verschiedene Varianten. Die frühen Schulen hatten häufig Zimmer für Studenten und Lehrer, später dann, v.a. ab der mamlukischen Ära, wurde der Wohnbereich ausgegliedert. Die Koranschule verlor dadurch an Bedeutung. Eine Revitalisierung erfuhr sie in osmanischer Zeit.

Die meisten Koranschulen befinden sich dicht bei einer Moschee und häufig ist ihnen das Mausoleum ihres Stifters beigefügt. Heute werden nur noch wenige Koranschulen als solche genutzt.

Der Brunnen (sabîl)

Öffentliche Brunnen findet man in islamischen Städten überall. Sie sind vor allem mit den Osmanen verstärkt aufgekommen, die sie häufig mit einer *kuttâb*, einem anderen Wort für Koranschule, verbanden. *Sabîl-kuttâb*, eine Koranschule mit öffentlichem Brunnen, ist eine osmanische Erfindung, die man vor allem im islamischen Kairo findet.

Die Karawanserei (khân oder wikâla)

Als *khân* oder in Ägypten auch häufig *wikâla* bezeichnet man im Allgemeinen Karawansereien. Diese dienten den vorbeiziehenden Händlern als Unterkunft und Handelsplatz, weswegen man sie vor allem in der Nähe von Karawanenwegen findet. Sie sind ihrer Funktion entsprechend aufgebaut: Um einen großen Innenhof gruppieren sich offene Räume, die häufig als Verkaufsläden dienten. Der Innenhof ist so groß, dass man darin auch Tiere (Kamele) unterbringen konnte. Der Khân ist in den meisten Fällen zwei- bis dreistöckig. In den Obergeschossen finden sich meistens Räume, in denen die Karawanenhändler übernachteten und die sich zum Innenhof hin öffnen, damit die Händler jederzeit sehen konnten, wer ankam.

Kairo und Umgebung

HIGHLIGHTS

DAS ÄGYPTISCHE MUSEUM – 5000 Jahre Geschichte und Hunderttausende von Exponaten auf kleinstem Raum

DIE GAMALÎYA – Leben wie in einem Roman von Nagib Machfus

SHÂRIA MUSKI – Kairos lebendiges Marktviertel

IBN TULÛN-MOSCHEE – Ein klassisch irakischer Bau inmitten von Kairo

DAS KOPTISCHE VIERTEL – Frühchristliche Bauten im ältesten Viertel der Stadt

DIE PYRAMIDEN – Das erste (und einzige erhaltene) der sieben Weltwunder der Antike

DIE SPHINX – Rätselhafter Wächter über die Pyramiden

Kairo (al-Qâhira)

Al-Fustât ist eine Metropole in jeder Hinsicht (…). Sie liegt auf der Trennlinie zwischen dem Maghreb und den Wohnsitzen der Araber, ihr Gelände dehnt sich weit, sie hat viele Bewohner, ihr Gebiet ist blühend, ihr Name berühmt, ihr Ansehen gewaltig. So ist sie die Metropole Ägyptens, stellt Bagdad in den Schatten, ist der Stolz des Islams, der Handelsplatz der Menschen und prächtiger als die Stadt des Friedens (gemeint ist Jerusalem, Anm. d. Autoren). *Sie ist die Schatzkammer des Maghreb und das Lagerhaus des Ostens und zur Festzeit glänzend. Es gibt keine Metropole, die volkreicher ist; in ihr leben viele große und angesehene Männer. Sie hat staunenswerte Waren und Spezialitäten, schöne Märkte und Läden, ganz zu schweigen von den Bädern. (…) in ihr gibt es feine Speisen, reine Zutaten und wohlfeile Süßigkeiten, viele Bananen und frische Datteln, reichlich Gemüse und Brennholz, leichtes Wasser und gesunde Luft.*

al-Muqaddasî: Bericht über die Dinge, die ich mit eigenen Augen gesehen habe, aus dem Jahre 988 n.Chr. (übersetzt 1906)

Sieht man einmal von dem leichten Wasser und der gesunden Luft ab, dann könnte die Beschreibung Kairos aus dem 10. Jh. noch heute gelten. Kairo, die „Mutter der Welt" und mit ihren nahezu 18 Mill. Menschen die größte Stadt Afrikas, ist ein Schmelztiegel all dessen, was Ägypten überhaupt zu bieten hat.

Ohne jeden Zweifel ist Kairo eine der aufregendsten Städte, aufgrund der ca. 1 Mill. Autos, die Tag für Tag ihre Dieselschwaden und Benzindünste in die Luft jagen, im wahrsten Sinne des Worte atemberaubend, faszinierend, anstrengend, gigantisch. Die Stadt platzt aus allen Nähten, die Busse sind übervoll, die Metro von Anfang an zu klein konzipiert, auf den Straßen gibt es gegen Sonnenuntergang nur ein Drängen und Stoßen, und oftmals ist man mit dem Taxi länger unterwegs als zu Fuß. Man steht an, wenn man die Straße überqueren möchte, hört Tag und Nacht nichts anderes als Hupen und Lärm, Motorenkrach und dazwischen ab und zu den Muezzin. Die Menschen schieben sich durch die Stadt; die Überquerung einer Straße gleicht einem Überlebenskampf. Wo keine Autos fahren, hupen Mopeds. Hochstraßen, die helfen sollen, das Verkehrschaos wenigstens ein wenig zu lindern, verschandeln das Stadtbild; Baustellen, wohin das Auge blickt, z.T. offene Kanalisation, kaputte Stromleitungen und einzelne Menschen, die die Telefonleitungen anzapfen. Die Menschen, die Autos, der Müll, der Lärm: All das scheint der Stadt über den Kopf zu wachsen, und doch ist und bleibt Kairo die „Mutter der Welt". Wer hier ankommt, wird sofort mit der ägyptischen Realität konfrontiert. Da gibt es kein sanftes Ankommen, da wird man hineingestoßen ins ägyptische Leben, und genau das ist es, was wir an Kairo so lieben: Es ist Ägypten wie es leibt und lebt!

Monate, wenn nicht gar Jahre, kann man hier verbringen und wird doch nie alles sehen, was die Stadt dem Besucher bieten kann. In Kairo herrschen die Gegensätze: Modernes Leben in Zamâlik und Muhandisîn, westlicher Standard, Luxus, Discos und Kneipen, Jazz-Club und Oper. Und auf der anderen Seite das islamische Kairo, der Basar, der Friedhof, auf dem die Ärmsten der Armen ein Zuhause zwischen Grabsteinen gefunden haben, und Menschen, die auf der Straße schlafen, weil sie in der Millionenstadt kein Haus mehr finden.

Der Besucher findet hier großartige islamische Architektur, Museen, die einen zum Staunen bringen, Stadtviertel, die direkt den Romanen von Nagib Machfus entsprungen zu sein scheinen, den prächtigen Nil mit seinen Vergnügungsdampfern und Hausbooten, Galerien, Ausstellungen, Konzerte und Basare.

Kairo ist eine Attacke auf sämtliche Sensoren des Körpers und nur, wer sich ausreichend Zeit für diese aufregende Stadt nimmt, wer auch mal stundenlang in einem Kaffeehaus sitzen kann und dabei dem Treiben auf den Straßen zusieht, kann der „Mutter der Welt" wenigstens im Ansatz gerecht werden.

Orientierung

Sich in Kairo zurecht zu finden ist nicht gerade einfach, aber möglich (Übersichtskarte Kairo s.S. 130/131). Die für den Touristen interessanten Stadtteile liegen, von Giza und Heliopolis einmal abgesehen, mehr oder minder dicht beieinander. Das bedeutet zwar nicht, dass man bequem von einem Ort zum anderen laufen kann, denn die Entfernungen sind groß, aber man muss auch nicht immer auf ein Taxi ausweichen.

Die Stadt wurde einst zwischen dem Mukattam-Hügel im Osten und dem Nil im Westen errichtet. Doch auch wenn diese Kairo schon lange nicht mehr eingrenzen, so bilden die Viertel, die sich zwischen diesen beiden natürlichen Schranken befinden, den alten Stadtkern, den Teil also, der für Touristen von besonderer Bedeutung ist.

Direkt östlich des Nils liegt das **Downtown** genannte Innenstadtviertel, das im Süden von Bâb el Lûq begrenzt wird und im Norden vom Mîdân Ramses. Hier finden sich alle einfachen und viele Mittelklasse-Hotels; hier sind fast alle Restaurants der Stadt zu finden und einige der angenehmeren Bars.

Westlich davon, auf der Nilinsel Gazîra, liegt das Viertel **Zamâlik**, ein schönes, überschaubares Viertel mit vielen Bäumen und Villen. Hier leben viele Ausländer und auch die meisten Botschaften sind hier untergebracht.

Östlich von Downtown ist das so genannte **Islamische Kairo**, das im Norden bis zur alten fatimidischen Stadtmauer reicht und im Süden bis zur Zitadelle. Außerdem von Bedeutung ist für den Kairo-Besucher das **koptische Viertel**, das ungefähr auf Höhe der Südspitze der Insel Roda liegt.

Wichtiger Orientierungspunkt für Kairos Innenstadt sind der **Mîdân** (arab. „Platz") **Tahrîr** im Westen von Kairos Downtown, der **Mîdân Talaat Harb**, der so etwas wie den südlichen Nabel von Downtown darstellt, der **Mîdân Ramses**, der zum einen von Bedeutung ist, weil hier die Züge und nicht allzu weit entfernt auch die meisten Busse ankommen, und zum anderen, weil er der nördliche Eckpfeiler von Downtown ist, der **Mîdân Ataba**, weil er Downtown und die Kairoer Altstadt voneinander trennt, der **Mîdân Hussein** als Dreh- und Angelpunkt des islamischen Kairos und die **Zitadelle**, als südlichster Orientierungspunkt.

Orientierungshilfe bei der Ankunft

Ankunft am Flughafen: Der ac-Bus Nr. 356 fährt direkt ab dem Flughafen-Ausgang (erst Terminal 1, dann Terminal 2) in die Innenstadt. Endstation ist der Platz hinter dem Ägyptischen Museum. Abfahrt alle halbe Stunde zwischen 6.30 und 22.30 Uhr. Kosten: E£3.
Taxis vom Flughafen sind direkt in der Flughafenhalle zu organisieren. Kosten für ein einfaches Taxi nachts ca. E£30, tagsüber etwa E£20.

Ankunft mit der Bahn: Die Ramses Station liegt im nördlichen Teil von Downtown. Von hier geht es am besten zu Fuß (die ersten Low-Budget-Hotels liegen nicht allzu weit von hier entfernt) oder per Taxi weiter. Auch wenn die Taxifahrer hier gern horrende Preise verlangen, sollte man nicht mehr als E£3 in die Innenstadt bzw. E£5 nach Zamâlik bezahlen.

Ankunft mit dem Bus: Der große Busbahnhof Turgoman liegt nahe dem Mîdân Ramses (10 Min. zu Fuß). Hier kommen sowohl die nationalen als auch die internationalen Buslinien an. Auch von hier empfiehlt sich ein Taxi, das ebenfalls nicht mehr kosten darf als oben angegeben.

Ankunft mit dem Auto: Seit kurzem gibt es eine Umgehungsstraße, die ganz Kairo umfährt. Von Giza führt sie nach Norden, wo es einen Abzweig auf die Autobahn nach Alexandria gibt. Weiter führt diese Umgehungsstraße nördlich des Flughafens vorbei und biegt dann nach Ismâ'iliya ab. An dieser Kreuzung außerhalb der Stadt gibt es auch eine Abzweigung nach Süden, die südlich an den Mukattam-Hügeln vorbei führt, nördlich von Ma'adi den Nil überquert und wieder in Giza ankommt.
Wer von Norden ins Zentrum möchte, folgt der Autobahn, die bald in die Corniche am Nil übergeht, immer geradeaus bis ins Zentrum.
Wer von Osten (Suez) nach Kairo kommt, sollte der Umgehungsstraße Richtung Helwân folgen, dann aber nicht nach Helwân abzweigen, sondern nördlich an Maadi vorbei bis zum Nil fahren. Dort beginnt der südliche Teil der Corniche, der man bis ins Zentrum folgen kann.
Wer von Westen kommt, also von Giza, kann von den Pyramiden aus immer der Sh. Giza geradeaus folgen und kommt so direkt zum Mîdân Tahrîr.
Von Süden kommend folgt man den Straßenschildern bis Helwân und nimmt dann die Corniche bis ins Zentrum.

Geschichte

Al-Fustât, die Vorgängerstadt von Kairo, wurde von **Amr ibn al-'Âs**, dem Eroberer Ägyptens, gegründet. Er errichtete sie auf den Ruinen des alten Babylons, das hier stand (s.S. 156). Bis Ende des 9. Jhs. schlief die Stadt einen Dornröschenschlaf, war Karawanenlager und -stützpunkt, hatte aber keine wichtigere Bedeutung für die moslemischen Herrscher in Damaskus (bis 750) und Bagdad (ab 750). Einen ersten kleinen Aufschwung erlebte die Stadt unter den **Tuluniden**, die al-Fustât als ihren Hauptstützpunkt ansahen und in direkter Nachbarschaft die Siedlung al-Qatâ'i gründeten. Zwei Bauwerke sind aus dieser Zeit noch erhalten: Die Tulûn-Moschee sowie der Nilometer.

Die eigentliche Geschichte Kairos beginnt mit den **Fatimiden**, die im Jahr 969 **al-Qâhira**, die „Siegreiche", gründeten, und zwar genau dort, wo sich heute der legendäre Touristen-Basar Khân el Khalîli befindet. Frühere Gebiete, darunter auch al-Fustât, wurden zu Vororten degradiert. Die neue Stadt wurde 973 Hauptstadt des fatimidischen Reiches, das sich von Marokko bis in den Nahen Osten erstreckte. Viele der prachtvollen Bauten, die bis heute im islamischen Kairo zu sehen sind, stammen aus dieser Zeit.

Mit dem Bau der **Azhar-Moschee** 970 rückte Kairo schnell ins Zentrum der islamischen Gelehrsamkeit, und selbst als etwa 200 Jahre später die **Ayyubiden** Ägypten wieder an Bagdad angliederten, blieb Kairo der religiöse Nabel der islamischen Welt.

Für **Saladin** (Salâh ad-Dîn), der mit der ayyubidischen Eroberung Kairos die Führung der islamischen Welt übernommen hatte, war die oberste „innenpolitische" Priorität, die schiitischen Einflüsse der Fatimiden auszumerzen. Er ließ neue Moscheen errichten und schuf die Grundmauern der späteren Zitadelle.

Den Ayyubiden folgten die **Mamluken**, die Kairo wieder zur Hauptstadt machten. Sie, die ihre Herrschaft nur mit Gewalt und Grauen durchsetzen konnten, ließen viele Paläste, Moscheen und Karawansereien errichten, um ihre Macht zu demonstrieren. Kairo wurde zu einem Wirtschaftszentrum.

Den Mamluken folgten die **Osmanen**, die Ägypten zu ihrer Provinz erklärten und Kairo so an den Rand der politischen Bühne drängten.

Ein wirklicher Bedeutungswandel vollzog sich für Kairo im 19. Jh. mit der Entstehung des Khediven-Reiches. Unter **Ismâ'il Pascha** (1863–1879) dehnte sich Kairo, das nun wieder Hauptstadt wurde, über den Nil Richtung Westen aus. Europäische Architekten wurden beauftragt, die Stadt zu erneuern, die Wohnviertel Zamâlik und Muhandisîn entstanden, aber auch große Teile der heutigen Downtown stammen aus dieser Zeit. Mit der nun forcierten Industrialisierung Ägyptens wuchs die Hauptstadt des Landes immer mehr.

Anfang des 20. Jhs. wurde Kairo zur Kultur-Hauptstadt. Selbst die feine englische Gesellschaft zog es hierhin. Es herrschte ein eitles Treiben und reges künstlerisches Schaffen. Die **Unabhängigkeit** Ägyptens ging von hier aus, und so war es nur verständlich, dass Kairo, inzwischen eine Millionenstadt, Hauptstadt blieb.

Mit der Revolution 1952 schnellte die Einwohnerzahl Kairos in die Höhe, immer mehr Landflüchtige siedelten sich hier an. Eine Trabantenstadt nach der anderen entstand; einstige Slums wurden eingemeindet; es begann eine Siedlungsnot und die Stadt wurde zum Moloch. Heute umfasst das Stadtgebiet Orte, die einst mehrere Kilometer von Kairo entfernt lagen. Man hat damit begonnen, durch günstige Mieten und Schaffung von Arbeitsplätzen Anreize zu schaffen, die die Kairoer Bevölkerung zur Umsiedlung in die Trabantenstädte bewegen sollen. Doch auf jeden Kairener, der die Stadt verlässt, kommen zwei, die durch Landflucht in die Stadt getrieben werden. So wächst Kairo weiter und weiter…

Downtown

Kairos Innenstadt, die von Kairenern liebevoll Downtown genannt wird, entstand vor allem unter der Herrschaft Ismâ'il Paschas, der zur Gestaltung der Innenstadt europäische Architekten nach Kairo holte. So erklären sich die vielen prachtvollen Bauten, die dem Besucher von Paris oder Brüssel her vertraut sein dürften (Übersichtskarte Kairo Zentrum s.S. 132/133).

Die Innenstadt erstreckt sich im Süden von Bâb el Lûq und dem Mîdân Tahrîr bis im Norden zum Mîdân Ramses, wo sich auch der Bahnhof befindet. Im Westen wird das Viertel durch den Nil begrenzt und im Osten durch die schöne Shâria Klot Bey, die vom Ramses-Bahnhof zum Mîdân Ataba führt. Südlich des Viertels erstreckt sich die Garden City, ein Viertel, das vor allem wunderschöne Villen und herrliche Gärten hat. Im Osten grenzt das Islamische Kairo an Downtown, und im Norden beginnen die ärmeren Wohnviertel.

Downtown beherbergt die meisten Hotels der Stadt sowie viele Restaurants und Cafés. Hier sind die größten und längsten Einkaufsstraßen zu finden, auf denen sich gegen Sonnenuntergang mehrere Tausend Kairener drängen. Vor allem in den Abendstunden flanieren hier jede Menge Leute, um dann in einem der kleinen Straßenrestaurants rund um den Mîdân Urâbî (Orabi) einen kleinen Snack zu sich zu nehmen. Es gibt in diesem Viertel keine wirklichen Sehenswürdigkeiten, außer dem Ägyptischen Museum natürlich, das sich am nördlichen Ende des Mîdân Tahrîr befindet (s.o.), und den vielen Galerien rund um den Mîdân Talaat Harb. Es gibt jedoch viele kleine, sehr sehenswerte Ecken, nette Cafés, kleine Restaurants und natürlich die AUC, die American University of Cairo, die dazu einladen, sich längere Zeit in Downtown aufzuhalten.

Mîdân Tahrîr, Bâb el Lûq und Talaat Harb

Der **Mîdân Tahrîr** ist das Herz der Stadt. An diesem überdimensional großen Platz, in dessen Mitte sich seit Jahren eine Baustelle befindet, liegen das Ägyptische Museum, diverse Hotels, Fastfood-Ketten wie McDonalds und Pizza Hut sowie die **Mugamma**, jener riesige Bürokratie-Bau, der sowohl in ägyptischen Psychothrillern als auch bei Asterix' Götter-Prüfung (siehe Kasten) eine wichtige Rolle spielt.

Nicht weit von der Mugamma entfernt befindet sich die **AUC**, die an sich nicht sehenswert ist, jedoch eine hervorragende Buchhandlung hat und eine nette Cafeteria. Hier kann man auf angenehme Art und Weise mit jungen Studenten in Kontakt kommen. Außerdem veranstaltet die AUC regelmäßig Konzerte und Lesungen, die am Schwarzen Brett der Uni ausgeschrieben werden. Bei Betreten des Geländes muss der Pass vorgezeigt werden und die Taschen werden durchsucht.

Vom Mîdân Tahrîr geht es über die Sh. Tahrîr zum Mîdân Falâkî, wo das Viertel **Bâb el Lûq** beginnt. Hier finden sich nicht nur Kaffeeröstereien und das schöne Kaffeehaus El Hurriya, sondern auch der Marché Couverte Bab el Louk, eine sehr schöne Markthalle vom Anfang des 20. Jhs., wo heute noch täglich ein Markt stattfindet. Es lohnt sich, die Straßen zwischen dem Bâb el Lûq und dem Talaat Harb weiter nordöstlich in aller Ruhe zu durchstreifen. Hier finden sich Antiquitätenläden, kleine Blumenmärkte u.a.

Der **Mîdân Talaat Harb** östlich des Mîdân Tahrîr ist einer der Verkehrsknotenpunkte der Innenstadt. Hier befinden sich das traditionsreiche Café Groppi und das Literatencafé Café Riche.

> **Asterix erobert Rom** Julius Cäsar ist verzweifelt, weil es ihm nicht schafft, das kleine gallische Dorf zu erobern, und schlägt daher einen Wettkampf vor: Die Gallier müssen beweisen, dass sie Götter und keine Menschen sind. Denn sollten sie Götter sein, wird Cäsar zurücktreten und die Gallier in Frieden lassen. Bestehen die mutigen Bretonen den Wettkampf aber nicht, sollen sie sich als Menschen Cäsar unterwerfen.
>
> Das Dorf stimmt zu und schickt Asterix und Obelix in den Kampf. Zwölf Prüfungen müssen bestanden werden. Die meisten Prüfungen sind leicht: ein Marathon-Lauf, ein Speer-Weitwurf, der tonnenweise Verzehr von Wildschweinen... Bei einer Prüfung jedoch sieht es so aus, als würden die beiden Helden aufgeben: Beim **Kampf gegen die Bürokratie**. Gaius schickt Asterix und Obelix in „Das Haus, das Verrückte macht", um einen Passierschein zu erlangen. Dieses ist im Zeichentrickfilm, man ahnt es bereits, die Mugamma. Der Bote rennt von A nach B, wird weitergeleitet nach C, nur um dann zu erfahren, dass eigentlich A...
>
> Asterix und Obelix sind kurz davor aufzugeben, als ihnen die Lösung einfällt: Sie drehen den Spieß um und verursachen in der schwerfälligen und unflexiblen Behörde ein riesiges Chaos. So bekommen sie schließlich den Passierschein, als Bestechung dafür, dass sie das Haus verlassen, und gewinnen den Wettkampf.

Nicht allzu weit von hier entfernt finden sich herrliche Galerien (s.S. 174). Vom Mîdân Talaat Harb geht auch die Hauptgeschäftsstraße nach Norden ab, die **Shâria Talaat Harb**, an der sich rechts und links viele Schuh- und Modegeschäfte befinden. Hier flaniert Kairos Mittelschicht und genießt Eis und Cola. Die Shâria Talaat Harb mündet im Norden in den **Mîdân Urâbî**. Um diesen Platz herum finden sich viele kleine Essbuden, Freiluftrestaurants, kleine Rasenflächen, wo sich vor allem nach Sonnenuntergang viele Familien niederlassen, um zu picknicken. Hier geht auch die **Shâria Alfî** ab, eine Fußgängerzone mit weiteren Teehäusern und kleinen Restaurants. Wer noch spät in der Nacht oder auch morgens um 4 Uhr Hunger hat, findet hier immer Gleichgesinnte und immer offene Restaurants.

In etwa parallel zur Shâria Talaat Harb verläuft die weit ruhigere und angenehme **Shâria Sharîf**, die im Norden die Sh. 26th July kreuzt und schließlich in die Sh. Alfî mündet. Wer nicht ständig drängeln möchte, um weiter zu kommen, kann diese nach Norden nehmen.

> **Vorsicht**: Rund um den Mîdân Talaat Harb gibt es so genannte Schlepper, die ahnungslose Touristen in eines ihrer Parfümöl-Geschäfte schleppen. Sie machen das ganz geschickt, sprechen die Touristen auf Deutsch an und bitten sie um Hilfe, oder erzählen von einem Freund in Deutschland oder … . In den Geschäften erhält man mindere Qualität zu völlig überteuerten Preisen. Auch bei den Pyramiden und im Khân el Khalîlî wird man schnell Opfer solcher Schlepper.

Mîdân Urâbî, Mîdân Ramses und Shâria Klot Bey

Der **Mîdân Urâbî** ist nach Anbruch der Dunkelheit sicherlich einer der lebendigsten Plätze Kairos. Hier gibt es einen frischen Gemüsemarkt, Bäckereien, vor allem aber kleine Imbisse, wo man leckere Sandwiches für 50 pt bekommen kann. Hier beginnt auch die **Shâria Alfî**, die sich Richtung Osten zieht, und die ein einziges Openair-Café ist. Überall sitzen die Menschen (Frauen und Männer) vor den Türen der Kaffeehäuser, trinken Tee, rauchen Schischa und sehen nicht selten einem Fußballmatch zu, das im Fernsehen übertragen wird. Wer Kairo live erleben möchte, ist hier genau richtig.

Etwa 15 Minuten Fußmarsch nordöstlich von hier befindet sich der **Mîdân Ramses**, der nach einer Ramses-Statue benannt wurde, die 1955 in Giza gefunden und hier aufgestellt wurde. Hier befindet sich auch der Hauptbahnhof. Der Platz an sich ist nicht sehr sehenswert, zumal Hochstraßen und Zäune den Fußgänger fast in den Wahnsinn treiben, das Gebäude des Hauptbahnhofs jedoch ist schön anzusehen, und es wundert nicht, dass Yussuf Chahine, Ägyptens bekanntester Regisseur, dem Bahnhof einen Film widmete.

Neben der Bahnhofshalle befindet sich das kleine zweistöckige **Museum der Egyptian National Railway** (ENR). Die Besichtigung beginnt im oberen Stockwerk. Hier kann man Modelle von Transportmitteln aus der Zeit vor der Erfindung der Dampfkraft sehen, Lokomotiven, Waggons, aber auch Modelle des Wasser- und Lufttransportes. Besonders schön ist das Modell des Khediven-Zuges von 1859 mit Wagen für Offiziere, Minister und die Khediven-Familie. Im Erdgeschoss sind u.a. Modelle von Brücken, Bahnhöfen und Expresslokomotiven aus der Khediven-Zeit ausgestellt. Hier steht neben anderen Zugmaschinen eine Originallokomotive, die 1862 für Prinzessin Eugenie in England hergestellt wurde. Sie verkehrte einst zwischen Ra's el Tîn und dem Montaza-Palast in Alexandria. Einen Tender gibt es nicht, denn für die Strecke von 30 km reichte eine Kohleladung aus. Eine sehr freundliche junge Dame, die in holprigem Englisch auch Auskünfte erteilt, schließt gern einen Seitenschuppen auf. Hier steht eine englische Lokomotive, die 1855 nach Ägypten importiert wurde. Die Lokomotiven darf man übrigens auch besteigen. ⏰ Di–So 8–13 Uhr, Eintritt E£10, Fr E£20.

Schräg gegenüber dem Bahnhof, östlich des Platzes, beginnt die **Shâria Klot Bey**, eine sehr lebendige Straße mit Arkaden, Werkstätten, netten Kaffeehäusern und vergleichsweise wenig Verkehr. Sie endet am Mîdân Ataba, wo die Ezbekiya-Gärten beginnen. Von hier ist es nur noch ein Katzensprung durch die Shâria Adlî, in der sich auch die Große Synagoge befindet, zur Shâria sharîf zurück.

Kairo – Stadt der 1000 Minarette

Kairo Zentrum

Läden, Restaurants etc.:
1. Restaurant Paprika
2. Stella-Bar und Einkauf
3. Al-Asaf Apotheke
4. Laden mit Alkohol
5. Alfy Bey Restaurant
6. El Andalus Teehaus
7. Ali Hassan el Hati Restaurant
8. El Gad Restaurant
9. Adl-Patisserie
10. Lux Kushari
11. El Haty Restaurant
12. Buchhandlung Lehnert und Landrock
13. La Chesa Restaurant
14. Groppies Garden
15. Schweizer Botschaft
16. Bar des Odeon Hotel
17. Französisches Konsulat und Arabischkurse
18. Townhouse Gallery
19. Livres de France Buchhandlung
20. Mashrabiya Galerie
21. Atelier du Caire
22. Thomas Cook
23. Groppies Café
24. Western Union
25. Maktaba Shuruq Buchhandlung
26. American Express
27. Arabesque Restaurant
28. Le Grillon Restaurant
29. After 8 Bar
30. Café Riche
31. Zahra al-Bustān Teehaus
32. Estoril Restaurant
33. Stella Bar
34. Flifla Alaa ad-Din Restaurant
35. Cairo Berlin Galerie
36. Goethe Institut
37. Café Hurriya
38. Mu'min Fast Food
39. Fatatri at-Tahrir
40. Kushari at-Tahrir
41. Marché Couvert

Übernachtung:
1. Hotel Ambassador
2. Hotel Carlton
3. Hotel Windsor
4. Grand Hotel
5. Claridge Hotel
6. Richmond Hotel
7. Pension Roma
8. Hotel Dahab und Pension Vienna
9. Hotel Liyali
10. Hotel Cosmopolitan
11. Hotel Tulip
12. Hotel Ismā'īl House
13. Garden City Hotel

Transport:
1. Autovermietung Roban Transport Limousine
2. Riverboat nach Roda und Zamālik
3. Riverboat nach Qanātir
4. Egypt Air Büro
5. Busse nach Giza
6. Flughafenbus
7. Olympic Airways
8. KLM
9. Air France, Egypt Air, Avis
10. British Air und Alitalia

KAIRO UND UMGEBUNG

132

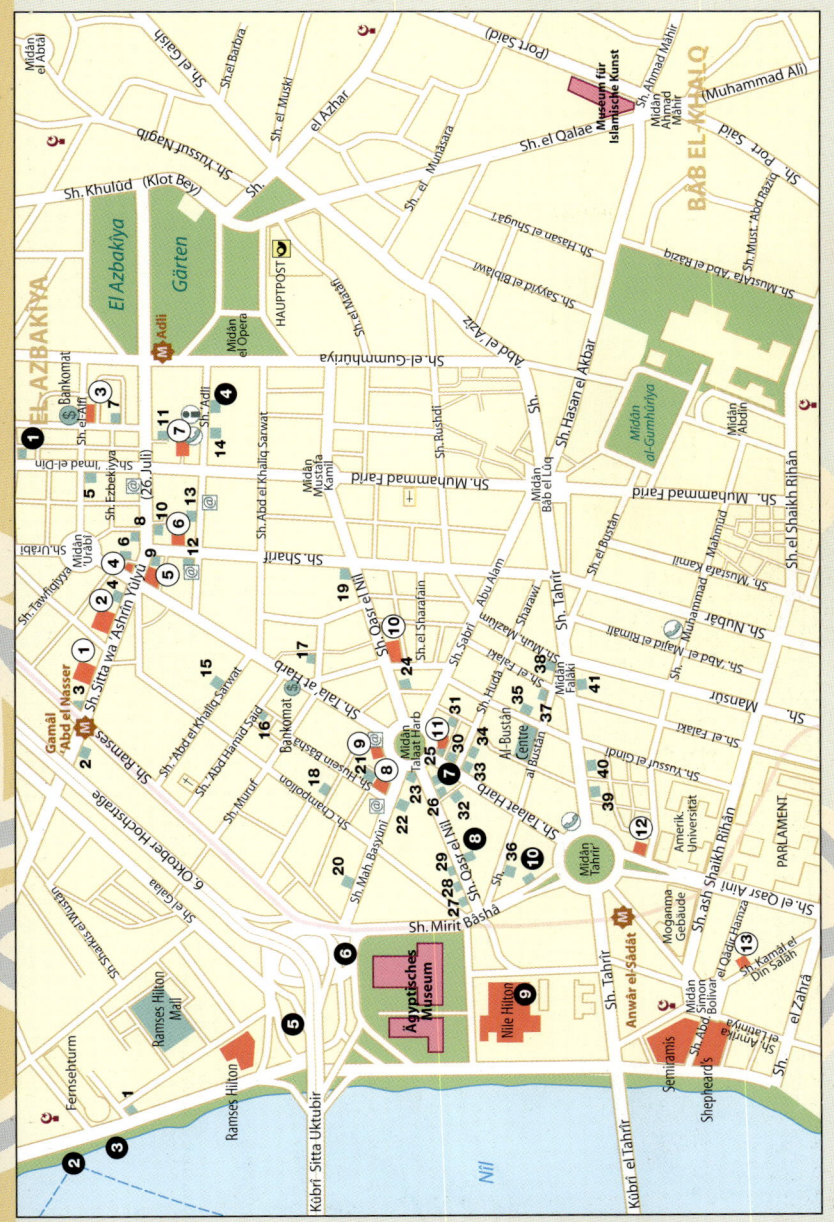

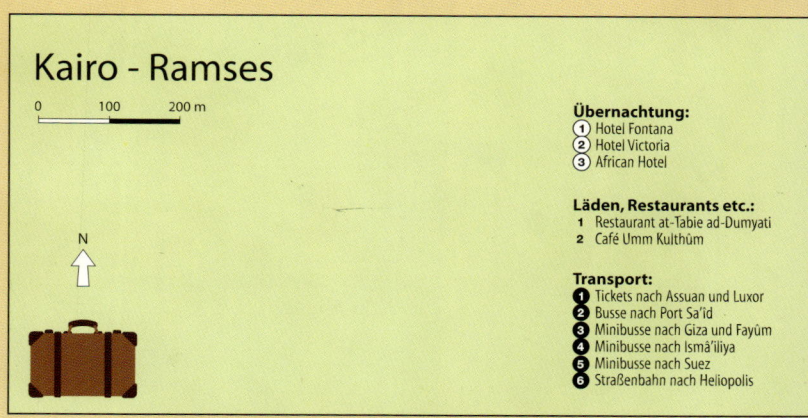

Kairo - Ramses

0 100 200 m

Übernachtung:
① Hotel Fontana
② Hotel Victoria
③ African Hotel

Läden, Restaurants etc.:
1 Restaurant at-Tabie ad-Dumyati
2 Café Umm Kulthûm

Transport:
① Tickets nach Assuan und Luxor
② Busse nach Port Sa'id
③ Minibusse nach Giza und Fayûm
④ Minibusse nach Ismā'iliya
⑤ Minibusse nach Suez
⑥ Straßenbahn nach Heliopolis

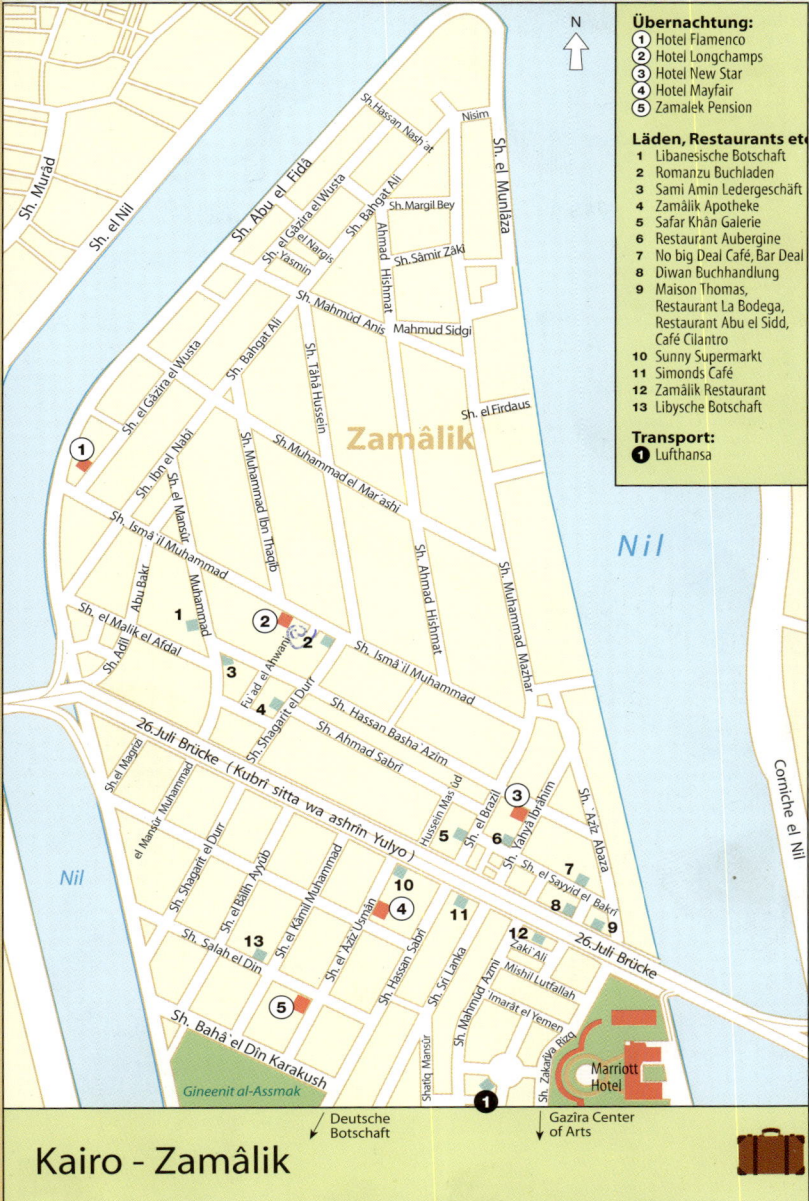

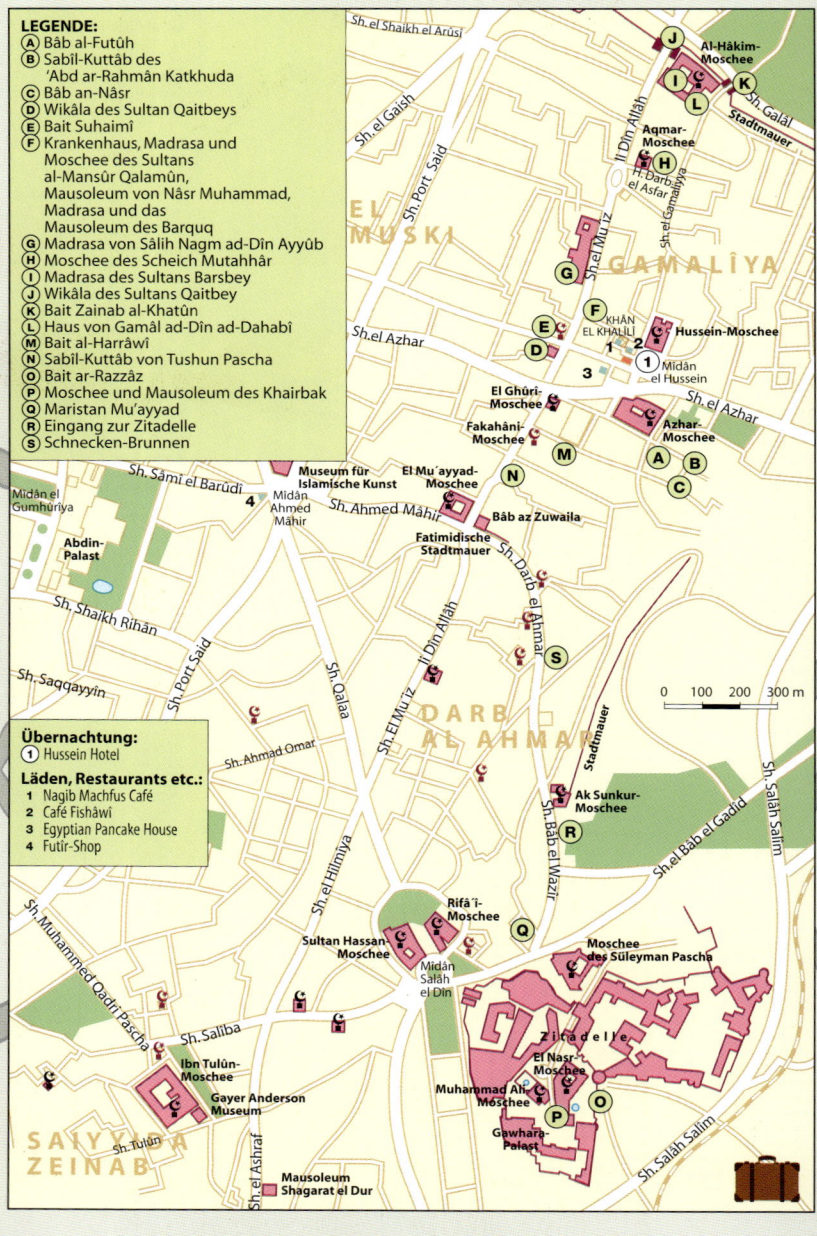

überschätzt: zu viele Menschen + Exponate!

Das Ägyptische Museum

Selbst wer mit Museen nichts anfangen kann und sonst immer einen weiten Bogen um jedes Museum macht: Das Ägyptische Museum zu verpassen, wäre eine Schande! In diesen Hallen liegen Ausstellungsstücke wild durcheinander, die von unschätzbarem Wert sind, wie beispielsweise die Grabkammer des Tutanchamun mit all seinen Goldmasken und Schmuckstücken. Doch nicht nur Gold, Schmuck und Throne sind es, die den Besucher locken: Alltagsgegenstände, die mehr als 5000 Jahre alt sind, Grabbeigaben aus Holz, Ton und Glas, Büsten, Statuetten, Grabsteine und Mumien – all dies sucht weltweit seinesgleichen.

Kein Museum bietet dem Besucher so viel, wie dieses zum Bersten volle Museum am Mîdân Tahrîr im Herzen des modernen Kairos.

Das Gebäude, in dem das Museum untergebracht ist, verdient ebenfalls Beachtung: Es wurde 1900 von der englischen Regierung als Aufbewahrungsstätte von Fundstücken erbaut. Der „Service des Antiques de l'Egypte" wurde damit beauftragt, altägyptische Kunstschätze zu sammeln und die im Giza-Palast, dem Herrschaftssitz von Ismâ'il Pascha, aufbewahrten Stücke hierher zu bringen. Diese Maßnahme sollte vor allem dazu dienen, Grabplünderungen aufzuhalten und so das wertvolle Kulturerbe für Ägypten zu erhalten.

Da das Museum aus allen Nähten platzt, ist ein Neubau geplant, doch wird es damit wohl noch eine Weile dauern.

Im Folgenden können wir nur einen Überblick über das geben, was im Museum zu finden ist. Völlig unmöglich ist es, eine ausführliche Museumsbeschreibung zu liefern. Wer sich für die altägyptische Geschichte interessiert, sollte sich unbedingt im Eingangsbereich einen **Museumsführer** kaufen, den es auch auf Deutsch gibt. Zu empfehlen sind besonders der dreisprachige Museumsführer von Edouard Lambelet (Lehnert & Landrock, s.S. 172) und der Art Guide von National Geographic (auch in Deutsch).

Leider sind die Exponate des Museums nur in den wenigsten Fällen mit kleinen Tafeln erläutert, und wenn doch, dann sind die Erklärungen meist unzureichend.

⏰ tgl. 9–16 Uhr. Am wenigsten ist um die Mittagszeit los. Eintritt E£20, Mumiensaal E£40; Fotoerlaubnis E£10.

Das Erdgeschoss des Museums ist chronologisch angeordnet. Im Eingangsbereich finden Wechselausstellungen statt. Wer im Uhrzeigersinn durch die Hallen wandert, folgt dem Lauf der Geschichte. Wir beginnen den Rundgang ebenfalls im Uhrzeigersinn.

Erdgeschoss:

Raum	Thema	Besonderheiten
48		Wechselausstellungen
47	Altes Reich	Sarkophage, das Haupt des Königs Sahure, drei Statuengruppen des Königs Mykerinos mit der Göttin Hathor
46, 41	Altes Reich	Relief aus dem Grab des Epi, zwei Köpfe des Königs Userkaf
42, 36	Altes Reich	Statue von König Chephren
31	Altes Reich	zwei Statuen des Priesters Ranofer
32	Altes Reich	Statuen von Prinz Rahotep mit Nofret, Sänfte, Elfenbeinstatue von Cheops
37	Altes Reich	Doppelstatue von Pharao Pepi I. aus Kupfer
26	Mittleres Reich	Statuen der Könige Mentuhotep, Amenemhet, Sesostris III., Statuen von Königin Nofret
27, 21	Mittleres Reich	Sphingen
22	Mittleres Reich	Grabkammer von Hathotep, 10 Statuen von Sesostris I., Rosengranit-Stele von Sesostris III.
16, 17	Neues Reich, 18. Dynastie	Sphingen
11	Neues Reich, 18. Dynastie	Sphinx von Hatschepsut, Statue des Königs Hor
12	Neues Reich, 18. Dynastie	Thutmosis mit der oberägyptischen Krone, Statuen von Amenophis II., Relief der Punt-Expedition, Senenmut mit der Tochter von Hatschepsut, Hathor-Kapelle von Thutmosis III., Statuen des Emenophis

Raum	Thema	Besonderheiten
6	Neues Reich, 18.–20. Dynastie	Stele aus Rosengranit mit der Inschrift über die Wiedereinsetzung des alten Götterkultes unter Tutanchamun
7	Neues Reich, 18.–20. Dynastie	Statue von Hatschepsut
1, 2, 4, 5, 8	Neues Reich, 18.–20. Dynastie	
3	Neues Reich, 18.–20. Dynastie	Amârna-Saal, Fundstücke aus der Zeit Echnatons, vier Kolossalstatuen von Echnaton, Reliefs und Statuetten von Echnaton und Nofretete mit den Kindern
13	Neues Reich	Israel-Stele. Zum ersten Mal in der Geschichte wurde hier der Stamm Israel erwähnt.
9, 10	Neues Reich, 18.–20. Dynastie	Königstafel von Saqqâra, die 58 alt-ägyptische Herrscher auflistet. Statuen von Ramses II. und Tutanchamun
14, 15, 19, 20	Neues Reich	Statue von Ramses III., Kalksteinbüste von Merit Amun, Tochter von Ramses II.
24, 25, 29, 30	Spätzeit	Alabasterstatue von Mernirdis, Prinzessin aus der 25. Dynastie Stelen, eine davon ist dreisprachig, ähnlich dem Rosetta-Stein (s.S. 368)
34–35, 39–40, 45	Griechisch-römische Zeit	
44	Nubier	
49–51	Ptolemäer	
43	Vordynastische Zeit	Holzpaneel, das Menes, den Herrscher von Unter- und Oberägypten, zeigt
28	Große Denkmäler	Bemalter Fußboden aus dem Palast von Echnaton in Amârna
23	Große Denkmäler	Von Ramses II. usurpierte Kolossalstatuen des Mittleren Reiches

Raum	Thema	Besonderheiten
33, 18	Große Denkmäler	Sarkophage von Thutmosis I. und Hatschepsut

Obergeschoss

Das Obergeschoss ist nicht chronologisch, sondern nach Themen geordnet. Dieses Mal durchlaufen wir die Säle entgegen dem Uhrzeigersinn.

Raum	Thema	Besonderheiten
56	Mumiensaal	Näheres s.u.
45, 40, 35, 30, 25, 20, 15, 10, 9, 8, 7, 3	Näheres s.u.	Tutanchamun
4	Schmuck	Der Schmuck- und Juwelensaal zeigt Funde aus 3000 Jahren.
14, 39, 40	Rom	Särge und Mumienmasken
19	Götter	Bronzestatuen, auch von Tieren
24, 29	Grabfunde	Zeichnungen, Papyri, Modelle für Steinmetze
34	Alltägliches	Gebrauchsgegenstände wie Spiegel, Spiele etc.
44	Tempelopfer	Tor-Schlösser
49, 50	Möbel	
48, 41, 26	Särge	auch Wechselausstellungen
54	Tiermumien	
43, 42	Frühzeit	Grabschatz von Tuja und Yuya, Eltern von Teje
41, 36, 37, 32, 27, 17,		Grabbeigaben aus dem Alten und Mittleren Reich
12		Modelle von Arbeitern und Handwerkern, die in die Gräber getan wurden, damit man ihre Hilfe auch im Jenseits hat. Spielbretter, Vasen, Modellgruppen, Leichentücher
21, 16, 22	Sarkophage	div. Sarkophage ab dem Mittleren Reich bis zur römischen Epoche
6	Schmuck	Skarabäen
2	Tanis	Silberarbeiten, Goldsärge, Schmuck
13	Grabbeigaben	Kutsche

Ägyptisches Museum

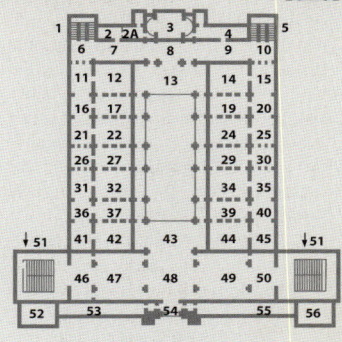

Erdgeschoss

Obergeschoss

Museums-Highlights Das Museum an sich ist bereits ein Highlight, aber es gibt darin zwei Säle, die schlichtweg atemberaubend sind: Der eine, weil er elf Mumien beherbergt, darunter die Mumie des berühmtesten aller Pharaonen, die Mumie von Ramses II., der andere, weil in ihm der einzige Grabschatz, der je vollständig entdeckt wurde, ausgestellt wird, nämlich jener aus der Grabkammer von Tutanchamun.

Der **Mumiensaal** des Ägyptischen Museums in Kairo ist weltweit einmalig. Hier werden durch Hightech-Methoden elf Mumien vor Pilz- und Bakterienbefall bewahrt, darunter die Mumien von Ramses II. (19. Dyn.), Tuthmoses II. (18. Dyn.), Sethos I. (19. Dyn.) und Amenophis I. (18. Dyn.). Die Körper liegen in gläsernen Särgen, in denen Gase sie vor dem Verfall schützen.

Die Öffnung des Saales 1994 war ein Politikum: Sadat hatte ihn 1980 schließen lassen, um den Mumien ihre wohlverdiente Ruhe zuzugestehen. „Lasst den Toten ihren Frieden!", war seine Devise. Die Mumie von Ramses II. war 1976 und 1992 von einem französischen Expertenteam untersucht worden, um festzustellen, woran sie gestorben war (Arteriosklerose) und ob sie in den Jahren zwischen 1976 und 1992 irgendwelche Mikroorganismen aufgenommen hatte (was nicht der Fall war).

Für den Besuch des Mumiensaales braucht man ein Extra-Ticket (E£40), das man bereits am Eingang des Museums kaufen muss.

Die **Grabkammer des Tutanchamun**: Die gesamte Außengalerie sowie die Stirnseite des Obergeschosses (Räume 45, 40, 35, 30, 25, 20, 15, 10, 9, 8, 7 und 3) sind allein dem Fund Howard Carters gewidmet, der Anfang des 20. Jhs. das bisher einzige ungeplünderte Grab eines Pharaos fand, das des Tutanchamun, der wahrscheinlich im Alter von 20 Jahren und vermutlich keines natürlichen Todes starb.

Im **Saal 3**, der klimatisiert ist, befindet sich die berühmte **Totenmaske** des jungen Königs sowie der reine **Goldsarkophag** (225 kg schwer) und einige wenige Schmuckstücke, darunter die berühmte goldene **Falkenkette**. Saal 7 zeigt die Schreine, in denen der Sarg war. In den anderen Räumen finden sich die Grabbeigaben des jung verstorbenen Pharaos, wie Throne, Götter-Statuen, Schwerter u.a.

Die Ausstellung ging bereits mehrmals auf Welttournee und wurde u.a. in Berlin gezeigt. Tutanchamun war kein bedeutender Herrscher und regierte auch nicht besonders lang. Howard Carter sagte 1922, nachdem er zu dem Verstorbenen befragt wurde, dass „das einzig bemerkenswerte an seinem Leben (darin) bestand (...), dass er starb und begraben wurde". Wenn man sich vorstellt, welche prachtvollen Grabbeigaben ein unbedeutender Pharao erhielt, wagt man sich kaum vorzustellen, was in der Grabkammer Ramses II. oder eines anderen, ähnlich großen Herrschers gelegen haben muss...

Das Islamische Kairo

Es ist kaum zu glauben, dass dieser Teil Kairos zur selben Stadt gehören soll wie Zamâlik oder Downtown. Es sind nicht nur einfach zwei Teile einer Stadt, sondern zwei Städte, die unterschiedlicher nicht sein könnten. Der Begriff „islamisches Kairo" ist nicht ganz glücklich gewählt, da dieses Viertel nicht islamischer ist als die anderen. Es weist jedoch mehr bedeutende islamische Bauten auf als alle anderen Viertel der Stadt, deren Gebäude meist aus der Kolonialepoche oder aus noch jüngerer Zeit stammen (Übersichtskarte s.S. 136).

Geregelt geht es weder im modernen Kairo noch im islamischen Kairo zu, doch während man in Downtown oder den anderen „westlichen" Vierteln das Gefühl hat, sich in einer Stadt des 21. Jhs. zu befinden, scheint in den Vierteln nördlich und südlich der Azhar-Moschee die Zeit irgendwie stehen geblieben zu sein. Wer die Geschichten Nagib Machfus' kennt, fühlt sich plötzlich inmitten seiner Romane. Man kann sich vorstellen, wie die Kinder der Midaq-Gasse hier spielen, wie die Familie der Kairoer Trilogie hier lebt und „zwischen den Palästen" ihren Spagat zwischen Tradition und Moderne vollzieht.

> **Hinweis** Wer durch diese Viertel läuft, sollte sich darüber im Klaren sein, dass er sich hier in einem sehr konservativen Teil Kairos befindet. „Sittsame" Kleidung, wie sie ohnehin in einem islamischen Land angebracht ist, ist hier nicht nur aus Respekt vor der einheimischen Bevölkerung einer leichten Bekleidung vorzuziehen, es ist auch für den Reisenden sehr viel angenehmer, „bedeckt" und unauffällig durch die Viertel zu spazieren. Moscheen dürfen in aller Regel besichtigt werden, doch muss der Besucher immer die Schuhe ausziehen. Frauen erhalten zudem häufig einen Umhang. Wenn jemand aus der Moschee den Besucher herumführt, ist ein Trinkgeld mehr als angebracht. Sollte irgendwo eine Spendenbox aufgestellt sein, sollte es sich von selbst verstehen, dort etwas hinein zu werfen. In den meisten Moscheen werden keine Eintrittsgebühren erhoben.

Mehr als 800 Monumente weist das islamische Kairo auf. Es kostet Wochen, sie alle aufzusuchen. Aus diesem Grund sind hier nur die bedeutendsten und unserer Meinung nach sehenswertesten aufgeführt. Wir haben vier Spaziergänge zusammengestellt, die man alle jeweils bequem an einem halben Tag nachlaufen kann und die einen guten Eindruck der wichtigsten und schönsten Baustile verschiedener islamischer Epochen sowie vom Leben in diesen Vierteln vermitteln.

Ein Taxi hierher kostet in der Regel von Downtown aus E£3.

Spaziergang 1: Rund um die Azhar-Moschee und den Khân el Khalîlî

Die **Azhar-Moschee** ist das Zentrum der islamischen Gelehrtenwelt. Bis heute gilt ein *fatwa*, ein islamisches Rechtsgutachten des obersten Scheichs dieser Moschee, als richtungsweisend für alle Moslems.

Gegründet wurde die Azhar, die zugleich die zweitälteste Universität der Welt ist (die erste ist die Kairawiyîn im marokkanischen Fes), im Jahre 970 unter fatimidischer Herrschaft. Sie war die erste Freitagsmoschee der neuen Stadt und verhalf Kairo damit zur Unabhängigkeit, da nach den Regeln der Zeit der Bau einer Freitagsmoschee zur Einsetzung einer eigenen Stadtregierung berechtigte. Bis zur Herrschaft des legendären Saladin im 12. Jh. wurde hier schiitisches Recht gelehrt, danach richtete man sich nach der sunnitischen Rechtslehre. Das, was man heute noch von der Moschee sehen kann, ist ein buntes Gemisch von Baustilen, denn die Moschee wurde immer wieder erweitert, erneuert und restauriert.

Die Azhar ist eine der bedeutendsten Moscheen der Welt. Aus ihr gingen fast alle wichtigen islamischen Rechtsgelehrten hervor. Das Studium war früher nicht wie heute in verschiedene Fächer aufgeteilt, sondern jeder Student musste sich ein Universalwissen aneignen. Dazu gehörte neben dem Studium des Koran, der Tafsire (der Koran-Erläuterungen), der islamischen Rechtslehre usw. auch das Studium der Geschichte, der Grammatik, der Astronomie, der Mathematik und der Medizin. Es gab keine Kurse und auch keine Unterrichtszimmer. In der großen Halle, die sich direkt gegenüber dem Eingang der Moschee befindet, standen seit jeher Marmorsäulen. An diesen Säulen standen

Rechtsgelehrte sämtlicher Richtungen und dozierten. Um sie herum saßen die Studenten, hörten zu, stellten Fragen. Wenn ein Student dachte, genug gehört zu haben, konnte er die Säule wechseln und dem nächsten Lehrer zuhören. Ein Lehrer bestimmte nach mindestens sechs Jahren Studium, welcher Student in der Lage war, an einer Säule jüngere Studenten um sich zu scharen und so selbst zum Lehrenden aufzusteigen. Wie hoch ein Gelehrter aufsteigen konnte, hing letzten Endes damit zusammen, wie viele Studenten er um sich sammeln konnte. Dieses System der Säulengelehrten setzte sich in der gesamten islamischen Welt durch und wurde erst durch eine Europäisierung der islamischen Universitäten beendet. Heute ist die Azhar-Universität ein separates Gebäude, wo man, ganz dem europäischen Lehrsystem angepasst, einzelne Fächer studieren kann. Doch noch immer gilt die Azhar für denjenigen, der islamisches Recht studieren möchte, als das Nonplusultra.

Man betritt die Moschee durch das **Barbiers-Tor**, so genannt, weil sich hier einst die Studenten rasierten, und findet gleich rechts und links zwei **Koranschulen**, die man nur in Begleitung besichtigen kann. Beide Schulen stammen aus dem 14. Jh. und beherbergen heute eine wertvolle Koransammlung. Sie werden als Bibliothek genutzt. Mit einem kleinen Trinkgeld und etwas Glück kann man versuchen, auf eines der Minarette, deren Aufgänge sich in den Koranschulen befinden, zu steigen, um von hier einen wunderbaren Ausblick zu genießen.

Durch das **Tor des Sultan Qaitbey** gelangt der Besucher in den großen **Innenhof** der Moschee, der in seiner Größe original aus dem 10. Jh., dessen Dekor jedoch erst aus dem 13. Jh. stammt. Durchschreitet man den Innenhof, gelangt man in die gegenüberliegende große **Säulenhalle**. Hier findet sich nicht nur einer der schönsten Mihrabs des Landes, hier findet auch das große Freitagsgebet statt, bei dem der oberste Scheich der Azhar (zurzeit ist dies Scheich Tantawî) und somit fast schon der islamischen Welt überhaupt seine Predigten hält. Für jeden, der sich ein wenig mehr mit der islamischen Welt beschäftigt hat, ist es ein geradezu erhabenes Gefühl, die Minbar (Kanzel) zu sehen, von der aus gepredigt wird. Die Halle wird durch 140 Marmorsäulen gestützt, die zum Teil noch aus pharaonischen Tempeln stammen und hierher geschafft wurden. Die große Säulenhalle wurde unter den Osmanen im 18. Jh. erweitert.

An die östliche Seite des Innenhofs grenzt eine weitere Koranschule, die **Madrasa des Eunuchen Amîr Gawhâr Qunqubey**, der hier begraben ist. Qunqubey war der Schatzmeister von Sultan Baibars, der einst die Kreuzritter aus dem Nahen Osten vertrieb. 1980–82 wurde dieses Mausoleum in Zusammenarbeit der Royal Danish Academy of Fine Arts und der ägyptischen Altertumsverwaltung renoviert. Die feinen Intarsienarbeiten, Marmorverzierungen und Glasfenster lohnen unbedingt den Blick. Die Madrasa hat ein Kuppeldach, eines der ersten der mamlukischen Epoche.

Auffallend sind die drei **Minarette** über dem Eingangshof der Moschee: Das Minarett direkt oberhalb des Qaitbey-Tores stammt aus dem 15. Jh. und wurde unter Sultan Qaitbey zur Demonstration seiner Macht errichtet. Das zweite Minarett, (vom Innenhof aus gesehen) rechts davon, gehört zur Aqbughawiya-Koranschule, direkt am Haupttor. Das dritte Minarett, leicht daran zu erkennen, dass es sich oben zweiteilt, stammt von dem mamlukischen Sultan al-Ghûrî aus dem 16. Jh.

Wenn man die Moschee südlich umläuft, gelangt man zu den beiden osmanischen Häusern **Bait Zainab al-Khatûn** und **Bait al-Harrâwî** (Eintritt je E£10). Hier finden ab und zu kulturelle Veranstaltungen statt, Konzerte, Ausstellungen, Vernissagen. Die Häuser geben einen guten Eindruck davon, wie ein typisches Stadthaus aufgebaut ist: Von der Straße aus kann man keine Rückschlüsse auf das Innere schließen, und das ist beabsichtigt, denn die Frauen des Hauses sollen vor den Blicken Außenstehender geschützt sein. So erklärt sich auch der abgeknickte Eingang. Er verhindert den schnellen Blick nach innen. Oberhalb der Tür findet sich ein mit Holz verkleidetes Fenster, die so genannte *mashrabiya*. Aus ihr kann man heraus sehen, nicht aber hinein. Das Innere eines Hauses besteht aus einem oder mehreren Innenhöfen: Hier befindet sich der so genannte „Harem". Das Wort bedeutet übersetzt so viel wie „verboten", denn Fremden ist der Zutritt zu diesem Familientrakt der Hausbesitzer nicht gestattet. Um den Hof, der meist einen Brunnen in der Mitte hat, gruppieren sich Zimmer, die meist kleine Fenster haben, damit die Hitze draußen bleibt. Ein klassisches osmanisches Stadthaus hat immer einen Gästetrakt, den Trakt also, in dem der Fremde, der ja nicht in den Harem hinein darf, bewirtet wird. Dieser nennt sich Salamlik und kann sowohl aus einem kleinen Zimmer bestehen, oder, wie beim Bait Zainab al-Khatûn, aus einem kleinen Extra-Hof.

Wer sich für osmanische Wohnkultur interessiert, sollte zudem zumindest eines der Häuser ansehen. Als „Museum" lohnen sich die E£10 Eintritt nicht wirklich, doch als Rahmen für Veranstaltungen sind sie geradezu ideal. Der Platz, an dem sie sich befinden, ist ein sehr schöner Ort mit einer kleinen Grünfläche und einem wunderschönen Laden *(Catacomb)*, in dem man außergewöhnliche Stoffe und Lampen u.Ä. findet. Auf dem Weg dorthin fällt rechter Hand ein wunderschönes, reich verziertes Bauwerk auf, die **Wikâla des Sultans Qaitbey** aus dem Jahre 1477. Auch wenn man die ehemalige Karawanserei nicht mehr betreten kann, so lohnt doch ein Blick auf die Fassade.

Von der Azhar-Moschee gelangt man durch eine Unterführung für Fußgänger auf die andere Seite der Shâria Azhar. Von hier aus ist es nur noch ein Katzensprung zum **Hussein-Platz** mit der **Hussein-Moschee**. Besonders im Ramadan geht es hier sehr lebhaft zu, wenn Ramadan-Zelte entlang des Platzes aufgestellt werden und die Predigten aus dem Inneren der Moschee live nach draußen übertragen werden. Der Hussein-Platz ist ein bisschen das Herz des islamischen Kairos. Hier finden alle Feste statt, hier schallt Musik und hier werden Essbuden aufgestellt, wann immer es etwas zu feiern gibt. Die Moschee, erst 1870 errichtet, gehört zu den wenigen Moscheen Ägyptens, die man als Nicht-Moslem nicht betreten darf. Grund dafür ist die Tatsache, dass hier angeblich der Kopf des Propheten-Enkels Hussein begraben sein soll und die Moschee somit beinahe als heiliges Gebäude gilt. Ob sie tatsächlich den für Moslems und vor allem für Schiiten so wichtigen Kopf beherbergt, ist allerdings mehr als fragwürdig. Die Umayyaden-Moschee im syrischen Damaskus will ebenfalls Herberge dieser Reliquie sein. Der Kopf war Hussein in Kerbela (im heutigen Irak) abgeschlagen worden, als die weltliche Macht, die Umayyaden, Ende des 6. Jhs. gegen die Anhänger von Ali, dem Schwager des Propheten und Vater von Hussein, um die Vorherrschaft über die islamische Gemeinde kämpfte. Damals wurde der Kopf als Trophäe ins entfernte Damaskus gebracht, wo er würdig aufbewahrt wurde. Angeblich soll einer der Herrscher von Damaskus den Kopf Ägypten zum Geschenk gemacht haben – das zumindest erzählen ägyptische Geschichtsbücher. In den syrischen Büchern hingegen wird dies mit keiner Silbe erwähnt, und die Pilger strömen weiter nach Damaskus, um den Kopf anzubeten...

Südwestlich der Hussein-Moschee erstreckt sich der weltberühmte Basar **Khân el Khalîli**. Hier blühte einst ein wichtiges Handelszentrum, wovon heute jedoch nicht mehr viel übrig ist. Natürlich ist das Areal des Khân voll mit Händlern, Geschäften, Souvenirshops und Teehäusern, darunter auch das legendäre **Fishâwî** (s.S. 168) – aufpassen, die Cafés vorn am Platz sind häufig völlig überteuert. Doch Geschäfte für die einheimische Bevölkerung findet man hier keine mehr, ein Souvenirshop mit Hinweisschild, dass man hier auch mit Kreditkarte bezahlen kann, neben dem anderen (eine Übersicht darüber, was man hier alles kaufen kann, s.S. 51 f.). Wer jedoch auf Mitbringsel-Suche ist oder für sich selbst noch ein passendes Souvenir aus Ägypten kaufen möchte, für den ist hier das Paradies! An keinem anderen Ort Ägyptens findet man eine derart große Auswahl an Dingen, die das Herz eines Touristen erfreuen. Das Ambiente, prächtige Häuser überwiegend aus mamlukischer Zeit, hin und wieder ein Café, Duft, der aus Wasserpfeifen durch den Basar weht, lassen den Besucher noch erahnen, wie es einst gewesen sein muss, als noch keine mit Kamera behängten Gäste in großen Gruppen durch die engen Gassen zogen. Die Händler sind entsprechend auf Touristen getrimmt. Wer wirklich schöne Stücke ergattern möchte, braucht viel Zeit und Geduld sowie viel Freude am Handeln. Weit interessanter als der Khân (was übersetzt so viel wie Karawanserei heißt), der im 14. Jh. als Handelsumschlagplatz von einem Baumeister namens Khalîlî gegründet wurde, ist die südlich davon verlaufende **Shâria Muski**, eine Handelsstraße, in der man noch den „echten", „einheimischen" Sûq erspüren kann. Ist östlich der Mutahhar-Moschee noch viel an Dingen zu finden, die vor allem für den touristischen Bedarf bestimmt sind, also Souvenirs und Gewürze, beginnt westlich davon ein typisch orientalischer Straßenmarkt mit Kleidung, Gemüse, Plastikwaren, Weckern, sprich allem, was der durchschnittliche Mensch zum Leben braucht. Je

Die Hussein-Moschee – ein Herzstück des islamischen Kairos

weiter man nach Westen gelangt (die Straße endet am Mîdân Attaba, wohin man bequem vom Khân el Khalîlî laufen kann), desto ursprünglicher wird der Markt, desto lebendiger wird gefeilscht, gehandelt und gedrängelt. Zwar kann man hier keine Alabaster-Vasen finden, aber dafür unverfälschtes Markttreiben erleben, wie es bis vor wenigen Jahrzehnten auch noch im Khân el Khalîlî üblich war.

Spaziergang 2: Durch die Gamaliya

Die Gamaliya, das von den Fatimiden gegründete Viertel, in dem die meisten Romane Nagib Machfus' spielen, gehört zu den schönsten Ecken Kairos. Hier, in diesem nicht allzu großen Viertel, konzentrieren sich die meisten mittelalterlichen islamischen Bauwerke der Stadt. Direkt im Anschluss an den Khân el Khalîlî kann man den zwei- bis dreistündigen Spaziergang wunderbar mit einem Plausch im Café Fishâwî oder einem Bummel durch den Basar kombinieren. Da große Teile des alten Kairos 1992 bei einem Erdbeben zerstört wurden, sind viele der Bauten, gerade in dieser Ecke, zurzeit in Renovation. Das ist zwar sehr zum Wohle der meist mamlukischen Moscheen und Koranschulen (und auch im Sinne der UNESCO, die dieses Viertel zum Weltkulturerbe erklären möchte), für Fotografen und Besucher aber manchmal etwas schade, da die Zugänge zu den Moscheen versperrt oder Fassaden durch Baugerüste verdeckt sind. Die historischen Gebäude dieses Areals sollen zu einem Freilichtmuseum umgebaut werden, und man kann davon ausgehen, dass das Viertel in wenigen Jahren, nach Abschluss der Restaurierungsarbeiten, in neuem Glanz erstrahlen wird.

Ausgangspunkt für diesen Spaziergang ist die Fußgängerbrücke nördlich des Ghûrî-Komplexes, am Beginn der Shâria el Mu'iz li-Dîn Allâh. Diese Straße, die die beiden Stadttore Bâb az-Zuwaila (s.u.) und Bâb al-Futûh miteinander verbindet (und die auch die meisten sehenswerten Bauwerke des Viertels beherbergt), nennt sich auch **Baina l-Qasrain**, „zwischen den Palästen". Der Ausdruck stammt aus der fatimidischen Zeit, als bei den beiden Stadttoren noch zwei Herrscher-Paläste standen. Diese existieren zwar heute nicht mehr, doch die Bezeichnung für diesen Teil ist geblieben und wird zumindest noch so lange lebendig bleiben, wie die Romane von Machfus Leser finden. Denn dessen bekannte Kairoer Trilogie beginnt mit dem Band: *Zwischen den Palästen*.

Die ersten hundert Meter läuft man noch an ein paar Souvenirläden vorbei, die vor allem Parfum-Essenzen und Gewürze verkaufen, bis die Sh. Muski den Weg kreuzt. Noch vor der Straße ist links die **Madrasa des Sultans Barsbey** zu sehen, die aus dem Jahre 1425 stammt. Sultan Barsbey erhob den Gewürzhandel zum Staatsmonopol, um so ausreichend Mittel zum Bau prächtiger Häuser und zur Eroberung fremder Länder zu haben. Die Koranschule, sinnigerweise bis heute im Gewürz-Basar, war eines der von ihm gestifteten Bauwerke. Sie entspricht dem klassischen Baustil einer Koranschule *(madrasa)* (s.S. 122).

Auf der gegenüber liegenden Straßenseite der Sh. Muski findet sich die **Moschee des Scheich Mutahhâr** aus dem 18. Jh. Ihr ist ein Sabîl-Kuttâb (eine Koranschule mit öffentlichem Brunnen) angegliedert, die einen sehenswerten Innenhof hat.

Durch den Gold- und Kupferschmiede-Basar geht man nun weiter gen Norden. Nach ungefähr 150 m geht rechts ein letzter Abzweig zum Khân el Khalîlî ab. Hier finden sich kleine Glasmanufakturen sowie die archtektonisch und historisch interessante **Madrasa von Sâlih Nagm ad-Dîn Ayyûb**, dem letzten fatimidischen Herrscher, mit angegliedertem Mausoleum. Die Fassade dieser Koranschule findet sich hinter ein paar Läden, und viel mehr ist auch nicht erhalten (man kann sich am Minarett orientieren, dass sich nördlich des kleinen Platzes mit den Glasmanufakturen erhebt). Interessant ist dieses Gebäude vor allem deshalb, weil es in der Übergangszeit zwischen ayyubidischer und mamlukischer Herrschaft errichtet wurde und beide Baustile vereint. Die Witwe von Ayyûb, der 1249 starb und damit die Dynastie der Ayyubiden beendete, tat sich sehr schnell mit dem ersten mamlukischen Sultan Aybad zusammen. Unter ihm wurde die 1242 begonnene Koranschule vollendet. Während die Fassade typisch ayyubidisch in Dekor und Stil ist, da sie noch unter Ayyûb errichtet wurde, ist das Innere der Madrasa schon mamlukisch. Es ist die erste Madrasa, die vier Liwane (überdachte, zum Innenhof hin offene Räume) für die vier sunnitischen Rechtsschulen (s.S. 147) aufwies. Außerdem war sie die erste Unterrichtsstätte, an die ein Mausoleum angegliedert war, so wie es unter den Mamluken später üblich wurde. Nach schon recht kurzer Zeit wurde die Schule das Zentrum der sunnitischen Rechtsprechung. Vier Kadis richteten hier, und so wurde die Madrasa Sâlih Nagm ad-Dîn Ayyûb zum Gericht von Kairo und somit zum eigentlichen Stadtzentrum.

Zurück auf der Sh. El Mu'iz li-Dîn Allâh durchläuft man den Markt der Kupferschmiede und Metallschneider. Links erkennt man einen riesigen Gebäudekomplex, der aus mehr als fünf Bauten besteht. Er umfasst Krankenhaus, Madrasa und Moschee des Sultans al-Mansûr Qalamûn, das Mausoleum von Nâsr Muhammad sowie die Madrasa mit angeschlossenem Mausoleum des Barquq, alle aus der frühmamlukischen Zeit. Da sie im Jahre 2003 alle renoviert wurden, konnte man sie nicht betreten, doch allein die Fassaden sowie die immense Größe dieser Bauten lassen Rückschlüsse auf die einstige Bedeutung des Viertels zu.

Zurück zu den Gebäuden: Der **Gebäudekomplex des Qalamûn** stammt vom Ende des 14. Jhs. Qalamûn, obschon nicht der erste mamlukische Herrscher, gilt als eigentlicher Begründer der mamlukischen Dynastie. Mit seiner Herrschaftszeit kam der syrische Baustil nach Ägypten, der sich noch immer stark an dem byzantinischen orientierte: Schwarz-weiße Steinbauweise, Kuppeldächer, herrliche *mashrabiyas,* Liwane, Nischen etc. Die Ornamentik ist in allen drei Gebäuden (im mamlukischen Krankenhaus, das etwas nach hinten versetzt ist, befindet sich bis heute eine Augenklinik) eher geometrisch als verschnörkelt. Krankenhaus und Madrasa orientieren sich an der klassischen syrischen Bauweise, d.h. die Koranschule besitzt einen Innenhof mit vier Liwanen, der Grundriss des Krankenhauses weist eine Kreuz-Form auf. Neu ist das Mausoleum, das in Form eines Achtecks dem Felsendom von Jerusalem nachgeahmt wurde. Der ganze Komplex wurde in nur 13 Monaten errichtet!

Das **Mausoleum von Nâsr Muhammad**, einem der Söhne von al-Qalamûn, befindet sich direkt neben dem Grabbau seines Vaters. Nâsr Muhammad herrschte 42 Jahre über die islamische Welt. An diesem Gebäude fasziniert vor allem das reich und filigran verzierte Minarett. Der Torbogen, der ins Innere führt, stammt aus einer Kirche im heutigen Israel und war die Beute des mamlukischen Heeres, als es die letzten Kreuzfahrer von dort vertrieb.

Die **Madrasa und das Mausoleum des Barquq** schließen sich nördlich an Nâsrs Grab an. Der Bau wurde 1382 vollendet und in seiner Architektur der Sultan-Hassan-Moschee angepasst. Besonders schön an diesem Grab, in dem übrigens nicht der Sultan selbst, sondern seine Tochter begraben liegt (Barquq selbst liegt auf dem nördlichen Friedhof, s.S. 155), sind die bunten Keramiken.

Folgt man nun der Straße gen Norden, steht man vor einer Gabelung, in deren Mitte sich der schöne **Sabîl-Kuttâb des ʿAbd ar-Rahmân Katkhuda** aus dem Jahre 1744 befindet. Er gehört zu den schönsten Brunnen der Stadt. Die floralen Muster, die man hier erkennen kann, sind eigentlich untypisch für den Baustil der Osmanen. Man findet sie jedoch bei manchen Bauwerken dieser Epoche.

Bauhistorisch sehr interessant ist die nur wenige Fußminuten nördlich davon gelegene **Moschee al-Aqmar** aus dem 12. Jh. Bis zum Bau dieser Moschee waren die Moschee-Eingänge immer auf der gegenüberliegenden Seite der *qibla*, der Gebetsrichtung, und die Straßenverläufe mussten sich danach richten. In der Aqmar-Moschee wurde dies zum ersten Mal unterlassen. Der Eingang richtete sich nach dem Verlauf der Straße, so dass er sich nicht mehr direkt gegenüber der *qibla* befand – baugeschichtlich betrachtet eine Sensation.

Kurz bevor man nun zum Bâb al-Futûh, dem Eroberungstor, gelangt und die Knoblauch- und Zwiebelberge links von sich erblickt, lohnt ein kurzer Besuche der **al-Hâkim-Moschee** aus dem 11. Jh. Sie hat ihren Namen von dem fatimidischen Sultan al-Hâkim bi-Amr Allah, der 1021 auf geheimnisvolle Weise verschwand. Wahrscheinlich war er geisteskrank, auf jeden Fall ließ er unzählige Christen und Kopten hinrichten, verbot Frauen, das Haus zu verlassen, und streifte nachts als einfacher Mann verkleidet durch die Straßen, um herauszufinden, was man über ihn, den Herrscher, dachte. Seine Anhänger erklärten al-Hâkim 1017 zur Reinkarnation Gottes. Ein Hauptpropagandist dieser Idee war Ismâʾil ad-Darâzi, nach dem sich die Drusen im Libanon und Syrien nennen. Die Drusen sind Schiiten, sie glauben an die Wiederkunft des göttlichen Kalifen al-Hâkim, passen sich aber äußerlich möglichst den herrschenden Religionsformen an. Das ist ein Teil ihres Dogmas, denn die Verheimlichung ihres Glaubens bei Gefahr gehört zu den Eigenheiten der schiitischen Ethik.

Die Moschee ähnelt ein wenig einer großen Markthalle: ein riesiger Hof, große Arkadengänge und ein beeindruckender Gebetssaal. Vor allem die Minarette, die zum Schutz vor Erdbeben ummantelt wurden, sind sehenswert.

Kurz hinter der Moschee steht man vor dem mächtigen Eingangstor der Stadt, dem **Bâb al-Futûh**, dem so genannten „Eroberungstor". Das Tor mit der daneben aufragenden Stadtmauer wurde 1087 unter dem armenischen Wesir Gamâlî, dem Namensgeber dieses Viertels errichtet. Es gibt Treppen, die nach oben führen, so dass man von hier einen herrlichen Blick auf das gesamte Viertel genießen kann.

Entlang der Außenmauer geht es anschließend wenige hundert Meter nach rechts, wo man durch das Bâb an-Nâsr wieder ins alte Kairo eintritt. Gleich rechts stehen die Reste einer mamlukischen **Wikâla des Sultan Qaitbeys**. Die Karawanserei kann noch besichtigt werden, ist aber inzwischen ziemlich zerstört. Man erkennt im Inneren jedoch noch gut, wie Karawansereien einst aufgebaut waren: Rund um einen Innenhof mit Arkaden gruppieren sich kleine Räume, die als Verkaufsräume dienten, im Obergeschoss hingegen sind Wohnräume, die früher von Reisenden bezogen wurden.

Das Viertel wird ab hier „lebendiger", d.h. es sind weniger sehenswerte Bauten in diesem Teil der Gamaliya als vielmehr lebendige Wohnviertel mit Werkstätten, Bäckereien, vielen kleinen Brunnen, ein paar verfallenen Karawansereien u.a. Schön ist es, vom Bâb an-Nâsr langsam Richtung Süden zu schlendern, den Menschen in den Werkstätten zuzusehen, die vielen schönen und zum Teil bunten Fassaden zu bestaunen und sich so bis zum Hussein-Platz durch das Gassengewirr leiten zu lassen (man kann den Platz eigentlich nicht verfehlen). Einziger wirklich lohnenswerter Stopp unterwegs ist das **Bait Suhaimî**, ein osmanisches Herrenhaus von 1648. Dazu sollte man die zweite Abzweigung nach dem Bâb an-Nâsr rechts nehmen. Kurz danach steht man vor dem schön restaurierten Haus, das heute vor allem als Veranstaltungsort für Konzerte, Ausstellungen u.Ä. genutzt wird, tagsüber aber auch besichtigt werden kann (zur Architektur eines osmanischen Hauses, s.S. 141).

Spaziergang 3: Von der Shâria Azhar zur Sultan Hassan-Moschee

Dieser Spaziergang führt durch lebendige Marktviertel zum südlichen Stadttor des fatimidischen Kairos, dem Bâb az-Zuwaila, und weiter durch die Zeltmacherstraße bis zu den beiden Moscheen Sultan Hassan und Rifâ'i am Fuße der Zitadelle. Wer es gemütlich nimmt, braucht für diesen Spaziergang maximal zwei bis drei Stunden (abhängig davon, wie viel man besichtigt und wie lange man sich in der Moschee aufhält). Wer im Anschluss an diese kleine Tour noch die Zitadelle besichtigen möchte, sollte mindestens einen halben, wenn nicht gar einen ganzen Tag einplanen. Von der Zitadelle aus kann man weiter zur Ibn Tulûn-Moschee, oder aber im großen Bogen durch das malerische und angenehme Viertel Darb al-Ahmar zurück zum Bâb az-Zuwaila laufen. Von dort ist es nur noch ein Katzensprung zum Museum für Islamische Kunst (siehe den nächsten Spaziergang).

Ausgangspunkt für diesen Spaziergang ist wieder die Fußgängerbrücke über die Sh. Azhar, gegenüber dem **Ghûrî-Komplex** (auch **Ghuriya** genannt), der mit seinen zwei Gebäuden den südlichen Teil der Sh. al-Mu'iz li-Dîn Allâh einfasst. Die Fußgängerbrücke im Rücken ist rechts die Moschee al-Ghûrî zu sehen, links befindet sich das dazugehörige Mausoleum. Hier sollte eigentlich der vorletzte Mamluken-Sultan al-Ghûrî begraben werden, doch dessen Leiche verschwand, nachdem er 1516 in der Schlacht gegen die Osmanen in Aleppo gefallen war. Statt seiner liegen nun seine Kinder in dem Raum. Zur Moschee gehört eine Koranschule, zum Mausoleum ein Sabîl-Kuttâb. Direkt neben dem Mausoleum an der Sh. Azhar befindet sich außerdem eine Wikâla, eine Karawanserei, die zum Kulturzentrum umfunktioniert wurde. Hier finden sich Ateliers bekannter ägyptischer Maler und Ausstellungsräume. Im Mausoleum finden nach Abschluss der Renovierung seit neuestem wieder zwei Mal wöchentlich Derwisch-Tänze statt, die zu sehen unbedingt lohnt.

Auffallend ist das hohe Minarett und die einander gegenüberstehenden schwarzweiß gestreiften Gebäudefronten. Auch wenn dieser Baustil typisch für die Mamlukenzeit ist, so sticht dieser Komplex doch heraus. Sultan Ghûrî war für die Förderung der schönen Künste bekannt, er liebte die Malerei, die Architektur, die Poesie. Entsprechend fein ließ er vor allem sein Grabmal ausschmücken: mit Marmorböden, Arabesken an den Wänden und allem vom Feinsten. Schade nur, dass der Sultan selbst nichts davon hat... Dafür ehrt man ihn und seine kulturellen Bemühungen, indem man das Gebäude heute als Kulturzentrum nutzt.

Durch die bunte und vor allem mit Kleiderständen und -geschäften ausgeprägte Straße geht es nach Süden. Nach gut 100 m kann man links die **Fakahâni-Moschee** sehen, die „Moschee der Obstverkäufer", die ursprünglich aus dem Jahre 1148 stammt. Da aus dieser Zeit jedoch nur noch die Tür stammt, gilt sie heute als osmanisches Gebäude, denn alles andere, was noch erhalten ist, stammt von 1735. Kurz vor dieser Moschee biegt links eine kleine Gasse ab. Folgt man dieser, steht man schon bald vor dem **Haus von Gamâl ad-Dîn ad-Dahabî**, dem Haus des Goldhändlers. Diese wunderschöne einstige Gold-Karawanserei aus dem 17. Jh. dient heute als Dokumentationszentrum der ägyptischen Altertumsverwaltung, Abteilung Islamisches Kairo. ☉ tgl. außer Fr 9–14 Uhr. Das Haus ist fast vollständig erhalten und hat viele kleine Ecken, die wunderschön mit Mashrabia und Arabesken verziert sind. Um einen kleinen Innenhof mit Brunnen gruppieren sich kleine Zimmer, in denen die Altertumsverwaltung heute arbeitet.

Ein Stück weiter südlich liegt linker Hand der filigran gearbeitete **Sabîl-Kuttâb von Tushun Pascha**, einem osmanischen Gouverneur unter der Herrschaft der bereits von Istanbul unabhängigen Khediven. Heute ist in dieser einstigen Koranschule von 1821 eine Grundschule untergebracht.

Kurz darauf erhebt sich auf der rechten Straßenseite, direkt vor dem großen Tor, auf das man nun zugeht, die prächtige **Mu'ayyad-Moschee** aus dem 15. Jh. Sultan Mu'ayyad saß einst in einem Kerker und schwor sich, wenn er je wieder freikommen würde, an der Stelle des Verlieses eine Moschee bauen zu lassen, die in ihrer Pracht noch Jahrhunderte lang die Menschen beeindrucken sollte. Und so geschah es, als der Sultan 1412 freikam: Er ließ tatsächlich eine der prächtigsten Moscheen errichten, die es in Kairo gibt. Die Koranschule, die er an das Gebetshaus angliedern ließ, wurde im 15. Jh. zu einer der bekanntesten akademischen Institutionen. Mu'ayyad ließ alle wichtigen Werke und Bücher hierher bringen und eröffnete eine Bibliothek; aus dieser islamischen Lehrinstitution gingen große Gelehrte hervor.

Die Moschee lohnt unbedingt einen Besuch. Durch eine schwere Bronzetür, die einst von der Sultan Hassan-Moschee stammte und durch türkis-rote Muster im Torbogen sowie eine Stalaktitenkrone umrahmt wird, betritt man das Innere der Moschee. Zuerst durchschreitet man das Mausoleum, wo der Sultan und sein ältester Sohn begraben liegen. Den Sarkophag schmücken Koranzitate, darunter eines, das besagt: „Siehe, die Gottesfürchtigen kommen in Gärten und Quellen", und als wolle man beweisen, dass Gottes Reich ein Garten ist, erinnert der anschließende Innenhof mit seinen Bäumen an eine grüne Oase.

Die Mu'ayyad-Moschee ist die letzte Moschee Kairos, die als Hofhallenmoschee errichtet wurde, als Moschee also, die einen riesigen Innenhof mit anschließender Gebetshalle aufweist. Wer Glück hat, kann eines der Minarette besteigen. Von hier aus hat man einen herrlichen Blick auf das alte Kairo.

Anschließend durchschreitet man das zweite Tor, das **Bâb az-Zuwaila**, das das Viertel Baina l-Qasrain, „Zwischen den Palästen", einrahmt. 1092 wurde es als Stadttor zur fatimidischen Gründung al-Qâhiras errichtet. 800 Jahre lang wurden hier an einem Galgen Menschen gehängt.

Der Weg, der hier Spaziergang Nr. 4. kreuzt, führt weiter geradeaus durch die Straße der Zeltmacher und Stoffhändler. Hier kann man die herrlichen Kairoer Stoffe kaufen, aus denen im Ramadan ganze Zelte errichtet oder mit denen die Häuserfronten bei Bauarbeiten großflächig bedeckt werden. Aber auch kleinere Dinge, wie Steppdecken, Kissenbezüge u.Ä., kann man hier erstehen. Die Straße ist anfangs noch überdacht. Dann öffnet sie sich und man läuft durch lebendige Marktviertel, vorbei an herrlichen Kaffeehäusern und kleinen Moscheen, bis man auf die große Shâria Muhammad Ali stößt. Hier geht es links ab. Man läuft direkt auf die zwei großen Moscheen Sultan Hassan und Rifâ'i zu.

Die **Sultan Hassan-Moschee**, ⏱ tgl. 9–16.30 Uhr, ist zusammen mit der Ibn Tulûn-Moschee das wohl eindrucksvollste Gotteshaus der Stadt. Sie wurde in den 50er Jahren des 14. Jhs. am Fuße des Zitadellenhügels erbaut und besitzt nicht nur das höchste Minarett der Stadt (das Südminarett mit 81 m), sondern auch das größte Eingangsportal einer Moschee. Sultan Hassan, der diese Moschee in Auftrag gab, um in ihr auch sein Mausoleum zu errichten, erlebte die Fertigstellung 1361 nicht mehr. Er wurde kurz davor ermordet.

> **Die vier sunnitischen Rechtsschulen** Genannt werden die vier sunnitischen Rechtsschulen *(madhâhib)* nach ihren Gründern bzw. ihren Vordenkern Ibn Hanbal, Shafi'î, Abu Haniîa und Malik ibn Anâs. Diese vier Rechtsgelehrten lebten Ende des 8., Anfang des 9. Jhs. Die Frage, die sie sich stellten, lautete: Welche rechtlichen Wurzeln gibt es im Islam? **Shafi'î** war der Meinung, nur vier: Koran, Sunna, *idjma*, das, worüber sich die Gelehrten einig sind, sowie *qiyâs*, der Analogieschluss, das, was sich aus dem Koran und den Überlieferungen des Propheten logisch folgern lässt (Beispiel: Wein ist verboten, also darf man auch kein anderes Rauschmittel nehmen). Die **Hanafiten** erkennen neben den vier von Shafi'î geforderten Rechtsgrundlagen außerdem noch zwei weitere Rechtsfindungsmittel an, nämlich die persönliche Meinung und das so genannte *istihsân*, was so viel bedeutet wie: Was für die Gesellschaft angemessen bzw. nützlich ist. Die **Malikiten** ergänzen die vier Rechtsquellen von Shafi'î um eine weitere, das so genannte *istislah*, was so viel bedeutet wie: Erwägen des öffentlichen Interesses in einer Rechtsentscheidung. **Hanbal** war der Puristiker: Er betrachtete nur drei Rechtsquellen als gültig: Koran, Sunna und *idjma*; einen Analogieschluss lehnte er ab.

Die Moschee selbst ist in einem asymmetrischen Fünfeck errichtet: An der längsten Seitenwand ist sie 150 m lang und insgesamt ist sie 68 m hoch. Über eine Freitreppe erreicht man eine Vorhalle, die man durchschreitet. Über die daran anschließenden Korridore gelangt man zu dem beeindruckenden Innenhof mit dem zentralen Brunnen für die rituellen Waschungen. Von hier gehen vier Liwane, vier tonnenförmige Nischen, aus. Zwischen diesen befinden sich vier Madrasas, jede steht für eine der sunnitischen Rechtsschulen: die Hanbaliten, die Schafiiten, die Hanafiten und die Malikiten.

Der gen Mekka ausgerichtete Hauptliwan ist eine überdimensional große Nische, von der, so scheint es, hunderte von Lampen herunterhängen. Durch sie wird man sich der beeindruckenden Größe dieses Raumes bewusst. An der Stirnseite befindet sich eine reich verzierte Gebetsnische *(mihrâb)*, daneben ist die Kanzel, die ebenfalls wunderschön verziert ist. Rechts und links neben diesen führen zwei Tore in einen weiteren Raum, das Mausoleum. Hier liegt Sultan Hassan begraben.

Links neben der Sultan Hassan-Moschee findet sich die **Rifâ'î-Moschee** aus dem Jahre 1912. Sie war einst als Grabheiligtum für den Khediven Ismâ'il errichtet worden. Jetzt liegt der Schah von Persien darin begraben, der 1980 im ägyptischen Exil verstarb. Man hat beim Bau der Moschee versucht, den Stil der Nachbarmoschee nachzuahmen – mit Erfolg. Die Moschee kann zurzeit nicht von innen besichtigt werden.

Zitadelle und Ibn Tulûn-Moschee

Auch wenn die Zitadelle End- bzw. Ausgangspunkt zweier Spaziergänge ist, so kommt man dennoch nicht umhin, sich ein Taxi zu nehmen, wenn man die Burg, die so mächtig über Kairo thront, besichtigen möchte. Der Grund dafür liegt darin, dass sich ihr Eingang hinter dem Komplex, oben auf dem Berg befindet. Von der Sultan Hassan-Moschee, dem nächstgelegenen Bauwerk, muss man über 1 km laufen – entlang einer tristen, bergauf steigenden, viel befahrenen Straße. Für die Ibn Tulûn-Moschee gilt Ähnliches. Zwar kann man zu dieser bequem von der Sultan Hassan-Moschee aus laufen, doch ist die Gegend rund um die Moschee nicht wirklich spannend: Große Straßen, wenige Bauwerke und eher langweilige Wohnviertel. ⊙ tgl. 8–17 Uhr, freitags und während der Gebetszeiten sind die Moscheen geschlossen, Eintritt E£20.

Das Wahrzeichen der Stadt, die **Zitadelle**, hat eine für Ägypten eigentlich vollkommen atypische Architektur. Sie wurde hoch über der Stadt errichtet und erinnert mehr an eine der Moscheen in Istanbul als an ägyptische Bauwerke. Die Grundmauern gehen auf Saladin (12. Jh.) zurück, der mit dem Bau der Burg die Dynastie der Ayyubiden einläutete. Saladin ist bis zum heutigen Tag für große Wehrburgen bekannt. So ließ er auch die Zitadelle in Aleppo als seine Trutzburg umbauen und die Burgen zum Schutze gegen die Kreuzfahrer im Sahiliya-Gebirge in Syrien errichten.

> **Achtung**: Taxifahrer verlangen für die Fahrt zum Eingang der Zitadelle von Touristen häufig ein Vielfaches des normalen Preises. Die besten Chancen, einen reellen Preis zu bezahlen, hat man, wenn man sich nicht vom Khân el Khalîlî oder vom Fuße der Zitadelle nach oben fahren lässt, sondern direkt von Downtown oder vom Hotel aus. In diesem Falle sollte man mit max. E£7 rechnen.

Im Inneren der Zitadelle ließ Saladin eine ganze Stadt errichten, mit Palästen, Lagern, Stallungen und Moschee. 1202 wurde die Burg vollendet und mit ihr die Stadt Kairo erweitert. Eine Stadtmauer zog sich von nun an von hier bis zum heutigen Mîdân Ramses und im Süden bis nach Fustât – eine irrsinnige Leistung, wenn man sich überlegt, wie weit das Gebiet ist. Im 14. Jh. wurde die Zitadelle zum ersten Mal unter der Herrschaft des Sultans Muhammad an-Nâsr umgebaut. Die Große Moschee, gegenüber der berühmten Alabaster-Moschee (s.u.), stammt aus dieser Zeit. Die größten Umbauten jedoch entstanden unter Muhammad Ali, der fast alle Gebäude niederreißen ließ. Eine Pulverexplosion im Jahre 1823 tat ihr Übriges, um Platz für eine neue Burg zu schaffen. Allein die Außenmauern, die Nâsr-Moschee und ein paar wenige Palastanlagen sowie der so genannte Schnecken-Brunnen blieben erhalten. Bis Ende der 80er Jahre des 20. Jhs. war die Burg für die Öffentlichkeit nicht zugänglich. Über 800 Jahre lang diente sie dem Militär. Heute ist sie eine der Hauptattraktionen der Stadt, zum einen natürlich wegen ihrer historischen Bedeutung, zum anderen aufgrund der wunderbaren Gebäude darin, zum dritten aber aufgrund des gigantischen Blickes, den man von hier oben auf die Stadt und vor allem auf die Sultan Hassan-Moschee am Fuße des Zitadellenhügels hat.

Bevor man zur Alabaster-Moschee kommt, sollte man einen Blick in den **Schnecken-Brunnen**, auch Josefs-Brunnen genannt, werfen. Dieser Brunnen ist 79 m tief und wurde einst bis auf das Niveau des Nils gegraben. Die spiralförmige Treppenrampe, die den Brunnenschacht umgibt, gibt der Wasserquelle ihren Namen. Sie stammt noch aus der Zeit Saladins und war immer der Hauptbrunnen der Palastanlage.

Hauptattraktion der Zitadelle ist ohne jeden Zweifel die **Alabaster-Moschee** bzw. die **Muhammad Ali-Moschee**. Der Architekt Yussuf Bosnak, ein Bosnier, errichtete sie im 19. Jh. nach den Vorbildern der Moscheen in Istanbul, vornehmlich der Blauen Moschee sowie der Süleymaniye, die von dem großen osmanischen Architekten Sinan Pascha (16. Jh.) errichtet wurde. Sinans Stil zu kopieren war das Ziel des Bosniers, und wer die Moscheen des genialen Baumeisters kennt und sie mit der Muhammad Ali-Moschee vergleicht, sieht, es ist gelungen: Zahlreiche Kuppeln, viele Arkadengänge, Bleistift-Minarette und ein „schwebendes" Dach (s.u.), all das sind typische Kennzeichen des Sinan'schen Stils.

Direkt hinter dem Eingang zur Moschee ist ein großer Innenhof, der von einem Arkadengang umrandet ist, aus dessen Decke kleine Kuppeln ragen. Außergewöhnlich schön ist der Reinigungsbrunnen in der Mitte des Hofes. Auch er wird von einer prächtigen Kuppel bedeckt. Der Uhrturm an der Westseite des Innenhofes ist ein Geschenk von König Louis Philippe an Muhammad Ali im Jahre 1846. Der Franzose erhielt als Gegengeschenk dafür den Obelisken, der heute auf der Place de la Concorde in Paris steht.

Das Innere der Moschee ist beeindruckend. Die vergoldete Hauptkuppel scheint zu schweben – ein Effekt, der dadurch zustande kommt, dass man unterhalb der Kuppel einen Lichtkranz einbauen ließ. Rund um die Hauptkuppel befinden sich weitere kleinere Kuppeln, die Wände sind mit Alabaster verkleidet (daher der Name Alabaster-Moschee) und von der Decke hängen viele kleine Lampen, die dem Betrachter das Gefühl geben, unter einem Sternenhimmel zu stehen. Der Sarkophag Muhammad Alis befindet sich hinter einem vergoldeten Gitter rechts neben dem Eingang.

Gegenüber der Alabaster-Moschee befindet sich die **Nâsr-Moschee**, die Anfang des 14. Jhs. errichtet wurde. Einst war sie eine prächtige Moschee, doch ihre Innenverkleidungen wurden unter der Herrschaft des osmanischen Sultans Süleyman nach Istanbul geschafft, so dass die Moschee heute innen „nackt" ist. Die Minarette wurden im persischen Stil, d.h. mit Zwiebelkuppeln, errichtet, die einst mit Keramiken verziert waren. Auch diese wurden abgetragen.

Ganz im Nordosten der Anlage liegt die noch kleinere, schöne, osmanische **Moschee des Süleyman Pascha** aus dem 16. Jh., die einen Blick lohnt.

In der Zitadelle finden sich mehrere Museen: das **Gawhara-Museum und -Palast**, ganz im Südwesten der Anlage (einst der Wohnpalast Muhammad Alis, aber nur mäßig sehenswert), das **Militär-Museum**, das im einstigen Harem des Palastes untergebracht ist (die Waffen, Reiterfiguren und anderes Kriegsgerät sind wenig sehenswert, aber das Palastgebäude selbst ist sehr schön), das **Kutschen-Museum** mit ein paar prächtigen Modellen (mäßig sehenswert) sowie ein **Polizei-Museum** und ein kleines **Feuerwehr-Museum** (beide nicht sehenswert).

Die **Ibn Tulûn-Moschee** ist vom Eingang der Zitadelle etwa 1,5 km entfernt. Man kann diese zu Fuß zurücklegen oder sich ein Taxi nehmen (aufpassen, auch zurück verlangen die Taxifahrer manchmal Fantasiepreise).

Die zweitälteste Moschee der Stadt stammt aus dem Jahre 879 und geht auf Ibn Tulûn zurück, den Gründer der Tuluniden-Dynastie, die sich von den Abbasiden losgesagt hatte (s.S. 86). Ibn Tulûn ließ nördlich von Fustât eine neue Stadt erbauen, al-Qatâ'i, die an historischem Ort errichtet wurde: Der Legende nach wollte Abraham hier seinen Sohn Ismâ'il opfern, und die Arche Noah soll ebenfalls an dieser Stelle gestrandet sein. Kein Wunder also, dass ein paar der Holzpaneele, die die ganze Moschee umranden und auf die Koranverse geschrieben wurden, angeblich aus Schiffsplanken der Arche Noah gefertigt sein sollen.

Als die Abbasiden, die zwischenzeitlich wieder die Macht an sich gerissen hatten, 905 al-Qatâ'i niederbrannten, wurde alles zerstört. Allein die Moschee blieb erhalten. Mit diesem Monumentalbau, der nach dem Vorbild der Großen Moschee in Samarra (Irak) errichtet wurde, hatte sich Ibn Tulûn ein Wahrzeichen geschaffen, das seine Herrschaft legitimieren und die Größe seines Reiches demonstrieren sollte.

Muhammad Ali und die Reformierung Ägyptens

Muhammad Ali (1786–1848) ist in Ägypten ein Nationalheld. Man sagt ihm nach, er habe die Unruhen, die Ungerechtigkeiten und die Tyrannei der Mamluken beendet. Er soll den Menschen zugetan gewesen sein und seine Macht allein dem Wohle des Volkes gewidmet haben. Tatsache ist, dass Muhammad Ali es schaffte, das Chaos, das nach dem französischen Abzug entstand, zu beseitigen. Dies gelang ihm zwar nur auf höchst brutale Weise, indem er nämlich die aufständischen Mamluken-Generäle 1811 in die Zitadelle einlud und sie dort nach einem Festmahl hinrichten ließ – das so genannte **Mamluken-Massaker** –, doch so hinterhältig diese Tat gewesen sein mag, sie sorgte dafür, dass das Land, das im Chaos zu versinken drohte (s.S. 87), stabilisiert und in ein neues Zeitalter geführt wurde.

Muhammad Ali legte den Grundstein für das moderne Ägypten. Er reformierte die Landwirtschaft und förderte den Baumwollanbau. Er regulierte den Nil zum ersten Mal mit Staudämmen und leitete somit die erste Phase der **Industrialisierung** ein. Hatte Ägyptens Industrie bis dahin vorwiegend auf handwerklicher Kleinproduktion im Textilbereich basiert, so gründete Muhammad Ali Staatsunternehmen und baute sie ab 1821 in großem Umfang aus. Die Bauern lieferten dem Staat die Baumwolle, und dieser sorgte dann dafür, dass die Fertigprodukte zu einem festen Preis auf den Markt kamen.

Zunächst griffen diese Maßnahmen in Unterägypten, ab 1826 auch in Oberägypten. Was dort produziert wurde, diente überwiegend der Versorgung der Armee. Es entstanden v.a. Baumwollfabriken (Baumwolle machte über 50% des gesamten Exportaufkommens aus), so dass Baumwolle Ende der 30er Jahre auch im Land verarbeitet werden konnte. Es folgten Färbereien, Gerbereien, Waffen- und Munitionsfabriken. Dennoch mussten sehr viele Rohstoffe (Holz, Kohle, Eisen und Farbstoffe) weitgehend importiert werden. Auch Maschinen wurden direkt aus Europa eingeführt, und dafür wurden Fachleute gebraucht. Anfangs ließ Muhammad Ali Europäer nach Ägypten bringen, damit diese ihr Knowhow zur Verfügung stellten, doch schnell stellte er fest, dass dies nicht reichte, und so kam es zu den ersten Entsendungen arabischer Gelehrter nach Europa, jenen bedeutsamen **Studienmissionen**, die das Bild der Europäer im Orient prägen sollten.

Auch in den **Bildungsbereich** wurde investiert. War bisher vor allem die religiöse Bildung ein Interesse der Herrschenden, so erkannte Muhammad Ali die Bedeutung der technischen Ausbildung. Für ihn war Ausbildung etwas, das dem Land dienen sollte, und so vernachlässigte er die religiöse Erziehung an der Azhar-Moschee zugunsten eines neues Schulsystems, das vor allem fachspezifisch orientiert war. Erst nach und nach begann er damit, Elementarschulen zu errichten. Dem neuen Bildungssystem lagen europäische Muster zugrunde. Handels- und Militärschulen entstanden in Kairo und Alexandria; an Letzteren waren Ägypter lange Zeit gar nicht zugelassen (hier lernten in Ägypten ansässige Franzosen und Engländer). 1825 wurde eine Medizinische Schule gegründet, 1836 die *Maglis al-Ma'ârif*, eine Art Volksvertretung, die nach französischem Vorbild geführt wurde. Außerdem wurden um diese Zeit etwa 50 Elementar- und Höhere Schulen eingerichtet, in denen Arabisch die Unterrichtssprache war.

Mit dem erweiterten Bildungssystem einhergehend, entstand die erste Druckerei und 1828 die Presse mit der ersten amtlichen Zeitung, dem „Ägyptischen Staatsanzeiger".

Muhammad Alis Reformen hatten weit reichende Folgen. Sie führten Ägypten als erstes islamisches Land an Europa heran. Die beiderseitigen Besuche prägten das Bild des jeweils anderen, was sich bis heute auf die Wahrnehmung des Fremden auswirkt.

Die Moschee wurde erst kürzlich renoviert, und so kommt der Betrachter in den Genuss eines klassisch irakischen Baus inmitten von Kairo. Bereits die Größe der Anlage ist beeindruckend: Die äußere Außenmauer ist 162 m lang. Die eigentliche Moschee liegt innerhalb dieser Außenmauer und hat noch einmal eine eigene Außenmauer. Der Zwischenraum sollte den Betenden in einem ersten Schritt in die Ruhe des Inneren bringen. Hier befindet sich auch das außergewöhnliche Minarett, das sich schneckenförmig nach oben windet – eine architektonische Finesse, die man sonst nur im Irak findet. Der Besucher kann auf das Minarett steigen und hat von hier einen herrlichen Blick, nicht zuletzt auch auf den Innenhof der Moschee, der in der Mitte mit einem mächtigen Brunnen ausgestattet ist. Die Arkaden, die den Innenhof umfassen, werden in Richtung Osten niedriger und münden in einen großen Gebetssaal. Bemerkenswert ist der Haupt-Mihrâb, die Gebetsnische, eine einfache Nische, die von einem kufischen Schriftzug umgeben ist; hier steht das islamische Glaubensbekenntnis geschrieben: *Lâ Illâha illâ Allâh wa Muhammadu Rasûlu Allâh*, „Es gibt keinen Gott außer Gott und Muhammad ist sein Prophet".

Die Moschee wurde seit ihrer Erbauung im 9. Jh. immer wieder renoviert. Man hat sich jedoch stets bemüht, den ursprünglichen Stil beizubehalten.

Wer schon einmal hier ist, sollte das **Gayer Anderson-Haus**, ganz nahe der Moschee, nicht verpassen. Es ist ein fast schon ethnografisches Museum. Der britische Arzt Gayer Anderson kaufte das aus dem 17. Jh. stammende Haus in den 30er Jahren des 20. Jhs., renovierte es prächtig und ließ es mit einer Originaleinrichtung aus dem 17. Jh. wieder „aufleben".

🕐 tgl. 9–16 Uhr, Fr über Mittag geschlossen, Spende erwünscht.

Spaziergang 4: Von der Zitadelle zum Museum für Islamische Kunst

Dieser Spaziergang führt durch das malerische Viertel Darb al-Ahmar mit seinen schönen Moscheen und Madrasas, vor allem aus mamlukischer Zeit, vorbei am Bâb az-Zuwaila zum Museum für Islamische Kunst. Einschließlich eines Museumsbesuchs sollte man für diesen Spaziergang etwa drei Stunden einplanen. Ausgangspunkt ist der Mîdân Salâh ad-Dîn, der Platz zwischen der Sultan Hassan-Moschee und der Zitadelle.

Die Sultan Hassan-Moschee im Rücken begibt man sich schräg links bergauf. Man folgt der Straße, die sich an den Zitadellenhügel schmiegt, bis nach etwa 100 m eine kleine Straße links abbiegt. Dies ist die **Shâria Bâb al-Wazîr**, die später in die Sh. Darb al-Ahmar mündet. Die kleine Straße führt zunächst nach unten und ist gesäumt von kleinen Werkstätten und Kaffeehäusern. Ein paar Bäume säumen die Straßen. Gleich die erste Querstraße links gelangt man zu einem alten Krankenhaus, das auf denselben Gründer zurückgeht wie die Mu'ayyad-Moschee, das **Maristan Mu'ayyad**. Es stammt aus dem 15. Jh. und war einst dafür da, die Bewohner der Zitadelle zu versorgen. Es ist heute sehr zerfallen. Ein Blick ins Innere lässt jedoch ahnen, welche Größe und Bedeutung dieses Krankenhaus einst gehabt haben muss.

Man folgt der Hauptstraße, die von mehreren kleinen Brunnen und Moscheen gesäumt ist, weiter nach Norden. Nach wenigen hundert Metern erhebt sich auf der rechten Seite ganz deutlich die sehr schön verzierte Steinkuppel der **Moschee und des Mausoleums des Khairbak**, des Vizekönigs von Aleppo. Trotz seines hohen Postens unter den Mamluken wollte Khairbak höher hinaus: Er kooperierte mit den Osmanen und war letzten Endes für den Tod von Sultan Ghûrî verantwortlich. Die Moschee wurde 1502 erbaut. Das dazugehörige Mausoleum, in dem der Vizekönig begraben liegt, wurde 18 Jahre später angebaut. Ein Blick ins Innere ist lohnend, denn hier stehen viele Bäume, was sonst eher selten ist in einer Moschee.

Nur wenig weiter ist rechter Hand die **Moschee des Ak Sunkur** (Spende erwünscht) zu sehen. Ak Sunkur, der „Weiße Falke", war der Schwiegersohn des Sultans an-Nâsr und außerdem dessen Jagdmeister. Er war Kommandant über die Armeen des Sultans und sicherlich einer der bedeutendsten Heeresführer der mamlukischen Epoche. Das Besondere an dieser Moschee, die 1346 erbaut wurde, sind die blauen Fliesen und die blau-grauen Marmorsteine, die das Eingangstor umgeben. Wie viele Moscheen aus mamlukischer Zeit hat auch diese einen Innenhof mit vier Liwanen. Hier wie im Mausoleum des Khairbak wachsen Bäume. Über dem *mihrâb*, der sich in dem Haupt-Liwan befindet, ist eine kleine Kuppel zu sehen.

Nachdem große Teile der Moschee im 17. Jh. durch ein Erdbeben zerstört wurden, ließ Ibrahîm Aga den Bau 1652 vollständig renovieren. Die Kacheln, die man heute sieht, stammen aus dieser Zeit.

Der Straße weiter nach Norden folgend, sieht man schon bald auf der linken Seite ein großes Gebäude. Dies ist der Palast **Bait ar-Razzâz** aus dem 15. Jh. Sultan Qaitbey ließ ihn für sich errichten. In den folgenden Jahrhunderten wurde er stets erweitert und erneuert. Die meisten Gebäudeteile, die man heute sieht, stammen aus dem 18. Jh. Das Gebäude ragt vor allem durch seine Größe heraus.

Die Straße macht nun einen großen Bogen nach Westen und nähert sich wieder dem Bâb az-Zuwaila. Doch statt rechts oder links abzubiegen, läuft man weiter geradeaus, vorbei an kleinen Werkstätten und Verkaufsläden, durch eine lebendige, angenehme Straße, bis man zur großen Sh. Port Sa'îd gelangt. Gegenüber, in einem prachtvollen Gebäude von 1880, ist das **Museum für Islamische Kunst** untergebracht. Man sollte es auf keinen Fall verpassen, sich diese wertvolle Sammlung anzusehen. Mit 80 000 Exponaten ist das Museum für Islamische Kunst das größte islamische Museum weltweit. Und im Gegensatz zum Ägyptischen Museum ist es recht gut beschriftet. Außerdem folgt der Rundgang einer sinnvollen Systematik (was eher selten ist in ägyptischen Museen). Man betritt das Gebäude durch den Haupteingang an der Längsseite des Gebäudes.

🕐 tgl. 9–16 Uhr, Fr von 11.30–13.30 Uhr geschlossen, Eintritt E£16. Die Museumswächter sind oftmals sehr gelangweilt und von ihrem Job genervt. Der Besucher sollte sich dadurch nicht die Laune verderben lassen und im Zweifelsfalle auch die Lampen, die der Beleuchtung der Vitrinen dienen, selbst anmachen.

Der Rundgang verläuft entgegen dem Uhrzeigersinn: **Raum 2** ist den Umayyaden (661–750, Hauptstadt Damaskus) und ihrer Kunst gewidmet. Man sieht Mosaike und Bronzegegenstände. **Raum 3** beherbergt Stuck- und Holzplatten sowie Keramiken aus der Tuluniden- und Abbasiden-Zeit (Tuluniden: 870–905, Hauptstadt Kairo; Abbasiden: 750–1258, Hauptstadt: Bagdad). Der **Raum 4** widmet sich ganz den Fatimiden (969–1171, Hauptstadt Kairo). Es sind erste Kalligrafien und Arabesken ausgestellt. **Raum 5** hat die Mamluken (1250– 1517, Hauptstadt Kairo) zum Thema und zeigt Metallarbeiten, ein Wasserbecken und schöne Bronzegefäße.

Ab dem folgenden Raum beginnt eine thematische Aufteilung des Museums: **Raum 6** beherbergt fatimidische Holzarbeiten, z.T. wunderbar filigrane Arbeiten mit Blumenornamenten: Durch ein großes hölzernes Tor aus Damiette gelangt man zu **Raum 7**. Dieser und der folgende Raum zeigen ayyubidische und mamlukische Holzarbeiten. In **Raum 9** finden sich Möbel und Metallarbeiten, z.T. wunderschöne Stücke mit Einlegearbeiten aus Syrien. **Raum 10** ist ein beeindruckender rekonstruierter osmanischer Wohnraum. Weiter geht es zu **Raum 11**, wo mamlukische Metallarbeiten, Vasen, Leuchter u.Ä. ausgestellt werden. **Raum 12** widmet sich dem Thema Waffen.

In den **Räumen 13–16** sieht man herrliche Keramiken, wobei jene im Raum 13 aus Ägypten stammen und jene aus den Räumen 14, 15 und 16 von außerhalb. In Raum 15 und 16 soll demnächst eine Koranschule nachgebaut werden. Zur Zeit unserer Recherche war diese allerdings noch nicht aufgebaut.

Raum 17 und 18 fehlen. In **Raum 19** ist eine wertvolle und interessante Sammlung islamischer Handschriften zu sehen: herrliche Kalligrafien und persische Miniaturen. **Raum 20** beherbergt kostbare Teppiche und Stoffe, **Raum 21** zeigt Glas- und Moscheelampen.

Gegenüber dem Museum ist ein kleines Restaurant, das wunderbare Fatîr für E£2–5 backt.

Die Totenstädte

Etwa 150 000 Menschen leben auf Kairos Friedhöfen. Man nennt sie auch Totenstädte, wobei diese Stadtbezirke in keinster Weise „tot" sind. Seit den 60er Jahren, als Kairos Stadtbevölkerung enorm wuchs und die Stadt aus allen Nähten zu platzen drohte, begannen die Menschen, den leer stehenden Raum der Friedhöfe für sich zu entdecken. Mausoleen, deren Eigentümerfamilien in der Regel keine lebenden Nachfahren mehr besaßen und die auch nicht mehr gepflegt wurden, wurden meist von Neusiedlern vom Lande in Besitz genommen und zu Wohnungen umfunktioniert. Die Bevölkerung in den Grabhäusern nahm rasch zu und stellte bald ein ernstes Problem für

Kleine Obst- und Gemüseläden finden sich fast überall in der Stadt

die Stadtverwaltung dar, denn es gab weder Strom noch Wasser in den Totenstädten. Unbürokratisch wurde dieser Missstand gelöst: Zunächst wurden Wasserzapfstellen errichtet, später schloss man die Siedlungen an das Wasser- und Stromnetz von Kairo an.

Während in anderen islamischen Ländern oder auch bei uns Tote in der Erde begraben liegen, hat sich in Ägypten der pharaonische Totenkult gehalten: Statt die Menschen im Boden zu verscharren, baut man ihnen Häuser. Je mächtiger und reicher ein Mensch zu Lebzeiten war, desto größer und prachtvoller ist sein **Mausoleum**. Viele der Grabbauten haben mehrere Zimmer, um die herum eine Schutzmauer errichtet wurde. Der Leichnam ruht im Untergeschoss in einem Sarkophag aus Stein, der oft reich dekoriert und mit Koranversen verziert ist. An Feiertagen, vor allem aber am Ashûra-Fest, kommen die Hinterbliebenen eines Verstorbenen zum Grab. Sie verbringen den Tag dort, veranstalten meist ein großes Picknick und haben Wasserpfeifen und Kassettenrekorder dabei. So kann auch der Tote an den Familienfesten teilnehmen. Für die Dauer des Festes wohnt die Familie dann in dem Mausoleum. Das hat sich seit Jahrhunderten nicht geändert, auch nicht dadurch, dass viele der alten Mausoleen nun von „neuen" Familien bewohnt sind.

Der Stadtverwaltung Kairos sind die bewohnten Friedhöfe ein Dorn im Auge. Sie passen, ähnlich wie die Müllstädte (s.S. 158), nicht ins Bild der Stadt, die sich modern geben möchte. Also versucht man, die Bewohner der Totenstädte umzusiedeln. Ein erster Test wurde 2002 gestartet, als man zahlreiche Bewohner des Friedhofs an-Nâsr umsiedelte, um durch ihr Viertel eine neue Straße zu bauen. An-Nâsr liegt nördlich der Gamaliya (s.S. 143). Hier liegen, außer Scheich Ibrahîm, dem zum Islam konvertierten Schweizer Forscher Johann Ludwig Burckhardt, der im 19. Jh. Petra in Jordanien und den Ramses-Tempel in Abu Simbel entdeckte, keine bedeutenden Persönlichkeiten begraben. Und das Grab von Scheich Ibrahîm wurde verschont. Dennoch musste ein Großteil der Bevölkerung des Friedhofs das Viertel verlassen. Den Familien wurden Wohnungen 35 km außerhalb

Kairos „angeboten", die noch gar nicht fertig sind. Anfangs durften sie gratis wohnen, jetzt sollen sie E£75 Miete pro Monat bezahlen. Im neuen Quartier gibt es weder Schulen noch Geschäfte, noch eine medizinische Versorgung.

Nach den Plänen der Stadtverwaltung sollen sämtliche Friedhöfe Kairos bis zum Jahr 2020 aufgelöst werden, mit Ausnahme jener Gräberanlagen, die wegen ihres Bestandes an kostbaren alten Moscheen und Madrasas der Altertumsbehörde unterstehen. Dorthin zu gelangen war ein harter Kampf, denn eigentlich ist es nach den Regeln des Islams verboten, Tote umzubetten. Doch ist Kairo inzwischen so groß geworden, dass die Friedhöfe, die einst außerhalb der Stadt lagen, zu begehrtem Bauland geworden sind, Bauland, das nun in Kairos Innenstadt liegt und nicht weiter als billiger Wohnraum für Arme zur Verfügung stehen soll. Kairos theologische Berater haben diesen Maßnahmen nun zugestimmt.

Die Friedhöfe, die z.T. Gräber aus neun Jahrhunderten beherbergen, ziehen sich östlich der Stadtmauer, unterhalb der Zitadelle kilometerlang bis nach Heliopolis im Norden und bis südlich von Fustât. Unsere Beschreibung beschränkt sich auf einen kleinen Teil dieser Totenstadt, genauer gesagt, auf den **nördlichen Friedhof**, der ungefähr dort beginnt, wo die Sh. Azhar auf die Sh. Salâh Sâlim, den großen Altstadtring, stößt. Da diese Viertel nie geplant wurden und Straßen, Kanalisation und Gassen abhängig von der Lage der Mausoleen entstanden, kann auch der folgende Stadtplan allenfalls eine grobe Orientierung vermitteln, nicht aber den Besucher durch das Viertel leiten.

Da eine genaue Wegbeschreibung aufgrund der vielen wirren Gassen und Straßen unmöglich ist, beschränken wir uns im Folgenden auf die Beschreibung der sehenswertesten Bauten und bitten den Leser, keine Scheu zu haben, die Bewohner des Viertels nach dem Weg zu fragen. Die Menschen hier sind freundlich und zurückhaltend.

Sultan Qaitbey-Komplex

Der prachtvollste Bau des nördlichen Friedhofs und sicherlich auch einer der schönsten mamlukischen Bauten ganz Kairos ist der Sultan Qaitbey-Komplex. Er besteht aus Moschee, Mausoleum, Madrasa und Sabîl-Kuttâb. Er wurde als Khanqah, eine Art religiöses Internat (ein Gelehrtenzentrum, in dem die Lehrer und Schüler auch zusammen wohnen), errichtet. Die meisten Komplexe in diesem Totenviertel waren Khanqahs. Sie bestanden in aller Regel aus Koranschulen mit Moscheen, Sabîl-Kuttâb und Mausoleum.

Man betritt das Gebäude und steht in einem Innenhof, von dem zwei Liwane, einer nach Osten, der andere nach Westen, abgehen. Hinter dem östlichen Liwan, der nach Mekka ausgerichtet ist, liegt das Mausoleum des legendären Sultans mit seiner gigantischen und reich verzierten Kuppel. Die Wände sind mit Marmor verziert und überall findet man kleine, fein geschnitzte Holzwände.

Mit etwas Glück kann man versuchen, auf das Minarett zu steigen, um von oben auf das Kuppeldach des Mausoleums zu sehen. Das Minarett selbst ist eine künstlerische Meisterleistung: Quadratisch geht es nach oben, um dann in ein Achteck überzugehen, welches dann wiederum in eine runde Form übergeht. Architekten vieler Epochen haben versucht, diesen Stil zu kopieren, aber nur wenigen ist es gelungen.

Sultan Barsbey-Komplex

Lohnenswert ist auch der Komplex des Sultan Barsbey (reg. 1422–38) ein ganzes Stück weiter nördlich. Auch dieser Komplex war als Khanqah geplant und umfasst Moschee, Mausoleum, Madrasa und Sabîl. Die Fassade ist relativ zerstört, doch das lässt keine Rückschlüsse auf das großartige Innere zu.

Bemerkenswert ist vor allem der Mihrâb der Moschee: Feinste Fayence-Arbeiten füllen die Nische, Marmorsäulen umranden sie. Nicht weit davon steht die Minbâr, die häufig als die schönste Kanzel von ganz Kairo bezeichnet wird. Sie ist voller Elfenbein-Einlegearbeiten und glänzt wunderschön. Sie wurde 1453, also erst nach dem Tod von Barsbey, in der Moschee errichtet. An der Nordseite des Innenraums findet man bunte Glasfenster, eine Seltenheit aus dieser Zeit. Besondere Beachtung sollte man dem Boden schenken, da hier, oftmals unter Teppichen oder Strohmatten, wunderschöne Marmor-Mosaike verdeckt liegen.

Farag ibn Barquq-Komplex

Sultan Barquq (reg. 1382–99) kann als Begründer dieser Totenstadt gesehen werden. Er war der Erste, der sich nicht in dem Viertel Baina l-Qasrain (s. S. 143), also mitten in der Innenstadt von Kairo, bestatten lassen wollte, sondern es bevorzugte, in der Weite der Wüste zu ruhen. Auch wenn es heute schwer fällt, sich vorzustellen, dass hier einst Wüste war, so ist es doch wahr. Man kann sogar so weit gehen zu behaupten: Der Bau des Mausoleums war der erste Schritt, Kairos Stadtareal auf die Wüste auszuweiten.

Erbaut wurde der prachtvolle Komplex, der wie die oben beschriebenen Grabanlagen ebenfalls aus Moschee, Mausoleum und Madrasa besteht, von Farag, einem Sohn des Sultans.

Durch ein Vestibül betritt man einen großen Innenhof, in dessen Mitte sich ein großer, achteckiger Brunnen befindet. Hier, wie auch in manchen anderen Innenhöfen von Sakralbauten, finden sich Bäume, die zum Ausruhen im Schatten einladen. Im eigentlichen Grabbau liegt Sultan Barquq mit seinem Sohn Azîz. Farag, der Erbauer dieses Komplexes, wurde in Syrien ermordet und seine Leiche nie nach Kairo zurückgebracht.

Komplex von Qurqumas und Sultan Inal

Etwa 200 m nordöstlich des Farag-Komplexes finden sich die beiden Bauten des Sultans Inal von 1451 und das Mausoleum des Emirs Qurqumas von 1506.

Sultan Inal diente unter Sultan Barquq als Mamluk; er war Gouverneur von Edessa (Syrien) und etablierte sich später selbst als Sultan – kein ungewöhnlicher Lebenslauf, denn wie bereits an anderer Stelle erwähnt, waren die Mamluken ursprünglich Sklaven, die zu Sultanen wurden.

Inal erhielt erst im stolzen Alter von 73 Jahren den begehrten Sultanstitel. Sein Mausoleum wurde errichtet, als er noch Heereschef war und so ist der Grabbau etwas „klein" geraten. Statt des obligatorischen Sabîl und der Madrasa, die eine Khanqah ausmachen, erhielt die Totenstätte von Inal „nur" eine Moschee mit Mausoleum. Diese jedoch sind wirklich sehenswert.

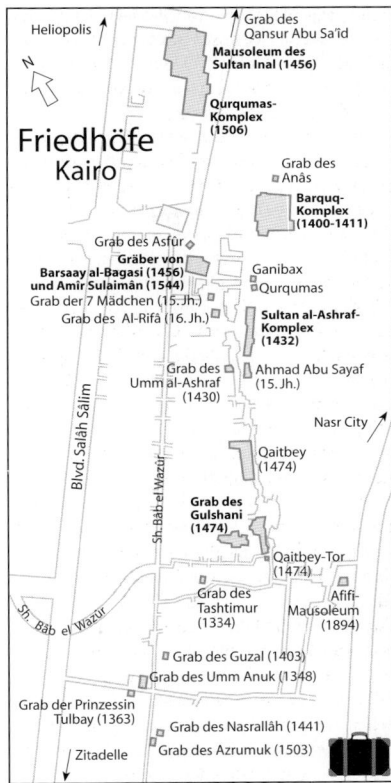

Direkt dahinter (oder davor, je nachdem von wo man kommt), befindet sich das Mausoleum von Qurqumas, ebenfalls ein Mamluke. Dieser diente jedoch Qaitbey. Der Komplex umfasst Madrasa, Moschee, Mausoleum und Sabîl, entspricht also einer klassischen Khanqah. Der Komplex wurde nach dem Vorbild des Qaitbey-Komplexes errichtet, nur kleiner.

Als man den Gebäudekomplex in den 80er Jahren renovierte, fand man hier mehr als 100 Skelette begraben. Man weiß bis heute nicht, von wem diese stammen.

Juden in Ägypten Die Zahl der heute in Ägypten lebenden Juden beträgt alles in allem rund 300 Personen. Ende des 2. Weltkrieges waren es noch 50 000, die meisten davon Sepharden. Doch wie in allen anderen arabischen Ländern auch begann die Zahl der Juden mit den ernsten **arabisch-israelischen Auseinandersetzungen**, die 1948 mit der Gründung des Staates Israel ihren Anfang nahmen, stark zurückzugehen. Als dann in Kairo im selben Jahr auch noch zahlreiche Juden verhaftet und in die Gefängnisse von Huckstep nahe Kairo und Abu Qîr bei Alexandria gesteckt wurden, emigrierten mehr und mehr.

Die Israelis begannen ihrerseits nach 1948 mit den ersten Palästinenser-Vertreibungen. In Ägypten wurden als Reaktion darauf jüdische Zeitschriften und Zeitungen verboten und jüdisches Vermögen wurde beschlagnahmt. Die letzte Flüchtlingswelle von ägyptischen Juden nach Israel kam mit der Suez-Krise 1956 und dem 6-Tage-Krieg 1967.

Geblieben sind zahlreiche Synagogen, verwaiste jüdische Schulen, Hospitäler und Gemeindehäuser. Sie erinnern an die Zeit, als Juden in Kairo und Alexandria wichtige Rollen in Wirtschaft und Kultur spielten. Juden waren es auch, die die Elite-Stadtteile Maadi, Zamalek und Heliopolis gründeten. Heute gibt es noch ein kleines jüdisches Viertel, das **Harat al-Yahûd**, in Kairo, nahe dem Viertel Muskî. Doch hier ist nicht mehr viel vom jüdischen Leben zu spüren. Die letzte jüdische Hochzeit fand 1980 statt. Die Synagogen werden nur unter strengster Bewachung an hohen Feiertagen aufgeschlossen. Was bleibt, ist ein riesiger **Friedhof** zwischen Maadi und Zentrum, eine Totenstadt aus dem 9. Jh., die sich auf 850 000 m² erstreckt. Es ist einer der bedeutendsten Friedhöfe der jüdischen Welt, der nun, vieler Marmorblöcke beraubt und von Straßen durchzogen, nur noch eine letzte Erinnerung daran ist, dass einst eine reiche, jüdische Gemeinde in Ägypten lebte.

Altkairo

Das älteste Stadtviertel Kairos beginnt südlich der Gartenstadt und erstreckt sich über das alte Fustât bis zum Nil. Im Zentrum Altkairos liegt das **koptische Viertel** sowie die älteste Moschee Ägyptens, die **Moschee Amr Ibn al-Âs**. Das Viertel lässt sich wunderbar auf einem Halbtages-Ausflug erkunden und mit einem anschließenden Besuch der Insel Roda (s.u.) verbinden. Am einfachsten erreicht man Altkairo mit der Metro; die Station Mâr Girgis (Linie Helwân ab Tahrir) liegt direkt neben dem griechisch-orthodoxen Kloster am Eingang des koptischen Viertels. Der hier vorgestellte Rundgang beginnt an dieser Metro-Station und endet am Riverboat-Ableger südlich der Insel Roda, von wo aus man bequem in einer ca. einstündigen Bootsfahrt wieder zurück ins Zentrum gelangt.

Masr al-qadîma, wie Altkairo genannt wird, wurde auf den Ruinen eines alten römischen Forts errichtet, das man „Babylon in Ägypten" nannte. Es stammt aller Wahrscheinlichkeit nach aus dem ersten nachchristlichen Jahrhundert. Ende des 4. Jhs. begannen hier die ersten Kopten, Kirchen und Schutzmauern zu errichten, um sich anzusiedeln. Die arabischen Eroberer fanden bei ihrer Ankunft 641 Babylon, eine riesige Burganlage mit 42 Kirchen, großen Türmen und Bastionen, vor und bauten direkt daran anschließend Fustât, das spätere Kairo.

Während von der frühislamischen Stadt Fustât außer einer Moschee nichts übrig geblieben ist, ist das koptische Viertel bis heute erhalten, zwar ist es kleiner als früher, aber die Grundmauern sind noch immer dieselben.

Schräg rechts gegenüber dem Ausgang der Metro-Station von Mâr Girgis findet sich der Besucher vor einem hübschen verzierten Tor wieder. Dahinter befindet sich die **Hängende Kirche**, die **Kanîsa Mu'allaqa**. Als „hängend" bezeichnet man sie, da sie über dem einstigen Eingang des römischen Forts gebaut wurde und aussieht, als würde sie hängen. Der Jungfrau Maria geweiht, wurde sie im 4. Jh. gebaut und im 7. Jh. zum Bischofssitz ernannt. Im 9. Jh wurde sie zerstört, dann aber im 11. Jh. wieder aufgebaut und zum koptischen Patriarchats-Sitz erhoben. Seitdem wurde sie immer wieder renoviert. Die Fassade stammt aus dem 19. Jh.

Die Kanîsa Mu'allaqa gehört zu den schönsten koptischen Bauten, die es gibt. Der Innenraum ist

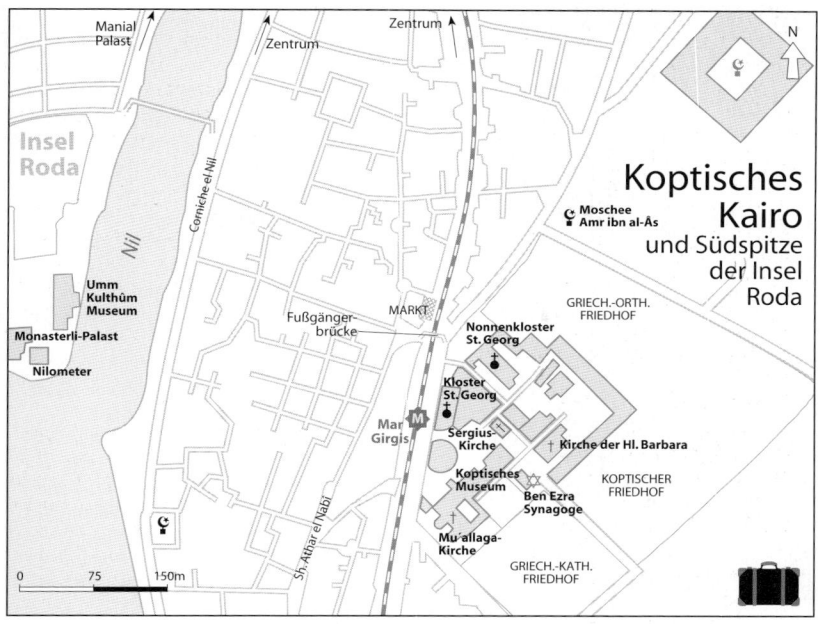

fast ganz aus Holz und die Fenster zeigen herrliche Mosaike. Wenn man die Treppe nach oben steigt, gelangt man durch einen kleinen Gang zuerst in einen Hof, an den sich die eigentliche Kirche mit drei Altären anschließt. Sie sind Maria, dem Heiligen Georg und dem Heiligen Johannes geweiht. Die Altäre sind durch eine Wand verdeckt. Hierauf finden sich herrliche Intarsienarbeiten aus Elfenbein und Zedernholz. Das Zedernholzdach wird von 15 korinthischen Marmorsäulen und einer schwarzen Basaltsäule getragen, die einst mit Bildern von Heiligen versehen waren. Rechts an die Altäre schließt sich das so genannte Baptisterium an. Hier ist der Schrein der Heiligen Thekla.

Unserem Rundgang folgend geht es nun, die Kirche im Rücken, nach rechts. Hinter den Resten des römischen Turms, der aus dem frühen Babylon stammt, muss man durch eine Sicherheitskontrolle. Hat man diese passiert, steht man vor dem **Koptischen Museum**, das unbedingt einen Besuch lohnt. ⓒ tgl. 9–17 Uhr, Eintritt: E£16 (8). Hier findet sich die größte Sammlung koptischer Kunst.

Gegründet wurde das Museum 1910 von Markus Simaika, einem reichen Kopten, der einen Platz schaffen wollte für die Kunstschätze seiner Kultur. Simaika ließ einen Bau errichten, der viele altkoptische Architekturteile mit einbezog. Bald schon wurde das Museum zu klein, und so erhielt das Gebäude 1947 einen neuen Flügel. Zwei Jahre später wurde die koptische Abteilung des Ägyptischen Museums hierher verlegt. Mitte der 80er Jahre wurde das gesamte Haus renoviert und ist seitdem ein schönes, ruhiges und sehenswertes Museum.

Die Sammlung von immerhin 15 000 Exponaten ist vergleichsweise klein, doch war es dem Gründer und den ihm nachfolgenden Museumsdirektoren wichtiger, wenige schöne Stücke zu zeigen als Masse anzusammeln. Besonders sehenswert sind die Fresken, die man in allen Räumen bewundern kann. Daneben lohnen die Textilien, die Ikonen, Bibelhandschriften und Gobelins.

Wieder zurück auf der Straße geht es weiter nach rechts, wo man kurz darauf vor dem griechisch-orthodoxen **Kloster St. Georg** steht. Dieses

Die Zabbâlîn, Kairos Müllsucher Nach Schätzungen der 'Ain Shams-Universität fallen in Kairo täglich **8000 Tonnen Müll** an. 40% davon werden direkt, auf offener Straße, verbrannt, 35% werden von einer städtischen Müllabfuhr abgeholt und 25% werden von den Zabbâlîn, den „Müllmenschen", abgeholt. Doch wohin damit? Kairo hat sechs ausgewiesene Müllhalden am Rande der Stadt, eine davon nicht weit von Fustât, dem alten Kairo, entfernt, am Rande der Mukattam-Hügel. Auf den sechs Müllplätzen leben mehr als 50 000 Menschen. Sie leben im Müll, mit dem Müll und vom Müll. Die meisten unter ihnen sind **Kopten**, die seit den 60er Jahren vor allem aus Oberägypten hierher kamen. Sie folgten dem Ruf der Hauptstadt in der Hoffnung auf ein besseres Leben, fanden jedoch nichts anderes als den Müll.

Zabbâlîn, Straßenkehrer, nennt man sie, und erhebt diese Berufsgruppe irrtümlicherweise zu einer Ethnie. Seit Generationen gehören die Zabbâlîn zum frühmorgendlichen Bild Kairos. Ab 3 Uhr morgens fahren sie, meist mit Eselskarren, durch die engen Gassen und sammeln den Müll auf, den die Menschen im Verlauf der letzten 24 Stunden weggeworfen haben. Im Müllviertel wird dieser von den Frauen und Kindern sortiert. Wiederverwertbares wird in Extratonnen gefüllt, organische Abfälle werden an die Schweine verfüttert oder kompostiert, Kleider und Stoffe werden aufbewahrt.

Die Not hat die Menschen zusammen gebracht. Selbsthilfegruppen, Sozialarbeiter und Krankenschwestern arbeiten hier, zum großen Teil von der koptischen Kirche, aber auch von ägyptischen und internationalen Organisationen wie der UNESCO finanziert. Doch bedeutet dies nicht, dass es den Menschen in den Müllvierteln gut ginge.

Viele der **Kinder und Frauen** leiden unter Infektionen, Hautkrankheiten, Brandwunden oder sind von Parasiten befallen. Denn sie sind es schließlich, die im Unrat herumwühlen. Kinder spielen mit benutzten Spritzen, mit alten Medikamenten und Rasierklingen. Sie spielen, fassen verwestes Fleisch mit den Händen an und wischen sich danach mit der Hand den Schweiß von der Stirn. Kaum eine der Familien kann es sich leisten, in einem Steinhaus zu leben. Und doch möchte keine von ihnen wirklich weg von hier. Zu groß ist die Angst, die Lebensgrundlage, so widerlich sie auch sein mag, aufzugeben. Denn auch mit Müll lässt sich Geld verdienen. Das wissen Kairos Stadtobere nur allzu gut. Sie würden die Müllsiedlungen lieber heute als morgen loswerden, doch die Frage ist, wie?

Wenn die Siedlungen weiter draußen wären, wie wäre dann der Mülltransport vom Stadtinneren nach draußen gewährleistet?

Ein weiterer Dorn im Auge der Stadtverwaltung sind die **Eselskarren** der Zabbâlîn. Sie passen nicht in das Bild, das Kairo als moderne Stadt abgeben soll. In einem Pilotprojekt wurden aus diesem Grund in einigen Stadtteilen die alten Holzkarren durch 20 Lkw ersetzt. Finanziert wurden diese aus US-Hilfsgeldern. Dazu bekamen die Zabbâlîn blaue Einheitsuniformen – eine geradezu lächerliche Aktion, denn die meisten Gassen und Straßen der Stadt sind mit einem Lkw überhaupt nicht erreichbar und die Uniformen verschwinden gleich am ersten Tag auf wundersame Weise. Die Lkw sind außerdem auf das automatische Entleeren modernster Müllcontainer ausgelegt, nicht aber dazu geeignet, Säcke hineinzuwerfen oder den Inhalt von Körben zu schlucken. 20 Lkw sind zudem viel zu wenige, um den Müll der Stadt fassen zu können. So ist man wieder zu den Eselskarren zurückgekehrt, auch wenn diese nun illegal sind. Eine Absurdität, denn wie sollen die Müllsammler sonst ihre Ware transportieren?

Die Müllsammler Kairos sehen es mit einer gewissen Gelassenheit. Sie sammeln weiter, ertragen den Gestank, sitzen in den Kaffeehäusern rund um die Müllberge und warten darauf, dass alles besser wird.

Kloster wurde auf einem römischen Turm errichtet, dessen „Schwesterturm" sich schräg gegenüber befindet. Es ist zurzeit nicht zu besichtigen. Etwa 100 m weiter gehen rechts Treppenstufen nach unten (Hinweisschild: The Holy Family). Hier beginnt das eigentliche koptische Viertel. Den Treppen folgt eine schmale Gasse. Gleich links geht es zum **Nonnenkloster St. Georg**, dessen kleine, sehr schöne Kapelle mit ihrer überdimensional großen Tür, die zum Altar führt, unbedingt einen Blick lohnt; ⏱ tgl. 9–16 Uhr, Eintritt frei. Direkt neben der Kapelle ist ein kleiner Laden, der lokale Produkte verkauft: Honig, Eier, eingelegtes Gemüse, aber auch Heiligenbildchen u.Ä.

Man folgt der Gasse, vorbei an mehreren Souvenirläden und sehr schönen Torbögen, die u.a. zum **Sergius-Kloster** führen. Dieses wurde über einem Platz errichtet, auf welchem die Heilige Familie einst ausruhte. Das Kloster selbst kann nicht besichtigt werden, wohl aber die kleine Kapelle, die sich daneben befindet. Sie soll eine der ältesten Kirchen des Landes sein. Besonders schön sind hier die Holzintarsien.

Am Ende der Gasse liegt die **Kirche der Heiligen Barbara**, wo noch die Gebeine der Heiligen liegen sollen. Die Kirche, deren Umbau erst Anfang des 20. Jhs. beendet war, gehört zu den größten koptischen Kirchen des Landes.

Rechts neben der Kirche ist die **Ben Ezra-Synagoge** zu sehen. Strenge Sicherheitskontrollen machen es nicht immer möglich, sie zu betreten. Doch wer das Glück hat, hineingelassen zu werden, findet sich in Ägyptens ältester Synagoge wieder. Sie wurde im 9. Jh. auf den Grundmauern der St.-Michaels-Kirche (die wiederum auf den Grundmauern einer noch älteren Synagoge erbaut wurde), errichtet, im 11. Jh. unter Sultan Hâkim dem Wahnsinnigen zerstört und im 12. Jh. von Abraham Ben Ezra, dem Rabbi von Jerusalem, vollständig renoviert. Das Innere der Synagoge erinnert mit seinen Zedernholz-Arbeiten und Intarsien stark an koptische Kirchen.

Man verlässt das koptische Viertel wieder über die Treppe, über die man es betreten hat.

Bevor man sich nun Richtung Nil wendet, sollte man einen Blick auf die erste Moschee des Landes werfen, die **Moschee Amr Ibn al-Âs**. Zu ihr gelangt man, wenn man sich nach Norden wendet. Nach knapp 350 m steht man vor der schönen Moschee, die nach dem islamischen Eroberer al-Âs benannt wurde. Auch wenn heute vom Original nicht mehr allzu viel erhalten ist, so ist es doch der Ort, von dem die Islamisierung Ägyptens ausging. Sie war einst das geistliche Zentrum der islamischen Gründung al-Fustât und verdient so die Aufmerksamkeit des historisch interessierten Besuchers.

Die erste Restaurierung wurde 827 vorgenommen, die nächste unter dem berühmten Salâh ad-Dîn (Saladin), nachdem die Moschee bei einem großen Feuer beschädigt worden war (s.S. 148). Im 14. Jh. wurde sie durch ein schweres Erdbeben ein weiteres Mal zerstört und wieder aufgebaut. Weitere Renovierungen, u.a. unter Muhammad Ali, veränderten die Moschee so stark, dass heute tatsächlich kein einziger Stein mehr original ist. Zu sehen sind im Inneren 200 Säulen, die das Dach einer großen Gebetshalle stützen.

Zurück an der Metro-Station überquert man auf einer kleinen Fußgängerbrücke die Schienen. Hält man sich immer geradeaus und folgt den kleinen lebendigen Marktgassen, erreicht man nach etwa 15 Minuten den Nil. Über eine schöne, eiserne Fußgängerbrücke gelangt man auf die Insel Roda (s.S. 160). Links geht es nun zur Anlegerstelle des Riverboats.

Gazîra und Zamâlik

Die Gazîra (arab. „Insel") ist die zentralste Insel in Kairos Stadtgebiet. Im Norden der Insel liegt das Stadtviertel **Zamâlik**, das vor allem bei der oberen Mittelschicht und Ausländern sehr beliebt ist. Wen wundert es angesichts der ruhigen Straßen, des vielen Grüns, z.T. noch herrlicher alter Villen und einer fantastischen Infrastruktur?

In Zamâlik zu bummeln ist schöner als in Downtown. Zum einen findet man hier Waren von besserer Qualität, zum anderen geht alles viel ruhiger zu. Es gibt hier viele gemütliche Cafés, ein paar gute und schöne Hotels, sehr gute Restaurants, ein paar angenehme Bars und die meisten Galerien der Stadt.

Die einzige „Sehenswürdigkeit" Zamâliks ist das **Museum für islamische Keramik**, das in einem alten Palast untergebracht ist. ⏱ Di–So 10–13 Uhr und 18–22 Uhr, Eintritt E£16. Zu sehen ist eine sehr schöne Auswahl an Keramiken aus der gesamten islamischen Welt, darunter vor allem osmanische und andalusische Stücke. Im Untergeschoss (Seiteneingang) befindet sich eine Galerie für zeitgenössische Kunst mit Wechselaustellungen (Eintritt frei).

Den zentralen Teil von Gazîra nimmt der Gezira Sporting Club ein. Hier wird trainiert und Fußball gespielt (Zutritt nur für Mitglieder). Im südlichen Teil der Insel befinden sich das **Cairo Opera House**, ein ganzer Komplex mit einem **Museum für zeitgenössische Kunst** (☉ tgl. außer Fr 10–13 Uhr und 18–22 Uhr; Eintritt frei) und einem Theater. Hier finden regelmäßig sehr gute Konzerte und Opern statt, vor allem von europäischen Komponisten. Die aktuellen Programme kann man in der *Al-Ahram Weekly* erfahren oder aber unter ✆ 7398086 bzw. ✉ gkabesh@hotmail.com.

Nahe der Oper ist der 187 m hohe **Cairo Tower**, auf dessen Spitze man für E£30 den Sonnenuntergang mit Panorama genießen kann. ☉ tgl. 9–24 Uhr. Wer hier oben essen (schlecht) oder trinken (teuer) möchte, muss dies bereits beim Aufzug unten angeben und Gutscheine kaufen.

Doqqi und Muhandisîn

Diese beiden Viertel liegen westlich von Gazîra. Es gibt hier kaum Sehenswürdigkeiten, denn es sind hauptsächlich Wohn- und Vergnügungsviertel. Vor allem in Muhandisîn gibt es viele hübsche Cafés und Restaurants, aber auch Kinos und Kulturzentren für die einheimische Bevölkerung. Für den Touristen sind vor allem zwei Dinge interessant: Das **Mahmûd-Khalil-Museum** in Doqqi (sprich Do'i) sowie der Botanische Garten und Zoo.

Das Museum liegt an der Sh. Giza, der Verlängerung der Sh. Tahrîr, der südlichsten Brücke über die Gazîra. Es widmet sich vor allem europäischen Künstlern; so kann man Werke von Van Gogh und Gaugin bewundern. ☉ tgl. außer Mo 10.30–16 Uhr, Eintritt E£25 (5).

Etwas weiter südlich liegt der **Botanische Garten** und der **Zoo**. Beide sind, wenn man sie mit europäischen Botanischen Gärten und Zoos vergleicht, nicht wirklich aufregend, doch vor allem freitags, wenn die Kairoer Familien hierher ziehen, um im Schatten der Bäume ihr Wohnzimmer aufzubauen, Wasserpfeife zu rauchen und Musik zu hören, wenn Kinder durch die Gärten tollen und überall gegrillt wird, ist es plötzlich eine Attraktion für sich. Im Zoo sind u.a. Löwen, Elefanten, Affen und ein Kondor zu sehen. ☉ 8.30–17 Uhr, Eintritt 25 pt.

Die Insel Roda

Roda liegt südlich von Gazîra und ist im Norden nur durch eine kleine Brücke über einen engen Kanal mit dem Festland verbunden. Hier liegt das Meridien Hotel und ein Teil der Cairo University.

Roda ist eine ruhige und angenehme Insel mit mehreren Sehenswürdigkeiten sowie einigen Cafés und Restaurants am Westufer.

Besonders sehenswert ist der **Manial-Palast**, ☉ tgl. 9–16.30 Uhr; Eintritt E£10 (5). Die Anlage besteht aus mehreren Gebäuden unterschiedlicher architektonischer Stile, die sich in einer schönen Gartenanlage befinden. Leider darf man nur den vorgeschriebenen Wegen folgen, an denen sich nur sehr wenige Sitzbänke zum Ausruhen anbieten. Eine Hinweistafel am Eingang zeigt die Standpunkte der einzelnen Gebäude, die zumeist Anfang des 20. Jhs. von einem Bruder König Fu'âds, dem Prinzen Muhammad Ali Tawfîq, erbaut wurden. Im Eingangstor geht es in den Empfangspalast mit einem sehr schönen Treppenhaus. Rechts hinter dem Tor befindet sich der nicht mehr funktionstüchtige Uhrturm, dahinter liegt eine noch genutzte Moschee mit schönen Fayencen, deren Mihrâb nicht wie sonst üblich nach Mekka ausgerichtet ist. Es folgt das 1962 erbaute lange **Jagd-Museum** mit einer Sammlung ausgestopfter Tiere und Jagdtrophäen, die teilweise im Besitz von König Faruk waren. Man kann auch aus Tierprodukten wie Elfenbein und Nashorn hergestellte Antiquitäten betrachten. Im hinteren Bereich finden sich hauptsächlich ausgestopfte Vögel. Im Garten liegt der mit schönen Holzdecken verzierte Wohnpalast, dessen Erdgeschoss besichtigt werden kann. Weiter hinten im Garten liegt der Thronpalast. Das Erdgeschoss besteht aus einem großen Saal; mit dunkelrotem Samt bezogene Sessel und Sofas säumen den Weg zum prunkvollen breiten Thron. Der Eingang zum Obergeschoss befindet sich hinten am Gebäude. Hier sind zwei Salons und ein Schlafzimmer untergebracht. In Letzterem steht ein Bett, in dem 500 kg Silber verarbeitet wurden. Im hinteren Bereich liegt das 1938 erbaute, so genannte „Private Museum": Um einen Innenhof sind 14 Räume gruppiert, in denen Statuen, Waffen, Kästchen, Porzellan, Silber-

Blumenladen in Zamâlik – Luxus für die Reichen

geschirr, Lampen u.a. aus verschiedenen Jahrhunderten ausgestellt wird.

Nach dem Besuch des Palastes bietet sich eine kleine Pause bei einem gemütlichen Tee oder Stella im hübschen Café direkt gegenüber dem Manial-Palast, am Ufer des Nils, an. Hier kann man in aller Ruhe sitzen und den Nil genießen.

Auf der Südspitze der Insel Roda befindet sich ein kleiner Park, der den **Nilometer**, den **Monasterli-Palast** (◷ 9–17 Uhr, Eintritt zusammen E£10) sowie das sehenswerte **Umm Kulthûm-Museum** (◷ 9–17 Uhr, Eintritt: E£15) beherbergt.

Nilometer wurden bereits zu pharaonischen Zeiten benutzt, um den Stand des Nils ablesen zu können. Anhand der Flut-Höhe konnte man die Erntemenge des kommenden Jahres abschätzen. Heute, da es keine Nilfluten mehr gibt, ist der Nilometer ohne Funktion, doch wenn man sich die Messlatte betrachtet, kann man erahnen, wie hoch der Pegelstand dieses Flusses einst gewesen sein muss. Mitte Juli begann in der Zeit, da die Staudämme noch nicht den Wasserlauf beeinflussten, die Flut. Sie brachte Wasser aus dem äthiopischen Hochland, wo im Juli Regenzeit herrscht. Mit Beginn der Flut brachte der Nil mindestens zwei Monate lang Wasser mit sich, das die Felder ringsum bewässerte und mit seinem Schlamm die Erde düngte. Der Nilometer der Roda-Insel stammt aus dem Jahr 861. Die arabischen Inschriften unterhalb des Daches, das erst unter Muhammad Ali errichtet wurde, sind dem Koran entnommen. Sie sprechen von der Bedeutung des Wassers für das Leben, die Ernte und somit die Nahrung.

Direkt neben dem Nilometer befindet sich der Monasterli-Palast, der einstige Sitz des Innenministers Ahmad al-Monasterli, einem zum Islam konvertierten Belgier. Der Palast, der heute noch immer für Feierlichkeiten genutzt wird, wurde 1851 erbaut und ist vor allem aufgrund der schönen Innenverzierungen einen Blick wert.

Das Umm Kulthûm-Museum hat erst seit 2002 seine Tore geöffnet. Es ist ein wunderbar aufgemachtes, hoch interessantes Museum mit Multi-Media-Show, Kleidungsstücken, Schuhen, Accessoires etc. der Künstlerin (Näheres zu Umm Kulthûm s.S. 117). Natürlich wird der Rundgang durch das Museum von leiser Musik der großen Meisterin begleitet.

Wer nun wieder in das Stadtzentrum möchte, kann an die Nil-Corniche zurückgehen und, falls es noch vor 16 Uhr ist, das Riverboat nehmen.

Die Pharaonen-Inseln

Mit einem pharaonischen Disneyland, den so genannten Pharaonen-Inseln, hat sich der Wiederentdecker der antiken Papyrusherstellung Dr. Ragab einen Kindheitstraum verwirklicht und eine touristische Einnahmequelle erschlossen. Es handelt sich hierbei um ein lebendiges Freiluftmuseum auf der kleinen **Jacob-Insel**, südlich der Insel Roda, in dem nicht nur nachgebildete Tempel und Götterstatuen stehen, sondern auch mehr als hundert Schauspieler das Leben im alten Ägypten vorführen. Die Insel ist voll bewachsen, vor allem mit Papyrus-Stauden, die Dr. Ragab seinen eigenen Worten zufolge aus dem Sudan und Äthiopien mitbrachte, um eine Pflanzenwelt wie zu Zeiten der Pharaonen wieder aufleben zu lassen.

In reichlich kitschiger Manie pflügen Bauern in handgewebten Leinenkleidern und der traditionellen altägyptischen Kopfbedeckung künstliche Felder, dreschen Männer Stroh mit Hilfe eines Büfels, hauen Steinmetze große Statuen und meißeln Handwerker Hieroglyphen in künstliche Sarkophage. Mit kleinen Booten tuckert man gemütlich durch künstliche Kanäle, kann an den Ufern Statuen sehen und dann, an Land, Nachbauten von Tempeln, Grabkammern (auch die des Tutanchamun) u.a.

Wer Disney World liebt, wird hier seine Freude haben. Vor allem Kinder sind von den Pharaonen-Inseln begeistert. Die ganze Show ist sogar recht informativ, denn viele Schautafeln und kleine Museen zeigen, wie man z.B. Papyrus herstellt oder Parfum-Essenzen (was den Betrachter natürlich dazu bringen soll, eben dieses in den kleinen Souvenirläden zu kaufen…). Doch auch Nachbildungen vom Pyramidenbau oder Darstellungen der frühen Handwerkskunst kann man hier bestaunen. ◷ tgl. 10–18 Uhr, Eintritt: E£60.

Heliopolis

Heliopolis ist eine Vorstadt im Nordwesten von Kairo in der Nähe des Flughafens. Sie geht auf die Initiative des belgischen Industriellen Baron Empain zurück, der auf dem Höhepunkt des europäischen Einflusses auf Ägypten 1906 seine Idee von der Errichtung einer neuen Stadt in der Wüste verwirklichte. Zur Seite stand ihm dabei der Architekt Alexandre Marcel, der die beiden herausragendsten Bauten des Stadtteils entwarf: Die Basilika und den Palast (s.u.).

Doch die Geschichte von Heliopolis reicht viel weiter zurück. Am nordwestlichen Rand des Viertels liegen im Dorf Matâriya die **Überreste der Stadt On**. Die Griechen nannten sie Heliopolis („Sonnenstadt"), denn spätestens seit Beginn des Alten Reichs wurde hier der Sonnengott Re verehrt. Die Stadt hat zwar politisch nie eine größere Rolle gespielt, war aber aufgrund ihrer religiösen Bedeutung zusammen mit Memphis eine der beiden wichtigsten Metropolen des Alten Reiches. Mit der Gründung Alexandrias verlor die Stadt, in der einst Plato lebte, zunehmend an Bedeutung, und der griechische Geograf Strabo beschreibt sie 24 v.Chr. als verlassen.

Nur noch einmal tat Heliopolis sich hervor, und zwar als der moslemische Eroberer Amr ibn al-Âs hier im Jahre 640 sein Lager aufschlug und von hier aus die byzantinischen Kräfte besiegte. Doch der Stadt selbst sollte dies keinen Ruhm bringen, denn die Moslems nutzten die alten Monumente als leicht verfügbares Baumaterial für die Errichtung ihrer neuen Hauptstadt Kairo. So war Heliopolis lange Zeit nicht mehr als ein Ruinenfeld inmitten der Wüste. Dieses wieder zu beleben war der Traum von Baron Empain.

Wer ein bisschen mehr Zeit in Kairo verbringen kann, sollte sich den Besuch des schönen und angenehmen Stadtteils nicht entgehen lassen. Bereits die Fahrt dorthin ist etwas Besonderes, denn man kann mit der sonst nicht mehr verkehrenden Straßenbahn (25 pt) ab dem Bahnhof Ramses dorthin gelangen. (Wichtig: Man muss die Straßenbahn zur Mahatta Sh. El Ahrâm nehmen. Zwar führen alle Linien nach Heliopolis, doch die anderen fahren weniger attraktive Gebiete in Heliopolis an.) Nach einer Fahrzeit von ungefähr einer halben Stunde steigt man an der Haltestelle **Shâria El Ahrâm** aus und ist inmitten des schönsten Teils von Heliopolis angelangt.

An der Haltestelle kreuzt die Sh. El Ahrâm die **Shâria Ibrahîm Laqqânî**. Diese ist mit ihren prachtvollen Arkaden das Aushängeschild von Heliopolis. Folgt man ihr in Richtung Osten, so ist die zweite Querstraße links die sehr schmucke **Shâria Bagdad**. Nicht weit davon befindet sich das bei Jugendlichen sehr beliebte Harrys Café (durchfragen!). Doch auch weitere schöne, lebendige Straßen warten in Heliopolis darauf, entdeckt zu werden. Die Straßenbahn bildet einen guten Orientierungspunkt.

Am Ende der Sh. El Ahrâm liegt die sehenswerte **Basilika** des französischen Architekten Alexandre Marcel, die der Hagia Sophia-Moschee (der ehemaligen Sophienkirche) in Istanbul nachempfunden wurde. Sie kann – vorausgesetzt, das Tor ist offen – besichtigt werden.

Von der Basilika erreicht man etwa 500 weiter südöstlich direkt an der Straße zum Flughafen den **Palast des Barons Empain**, des Gründers von Heliopolis. Beim Bau des exotisch wirkenden Gebäudes hat sich der Architekt (ebenfalls Marcel) offensichtlich von hinduistischen Tempeln inspirieren lassen, was Elefanten und Buddha-Figuren an der Fassade bezeugen. Nach seinem Tod im Jahre 1929 wurde der Baron in der Basilika beerdigt und seine Familie bewohnte zwei Generationen lang den extravaganten Bau. Seit dem Verkauf an die ägyptische Regierung im Jahre 1957 schlummert der Barons-Palast einen Dornröschenschlaf und verfällt zusehends. Fledermäuse und ein einsamer Wächter sagen sich hier Gute Nacht, Besucher werden nicht eingelassen. Bevor man die Tram zurück zum Bahnhof Ramses nimmt, empfiehlt sich ein Besuch von *Groppi's* oder des *Amphitrion*, eines Restaurants, in dem es sich bei einem Bier angenehm aushalten lässt. Beide Lokale befinden sich direkt an der Straßenbahnhaltestelle. Die Straßen in Heliopolis sind sehr gut beschildert.

Übernachtung

Das Angebot an Unterkünften in Kairo ist breit gefächert: Von der kleinen Kaschemme, verlaust und verdreckt, bis hin zum Luxushotel ist alles da, für jeden Geschmack und auch für jeden Geldbeutel!
Der besseren Übersicht wegen werden die Hotels im Folgenden nach Stadtvierteln aufgeführt.

INNENSTADT – Untere Preisklasse: Es gibt wohl Hunderte von Billigunterkünften in Kairos Innenstadt, doch nicht alle sind wirklich zu empfehlen. Manche werden als Stundenhotels genutzt, andere sind dreckig und verlaust. Preise sagen wenig über die Qualität der Zimmer aus und sind fast immer verhandelbar, zumindest außerhalb der Saison. Die meisten der günstigen Hotels liegen rund um den Talaat Harb und entlang der Sh. Talaat Harb bis hin zum Mîdân Urâbî. Sie sind häufig in den oberen Stockwerken der Häuser untergebracht, was einerseits hellere Zimmer verspricht, andererseits aber nicht unbedingt mehr Ruhe.

African Hotel*–**, 15, Sh. Imâd el Dîn, ✆ 5911 744, 5917220, ✉ africanhotel@yahoo.com, Africanhotel@hotmail.com. Eröffnet im Februar 2002. Ein schönes, farbenfrohes Hotel mit nettem Personal. Neue Bäder, neue Toiletten. Ziemlich gute Lage zwischen dem Mîdân Ramses und dem Talaat Harb. Sehr zu empfehlen.

Claridge Hotel*–**, 41, Sh. Talaat Harb, Ecke 26th July, ✆ 3937776, 3925261, ✉ hotelclaridge @yahoo.com. Zimmer mit Bad und ohne, z.T. mit ac, Schlafsaal. Einfach, sauber, nette Lobby. Atif spricht Englisch und holt Gäste vom Flughafen ab.

Dahab*, 26, Sh. Mahmûd Bassiûnî, ✆ 5799104, ✉ dahabhotel@hotmail.com. Auf einem Dach inmitten von Kairos Innenstadt hat der findige Besitzer kleine Häuser in Türkis aufgestellt. Wie auch in Dahab, so gibt es hier Bambuswände, Bob Marley-Musik und eine lockere Atmosphäre. Backpacker-Publikum, das ein wenig länger in Ägypten weilt und sich über die günstigen Zimmerpreise freut. Internet-Zugang, netter Dachgarten, Küchenmitbenutzung, sehr kleine Zimmer.

Ismailiya House*, 1, Mîdân Tahrîr, 7. Stock, ✆ 7963122. Das abgewohnte Hotel ist sehr sauber und die Zimmer haben einen fantastischen Blick auf die Stadt, den Mîdân Tahrîr und bei gutem Wetter bis zu den Pyramiden. Internationales Publikum und Touren nach Giza, Memphis und Sakkara.

Lialy Hostel*–**, 8 Mîdân Talaat Harb, ✆ 5752 802, 5753404, ✉ lialy_hostel@yahoo.com. Neues Hotel (2003 eröffnet) mit einfachen Zimmern, superzentral gelegen, sauber, aber alle Zimmer ohne Bad. Etwas zu teuer für das Gebotene.

Pension Roma**, 169, Sh. Muhammad Farîd, ✆ 3911088 und 3911340, ✆ 5796243. *Der* Renner unter den Individualreisenden, die ein wenig mehr Geld haben, aber noch in dieser Klasse reisen. Kleines, familiäres, sehr sauberes Hotel, ausgestattet mit Antiquitäten und untergebracht in einem alten Haus mit Charme im Herzen der Stadt.

Pension Vienna*, unter dem Hotel Dahab, ✆ 5799304, ✉ pensionvienna@hotmail.com. Große Zimmer, sauber, nett, warmes Wasser.

Richmond Hotel*–**, 41, Sh. Sharîf, ✆ 3939358. Hübsche Zimmer in einem alten Haus. Nette Lobby, sauber, Gemeinschaftstoiletten. Ali, der das Hotel leitet, spricht Deutsch und ist sehr hilfsbereit. Tee und Kaffee sind gratis; Internet-Café im Haus für alle offen (5 E£/Std.).

Tulip**, Talaat Harb, ✆ 3922704, 3939433, ✆ 3611995, ✉ tuliphotel@yahoo.com. Die Zimmer nach hinten raus sind ruhig, dafür dunkler, nach vorn raus kann man dem Leben auf dem Talaat Harb zusehen, das ist zwar laut, aber spannend. Nettes Hotel, etwas zu teuer für das Gebotene.

Mittlere Preisklasse: *Al-Hussein***, Mîdân Hussein, direkt am Khân el Khalîlî, ✆ 5918089. Zentraler kann ein Hotel kaum liegen. Saubere Zimmer und eine tolle Dachterrasse mit Restaurant.

Ambassador**, 31, Sh. 26th July, ✆ 5783225, 5753342, ✆ 5743263. Relativ gesichtsloses, aber sehr sauberes, modernes Hotel. Jedes Zimmer hat TV, ac, Minibar.

Carlton**–***, 21, Sh. 26th July, ✆ 5755022, 5755181, ✆ 5755323, ✉ carlton@menanet.net. Ein traditionsreiches Haus, das zwar deutlich sein Alter zeigt, aber dennoch voll Charme ist. Sehr schöne Zimmer, hübscher Dachgarten, der nur im Sommer geöffnet ist, mit schönem Blick.

Cosmopolitan***–****, Sh. ibn Talaab, ✆ 3923 6663, ✆ 3933531. Untergebracht in einem grandiosen Art-déco-Haus. Das mit altem Mobiliar eingerichtete Hotel ist trotz seiner Renovierung noch immer ein Zeugnis längst vergangener Zeiten, die hier lebendig scheinen. Herrschaftliche Lobby, sehr schön eingerichtete Zimmer, elegantes Restaurant. Nettes Personal, guter Service.

Fontana*, Mîdân Ramses, ℡ 5922321, ℻ 5922 145. Nettes Hotel direkt am Bahnhof mit sehr schöner Terrasse. Disco und Bar auf dem Dach, so dass es manchmal ziemlich umtriebig sein kann. Große Zimmer, sauber.

Garden City Hotel**, 23, Sh. Kamâl el Dîn Salâh, Garden City, ℡ 7944969, 7948400, ℻ 7944126, ✉ garden77house@yahoo.com, 💻 www.gardencity.plus.com. Nettes Hotel mit z.T. sehr guten Ausblicken auf den Nil, aber laut. Sehr sauber und irgendwie sympathisch.

Grand Hotel*, 17, Sh. 26th July, Ecke Sh. Talaat Harb, ℡ 5757509, 5757700, ℻ 5757593, 5757662. Mit dem Glanz vergangener Jahre. Neue Badezimmer, schöne Zimmer, gute Lage.

Victoria*, 66, Sh. el Gumhûriya, Nähe Mîdân Ramses, ℡ 5892290, ℻ 5913008. Das Haus aus den 30er Jahren hat viel Charme, saubere Zimmer, ein hübsches Garten-Café und liegt nahe dem Hauptbahnhof.

Windsor**, 19, Sh. Alfî, Nähe Mîdân Urâbî, ℡ 5915277, 5915810, ℻ 5921621, ✉ windsor@link.net, 💻 www.windsorcairo.com. Bis 1952 war hier der britische Offiziersclub untergebracht. In Kolonialzeiten entstanden, umweht den Ort noch immer ein Hauch von Vergangenheit. Die Zimmer in höchst unterschiedlicher Qualität, z.T. restauriert, z.T. noch original, alle aber mit wunderschönen Antiquitäten ausgestattet, haben auch schon britische Größen, wie den Monty Python-Star Michael Palin, beherbergt. Mehr als einen Blick wert ist der Aufzug, der noch von Hand gesteuert wird. Der sehr freundliche Besitzer Wafik Doss führt das Hotel engagiert. Dem Hotel ist eine Bar angeschlossen, die beinahe schon legendär ist. Unbedingt einen Besuch wert!

ZAMÂLIK – Untere Preisklasse: *ziemlich dreckig*

Mayfair**, 9, Sh. Azîz Usmân, ℡ 7357315, ℻ 7350424, ✉ mayfaircairo@yahoo.com. 💻 www.mayfairegypt.com. Relativ ruhig und im Grünen, mit einer schönen Terrasse. ~~Saubere~~ Zimmer mit und ohne Bad. Kanadisches Management. 10% Rabatt auf Zimmer für Leser dieses Buches. Touren in die Umgebung sowie ein Airport-Service werden angeboten.

Mittlere Preisklasse: ***Flamenco******, 2, Gazîrat el Wusta, ℡ 7350815, ℻ 7350819, ✉ Sales@flamencohotel.com. Schickes Hotel mit gutem Preis-Leistungs-Verhältnis. Die Zimmer haben einen herrlichen Blick auf den Nil, der Service entspricht internationalem Standard und das Restaurant ist gut. Für diejenigen, die vor allem Ruhe und nicht unbedingt Zentrumsnähe suchen.

Longchamps*, 21, Sh. Ismâ'il Muhammad, ℡ 7352111, ℻ 7359644, ✉ hotel.longchamps@web.de 💻 www.hotellongchamps.com. Hotel mit 30 Zimmern in den Händen einer Frau. Die Ägypterin Hebba Bakri hat es vor noch gar nicht allzu langer Zeit übernommen, es restauriert und ein wunderschönes Haus daraus gemacht. Eine kleine Bibliothek, sehr hübsche Aufenthaltsräume, schöne Terrasse und Deutsch sprechendes Personal.

New Star****, 34, Yahia Ibrahîm, ℡ 7350928, 7351865, ℻ 7361321, ✉ newstarhotel@hotmail.com. Liegt zentraler als die beiden oberen Zamâlik-Hotels und ist dafür auch weniger ruhig. 28 kleine Suiten mit je zwei Zimmern, Küche, Bad. Balkone mit herrlichem Nil-Blick. Renoviert.

Zamâlik Pension**, 6, Salâh el Dîn, ℡ 7359316, ℻ 7353773. 15 ruhige, hübsche Zimmer in bester Lage. Friedlich und doch nicht wirklich außerhalb. Private Atmosphäre, in der man sich wohl fühlt. Nicht alle Zimmer mit Bad.

OBERE PREISKLASSE (GANZ KAIRO) – Es gibt allein in Kairo über 30 Vier- und Fünf-Sterne-Hotels, von denen hier nur die aufgelistet werden, die in irgendeiner Form besonders sind. Ansonsten gilt: internationaler Luxus, den man in dieser Kategorie weltweit findet und am günstigsten von Europa aus im Reisebüro bucht.

Cairo Mariott*****, El Sarây el Gazîra, ℡ 3408888, ℻ 3408240 und 3406667, ✉ marriott@link.com.eg. Kairos schönstes Fünf-Sterne-Hotel, direkt am Anfang von Zamâlik am Ufer des Nils. Untergebracht in dem temporären Palast der Kaiserin Eugenie (erbaut 1869). In dem stilvollen Ambiente kann man sich fühlen wie einst die Kaiserin persönlich. Traumhafter Garten, exquisite Restaurants, Café, Pool etc.

Four Seasons*****, 35, Sh. el Gazîra, ℡ 5731212, ℻ 5681616, 💻 www.fourseasons.com. Luxus pur. Ein Palast auf 20 Etagen, Wellness-Center

und alles, was dazu gehört. Traumhafte Räume und extrem hohe Preise.
Meridien Le Caire***,** Corniche el Nil, ✆ 3621 717, ℻ 3621927, 🖥 www.lemeridien-hotels.com. Sehr schön gelegenes Hotel in der Gartenstadt, also nicht allzu zentral (15 Min. zum Tahrîr). Dafür hat jedes Zimmer einen traumhaften Blick, die Restaurants sind ausgezeichnet und die Terrasse direkt am Nil mit Pool gehört zu den schönsten Kairos.
Nile Hilton***,** Mîdân Tahrîr, ✆ 5780444, ℻ 5780475, ✉ nhilton@internetegypt.com. Obwohl es zu den älteren Hotels der Stadt gehört, ist es eines der besten, nicht nur wegen der Lage direkt neben dem Ägyptischen Museum. Schöner Garten, herrliche Dachterrasse mit Pool und Rückzugsort für gestresste Touristen.
Oberoi Mena House***,** Pyramid Rd, direkt am Eingang zu den Pyramiden, ✆ 3833222, ℻ 3837 777, 🖥 www.oberoihotels.com. Hier logierten Napoleon Bonaparte, Winston Churchill, Umberto von Italien und Charlie Chaplin. Riesiger Garten. Pool, von dem aus man die Pyramiden sehen kann. Einfach ein Traum aus 1001 Nacht.
Weitere Hotels in der höheren Preisklasse finden sich in Heliopolis und rund um den Flughafen, wie z.B. das **Meridien,** das **Novotel,** das **Mövenpick** oder das **Sheraton.**

Essen

Kairo ist Afrikas größte Stadt, und wo könnte man das deutlicher spüren als in der Vielzahl der Restaurants und Kneipen, die weit über Kairo verteilt sind? Vom einfachen Kushârî bis hin zum edlen Luxusrestaurant mit Cocktails und internationaler Küche, vom vegetarischen Restaurant bis hin zum Hammelgrill: Hier findet man alles, was das Herz begehrt! Vor allem während des Ramadans kann man in Kairo abends herrlich speisen. Viele der üblichen Restaurants haben dann große Zelte aufgestellt, in denen abwechslungsreiche Buffets aufgebaut werden, die meist weit günstiger sind als während des übrigen Jahres.
Aktuelle Restaurant-Tipps und -Kritiken sowie Neueröffnungen finden sich unter 🖥 www.cairocafe.com.eg.

ÄGYPTISCH/ORIENTALISCH – Alle folgenden Lokale gehören, sofern nicht anders vermerkt, der unteren bis mittleren Preisklasse an.
Innenstadt: **Alfi Bey,** Sh. Alfî, ✆ 5774999, Schönes, schick hergerichtetes Restaurant; gutes ägyptisches Essen. Hauptgerichte ab E£10. ⏱ 11–1 Uhr.
Ali Hassan el Hati, zwischen dem Windsor-Hotel und der Sh. 26th July. Sehr einfaches Restaurant, mit gutem Essen in einem herrlichen alten Haus. Verblasster Glanz im Speisesaal und freundlicher Empfang.
Arabesque, 6, Qasr el Nil, ✆ 55748677, ℻ 5748 644. Kleine Galerie, sehr geschmackvoll eingerichtet und verwinkelt. Gemischte Speisekarte, doch zu empfehlen sind hier nur die orientalischen Gerichte (ab E£30). ⏱ 12–16 und 19.30–0 Uhr.
At-Tabie ad-Dumyati, Sh. Urâbî, nahe der Sh. Ramses. Das sicherlich beste Low-Budget-Restaurant in ganz Kairo. Neben den unterschiedlichsten Fûl-Arten gibt es ausgezeichnete einfache Küche, z.B. ein Vorspeisenbuffet, an dem man sich für E£3 aus einer Vitrine voller Köstlichkeiten vier Speisen aussuchen kann, außergewöhnliche Omelettes und frisch gepresste Säfte – und das alles in einer ruhigen, sauberen Umgebung.
Egyptian Pancake House, direkt am Mîdân Hussein, Khân el Khalîlî. Ein guter Laden für Fatîr, die kleinen ägyptischen Pizzas. Allerdings aufgrund der Lage absolut überteuert.
El Haty, 8a, Sh. 26th July, ✆ 3918829. Obere Preisklasse. Akzeptiert AE und Visa. Sehr schönes Restaurant, das orientalische Genüsse zu hohen Preisen serviert.
Estoril, 12, Talaat Harb, ✆ 5743102. Hübsches, ruhiges Restaurant mit kleiner Bar. Ägyptisch-libanesische Küche. Besonders gut sind natürlich die vielen verschiedenen libanesischen Vorspeisen. Man sollte sich auf keinen Fall entgehen lassen, einmal **fatte** zu essen, ein warmes Gericht aus Brot, Kichererbsen, Joghurt und Knoblauch…. eine Wonne! Dazu gibt es Bier.
Fatatri at-Tahrîr, Sh. Tahrîr. Kleines Restaurant mit leckeren Fatîr, süßen und salzigen, freundlicher Bedienung und etwas überteuerten Preisen.
Filfila Alaa ad-Dîn, 14, Sh. Hudâ Sharâwî. Das Hauptrestaurant dieser Fastfood-Kette ist schön

eingerichtet. Vor allem ägyptische Speisekarte, Alkoholausschank, von diversen ägyptischen Zeitschriften empfohlen.

Gad, Sh. 26th July. Frisch gebackenes Brot, gute Pizza, Hamburger, aber auch Hähnchen etc. Gutes, einfaches (kantinenähnliches) Restaurant, das v.a. zur Mittagszeit von vielen Ägyptern aufgesucht wird.

Kushârî at-Tahrîr, Sh. Tahrîr, sehr gutes, außerordentlich sauberes Restaurant.

Lux-Kushari, Sh. 26th July. Sehr gutes Kushârî mit sehr freundlichem Personal.

Nagib Machfus Café, im Khân el Khalîlî. Nobles Restaurant, auch wenn es sich Café nennt. Sehr gutes Essen zu angemessenem Preis.

Außerdem befinden sich in der Sh. Alfî und deren kleiner südlicher Parallelstraße Sh. Ezbekkiya jede Menge kleinerer Restaurants, die zu fast jeder Tages- und Nachtzeit geöffnet sind.

Zamâlik und Muhandisîn: Alle folgenden Lokale gehören, sofern nicht anders vermerkt, der unteren bis mittleren Preisklasse an.

Abu el Sid, Sh. 26th of July (Hinterhaus hinter dem Maison Thomas), Zamâlik, ✆ 7359640. Plüschig bis puffig; sehr gutes Essen, Wasserpfeifen und exotische Cocktails. Eine Mischung, die eine Reservierung unbedingt notwendig macht. Hauptgerichte ab E£15. ⏱ tgl. 12–2 Uhr.

Abu Shaqra, 17, Gamî'at el Duwal el Arabiya, Muhandisîn, ✆ 3442299. Etwas abseits des Zentrums, aber die Anfahrt wert. Sehr gute, günstige ägyptische Küche. Zu empfehlen ist ***fatta muza,*** ein Hähnchengericht mt Reis und frittiertem Brot, oder gefüllte Tauben. Hauptgerichte ab E£8. ⏱ 12–1 Uhr.

Ataturk, 30, Sh. Riad, Muhandisîn. Sehr gutes türkisches Restaurant, das frischen Wind in den ägyptischen Speisealltag bringt und dennoch nicht wirklich „fremdländisch" wirkt. ⏱ 12–2 Uhr.

Bent el Sultan, Mîdân el Thawra, hinter dem Shooting Club, ✆ 7601213, 3606633, Obere Preisklasse. Ein sehr gutes Restaurant mit beliebtem angegliedertem Café auf einer Terrasse. ⏱ 12–2 Uhr.

Mariott, das Ramadanzelt im Hotel Mariott. Während des Fastenmonats ist hier ein überdimensionales Zelt aufgestellt, in dem herrlichste orientalische Speisen gereicht werden. Besonders zu empfehlen ist das Mezze-Buffet für E£25, wo man vor lauter orientalischen (libanesischen) Vorspeisen gar nicht weiß, was man essen soll. Am besten einfach alles probieren!

Marush, 64, Mîdân Lubnân, Muhandisîn, ✆ 3450 972. Ähnlich wie das Abu Shaqra, weit ab vom Schuss. Doch kann man hier arabische Küche genießen, die etwas vom Üblichen abweicht. Vorspeisen, z.B. Baba Ghanûsh oder Fattush (ein syrischer Brotsalat) kosten ab E£3. Hier stimmt nicht nur die Qualität der Speisen, sondern es herrscht eine entspannte Atmosphäre: Rattanmöbel, Terrasse. ⏱ 8–2 Uhr.

Samakmak, 92, Ahmad Urâbî, Sahafayin, ✆ 3478 232. Samak heißt Fisch, und genau den gibt es hier: Exzellente Fisch- und Seafood-Speisen ab E£20. Dafür nimmt man auch gern die unschöne Terrasse zwischen zwei Häusern in Kauf.

Zamâlik Restaurant, Sh. 26th July. Einfache, aber gute ägyptische Küche. Besonders lecker sind die überbackenen Makkaroni.

INTERNATIONALE KÜCHE – Alle folgenden Lokale gehören, sofern nicht anders vermerkt, der unteren bis mittleren Preisklasse an.

Innenstadt: ***After 8,*** 6 Qasr el Nil, ✆ 5740855. Obere Preisklasse. Akzeptiert AE, Master und Visa. Schickes internationales Restaurant entlang der Corniche in der Innenstadt, mit gediegenem Publikum. ⏱ 20–4 Uhr.

Applebee's, auf dem Nil, nahe dem Nile-Hilton. Obere Preisklasse. Akzeptiert Master Card. Ein sehr schickes und feines internationales Restaurant auf einem Schiff mit Live-Musik; beliebt bei der Kairoer Oberschicht. ⏱ 11–24 Uhr.

La Chesa, Sh. Adlî , ✆ 3939360, ✉ 3902144. Schweizer Restaurant, das auch Paella und Pasta serviert. Gute Küche, sehr gute Salate und ein Schweizer Frühstück. Nette Einrichtung.

Le Bistro, 8, Hudâ Sharâwî, ✆ 3927694. Französische Küche und Weine. Die Salate und Steaks probieren! Da es klein und fein ist, am besten reservieren! Hauptspeisen ab E£20. ⏱ 11–23 Uhr.

Le Grillon, 8, Sh. Qasr el Nil, ✆ / ✉ 5743114. Sehr ägyptisch in der Einrichtung, mit Brünnlein, die fließen, und überdachtem Garten. Internationale Küche, Alkoholausschank. Hauptgerichte ab E£25.

Mu'min, Mîdân Falakî, beim Bâb el Lûq. Hamburger auf Ägyptisch. Sehr lecker, sehr viele Einheimische. Junges Publikum.
Paprika, 1129, Corniche el Nil, nahe dem TV-Gebäude, ✆ 5789447. Gute italienische und französische Küche mit einem Hauch von Orient.
Piano, 81, Sh. el Farg, Dauwaran Shubrâ, ✆ 4577 788. Eine Mischung aus Seafood-Restaurant, orientalischen Kleinigkeiten, Burgern und Pizza. Alles in allem gelungen und gut. ⏲ 9–2 Uhr.
Internationale Restaurants mit entsprechendem Standard finden sich außerdem in den großen Hotels.

Zamâlik, Doqqi und Heliopolis: Alle folgenden Lokale gehören der unteren bis mittleren Preisklasse an.
Fish Market, auf einem Nilfloß westlich der Insel Roda, sehr gutes Fischrestaurant mit Gerichten ab E£40.
Heavens, Merryland Gardens, Heliopolis, ✆ 4517 479. Schickes und beliebtes internationales Restaurant mit guter Musik. Reservierung erforderlich.
L'Aubergine, 5, Sh. Sayyid el Bakrî, parallel zur 26th July, nahe der Brücke zur Innenstadt, Zamâlik, ✆ 7380080. Ein gutes Restaurant mit überwiegend internationaler vegetarischer Küche und einer gemütlichen Bar auf dem Dach. Hauptgerichte ab E£18. ⏲ tgl. 10–2 Uhr.
La Bodega, 157, Sh. 26th of July (im Haus neben dem Cilantro, Eingang bei Behlers Mansions, 3. Stock), Zamâlik, ✆ 7356761, 7350543, ✉ 7355 473, 🖥 www.delicious-inc.com. Unser absoluter Favorit in Kairo! Mehr Bar als Restaurant, Ausstellungen, Live-Musik und bombastische Inneneinrichtung. Vorzügliche internationale Küche, ein Pasta-Buffet, verschiedene Dipps. Im Stil der 20er Jahre eingerichtet; Sofas laden zum Verweilen ein. Und weil das alles hip ist, sollte man unbedingt einen Tisch reservieren. Hauptgericht ab E£40.
Le Chantilly, 11, Sh. Bagdad, Heliopolis. Gutes internationales Essen mit Alkoholausschank in einem schönen Garten. Hauptgerichte ab E£25.
Maison Thomas, 157, Sh. 26th July, Zamâlik, ✆ 3036139, 7357057. Leckere Pizza und gute Sandwiches im Ambiente einer Pariser Rotisserie (Pizza ab E£15). ⏲ 24 Std.

Kaffeehäuser und Cafés

Tee- bzw. Kaffeehäusern (arab. *ahwa)* als sozialen Treffpunkten kommt natürlich auch in Kairo eine Sonderrolle zu: Oftmals ersetzen sie das Wohnzimmer der einfachen Leute, denn hier trifft man sich Abend für Abend, um Schach oder Backgammon zu spielen, eine Wasserpfeife zu rauchen, einen Kaffee oder Tee zu trinken, vor allem aber natürlich um zu reden.
Da es in Kairo ähnlich viele *ahwas* gibt wie Autos, sollen hier nur ein paar besondere vorgestellt werden:
Al-Andalus, Sh. Talaat Harb, Ecke Sh. 26th July (hinter dem Grand Hotel). Ein echtes *ahwa* mit Familienzimmer (im 1. Stock), wo auch Frauen in aller Ruhe eine Wasserpfeife rauchen können.
Fishâwî, im Khân el Khalîlî, nahe dem Hussein-Platz. Kein Café entspricht so sehr unserem Klischee vom Orient wie Kairos legendäres Fishâwî, und warum? Weil hier seit 200 Jahren tagein tagaus Wasserpfeifen gereicht werden und Tee ausgeschenkt wird. Weil hier, vor großen Spiegeln und auf alten Stühlen, alte und junge Männer bis heute noch immer in aller Lautstärke parlieren, und weil hier einfach die Zeit stehen geblieben zu sein scheint. Wunderbares antikes Interieur, gehobene Preise und alles vom Feinsten!
Rund um das Fishâwî haben sich viele kleine *ahwas* etabliert, die nicht günstiger sind, nicht so legendär, aber auch schön gelegen.
Hurriya, Mîdân Falâki (Bâb el Lûq). Hübsches Straßencafé mit Interieur der 30er Jahre. Große Spiegel, viele Männer und Bier.
L'Oriental, 2, Sh. el Maza, Heliopolis, ✆ 4193951. Eine Edelvariante der *ahwas* in Heliopolis. Sehr schöne Atmosphäre, gute Schischas und während des Ramadans ein großes schönes Zelt vor der Tür. Mindestverzehr E£10.
Umm Kulthum, nahe dem Restaurant At-Tabie ad-Dumiaty. Angenehmes Straßencafé mit Schischa und hübscher Einrichtung.
Zahra al-Bustân, gegenüber dem Restaurant Filfila Alaa ad-Dîn, in einer kleinen Seitengasse. Nettes Schischa-Café in einer ruhigen Seitenstraße, begrünt und auch von Frauen allein aufgesucht.

Sehr viele nette Kaffeehäuser finden sich in der Sh. Klot Bey, die gegenüber dem Ramses-Bahnhof abgeht. Hier kann man in aller Ruhe seinen Tee trinken, Schischa rauchen und dabei den Handwerkern zusehen, wie sie unter Arkaden Werkzeuge herstellen.

Wer es gern mal schick hat und dem Schischa-Duft entfliehen möchte, dabei auch mal als Frau allein in Ruhe gelassen werden möchte und auf den Cent nicht zu achten braucht, ist in folgenden Cafés goldrichtig:

AUC Caféteria, Caféteria auf dem Campus der American University of Cairo. Hier treffen sich ägyptische Studenten zum ungezwungenen Kaffee in lockerer, kantinenartiger Atmosphäre. Sehr angenehm für Frauen allein und eine tolle Möglichkeit, mit Kairoer Studenten in Kontakt zu kommen.

Bellisarius, 84, Sh. Gamî'at el Duwal el Arabiya, Muhandisîn, ✆ 3344444. Nennt sich „funky coffee shop", und das ist es auch. Außergewöhnlich dekoriert, sehr leckere Kleinigkeiten zum Essen und vor allem eine Riesenauswahl an Kaffee! Abends ist es hier oft voll, und wer dann etwas essen möchte, kann lange warten.

Café Riche, 17, Sh. Talaat Harb, nahe dem gleichnamigen Platz. Kein ganz normales Café: Hier hielt schon Nagib Machfus seinerzeit Lesungen. 1908 eröffnet, wurde es neu renoviert und strahlt nicht nur viel Atmosphäre aus, sondern ist wieder das, was es einst war: Ein Künstlertreff, in dem man auch speisen oder ein Bierchen trinken kann. ⊙ tgl. 8–1 Uhr.

Café Vert, 34, Sh. Hurriya, Heliopolis, ✆ 4143215. Das Café ist grün, wie der Name schon sagt, hübsch und sauber. Es gibt gutes Frühstück, Sandwiches und Crêpes. ⊙ 24 Std.

Cilantro, gegenüber der AUC und in Zamâlik (157, Sh. 26th July), ✆ 7361115. Superkuchen, Superkaffee, Superschokolade. All das in europäischem Ambiente und zu europäischen Preisen. Sehr gute Musik, nette Leute, vor allem die etwas schickere Kairoer Jugend. ⊙ 24 Std.

Grand Café, Nilfloß, südlich von Agouza, östlich von Roda. Schickes Café mit Alkoholausschank, wo sich vor allem Kairos junge Oberschicht trifft. Sitzgruppen mit Sofas im Freien. Angenehm!

Groppi's, Talaat Harb, das legendäre Groppi's, Muttercafé von Groppi's Garden. Gute Torten, allerdings mit der Atmosphäre eines Wartesaals. Sehr schöne Eingangshalle.

Groppi's Garden, Sh. Adli. Freundliches Café unter Bäumen, im Ramadan mit Zelt, etwas lahmer Service, aber ruhig. Es gibt auch Kleinigkeiten zu essen. Sehr angenehm für Frauen allein.

No Big Deal, Sh. el Sayyid el Bakrî, Zamâlik, ✆ 7360502. Hübsches und bei Kairos Jugend beliebtes Café, in dem vor allem Backwaren, Kaffee und ein gutes Frühstück serviert werden.

Simonds, Zamâlik, Sh. 26th July. Simonds ist Kult! Einen guten Cappuccino, der nur halb so viel kostet wie in den anderen Cafés, in einem alten traditionsreichen Kaffeehaus mit netten Typen hinter der italienischen Kaffeemaschine, sehr gutem Kuchen und Gebäck. Was macht es da, wenn es keine richtigen Tische gibt?

Unterhaltung

Eines der schönsten Dinge, die man abends machen kann, vor allem zum Sonnenuntergang, ist eine **Fahrt auf dem Nil**, stilecht in einem Nilsegelboot, der Feluke. Überall entlang der Corniche kann man (übrigens auch tagsüber) ein solches Boot anheuern. Die besten Stellen sind jedoch bei der Garden City, nördlich des Meridien-Hotels, oder nördlich der Tahrîrbrücke. Eine Stunde sollte nicht mehr als E£15 kosten, egal wie viele Personen sich an Bord befinden.

Natürlich dürfen auch in einer Stadt wie Kairo **Discos** nicht fehlen. Es gibt sie v.a. in den großen Hotels. Seit relativ kurzer Zeit gibt es auch einen Freizeitpark-ähnlichen Komplex namens **Cairoland,** in dem u.a. eine Disco untergebracht ist. Er liegt außerhalb bei den Friedhöfen (mit Absicht?) und ist erst ab Mitternacht geöffnet. Eintritt E£50, dafür gibt es ein Freigetränk.

BARS UND KNEIPEN – Wer abends gern „mal auf ein Bier gehen" oder auch einen anderen Drink genießen möchte, kann es in einer der vielen aufregenden Bars in Kairo versuchen. Wie in jeder Großstadt ändert sich das Angebot an Bars und Kneipen regelmäßig. Was heute noch angesagt ist, kann morgen schon out sein. Wer immer auf dem Laufenden sein möchte, was gerade „in" ist, kann dies unter 🖥 www.cairocafe.com.eg erfahren.

Bar des Odeon Palace Hotels, 6, Sh. Abd el Hamid Sa'îd. Ähnliches Publikum wie im Windsor, doch ist diese Bar nicht ganz so schön wie Erstere. Dafür hat sie 24 Std. geöffnet und von der Terrasse hat man einen herrlichen Blick. Mindestverzehr E£7.

Bar des Fontana Hotels, Mîdân Ramses. Nette Dachbar mit Live-Musik am Do und Sa. Mindestverzehr E£20.

Cairo Jazz Club, 197, Sh. 26th July, Muhandisîn, ℡ 3459939. Die sicherlich schickste Bar unter den hier aufgeführten Lokalen. Sehr gutes Essen, sehr guter Service und eine tolle Aussicht auf Kairo. Mindestverzehr E£30. ⊙ 12–3 Uhr.

Deal, Sh. el Sayyid el Bakrî, Zamâlik, neben dem Café No big Deal. Typische Bierbar, etwas düster, aber ganz nett.

L'Aubergine (siehe Restaurants). Die derzeit angesagteste Bar in Zamâlik. Ab 23 Uhr beginnt es hier bei Kerzenlicht und Jazz zu brummen. Moderate Preise.

La Bodega (siehe Essen). Absolut hip und vor allem für das gute Essen bekannt.

Lounge Bar des Hotel Windsor (siehe Übernachtung). Legendär und einzigartig in ihrer Atmosphäre. Die Einrichtung stammt noch aus der Zeit britischer Kolonialherrschaft. Das Publikum besteht hauptsächlich aus Mittelschicht-Ägyptern, die aus der Künstler- und Theaterbranche kommen. Und da das Bier hier recht günstig ist (E£6,50), herrscht ein reges Kommen und Gehen. ⊙ 19–1 Uhr.

Splendito, 9, Sh. Saraŷ al Gazîra, Zamâlik, ℡ 7353112, akzeptiert AE, Master, Visa. Gutes Essen in einer schönen Bar, teuer, aber dafür mit herrlichem Blick auf den Nil.

Neben den schicken modernen bzw. nostalgischen Bars gibt es natürlich auch noch die „local beer bars", wovon die meisten allerdings nicht allzu einladend sind. Für Frauen allein sind sie tabu, und auch die Sauberkeit lässt hier einiges zu wünschen übrig.

Die folgende Adresse ist okay, aber ebenfalls nichts für Frauen allein:

Stella Bar, Talaat Harb und eine an der 6. Oktober-Brücke, Downtwon, Sh. 26th July. Die Bar ist an Touristen gewöhnt, und insofern fühlt man sich hier ganz so fremd hier.

BAUCHTANZ – Ein Vergnügen ganz anderer Art ist der Besuch einer Veranstaltung mit Bauchtanz. Die großen Fünf-Sterne-Hotels haben eigentlich fast alle ein ganzes Bauchtanzensemble. Die Eintrittspreise für derartige Veranstaltungen liegen meist bei weit über E£150. Es sind dafür wirklich großartige Darbietungen, bei denen man gut speist (im Preis mit inbegriffen) und sich ganz dem Tanz hingeben kann. Besonders gelobt werden die Veranstaltungen des Hotels *Meridien* und auch die des *Semiramis*. Bauchtanz für „Arme" gibt es in diversen Läden in der Innenstadt. Hier stammen die meisten Gäste aus den Golfstaaten und entsprechend unangenehm kann es v.a. für Frauen werden. Es ist eine Mischung aus Bierdunst und Puff, denn dafür kommen diese Besucher her...

KASINOS – In fast jedem der Fünf-Sterne-Hotels gibt es Kasinos: Hier sind nur nicht-ägyptische Gäste zugelassen, was man durch Vorlage des Ausweises auch beweisen muss. Es gibt häufig einen Mindesteinsatz, der in US$ oder Euro erfolgen kann (mit den üblichen Kleidervorschriften).

KULTUR – Wem das Gemüt nach Kultur steht, dem seien die abwechslungsreichen Programme der **Kulturzentren** empfohlen, z.B.:

Goethe-Institut, 5, Sh. el Bustân, ℡ 5759877, ℡ 5771140, ✉ programm@cairo.goethe,org, 🖥 www.goethe-institut.de/na/kai/deindex.htm. Seminare und Veranstaltungen, umfangreiche Bibliothek, Musikveranstaltungen und Filmfestivals.

British Council, 192, Sh. el Nil, Agouza, ℡ 3453 281, 🖥 www2.britishcouncil.org/egypt.htm. Das beste hier ist die Bibliothek, deren Mitglied man für E£25 werden kann. Viele englische Zeitschriften und Zeitungen, mehr als 55 000 Bücher und wechselnde Veranstaltungen.

Kulturveranstaltungen ganz anderer Art finden sich in den Kulturzentren rund um den Khan el Khalili. Bekannt vor allem bei Touristengruppen ist der **Sufitanz**. Stimmungsvoll kann man ihn Mi/Sa im Mausoleum des al-Ghuri, nahe dem Khan el Khalili erleben (Näheres zum Sufismus s.S. 367).

Außerdem gibt es unregelmäßige Kulturveranstaltungen im **Bait Suhaimî** (s.S. 145), oder dem **Bait al-Harrâwî** (Infos 🖥 www.cairocafe.com).

Die Bazare von Kairo – der Stoff, aus dem Träume sind

Einkaufen

BÜCHER – *AUC Bookshop*, auf dem Campus der AUC (American University of Cairo). Die größte Buchhandlung Ägyptens, vor allem mit englischsprachiger Literatur zu Kairo und Ägypten, vielen Reiseführern, Bildbänden, Fachliteratur rund um den Islam und den Orient. Fantastische Auswahl an Büchern zu Politik, Geschichte, Frauen etc. ⏲ Mo–Sa 9–16 Uhr, So 10–15 Uhr.
Diwan Bookshop, Zamâlik, Sh. 26th July, gegenüber dem Maison Thomas. Sehr gut sortierter Buchladen, der auch eine reiche Auswahl an Videos und Musik hat. Ein kleines Café im Inneren macht das Geschäft zu einer angenehmen Oase. ⏲ 9–23.30 Uhr.
Lehnert & Landrock, Sh. Sharîf, nahe dem Mîdân Urâbî. Die sicherlich beste Buchhandlung Kairos! Sehr gute Literaturauswahl auch an deutschen Büchern über Ägypten und Kairo, sehr gutes Kartenmaterial und natürlich die integrierte *Orient Art Gallery* mit Originalfotos des österreichischen Fotografen Rudolf Lehnert (s.S. 172, Kasten). ⏲ Mo–Sa 9.30–14 Uhr und 16–19.30 Uhr, Sa 9.30–14 Uhr.
Livres de France, 36, Qasr el Nil, ⏲ Mo–Fr 10.30–18.30 Uhr, Sa 10.30–13.30 Uhr. Vor allem frankophone Leser finden hier eine breite Auswahl an allem, was das Herz begehrt. Auch englische Bücher.
Maktaba Shurûq, Talaat Harb, nur auf Arabisch beschriftet. Sehr gute Auswahl an englischsprachiger Literatur zu Ägypten. Viele AUC-Publikationen.
Romanzu, Sh. Shagarit el Durr, Ecke Sh. Muhammad Ismâ'il, Zamâlik. Internationale Bücher und Zeitschriften, Romane und Fachliteratur. Gut. ⏲ 9–21 Uhr.
Internationale Zeitschriften gibt es außer in den oben genannten Buchläden auch in vielen Hotels, wie z.B. im Mariott oder dem Semirames International. Gute Zeitschriftenstände findet man zudem in Zamâlik, Sh. 26th July, Ecke Sh. Hassan Sabrî, sowie am Mîdân Talaat Harb direkt vor Groppi's Café.

Lehnert & Landrock, ein Laden mit Geschichte

Ein kleines Geschäft in einer der Parallelstraßen zwischen Mîdân Urâbî und Talaat Harb. Eigentlich nicht sehr auffällig, doch: Man erkennt es gleich. Hinter den schön dekorierten Schaufenstern verbirgt sich mehr als nur eine Buchhandlung. Ist es die Schrift, die den Namen des Ladens wiedergibt? Ist es die Zeit, die irgendwie stehen geblieben zu sein scheint?

Lehnert und Landrock sind zwei Namen, die auf ewig miteinander verbunden sein werden. Doch wer waren diese Männer? Und warum ist hier, inmitten des Zentrums von Kairo, ein Geschäft, das ihre Namen trägt?

Die Geschichte ist kurz und nur lückenhaft bekannt. Sie beginnt 1903, als **Rudolf Lehnert**, ein begabter Fotograf, nach Tunesien fährt. Was ihn dazu bewogen hat, ist unbekannt. Was er dort macht, hingegen nicht: Er fotografiert. Ein ganzes Jahr lang wandert er durch die Wüste, fotografiert Landschaften und Menschen. Er fängt mit seiner Kamera einen Zauber ein, der die kommenden 50 Jahre unser Bild vom Orient prägen wird und der so gar nichts mit der Wirklichkeit zu tun hat.

Zurück in Europa lernt er **Ernst Landrock** kennen, der weiß, dass mit den Fotografien Lehnerts Geld zu verdienen ist. Gemeinsam machen sie sich auf, in Tunis ein Geschäft zu eröffnen. Während Lehnert immer weiter fotografiert, kümmert Landrock sich um das Geschäftliche. Alles läuft wunderbar, sie scheinen glücklich zu sein in diesem Land. Doch dann kommt der Erste Weltkrieg und sie müssen zurück nach Europa. In der Schweiz angekommen, werden beide interniert, die Fotoplatten Lehnerts werden beschlagnahmt. Erst vier Jahre nach Kriegsende sollte Lehnert sie wiederbekommen. Die beiden Männer beschließen, wieder von vorn anzufangen und gründen eine Gesellschaft. Doch nicht Tunesien sollte ihr Standort werden: Kairo war das neue Ziel. Dort eröffnen sie 1924 zusammen mit Landrocks Stiefsohn **Kurt Lambelet** ein Großhandelsgeschäft für Kunstdrucke und Postkarten. Das Geschäft floriert, doch Lehnert, der sich vor allem als Portraitkünstler und weniger als Dokumentarfotograf sieht, muss sich umstellen. Er beginnt neben seinen Portraitaufnahmen nun Straßenszenen abzulichten; er dokumentiert die Ausgrabungen der Sphinx und schafft sich so einen Namen.

Doch die Realität Kairos ermüdet den empfindsamen Fotografen, der sich zurück nach Tunesien sehnt, nach dem Zauber, den er in Kairo, schon damals eine laute und hektische Stadt, nicht findet. Lehnert baut sich ein Haus in Karthago und lebt fortan bis zu seinem Tod im Jahre 1948 in Tunesien. Landrock hingegen bleibt noch eine Weile in Kairo, verkauft dann aber bei Kriegsbeginn seine Anteile an seinen Stiefsohn.

Der Zweite Weltkrieg änderte alles, auch die Bedürfnisse der Menschen. An den alten Kunstdrucken und Fotografien war nun niemand mehr interessiert und die einstige Kunsthandlung wurde zur internationalen Buchhandlung umfunktioniert. Bis der heutige Besitzer, Sohn von Kurt Lambelet und Stiefenkel Ernst Landrocks, 1982 die alten, verstaubten Fotoplatten Rudolf Lehnerts im Keller entdeckte. Er sichtete und sortierte, er entwickelte und stellte seine Funde aus. Zunächst fanden diese Fotografien wenig Beachtung, doch dann wuchs das Interesse. Es erschienen erste Zeitungsartikel, dann Bücher, später auch Ausstellungen. Und heute ist Lehnert & Landrock wieder ein bisschen das, was es einmal war: Eine Galerie, die Fotos und Kunstdrucke Lehnerts zeigt und verkauft. Weil man daneben natürlich auch nicht die Bücher vernachlässigen durfte, blieb es auch eine internationale Buchhandlung, eine, in der ägyptische Deutsch-Studenten den Kunden aufs Freundlichste und in deutscher Sprache bedienen und die sicherlich die beste Ägyptens ist!

SOUVENIRS – Es gibt wohl nichts, was es in Kairo nicht gäbe. Klamotten, Bauchtanzglitter, Wasserpfeifen, Schmuck, Intarsienarbeiten, Trommeln und und und… Da wir an dieser Stelle unmöglich alle Geschäfte aufführen können, sollen nur ganz besondere Läden und Märkte erwähnt werden, die ein wenig mehr als das Übliche anbieten:
Bait Sharîf, 3, Sh. Ismâ'il Muhammad, Zamâlik, ✆ 7365689. Sehr schöne orientalische Einrichtungsgegenstände, Lampen, Teppiche, Schalen und Stoffe.
Nomad, kleines Geschäft im Mariott-Hotel; verkauft wunderschönen Schmuck, meist Silber, und Beduinenstoffe. Ähnliches und noch mehr erhält man in gleicher Qualität gegenüber dem Eingang der Ibn Tulûn-Moschee im *Khan Misr Tulun,* einem kleinen, aber feinen Geschäft, das Handwerk aus ganz Ägypten und in guter Qualität anbietet.
Sami Amin, Sh. Mansûr Muhammad, Zamâlik; sehr schönes Ledergeschäft mit außergewöhnlichen Dingen, die alle handgefertigt sind.

LEBENSMITTEL – Wer sich mit Lebensmitteln selbst versorgen will, kann das fast überall in der Stadt in einem der vielen kleinen Läden. Doch wer nach westlichen Speisen lechzt, braucht einen kleinen Supermarkt, und den findet man am ehesten in Zamâlik. *Sunny's Supermarket,* 11, Sh. Azîz Usmân, ist ein solcher.
Im *Maison Thomas* (siehe Essen) kann man europäischen Käse, Wurst, Schweinefleisch und anderes Leckeres kaufen.
Einen ständigen **Obst- und Gemüsemarkt** findet man nahe dem Mîdân Urâbî, an der Sh. Talaat Harb, und einen am Mîdân Falâkî, der im schönen gedeckten „Marché Bab el Louk", einer Markthalle aus dem Jahre 1912, untergebracht ist.
Alkohol kann man gut in einem der Läden entlang der Sh. 26th July oder nördlich davon, in der Sh. Ahmad Urâbî, kaufen. Hier gibt es neben dem lokalen Bier und Wein auch internationale Marken.
Wem es nach gutem frischen **Brot und Gebäck** gelüstet, der sollte die Bäckereien des Mariott und Nile Hilton aufsuchen. Hier findet man alles, was das europäische Herz begehrt. Sehr gutes ägyptisches **Gebäck** und hervorragendes **Eis** erhält man in der Patisserie *Adl,* in der Sh. 26th July, Ecke Sh. Sharîf.

KLEIDUNG – Klamotten jeder Art findet man auf den großen Märkten entlang der Sh. 26th July, nahe der 6. Oktober-Brücke, sowie in den Läden zwischen Mîdân Urâbî und Talaat Harb, der Kairoer Flaniermeile. Rechts und links der Straßen gibt es tausende von Läden mit vorwiegend westlicher Kleidung. Es handelt sich dabei ausschließlich um Secondhand-Ware, aber die Dinge sind billig und die Stimmung vor allem in den Abendstunden wirklich gut.
Schicke Sachen im westlichen Stil findet man in den diversen Läden im World Trade Center oder auch in den verschiedenen Shopping Malls der großen Hotels.

Feste, Festivals und Mûlids

Januar
Internationaler ägyptischer Marathon (Giza)

Februar
Internationale Buchmesse, Näheres unter 🖳 www.cibf.org

März
Cairo International Fair, Afrikas größte Handelsmesse, Näheres unter 🖳 www.cairofair.com

Juli
Dokumentarfilm-Festival

September
Festival des experimentellen Theaters
Wafa el Nil Festival, großes Folklorefestival
Welttourismustag, eine Veranstaltung mit Musik und Ständen, auf der sich die Regionen Ägptens vorstellen.

Oktober
Pharaonen Rallye, eine Motorrad-Rallye, die in der Nähe von Giza stattfindet
Arabischer Reise Markt, eine Touristikmesse

Dezember
Internationales Rowing Festival, ein Ruder-Wettbewerb auf dem Nil
Internationales Filmfestival

In Kairo sind vor allem zwei **Mûlids** für Reisende interessant und zwar das *Mûlid Sayyidnâ Hussein* (am Hussein-Platz nahe dem Khân el Khalîlî) im dritten islamischen Monat und das *Mûlid Sayyida Zainab* (hinter der Moschee der Sayyida Zainab, nahe der Zitadelle) im zweiten islamischen Monat (Daten verschieben sich Jahr für Jahr, zurzeit August/September, s.S. 50). Beide Mûlids sind sehr große Feste, die zu Ehren des Enkels bzw. der Enkelin des Propheten veranstaltet werden. Das Mûlid der Zainab ist eines der größten im Land und wird mehrere Tage lang mit viel Musik, sufischen Tänzen, Gebeten und Prozessionen gefeiert (Näheres zu Mûlids allgemein s.S.49).

Die genauen Termine und Orte der Festivals und Mûlids finden sich z.T. unter 🖥 www.cairocafe.com, www.touregypt.com sowie in dem Hochglanzmagazin *Cairo Today* und in der wöchentlich erscheinenden *Al-Ahram Weekly*.

Sonstiges

APOTHEKEN – 24 Std. geöffnet sind:
Al-Asaf, Sh. Ramses, Ecke Sh. 26th July, ✆ 5743369;
Zamâlik Pharmacy, 3, Sh. Shagarit el Durr, Zamâlik, ✆ 34113333;
Al Ataba, Mîdân Ataba, ✆ 5910831.

AUTOVERMIETUNGEN – *Avis*, 15, Sh. Mamal el Sukkar, Garden City, und Nile Hilton, ✆ 7947400, ℻ 7962464, Flughafen, ✆ 2914288.
Budget, im Cairo Mariott sowie im Flughafen, ✆ 3400070.
Europcar Interrent Egypt, Sh. Lubnân, Muhandisîn, ✆ 3035640/125, ℻ 3036123, ✉ europcar@ritsec1.com.eg, europcar@intouch.com.
Hertz, Ramsis Hilton, Forte Grand Hotel, Sonesta Cairo, ✆ 347172 oder 3034241, ℻ 3446627, ✉ hertz@ritsec3.com.eg.
J. Car, 33, Sh. Misaha, Doqqi und Flughafen, ✆ 2914255, ℻ 3603255.
Limousine Misr, Misr Travel Tower, Abbasiya, 13. Stock, und Flughafen, ✆ 2856721, ℻ 2856124.
M. Hafez, 4, Sh. Harûn, Doqqi, ✆ 7481108, 7600542, ℻ 3481105, ✉ mhafez@intouch.com.
Roban Transport Limousine, 11, Sh. Imâd el Dîn, ✆ 5912877, 5889410, ℻ 5889410.

Smart Limo, 151, Corniche el Nil, Maadi, ✆ 5243 006, ℻ 5243009, ✉ ssi@ritsec2.com.
Thrifty Egypt Limousine, Sheraton, Heliopolis, ✆ 2663313, 2676958, ℻ 2663313, ✉ thrifty@intouch.com, egytm@egroups.com.

BOTSCHAFTEN – *Deutschland*, 8, Sh. Hassan Sabrî, Zamâlik, ✆ 7399600, ℻ 7360530, ✉ germembpress@gega.net, 🖥 www.german-embassy.org.eg.
Schweiz, 10, Abdel Khalik Sarwat, PO Box: 633, ✆ 5758284 und 5758133, ℻ 5745236.
Österreich, 5, Sh. Wissa Wassef, Riyad Tower, Giza, ✆ 5702975, ℻ 5702979.
Israel, 6, Sh. ibn Malik, Giza, ✆ 3610380, ℻ 3610414.
Jordanien, 6, Sh. Guhainy, Doqqi, ✆ 7485566 und 7486169, ℻ 7601027.
Libanon, 5, Sh. Mansûr Muhammad, Zamâlik, ✆ 7610623 und 7610392, ℻ 7610463.
Libyen, 7, Sh. el Salâh Ayûb, Zamâlik, ✆ 7367863, ℻ 7350072.
Sudan, 3, Sh. el Ibrahîm, Garden City, ✆ 7945661.
Syrien, 18, Sh. Abdal Rîm Sabrî, Doqqi, ✆ 3358 806 und 3358320, ℻ 3358232.

GALERIEN – Moderne Kunst wird immer wichtiger in Ägypten, und so wundert es auch nicht weiter, dass Galerien in Kairo wie Pilze aus dem Boden schießen. Die meisten zeigen Wechselausstellungen einheimischer und ausländischer Künstler. In welcher Galerie gerade welche Ausstellung zu sehen ist, kann man den Tageszeitungen *Al-Ahram Weekly* oder *Egypt Today* entnehmen. Hier die wichtigsten und zurzeit beliebtesten Adressen:
Atelier du Caire, 2, Sh. Karîm el Dawla, einen Block westlich des Talaat Harb, ✆ 5746730. Die offiziellen Ausstellungsräume der ägyptischen Künstlervereinigung. ⏰ Sa–Mo 19–13 Uhr und 17–23 Uhr.
British Council, 192, Sh. el Nil, Agouza. Ausstellungen vor allem ausländischer Künstler. ⏰ Mo–Do 10–20, Fr–So 13–20 Uhr.
Cairo-Berlin, 17, Sh. Yussuf el Guindi, Stadtzentrum, ✆ 3931764. Sehr gute Ausstellungen moderner Kunst. ⏰ So–Fr 11–21 Uhr.
Gezira Center of Arts, Sh. el Sarây el Gazîra, Zamâlik, ✆ 3418672. Drei Galerien im Keller des

islamischen Keramikmuseums mit kostenlosen Ausstellungen. ⏰ Di–So 10–13.30 Uhr und 17.30–21 Uhr (Fr 18–20 Uhr).
Mashrabia, 8, Sh. Champollion, Nahe Mîdân Tahrîr, ✆ 5784494, ⏰ So–Fr 11–21 Uhr. Die beste unter den Galerien mit Ausstellungen der bekanntesten Künstler.
Orient Art Gallery, 44, Sh. Sharîf, im Buchladen Lehnert und Landrock. Kleine, aber feine Fotogalerie mit Schwarzweiß-Fotografien von Rudolf Lehnert (s.S. 172, Kasten). ⏰ 9.30–14 Uhr und 16–19.30 Uhr.
Safar Khan Gallery, 6, Sh. el Brazil, Zamâlik. Kleine, aber feine Verkaufsgalerie mit monatlich wechselnden Ausstellungen. ⏰ tgl. 10–14 Uhr und 17–20 Uhr.
Townhouse Gallery of Contemporary Art, Sh. Hussein el Mimar, 🖥 www.thetownhousegallery.com. Moderne arabische Künstler: Gemälde, Skulpturen, Installationen. Etwas versteckt in einer Seitenstraße hinter dem Hotel Dahab. ⏰ tgl. 10–14 Uhr und 18–21 Uhr, Fr nur vormittags.

GELD – Fast alle Filialen der **Commercial Bank**, der **Banque Misr** und der **National Bank of Egypt** in Kairo tauschen Geld oder Reiseschecks. ⏰ tgl. außer Fr 8.30–14 Uhr, manchmal auch noch 17–20 Uhr (darauf sollte man sich aber nicht verlassen). Die **Misr International Bank** hat außerdem fast immer einen EC-Automaten, an dem man Geld mit Geheimnummer ziehen kann. Ein Automat, an dem man sowohl mit Visa als auch mit der EC-Karte Geld bekommt, befindet sich im Bahnhof.
Es gibt überall in Kairo auch private **Wechselstuben**, die Bargeld, seltener auch Reiseschecks tauschen. Öffnungszeiten unregelmäßig, aber länger als die Banken. Die Filialen der **Banque Misr** im **Shephards Hotel** an der Corniche, Garden City, und im **Nile Hilton** haben 24 Stunden geöffnet.
Wer sich Geld von Deutschland aus via **Western Union** nach Kairo schicken lassen möchte, kann dies in einer der folgenden Filialen **der Masr America International Bank** tun:
19, Sh. Qasr el Nil, Stadtzentrum, ✆ 3934906;
1079, Corniche el Nil, Gartenstadt, ✆ 3571385;
8, Sh. Ibrahîm Nagîb, Gartenstadt, ✆ 3557071;
24, Sh. Higâz, Muhandisîn, ✆ 3313500;
67, Sh. Higâz, Heliopolis, ✆ 2490607;
6, Sh. Boutrous Ghali, Heliopolis, ✆ 2588646.
American Express hat eine 24 Stunden erreichbare Notfall-Hotline, ✆ 5693299. Ansonsten stehen den AE-Kunden tgl. außer Fr von 8.30–17 Uhr vier Büros zur Verfügung:
15, Sh. Qasr el Nil, ✆ 5747991-3, 📧 5747997;
Nile Hilton, ✆ 5785001, 📧 5785002;
21–23. Sh. el Giza, Giza, Nile Tower, ✆ 5703411-9, 📧 5703146;
72, Sh. el Maza, Heliopolis, ✆ 4182144/5, 📧 2909157.

INFORMATIONEN – Es gibt in Kairo mehrere Touristeninformationen, wobei jene im **Ramses-Bahnhof**, ✆ 5790676, sicherlich die beste ist. Dort bekommt man mit viel Glück Stadtpläne und anderes Informationsmaterial. Die Leute sind engagiert und freundlich. ⏰ tgl. 8.30–20 Uhr. Ein weiteres Büro befindet sich im **Flughafen** am Terminal 2. Wirklich hilfreich ist es nicht. Die Touristeninformation beim Oberoi Mena House, direkt beim Haupteingang zu den Pyramiden in Giza, ⏰ 8.30–17 Uhr, hat einen ganz guten Ruf, jene in der Innenstadt von Kairo, nahe dem **Mîdân Opera**, ist schlecht, und die Angestellten sind unfreundlich.

INTERNET – Überall in der Stadt sind Internet-Cafés zu finden (einige haben wir im Stadtplan eingezeichnet). Auch viele Hotels bieten einen Internet-Zugang an. Die Preise liegen zwischen E£3–5 pro Stunde. Schnelle Rechner und neue PCs hat das **Café Intr@net**, in der Sh. Sharif, nahe dem Buchladen Lehnert & Landrock, ✆ 3939740, ⏰ intranetinfosys@yahoo.com.

MEDIZINISCHE HILFE – Wer kann, sollte die öffentlichen Krankenhäuser meiden. Im Notfall stehen **private Kliniken** zur Verfügung:
Anglo-American Hospital, Sh. Hadayik el Zuhriya, Gazîra, ✆ 3406162-5;
El Salam International Hospital, Corniche el Nil, ✆ 3029091-3;
Cairo Medical Center, Mîdân Roxy, Heliopolis, ✆ 2581003.

Außerdem gibt es folgende **Deutsch sprechende Ärzte**:

Allgemeinmediziner: Dr. Nabil el Nahas, 9, Sh. Tahrîr, Doqqi, ☎ 3361688, Handy ☎ 010-1424821.
Kinderärztin: Prof. Dr. Mona Abu Zekry, 7, Sh. el Zuhûr, ☎ 7600101, Handy ☎ 012-2142669.
Chirurgen: Dr. Mahmud el Kadi, El Fatah Hospital, Maadi, ☎ 3582578, 3585890;
Dr. Hassan Muhammed Abu Naga, 14, Sh. Gawad Hosni, ☎ 3924447.
Gynäkolog(inn)en: Dr. Sherif Hamza, 53, Sh. el Zahraa Muhandisîn, oder 14, Demeshk el Swares, Maadi, ☎ 7487374, 3804508, Handy ☎ 012-2111458;
Prof. Dr. Samira el Mallah, 21, Sh. el Khalîfa el Maamûn, Heliopolis, Roxy, ☎ 2918030, Handy ☎ 010-1467863.
Zahnarzt: Dr. Mohammed Abdel Razaq, Egypt-German Dental Clinic, 9, Gamî'at el Duwal el Arabiya, 1. Stock, Muhandisîn, ☎ 3445007, 3030059, Handy ☎ 012-2156554.
HNO-Arzt: Dr. A. Ragab, 11, Sh. Talaat Harb, Apt. 16, ☎ 7609432, 7485479.
Augenarzt: Dr. Saleh Sherif Adel, 5, Sh. Mussadek, Doqqi, ☎ 760105, Handy ☎ 010-1424821.

Ambulanz ☎ 123
Feuerwehr ☎ 125
Polizeinotruf ☎ 122
Touristenpolizei ☎ 126

POST UND TELEFON – Das **Hauptpostamt für Briefpost** befindet sich am **Mîdân Ataba**, ⏰ Sa–Do 7–19 Uhr, Fr und feiertags 7–12 Uhr. Wer Briefe postlagernd nach Kairo geschickt bekommt (poste restante), kann sich diese im Gebäude rechts um die Ecke abholen (dort wo auch EMS untergebracht ist). ⏰ Sa–Do 8–18 Uhr, Fr 10–12 Uhr. Aber Achtung: Briefe werden nur drei Wochen hier aufbewahrt.
Die **Paketpost** befindet sich am Mîdân Ramses, ⏰ Sa–Do 8–15 Uhr. Die Paketsendeprozedur dauert mindestens eine Stunde. Man braucht seinen Reisepass, die Quittung der Dinge, die man gekauft hat, jede Menge Geduld und Ruhe. Näheres dazu s.S. 53.
Man kann in Kairo fast von jeder Telefonzelle aus mit einer **Telefonkarte** ins Ausland telefonieren. Die Telefonkarten bekommt man an einem der vielen Kiosks, die in der ganzen Stadt verteilt sind. Auf das Hinweisschild in Gelb-Grün **Menatel** oder Orange-Blau **Nilephon** achten! Wer nicht fündig werden sollte: Folgende Telefonbüros (⏰ 24 Std.) verkaufen Karten und haben Telefone, die damit funktionieren. Von diesen Büros können auch **Faxe** gesandt bzw. empfangen werden (Faxnummer zum Empfangen in Klammern dahinter, Abholung 1 E£): Sh. Adlî, nahe der Touristeninformation (☎ 3933909); nördl. des Mîdân Tahrîr (☎ 5780979).

SPRACHUNTERRICHT – Kairo ist eine der beliebtesten Städte der arabischen Welt für alle, die Arabisch lernen wollen. Der ägyptische Dialekt ist derjenige, der in der arabischen Welt am weitesten verbreitet ist. Das liegt vor allem an der Filmindustrie, die hier angesiedelt ist. Adressen von Sprachschulen s.S. 60.

TOUREN – Mehrere Reisebüros rund um den Tahrîr und auch einige der Hotels bieten Halb- bis Mehrtagesausflüge an. Das übliche Angebot reicht von einem Pyramidenbesuch in Giza und Saqqâra bis zu Oasenfahrten nach Fayûm oder auch in die entfernteren Oasen. Manche Traveller-Hotels bieten sogar ganze Ägyptenreisen für 7 bis 14 Tage organisiert an. Die Preise sind in etwa immer die gleichen, z.B. ein Ausflug nach Saqqâra und Memphis ab E£20. Man sollte sich erkundigen, ob man mit einem großen Bus oder einem Minibus fährt – auch wenn die Angaben nicht immer stimmen, kann es doch Aufschluss über die Gruppengröße geben. Man sollte sich jedoch darüber im Klaren sein, dass jede dieser Touren vor allem dazu dient, die Teilnehmer zum Souvenirkauf zu animieren.

VORWAHL – 02

VISAVERLÄNGERUNGEN – In der **Mugamma** am Mîdân Tahrîr kann man sich sein Visum verlängern lassen. Wenn es sich irgendwie vermeiden lässt, sollte man jedoch versuchen, dies in einer anderen Stadt als Kairo zu tun. Die Mugamma, bereits in ägyptischen Filmen als Horror-Szenario dargestellt, ist eine einzige Verwirrung. Hunderte von Büros im Inneren machen es dem Ausländer schwer, sich zurecht zu finden. Doch nicht verzagen: Die Visumsverlängerung erhält man im 1. Stock, Zimmer 40. Mit Hilfe der mehr als tausend Angestellten wird der Antragsteller recht bald das richtige Zimmer finden.

Aktivitäten

GOLF – Golfspieler haben es gut in Kairo: Es gibt insgesamt sieben Golfplätze in und um die Stadt. Hier ein paar davon (nähere Infos erteilt das Fremdenverkehrsamt in Frankfurt auf Anfrage).
Golf Mena House Oberoi, Hotel Mena House Oberoi, ✆ 3833222, 🖷 3837777, ✉ obmhobc@oberoi.com.eg, 🖥 www.oberoihotels.com. 18 Loch, schöner Platz direkt bei den Pyramiden.
Gezira Sporting Club, auf der Gazîra, ✆ 7360434, 🖷 7367293. 18 Loch inmitten von Kairo.
Pyramids Golf & Country Club, Richtung Alexandria, ✆ 02049-600953, 🖷 600954, ✉ amers@gega.net. 36 Loch mit Clubhaus und Pool.
Dreamland Golf and Tennis Resort, Giza, Richtung Fayûm, ✆ 02011-400577, 🖷 400935, ✉ dreamgolf@ie-eg.com, 🖥 www.dreamgolf.com. 18 Loch, 6 Tennisplätze, Pool.
Katameya Heights Golf and Tennis Resort, südöstlich von Kairo, ✆ 7580512, 🖷 7580506, ✉ katameya@egyptonline.com, 🖥 www.katameya.com. 18 Loch, 10 Tennisplätze, Tennishalle, Squash, Pool.

REITEN – Wer reiten will, kann dies entweder auf einem **Kamel**, einem **Esel** oder einem **Pferd** bei den Pyramiden.
Es gibt außerdem einen Reitclub auf der Gazîra, ✆ 3466665.

SCHWIMMEN – Öffentliche Schwimmbäder gibt es zwar keine, man kann aber problemlos in einigen großen Hotels ins kühle Nass gleiten – gegen einen Obolus, versteht sich. Je größer das Hotel, desto schöner meist der Pool, desto teurer aber auch die Benutzungsgebühr. Folgende Hotels bieten sich an: *Le Meridien* (E£39 pro Tag), *Mariott* (E£63 pro Tag) und das *Mena House Oberoi* (E£90 pro Tag).

Nahverkehrsmittel

TAXIS – Die einfachste und bequemste Art, sich innerhalb Kairos zu bewegen, ist das Taxi. Jedes Taxi muss in Kairo ein Taxameter haben, doch auch wenn man darauf besteht, wird der Taxifahrer es nie einstellen. Das hat vor allem den Grund, dass die Preise auf den Taxametern auch für Kairener nicht mehr aktuell sind. Die Taxameter wurden vor vielen Jahren eingestellt, als die Preise noch weit niedriger waren, und bis heute hat man sie nicht geändert. Wer viel in Kairo ist, wird nach einer Weile feststellen, dass es **Festpreise für bestimmte Strecken** gibt. Wer diese kennt, braucht sich erst gar nicht auf die lästige Preisdiskussion einzulassen. Man steigt einfach in das Taxi ein, nennt das Ziel und zahlt bei Ankunft den gängigen Preis.
Hier die Preise für die wichtigsten Destinationen:
Mîdân Tahrîr zur Zitadelle: E£7
Zitadelle zum Khân el Khalîlî: E£3
Mîdân Tahrîr zum Khân el Khalîlî: E£3
Mîdân Tahrîr nach Muhandisîn: E£4
Mîdân Tahrîr zur Ramses Station: E£3
Mîdân Tahrîr nach Maadi: E£12–15
Mîdân Tahrîr zu den Pyramiden: E£12–20
Mîdân Tahrîr ins koptische Kairo: E£5
Mîdân Tahrîr nach Zamâlik: E£3
Mîdân Tahrîr nach Heliopolis: E£10
Mîdân Tahrîr zum Flughafen mit Gepäck: E£25 (nachts E£30)
Doqqi nach Zamâlik: E£3
Ramses-Bahnhof nach Heliopolis: E£7
Garden City zum Giza Zoo: E£3
Garden City nach Zamâlik: E£3
Talaat Harb zur Turgoman Station: E£3

BUSSE – Sich mit öffentlichen Stadtbussen durch Kairo zu quälen, erscheint fast unmöglich. So günstig das Fahren im Bus ist (25 pt), so unerträglich eng ist es. Vor allem für Frauen ist es mehr als unangenehm, mit dem Bus zu fahren. Nur geringfügig besser sind die Minibusse. Ein weiteres Problem beim Busfahren besteht darin, dass kein Fahrer weiß, welcher der anderen Busse wohin fährt. Und auch von den Fahrgästen kennt jeder nur seine Richtung. Die Busse sind zudem nur auf Arabisch beschriftet und zeigen lediglich das Endziel an.
Für uns kamen eigentlich nur drei Busse in Frage, und zwar der Flughafenbus sowie zwei **Busse nach Giza** zu den Pyramiden. Letztere fahren ab dem großen Minibusbahnhof gegen-

über dem Ramses-Hotel. Bus Nr. 82 und 58 fahren bis nach Giza und stoppen kurz vor dem Mena House. Kosten: E£2 pro Person. Nördlich des Mîdâ Ulâlî, dort wo auch die Minibusse nach Fayûm starten, fahren ebenfalls Minibusse nach Giza ab.

Auch der **Flughafenbus** fährt von der Station gegenüber dem Ramses-Hotel ab. Es ist der Bus Nr. 356, ein großer, weißer ac-Bus, der zwischen 6.30 und 22.30 Uhr im 30-Minuten-Takt abfährt. Kosten E£2–3 (je nach Gepäck). Der Bus fährt erst zum Terminal 2 und danach zum Terminal 1. Stopp ist jeweils bei den Parkplätzen (nicht zu verfehlen).

METRO – Die Metro in Kairo ist eines der wichtigsten innerstädtischen Verkehrsmittel geworden. Das System ist leicht durchschaubar, die Bahnhöfe sind klar als solche zu erkennen und erfreulich sauber. Eigentlich ist also alles ganz wunderbar, wäre den Kairenern da nicht ein kleiner Fehler unterlaufen: Die Metro ist zu klein und zu kurz! Die Züge haben viel zu wenige Wagen, aber die Bahnhöfe sind so konstruiert, dass gar nicht mehr Wagen Platz hätten. Die Züge fahren noch dazu viel zu selten, um all die Menschen zu fassen, die mit der Metro fahren wollen, und so kommt es bei Ankunft jedes Zuges zu einem irrsinnigen Gedrängel und Geschubse und nur mit viel Glück kommt man in den Zug. Als Frau hat man es ein wenig einfacher, denn der erste Wagen jeder Metro ist das **Frauenabteil**, in dem es meistens nicht ganz so voll ist. Wer keine Berührungsängste hat, kommt mit diesem Verkehrsmittel sicher und gut durch die Stadt. Wirklich praktisch ist die Metro, wenn man ins koptische Viertel möchte, denn hierher kostet eine Taxifahrt recht viel, und die Metro leert sich erfreulicherweise meist schon nach drei bis vier Stationen merklich.

Das System ist einfach: Man steigt hinab in die Tiefen der Metro, kauft sich am ausgewiesenen Schalter ein Ticket zum Ziel, geht durch die Sperre und auf den Bahnsteig. Das Ticket gut aufheben, denn man braucht es wieder, um die Metro-Station zu verlassen.

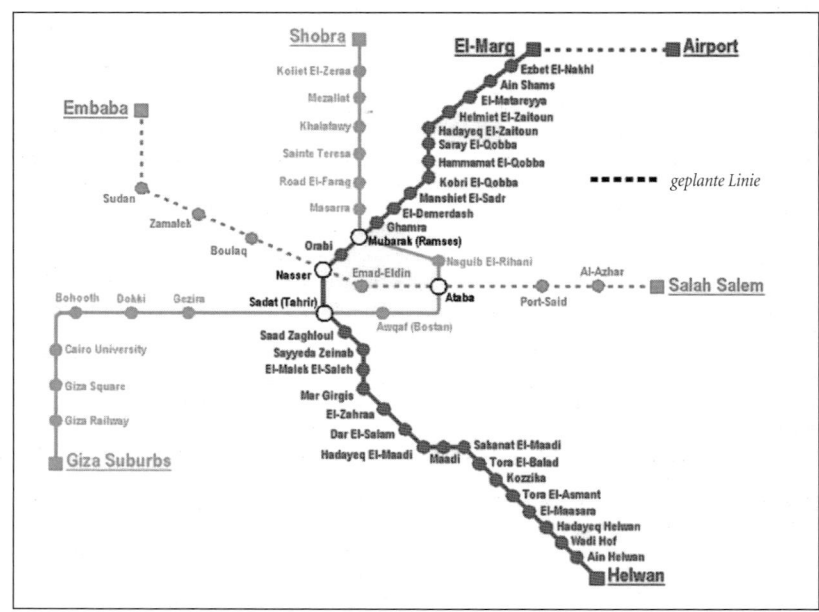

Die wichtigsten Stationen der Metro sind:
Mubarak (Ramses-Bahnhof)
Orabi/Urâbî (nahe Busbahnhof Turgoman)
Nasser (Ende der Sh. 26th July)
Sadat (Mîdân Tahrîr)
Ataba (Mîdân Ataba)
Mar Girgis (Koptisches Viertel)
Giza (ab der Endstation gibt es einen Mikrobus zu den Pyramiden für 50 pt)
Andere wichtige Stationen, wie Flughafen und Azhar, sind noch nicht gebaut.

RIVERBOAT – Zurzeit fahren die kleinen netten Fährschiffe nur im südlichen Teil Kairos, d.h. ab der Universität via Manial, Roda, Giza nach Altkairo (Masr el qadîma) für 25 pt, sowie freitags nach Maadi und Qanâtir für 50 pt. Abfahrten höchst selten (ca. alle 2 Std.; Fahrpläne hängen aus), aber sicherlich die netteste Art, sich in Kairo von A nach B zu bewegen.

Transport

BUSSE – Die Abfahrtszeiten der Busse ändern sich in Ägypten schneller, als ein Reiseführer sie aktualisieren kann. Wir bitten aus diesem Grunde, mit Abweichungen zu rechnen.
Der zentrale **Busbahnhof Turgoman** liegt in der Nähe des Ramses-Bahnhofs. Ab hier fahren die meisten Busse in alle Richtungen ab. In Heliopolis halten fast alle Busse, die Richtung Norden oder Sinai fahren, noch einmal. Wer hier wohnt, kann auch erst dort zusteigen. Rund um den Ramses gibt es außerdem ein paar weitere kleine Busbahnhöfe, die jedoch für Individualreisende nicht weiter von Bedeutung sein dürften, da die Busse ab Turgoman komfortabel sind und häufig genug fahren.

Richtung Süden:
ASSUAN via Luxor und Hurghada: 1x tgl., 17 Uhr; 12 Std.; E£55.
HURGHADA: 12 x tgl., um 7, 9, 12, 13, 15, 17, 18, 20, 21, 22, 23, 24 Uhr; 6 Std.; E£40.
LUXOR via Hurghada: 2x tgl., 17 und 21 Uhr; 10 Std.; E£50.
MARSA ALAM via Qusair: 4x tgl., 13.30, 18.30, 19.30, 22 Uhr; bis Qusair: 8 Std., E£45; bis Marsa Alam 11 Std., E£55.

Richtung Westen:
DAKHLA: 5x tgl., 7, 8, 18, 19, 20 Uhr; um 7 und 18 Uhr jeweils via BAHARIYA (6 Std., E£12) und FARÂFRA (8 Std., E£25); 12 Std.; E£30; um 19 und 20 Uhr jeweils via KHARGA (12 Std., E£30); 14 Std.; E£35.
BAHARIYA direkt: 8 Uhr.

Richtung Norden:
ALEXANDRIA: stdl.; 2 Std.; E£17.
MARSA MATRÛH: 4x tgl., 7, 8.30, 18, 21.30 Uhr; 5 Std.; E£36.

Richtung Osten:
DAHAB: 4x tgl., 7.30, 13, 17, 0.15 Uhr; 10 Std.; E£62.
EL ARÎSH: 2x tgl., 7.30 und 16 Uhr; 6 Std.; E£37.
NUWAIBA via Tâbâ (7 Std., E£52): 3x tgl., 7, 9.30, 22.15 Uhr; 9 Std.; E£58.
PORT SA'ÎD: stdl.; 3 Std.; E£16.
ST. KATHARINE: 23 Uhr; 8 Std.; E£55.
SHARM EL SHAIKH: 6x tgl., 7.30, 13, 15, 23, 24, 0.15 Uhr; 8 Std.; E£55.

International:
SYRIEN und JORDANIEN: donnerstags um 23 Uhr, US$92.
LIBYEN: tgl. 20.30 Uhr, US$68.
Die Fahrtdauer hängt jeweils davon ab, wie lange die Grenzformalitäten dauern.

MINIBUSSE, SAMMELTAXIS – Grundsätzlich ist es etwas schwierig, Kairo auf diesem Weg Richtung Süden zu verlassen. Denn es kann vorkommen, dass ein Fahrer einem Europäer aus Sicherheitsgründen verbietet, mitzureisen. In den meisten Fällen ist es jedoch möglich, zumindest bis Fayûm mitzukommen.
Ansonsten kann man mit Minibussen problemlos überall hinkommen, vorausgesetzt, man hat die Nerven dazu.
Denn wenn man bei den Sammeltaxi-Plätzen vorbei kommt, hängen sich so genannte Schlepper an einen, die einen zu ihrem Minibus oder Sammeltaxi bringen, um sich eine Provision zu verdienen, die der Busfahrer häufig auf den Reisepreis des Touristen aufschlägt.
Minibusse nach FAYÛM und GIZA fahren nördlich des Mîdân Ulâlî ab.
Minibusse nach PORT SA'ÎD und ISMÂ'ILIYA fahren direkt südlich des Ramses-Bahnhof an der Straße Richtung Mîdân Ulâlî ab.

EISENBAHN – Stadtplan Ramses s.S. 134.
Die Bahn ist komfortabel, schnell und gut. Sie bringt den Reisenden nach Alexandria, an den Suezkanal und entlang des Nils nach Süden. Als Tourist darf man alle Züge gen Norden benutzen. Nach Süden sind hingegen ausschließlich drei Züge täglich erlaubt. Diese sollte man vorher reservieren, um sicher zu sein, noch mitzukommen, denn für sie gilt eine Sitzplatzpflicht.
Der Bahnhof ist nicht ganz übersichtlich. So gibt es drei verschiedene Schalter, an denen man Tickets kaufen kann. Die **Tickets für den Supersleeper** nach Luxor und Assuan bekommt man in dem Büro neben der Touristeninformation (wenn man durch den Haupteingang kommt, gleich links). Am Ende des Bahnhofsgebäudes, also an der Wand gegenüber dem Haupteingang, geht es links in einen Raum mit Schaltern, an denen man alle Zugtickets außer jene nach Süden bekommt.
Wer mit einem normalen Zug nach Assuan oder Luxor möchte, muss durch den Gang mit Sicherheitskontrolle neben dem Ticketschalter (vorbei an Wachleuten), muss dann am Ende des Ganges die Schienen unterqueren und in den Schalterraum auf der anderen Seite.
Züge nach:
ALEXANDRIA: Es gibt drei verschiedene Züge: *French* (3 Std., 1./2. Klasse E£23/E£14), *Turbin* (2 Std., 1./2. Klasse E£39/E£22), *Spanish* (wie der Turbin). 12x tgl., 6T, 8.30F, 9S, 11F, 12S, 14T, 15.10F, 16F, 18S, 19T, 20F und 22.30S.
ASSUAN via LUXOR: 7.30 und 22 Uhr; bis Assuan: 13 Std.; 1. Klasse E£90, 2. Klasse E£60; bis Luxor: 9 Std.; 1. Klasse E£60, 2. Klasse E£32.
PORT SA'ÎD via ISMÂ'ILIYA: 5x tgl., 6.45, 8.45, 11.30, 14.30 und 18.30 Uhr; 3 Std.; nur 2. Klasse E£20.

FLÜGE – Inlandflüge lohnen nicht. Sie stehen im Ruf, nicht zuverlässig zu sein, und sind zudem teuer. Angeboten werden sie von Egypt Air und kleinen nationalen Linien, die jedoch alle über Egypt Air gebucht werden können.
Man kann nach Alexandria, Assuan, Luxor, Tâbâ, Abu Simbel, Kharga, Sharm el Shaikh und Hurghada fliegen.
Zum Flughafen kommt man entweder mit dem Taxi oder mit dem Flughafenbus (s.o.).

Egypt Air, Sh. Adlî, ✆ 3932836, ✉ 3927664, im Nile Hilton Hotel, ✆ 5793048/9, und am Flughafen, ✆ 2441460, ✉ 2459316.
Air France, Nile Hilton, ✆ 5758899, ✉ 5771744, Flughafen ✆ 4175306.
Air Sinai, Nile Hilton Hotel, ✆ 3900999.
Allitalia, Mîdân Tahrîr, im Nile Hilton Hotel, ✆ 5785823–5, ✉ 5779907, oder im Flughafen, ✆ 4188168/9.
Austrian Airlines, Sh. Gazîra, Zamâlik, ✆ 7353 718, ✉ 7382815, Flughafen ✆ 4185201.
British Airways, 1, Sh. Abdel Salâm Arîf, beim Mîdân Tahrîr, ✆ 5780742–4, ✉ 5780739, Flughafen ✆ 4175681/2.
KLM, 11, Sh. Qasr el Nil, ✆ 5748004–8, ✉ 5748 330, Flughafen ✆ 41823567.
Lufthansa, 6, Mîdân el Shaikh el Marsafî, Zamâlik, ✆ 7398339, 7398555, ✉ 7370475, Flughafen ✆ 2914560, ✉ randa.mamdouh@dlh.de.
Olympic, Sh. Qasr el Nil, ✆ 3931277.
Royal Jordanian, Sh. 26th July, Zamâlik, Club Building, ✆ 5750875 / 905 / 614, ✉ 4189538, Flughafen ✆ 4189536.
Swiss, 22, Sh. Qasr el Nil, 4, Behlers Passage, Reservierung: ✆ 3921515, Infos: ✆ 3921522, ✉ 2910281, Flughafen ✆ 2910283 / 2918095.
Syrian Arab Airlines, 25, Sh. Talaat Harb, ✆ 3928284/5, ✉ 3910805, Flughafen ✆ 4172624.

Die Umgebung von Kairo

Nicht nur Kairo, sondern auch die Umgebung der Metropole hat dem Besucher viel zu bieten. Im Süden der Stadt lockt **Memphis**, die ehemalige Hauptstadt des Alten Reiches. Einen Höhepunkt für jeden Liebhaber des alten Ägyptens stellen die mehr oder weniger direkt vor den Toren Kairos liegenden Nekropolen **Giza**, **Saqqâra**, **Dahshûr** und **Maidûm** dar. Jede dieser Pyramidenstätten ist von Kairo aus in einem Tagesausflug erreichbar. Allerdings sollte man nicht alle Sehenswürdigkeiten an einem Tag besichtigen. Einen ganzen Tag sollte man allein für Giza haben, einen weiteren für Saqqâra, Memphis und Dahshûr.

Einfaches Landleben lässt sich etwa 80 km südwestlich von Kairo in der „Scheinoase" **Fayûm** (das Gebiet ist über einen Kanal, den Bahr el Yussuf, mit dem Nil verbunden) beobachten, wo die Landwirtschaft die wichtigste Einnahmequelle für die Bevölkerung ist. Alte Wasserräder zeugen von frühen Bewässerungstechniken. Im Norden wird das Fayûm vom **Qarûn-See** begrenzt, an dessen Südufer Kairener gern einen Wochenendurlaub machen. Fischer gehen in ihren Booten auf dem See ihrer Arbeit nach. Nördlich des Sees warten die nur mit einem Geländewagen erreichbaren altägyptischen Stätten **Qasr el Sâgha** und **Dumia el Sibâ'** auf einen Besuch.

Giza

Auf einem 40 m hohen Wüstenplateau liegen ungefähr 12 km südlich von Kairo die über 4500 Jahre alten Pyramiden von Giza. Sie werden von den Ägyptern El Ahrâm („die Heiligtümer") genannt und liegen am Rande der Millionenstadt Giza, nach der sie heute benannt sind (Stadtplan s. S. 186/187).

Nur schemenhaft tauchen sie zunächst aus dem Dunst der nahe gelegenen Metropole auf. Doch dann nehmen sie immer mehr Gestalt an, scheinen immer größer zu werden. So beeindruckend hatte man sie sich vielleicht doch nicht vorgestellt, und schnell wird klar, warum sie bei den Griechen in der Antike den ersten Platz unter den sieben Weltwundern einnahmen.

Ihre Monumentalität und die Bauleistung ist wohl das, was bei diesen gigantischen Bauwerken den größten Eindruck hinterlässt. Was die alten Ägypter da geschaffen hatten, gab in späteren Jahrtausenden Anlass zu vielen Spekulationen. Konnten die Pharaonen etwa die Schwerkraft aufheben, oder wurden die Pyramiden gar von Außerirdischen errichtet? Doch heute weiß man: Die Grabstätten sind das Ergebnis einer theologischen Entwicklung und einer brillanten technologischen Leistung, die den alten Ägyptern noch heute kein Architekt oder Statiker so einfach nachmachen könnte.

In den Glaubensvorstellungen von einem ewigen Leben war der Pharao, der als Sohn Gottes galt, der Vermittler zwischen Erde und Kosmos. Die Entwicklung einer zunehmend ausgeklügelten Grabstätte, von der Mastaba über die Stufenpyramide zur „echten" Pyramide, sollte dem Herrscher nach seinem Tod den Aufstieg zum Firmament ermöglichen. Durch die dortige Vereinigung mit seinem Vater, dem Sonnengott Re, garantierte er seinem Volk Stärke und dem Land Fruchtbarkeit. Deshalb wurde er auch nach seinem Dahinscheiden verehrt.

Bau der Pyramiden

Im Osten einer Pyramide stand der Totentempel, der über einen Aufweg mit dem Taltempel verbunden war. Zum Taltempel, der seinerseits mit dem Nil verbunden war, wurde der tote Pharao wahrscheinlich in einer Barke zur Einbalsamierung gebracht. Eine Pyramide war einzig dem Pharao und seinen Gemahlinnen als Begräbnisstätte vorbehalten. Die Pyramide stellte die uneingeschränkte Macht der Pharaonen dar und gilt heute als Symbol der pharaonischen Kultur schlechthin. „Pharao" (Altägyptisch für „das große Haus") war im Alten und Mittleren Reich jedoch lediglich die Bezeichnung für den Palast des Herrschers. Erst seit der 18. Dynastie verwendete man den Namen auch für den König selbst. Doch hat sich unter „Laien" die Bezeichnung Pharao für alle altägyptischen Herrscher behauptet.

Das Baumaterial der Pyramiden war ein vor Ort vorhandener **Kalkstein**, der in Blöcken aus dem Fels gehauen wurde. Aus Tura, einem Ort auf der Ostseite des Nils wenige Kilometer von Giza, stammt der feine Kalkstein, mit dem die Außenwände der Pyramiden verkleidet wurden. Diese Verkleidung war bis ins 19. Jh. beliebtes Baumaterial für die Paläste Kairos. Die Spitze der Pyramiden bildete das so genannte **Pyramidion**. Die zum Bau verwendeten Steinquader wogen ca. 2,5 Tonnen. 13 Mill. Tonnen Steine wurden beim Bau der drei großen Pyramiden insgesamt bewegt. Die verwendeten Blöcke würden ausreichen, um die City von London neu zu erbauen! Und allein die Steine der Cheops-Pyramide würden, so hatten schon Napoleons Mathematiker errechnet, ausreichen, um eine 2 m hohe und 30 cm dicke Mauer um ganz Frankreich zu errichten. Die schweren Quader mussten an die richtige Stelle gebracht werden. Vermutlich wurden sie auf Schlitten transportiert, die auf Holzbalken „rollten" und von Menschen, aber auch Tieren gezogen wurden. Gerade oder spiralförmig um den Bau angelegte Rampen ermöglichten den Transport nach oben. Die im inneren Teil der Pyramide verwendeten Elemente für die Decken der Kammern wogen teilweise über das Zehnfache des Gewichts der Steinblöcke. Auch sie mussten nach oben gebracht werden. Das Rad gab es noch nicht, also auch keinen Flaschenzug (welche Seile hätten dieses Gewicht auch tragen können?). Wie sie diese erstaunliche Leistung vollbrachten, bleibt bis heute ein Rätsel.

Ursprünglich ging man davon aus, dass 100 000 Sklaven am Bau der Cheops-Pyramide beteiligt waren. Heutigen Erkenntnissen zufolge waren es jedoch wahrscheinlich Lohnarbeiter, die das Monument errichteten. Über 30 000 waren wohl direkt am Bau der Pyramide beschäftigt, oft Bauern, die im Sommer, wenn der Nil Hochwasser führte, nicht auf ihren Feldern arbeiten konnten. Am Steinbruch von Tura waren weitere Tausende im Einsatz.

Enorm muss auch der logistische Aufwand gewesen sein, z.B. die Koordinierung des Transports der Steine oder die Einteilung und Verpflegung der Arbeiter. Die Bauzeit betrug über 20 Jahre. Während des bis zum Sonnenuntergang dauernden Arbeitstages wurde ungefähr alle zwei Minuten ein Steinblock an seine Position gebracht. So wuchs die Pyramide Tag für Tag, bis am Schluss das mit einer Gold- und Silberlegierung überzogene Pyramidion errichtet werden konnte.

Die Ingenieure müssen über ausgezeichnete mathematische und geometrische Kenntnisse verfügt haben. Die Seitenlänge der Cheops-Pyramide beträgt über 230 m, wobei die Abweichung der einzelnen Seitenlängen nur wenige Zentimeter beträgt. Der Neigungswinkel der Pyramidenkanten war exakt berechnet. Nur so konnten diese sich auf der Spitze treffen. Die Nivellierung des Untergrunds für die Pyramiden war eine weitere Herausforderung, die die alten Ägypter hervorragend meisterten. Und die wohl erwünschte Ausrichtung der Pyramiden nach Norden wurde nur wenige Winkel-Minuten verfehlt. Voller Achtung steht man vor diesen vollkommenen Bauwerken und denkt an das schiefe Ikea-Regal zu Hause, dessen Aufbau so viel Schweiß kostete...

Pyramiden wurden von der 3. bis zur 6. Dynastie (Altes Reich) und zwischen der 11. und 12. Dynastie (Mittleres Reich) gebaut. Die berühmtesten stammen von den Königen der 4. Dynastie. Nach den gewaltigen Bauleistungen seines Vaters Snofru in Dahshûr wählte Cheops als erster Pharao den neuen Standort beim heutigen Giza für seinen Begräbnisplatz aus. Sein Sohn Chephren und sein Enkel Mykerinos taten es ihm nach – so entstand die älteste Touristenattraktion der Erde, die heute zum UNESCO-Weltkulturerbe der Menschheit gehört.

Orientierung

Eine **Touristeninformation** und Reitställe befinden sich am Ende der Sh. el Ahrâm schräg gegenüber dem Oberoi Mena House. Der **Haupteingang** mit Ticketschalter findet sich nicht weit davon, wenn man der Straße links herum folgt. Ein **zweiter Eingang** liegt unweit der Sphinx beim Dorf Nazlat el Samaan. Eine Ein- oder Austrittsmöglichkeit besteht normalerweise nur an diesen beiden Punkten, denn das Pyramidengelände ist umzäunt oder bewacht. Beginnt man die Besichtigungstour am Haupteingang und geht von der größten zur kleinsten Pyramide mit anschließendem Besuch der Sphinx, so kann man sich am Ausgang in einem der diversen **Cafés** des Dorfes von den Strapazen der Tour erholen. An beiden Ausgängen warten immer genügend Taxifahrer auf zahlungskräftige Kundschaft.

Wenn man sich zu einem **Besuch der Grabkammern** entschließt, sollte man wissen, dass die Korridore im Innern der Pyramiden sehr eng, oft steil und lang sind und man nicht allein ist – andere schwitzende Körper zwängen sich hindurch. Bei Gegenverkehr hilft oft nur ein Rückzug, doch andere drängen nach.

Achtung: Auf den Pyramiden herumzuklettern, ist bei Strafe verboten!

> **Hinweis** Vor allem in Giza, der Hauptattraktion Ägyptens, finden sich Nepper, Schlepper und Bauernfänger. Falsche Papyrus-Verkäufer, Parfum-Panscher, Kameltreiber... jeder versucht, die hier herumlaufenden Touristen in irgendeiner Form dazu zu bringen, ihr Geld da zu lassen.
> Auf dem Pyramidengelände reiten deshalb seit einigen Jahren Polizisten auf Kamelen „Patrouille", um ein wenig „Ordnung" zu schaffen. Man kann davon ausgehen, dass hier und rund um das Gelände so ziemlich alles, was angeboten wird, Nepp ist.
> Also: Nicht nerven lassen; sicher und bestimmt auftreten, und keinem in ein Geschäft folgen!

Die Pyramide des Cheops

Cheops war der zweite Herrscher der 4. Dynastie. Seine Pyramide bestand aus 211 Steinlagen und hatte eine ursprüngliche Höhe von 147 m. Da Verkleidung und Spitze fehlen, misst die heutige Höhe ungefähr 10 m weniger. Die Cheops-Pyramide ist die älteste, nördlichste und größte der drei Berühmtheiten.

Der Besuch der **Grabkammer** ist weit beeindruckender als in den anderen beiden Pyramiden. Vom nördlich gelegenen Eingang, den Grabräuber schufen, führt ein Gang hinab. Bald kreuzt ein Gang, der nach oben zur so genannten **Großen Galerie** führt. Auch diese führt schräg nach oben. Sie hat eine Länge von 74 m und eine Höhe von 8,50 m. Die Decke verjüngt sich durch ein 7-lagiges Krag-Gewölbe, das von Steinplatten abgedeckt wird. Es folgt die ganz aus rotem Granit erbaute, 10 x 5 m große Grabkammer. Der Stein wurde aus den über 800 km entfernten Steinbrüchen Assuans hierher transportiert. Die Blöcke der Decke wiegen 70 Tonnen. In der Königskammer steht der unbedeckte Sarkophag des Königs. Die **kleinen Pyramiden** östlich der Cheops-Pyramide waren Grabstätten für Königinnen.

Erst 1954 wurde in einer von sechs Gruben südlich der Pyramide ein Schiff gefunden, das heute im **Sonnenbarken-Museum** ausgestellt ist. Aus 1224 Holzteilen aus Libanonzedern wurde in jahrelanger Kleinarbeit ein 43 m langes, nur mit Hanfseilen zusammengehaltenes Schiff wieder zusammengebaut. Mit ihm wurde möglicherweise der Pharao über den Nil zum Taltempel gebracht. Durch das Begraben der Barke neben dem Grab sollte ihm ein Übersetzen in die jenseitige Welt ermöglicht werden.

Die Pyramide des Chephren

Chephren war ein Sohn des Cheops und später selbst König. Da seine Pyramide an einer höheren Stelle errichtet wurde, die Kanten einen höheren Neigungswinkel aufweisen und sie als einzige im oberen Teil die ursprüngliche Tura-Kalk-Verkleidung bewahren konnte, scheint sie höher zu sein als die Pyramide des Vaters. Tatsächlich ist sie jedoch mit 144 m um 3 m niedriger.

Lange hatte man geglaubt, dass Pyramiden keine Innenräume hätten. Giovanni Belzoni, ein Forscher und weit gereister Mann aus Padua, entdeckte jedoch 1818 an der Nordseite einen Eingang (von zweien) zur Chephren-Pyramide. Über einen absteigenden Gang gelangt man auf einen ebenen Korridor, der zur **Grabkammer** mit Granit-Sarkophag führt. Der Grabraum ist zwar größer als die Grabkammer des Cheops, doch weit weniger sorgfältig gearbeitet.

Der sehr gut erhaltene **Taltempel des Chephren** liegt links vor der Sphinx und ist der am besten erhaltene Sakralbau des Alten Reiches. Sechzehn Granitpfeiler stützten einst die Decke. Vom Hauptraum aus gelangt man rechts hinten auf den teilweise recht gut erhaltenen Aufweg zum Totentempel vor der Pyramide des Chephren. Von diesem Aufweg hat man den besten Blick auf die Sphinx und ist ihr auch sehr nah.

Die Große Sphinx

Tausende von Sphingen gibt es – nicht nur in Ägypten –, doch wenn man von der Sphinx redet, dann meint man diese wohl größte. Sie ist wahrscheinlich die berühmteste Sehenswürdigkeit des Landes und gilt als Symbol des alten Ägypten. Die Sphinx, deren altägyptischer Name übersetzt „lebendiger Götze" bedeutet, wurde wahrscheinlich beim Bau der Chephren-Pyramide aus einem Kalkfelsen gehauen. Der Löwenkörper mit Menschenkopf ist 73 m lang und 20 m hoch. Allein die fehlende Nase war so groß wie ein Mensch. Es ist anzunehmen, dass das Haupt König Chephren darstellt. Er trägt das nur den Pharaonen vorbehaltene Nemes-Kopftuch. Der Ursprung des arabischen Namens Abu l-Haul („Vater des Entsetzens") ist nicht klar. Ebenso umstritten ist die Funktion der Sphinx. Vielleicht sollte sie über die Nekropole wachen. Sicher scheint hingegen, dass man die Sphinx im Neuen Reich als eine Verkörperung des Sonnengottes Re-Harachte ansah. Sie war mehrmals im Sand der Wüste begraben, und noch im 19. Jh. war nur der Kopf sichtbar. Diesem Umstand ist wohl ihr guter Erhalt zu verdanken. Doch in den letzten Jahrzehnten litt die über 4500 Jahre alte Sphinx stark unter dem Smog der nahe gelegenen Metropole und einem steigenden Grundwasserspiegel. Jahrelange aufwendige Restaurierungsarbeiten lassen sie heute in neuem „Glanz" erstrahlen.

Der vor den Füßen der Sphinx gelegene Tempel gibt immer noch Fragen auf. Funktion und Herkunft sind aufgrund mangelnder Inschriften nicht bekannt.

Die Pyramide des Mykerinos

Die südlichste und kleinste der Pyramiden wurde für Mykerinos, Sohn und Nachfolger von Chephren, errichtet. Ihre ursprüngliche Höhe betrug 67 m, wovon heute noch 62 m erhalten sind. Ihr Volumen beträgt nur 10% des Volumens der Cheops-Pyramide. Das untere Drittel der Pyramide war mit rotem Granit aus Assuan verkleidet.

Der Eingang zur Pyramide befindet sich auch hier im Norden. Absteigend gelangt man in eine Vorkammer mit Scheintüren, von der ein horizontaler Korridor zu einer ersten, vielleicht der ursprünglichen, Grabkammer führt. Von dieser geht es weiter abwärts in die eigentliche Grabkammer, in der ein Basalt-Sarkophag gefunden wurde. Auf dem Weg nach England ging er jedoch zusammen mit dem Schiff unter. Von der Grabkammer gelangt man in einen Raum mit sechs Nischen, deren Funktion noch nicht geklärt ist.

In den drei kleinen Neben-Pyramiden im Süden wurden Ehefrauen des Königs bestattet. Im Osten liegen Reste des Totentempels von Mykerinos.

Übernachtung

Wer direkt bei den Pyramiden übernachten möchte, kann dies im luxuriösen *Oberoi Mena House******, s.S. 166.

Sonstiges

EINTRITT – Der Eintritt zum Pyramidengelände beträgt E£20 (10) und ist an einem der beiden Eingänge zu entrichten. Für das Sonnenbarken-Museum zahlt man noch einmal E£20 (10). Dieses Ticket gibt es direkt am Museumseingang. Nach unseren letzten Informationen (Juni 2003) erhält man die Eintrittskarten für die Besichtigung des Pyramideninneren (Cheops E£40 (20), Chephren und Mykerinos E£10 (5)) entweder an den beiden Eingängen oder, bei starker Nachfrage, nur an eigens dafür vorgesehenen Tickethäuschen bei der jeweiligen Pyramide selbst. Aufgrund der Touristenflaute nach dem Irak-Krieg wird fürs Fotografieren keine Gebühr mehr verlangt. Das Filmen im Innern der Pyramide oder im Barkenmuseum kostet jeweils E£100. Im Juni 2003 gab es auch keine Begrenzung der Besucherzahlen für die Pyramiden. Diese Bestimmungen können sich allerdings ständig ändern. Meist sind zwei der drei Pyramiden in unregelmäßigem Rhythmus geöffnet.

INFORMATIONEN – Die *Touristeninformation* beim Oberoi Mena House, direkt beim Haupteingang zu den Pyramiden, bietet hilfreiche Informationen. ◷ 8.30–17 Uhr.

ÖFFNUNGSZEITEN – Pyramidengelände ◷ tgl. 8–18 Uhr, die Pyramiden werden etwa eine Stunde früher geschlossen.
Sonnenbarken-Museum ◷ tgl. 9–16 Uhr.

REITEN – Während man früher im Inneren des Pyramidengeländes auf Schritt und Tritt von Pferde-, Esels- und Kamelbesitzern verfolgt wurde, gibt es inzwischen außerhalb, beim Haupteingang, einen zentralen Reitplatz, wo diese Tiere zu festen Preisen vermittelt werden (Esel E£15, Pferde und Kamele E£20 /Std.). Man wird beim Reiten begleitet, wofür der Begleiter natürlich ein Trinkgeld erwartet.

SOUND AND LIGHT SHOW – Abends „erzählt" die Sphinx die Geschichte der Pyramiden, während Lichteffekte das Spektakel ergänzen. Ob das Ganze geschmackvoll ist, darüber lässt sich streiten... Die Show findet zu unterschiedlichen Zeiten in verschiedenen Sprachen statt. Oktober bis Mai: Deutsch Mi und So 20.30 Uhr; Englisch Mo, Di, Mi, Fr und Sa 18.30 Uhr und Do 19.30 Uhr. In den Monaten Juni bis September zwei Stunden später. Eintritt E£42 pro Person.

Transport

Mit der **Metro** bis zur Endstation Giza fahren. Von dort gibt es für 50 pt einen Mikrobus zu den Pyramiden.
Oder man nimmt einen **Minibus** ab dem Mîdân Ulâlî für 50 pt.
Ein **Taxi** vom Mîdân Tahrîr zu den Pyramiden kostet E£12–20.

Pyramiden von Giza – Weltwunder der Antike

Stufenpyramide von Saqqâra

KAIRO UND UMGEBUNG

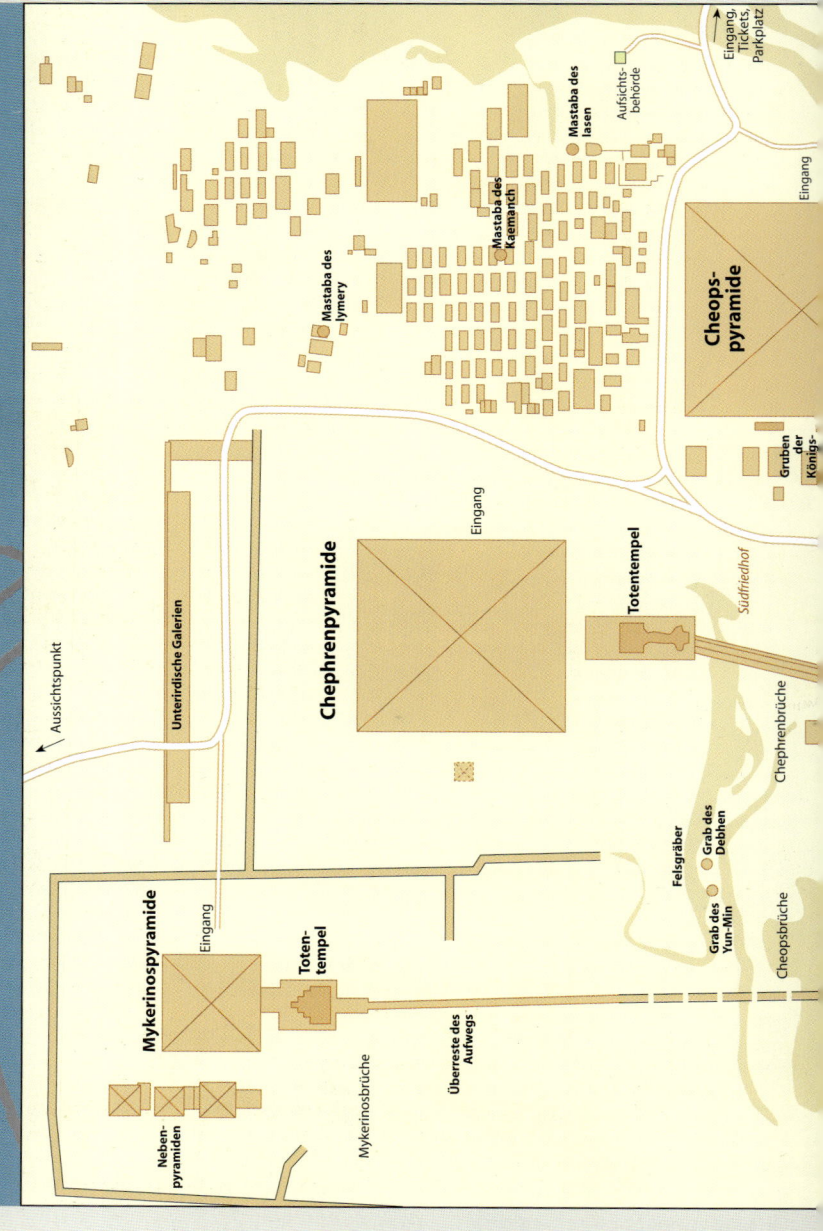

Giza

Taltempel

Taltempel des Chephren

Sphinxtempel

Tempel des Neuen Reiches

Sphinx

Campbell's Grab

Kapelle des Seschemnefer

Isistempel

Mastaba des Meresanch III.

Mastaba des Chufuchaef

Nebenpyramiden

Überreste des Totentempels

Gruben der Königsbarken

- Grab der Königin Hetepheres
- Mastaba des Qar
- Mastaba des Idu

Aufweg

Ehem. Residenz des äg. Königs Faruk

Cafeteria

TOURISTEN-POLIZEI

Naslat el Saman

Mena House Golfplatz

Eingang, Tickets, Parkplatz

FRIEDHOF

Aussichtspunkt
N

0 100 200 300 m

KAIRO UND UMGEBUNG

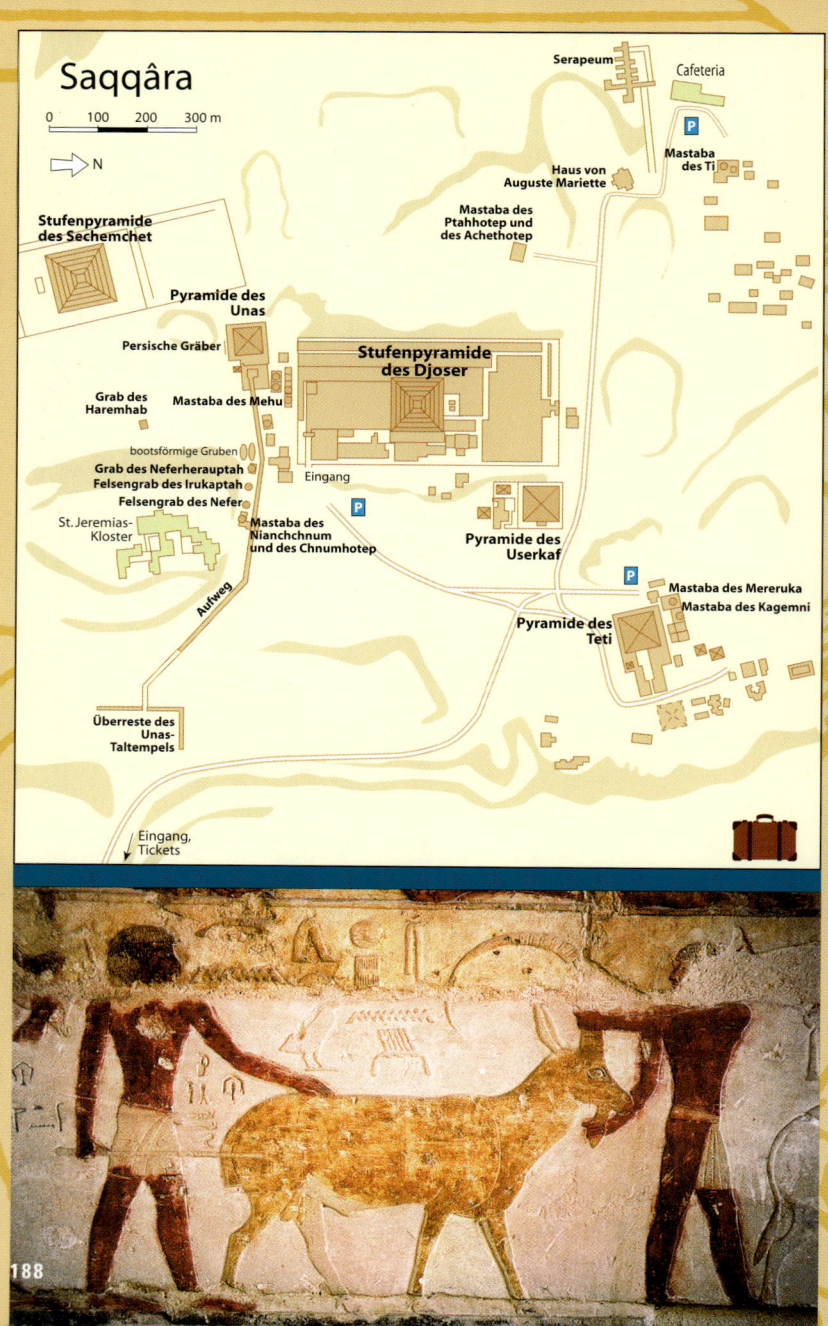

Wissa Wassef Art Center Der Gründer dieses koptischen Familienbetriebs, Wissa Wassef, war ein Künstler, der mit verschiedenen Materialien experimentierte. Das Projekt begann in Altkairo, bevor das Unternehmen ungefähr zehn Jahre später 1953 in das Dorf Harrânia zog. Zuerst wurden **Teppiche** nur geknüpft, später wurden sie auch gewebt. Das Weben lässt viel mehr Freiraum, da nicht immer erst langwierig eine Reihe zu Ende geknüpft werden muss. Die verwendeten Farben sind alle natürlich und außer dem Indigo selbst hergestellt. Der Teppich entsteht ohne Plan und Zeichnung, erst beim Weben kommt der Weberin die Idee, die oft ihrer momentanen Lebensphase entspringt. Es wird darauf geachtet, dass jeder seinen eigenen Stil beibehält und eigene Wege geht.

40 Weberinnen (Männer sind eine Ausnahme) arbeiten hier und sollen sich durch das Erlernen der Kunst eine Lebensgrundlage schaffen. Im Alter von ungefähr acht Jahren beginnt die **Ausbildung**, wobei die Schule nicht vernachlässigt werden darf. Eigentlich nur für junge Mädchen gedacht, sind einige der Frauen dennoch viele Jahre dabei. Die Arbeiterinnen erhalten einen Wochenlohn sowie ein Entgelt für ein fertig gestelltes Stück. Über 120 Frauen wurden hier schon ausgebildet. Manche kommen wieder, wenn sie auf der Suche nach Arbeit sind.

Die auf den Teppichen dargestellten Szenen sind oft ländlicher Natur, Tiere und der Nil spielen eine sehr wichtige Rolle. Moderne Szenen sind selten. Mittlerweile werden auch **Keramik** (Gebrauchsgegenstände und Tierfiguren) und **Batiken** hergestellt.

In einem angeschlossenen **Museum** kann man den künstlerischen Werdegang einiger Schülerinnen verfolgen. Besonders schöne und große Stücke sind hier auch ausgestellt. Fast die gesamte Anlage, die der Gründer selbst geplant und teilweise auch erbaut hat, ist in Lehmbauweise errichtet. Der Betrieb ist aufgrund seines Engagements mittlerweile sehr hoch angesehen. Die Besitzer und Betreiber, die einzigen Kopten im Dorf, sind nicht profitorientiert. Einzelne Stücke können erstanden werden. Sie sind zwar nicht billig, aber schließlich wird an einem Quadratmeter Wollteppich ein Monat gewebt und für ein gleich großes Stück aus Baumwolle braucht man sogar drei Monate. Freundlich und geduldig wird man herumgeführt. Eine Spende wird nicht abgelehnt.

Adresse: Harrânia Village, Saqqara Road, Giza, ✆ 3850746, ✆ 3852272.

Es ist nicht einfach, hierher zu finden, doch viele Taxifahrer in Kairo kennen zumindest das Dorf. Vor dem Einsteigen fragen!

Memphis

König Menes oder auch Narmer (es ist nicht ganz klar, ob Narmer und Menes zwei verschiedene Personen oder nur zwei Namen ein und desselben Herrschers waren) gilt als der große Vereiniger von Unter- und Oberägypten. Er war der Begründer der ersten Dynastie und ließ vor ca. 5000 Jahren die an der Nahstelle der beiden Reiche gelegene Stadt Memphis erbauen. Offiziell war sie nur die Hauptstadt des ersten unterägyptischen Gaus. Faktisch erlangte sie jedoch bald den Status der Metropole des vereinigten Reiches, den sie während der gesamten Dauer des Alten Reiches über 1000 Jahre unangefochten behielt. Ihr Niedergang begann mit der Verlegung der Hauptstadt nach Theben während des Mittleren Reiches. Memphis blieb aber noch eine Zeit lang die wirtschaftliche Metropole des Landes, und bis in die 20. Dynastie war der Tempel des hier verehrten Schöpfergottes Ptah einer der größten Tempel des Landes. Auch im Neuen Reich waren hier die Truppen des Königs stationiert, die der Bedrohung aus dem Norden die Stirn bieten sollten, doch war die Stadt längst in die Bedeutungslosigkeit gesunken.

Im 13. Jh. n.Chr. wurden viele der Bausteine nach Kairo gebracht, wo sie als Baumaterial herhalten mussten, weswegen es heute nur wenige Überreste der einst so glanzvollen und ruhmreichen Stadt gibt. Landwirtschaft, Überflutungen und ein steigender Grundwasserspiegel haben den wenigen verbliebenen Ruinen außerdem schwer zugesetzt. Und als sei das noch nicht genug, wurden die in Palmenhainen ruhenden Überreste der alten Hauptstadt wegen möglicher Einsturzgefahr unzugänglich gemacht. Seit einem Erdbeben in der Region im Jahre 1992 gibt es für den Besucher daher nur noch einen kleinen **Museumsgarten** zu besichtigen.

Die ausgestellten Fundstücke entstammen alle dem Mittleren Reich. In einem Schutzgebäude beim Eingang des Gartens liegt eine **Kolossalstatue von Ramses II.** Sie stammt aus dem Eingangsbereich des Ptah-Tempels und hatte einst eine Höhe von 13 m. Die einzelnen Körperteile sind riesig. Der Herrscher trägt das königliche Nemes-Kopftuch zusammen mit der Doppelkrone. Im Gürtel steckt ein Dolch, dessen Griff zwei Falkenköpfe zieren. Zwischen den Beinen des Königs ist seine Gemahlin Bint Anat eingraviert. Das Original-Pendant der Statue schmückt heute den Vorplatz des Ramses-Bahnhofs in Kairo.

Die Hauptattraktion außerhalb des Schutzgebäudes ist die 80 Tonnen schwere **Alabaster-Sphinx**, die eine Länge von 9 m und eine Höhe von fast 5 m hat. Das Grundwasser hat sie auf der rechten Seite schwer beschädigt. Die Sphinx schmückte einst den Eingang des Ptah-Tempels. Stilistisch ist sie der 18. Dynastie zuzuordnen, was allerdings durch keine Inschrift belegt wird. ⊙ tgl. 8–17 Uhr, Eintritt E£14 (7).

Nach Memphis gelangt man ab Kairo mit dem Bus 82 oder 83 (oder per Taxi) bis zur Pyramid Road, Ecke Sakkara Road. Ab dort einen Minibus nach Saqqâra nehmen und unterwegs in Memphis aussteigen. Taxi etwa E£25.

Saqqâra

Das Gelände von Saqqâra war die bedeutendste Nekropole von Memphis. Noch über 3500 Jahre nach Gründung der Hauptstadt wurden hier Gräber angelegt. Hier liegen Mastaba-Gräber von bedeutenden Würdenträgern aus der 1. und 2. Dynastie, und auch Könige der 2., der 5. und 6. Dynastie ließen sich hier bestatten. Außerdem finden sich hier die Gräber einiger Würdenträger aus der 18. Dynastie, so z.B. das Grab des Schatzmeisters von Tutanchamun und das des Generals Haremhab, dem es am Ende der 18. Dynastie gelang, den Thron zu erobern. Auch wurden hier mumifizierte Tiere begraben: Katzen, Paviane und Ibisse. Und in der großen, Serapeum genannten Grabanlage wurden die heiligen Apis-Stiere beerdigt (sie ist heute leider nicht mehr zugänglich). Stadtplan s.S. 188.

Die sehr umfangreiche Totenstadt erstreckt sich auf einer Gesamtlänge von über 7 km in Nord-Süd-Richtung auf einem Felsplateau. Die Hauptsehenswürdigkeiten liegen in **Nord-Saqqâra** und gruppieren sich um den Djoser-Komplex. König Djoser errichtete hier vor über 4500 Jahren die erste Pyramide Ägyptens. Es war der erste monumentale Steinbau der Menschheit überhaupt. Sein sechsstufiges Grab ist das Wahrzeichen Saqqâras.

Im folgenden Abschnitt wird nur ein kleiner Ausschnitt der gigantischen Anlage dargestellt. Dieser sicherlich herausragende Teil befindet sich rund um den Bezirk des Djoser. Wer sich näher für die alten Ägypter interessiert, kommt in Saqqâra voll auf seine Kosten. Es ist allerdings nicht ganz einfach, sich zurecht zu finden, doch die freundlichen Ägypter helfen bei Fragen gern weiter – allerdings sollte man ihre Antwort nicht auf die Goldwaage legen, denn die wenigsten sind Fachleute oder Ägyptologen.

⊙ tgl. 8–17 Uhr, Eintritt E£20 (10) für das gesamte Areal von Nord-Saqqâra. Einige Anlagen bleiben wegen Renovierungsarbeiten geschlossen. Tickets behalten, da sie häufig kontrolliert werden!

Wer von den ganzen Sehenswürdigkeiten genug hat, kann sich im **Café** in der Nähe der Mastaba des Ti eine Ruhepause gönnen oder einfach nur die Umgebung genießen. Das Schöne an Saqqâra ist nämlich auch, dass es weit weniger besucht wird als die Pyramiden von Giza.

Um nach Saqqâra zu gelangen, nimmt man ab Kairo zunächst Bus 82 oder 83 (oder ein Taxi) bis zur Pyramid Road, Ecke Sakkara Road, und ab dort einen Minibus.

Der Komplex des Djoser

Der Pyramidenbezirk des Djoser, des 2. Herrschers der 3. Dynastie, wurde von einer 10 m hohen Mauer umschlossen, die eine Fläche von 540 x 270 m umfasst. Sie ist mit Nischen versehen und wird von 14 Scheintoren gegliedert. Nur an der Südostecke war ein Zugang möglich (auch heute der Eingang). Dieser mündet in eine lange Kolonnade. Der Bezirk wird beherrscht von der 60 m hohen **Stufenpyramide**. Er enthält jedoch weitere Gebäude, so z.B. den **Sed-Festhof**, der von zwei Kapellen geschmückt wird. Ursprünglich war dieser Hof vom Eingangsbereich aus begehbar. Die in Blendarchitektur ausgeführten Kapellen symbolisieren die beiden Landesteile Unter- und Oberägypten. Auch die beiden im Nordosten gelegenen Scheingebäude, der **Palast des Südens** und der **Palast des Nordens**, standen in Verbindung mit dem Sed-Fest. Sie repräsentieren den Gedanken des Landes-Dualismus. Das Sed-Fest fand ursprünglich zum 30. Regierungsjubiläum des Königs (später auch früher) statt. Dann musste der Herrscher symbolisch seine Macht erneuern. Dies geschah, indem er eine Prozession anführte. In den Kapellen fand symbolisch eine Krönung des Herrschers zum König von Unter- und Oberägypten statt, und vor den Palästen des Südens und Nordens erhielt der Herrscher Gaben aus den verschiedenen Gauen des Reiches. Vom Inneren des Pyramidenbezirks aus betrachtet, befindet sich der Sed-Festhof hinter den beiden Kapellen. Im Norden (hinter) der Pyramide liegen die **Ruinen des Totentempels** mit einem **Serdab**, einem Raum für die Kultstatue des Königs.

Die Stufenpyramide des Djoser

Der Baumeister der Pyramide, Imhotep, genoss unter den Ägyptern aufgrund seiner großen Leistung hohes Ansehen und wurde in der Spätzeit sogar als göttlich verehrt. Ursprünglich war die Pyramide des Djoser eine große Mastaba, unter der sich 30 m tiefe Schächte befanden, welche Zugänge zu den Gräbern des Königs, seiner Gemahlinnen und seiner Kinder waren. Die Mastaba wurde dann auf vier Stufen aufgestockt, bevor die „Himmelstreppe" auf sechs Stufen erweitert wurde. Hier konnte sich die Seele des Königs mit dem Sonnengott Re vereinen. Das Baumaterial der Stufenpyramide besteht aus recht kleinen Quadern eines nicht sehr festen Kalksteins.

Pyramide des Unas

Diese Pyramide des letzten Königs der 5. Dynastie liegt an der Südwestecke des Djoser-Bezirks. Sie ist außen zwar stark zerfallen, aber die Innenräume sind in sehr gutem Zustand. In der Grabkammer ist die Decke mit unzähligen Sternen bemalt. Auch der Sarkophag steht noch im Raum. Vom Taltempel, der im tiefer gelegenen Fruchtland liegt, führte ein über 700 m langer, beeindruckender und recht steiler Aufgang zur Grabstätte, der Pyramide. Ein Teilstück dieses Wegs wurde mitsamt der Überdachung rekonstruiert. Entlang des kleinen Tales, das den Aufgang begleitet, liegen einige Privatgräber (s.u.).

Grab des Nianchchnum und des Chnumhotep

In diesem Grab sind zwei Brüder aus der 5. Dynastie begraben. Sie waren Priester und dienten außerdem am königlichen Hof als Fingernagelpfleger. In dem Doppelgrab sind Felsgrab und Mastaba vereint: Vor die in den Fels gehauene Kammer wurde später eine Mastaba aufgemauert. Im Eingangsbereich sind die farbigen Reliefs sehr gut erhalten. Hier sind u.a. Szenen aus dem Berufsleben der beiden Verstorbenen zu sehen. In der Kultkammer befindet sich für die Grabherren je eine Scheintür, zwischen denen die beiden Brüder einander umarmen.

Grab des Neferherenpthah

Das Grab des obersten Palastaufsehers aus der 5. Dynastie besitzt nur einen Kultraum mit Darstellungen, die meist vom Alltagsleben berichten.

Felsengrab des Nefer

Nefer war der Leiter der Sänger des Königshofes. Er lebte während der 5. Dynastie und wurde zusammen mit einem oder mehreren Sängerkollegen in diesem Grab bestattet. In mehreren Reihen werden hier Szenen des Landlebens gezeigt: Viehtrieb durch eine Furt, Fisch- und Vogelfang sowie die Papyrus-Ernte.

Felsengrab des Irukaptah

Irukaptah war während der 5. Dynastie Leiter der königlichen Schlachthöfe, weshalb der Beiname seines Grabes auch „Grab der Schlächter" lautet. Ein schmaler Gang führt zum Grabraum. Die Reliefs zeigen farbige Szenen des Alltags.

Mastaba des Mehu

Mehu war Wesir zur Zeit der 6. Dynastie. Seine Mastaba mit den gut erhaltenen Malereien gehört zu den schönsten Gräbern in Saqqâra. Im Eingangsbereich sind Szenen aus dem Alltag dargestellt. Der Wesir ist mit seiner Ehefrau auf der Jagd oder fängt Fische. Auch kann man Küchen-Szenen sehen.

Auf der Scheintür im Kultraum beschreiben Hieroglyphen die Gebete des Verstorbenen an die beiden Götter des Totenreiches, Osiris und Anubis.

Mastaba des Ptahhotep

Diese Mastaba liegt nordwestlich des Djoser-Bezirks. Hier wurden der Wesir Achethotep und sein Sohn Ptahhotep bestattet. Die Reliefs im Kultraum des Ptahhotep sind gut erhalten und gehören zu den Glanzstücken der altägyptischen Kunst. Vom nördlichen Eingang zur Mastaba gelangt man über einen Längsraum in einen Vorraum im Süden und von diesem in den **Kultraum des Ptahhotep**. Besonders schön sind die Reliefzyklen auf der Ostwand (links). Hier bestimmt das ländliche Leben das Bild: Ein Löwe tötet ein Rind durch einen Biss in das Maul; Käfige mit Hasen und Igeln werden getragen; Trauben werden verarbeitet; Papyrusboote werden hergestellt; Wasservögel werden gefangen und abtransportiert; beim Fischerstechen versucht man sich gegenseitig ins Wasser zu stoßen u.v.m. Die Details sind einzigartig. Auf der gegenüberliegenden (West-)Wand ist der Grabherr zwischen zwei Scheintüren bei einem opulenten Mal zu betrachten.

Die Pyramide des Teti

Nordöstlich des Djoser-Komplexes liegt die von außen recht zerfallene Pyramide des Teti, des ersten Königs der 6. Dynastie, deren ursprüngliche Höhe 52 m betrug. Die Bestattungsräume im Inneren sind äußerst gut erhalten und mit Hieroglyphen versehen.

Mastaba des Kagemni und Mastaba des Mereruka

Diese beiden Privatgräber liegen nördlich der Teti-Pyramide. Die Mastaba des **Mereruka** ist das größte Privatgrab ganz Ägyptens. Mereuka war Wesir zu Zeiten Tetis. Er war mit der Tochter des Königs verheiratet, die ebenfalls in seinem Grab bestattet wurde. Flachreliefs prägen das aus über 30 Räumen bestehende Innere. Besonders beeindruckend ist die Darstellung der Nilpferd-Jagd und der Metall bearbeitenden Handwerker. Auch **Kagemni** hatte unter Teti den Titel eines Wesirs. Sein Grab ist ebenfalls groß und komplex. Auf den feinen Flachreliefs sind sehr viele Szenen aus dem Jagd- und Fischerleben dargestellt.

Mastaba des Ti

Diese Mastaba liegt mehrere 100 m nordwestlich des Djoser-Komplexes. Ti bekleidete zahlreiche Ämter und besaß viel Land. So konnte er sich ein prunkvolles Privatgrab leisten. Er lebte während der 5. Dynastie. Obwohl diese Mastaba nicht besonders groß ist, ist sie vielleicht die schönste von Saqqâra. Die Reliefs gehören zu den am besten erhaltenen des Alten Reiches und sind äußerst kunstvoll. In der Grabkapelle, deren Decke von zwei Pfeilern getragen wird, befindet sich schöner Bilderschmuck. Ein Blick auf die Details lohnt: Bei einem Viehtrieb durch hohes Wasser trägt ein Mann ein Kalb, das sich anscheinend Hilfe suchend zur Mutter umsieht; ein Schiff wird gebaut; es wird gepflügt, gehobelt, gesägt und gebohrt; eine Kuh wird gemolken, einem Stier werden die Beine zusammengebunden, um ihn zu schlachten – beeindruckende Szenen aus dem Alltagsleben am Nil.

Dahshûr

Ungefähr 10 km südlich von Saqqâra liegt Dahshûr, die südlichste Nekropole von Memphis. Auf diesem erst seit 1996 für Touristen zugänglichen Gelände sind fünf Pyramiden weit verstreut. Die drei Pyramiden aus der Zeit der 12. Dynastie sind nicht sehr gut erhalten. Im Mittleren Reich verlor der Pyramidenbau an Bedeutung, und so wurde z.B. die **Schwarze Pyramide** von Amenemhet II. nurmehr aus Nilschlammziegeln errichtet. Diese dunklen Bauelemente gaben der Pyramide ihren Namen. Die Pyramidenform ist kaum noch zu erkennen. Ihre ursprüngliche Höhe betrug 78 m. Die Schwarze Pyramide war das größte Bauwerk des Mittleren Reiches. Sie ist zurzeit nur aus der Ferne zu betrachten, Zugang wird nicht gewährt.

Westlich des Haupteingangs zum Gelände liegt die fast 100 m hohe **Rote Pyramide**. Nach der Vollendung der Pyramide von Maidûm und dem Bau der Knick-Pyramide war dies der dritte Versuch von Snofru. Er ist somit der größte Bauherr des Alten Reiches. Mit der Errichtung dieses Bauwerks war die erste echte Pyramide, Vorbild für alle nachfolgenden Pyramidenbauten, entstanden. Manche

Kein Knick in der Optik – pharaonisches Pyramidenexperiment bei Dahshûr

sind allerdings der Ansicht, die Pyramide von Maidûm sei die erste gewesen. Doch während dort lediglich eine Stufenpyramide verkleidet wurde, wurde die Rote Pyramide von Anfang an in der Form, in der sie noch heute zu sehen ist, geplant und Lage für Lage errichtet. Im Schein der Abendsonne schimmert der verwendete Kalkstein rötlich, was dem Bauwerk seinen Namen einbrachte.

Der Eingang liegt im Norden der Pyramide. Nach einer kleinen Kletterpartie bergauf führt ein langer Gang bis ungefähr 10 m unter Wüstenniveau hinab. Im Inneren befinden sich zwei Vorkammern mit einer Deckenhöhe von 12 m. Eine moderne Treppe führt zum größten Raum des Bauwerkes hinauf, zur schmucklosen eigentlichen Grabkammer mit Kraggewölbe.

Östlich der Pyramide liegt der schlecht erhaltene **Totentempel**. Hier steht auch die einzige erhaltene Pyramidenspitze des Alten Reiches, das **Pyramidion**.

Südlich der Roten Pyramide liegt die ihrer Form wegen so genannte **Knick-Pyramide**. Auf ungefähr halber Höhe verändert sich der Neigungswinkel, wodurch der Kalksteinbau nur noch eine Höhe von 105 m erreichte. Steinsetzungen (d.h. die Steine sackten möglicherweise in sich zusammen) oder plötzlich gebotene Eile könnten die Ursachen für die Änderung gewesen sein. Nachdem Snofru die Nekropole von Maidûm nach Dahshûr verlegt hatte, war dieses südliche Bauwerk wahrscheinlich die erste seiner Pyramiden hier. Sie verfügt über zwei Eingänge. Das komplizierte Kammernsystem im Inneren weist Risse auf. Vielleicht war das der Grund, weshalb der König hier nicht bestattet werden konnte und mit dem Bau eines neuen Grabes, der Roten Pyramide, begonnen wurde. Die Pyramide ist nur von außen zu betrachten.

Dahshûr besucht man am besten im Rahmen einer organisierten Tour (etwa E£70 mit Saqqâra und Memphis) oder mit einem Taxi (E£80 mit Saqqâra und Memphis). Eine Anreise mit öffentlichen Verkehrsmitteln ist für Touristen zurzeit nicht möglich.

🕐 tgl. 8–17 Uhr, Eintritt E£10 (5).

Maidûm

Ungefähr 80 km südlich von Saqqâra erhebt sich fast 70 m hoch die Pyramide von Maidûm. Ihre ursprüngliche Höhe betrug 92 m. Wahrscheinlich wurde das über einem Felskern errichtete Bauwerk von König Huni begonnen und von dessen Sohn Snofru weitergeführt. Ursprünglich war das Grab gemäß dem Vorbild Djosers in Saqqâra als Stufenpyramide errichtet; diese erfuhr dann eine mehrmalige Erweiterung. Am Schluss wurde durch eine Verkleidung mit Kalksteinplatten eine Pyramidenform erreicht. Von den Einheimischen wird sie deshalb als „falsche Pyramide" bezeichnet. So bleibt umstritten, welches nun die erste „echte" Pyramide war: die Rote Pyramide von Dahshûr oder diese hier. Die Verkleidung der Pyramide von Maidûm ist eingestürzt und liegt als Schutthügel um den Kern der Pyramide. Das Innere kann besichtigt werden: Die Grabkammer ist allerdings leer. Mastabas der Söhne Snofrus und von Beamten befinden sich nördlich und östlich der Pyramide. ⏲ tgl. 8–17 Uhr, Eintritt E£16 (8).

Die Pyramide von Maidûm ist nur im Rahmen einer organisierten Tour zu erreichen, da Touristen die Anreise mit öffentlichen Verkehrsmitteln über Beni Suef zurzeit verboten ist.

Fayûm

Die 100 km südlich der Hauptstadt gelegene Oase Fayûm zählt nicht zu den Oasen der Libyschen Wüste. Im Gegensatz zu diesen wird sie nämlich nicht durch oaseneigene Brunnen gespeist, sondern verdankt ihre üppige Fruchtbarkeit dem Nilwasser. So ist sie mehr oder minder von trockenen und regenarmen Jahren unabhängig. Das macht sie zu einem immergrünen Garten, in dem vor allem Obst und Gemüse für die Hauptstadt angebaut wird.

Im Altertum wimmelte es hier nur so von Krokodilen. Hauptgott der Oase war aus diesem Grund auch Sobek, ein Gott in Krokodilsgestalt. Das brachte ihr unter den Griechen den Namen Krokodilopolis ein. Bis zur 12. Dynastie war die Oase ein Sumpfgebiet mit dem stark salzhaltigen Qarûn-See. Amenemhet III. ließ Kanäle bauen, darunter den Josefs-Kanal, der den See mit dem Nil verbindet. Das sumpfige Land dazwischen ließ er zuschütten, um so fruchtbares Agrarland zu gewinnen. Das Meisterstück gelang und die Oase Fayûm wurde nicht nur zu einer der wichtigsten Agrarflächen, sondern auch zu einem beliebten Feriendomizil der Pharaonen der 13. Dynastie. Zeugnisse dieser Zeit sind zahlreiche Pyramiden, von denen jedoch nur die Huwwâra-Pyramide einen Blick lohnt, Tempel und andere Gebäude.

Heute hat die recht große Oase (60 km von Nord nach Süd und 70 km von West nach Ost) knappe 2 Mill. Einwohner. Die meisten davon leben in der **Stadt Fayûm (Madînat Fayûm)**, die anderen in den vielen, meist unschönen Dörfern, die über die Oase verteilt sind.

Fayûm ist nicht wirklich sehenswert. Doch wer auf seiner Reise nicht in die Oasen der Libyschen Wüste kommt und wer noch nie in der Wüste war, kann hier ansatzweise erleben, was es bedeutet, „draußen" in der Ödnis zu sein und anschließend das saftige Grün einer Oase zu erreichen.

Hinweis In Fayûm gelten wie im nördlichen Niltal strengste Sicherheitsvorkehrungen (s.S. 13, 55). Europäer werden in der Stadt ständig von einem Polizisten begleitet. Bis zum Qarûn-See eskortieren den Reisenden Militärfahrzeuge. Weiter hinaus darf man nicht fahren. Wer die sehenswerten Wüstenruinen von Qasr el Sâgha und Dîmia el Sibâ' (s.u.) besichtigen möchte, muss von Kairo kommend etwa 15 km vor Fayûm auf Pisten ausweichen, um so die Militärkontrollen zu umgehen. Für beide Ruinen sind geländetaugliche Fahrzeuge vonnöten.
Am besten bucht man einen Fayûm-Ausflug von Kairo aus, dann hat man auch am wenigsten Ärger mit dem Militär. Individualreisen nach Fayûm sind zurzeit nicht möglich (es sei denn, man sieht arabisch aus...). Möglich ist jedoch ein Tagesausflug ohne Übernachtung. Wer trotzdem über Nacht bleiben möchte, sollte mit einem Minibus von Kairo kommen und erst kurz vor dem Schlafengehen im Hotel einchecken. Oftmals bekommen die Militärs dann gar nicht mit, dass ein Europäer hier unterwegs ist. Sobald man sich im Hotel gemeldet hat, wird dies der Polizei weitergeleitet und man bekommt einen ständigen Begleitschutz.

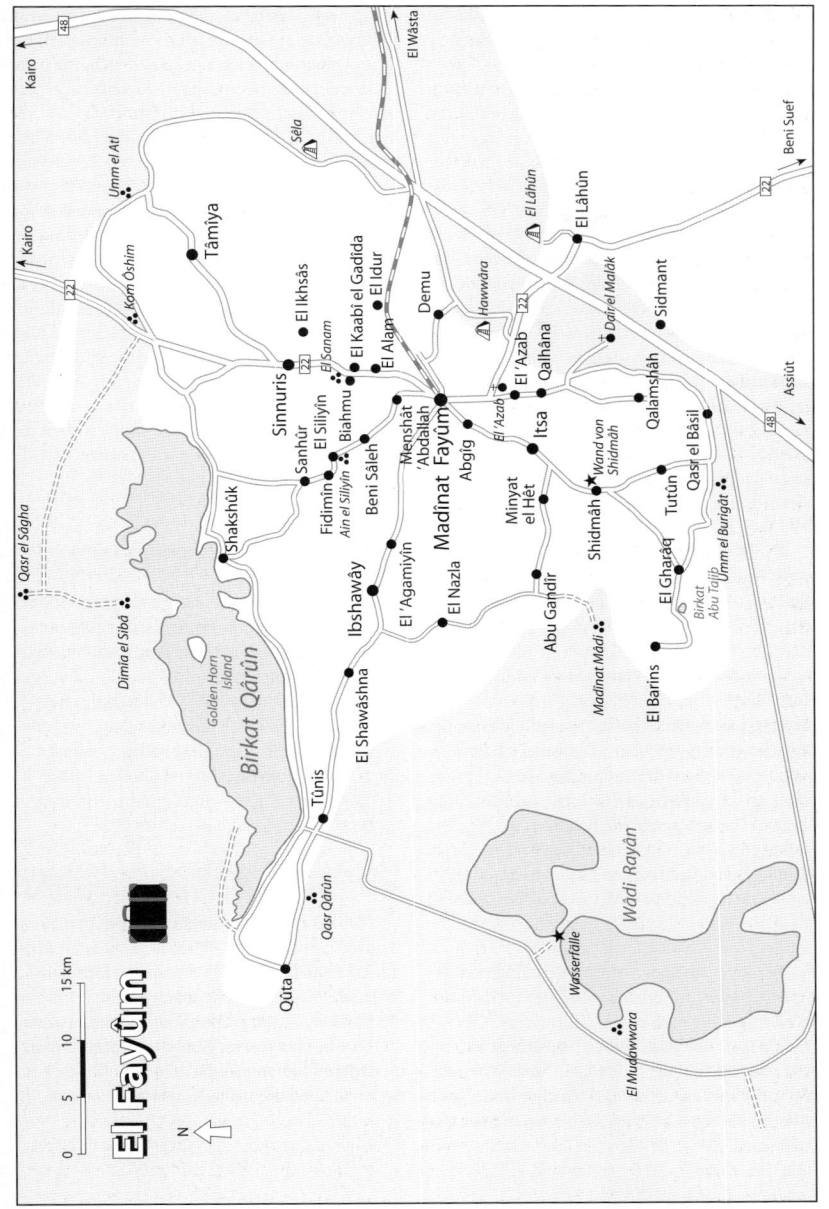

Zentrum der Oase ist die **Stadt Fayûm**, die vor allem Verkehrsknotenpunkt ist und einen schönen, lebendigen Sûq besitzt. Von einer Kleinstadt kann bei Fayûm nicht mehr die Rede sein, leben inzwischen doch mehr als 1 Mill. Menschen hier. Es gibt keine wirklichen Sehenswürdigkeiten, außer sieben Wasserrädern, so genannten Norias, im Stadtzentrum, die jedoch klein und in keinster Weise spektakulär sind. Nett ist es, in einem der Cafés rund um diese Wasserräder zu sitzen und das Leben um sich herum zu beobachten. Es gibt drei alte Moscheen in der Stadt, wovon die Moschee des Sultan Qaitbeys die wohl bedeutendste ist, doch sind sie im Vergleich zu den Moscheen von Kairo nicht einmal ansatzweise interessant.

Angenehm, vor allem im Sommer, ist ein Ausflug an die Ufer des **Qarûn- Sees**. Hier gibt es ein paar schöne Ausflugslokale, wo man herrlich im Schatten sitzen kann und die kühle Brise des Sees spürt. Baden wäre in diesem dreckigen Gewässer allerdings fatal und könnte ernsthafte gesundheitliche Konsequenzen haben.

Im Süden der Oase liegt das unbedingt sehenswerte **Wadi Rayân**, ein sehr schönes Naturschutzgebiet, das für europäische Touristen offen ist; Eintritt US$5 p.P. (zu entrichten in Dollar, manchmal auch zum aktuellen Tageskurs in E£ oder in Euro) und Auto, Pass nicht vergessen! Das Wadi Rayân ist eine Wüsten-Depression, die 43 m unter dem Meeresspiegel liegt. Es besitzt zwei große Seen, denen seit neuester Zeit über Nil-Kanäle wieder Wasser zugeführt wird. Der nördliche See liegt etwas höher als der südliche und so fließt das Wasser des oberen Sees über einen kleinen Wasserfall in den südlichen. Diese bekannten Wasserfälle (arab. *shallalât),* sind das Highlight des Wadis, vor allem in Anbetracht der Tatsache, dass es Wasserfälle in der Wüste sind.

Das Wadi Rayân ist, vor allem für die Kairoer Bevölkerung, zu einem beliebten Ausflugsziel geworden, so dass im Inneren des Parks kleine Cafeterias aufgebaut sind.

Sehr weit draußen, dafür aber wunderbar einsam gelegen, sind die Ruinen von **Qasr el Sâgha**, einem Tempel aus dem Mittleren Reich, der dem krokodilsköpfigen Sobek geweiht war, und die alte Stadtanlage **Dumîa el Sibâ'** (beide Eintritt frei). Während beim Qasr vor allem die Lage einmalig ist und man vom Heiligtum an sich nicht viel mehr als einen mittelgroßen Quaderbau sieht, begeistern in Dîmia die schiefen und krummen Wände, die hier seit ptolemäischer Zeit inmitten der Wüste stehen und aus Millionen von kleinen Ziegeln aufgemauert wurden. Die Form der Stadtanlage von Dîmia ist noch gut zu erkennen. Man muss davon ausgehen, dass der See einst größer war und die beiden Anlagen früher weit näher an dessen Ufer standen als heute.

Bekannt ist auch die **Huwwâra-Pyramide**, die unter Amenemhet III. im Mittleren Reich entstanden ist. Doch weit berühmter sind die daneben liegenden Reste eines Labyrinths, das mit 3000 Räumen und dem Totentempel des Erbauers, verteilt auf zwei Etagen, zu den sieben Weltwundern der Antike zählte. Man kann die Pyramide und die Reste des Totentempels besichtigen, ⊕ tgl. 9–19 Uhr, Eintritt E£16 (8).

Übernachtung und Essen

Palace**, Sh. el Hurriya, bei den Wasserrädern, ✆ 311222. Sehr angenehmes Hotel, saubere Zimmer mit Telefon, Bad, Ventilator oder ac inmitten des Stadtzentrums.

Auberge du Lac Fayoum****, am Qarûn-See, ✆ 702730, ✎ 700730. Ehemaliges Jagdhaus von König Faruk, edel, aber nicht immer geöffnet.

Omar al Khayyam Restaurant, Sh. Sadd el Âli, nicht weit vom Palace-Hotel entfernt. Die sehr leckeren Hauptspeisen kosten ab E£20.

Transport

Von KAIRO ab Mîdân Ahmad Helmy (hinter dem Ramses-Bahnhof, s.S. 175) stdl. per Bus bis **Madînat** Fayûm (3 Std., E£4), außerdem Sammeltaxis ab Ramses-Bahnhof nach Fayûm (E£5). Ab Madînat **Fayûm** gibt es Sammeltaxis bis zum Qarun-See (Abfahrt im Westen der Stadt). Wer zu anderen Sehenswürdigkeiten der Oase möchte, ist auf eine organisierte Tour angewiesen.

Niltal

HIGHLIGHTS

ABYDOS – Bedeutendes Kultzentrum des Gottes Osiris mit außergewöhnlichen Reliefs
DENDERA – Der Göttin der Liebe geweihter Tempel am Rande der Wüste
KARNAK – Wandeln im gigantischen Säulenwald des Amun-Tempels
THEBEN WEST – Überwältigende und größte Nekropole Ägyptens
EDFU – Hervorragend erhaltener Kulttempel für den falkenköpfigen Gott Horus
FELUKEN – Eine stimmungsvolle Nilfahrt mit pharaonischen Segelbooten
ASSUAN – Im Nubischen Haus den Sonnenuntergang genießen

Am Nil und in Mesopotamien entstanden vor 7000 Jahren die ersten menschlichen Siedlungen, die ersten Großreiche, Staaten und Tempel. Die altägyptischen Reiche, die großen Hochkulturen der Welt, fanden mit und auf dem Nil die Bedingungen, die sie für ihre Entwicklung brauchten. Theben, Abydos, Karnak, aber auch Alexandria und die bedeutende islamische Hauptstadt Kairo liegen an den Ufern dieses Flusses, der einst mit und von den Nilfluten lebte und bis heute Lebensraum für Millionen von Menschen ist.

Große Forscher wie David Livingstone begaben sich auf die Suche nach der Quelle des sagenumwobenen Flusses und kamen dabei ums Leben. Dichter und Denker bereisten den Fluss und besangen ihn. Bis heute hat der Nil nicht an Magie verloren, auch wenn das schwer vorstellbar ist, solange man auf einer Nilbrücke in Kairo steht. Denn so, als wolle die Stadt die Gesetze der Natur außer Kraft setzen, zwängt Kairo, das sich am Nilufer entlang nach Norden und Süden zieht, den Fluss ein. Doch der fließt stoisch weiter – immer mehr Wasser führt er von Süd nach Nord, und mit dem Wasser immer mehr Dreck.

Folgt der Reisende jedoch dem Lauf des Nils von Kairo aus flussaufwärts, begegnet er Landschaften, die so antik sind, dass ihnen alle Zeitlichkeit genommen scheint. Durchstreift man Felder und Dörfer außerhalb der Städte, scheint sich hier eine nahezu biblische Lebenswelt zu offenbaren: Ochsen und Esel ziehen mit vereinten Kräften den Pflug, Bauern graben mit bloßer Hand nach den Bodenfrüchten, Frauen stehen im schlammigen Wasser und waschen ihre Wäsche. Mensch und Tier sind offenbar wie seit Tausenden von Jahren mit der Natur verbunden. Doch der Schein trügt: Auch bei den Nilbauern ist die Zeit nicht stehen geblieben – Plastikmüll, Satellitenschüsseln und Krankheiten wie Bilharziose, die durch den Dreck des Flusses verursacht werden, haben den Frieden des Niltals beeinträchtigt, wenn nicht sogar weitestgehend zerstört. Die Parzellen sind zerstückelt und zu klein, um davon zu leben, Lohnarbeit findet sich nur in den Städten, und die meisten Menschen sind von Armut gezeichnet. So gerät das Leben mit den Fluten, das beschauliche Dasein am Rande der ägyptischen Lebensader, mehr und mehr aus den Fugen. Eine vermeintliche Modernität trifft auf Strukturen, die Jahrtausende lang funktionierten. Westliche Werte, vor allem aber der westliche Kapitalismus, stoßen auf eine traditionelle Lebensweise – ein Konflikt, der sich nicht zuletzt in Aggressionen offenbart, die von insbesondere im Niltal wirkenden fundamentalistischen Gruppen ausgehen. Ein weiteres Zeichen für diese Zerrissenheit ist auch die ambivalente Haltung der Menschen im Niltal gegenüber Touristen, vor allem gegenüber den Massen, die der altägyptischen Kulturdenkmäler wegen in die Region einfallen. Man empfindet sie als seltsam und ist eindeutig mit ihnen überfordert, weil sie sich so anders benehmen (z. B. mit Kameras Armut ablichten), aber man kann auch nicht auf sie verzichten, denn sie bringen das Geld, das der Staat nicht für sie übrig hat. Entsetzen der Einheimischen über das Verhalten der Touristen (Basarbummel in Shorts, Austausch von Zärtlichkeiten in der Öffentlichkeit, Fotografieren ohne Einwilligung der Porträtierten etc.) paart sich mit Nachahmungseifer und Voyeurismus – Paradoxe, mit denen der Reisende vor allem in den großen Touristenzentren konfrontiert wird.

Die politischen Ereignisse der letzten Jahre machen es Touristen nicht eben leicht, im Niltal zu reisen. Doch sollte deshalb niemand darauf verzichten, die Wunderwerke der altägyptischen Kultur zu bestaunen. Vor allem weit ab vom Schuss, dort, wo nicht die Massen im Schnellverfahren durch die Tempel gejagt werden, bleibt Muße und Zeit für Kontakte mit den Menschen, die hier leben und die, sofern man sich auf sie einlässt, dem Fremden noch immer mit offenen Augen und Armen begegnen.

Das Niltal zwischen Beni Suef und Luxor

Aufgrund der immer noch strengen Sicherheitsvorkehrungen im Niltal ist es für Touristen seit wenigen Jahren, verstärkt jedoch seit den Anschlägen des 11. September, so gut wie unmöglich, nördlich von Luxor ein Hotelzimmer zu bekommen (in Luxor selbst ist es dagegen überhaupt kein Problem). Auch wenn dieses Verbot nicht offiziell ist und von den Touristeninformationen für falsch erklärt wird, so hat sich in den letzten beiden Jahren, in denen die Recherchen zu diesem Buch entstanden sind, doch gezeigt, dass es quasi unmöglich war, einen Hotelwirt dazu zu überreden, uns aufzunehmen. Die meisten haben Angst vor der Polizei, die, sobald sie einen Touristen sieht, diesen stets auf allen Wegen begleitet.

Mehr als einmal haben wir versucht, ein Zimmer in Assiût, Sohag oder Minyâ zu bekommen. Möglich war es uns nur in Assiût und dort auch nur unter strengsten Sicherheitsvorkehrungen. Wir wurden durchsucht, bevor wir ins Zimmer gingen, mit den Händen an der Wand und allem, was dazu gehört... Auf unserer Recherche wurden wir von **Panzereskorten** „geschützt", und selbst ein Toilettengang wurde von zwei Soldaten mit MPs begleitet. Unser spanischer Freund und Kollege, der zur selben Zeit wie wir (zwischen 2000 und 2003) in Ägypten unterwegs war, um seinerseits für einen spanischen Reiseführer zu recherchieren, hat von eben solchen Schwierigkeiten berichtet.

Vielleicht ist es möglich, beispielsweise in Sohag ein Zimmer zu finden, aber es ist nicht davon auszugehen, dass man dieses dann ohne Polizeischutz verlassen darf. Meist „schnappt" sich das Militär den Reisenden bereits am (Bus-) Bahnhof, um ihn nicht mehr aus den Augen zu lassen.

Am besten ist es, die sehenswerten Orte in Form eines Tagesausflugs von Luxor aus zu besuchen. Dann wird man keine Probleme haben, zumal die meisten Soldaten freundlich sind und sogar helfen, ein Taxi zu organisieren, das einen zu den jeweiligen Tempeln bringt. Es können jedoch nicht alle Tempel und Nekropolen nördlich von Luxor in einem Tagesausflug besucht werden.

Wir selbst konnten aus den genannten Gründen viele der Sehenswürdigkeiten des nördlichen Niltals in den letzten Jahren nicht mehr besuchen. Die praktischen Informationen zu Minyâ, Sohag und Mallâwî stammen von der *Tourist Authority* in Assiût, die Hotelinformationen wurden uns freundlicherweise von der *Egyptian Hotel Association* zur Verfügung gestellt.

Beni Suef

Einen Grund, in Beni Suef zu übernachten, gibt es nicht. Alles, was man hier unternehmen könnte, wie z.B. einen Besuch der Oase Fayûm, kann man genauso gut von Kairo aus machen. Die kleine Stadt lebt von ihrem Status als Provinzhauptstadt, ist also ein Verwaltungszentrum und lebendiger Marktflecken. Sehenswertes gibt es hier nicht; ein Bummel wird von Soldaten begleitet.

Minyâ

Die „Braut Mittelägyptens", wie die Ägypter Minyâ nennen, ist keine allzu fröhliche Braut, denn in den letzten Jahren ist sie negativ in die Schlagzeilen geraten. Wie Assiût gilt sie als Zentrum des fundamentalistischen Islams in Ägypten und ist wohl die am besten bewachte Stadt des Landes. Das kann bedrückend sein, insbesondere, wenn Polizisten versuchen, Reisende aus angeblichen Sicherheitsbedenken dazu zu bringen, weiter zu fahren.

Dabei ist Minyâ eigentlich eine sehr nette, lebendige Stadt mit einem schönen, logischerweise ganz und gar untouristischen Markt am Montag und vielen Gebäuden, die vom Anfang des 20. Jhs. stammen und der Stadt ein hübsches, weitgehend betonfreies Gesicht geben. Minyâ ist außerdem eine Universitätsstadt, weshalb viele junge Menschen das Stadtbild bestimmen.

Sollten sich die Sicherheitsbestimmungen irgendwann einmal lockern, ist Minyâ ein optimaler Ausgangspunkt für viele Ausflüge in die Umgebung, zumal es in der Stadt nicht an brauchbaren Unterkünften mangelt.

Wer also die schönen Gräber von **Beni Hassan**, die alte Nekropole **Tuna el Gabal** oder das legendäre **Tell el Amârna** sehen möchte, sollte dies von Minyâ aus machen, denn in keinem dieser Orte gibt es eine Unterkunft und alle lassen sich mehr oder weniger problemlos von Minyâ aus erreichen.

Übernachtung und Essen

Seety, gegenüber der Minibus-Station, ✆ 363 930. Einfach.

Palace*, Mîdân Tahrîr, ✆ 324071. Ein wenig abgewohnt und definitiv in die einfache Kategorie gehörend, aber sehr schön aufgemacht und anständige Zimmer.

Akhnaton*–**, Corniche, ✆ 365917. Nettes Hotel mit schöner Terrasse, sauberen Zimmern und Fahrradverleih.

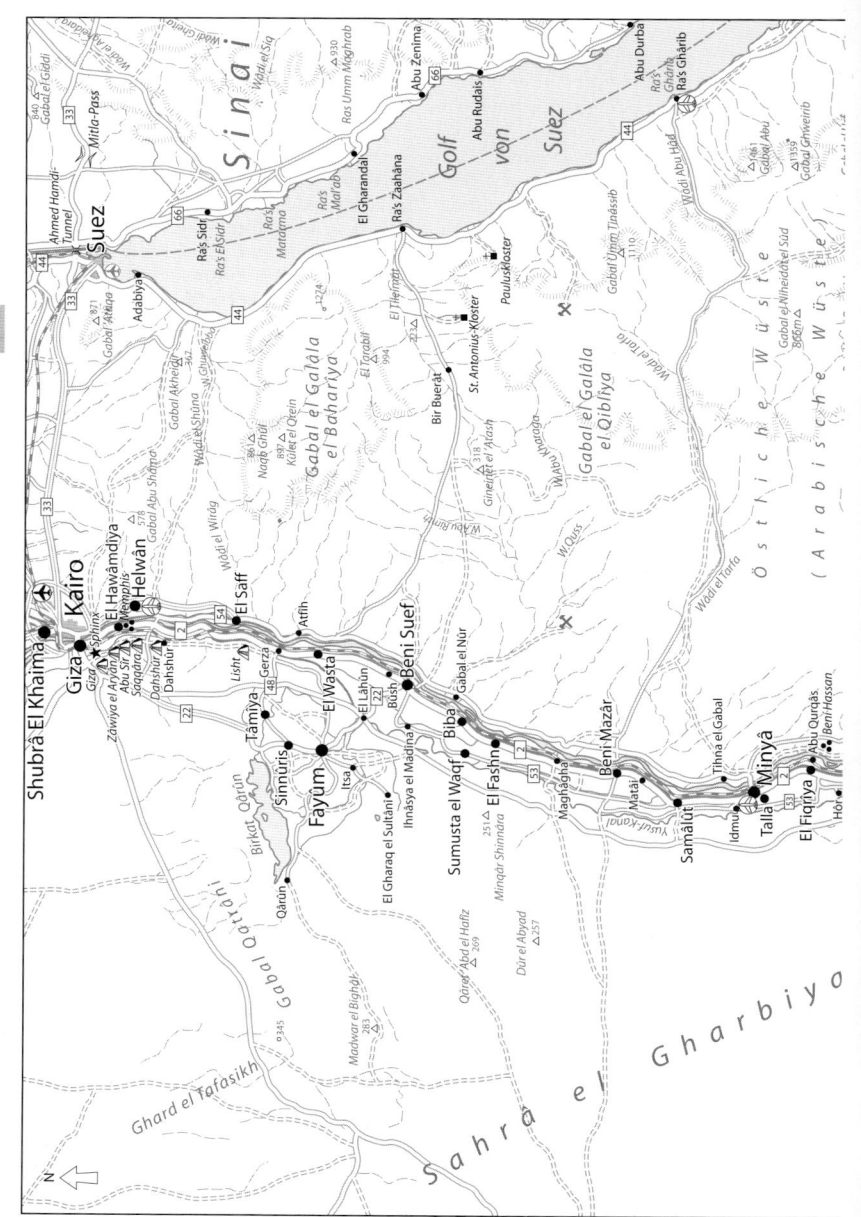

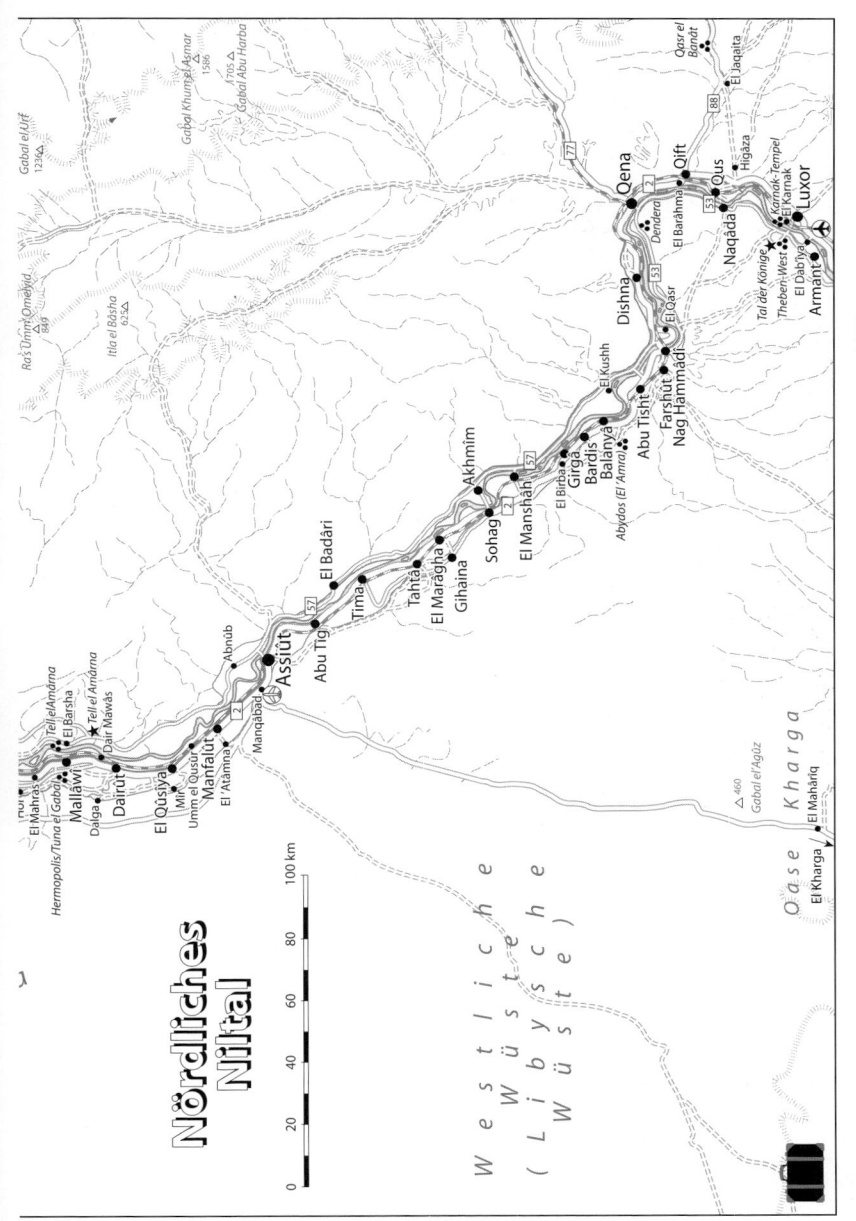

Ibn Khatib*, nahe dem Bahnhof in einer Seitenstraße, ✆ 364535, ✆ 39300193. Stilvolle Zimmer in einem schönen Haus; das Hotel hat allerdings schon bessere Tage gesehen.
Mercure Nefertiti****, Corniche, nördlicher Teil, ✆ 341515, ✆ 366467. Herrliche Bungalow-Anlage am Nil mit gutem Restaurant.
Die meisten der einfachen Restaurants findet man entlang der Corniche und rund um den Bahnhof. Das Hotel Nefertiti soll ein gutes Restaurant haben.

Sonstiges

GELD – Die *Banque Misr* am Mîdân el Sa'a gibt gegen Visa- und Mastercard auch Bargeld aus. Die *National Bank*, Corniche, Ecke Sh. el Gumhûriya, und die *Banque du Caire* beim Lotus Hotel tauschen Reiseschecks. Landesübliche Öffnungszeiten.

POST UND TELEFON – Die **Post** befindet sich nahe der Corniche. ⏰ tgl. außer Fr 8–14 Uhr. Die internationale **Telefonzentrale** ist beim Bahnhof und hat 24 Std. geöffnet.

VORWAHL – 086

Transport

BUSSE UND SAMMELTAXIS – Der Busbahnhof befindet sich direkt bei der Nilbrücke, südlich des Bahnhofs. Von hier fahren sowohl Busse als auch Sammeltaxis ins ganze Land ab. Touristen ist es aber momentan verboten, diese beiden Verkehrsmittel zu benutzen.

EISENBAHN – Der Bahnhof liegt zentral an der Corniche. Es gibt viele Verbindungen tgl. sowohl nach Kairo als auch nach Assuan, aber leider keinen Fahrplan.

Die Umgebung von Minyâ

Das Minyâ am nächsten gelegene Ausflugsziel ist die **Zâwiat el Mayitîn**, die Stätte der Toten, an der Ostuferseite etwa 7 km südlich der Stadt. Zâwiat el Mayitîn ist kein einfacher Friedhof, es ist eine fantastisch anzuschauende Gräberstadt, die aus Tausenden von Kuppelgräbern besteht, in denen die Bewohner von Minyâ bis zum heutigen Tag ihre Toten bestatten. Die Kuppelbauten sind aus Lehm errichtet und werden immer wieder repariert, um den Toten eine würdige Behausung zu geben. Wer hierher kommt, sollte sich bewusst machen, dass er sich auf sakralem Boden befindet. Selbst an hohen Festtagen, wenn ganze Dörfer anrücken, um hier mit ihren toten Verwandten zu feiern, ist man doch an einem Ort der Trauer.

Die 39 **Felsengräber von Beni Hassan** liegen etwa 20 km südlich von Minyâ. Sie wurden von Gaufürsten in der 11. und 12. Dynastie gebaut und sind heute vor allem aufgrund der Grabmalereien von Interesse. Die Bilder zeigen den Alltag im alten Ägypten. So kann man beispielsweise im Grab Nr. 3, dem Grab des Chnum Hotep, sehen, wie der Gaufürst auf Inspektionsreise ist. Man sieht Jagdszenen und tanzende Frauen. Im Grab des Baket (Nr. 15) sind u.a. Ringer dargestellt. ⏰ tgl. 9–17 Uhr, Eintritt E£12, Fotoerlaubnis E£10.

Die einzige Möglichkeit, diese Ausflüge zu machen, besteht darin, sich ein Taxi für den ganzen Tag zu mieten. Solche Taxis werden dann vom Militär begleitet.

Hermopolis und Tuna el Gabal

Der altägyptische Name Schmunu, was so viel wie „Stadt der acht" bedeutet, findet sich noch fast komplett im heutigen Nachbardorf Ashmunain wieder. Hier wurde neben sieben anderen Urgöttern besonders Thot, der Gott der Weisheit und der Schreiber, verehrt. Die Ptolemäer setzten Thot ihrem Handelsgott Hermes gleich und nannten den Ort daher Hermopolis (Magna). Von den Bauten der ehemaligen 15. Gau-Hauptstadt Oberägyptens sind nur noch Ruinen erhalten. An der Stelle eines Tempels aus der Ptolemäerzeit entstand im 15. Jh. eine über 60 m lange, dreischiffige Basilika, deren rote Granitsäulen teilweise wieder aufgestellt wurden.

Beim Bau der Altertümerverwaltung nordöstlich der Anlage sind die besser erhaltenen **Pavianfiguren** des Thot zu bestaunen, die einst zu einem Tempel von Amenophis III. aus der 18. Dynastie gehörten. Manche sind immerhin 4,50 m hoch und bringen es auf ein Gewicht von 35 Tonnen.

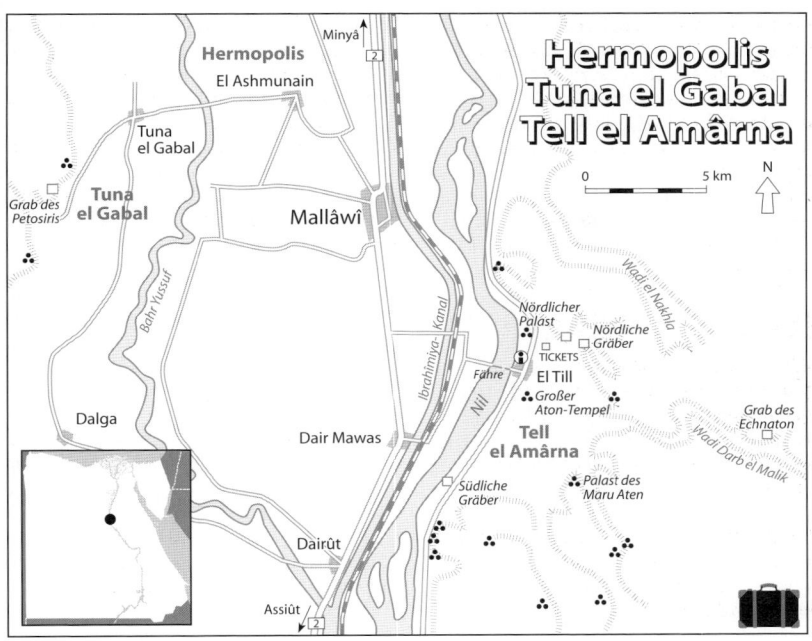

Am Rand der Wüste 10 km weiter westlich von Schmunu liegt die Totenstadt von Hermopolis, **Tuna el Gabal**. Hauptattraktion ist der Grabtempel des Petosiris, eines Hohepriesters des Thot aus dem 3. Jh. Auch wenn dieses Familiengrab nicht das älteste des Ortes ist (es gibt Gräber, die bis ins Neue Reich zurückreichen), ist es doch insofern von Bedeutung, als man hier besonders schöne griechisch-ägyptische Misch-Reliefs findet. Solche Misch-Reliefs sind auch noch in weiteren Gräbern zu bestaunen, ansonsten aber in Ägypten nicht zu finden.

Nicht weit vom Grabtempel hat man eine Tiernekropole gefunden. Die mumifizierten Körper von Ibissen und Affen, den heiligen Tieren Thots, denen man göttliche Kräfte nachsagte, fanden hier ebenso ihre letzte Ruhestätte wie Hunde, Katzen, Schafe und andere Tiere. Tuna el Gabal ist nach Saqqâra die zweitgrößte Totenstadt für Tiere. Man kann sie über Treppen erreichen. Im verzweigten Kammernsystem der unterirdischen Galerien finden sich kleine Sarkophage und Tongefäße, in denen sich ursprünglich die Tiermumien befanden, doch sind diese heute nur noch als Skelette erhalten.

Am besten erreicht man die beiden Stätten über die kleine Stadt **Mallâwî** etwa 10 km südlich von Hermopolis. In Mallâwî kann man ein eskortiertes Taxi für einen ganzen Tag mieten. Die Kosten sind Verhandlungssache, zumal die Eskorte bisweilen auch noch etwas daran verdienen möchte. Mallâwî kann man von Assiût per Bahn aus erreichen und gut als Tagesausflug von dort planen, falls man eine Unterkunft in Assiût bekommt.

Tell el Amârna

Die antike Stadt Achet-Aton, „der Horizont Atons", das heute Tell el Amârna heißt, ist eng verbunden mit der schillernden Gestalt Echnatons (1352–1336 v.Chr.), der seit den 20er und 30er Jahren des 20. Jhs. bis zum heutigen Tag immer wieder Gegenstand der verschiedensten Romane und Abhandlungen ist. Die wohl bekanntesten darunter stammen von großen Romanciers wie Thomas Mann

(Joseph und seine Brüder) oder Franz Werfel, der den berühmten Sonnengesang des Echnaton nachdichtete.

Echnaton ist in der abendländischen Kultur vor allem deshalb so bekannt, weil sein Glaube an einen einzigen Gott, die Sonne, als Vorläufer der monotheistischen Glaubenslehre gilt. In früheren Quellen wurde Echnaton immer wieder als Pazifist dargestellt, der sich in der idyllischen, abgeschiedenen Welt von Amârna, seiner neu gegründeten Residenz, ganz und gar der neuen Lehre, der Religion des Lichtes und der Wahrheit, hingab. Echnaton wurde wiederholt als Herrscher porträtiert, den die außenpolitischen Entwicklungen in Vorderasien nicht interessierten und der so das ägyptische Weltreich zusammenbrechen ließ. Man interpretierte ihn als liebevollen Ehemann, der monogam lebte, seine Kinder liebte und nur aufgrund seiner revolutionären These vom einzigen Gott Aton, die das Volk nicht verinnerlichen konnte und die von den Amun-Priestern boykottiert wurde, scheiterte.

Doch all das ist idealisiert und historisch längst überholt. Neuere historische Fakten beweisen, dass Echnaton seine Nofretete gar nicht so ausschließlich liebte wie lange angenommen. Die berühmten Darstellungen (s.u.), die ihn und Nofretete mit ihren Kindern zeigen, stehen nicht mehr für trautes Familienleben, sondern sind wohl eher als Relikte der alten Göttertriade zu betrachten, die nur in neuer Konstellation (Gott, Gottesgemahlin und Gotteskinder) erscheinen. Seit man außerdem in Nubien Stelen ausgegraben hat, die von einem Feldzug gegen die Feinde von Akujati berichten, weiß man auch, dass Echnaton durchaus kein Pazifist war. Was bleibt, sind die neuen Glaubensvorstellungen Echnatons und der Kunststil, der durch ihn geschaffen wurde und man auf den Reliefs noch immer gut nachvollziehen kann.

Charakteristisch für den so genannten **Amârna-Stil** ist die Nähe zur Natur. So ließ der Pharao auf Gräbern und Reliefs in den Tempeln „intime" Szenen nachstellen, wie z.B. das Küssen und Liebkosen in der Königsfamilie, und seine eigenen körperlichen Schwächen offen darstellen, statt sich selbst als perfekten Gott abbilden zu lassen.

Besichtigung

Von der durch Grenzstelen genau markierten ehemaligen Hauptstadt Achet-Aton des „Ketzerkönigs"
Echnaton ist nicht viel übrig geblieben: Niedrige Mauerreste und ein paar Säulenstümpfe, Grundrisse der ehemaligen Bauten, die sich auf einem halbkreisförmigen Plateau an der Nilaue entlang zogen. Wer eindrucksvolle Tempel oder Paläste erwartet hat, wird enttäuscht sein. Schon unter dem zweiten Nachfolger Echnatons, Tutanchamun, wurde die Hauptstadt wieder nach Theben verlegt. Nach nicht einmal 30 Jahren wurde die Stadt verlassen und auch nie wieder besiedelt. Könige der 19. Dynastie, wie z.B. der größte Bauherr Ägyptens, Ramses II., nutzten die Steinbauten als leicht zugängliches Baumaterial, mit dem sie die Fundamente ihrer Tempel auffüllten. Ein positiver Nebeneffekt war dabei anscheinend, dass auf diese Weise zugleich das theologische Erbe des Echnaton ausgelöscht wurde.

Lohnenswert ist ein Besuch der **Nekropole von Achet-Aton** mit ihren Felsengräbern. Sie besteht aus einer nördlichen (ca. 3 km vom Bootsanleger entfernt) und einer südlichen Gräbergruppe (ca. 8 km). Das Familiengrab des Echnaton liegt in einem zwischen der Nord- und Süd-Nekropole abgehenden Seitental, dem Darb el Malik. Zu diesem Grab sind es ca. 12 km. Die Nordgräber tragen die Nummern 1–6 und die Südgräber die Nummern 7–25. Die Anlage der nicht immer fertig gestellten Gräber folgt meist folgendem Aufbau: Von einem Vorhof betritt man einen oft mit Säulen bestandenen Saal. Über einen kleinen Raum gelangt man dann in die Kultkammer. Die Mumien wurden in Schächten unter der Kultkammer bestattet. Die Reliefs in den Gräbern, in denen königliche Hofbeamte bestattet wurden, zeigen häufig Pharao Echnaton im Kreise seiner Lieben.

🕓 8–16 Uhr. Der Eintritt für das Gelände beträgt E£12 (6), bei den Nordgräbern zahlt man noch einmal E£12 (6) extra.

Nordgräber

Von den im Vergleich zu den Südgräbern sehenswerten Nordgräbern lohnen folgende einen Besuch:

Nr. 1 In diesem sehr gut erhaltenen Grab ist Huje bestattet. Er war der Haushofmeister von Teje, der Mutter des Pharao. Außerdem beaufsichtigte er den königlichen Harem.

Nr. 2 Der Grabherr Merire II. war königlicher Haremsaufseher. Es ist nur der Säulensaal erhalten.

Nr. 4 In diesem Grab ist der Hohepriester des Aton, Merire I., bestattet. In dem großen Grab befindet sich die Darstellung eines Besuchs des Pharaos beim Tempel des Aton, wo ihn Priester und ein kleines Orchester erwarten.

Nr. 6 Das Grab des Penehse, eines Dieners im Aton-Tempel, wurde zeitweise von Christen als Gotteshaus benutzt.

Südgräber

Nr. 9 Der Grabherr Mahu bekleidete eine hohe Stellung bei den königlichen Truppen. Das Grab ist sehr gut erhalten.

Nr. 23 Das Grab des Schreibers Enej weicht in seiner Bauform stark von den anderen Gräbern ab. Vor dem Eingang war hier ein Saal mit Säulen geplant, der jedoch, wie so vieles in Achet-Aton, nie vollendet wurde.

Nr. 25 Im Grab des Eje ist selbiger gar nicht begraben, denn er ließ sich in Westtheben ein neues, königliches Grab erbauen. Eje war zuerst nur ein Beamter am Hofe des Pharaos. Doch elf Jahre nach dessen Tod bestieg er als dritter Nachfolger des Echnaton selbst den Königsthron in Theben. Aufgrund des Umzugs in die alte und neue Hauptstadt Theben wurden nicht alle der 24 Säulen des Säulensaales vollendet. Doch das Grab erlangte aus anderen, literarischen Gründen Bekanntheit: Im Eingang kann man den großen Sonnengesang des Echnaton entziffern, allerdings nur, wenn man Ägyptologe ist.

Grab des Echnaton (Nr. 26)

Das Grab des Echnaton liegt weit entfernt von den anderen in einem kleinen, heißen Seitental. Unklar ist, ob der König wirklich hier beerdigt wurde, denn weder hier noch sonst irgendwo wurden Spuren seiner Mumie gefunden. Zum neu restaurierten Grab gehören verschiedene Nebenräume. Es hat jedoch außer der abseitigen und einsamen Lage nichts Herausragendes zu bieten.

Transport

Leider konnten wir Tell el Amârna auf unserer Recherche nicht besuchen. Als Zweiergruppe war es uns nicht gestattet, Mallâwî zu verlassen. Die folgenden praktischen Informationen erhielten wir von der Touristeninformation in Assiût:

Von Mallâwî geht die Fahrt theoretisch mit einem Taxi ungefähr 15 km nach Süden bis zu einer Bootsanlegestelle am Westufer. Mit einem Fährschiff setzt man auf die Ostseite des Nils über, wo sich an der Anlegestelle das Ticket Office befindet. Von hier aus wird auch ein Transfer mit Minibussen zu den drei Hauptbesichtigungsregionen in Tell el Amârna organisiert. Die Fahrtkosten hängen von der Gruppengröße ab. Ein Bus (acht Passagiere) zu den Nordgräbern kostet ungefähr E£10 p.P., zu den Südgräbern etwa E£25 und zum Familiengrab des Echnaton ca. E£40. Der Besichtigungsdauer sind keine Grenzen gesetzt; der Fahrer richtet sich angeblich nach den Wünschen der Besucher.

Assiût

Assiût, das Zentrum des konservativen Islams in Ägypten, hat keinen allzu guten Ruf. Zu häufig macht die mit 400 000 Einwohnern drittgrößte Stadt des Landes Negativschlagzeilen wegen gewalttätiger Überfälle. Dabei ist Assiût eine recht hübsche, lebendige Stadt, in der sich der Tag sehr gemütlich verbringen ließe, wären da nicht die Soldaten, die den Gast auf Schritt und Tritt verfolgen. Assiût ist aber nichtsdestotrotz eine relativ friedliche Stadt mit sehr freundlichen Menschen, einem sehr gut informierten und freundlichen Tourismus-Chef, einem gut ausgestatteten Informationsbüro und einer guten touristischen Infrastruktur.

Die viel zitierten Angriffe und Überfälle von Assiût sind weit weniger häufig, als man das hört, und richten sich in aller Regel nicht gegen Ausländer oder Christen. Zwar kam es in den 90er Jahren des Öfteren zu Angriffen auf Kopten und andere Christen, doch heute ist das die Ausnahme. Die so genannten „Gotteskrieger" haben es vielmehr auf die Polizei abgesehen, denn sie wollen sich nicht von der ägyptischen Staatsmacht „regieren" lassen, sondern pochen auf ihr vermeintliches Recht, in einem „Gottesstaat" zu leben, in dem statt einer weltlichen Regierung der Islam herrscht.

In der Nähe von Assiût befinden sich mehrere Klöster – das größte ist das der Heiligen Jungfrau (s.u.) –, und die Heilige Familie soll hier mehrere Monate auf der Flucht vor Herodes verbracht haben. So verwundert es nicht weiter, dass hier eine große Zahl von Kopten lebt.

Assiût war schon zu pharaonischen Zeiten besiedelt. Als Endpunkt der Karawanenroute Darb al-'Arba'in – der Weg der vierzig Tage (s.S. 323) – erlangte der Ort v.a. durch seinen Sklavenmarkt, der der größte des Landes war, Berühmtheit. Bis heute ist Assiût Handelszentrum für Unterägypten und wird seiner landwirtschaftlichen Produkte sowie insbesondere seiner Teppiche wegen aufgesucht.

Agatha Christies *Achnaton*

Ich schrieb auch ein historisches Drama über Echnaton. Ich fand es wunderbar...
(A. Christie in: Meine gute alte Zeit – Die Autobiographie einer Lady, Bern 1977)

Dass Agatha Christie, die Ehefrau des Archäologen Max Mallowan, den Orient, in dem sie selbst lange lebte, gerne als Hintergrund für ihre Krimis wählte, ist bekannt. Denn wer kennt nicht die berühmten Romane *Tod auf dem Nil* oder *Mord im Orientexpress?* Doch dass sie auch Theaterstücke schrieb, darunter eines, das im alten Ägypten spielt, ist weitgehend unbekannt.

Die Grande Dame der englischen Kriminalliteratur schrieb ihr historisches Drama *Achnaton* 1937 im Anschluss an eine Nilreise, auf der sie die Bekanntschaft Howard Carters, des Entdeckers des Grabes von Tutanchamun, einem der Nachfolger des großen Echnaton, gemacht hatte.

Veröffentlicht wurde das Buch erst 1973. Den Ausschlag dazu gab das 50-jährige Jubiläum der Entdeckung des Tutanchamun-Grabes 1972, das, parallel zu einer weltweiten Ausstellung der Grabschätze in dieser Zeit, ein wahres Tutanchamun-Fieber auslöste. Das Drama wurde bis heute nie uraufgeführt und blieb auch weitgehend unbekannt, obwohl es nach Meinung der Autorin selbst eines ihrer besten Werke war.

Als Freundin zahlreicher Ägyptologen hatte Agatha Christie genaue Kenntnisse der historischen Fakten. So kommen in ihrem Drama ausschließlich Personen vor, die historisch belegt sind: Echnaton selbst natürlich, seine Frau Nofretete wie auch der Erzieher und Gott Eje, der ihn im Glauben an den Sonnengott Re erzog. Die schöne Königinmutter Teje spielt eine ebenso wichtige Rolle wie sie es zur Zeit Echnatons tat; und im Leben wie im Drama kommen die intrigante Schwester Nezzemut und Haremhab vor, der dem König ergebene General, der schließlich vor die Wahl gestellt wird, sich zwischen seinem Land und seinem König zu entscheiden. Er fällt schließlich von Echnaton ab, um die innere Ordnung wieder herzustellen.

Agatha Christie integriert in ihr Drama einige der vor Ort gefundenen Quellen. So verwendet sie in fast wörtlicher Übersetzung den **Großen Sonnengesang** aus dem Grab des Eje, den vermutlich der König selbst dichtete: „Alles Vieh befriedigt sich an seinen Kräutern, Bäume und Pflanzen wachsen, die Vögel fliegen auf aus ihren Nestern, ihre Flüge in Lobgebärden für deinen Ka. Alles Wild tanzt auf seinen Füßen, alles, was auffliegt und sich niederlässt, sie leben, wenn du für sie aufgehst..."

Außerdem verwertet die Schriftstellerin für ihr Drama die Keilschrift-Korrespondenz, die man im Staatsarchiv von Tell el Amârna fand. In einigen der Szenen zitiert sie Haremhab, lässt Korrespondenzen aus jener Zeit vorlesen und entwirft so ein höchst lebendiges und sehr nahe an der Historie gehaltenes Stück altägyptischer Geschichte. Natürlich werden die Personen im Drama idealisiert, was aber auch daran liegt, dass 1937, als Agatha Christie das Stück schrieb, keine besseren Quellen zugänglich waren. Und natürlich kommt auch ein kleiner Mord vor, denn sonst wäre es kein Werk der weltweit bekanntesten Krimi-Autorin – und was eignete sich wohl besser als Kulisse für einen Mord als die intrigante Gesellschaft an einem Königshof im alten Ägypten?

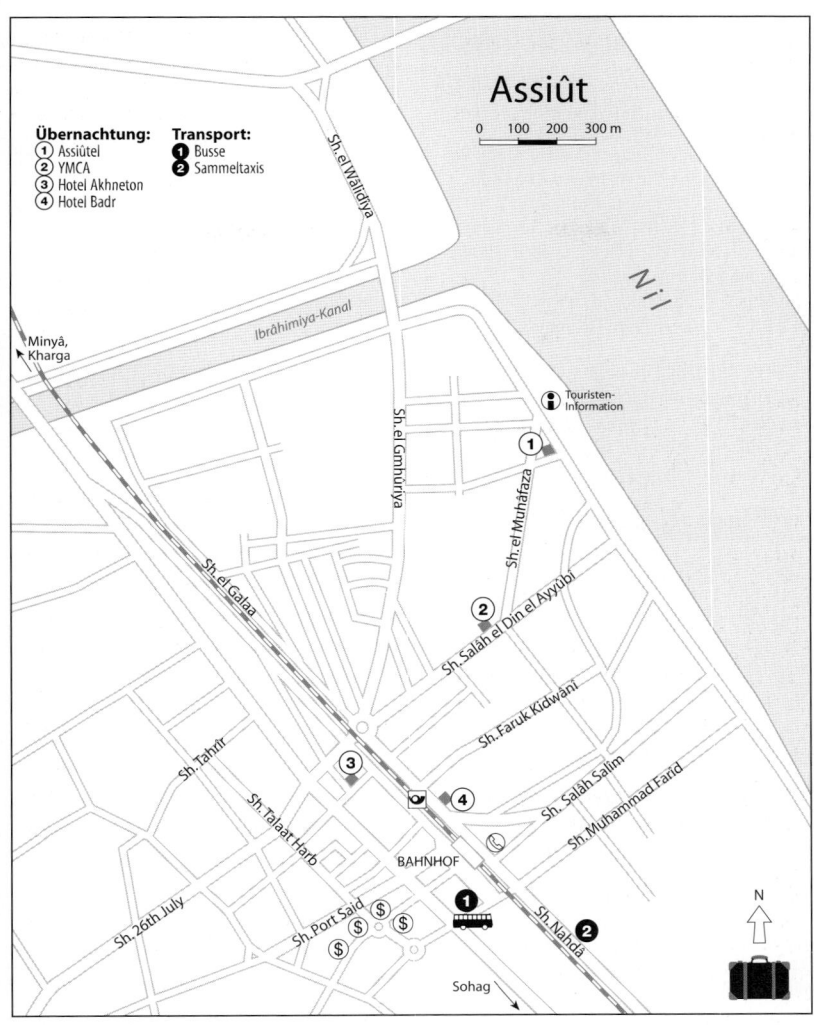

Für den Reisenden heute ist die Stadt vor allem als Ausgangspunkt für Wüstentouren, Ausflüge nach Amârna und zu den Klöstern von Bedeutung.

Die Wahrscheinlichkeit, hier ein Zimmer für eine Nacht zu bekommen, ist größer als in den anderen Orten der Region, da oftmals kein Weiterkommen am selben Tag möglich ist. Das versteht auch das Militär. Wer allerdings länger als eine Nacht bleiben möchte, kann sich darauf gefasst machen, von der Polizei persönlich wieder in den Zug gesetzt zu werden…

Übernachtung

YMCA*, Sh. Salâh el Dîn, ✆ 313118 oder 323218. Nette Unterkunft, z.T. mit Schlafsälen, aber auch große DZ. Sehr sauber, ac, Telefon und Kühlschrank im Zimmer. Super Preis-Leistungs-Verhältnis. Hübscher Garten, freundliche Leute.

Akhneton*, Sh. Muhammad el Taufîq, ✆ 337723 oder 331600, ℻ 331600. Einfaches, aber empfehlenswertes Hotel. Z.T. kleine Zimmer, aber alle mit eigenem Bad und sauber.

Abo Essa*-**, Sh. Mahmûd Fahi, ✆ 290405, ℻ 290406. 20 klimatisierte Zimmer mit Bad, Telefon und TV. Gut.

Badr***, Sh. Nahda, ✆ 329811, ℻ 322820. Sehr schickes, sauberes Hotel im Zentrum der Stadt.

Assiûtel***, Sh. el Thaura, ✆ 312121, ℻ 312122. Gutes Hotel mit Zimmern mit Blick auf den Nil. Großzügig eingerichtet.

Essen

Einfache Restaurants gibt es rund um den Mîdân Talaat Harb und in Bahnhofsnähe. Gut speisen kann man in aller Regel in den Hotels. Ansonsten kann man in der Bar des Hotels *Badr* oder des *Akhneton* ein Bier genießen (aber nicht als Frau allein).

Sonstiges

FESTE UND FESTIVALS – 18.–28. Juni: Mûlid zum Gedenken an die Weihe der Kirche der Maria in Dair el Muharraq (s.u.)

7.–22. August: Mûlid der Jungfrau im Kloster der Heiligen Jungfrau bei Assiût

GELD – Alle Banken haben ihre Filialen am Hauptplatz des Ortes, dem Mîdân Talaat Harb. Die **Banque Misr** gibt gegen Visa und Eurocard Bargeld, die **Bank of Alexandria** löst auch Euroschecks ein. Reiseschecks kann man in allen Banken tauschen. ⊙ Mo–Do 9–13.30 und 16–18 Uhr.

INFORMATIONEN – Die *Touristeninformation*, ✆ 310010, befindet sich in der Sh. el Thaura im 1. Stock des Regierungsgebäudes. Die Leute hier sind sehr freundlich, sprechen Englisch und helfen gern weiter. ⊙ 8.30–14 Uhr.

POST UND TELEFON – Das Hauptpostamt befindet sich gegenüber dem Hotel Badr bei den Bahngleisen. ⊙ 8–16 Uhr. Ansonsten findet man überall in der Stadt Kartentelefone.

VORWAHL – 088

Transport

BUSSE – Der Busbahnhof befindet sich nahe dem Bahnhof, gegenüber dem schrecklichen Hotel Salam. Ab hier sind wieder vier Touristen pro Bus erlaubt.

Busse nach:

ALEXANDRIA: mehrere Busse tgl.; 10 Std.; E£30;

KAIRO: stdl. ab früh morgens bis tief in die Nacht; 6–7 Std.; E£20–30 je nach Bus;

KHARGA: 8x tgl.; 3 Std.; E£6–8; vier davon fahren weiter nach Dâkhla;

LUXOR (via Esna): ein Bus früh morgens; 5 Std.; E£10;

MINYÂ: alle 2 Std. ab 6 Uhr; 2–3 Std.; E£3;

SOHAG: stdl.; 2 Std.; E£3.

EISENBAHN – Täglich verkehren etwa 20 Züge, wobei alle das Ziel Kairo haben und in Minyâ und Beni Suef halten. Seltener verkehren Züge nach Sohag. Etwa 10x tgl. fährt ein Zug nach Luxor, wobei auch die meisten Orte zwischen Luxor und Assiût angefahren werden.

Züge nach:

KAIRO: etwa 5–6 Std.; E£31/E£19 für die 1./2. Klasse;

LUXOR: 5–6 Std.; E£29/E£19 für die 1./2. Klasse;

MINYÂ: 2–3 Std.; E£13/E£8 für die 1./2. Klasse.

SAMMELTAXIS – für Touristen verboten.

Die Umgebung von Assiût
Dair Durunka, das Kloster der Heiligen Jungfrau

In einer Gegend, die sich Durunka nennt, steht ein wichtiges koptisches Heiligtum, das Kloster der Heiligen Jungfrau. Hier soll die Heilige Familie Unterkunft gefunden haben. Die Lage des Klosters ist herrlich: In einer Felsenhöhle errichtet, liegt es 100 m über der Erde. Bis heute leben mehr als hundert Mönche in diesem Gotteshaus. Vor allem zur

Mûlid-Zeit im August pilgern Tausende von Gläubigen hierher und feiern die Heilige Jungfrau. Im übrigen Jahr ist das Kloster insbesondere sonntags ein beliebtes Ausflugsziel koptischer Familien.

Das Kloster ist von Assiût einfach mit dem Sammeltaxi zu erreichen.

Dair el Muharraq

Diese Kirche mit dem dazugehörigen Kloster soll, so sagt es die Legende, eine der ältesten der Welt sein. Schon im Alten Testament soll ihre Errichtung angekündigt worden sein, und zwar im Buch Jesaja (19, 1-25):

> Seht, der Herr fährt auf einer leichten Wolke daher; er kommt nach Ägypten. Vor seinem Angesicht zitterten die Götter Ägyptens, den Ägyptern verzagt das Herz in der Brust. Ich hetze Ägypter gegen Ägypter; und sie kämpfen gegeneinander: Bruder gegen Bruder, Nachbar gegen Nachbar, Stadt gegen Stadt, Gau gegen Gau. (…) So wird in Ägypten niemand mehr etwas vollbringen, niemand, weder Kopf noch Schwanz, weder Palme noch Binse. (…). An jenem Tag wird es für den Herrn mitten in Ägypten einen Altar geben, und an Ägyptens Grenze wird ein Steinmal für den Herrn aufgestellt. Das wird ein Zeichen und Zeugnis für den Herrn der Heere in Ägypten sein: Wenn sie beim Herrn gegen ihre Unterdrückung Klage erheben, wird er ihnen einen Retter schicken, der für sie kämpft und sie befreit. (…) Der Herr wird die Ägypter zwar schlagen, er wird sie aber auch heilen: Wenn sie zum Herrn umkehren, lässt er sich durch ihre Bitte erweichen und heilt sie.

Das „Zeichen und Zeugnis", der hier genannte Altar, soll heute im Kloster Dair el Muharraq zu finden sein. Außerdem sollen hier, in einer Höhle unter der Adhra-Kirche, Maria und Josef während ihrer Flucht vor Herodes ganze sechs Monate geweilt haben – noch ein Grund, weshalb der Ort als heilig gilt.

Das noch aktive Kloster besteht aus mehreren Gebäuden: der bereits erwähnten Adhra-Kirche, der Kirche Mar Girgis aus dem 19. Jh., einer modernen Kirche, mehreren Wohnhäusern und nicht zuletzt aus dem Gebetsturm aus dem 5. Jh., wohin die Mönche bei Angriffen flüchten konnten. Vom alten Kloster ist leider nicht mehr allzu viel zu sehen. Neben der Anlage befindet sich ein kleiner Verkaufsraum. Um Spenden wird gebeten.

Vom 18. bis 28. Juni findet hier jährlich ein Fest zur Kirchweihe der Adhra-Kirche statt. Dann kommen Tausende von Pilgern, um gemeinsam zu feiern.

Nach Dair el Muharraq gelangt man mit dem Taxi und Eskorte von Assiût.

> **Hinweis**: In den meisten koptischen Kirchen des Niltals ist es üblich, vor Betreten die Schuhe auszuziehen.

Sohag (Sûhâg)

Sohag ist eine moderne Stadt, Verwaltungsort für den gleichnamigen Bezirk und lebendiges Handelszentrum. Wie in allen Städten Mittelägyptens ist auch in Sohag vor allem die große Polizeipräsenz auffallend. Sehenswertes gibt es kaum und daher auch keinen Grund, hier zu übernachten, außer vielleicht, man will die Klöster und Akhmin (s.u.) besuchen, was man jedoch auch von Assiût aus machen kann, wo die Hotelsituation wesentlich besser ist.

Übernachtung und Essen

Rund um den Bahnhof sind viele Hotels, die von Ausländern Fantasiepreise verlangen.
Andalous, Sh. el Mahatta, ✆ 043/324328. Direkt beim Bahnhof kann es zwar manchmal laut werden, dafür ist es zentral. Machte von allen Hotels den besten Eindruck. Einfach. Unbedingt nach dem Preis fragen, damit nicht am nächsten Morgen behauptet wird, es koste US$200… .
Al-Salam*, Sh. el Mahatta, ✆ 043/333317. Einfache Zimmer, aber nicht immer sauber.
Cazalovy**, am Ostufer des Nils, ✆ 043/601185. Schickeres Hotel.
Merit Amun**, am Ostufer des Nils, ✆ 043/601185. Großes Hotel, das teuerste im Ort.
Einfache **Restaurants** finden sich rund um den Bahnhof und entlang der Sh. el Mahatta. Auch die Hotels Merit Amun und Cazalovy haben Restaurants.

Transport

BUSSE UND SAMMELTAXIS – Zurzeit für Touristen verboten.

EISENBAHN – Häufige Züge nach Nord und Süd. Ein Ticketkauf im Vorhinein ist nicht nötig. Einen Fahrplan gibt es nicht, die Informationen, die man am Ticketschalter erhält, sind oft nicht richtig. Das Beste ist, man fragt Passanten, die am Bahnhof auf einen Zug warten. Die größten Chancen, einen Zug zu erwischen, hat man vor 11 Uhr morgens und nach 16 Uhr nachmittags.

Die Umgebung von Sohag
Weißes und Rotes Kloster

Das **Weiße Kloster** (Dair el Abyad), das im 4. Jh. von dem Heiligen Pjol gegründet wurde, verdankt seinen Namen dem weißen Kalkstein, aus dem es gebaut wurde. Einst lebten hier 4000 Mönche, heute sind es nur noch einige wenige. Das Kloster wurde lange von koptischen Familien dazu genutzt, sicher vor Beduinen-Überfällen zu leben. Mit seinen großen, Pylon-artigen Mauern ähnelt es von weitem einem Tempel. Die Kirche des Heiligen Shenuda macht den größten Teil des Klosters aus. Mit drei Schiffen und sehr schönen Säulen ist die Architektur wirklich sehenswert. Das Gebäude, oder zumindest die Grundmauern, stammen wahrscheinlich aus dem 5. Jh.

Das **Rote Kloster** (Dair el Akhmar) des Heiligen Bishoi wurde aus gebrannten Lehmziegeln errichtet, die ihm seine Farbe und seinen Namen geben. Es ist kleiner als das Weiße Kloster und liegt etwa 3 km südlich davon. Einst an den Rand des Ackerlands gebaut, steht es heute inmitten eines Dorfes. Auch hier lebten früher mehrere Tausend Mönche – kaum vorstellbar!

Die Kirche der Jungfrau Maria in der Südostecke des Klosters ist der älteste Teil der Anlage. Die Kirche jedoch, die früher die meisten Pilger und Besucher anzog, war die dreischiffige Kapelle des Klosterheiligen Bishai in der Nordostecke.

Um zu den Klöstern zu kommen, braucht man ein Taxi (ca. E£10).

Akhmin

Akhmin befindet sich 5 km westlich von Sohag direkt am Nil in einer Nilschleife. Die Stätte wurde auf pharaonischen Grundmauern errichtet und lohnt den Besuch vor allem einer sehr schönen **Statue der Königin Meret Amun** wegen, die sich mitten in der Stadt befindet. Hier soll ein großes Freiluft-Museum errichtet werden, doch solange die Sicherheitslage sich nicht entspannt, wird daraus in naher Zukunft wohl nichts werden. Es gibt eine nette kleine **Weberei** gegenüber der Statue. Hier kann man günstig und in guter Qualität Baumwoll- und andere Stoffe kaufen.

Akhmin war zur Zeit unserer Recherche nicht zu besichtigen.

Abydos

Abydos ist sicherlich einer der schönsten Tempel Ägyptens, und da man seine Besichtigung bequem als Tagesausflug von Luxor einplanen kann, gibt es eigentlich keinen Grund, nicht hierher zu kommen.

Seit Anbeginn des Alten Reiches galt Abydos als eines der bedeutendsten religiösen Zentren des Landes. Die Herrscher der 1. Dynastie ließen sich bereits hier bestatten, denn hier wurde Osiris verehrt, der einem Mythos zufolge hier begraben und wieder auferstanden sein soll. So kam es, dass Abydos bis weit in die Spätzeit hinein ein beliebter Begräbnisort für die Großen des Landes war, denn wer wollte nicht an einem Ort der Wiederauferstehung beerdigt sein? Ab der 3. Dynastie unter Djoser wurden die Könige zwar in Saqqâra bei Memphis beigesetzt, doch vielen Herrschern war es immer noch wichtig, wenigstens symbolisch durch einen Kenotaph, ein Scheingrab, auch hier bei Osiris, dem Totengott, vertreten zu sein. So kam es, dass in Abydos eine der größten Nekropolen des Landes heranwuchs und dass an diesem Ort nahezu alle Epochen der Geschichte Altägyptens mit Baudenkmälern vertreten sind. Bei Umm el Qaab, 3 km in der Wüste unterhalb eines Steilabfalls des Wüstenplateaus, befinden sich die frühdynastischen Gräber, die teilweise nur aus Flechtwerk errichtet waren. Nordwestlich davon liegt auf einem Hügel, dem **Kaum el Sultan**, die weitläufige Totenstadt mit dem ehemaligen Kultzentrum des Osiris-Tempels.

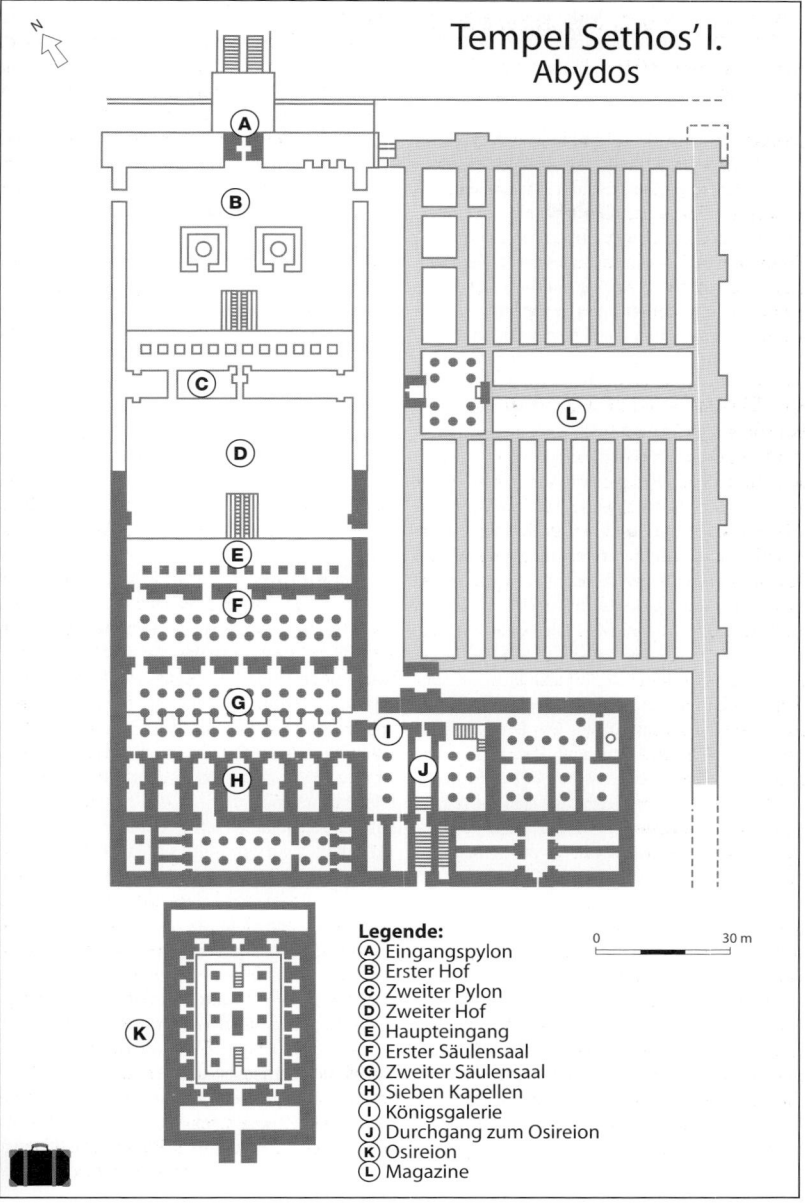

Zwei Heiligtümer aus der Ramessiden-Zeit mit farbenprächtigem Reliefschmuck bilden heutzutage den Höhepunkt eines Besuches von Abydos: Eines davon ist der **Tempel Sethos' I.** Die Anlage des Vaters des berühmtesten der insgesamt 11 Ramses-Namensträger, nämlich von Ramses II., nimmt unter den Sakralbauten des Mittleren Reiches durch seine außergewöhnlich schönen Reliefs und seine einmalige Architektur eine besondere Stellung ein. Sieben Sanktuare, und nicht wie sonst üblich nur eines, bilden den kultischen Höhepunkt. Von seinem Vater in Auftrag gegeben, wurde das Bauwerk von Ramses II. beendet. Nach zwei großen Höfen, in denen man die beiden stark zerstörten Pylone sehen kann, gelangt man über eine Rampe zum Tempel. Ehemals sieben Eingänge (heute drei) unterbrachen die Außenfassade, denn jedes Sanktuar sollte seinen eigenen Eingang haben. 24 (2 x 12) Papyrusbündelsäulen zieren den ersten Säulensaal. Von hier führen sieben Türen in den zweiten Säulensaal, in dem 3 x 12 Säulen die Decke tragen. Wie schon im ersten befinden sich auch im zweiten Säulensaal die interessanteren Reliefs auf der rechten Seite. Schließlich folgen die sieben Sanktuare. Sie sind von rechts nach links Horus, Isis, Osiris, Amun, Harachte, Ptah und Sethos I. geweiht.

Von der Osiris-Kapelle, der dritten von rechts, führt ein Durchgang in der Rückwand zur querliegenden Osiris-Halle. In ihr wurden die Mysterienfeiern des Gottes abgehalten. Verlässt man den zweiten Säulensaal durch einen linken östlichen Durchgang, so befindet man sich in einem Tempelanbau, an dessen rechter Wand sich die berühmte **Königsgalerie** von Abydos befindet, die zweite Hauptattraktion von Abydos. Von Menes (1. Dynastie) bis Sethos I. (19. Dynastie) sind, von illegitimen oder allzu unscheinbaren Königen einmal abgesehen, alle 76 Namenskartuschen der Herrscher erfasst – eine Fundgrube für die Wissenschaft und eine beeindruckende Sorgfalt in der Aufzählung. Von hier gelangt man über einen schmalen Raum, an dessen Wänden Vogel- und Stierfangszenen dargestellt sind, zu einer abwärts führenden Treppe, über die man nach draußen gelangt.

Wendet man sich nun nach rechts, steht man vor dem **Kenotaph Sethos' I.**, dessen ursprünglicher Eingang im Norden liegt. Das so genannte Osireion liegt ungefähr 10 m unterhalb des Bodenniveaus. In diesem größten je gebauten Scheingrab befindet sich im Zentrum eine 20 x 30 m große künstliche Insel, auf der zwei Reihen mit fünf jeweils 55 Tonnen wiegenden Säulen stehen. Ursprünglich wölbte sich über dem Ganzen ein gewachsener Hügel und ein immer noch funktionierender Kanal führte das (Nil-) Wasser in den Kenotaph, um die künstliche Insel zu umspülen. Das Wasser symbolisierte den Ur-Ozean, während der Raum den Ur-Hügel darstellte, aus dem die Welt entstanden war.

Da er schon einmal dabei war zu bauen, ließ **Ramses II.** sich nach der Fertigstellung des Tempels seines Vaters gleich einen eigenen **Tempel** konstruieren. Dieser mittlerweile stark zerstörte Kalksteinbau befindet sich etwas nördlich vom Tempel seines Vaters in Richtung Wüstenrand. Feine Reliefs sind noch erkennbar. So findet man z.B. auf der Südseite des zweiten Pfeilerhofs ein großformatiges Bild, auf welchem das Stoffmagazin des Tempels dargestellt ist. In einer Truhe werden laut dazugehöriger Inschrift Kleiderstoffe zum Allerheiligsten getragen.

Übernachtung und Transport

Zur Zeit der Recherche durfte man nicht in El Balyâna übernachten. Das ist aber auch nicht notwendig, denn Abydos lässt sich problemlos ohne Konvoi und Reisegruppe (und somit in aller Ruhe) von Luxor aus als netter Tagesausflug besuchen.

Es gibt regelmäßig Zugverbindungen von LUXOR aus mit dem 3.-Klasse-Zug (2 Std.). Am **Bahnhof** in El Balyâna wird man von Soldaten in Empfang genommen, die einem ein Taxi organisieren und einen bis zum Tempeleingang begleiten. Man hat für die Besichtigung so viel Zeit, wie man möchte, und wird dann draußen, wo das Taxi noch wartet, vom Militär wieder in Empfang genommen. Kosten: Taxi hin und zurück E£15.

Wem das zu stressig ist, der kann die Tour auch im Konvoi von Luxor aus für viel Geld (E£200 pro Person) buchen. Abfahrt des Konvois: 8.30 Uhr, Ankunft in El Balyâna: 11.30 Uhr. Um 14.30 Uhr geht es dann per Eskorte nach Luxor zurück.

Qena (Qinâ)

Die hübsche Provinzstadt Qena fällt vor allem durch ihre überaus sauberen und gepflegten Straßen auf. Die Menschen hier sind freundlich, die Straßen werden von großen, grünen Bäumen gesäumt, Touristen werden in Ruhe gelassen – Qena ist eben anders als die meisten anderen mittelägyptischen Städte.

Qena ist für Reisende vor allem als Umsteigeort in Richtung Osten, sprich zum Roten Meer, sowie als Ausgangspunkt für den Besuch von Dendera von Bedeutung. Eine Übernachtung ist in den allermeisten Fällen nicht nötig, da man von hier problemlos nach Luxor und Hurghada weiterkommt.

Übernachtung und Essen

Während unserer Recherche war es Touristen verboten, hier zu übernachten, doch durften wir uns wenigstens die Hotels vor Ort ansehen, die einfach, aber in Ordnung waren. Wer in die Verlegenheit kommen sollte, keinen Bus oder Zug mehr nach Luxor zu bekommen, kann versuchen in einem der folgenden Hotels unterzukommen:
El Fath*, Sh. Gumhûriya (die Straße, die vom Bahnhof direkt im rechten Winkel abgeht), ✆ 096/325347. Einfach, etwas heruntergekommen, aber relativ freundliche Leute.
New Palace**, gegenüber dem Bahnhof, ✆ 096/322509. Einfach und mäßig sauber.
Das Restaurant *Princess Kushari*, Sh. Gumhûriya, Ecke Sh. Luxor, hat einfache, leckere Gerichte, ist sauber und wird von freundlichen Menschen betrieben.
Essen kann man auch ganz gut im Café *Nasr* sowie in der einfachen *Kafeteria El Zahra*, wo es leckeres Shawarma gibt. Beide liegen nahe dem Bahnhof in der Sh. Gumhûriya.

Transport

Die Station für Minibusse und Busse nach Süden ist direkt beim Bahnhof. Stündliche Verbindungen nach Süden mit den großen Bussen. Minibusse sind Individualreisenden zurzeit nicht erlaubt. Busse nach Norden und Osten fahren ab einem anderen Busbahnhof, etwa 1 km nördlich vom Zugbahnhof (Sammeltaxi 25 pt, immer am Kanal entlang).

Busse nach:
HURGHADA: mindestens 10x tgl.; 4–5 Std.; E£ 22;
KAIRO: 2x tgl. (einer abends, einer morgens); 11 Std.; E£ 44;
SUEZ: 4x tgl.; 10 Std.; E£ 41.

Dendera

Der Tempel von Dendera gehört, vielleicht zusammen mit Abydos und Karnak, zu den schönsten des Niltals. Im Vergleich zu vielen anderen Tempeln liegt er völlig einsam am Rande der Wüste, ist sehr gut erhalten, hat traumhaft schöne Deckenreliefs und lohnt in jedem Fall die Mühe, hierher zu kommen.

Als Kultort für die kuhköpfige Göttin der Liebe, Hathor, besitzt Dendera eine sehr lange Bautradition, die bis ins Alte Reich zurückgeht. Der Ort war einst die Hauptstadt des sechsten oberägyptischen Gaus. Unter den Griechen, die hier ihrer Liebesgöttin Aphrodite huldigten, hieß die Stätte Tentyra (später wurde daraus Dendera). Laut Überlieferung errichtete Pepi I. den ersten Hathor-Tempel. Amenemhet I. und Thutmosis III. veranlassten Neubauten. Der heute zu besichtigende Tempel stammt aus der späten Ptolemäerzeit (vermutlich Ptolemaios XII.). Kaiser Tiberius baute den gewaltigen Pronaos (Vorhalle), und Nero begann mit der nie vollendeten Umfassungsmauer aus Stein. Noch weit bis ins 2. Jh. hinein wurden Verzierungen vorgenommen.

1859 begann Auguste Mariette mit der Freilegung des Tempels. Damals waren die Wandfarben noch sehr gut erhalten. An manchen Hathor-Kapitellen lässt sich noch die einstige Farbenpracht erahnen. Einige dieser Kapitelle sehen sehr mitgenommen aus, und es ist auch wirklich kein Zufall, dass gerade die Gesichter der Göttin stark beschädigt sind. Hier begegnet man an ungewohnter Stelle den Auswirkungen des christlichen Bildersturmes.

In einem nahezu quadratischen, 280 x 290 m großen Bezirk liegt der Monumentalbau: der **Hathor-Tempel**. Eine geplante Hofanlage mit Pylon wurde nie gebaut. So steht man unmittelbar vor der monumentalen Fassade der großen **Säulenhalle** (Pronaos). 18 Hathor-Säulen tragen die Decke, auf der astronomische Darstellungen zu begutachten sind. Dem liegt die Vorstellung zu Grunde, dass ein

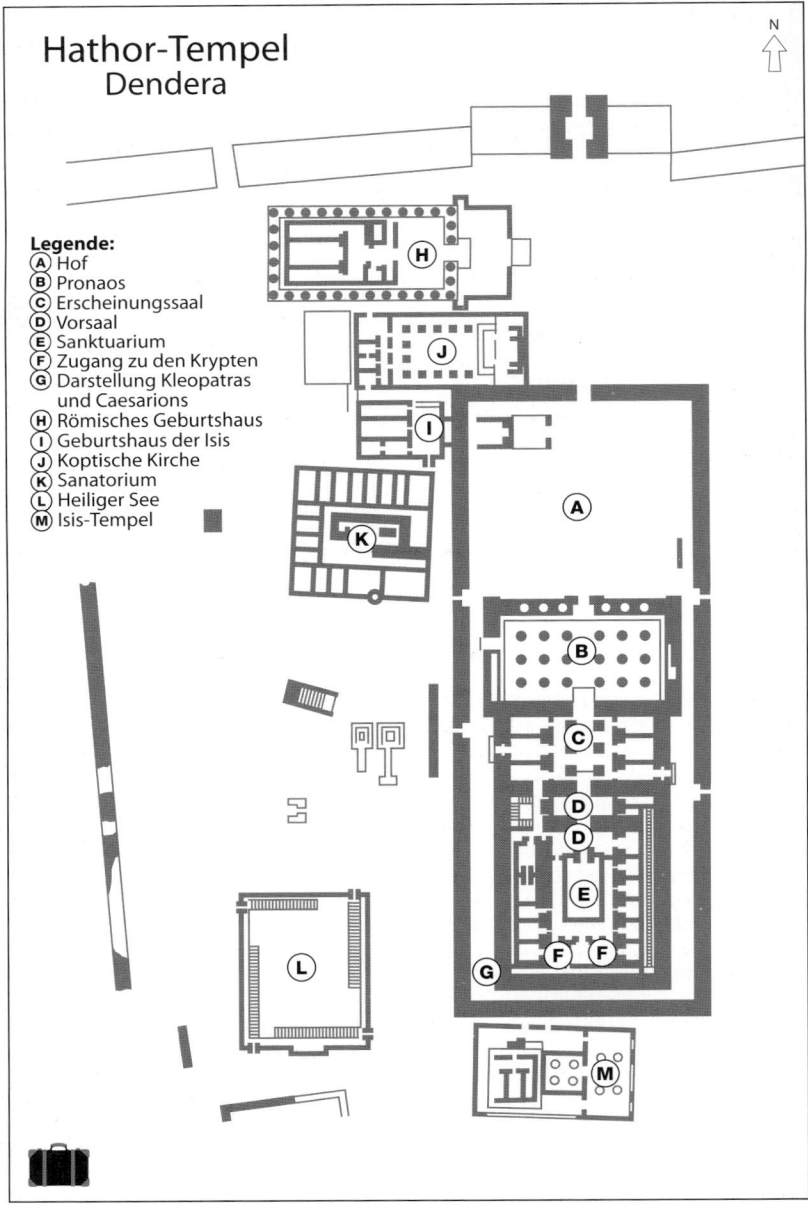

Dendera: Blick vom Hathor-Tempel auf das römische Geburtshaus

Tempel den Kosmos darstellt. Die Decke wird mit dem Himmel gleichgesetzt. Unter den Himmelslandschaften erkennt man den ausgestreckten Körper der Himmelsgöttin Nut. Sie schluckt abends den Sonnenball, aber nur, um ihn am Morgen in einem immer währenden Kreislauf wieder auszuspucken. Über einen Zugang gelangt man weiter in den so genannten **Erscheinungssaal**. Hier ziert Hathor mit Kuhohren die Kapitelle von sechs Säulen. Rechts findet auf einem Relief die Tempelgrundsteinlegung statt, links ist die gleiche Szene zu sehen, der König trägt hier allerdings die andere, oberägyptische Krone. Zu beiden Seiten des Saales befinden sich je drei kleine Räume. Hier wurden einst Kult-Gegenstände aufbewahrt. Anschließend gelangt man über zwei Vorsäle ins **Heiligtum**, das auf drei Seiten von mehreren kleinen Räumen umgeben ist. Auch hier wurden Kult-Gegenstände abgestellt. Die Räume rechts und links hinten führen zu den **Krypten**, deren Reliefs noch gut erhalten sind. Allerdings ist das untere Stockwerk sehr stark durch das steigende Grundwasser gefährdet.

Zurück in der ersten Vorhalle führen neben der Neujahrskapelle (s.u.) zwei getrennte Treppenhäuser auf das **Dach**. Eine Tempeldach-Bebauung ist zwar kein Novum, doch sind die Anlagen an keinem anderen Ort so gut erhalten wie hier. Ursprünglich wurde zu Beginn des neuen Jahres das Kultbild von Hathor der Sonne dargeboten, damit beide Götter einander Kraft geben konnten. Die Prozession führte zu einem kleinen Kiosk in der südwestlichen Ecke des Daches. Auf den zwölf Säulen erkennt man wieder Hathor mit den Kuhohren. Zwei Osiris-Kapellen befinden sich auf der westlichen und östlichen Dachseite.

Schön ist eine Darstellung an einem ganz anderen Ort des Tempels: Links an der hinteren **Außenfassade** beten Kleopatra VII. (die uns allen bekannte) und ihr Söhnchen Caesarion – der Name lässt den Erzeuger erahnen – zu den Göttern. Bei einem Rundgang um die Anlage kommt man am **Heiligen See** vorbei.

Mehrere Bauten liegen rechter Hand vor dem Haupttempel: Ganz hinten das so genannte **Sanatorium**, wo Heilbäder für das Wohlbefinden der

Tempelbesucher sorgten. Es folgen das von Nektanebos I. errichtete, Isis geweihte **Geburtshaus** (Mammisi) und eine **koptische Kirche** aus dem 5. Jh. Das dem Eingang zum Gelände am nächsten liegende Bauwerk ist ein **römisches Mammisi**, das unter Nero als Tempel mit umlaufendem Säulengang (Peripteraltempel) entstanden ist. In Bildfolgen wird im Allerheiligsten die Geburt des Gotteskindes, d.h. des neuen Königs, gezeigt. Absolut sehenswert sind die wohl schönsten Reliefs ihrer Zeit, die sich auf den Schranken des Säulengangs befinden. Dargestellt ist der römische Kaiser Trajan bei Kulthandlungen vor der Göttin Hathor mit ihrem Sohn Ihi. ⏲ 7–18 Uhr, Eintritt E£12.

Transport

Nach Dendera kommt man am einfachsten mit dem **Taxi** (E£5) ab QENA. Die Militärposten begleiten den Touristen bis ins Taxi, vielleicht sogar bis Dendera. Es ist in jedem Fall der einfachste und bequemste Weg nach Dendera. Der Besuch gestaltet sich auf diese Weise völlig unkompliziert und gibt jeden Freiraum.

Wem die Anreise nach Dendera individuell zu stressig ist oder wer keinen Wert darauf legt, den Tempel für sich allein zu haben, der kann sich einer Gruppe aus LUXOR anschließen. Die meisten Reisebüros dort bieten eine kombinierte **Tour** nach Dendera/Abydos für rund E£200 an. Man fährt dann im Konvoi und in einer großen Gruppe.

Luxor (al-Uqsur), Karnak und Theben West

Wer von Ägypten redet, meint häufig Luxor. Denn Luxor (wozu im weitesten Sinne auch Theben West und Karnak gehören) mit all seinen Tempeln, Grabkammern und Ausgrabungen zählt sicherlich zu den eindrucksvollsten Orten der Welt, nicht zuletzt, weil sie einen Blick auf die Welt vor 4000 Jahren werfen lässt. Luxor, Theben West und Karnak sind Zeugnisse einer der ersten Hochkulturen der Welt, und da die Tempel und Gräber für die Ewigkeit gebaut wurden, sind sie bis heute zum Teil in sehr gutem Zustand. So ist Luxor trotz des Anschlags auf den Hatschepsut-Tempel 1997 nach wie vor das wichtigste Touristenziel für alle, die keinen reinen Badeurlaub möchten. Und das liegt nicht nur an dem Ort selbst: Rund um Luxor, in einem Radius von etwa 150 km, liegen die schönsten und am besten erhaltenen Tempelanlagen Ägyptens, wie z.B. Edfu oder Abydos. Da es aufgrund der politischen Situation für Touristen schwierig bis unmöglich ist, in diesen Orten zu übernachten, bietet sich Luxor als idealer Ausgangsort an, um von hier aus auf Ausflügen das alte Ägypten zu erkunden.

Doch besteht Luxor nicht nur aus Tempeln, Gräbern und Ruinen. Luxor ist eine lebendige, mittelgroße Handelsstadt mit einem bunten Markttreiben, angenehmer Atmosphäre und einer ausreichenden (touristischen) Infrastruktur, um hier eine angenehme Zeit zu verleben. Außerdem bietet es ein Stück ureigene ägyptische Kultur, denn hier ist das Zentrum der Mûlid-Feste Ägyptens (s.S. 48). Vor allem das **Mûlid Abu al-Haggag**, das drei Wochen vor Ramadan beginnt (Daten für das islamische Jahr s.S. 50), ist bemerkenswert. Es handelt sich um eines der größten Mûlid-Feste Ägyptens und wird zu Ehren Abu al-Haggag gefeiert, der im 12. Jh. in dieser Region lebte und lehrte. An diesem Tag strömen Hunderttausende von Ägyptern nach Luxor und es kann schwierig werden, ein Zimmer zu finden.

Orientierung

Spricht man von Luxor, meint man eigentlich drei Orte: Luxor, Karnak und Theben West. Diese drei Zentren liegen in direkter Nachbarschaft und sind alle per Fahrrad, mit dem Taxi oder der Kaleche, der Pferdekutsche, vom Bahnhof aus zu erreichen.

Luxor, die moderne Stadt mit dem Luxor-Tempel und den Museen, beherbergt die meisten Hotels, den Sûq und die Restaurants. Hier kommen die öffentlichen Busse an, hier befindet sich der Bahnhof und hier wohnen auch die meisten Touristen. Drei große Straßen durchziehen Luxor: Die Sh. el Mahatta, die Bahnhofstraße, die direkt vom Bahnhof nach Westen führt, die Sh. Karnak, die parallel zum Nil von Norden nach Süden führt, und die Corniche, die Uferstraße zwischen Nil und Sh. Karnak.

Die meisten Hotels für Individualtouristen befinden sich im Süden der Stadt. Die billigeren liegen zwischen Bahnhof und Sh. Television, einer weiteren Hauptstraße von Luxor, südwestlich des Bahnhofs.

Luxus vor Luxor

Karnak mit seiner großartigen Tempelanlage liegt ein paar Kilometer nördlich von Luxor. Hier sind ein paar große Hotels angesiedelt, die vor allem von Pauschaltouristen belegt sind.

Theben West liegt, wie der Name schon sagt, auf der Westseite des Nils. Hierher fahren kleine Fähren (allerdings nur für Fußgänger und Fahrradfahrer). Eine Brücke für Fahrzeuge befindet sich ein paar Kilometer südlich der Stadt. Auch hier gibt es kleinere Hotels und hübsche Familienpensionen. Theben West ist der Ort, dessentwegen man in aller Regel nach Luxor kommt. Hier finden sich all die großen Monumente, wie das Tal der Könige und der Tempel der Hatschepsut. Theben kann man einfach von Luxor aus in einer oder mehreren Tagestouren erkunden.

Geschichte

„Die Stadt der tausend Tore" – so bezeichnete Homer Theben, das alte Luxor, aufgrund der zahlreichen Tempel mit ihren riesigen Eingangstoren. Das vereinigte Ägypten brach in der so genannten **Ersten Zwischenzeit** erneut auseinander und es regierten wieder mehrere Könige nebeneinander. Die herrschende Macht im oberägyptischen Theben konnte sich aber schließlich gegen die Machthaber in Memphis durchsetzen. **Mentuhotep II.** (11. Dynastie) gelang es, Unterägypten militärisch zu erobern und die beiden Landesteile erneut zu einigen. Damit begann die Geschichte Thebens als Hauptstadt von ganz Ägypten. Zwar wurde der Sitz der Hauptstadt in den folgenden Jahrhunderten wieder in den Norden verlegt, aber die religiöse Bedeutung der Stadt blieb erhalten, und so wurde der Amun-Tempel von Karnak immer weiter ausgebaut. Endgültig konnte Theben mit der **Niederschlagung der Hyksos**, die von hier aus durchgeführt wurde, seine beherrschende Stellung behaupten und diese bis in die Spätzeit hinein erhalten, auch wenn zwischenzeitlich Echnaton seine Residenz in die neu errichtete Stadt Achet-Aton verlegte und die Ramessiden der 19. und 20. Dynastie ihre Hauptstadt im Norden hatten.

Am Westufer wuchs die Nekropole der Stadt, Theben West, und am Ostufer nahmen die Tempelanlagen von Luxor und Karnak gewaltige Ausmaße an. Zur Zeit der **Ramessiden** wurde die Stadt in zwei Verwaltungsbezirke, Ostheben (mit Karnak) und Westtheben, geteilt. Im 7. Jh. plünderten die Assyrer die Stadt, aber der endgültige Niedergang erfolgte unter den Ptolemäern, als deren neue Hauptstadt Alexandria schließlich auch als Kultzentrum die Vormachtstellung des Landes übernahm.

Sehenswürdigkeiten am Ostufer

Tipp! Bei allen Besichtigungen daran denken, ausreichend Wasser mitzunehmen! Auch im Winter nicht die Sonne unterschätzen! Zwar kann man an vielen Orten Wasser kaufen, doch sind Verkaufsstellen, Cafés und Kioske bei den Tempeln und nahe den Sehenswürdigkeiten stark überteuert.

Luxor-Tempel

Der Tempel befindet sich nahe dem Nilufer inmitten der modernen Stadt Luxor. Er war der Göttertriade Amun, Mut und Chons geweiht und wurde an der Stelle eines früheren Heiligtums aus Sandstein errichtet. Der Luxor-Tempel gehört zu den beeindruckendsten Bauwerken Ägyptens. Vor allem wenn die Sonne untergegangen ist und der Tempel von hunderten Strahlern ausgeleuchtet wird, ist er einen Besuch wert. Was heute von der Anlage noch steht, stammt in den Grundfesten aus der Zeit Amenophis III. Seine Nachfolger ließen den Tempel stets erweitern. Tutanchamun beispielsweise ließ einen Teil des Tempels weiter ausschmücken, und Ramses II. verlängerte die Tempelanlage leicht versetzt zur alten Achse von 190 auf 254 m. So ist dieser Tempel ein Gemeinschaftswerk der verschiedensten Herrscherkulturen.

Rundgang

Sobald man die Anlage betreten hat, befindet man sich im Hof des Nektanebos I., der auch die **Widdersphingen** linker Hand errichten ließ. Sie sind die letzten Reste einer einst von hier bis nach Karnak führenden **Widderfiguren-Allee**.

Das Augenmerk richtet sich nun mehr oder weniger automatisch auf den von Ramses II. angebauten **ersten Pylon**, den heutigen Eingang zum Tempel. Auf der gesamten Breite von 65 m befinden sich Reliefs der Schlacht von Qadesch. Während es auf dem rechten Turm noch um die Vorbereitungen zum Kampf geht, ist auf der linken Seite die Schlacht in aller Deutlichkeit dargestellt: Ramses wütet und schlägt die Feinde in die Flucht, die schließlich in der Festung Schutz suchen. Vor dem Torturm befanden sich ehemals sechs Figuren von Ramses. Heute sind hiervon noch drei Figuren zu sehen. Noch am Originalplatz steht der **Obelisk** aus rotem Granit, dessen Pendant sich heute auf der Place de la Concorde in Paris begutachten lässt. Muhammad Ali machte ihn 1836 den Franzosen zum Geschenk.

Durch den ersten Pylon gelangt man in den **Säulenhof** Ramses' II. Er war ursprünglich von Kolonnaden umgeben, deren Decken von 74 geschlossenen **Papyrusbündelsäulen** getragen wurden. Im südlichen Bereich stehen zwischen den Säulen Standfiguren von Ramses II., die dieser teilweise durch Neubeschriftung für sich vereinnahmte. In der Nordostecke des Tempels ragt auf einem Schutthügel die aus dem 13. Jh. stammende **Moschee** des Lokalheiligen **Scheich Abu al-Haggag** in den Hof. In der Nordwestecke erhebt sich die **kleine Kapelle der Hatschepsut**, die später von Ramses mit Reliefs ausgestattet wurde. Geweiht war sie, wie der restliche Tempel auch, Amun, seiner Gattin Mut und deren Sohn Chons.

An der Südwand des Hofes, rechts vor dem Durchgang, befindet sich ein **Relief**, auf dem die Originalfassade des Tempels dargestellt ist.

Zwei Granitfiguren flankieren den Durchgang zum **Säulengang**. Sie stellen einen idealisierten Ramses II. dar. Seine Hauptgemahlin Nefertari ist als kleine Figur rechts von seinem Schienbein abgebildet. Es folgt die 52 m lange **Eingangskolonnade** zum Tempel des Amenophis III. Sieben 15 m hohe Paare von geöffneten Papyrusbündelsäulen trugen die Decke. Die leider nicht mehr gut zu erkennenden **Wandreliefs** wurden erst unter Tutanchamun vollendet und stellen (rechts beginnend) die Feierlichkeiten anlässlich des Opet-Festes dar (s.u.). Hier wurden 1989 bei Untersuchungen in 3 m Tiefe in einem Versteck über zwanzig sehr gut erhaltene Statuen entdeckt. 16 davon sind

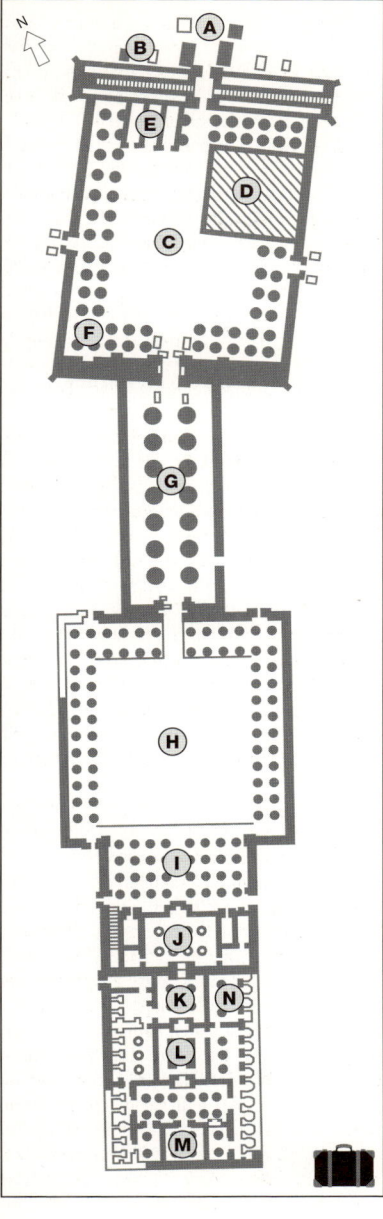

Luxor-Tempel

Legende:
- (A) Hof Nektanebos`I.
- (B) Erster Pylon
- (C) Säulenhof Ramses II.
- (D) Moschee des Abu al-Haggag
- (E) Kapelle der Hatschepsut
- (F) Relief
- (G) Säulengang
- (H) Zweiter Hof
- (I) Vorhalle
- (J) Säulensaal
- (K) Saal
- (L) Sanktuarium
- (M) Kapellen
- (N) Geburtsraum

im Luxor-Museum in einem Extra-Ausstellungsraum zu bestaunen.

Den folgenden, 46 x 52 m großen Hof, der zur Vorhalle des Tempels überleitet, umgibt auf drei Seiten ein Dschungel von geschlossenen Papyrusbündelsäulen.

Über die Vorhalle gelangt man in den **Vorsaal**, dessen acht ursprüngliche Säulen einem kleinen **Tempel für Diokletian** weichen mussten. Um ins Sanktuarium zu gelangen, muss man einen weiteren Saal mit vier Säulen passieren.

Was heute noch vom **Sanktuarium** zu sehen ist, geht auf Alexander den Großen zurück. Er ließ für die Amun-Barke eine Kapelle errichten. An den Wänden ist der ruhmreiche Herrscher mit thebanischen Göttern dargestellt.

In das so genannte **Mammisi**, das Geburtshaus, gelangt man, indem man das Sanktuarium durch einen Durchgang links verlässt und dann noch einmal links hindurchgeht. Hier wird auf **Reliefs** die göttliche Geburt (Westwand) und die anschließende Thronbesteigung (Südwand) von Amenophis' III. dargestellt. Leider sind diese Reliefs nicht mehr allzu gut erhalten.

⌚ tgl. 6–21 Uhr, Eintritt E£20 (10).

Luxor-Museum

Im Vergleich zu den meisten Museen Ägyptens bietet dieser 1976 eröffnete, eher kleine Zweckbau eine überraschend übersichtliche und exquisite Auswahl an Exponaten. Es wurde vom Brooklyn Museum New York gestaltet, und entsprechend einnehmend sind die Räume ausgestattet und beschriftet. Das Museum liegt rund 1 km nördlich des Luxor-Tempels an der Corniche und zeigt vor allem Funde aus dem Großraum Theben: Töpferwerk, Schmuck, Statuen, Stelen u.a.

Nach Betreten des Museums sind rechts, direkt hinter dem Eingang im Tiefparterre 16 sehr gut erhaltene **Statuen aus der 18.–25. Dynastie** zu sehen. Sie wurden 1989 im Luxor-Tempel gefunden (s.o.). Besonders schön und auffallend ist hier die Statue Amenophis' III. auf einem Schlitten.

In der Eingangshalle findet sich ein gut erhaltener vergoldeter **Kuhkopf** einer Göttin sowie der Kopf einer **Statue von Amenophis III.** Ein paar Stufen führen in die Erdgeschoss-Halle, wo man sein Augenmerk vor allem auf die **Alabasterstatue**, die Amenophis III. zusammen mit der krokodilsköpfigen Gottheit Sobek darstellt, richten sollte. Auch die **Stele aus Kalkstein**, die über den Sieg Kamoses über die Hyksos aufklärt, ist wunderschön.

Ein Aufweg führt den Besucher in das Obergeschoss, das von einer Vitrine zweigeteilt wird. Hier werden Münzen, Grabbeigaben, Papyri und Schmuck ausgestellt. Besonders hervorzuheben ist die aus schwarzem Granit bestehende **Schreiberstatue des Amenophophis**, Sohn des Hapu, aus der 12. Dynastie. Ganz im Amarna-Stil (s.S. 69) zeigt sich der Statuenkopf von Echnaton (Amenophis IV.). Das schönste und größte Fundstück des Museums ist jedoch die so genannte **Echnaton-Wand**: Sandsteinblöcke mit Reliefs, die vom neunten Pylon des Haremhab in Karnak stammen. Fast 300 der insgesamt 6000 so genannten Talatât (Steinblöcke bestimmter Größe) wurden hier auf 17 m Länge rekonstruiert. Die Steine waren nach dem Tode Echnatons an anderer Stelle als Füllmaterial für einen Pylon im Karnak-Tempel verwendet worden. Links kann man sehr gut Echnaton erkennen, wie er seinen einzigen Gott Aton, die Sonnenscheibe, anbetet.

⏲ tgl. 9–13 Uhr und 16–21 Uhr, Eintritt E£30 (15), Fotoerlaubnis E£10.

Mumifikations-Museum

Gegenüber dem Mina Palace Hotel gelangt man zum Mummification Museum. Über dem Eingang befindet sich eine kleine Statue des schakalköpfigen Totengottes Anubis. Im Innern gibt es nicht viel zu sehen, doch zeigt dieses außergewöhnliche Museum nicht nur verschiedene Tier- und Menschenmumien, sondern auch den Prozess der Mumifizierung. Dabei fällt auf, mit welch „appetitlichen" Werkzeugen der Tote für seine Mumifikation vorbereitet wurde. Darüber hinaus findet man die gut erhaltene Mumie eines Generals aus der 21. Dynastie und die verschiedenen dazugehörigen Sarkophage. Des Weiteren wird hier eine Auswahl von Gegenständen, die der Tote für seine Reise ins Jenseits benötigte, ausgestellt.

⏲ 9–13 Uhr und 17–22 Uhr, im Winter nur 17–21 Uhr, Eintritt E£20 (10).

Der Tempelkomplex von Karnak

Ungefähr 3 km nördlich von Luxor liegt der größte Tempelkomplex Ägyptens. Der Besuch Karnaks gehört zu den absoluten Highlights einer Ägyptenreise und sollte auf gar keinen Fall verpasst werden. Die über 2000 Jahre umfassende Baugeschichte von Karnak begann in der 12. Dynastie im Mittleren Reich und setzte sich bis in die römische Epoche fort. Jahrhundertelang war Karnak das religiöse Zentrum Ägyptens, was u.a. dazu führte, dass fast alle Pharaonen des Mittleren Reiches dort ihre Spuren hinterließen.

Entlang zweier Hauptachsen liegen insgesamt zehn Pylone. Die Ost-West-Achse verläuft mit sechs Pylonen vom großen Festtempel Thutmosis' III. bis zum ersten Pylon, vom vierten Pylon abgehend verläuft die Nord-Süd-Achse mit den Pylonen sieben bis zehn, an deren Ende der Tempel der Mut liegt.

Der gigantische Tempelkomplex setzt sich aus drei selbstständigen Bezirken zusammen, wovon jeder von einer eigenen Ziegelumwallung begrenzt wird. Der **Amun-Tempel** mit seinem 123 ha großen Areal bildet das Herzstück. Nördlich von ihm liegt der kleinere **Month-Tempel**. Eine **Sphingenallee** führt zu dem im Süden liegenden **Heiligtum der Göttin Mut**.

> **Hinweis** Offen für die Besichtigung ist zurzeit nur der Tempel des Amun mit dem Freilichtmuseum (Tickets für beide am Eingang). Der nördliche und südliche Bezirk können ebenso wie die Bauten südlich des achten Pylons derzeit nicht besichtigt werden, da hier immer noch Ausgrabungen stattfinden.

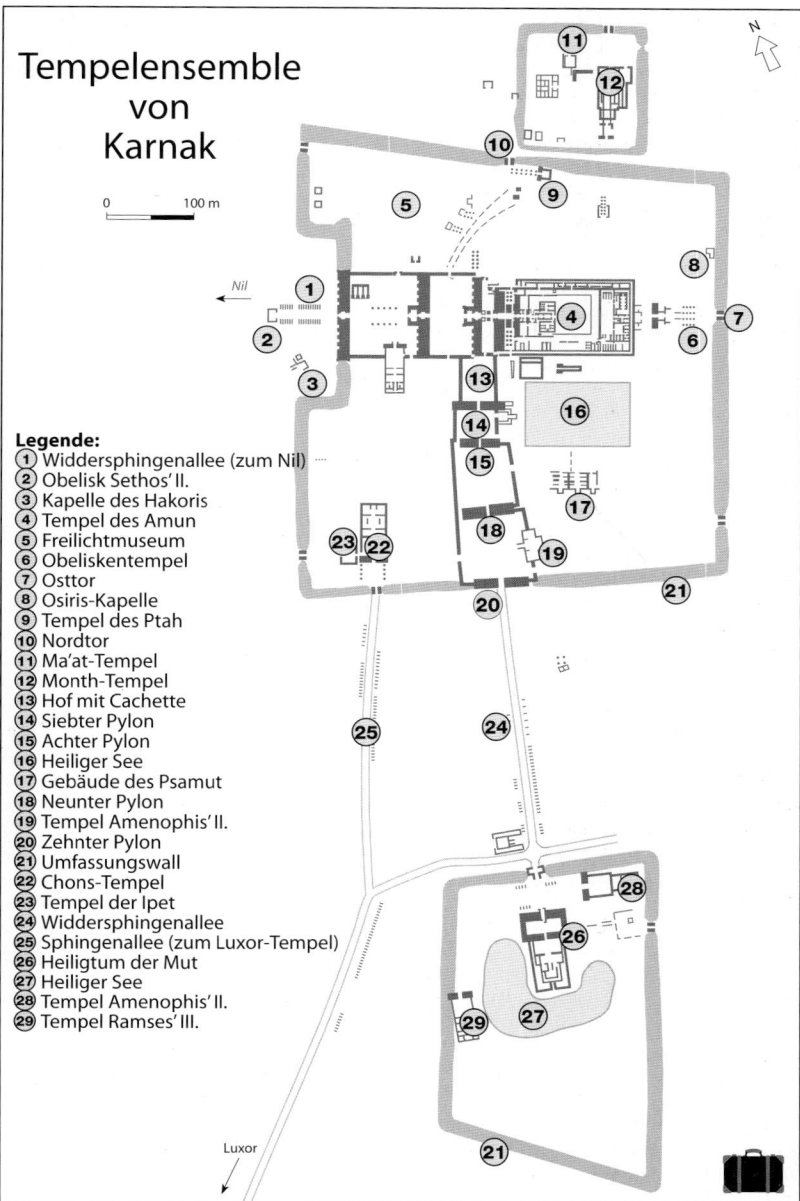

Rundgang

Unser Rundgang startet an der **Widdersphingenallee**, westlich des ersten Pylons. Hier befindet sich auch der Ticketschalter.

Hat man die Widdersphingen passiert, steuert man direkt auf den **ersten Pylon** zu. Mit einer Breite von 113 m, einer Höhe von 43 m und einer Mauerstärke von 15 m ist der erste Pylon der größte in Ägypten errichtete Torbau aller Zeiten. Mit seinem nie vollendeten Bau wurde in der 30. Dynastie begonnen. Dahinter liegt der 100 x 85 m große Hof aus der 22. Dynastie. Gleich links im Hof liegt der **Tempel von Sethos II.**, der, wie man an seiner Dreiteilung erkennen kann, drei Gottheiten geweiht war: Amun, Mut und Chons.

Rechter Hand befindet sich der Amun geweihte **Tempel von Ramses III.** Die Aufteilung ist klassisch: Ein Eingangspylon führt in den Hof, der links und rechts durch überdachte Hallen mit jeweils acht Säulen begrenzt wird. Über eine Rampe, die von vier durch Schranken miteinander verbundenen Osiris-Pfeilern begrenzt wird, gelangt man in die Vorhalle, an die der Säulensaal mit acht mächtigen Säulen anschließt. Im Allerheiligsten findet sich die Dreiteilung für Amun, Mut und Chons wieder.

Zentral im Hof steht der **Säulenkiosk des Taharqa** aus der 25. Dynastie. Nur noch eine der ursprünglich zehn 21 m hohen Papyrussäulen steht noch. Beim Durchgang des zweiten Pylons wurde die 11 m hohe **Granitstatue des Pinodjem**, vermutlich aus der Ramessidenzeit, wieder aufgebaut.

Von hier aus kommt man durch das nördliche Tor des Hofes zu einem kleinen **Freilichtmuseum** (Tickets am Haupteingang). Darin finden sich Rekonstruktionen der so genannten „weißen Kapelle" Sesostris' I., des ältesten Baus der gesamten Anlage, der „roten Kapelle" der Hatschepsut sowie der aus Kalzit errichteten Kapelle von Amenophis I. Der ursprüngliche Standort der **weißen Kapelle**, die nach ihrem Baumaterial, einem weißen Sandstein, benannt wurde, ist bislang ungeklärt. In mühevoller Kleinarbeit hat man sie wieder aufgebaut. Ihre Einzelteile waren in einem Pylon als Füllmaterial missbraucht worden. Eine Ost- und eine Westrampe führen in der weißen Kapelle hinauf zum Heiligtum, in dessen Innern der Sockel für das Barkenheiligtum des Amun steht. Umfangreicher Reliefschmuck ziert Pfeiler und Außenwände.

Ein bräunlich roter Quarzit gibt der **Kapelle der Hatschepsut** ihren Namen. Thutmosis III. ließ dieses Barken-Sanktuar kurz nach seiner Errichtung für einen Neubau abreißen. Über 300 Blöcke haben Archäologen schließlich im dritten Pylon finden können, und daraus wurde das Heiligtum rekonstruiert. Noch nicht lange steht im Museum außerdem eine wieder errichtete **Tempelwand aus der Zeit Thutmosis' IV**. Die Originalfarben der Reliefs, die den Pharao bei verschiedenen Kulthandlungen zeigen, sind teilweise sehr gut erhalten.

Wieder zurück im ersten Hof erhebt sich vor uns in Richtung Tempelachse der **zweite Pylon** des Haremhab, von dem allerdings recht wenig übrig geblieben ist. Um so gigantischer ist der daran anschließende Große Säulensaal, der weltbekannte **Hypostyl von Karnak**, der größte Säulensaal der ägyptischen Baugeschichte. Jahrzehntelang wurde hier restauriert, denn ein Erdbeben am 3. Oktober 1899 hatte das Areal einstürzen lassen. Auf über 5000 m^2 stehen in 16 Reihen 132 Säulen, von denen 122 Papyrusbündelsäulen sind. Die 12 Säulen der drei höheren Mittelschiffe sind 21 m hoch und haben einen Durchmesser von 3,50 m. Nicht viel kleiner sind die Säulen der dämmerigen 14 Seitenschiffe (14 m). Diese Säulen wurden aus braunen Sandstein-Halbtrommeln zusammengefügt. Säulen, Decken, Architrave und Wände sind an sehr vielen Stellen mit Hieroglyphen und Darstellungen geschmückt, die teilweise noch die Originalfarbe zeigen. Am Stil des Reliefs kann ein Experte unterschiedliche Entstehungszeiten ausmachen. Denn die verschiedenen Auftraggeber bevorzugten jeweils eine andere Gestaltung der Reliefs: So sind auf der nördlichen Außenwand die Siege Sethos' I. dargestellt und auf der südlichen Außenwand ist Ramses II. in diversen Schlachten, v.a. gegen seine Erzfeinde, die Hethiter, zu betrachten. Auf Höhe des zweiten Pylons ist an der Außenwand die Siegesinschrift des Königs Scheschonk I. zu sehen. Er wird in der Bibel unter dem Namen Sisak erwähnt.

Rekonstruiert ist der anschließende **dritte Pylon** der unter Amenophis III. gebaut wurde. Von Thutmosis III. stammt der 20 m hohe **Obelisk** zwischen dem dritten und vierten Pylon, der einzige erhaltene von ursprünglich vier Obelisken. Hier, in dieser ehemaligen Säulenhalle, befindet sich auch der Abzweig zum südlichen Heiligtum der Mut, das

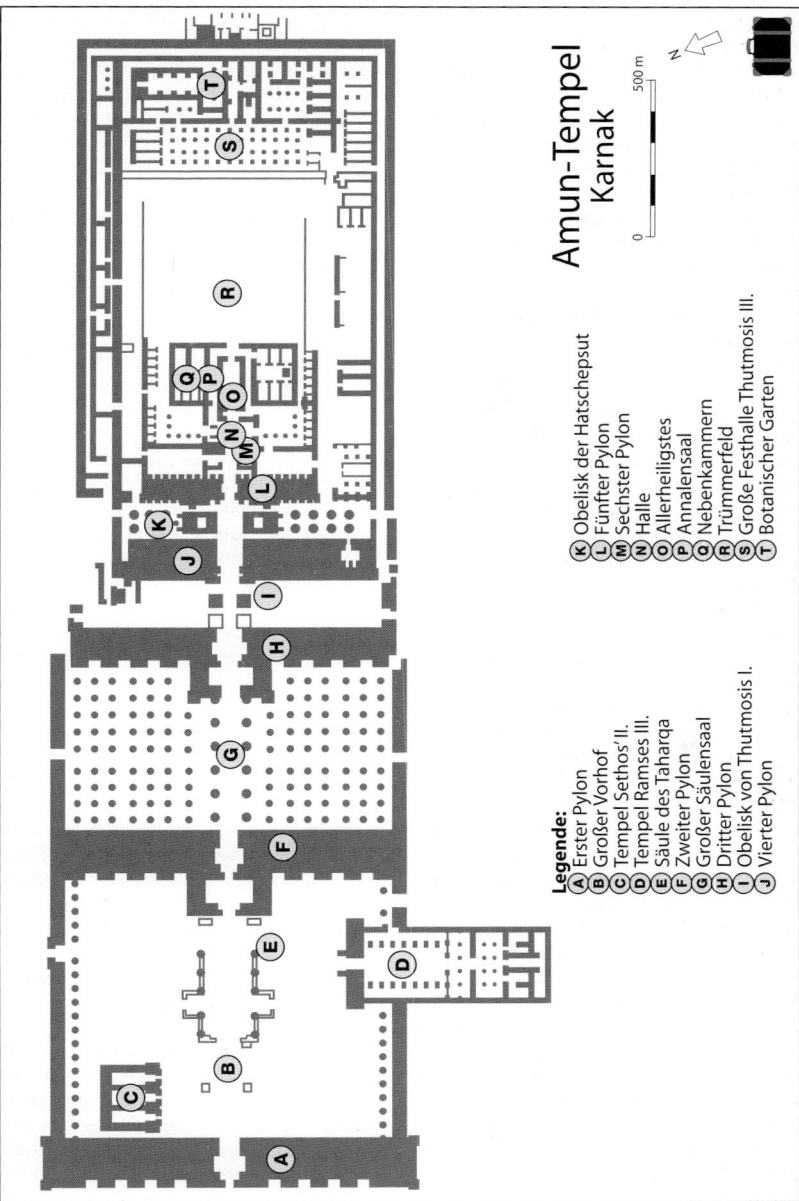

jedoch aufgrund von Grabungen nicht vollständig besichtigt werden kann (s.u.).

Hinter dem **vierten Pylon** erstreckt sich eine weitere Säulenhalle. Hat man diese durchschritten, steht man direkt vor einem der beiden 323 t schweren **Obelisken der Hatschepsut**. Der südliche, aus rotem Granit gemeißelte Hatschepsut-Obelisk ist mit 30 m der höchste in Karnak und gilt auch als der schönste. Auf ihm wird von der siebenmonatigen Herstellung und der Weihung des Obelisken berichtet. Die Aufstellung dieser ehemals zwei Obelisken muss sehr eindrucksvoll gewesen sein, denn auf mehreren Denkmälern der Herrscherin wird davon berichtet.

Weiter gelangt man über den **fünften Pylon** in eine zerfallene Vorhalle. Rechts und links von dieser befinden sich **Höfe mit Osiris-Statuen**. Eine weitere Vorhalle folgt auf den stark zerfallenen **sechsten Pylon**. Hier ziehen zwei so genannte **Wappenpfeiler** von Thutmosis III. den Blick des Betrachters auf sich: Eine Seite eines Pfeilers ist jeweils mit plastischen Darstellungen der Pflanzen Ober- (Lotus) und Unter- (Papyrus) Ägyptens geschmückt. Diese Symbolik verkörpert die Einheit des Landes.

Das **Allerheiligste** des Amun-Tempels ist vom so genannten **Annalen-Saal** umgeben. Die aus zwei Räumen bestehende Kapelle aus rotem Granit war von einem Nachfolger Alexander des Großen anstelle einer älteren gebaut worden. Die Wände sind innen und außen mit farblich gut erhaltenen Reliefs versehen. Zu sehen ist auch der Sockel für die Götterbarke. Nördlich und südlich des Sanktuars ließ Hatschepsut Räume errichten, die jedoch stark zerstört wurden.

Der Tempelachse folgend geht es nun hinab auf ein Trümmerfeld. An dieser Stelle stand einst der Tempel des Mittleren Reichs mit einem großen Hof. Es folgt die so genannte **Große Festhalle** von Thutmosis III. Sie liegt quer zur Hauptachse, so dass sich der Eingang rechts, im Südwesten befindet. Zehn Säulenpaare und 32 eckige Pfeiler tragen die Decke, deren blaue Bemalung noch sehr schön sichtbar ist. Die Zeltstangenform der Säulen und die erhöhten Mittelschiffe erwecken den Eindruck einer Festhalle. Von Christen wurde die Halle als Kirche genutzt, was die noch sichtbaren Heiligenbilder an einigen der Säulen belegen. Östlich der Halle befand sich das Allerheiligste. Besonders schön ist hier der so genannte **Botanische Garten**. Man gelangt durch einen Zugang in der Nordwestecke der Halle über eine Treppe dorthin. Die Reliefs der unteren Wandteile stellen die Schöpfung dar. Sie zeigen Tiere und Pflanzen aus der Region.

Östlich des Festtempels steht das 19 m hohe, gut erhaltene **Osttor**. Der jetzt verschlossene Zugang zur Tempelumwallung wurde unter Nektanebos I. errichtet. In Richtung dieses Tores findet sich als Schutthügel der so genannte **Obeliskentempel** von Thutmosis III., bei dem einst der größte Obelisk Ägyptens stand: Bereits im Jahre 357 n.Chr. gelangte er nach Italien. Er ist heute als Lateran-Obelisk in Rom zu besichtigen.

Südwestlich liegt der **Heilige See**, der mit seinen 120 x 77 m Kantenlängen der größte Tempelsee Ägyptens ist. Zu pharaonischer Zeit versorgte eine Zuleitung vom Nil den unter Thutmosis III. angelegten See mit Wasser. Bei dem Wasser, das heute im See ist, handelt es sich jedoch um Grundwasser. An der Nordwestecke wurde unter der Herrschaft Amenophis III. ein großer **Skarabäus** aus rotem Granit aufgestellt. In der Nähe liegt die Spitze des zweiten Obelisken der Hatschepsut. Am See befindet sich heute eine (überteuerte) Cafeteria.

Kehrt man zum dritten und vierten Pylon zurück, zweigt direkt hinter dem gigantischen Hypostyl die Nord-Süd-Tempelachse in das ausgedehnte Ruinenfeld ab. Diesem folgt man zur weiteren Besichtigung. Im Hof vor dem siebten Pylon wurden Anfang des 20. Jhs. einige Tausend Statuen entdeckt. Der 63 m breite **siebte Pylon** wurde unter Thutmosis III. errichtet. Auf dem westlichen (rechten) Turm ist sehr gut zu erkennen, wie Feinde Thutmosis' III., die dieser am Schopf gepackt hält, um Gnade betteln. Thutmosis scheint sie jedoch mit einer Keule gnadenlos erschlagen zu wollen.

Aus rotem Granit sind die sieben **Kolossalstatuen** vor dem 8. Pylon. Auf dem **achten Pylon der Hatschepsut** selbst zeigen Reliefs verschiedene Könige bei diversen Kulthandlungen. Von hier aus geht es nicht weiter. Die anschließenden beiden Pylone und der durch eine Sphingenallee angebundene und in einer eigenen Umwallung gelegene, stark zerstörte **Tempel der Mut** bleiben der Öffentlichkeit derzeit noch vorenthalten. Ebenso der von Ramses III. begonnene und dem Mondgott **Chons** geweihte **Tempel**, der in der Südwestecke der Ziegelumwallung liegt. Er demonstriert mit seinem Pylon, dem Hof, der Vorhalle, dem Hypostyl und dem Sanktuar in „Miniatur"-Form die Tempelbauweise im Neuen Reich. Vor diesem Tempel endet die **Widdersphingenallee**, die vom Luxor-Tempel bis hierher, dem einstigen Südwesttor des Amun-Bezirks, führte.

Der nur in Ruinen erhaltene **Tempel des Kriegsgottes Month** wurde unter Amenophis III. erbaut. Er befindet sich im nördlichen, für die Öffentlichkeit gesperrten Tempelbezirk.

◔ tgl. 6–17.30 Uhr, Eintritt E£20 (10), Museum E£10 (5). Es gibt vier Möglichkeiten, die Tempelanlage zu erreichen: Die schönste ist eine Fahrt mit der Kaleche (E£5), die anstrengendste ein 30-minütiger Fußmarsch, die ägyptischste mit dem Microbus ab dem Luxor-Tempel (25 Piaster) und die luftigste mit dem Fahrrad (Kosten je nach Mietdauer).

Animal Care in Egypt (ACE) Im Sommer 2000 eröffnete die Engländerin Julie Wartenberg etwas außerhalb von Luxor das Tierspital Animal Care in Egypt (ACE). Anfangs stieß die Engländerin mit ihrem Team bei den Ägyptern, für die Tierschutz ein Fremdwort ist, auf großen Widerstand. Die Ägypter sagten, sie solle besser ein Spital für Menschen als eines für Tiere einrichten. Es dauerte lange, bis sie merkten, dass es, wenn es ihren Tieren gut geht, auch ihnen besser geht. Heute pflegen im Tierspital 15 Mitarbeiter täglich über 100 Tiere. Dieses kostenlose Angebot wird vor allem von den Kutschern genutzt, die die Pferde zur regelmäßigen Pflege vorbei bringen, um die Wunden versorgen zu lassen und die Pferde zu waschen. Ein Besuch in diesem mit viel Idealismus geführten Tierspital, das nur durch Spenden finanziert wird und vom Staat keinerlei Unterstützung erhält, lohnt sich. Animal Care in Egypt ACE ist mit Taxi oder Kutsche erreichbar. Es liegt etwa 1 km hinter dem Bahnhof Luxor (Richtung Flughafen) in der Ortschaft El-Gouahera. Informationen finden sich im Internet unter 🖥 www.ace-egypt.org, ☎ 363 610.

Theben West

Theben West ist die größte altägyptische Nekropole überhaupt. Die gewaltigen Totentempel, das berühmte Tal der Könige, in dem Howard Carter 1922 das unversehrte Grab des Tutanchamun fand, das Grab der Nefertari im Tal der Königinnen und der Totentempel der Hatschepsut gehören sicherlich zu den Höhepunkten einer Reise durch Ägypten.

Nachdem die thebanischen Fürsten die Königswürde erlangt hatten, war Theben im Mittleren und Neuen Reich meist Hauptstadt und gleichzeitig auch religiöser Mittelpunkt des Landes. Am Westufer breitete sich die Stadt der Toten aus. Sie wurde bis in die 26. Dynastie ausgebaut und insgesamt über 3000 Jahre lang genutzt. Außer dem „Ketzerkönig" Echnaton sind in Theben West alle Pharaonen des Neuen Reiches bestattet. Die Totentempel wurden in Theben West getrennt von den Grabanlagen in der Ebene am Rande des Fruchtlandes errichtet, denn bei den Felsengräbern gab es keinen Platz für Tempelbauten. Im Neuen Reich waren die Totentempel nicht mehr nur Kultstätte für den König, sondern enthielten auch Schulen, Magazine und Bibliotheken. In Theben West ließen sich nicht mehr nur die Herrscher begraben, sondern auch Würdenträger, Noble, Königinnen, Prinzen sowie die Handwerker, die die Gräber der Pharaonen so kunstvoll errichteten.

Praktische Tipps

Theben West ist ein so großes Areal, dass man, wenn man wirklich an altägyptischer Geschichte interessiert ist, mindestens drei volle Tage einplanen sollte. Wer einfach mal einen Blick auf die großartigen Tempel- und Gräberbauten werfen möchte und keinen Wert auf einen tieferen Einblick legt, kann dies innerhalb eines Tages machen. Die Distanzen zwischen den einzelnen Bauten und Tempeln sind zwar nie viel größer als wenige Kilometer, doch wer den ganzen Tag unterwegs ist, kann auch dies anstrengend finden, zumal die Temperaturen hier inmitten der Wüste auch im Winter recht hoch sind.

Eintrittspreise und Öffnungszeiten

Der **Ticketschalter** für alle (!) Sehenswürdigkeiten der Westuferseite befindet sich nahe der Memnonkolosse in einem kleinen Haus (siehe Plan). Auf früheren Karten ist noch der alte Ticket-

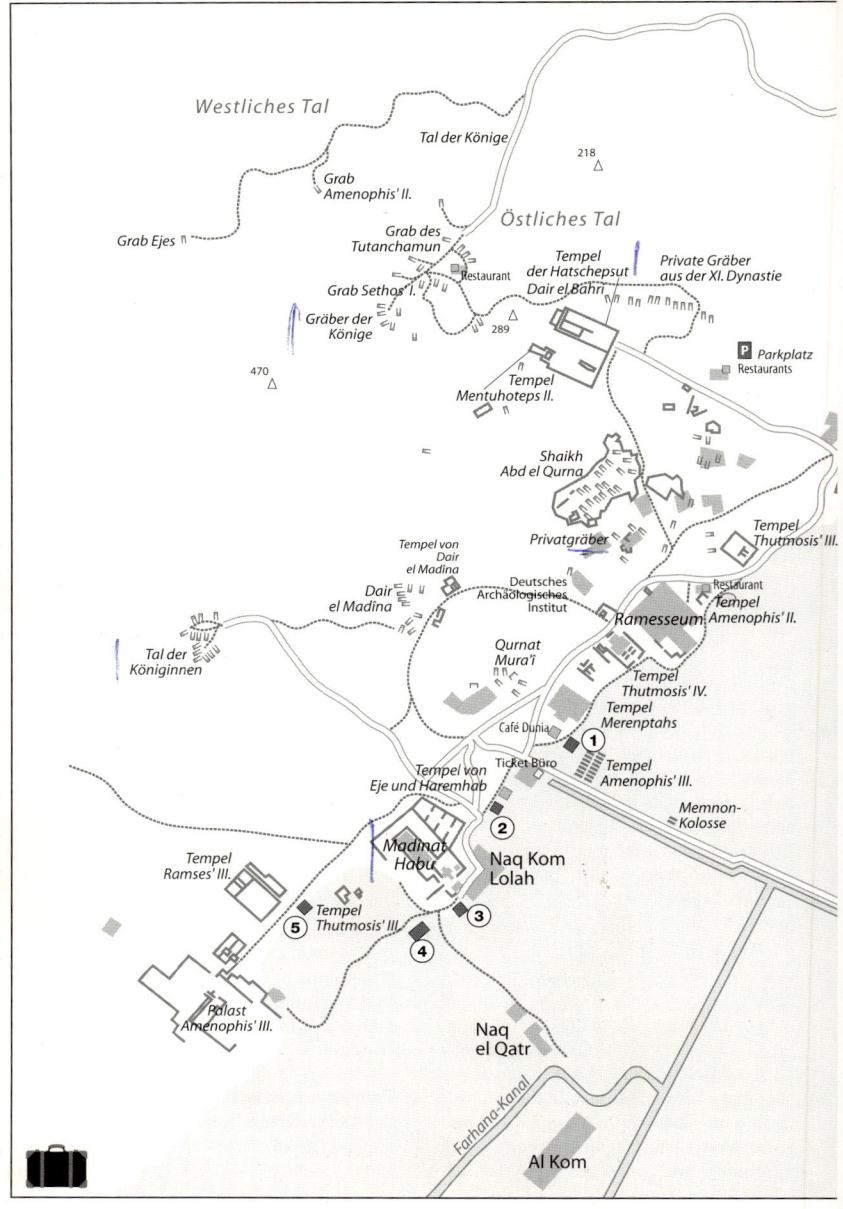

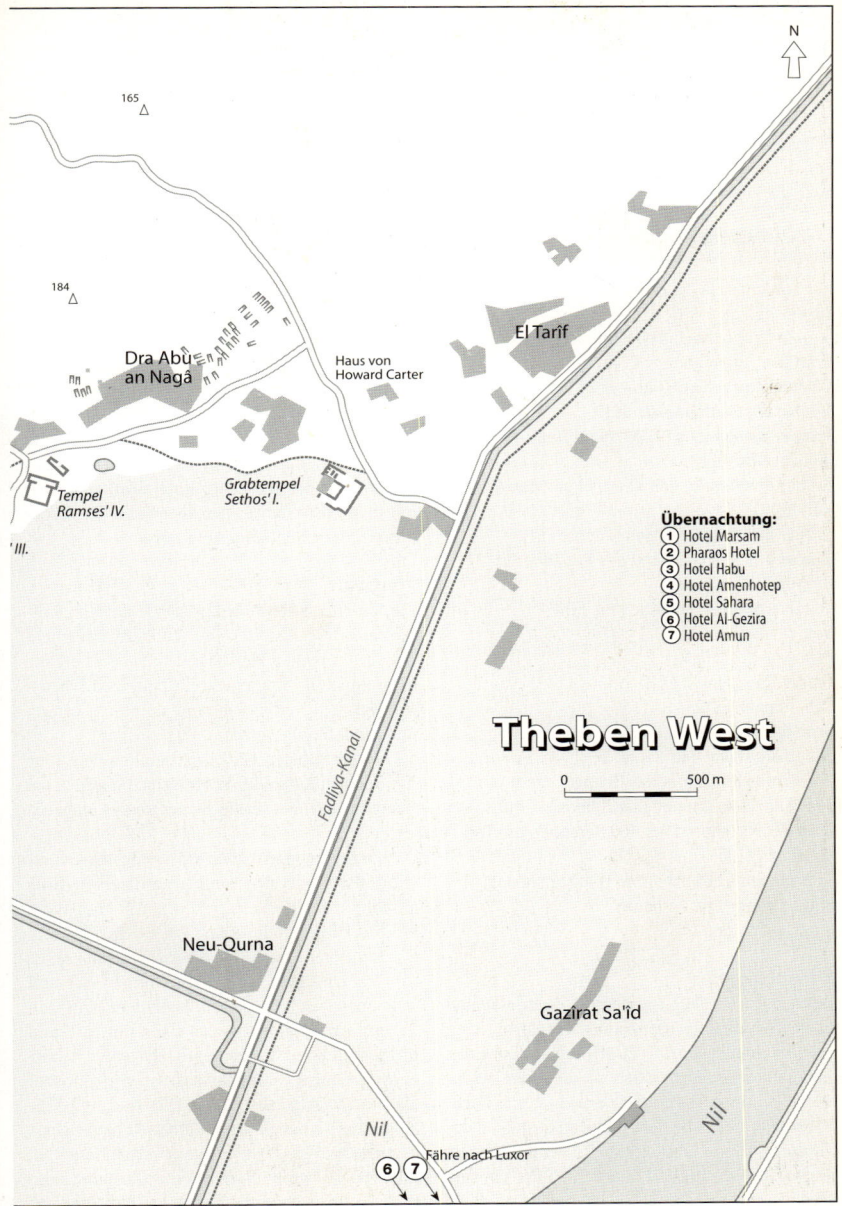

schalter an der Fährstation eingezeichnet. Dort gibt es jedoch keine Eintrittskarten mehr. Wer sich auf einen Tagesausflug nach Theben begibt, sollte also schon vorher wissen, was er sich ansehen möchte (und jede Menge Wasser mitbringen!). Folgende Liste gibt Auskunft darüber, welche Sehenswürdigkeiten eintrittspflichtig sind und wie hoch die Preise liegen.

Eintrittspreise

(für Studenten je die Hälfte)
Tal der Könige
(drei Gräber ohne das des Tutenchamun): E£20
Grab des Tutanchamun: E£40
Westliches Tal (Grab des Ay): E£10
Tempel der Hatschepsut: E£12
Tempel von Ramses III. (Madînat Habu): E£12
Ramesseum: E£12
Gräber des Assasi, des Kheru Ef und des Anch Hor: E£12
Gräber des Nakht und des Menna: E£12
Gräber des Rekhmire und des Sennofer: E£12
Gräber des Ramose,
des Userhet und des Khaemet: E£12
Dair al-Medîna: E£12
Peshedu-Grab: E£10
Tal der Königinnen: E£12
Seti-Tempel: E£12
Grab des Khonsu,
des Userhet und des Benia: E£12
Gräber des Khokko, Nefer Renpet,
des Nefer Sekkeru und des Tutmosis: E£12
Grab der Nefertari (max. 150 Personen pro Tag, 10 Min.): E£100
Fotoerlaubnis E£5 pro Grab, sonst kostenlos,
Blitze strengstens verboten!
⏲ tgl. 6–17 Uhr.

Erfrischungen

Wer den ganzen Tag unterwegs ist, braucht ab und zu eine Verschnaufpause, um sich mit einem süßen Tee oder einer kalten Cola zu erfrischen. Zum einen gibt es die vielen Alabastershops, die beim Interesse an ihren Waren gern einen Tee servieren. Außerdem gibt es bei den Eingängen zum Tal der Könige und beim Eingang zum Tal der Königinnen Kioske, die Getränke zu überhöhten Preisen verkaufen.

Man kann es aber auch netter haben, z.B. in der Medînat Habu, auf der Terrasse des Hotels **Habou**, dessen Zimmer zwar nur mäßig sind, das aber einen herrlichen Garten mit Blick auf den Habu-Tempel hat. Vor der Bestellung nach dem Preis fragen!

Direkt hinter dem Ticketschalter ist in einem kleinen Lehmhaus mit Garten das nette Café/Restaurant **Muhammad** untergebracht. Hier gibt es gute Kleinigkeiten zu essen, Tee und freundliche Menschen.

Ebenfalls sehr schön und unter kühlenden Bäumen sitzt man im Garten des Hotels **Pharaos**, ein Stückchen weiter. Hier bekommt man ein kühles Stella und leckere Kleinigkeiten zu essen.

Unter Beduinenzelten und Bäumen sitzt man im *Café Dunia*, gegenüber dem Hotel Marsam. Hier sind die Getränke nicht übertreuert und die Atmosphäre ist gelassen und ruhig. Und dann gibt es natürlich das legendäre Hotel **Marsam** selbst mit dem schönsten Garten, um einen Tee zu genießen oder eine Kleinigkeit zu essen.

Transport

Die einzelnen Sehenswürdigkeiten können im Rahmen einer organisierten Tour, zu Pferd, mit einem Taxi, dem privaten Pkw oder dem Fahrrad erkundet werden. Die Straßen, die die einzelnen Sehenswürdigkeiten verbinden, sind durchweg geteert und somit für alle Verkehrsmittel geeignet.

Am einfachsten ist wahrscheinlich eine Tour mit eigenem Auto oder **Mietwagen**. Da jedoch die wenigsten darüber verfügen, hier weitere Möglichkeiten:

Am bequemsten, aber am wenigsten frei ist man, wenn man sich einer **organisierten Tour** anschließt (Näheres dazu s.u.). Wer dies nicht möchte, kann sich für einen Tag ein **Taxi** mieten. Das ist insofern von großem Vorteil, als man selbst bestimmen kann, wann man wohin fährt und wann man eine Pause macht. Außerdem kann man so dort etwas trinken, wo es einen hinzieht, und nicht, wo man Alabaster beschauen muss. Relativ günstig wird es, wenn man sich mit der Fähre auf die Westuferseite fahren lässt. Hier sind einige Taxis, die auf Kunden warten. Verhandlungsgeschick ist angesagt! Die Kosten liegen je nach Dauer bei E£35–60. Der große Nachteil einer Taxifahrt kann sein, dass man einen Taxifahrer erwischt, der kei-

Koloss vor gigantischer Kulisse

ne große Lust hat, viel herumzufahren, und einem daher erzählt, dies und jenes sei geschlossen. Wenn man Pech hat, versucht der Taxifahrer einen ganzen Tag lang, einen dazu zu überreden, mit ihm zu seinem Onkel/Cousin/Bruder/Vater zu gehen, der gerade hier wohnt und einem unbedingt einen Tee anbieten möchte. Dass dieser Onkel/Cousin etc. dann „zufällig" einen Alabastershop führt, wird wenn überhaupt nur nebenbei erwähnt. Auch das Locken in eine so genannte Manufaktur, wo man sehen kann, wie vor 4000 Jahren Alabaster (oder, noch beliebter, Papyrus) hergestellt wurde, ist nichts anderes, als der Versuch, Provision vom Laden zu kassieren. Doch sind nicht alle Taxifahrer so, und wenn man von Anfang an klar macht, dass man selbst bestimmt, wohin es wann geht, dann kann es eine recht vergnügliche und angenehme Fahrt werden, bei der man viel erfahren kann.

Wer es sportlicher möchte, kann in die Pedalen steigen: Rund um den Bahnhof gibt es **Leihräder** ab E£7/Tag. Auch viele der kleinen Hotels verleihen oder vermitteln Fahrräder. Hier wie dort gilt: Unbedingt die Fahrtauglichkeit des Drahtesels prüfen, bevor es losgeht!

Hinweis Unklar ist zurzeit noch, ob der Merenpthah-Tempel für den Publikumsverkehr geöffnet wurde oder nicht. Schweizer Archäologen sind seit Jahren dabei, diesen Tempel auszugraben. Sobald die Arbeiten beendet sind, wird auch dieser Tempel zur Besichtigung frei sein.
Wer die neuesten Nachrichten über Theben erfahren möchte, wer wissen möchte, an welchem Tag welche Gräber im Tal der Könige und Tal der Königinnen geöffnet sind, findet diese und andere Informationen am Schwarzen Brett der Touristeninformation im Bahnhof oder aber unter 🖳 www.tut62.net, einer Website rund um Theben.

Ein wahres Vergnügen kann für den, der keine Ischias-Probleme hat, ein Tagesausflug auf einem

Esel, einem **Kamel** oder einem **Pferd** sein. Viele Hotels bieten Esel- und Kamelritte nach Theben West an (Kosten um E£30 pro Esel, wobei man für den Esel des Begleiters noch einmal dieselbe Summe bezahlen muss). Viele darunter sind Nepper und nicht allzu gut. Wesentlich besser ist es, mit der Fähre zum Westufer zu fahren und dort die Ställe direkt aufzusuchen. So kann man sich das Tier und seinen Treiber selbst ansehen (Adressen siehe unter Aktivitäten).

Die Memnonkolosse

Zwei 18 m hohe Monolith-Kolosse erheben sich bei der Anfahrt vom Nil nach Theben West rechter Hand der Straße. Sie standen am Eingang des Totentempels von Amenophis III., der sich über ein riesiges Areal von ca. 700 x 550 m erstreckte. Es ist das größte jemals in Ägypten errichtete Einzelheiligtum. Heute ist davon nicht mehr erhalten als die beiden Statuen. Der nördliche Quarzit-Koloss galt über 250 Jahre lang als Weltwunder, da er nach einem Erdbeben im Jahre 27 v. Chr. bei Sonnenaufgang seltsam klagende Töne von sich gab. Viele deuteten die Töne als Wehlaute von Memnons Mutter Eos, die um ihren Sohn, der beim Kampf um Troja gefallen war, trauerte (daher der Name Memnonkolosse). In Wahrheit war ein Riss im Stein für den Klagelaut verantwortlich: Aufgrund starker Temperaturschwankungen zwischen Tag und Nacht wurden Steinpartikel zum Abspringen gebracht, die morgens bei der Erwärmung durch die Sonne den mysteriösen Ton hervorriefen. Kaiser Septimus Severus ließ die Statue 199 n. Chr. reparieren. Seitdem klagt sie nicht mehr. Viele griechische und lateinische Besucher-Inschriften verlaufen um die Beine des nördlichen Kolosses, wovon die älteste aus der Regierungszeit Neros stammt.

Besser erhalten als der ursprünglich singende Koloss ist der südliche. Zu Füßen des Pharaos Amenophis III. ist links seine Mutter Mutemwija zu sehen, rechts seine Gattin Teje.

Madînat Habu

Die Madînat Habu bildet die südlichste Tempelgruppe am Westufer, darunter der am besten erhaltene **Totentempel** Westthebens **von Ramses III.** Die Ziegelmauer umschließt außerdem noch einen **Totentempel** der 18. Dynastie und die **Grabkapellen von drei Gottesgemahlinnen** aus der 25. bzw. 26. Dynastie. Der Ort war lange Zeit Sitz der Verwaltung von Theben West, weswegen hier auch Gräber angelegt wurden.

Rundgang

Hinter dem Außentor der 18 m hohen Ziegelumwallung trifft man zunächst auf das **Hohe oder Syrische Tor**. Dieses 22 m hohe Gebäude ist einmalig im ägyptischen Tempelbau und hat sein Vorbild in der vorderasiatischen Festungsbauweise. Im Tor gab es Innenräume, die der Herrscher privat nutzte. Darstellungen zeigen ihn u.a. mit seinen Haremsdamen.

Zwischen dem Hohen Tor und dem 1. Pylon des Tempels ist rechts ein **Tempel** aus der 18. Dynastie zu sehen. Der Bau begann unter Hatschepsut, deren Bilder häufig im Nachhinein von ihren Feinden weggemeißelt wurden. Linker Hand liegen die Gräber aus der Spätzeit.

Die Bilder des **ersten Pylonen** stellen, wie so häufig, den Sieg über Feinde dar. Hinter dem Pylon gelangt man in den beeindruckenden, fast quadratischen **ersten Hof**, der von zwei Hallen gesäumt wird. Die Decke der rechten Halle wird von sieben Osiris-Pfeilern getragen. Auf den dahinter liegenden Wandreliefs kann man erkennen, wie Ramses sich syrische Feinde vorführen lässt. Die Rückwand der **linken Halle** war einstmals auch Fassade für den dahinter liegenden Palast, der über drei Türen vom Hof aus zugänglich war.

Auf der Rückseite des ersten Pylonen ist ein Relief zu sehen, auf welchem dem König die Anzahl der vernichteten Feinde mitgeteilt wird. Diese wird durch das Zählen der abgeschlagenen rechten Hände und Genitalien ermittelt. Genauso kriegerisch geht es auch auf den Außenmauern des **zweiten Pylonen** zu. Durch ihn gelangt man in den **zweiten Hof**. Hier sind die Darstellungen vor allem kultischen Handlungen gewidmet. Der zweite, etwas größere Hof ist an allen vier Seiten von Hallen umgeben. Nord- und Ostwand zeigen das Fest des Erntegottes Min. Der König sitzt unter einem Baldachin, er opfert und räuchert, und eine Prozession zieht vorbei.

Nur noch Säulenstümpfe und Mauerteile sind von den folgenden Räumen erhalten. Eine Rampe führt hinauf zur großen **Säulenhalle**. 24 Säulen trugen hier einst das Dach. An den Wänden zeigt sich der König mit diversen Göttern. In den Seiten-

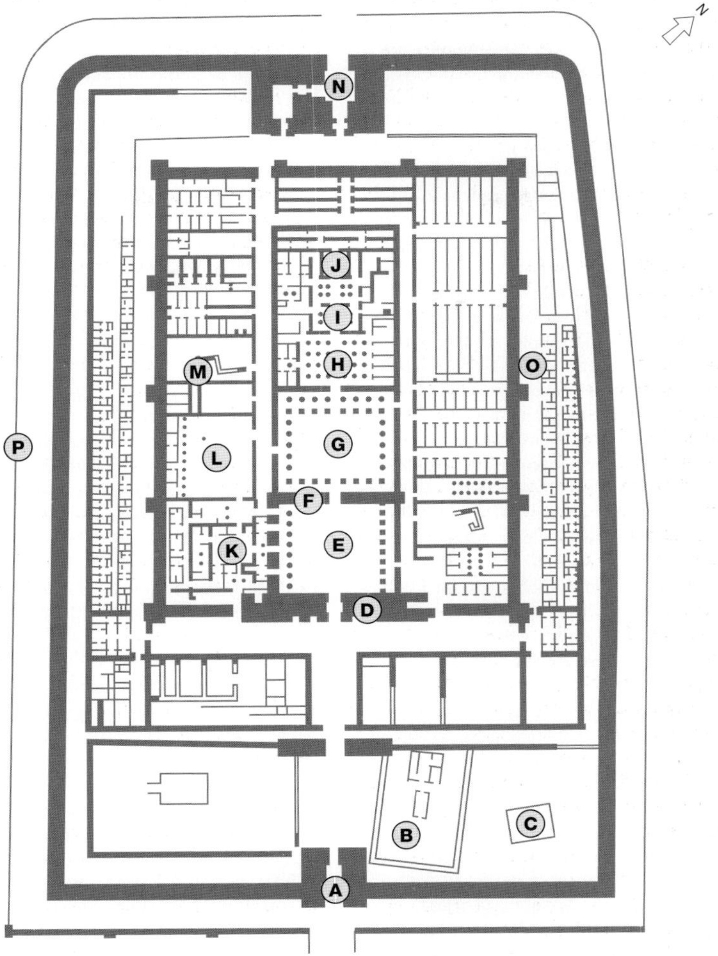

Madînat Habu
Theben West

Legende:
- Ⓐ Hohes Tor
- Ⓑ Tempel der 18 Dynastien
- Ⓒ Heiliger See
- Ⓓ Eingangspylon
- Ⓔ Erster Hof
- Ⓕ Zweiter Pylon
- Ⓖ Zweiter Hof
- Ⓗ Große Säulenhalle
- Ⓘ Vorsäle
- Ⓙ Allerheiligstes
- Ⓚ Palast
- Ⓛ Palasthof
- Ⓜ Brunnen
- Ⓝ Westtor
- Ⓞ Reliefs
- Ⓟ Außenmauer

kammern beiderseits des großen Säulensaales wurden, wie man an den Darstellungen an den Wänden erkennen kann, die Tempelschätze aufbewahrt. Ramses übergibt Amun Papyrusbehälter, kostbare Gefäße, ein Säckchen mit Edelsteinen, Gold und Edelmetalle.

Der Hauptachse folgen zwei kleinere Säle mit ehemals jeweils acht tragenden Säulen. Im hinteren Saal stehen zwei **Granitstatuen**. Das anschließende **Sanktuarium** ist an den Überresten von vier quadratischen Pfeilern zu erkennen; in seiner Mitte stand auf dem Steinsockel die Barke. Umgeben war es von mehreren Kapellen.

Im schon erwähnten **Palast**, dessen Reste südlich (links) des ersten Hofes anschließen, führen drei flache Stufen zum Thronsitz. Ausschließlich Fundamente der Räumlichkeiten sind noch zu erkennen: Schlafzimmer, Thronsaal, Bad mit Toilette, Nebenräume und der Palasthof.

Lohnend ist die Betrachtung der **Außenwände** des Tempels: Beeindruckende Szenen des Pharaos auf der Jagd und ein Festkalender mit Opferbestimmungen (die klarstellen, was ein Opfer ist und was nicht) sind auf der linken Längsseite des Tempels dargestellt. Auf den übrigen Seiten dominieren kriegerische Szenen: Der Aufbruch des Königs in den Kampf, der Kampf gegen die Libyer, die Darstellung einer Seeschlacht, bei der der König vom Ufer aus die feindliche Flotte beschießt, der König bei einer Festungserstürmung, Ramses empfängt Gefangene usw.

Tal der Königinnen / Bibân el Harîm

Im Süden von Theben West liegt eine Begräbnisstätte, die den Herrscherinnen vorbehalten war. Doch auch Prinzen und Prinzessinnen, meist aus der 19. und 20. Dynastie, erhielten hier ihre letzte Ruhestätte. Über 70 in den Fels geschlagene Anlagen sind heute bekannt. Sie bestehen meist aus einem Korridor mit kleinen Seitenräumen. Wandzierde ist meist nur bemalter Stuck, oft ohne Ausschmückung oder auch unvollendet. Sie sind lange nicht so eindrucksvoll wie die Königsgräber und können diesen auch in Größe und Komplexität nicht das Wasser reichen. Leider wurden hier wie im Tal der Könige fast alle Gräber von Grabräubern geplündert, so dass die wichtigsten und schönsten Grabbeigaben heute nicht mehr vorhanden sind.

Für den Besucher sind fünf Gräber zugänglich (von West nach Ost):

Grab des Sethherchopschef (Nr. 43)
Das Grab eines der Söhne von Ramses III. Es besteht aus zwei Korridoren, einer großen und einer kleinen Kammer. Die jetzt geschwärzten Reliefs zeigen den Prinzen und seinen Vater bei kultischen Handlungen.

Grab des Chaemueset (Nr. 44)
Auch hier wurde ein Sohn Ramses III. bestattet. Die farblich sehr kraftvollen Reliefs zeigen im ersten Raum König und Prinz vor verschiedenen Gottheiten; in den Seitenräumen ist der Prinz allein mit den Göttern.

Grab der Titi (Nr. 52)
Beschützend steht die Göttin Maat links und rechts im langen Korridor. In der anschließenden Kapelle befindet sich an der Rückwand Osiris, vor ihm Neith und Selket, während sich hinter ihm Nephthys, Isis und Thot aufgestellt haben. In dem rechten kleinen Seitenraum ist die Totengöttin Hathor in Kuhgestalt vor einer Gebirgslandschaft zu sehen; davor erfrischt sich Hathor in Menschengestalt mit Wasser.

Grab des Amenherchopschef (Nr. 55)
Die Farben in diesem Prinzengrab sind gut erhalten. Im ersten Saal umarmt der König Isis, und in einer weiteren Darstellung bringt er Ptah ein Räucheropfer dar. Außerdem kann man den Prinzen und seinen Vater, Ramses III., sehen, der von verschiedenen Göttern an der Hand genommen wird. Ganz ohne Zierde sind die Seitenräume. Durch den Korridor mit Texten aus dem Totenbuch gelangt man in die Grabkammer mit dem Sarkophag aus Granit.

Grab der Nefertari (Nr.66)
Dieses Grab der jung verstorbenen Hauptgemahlin und Lieblingsfrau von Ramses II. wurde erst 1904 entdeckt. Für rund 3 Mill. € wurde es von Experten aus sieben Nationen, v.a. aber von einem italienischen Team, jahrelang restauriert, bevor es 1997 eingeschränkt wieder der Öffentlichkeit zugänglich gemacht wurde. Pro Tag dürfen 150 Besucher das Grab maximal 10 Minuten zum stolzen Preis von

E£100 bestaunen. Je nach Saison ist es manchmal schwierig, eines der schon früh vergriffenen Tagestickets zu bekommen. Doch wer die Mühen des Frühaufstehens nicht scheut und nicht allzu knapp bei Kasse ist, sollte sich den Genuss des Besuchs dieses außergewöhnlichen Grabes unbedingt gönnen. Da das Grab ausgeraubt wurde, sind nicht sehr viele Objekte vorhanden, aber die wunderschönen, leuchtend bunten Darstellungen auf feinem Stuck machen diesen Verlust wett.

In der Anlage weicht das Grab von anderen Königinnengräbern ab: Über einen 18-stufigen Eingangskorridor gelangt man in einen Vorraum mit zwei Nebenräumen. Eine Treppenpassage führt in die Grabkammer, bei der sich drei kleine Nebenräume befinden. Die Bank linker Hand im Vorraum war für die Darreichung von Opfergaben bestimmt. An der Wand sitzt die Königin unter einem Baldachin und spielt ein Brettspiel. Ihr Ba (Seele) erscheint als Vogel mit Menschenkopf. Auf einer weiteren Darstellung ist Nefertari zu sehen, wie sie die Sonne anbetet, die von zwei Löwen gehalten wird. An der rechten Wand ist die Königin vor Osiris zu sehen, wie sie zu Harachte betet. In der Seitenkammer ist Nefertari, ebenso wie im Treppenaufgang zur Grabkammer, mit verschiedenen Gottheiten zu sehen. Auf dem Architrav über der Tür zur Grabkammer sieht man die schützende Göttin Maat mit ihren ausgebreiteten Flügeln. Leider wurden die Wandreliefs im für den Sarg bestimmten Pfeilersaal und den angrenzenden Seitenkammern ziemlich zerstört. Auch wurden nur Fragmente vom Sarkophag aus rotem Granit gefunden; die goldenen Innensärge und die Mumie fielen Grabräubern zum Opfer. Vier Pfeiler, auf denen Horus als Priester mit Pantherfell dargestellt ist, umgeben den Standort des Sarges. Sie stützen die Decke, an der viele Sterne „funkeln".

Dair el Madîna

Die inzwischen recht bekannte Romantrilogie des Ägyptologen Christian Jacq, *Stein der Weisen*, spielt an diesem Ort und entsprechend lebendig ist er für diejenigen, die diese Bücher gelesen haben. Dair el Madîna ist die einst sehr gut bewachte Siedlung der Handwerker der 19. und 20. Dynastie, die an den Königsgräbern arbeiteten und somit Geheimnisträger waren, da ihnen sowohl Lage als auch Inhalt der edlen Gräber bekannt waren. Der Ort war quasi heilig, denn hier errichteten die Handwerker Grabbauten. Durch religiöse Zeremonien wurden diese einfachen Gräber zu Häusern der Ewigkeit. Damit waren sie heilig und mit ihnen die Orte und Menschen, die um sie herum waren. Viele Neider vermuteten hier Schätze und versuchten die Stadt anzugreifen, doch diese war gut abgesichert.

Auch wenn es hier keine prächtigen Tempel gibt, so lohnt doch die Besichtigung, denn auf-

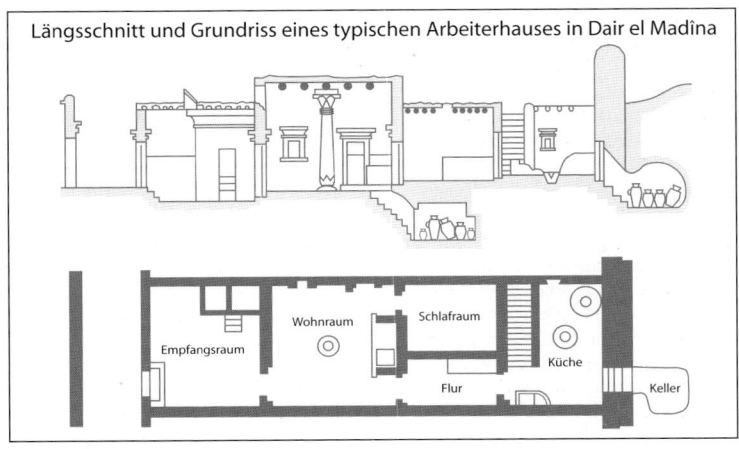

Längsschnitt und Grundriss eines typischen Arbeiterhauses in Dair el Madîna

grund des relativ guten Zustands dieser Siedlung kann man die Lebensbedingungen der Einwohner von vor 3000 Jahren sehr gut erahnen.

Das altägyptische Städtchen liegt an einem Abzweig auf dem Weg zum Tal der Königinnen ca. 1 km vom Ramesseum entfernt in einem geschützten Seitental. Die regelmäßige Dorfanlage mit ihren ca. 70 aus Bruchstein gebauten Häusern, deren Grundmauern noch gut erkennbar sind, war von einer Mauer umgeben. Die Häuser von Dair el Madina waren alle gleich aufgebaut: lange, rechteckige Gebäude mit einem Hauptraum zur Straße hin und weiteren Räumen dahinter. Die Bewohner des Dorfes schlugen in ihrer Freizeit auch eigene Gräber in den Osthang über der Siedlung. Sie wurden oft von kleinen Pyramiden gekrönt und sind, obwohl nicht groß, aufgrund der Farbenpracht der Malereien, die u.a. vom harten Arbeitstag erzählen, ein Augenschmaus für den Betrachter.

Die Handwerker waren vom Wesir abhängig. Da sie selbst keine Anbauflächen hatten, waren sie darauf angewiesen, Lebensmittel von auswärts zu erhalten. Der Wesir, der oberste Vertreter des Pharaos, war dafür zuständig, dass dies auch geschah. Als die Lebensmittel-Lieferungen aufgrund der gesamtpolitischen Lage immer seltener wurden, traten die Handwerker in Streik – zum ersten Mal in der Geschichte! Bis ins Jahr 1070 v.Chr. war ihre Strategie, bei Ausbleiben von Lieferungen die Arbeit niederzulegen, erfolgreich, doch dann verließen die Familien das Tal: Trotz Streik war ihre Versorgung nicht mehr gewährleistet und so bauten sich die Menschen außerhalb eine neue Existenz auf.

Drei der Handwerksgräber kann man zurzeit besichtigen:

Das **Grab des Sennedjem (Nr. 1)**, ein von Grabräubern verschont gebliebenes Familiengrab, wurde 1886 entdeckt. Das Familienoberhaupt war Handwerker zur Zeit von Ramses II. Hinter einer bemalten Holztür, die heute im Ägyptischen Museum in Kairo zu bestaunen ist, wurden 20 Mumien, teilweise in Särgen, und die gesamte Grabausstattung gefunden. Über steile Stufen gelangt man in die überwölbte Grabkammer, die vollständig bemalt ist. Besonders schön auf der rechten Schmalseite ist die so genannte Szene des „Gefildes der Seligen". Der Grabherr und seine Gattin gehen darauf verschiedenen Feldarbeiten nach. Eine üppige Vegetation und Wasserkanäle umgeben das Paradies. Im Giebel darüber fährt der Sonnengott in einer Barke, links und rechts gegrüßt von zwei Pavianen. Auf der linken Eingangsseite opfern die Söhne des Verstorbenen den Göttern Isis und Nephthys, die dessen Mumie flankieren. Wunderschön ist auch die Deckenbemalung, z.B. die Barke des Sonnengottes oder die Himmelsgöttin Nut, die **ihren Oberkörper aus der Krone** einer Sykomore herausstreckt, um Sennedjem und seiner Frau Speise und Trank zu reichen.

Nahe dem Sennedjem-Grab liegt eines der schönsten Gräber dieser Nekropole, das **Grab des Onuris-Cha (Nr. 359)**. Onuris-Cha war Handwerksmeister unter Ramses III. Der Schacht mündet in zwei Kammern. Der erste Raum zeigt v.a. Szenen aus dem Totenbuch. An der Decke sticht besonders das Motiv der Stierköpfe in Frontansicht ins Auge, die eine Sonnenscheibe zwischen den Hörnen tragen. Die anschließende enge Grabkammer ist fast ganz mit Malereien geschmückt. Auf der rechten Wand sind der Grabherr, seine Ehefrau und Töchter zu sehen, wie sie die dargereichten Grabbeigaben entgegennehmen. Der Vater scheint mit einer Locke seiner Tochter zu spielen. Besonders beeindruckend ist auch die Szene mit dem blinden Harfenspieler, der vor dem Grabherrn und seiner Frau aufspielt.

Das aus mehreren Kammern bestehende **Grab des Peschedu (Nr. 3)** liegt etwas weiter oben am Hang. Durch einen niedrigen Durchgang gelangt man in den Sargraum. Auf einer Abbildung auf der rechten Eingangswand liegt der Verstorbene unter einer Palme und labt sich an Wasser aus einem Teich. An den anderen Wänden sieht man den Toten im Familienkreis, wie er verschiedenen Gottheiten huldigt.

Nördlich der Siedlung steht außerdem ein kleiner **Tempel**, der Hathor, der Schützerin der Totenstadt, und Maat, der Göttin der Wahrheit und Gerechtigkeit, geweiht war. Er wurde unter Ptolemaios IV. begonnen, zu einer Zeit, zu der die Arbeitersiedlung schon ca. acht Jahrhunderte verlassen war. Das kleine Heiligtum, das aus regelmäßigen Quadern erbaut ist, steht innerhalb einer Ziegelmauer. Wenn der Tempel verschlossen ist, kann man sich an den Wärter wenden. Er wird ihn gern öffnen (und sich über ein kleines Bakschisch freuen). Man betritt über den Vorraum einen kleinen Vorsaal und gelangt in das Sanktuarium, das aus drei Kapellen besteht. Die Reliefs zeigen diverse Kulthandlungen. Eine Treppe führt auf das kleine Tempeldach, von dem man seinen Blick zur Siedlung hinab schweifen lassen kann. Koptische Mönche, die in frühchristlicher Zeit im Tempel lebten und verschiedene, immer noch sichtbare „Kritzeleien" hinterließen, sind für den modernen Namen des gesamten Areals verantwortlich, denn Dair el Madîna bedeutet nichts anderes als „Kloster der Stadt".

Ramesseum

Das Ramesseum war dem Gott Amun geweiht und einst einer der Totentempel Ramses II. Nur ungefähr die Hälfte dieser Anlage sind erhalten, was, im Vergleich zu anderen Monumentalbauten, die die-

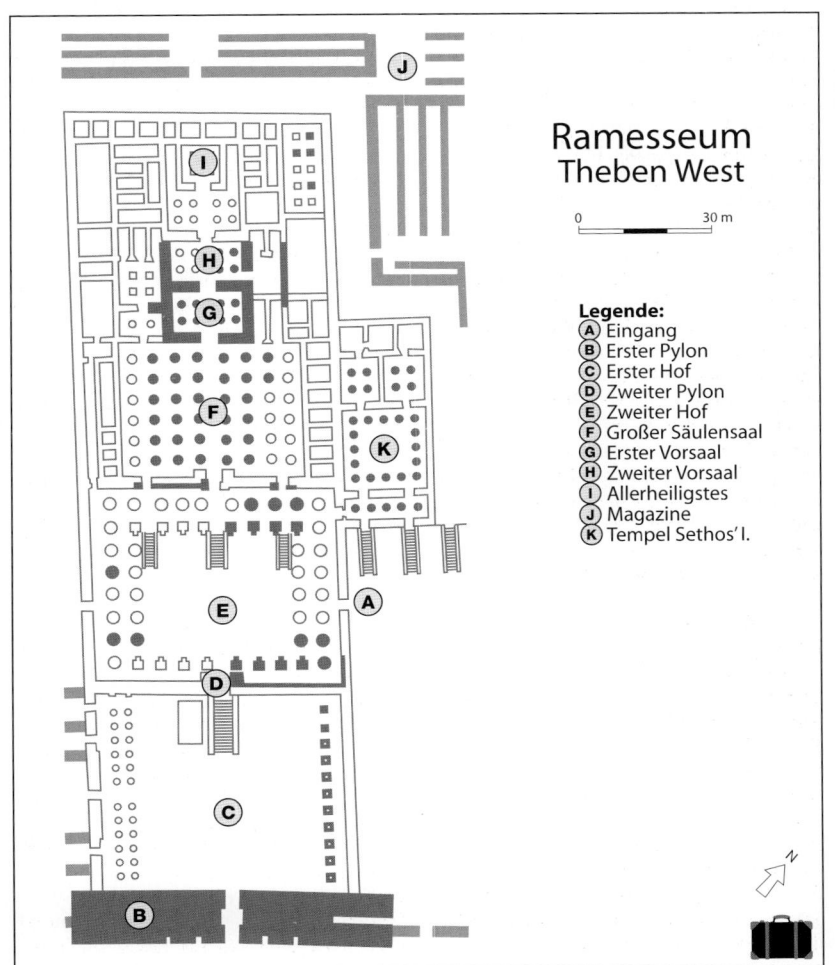

ser Pharao der Nachwelt hinterließ, recht wenig ist. Neben dem Heiligtum selbst befinden sich ausgedehnte Magazine, die aus Tonnengewölben bestehen und teilweise gut erhalten sind.

Der ca. 70 m breite **Eingangspylon** wurde zum ersten Mal in der Totentempelarchitektur aus Sandstein errichtet. An der Innenseite ist eine vollständige Version der Schlacht von Qadesch gegen die Hethiter dargestellt. Sie beginnt mit dem gemütlichen Lagerleben auf der nördlichen Innenwand und reicht bis zum Schlachtgetümmel, in dem der Pharao selbst mit seinem Streitwagen die Feinde auseinandersprengt bzw. sie (ganz rechts) am Haar packend erschlägt.

In den beiden Höfen standen mehrere **Kolossalstatuen** Ramses' II. Ca. 18 m hoch und 1000 t schwer war die Sitzfigur, die im ersten Hof in Trümmern liegt. Es ist zwar schade, dass sie kaputt ist, hat aber den Vorteil, dass man die Monumentalität dieser Statue sowie die Liebe zum Detail bei der Ausschmückung Ramses' II. in aller Nähe betrachten kann. Vom **zweiten Pylon** ist nur noch der nördliche Turm erhalten, an dessen Rückwand wieder einmal Szenen der Qadesch-Schlacht dargestellt sind. Acht von ursprünglich 16 Osiris-Pfeilern stehen meist kopflos im besser erhaltenen **zweiten Hof**, von dem drei Treppen zur Vorhalle hochführen. Von hier aus gelangt man in den **Großen Säulensaal**, das Hypostyl. Auf den Wandreliefs links wird eine hethitische Festung erstürmt, mitten darin der König mit seinem Streitwagen, während die Feinde fliehen. Im Durchgang bildeten zwölf Säulen das erhöhte Mittelschiff, dessen Decke teilweise noch erhalten ist. Rechts am Durchgang zum Vorsaal hat sich der italienische Forscher Belzoni, der den Eingang zur Chephren-Pyramide fand (s. S. 73), verewigt. In diesem anschließenden, durch acht Säulen getragenen **Vorsaal** fällt die gut erhaltene Decke mit astronomischen Darstellungen auf. Über einen weiteren Vorsaal, von dem nur der rechte Teil mit vier Säulen erhalten ist, gelangt man zum kaum mehr erkennbaren **Sanktuarium**.

Die Privatgräber von Theben West

Archäologen fanden in Theben West bislang über 500 Privatgräber. Doch auch hier waren die ersten Entdecker meistens Grabräuber.

Die privaten Gräber wurden so wie die Königsgräber in Fels geschlagen. Die Grabanlage bestand meist aus einem begehbaren Kult-Bereich, der sich aus mindestens einem Hof und einer in den Fels geschlagenen Kammer zusammensetzte, und einem unterirdischen Bereich, der über einen Schacht zugänglich war und in den die Mumie mitsamt den Grabbeigaben gelegt wurde. Oft lag zwischen dem Hof und der Kultkammer ein quer verlaufender Vorraum. In den Privatgräbern sind u.a. Verwaltungsbeamte, Priester und Feldherren beerdigt worden. Die Stellung des Verstorbenen bestimmte in aller Regel die Größe des Grabes. Die Darstellungen berichten im Unterschied zu denen in den Königsgräbern, wo religiöse Themen dominieren, von den Dingen des Alltags: Landwirtschaft, Fischfang, Handwerk, Nahrungsmitteln u.a.

Die Privatgräber verteilen sich auf verschiedene Gebiete der Nekropole Westthebens. Die unten aufgeführten befinden sich alle in dem bedeutenden, **Shaikh Abd al-Qurna** genannten Abschnitt. Er liegt über dem Dorf Alt-Qurna westlich des Ramesseums und ist die größte Ansammlung privater Gräber.

Grab des Ramose (TT55)

Ramose bekleidete unter Amenophis III. und Amenophis IV. das Amt des Wesirs. Vermutlich wurde das Grab wegen des plötzlichen Todes von Ramose nicht vollendet. Die Ausmaße des Grabes, das als größtes Privatgrab von Theben West gilt, spiegeln die hohe Position des Verstorbenen. 4 x 8 Säulen stützen die Decke des sehr beeindruckenden Vorraumes. Die Verzierungen sind sowohl als Malereien als auch als feine Reliefs ausgeführt. Die linke bemalte Wand stellt in allen Details den Leichenzug des Verstorbenen dar. Die Klageweiber trauern um den Toten. Links davon (an der Eingangswand) erkennt man in Relieftechnik die Szene eines Festmahls zu Ehren des Toten. Bei den Gästepaaren ist die Bemalung nicht vollständig ausgeführt worden, nur die Augen sind schwarz umrandet.

Grab des Nacht (TT52)

Nacht war Schreiber zur Regierungszeit von Thutmoses IV. Von seinem Grab ist nur der Vorraum bemalt, doch die hiesigen Bilder zählen aufgrund ihrer Farbenpracht und der Feinheit der Arbeit zu den bekanntesten Beispielen der altägyptischen Malerei. Auf der linken Rückwand ist ein Bankett für den Verstorbenen dargestellt. Feine Damen sitzen hinter einem blinden Harfenspieler und lassen sich von einer unbekleideten Dienerin umsorgen. In einer anderen Bankettszene unterhalten drei äußerst fein gezeichnete Musikantinnen mit Harfe, Laute und Flöte die Gäste. In der Kammer ist auch die Weinernte dargestellt sowie die Jagd des Verstorbenen in den Papyrussümpfen, eine in den Privatgräbern sehr häufig zu sehende Szene.

Grab des Menena (TT69)

Menena war als Schreiber unter Thutmoses IV. für die Berechnung und Erfassung des Feldertrags der königlichen Ländereien zuständig. Sowohl der Vorraum als auch der anschließende Kultraum ist bemalt. Szenen aus dem Berufsleben des Verstorbenen prägen die Ausschmückung des Grabes. Der Getreideanbau wird von der Aussaat bis zur Ernte abgebildet, und auch die Arbeit der Steuereintreiber und die Lagerung des Getreides ist ausführlich dargestellt. Man sollte auf die Details achten: Eine Katze stöbert in einem Entennest, ein im Boot sitzender Jüngling schöpft Wasser aus dem Fluss, ein schlafender Arbeiter sitzt unter einem Baum. Aufgrund der stilistischen und zeitlichen Nähe zum Grab des Nacht vermutet man, dass die Gräber von denselben Malern geschmückt wurden.

Grab des Senefer (TT96)

Senefer war der Bürgermeister von Theben und ein Vertrauter des Königs Amenophis II. Bei seinem Grab ist anders als sonst nicht der Kultraum zu besichtigen, sondern die Grabkammer. Eine steile und niedrige Treppe führt den Besucher 12 m tiefer. Vier Pfeiler tragen die Decke des Raumes. Die Wandmalereien hier gelten als sehr elegant. Es war jedoch die Deckenbemalung, die dem Grab seinen Beinamen **Grab der Weinreben** einbrachte. Die Weinranken und Trauben sind im ersten Teil der Grabkammer zu betrachten. Sie wirken sehr dreidimensional – der Künstler machte aus der Not eine Tugend und nutzte die Unebenheiten der Decke aus. Im hinteren Abschnitt finden sich an der Decke farbenfrohe geometrische Muster.

Dair el Bahrî / Hatschepsut-Tempel

Kein Tempel in Theben West liegt schöner als dieser. Am Ende eines Tals ragen Felswände direkt um das Bauwerk in immense Höhen auf und vermitteln eine Monumentalität, wie man sie genialer nicht hätte erträumen können. Verehrt wurden hier die Götter Amun, Hathor und Anubis.

Sehr eigenwillig ist die Bauart, die sich Königin Hatschepsut für ihren Totentempel aussuchte: Ihr Baumeister (und Geliebter?) Sennemut ließ aus fast weißem Kalkstein einen Tempel errichten, der sich nicht an die sonst übliche Reihenfolge Pylon-Hof-Pylon-Pfeilersaal hielt, sondern das Bauwerk in drei Terrassen gliederte, die, ebenso wie die Kulträume, aus dem Gebirge herausgemeißelt wurden. Die Frontseiten der oberen beiden Terrassen werden von geöffneten Pfeilerhallen/Kolonnaden und nicht von Pylonen eingenommen. Rampen verbinden die Terrassen miteinander.

In den Darstellungen wurde Hatschepsut als Pharaonin des Landes wie die anderen Herrscher mit den Eigenschaften eines Königs ausgestattet, was dem Betrachter ihre Identifizierung manchmal erschwert. Wer würde bei einer Königin einen Bart erwarten? Durch die Besiedlung des Bauwerks durch koptische Mönche wurden viele heidnische Reliefs und Darstellungen zerstört, so dass Hatschepsut auch oft gesichtslos oder gar körperlos auftritt. Der Einfluss der Mönche ist auch im heutigen Namen des Tempels erkennbar. Er bedeutet „Nördliches Kloster".

Von einem nicht mehr erhaltenen Taltempel führte ein 37 m langer Aufweg zum Totentempel, vor dessen ebenfalls fast unkenntlichem Eingangstor zwei Bäume standen, deren Stümpfe jedoch noch erhalten sind.

Die beiden durch eine Rampe getrennten **Säulenhallen** werden von jeweils elf Säulenpaaren getragen. Leider ist von den Reliefs sehr wenig erhalten. In der südlichen (linken) Halle kann man Schiffe und Soldaten betrachten sowie den Abtransport zweier Obelisken.

Über die erste Rampe gelangt man auf die **zweite Terrasse**, auf der sich die viel interessantere **Geburtshalle** (nördlich) und Punthalle (südlich) befinden. In Ersterer wird die Zeugung der Hatschepsut durch Amun dargestellt. Chronologisch geht es weiter mit der Geburt bis hin zur Krönung zur Königin. Über drei Stufen gelangt man nördlich in die dreikammrige **Anubis-Kapelle**, die sich durch die gut erhaltenen Farben auszeichnet. Die Darstellungen hier zeigen oft die nicht mehr erkennbare Hatschepsut vor dem schakalköpfigen Anubis.

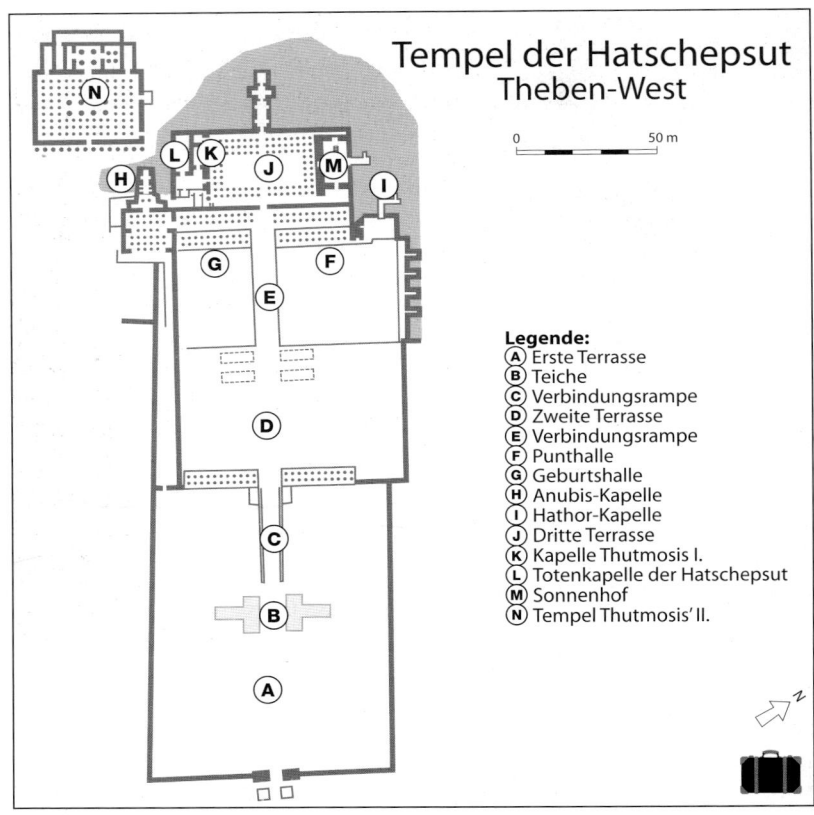

Interessant ist die **Punthalle**, in der die im neunten Regierungsjahr der Hatschepsut durchgeführte Expedition in das Land Punt (Somaliküste) geschildert wird. Man kann sehen, wie eine Expedition mit fünf Schiffen loszieht, um sich auf die Suche nach Ebenholz, Elfenbein und Weihrauch zu machen. Letzteres brauchte man vor allem für zahlreiche Tempelrituale. Die Reliefbilder sind insofern einmalig, als sie die einzige erhaltene Bilddokumentation einer Reise ins weiter entfernte Afrika darstellen. Die Südwand der Halle zeigt ein Dorf, bei dem v.a. die bienenkorbähnlichen Hütten auffallen. Außerdem kann man auf dieser Wand die kranke Fürstin von Punt sehen. Sie sitzt auf einem Esel; Fuß- und Armreifen sowie eine auffällige Halskette dienen ihr als Schmuck. Auf der Längswand werden die ägyptischen Schiffe beladen, die danach mit vollen Segeln ablegen. Später werden sie von Hatschepsut empfangen, die die mitgebrachte Ware registrieren lässt. Auf der Nordwand spricht die Königin unter einem Baldachin sitzend zu den Mächtigen des Reiches.

Hathor-Säulen zieren das kleine **Hathor-Heiligtum** südlich der Punthalle. Osiris-Pfeiler der Hatschepsut dekorieren die **dritte Terrasse**. Sie ist seit kurzem wieder für den Publikumsverkehr geöffnet, nachdem polnische Archäologen ihre Arbeit hier oben beendeten.

Hatschepsut-Tempel

Der Grabtempel von Sethos

Dieser dem Gott Amun geweihte Grabtempel liegt am Rande zum Fruchtland an der Straße zum Tal der Könige. Die Anlage, die Ramses II. fertig stellte, war sehr stark zerstört, ist aber inzwischen rekonstruiert worden und mit ihrem typischen Aufbau einen Besuch wert. Durch die Vorhalle gelangt man in den Säulensaal, dessen Decke von sechs Papyrus-Säulen getragen wurde. Auf den verbliebenen Deckenplatten sind u.a. fliegende Geier und die Flügelsonne zu sehen. In den sechs Seitenkammern sieht man auf recht schönen Reliefs, wie Sethos I. vor verschiedenen Göttern Kulthandlungen vollzieht. Von den fünf anschließenden Kammern ist die mittlere das Allerheiligste, in der sich der Sockel für die Barke befindet. An den Wänden räuchert der Pharao vor der Barke.

Tal der Könige (Bîbân el Mulûk)

Fantastisch ist es, wenn man vom Tempel der Hatschepsut über den Bergrücken ins Tal der Gräber läuft. Über dem Tal der Könige erhebt sich ein Berg in der Form einer Pyramide. Dies gab vielleicht, zusammen mit der versteckten Lage des Tals, den Ausschlag dafür, die Könige hier zu bestatten. Denn die „Pyramide" erinnerte an die Königsgräber des Alten Reiches und verlieh dem Ort so einen heiligen Charakter. Das Tal durfte nur von den Handwerkern und der Königsfamilie zur Bestattung eines Pharaos besucht werden. Eine spezielle Polizeieinheit sorgte dafür, dass diese Bestimmung eingehalten wurde. Doch schon im Verlauf der 20. Dynastie wurden die ersten Gräber geplündert und am Ende des Neuen Reiches waren alle Gräber, mit Ausnahme des Grabes von Tutanchamun ausgeraubt.

Die prunkvollen Grabanlagen wurden bis zu 300 m in den teilweise sehr harten Fels getrieben. Die Anlage der Gräber besteht aus Korridoren, die nach unten führen. Es folgt ein Vorsaal, dem die Grabkammer angeschlossen ist. Diese wurde oft von Pfeilern getragen, und in einer Vertiefung stand der Sarkophag des Toten. Die Räume reihen sich in einer geraden oder einer geknickten (typisch für die Königsgräber der 18. Dynastie) Achse auf. Im Tal der Könige lagen Herrscher aus der Zeit zwischen der 18. und der 20. Dynastie, darunter alle Pharaonen der 18. Dynastie mit Ausnahme von Echnaton.

Die Gräber sind chronologisch nach der Reihenfolge ihrer Entdeckung geordnet. Die Bezeichnung KV steht für Kings Valley. Das zuerst entdeckte Grab gehörte Ramses VII. (KV1). Es ist schon seit griechischer Zeit geöffnet. Die höchste Nummer gehört zum erst 1922 gefundenen Grab des Tutanchamun (KV 62). Von den Ägyptern wird die Stätte Bîbân el Mulûk („Tore der Könige") genannt. Sie gliedert sich in einen westlichen und einen östlichen Teil, wobei die allermeisten Anlagen in Letzterem liegen. Im westlichen Talabschnitt sind nur Amenophis III. und Eje begraben.

Nur ein Teil der Gräber ist der Öffentlichkeit zugänglich. Es finden ständig Restaurierungsarbeiten statt. Manche der Gräber mussten geschlossen werden, da die Luftfeuchtigkeit durch die einströmenden Touristenmassen in den Räumen stark angestiegen war und die Farben schädigte. In den Gräbern herrscht ein absolutes Berührungsverbot.

Grab von Ramses IV. (KV6)

Der drittletzte Herrscher der 20. Dynastie herrschte 18 Jahre lang. Drei Korridore führen zu einem Vorraum. Es folgt eine Halle mit vier Säulen, an die sich die Grabkammer anschließt. In der rechteckigen Vertiefung in der Mitte der Kammer stand einst der Sarkophag des Pharaos. Schön ist die Decke des zweiten Korridors mit ihren Sternen und Sternbildern.

Grab des Tutanchamun (KV62)

Dieses Grab wurde als einziges nicht geplündert. Entdeckt wurde es von den Engländern Lord Carnavon und dessen Grabungsleiter **Howard Carter**, die trotz mehrerer Fehlversuche die Suche nach dem Grab des Tutanchamun unbeirrt fortgesetzt hatten. Der Amerikaner Theodor M. Davis hatte 1907 im Tal der Könige Siegel und Goldplättchen mit dem Namen des Pharaos gefunden, was die beiden Engländer zu ihrer Annahme eines weiteren Königsgrabes im Tal veranlasste. In Abwesenheit des Lords stieß die Grabungstruppe von Carter unter dem beseitigten Abraumhügel des Grabes von Ramses VI. am 4. November 1922 auf mehrere in den Fels gehauene Treppenstufen. Am 24.11. (Carnavon hatte seine heimatlichen Weihnachtsvorbereitungen abgebrochen und war ins Tal der Könige zurückgekehrt) bestätigte ein Siegel an einer Tür, zu der man vorgedrungen war, die Hoff-

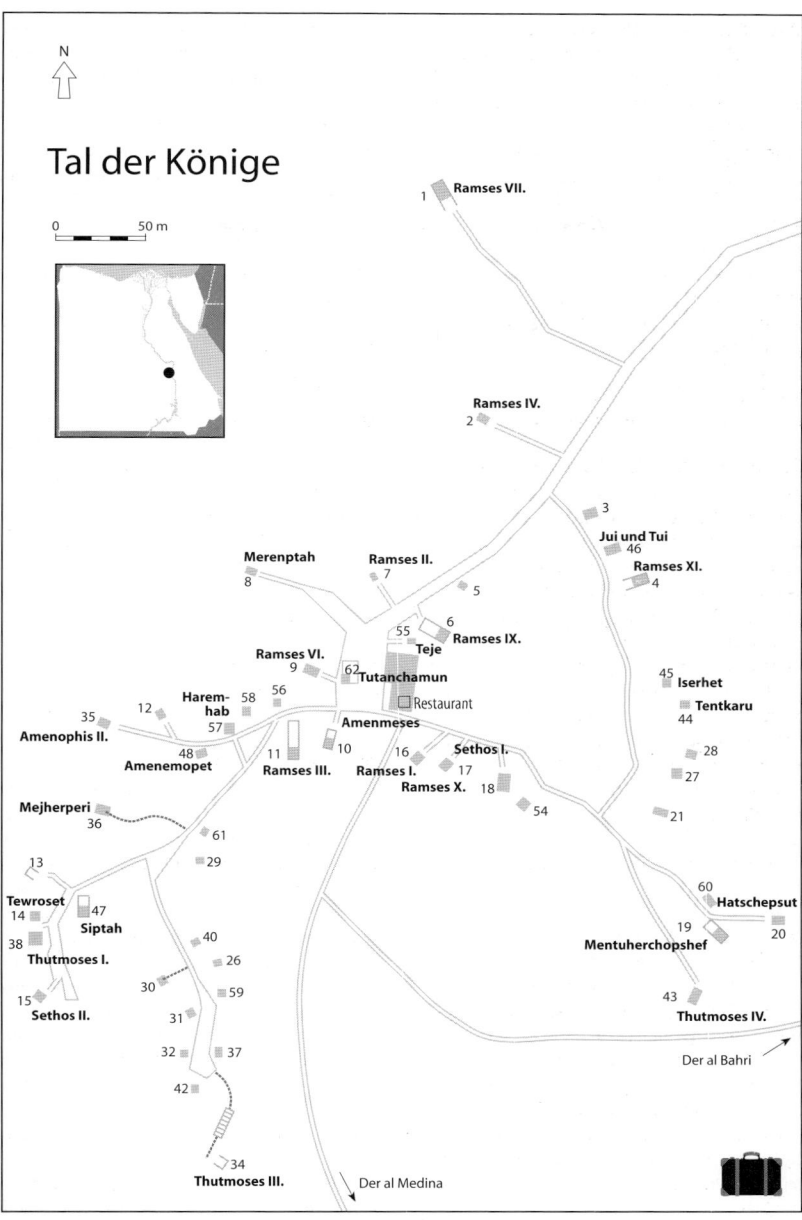

nung, in der Grabanlage des Tutanchamun zu sein. Die Grabungen wurden fortgesetzt und weitere versiegelte Türen geöffnet. Die Funde waren schließlich zahlreich und berauschend, obwohl Grabräuber bis hinter die erste Siegeltür gekommen waren. Die Weltöffentlichkeit war begeistert. Welche Beigaben mussten erst die (beraubten) Gräber bedeutenderer Pharaonen gehabt haben, wenn die für Tutanchamun schon so prachtvoll waren? Carter bewahrte einen kühlen Kopf. Über zehn Jahre lang katalogisierte er die einzelnen Objekte und kartographierte ihre Lage (Lord Carnavon war bereits 1923 verstorben). Die über 3000 Grabbeigaben wurden daraufhin ins Ägyptische Museum in Kairo gebracht, wo sie noch heute das Aufsehen der Besucher erregen.

Im Grab selbst befindet sich nur noch der große rote Sarkophag. Tutanchamun, der Sohn Echnatons (s. S. 69, 203) starb wahrscheinlich im Alter von nur 18 Jahren nach neunjähriger Regierungszeit. Sein kleines Grab war ursprünglich für einen Würdenträger vorgesehen. Da der Pharao so jung verstarb, war noch keine Grabkammer für ihn ausgehoben worden, weshalb er hier bestattet wurde. Nur die Grabkammer, die man über einen Korridor und eine Vorkammer erreicht, ist verziert. Von der Grabkammer kommt man in die Schatzkammer. Die Grabkammer wird von einer großen Malerei auf der Längswand dominiert: Rechts führt Eje vor dem König die Mund-Öffnungszeremonie durch. Durch dieses Ritual wird dem Verstorbenen der Gebrauch seiner Sinne im Jenseits garantiert. Tutanchamun ist in dieser Szene in Gestalt des Osiris mit Krummstab und Wedel dargestellt.

Grab von Ramses III. (KV 1)

Der zweite Pharao der 20. Dynastie herrschte über 30 Jahre. In dem großen Grab folgt nach drei Korridoren (Achsenverschiebung nach dem zweiten Korridor) ein Saal mit vier Pfeilern. Nach einem weiteren, dem vierten Korridor gelangt man über zwei Vorräume in die Grabkammer. Hier tragen acht Säulen die Decke. Auffällig sind die acht Seitenkammern entlang des zweiten Korridors. Sie sind mit religiösen Szenen sowie Opfergaben geschmückt. Schön sind auch die zwei blinden Harfenspieler in einer der Seitenkammern.

Grab von Ramses I. (KV 16)

Ramses war der Begründer der 20. Dynastie. Er verschied nach nur zwei Jahren Amtszeit. Entsprechend klein ist sein Grab, das jedoch für seine lebendigen Farben bekannt ist. Über eine Treppe gelangt man in einen Korridor. von diesem führt eine weitere Treppe in die Grabkammer mit Sarkophag. Die Malereien in der Grabkammer zeigen Ramses mit verschiedenen Gottheiten.

Grab von Ramses VI. (KV 9)

In diesem Grab waren sowohl Ramses V. als auch Ramses VI. (beide 20. Dynastie) beigesetzt. Ramses V. wurde hier erst zur Regierungszeit Ramses VI. bestattet, nachdem dieser die von seinem Vater begonnene Grabanlage vergrößert hatte. Nach drei Korridoren gelangt man in einen Saal mit vier Säulen. Ein vierter und fünfter Korridor führen in die Grabkammer. Hier liegt die Vertiefung für den Sarkophag von Ramses VI. Die Decke der Grabkammer wird von astronomischen Darstellungen beherrscht. Die Himmelsgöttin Mut wird hier als Doppelfigur abgebildet, die sich über die Erde wölbt. Die Wände sind mit Szenen aus dem *Buch der Erde*, das vor allem die Entstehung der Sonnenscheibe zum Inhalt hat, dekoriert, und zwar in einer Vollständigkeit, wie sie in keinem anderen Grab zu finden ist.

Grab von Amenophis II. (KV35)

Amenophis II. (18. Dynastie) unternahm während seiner 25-jährigen Regierungszeit mehrere Kriegszüge nach Syrien, wo er erfolgreich gegen das Mitanni-Reich kämpfte. Im Sarkophag wurde 1898 der unversehrte Leichnam des Königs gefunden. Zwei Korridore führen in einen ungeschmückten Vorsaal mit zwei Säulen. Nach einem Knick geht es eine Treppe hinab in einen dritten Korridor, auf den die Grabkammer folgt. Diese ist auf zwei unterschiedlichen Ebenen angelegt. Auf der unteren steht der reich verzierte Quarzit-Sarkophag, auf der oberen befinden sich sechs Säulen. Auf ihnen wird der Pharao mit den Göttern Hathor, Osiris und Anubis dargestellt. Die Decke ist übersät mit gelben Sternen an einem tiefblauen Himmel.

Grab von Thutmoses III. (KV34)

Das Grab von Thutmoses III. (18. Dynastie) ist das älteste dekorierte Grab im Königstal. Als sehr junger Pharao musste sich Thutmoses die ersten Jahre seiner Herrschaft mit seiner Stiefmutter Hatschepsut teilen, die sich ebenfalls zur Königin proklamiert hatte. Nach dem Tod von Hatschepsut gelangen Thutmoses III. bedeutende militärische Erfolge, was ihm unter Ägyptologen den Beinamen „Napoleon Ägyptens" einbrachte. Über zwei steile Treppen und zwei Korridore gelangt man in den Vorsaal mit zwei Säulen. Hier sind über 700 Götter dargestellt. Über eine weitere Treppe gelangt man in die dekorierte Grabkammer, in der zwei ebenfalls dekorierte Pfeiler stehen. Die Verzierungen sind skizzenhaft. Auf dem vorderen Pfeiler wird der junge Pharao von der Göttin Isis in Baumform gestillt.

Übernachtung

Die Preise variieren stark in der Haupt- und Nebensaison, weswegen man unbedingt den Preis checken sollte, bevor man das Zimmer nimmt. Gerade hier in Luxor, wo die Konkurrenz groß ist, lässt sich über den Preis gut verhandeln. Den größten Erfolg hat man damit natürlich außerhalb der Hauptsaison.
Unangenehm auffallen werden jedem Ankommenden die vielen **Schlepper**, die versuchen, den Reisenden in ein Hotel zu bringen, von dem sie eine Provision erwarten. Alle möglichen Auskünfte, warum man in dieses und kein anderes Hotel sollte, sind erfunden. Weder gibt es in Luxor eine Hotel-Nachweispflicht, was oft behauptet wird, noch gibt es Hotels nur mit Schlafsälen. Dass Hotels ausgebucht sind, passiert, wenn überhaupt, nur während des Mûlid-Festes und in der absoluten Feriensaison im Winter. Wer diese Schlepper-Dienste nicht annehmen möchte, darf sich nicht beirren lassen und sollte einfach losmarschieren. Die Leute merken schnell, wenn sie verloren haben.
Es ist durchaus eine Überlegung wert, als Alternative in **Theben West** abzusteigen. Dort ist es wesentlich ruhiger als in Luxor selbst; die von uns genannten Hotels sind alle durchweg von besserem Standard als die in Luxor-Stadt (die Preise liegen je nach Saison um E£60–100), und näher zu den Ausgrabungsstätten ist es auch. Am Besten ist es, man ruft vorher an und lässt sich von der Fährstation abholen.

Viele der luxuriösen oder zumindest 4-Sterne-Unterkünfte kann man manchmal von Deutschland aus günstiger über ein Reisebüro buchen als direkt. Ein Preisvergleich lohnt hier.

UNTERE PREISKLASSE – Atlas, Nähe Sh. Ahmad el 'Arabî (Orabi), ℡ 373514, 385971. Großes Haus mit 40 Zimmern. Freundlicher Besitzer (derselbe wie im Hotel Arabesque), sehr sauber, sehr angenehm und 24 Std. geöffnet.
Everest, Seitenstraße der Sh. Television, ℡ 373 260, ✉ everesthotel@hotmail.com. Sauberes Hotel, das engagiert von Hassan geführt wird. Zurzeit in Renovierung, dennoch empfehlenswert.
Grand, etwas versteckt bei der Sh. Muhammad Farîd, ℡ 382905. Nettes kleines Hotel mit schöner Dachterrasse, sauber, angenehme Zimmer, aber einfach. Heißes Wasser und Unterstellmöglichkeit für Gepäck.
Happy Land*, Sh. Qamr, ℡ 371828, ✉ happylandhotel@yahoo.com. Wer jung ist und andere Backpacker sucht, ist hier richtig. Etwas ab vom Schuss, aber ganz auf Rucksacktouristen eingestellt. Sehr kleine, z.T. dunkle Zimmer, dafür sauber, und es gibt Cornflakes zum Frühstück!
Nefertiti*, im Sûq, ℡ / ✆ 372386, ✉ aladinefertiti@hotmail.com. Ein sehr schönes, sauberes Hotel, das vor allem durch sein Preis-Leistungs-Verhältnis besticht: Alle Zimmer mit Bad, viele mit Balkon, fast alle mit nahezu perfekter Aussicht. Auf der Dachterrasse gibt es ein großes Frühstück, das die Gäste zu schätzen wissen.
Saint Minia*, Parallelstraße zur Sh. el Mahatta, ℡ 375409, ✆ 376568. Ein schönes und gepflegtes Haus. Die 20 Zimmer (z.T. etwas klein) blitzen vor Sauberkeit, und freundlich sind die Leute auch.
Sherif, nahe der Sh. Salâh el Dîn, ℡ 370757. Von 15 Zimmern haben 6 ein eigenes Bad. Sehr freundliches Personal, das dem Reisenden gern weiterhilft.

MITTLERE PREISKLASSE – Arabesque**–***, Sh. Muhammad el Farîd, ℡ 3712299, 382820, ✆ 372193, ✉ arabesquehotel@hotmail.com. Sehr gutes Mittelklassehotel, Dachterrasse mit kleinem Pool, herrlicher Blick und geschmackvoll eingerichtete Zimmer mit ac und TV, sauber.

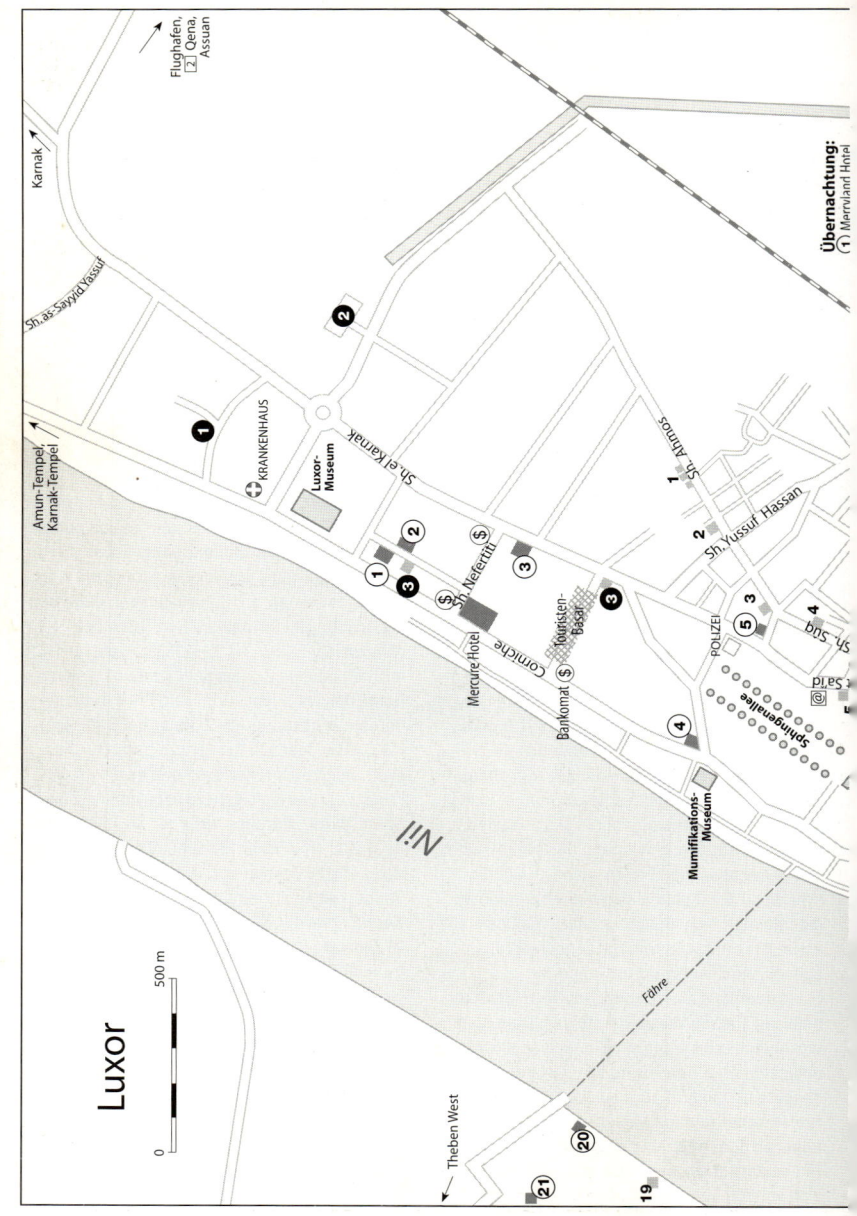

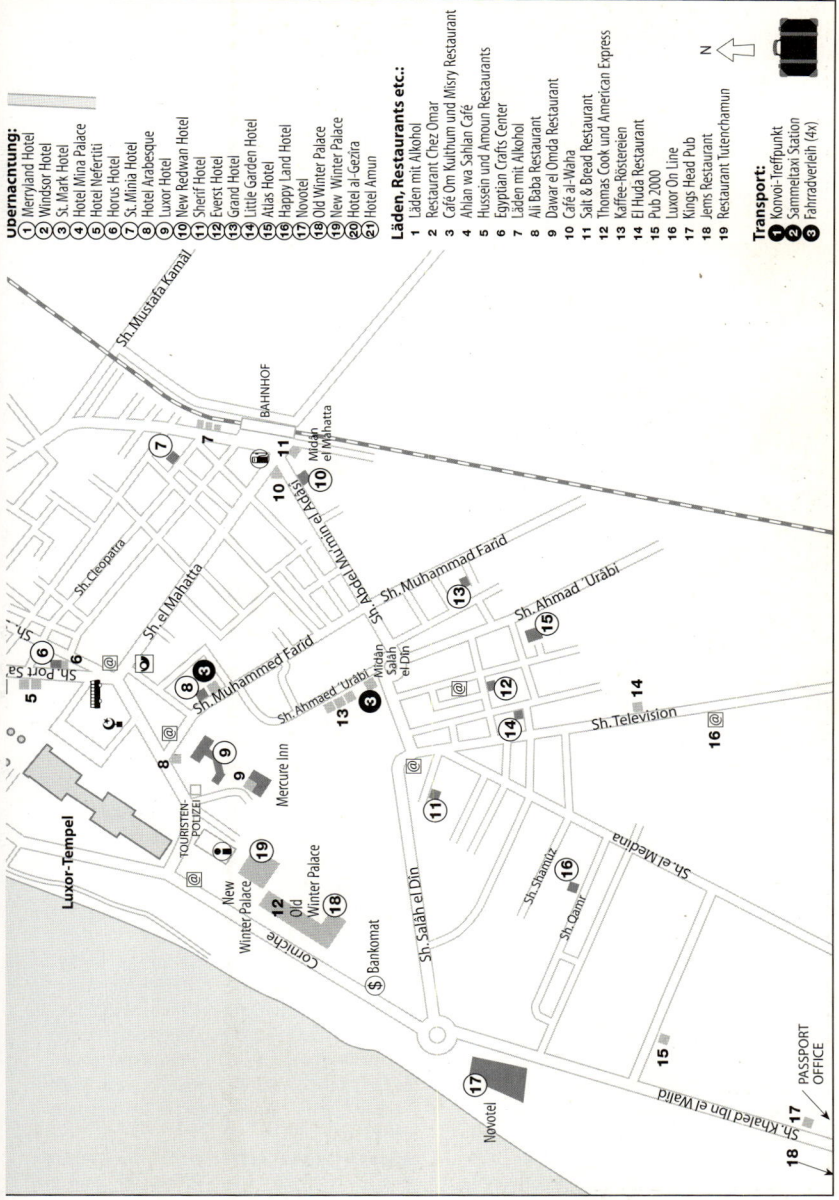

Karnak*, Karnak, ✆ 374155, 📠 374155, ✉ khotel@lxr.com.eg. 3 km außerhalb; ruhiges Hotel mit einem herrlichen Garten und einem großen Pool. Unbedingt empfehlenswert!

Little Garden Hotel**–*, Sh. Radwân (Seitenstraße der Sh. Television), ✆ / 📠 389038. Im Februar 2002 eröffnet. Alle Zimmer mit Bad, z.T. mit großen Balkonen (Zimmer 203 und 204), sehr sauber und schön. Der Besitzer spricht Deutsch, ist freundlich (vielleicht ein wenig zu bemüht) und hilfsbereit.

Luxor*, Sh. Karnak, hinter dem Luxor-Tempel, ✆ 380018, 📠 379849, ✉ hluxorhotel@hotmail.com. Einst das Prachthotel der Stadt, ist das wunderschöne Hotel mittlerweile in die Jahre gekommen. Trotz abgewohnter Eleganz: Das Haus strahlt Würde aus. Große, saubere Zimmer mit ac und Minibar. Herrlicher Garten mit Pool. Toll!

Merryland*, in einer Parallelstraße zur Corniche, nahe dem Mercure Hotel, ✆ 381746, 📠 376903. Schönes Hotel mit toller Dachterrasse. Die Zimmer haben TV, ac und Balkone.

Mina Palace*, Corniche, nahe dem Mumifizierungsmuseum, ✆ 372074, 📠 382194. Das beste an den Zimmern sind die Balkone. Man sollte versuchen, eines zu ergattern, dass zwei Balkone hat. Einen zum Nil, den anderen zum Luxor-Tempel. Ansonsten sauber und sehr freundliches Personal. Auf der Dachterrasse wird Stella serviert (E£8).

New Redwan*, beim Bahnhof, ✆ / 📠 385501. Sehr schönes Hotel mit Pool im Innenhof, verkehrsgünstig gelegen. Sehr freundliche Leute, sehr saubere Zimmer. Der Preis ist mal wieder Verhandlungssache.

St. Mark*, Sh. Karnak, ✆ / 📠 373532. Sauberes, etwas abgewohntes Hotel. Alle Zimmer mit TV, Bad und Kühlschrank. Auf der Terrasse wird Stella serviert und der Blick ist auch schön.

OBERE PREISKLASSE – *New Winter Palace******, direkt neben dem Old Winter Palace, dieselbe ✆, 📠 und ✉. Das moderne, weniger charmante Pendant des Old Winter Palace. Etwas nüchterner, wesentlich neuer, nicht ganz so komfortabel und erheblich günstiger. Doch gehören der wunderbare Park und der Pool zu beiden Häusern, und so kann man leicht über die kleineren Zimmer hinwegsehen.

Novotel Coralia*****, Sh. Khâlid ibn el Walîd, ✆ 380925, 📠 380972. Ein normales Luxushotel, wäre nicht der Pool: Ein Ponton im Nil, mit Becken, Bar und Liegestühlen.

Mövenpick Jolie Ville*****, auf Crocodile Island, 4 km südlich der Stadt, ✆ 374855, 📠 374936, ✉ jolie.ville@movenpick-lxr.com.eg. Wer schon immer einmal im Luxus schwelgen wollte, Schweizer Koch- und Backkünste genießen möchte, gern einen Mini-Zoo und einen herrlichen Garten um sich hat, der sollte hierher kommen. Wie immer bei Mövenpick: Luxus, Luxus Luxus – und der hat seinen Preis. Außerdem gibt es in Luxor die bewährten Hotels Meridien, Sheraton, Mercure, Hilton etc.

Old Winter Palace*****, Corniche el Nil, ✆ 380422, 📠 374087, ✉ h1661@accor-hotels.com. Kein normales Hotel, sondern ein Traum! Schon Howard Carter, der Entdecker des Tutanchamun-Grabes, wusste den Luxus zu schätzen. Von einem großen Garten umgeben, in dem sich ein Pool von fast olympischer Größe befindet, inmitten Luxors, mit stilvollem und sehr gutem Restaurant. Hier lässt es sich leben – sofern man über genügend Kleingeld verfügt (DZ US$180–360)!

THEBEN WEST – *Al-Gezira**, nahe der Fährstation (siehe Plan), ✆ / 📠 310034. Ruhig an einem kleinen See gelegen, ist das Hotel mit seiner schönen Dachterrasse und täglich wechselnder Speisekarte sicherlich eine der besseren Adressen. Die Zimmer sind sauber und hübsch, der freundliche Besitzer Gamal Hassan hat jahrelang in Deutschland gelebt, spricht fließend Deutsch und kümmert sich liebevoll um seine Gäste.

Amun*, etwa 300 m vom Fähranleger (siehe Plan), ✆ 301912, 311353, 📠 311205. Der nette Familienbetrieb hat elf sehr hübsche Zimmer, alle mit Bad, sauber und gemütlich eingerichtet. Herrlicher Garten, zwei Dachterrassen, eine Leihbibliothek und sehr nettes Personal. Viele Langzeitgäste – wen wundert es bei dem herrlichen Ambiente?

Marsam (Shaikh 'Ali)*, westlich der Memnon-Kolosse, ✆ 372403, ✉ marsam@africamail.com.

Ein sehr schönes, engagiert geführtes, sauberes Hotel mit einer langen Geschichte: Denn es wurde in den 20er Jahren des letzten Jahrhunderts gebaut, um den grabenden Ägyptologen Unterkunft zu bieten. Das Chicago House war das erste Haus. Es besteht bis heute aus Lehm, dem angenehmsten Baustoff in diesem Klima. Die Zimmer in diesem Haus sind nicht nur die größten und schönsten, sondern haben auch als einzige ein eigenes Bad. 1940 kam dann das zweite Haus dazu, aus Stein erbaut, mit 10 Zimmern. Hier sind auch das Restaurant und eine kleine Leihbibliothek untergebracht. 1960 wurde das dritte Haus gebaut, wieder ein Lehmhaus, in dem heute wunderbar kühle, sehr schöne Zimmer untergebracht sind. Zur Zeit des Baus dieses dritten Hauses wurde das Hotel zu einem bekannten Künstlerzentrum (daher der Name: Marsam bedeutet so viel wie „Atelier") und gehörte einem Scheich namens Ali. Er war der Enkel des Mannes, der die Pharaonengräber in Theben entdeckt hatte. Heute wird das Haus von Natascha geführt, einer liebenswerten Frau aus Tschechien, die es schafft, eine ruhige, entspannte Atmosphäre zu schaffen. Inmitten eines herrlichen Gartens wird auch Essen und Tee serviert. Alkohol ist hier tabu. Reservierung empfohlen, v.a. während der Grabungszeiten. Denn noch heute beherbergt das schöne Hotel viele Ägyptologen.

Pharaos**–***, 100 m hinter dem Ticketschalter, ✆ / 🖷 310702. 30 saubere Zimmer, alle mit ac und Badezimmer. Ein schöner Garten mit gutem Restaurant, das auch Stella im Angebot hat.

Sahara**, südwestlich der Medînat Habu, ✆ 311509, ✉ hotelsaharaluxor@hotmail.com. Schönes Haus mit netten Leuten, einer großen Dachterrasse (leider ohne Schatten) und hübschen Zimmern, z.T. mit Balkonen. Je nachdem, wer in diesem Hotel gerade arbeitet, kann die Betreuung hervorragend oder auch sehr schlecht sein. Freundlich sind alle, doch Englisch sprechen nur ein paar. Am besten vorher anrufen.

Essen

UNTERE BIS MITTLERE PREISKLASSE – Rund um den Bahnhof, in der Sh. Karnak und der Sh. Mahatta sowie in der Sh. Television gibt es zahlreiche kleine Restaurants. Empfehlenswert sind die Folgenden:

Ali Baba, Sh. Karnak, Ecke Sh. Muhammad Farîd. Ein Gartenrestaurant mit kühlem Stella und leckeren Pommes. Hauptgerichte ab E£12. schlecht

Al Misry, im Sûq über dem Om Kulthum Café. Sehr ägyptisches Restaurant mit ausgezeichnetem Essen und freundlichem Wirt. Es gibt keine Speisekarte, das Essen wird frisch zubereitet, und es gibt nur Menüs mit Salat, Suppe, Fleischgericht oder Taube für E£20.

Chez Omar, gegenüber dem Venus-Hotel, in der Verlängerung des Sûq. ✆ 367678. Das Schönste am Restaurant ist sein Garten. Oasen-gleich im Sûq gelegen. Hier speist man gut und günstig bei sehr aufmerksamem Service. Bier

El Huda, Sh. Television. Sehr gutes Restaurant mit aufmerksamer Bedienung, leckerem Essen und sehr günstigen Preisen. Auch Pizza und Fisch. Absolut empfehlenswert!

Mohammed, auf der Westuferseite des Nils, direkt hinter dem Ticketschalter, ✆ 311014. Ein großer Raum in einem Lehmhaus mit sehr gutem ägyptischen Essen (Kebab, Taube, aber auch Ente und Gemüse). Hauptgerichte ab E£10.

Salt & Bread, direkt am Bahnhof. Leckere Speisen wie Kebab, Taube, Hähnchen, Omelette, Salat zu fairen Preisen.

OBERE PREISKLASSE – In Luxor schick essen zu gehen, ist nicht ganz einfach. Die sicherlich besten Restaurants haben die großen Hotel, allen voran natürlich das Hotel Mövenpick. Die hier gebotenen Buffets sind kaum zu übertreffen, aber entsprechend teuer. Außerdem sind folgende Restaurants zu empfehlen:

Al-Gezira, auf der Westuferseite des Nils, im gleichnamigen Hotel. Ein herrlicher Blick von der Terrasse, gutes ägyptisches Essen (ab E£20) und frisches Stella.

Dawar el-Omda, im Hotel Mercure Inn. Orientalisches, schön aufgemachtes Restaurant im Beduinenzelt mit sehr freundlicher Bedienung und Hauptgerichten ab E£17.

Jem's, Sh. Khâlid ibn el Walîd, ganz im Süden der Stadt, ✆ 383604, 🖳 www.jemsluxor.com. Sehr gutes ägyptisches Essen, auch Vegetarisches. Hauptgericht ab E£30.

Kings Head Pub, Sh. Khâlid ibn el Walîd, ganz im Süden der Stadt, ✆ 371249. Very British, very cool. Eine Bar im 2. Obergeschoss, mit indischen, ägyptischen und europäischen Speisen. 24 Std. geöffnet und voll mit Ausländern. Sehr gute Atmosphäre und eine willkommene Abwechslung im Speisealltag.
Tutankhamun, ✆ 310118. Auf der Westuferseite des Nils, südlich der Anlegestelle. Schönes Restaurant, das leckeres Essen serviert und voll ist mit Archäologen. Hauptgerichte ab E£25.

Unterhaltung

BARS – Dort, wo viele Touristen zusammenkommen, muss natürlich auch nachts etwas geboten werden. So ist die Anzahl der Bars und Diskotheken in Luxor natürlich verhältnismäßig hoch. Doch die meisten Hotelbars lohnen nicht wirklich (mit Ausnahme der edelsten aller Bars im Old Winter Palace).
Schön, und außerdem nicht übertrieben teuer, sind folgende Lokale:
Kings Head Pub (siehe unter Essen). Angenehmes Ambiente und gute Getränke.
Pub 2000, Parallelstraße zur Sh. Khâlid ibn el Walîd, südlich des Zentrums. Etwas seltsam anmutende Bar nur mit Innenräumen. Ein Besuch (auf keinen Fall für Frauen allein) kann Aufschluss über ägyptische Biertrinker geben. Happy Hour: 19.30–20.30 Uhr.
Schöne **Dachterrassenbars** haben die meisten der etwas teureren Hotels (siehe dort).

BAUCHTANZ – Wer Lust auf eine so genannte „arabische Nacht" hat, kann diese z.B. im **Hotel Mercure Inn**, Sh. Karnak (nicht zu verwechseln mit dem Hotel Mercure an der Corniche), oder auch im **New Winter Palace** erleben. Hier finden einmal pro Woche Bauchtanz-Vorstellungen mit Musik und einem großen Buffet statt. Mit viel Tamtam und gutem Essen. Kosten um E£80.

WASSERPFEIFEN – Wer es ägyptischer liebt und auf das Tamtam verzichten kann, sollte die ruhigen Abendstunden nutzen und eine Wasserpfeife rauchen gehen. Schön kann man das im **Café al-Waha** gegenüber dem Bahnhof auf drei Etagen oder im Café **Om Kulthum** inmitten des Sûq.
Ähnlich gelegen und ähnlich stimmungsvoll ist das Café **Ahlan wa Sahlan**, ebenfalls in einer Seitengasse des Sûq. Edel und stimmungsvoll ist außerdem das Schischa-Café im **Old Winter Palace**.

SOUND AND LIGHT SHOW – Ein wenig Dramatik ist schon dabei, wenn nachts die Lichter angehen und eine schummrige Musik den Tempel von Karnak in allen Farben leuchten lässt. 90 Minuten Hollywood-Kitsch, aber man kann sich frei bewegen und nachts durch den erleuchteten Tempel laufen. Das hat schon was für sich. Deutsche Shows gibt es am Mittwoch und Sonntag jeweils um 18.30 Uhr. Englische Shows finden täglich statt, Mo und Do um 18.30 Uhr, Di, Mi und So um 19.45 Uhr und Fr und Sa um 21 Uhr. Kosten E£35.

Einkaufen

Es gibt in Luxor Abertausende von **Souvenirhändlern**, die dem Reisenden nur allzu gern etwas verkaufen wollen. Wer durch den Sûq schlendert, wird eine riesige Auswahl an allem finden, was Ägypten an Souvenirs zu bieten hat.
Wirklich besondere und außergewöhnliche Stücke hat das **Egypt Crafts Center** neben dem Hotel Horus, ✆ / ✆ 387015, ✉ ecc@computerized.net. Das ECC ist ein gemeinnütziges Projekt mit dem Ziel, Leute aus den ärmeren Bevölkerungsschichten zu unterstützen. So werden in diesem Geschäft hochqualitative Handwerksprodukte zu festen (und fairen) Preisen angeboten. Diese liegen meist etwas über dem Niveau des Sûq, doch sind sie in Anbetracht des Ziels und Zwecks des Projektes nicht überteuert. Zu kaufen gibt es Textilien, Schmuck, selbst hergestelltes Papier etc. ⏰ tgl. 10–22 Uhr. Im Laden selbst liegt Infomaterial über die einzelnen Projekte aus.
Vor allem am Westufer des Nils, verteilt auf das gesamte Areal von Theben West, findet sich ein **Alabaster**-Laden neben dem anderen. Keiner, der mit einer Gruppe unterwegs ist, und sei sie noch so klein, kommt um einen Besuch dieser Läden herum. Mit einem Freigetränk sollen Touristen dazu angeregt werden, Alabaster zu kaufen. Man kann bei der Herstellung zusehen, was

gar nicht mal so uninteressant ist, wird mit Alabaster-Stücken „beschenkt", für die dann ein Bakschisch eingefordert wird... Dennoch, wer sich für Alabaster-Waren interessiert, ist gar nicht so schlecht dran, wenn er diese Angebote näher prüft. Es gibt zum Teil ausgesprochen schöne Stücke in wirklich guter Qualität. Aber: Handeln handeln handeln! Ähnlich diesen Alabaster-Hallen gibt es in Luxor auch die **Papyrus**-Fallen. Da nennen sich Geschäfte großspurig: Papyrus-Museum und sind nichts weiter als Läden, in denen man mehr schlecht als recht bei der Herstellung von Papyrus zusehen kann. Dennoch ist der Papyrus, den man in Luxor kaufen kann, relativ bekannt. Es gibt wirklich schöne Stücke, die aber ihren Preis kosten. Auch hier gilt: Handeln, was das Zeug hält!

Neben diesen Touristenläden gibt es natürlich auch in Luxor einen „echten" Sûq, einen Basar, der eigentlich für Luxors Bevölkerung da sein sollte. Statt dessen besteht er die ersten paar hundert Meter nur aus Souvenirläden. Weiter hinten wird er jedoch sehr schön. Und überquert man erst einmal die Sh. Yussuf Hassan, ist man ihnen ganz entkommen. Hier können der Selbstversorger auch an **Gemüse**, **Obst** und **Brot** kommen. Je früher man aufsteht, desto bessere Qualität bekommt man.

Kleine **Supermärkte** finden sich in der Sh. Television und im Touristenzentrum: Dort kann man auch Joghurt und Käse kaufen. **Alkohol**, respektive Stella, bekommt man nördlich des Bahnhofs, ⏰ tgl. außer So 8.30–14 Uhr und ab 17 Uhr, sowie im nördlichen Teil des Sûq.

Der große **Wochenmarkt** findet dienstags statt. Dann werden entlang der Bahngleise und im nördlichen Teil des Sûq riesige Flächen für den Verkauf von Frischwaren genutzt, und ein hektisches Kommen und Gehen, ein Handel und Feilschen findet auf Luxors Straßen statt. Sehenswert!

Ein wirklich guter Buchladen mit internationalen **Büchern** findet sich im Touristen-Sûq nahe dem Hotel Old Winter Palace. Der *Aboudi Bookshop* hat zwei Geschäfte hier. Der bessere ist der, der zur Nilseite hin offen ist. Er hat eine breite Auswahl an Secondhand-Büchern, Reiseführern und Sachliteratur auf Englisch, Deutsch und Französisch. Auch die großen Hotels haben eine kleine Auswahl an internationalen Büchern. **Internationale Zeitschriften** finden sich im Touristen-Sûq.

Feste

In Luxor jagt ein Fest oder Festival das nächste. Da sind zum einen die vielen Mûlid-Feiern in der Umgebung, von denen hier jene genannt werden, wo man als Tourist auch mal zusehen kann. Außerdem gibt es ein internationales Ruderfestival und das Luxor-Festival.

Oktober (alle zwei Jahre): Aufführung von *Aida* vor dem Hatschepsut-Tempel.

4. November: *Opet-Festival*. Ein Festival, das eine Neuauflage eines altägyptischen Festes zu Ehren des Gottes Amun, dessen Frau Mut und deren Sohn Chon ist. Es wird zwischen Karnak und dem Luxor-Tempel zelebriert, indem die ehemals lokalen Götter auf einem Boot von Karnak nach Luxor überführt werden.

11. November: *Mûlid Mar Girgis*. Ein koptisches Mûlid, das in Razagat im Georgskloster nahe Luxor gefeiert wird (zurzeit aus Sicherheitsgründen keine Fahrgenemigung dorthin).

Dezember: *Internationales Ruderfestival* auf dem Nil.

Außerdem gibt es **Mûlid-Feste**, deren Daten sich jährlich wegen des islamischen Kalenders verschieben (Umrechnung von islamischen Daten auf christliche s.S. 50):

3 Wochen vor Ramadan-Beginn: *Mûlid Abu al-Haggag* in Luxor-Stadt, Näheres s.S. 216.

3 Tage vor Ramadan-Beginn: *Mûlid Abu al-Gusam* in Taref, einem Dorf in Theben West, südlich der Straße zum Tal der Könige, zu Ehren eines Dorfheiligen.

Viele weitere Mûlid-Feiern finden im Monat **Sha'abân** statt (Näheres bei der Touristeninformation).

Aktivitäten

Man kann in fast allen Mittelklasse-Hotels für etwa E£10 **schwimmen**, in den Luxushotels kostet es etwas mehr. Doch umfasst das Sportangebot in Luxor ein wenig mehr als die üblichen Hotel-Pools.

Wirklich sportlich geht es jeden letzten Freitag im Februar zu, denn da gibt es den inzwischen bereits legendären Luxor-**Marathon**. Mitlaufen kann jeder; bei der Touristeninformation gibt es nähere Hinweise zur Anmeldung.

Interessanter ist vielleicht eine **Fahrradtour** nach Theben West (s.S. 228).

Eine der sicherlich besten sportlichen Aktivitäten in Luxor ist jedoch das **Reiten**, sei es auf einem Esel, einem Pferd oder einem Kamel. Wunderschön ist es, durch Theben oder entlang des Nils, durch Zuckerrohrfelder oder einfach nur in die Berge zu reiten. **Arabian Horses**, ✆ 310024, Handy ✆ 010-5048558, nahe der Mobil-Tankstelle am Ortsausgang beim Fähranleger, bietet Rundritte zu Pferde ab 1 Std. Die Tiere hier sind gut gepflegt, die Leute sehr freundlich und hilfsbereit. Preise: E£15/Std., E£150/Tag.

Wirklich nett sind außerdem die Eselführer Ahmed Nubi und sein Bruder Hamidu in Theben West, ✆ 312718 oder Handy ✆ 01-6924707. Ahmad ist sehr hilfsbereit und angenehm und weiß aufgrund seines Studiums jede Menge zu erzählen. Er ist auch nicht auf Provisionen in irgendwelchen Shops aus!

Besonders schön ist eine **Felukenfahrt** zum Sonnenuntergang. Jeder, der die Corniche entlang bummelt, wird mit Sicherheit auf eine solche Fahrt angesprochen. Man sollte sich dieses Vergnügen ruhig gönnen. Hier auf dem Nil, fern dem Verkehrslärm, erlebt man die Stadt ganz anders, kann aufatmen und die Ruhe genießen. Besonders schön ist eine 2- bis 3-stündige Fahrt zur Banana Island (so genannt, weil hier Bananenstauden wachsen). Dies kostet max. E£25 pro Boot. Geradezu spektakulär ist eine **Ballonfahrt** über Theben West. Jedes zweite Reisebüro bietet diesen Luxus (für etwa US$120). Und auch wenn wir diese Fahrt nie gemacht haben – einen tolleren Blick auf das gesamte Areal können wir uns kaum vorstellen. Direkt zu buchen unter ✆ 365 060 oder ✉ booking@magic-horizon.com. Näheres auch unter 🖥 www.magic-horizon.com.

Sonstiges

GELD – Nahe dem Hotel Mercure und in der Sh. Television finden sich die **Bank of Alexandria** und **Banque Misr**. In beiden kann man Reiseschecks tauschen. Das gilt auch für die **National Bank of Egypt**. Diese befindet sich nahe dem Old Winter Palace Hotel. ⊙ alle 8–14 Uhr und 17–18 Uhr.

EC-Karten-**Automaten** finden sich in der Shopping-Passage, zwischen dem Old und dem New Winter Palace sowie an der südlichen Corniche bei der National Bank of Egypt.

Das Büro von **American Express**, ✆ 378333, ✉ 372862, und jenes von **Thomas Cook**, ✆ 372402, 372196, befinden sich vor dem Old Winter Palace Hotel. ⊙ 9–19 Uhr, Fr bis 13 Uhr.

INFORMATIONEN – Es gibt zwei **Touristeninformationen**, die von 8–20 Uhr geöffnet haben. Eine befindet sich im Visitor's Center an der Corniche, ✆ 372215, und eines am Bahnhof. Am Bahnhof gibt es auch ein schwarzes Brett, auf dem Reisende Nachrichten hinterlassen können und das über Eintrittspreise, Gräberöffnungszeiten etc. informiert. Die Mitarbeiter sind freundlich, hilfsbereit und zuvorkommend.

INTERNET – Internet ist inzwischen auch in Luxor weit verbreitet. In aller Regel kostet eine Stunde E£7–10. Internet-Cafés sind leicht zu finden, vor allem rund um den Sûq-Eingang. Ägyptens schnellsten Server findet man hier in Luxor: **Luxor On Line**, in der Sh. Television. Hier gibt es Super Highspeed Server. Top!

MEDIZINISCHE HILFE – Ein **Deutsch sprechender Arzt** ist Dr. Morris Massoud, ✆ 375758, Handy ✆ 012-3543780.

An der Corniche gibt es ein öffentliches Krankenhaus, das jedoch nicht zu empfehlen ist.

NOTFÄLLE – Die **Polizei** hat ihren Hauptsitz an der nordöstlichen Ecke des Luxor-Tempels. **Rechtshilfe für Ausländer** bietet der Schweizer André Roland. Er berät in allen Rechtsfragen, die Ausländer in Ägypten betreffen. ✆ 387015, ✉ consultants@computerized.net.

ORGANISIERTE TOUREN NACH THEBEN WEST – Das Angebot an organisierten Touren nach Theben West ist immens groß. Fast jedes Hotel und alle Reisebüros haben Touren im Angebot. Auch Thomas Cook und American Express haben Ausflüge in die nähere und weitere Umgebung im Programm. Dabei ist Folgendes zu beachten:

Grundsätzlich sind solche Touren bequem, da man sich nicht selbst um Transport, Verpflegung und Tickets kümmern muss. Das wiederum ist aber auch der Hauptnachteil an diesen Touren. Denn die Organisatoren wollen vor allem eines: Provisionen einkassieren bei den diversen Papyrus- und Alabaster-Läden. Da kann einem hoch und heilig versprochen werden, dies sei nicht so: Zumindest *ein* Besuch ist immer dabei. So genannte Kleingruppen können im Nu zu Großgruppen werden, wenn sich viele Leute melden. Auch da sollte man aufpassen. Wir empfehlen aus diesen Gründen keine dieser Touren. In Qualität und Ausführung unterscheiden sie sich kaum voneinander. Auch wenn Hotels oder Agenturen steif und fest behaupten, sie hätten die Gruppe selbst zusammengestellt und der Fahrer wäre direkt vom Hotel / der Agentur engagiert, so stimmt das nicht. Alles läuft in Luxor über Provisionen. Wer damit leben kann, schon immer einmal einen Alabaster-Laden sehen wollte und eine Gruppe mit Führer netter findet als allein zu fahren, kann sich einer Tour anschließen. Doch sollte man nie darauf vertrauen, auch das zu bekommen, was man gebucht hat, und die Führer durch Theben West sind selten wirklich qualifiziert.

POST UND TELEFON – Die **Hauptpost** liegt in der Sh. el Mahatta, ⊙ tgl. außer Fr 8–16 Uhr. Das **Telefonbüro** befindet sich in der Sh. Karnak, ⊙ 24 Std. Der Kiosk gegenüber dem Eingang zum Sûq verkauft Telefonkarten, die in allen Telefonzellen der Stadt auch international funktionieren.

VISAVERLÄNGERUNGEN – Passport Office: Sh. Khâlid ibn el Walîd, neben dem Isis-Hotel, ⊙ tgl. außer Fr 8–14 Uhr. Freundliche Beamte.

VORWAHL – 095

Nahverkehrsmittel

Innerhalb der Stadt verkehren **Kaleches** für E£5–10/Std und **Taxis** für E£3–5 pro Fahrt. Die **Fähre** nach Theben West kostet hin und zurück E£1. Ein Taxi ab der Fährstation verlangt für einen Tag E£35–60.

Transport

BUSSE – Die Buszeiten ändern sich häufig in diesem Land, weswegen folgende Angaben höchstens als Richtlinien betrachtet werden können. Zurzeit ist es so, dass öffentliche Busse bis zu fünf Ausländer mitnehmen dürfen, ohne sich an die Konvoizeiten halten zu müssen. Sind diese Plätze vergeben, muss man auf den nächsten Bus warten. Im Voraus planen tut also Not! Auch die Konvoizeiten können sich ändern, was eine Verschiebung fast aller Buszeiten mit sich bringt. Am besten ist es also, man erkundigt sich ein oder zwei Tage vor dem anvisierten Abreisedatum direkt beim Busbahnhof.
Busse nach:
ASSUAN, ESNA, EDFU: 7x tgl. zwischen 6.30–2.30 Uhr, 5 Std., E£8 bis Assuan;
DAHAB via SHARM EL SHAIKH: 17 Uhr, 18–20 Std., E£90;
KAIRO: 1x tgl. um 19 Uhr, 11 Std., E£50;
KHARGA via ASSIÛT: Mo, Mi, Sa morgens, 8 Std.; E£22;
QENA: 10x tgl. zwischen 6 und 19 Uhr, 1 Std.; E£3–5;
SUEZ via HURGHADA und PORT SAFAGA: 2x tgl. direkt, um 6.30 Uhr (Hurghada 5 Std., E£13; Safaga 4 Std., E£12) sowie um 19 Uhr im Luxus-Bus (Hurghada E£20, Safaga E£17); bis Suez 10 Std.; E£ 37. 2x tgl., um 10.30 und 2.30 Uhr, hält außerdem ein Bus aus Assuan, der nach Suez weiterfährt, in Luxor. Sollte Platz sein, kann man auch hier zusteigen.
Konvoizeiten: Assuan 7, 11 und 15 Uhr;
Hurghada 8, 14 und 18 Uhr;
Kairo (via Hurghada) 4, 11 und 17 Uhr.

EISENBAHN – Offiziell dürfen Touristen nur drei Züge benutzen, die tgl. jeweils in beide Richtungen verkehren.
Nach KAIRO: Wagon Lit, der Edel-Zug, hat nur Schlafwagen und fährt einmal täglich nachts, Abfahrt 21.30 Uhr. Das Ticket muss zwei bis drei Tage im Vorhinein gekauft werden und kostet je nach Platz ab E£440 einfach. Keine Ermäßigung. Reservierung unter ☎ 3722015.
Außerdem kann man je morgens und abends mit einem Zug als Tourist mitfahren. Auch hier lohnt in jedem Fall ein Kauf des Tickets im Vorhinein.

Ausflüge von Luxor Luxor bietet sich Reisenden als optimaler Ausgangspunkt an. Von hier aus kann man relativ einfach mit Zug und Bus oder Zug und Taxi Tempel und Ausgrabungsstätten wie Abydos, Dendera, Edfu, Esna u.a. erreichen, zumindest theoretisch. Praktisch ist es so, dass der Erfolg dieser Unternehmungen stark vom Militär abhängig ist, das den Reisenden an den jeweiligen Bahnhöfen in Empfang nimmt. In schätzungsweise 90% der Fälle ist es kein Problem, diese Orte zu erreichen, denn in der Regel sind die Dienst habenden Soldaten, die für die Sicherheit der Touristen zuständig sind, gewillt, einem Ausländer zu helfen. In den selten anderen Fällen ist hingegen Verhandlungsgeschick notwendig, um ans Ziel zu kommen, was allerdings in den meisten Fällen auch funktioniert. Der Reisende sollte sich mit Geduld, viel Zeit und Lust auf Teerunden wappnen, dann ist Luxor auch ganz praktisch ein optimaler Ausgangspunkt für Ausflüge. Wer es ein wenig komfortabler haben möchte und wem es nichts ausmacht, im großen Pulk durch die Tempel zu laufen, der kann sich einer organisierten Tour anschließen (s.S. 250). Wer keine Zeitvorgaben möchte und sich die Tempel in aller Ruhe ansehen möchte, sollte sich dagegen selbst auf den Weg machen. Das ist weit weniger anstrengend als es auf den ersten Blick scheint.

Der kürzeste Ausflug führt zum **Tiermarkt in Hibil**: Abfahrt mit Pick-ups nördlich des Bahnhofs am Bahnübergang (siehe Plan). Der Markt findet etwa 10 km von Luxor entfernt jeden Dienstag statt. Die Pick-ups fahren nur bis zum Ort Hibil. Wer auf den Markt möchte, muss sich gegen einen kleinen Aufpreis bis zum Marktareal fahren lassen. Um nach **Dendera** zu gelangen, fährt man mit dem Zug bis Qena und nimmt ab dort Pick-up oder Taxi. Nach **Abydos** geht es mit dem Zug bis el Balyana und dann weiter mit Pick-up oder Taxis. **Esna** und **Edfu** sind direkt mit dem Zug zu erreichen. Näheres zu diesen Orten siehe die jeweiligen Ortsabschnitte.

Sitzplatzreservierung obligatorisch. Abfahrten: 8.15 Uhr und 23.10 Uhr. Kosten: 1. Klasse E£70, 2. Klasse E£35; Dauer etwa 10 Std.
Nach ASSUAN: 3x tgl., 7.15 Uhr, 9.30 Uhr, 17.30 Uhr; etwa 3 Std.; 1. Klasse: E£27, 2. Klasse E£18.
Wer nach ESNA, EDFU, DENDERA oder ABYDOS möchte, kann direkt in einen der vielen Züge steigen, die offiziell für Touristen zwar verboten sind, für die man jedoch problemlos beim Schaffner ein Ticket lösen kann. Man kann keinen Sitzplatz reservieren, was auf kurzen Strecken aber auch kaum nötig ist. Abfahrten ungefähr stündlich (es existiert kein fester Fahrplan).

FLÜGE – Der Flughafen befindet sich 7 km außerhalb Luxors. Ein Taxi dorthin kostet um E£20, auch wenn die Taxifahrer versuchen, ein Vielfaches dessen zu verlangen.
Das Büro der *Egypt Air* befindet sich an der Corniche, unterhalb des Old Winter Palace, ✆ 380580. Täglich gibt es mehrere Flüge nach KAIRO (E£420, einfach) und ASSUAN (E£120, einfach). 3x wöchentlich gibt es Flüge nach SHARM EL SHAIKH (E£450, einfach), 1x wöchentlich nach HURGHADA (E£190, einfach) und mehrmals täglich in der Hauptsaison nach ABU SIMBEL (E£830 hin und zurück).

FÄHREN – Man kann bereits in Luxor ein Ticket für die Fähre von Hurghada nach Sharm el Shaikh kaufen, Buchung unter ✆ 370701.

Das Niltal zwischen Luxor und Assuan

Das Niltal zwischen Luxor und Assuan bildet sozusagen den unteren Stiel der Lotusblüte, als die der Fluss häufig dargestellt wird (mit dem Delta als Blüte und dem Nil als Stiel). Hier, auf diesem landschaftlich schönsten Abschnitt des Nils, fahren die meisten Kreuzfahrtschiffe sowie die kleinen ägyptischen Segelboote, die so genannten Feluken. Das Niltal wird auf dieser Strecke schmaler. Immer häufiger reicht die Wüste im Westen bis an den Fluss heran und vielerorts säumen Felsen das Ufer. Städte werden seltener, stattdessen bestimmen

Dörfer und einfaches Landleben das Bild. Die Tempel in diesem Teil des Niltals entstammen der griechisch-römischen Zeit und sind fester Bestandteil jedes Kreuzfahrtprogramms. Heute ist die Region vor allem als „Neu-Nubien" bekannt, da hier im Zuge des Umsiedlungsprojektes „Nasser-Stausee" (s.S. 65) viele neue Siedlungen entstanden, die jedoch alle weiter vom Nil entfernt sind.

Wer auf dieser Strecke reist, sollte sich unbedingt die Zeit nehmen, zumindest **Edfu** und **Kom Ombo** einen Besuch abzustatten. Da man Mittelägypten hinter sich gelassen hat, sind die Sicherheitsvorschriften spürbar lockerer, was bedeutet, dass man sich als Tourist weit freier bewegen kann als nördlich von Luxor. Das macht das Reisen in diesem Abschnitt des Landes besonders angenehm.

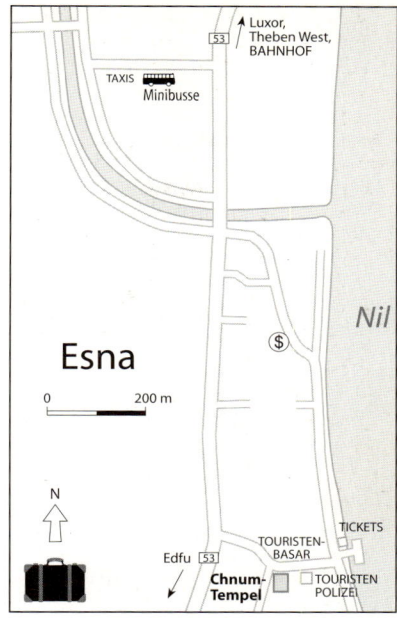

Esna

Ungefähr 60 km südlich von Luxor liegt am westlichen Nilufer die Stadt Esna, die in der 18. Dynastie als Anlegestelle und Handelsplatz für Karawanen aus dem Sudan wichtig wurde. Aus jener Zeit stammt auch der erste Tempel, den Thutmosis III. hier erbauen ließ.

Heute ist Esna ein lebendiges Marktstädtchen, das man einfach von Luxor aus in einem Tagesausflug erreichen kann. Da die meisten Touristen hier nicht mit dem Taxi oder Bus ankommen, sondern mit dem Kreuzfahrtschiff, ist der Ticketschalter für die einzige Sehenswürdigkeit des Ortes, den Tempel, direkt am Nilufer, nicht weit der Tempelanlage, platziert. Wer vom Schiff aus kommt, wird keine Schwierigkeiten haben, den Weg zum Tempel zu finden, denn er ist mit Souvenirständen gesäumt, die sich großspurig „Basar" nennen.

Inmitten dieses Basars, 9 m unter dem heutigem Stadtniveau, steht der **Chnum-Tempel**, in dem man den widderköpfigen Chnum, den Schöpfer der Welt, der auch den Menschen aus Nilschlamm formte, verehrte. Auch die Stadtgöttin Nebtu und die Waffengöttin Neith wurden hier verehrt. Für Letztere war der Nilbarsch heilig, und so erklärt sich auch die Tatsache, dass Esna in griechischer Zeit Latopolis hieß, „die Stadt des Latos" (Griechisch für „Barsch"). Der heutige Tempel stammt aus der Ptolemäerzeit. Er wurde an der Stelle eines Tempels aus der 18. Dynastie errichtet.

Die Dekorationen wurden vor allem in der römischen Kaiserzeit vorgenommen, wobei die späteste Inschrift aus der Regierungszeit von Decius (249–251 n.Chr.) stammt. Von dem nie vollendeten Tempel ist bis heute nur die Vorhalle ausgegraben, andere Teile des Bauwerkes befinden sich unter der modernen Stadt.

Über eine Treppe kommt man zum Tempel hinunter. Auf der 17 m hohen Fassade kann man am Sims die Flügelsonne mit den Namen Claudius und Vespasian erkennen. 24 Säulen tragen das Dach der Säulenhalle; sie zählen aufgrund ihrer Pflanzendekor-Kapitelle zu den schönsten, die man in Ägypten sehen kann. Die Säulenschäfte zieren Gedichte und Hymnen. An den Wänden bringen römische Kaiser im Pharaonenornat den Göttern Opfer dar. In eine der Seitentüren sind zwei kryptographische Hymnen eingemeißelt, die fast nur aus Widder- bzw. Krokodil-Hieroglyphen bestehen. Sie sind Chnum und Neith gewidmet.

☉ tgl. 8–17 Uhr, Eintritt E£8 (4).

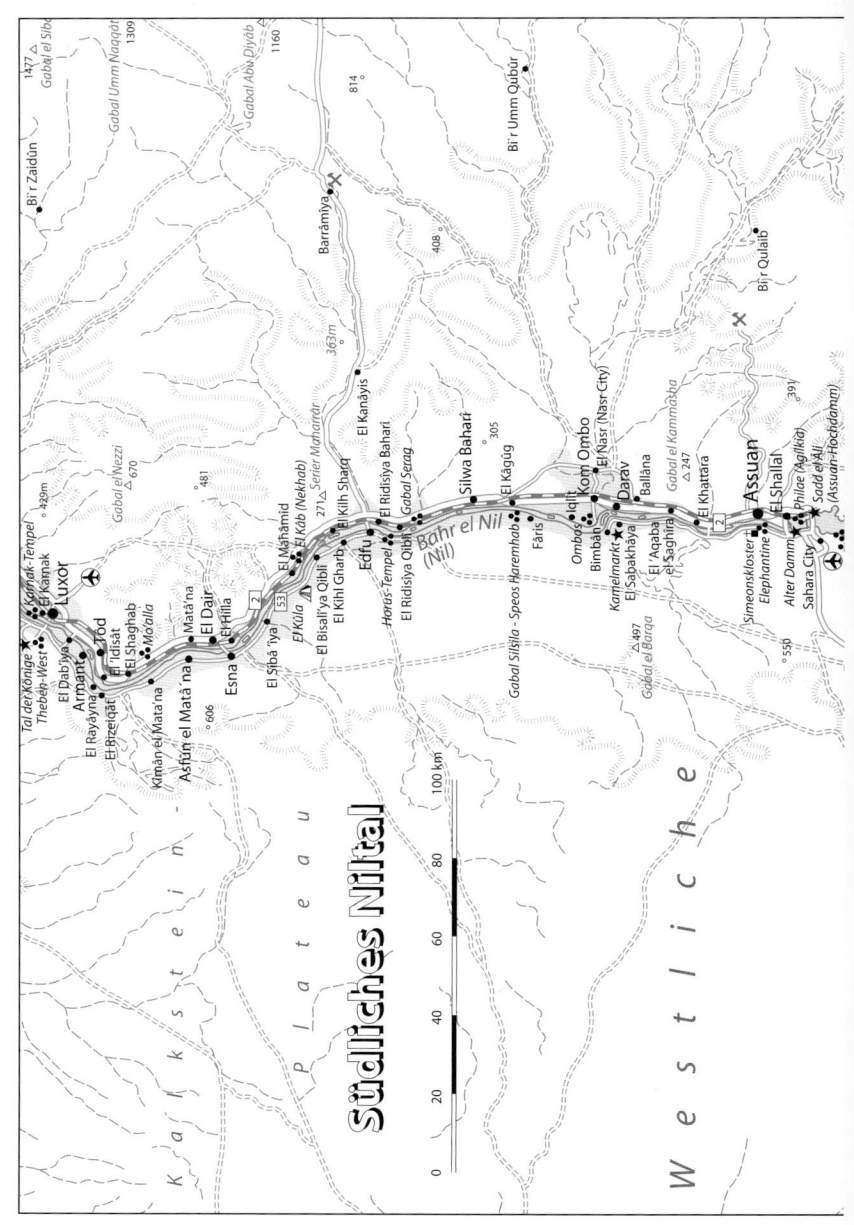

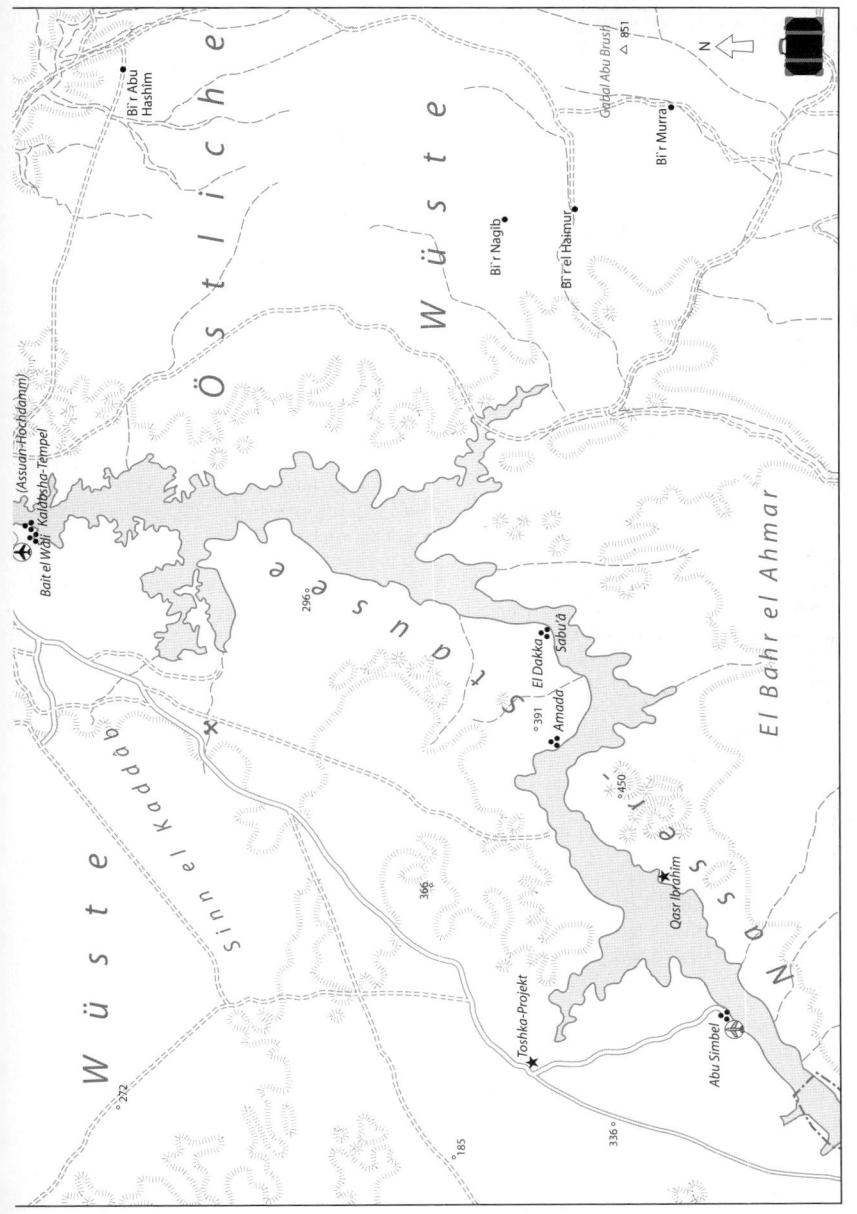

Südliches Niltal

Übernachtung und Essen

Es ist Touristen verboten, in Esna zu übernachten. Es gibt im Stadtgebiet kleine Restaurants und ein nettes Teehaus am Bahnhof.

Transport

EISENBAHN – Der Bahnhof liegt zwar weit weg vom Tempel am anderen (östlichen) Ufer des Nils, trotzdem ist es für Individualtouristen am einfachsten, mit dem Zug hierher zu kommen, denn so ist man von Konvois unabhängig. Kosten von Luxor je nach Zug E£ 3–11.
Vom Bahnhof Esna aus gibt es Pick-ups ins Zentrum (25 pt). Manche der Pick-up-Fahrer verlangen eine kleine „Gefahrenzulage" von E£1 – Humbug! Die Pick-ups fahren direkt bis zum Ticketschalter.

BUSSE UND MINIBUSSE – **Busse** halten auf der Westuferseite. Auch ab hier fahren Pick-ups für 25 pt zum Ticketschalter und verlangen manchmal die bereits erwähnte lächerliche „Gefahrenzulage".
Minibusse sind für Touristen derzeit tabu. Sollten sie jedoch wieder erlaubt sein, gilt Folgendes: Vom Minibusbahnhof im Norden der Stadt sind es knapp 1,5 km bis zum Tempel. Pferdedroschken und Taxis bieten den Transfer für E£2 an. Wer laufen möchte, folgt einfach dem Kanal bis zur einzigen großen Kreuzung nach Süden. Hier geradeaus, immer am Nil entlang bis zum Bootsanleger und dem Ticketverkauf.

El Kâb und Kaum el Ahmar

Schon zu prädynastischer Zeit bestanden an dieser Stelle, etwa 80 km südlich von Luxor, zu beiden Seiten des Nils Kultzentren. Am Ostufer lag Nechen, das unter den Ptolemäern Hierakonpolis und heute **Kaum el Ahmar** („roter Hügel") heißt. Hier gibt es nichts zu sehen, da vom Tempel und den anderen Gebäuden nur noch wenige Überreste vorhanden sind. Am Westufer lag Nechab, von den Griechen Eleithiaspolis und heute El Kâb genannt; hier wurde die Kronen- und Landesgöttin von Oberägypten, Nechbet, die Göttin mit dem Geierkopf, verehrt.

Seitentore führen in das 540 x 570 m große Stadtareal von **El Kâb**. Es wird von einer Nilschlammziegelmauer umgeben, die jedoch stark zerstört wurde, als Bauern im 19. Jh. die Ziegelerde der Ruinen zur Nährstoffanreicherung ihrer Felder nutzten. In der Südwestecke der Stadt liegen verschiedene Heiligtümer, die jedoch das gleiche Los ereilte und die bis auf die untersten Steinlagen zerstört wurden. Von den **Tempeln der Göttin Nechbet und des Gottes Thot**, der als ihr Gatte verehrt wurde, sind nur noch Reste erhalten, die bis in die 11. Dynastie zurückreichen. Bis zur 30. Dynastie wurde der Nechbet-Tempel mehrfach umgestaltet. In der östlichen Tempelumfassung finden sich Reste des ausgetrockneten Heiligen Sees.

Ungefähr einen halben Kilometer nordwestlich der Stadt befinden sich nebeneinander **Felsengräber** von hohen Beamten, die über eine Treppe zugänglich sind. Die Gräber bestehen meistens aus einer kleinen Kultkammer, an deren Rückseite sich eine Statuen-Nische befindet. Die Nekropole ist jedoch weitestgehend zerstört.

In einem weiten Wüstental rechts der Gräber im Osten der Stadtanlage liegt nach ca. 2 km ein kleiner, heute **El Hammam** genannter Thot-Tempel, den Setau, der damalige Vizekönig von Nubien, errichten ließ. Nicht weit weg davon liegt am Berghang ein **Felsentempel**, der abermals Nechbet geweiht war. Über eine in die Felsen gehauene Treppe gelangt man zu einem ptolemäischen **Höhlentempel**. Setzt man seinen Weg tiefer ins Wadi fort, kommt man, vorbei am „Geierfelsen", auf dem prähistorische Inschriften auszumachen sind, zum **Tempel von Amenophis III**.

Es gibt keine Unterkunftsmöglichkeit. Die einzige Möglichkeit, mit öffentlichen Verkehrsmitteln hierher zu kommen, ist mit dem Sammeltaxi ab Edfu oder Esna, was jedoch zurzeit verboten ist und außerdem nicht sehr praktisch, da die Ruinen weit verstreut liegen. So kann man nur darauf warten, dass sich die Zeiten ändern, oder man versucht, einen privaten Konvoi von Luxor oder Assuan aus hierher zu organisieren.

Edfu

Am Rande der modernen, lebendigen und angenehmen Stadt Edfu erhebt sich der **Tempel des Horus**, der Tempel des Falkengottes, dem man hier seit vorgeschichtlicher Zeit bis in das Neue Reich huldigte. Die Grundmauern des Tempels wurden 237 v.Chr. unter Ptolemaios III. errichtet. Unter der Herrschaft Ptolemaios XII. wurde der Tempel 57 v.Chr. vollendet, wobei man Steinblöcke verwendete, die von einem Tempel aus der 25. und 26. Dynastie stammen müssen. Bei seiner Fertigstellung war das Bauwerk der größte Sakralbau seiner Zeit.

Die Gesamtanlage des Tempels gehört zu den am besten erhaltenen Anlagen ganz Ägyptens. Wie in fast keinem anderen Tempel sonst ist das Dach noch vollständig, was es möglich macht, die wichtige Lichtregie der altägyptischen Tempel nachzuvollziehen: Scheint im Hof noch hell die Sonne, wird es auf dem Weg zum Allerheiligsten immer dunkler, bis man im Sanktuar nur noch ein mystisches Dämmerlicht wahrnimmt. Die Anlage entspricht einem klassischem ptolemäischen Grundmuster: Pylon, Hof, Vorhalle, Säulenhalle, kleine Vorsäle und Allerheiligstes (Sanktuar).

Links und rechts des **Eingangspylonen** sitzt jeweils eine Falkenfigur. Mit den Ausmaßen von 79 m Breite und 35 m Höhe ist dieser Pylon nach dem von Karnak der zweitgrößte Ägyptens. Die dominierende Dekoration zeigt den Pharao, der seine Feinde am Schopf hält und sie mit einer Keule erschlägt. 32 Säulen umgeben auf drei Seiten den anschließenden **Hof**. Links vor dem Eingang zur Vorhalle (Pronaos) steht das beliebteste Fotoobjekt des Tempels, der fast vollständig erhaltene, berühmte dunkelgraue **Granitfalke**. Das rechte Pendant hat ziemlich gelitten. Die sechs Säulen an der Hofseite der **Vorhalle** sind durch so genannte Schranken miteinander verbunden. In der quer ausgerichteten Vorhalle selbst tragen zwölf Blumen-Kapitellsäulen die Decke. An den Wänden finden sich Reliefbilder von sakralen Handlungen.

Über Luken fließt Licht in den anschließenden **Säulensaal**. Auch hier dienen zwölf Säulen mit Blumen-Kapitellen als Deckenträger, und die Abbildungen an den Wänden zeigen die gleichen Szenen wie in der Vorhalle.

Es folgen zwei Vorsäle; vom ersten führen Treppen auf das **Dach**, wohin zu Neujahrsbeginn eine Prozession stattfand, denn der Gott brauchte die Strahlen der Sonne, um Kraft zu tanken. Hinter dem zweiten Vorsaal liegt das **Allerheiligste**, das als Wohnort des Gottes Horus galt. Im Inneren befinden sich ein Granitschrein und ein Sockel für die

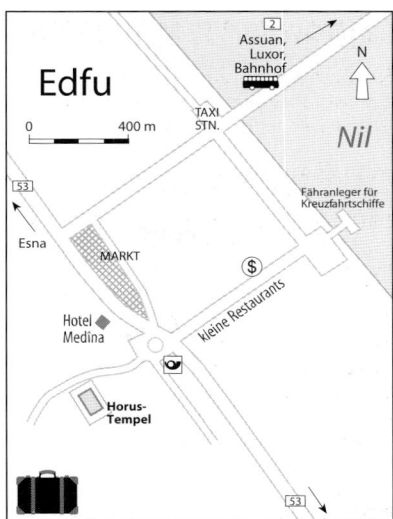

heilige Barke. Vom Gang, der um das Allerheiligste verläuft, gehen kleine Räume ab, in denen Kultgegenstände aufbewahrt wurden. Die Treppen in den Eckräumen führen zu den Krypten des Allerheiligsten, die jedoch mit Gittern verschlossen sind.

🕐 tgl. 7–17 Uhr, im Winter bis 16 Uhr, Eintritt E£20 (10).

Übernachtung und Sonstiges

Das kleine Städtchen liegt praktischerweise genau zwischen Nil und Tempel. Es gibt hier eine Post, eine Bank, ein paar Hotels, einen Bahnhof, Busbahnhof und eine Station für Sammeltaxis. Eine **Übernachtung** ist im einfachen Hotel **Al-Medîna**, am Ortskreisel, ✆ 097/701326, möglich. Ein paar kleine **Restaurants** bieten dem Reisenden etwas für den knurrenden Magen. Die Cafeteria am Eingang des Tempels ist überteuert. Besser sind die vielen kleinen Teehäuser und Restaurants im Stadtzentrum. Hier gibt es Hähnchen und Gemüsegerichte sowie kleine Sandwiches.

Transport

EISENBAHN – Am einfachsten ist Edfu per Zug zu erreichen, denn es gibt sehr gute Pick-up-

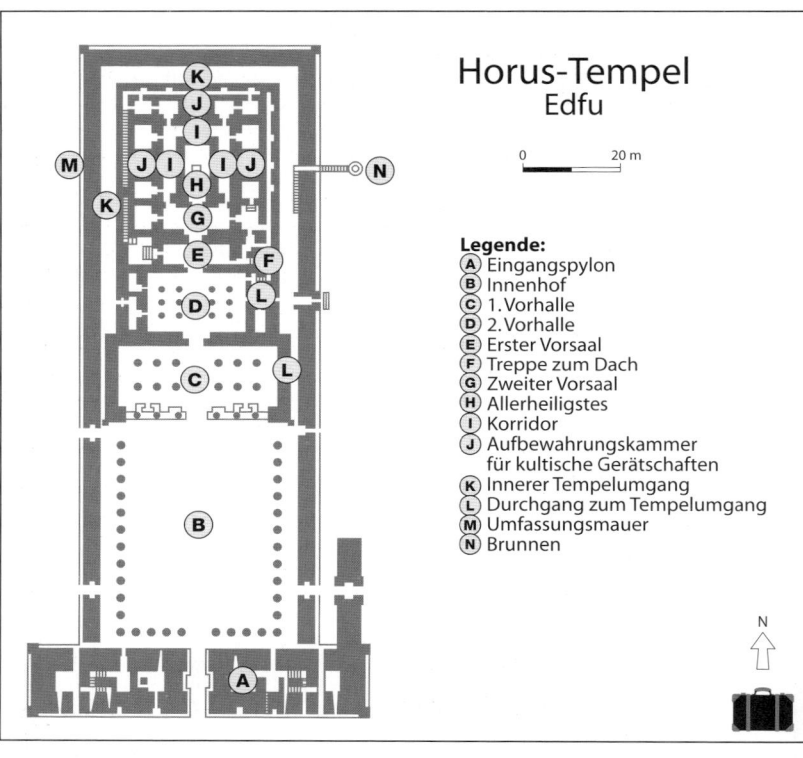

Verbindungen zwischen Bahnhof und Zentrum bzw. Tempel (25 pt, mit dem Taxi E£3). Man sollte versuchen, die Mittagszeit zu meiden, dann fahren weder nach Norden noch nach Süden Züge. Ansonsten gibt es jeweils etwa stündlich eine Verbindung nach ASSUAN bzw. LUXOR. Dauer ca. 1 Std.; der Preis variiert von E£2 (3.-Klasse-Bummelzug) bis E£11 (1. Klasse ac). Der Bahnhof befindet sich auf der Ostuferseite, etwa 4 km außerhalb.

MINIBUSSE UND SAMMELTAXIS – Sie halten mitten im Stadtzentrum von Edfu, sind für Touristen aber leider noch immer verboten. Von hier wären es damit 2 Std. nach LUXOR (E£4) und etwas über eine Std. nach ASSUAN (E£2,50). Sollten diese Verkehrsmittel Touristen wieder erlaubt sein, stellen sie die einfachste Möglichkeit dar, Edfu im Rahmen eines Ausflugs zu besuchen.

Gabal Silsila

50 km südlich von Edfu wird der Nil zwischen den beiden Felsen des „Kettenberges" (arab. Gabal Silsila) eingezwängt. Der hier schon sehr früh gebrochene Sandstein hat eine hervorragende Qualität. Manchmal war die Schnittfläche des Steinbruchs, aus dem bei gleißender Sonne im Tagebau Sandsteinblöcke gewonnen wurden, 20 m hoch.

Vom Steinbruch am **Ostufer** stammen Blöcke für die Bauten in Dendera, Esna, Edfu und auch Kom Ombo. Laut einer Inschrift sollen auch Blöcke nach Karnak gebracht worden sein. Die Besichtigung einer unvollendeten Sphinx, eines Tempels von Amenophis III. und der in den Berg gehauenen Echnaton-Stele mit einer Inschrift desselben, runden den Besuch am Ostufer ab.

Auch am **Westufer** gibt es Steinbrüche, deren Besuch aber nicht wirklich lohnt. Interessanter sind die dort liegenden Tempel. Sethos I., Ramses II. und Ramses III., Meremptah u.a. Könige ließen an dieser Stelle Tempel errichten, um dem Nil Geschenke zu Ehren des Hochwassers darzureichen. Fünf Öffnungen, zwei davon mit jeweils zwei Säulen, bilden den Eingang zum unterirdischen **Tempel des Haremhab**. Der einstige Offizier wurde unter Tutanchamun militärischer Oberbefehlshaber und war nach der Ablösung von Eje der letzte König der 18. Dynastie. Von weitem sichtbar ist die Fassade dieses Kultbaus, zu dessen Vorhof ursprünglich vom Fluss aus eine Treppe führte. Im Tempel gelangt man von einem quer liegenden Saal ins Sanktuar. Dort befinden sich sieben Statuen. Eine stellt den Erbauer des Tempels, Haremhab, dar. Die Innenreliefs mit überwiegend kultischen Darstellungen wurden von Ramses II. vollendet.

Es gibt keine Unterkunft vor Ort. Die einzige Möglichkeit, mit öffentlichen Verkehrsmitteln hierher zu kommen, besteht ab Edfu oder Kom Ombo mit dem Sammeltaxi, was jedoch zurzeit verboten ist.

Kom Ombo (Kaum Umbû)

Das Wadi Kom Ombo, 40 km nördlich von Assuan, ist fast 20 km breit. Hier liegt, neben anderen Orten, die gleichnamige Stadt als Zentrum des Tales. Anfang des letzten Jahrhunderts begann man, das Trockental mittels Bewässerung urbar zu machen und Zuckerrohr anzubauen. So entstand eine kleine Industrie, denn um den Zucker zu verarbeiten, wurden Fabriken gebaut, und Kleinbahnen sorgten für den Transport der Pflanzenstengel dorthin. Auch heute bildet der Zucker in Kom Ombo die wichtigste Lebensgrundlage der Bewohner.

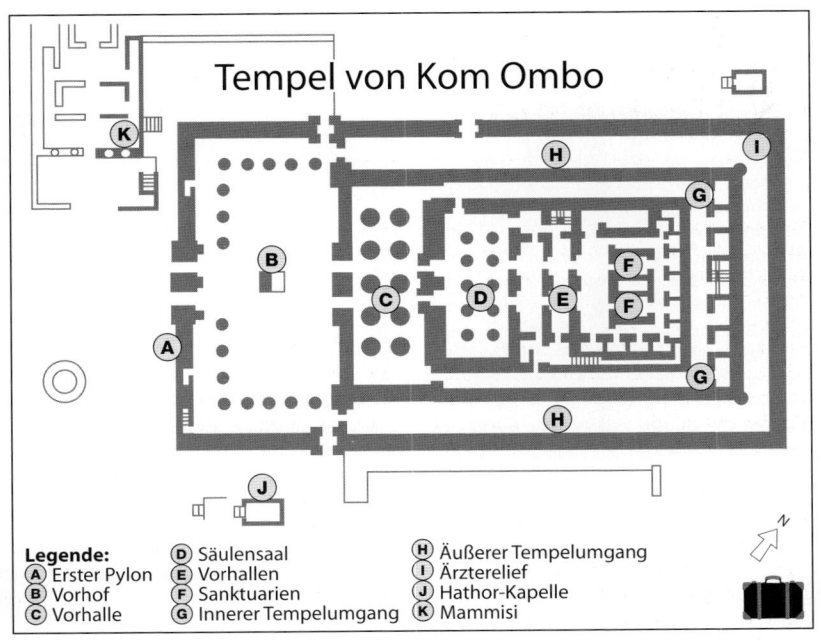

In über 30 Dörfern dieser Region wurden seit Mitte der 60er Jahre des 20. Jhs. etwa 100 000 Nubier angesiedelt, deren Heimatorte bei der Aufstauung des Hochdammes überflutet wurden. Für einige Familien war dies schon der zweite Ortswechsel dieser Art, denn bereits beim Bau des alten Staudammes fielen einige Dörfer den ansteigenden Fluten zum Opfer. Bei der Neuansiedlung der Nubier wurde ihre jeweilige Sprachzugehörigkeit berücksichtigt, so dass beispielsweise im Norden der Region Kom Ombo der gleiche Dialekt gesprochen wird wie damals in den nördlichen Siedlungen am alten Staudamm. Die alten Ortsnamen wurden beibehalten, erhielten jedoch den Zusatz „Neu-". Die Regierung hat sich bemüht, den Umsiedlern eine gute Alternative zur alten Heimat zu schaffen. Die neuen Häuser sind größer und „komfortabler", Schulen und Hospitäler wurden gebaut, und dadurch ergeben sich wiederum neue Arbeitsmöglichkeiten. Das „Neuland" ist allerdings dichter besiedelt, der Anbau genossenschaftlich organisiert und statt in traditionellen Lehmhäusern direkt an den Ufern des Nils leben die Menschen nun in weit vom Wasser entfernten Betonblöcken. Es gibt sicher nicht wenige, die den Tausch rückgängig machen würden, doch die alte Heimat, in der man mit dem Nil in Einklang lebte, ist unwiederbringlich verloren, wenn auch fraglich ist, ob diese Harmonie bis heute überlebt hätte.

Ungefähr 3 km vom Ort Kom Ombo („Hügel von Ombo") findet sich auf einem Hügel in einer Nilkrümmung der in Ägypten einmalige **Doppeltempel von Kom Ombo**. Alle Räume sind entweder symmetrisch zweimal vorhanden oder besaßen jeweils auf der gegenüberliegenden Seite in beiden Anlagen die gleiche Funktion. Die Ursprünge des Kultbaus reichen bis in das Mittlere Reich zurück, doch was man heute sieht, wurde in ptolemäischer Zeit errichtet, als die Stadt Verwaltungssitz des ersten oberägyptischen Gaus wurde. Der Reliefschmuck des Tempels entstand zum großen Teil erst zur römischen Kaiserzeit. Augustus und Tiberius tauchen in Inschriften auf, die späteste Darstellung beinhaltet ein Bild mit Kaiser Macrinus (217/218 n.Chr.).

Der linke (westliche) Teil der Anlage war dem falkenköpfigen Gott Haroëris, Horus dem Älteren, geweiht, der rechte (östliche) dem Krokodilsgott Sobek, dem wohl ursprünglichen Lokalgott. Sie gehörten unterschiedlichen Göttertriaden an. Erst 1893 wurde der ziemlich stark zugeschüttete Tempel vom Sand befreit. Das Geburtshaus (Mammisi), die Nebenbauten und das große Eingangstor von Ptolemaios XII. sowie der anschließende Hof waren jedoch bereits von Nil-Überschwemmungen zerstört worden.

Die auf den Hof folgende **Große Säulenhalle**, der am besten erhaltene Tempelteil, ist weithin sichtbar. Ein **Doppelportal** öffnet sich zur Halle hin auf zwei parallel verlaufende Achsen, die sich bis zu den Sanktuarien fortsetzen. Links und rechts des Doppeleingangs sowie in dessen Mitte befindet sich jeweils eine Kompositsäule, deren östliche Seite mit der Lilie, dem Symbol für Oberägypten, und deren westliche Seite mit dem Papyrus, einem Sinnbild Unterägyptens, verziert ist. In der Großen Säulenhalle stützen zehn Komposit- und Palmwedelsäulen die teilweise noch vorhandene Decke. An der Decke sieht man Sterngötter, die in Barken umher schippern. Auf den Säulenschranken erkennt man Szenen mit Reinigungs- und Krönungsritualen. Im anschließenden **Säulensaal** stehen zehn Papyrussäulen. Die folgenden drei Vorsäle führen zu zwei **Sanktuarien**, kleine Räume, in deren Innern sich je ein grauer Granitsockel befindet, auf denen früher die heiligen Götterbarken standen. Umgeben werden die Sanktuarien von kleinen Kapellen.

Im äußeren Tempelumgang befindet sich im linken hinteren Teil auf der Ostseite das bemerkenswerte so genannte **Ärzte-Relief**. Abgebildet ist ein kleiner Schrank, der auf einem Podest steht. Die geöffneten Türflügel lassen den Inhalt erkennen: Zangen, Haken und Sägen – chirurgische Instrumente, deren Wirkung von ebenfalls abgebildeten Heilamuletten unterstützt werden sollte. Haroëris, dem linken Tempelgott, wurden Heilkräfte zugesprochen.

Drei **Krokodilsmumien**, die man unweit vom Tempel in einer Tiernekropole fand, sind heute in der aus der Zeit Hadrians (117–138 n.Chr.) stammenden **Hathor-Kapelle** aufbewahrt. Diese liegt gleich rechts neben dem Hauptbau hinter den Überbleibseln des Eingangstores. Kom Ombo zählte neben Fayûm in Oberägypten zu den Hauptkultplätzen von Sobek, dem Krokodilsgott. Indem man die im Alltag gefährlichen Echsen verehrte, wollte man sie besänftigen.

Bei dem weitgehend zerstörten Bau links vor dem ersten Pylon handelt es sich um das Geburtshaus (Mammisi).

⏲ tgl. 7–21 Uhr, im Winter bis 19 Uhr, Eintritt E£10 (5).

Übernachtung und Essen

Die meisten Reisenden kommen hier per Schiff an, sei es auf einer Feluke oder einem Kreuzfahrtdampfer, oder besuchen Kom Ombo in einem Tagesausflug von Assuan aus. Kaum einer übernachtet hier, denn Kom Ombo ist kein sehr attraktiver Ort. Wer dennoch hier bleiben möchte oder muss: Das kleine Hotel **Redwan**, südlich des Bahnhofs, in der Hauptstraße, ✆ 511827, ist sehr einfach, hat aber relativ saubere Zimmer und Sanitäranlagen.

Das **Al-Noba-Restaurant**, nördlich des Taxistands, ist einfach, bietet aber gutes Essen.

Wie überall, wo Feluken und Kreuzfahrtschiffe anlegen, gibt es an der Corniche ein paar Souvenirstände und kleine **Cafés**. Preise vor der Bestellung erfragen!

Transport

Der Tempel liegt ungefähr 4 km südlich vom Zentrum direkt am Nil.

BUSSE – Der Busbahnhof befindet sich in einer Parallelstraße zur Hauptstraße. Hier warten immer jede Menge Leute, die dem Individualreisenden den richtigen Bus weisen können. Von Kom Ombo aus kann man problemlos mit dem Bus weiterkommen.
Busse nach:
ASSUAN: ca. 1 Std.; E£2;
EDFU: ca. 1 Std.; E£2;
LUXOR: 3–4 Std.; E£7,50.

EISENBAHN – Die einfachste Art, nach Kom Ombo zu kommen, ist mit dem Zug. Von/nach ASSUAN dauert die Fahrt meist nur 1 1/2 Std., selten länger; Kosten je nach Zugart E£2–E£7. Von/nach LUXOR mindestens 2 1/2 Std., unter Umständen aber auch erheblich länger; Kosten je nach Zug E£3–E£13. Es gibt keinen Fahrplan, aber die Züge verkehren außer zur Mittagszeit nahezu stdl. Nordwestlich des Bahnhofs, an einer kleinen, belebten Kreuzung, fahren Pick-ups für 25 pt zum Nil, von wo es noch 100 m zum Tempel zu laufen sind. Taxi E£5.

Assuan (Aswân)

Assuan, eine moderne Großstadt mit über 500 000 Einwohnern, ist für uns definitiv die schönste Stadt Ägyptens. Die Menschen, fast alle Nubier, sind ausgesprochen freundlich, der Nil strahlt hier eine Würde aus, wie in sonst keinem anderen Teil des Landes, die Sûqs sind an Lebendigkeit kaum zu übertreffen, und als sei dies alles nicht schon genug, hat sich Assuan in den letzten Jahren auch noch zu einem kleinen Kunstzentrum gemausert, in dem moderne Künstler in aller Ruhe arbeiten können, um ihre Bilder dann, zum Teil in den großen Galerien von Kairo, aber auch in mehreren kleinen Läden hier in Assuan, zu verkaufen. Touristen bietet die Stadt spannende Museen und die Möglichkeit, herrliche Spaziergänge und jede Menge Ausflüge zu unternehmen. Hinzu kommt die traumhafte Landschaft rund um Assuan, die sich wunderbar auf einer Feluke erleben lässt: sanft geschwungene Berge, goldgelbe Dünen, grüne Nilinseln im blauen Nass und dazwischen die Katarakte, die Stromschnellen, die Assuan und der Region ihren besonderen Status verliehen. All dies wusste man vor allem zur Zeit der britischen Kolonie zu schätzen, und so wurde Assuan zur Winterresidenz nicht weniger „Edelmänner", die dann auf der Terrasse des legendären Old Cataract Hotel saßen, ihren Whisky Sour tranken und ihr Leben als Herren genossen.

Die meisten Sehenswürdigkeiten Assuans liegen außerhalb des Stadtzentrums, d.h. auf den Nilinseln, südlich der Stadt sowie auf der Westseite des Nils.

Im eigentlichen Stadtzentrum gibt es nicht viel mehr zu sehen als den schönen und farbenfrohen Sûq. Außerdem eignet sich Assuan hervorragend, um hier ruhige Stunden in Teehäusern zu verbringen und dem Treiben zuzusehen, sei es am Nil oder aber im belebten Innenstadtviertel.

Geschichte

Die Region rund um Assuan war mehrere Jahrtausende sowohl strategisch als auch ökonomisch von enormer Bedeutung.

Elephantine, das antike Jebu, war bis in die Ptolemäerzeit Verwaltungssitz. Durch die Lage am ersten **Katarakt** des Nils, der hier durch Granitfelsen in mehrere Arme geteilt wird, war die Stadt quasi uneinnehmbar. Denn von Süden konnten aufgrund dieser natürlichen Grenze keine fremden Schiffe eindringen und über Land war eine Invasion zu beschwerlich. So befand sich hier seit dem Alten Reich die relativ ruhige und sichere **Südgrenze**, was einige Pharaonen später jedoch nicht davon abhielt, von hier aus die Reichsgrenze in Richtung Nubien zu verschieben. Eine weitere wichtige Bedeutung erhielt Assuan durch seine Reichsrandlage, denn hier begannen die großen **Karawanenstraßen** nach Norden und Süden, aber auch an die Küste des Roten Meeres, wo die Waren, darunter Elfenbein, Edelhölzer, Öle, Weihrauch und Gold, weiter verschifft wurden. Daneben konnte Assuan mit einem eigenen Exportschlager aufwarten: Der rote **Granit** und andere begehrte Hartgesteine, die in den Steinbrüchen um Assuan gewonnen wurden, waren schon zu pharaonischer Zeit begehrt und blieben es lange. Für das Gestein kam man von weit her; so finden sich z.B. in so entlegenen Orten wie Palmyra in Syrien Granitsäulen aus Assuan.

Assuan war nie Hauptstadt eines bedeutenden Reiches, aber es blieb immer ein wichtiger Waren-Umschlagplatz. Auch unter den Moslems verlor es diese Bedeutung nicht. So errichtete **Sultan Selim**, einer der ersten osmanischen Herrscher, 1517 eine starke militärische Garnison an diesem Ort, die die Stadt gegen die Angriffe der Beduinen schützen sollte.

Die **Briten** nutzten Assuan Ende des 19. Jhs. als Station auf ihrem Eroberungsfeldzug in den Sudan. Durch den Bau der Dämme wurde Assuan, strategisch gesehen, weniger wichtig, gewann aber andererseits an wirtschaftlicher Bedeutung.

Sehenswertes südlich der Stadt

Nubien-Museum, Friedhof und Obelisk lassen sich nacheinander auf einem schönen langen Spaziergang besuchen. So ist man völlig unabhängig von einem wartenden Taxifahrer oder Tourenbus und kann sich seine Zeit selbst einteilen.

Nubien-Museum (Mathaf an-Nûba)

Im südlichen Teil Assuans in exponierter Lage auf einem Hügel ist seit November 1997 das Nubien-Museum geöffnet. Von der Planung bis zur Fertigstellung vergingen 21 Jahre, davon elf Jahre reine Bauzeit. Aus der Kooperation von ägyptischer Antikenverwaltung und UNESCO und mit staatlichen und internationalen Geldern ist eine bemerkenswerte Museumsanlage entstanden, die 2001 sogar den **Aga Khan-Preis für islamische Architektur** erhielt. Bereits die Fassade des Gebäudes verbindet durch die Wahl von Naturstein und der Orientierung an der Formgebung der nubischen Wohnhäuser Vergangenheit und Gegenwart, Tradition und Moderne. Von der großen Gartenanlage, einer Oase der Ruhe, bietet sich ein großartiger Blick auf die Stadt. Der Ausstellungssaal ist großzügig konzipiert und modern gestaltet. Die Objekte in Sammel- und Einzelvitrinen sind kunstvoll präsentiert und ausgeleuchtet, was durch das ansonsten eher schummrig gehaltene Licht besonders augenfällig ist. Es handelt sich vor allem um Objekte, die während der Grabungsphase 1960 und 1964, also vor der Überflutung großer Teile Nubiens durch den Nasser-Stausee, zutage gebracht wurden. Die Rettung und Verlegung der großen Monumente, wie die der gesamten Insel Philae und der Tempelanlage von Abu Simbel, wird in einem Ausstellungsabschnitt durch Modelle und Fotografien umfangreich dokumentiert.

Die Schwerpunkte der Ausstellung sind jedoch die Darstellung kulturhistorischer Ereignisse im Raum Nubien von der Prähistorie bis zur Islamisierung und die Illustration des nubischen Alltags. Im ersten Abschnitt betten große Texttafeln in englischer und arabischer Sprache die zahlreichen Ausstellungsstücke chronologisch und thematisch ein, im zweiten dominiert ein Diorama mit lebensgroßen Puppen. Alt-Nubien bildet hier den Rahmen für die ethnographische Präsentation nubischer Kultur. Somit werden weder die Umstände der Umsiedlung von 1964 noch die Folgen für die Bevölkerung dargestellt – ein ganz offensichtlicher Schwachpunkt der Ausstellung. Insgesamt wird ein ägyptisches Gesellschaftsverständnis vermittelt, das die nubische Bevölkerung ebenso als „primiti-

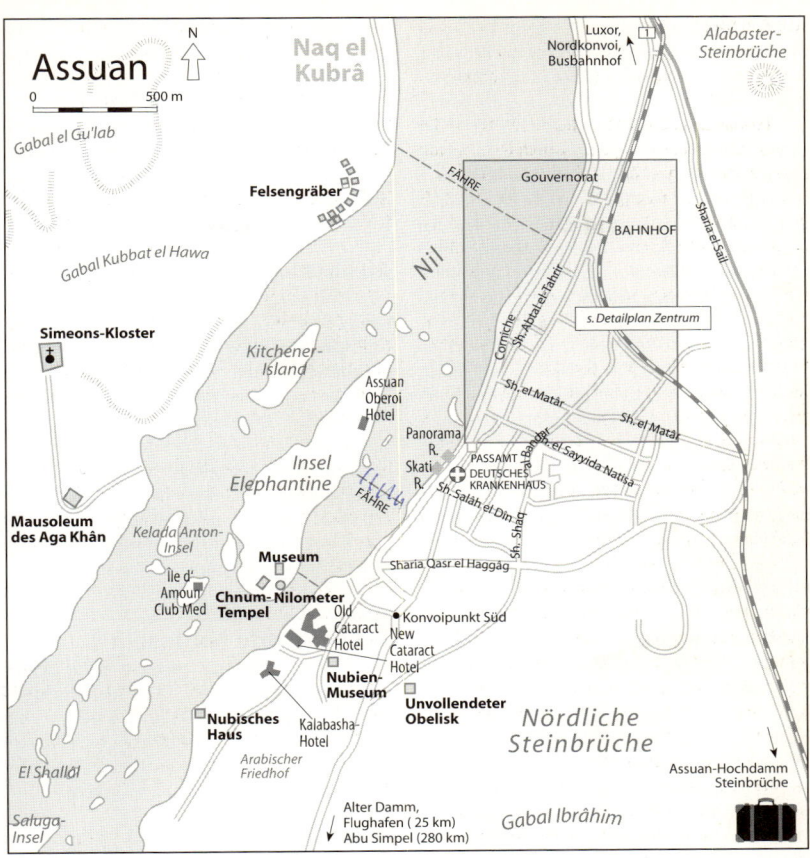

ve Andere" wie auch als Erben der altägyptischen Hochkultur definiert.

Dennoch ist das Nubien-Museum, das derzeit modernste ägyptische Museum, einen möglichst ausgiebigen Besuch wert. Es ist zudem das erste Projekt in Ägypten, das konzeptuell museale Nutzung und Museumspädagogik für Schulklassen verbindet. Wer einige Tage Aufenthalt in Assuan hat, sollte sich auch unbedingt nach den Veranstaltungen erkundigen, die das engagierte Museumsteam anbietet. Vorträge, Musik- und Tanzvorführungen sowie Sonderausstellungen lokaler Künstler bringen Besuchern die interessante Bevölkerungsgruppe der Nubier näher. ⏱ 9–13 und 15–21 Uhr. Fr ab 11 Uhr geschlossen. Eintritt E£20, Fotoerlaubnis E£10, Taxi hierher: E£5.

(Ein Beitrag von Astrid Meister, Freiburg)

Nubisches Haus

Das kleine, private ethnografische Museum des Nubiers Târiq ist eine Liebeserklärung an die nubische Architektur. Ganz aus Lehm errichtet und mit den traditionellen Mustern bemalt, entspricht es dem klassischen Bauplan nubischer Häuser: Ein Haupthaus mit einem großen Innenhof, um den herum sich mehrere Räume befinden.

Man sieht hier keine große Vielfalt an Gegenständen, das Reizvolle ist vielmehr die liebevolle Präsentation weniger Ausstellungsstücke. Târiq erklärt dem Besucher geduldig alles, was dieser wissen muss, um die traditionelle, zerstörte Wohnkultur der Nubier ein wenig zu verstehen. Die exponierte Lage, hoch auf einem Hügel mit herrlichem Blick auf Assuan und die Katarakte, machen das angegliederte Café zum perfekten Ort, um den Nachmittag in Ruhe zu verbringen. Abends gibt es manchmal Folklore und auf Anfrage auch nubisches Essen. Für den Mindestverzehr von E£5 bekommt man Tee und Gebäck.

Keine festen Öffnungszeiten, meist aber ab 9 Uhr morgens bis spät in die Nacht. Kein Eintritt, dafür Mindestverzehr von E£5; mit dem erwirtschafteten Geld wird das Haus instand gehalten.

Zu Fuß braucht man vom Nubien-Museum hierher etwa 20 Minuten. Man folgt einfach der Straße, die vom Museum aus nach Süden führt und biegt nach ca. 1 km am großen Coca-Cola-Schild rechts ab. Taxi hierher E£ 5–10.

Nördliche Steinbrüche

In Ägypten spielten Steinbrüche seit dem 3. Jahrtausend v.Chr. eine wichtige Rolle, denn mit der damaligen Einigung des Reiches setzte eine rege Bautätigkeit ein. Man benutzte verschiedene Gesteinsarten, die mit sehr hohem logistischem Aufwand teilweise aus sehr abgelegenen Regionen herangeschafft wurden. Für die monumentalen Steinbauten brauchte man Massen an Baumaterial, welches auch noch etwas Besonderes sein sollte. Diese exklusiven Materialwünsche konnten u.a. in den Abbaugebieten am ersten Katarakt südlich von Assuan befriedigt werden, wo der sehr begehrte **Rosengranit** anstand.

Die antiken Steinbrüche befinden sich nur ein paar Kilometer südlich vom Stadtzentrum, etwas abseits der Straße. Den Hauptanziehungspunkt bildet der knapp 1200 Tonnen schwere **Unvollendete Obelisk** aus der 18. Dynastie, der an seiner Basis noch mit dem ihn umgebenden Felsen verbunden ist. Die Höhe von 41 m wäre absoluter Rekord unter den Obelisken gewesen. Nach schätzungsweise sechsmonatiger Klopfarbeit von über hundert Handwerkern bemerkte man jedoch zu spät einen Materialfehler im Gestein, der die Säule beim Herauslösen hätte brechen lassen. So wurde einfach alles stehen und liegen gelassen. Peinlich? Für die alten Ägypter vermutlich nicht, denn derartige Schnitzer kamen anscheinend öfter vor. Die Nachwelt weiß diese Nachlässigkeit auf jeden Fall zu schätzen und bestaunt das unfertige Kunstwerk der damaligen Steinmetze, die mit schweren Steinkugeln aus Diorit (ein besonders harter Stein) auf den Fels einschlugen, um ihn in Form zu bringen.

⏲ 9–16 Uhr, Eintritt E£5, Taxi hierher E£10.

Arabischer Friedhof

Im Südosten der Stadt liegt, östlich des Nubien-Museums, ein großer, alter arabischer Friedhof, dessen Grabstätten teilweise bis ins 9. Jh. zurückdatieren. Die einfachsten sind mit Steinplatten geschmückt, während andere Kuppelbauten haben. Die Grabstätten auf kleinen Hügeln am Rande des Gräberfeldes sind oft mit Fahnen geschmückt. Diese besser erhaltenen Ruhestätten gehören Lokalheiligen, die an manchen Tagen von Pilgern besucht werden. Viele der Gräber sind aus moderner Zeit. Durchquert man den Friedhof, gelangt man östlich davon direkt zum Eingang des Unvollendeten Obelisken.

Sehenswerte Nil-Inseln

Die Nil-Inseln kann man problemlos mit kleinen Fähren erreichen, die pro Fahrt nicht mehr als 50 pt kosten (Abfahrtsstellen finden sich auf dem Stadtplan). Eine andere Möglichkeit ist, die Inseln im Rahmen eines selbst organisierten Halb- oder Ganztagsausflugs per Feluke zu besuchen.

Elephantine

Das kleine Eiland, übersetzt „Elefantenstadt", war einst das Marktzentrum der Stadt Assuan. Seinen Namen hat die Insel entweder vom regen Handel mit Elfenbein oder weil es hier möglicherweise in frühgeschichtlicher Zeit noch Elefanten gab. Auf der Insel findet sich die Ausgrabungsstätte der alten Stadt **Jebu**, deren Gründung bis in die Antike zurückreicht.

Man kann Elephantine am besten in aller Ruhe auf einem kleinen, wunderschönen, unkomplizierten Spaziergang erkunden. Ausgangspunkt unserer vorgeschlagenen Runde ist der Bootsanleger in Elephantine, wo die öffentliche Fähre ankommt (s.S. 263). Hier ausgestiegen eröffnet sich dem Besucher eine neue Welt: Man findet sich in einem ru-

Idyllisches Assuan

higen Dorf wieder, dessen verwinkelte Gassen durch üppig wucherndes Grün führen.

Vom Bootsanleger (25 pt) folgt man einem kleinen Weg bergauf bis zu einem kleinen Platz, der von gelben Häusern gesäumt ist und in dessen Mitte sich ein großer Baum befindet. Hier geht es schräg rechts durch eine Gasse, die rechts und links von Lehmmauern begrenzt ist. Der Weg führt gen Süden durch Oasengärten. Wer Glück hat, kann in einem von diesen Männer bei der Schischa-Runde oder Backgammon spielend sehen.

Bei der zweiten Lichtung gabelt sich der Weg. Man geht links Richtung Nil und gelangt bald schon in ein kleines Dorf. Ein paar Schritte weiter kommt man zu einem kleinen Hafen, wo viele Feluken anhalten. Von hier aus sieht man die **Ausgrabungsstätte** und das Museum, welche sich in einem herrlichen Garten befinden. ⏱ 8–17 Uhr, Eintritt E£10.

Die Ausgrabungsstätte umfasst die gesamte Südspitze der Insel und ist etwa 1500 x 500 m groß. Zwar ist schon vieles ausgegraben, doch die Arbeiten der deutschen und Schweizer Archäologen dauern bis heute an.

Die bedeutendsten Heiligtümer der Insel galten dem lokalen Hauptgott Chnum, dem „Herrn des Katarakts", und seiner Gattin, der Antilopengöttin Satet. Der kleinere der zwei **Tempel der Satet** stammt aus der Zeit der 18. Dynastie und wurde unter Königin Hatschepsut errichtet. Die „Herrin von Elephantine", wie die Göttin Satet am häufigsten genannt wird, galt als Bringerin des reinigenden Wassers, denn dem Mythos zufolge liegen die Nilquellen bei Elephantine. Der rekonstruierte Tempel hat einen vollständig umlaufenden Pfeilergang. Im Inneren befinden sich zwei Pfeiler mit Hathor-Kapitellen sowie ein schönes Relief mit Satet als Gazelle. Der Tempel steht auf einer Betonplatte, damit auch der darunter liegende Tempel besichtigt werden kann. Dieser wiederum ruht auf einem Tempel der Frühzeit.

Stark zerstört ist der **Haupttempel des Chnum**. Durch sein unter Alexander IV. erbautes Granittor bekommt man jedoch eine Vorstellung von der ehemaligen Monumentalität des Bauwerks. Weiterhin kann man Teile der 6 m dicken **Stadtmauer** sehen. Östlich des Chnum-Tempels finden sich die Grabanlagen der heiligen Widder und ein **Tempel des Heqaib**, eines später vergöttlichten Gaufürsten. Der Bau, zu dem man über die Treppen gelangt, wurde mehrmals erneuert; die Statuen, die man heute noch sehen kann, stammen aus der 12. Dynastie. Nördlich der Heiligtümer folgen die **Wohnbezirke**, deren Gebäude aus Nilschlammziegeln errichtet waren. Sie datieren bis ins Alte Reich zurück, während die beeindruckenden **Uferbefestigungen** aus der griechisch-römischen Epoche stammen.

Lohnenswert ist ein Blick auf den **Nilometer**, mit dessen Hilfe man noch heute das Nilhochwasser messen könnte. Die antiken Messskalen dieser Anlage stammen aus der römischen Kaiserzeit, jüngere Skalen belegen die Wiederinbetriebnahme im 19. Jh. Für die Landwirtschaft war der Pegelstand bei Ankunft der Überschwemmungsflut an der südlichen Landesgrenze das Hauptmaß für die Höhe der jährlichen Steuererhebung des Königs. Hohes Wasser bedeutete hohe Steuern, denn ein fruchtbares Jahr mit reicher Ernte stand bevor. Das Messergebnis war aber auch wichtig für die Organisation der Feldarbeit oder als Grundlage für Sicherungsmaßnahmen bei einer extremen Hochflut. Aufgrund der langen Siedlungsgeschichte der Insel

Segeltouren auf dem Nil

Keiner, der in Assuan ist, sollte sich eine kleine Bootstour mit einer **Feluke**, einem Nil-Segelboot, entgehen lassen. Es gibt fast nichts Schöneres, als die Beine ins Wasser baumeln zu lassen, die gute Luft zu schnuppern und sich den Wind durchs Haar wehen zu lassen, während das Boot über den Nil gleitet. Manchmal lädt der Kapitän die Mitreisenden auch ein, in seinem Dorf einen Tee zu trinken, und fast immer sind kleine Picknicks geplant, egal wie lange man unterwegs ist, sei es nur ein Nachmittag oder eine ganze Woche.

Feluken-Fahrten sind *der* Renner und werden hier zuhauf angeboten. Man kann nach Elephantine übersetzen oder sich auch weiter bringen lassen, z.B. zur Kitcheners Island, zur Sehel-Insel oder sogar bis nach Edfu. Die schönsten Kurzausflüge sind die südlich von Elephantine. Dann hat man, vor allem zur so genannten „blauen Stunde" vor Sonnenuntergang einen herrlichen Blick auf die Stadt und das Nilufer.

Läuft man zum ersten Mal die Corniche entlang, können einen die hier herumlungernden **Schlepper** ganz gewaltig nerven, denn jeder versucht, dem Neuling eine Fahrt anzudrehen. Selten sind die hier ausrufenden Jungs auch die Kapitäne; sie arbeiten nur für diese. Doch davon sollte man sich nicht abschrecken lassen. Für kurze Fahrten ist es eigentlich gleich, wem man sich anvertraut. Wer allerdings plant, mehrere Tage per Segelboot unterwegs zu sein, sollte sich seinen Kapitän (aber auch seine Mitsegelnden) mit Bedacht aussuchen und sicherstellen, dass der ausgewählte „Kapitän" dann auch wirklich mitfährt und nicht nur der Schlepper war. Wer sich auf seine Menschenkenntnis nicht verlassen möchte, kann sich an Shukri Saad aus dem **Fremdenverkehrsamt** wenden. Er vermittelt vertrauenswürdige Kapitäne.

Die **Kosten für Kurzausflüge** unterliegen nicht völlig dem Verhandlungsgeschick der Reisenden, denn es gibt mehr oder minder feste Preise, nach denen man sich richten kann, auch wenn am Anfang einer Verhandlung oftmals ein Vielfaches dessen verlangt wird. Folgende Preise wurden uns vom Tourist Office gegeben. Sie verstehen sich **pro Boot**:
1 Std. etwa E£15;
2 Std. etwa E£30;
halber Tag etwa E£60;
ganzer Tag etwa E£100.
Je länger man unterwegs ist, desto günstiger wird der Tagessatz. Bei mehrtägigen Fahrten ist normalerweise das Essen inbegriffen, nicht aber die Getränke. Man schläft unter freiem Sternenhimmel auf dem Boot und legt zum „Austreten" hin und wieder am Nilufer an.

Die **Kosten für mehrtägige Fahrten** liegen pro Person bei E£40 bis Kom Ombo, E£50 bis Edfu (mindestens 3 Tage), E£75 bis Esna (mindestens 4 Tage) und E£100 bis Luxor (mindestens 5–6 Tage). Wer mitreist, sollte die Reisebedingungen genau festlegen, damit es hinterher keine bösen Überraschungen gibt.

findet man auf der ganzen Insel verschiedene Messanlagen in unterschiedlicher Bauweise. Keine ist jedoch so gut erhalten wie dieser Nilometer hier, direkt an der Südspitze der Insel.

Ein kleines **Museum** nahe dem Eingang zeigt lieblos Funde aus Assuan und Umgebung. In einem neuen Anbau entstand jedoch ein aufschlussreicheres Pendant. Die dort ausgestellten Pläne über die aufgrund der langen Baugeschichte der Insel komplizierte Entwicklung Elephantines inklusive eines Modells der örtlichen ptolemäischen Stadt sind wichtig für das Verständnis beim anschließenden Inselrundgang.

Im Museum gibt es ein kleines Heft (für E£10) mit vielen Informationen über das Ausgrabungsgelände.

Das Museum im Rücken wendet man sich nun, immer an Abgrenzungszaun des Grabungsgeländes entlang, wieder zurück nach Norden. Doch statt nun wieder auf der Ostuferseite zu marschieren, überquert man die Insel zum Westufer (einfach den Gassen folgen, die automatisch zur anderen Seite führen). Hier angekommen bietet sich ein spektakulärer Blick auf das Simeonskloster und die Kitchener Island. Man geht nun am Ufer entlang nach Norden, bis der Weg automatisch zurück nach Osten führt. Man folgt den Gassen durch das nubische Dorf (die Kinder hier sind weit weniger aufdringlich als in Assuan selbst), bis man nach etwa 200 m wieder am Bootsanleger ankommt.

Kitchener Island – die Pflanzeninsel

Einer der erfreulichsten und erholsamsten Orte in Assuan ist gleichzeitig auch der schönste botanische Garten des Landes. Die Insel, zwischen Elephantine und dem Westufer des Nils gelegen, besitzt viel Flair. Gemütliche Cafés laden zu plauschigen Stündchen ein – außer an Freitagen, wenn fast alle Einwohner Assuans hier ihren arbeitsfreien Tag genießen.

Der englische Gouverneur Lord Kitchener wohnte Ende des 19. Jhs. in einem immer noch existierenden Haus auf der Insel und war auch gleichzeitig der Besitzer derselben. Er hatte ein Faible für besonders prächtige Blumen und begann die ganze Insel mit aus Indien, dem Fernen Osten und anderen Erdregionen importierten Pflanzen zu verschönern. Der Lord tat sich, nebenbei bemerkt, auch als Held der englischen Krone hervor, indem er den religiös motivierten Mahdi-Aufstand im Sudan blutig niederschlug und die Kolonie für das Mutterland sicherte.

Die Insel ist mit einer Feluke zu erreichen, eine Fährverbindung existiert nicht.

Sehel-Insel

200 pharaonische Inschriften befinden sich auf dieser kleinen, rund 3 km südlich von Elephantine gelegenen Insel. Zum großen Teil wurden die Inschriften von Staatsbeamten des Mittleren Reiches verfasst. Sie sind alle auf dem Granitfelsen zu entdecken. Die berühmteste Hinterlassenschaft ist die so genannte **Hungersnot-Stele**. Zu finden ist sie auf dem höchsten südöstlichen Hügel. Der Text erweckt den Eindruck, als habe eine Hungersnot zu Djosers' Zeiten (3. Dynastie) sieben Jahre lang den Landstrich heimgesucht; erst als der König dem widderköpfigen Herrn der Nilquelle, Chnum, opferte, ließ dieser den Fluss wieder ansteigen. Es ist jedoch erwiesen, dass die Stele aus der ptolemäischen Ära (Ptolemaios IV., 3. Jh. v.Chr.) stammt. Möglicherweise haben also in ptolemäischer Zeit Priester, die Chnum verehrten, die Inschrift vordatiert, um mit Hilfe dieser dann vermeintlich alten Urkunde ihren Kultanspruch auf das gesamte Gebiet zu bekräftigen. Die hier gut sichtbare beeindruckende Kraft der Erosion hat die Stele ziemlich genau horizontal in zwei Teile gespalten.

Sehenswürdigkeiten am Westufer
Felsengräber der Gaufürsten und Kubbat el Hawa

Der Gräberberg ist von weitem sichtbar. Die markante Anhöhe liegt gegenüber von Nord-Assuan und wird gekrönt von **Kubbat el Hawa**, einem Kuppelgrab für den gleichnamigen Scheich, dessen Name übersetzt „Hügel des Windes" bedeutet.

Am Hang darunter liegen über eine Terrasse verteilte dekorierte **Felsengräber** aus der Zeit des Alten und Mittleren Reichs. Sie bieten dem, der Gräber Thebens besucht hat, keine aufregenden neuen Erkenntnisse. Außerdem sind die meisten verschlossen. Der Ausblick und die relative Einsamkeit im Vergleich zum Tal der Könige lohnen jedoch den Besuch. Rampen führen vom Nilufer nach oben. Auf ihnen wurden die Sarkophage zu den Gräbern hochgezogen. Innen sind die Gräber mit „provinziellen" Wandmalereien und Reliefs dekoriert. Folgende Gräber können, vorausgesetzt, der Wächter ist willig, besichtigt werden:

Nr. 25 Grab des Mechu
Mechu war ein hoher Beamter, der den Titel des Gouverneurs des Südens trug. Am Eingang finden sich zwei unbeschriftete Obelisken; das Grab wurde nicht fein ausgearbeitet.

Nr. 26 Grab von Sabni I.
Sabni I. war der Sohn von Mechu und wie er Gaufürst. Die Decke des Grabes wird von 12 Säulen getragen. Die Fassadeninschrift beschreibt seinen Aufbruch nach Nubien und die Überführung des Leichnams seines Vaters von dort nach Assuan. Schönstes Einzelbild auf der Rückwand ist die Fisch- und Vogeljagd.

Nr. 31 Grab von Sarenput II.
Das Grab eines Adligen gehört zu den am besten erhaltenen auf der Terrasse. Ein Pfeilersaal mit sechs eleganten Säulen führt zu einer Treppe, die den Besucher zu einem Raum mit vier Pfeilern bringt, an dessen Rückwand eine Kultnische ist.

Nr. 34 Grab des Herchuf
Das Grab zählt zu den berühmtesten hier und stammt aus der 6. Dynastie. Herchuf führte vier Expeditionen nach Nubien und in den Sudan durch, von denen er begehrte Waren mitbrachte (Elfenbein, Ebenholz, Weihrauch, Leopardenfelle und auch einen Pygmäen, der als „Tanzzwerg" bezeichnet wird). Davon berichtet eine biografische Inschrift auf der Fassade.

Nr. 35 Grab des Pepinacht
Pepinacht unternahm laut Inschrift mehrere Kriegszüge nach Nubien und rühmt sich hier seiner Kriegserfolge.

Nr. 36 Grab von Sarenput I.
Der Fürst aus dem Mittleren Reich war der Gouverneur von Elephantine. Sehenswert ist das Relief, auf dem er mit Hilfe eines Speers Fische fängt.

Das Mausoleum des Aga Khân
Am Westufer gegenüber dem südlichen Teil von Elephantine liegt das weithin sichtbare Mausoleum von Aga Khân III. (1877–1957), der zu Lebzeiten so manchen Winter in Assuan verbrachte. Das in kairenisch-fatimidischem Stil angelegte Grabmal steht seit Juni 1997 für einen Besuch nicht mehr offen und ist nur noch von außen zu begutachten. Die im Jahre 2000 95-jährig verstorbene Witwe Begum des ehemaligen Scheichs der Ismailiten, Aga Sir Sultan Muhammad Schah, fand das Betragen der Touristen unziemlich, weshalb sie den Zugang schließen ließ. Auch Begum ruht heute, vor Touristenaugen verborgen, an der Seite ihres Gatten in einem weißen Marmorraum.

Simeonskloster (Dair Amba Siman)
Lohnenswert ist ein Besuch des koptischen Simeonsklosters, etwa 30 Min. Fußmarsch vom Mausoleum des Aga Khân entfernt. Dieses schöne Bauwerk erhebt sich weit weg vom Lärm der Stadt einsam im Sand. Man kann hier herumklettern, die alten Ruinen erkunden und den herrlichen Blick auf Assuan und den Nil genießen.

Das Simeonskloster ist für ägyptische Verhältnisse relativ jungen Ursprungs. Die koptische Anlage wurde im 7. Jh. zu Ehren des Lokalheiligen Amba Siman errichtet, der hier im 5. Jh. gelebt haben soll. Obwohl verheiratet, zog er sich in die Ruhe der Wüste zurück und war aller Wahrscheinlichkeit nach auch Bischof von Assuan. Im 10. Jh. wurde das Kloster grundlegend erneuert, ab dem 13. Jh. jedoch nicht mehr bewohnt. Es ist sehr gut möglich, dass die Anlage auf den Ruinen eines römischen Forts errichtet wurde, das von Mönchen übernommen und zu einem Kloster umfunktioniert wurde. Da die Abtei über keinen eigenen Brunnen verfügte, musste das Wasser vom Nil heraufgeschafft werden – eine höchst unbequeme Notwendigkeit. Wahrscheinlich ist die schwierige Wasserversorgung auch der Grund dafür, dass das Kloster schließlich aufgegeben wurde.

Die ehemalige Abtei ist auf zwei unterschiedlich hoch gelegenen Felsterrassen angelegt und wird von einer mindestens 6 m hohen Mauer umgeben, deren oberer Teil aus gebrannten Lehmziegeln besteht. Beim Eintritt über die untere Ebene steht man unmittelbar vor der **Basilika**. Die dreischiffige Kirche stammt aus dem 9. Jh. Die Fresken unter der Apsis und der Steinplattenboden sind gut erhalten. Die ersten Mönche lebten in den Räumen, die die Basilika umgeben. Eine Treppe führt auf die obere

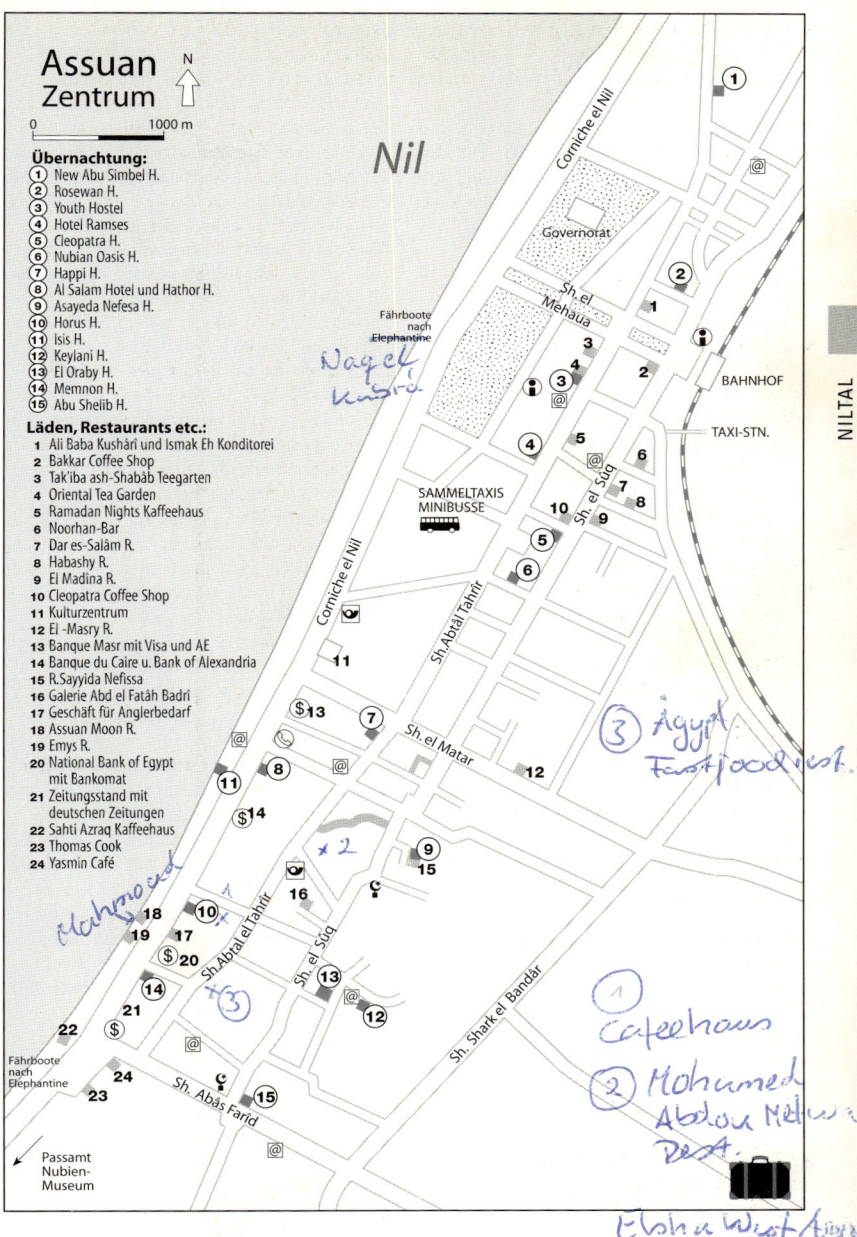

Ebene. Hier erhebt sich die so genannte **Burg** (arab. *qasr*), Festungsmauern als zusätzliche Sicherheitsmaßnahme, denn trotz der geschützten Lage scheint das Kloster Opfer von Beutezügen der Beduinen geworden zu sein. Mehrere Mönchszellen liegen auf zwei Etagen. Auch das Refektorium, d.h. der Speisesaal der Mönche, befindet sich in diesem festungsartigen Gebäude. **Wirtschaftsräume** (Bäckerei, Ölpresse, Stallungen), **Latrine** und **Bäder** komplettieren die Anlage. Eintritt frei.

Ein Ausflug zum Kloster lässt sich gut mit einem Besuch des Mausoleums des Aga Khân (nur von außen) und der Felsengräber kombinieren. Man kann sich beispielsweise mit der Feluke oder einem Ruderboot hierher (oder zum Aga Khân Mausoleum) fahren lassen, das Kloster besichtigen und dann weiter zu den Felsengräbern wandern. Von dort gibt es Boote zurück an das Ostufer. Wer zwischen dem Mausoleum, dem Kloster und den Felsengräbern reiten will, kann sich für ca. E£15 pro Strecke einen Esel oder für ein paar Guiné mehr ein Kamel mieten.

Übernachtung

Ähnlich wie in Luxor warten Schlepper am Bahnhof auf Reisende, um sie in „ihre" Hotels zu schleppen, auch wenn dies hier weit weniger aggressiv versucht wird. Sie zeigen dabei eine immense Kreativität, stellen sich als Besitzer von Hotel XY vor, zeigen Fotos und Fanpost. Sie bezeugen, das ausgesuchte Hotel sei geschlossen oder ausgebucht etc. Man sollte sich nicht davon abbringen lassen, seinen Weg in das gewählte Hotel zu gehen: Je sicherer man auftritt, desto schneller wird man in Ruhe gelassen.

UNTERE PREISKLASSE – *Abu Shelib**, am südlichen Ende der Sh. Sûq, ☏ 303051. Einfache und sehr saubere Zimmer mit Ventilator oder ac, z.T. mit Bad. Der sehr nette Chef Abdu kümmert sich liebevoll um die Gäste und serviert leckeres Essen. Auch Trips nach Abu Simbel.

Al Salam**, 101, Corniche el Nil, ☏ 302651, ℻ 303649. Sauberes Hotel direkt am Nil. Sehr freundliche Leute, kleine Leihbibliothek. Die oberen Zimmer sind frisch renoviert, ein paar sind dunkel. Viele Zimmer mit Balkon und Nilblick. Empfehlenswert!

El Oraby, Sh. el Mukhaima el Qadîma, ☏ / ℻ 317 578. Sehr nettes Traveller-Hotel. Tolles Frühstück, schöne Terrasse, Wäsche-Service, Küchenbenutzung, zentrale Lage im südlichen Teil des Sûqs, saubere Zimmer z.T. mit Balkonen und Bad. Sehr gutes Preis-Leistungs-Verhältnis. Von hier werden Ausflüge nach Abu Simbel und Philae organisiert. Zimmer 3ft 70 L.E

Keylany*, 25, Sh. Kailani (Seitenstraße der Sh. Sûq), ☏ / ℻ 317332, ✉ keylanyhotel@aswanet. com.eg, 🖥 www.keylanyhotel.com.eg. 21 frisch renovierte Zimmer, mit hübschen Möbeln in Pastell und blitzblanken Badezimmern. Beste Option zu kleinem Preis. Toll! Trips nach Abu Simbel für E£50. OK, sauber, etwas steril

New Abu Simbel*, Sh. Abtâl Tahrîr, ☏ / ℻ 306 096. Sauberes Hotel mit leicht abgewohnten Zimmern, aber sehr schönem Garten (Stella E£6). Da nördlich des Bahnhofs gelegen, ist das Hotel ein wenig ruhiger als die anderen. Angenehm.

Nubian Oasis*, Sh. Saad Zaghlûl, ☏ 312123/26, ℻ 312124, ✉ nubianoasis@infinity.com.eg. Zentrales Hotel mit einfachen, ordentlichen Zimmern und hübscher Dachterrasse (Stella E£6). Anbieter von Touren in die Umgebung.

Rosewan*, Bahnhofsnähe, ☏ 304497, ✉ rosewan10@hotmail.com. Das Hotel lebt von und durch seinen Besitzer Faruk Nasser. Der exzentrische und durch und durch liebenswerte Dichter und Maler erzählt gern und viel über sein Leben; er verkauft seine Bilder und sieht sich selbst als ägyptischen Picasso! Die Zimmer im Hotel sind sauber und klein, z.T. mit Ventilator, z.T. mit Bad. Sehr nettes Personal und einen Besuch unbedingt wert, auch wenn man nicht hier wohnt.

Youth Hostel, Sh. Abtâl Tahrîr, ☏ 302313. Die einfachste Unterkunft und nicht unbedingt die sauberste Art des Wohnens, aber durchaus im akzeptablen Bereich. Es gibt 8-Bett-Zimmer (E£5) und 3-Bett-Zimmer (E£11).

MITTLERE PREISKLASSE – *Cleopatra***–*****, Sh. Saad Zaghlûl, ☏ 314001, 3, 4, ℻ 314002. Super Hotel in hervorragender Lage: Direkt am Sûq. Großzügige und geschmackvoll eingerichtete Zimmer, sehr nettes Personal, tolles Restaurant und schöne Cafeteria, Pool und Garten – und all das zum akzeptablen Preis!

Happi**, Sh. Abtâl Tahrîr, parallel zur Corniche, ✆ 314115, ✉ 307572. Einfache, aber saubere Unterkunft, ac, Pool-Mitbenutzung im Cleopatra.
Hathor**, Corniche, ✆ 314580, ✉ 303462. Etwas abgewohnt, aber dafür direkt am Nil mit herrlichem Blick. Schöne Dachterrasse mit Minipool, der allerdings häufig nicht in Betrieb ist. Viele Reisegruppen.
Horus**, Corniche, ✆ 303323, ✉ 313313. Nettes Hotel, mit großen, sauberen Zimmern. Schöne Lobby. Manche Zimmer sind jedoch dunkel und übertuert. Unbedingt nach dem Preis fragen!
Memnon**, Corniche (Eingang befindet sich an der Rückseite), ✆ / ✉ 300483. Akzeptables Hotel mit freundlichen Leuten. Sehr sauber. Wäsche-Service und Zimmer mit Nilblick.
Ramses**, Sh. 'Abtâl Tahrîr, ✆ 304000, 315702, ✉ 315701. Saubere Zimmer mit Bad, ac, TV und Nilblick. Herrliche Dachterrasse, sehr hübsche Zimmer mit Blumen. Tolles Preis-Leistungs-Verhältnis!

LUXUS – *Amun Island (Île d'Amoun)*****, auf einer Nil-Insel, ✆ 313800, ✉ 317190. Club Med spezial. Auf einer Hotelinsel gibt es alles, was das Herz begehrt: Pool, Bar, Restaurants und sicherlich keine Schlepper!
Aswan Oberoi*****, auf Elephantine, ✆ 314667, ✉ 313538. Ein kleines Fährboot bringt die Gäste in dieses grandios gelegene Hotel. Der Blick vom Turm ist spektakulär, das Hotel an sich bietet nur „normalen" Luxus.
Isis****, Corniche, ✆ 315100, 200, 300, 400, ✉ 315500. Schöne Bungalow-Anlage inmitten eines üppigen Gartens direkt am Nil. Mit Pool, Bars und Restaurants. Die Preise sind verhandelbar, das Personal ist freundlich, und schöner kann man eigentlich kaum wohnen.
Old Cataract*****, Sh. Abtâl Tahrîr, ✆ 316000, ✉ 316011, ✉ h1666@accor-hotels.com. Bekannt u.a. durch Agatha Christies *Tod auf dem Nil*, gehört dieses Hotel sicherlich zu den stilvollsten Ägyptens. 1899 erbaut, hat es bis zum heutigen Tag die unumstritten beste Lage, die ein Hotel in Ägypten haben kann: Direkt an den Ufern des Nils, gegenüber die einstige Stromschnelle, dahinter die Wüstenberge. Wer auf der Terrasse sitzt, kann ihn noch spüren, den Hauch vergangener Tage.

Zum Old Cataract gehört auch das *New Cataract*, errichtet in den 60er Jahren. Ein paar Euro billiger, aber ohne Charme.

Essen

UNTERE PREISKLASSE – *Ali Baba Kuschari*, Sh. Abtâl Tahrîr, nördlich des Bahnhofs. Gutes Kushari für E£1,50.
Asayeda Nafefesa, im südlichen Sûq in einem Hinterhof. Sehr gutes Essen, sehr sauberes Restaurant, wenn auch sehr einfach. Tolles Essen, viele Fleischgerichte, die vor allem Ägypter anziehen.
Assuan Moon, auf einem Floß an der Corniche, Hauptgerichte ab E£15. Kein Geheimtipp, aber gutes, nubisches Essen bei frischem Bier zu anständigen Preisen auf einer luftigen Terrasse, manchmal sogar mit Live-Musik. Spezialität des Hauses ist Buntbarsch, der früher im Nil heimisch war und heute aus dem Stausee kommt.
Dar es-Salam, Sh. Sûq. In diesem einfachen Restaurant gibt es guten, frischen frittierten Fisch und leckere Grill-Hähnchen.
El Madina, Sh. Sûq, nahe dem Cleopatra Hotel. Gutes, einfaches Restaurant mit Kofta und Kebab und auch Gemüsetellern. Gut, aber etwas übertuert (Kofta E£13).
El-Misry, Sh. el Matâr, ✆ 302576. Obwohl die Auswahl an Essen klein ist, lohnt dieses Lokal aufgrund der Qualität der Speisen. Viele ägyptische Familien genießen hier Fleischgerichte mit Tahîna und Salat. Hauptgericht um E£15.
Panorama, Corniche, Hauptgerichte ab E£12. Leckeres aus Ägyptens Küche: Gefüllte Tauben, gutes Gemüse, Kofta etc.
Kein Restaurant im eigentlichen Sinne, vielmehr ein Museum mit angegliederter Küche ist das *Nubische Haus* (s.S. 263), das sehr gute nubische Küche zu angemessenen Preisen serviert.
Preiswert und gut essen kann man außerdem in den vielen kleinen Restaurants und Garküchen entlang der Sh. Sûq oder rund um den Bahnhof. Weitere Restaurants finden sich entlang der Corniche. Alle entsprechen in Preis und Angebot dem Assuan Moon.

OBERE PREISKLASSE – *Ed-Dokka*, auf einer Nilinsel südlich von Elephantine, Menü E£50. Ein

kostenloses Boot bringt die Gäste zu jeder Zeit auf die Insel. Herrlicher Garten, meist gutes Essen.
1902 Restaurant, im Old Cataract, orientalisches Interieur unter einer Kuppel, Garçons im Livree, Bauchtanz-Aufführungen und ein Menü für E£102. Ein französischer Koch sorgt für eine ausgezeichnete Küche. Reservierung angeraten. Die Restaurants im Hotel **Kalabsha** (Sh. Abtâl Tahrîr) und ***Île d'Amoun*** bieten offene Buffets (E£40 bzw. E£56).

Unterhaltung

ABENDLOKALE UND DISCOS – *Emys Restaurant* an der Corniche (neben dem Assuan Moon) hat wunderbare **Fruchtcocktails** (alkoholfrei), die kurz vor Sonnenuntergang besonders köstlich schmecken.
Wem das Gemüt nach einem Stella ist, der kann dies z.B. im ***Assuan Moon*** oder auf der Terrasse des Hotels ***Noorhan*** (Sh. Sûq) oder auch des ***Nubian Oasis*** (Sh. Saad Zaghlûl). Wer sein Bier lieber in einem hübschen Garten genießen möchte, kann dies im Hotel ***New Abu Simbel***. Am stimmungsvollsten ist der Drink natürlich auf der Terrasse des ***Old Cataract***. Der Ausblick ist vor allem zum Sonnenuntergang überwältigend. Wem am Abend ein Bier im Freien nicht reicht, der kann eine der **Discos** aufsuchen, die den großen Hotels angeschlossen sind. Doch sind diese nicht sehr spannend, meist halb leer, und eigentlich kommen nur Touristengruppen hierher.

CAFÉS – Assuan hat eine große Auswahl an schönen Kaffeehäusern, darunter:
Bakkar Coffee Shop, schräg gegenüber dem Bahnhof auf einer Dachterrasse im Bambus-Stil. Viele junge Leute, Billard, Säfte, Tees, Schischas und ein Ort, den Frauen auf jeden Fall auch allein aufsuchen können.
Cleopatra Coffee Shop, Sh. Sûq. Im nubischen Stil errichtet, mit schönen Malereien, vielen Ägyptern und guten Schischas.
Oriental Tea Garden, hinter dem Youth Hostel. Sehr netter Garten, in dem vor allem ägyptische Jugendliche ihren Tee zu sich nehmen.
Ramadan Night, Sh. Abtâl Tahrîr, schräg gegenüber dem Hotel Ramses. Kitschiges Interieur.

Sahti Siyahi, schönes Teehaus (mit angegliedertem Restaurant) direkt am Anleger zum Fährboot nach Elephantine. Nett unter Bäumen.

FOLKLORE UND MUSIK – Lohnend ist auch der Besuch einer Folkloreveranstaltung. Von Oktober bis Februar findet sie häufig zwischen 21.30 und 23.30 Uhr im ***Qasr el Thaqâfa***, dem Kulturzentrum an der Corniche, statt. Das Zentrum bietet daneben auch Abende mit oberägyptischer und nubischer Musik (unbedingt hörenswert!). Am besten fragt man direkt im Zentrum oder auch bei der Touristeninformation nach. Eintritt E£10.

Einkaufen

Ein großer **Markt**, auf dem man frisches Obst und Gemüse kaufen kann, befindet sich in einer Parallelstraße zur Sh. el Matâr (Nähe Happy Hotel). Ansonsten gibt es hier die üblichen Souvenirs.
Besonders schön in Assuan sind die farbigen **Wolltücher**, die von hier kommen und entsprechend günstiger sind als in anderen Orten in Ägypten (ab E£5).
Eine tolle **Galerie** betreibt Muhsin Badrî, der Bruder des aus Assuan stammenden, inzwischen international bekannten Malers Abd el Fatâh Badrî. In einem kleinen versteckten Laden in einer Seitengasse des südlichen Sûqs kann man sowohl Originale als auch Drucke dieses Künstlers erwerben. Muhsin ist sehr hilfsbereit, erklärt dem interessierten Kunden gern die Bilder und erzählt von seinem Bruder. Selbst gefertigte Postkarten und Originale des Künstlers Faruk Nasser findet man im Hotel Rosewan. Dazu gibt es nette Gespräche mit dem Künstler selbst, der auch dichtet und leckere **Süßigkeiten** backt. Diese kann man auch erwerben, und zwar in der Bäckerei neben dem Ali Baba Kuschari (siehe unter Essen).

Sonstiges

BÜCHER – Es gibt nur einen einzigen Laden, der internationale Bücher verkauft. Er befindet sich im *Old Cataract Hotel*.

FAHRRÄDER – Für kürzere Touren in die Umgebung lohnt ein Fahrrad, das man in einigen Läden rund um den Bahnhof für E£5 pro Tag mieten kann. Unbedingt vorher die Bremsen und Reifen checken!

GELD – Die meisten Banken Assuans liegen entlang der Corniche. Hier kann man Reiseschecks tauschen. EC-Karten-Automaten gibt es bei der *National Bank of Egypt* an der Corniche. Gegen Kreditkarte kann man in der *Banque du Caire* und der *Banque Misr* Bargeld erhalten. ⓒ tgl. außer Fr in der Regel von 8–15 Uhr und bisweilen auch von 17–20 Uhr.
American Express hat ein Büro im Old Cataract Hotel und nahe dem Police Department, Corniche, ✆ 322909, 306983, ✉ 302909. *Thomas Cook* unterhält ebenfalls ein Büro an der Corniche, ✆ 304011, 306839.

INFORMATIONEN – Die *Touristeninformation*, ✆ 303297, liegt gegenüber dem Bahnhof. Der sehr nette, Deutsch sprechende Shukrî Saad sowie sein Kollege Hakîm Hussein bemühen sich sehr um Reisende. Sie geben Auskunft über die offiziellen Taxi-Tarife, Ausflugspreise, Feluken-Trips und vermitteln auch Hotelzimmer. Ein Besuch lohnt auf jeden Fall. ⓒ tgl. 8–15 Uhr und 19–21 Uhr, Fr 12–13 Uhr geschlossen.

INTERNET – Generell gibt es jede Menge Internet-Cafés. Die meisten davon stellen den Benutzer jedoch auf eine wahre Geduldsprobe. Die Kosten liegen zwischen E£10–15 pro Stunde. Relativ schnell sind die Server im *Oriental Tea Garden* hinter dem Youth Hostel. Der sicherlich beste Provider findet sich im Hotel *Keylany*, denn hier ist Aswanet.com untergebracht, E£10/Std., ✆ 304011, ✉ tcaswan@aswanet.com.eg.
Das *Governorate's Information & Decision Support Center*, nördlich des Bahnhofs auf dem Weg zur Corniche (siehe Plan), bietet von 9.30–13.30 Uhr kostenlosen Internet-Zugang, ist daher aber oft überfüllt.

MEDIZINISCHE HILFE – Ein Deutsch sprechender Arzt ist **Dr. Eckhard Piegsa** (Kinderarzt), Evangelisches Krankenhaus, 23, Corniche el Nil, ✆ 317176, 302176.

POST UND TELEFON – Es gibt in Assuan zwei **Postämter**: Das Hauptamt ist an der Corniche. Das zweite, das auch für postlagernde Briefe zuständig ist, befindet sich in der Sh.'Abtâl Tahrîr, Ecke Sh. Salâh el Dîn. ⓒ beide tgl. außer Fr 8–14 Uhr.
Am südlichen Ende der Corniche liegt das **Telecom Office**. Kartentelefone gibt es überall in der Stadt. Karten kann man in fast allen kleinen Geschäften kaufen, die ein entsprechendes Plakat draußen hängen haben. ⓒ 24 Std.

SCHWIMMEN – Wer gern mal der Hitze entflieht, kann das Angebot einiger großer Hotels in Anspruch nehmen: Für Nicht-Gäste kostet ein Tag am Pool zwischen E£10 (Cleopatra Hotel) und E£30 (Aswan Oberoi). In der Regel öffnet der Pool morgens gegen 9 Uhr und ist bis Sonnenuntergang geöffnet. Das staatliche Schwimmbad an der Corniche ist Touristen aus Sicherheitsgründen leider verboten.

TOUREN – Eigentlich bietet fast jedes Hotel organisierte Fahrten nach Abu Simbel und zu anderen Monumenten entlang des Nasser-Stausees an, wobei das Programm der meisten Abu Simbel, den Hochdamm und Philae beinhaltet. Die Standard-Tour nach **Abu Simbel**, bei der man sich auch noch Philae und die Unvollendeten Obelisken anschauen kann, beginnt um 4 Uhr morgens. Man fährt ca. 2 Std., hat dann 2 Std. Aufenthalt und fährt anschließend über die eine oder andere Sehenswürdigkeit zurück. Der Preis (um die E£50) beinhaltet nur selten die Eintrittskarten. Man sollte sich genau erkundigen, wie viele Personen mitfahren, damit es im Auto nicht zu eng wird. Je weniger es sind, desto eher kann man auch über den ein oder anderen Abstecher verhandeln. Gute, wenn auch sehr teure Touren bieten **Thomas Cook** und **American Express** an. Beide haben kleine Busse, sind aber auch auf die Konvoizeiten angewiesen, weswegen man sich überlegen sollte, ob die Mehrausgabe wirklich lohnt. Allein ist man nie!
Wer Lust auf Angeltörns auf dem Nasser-See hat, kann dies über *The African Angler*, PO Box 191, Assuan, ✆ 97309748, ✉ 97310907, ✉ aangler@soficom.com.eg, 🖥 www.african-angler.co.uk, buchen. Kosten: US$100 pro Person

pro Tag inkl. aller Mahlzeiten und Ausrüstung. Max. 3 Personen pro Boot.
Hermes Travel in Kairo, 02/3035105 3454 711, und auch Thomas Cook bieten Segeltörns auf dem Nasser-See.

VISAVERLÄNGERUNGEN – Das Pass Office ist an der Corniche, tgl. außer Fr 8.30–13 und 18–20 Uhr.

VORWAHL – 097

ZEITUNGEN – Internationale Zeitschriften bekommt man an einem Zeitungsstand an der Corniche, nahe dem Philae Hotel.

Nahverkehrsmittel

Es gibt öffentliche **Fährboote**, die einen nach Elephantine (25 pt) und ans Westufer (50 pt) bringen (Abfahrtsort siehe Plan). Frauen sitzen vorn, Männer hinten.
Taxifahrten sind in Assuan im Vergleich zu Kairo recht teuer. Und natürlich versuchen die Taxifahrer, den „reichen" Touristen zu schröpfen. Eine Fahrt innerhalb der Stadt darf nicht mehr als E£5 kosten.

Transport

Hier wie überall gilt: Man sollte sich mindestens einen Tag vorher nach den Abfahrtszeiten erkundigen, da diese sich häufig ändern.

BUSSE – Der Busbahnhof liegt weit außerhalb der Stadt. Wer von hier in die Stadt will, ist auf ein Taxi angewiesen (max. E£10). Busse, die Touristen transportieren, müssen in der Regel im Konvoi fahren. Das kann dann zum Problem werden, wenn nicht genügend Konvoifahrzeuge zusammen kommen. Es ist also unerlässlich, sich einen Tag vor der geplanten Fahrt zu erkundigen. Jeden Tag kann sich etwas ändern.
Busse nach: ABU SIMBEL: 8 und 11 Uhr; 3 Std.; E£30 hin und zurück; vor Ort 2 Std. Aufenthalt. Wem 2 Std. zu wenig sind (und das sind sie, zumal man lange Wartezeiten einplanen muss), der kann versuchen, am nächsten Tag mit dem Bus wieder zurück zu fahren.
EDFU: stdl.; 2 Std.; E£3–10;
ESNA: stdl.; 3 Std.; E£5–15;
HURGHADA: 5x tgl.; 7 Std.; E£25; mit Weiterfahrt nach SUEZ (10 Std.; E£37);
KAIRO: Unter ganz normalen Umständen gibt es zwei Busse täglich. Beide fahren nachmittags ab, brauchen mindestens 12 Std. und haben ac. Sie kosten E£55 bzw. E£41.
KOM OMBO: stdl.; 1 Std.; E£2–5;
LUXOR: stdl.; 5 Std.; E£6–15.
Konvoizeiten: _30_
Abu Simbel: 4 und 11 Uhr; (selten)
Luxor (via Darau, Kom Ombo, Esna, Edfu): 8 Uhr. Der Treffpunkt für den Süd-Konvoi ist nahe der TV-Station. Am Weg zum Hochdamm bei der Statue nahe der großen Kirche (siehe Plan). Der Nord-Konvoi fährt beim Officer's Club ab, 1,2 km außerhalb (vom Bahnhof Richtung Nil und dann dort rechts ab).

SAMMELTAXIS – Alle Sammeltaxis in die nähere Umgebung und Richtung Luxor fahren ab der **Taxistation** nahe dem Bahnhof, südlich der Sh. Sûq ab. Doch sind sie Touristen zurzeit noch verboten. Sollte sich das jedoch ändern, müssen sie sich ebenfalls an die Konvoizeiten halten.

EISENBAHN – Täglich gibt es drei Züge, die nach KAIRO fahren und von Touristen offiziell benutzt werden dürfen (s.S. 180, Kairo). Der sündhaft teure und wunderschöne **Wagon Lit** sowie die beiden Schnellzüge: Einer am Abend und einer früh morgens. Wer nicht nur bis Luxor will, muss das Ticket im Voraus kaufen. Kosten E£73 (37) in der 1. (2.) Klasse. Die Fahrtdauer variiert zwischen 15 und 20 Std. Diese Züge stoppen vor LUXOR (4 Std.; E£22 (12)) auch in KOM OMBO (2 Std.; E£7 (4)) und EDFU (3 Std.; E£12 (6)). Wer einen Tagesausflug von Assuan nach DARAU (ca. 40 Min.), ESNA (3 1/2 Std.) oder EDFU (3 Std.) plant, kann auch die Züge der 2. und 3. Klasse nehmen, z.B. um 5 Uhr morgens, um 7 Uhr (hält jedoch nicht in Darau) und um 15.45 Uhr (hält ebenfalls nicht in Darau) nehmen. Die übrigen Züge dorthin sind nicht besonders bequem. Wer gerade in eine „Fahrplanlücke" gerät, kann versuchen, mit dem Bus zurück zu kommen, der nahe dem Bahnhof abfährt. Das geht bei max. 4 Ausländern pro Bus auch ohne Konvoi!

Es gibt außerdem fast stündlich einen Zug von Assuan zum HOCHDAMM, zwar nur in der 2. und 3. Klasse, aber für die kurze Strecke sollte das kein Problem sein. Einfach zum Bahnhof gehen und fragen! Feste Abfahrtszeiten gibt es nicht.

FLÜGE – Der Flughafen liegt ca. 35 km südwestlich der Stadt. Ein Taxi hierher kostet rund E£25. *Egypt Air* fliegt tgl. nach KAIRO (E£576, einfach) sowie mehrmals in der Woche nach LUXOR (E£190, einfach) und dann weiter nach HURGHADA (E£374, einfach). Außerdem gibt es mehrmals wöchentlich Flüge nach ABU SIMBEL (hin und zurück E£290), der Nachteil dabei ist jedoch, dass zwischen Hin- und Rückflug nicht mehr als 90 Min. Zeit ist. Besser ist es, eine Nacht in Abu Simbel einzuplanen, was problemlos möglich ist. Nur sollte man dies bei der Buchung deutlich machen. Die Flugdauer beträgt jeweils knapp unter einer Stunde, nach Kairo etwas über eine Stunde. Das Büro von *Egypt Air*, ✆ 315000, befindet sich an der südlichen Corniche.

SCHIFFE – Mehrmals wöchentlich gibt es Schiffe, die über den Nasser-See in den SUDAN weiterfahren. Wer dort hin möchte und alle Formalitäten erledigt hat (Achtung, ein Visum bekommt man nur in Kairo), erkundigt sich am besten direkt beim Bootsanleger am Damm (Endstation des Zuges), wann die Schiffe abfahren.

Die Umgebung von Assuan
Der alte Staudamm

1889–1902 wurde der erste große Staudamm bei Assuan gebaut. Mit dessen Fertigstellung erfolgte der Durchbruch zur ganzjährigen Bewässerung. In den Jahren 1912 und 1933 wurde der Damm noch zweimal erhöht. Die 180 Schleusentore blieben während der Hauptflutwelle von August bis Oktober geöffnet, damit das schwebstoffreiche Wasser auf die Felder gelangen konnte und sich der Schlamm nicht im Staubecken ansammelte (eines der vielen Probleme des Hochdammes). Erst wenn die Hauptflutwelle zurückging, wurde das Wasser des Flusses am Damm aufgestaut, um es für die Bewässerung im Frühjahr und Frühsommer zu nutzen. Im Zusammenspiel mit anderen kleinen Stauwehren und in Absprache mit dem Nachbarland Sudan wurde erreicht, dass in den 60er Jahren des 20. Jhs. schon auf über 80% des Kulturlandes von Ägypten eine Dauerbewässerung erfolgte.

Ungefähr 5 km südlich der Stadt ragt die 51 m hohe Staumauer aus dem Nil, die mit 1900 m seinerzeit die längste der Welt war. Das hauptsächlich aus lokalen Granitblöcken errichtete Bauwerk besitzt an der Sohle eine Stärke von 35 m, die Krone misst immerhin noch 12 m. In einem Schifffahrtskanal im Westen des Wehres können durch vier Schleusen kleinere Schiffe den Höhenunterschied überwinden. Auf der Fahrt nach Abu Simbel oder zum Flughafen führt die Straße über den Damm, ein Halt auf der Dammkrone ist jedoch nicht erlaubt.

Der Kamelmarkt in Darau

Dieser größte Kamelmarkt Ägyptens ist schon längst kein Geheimtipp mehr und doch immer wieder beeindruckend. Hier werden von November bis Mai an drei Tagen der Woche (Sonntag, Montag und Dienstag) wie seit Jahrhunderten Kamele aus dem Sudan verkauft. Wurden die Kamele früher auf der berühmt-berüchtigten Darb al-Arba'în (s.S. 323) nach Darau gebracht, geschieht dies heute mehrheitlich auf moderneren Wegen. Doch immer noch werden die Kamele in Herden hierher getrieben – zumindest den größten Teil der Strecke, denn es setzt sich mehr und mehr durch, die Kamele in Abu Simbel auf Lastwagen zu verladen, um sie dann direkt hierher zu transportieren.

Der Markt ist inzwischen so beliebt, dass in den frühen Vormittagsstunden ganze Touristenbusse hier ankommen: Wer also ein wenig unverfälschtes Markttreiben sehen möchte, muss sich früh auf die Socken machen und spätestens um 8 Uhr da sein. Der Markt verteilt sich auf das ganz Städtchen, das man einfach per Bahn von Assuan aus erreichen kann (s.S. 274/275). Im Notfall kann man auch mit dem Bus zurück.

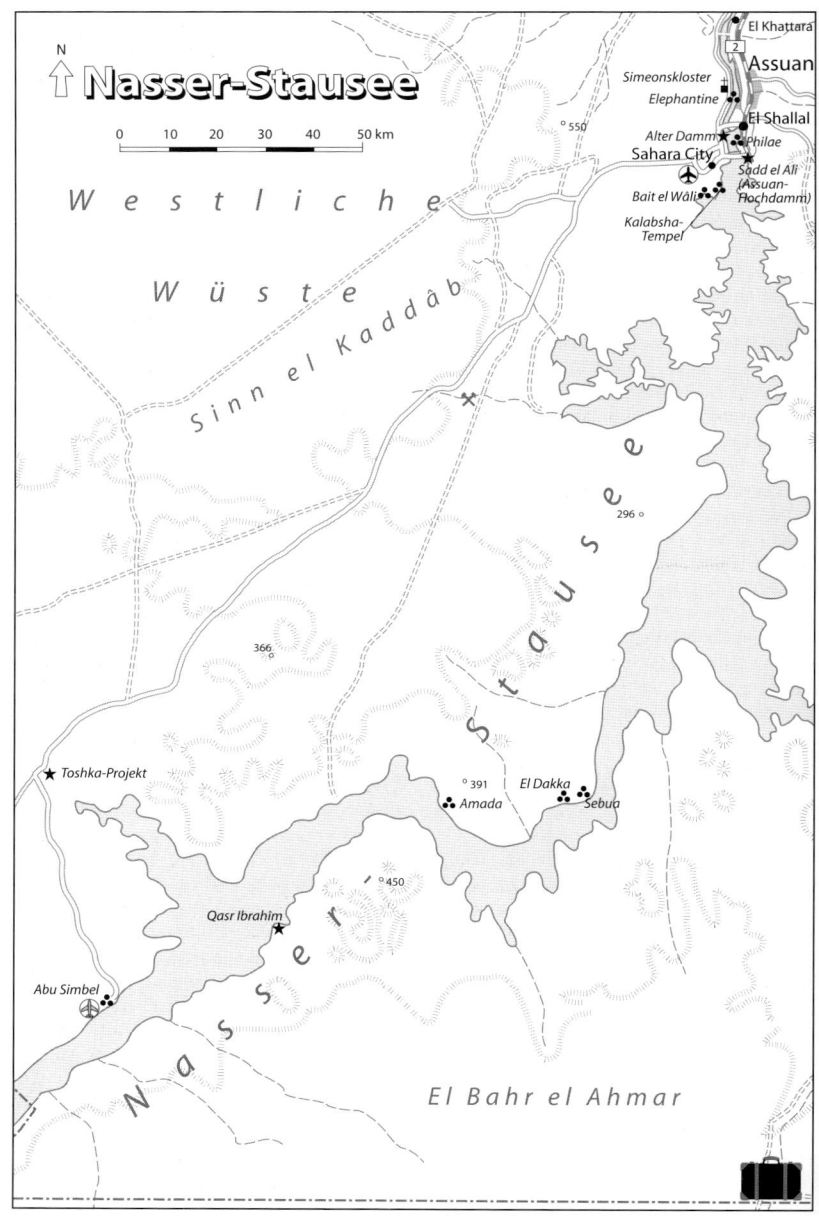

Nubien

Die Region rund um Assuan bis zu den Grenzen des Sudans, zum Teil auch darüber hinaus, wird als Nubien bezeichnet. Bekannt wurde die Region vor allem durch den Bau des neuen Assuan-Hochdamms, dessen Fertigstellung 1971 die Überflutung eines 500 km langen Streifens nubischen Landes in Ägypten und Sudan und damit zusammenhängend die Umsiedlung von insgesamt über 100 000 ägyptischen und sudanesischen Nubiern mit sich brachte. Man vermutet, dass bereits zu dieser Zeit etwa 70 000 ägyptische (überwiegend männliche) Nubier außerhalb Nubiens als Arbeitsmigranten lebten. Grund dafür war die Errichtung des ersten Staudamms 1902 und dessen Erweiterungen bis 1933 (s.o.), denn diese hatten den Boden für die Landwirtschaft eingeschränkt und so eine rein agrarische Subsistenzwirtschaft für die dort ansässige Bevölkerung unmöglich gemacht.

Die ägyptische Regierung schuf im Raum Kom Ombo, rund 60 km nördlich von Assuan, neue Dörfer für die umgesiedelten Nubier. Hier wurden die Bewohner von 553 Weilern, die sich einst in Alt-Nubien rund 350 km am Nil entlang erstreckten, auf 43 größere Dörfer verteilt, ein Gebiet, das heute **Neu-Nubien** genannt wird. Die Dörfer wurden nach der gleichen geografischen Anordnung wie in Alt-Nubien mit identischen Namen von der ägyptischen Regierung gebaut. Der Lebensraum der ägyptischen Nubier ist nun jedoch kein fruchtbares Gebiet direkt am Nilufer mehr, sondern eine heiße und trockene, 3 bis 10 km vom Fluss entfernte Zone. Näheres s.S. 259, Kom Ombo.

Nubiens Geschichte reicht weit zurück, bis zu den Pharaonen, die immer wieder versuchten, Nubien einzunehmen. So erstaunt es nicht weiter, dass die Region voll ist mit Tempelanlagen und historischen Monumenten, die man mit hohem finanziellen Aufwand unter Mithilfe der UNESCO an höher gelegene Orte versetzte, da die einzigartigen Bauwerke sonst in den aufgestauten Fluten versunken wären.

Doch der **Nasser-Stausee** lohnt nicht nur der schönen Tempel und Monumente wegen, die sich vor allem westlich des Sees befinden, er ist auch eine Attraktion für sich. Längst schon haben Agenturen seine Schönheit erkannt und entsprechend reagiert. So kann man nun bereits Nasser-See-Kreuzfahrten pauschal in europäischen Reisebüros buchen (vor Ort geht das komischerweise nicht). Der Fischreichtum im See ist allgemein bekannt, und so hat sich das Areal in den letzten Jahren zum internationalen Anglerparadies entwickelt. Angeltouren werden von verschiedenen Reisebüros angeboten (Näheres s.S. 273), können aber auch von Europa aus pauschal gebucht werden.

Toshka – Ägyptens Mammutprojekt 1996 wurde in der Wüste der Toshka-Region mit dem größten Agrarlandgewinnungsprojekt Ägyptens begonnen. Aus dem Nasser-See sollen durch die größte Pumpe der Welt jährlich fünf Milliarden Kubikmeter Wasser in einen betonierten Kanal gepumpt werden. Die Baustellen befinden sich mitten in der Wüste (sichtbar u.a. ungefähr 50 km nördlich von Abu Simbel, wo der Kanal die Straße kreuzt). Entlang der künstlichen Wasserstraße in Richtung Norden sollen dann riesige neue Agrarflächen gewonnen werden. Der Bevölkerungsdruck im Niltal soll dadurch verringert werden, denn in dem neuen Tal könnten Neusiedler modernen Feldbau betreiben. Eine schöne Idee, doch das Projekt schluckt Unmengen an Geld. Das Hauptproblem liegt allerdings woanders: Die 55,5 Milliarden Kubikmeter Wasser, die Ägypten aus dem Nilabfluss im Nasser-See zustehen, reichen schon jetzt in manchem Jahr kaum aus, die Felder des Niltals zu bewässern. Es wird deshalb darüber nachgedacht, den viel Wasser verbrauchenden Reis- und Zuckerrohranbau zu verringern. Leidtragende wären die Bauern, die ihren Feldbau umstellen müssten. Vor allen Dingen aber wären die Zuckerrohrfabriken in Oberägypten betroffen, die vielen Millionen Menschen ein Auskommen ermöglichen. Abgesehen von diesem eventuell in der Zukunft eintretenden Wassernotstand, verbraucht eine bewirtschaftete Fläche in der Toshka-Region aufgrund der dort viel höheren Verdunstungsrate viel mehr Wasser für den gleichen Ertrag als eine gleich große Fläche im Delta. Vielleicht ist das Toshka-Projekt also doch keine so gute Idee. Andererseits: Welche Alternativen hat das Land?

Der Hochdamm (Sadd el Âli)

7 km flussaufwärts des alten Staudamms, also ungefähr 12 km südlich von Assuan, erhebt sich die gewaltige Stauanlage des Sadd el Âli, des Hochdammes von Assuan. Präsident Nasser wollte mit diesem Bauwerk die Vision eines neuen Ägyptens verwirklichen, das durch die Überjahresspeicherung der aufgestauten Wassermenge die landwirtschaftliche Produktion um ein Vielfaches steigern könnte und gleichzeitig auch noch billige Energie in ausreichender Menge erhalten würde.

Die durch den Bau des alten Dammes erzielten Vorteile für die ägyptische Landwirtschaft reichten nicht mehr aus. Immer mehr Menschen wohnten im Niltal, so dass spätestens seit Beginn der Regierungszeit Nassers an den Bau einer neuen, größeren Stauanlage gedacht wurde.

Die USA, Großbritannien und die Weltbank zogen jedoch 1956, als deutsche Firmen bereits mit der Planung beschäftigt waren, ihre Zusage, das Projekt finanziell zu unterstützen, zurück – eine Entscheidung, die maßgeblich von der Verstaatlichung des Suezkanals beeinflusst wurde. Nasser musste sich nach neuer Unterstützung umsehen, die er bei der damaligen sowjetischen Regierung fand. 2000 russische Ingenieure sowie hohe Kredite durch die UdSSR ermöglichten schließlich den Bau des Hochdammes, mit dem 1960 begonnen und der 1971 – mittlerweile war Sadat Staatschef – feierlich eröffnet wurde. Bei den Bauarbeiten ließen über 450 der 35 000 Arbeiter ihr Leben. Aus über 40 Mill. Kubikmeter Schotter, Geröll und Sand, die um einen Lehmkern herum aufgeschüttet und von einem Betonmantel umgeben wurden, wurde die 3600 m lange und 111 m hohe Staumauer errichtet. Die Breite der Dammsohle beträgt fast 1 km, während die Krone „nur noch" 40 m breit ist. Darüber führt eine vierspurige Straße.

Durch dieses Bauwerk wird der Nil über eine Länge von 500 km und eine Breite von 5–35 km aufgestaut. Bei Wasserhochstand beträgt die Uferlänge mit unzähligen kleinen Lagunen über 7500 km. Der Nasser-Stausee, dessen offizieller Name Sadd el Âli-See lautet, erstreckt sich zu rund einem Drittel in sudanesisches Staatsgebiet hinein, wo er Nubischer See heißt.

Mit dem Nachbarstaat wurde 1959 der zweite Vertrag zur Nutzung des Nilwassers abgeschlossen, der beiden Ländern ausreichend Wasseranteile garantiert.

Ein See in der Wüste – der Hochdamm Sadd el Âli macht es möglich

Bei der Auffahrt auf den Damm steht am westlichen Ende das **Denkmal der ägyptisch-russischen Freundschaft**. In Form einer riesigen Beton-Lotusblume, dem Symbol für den Nil, ragt es fast 100 m in die Lüfte. In der Mitte der Dammkrone gibt es einen Parkplatz, an dem man aussteigen, schauen und fotografieren, aber nicht filmen darf. Hier befindet sich auch das Tickethäuschen (E£5, keine Ermäßigung). So spektakulär wie vielleicht erwartet sind die Ausblicke aber leider nicht.

Es gibt stündlich Züge hierher. Der Bahnhof ist dort, wo auch die Schiffe in den Sudan abfahren. Von hier ist es nur ein kleines Stück zu laufen. Außerdem wird der Damm meist auf dem Rückweg von Abu Simbel-Touren als Besichtigungspunkt angefahren.

Philae (Agilkia)

Dieses Inselchen wird auch als „Perle Ägyptens" bezeichnet. Auf der 460 x 150 m messenden Gesamtfläche finden sich dicht gedrängt verschiedene Bauwerke unterschiedlicher Epochen, die in den 70er Jahren des letzten Jahrhunderts von einer tiefer gelegenen Nachbarinsel hierher versetzt wurden. Der Name Philae wurde mit der Versetzung übernommen, wenngleich der jetzige Standort eigentlich die Agilkia-Insel ist. Schon nach der Errichtung des alten Dammes Anfang des 20. Jhs. stand die damals mit Palmen bestandene Insel Alt-Philae von Dezember bis August unter Wasser, was der Stabilität der Denkmäler sehr zusetzte. Mit der Aufstauung des Nilwassers hinter dem Hochdamm wäre die Insel ganzjährig im See verschwunden. Man entschied sich für eine groß angelegte und aufwendige Umsetzung auf die 20 m höher gelegene Nachbarinsel. Die Landschaft sowie die Umrisse von Agilkia wurden zu diesem Zweck extra dem alten Standort angepasst.

Der Kult um die Muttergöttin Isis war sehr populär und konnte sich daher länger als andere Götterkulte auf der Insel halten. Bis ins 5. Jh. n.Chr. kamen Pilger zum Isis-Tempel. Kaiser Justinian war es, der die Anlage im 6. Jh. n.Chr. schließen ließ und die Vorhalle hinter dem zweiten Pylon zur Kirche umfunktionierte. Bis ins 13. Jh. n.Chr. wurde sie von Kopten genutzt.

Die Bautradition auf der Insel geht wahrscheinlich bis zur 25. Dynastie zurück, da bei den Versetzungsarbeiten viele wieder verwendete Blöcke aus jener Zeit aus den Fundamenten geborgen wurden. Der erste verbürgte Bauherr auf der Insel ist jedoch erst Nektanebos I. (30. Dynastie). Die meisten Bauten sind aus griechisch-römischer Zeit.

Der kleine **Pavillon des Nektanebos I.** begrüßt den Besucher an der Bootsanlegestelle. Gegenüber befindet sich ein **Tempel des nubischen Gottes Arensnuphis**, von dem nur eine Wand erhalten ist. Ein **Säulengang** führt zu einem Pylon. Dieser bildet den Eingang zum **Tempel der Göttin Isis**, die hier über das Grab von Osiris wachte, das auf der benachbarten Insel Bigga liegt. Verehrt wird an dieser Stätte auch Harpokrates, der falkenartige „Horus als Kind". Vor dem Pylon wachen zwei stark beschädigte Granitlöwen. Die beiden Obelisken, die sich hier gen Himmel reckten, wurden zu Beginn des 19. Jhs. von dem italienischen Forscher Belzoni abtransportiert und sind mittlerweile in England gelandet. Auf dem Pylon sieht man, wie Ptolemaios XII. seine Feinde erschlägt. In anderen Szenen opfert er den Göttern. Vielfältig sind die Kapitell-Formen im Tempel. Das Schema des Bauwerks entspricht aber weder in der Raumfolge noch in der Ausrichtung einer klassisch ptolemäischen Anlage. Besonders erwähnt sei hier der Achsenknick ab dem zweiten Pylon. Der felsige Untergrund könnte diese Abweichung von der Norm bestimmt haben. Im Hof findet sich links das Mammisi, das der Mutter des Horus, Isis, geweiht ist. Nur auf Philae liegt das Geburtshaus im Hof statt vor dem Haupttempel – vielleicht auch dies wegen topographischer Gegebenheiten. Rechts im Hof ist eine Inschrift aus der Zeit Napoleons zu sehen. Darauf wird an die Mitglieder der Ägypten-Armee „im Jahre sieben der Republik" (1799) erinnert. Bei der Kolonnadenreihe rechts am Hof führt eine Treppe zur Pylonspitze mit Ausblick. Der folgende abknickende Pylon aus der Zeit Ptolemaios XII. zeigt, wie den Göttern Opfer dargebracht werden. In der Vorhalle dahinter erinnern eine griechische Inschrift und große koptische Kreuze an deren Nutzung als Kirche. Entlang der Tempelachse gelangt man durch mehrere Hallen zum Allerheiligsten mit dem großen Sockel, auf dem einst die Kultbarke der Göttin stand. Von der ersten westlichen Seitenkammer führt eine Treppe auf das Dach, wo sich ein Osiris-Heiligtum mit Reliefs zu dessen Geschichte befindet.

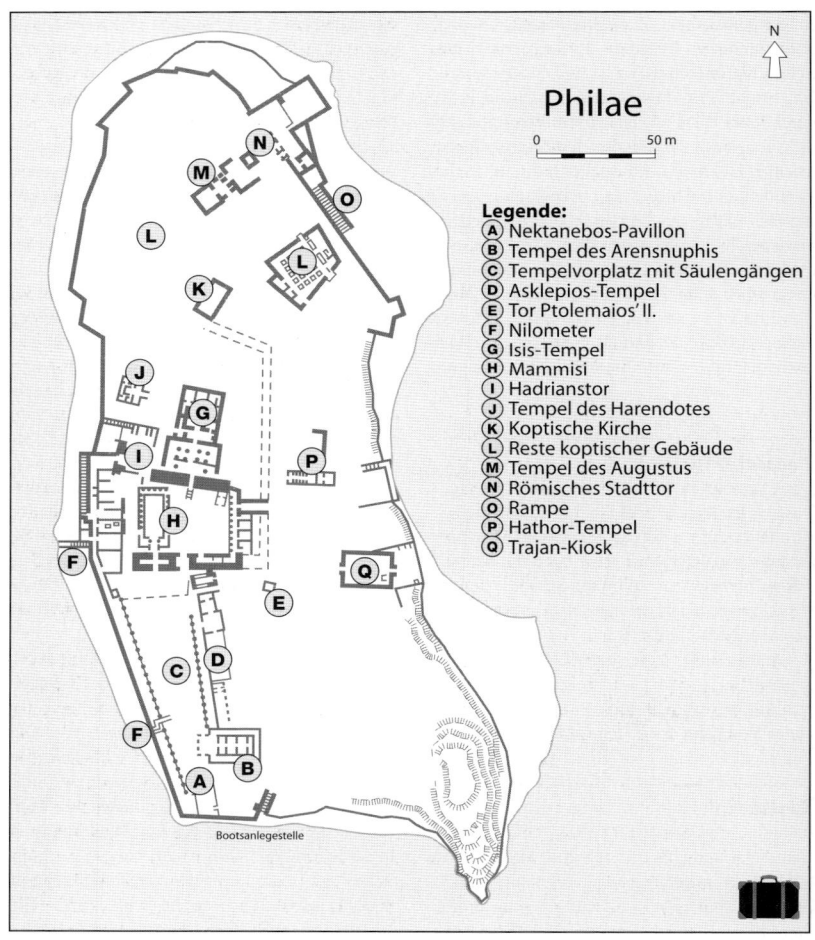

Nordwestlich vom 2. Pylon befindet sich das **Hadrianstor** mit dem berühmtesten Einzelbild von Philae: Es zeigt den Nilgott Hapi, der an einer Felsformation in einer Grotte kniet und Wasser aus zwei Gefäßen ausgießt, ein Sinnbild für die mythischen Nilquellen.

Östlich des Isis-Tempels steht der kleine **Tempel der Hathor** aus der mittleren Ptolemäerzeit. Vorhof und Sanktuar kamen erst zu Zeiten Kaisers Augustus (30 v.Chr.–14 n.Chr.) hinzu. Auf den Säulen und den so genannten Schranken ist eine interessante Szene dargestellt: Der gnomenhafte, vor Dämonen schützende Gott Bes schlägt tanzend eine Handtrommel, Affen spielen die Lyra, Harfenspieler und Flötisten vervollständigen das Musikensemble.

Sehr verschnörkelte Pflanzenkapitelle zieren die Säulen des **Trajan-Kiosks** direkt am Ostufer. Der gleichnamige Kaiser (98–117 n.Chr.) war der Auftraggeber dieser typisch griechisch-römischen Architekturform, die in unterschiedlicher Größenordnung vorkommt. Oft dienten solche Kioske als Stationsheiligtümer entlang von Prozessionswegen. Das Sonnenlicht konnte den Bau ungehindert durchfluten. An der Kaianlage direkt am Bauwerk legte einst die Barke mit dem Kultbild von Isis ab, wenn sie das Grab ihres Gatten Osiris auf der benachbarten Insel Bigga besuchte.

Nach Philae gelangt man nur mit einer organisierten Tour oder einem Taxi. Da der Ausflug jedoch von fast allen Hotels und Agenturen angeboten wird, sollte man eigentlich keine Probleme haben, hierher zu finden. Ein ganzes Taxi für den halben Tag (hin und zurück und dazwischen Wartezeit) sollte nicht mehr als E£30 kosten.

> **Hinweis** Leider ist es zurzeit nicht möglich, die Monumente südlich von Philae – abgesehen von Abu Simbel – anders als per Nasser-See-Kreuzfahrt zu besichtigen. Diese ist teuer und findet auch nur sehr unregelmäßig statt. Bleibt zu hoffen, dass die Straßen bald wieder geöffnet sind und die Pisten zum See aufpoliert werden, damit zumindest ein paar der hier vorgestellten Monumente zu besichtigen sind und Bootsfahrten auf dem See auch für Nicht-Kreuzfahrt-Touristen möglich werden. Dann nämlich können wunderbare Bauten und nahezu unberührte Tempel besichtigt werden.

Kalabsha

Der große Tempel von Kalabsha liegt heute ca. 1 km in südwestlicher Richtung vom Hochdamm. Er wurde als erster Tempel um ca. 50 km nördlich versetzt – Deutschlands offizieller Beitrag zur Rettung der nubischen Altertümer. Über 15 000 Steinblöcke, die je ungefähr 20 t wogen, wurden abgetragen und wieder zusammengefügt.

Die anderen beiden Bauten in der Nähe haben mit dem Großen Tempel nichts zu tun, sondern wurden ebenfalls von anderen Orten hierher versetzt.

Der Große Tempel
Der etwa 72 x 35 m große Kultbau ersetzte einen Vorgängerbau aus der Zeit Amenophis' II., auch wenn die Dekorationen hauptsächlich aus römischer Kaiserzeit stammen. Dem nubischen Lokalgott Mandulis geweiht, zählt dieser Tempel (nach Abu Simbel) zu den wichtigsten Heiligtümern in Nubien. Ab dem 6. Jh. n.Chr. wurde der Bau von Kopten als Kirche genutzt und entsprechend umgebaut.

Bei normalem Wasserstand liegt das Bauwerk auf einer Insel. Stufen führen zum recht schmucklosen **Eingangspylon**, in dessen Innern eine Treppe auf die Spitze führt, von der aus die Gegend betrachtet werden kann. Durch den Pylon geht man in den großen **Hof**. Dieser ist auf drei Seiten von vier Pflanzenkapitellsäulen umgeben. Die hinteren sind durch Mauern (so genannte Schranken) miteinander verbunden. Auf den Schranken links ist ein königliches Reinigungsritual zu sehen, das die Götter der Landesteile durchführen. Rechts kann man eine Aufforderung aus dem Jahre 248/49 n.Chr. erkennen, die unreinen Schweine vom Tempelbezirk fernzuhalten. Der mittlere Durchgang bildet den Eingang zum **Pronaos** (Säulenhalle). Pflanzenkapitelle schmücken die Säulen. Die Decke ist eingestürzt. Wandreliefs zeigen römische Kaiser im Pharaonen-Gewand vor den Göttern. Diese Szenen wiederholen sich in den drei folgenden Sälen.

An der hinteren Wand des **inneren Tempelumgangs** zeigt ein großes Relief Mandulis (linke Seite), der mit dem Pharao (in dieser Rolle Augustus) neben einem Opferständer steht. Mehrere Pfostenlöcher in der Wand lassen darauf schließen, dass ursprünglich ein hölzerner Schreinvorbau diese Szene umgab. Eine solche Neben-Kultstelle, die wie hier häufig im Tempelumlauf lag, konnte von „normalen Leuten" und Pilgern besucht werden, die auf diese Weise Bitten vorbringen konnten. Die eigentlichen Ritualhandlungen vollführten ausschließlich die Priester (auch der König) an der jeweiligen Gottesfigur. Das göttliche Wesen war jedoch auch an solch einer untergeordneten Gebetsstelle in Form seiner Darstellung zugegen, so dass der heilige Bezirk vom einfachen Volk nicht betreten werden musste.

Ein **Mammisi** befindet sich in der südwestlichen Ecke des äußeren Tempelumgangs.

Der Tempel von Bait el Wâli
Dieser ehemalige „Halbfelstempel" (d.h. die Räume sind nur halb in den Felsen gehauen) steht un-

gefähr 100 m nordwestlich von Kalabsha. Ramses II. ließ die kleine Anlage zu Beginn seiner Regierungszeit errichten und Amun-Re weihen. Ein Tonnengewölbe aus Nilschlamm-Ziegeln bildete das Dach der langen Vorhalle. Sehenswert sind hier die Reliefs, die Ramses auf Kriegszügen gegen Nubier, Syrer und Libyer zeigen. Über zwei Eingänge gelangt man in den Quersaal. Neben zwei einfachen Säulen finden sich in diesem Raum Wandreliefs mit kultischen Themen. In zwei hervorstechenden Statuen-Nischen befindet sich jeweils Ramses II. zwischen zwei Gottheiten: In der linken zwischen der Göttin Isis und Horus (Falke), in der rechten zwischen dem widderköpfigen Chnum und der Göttin Anuket. Das Sanktuar bildet den kultischen Höhepunkt der Tempelanlage.

Kiosk von Qartassi

Ganz in der Nähe des Kalabsha-Tempels liegt ein kleiner Kiosk aus ptolemäischer oder römischer Zeit, der vom Eingang eines Steinbruchs hierher „umgesiedelt" wurde. Allerdings wurden insgesamt nur sechs Säulen vor den Fluten gerettet. Zwischen Kalabsha und Qartassi finden sich zum Teil recht gut erhaltene Felszeichnungen und -malereien, die mit den Tempeln in Sicherheit gebracht wurden.

Die Tempel des Wadi el Sebua (as-Sâbi')

Mehrere nubische Tempel aus verschiedenen Orten wurden in den frühen 60er Jahren hier wieder aufgebaut, um sie vor dem Untergang im Nasser-See zu retten. Der Ort ist nach dem ehemaligen Standort des größten Tempels Wadi el Sebua benannt, wird aber auch als Neu-Sebua bezeichnet.

Ramses-Mery-Amun-Tempel

Im Zentrum des neu entstandenen Tempelensembles steht diese um 4 km nach Osten verschobene Anlage von Ramses II. aus dem alten Wadi el Sebua. „Tal der Löwen" heißt die arabische Bezeichnung für den Ort, da eine Sphingenallee beide Vorhöfe des Haupttempels durchzieht. Die sechs Löwenkörper im **ersten Hof** tragen den Kopf des Herrschers, den das Nemes-Kopftuch, die Doppelkrone und die Uräus-Schlange zieren. Die zwei Paar Löwenleiber im **zweiten Hof** tragen, was recht ungewöhnlich ist, einen Falkenkopf, der die Verbundenheit mit Re-Harachte ausdrückt. Über eine Treppe gelangt man zu dem über 20 m hohen **Eingangspylon**, vor dessen Durchgang links noch eine fast 10 m hohe, markante Stabträgerfigur des Königs steht. Die zweite liegt daneben, die dritte und vierte fehlen. Der König trägt einen langen Götterstab in der Hand, dessen oberes Ende einen Götterkopf darstellt. Klassischerweise folgt nun der **Große Hof**. Auf dessen Wänden kann man die Zeugungskraft von Ramses II. bestaunen: Jeweils über 50 Prinzessinnen und Prinzen sind auf der Wand abgebildet. Die anschließende **Pfeilerhalle** wurde aus dem Fels gehauen und wird beinahe ganz von den Stützelementen eingenommen. Nach einem Querraum folgt das **Sanktuar** mit zwei Nebenräumen. Stellenweise findet sich noch Gips an der Wand, mit dem Christen, die den Tempel zeitweilig als Kirche nutzten, die alten „heidnischen" Reliefs verdeckten.

Tempel von Maharraka

Der Tempel stand ehemals 50 km weiter im Norden und ist der kleinste in Neu-Sebua. Er steht zusammen mit dem folgenden Tempelbau ca. 1 km nördlich des Ramses-Tempels. Zu den wichtigsten Überresten gehört der Säulensaal. Der aus der römischen Epoche stammende Bau war den Göttern Isis und Serapis gewidmet, wurde aber nie vollendet. Offensichtlich wurde das Gebäude später auch als Kirche genutzt.

Tempel von el Dakka

Die Baugeschichte dieses Tempels zieht sich über vier Jahrhunderte hin. Die letzten Bauherren waren die römischen Kaiser Augustus und Tiberius. Die Anlage wurde 40 km nördlich zerlegt und hier wieder aufgebaut. Der imposante, fast 25 m breite und 12 m hohe Eingangspylon steht isoliert vom Tempelbau, da die ehemals dazwischen liegende Hofanlage und die Umfassungsmauer nicht mehr existieren. Zwei Treppen führen auf das Dach, von wo man eine herrliche Aussicht hat. Im letzten Raum, dem römischen Sanktuar, finden sich zeitgemäße grobe Bildausführungen, während man in der Vorhalle (Pronaos) und der Querhalle Ritualdarstellungen aus ptolemäischer Ära bewundern kann.

Neu-Amada

Benannt ist dieser Ort nach dem alten Standort des wichtigsten Tempels vor Ort. Außer zwei Tempeln gibt es hier ein Grab zu sehen.

Tempel von Amada

Erbaut bzw. erweitert wurde dieses sehr schöne Heiligtum von drei bedeutenden Pharaonen der 18. Dynastie: Thutmosis III., Amenophis II. und Thutmosis IV. Diese weihten den Tempel Re-Harachte und Amun-Re. In den Innenräumen ist die Bemalung auf den feinen Reliefs gut erhalten. Der koptische Gipsverputz, der die heidnischen Götter in dem später zum christlichen Gotteshaus umfunktionierten Bau verbergen sollte, hatte einen unerwartet positiven Nebeneffekt: Er hat die Reliefs hervorragend konserviert.

Hinter dem Pylon liegt eine Pfeilerhalle, an die sich ein Quersaal anschließt. Es folgen zwei Seitenräume und ein zentrales Haupttheiligtum mit zwei Kammern. Hier befinden sich die Kultbilder. Die Pfeilerhalle trägt die Handschrift von Thutmosis IV., der den ursprünglich offenen Hof in eine auf 12 Säulen ruhende, gedeckte Halle umwandelte. Die Inschrift auf der Rückwand des Sanktuars schildert u.a. einen Feldzug von Amenophis II. nach Syrien und wie er sieben Fürsten gefangen nahm und anschließend erschlug. Im Zusammenhang mit der Aufstauung des Nasser-Sees wurde 1964/65 auch dieses nubische Altertum, diesmal durch eine französische Firma, in einem Stück (900 Tonnen!) um fast 3 km ver- und um 60 m höher gesetzt.

Tempel von el Derr

Ein weiterer Felsentempel von Ramses II., der jedoch nur noch aus zwei großen Pfeilerhallen und einem Sanktuar samt Nebenkammern besteht, war dem Sonnengott Re-Harachte geweiht. Einige farbliche Reliefdarstellungen im Inneren sind noch gut erhalten. Eine Stuckschicht schützte diese, als das Bauwerk in eine koptische Kirche umgewandelt wurde (s.o.). Wie fast alle Bauwerke am großen Stausee steht auch dieser Tempel nicht am Originalbauplatz; er wurde von der ägyptischen Antikenverwaltung 12 km nach Nordosten versetzt.

Das Grab von Pennut

Es handelt sich um das kleine Grab eines nubischen Gouverneurs aus der 20. Dynastie, das bei der Rettungsaktion vor dem Stauwasser von der UNESCO um 40 km versetzt wurde. Leider wurden seit der Umsetzung viele der einst leuchtenden Reliefs von Vandalen zerstört. Im Innern befindet sich eine Querhalle. Dem Eingang gegenüber liegt eine Grabnische. Auf den Reliefs sind Totenbuchtexte mit entsprechenden Handlungen (linke Seite) und Szenen aus dem Alltagsleben des Gouverneurs (rechte Seite) dargestellt.

Qasr Ibrahîm

Auf einem Berg am heutigen Ostufer des Nasser-Sees (etwas nördlich der Pumpstation für das Toshka-Projekt am Westufer) bauten die Römer eine Festung. Die Besiedlungsgeschichte dieses Ortes reicht jedoch viel weiter zurück, denn schon im Mittleren Reich wurden hier Felskapellen angelegt, und im 7. Jh. v.Chr. errichtete Taharqa (25. kuschitische Dynastie) an diesem Ort einen Tempel aus Lehmziegeln, der später in eine koptische Kirche umgewandelt wurde. Als Qasr Ibrahîm 1528 endgültig islamisiert wurde, funktionierte man die auf der Spitze des Berges stehende Kathedrale zu einer Moschee um. Bei Hochwasser schauen nur ein paar Mauerreste der Moschee und ein paar Häuser über der Wasseroberfläche hervor. Die Insel darf heute nicht von Touristen betreten werden, da die wenigen Überbleibsel sehr empfindlich sind. So muss der Blick (vom Schiff aus) genügen, um einen Eindruck von der einstigen Lage auf der Spitze eines 70 m hohen Felsens – ohne See – und die (strategische) Bedeutung der Festung zu gewinnen. Es handelt sich dabei um das einzige nubische Monument, das am Originalplatz bestaunt werden kann, allerdings nur im Rahmen einer Kreuzfahrt auf dem Nasser-See.

Abu Simbel

Monumental und am liebsten in Fels – so sahen die von Ramses II. bevorzugten Tempelbauten aus. Die beiden Tempel von Abu Simbel gab er in Auftrag, um den ihm tributpflichtigen Nubiern hier an der Südgrenze des ägyptischen Mutterlandes, am „Tor zu Nubien" (und damit zu Afrika), die ewige Überlegenheit der Ägypter zu demonstrieren. Nubien war für das Pharaonenreich in erster Linie ein Goldlieferant, aber auch andere wertvolle Produkte

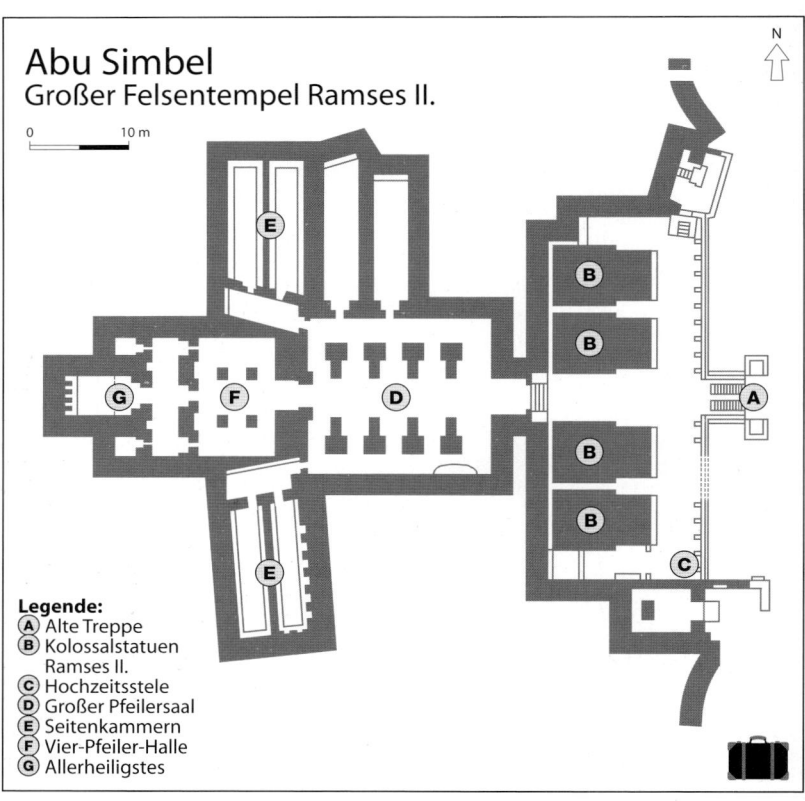

Legende:
- Ⓐ Alte Treppe
- Ⓑ Kolossalstatuen Ramses II.
- Ⓒ Hochzeitsstele
- Ⓓ Großer Pfeilersaal
- Ⓔ Seitenkammern
- Ⓕ Vier-Pfeiler-Halle
- Ⓖ Allerheiligstes

wie Weihrauch, Elfenbein, Edelhölzer und Öle gelangten über dieses „Tor" in pharaonischen Besitz.

Abgesehen von den Pyramiden von Giza stellt dieses südlichste Denkmalpaar mit ziemlicher Sicherheit das Eindrucksvollste und Gewaltigste dar, was Ägypten an pharaonischen Denkmälern zu bieten hat.

Erst im März 1813 wurden die nach Osten ausgerichteten Heiligtümer unter Sandverwehungen von dem Schweizer Forscher Johann Ludwig Burckhardt, dessen Grab heute in Kairo ist (s.S. 153), entdeckt. Der italienische Forscher Giovanni Belzoni, der sich vier Jahre später an die Ausgrabung oder besser gesagt Plünderung machte, war überwältigt:

„Eine der großartigsten Tempelanlagen … mit herrlichen … Kolossalfiguren."

Beide Tempel wurden in einer spektakulären Aktion durch die UNESCO vor den Fluten des neuen Stausees gerettet. 1960, kurz nach dem Baubeginn an der neuen Staumauer, rief die UNESCO alle ihre Mitgliedsländer auf, eine Umsetzung der Heiligtümer zu unterstützen. Lange war jedoch nicht klar, wie die Bauten zu retten waren. Schließlich wurde beschlossen, die Felstempel in über 1000 Blöcke mit einem Gewicht zwischen 20 und 30 Tonnen zu zersägen (dies geschah von Hand!) und an einem neuen Ort 65 m höher und fast 200 m landeinwärts unter eigens geschaffenen

Ägyptens größter Bauherr: Ramses II.

Stahlbetonkuppeln, die anschließend durch Gestein „getarnt" werden sollten, wieder aufzubauen. Als die Rettungsarbeiten endlich begannen, war der Wasserspiegel des neuen Sees schon so weit angestiegen, dass ein Damm um die beiden Tempel errichtet werden musste. Der letzte Steinblock wurde 1966 verladen, 1968 waren die Versetzungsarbeiten abgeschlossen und die Tempel an ihrem neuen Standort wieder aufgebaut.

⏲ 7–18 Uhr, im Sommer bis 17 Uhr. Letzten Endes richten sich die Öffnungszeiten aber auch danach, wann die Konvois eintreffen bzw. abfahren. Eintritt E£39.

Der große Tempel Ramses' II.

Der monumentale Sakralbau ist Re-Harachte, Amun-Re, Ptah und Ramses selbst geweiht. Über eine Treppe kommt man zur 33 x 38 m großen Fassade des südlichen Tempels. Vier 20 m hohe **Kolossalstatuen** zeigen Ramses II. Die linke hat dem Zahn der Zeit am besten widerstanden. Der Oberkörper der Statue rechts davon ist am Boden zu begutachten. Sie wurde nicht, wie man vermuten könnte, beim Umbau zerstört; ein Erdbeben hatte sie bereits in der Antike zusammenstürzen lassen. Die Figur am Eingang rechts wurde von Sethos II. restauriert, so kann Ramses hier in vollem Königsornat bewundert werden. Die kleinen Statuen zwischen den Füßen und den großen Statuen selbst stellen seine Kinder (Ramses zeugte angeblich über 100 Nachkommen), die Königsmutter und seine Hauptgemahlin Nefertari dar. Der falkenköpfige Sonnengott Re-Harachte thront heute einbeinig in einer Hochnische über dem Eingang. Paviane beleben den Fries im Hintergrund.

Der anschließende **Große Pfeilersaal** entspricht der Funktion einer Hofanlage im klassischen Tempelbau. Zwei Mal vier 10 m hohe Ramsesfiguren (in Osiris-Gestalt) scheinen den 18 x 16 m großen Raum zu tragen. An der rechten (nördlichen) Wand kämpft Held Ramses nochmal die Qadesch-Schlacht gegen die Hethiter. Die gar nicht so ruhmreich „gewonnene" Schlacht war das bedeutendste außenpolitische Ereignis zur Regierungszeit Ramses' II. Aus diesem Grund berichten fast alle großen Heiligtümer davon. Auf dem Relief erkennt man den umzingelten Ramses, die Festung Qadesch (im heutigen Syrien), an einer Schleife des Flusses Orontes gelegen, die Verteidiger auf den Zinnen und ägyptische Heerführer, die die abgeschnittenen Gliedmaßen der Feinde zählen. Weiter kann man den König beim Kriegsrat sehen sowie eine Szene, in der zwei feindliche Agenten verprügelt werden. Auch sieht man gegeneinander anstürmende Streitwagenkolonnen, links die disziplinierten Ägypter, rechts der chaotische Haufen der Hethiter. In mehreren von der Halle abgehenden Nebenkammern stehen Tische, auf denen die Opfergaben abgelegt wurden.

In der anschließenden **Vier-Pfeiler-Halle** ist auf den Reliefs eine Barkenprozession dargestellt.

Schließlich gelangt man ins **Sanktuar**, wo der 55 m lange Tempel endet. Zu Beginn steht der Barkensockel. Dahinter sitzen vier direkt aus dem anstehenden Sandstein gehauene Figuren. Von links nach rechts sind dies Ptah von Memphis, Amun-Re von Theben, König Ramses, Re-Harachte von Heliopolis. Wenn am 22. Februar bzw. 22. Oktober, vor der Versetzung des Tempels je einen Tag früher, das Licht bei Sonnenaufgang bis ins Sanktuar fällt, wird die rechte Triade mit dem vergöttlichten König in der Mitte bestrahlt. Ptah hingegen bleibt im ewigen Halbdunkel, wahrscheinlich wegen seiner Verbindung zur Unterwelt. Man geht davon aus, dass die beiden ursprünglichen Daten der Geburtstag und der Tag der Thronbesteigung von Ramses waren.

Beim Verlassen des Tempels kann man den Blick noch nach rechts auf die so genannte **Hochzeitsstele** werfen, auf der die Vermählung Ramses II. mit einer hethitischen Prinzessin gezeigt wird.

Der Hathor-Tempel

Gleichzeitig mit seinem eigenen ließ Ramses den kleinen Tempel für seine Gattin Nefertari erbauen, der Hathor, der Liebesgöttin, geweiht war. Etwas nördlich gelegen erscheint die geböschte Fassade (ca. 12 x 28 m) des Tempels. Zu beiden Seiten des Eingangsportals befinden sich drei kolossale, 10 m hohe Figuren. Zweimal ist jeweils Ramses dargestellt, direkt am Eingang in Gottesnatur mit je einer Krone Ägyptens und ganz außen als Herrscher auf dem Horus-Thron. Dazwischen steht jeweils nur einmal, aber in gleicher Größe, Königin Nefertari, die durch Kuhhörner mit Doppelfeder und Sonnenscheibe der Göttin Hathor angeglichen wurde. Die kleineren Figuren zu Füßen der großen verkörpern die Kinder des Paares. Die Stege zwischen den

Statuen sind mit Hieroglyphen beschrieben. In der Halle befinden sich sechs Hathor-Pfeiler, die auf der Achsenseite Hathor mit Kuhhörnern und ihrem Kultinstrument, dem Sistrum, eine Art Rassel, zeigen. Auf den Wandreliefs werden wieder einmal Feinde erschlagen und das Herrscherpaar opfert den Göttern. Es folgt ein Quersaal mit Seitenkammern und danach das Sanktuar. Hier sieht man, wie die kuhgestaltige Hathor unter ihrem Kinn die Brust von Pharao Ramses schützt.

Übernachtung und Essen

Es gibt in Abu Simbel Hotels, die lohnen, wenn man sich den Tempel in aller Ruhe ansehen will, ohne die Heerscharen von Assuan-Ausflüglern.
Nefertari****, 400 m vom Tempeleingang entfernt, ✆ 400508/9. Modernes Hotel mit Zimmern, die alle Seeblick haben; ac, Kühlschrank, Pool und ein auch für Nicht-Gäste offenes Restaurant. Neben dem Hotel kann man sein Zelt oder Wohnmobil auf- bzw. abstellen und die sanitären Anlagen des Hotels mitbenutzen.
Nobaleh Ramses***, in der Stadt Abu Simbel, etwa 1,5 km vom Tempel entfernt, ✆ / ✉ 400380. Schönes Hotel mit großen ac-Zimmern, TV und allem Komfort, leckerem Frühstück und Halbpension.
Im Ort gibt es außerdem ein paar **Cafés**, die auch spärliches Essen anbieten.

Sonstiges

SOUND AND LIGHT SHOW – Täglich im Winter um 19 Uhr, im Sommer um 20 Uhr auf Englisch, Mi und Sa im Winter um 20.30 Uhr, im Sommer um 21.30 Uhr auf Deutsch. Diese beeindruckende Show kann jedoch bei mangelndem Interesse ausfallen. Man sollte sich im Vorhinein bei der Touristeninformation erkundigen. Wer möchte, kann sich die Show jederzeit per Kopfhörer in seiner Sprache anhören, auch wenn sie gerade in einer anderen Sprache gespielt wird. Eintritt E£50, Fotoerlaubnis E£10.

FESTE – 22. Februar und 22. Oktober Abu Simbel Festival (s.o.). Das größere Fest von beiden ist das am 22. Oktober, dem Geburtstag von Ramses. An diesem Tag kommen Folkloregruppen aus dem ganzen Land zusammen und stellen ihre Kunst vor.

VORWAHL – 097

Transport

Wer nicht organisiert nach Abu Simbel fahren möchte, kann auf eigene Faust sowohl mit **Bus** als auch im **Flugzeug** von Assuan hierher gelangen (Näheres siehe dort).

SCHIFFE – Seit noch nicht langer Zeit bieten sich Tragflügelboote bzw. Kreuzfahrtschiffe als Transportmittel nach Abu Simbel an. Die spannende und schöne Fahrt mit dem **Tragflügelboot** beginnt am Staudamm und dauert pro Strecke 4 Std., was nicht allzu viel ist, denn mit dem Bus oder privaten Pkw muss man auch mindestens 3 Std. einplanen. Inkl. Mahlzeiten, aber ohne Eintrittspreise, kostet das Vergnügen US$80. Angeboten werden solche Fahrten von Thomas Cook und Amex, allerdings nicht täglich. Die Boote werden je nach Anzahl der Interessenten eingesetzt.
Aufgrund der stark zurückgegangenen Touristenzahlen seit dem 11. September 2001 startet jedoch nur noch selten ein Boot.
Kreuzfahrten nach Abu Simbel sind derzeit nur von Europa aus zu buchen.

SELBSTFAHRER – Es gibt eine wunderbare, asphaltierte Straße zwischen Assuan und Abu Simbel. Doch müssen auch Selbstfahrer im Konvoi fahren, weswegen sich eine Wegbeschreibung erübrigt. Wer mit dem eigenen oder dem Mietwagen kommen möchte, sollte unbedingt den ersten Konvoi nehmen, um sicher zu sein, auch am selben Tag mitzukommen, da der zweite Konvoi manchmal wegen zu weniger Autos gestrichen wird. Eine Genehmigung der Polizei ist zurzeit nicht notwendig, kann es aber werden. Man sollte sich also besser vorher bei der Touristeninformation in Assuan nach den aktuellen Bestimmungen erkundigen.

Westliche Wüste

HIGHLIGHTS

SÎWA – Oasenleben wie aus dem Bilderbuch

DIE HEIßEN QUELLEN VON BAHARIYA – Badewannen inmitten der Wüste

DIE WEISSE WÜSTE – Kalksteinriesen, die dem Betrachter das Gefühl geben, sich in einer Eiswüste zu befinden

DAS MUSEUM IN FARÂFRA – Von dem Künstler Badr geschaffene Kunst fern aller Galerien

BALÂT, NAHE DER OASE DÂKHLA – Unverfälschtes Leben im Lehm

BAGAWÂT – Fantastische koptische Totenstadt aus dem 4.–6. Jh.

DAS GROSSE SANDMEER – Gigantische Sandwüste, die bis heute Forscher und Abenteurer anzieht

Die Westliche Wüste ist Teil der Sahara. Eine Fläche doppelt so groß wie Deutschland; sechs Oasen, dazwischen Sand, Steine, Berge – auf den ersten Blick. Auf den zweiten dann: Leben und Wasser, das dieses Leben schafft.

Vor rund 70 Mill. Jahren war diese Wüste ein Meeresboden. Fossilien, die man bis heute findet, zeugen davon. Doch im Laufe von Jahrmillionen trocknete das Meer aus. Wind und Sand schufen aus dem abgelagerten Sediment- und Kalkgestein die bizarrsten Formen und Gegenden wie die **Schwarze Wüste**, die mit Kegeln und Pyramiden übersät ist und in der Braun- und Schwarztöne dominieren, wo Schiefer das vorherrschende Element ist und wo man sich eher auf dem Mond wähnt als in Afrika, oder wie die **Weiße Wüste**, wo Felsen, die aussehen, als habe man sie aus Eis gehauen, zwischen ausgedehnten Sandflächen stehen.

Seit über 5000 Jahren gibt es Leben in den Oasen. Schon die Pharaonen nutzten sie als Verteidigungslinie gegen marodierende libysche Stämme. Im 6. Jh. v. Chr. brachten die einfallenden Perser das Kamel vom Mittleren Osten nach Nordafrika. Mit der Domestizierung dieses wüstentauglichen Tieres, dem einzigen, das mehrere Tage ohne Wasser überleben kann, konnten sich auch in der Wüste Hochkulturen entwickeln. Neue Ausgrabungen in **Baharíya** ergeben, dass hier zumindest zwischen dem 6. vorchristlichen und dem 4. nachchristlichen Jahrhundert ein blühendes Reich existierte. Es waren wahrscheinlich die Römer, die es vernichteten. Doch sie zerstörten nicht nur, was sie vorfanden, sie schufen stattdessen auch nichts Neues und zogen bald weiter. Es entstand ein Machtvakuum, das Banditen für sich nutzten. Die Bewohner flohen, die Brunnen versiegten.

In frühislamischer Zeit war die Region kaum von Bedeutung. Hier lebten Beduinen und in den Oasen ein paar Bauern. Doch Ende der 50er Jahre des 20. Jhs. begann man hier mit dem so genannten **New Valley Project**, dem Projekt „al-Wâdî algedîd". Dieses zweifelhafte Projekt soll in der parallel zum Nil gelegenen Niederung mit den drei Oasen Kharga, Dâkhla und Farâfra 3 Mill. Hektar Wüstenland in Ackerland verwandeln. Das bis zum heutigen Tag nicht abgeschlossene Projekt hat entscheidenden Einfluss auf das Leben in diesem Teil des Landes. Das Wasser, das für die Ackerlandgewinnung gebraucht wird, entstammt vor allem natürlichen Quellen und künstlichen Brunnen. Diese speisen sich aus dem Grundwasserkörper des Nubischen Systems, welches zum nordafrikanischen Artesischen Becken gehört. Die fossilen Vorräte werden aber nur geringfügig von Niederschlägen gespeist und sind somit nicht endlos. Damit das New-Valley-Projekt erfolgreich durchgeführt werden kann, versucht man über ein Kanalsystem Nilwasser in die Wüste zu leiten. Der Erfolg ist allerdings höchst fragwürdig: In über 40 Jahren wurde nur ein Bruchteil der anvisierten Fläche als Agrarland gewonnen. Annähernd ebenso viel ging durch Bodenversalzung (infolge der hohen Wasserverdunstung) und Brunnenversiegungen verloren. Die Oasen, die früher Agrarüberschüsse (vor allem Getreide) produzierten, sind heute von Nahrungsmittelimporten abhängig. Dennoch wird dieses Projekt weitergeführt. Immer mehr neue Siedlungen, v.a. rund um die beiden südlichen Oasen Kharga und Dâkhla, entstehen. Hier wurden vor allem Nilbauern angesiedelt.

Ein positives Ergebnis dieses Projektes ist immerhin, dass die vier **Oasen Kharga**, **Dâkhla**, **Farâfra** und **Baharíya** inzwischen durch eine durchgängige Asphaltstraße miteinander verbunden sind. Seit wenigen Jahren ist Kharga außerdem auch von Luxor aus per Asphaltstraße zu erreichen. Doch findet sich nicht immer ein Konvoi, der Busse und Autos sicher durchs Land bringt. Also ist die Straße nur ab und zu und auch nicht für jeden geöffnet. Ähnliches gilt für die Straße von Dâkhla nach Assuan (im weiten Bogen über Abu Simbel), die noch neuer ist. **Siwa**, weit ab vom Schuss, ist nach wie vor am besten über Marsa Matrûh zu erreichen, auch wenn es eine Piste gibt, die von Baharíya dorthin führt.

Die Westliche Wüste ist reich an Sehenswertem und für den wüstenbegeisterten Individualtouristen ein absolutes Muss! Keine Hotels, die dem Massentourismus dienen, stattdessen kleine Häuser in allen Kategorien, romantische Camps, freundliche Menschen. Wer die klassische Dünenlandschaft liebt, die für so viele Touristen die Wüste ausmacht, findet sie. Wer grüne Oasen im Braun der Wüste sucht, findet sie. Wer Kamelherden in der Ferne am Horizont wandern sehen möchte, sieht sie, und wer die große Weite der Wüste erfahren möchte, wird sie erfahren! Und doch hat auch die Moderne vor der Wüste nicht Halt gemacht. Die

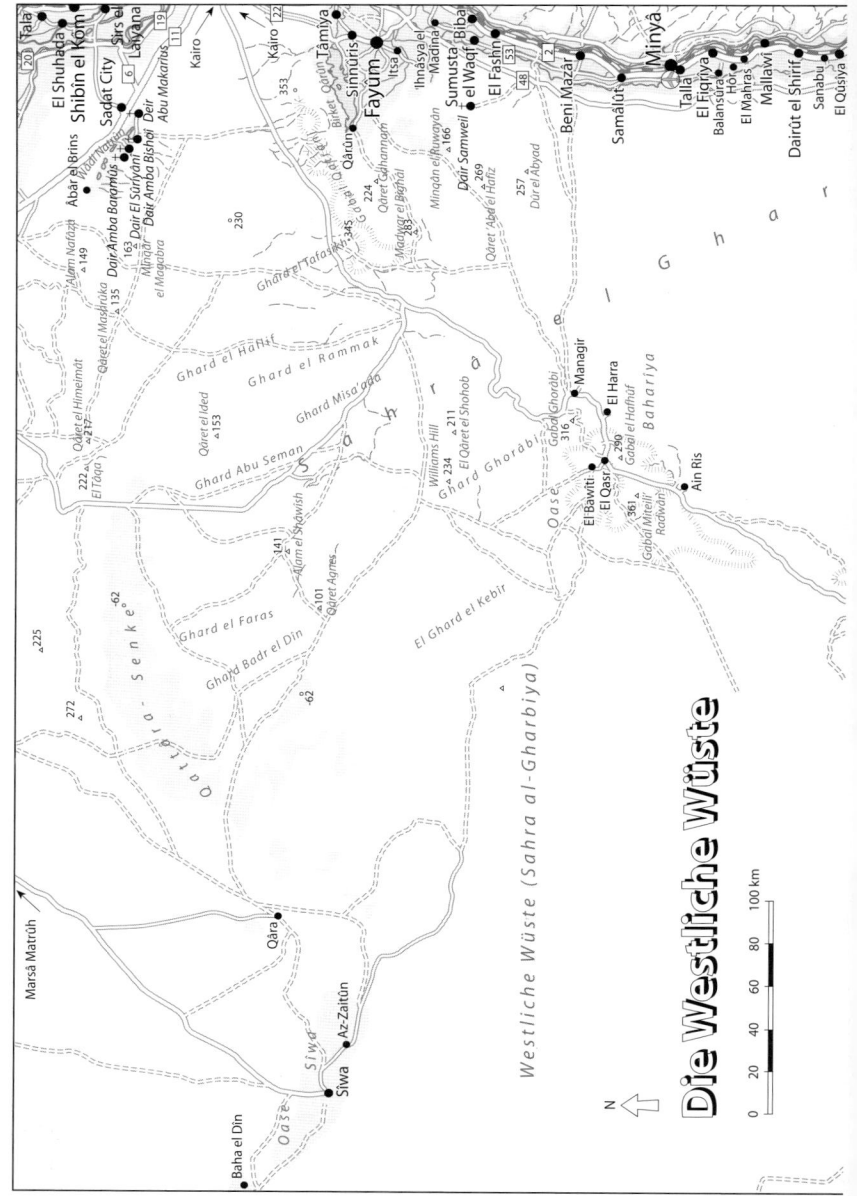

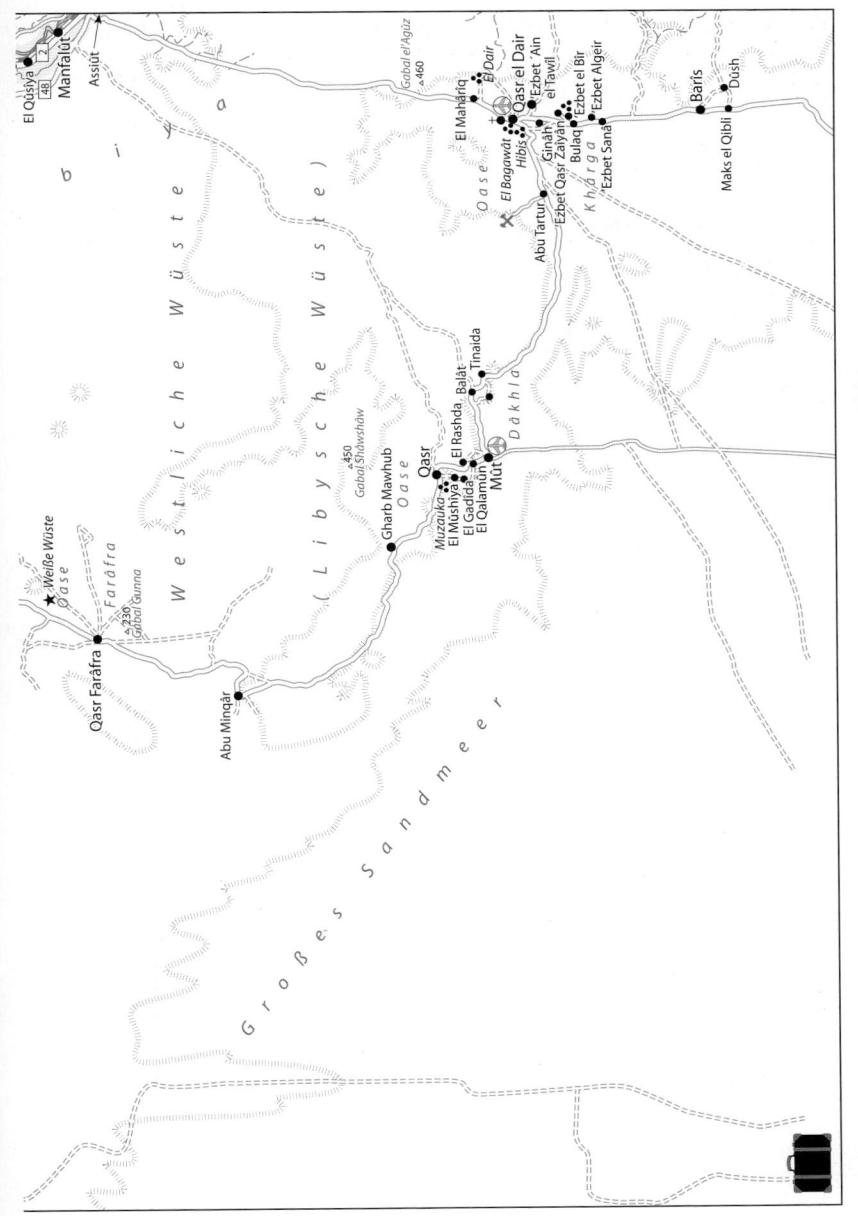

Oasenstädte sind Verwaltungsorte und Militärposten. Die Karawanen sind verschwunden. Asphaltstraßen, Hochspannungsmasten, Wasserpumpen, Agrarindustrie, all das ist hier und gehört neben all der Wüstenpracht ebenfalls zur Realität. Und genau die fasziniert – abseits der Straßen und inmitten der Gärten, vor allen Dingen aber in der Weite der Wüste.

Touren durch die Westliche Wüste Die fünf Oasen der Westlichen (Libyschen) Wüste lassen sich ohne Probleme mit öffentlichen Verkehrsmitteln erreichen. Hat man die Hauptorte jedoch erreicht, wird es schwierig bis unmöglich, sich weiter in die Wüste hinein zu bewegen. Ausflüge und Touren, z.B. in die Schwarze oder Weiße Wüste, sind ohne Geländewagen und ortskundigen Führer unmöglich. Aus diesem Grund werden in allen Oasen Ein- und mehrtägige Touren zu den nahe gelegenen touristisch interessanten Orten angeboten. Seltener und teurer sind Touren zu weiter entfernten Zielen wie zum Gilf Kabîr und ins Große Sandmeer oder zu den nur mit Sondererlaubnis und militärischer Eskorte erreichbaren Djara-Höhlen.

Schon längst hat man das touristische Potenzial der Westlichen Wüste entdeckt, immer mehr und mehr **Tourenanbieter** drängen auf den Markt. Hinzu kommen die vielen kleinen Tourenanbieter in den Oasen selbst sowie Reisebüros in Kairo und anderen Städten Ägyptens. Die Wüste kann man auf zweierlei Art entdecken: Per Kamel oder per Jeep. Während das Angebot von Kameltouren relativ begrenzt ist (und wir mit gutem Gewissen nur einen einzigen Veranstalter empfehlen können, s.u.), ist das Angebot der Geländewagentouren breit.

Für Ein- oder Zweitagestouren lohnt es sich, direkt vor Ort zu vergleichen, zu suchen und zu buchen, d.h. bei einem der Tourenveranstalter in den Oasen selbst. Wer in den Gilf und noch südlicher möchte, tut hingegen gut daran, sich vorher von Europa aus nach zuverlässigen, zugelassenen Tourenveranstaltern umzusehen, die jedoch nicht in Europa ansässig sein müssen (unverbindliche Empfehlungen s.u.).

Die **Preise** variieren, und nicht immer bedeutet teuer auch gut. Vergleiche sind angebracht, denn häufig wirken Preise auf den ersten Blick günstig, sind dann aber in Anbetracht dessen, was geboten wird, übertauert. Die Preise verstehen sich häufig pro Auto, also ist es durchaus sinnvoll, sich mit mehreren zusammenzutun. Eine Tagesrundfahrt durch die Oasen liegt ungefähr bei E£150 pro Wagen, eine Tour in die Weiße Wüste mit Übernachtung dort kostet ab E£600. Bei längeren Touren sollte man bei einer Besetzung von 4 Personen mit etwa 50–100 € pro Person und Tag rechnen, abhängig davon, was im Preis inbegriffen ist.

Der Preis für eine gute Tour (bei 4 Personen ab 70 (EU) pro Person/Tag) setzt sich aus Fahrzeug, Fahrer und Koch (oft in einer Person), Vollverpflegung und Wüstenführer zusammen. Nicht inbegriffen sind meist die Eintrittspreise zu den historischen Stätten.

Ein wirkliches Muss ist, gerade wenn man vor Ort direkt bucht, die **Kontrolle des Autos**, mit dem man losfährt. Eine alte Rostlaube mag noch für einen Ausflug in die Weiße Wüste taugen, für eine Tour in den Gilf stellt sie eine Gefahr dar.

Im Folgenden eine Liste ausgesuchter Anbieter:

Geländewagentouren:
Hishâm Ghoneim, Handy ✆ 010-1751758, ✉ hghoneim@lycos.com. Der fließend Englisch sprechende „Wüstenmanager" der auf Wüstentouren spezialisierten Firma Siag (Kairo) hat sich selbstständig gemacht. Er hat seine eigene Mannschaft, sehr gute Fahrzeuge und jahrelange Erfahrungen in der Westlichen Wüste. Er veranstaltet sowohl kleine Touren, Wüstentouren rund um die Oasen, als auch große Touren zum Gilf und weiter südlich. Alle seine Touren begleitet er selbst und sorgt so stets für besten Service. Super! Peter Wirth vom Hotel ***International Hot Spring***, ✆ 8473014 oder Handy ✆ 012-3212179, ✆ 8472322, ✉ whitedesert@

link.net, 🖥 www.whitedeserttours.com, s.S. 306, hat engagierte Fahrer und Guides durch die Wüste sowie gute Fahrzeuge. Er bietet nicht nur Touren in die nähere Umgebung, sondern auch Fahrten zum Gilf und zur Djara-Tropfsteinhöhle an. Zuverlässig und empfehlenswert.

Yahia Kandil, Baharîya, Handy ✆ 011-802835, ✉ leberli@yahoo.de, spricht Deutsch und gilt als zuverlässig und nett.

El-Badawiya Safari, Farâfra, ✆ 510060, 📠 510400, ✉ badawya@link.net, 🖥 www.badawya.com, s.S. 313, bietet interessante und gute Touren durch die gesamte Libysche Wüste.

KaravanSerail, ✆ +49-761-64107, ✉ karavanserail@aol.com, 🖥 www.karavanserail.com. Mit einer der AutorInnen dieses Buches durch die Wüste! Weiße Wüste und Gilf Kabîr, einmal im Jahr und nur in Kleingruppen.

Desert Team, ✆ +41-31-318 48 55, 🖥 www.desert-team.ch, ✉ info@desert-team.ch. Zuverlässig arbeitende Agentur in Bern, die nicht nur die üblichen Oasentouren anbietet, sondern auch Touren zum Gilf. Hin und wieder Sonderreisen, z.B. Bauchtanz-Seminar.

Dabuka Expeditions, Tareq El-Mahdy, Gartenstr. 35, 35619 Braunfels, ✆ 06442-962728, 📠 962785, 🖥 www.dabuka.de, ✉ info@dabuka.de. Der Ägypter Tareq El-Mahdy bietet sowohl Wüstentouren für Selbstfahrer als auch für Mitfahrer an und wandelt dabei auf den Spuren von Almásy und Rohlfs.

Kameltouren:
Die Leute vom **Bedouin Camp** in Dâkhla, ✆ 850605, 📠 821686, ✉ bedouincamp@hotmail.com, s.S. 320, sind *die* Kameltourenveranstalter schlechthin! Die Beduinen sind in der Wüste aufgewachsen und kennen sie so gut wie wenige andere. Wer mehr als nur mal für eine Nacht in die Wüste möchte und einen wirklichen Kameltreck sucht, ist hier goldrichtig. Die Guides entstammen alle dem Stamm der Zidan. Die Preise liegen ab 2 Personen bei rund 60 € pro Tag und Person, alles inkl. (außer einem Schlafsack).

Sîwa

Die entlegenste Oase Ägyptens ist zugleich die außergewöhnlichste und schönste. Sie gehört weder zum New Valley-Projekt noch (wie Baharîya) zum Großraum Kairo. Sîwa gehörte auch nie zu einem Reich, sondern war immer selbstständig. Die Menschen, die hier leben, sind weder Araber noch Ägypter. Es sind Berber, die östlichsten Berber der Welt. Wie alle anderen Berbervölker auch waren sie stets in sich geschlossen und nach außen kämpferisch. Keine Macht hat es je geschafft, die Bewohner Sîwas zu erobern und sie den eigenen Gewohnheiten anzupassen – jedenfalls bis 1980, als die Oase für Touristen geöffnet wurde. Die Menschen hier sind anders als im Rest des Landes. Sie sind freundlicher und aufgeschlossener. Sie freuen sich über das Gast, der ihre Traditionen respektiert, und sind auch ganz ohne Geschäftsinteressen am Fremden interessiert. Für uns ist Sîwa einer der schönsten Orte des Landes, und jeder, der nur ein wenig Zeit und Interesse an einer außergewöhnlichen Kultur hat, sollte sich den Besuch der westlichsten Oase, die mit öffentlichen Verkehrsmitteln nur über Marsa Matrûh erreicht werden kann, nicht entgehen lassen. Doch nicht nur die Freundlichkeit der Menschen lohnt einen Besuch der Oase: Hier gibt es auch fantastische Landschaften zu sehen, einen kleinen sympathischen Ort und nicht zuletzt viele heiße Schwefelquellen, die Menschen von nah und fern anlocken. Und außerdem: Wer wollte nicht schon immer einmal ein Orakel befragen?

Geschichte

Es gibt keine Beweise, dass Sîwa zu pharaonischer Zeit besiedelt war: Kein Monument aus dieser Zeit, kein Hinweis, dass dieser Ort je engere Beziehungen zum Niltal unterhielt. Man vermutet aber, dass Sîwa, so wie die anderen Oasen auch, unter Ramses III. (663–525 v.Chr.) eine Kolonie war, doch auch das ist höchst fraglich. Die eigentliche Geschichte der Oase beginnt mit dem **Orakel von Amun**, das sich zu dieser Zeit in Sîwa etabliert haben soll und um das sich zahlreiche Legenden winden. So soll **Alexander der Große**, der

331 v.Chr. Ägypten eroberte und die Stadt Alexandria gründete, sich auf dem Weg zum Orakelheiligtum mit seiner Truppe verlaufen haben und nur dank zweier Schlangen, die ihnen mysteriöserweise den Weg wiesen, schließlich zur Oase und zum Orakel gelangt sein. Dem Feldherrn wurde prophezeit, er würde ein Gott werden, was ihm den Rücken stärkte und seine Herrschaft über Ägypten rechtfertigte.

Das Orakel zog nach Alexander auch Kleopatra an, die wie er versucht haben soll, Informationen über ihre Zukunft zu erhalten. Ihr folgte angeblich Augustus, der Sîwa aufgrund seiner Abgeschiedenheit als Strafkolonie nutzte.

Bis ins 7. Jh. hinein bleibt die Geschichte der Oase spekulativ. Dann beginnt eine erste „Geschichtsschreibung". Menschen, die hier lebten, begannen damit, ihre eigene Geschichte zu erzählen und von Generation zu Generation weiterzugeben. So haben wir heute relativ klare Vorstellungen davon, wie die Bewohner Sîwas in den letzten Jahrhunderten lebten: vor allem nämlich zurückgezogen.

Im Jahre 708 erreichte **Mûsâ ibn an-Nusair**, der spätere Eroberer Marokkos und Gründer der heiligen Stadt Kairuan in Tunesien, Sîwa. Doch die Bewohner waren nicht gewillt, dem Eindringling zuzuhören oder sich ihm gar zu ergeben. Mûsâ verlor in Sîwa riesige Teile seiner Armee und auch **Târiq ibn az-Ziyâd**, dem es 711 gelungen war, Spanien zu erobern, hatte gegen die Bewohner von Sîwa keine Chance – sie verjagten ihn.

Es dauerte bis 1150, bis sich die ersten Menschen in dieser Region zum neuen Glauben des Islam bekannten, was aber nicht bedeutete, dass sie sich einer fremden Herrschaft unterworfen hätten. Selbst dem großen Krieger Muhammad Ali gelang es nicht, Sîwa zu unterwerfen. Die Oase war unabhängig und blieb es bis ins 20. Jh. Dann kamen die Briten, und die erste Kontrolle über die Oase begann. Als Ägypten unabhängig wurde, blieb Sîwa ein Teil des Landes.

1980 „öffnete" man die Oase schließlich auch für ausländische Besucher, denen es bis dahin verboten gewesen war, nach Sîwa zu reisen. Touristen sind heute herzlich willkommen, doch bringt die Öffnung es mit sich, dass Sîwa mehr und mehr zu einem Teil Ägyptens wird und so Gefahr läuft, seinen einzigartigen Charme zu verlieren.

Sehenswürdigkeiten

Sîwa bietet jede Menge Sehens- und Erlebenswertes. Doch muss man nicht all diese Dinge aufsuchen, um die Hauptattraktion des Ortes zu erleben – das ist nämlich die Oase selbst: Kleine Weiler, wunderschöne Gärten und viele sprudelnde Quellen.

Zentrum der Oase ist die kleine **Stadt Sîwa**. Hier gibt es nicht viel mehr zu sehen als den Marktplatz, um den herum sich viele kleine Geschäfte und Cafés reihen. Es ist ein ruhiger, beschaulicher Ort. Direkt neben Sîwa liegt **Shâli**, die alte Stadt. Im 13. Jh. ganz aus Lehm errichtet, ist sie heute sehr verfallen. Dennoch kann man gut die alten Strukturen erkennen. Lehmdörfer haben, egal, wo sie sich befinden, immer eine ähnliche Struktur, die der Lehmbau mit sich bringt: Die Dörfer sind verschachtelt, die Häuser und Gänge aus diesem Grund immer gleichbleibend kühl und ein Bau stützt den anderen. Doch so praktisch Lehmbauten sind (s.S. 319), sie haben den großen Nachteil, dass sie wenig regenresistent sind. So wurde 1928 bei einem heftigen Regen ein Großteil von Shâli weggeschwemmt, und die Bewohner des Dorfes begannen nach und nach von hier weg zu ziehen. Heute kann man viele verfallene Häuser sehen sowie die Reste einer einst prächtigen Lehmmoschee.

Nördlich der Ruinen des alten Shâli gibt es ein kleines **Museum**, das traditionelle Kleidung und Handwerk ausstellt. ⏰ Sa und Do 10–12 Uhr, Eintritt E£10.

Vom Zentrum aus kann man alle weiteren großen Sehenswürdigkeiten der Oase in einer etwa halbtägigen Rundtour erkunden. Doch dafür braucht man einen fahrbaren Untersatz. Am praktischsten ist ein Fahrrad, das man sich im Ort mieten kann (s.u.). Wem das zu anstrengend ist, der kann auch eine der kleinen Eselskarren, eine so genannte Caretta, anheuern und zahlt pro Tag nicht mehr als E£15 dafür.

Wendet man sich nach Nordosten, vorbei am Sîwa Safari Paradise Hotel, gelangt man nach etwa 4 km zum **Amun-Tempel** in **Aghurmi**, berühmt für das Amun-Orakel, das der Legende nach seit dem 6. Jh. v.Chr. hier sein und schon Alexander dem Großen seine Herrschaft und Göttlichkeit vorausgesagt haben soll. Aghurmi war die ursprüngliche Siedlung der Oase. Sie wurde erst mit

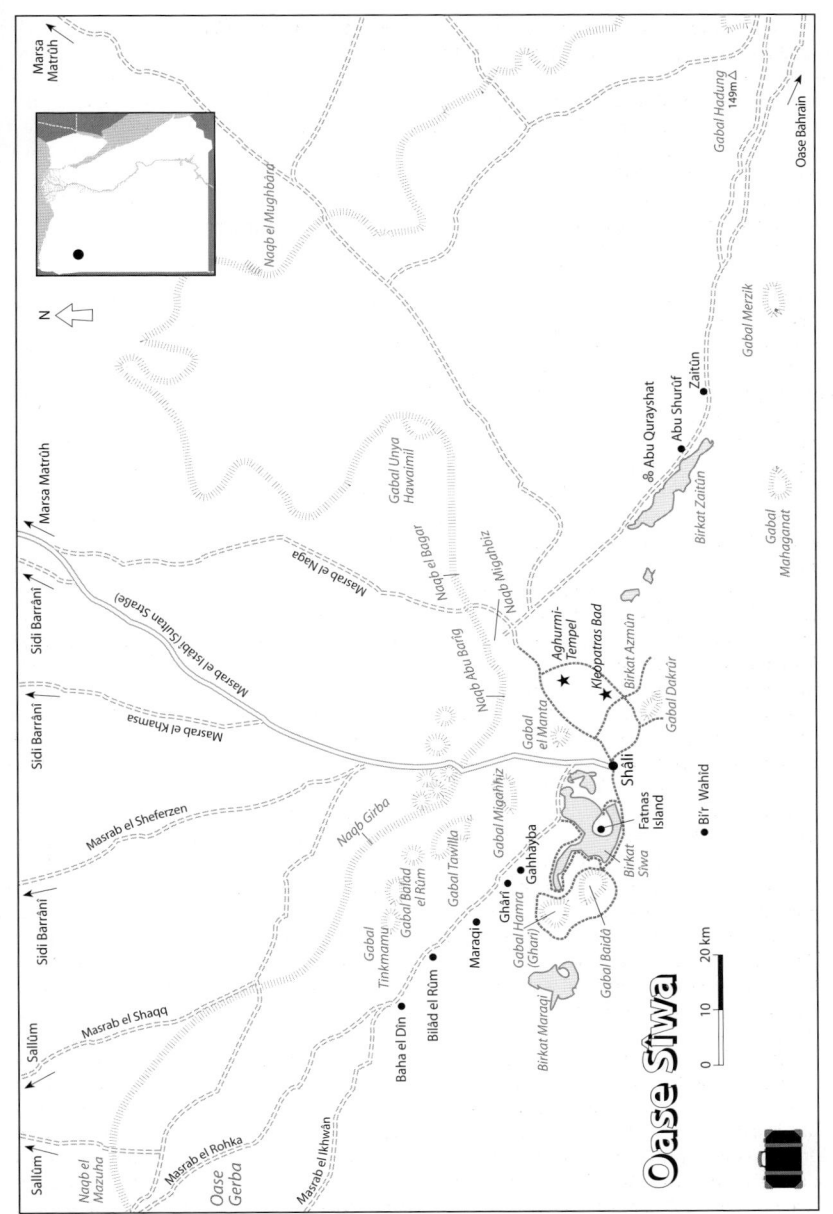

dem Bau von Shâli im 13. Jh. Schritt für Schritt aufgegeben. Den Ort umgibt bis heute eine mystische Aura. Man spricht von Wundern, die hier in der Umgebung passieren sollen, von Toten, die hier umhergeistern und Kinder gebären…

Das Orakel schweigt nun schon mehr als 2000 Jahre, und so blieben auch die Pilger aus. Der Ort verwaiste mehr und mehr, und als 1928 ein schwerer Regen Sîwa überschwemmte, gab man ihn auf. Man baute Aghurmi nie wieder auf, und so sind heute auch nur noch die Reste des Amun-Tempels zu bewundern. Diese liegen auf einer kleinen Anhöhe, auf der sich einst mit dem Tempel auch das Zentrum des Ortes befand. Man kann auf den Tempelberg hinaufklettern.

Dem Besucher wird gleich im Eingangsbereich das Minarett auffallen, der am besten erhaltene Gebäudeteil des später als Moschee genutzten Tempels. Sehr schön ist der Blick von hier über die gesamte Oase.

Berber, die Barbaren Afrikas Manche Berber behaupten, von den Europäern abzustammen, genauer gesagt, von den Deutschen, da es angeblich so viele sprachliche Übereinstimmungen gibt; denn was auf Deutsch: „iss" heißt, heißt in einigen Berbersprachen „isch", „Bohnen" heißen „Abohn", und für das deutsche Wort „schlecht" wird das berberische „schlacht" benutzt.

Andere Berber behaupten, sie stammen aus dem Jemen, zum einen, und darüber besteht kein Zweifel, weil sich die traditionelle Lehmbauweise des Jemen und Nordafrikas so ähnelt, dass man davon ausgehen könnte, dass sie den gleichen Ursprung hat; zum anderen, weil man meint, äußere Ähnlichkeiten zwischen den Jemeniten und den Berbern entdeckt zu haben. Beide Theorien sind jedoch zumindest wissenschaftlich nicht haltbar. Wer also sind die Berber? Auf diese Frage gibt es letztendlich nur sehr unbefriedigende Antworten, der zur völlig ungeklärten Herkunft kommt erschwerend die Tatsache hinzu, dass die Berber an sich kein „Volk" sind, keine einheitliche Ethnie. Ihr **Siedlungsraum** reicht von der ägyptischen Oase Sîwa im Westen bis zu den Kanarischen Inseln im Osten; im Norden grenzt er an das Mittelmeer, im Süden an die Sahara; und es gibt fast so viele Gruppierungen unter den Berbern wie Sand in der Libyschen Wüste. Bis ins 11. Jh. gab es keine überregionale berberische Organisation. Die größte soziale Einheit war die Großfamilie, d.h. die Sippe. Wohl aber schloss man sich im Kriegsfall oder in Notsituationen zeitweise zu einem Stamm zusammen, dessen Zusammenhalt man durch einen fiktiven gemeinsamen Ahnen sicherte. Schien die Krisensituation bewältigt, war ein weiterer Zusammenhalt nicht mehr nötig und der „Stamm" löste sich wieder auf.

Es gibt auch keine gemeinsame **Sprache**, sondern hunderte verschiedener Sprachen, die sich z.T. so stark unterscheiden, dass eine Kommunikation unter zwei Berbern verschiedener Regionen unmöglich sein kann.

Ein erstes Zusammengehörigkeitsgefühl brachte der **Islam** mit sich. Bis heute ist die Religion das einigende Band in dieser sonst so heterogenen Volksgruppe.

Am besten kann man sich der Frage, was denn nun ein Berber sei, nähern, wenn man dem Wort etymologisch auf den Grund geht: Ein „Barbari" ist ein Barbar, also einer, der stammelt. Das Wort stammt aus dem Griechischen und wurde von den Römern übernommen, die es für all jene Menschen benutzten, die nicht die „einzig zivilisierte" Sprache, nämlich die ihre, sprachen. Man kann davon ausgehen, dass die **Römer** die Bewohner Nordafrikas, die ja zumindest eine Zeit lang Untertanen der römischen Kolonie Ifriqiya waren, als Barbaren bezeichneten. So waren also alle, die in Nordafrika lebten, als die Römer dort ankamen, Berber. Und auch wenn das bislang nicht ganz gesichert ist, scheint es doch die wahrscheinlichste aller Theorien. Wenn man sich auf diese Definition einlässt, so erklärt es sich quasi von selbst, dass man unter den Berbern viele verschiedene Sprachen und Kulturen antrifft.

Heute bezeichnet man alle Bevölkerungsgruppen, die eine der Berbersprachen sprechen, als Berber. Ägypten ist unter allen nordafrikanischen Ländern dasjenige mit den wenigsten Berbern in der Bevölkerung. Einige wenige leben noch in Sîwa. Und doch ist man dort auf diese stolz: Man findet, wenn auch selten, die **Tifinakh-Schrift**, die Zeichensprache der Touareg, die heute offiziell als Berberschriftsprache gilt. „Azul Felauwen", „Herzlich willkommen", steht in der Lobby eines Hotels – und das ist überraschenderweise der Willkommensgruß aller Berber, auch der auf den Kanaren!

Wie viele der traditionellen Kulturen geht auch diese in Ägypten mehr und mehr verloren. Durch die Moderne, die Urbanisierung, vor allem aber durch eine bis heute vorherrschende **Arabisierung** wird die Zahl der Berbersprechenden immer kleiner. In Sîwa spricht niemand mehr eine Berbersprache; allenfalls noch ein paar alte Menschen. Die Jungen zieht es ins arabische Kairo, und dort weiß man noch nicht einmal, dass in Sîwa einst eine Sprache gesprochen wurde, die mit dem Arabischen so wenig gemein hat wie mit dem Chinesischen.

Bestrebungen der letzten Jahre, die **Berbersprachen** wiederzubeleben und die eigene Geschichte und Kultur zu erforschen, wurden fast ausschließlich von einer intellektuellen Migrantenschicht in Frankreich getragen und fanden in Ägypten keinen Anklang. Es gab Ende der 90er Jahre sogar eine internationale Berber-Konferenz auf den Kanarischen Inseln, bei der man versuchte, eine einheitliche Berbersprache zu entwickeln, die dann unter die Völker gebracht werden sollte. Derartige Pläne sind jedoch utopisch, denn man müsste eine Kunstsprache schaffen, die zu lernen sicherlich die wenigsten bereit wären. In Sîwa jedenfalls ist man von all diesen Entwicklungen wenig berührt, und doch ist man sich bewusst, „irgendwie anders" zu sein… eben nicht arabisch, sondern berberisch.

Hinter Aghurmi teilen sich die Wege, Richtung Süden geht es weiter zu **Kleopatras Bad**, einer herrlich klaren, eingefassten Quelle, die inmitten von Palmgärten steht und den Besucher zum Bade lädt. Das Reizvolle an der Quelle ist nicht nur das Wissen, dass sich hier Kleopatra und Alexander der Große vergnügten, sondern auch, dass es leise aus den Tiefen der Quelle blubbert und kleine Luftblasen das Schwimmen zu einem spritzigen Erlebnis machen. Direkt neben der Quelle befindet sich ein kleines Restaurant mit Umkleidekabinen.

Wer möchte, kann sich von hier aus durch wunderschöne, von Eukalyptus-Bäumen unterbrochene Palmengärten noch ein Stück weiter gen Süden zum so genannten **Gabal el Dakrûr** bewegen. Hier finden sich ein paar Sanddünen, die im Sommer von Rheuma-Kranken aufgesucht werden. Der heiße Sand, in den die Patienten über einen bestimmten Zeitraum eingegraben werden, soll ihre Beschwerden lindern. Diese auch in anderen Ländern beliebte Methode wird hier seit Jahrhunderten erfolgreich angewandt. Man spricht auch diesem Ort magische Kräfte zu, und so wundert es nicht, dass der Hügel im Oktober Schauplatz eines heiligen Festes ist. Vom Hügel aus hat man eine herrliche Aussicht.

Nur wenige Kilometer nördlich der Stadt befindet sich ein weiterer Hügel, der den Aufstieg lohnt: der **Gabal el Mauta** oder „Todesberg". Er wird so genannt, weil sich hier eine römische Nekropole befindet. Viele der Gräber wurden zerstört oder zweckentfremdet (so zuletzt im Zweiten Weltkrieg als Versteck vor den italienischen Truppen), doch lohnt ein Blick auf manche von ihnen, auch wenn sie nicht so prachtvoll ausgeschmückt sind wie die des Niltals. Das **Grab des Krokodils** besteht aus drei Räumen; man kann auf den Zeichnungen Hathor und Osiris erkennen sowie einige Tiere, darunter ein Krokodil. Das **Grab des Niperpathot** ist das älteste Grab, das gefunden wurde. Es besteht aus einem großen Raum, in dem man Niperpathot, den Propheten, sehen kann. Sehenswert ist außerdem das **Grab des Amun**, das sicherlich schönste Grab am Gabal. Sehr farbenfroh dargestellt werden Amun und ein griechischer Händler, der die Götter für Amun anbetet. Das Besondere am vierten Grab, dem unvollendeten **Grab des Mesu-Isis**, sind die Zeichnungen mehrerer Kobras.

6 km im Westen der Stadt liegt **Fatnas Island**, eine Halbinsel mit herrlich blubbernder Quelle, die in den Salzsee Birkat Sîwa hinein ragt. Im See

kann man zwar nicht baden, wohl aber in der Quelle. Fatnas Island ist ein beliebter Ort, um den Sonnenuntergang zu genießen. So gibt es hier auch zwei nette Cafés, in denen man in aller Gemütlichkeit Tee trinken und eine Wasserpfeife rauchen kann.

Übernachtung

Arous al-Waha**, gegenüber der Touristeninformation, ✆ 4602100. Nicht sehr ansprechend in der Architektur, aber saubere und angenehme Zimmer. Freundliche Leute.
El Kelany*–**, rechts neben dem Hotel Yussuf am Marktplatz, ✆ 4602052, ✉ tshirtaladdin@yahoo.com. 12 neue, saubere und schöne Zimmer mit Bad und Ventilator. Empfehlenswert.
Kleopatra*–**, am Südausgang von Shâli, ✆ 4602148. Viele Landrover-Gruppen; die wesentlich besseren Zimmer sind die im Neubau. Saubere Zimmer, Warmwasser. Nett.
Palm Tree, im Ortszentrum, ✆ 4602304, 📠 460 2028, ✉ salahali2@yahoo.com. Das Hotel gilt als der Traveller-Treffpunkt schlechthin. Es ist einfach, relativ sauber, und die Übernachtung ist sowohl auf dem Dach als auch im Beduinenzelt möglich. Hübscher Garten mit Restaurant.
Shâli Lodge***–****, Sh. Seboukha, ✆ 4602399, 4601299, 📠 4601799, ✉ info@eqi.com.eg. Acht traumhafte Zimmer in einer Lehmvilla inmitten eines Gartens, Pool, fantastische Terrasse. Gerade so, als befände sich hier der Garten Eden!
Shaly, an der Straße gen Süden, nahe dem zentralen Platz, ✆ 4602203. Einfaches, nettes Hotel. Viele der Zimmer mit Bad, einigermaßen sauber.
Sîwa Paradise Hotel***–****, im Ortszentrum, ✆ 4602289, 📠 4602286, ✉ infos@siwaparadise.com, 🖥 www.siwaparadise.com. Luxusanlage mit Pool, der aus einer Quelle gespeist wird, inmitten eines herrlichen Gartens. Sehr schöne Zimmer, alle mit SAT-Anlage. Sehr gutes Essen. Das Hotel bietet auch Touren, darunter mehrtägige Fahrten ins Große Sandmeer und in die Wüste, an.
Yussuf, am Marktplatz, ✆ 4602162. Einfaches, nettes und sauberes Hotel mit sehr freundlichen Besitzern. Von hier aus werden Touren angeboten.

Essen und Unterhaltung

Abdus Restaurant, im Stadtzentrum. Hier treffen sich die Rucksack-Touristen der gesamten Oase, um Informationen auszutauschen und gut zu essen.
Dunes Coffee Shop, am Marktplatz. Sehr hübsches, stimmungsvolles Restaurant / Café unter Palmen in einem Garten. Das Essen ist einfach, aber preiswert und auf den Geschmack von Touristen abgestimmt. Gutes Frühstück und freundliche Leute.
New Star, auf dem Weg in die Gärten. Sehr schön gelegen in einem Garten. Gute Küche und eine umfangreiche Speisekarte.
Shâli Lodge, im gleichnamigen Hotel. Sehr gutes Essen in gediegener Atmosphäre.
Weitere, kleine Restaurants finden sich nördlich des Marktplatzes.
Schön ist es, auf der Terrasse der *Shâli Lodge* oder unter Palmen im Garten des *Dunes Coffee Shop* zu sitzen, eine Wasserpfeife zu rauchen und einen Tee zu trinken.

Einkaufen

In der Oase werden vor allem Produkte aus eigener Herstellung angeboten, so auch Lebensmittel. Besonders beliebt sind **Datteln**, **Oliven**, **Olivenöl**, aber auch getrocknete Pfefferminze u.a.
Freitags ist großer **Markttag**, an dem die Bewohner des Großraums zusammenkommen und ihre Waren feilbieten. Eine herrlich bunte und malerische Angelegenheit!
Wirklich außergewöhnlich sind die Stoffe und Stickereien, die man überall erhalten kann. Es handelt sich hierbei um die **traditionellen Gewänder** der Oasenbewohner. Sie werden bis heute von Hand hergestellt und sind beliebte „Mitbringsel". Von außergewöhnlicher Schönheit sind außerdem die **Silberarbeiten** von Sîwa – Silberplatten, die mit floralen Mustern verziert sind, zum Teil auch mit den traditionellen „magischen" Zeichen und dann zum Ring umfunktioniert. Sie sind hier weit günstiger einzukaufen als z.B. in Kairo. Eine Einkaufstour durch die Läden rund um den Marktplatz lohnt also auf jeden Fall!

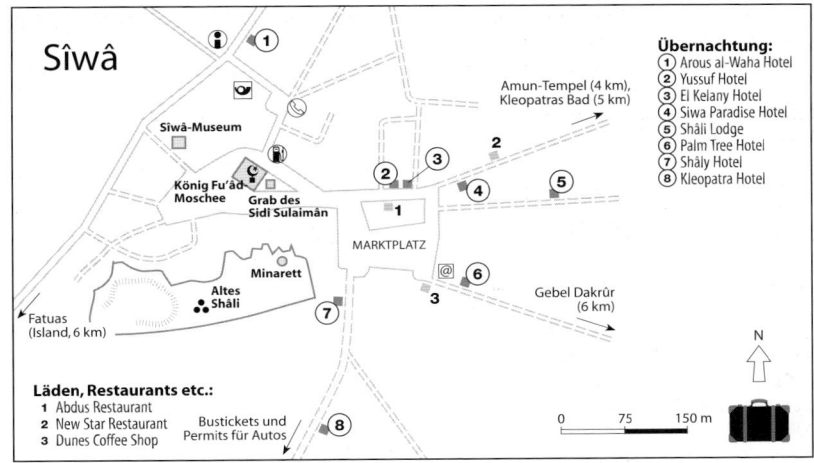

Aktivitäten

Am besten erkundet man Sîwa per Drahtesel. Verleihe findet man rund um das Marktzentrum jede Menge, außerdem vermietet das Palm Tree Hotel **Fahrräder**. Die Räder kosten in aller Regel um E£10 pro Tag und sind meist in bestenfalls mäßigem Zustand. Um die Oase radelnd zu erkunden, reichen sie jedoch i.A. aus. Luftpumpe mitnehmen!

Schön ist ein Bad in einer der **Quellen**, wie z.B. der Kleopatra-Quelle oder der Fatnas-Quelle. Es versteht sich von selbst, dass Frauen, die hier baden, zumindest einen einteiligen Badeanzug, besser noch ein T-Shirt dazu, tragen sollten.

Sonstiges

FESTE – Festival Siyâha, das so genannte Festival der Touristen, hat in Wirklichkeit mit Tourismus nicht das Geringste zu tun. Es handelt sich vielmehr um einen uralten Sîwa-Brauch, bei dem sich Tausende von Männern und Kindern aus der Oase während der drei Nächte rund um den Vollmond im Oktober auf dem Gabal el Dakrûr versammeln. Alle Probleme der Oase und alle Streitigkeiten werden an diesen Tagen auf den Tisch gelegt und mit Hilfe eines Scheichs geschlichtet. Die Männer und Kinder verbringen die Tage und Nächte hier oben, meist in gemeinsamen Gebeten und in Gottesanrufungen. Fremde dürfen zusehen, aber nicht teilhaben.

GELD – Es gibt keine Bank in Sîwa, weswegen man unbedingt genügend Geld bei sich haben sollte. Im Notfall lässt sich auch in Hotels Geld tauschen, allerdings zu schlechten Kursen.

INFORMATIONEN – Es gibt eine kleine Touristeninformation, ℅ 4602883, die von dem freundlichen Mahdi geleitet wird. Er hilft nicht nur bei Fragen weiter, sondern organisiert auch Autos nach Bahariya und vermittelt Touren in die gesamte Umgebung. ⏰ tgl. außer Fr 8–14 Uhr.

INTERNET – Es gibt ein kleines (nicht allzu gutes) Internet-Café neben dem Palm Tree Hotel.

MEDIZINISCHE HILFE – Es gibt eine kleine Krankenstation, doch wer ernsthaft erkrankt, sollte nach Marsa Matrûh, besser noch nach Alexandria fahren.

PERMITS – Die so genannten Permits für Ziele außerhalb Sîwas werden vom Intelligence Service ausgegeben. Wer keine Tour über einen Veranstalter bucht, kann sich von Mahdi aus der Touristeninformation helfen lassen.

POST UND TELEFON – Die **Post** ist nahe der Touristeninformation. ◐ tgl. außer Fr 8.30–14 Uhr. Das **Telefonbüro** nebenan hat 24 Std. geöffnet.

TOUREN – Da viele der Sehenswürdigkeiten außerhalb Sîwas liegen, gibt es ein weites Tourenangebot. Für die Sehenswürdigkeiten innerhalb Sîwas (s.o.) reichen Fahrrad oder Caretta aus, hingegen sind Besucher ohne Geländewagen für weiter entfernte Ziele, wie z.B. die heiße Quelle Bi'r Wahîd oder Abu Shurûf, auf eine organisierte Tour angewiesen. Fast alle Restaurants und Shops bieten Touren in die nähere Umgebung an. Wer unsicher ist, kann sich bei der Touristeninformation erkundigen.
Preisbeispiel: Ausflug nach **Bi'r Wahîd** mit Übernachtung und einem Abendessen um E£60 p.P. Wer nach Bi'r Wahîd möchte, muss ein Permit beantragen, was Aufgabe der Organisatoren ist. Es reicht, dieses am Tag des Ausflugs zu beantragen.

VORWAHL – 046

Nahverkehrsmittel

Innerhalb der Kern-Oase verkehren kleine Eselskarren, so genannte **Carettas**, die man für rund E£15 pro Tag mieten kann. Eine Fahrt von A nach B kostet nicht mehr als E£2.

Transport

Die einzige Möglichkeit, mit öffentlichen Verkehrsmitteln nach Sîwa zu kommen, ist über Marsa Matrûh oder Alexandria.

BUSSE – Sîwa hat keinen richtigen Busbahnhof, sondern man kommt mitten im Ort an. Das Ticket Office ist außerhalb nahe der Großen Moschee. Es ist nur arabisch beschriftet (blaues Schild mit weißer Schrift) und sehr unscheinbar in einem Hauseingang versteckt (siehe Plan). Da die Busse so selten fahren, ist ein Ticketkauf im Voraus unbedingt zu empfehlen.
Busse nach:
ALEXANDRIA: 7–8 Std.; E£27;
MARSA MATRÛH: 4 Std.; E£12.

TOUREN NACH BAHARÎYA – Wer von hier auf direktem Wege nach Bahariya möchte, kann versuchen, sich mit anderen Reisenden zusammenzuschließen und ein Auto zu mieten.
Die Hotels helfen gern, einen Wagen und Mitreisende zu vermitteln. Die Kosten liegen in etwa bei E£600–800 pro Jeep, mit einer Übernachtung im Camp unterwegs und einem Ausflug in die Weiße Wüste etwa E£1200 pro Jeep.
Für diese Strecke muss man mehrere **Permits** beantragen (das erledigen in aller Regel der Fahrer bzw. die Organisatoren, wenn nicht, sollte man misstrauisch werden). Daher sollte man einen Tag im Vorhinein planen, wann man nach Bahariya reisen möchte. Den Pass behalten die Organisatoren bis zum Erhalt des Permits.

Die weitere Umgebung von Sîwa

Außer Bilâd el Rûm können alle hier erwähnten Ausflüge nur im Rahmen einer Tour aufgesucht werden (Näheres s.S. 299 f.).

Der sicherlich lohnendste Ausflug von Sîwa geht nach **Bi'r Wahîd**, einer heißen Schwefelquelle etwa 20 km außerhalb Sîwas. Die inzwischen eingefasste Quelle liegt am Rande der großen Sandwüste und ist so auch aufgrund der herrlichen Umgebung ein Muss. Ein kleines Café und ein Restaurant bieten dem Reisenden eine minimale Infrastruktur.

Schön ist ein Ausflug nach **Abu Shurûf**, einem kleinen aufgegebenen Dorf etwa 45 km östlich von Sîwa. Hier finden sich die Reste eines römischen Tempels und eines antiken Friedhofes. Bekannt ist Abu Shurûf jedoch vor allem für seine Quellen, die, obwohl das Wasser nicht heiß ist, Heilwirkung haben sollen.

Nicht weit davon entfernt liegt das inzwischen ebenfalls aufgegebene Dorf **Zaitûn**, was so viel bedeutet wie „Olive". Genannt wurde der Ort so, weil man hier Anfang des 20. Jhs. Sklaven ansiedelte, die den Olivenanbau betreuten und Olivenöl pressten. Bis heute finden sich hier viele Olivenbäume und man überlegt daher, ob man die Region rekultivieren soll.

'Ain Quaryshat ist die größte Quelle Sîwas, aber nicht unbedingt die schönste. Verschmutzt fließt sie in den Salzsee Birkat Zaitûn. Sie ist dennoch gerade bei der einheimischen Bevölkerung sehr beliebt.

Als letztes Ausflugsziel soll hier die römische Siedlung **Bilâd el Rûm** (neben dem gleichnamigen modernen Dorf) erwähnt werden. Hier stehen die Reste einer christlichen Kirche, in der einst Kopten beteten – der einzige Beweis, dass es hier je Christen gab! Der interessierte Besucher findet über hundert Gräber, die in den nahe gelegenen **Gabal Tinkmamu** geschlagen wurden. Die römische Siedlung wurde nie ganz ausgegraben.

Nach Bilâd el Rûm verkehren öffentliche Busse von Siwa (knapp 45 Min.; E£2), jedoch nur zwei Mal täglich, einer früh morgens, der andere am frühen Nachmittag. Am besten erkundigt man sich im Hotel. Außerdem verkehren unregelmäßig Pickups hierher.

Bahariya

Bahariya besteht aus sechs größeren Ortschaften, mindestens 30 kleinen Weilern und vielen Gärten, die sich über eine Fläche von 2000 km² verteilen. Die meisten der knapp 27 000 Bewohner der Oase leben vom Dattelanbau, ein paar Hundert arbeiten in den Erzminen von Managam (die größten Ägyptens), etwa 45 km nördlich von Bahariya, und ein paar auch vom Tourismus.

Hauptort mit touristischer Infrastruktur ist **El Bawîti**, das sich ziemlich genau im Zentrum der Oase befindet. Es ist vor allem Verwaltungszentrum (Bahariya gehört, man höre und staune, nicht zu den Oasen des New Valley, sondern zur Provinz Giza), Militärstützpunkt und Marktflecken.

Das kleine, recht lebendige Städtchen ist von herrlichen Gärten und heißen Quellen umgeben, also ein guter Ort, um hier ein paar Tage Oasenleben zu schnuppern. Außerdem ist die Stadt ein idealer Ausgangspunkt, um Ausflüge in das gesamte Oasengebiet zu unternehmen. Hier findet man Unterkünfte, Verköstigung und viele nette, aufgeschlossene Menschen, die mit Touristen Kontakt aufnehmen möchten. Sei es, um ihnen eine Wüstentour anzubieten, sei es, um sie in ein Geschäft zu lotsen, oder aber nur, um die neuesten Geschichten zu hören.

Wer keine Lust hat, von hier aus die anderen, südlicheren Oasen zu besuchen, sollte zumindest einen Ausflug in den Nationalpark **Weiße Wüste** machen, der aber eigentlich besser von Farâfra aus zu erreichen ist (Näheres s.S. 310).

Geschichte

Der Fehltritt eines Esels war es, der Licht ins Dunkel der Geschichte Bahariyas brachte: Das Grautier stolperte und brach mit einem Bein durch die Decke eines Gewölbes, in dem sich noch nicht gezählte und identifizierte **Mumien**, z.T. mit goldener Gesichtsmaske, befanden. Seitdem wird gegraben und geforscht, und noch weiß man nicht, was hier alles verborgen liegt.

Sicher ist, dass sich hier die Totenstätte eines Reiches befand, das zwischen dem 6. Jh. v.Chr. und dem 4. Jh. n.Chr. existierte. Sensationeller Hauptfund bisher war ein vergoldeter Sarg, der die Mumien von Gad Khensu Eyuf Ankh, einem der Herrscher über die Oase im 6. Jh. v.Chr., und dessen Gattin sowie 1000 goldene Amulette beherbergte. Man vermutet mehrere tausend Mumien in diesem unterirdischen Areal und nennt dieses Gebiet inzwischen „das Tal der goldenen Mumien". Noch dauern die Grabungen an. Die Altertumsverwaltung in Ägypten hat sich der Sache angenommen und so ist zu vermuten, dass die Grabungen aufwendig und erfolgreich sein werden. Zu besichtigen ist das Grabungsfeld nicht, drei der Mumien werden jedoch (recht lieblos) im Museum in El Bawîti präsentiert.

Doch die Geschichte Bahariyas reicht weiter als ins 6 Jh. v.Chr. zurück. Die frühesten Zeugnisse menschlichen Lebens in dieser Oase stammen aus dem **Mittleren Reich** (2040–1782 v.Chr.), als Bahariya ein wichtiger Handelsplatz auf den Karawanenstraßen war, die von Giza nach Dâkhla und weiter gen Süden führten. Bekannt war Bahariya, das damals Zeszes hieß, vor allem für seinen Wein, den man von hier in alle Teile des Reiches exportierte.

Unter **Thutmoses III.** (18. Dynastie) erlebte die Oase einen Aufschwung; die Bevölkerung wuchs, der Anbau von Getreide und Obst wurde vorangetrieben und Bahariya, das zudem reiche Mineralienvorkommen hatte, verwandelte sich in eine blühende Stadt. Das **Eisen** garantierte der Oase auch unter der Herrschaft der nachfolgenden Dynastien einen gewissen Reichtum (und tut es bis heute), vor allem aber eine gewisse Unabhängigkeit.

Die **26. Dynastie** brachte einen weiteren Aufschwung mit sich, denn es war ein libyscher Pharao, der nun auf dem Thron saß; er baute die Handelsbeziehungen mit Libyen aus und machte

Bahariya, das auf dem direkten Weg zwischen dem Niltal und Libyen lag, zu einem wichtigen Zentrum. Von den Tempeln und Monumentalbauten, die er errichten ließ, sind heute jedoch nur noch spärliche Reste zu sehen.

Um Bahariya stand es also gut, nicht aber um das Reich. Es war zu schwach, um sich gegen den Ansturm der Römer zu wehren, und so kam es auch hier, wie im restlichen nördlichen Ägypten, zu einer **römischen Herrschaft**. Einige Grabstätten, die man in und um Bahariya gefunden hat, stammen aus dieser Zeit, was darauf hindeutet, dass Bahariya auch in römischer Zeit besiedelt war.

Den Römern folgten die Christen, die jedoch Bahariya nie längere Zeit besiedelten und so gut wie keine Ruinen zurückließen. Auch die Moslems haben hier kaum Spuren hinterlassen: Es gibt keine bekannten frühislamischen Monumente in dieser Region. Zwar wird die Oase in frühen Schriften der **Fatimiden** genannt, die auf ihrem Eroberungszug von Marokko nach Westen durch Bahariya kamen und dort verweilten, doch kann man davon ausgehen, dass die Oase viele Jahrhunderte einen Dornröschenschlaf hielt. Das fruchtbare Land war von Dünen bedeckt und die Region nur spärlich besiedelt.

Eine neue Ära begann unter **Muhammad Ali**, der bereits 1813 vorwegnahm, was dann 1958 durch das New Valley-Projekt (s.S. 289) fortgeführt wurde: Die Umsiedlung von Nilbauern in die Oasen im Rahmen eines Industrialisierungsprozesses und Agrarausbaus.

Der Anfang des 20. Jhs. ist geprägt vom Machtkampf zwischen den **Sanûsî** (siehe Kasten) und den Briten. Auch wenn Letztere schließlich die Vorherrschaft errangen, so waren es doch die Sanûsî, die das Leben der Oasen weit mehr prägten (und bis heute prägen) als die Briten.

Die politischen Entwicklungen in Kairo nach dem Abzug der Briten hatten auf Bahariya wenig Auswirkungen. Selbst das New Valley-Projekt konzentriert sich mehr auf die südlicheren Oasen, die ja auch verwaltungstechnisch zueinander gehören, während Bahariya (wenngleich erst seit 2002) zum Verwaltungsbezirk Giza zählt. Der Tourismus wird hier gefördert und ist aufgrund der relativen Nähe zu Kairo eine neue, willkommene Einnahmequelle.

Sehenswürdigkeiten

Kurz hinter dem Popular Restaurant beginnt der alte Ortskern von El Bawîti, **Qasr**, der über einem Tempel der 26. Dynastie errichtet wurde. Im Zentrum dieses alten Ortes befindet sich die Zawiya der Sanûsî. Man kann direkt neben der neuen Moschee die Reste der alten sehen sowie deren Minarett. Beide werden von der Altertümerverwaltung in Kairo betreut, sodass ihr Erhalt gewährleistet ist. Etwas nördlich der Zawiya befindet sich der alte Marktplatz. Von hier geht es zu den Gärten.

Die **Gärten** Bahariyas gehören zu den schönsten aller Oasen. Sie beginnen nördlich des alten Marktplatzes, unterhalb des vorstehenden Felsens direkt bei der römischen Quelle **'Ain Bishmu**. Hier kommt das Wasser aus einer Schlucht, um anschließend in die Obstgärten zu fließen. 'Ain Bishmu ist die älteste Quelle Bahariyas, und wenn ihr Wasser auch nicht zum Baden reicht, so hat man von hier doch einen wunderbaren Blick auf die Palmen und Grünflächen (weitere Quellen, z.T. auch zum Baden, s.u.). 'Ain Bishmu bietet sich hervorragend als Ausgangspunkt an, um tiefer in die Gärten vorzudringen. Nur wenige Fußwege führen durch das Grün, zu kostbar ist die Anbaufläche, doch wer seinen Spaziergang an der Quelle beginnt, wird fast automatisch auf den wenigen existierenden Wegen weiter geleitet. Die Menschen hier mögen es nicht besonders, wenn Touristen von diesen Wegen abgehen und über (z.T. frisch bepflanztes) Land laufen. Sollten die Wege also einmal aufhören, tut man besser daran, in den Bewässerungskanälen weiter zu waten, statt quer durch die Gärten zu marschieren. Belohnt wird man für die Mühen durch eine wunderbare Vegetation, denn hier in Bahariya wachsen nicht nur Dattelpalmen – die Oase ist ein einziger großer Garten voller Orangen-, Aprikosen-, Zitronen- und Granatapfelbäume.

Durchwandert man die Gärten Richtung Westen, gelangt man zur „Hauptattraktion" des alten Qasr, dem **Römischen Bogen**, von dem allerdings nur noch wenig zu sehen ist.

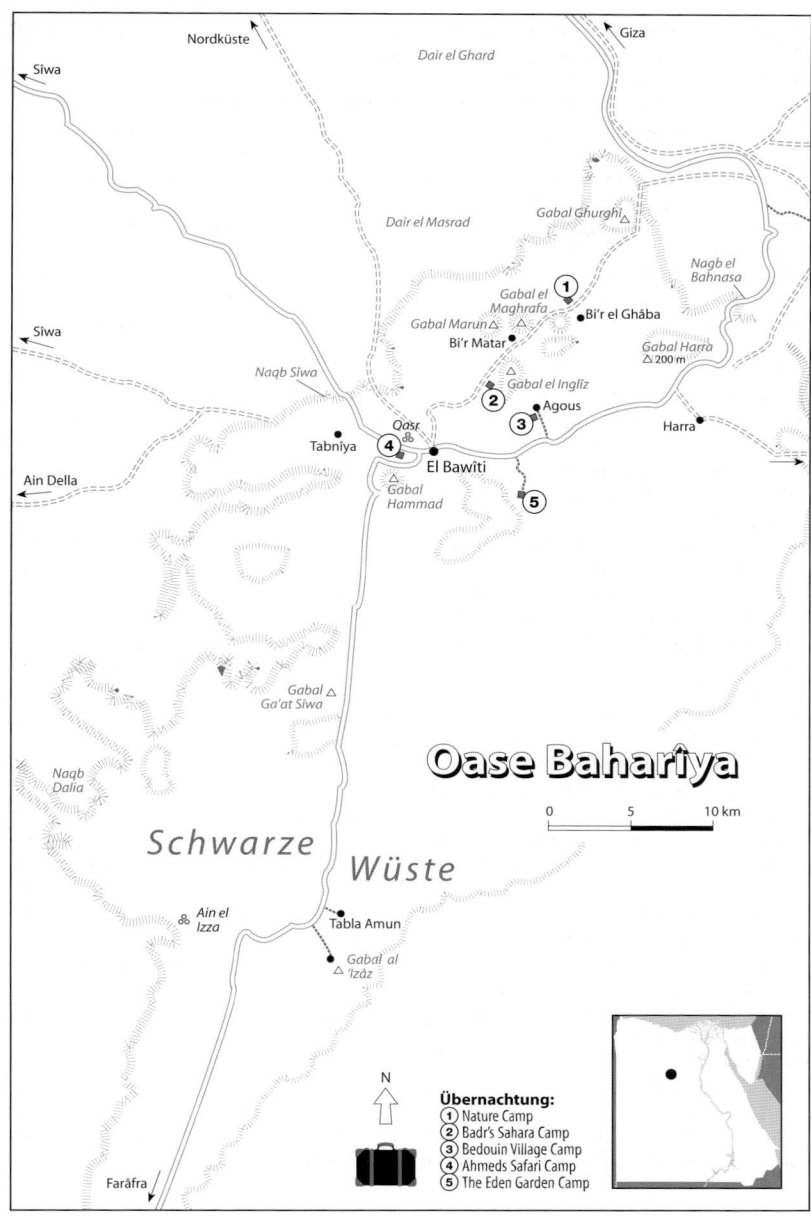

Die Sanûsî Jeder, der sich längere Zeit in der Libyschen Wüste aufhält, wird zwangsläufig mit der Bezeichnung Sanûsiya bzw. Sanûsî konfrontiert. Wer sind diese Sanûsî, und was ist die Sanûsiya?

Bei der Sanûsiya handelt es sich um eine mystische Bruderschaft, die wie keine andere Gruppe das Leben in der Libyschen Wüste im 19. und 20. Jh. beeinflusste. Gründer der Sanûsiya ist der 1787 in Algerien geborene **Muhammad ibn 'Alî as-Sanûsî al-Khattabî**. Nach seinem Studium in Fes (Marokko), wo er bereits mit den unterschiedlichsten mystischen Bruderschaften in Berührung gekommen war, floh er vor den französischen Truppen nach Mekka und schloss sich dort einem sufistischen Lehrmeister an. Doch im Gegensatz zu den meisten Mystikern seiner Zeit lehnte er die Annäherung an Gott durch Derwisch-Tänze und ekstatischen Sprechgesang ab. Er forderte stattdessen die intellektuelle Auseinandersetzung jedes Einzelnen mit sich selbst, um Gott näher zu kommen. Auch lehnte er die klassische Rechtsauslegung ab. Seiner Meinung nach würde sie den Islam erstarren lassen, statt ihn, den modernen Gegebenheiten angepasst, lebendig zu halten.

Diese Lehren waren revolutionär, und obwohl Sanûsî seinerzeit sogar eine kleine Gruppe von Anhängern um sich sammeln konnte, war Mekka doch definitiv der falsche Ort, um diese Gedanken weiterzugeben. Die konservativen und orthodoxen Rechtsgelehrten der „Heiligen Stadt" brachten Sanûsî dazu, den Sitz seiner Lehren weiter nach Westen zu verlegen. Die erste **Zâwiya**, ein Gelehrtenzentrum und Orden, wurde im nördlichen Libyen errichtet, und dank eines Vakuums, das der schwindende türkische Einfluss in Libyen hinterlassen hatte, gelang es Sanûsî und seinen Predigern, weitere Anhänger zu gewinnen und im gesamten Raum der Libyschen Wüste bis in die Sahelzone hinein ein ganzes Netzwerk an Zâwiyas zu gründen. Der Erfolg der Bruderschaft lag in ihrer pragmatischen Haltung begründet: „Bete und arbeite" lautete die Quintessenz von Sanûsîs Lehren. Vor allem unter seinem Sohn und Nachfolger waren die positiven Effekte dieser Lehre zu sehen: Unter ihrer Ägide wurden neue Agrarflächen gewonnen, Handwerk und Handel gefördert, eine Infrastruktur aufgebaut und das Bildungswesen ausgebaut. Den Leuten ging es gut. Die Bruderschaft nahm mehr und mehr eine Staatsform an. Und da sie die de jure noch immer herrschenden **Osmanen** in ihren Strukturen und Machtbereichen nicht angriff, wurde sie vom türkischen Sultan 'Abd al-Madjîd im Jahre 1856 unter den offiziellen Schutz der Osmanen gestellt.

Der Aufbau eines theokratischen Sanûsi-Staates auf der Basis von Zâwiyas erlebte Ende des 19. Jhs. seinen Höhepunkt. Als jedoch 1911 die italienische Kolonialmacht in Libyen einrückte, wurde die Sanûsiya zum ersten Mal militärisch bedroht.

Die **Italiener** griffen die Zâwiyas an und zerstörten sie, soweit möglich. Viele Sanûsî mussten nach Ägypten fliehen, gründeten dort eigene Zâwiyas und versuchten den Geist der Bruderschaft in dieses Land zu tragen. Im Zweiten Weltkrieg erlitten die Italiener eine Niederlage und mussten Libyen verlassen. Die Sanûsiya als politische Gruppierung wurde wiederbelebt. Die Briten ernannten **Idris as-Sanûsî** zum Emir Libyens. Doch einen Religionsstaat, so wie seine Vorfahren ihn im 19. Jh. anstrebten und auch streckenweise verwirklichten, konnte Idris nicht erreichen. Libyen blieb eine weltliche Macht.

In Ägypten spielen die Sanûsî heute keine bedeutende Rolle mehr. Sie leben unbehelligt ihren Glauben in der Einsamkeit der Wüste; von ihrer früheren Tatkraft und Einflussnahme ist nicht mehr viel zu spüren.

Wer in Bahariya **Pharaonisches** sehen möchte, findet auch das. Ein einmaliges Eintrittsticket von E£30 (erhältlich im Staatlichen Museum, s.u.) beinhaltet die Besichtigung aller historischen Stätten Bahariyas sowie die des Museums selbst. Ob dies wirklich das Geld wert ist, sei dahingestellt, doch gibt es zumindest zwei vorchristliche **Gräber**, die zu besichtigen lohnen: Das des Herrschers **Zed**

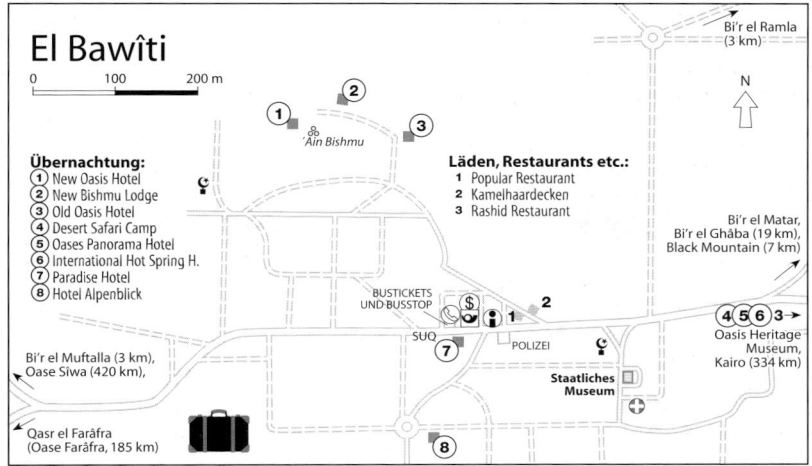

Amun Ef Ankh und das seines Sohnes **Banentiu**. Man findet sie unter einem kleinen Hügel namens **Qarat Qasr Salîm**, gar nicht weit entfernt vom Zentrum. Bemerkenswert sind hier vor allem die Farben. Die mit Hieroglyphen bemalten Wände erzählen von mächtigen Herrschern und glanzvollen Zeiten.

Wer auf den Spuren von **Alexander dem Großen** wandeln möchte, kann mit dem Eintrittsticket des Museums die kläglichen Reste des einstigen Tempels, den Alexander hier errichten ließ, besichtigen (auf dem Weg Richtung Sîwa, nahe dem Safari Camp; s. Plan).

Das **Staatliche Museum** des Ortes zeigt zurzeit nicht mehr als vier Mumien, die ganz und gar lieblos wie in einem Wartesaal aufgebahrt wurden. ⏲ 8–16 Uhr, Eintritt E£30 (Studenten E£15). Das Ticket berechtigt auch zum Besuch der Gräber, des Tempels von Alexander dem Großen sowie der Kapellen bei ʿAin Mutfella. Die vier Kapellen stammen aus der 26. Dynastie und wurden in den letzten Jahren gründlich restauriert. Man hat sie mit Holzdächern abgedeckt, um sie vor Regen, Sonne und Wind zu schützen. Die Wände zeigen Reliefs, die den Gott Bes sowie Musiker und Tänzer darstellen. Viel ist hier nicht zu sehen, doch wer sich für die pharaonische Geschichte Bahariyas interessiert, sollte einen Blick in die Kapellen werfen.

Am Ortsausgang El Bawîtis Richtung Farâfra gibt es noch ein pharaonisches Grab, das **Grab des Amenhotep**, das zurzeit jedoch nicht besichtigt werden kann.

Wirklich sehenswert ist das nicht staatliche und auch nicht im Bahariya-Ticket eingeschlossene **Oasis Heritage Museum**, ein ethnografisch angehauchtes Museum etwa 1 km außerhalb des Ortszentrums von El Bawîti (nicht zu verwechseln mit einem noch nicht fertig gestellten Bau am Ortsausgang Richtung Kairo, das sich ebenso nennt). Es wurde von dem Künstler Mahmûd ʿÎd gegründet und zeigt nicht nur Werke des Künstlers, die das tägliche Oasenleben zum Inhalt haben, sondern auch traditionelle Oasenkleidung und Schmuck. Keine festen Öffnungszeiten – einfach anklopfen!

Ein wirkliches Muss sind in Bahariya die heißen und kalten Quellen, für die die Oase berühmt ist. Bei den heißen Quellen handelt es sich vor allem um Mineralquellen, die bis zu 47 °C heiß aus dem Boden sprudeln. Einige befinden sich ganz in der Nähe von Qasr, andere sind nur mit einem Pkw zu erreichen.

Wählt man die bereits erwähnte ʿAin Bishmu als Ausgangspunkt, kann man problemlos immer entlang des Oasenhains zur Quelle **ʿAin Muhammad** laufen. Es ist ein seit Jahrtausenden genutzter Brunnen, der am Fuße eines Hügels liegt.

Ebenfalls noch in Spaziernähe zu El Bawîti ist die Quelle **'Ain Ramla**, nicht weit vom Hot Spring Hotel entfernt. Es handelt sich hierbei um eine heiße Quelle, die in direkter Nähe zu einem Eselspfad liegt und somit stark von Einheimischen frequentiert wird. Frauen sollten hier nur bekleidet und auch nur nach Anbruch der Dunkelheit baden!

Die sicherlich schönste heiße Quelle, da am ruhigsten und quasi mitten in der Wüste gelegen, ist **Bi'r Ghâba**, 15 km außerhalb des Ortes. Da zwei Desert Camps in direkter Nachbarschaft liegen, gibt es hin und wieder eine Transportmöglichkeit zwischen Stadt und Quelle.

Der Brunnen **Bi'r Matar**, der sich direkt bei einem (nicht zu empfehlenden) staatlichen Camp befindet (siehe Plan), wird aus einer heißen Quelle gespeist, die dann in ein Becken fließt – schön, aber etwas weit ab vom Schuss.

Lohnend ist ein Ausflug zum **Gabal Ingliz**, einem kleinen Hügel gar nicht weit von El Bawîti. Da er nur eine Stunde Fußmarsch vom Zentrum entfernt ist, braucht man für diesen Ausflug keinen Wagen und auch keinen Guide. Man folgt einfach der Piste Richtung Norden, vorbei an der Quelle Bi'r Matâr und dem staatlichen Camp. Auf dem Hügel finden sich Reste einer kleinen Festung, die unter den Briten im Ersten Weltkrieg errichtet wurde.

26 km hinter Bahariya, direkt an der Straße nach Farâfra, liegt der so genannte Kristallberg, der **Gabal el 'Izâz**. Es handelt sich hierbei um einen kleinen, 10 m hohen Hügel, der voller Kristallquarze ist. Ein kleiner Stopp hier auf dem Weg nach Farâfra ist durchaus eine Überlegung wert, doch extra ein Taxi anzuheuern, um hierher zu kommen, lohnt eigentlich nur für Geologen und alle, die für ihr Leben gern Steine sammeln.

Übernachtung

Tipp: Wer mit öffentlichen Verkehrsmitteln in Bahariya ankommt und in einem der Camps nahe den heißen Quellen wohnen möchte, sollte vorher im Camp seiner Wahl anrufen und sich von der Busstation abholen lassen. Die Besitzer der Camps machen dies gern und bringen einen bei Bedarf, sofern die Zeit es zulässt, auch hin und wieder ins Städtchen.

EL BAWÎTI – *Al-Bishmu Lodge****, direkt an der Bishmu-Quelle, ✆ 8413500. Sehr schön gelegen, direkt an den Gärten und ruhig. Jedes Zimmer hat einen Ventilator, manche sogar ac, und die Sanitäranlagen sind sauber. Frühstücksbuffet. Abgerundet wird die tolle Lodge durch ein herrliches Gartencafé. Das Personal spricht nicht immer Englisch, ist aber freundlich. Viele Gruppen.
Alpenblick**, Zentrum, ✆ / 📠 8472184, ✉ osobhi@hotmail.com. Das traditionsreichste Hotel im Ort, war einst eine legendäre Traveller-Unterkunft und „hip". Heute ist es ein eher schmuddeliges Haus, das mehr von seinem Namen lebt als von der Qualität seiner Zimmer. Der in der ägyptischen Wüste etwas seltsam anmutende Name stammt von einem Schweizer, der phasenweise in Bahariya lebte. Die Zimmer haben oft warmes Wasser und sind um einen Innenhof herum gruppiert.
Desert Safari Camp**, nahe der Polizeistation, ✆ 8471321, Handy ✆ 012-7313908, ✉ khozamettgo33@hotmail.com. Saubere, ansprechende Bungalows, gutes Frühstück und nette Atmosphäre. Wer hier wohnt, kann die Fahrräder benutzen, die sonst vermietet werden.
International Hot Spring**** (ehemals International Health Center), ✆ 8473014 oder Handy ✆ 012-3212179, 📠 8472322, ✉ whitedesert @link.net, 🖥 www.whitedeserttours.com. Der deutsche Besitzer Peter Wirth und seine japanische Frau führen das Hotel mit viel Engagement. Schön und ruhig am Stadtrand von Bawîti gelegen. Mit eingefasster heißer Badequelle. Ausgezeichnetes Frühstück mit Pfannkuchen. Sehr gut und ansprechend.
New Oasis**, direkt an der Bishmu-Quelle, ✆ 3579260, Handy ✆ 012-7343652, 📠 8473030. ✉ max_rfs@hotmail.com. Sehr schön gelegen mit herrlichen Terrassen, die auf die Gärten gehen. Tolles Frühstück, ruhige und angenehme Atmosphäre. Sehr zu empfehlen.
Oasis Panorama***, am nordöstlichen Ortseingang von El Bawîti, ✆ 8473554, Handy ✆ 012-4263567, 📠 8473896 ✉ info@oasispanorama. com, 🖥 www.oasispanorama.com. 2001 eröffnet, mit schönem Panorama, unter ägyptisch-niederländischer Leitung. Das Hotel bietet vor allem holländischen Gruppen Unterkunft, ist sauber, aber ein wenig gesichtslos.

Natürliche Pyramiden beim Nature Camp in Bahariya

Old Oasis****, in Qasr, nahe von 'Ain Bishmu, ☎ 8473040, 8473022, ✆ 8472177, ✉ saleh_ab@hotmail.com, 🖥 www.oldoasissafari.47.com. Trotz des Namens ist das Hotel erst im Frühjahr 2003 eröffnet worden. Saubere Zimmer, großer Garten, toller Pool mit warmem Wasser, herrlicher Blick auf die Gärten und ein Preis-Leistungs-Verhältnis, das stimmt!
Paradise, im Ortszentrum. Sehr einfach, sehr günstig, mäßig sauber und nur für hart gesottene Reisende ohne Ansprüche. Dafür hübsche Terrasse und günstiges Frühstück.

AUSSERHALB EL BAWÎTIS – *Ahmeds Safari Camp*–****, 4 km außerhalb Richtung Sîwa, ☎ / ✆ 802090. Das beliebte Camp liegt am Rande der Wüste inmitten eines Gartens. Eher einfache Hütten und Zelte, kleine Bungalows und normale Zimmer (nicht immer mit Warmwasser); z.T. überteuert.
Badr's Sahara Camp**, an der Straße Richtung Bi'r Ghâba, ☎ 8472955, ✉ badrygoo@hotmail.com. Hübsch auf einer Anhöhe gelegen; einfaches, nettes Camp mit gutem Preis-Leistungs-Verhältnis.
Beduin Village Camp**, Agouz, ☎ 842677, ✉ aa_sadiq@hotmail.com, 🖥 www.sadiq1.20m.com. Einfaches Camp in Agouz, aber sauber, hübsch und mit freundlichen Menschen. Beduinenabende mit Musik und Folklore, zu denen man gegen E£20 auch als Nicht-Gast des Camps kommen kann.
Nature Camp**–****, direkt bei Bi'r Ghâba, ☎ 3473643, ✆ 3473642, ✉ naturecamps@hotmail.com. Tolles Camp in herrlicher Landschaft, mit schönen Hütten, blitzblank; sehr freundliche Leute. Dennoch: Der Preis ist völlig überhöht, zumal die Hütten keine eigenen Sanitäreinrichtungen haben. Das Camp wurde jedoch erst im Januar 2003 eröffnet und es bleibt abzuwarten, ob der Preis nicht noch nach unten geht.
The Eden Garden Camp**, Ghufara, ca. 11 km von Bawîti entfernt in Richtung Kairo, Handy

☎ 012-3651150, ✉ edengarden5@hotmail.com und eden_garden_camp@free.pages.at, 🖥 http://free.pages.at/eden_garden_camp/.
Das sehr schöne Camp an den Ausläufern der Schwarzen Wüste ist ein Kooperationsprojekt der Österreicherin Andrea Jessenitsnig und des Ägypters Abdel Maula. Es liegt ruhig in herrlicher Landschaft (auch wenn die Pumpe der heißen Quelle, die direkt vor der Tür des Camps liegt, tagsüber läuft). Hübsche, sehr saubere, wenn auch einfache Rundhäuser, liebevoll hergerichtet. Wer gern etwas ab vom Schuss lebt, ein wenig Ruhe und freundliche Menschen sucht, ist hier goldrichtig!

Essen und Unterhaltung

Die meisten Hotels und Camps haben ein Restaurant und bieten auch Nicht-Gästen ein Abendessen an. Daneben gibt es
Popular, an der Hauptstraße. Wie der Name, so das Restaurant. Die üblichen Gerichte, d.h. Hähnchen, Suppe, Reis, Gemüse. Ein Menü kostet E£15, dazu gibt es Bier für E£10. Bayumi, der Besitzer, ist ein rechtes Schlitzohr und versucht regelmäßig, mehr Geld abzukassieren als ausgemacht war. Also: Nichts bestellen, ohne vorher den Preis erfragt zu haben!
Rashid, von Kairo aus kommend nahe dem Ortseingang. Beliebt und gut.
Weitere kleine Restaurants, in denen Falafel u.a. serviert werden, befinden sich nahe der Post, an der Straße Richtung Farâfra.
Auch hier, in der traditionellen Oase, gibt es Bier. Nett ist es, das Bier auf der Terrasse des *Hotel Alpenblick* zu genießen. Wer den langen Abendspaziergang nicht scheut oder dort wohnt, kann den „Sundowner" auch im *International Hot Spring Hotel* oder *Ahmed's Safari Camp* einnehmen. Direkt im Ort bietet das *Popular Restaurant* (s.o.) ein kühles Stella.

Einkaufen

Baharīya ist nicht unbedingt ein Ort, an dem man Souvenirs findet. Eines jedoch gibt es hier, was man sonst nur selten in dieser Qualität in Ägypten finden kann: **Kamelhaardecken** und **Strickwaren**, die aus Kamelhaarwolle hergestellt wurden. „Original" bekommt man sie bei Abdullah, der in Baharīya, ein paar Kilometer außerhalb El Bawîtis, eine Kamelzucht betreibt und diese Dinge selbst herstellt. Bei ihm kaufen die Souvenirhändler aus der Umgebung ihre Waren ein. Jeder in Baharīya kennt Abdullah, man kann sich also zu ihm durchfragen. Einfacher ist es, sich in den Shops gegenüber des Popular Restaurant umzusehen.
Lebensmittel erhält man im Sûq, der sich entlang der Hauptstraße Richtung Farâfra zieht. Das Angebot ist jedoch eingeschränkt, da der Nachschub an Lebensmitteln aus dem Niltal nicht immer gewährleistet ist.

Sonstiges

GELD – Die **National Bank of Egypt** befindet sich im Ortszentrum, direkt neben der Post. Hier kann man Bargeld und Reiseschecks tauschen.
🕐 So–Do 8.30–14 Uhr.

INFORMATIONEN – Es gibt eine kleine *Touristeninformation*, Handy ☎ 011-803035, der Muhammad Abd al-Qadr vorsteht. Er ist freundlich und hilft Touristen gern weiter. 🕐 tgl. 8.30–14 Uhr.

INTERNET – Direkt um die Ecke des Restaurants Rashid ist ein kleines *Internet-Café*, das jedoch nur dazu taugt, kurz ein paar E-Mails zu lesen.

MEDIZINISCHE HILFE – Wie jeder Ort hat auch Baharīya ein kleines Krankenhaus. Wer krank ist, sollte aber versuchen, es irgendwie bis nach Kairo zu schaffen.

POLIZEI – Die Polizeiwache befindet sich mitten im Zentrum, gegenüber der Touristeninformation.

POST UND TELEFON – Die **Post** liegt neben der Touristeninformation, nahe der Hauptstraße. 🕐 tgl. außer Fr 8–15 Uhr. Internationale Telefongespräche sind vom **Telecom Office** aus möglich, 🕐 8–20 Uhr.

VORWAHL – 02

Nahverkehrsmittel

Wer mit öffentlichen Verkehrsmitteln nach Bahariya reist und nicht darauf angewiesen sein möchte, von einem der Oasenbewohner hin und her gefahren zu werden, sollte sich auf lange, z.T. sehr lange (15 km one way...) Fußmärsche gefasst machen. Es gibt **keine Taxis** in Bahariya, dafür aber wohlwollende Oasenbewohner, die Touristen gern ein Stück mitnehmen. Eine Alternative hierzu ist ein **Fahrrad**, das man sich im Zentrum, gegenüber dem Popular Restaurant oder im Desert Safari Camp (s.o.), für E£25 pro Tag mieten kann. Damit kann man alle interessanten Orte der Oase erkunden und ist völlig unabhängig.

Transport

BUSSE – Es gibt keine Busstation im eigentlichen Sinne, sondern nur eine kleine Bretterbude, die unregelmäßig geöffnet ist (die beste Zeit, es zu versuchen, ist vormittags oder spät abends, bei Busabfahrten und -ankünften). Hier kann man die Tickets der Busse kaufen, die in Bahariya losfahren. Bei Bussen, die von weiter her kommen, ist es unmöglich, ein Busticket im Vorhinein zu kaufen. Dann muss man darauf hoffen, dass noch ein Platz frei ist, und im schlimmsten Fall eben auf den nächsten Bus warten.

Obwohl es eine (miserable) Straße nach **Sîwa** gibt, bestehen keine Busverbindungen dorthin. Selbiges gilt für die Strecke nach **El Alamain**.
Busse nach:
KAIRO: Der Bus um 7 und 15 Uhr startet hier, jener um 11 und 0 Uhr kommt aus Farâfra; 4–5 Std.; E£20.
FARÂFRA: Der Bus um 11 und 19 Uhr kommt aus Kairo; jener um 23 Uhr startet hier. 2 Std.; E£16.
DÂKHLA via Farâfra: 11 Uhr (kommt aus Kairo); 7–8 Std.; E£30.

EISENBAHN – Die einzige Eisenbahnlinie, die es gibt, ist eine reine Güterlinie, die in Managam beginnt und Eisenerz in die Hauptstadt transportiert.

TAXIS – Es gibt Taxis nach FARÂFRA (bei voller Besetzung E£15 p.P.) oder KAIRO (Sayyida Zainab), wenn sich genügend Mitfahrer finden. Am besten fragt man im Popular Restaurant nach, von wo die Taxis auch starten. Wenn man zu mehreren ist, kann es sich durchaus lohnen, ein Taxi zu chartern, insbesondere nach SÎWA (400 km, schlechte Piste, ab E£550), wohin keine öffentlichen Transportmittel verkehren. Das ist zwar ziemlich teuer (selbst wenn sich fünf Leute in den Wagen quetschen), aber ein Vorteil ist, dass man dann anhalten kann, wo man selbst es möchte. Also nachfragen!

Schwarze Wüste (Sahrâ' as-Saudâ')

Die Schwarze Wüste – schwarze Berge, umgeben von goldfarbenen Dünen – liegt südlich von Bahariya. Die Berge bestehen nicht, wie oftmals angenommen, aus schwarzem Lavagestein, sondern aus Pyrit und Schiefer. Auch wenn es hier keine so spektakulären Blickfänge gibt wie in der Weißen Wüste, ist diese Landschaft, die von Kegeln und pyramidenförmigen Bergen durchzogen ist, doch ein wunderbarer Ort, um die Vielfalt und Weite der Wüste zu erleben. Näheres zu Touren hierher s.S. 292 f., Kasten.

Nationalpark Weiße Wüste (Sahrâ' al-Baidâ')

Eisberge inmitten der Wüste, Schneefelder und eingefrorene Seen – so scheint es zumindest, wenn man durch diese einzigartige Landschaft fährt, in der die Erosion aus weißem Kalkstein Pilze und Inselberge geschaffen hat, Köpfe und zu Stein gewordene Dünen. Je nach Tages- oder Nachtzeit verändert sich die Landschaft, ist gleißend gelb oder weiß bzw. angenehm rosa, lila oder hellblau. Die Schatten, vor allem in klaren Vollmondnächten, bilden einzigartige Formen, die sich wunderbar mit den skurrilen Felsformationen verbinden, die über Jahrtausende vom Wüstensand abgeschliffen wurden, bis nur noch ihr harter Kern übrig blieb.

Die Weiße Wüste und die dazu gehörenden Inselberge sind vor wenigen Jahren zum Nationalpark ernannt worden und gehören mittlerweile zu den beliebtesten Zielen für Wüstentouren in der westlichen Wüste. Der Nationalpark erstreckt sich etwa 50 km nördlich von Farâfra rechts und links der Straße tief in die Wüste hinein. Während man westlich der Straße vor allem die großen Berge sehen kann, ist die Wüstenlandschaft östlich der Straße mit kleineren Felsformationen, einzigartigen Gebilden und vielen Sandfeldern durchzogen. Hierher zieht es die Mehrheit der Ausflügler, und hier schlafen die meisten, die für eine oder mehrere Nächte in die Weiße Wüste kommen. Da das Gebiet zum Nationalpark erklärt wurde (und man tat gut daran, denn nun ist es nicht mehr straffrei möglich, die Felsen zu bemalen oder zu erklimmen), herrschen hier Regeln, an die sich die Besucher halten sollten: Keinen Abfall liegen lassen, vor allem keinen, der nicht verrottet oder von den Wüstenfüchsen, die sich nachts manchmal anschleichen, aufgefressen werden könnte.

Obwohl der Nationalpark inzwischen ein so beliebtes Erkundungsziel für Touren geworden ist, findet man hier immer noch ein ruhiges Plätzchen fern der anderen. Und mit ein wenig Glück kann man nachts sogar Wüstenfüchse oder Springmäuse beobachten. Näheres zu Touren hierher s. S. 292 f. Eintritt frei.

Farâfra

Farâfra ist – hinsichtlich seiner Einwohnerzahl – die kleinste der fünf westlichen Oasen (3000 Einwohner im Ort, 18 000 im Großraum). 180 km südlich von Bahariya und 310 km nördlich von Dâkhla liegt sie am weitesten weg vom Nil und wird nicht allzu häufig von Touristen aufgesucht. Ausgedehnte Felder und Gärten, die sich zig Kilometer nach Norden und Süden ziehen, umgeben das Hauptstädtchen der Oase: **Qasr el Farâfra**. Die Oase hat (noch) riesige Wasservorkommen, die ihre Zukunft bestimmen werden. Mehr und mehr Neubauten beherrschen das Bild, und die Zahl der Zuwanderer wächst. So wird aus dieser ruhigen Oase allmählich ein landwirtschaftliches Großprojekt, was nicht nur Vorteile mit sich bringt.

Die meisten der Bewohner sind Beduinen, die in den letzten Jahrzehnten hier sesshaft geworden sind. Das spürt man deutlich an den lebendigen Wüsten-Traditionen. Die Frauen sind bunt gekleidet und offener als in den Städten. Die Menschen sind freundlich und lassen den Touristen in aller Regel in Ruhe. Im Gegensatz zu den meisten anderen Orten Ägyptens sind auch die Kinder hier nicht allzu anstrengend, und so lässt es sich für denjenigen, der einmal ein paar Tage abseits von allem sein möchte, sehr gut hier aushalten.

Doch so klein die Oase, so bescheiden ist auch die touristische Infrastruktur. Wer hier länger bleiben möchte, muss sich darüber im Klaren sein. Hier gibt es weder ein großes Speiseangebot noch viele Teehäuser oder gar Alkohol. Auch bieten nur zwei Hotels im Ort sowie eines weiter draußen Unterkunft und Verpflegung an.

Geschichte

Farâfra kann, wie die meisten der Oasen, auf eine lange Geschichte zurückblicken. Schon zu pharaonischen Zeiten war sie besiedelt und hieß Ta-ihw, „Land der Kuh", nach der Kuhgöttin Hathor, die man hier verehrte. Doch war die Bedeutung der Oase nie groß, sie wird lediglich in einer Inschrift aus der fünften Dynastie erwähnt. In Farâfra selbst finden sich keine frühpharaonischen Reste mehr. Eine Stele aus der 18. Dynastie, die man im Niltal gefunden hat, erwähnt Farâfra, was Rückschlüsse darauf zulässt, dass die Oase auch zu dieser Zeit ein Teil des pharaonischen Reiches war. Sicher ist, dass sie im 1. Jahrtausend v. Chr., als das Land von libyschen Herrschern regiert wurde, eine Rolle als Oasenstützpunkt auf dem Weg von Libyen an den Nil spielte. Doch wie bedeutend diese Rolle war, ist ungewiss.

Die frühesten Funde in Farâfra selbst sind römischen Ursprungs. Da die Oase während dieser Phase aber niemals bedroht war, wurden hier keine Festungen oder Wehrbauten wie z.B. in Kharga errichtet. Den Römern folgten die Byzantiner. Ein paar Gräber aus dem 10. Jh. beweisen, dass hier einst Kopten lebten.

Der erste Hinweis aus islamischer Zeit findet sich im *Buch der Länder,* dem Kitâb al-buldân, das im 9. Jh. verfasst wurde. Es berichtet von der Oase und ihren Bewohnern, die verschiedenster religiöser und ethnischer Couleur waren, nur nicht islamischer... Das änderte sich im 10. Jh., als die Bewohner nach und nach zum Islam konvertierten. Einen regelrechten „Aufschwung" erfuhr die Oase unter den Mamluken und den Osmanen, als viele der Nilbewohner vor der harten Herrschaft der Sultane hierher flohen. Die Menschen, die sich hier, fern der Regierungspaläste, ansiedelten, lebten vor

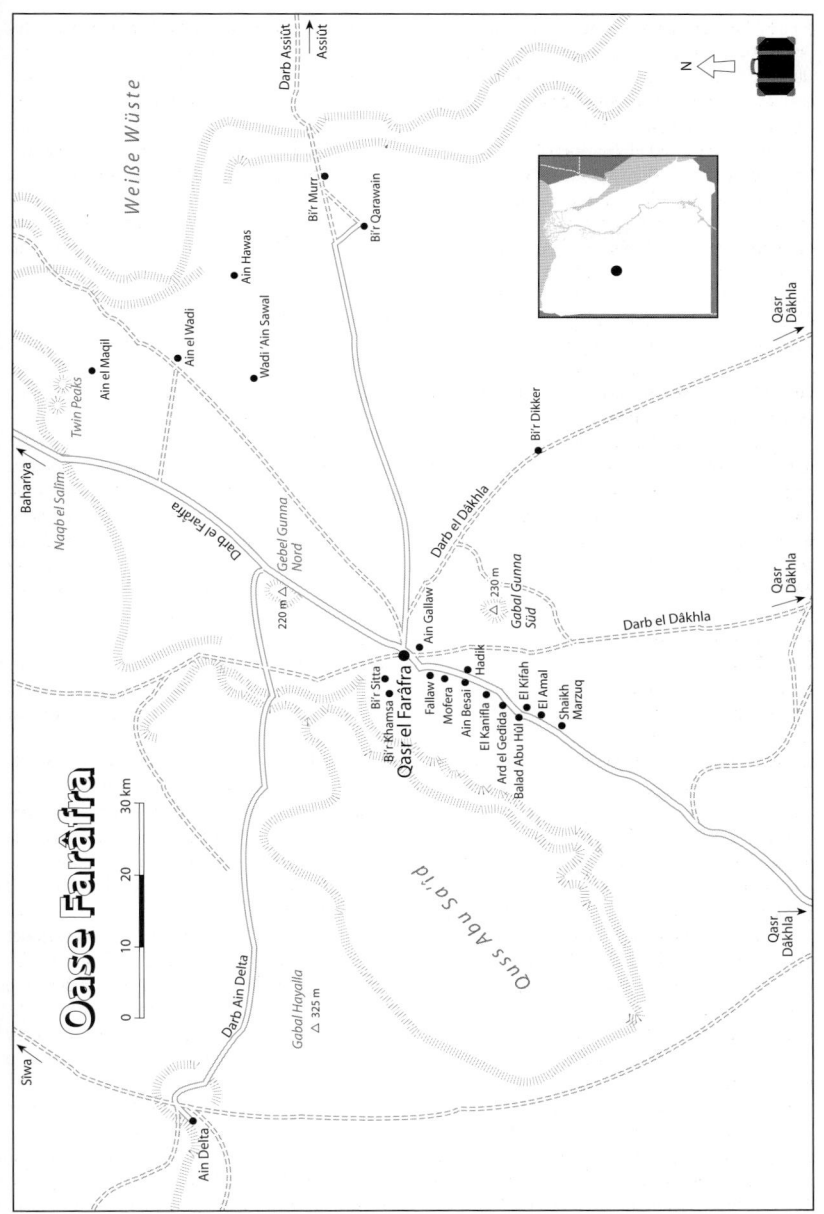

allem vom Oasenbau. Dann fiel der Ort in einen Dornröschenschlaf, denn er war zu weit weg von allen wirtschaftlichen Zentren und lag auf keiner der Handelskarawanenrouten. Bis 1978, als eine Asphaltstraße gebaut und die am weitesten vom Nil und dem Meer entfernte Oase erreichbar wurde, kamen nur wenige Menschen hierher. Ende der 90er Jahre wurde dann das erste Hotel für die Arbeiter und Ingenieure des New Valley-Projektes gebaut, die hier mehr als hundert Quellen entdeckt haben.

Heute ist Farâfra einer der ruhigsten Orte Ägyptens. Zwar weichen immer mehr Lehmhäuser dem Beton, zwar ziehen mehr und mehr Bauern aus dem Niltal hierher und bringen all das, was es hier bisher nie gab, in den Ort, aber dennoch bleibt Farâfra einer der ursprünglichsten Plätze, die das Land zu bieten hat.

Sehenswürdigkeiten

Es gibt nicht viel in Farâfra außer ganz normalem ägyptischem Oasenleben… Wer jedoch an ausgedehnten Spaziergängen durch die **Oasengärten** Freude hat, ist hier am richtigen Ort. Außerdem gibt es in der näheren Umgebung jede Menge **heißer Quellen**, in denen man baden kann (s.u.), und auch ein paar sehr schöne Lehmhäuser mit Zeichnungen, die zu besichtigen sind.

Wer möchte, kann die **Ruinen des alten Forts** erkunden, das dem Ort (Qasr heißt so viel wie „Burg") seinen Namen gab. Sie befinden sich im Stadtzentrum, unter dem Hügel, der heute nur noch aus Lehm zu bestehen scheint. Einst stand hier eine alte Speicherburg, in der Getreide, aber auch andere Agrarprodukte sowie Waffen, Schmuck, Geld, Kleidung, kurz: alles Wertvolle aufbewahrt wurde, um es gegen kriegerische Nomaden besser schützen zu können. Jede Familie hatte in dieser Burg eine private Parzelle für ihre Sachen. Über diese Parzellen wachte ein gemeinsamer Wächter. Im Kriegs- oder Angriffsfall kamen die Familien hierher, denn eine Burg ließ sich besser verteidigen als einzelne Häuser. Um möglichst schnell in die Burg zu gelangen, errichtete man sein Haus so nah wie möglich bei der Burg. So entstand ein Dorf, dessen Häuser bis heute kreisförmig um die Burg herum gruppiert sind. Mitte des 20. Jhs. zerfiel das Kastell, denn es war aus Lehm errichtet worden und Lehmbauten zerfallen, wenn man nicht immer wieder an ihnen arbeitet (Näheres zum Lehmbau s.S. 319).

Die Hauptattraktion des Ortes ist ohne jeden Zweifel das famose **Badr-Museum**. Es gehört Badr, einem einheimischen, inzwischen international bekannten Künstler (Ausstellungen in Europa seit Anfang der 90er Jahre), der hier seine Bilder und Skulpturen ausstellt. Diese erzählen ausdrucksstark vom Leben in den Oasen. Auch viele der Wandmalereien an den Häusern im Dorf, die vor allem die Pilgerreise seiner Bewohner darstellen sollen, stammen von ihm. Es gibt kein festes Eintrittsgeld, doch sollte man eine kleine Spende (E£5) da lassen.

Badequellen um Farâfra

6 km vom Ort Farâfra entfernt befindet sich die beliebte Quelle **Bi'r Sitta**, die zu einem herrlichen Bade lädt (einfach der Straße folgen, die gegenüber vom Badawiya-Hotel abgeht). Bei der Quelle bietet das Hotel Aqua Sun Unterkunft in aller Ruhe weit ab vom Dorf. Gar nicht weit davon entfernt ist **Bi'r Khamsa**, eine Quelle, die noch weniger entdeckt und deshalb auch ruhiger ist. In beiden Quellen kann man baden, sollte dies aber, aus Rücksicht auf die Bauern und Hirten, die ebenfalls hierher kommen, nicht in europäischen Badeanzügen tun. Shorts und ein T-Shirt sind angebracht!

Eine Quelle der besonderen Art ist '**Ain Bisho**, eine römische Quelle nahe dem ehemaligen Tourist Rest House. Sie wird vor allem zur Bewässerung der umliegenden Gärten genutzt und eignet sich deshalb nicht unbedingt zum Baden. Dafür kann man hier das Leben auf den Feldern beobachten, die Füße ins Wasser baumeln lassen und zusehen, wie die Hirten ihre Tiere zum Tränken herbringen.

Übernachtung

Aqua Sun*, bei Bi'r Sitta, etwa 6 km außerhalb, in herrlicher Lage. Sehr schöne Einrichtung, ansprechende Zimmer, aber leider nur auf Gruppen ausgerichtet. Das Restaurant mit Antiquitäten eingerichtet und verspricht ein leckeres Speiseangebot. Wer als Individualgast kommt, wenn eine Gruppe da ist, hat Glück. Ist keine Gruppe da, ist es unmöglich, jemanden vorzufinden, der Englisch spricht. Deshalb vorher anrufen!

El-Badawiya Safari**–***, ✆ 510060, 📠 510400, ✉ badawya@link.net, 🖥 www.badawya.com. Das wunderschöne Hotel hat eine sehr ansprechende Architektur, hübsche, saubere Zimmer, z.T. über zwei Etagen, alle mit Bad und Moskitonetz, sowie TV und Ventilator. Top!

Zawada*, gegenüber der Tankstelle, ✆ 510 060. Einfaches Hotel mit hübschen und sauberen Zimmern. Das kleine Hotel, das nur 2 Zimmer und einen Schlafsaal hat, gehört denselben Besitzern wie das Badawiya Safari. Wer Frühstück möchte, muss im „Mutterhotel" eines bestellen. Hier gibt es nur Getränke.

Wer länger in Farâfra bleiben möchte und künstlerisch interessiert ist, kann Badr (vom Museum) fragen. Er hat ein **Gästehaus**, ganz aus Lehm errichtet, in dem er Zimmer anbietet für Menschen, die gern länger hier bleiben und mit ihm arbeiten möchten, Handy ✆ 012-7968773.

Essen

So gering die Anzahl der Gästebetten, so gering ist auch die Anzahl der Restaurants. Das beste Essen bekommt man bei Saad Ali im Hotel *El-Badawiya* (s.o.). Viele kleine und einfache Restaurants liegen an der Straße nach Dâkhla. Ein einfaches Restaurant befindet sich gegenüber dem Museum.

Einkaufen

Lebensmittel finden sich entlang der Straße nach Dâkhla. Hier ist auch ein kleiner Obst- und Gemüsemarkt.

Wie auch in Bahariya können interessierte Reisende hier **handgestrickte Waren** und **Kamelhaardecken** erwerben. „Mr. Socks", meistens im Hotel Badawiya unterwegs, hat sie angeblich selbst gestrickt und ist immer dann zur Stelle, wenn Touristen sich irgendwo niederlassen.

Native Art gibt es bei Badr im Museum, der manche seiner Stücke gern an den Mann (oder die Frau) bringt. Außerdem hat er sehr schöne **Postkarten** von seinen Werken, die man bei ihm erstehen kann.

Sonstiges

GELD – Es gibt **keine Bank** in Farâfra. Also unbedingt vorher genügend Geld tauschen! Im Notfall kann man versuchen, Geld im Hotel El Badawiya zu tauschen.

INFORMATIONEN – Im Sommer 2003 sollte eine Touristeninformation eröffnen, doch bisher ist nichts geschehen (zumindest hat man uns keine neueren Infos zugetragen). Wenn das Büro eröffnet ist, soll nach eigenen Angaben Muhsan Abd al-Mu'mîn „Manager" des Büros werden. Er ist hilfsbereit, aber etwas übereifrig, seine Geländewagentouren an den Touristen zu bringen.

MEDIZINISCHE HILFE – Ein kleines Krankenhaus befindet sich am Ortsausgang Richtung Bahariya.

POST UND TELEFON – Die kleine **Post** des Ortes befindet sich nahe dem Rathaus. ⏱ tgl. außer Fr 8.30–14.30 Uhr.

Das **Telefonbüro** ist direkt daneben, ⏱ 6–12 Uhr. Internationale Verbindungen sind jedoch von hier aus nicht möglich.

VORWAHL – 092

Transport

Die **Busse** halten vor dem Mabrûk-Café an der Hauptstraße. Wer will, kann den Bus aber auch überall sonst auf der Strecke anhalten. Ein Wink genügt. Es gibt keinen Bus, der in Farâfra startet, weswegen man das Ticket auch erst im Bus kaufen kann. *Achtung: Busse überfüllt*
Nach KAIRO tgl. 2 Busse (8 Std.; E£25), einer *10–11* gegen Mittag (mit unbestimmter Abfahrtszeit, da der Bus aus Kharga kommt), einer am Abend. 3x wöchentlich gibt es außerdem einen Bus früh morgens.
Wer von hier aus in den Süden nach DÂKHLA (5 Std.; E£12) via KHARGA (7 Std.; E£22) oder nach ASSIÛT (9 Std.; E£27) möchte, hat 2x tgl. Gelegenheit, und zwar um die Mittagszeit und kurz nach Mitternacht. Wer nach Kharga oder Assiût möchte, muss u.U. in Dâkhla umsteigen, falls in Farâfra nicht genügend Fahrgäste zusammenkommen.
Nach Dâkhla gibt es außerdem (ebenfalls ab dem Mabrûk-Café) **Sammeltaxis**, die fahren, wenn sie voll sind, also selten. Die besten Chancen hat man am frühen Morgen.

Dâkhla

Dâkhla liegt in einer Senke und ist von Steilabfällen umgeben, die sich herrlich als Kulisse für traumhafte Ausblicke anbieten. Die Felsen aus altrosafarbenem Stein rings um die Oase, dazwischen Felder und weiter entfernt Sanddünen, die man erklimmen kann, machen Dâkhla landschaftlich zu einer der schönsten der drei Oasen des New Valley:

Die Oase besteht aus 16 Orten und vielen kleinen Weilern sowie 600 Quellen, die der Oase ihr Gesicht geben: Reisfelder (in der Wüste!), Weizen, Mangos, Orangen, Datteln, Aprikosen und Oliven sind die Hauptanbaugüter in Dâkhla, und die meisten der rund 75 000 Einwohner leben davon. Der Tourismus ist hier kaum entwickelt. Zwar ist die Oase Ausgangspunkt für viele Geländewagentouren in den Gilf Kabîr (s.S. 322), aber dennoch sind Touristen außerhalb von Qasr oder Mût eher selten.

Dâkhla verdient es, dass man sich Zeit nimmt, es zu erkunden. Die Oase bietet Dünenfelder, wunderschöne Dörfer, deren Häuser aus Lehm bestehen, und eine ausreichende touristische Infrastruktur, die es dem Reisenden ermöglicht, hier auch mehrere Tage zu bleiben.

Die Hauptstadt der Oase ist **Mût** (13 000 Einwohner). Hier befinden sich die meisten Hotels sowie die touristische Infrastruktur. Und hier wird man abgesetzt, wenn man mit dem Bus von Kharga kommt. Mût ist ein kleines, überschaubares Städtchen – nicht unsympathisch und mit allen Versorgungsmöglichkeiten.

Die zweite Ortschaft, die für Touristen von Interesse ist, heißt **El Qasr**, eine römische Siedlung, die sich 35 km nördlich des Hauptortes befindet (und wohin es regelmäßig Pick-ups gibt). Kommt man mit öffentlichen Verkehrsmitteln von Farâfra, kann man sich statt in Mût auch hier absetzen lassen. Wem Mût zu städtisch ist und wer abseits der großen Routen ein paar Tage Oasenleben live haben möchte, ist hier goldrichtig.

Ein weiterer touristisch interessanter Ort der Oase Dâkhla ist **Balât**, etwa 35 km östlich von Mût an der Straße nach Kharga. Balât ist touristisch nicht erschlossen, hat also keine Unterkünfte. Es ist ein wunderschöner Ort mit einem sehr schönen alten Ortskern, der noch viele Bauten aus der frühislamischen Zeit beherbergt. Im Gegensatz zu Qasr wurde Balât nicht restauriert (weswegen man hier auch nicht den Eindruck hat, in einem Museumsdorf gelandet zu sein). Wer also unverfälschtes Leben im Lehm erleben möchte, sollte unbedingt einen Tagesausflug hierher planen. Pick-ups von Mût gibt es genügend.

Geschichte

Dâkhlas Geschichte reicht bis in die prähistorische Zeit zurück. Im Neolithikum war hier ein riesiger See, der Elefanten, Büffel und andere Tiere anzog. Das zeigen Wandmalereien aus dieser Zeit. Mit dem Austrocknen des Sees zogen die Bewohner von Dâkhla gen Osten. Man vermutet, dass sie sich

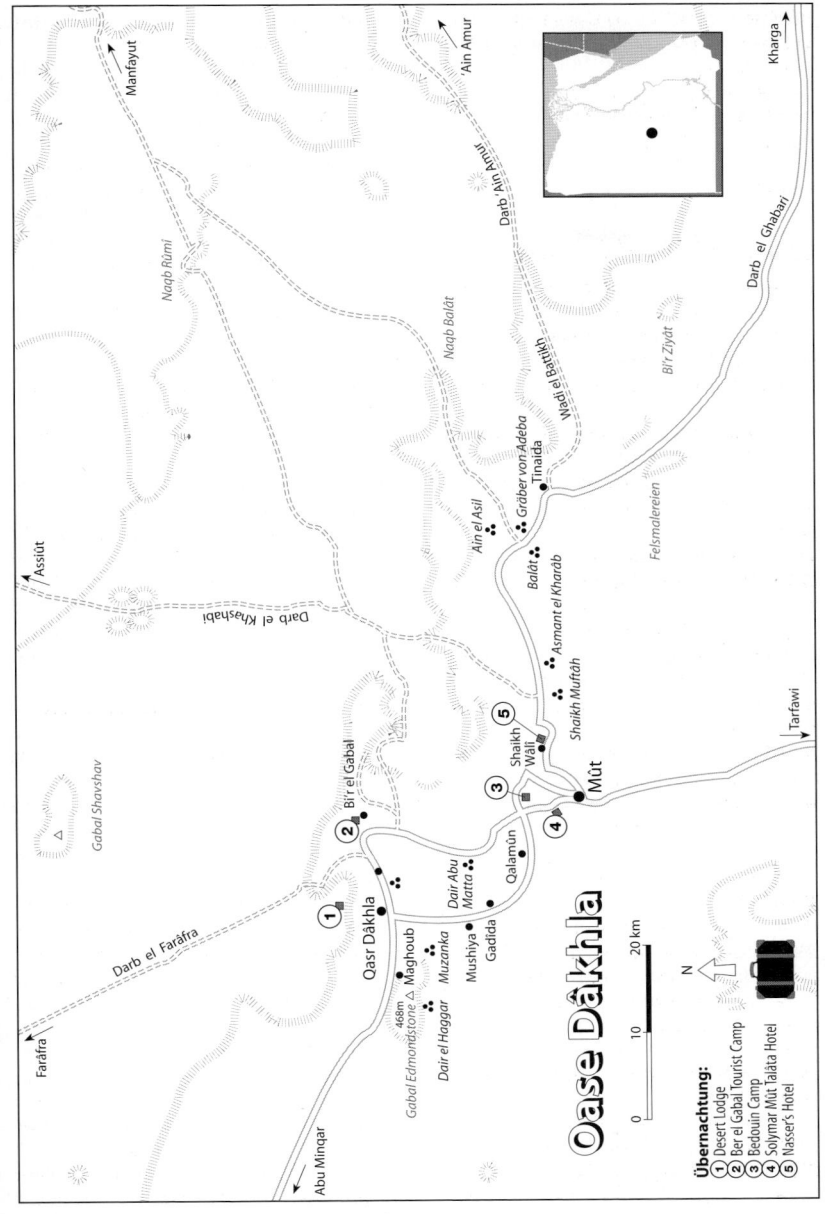

im Niltal ansiedelten.

Der Kontakt zum Niltal blieb immer bestehen. Darauf weisen nicht zuletzt die alten Grabstätten hin, die man hier und in der Umgebung fand und die bis ins Alte Reich zurückdatieren. Es gibt sogar Vermutungen, dass Dâkhla zu pharaonischer Zeit eine weit wichtigere Rolle für das Reich spielte als das näher am Nil gelegene Kharga.

Zu Zeiten des Neuen Reiches wurde **Mût** als Hauptstadt von Dâkhla gegründet. Die Bevölkerung wuchs und führte Steuern in Form von Wein, Früchten, Mineralien und Webarbeiten ins Niltal ab.

Unter römischer Herrschaft war die Oase voller Menschen. Sie war eine der entferntesten römischen Agrarsiedlungen. Nur spärliche Reste sind aus dieser Zeit erhalten, kein wirkliches Fort und nur wenige Gräber. Das, was es gab, wurde von den auf die Römer folgenden Christen besetzt und zu Kirchen und christlichen Grabbauten umfunktioniert.

Die befestigten Städte **Qasr** und **Qalamûn** stammen aus islamischer Zeit. Die frühesten Zeugnisse dieser Ära stammen aus dem 11. Jh., wie die Grundmauern der Burg in Mût, aber auch die Kuppelgräber bei Qalamûn lassen Rückschlüsse auf eine Besiedlung zu dieser Zeit zu. Sicher ist, dass die Mamluken in Dâkhla eigene Wehrbauten hatten. Sie, die Nachfahren vor allem türkischer Sklaven, etablierten sich hier ab dem 13. Jh. Bis heute gibt es Oasenbewohner, deren Wurzeln türkisch sind. Die Armeen der Mamluken versuchten den Überfällen räuberischer Beduinenstämme, wie unter anderem der bekannten Tuareg, zu trotzen. Das Gebiet war jahrelang umkämpft und wurde daher auch wenig bis gar nicht von Europäern bereist.

Ende des 19. Jhs. wurde Dâkhla schließlich **Teil des britischen Protektorats**. Vor allem die Sanûsî (s. S. 304), die kriegerischen Bewohner der Wüste, machten es den Briten jedoch schwer, hier Fuß zu fassen.

Kurz nach Ägyptens Unabhängigkeit im Jahre 1954 begann auch schon das **New Valley-Projekt**. Heute ist Dâkhla eines der bevorzugten neuen Siedlungsgebiete für Bauern aus dem Niltal. Das ehrgeizige Projekt ist hier, zumindest was die Besiedlung betrifft, sehr erfolgreich.

Eine neue Straße, die von Dâkhla direkt gen Süden via Bi'r Tarfawî und Abu Simbel nach Assuan führt, kann nicht immer befahren werden, da selten ein Konvoi zustande kommt. Öffentliche Verkehrsmittel gibt es hier noch gar nicht, was sich jedoch ändern kann. Eine Fahrgenehmigung für Selbstfahrer kann man in Kairo beim Intelligence Service beantragen. Ob man sie aber auch bekommt, ist fraglich.

Sehenswürdigkeiten

In Dâkhla gibt es viel zu sehen: Quellen, alte Dörfer, Grabbauten aus frühislamischer Zeit, Pharaonisches, Dünen… Man muss sich nur ein wenig Zeit dafür nehmen. Für die meisten Sehenswürdigkeiten, die außerhalb Mûts und El Qasrs liegen, ist ein eigenes Fahrzeug enorm von Vorteil. Wer nicht darüber verfügt, kann versuchen, ein Taxi oder einen Pick-up für einen Tag zu mieten, um so ein wenig die Gegend zu erkunden, oder sich einer der angebotenen Touren anschließen (s. S. 322).

Mût

Im Zentrum der **Altstadt von Mût** befindet sich eine alte Zitadelle, die in früheren Zeiten von den Bewohnern Dâkhlas als gemeinsame Speicherburg genutzt wurde. Ein Spaziergang durch die Altstadt, ein Labyrinth aus zerfallenen Lehmhäusern, die sich sanft an den Hügel schmiegen, lohnt. Man kann auch problemlos die Zitadelle besteigen (und hat dann einen wunderschönen Ausblick), doch ist hier nichts Sehenswertes mehr erhalten.

El Qasr und Umgebung *lohnenswert*

Unbedingt sehenswert ist El Qasr, ein kleines Dorf an der Straße nach Farâfra: Ein paar hundert Häuser, drum herum viele Gärten, dazwischen ein paar Bauwerke aus frühislamischer Zeit. Es scheint, als sei die Zeit hier stehen geblieben. Viele der Gebäude haben sich den alten Charakter bewahrt. Wie in den meisten Sahara-Ländern sind die Häuser hier aus Lehm und viele der Gassen zwischen den Dorfhäusern sind überdacht, damit es im Sommer kühl bleibt. Einige der Häuser sind mehrere Jahrhunderte alt, das beweisen Daten, die in (übrigens sehr sehenswerte) Fenster- und Türstürze eingeritzt sind. Das alte Dorf als Ganzes steht unter Denkmalschutz und soll als Museumsdorf fungieren. So wurde in den letzten Jahren viel renoviert, u.a. die alte Koranschule, die **Madrasa al-Mahkama**, den Besuch unbedingt lohnt. Sie stammt aus dem 11. Jh. und dient auch heute noch der Unterrichtung von Kindern. Der Name Madrasa al-Mahkama

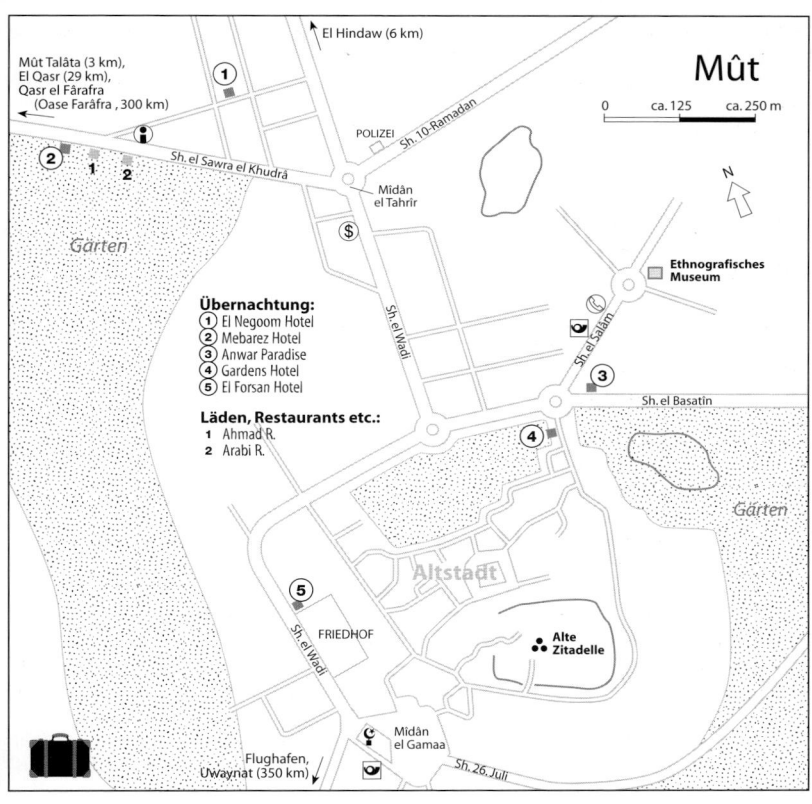

("Schule des Gerichts") weist auf die einstige Bedeutung der Schule als Gerichtshof hin: Hier wurde geurteilt, verurteilt, hingerichtet (vor dem Eingang zur Schule befindet sich oberhalb der Tür ein Galgen!). Die Schule hat nicht nur den für Koranschulen typischen Liwan, sondern auch ein Verlies.

Renoviert und ebenfalls sehenswert ist das **Grab von Shaikh Nâsr ad-Dîn**, das in der alten Moschee des Ortes untergebracht ist. Besonders schön ist das **Minarett** der Moschee: Es ist vollständig aus Lehm und auf allen Seiten schauen Holzbalken heraus, ähnlich einem Spickbraten – eine einmalige Architektur, die man in der Sahara nur noch selten, in Ägypten sonst nirgends mehr findet. Lohnenswert ist auch die alte **Töpferei** des Ortes. Hier werden noch immer Lehmziegel hergestellt, die man zum Bau der Häuser verwendet, sowie außergewöhnliche Wasserkrüge. Gar nicht weit davon entfernt befindet sich die alte **Korn- und Ölmühle**. Auch sie lohnt den Besuch: Hier kann man sehen, wie in früheren Zeiten, und auf dem Land zum Teil bis heute, Olivenöl hergestellt wird.

Seit Anfang 2003 gibt es ein kleines **Ethnografisches Museum**, Sh. el Salâm, ✆ 821311, das den Besuch unbedingt lohnt! Es ist in einem Lehmhaus aus dem 18. Jh. untergebracht und an sich schon sehenswert mit seinem Innenhof und seiner Raumaufteilung. Im Museum selbst finden sich Fotografien und Alltagsgegenstände. Das Museum gehört dem Dar al-Wafdin Hotel, und dort kann man auch nach dem Schlüssel fragen, wenn man es besichtigen möchte. Eine weitere Anlaufstelle bei Besichtigungswunsch ist Ibrahim Mail, der Museumsdirektor, der im Kultur-Palast, Sh. al-Wâdî, arbeitet. Eintritt E£3.

Das Dorf selbst kostet **keinen Eintritt**, dennoch wird dies öfters behauptet. Eine Führung, z.B. organisiert durch das Al-Qasr Hotel, ist empfehlenswert, da man so einen Blick durch manch verschlossene Tür werfen kann. Bei der Moschee finden sich hin und wieder auch nette junge Männer, die gegen ein kleines Trinkgeld (E£5–10) gern eine Führung durch den Ort machen.

Nahe von El Qasr finden sich Reste aus pharaonischer Zeit: 5 km westlich vom Ortskern liegen die schön verzierten und bunten **Gräber von El Muzauka**. Es ist ein Lottospiel, ob man die Gräber besichtigen kann oder nicht. Manchmal werden sie aufgeschlossen, manchmal eben nicht. Die Gräber stammen aus dem 1. und 2. Jh. und zeigen herrliche Fresken. Dorthin gelangt man nur mit einem Pkw über eine staubige Piste. Nicht weit von hier sind die imposanten Reste von **Dair el Haggar** zu sehen, einem römischen Tempel aus Sandstein, der während der Regierung Neros (45–68) errichtet wurde. Er ist der Göttertriade Mut, Amun-Re und Chons gewidmet und wurde über mehrere Jahrhunderte hinweg genutzt. Dann verschwand er unter einer Düne und war lange vergessen. 1995 wurde er renoviert. Der Tempel war ein berühmtes Ziel von Reisenden des 19. Jhs., so findet man hier die „Graffiti" von Gerhard Rohlfs, Sir Edmondstone u.a. Eintritt E£20. Es verkehren keine öffentlichen Verkehrsmittel hierher.

Balât und Umgebung

Nicht nur im Norden auf dem Weg nach Farâfra findet sich Sehenswertes, auch weiter östlich, entlang der Straße nach Kharga, gibt es jede Menge interessanter Stätten, wie z.B. Balât. Dieses kleine Dorf 35 km östlich von Mût ist das Gegenstück zu El Qasr. Während Letzteres ein Museumsdorf ist, ist Balât so geblieben, wie es einst war. Nichts wurde renoviert (nur ein paar Mauern erneuert, um hier eine gute Filmkulisse zu haben), und das Dorf ist zumindest teilweise nach wie vor bewohnt. Hier gibt es keine Sehenswürdigkeiten, wenngleich die **Moschee**, ganz aus Lehm und komplett in Blau gehalten, wirklich einen längeren Blick lohnt. Einfach nur in aller Ruhe in diesem Ort herum zu laufen, ist eine Wohltat für das Auge. Man kann sich, ohne Angst haben zu müssen, sich zu verlaufen, durch das Labyrinth von Gassen leiten lassen und die Ruhe genießen. Wer dies gern tut, ist hier gut aufgehoben.

Von hier aus kann man einfach zu Fuß die weiteren Sehenswürdigkeiten der Oase besichtigen, wie z.B. die **Adaba-Gräber**. Sie befinden sich etwa 1,5 km nordöstlich von Balât (Piste gut sichtbar), nahe der Straße nach Kharga. Hier kann man eine unterirdische Grabanlage sehen, die mehr als 5000 Jahre alt ist. Besonders bedeutsam ist, dass diese Gräber der einzige Nachweis sind, dass Dâkhla während der Pharaonenzeit bewohnt war. Eintritt E£20. Zurzeit gräbt hier ein französisches Archäologen-Team, das ungern bei der Arbeit gestört wird. Die Gräber sind häufig verschlossen. Wandert man nochmals 2 km weiter nach Süden erreicht man 'Ain el 'Asil, die Ruinen einer alten Stadt in einer tiefen Senke, lohnenswert vor allem wegen der Landschaft ringsum. Eintritt E£20.

Heiße Quellen und Sanddünen

Schön, wenn auch nicht so grandios wie in Bahariya sind die heißen Quellen von Dâkhla. Die Mût am nächsten gelegene ist **Bi'r Mût Talâta**, 3 km nördlich von Mût an der Straße nach El Qasr. Mût Talâta ist die offizielle „Touristen-Quelle" und so befindet sich hier auch ein kleines Hotel. Doch ist die herrliche, wenngleich nicht unbedingt glasklare heiße Quelle auch Nicht-Hotelgästen offen, weshalb man nicht zögern sollte, das Hotel zu betreten (Eintritt E£5).

25 km nördlich von Mût befindet sich die Quelle **Bi'r el Gabal**. Sie ist 5 km von der Hauptstraße entfernt und traumhaft gelegen. Sie ist von einer kleinen ägyptischen Freizeitanlage umgeben, für die eine Eintrittskarte zu lösen ist (E£2 für den Eintritt und E£2 fürs Bad).

Eines der Dinge, die unbedingt zu einem Dâkhla-Besuch gehören, sind Spaziergänge zu den und in den **Sanddünen**. Die Mût am nächsten gelegenen (etwa 20 km) sind die Dünen von **Qalamûn**. Dort gibt es keine Unterkünfte, aber man kommt mit öffentlichen Verkehrsmitteln von Mût aus hin und zurück. Wer weiter möchte und kein Fahrzeug zur Verfügung hat, kann dies auch auf dem Kamelrücken machen (Angebote s.u.)

Leben im Lehm In vielen Regionen Ägyptens, vor allem aber in der Westlichen Wüste sowie in Oberägypten, ist das traditionelle Baumaterial Lehm. Das ist nicht nur sinnvoll, weil es dieses Material direkt vor Ort gibt, es ist auch ungemein praktisch, da Lehmmauern luftdurchlässig sind, so dass das Innere der Häuser im Sommer kühl und im Winter angenehm warm ist.

Wer einmal durch das Lehmdorf **El Qasr** in Dâkhla gelaufen ist, wird feststellen, dass es ein einziges Labyrinth aus engen Gassen und überdachten Gängen ist. Kaum ein Fenster geht nach außen und nur wenige Wege führen aus dem Dorf heraus. All dies hat seinen Zweck, denn die engen Gassen mit den Überbauten schützen bestens vor der Sonne. Diese Bauart schafft im heißen, trockenen Sommer stets eine kühle Luft. Im Winter hingegen, wenn die Abende und Nächte kalt werden, geben die Mauern der engen Wege noch ein wenig von der Sonnenwärme ab, die sie tagsüber speichern konnten.

Lehmhäuser sind fast immer gleich aufgebaut. Sie haben nur wenige Fenster, denn jede Öffnung in der Mauer stört die ökologischste aller Klimaanlagen. Statt dessen baut man Häuser mit Innenhöfen. So gelangt ausreichend Licht in die vom Hof abgehenden Zimmer. Wenn diese überhaupt Fenster haben, sind sie klein und gehen auf den Innenhof. Den Hof umranden häufig Arkadengänge, die weiteren Schatten spenden oder, sollte es doch einmal regnen, die Zimmer vor Feuchtigkeit schützen. Einstöckige Häuser haben oft gar keine Fenster, sondern nur kleine Öffnungen in der Decke. Besonders schön ist dies zum Beispiel in der Lehmmoschee in **Balât** zu sehen.

Lehmhäuser haben oft ein Steinfundament, das das Haus davor schützen soll, weggeschwemmt zu werden, wenn es einmal regnet. Denn die Häuser sind so gut wie nie aus gebranntem Lehm hergestellt. Der Lehm wird lediglich in Kastenformen gedrückt, gestampft und anschließend in der Sonne getrocknet. Nur für Verzierungen und Dachkonstruktionen benutzt man gebrannte Ziegel. Dächer und Wände werden mit Hilfe von Holzbalken gestützt, die ein Minarett oder einen Taubenturm oftmals wie einen Spickbraten aussehen lassen. Neuerdings baut man statt solcher Dächer allerdings vermehrt Kuppeln, da Holz teuer geworden ist.

So praktisch die Lehmbauweise in heißen, trockenen Gebieten ist, sie geht mehr und mehr verloren (auch wenn hin und wieder neue Lehmhäuser erbaut werden). Immer öfter lösen Betonbauten die traditionellen Lehmhäuser ab. Die einst nubischen Häuser, alle aus Lehm, wurden vom Nasser-See überflutet und im neuen Siedlungsgebiet bei Kom Ombo durch Einheitshäuser aus Beton ersetzt. Die Dörfer in den Oasen zerfallen zusehends, denn Lehmhäuser gehen kaputt, wenn man sie nicht instand hält.

Hasan Fathy, der weit über die Landesgrenzen hinaus bekannte ägyptische Architekt, entdeckte die klassische Lehmbauweise wieder und ließ mehrere Dörfer aus diesem ökologischen Grundstoff errichten, darunter New Qurna in Theben West und Bârîs bei Kharga. Doch beide Projekte scheiterten aus mangelndem Interesse der Regierung, sie zu unterstützen, und so konnte kein reines Fathy-Dorf entstehen, auch wenn immerhin Teile der Dörfer aus Lehm errichtet wurden.

Dass die Lehmbauweise sich hervorragend für die Wüste eignet und man aus diesem Baustoff sogar Moscheen errichten kann, zeigt das bereits erwähnte **Balât**. Und in **Sîwa** und **El Qasr** steht je ein Hotel, das ganz aus Lehm errichtet wurde. So kann man auch als Tourist eine Ahnung davon bekommen, was für ein besonderes Gefühl es ist, im Lehm zu leben.

Übernachtung

MÛT – *Anwar Paradise**, Sh. Basateen, ✆ 820070. Ansprechendes Hotel, neu, sauber und freundliche Menschen.

El Forsan**, im Zentrum, ✆ 821343, 📠 822870, ✉ elforsan1@yahoo.com. Relativ neues Hotel im Zentrum, auch ein paar Gruppen, sauber und angenehm.

El Negoom**, Sh. Hendauwi, ✆ 820014, 📠 823084. Sauber, ruhig, ein paar Gruppen. Ganz nett, jedoch ein wenig abgelegen hinter der Touristeninformation.
Gardens Hotel, etwas nördlich der Altstadt, ✆ 821577. Nettes Hotel, aber nicht immer sauber. Schöner Innenhof mit Palmen und Fahrradverleih für E£5/Std. An das Gardens Hotel angegliedert ist das Khamis-Camp in den Dünen, das sauber, stimmungsvoll und hübsch ist. Man muss jedoch einen militärischen Checkpoint passieren und jedes Mal seinen Ausweis zeigen. Im Hotel nachfragen!
Mebarez*–**, an der Hauptstraße Richtung El Qasr, ✆ / 📠 821524. Neueres Hotel v.a. für Gruppen. Saubere Zimmer, mit Pool (der nur mit Wasser gefüllt wird, wenn Gruppen da sind). Wegen der Hauptstraße nicht immer ruhig.

AUSSERHALB MÛTS (von Nord nach Süd) –
Desert Lodge*****, El Qasr, ✆ 6905240, 📠 690 5250, 📧 info@desertlodge.net, 🖥 www.desertlodge.net. Neu eröffnetes Ökohotel im lokalen Architekturstil auf einer Anhöhe mit Rundumblick; 32 große Zimmer mit Bad; Internet-Café, Pool mit Thermalwasser und kleine Bibliothek. Ägyptisch-schweizerisches Management. Zwischen US$50–80 p.P. im DZ, Halbpension.
Al-Qasr Hotel, ✆ 876013, nahe dem Eingang zum alten Dorf El Qasr, an der Hauptstraße. Hübsches, kleines Haus mit 4 einfachen, aber sauberen Zimmern, 4 Balkonen (von jenen nach hinten hinaus hat man einen tollen Blick auf den alten Ortskern) und ausnahmslos warmen Duschen. Sehr nette Leute; ein kleines Restaurant ist angegliedert. Wer will, kann in den warmen Monaten auch für E£5 auf der Terrasse übernachten.
Ber el Gabal Tourist Camp*–**, 3 km hinter El Qasr in Richtung Mût, dann etwa 2 km Richtung Westen ab (beschildert), an der Quelle Bi'r el Gabal, ✆ 876600, 876013. 4 Chalets mit je 2 Zimmern und einem Bad in herrlichster Landschaft. Hübsch, einfach und sauber und in direkter Nachbarschaft zur öffentlichen Quelle, um die jedoch ein kleiner ägyptischer Freizeitpark entstanden ist, den man nicht ohne Eintrittskarte betreten kann (s.o.). Frauen und Männer baden getrennt. Da hier so manches Mal eine Hochzeit gefeiert wird, kann es bisweilen laut werden, und auch ohne Hochzeit beeinträchtigt häufig Musik aus der Konserve die Ruhe in dieser Oase... Wen das nicht stört, der ist hier bestens aufgehoben.
Bedouin Camp, 7 km nördlich von Mût in Richtung El Qasr, ✆ 850605, 📠 821686, 📧 bedouincamp@hotmail.com. Auf einem Hügel sind ein paar Hütten und Lehmhäuser gebaut worden, deren Zimmer einfach, sehr sauber und mit Moskitonetzen ausgestattet sind. Die Besitzer sind Beduinen und kümmern sich liebevoll um ihre Gäste. Von hier aus werden Kameltouren in der gesamten Westlichen Wüste organisiert, durchgeführt mit Kamelen der eigenen Herde. Vom kleinen Dünenritt zum Sonnenuntergang bis zur 4-wöchigen Mammut-Tour kann man hier alles buchen. Wer mit öffentlichen Verkehrsmitteln anreist, sollte in Mût den Minibus Richtung El Qasr nehmen und sich nach 7 km absetzen lassen. Von hier noch 15 Min. die Piste entlang laufen (beschildert)!
Mut Talata bzw. ***Solymar Inn*******, 3 km nördlich von Mût an der Straße nach El Qasr, ✆ 927982, 821530, 📠 927983, 📧 solymar@menanet.net. Insgesamt 6 sehr hübsche Chalets in einem herrlichen Garten mit einem guten Restaurant. Der Preis ist jedoch vollkommen überteuert. Dafür ist die heiße Quelle unübertroffen schön und riesengroß! Man kann sie aber auch als Nicht-Hotelgast für E£5 pro Tag nutzen. Häufig von Gruppen ausgebucht. Man sollte aus diesem Grund unbedingt vorher reservieren.
Nasser's*, 5 km hinter Dâkhla in Richtung Kharga am Rande von Shaikh Wâlî, einem kleinen Dorf, 400 m von der Straße entfernt, ✆ 822727. Kleines einfaches Hotel aus Lehm. Ruhig und ansprechend und mit einem herrlichen Pool! Sehr liebevoll eingerichtet. Nasser, der auch Deutsch spricht, kümmert sich um die Gäste und hilft gern weiter. Da man das Hotel nicht leicht findet, sollte man vorher anrufen oder in Hamdys Restaurant Bescheid geben, da dieses Nassers Bruder gehört.

Essen

Die meisten kleinen Restaurants rund um die Busstation bieten das Übliche zum günstigen Preis, mehr nicht. Zu empfehlen sind außerdem folgende Lokale:

Weiße Wüste – eines der beliebtesten Ziele für Wüstentouren

(Ahmad) Hamdys Restaurant, Sh. el Sawra el khudrâ, am Ortsausgang Richtung Farâfra, ✆ 820767. Sehr leckeres Gemüse, gute Fleischgerichte, üppige Portionen, frischer Limonensaft und sogar ein Stella! Der Besitzer Ahmad ist freundlich und bemüht.

Anwar Paradise Restaurant, im gleichnamigen Hotel. Hier gibt es leckere Fûl und Ähnliches.

Arabi, ganz in der Nähe von Ahmads Restaurant. Sehr gute Suppen, Gemüse, Kebabs, Salate, aber kein Alkohol. Preise wie die von Ahmad: moderat. Auf Vorbestellung gibt es Kaninchen.

Gardens Restaurant, zum Gardens Hotel gehörend. Leckeres, günstiges Essen; vor allem die Tajine, ein Eintopf aus Gemüse, überbacken im Tontopf, ist empfehlenswert.

Unterhaltung

Wem der Sinn nach einem kühlen Stella steht oder wer gern auch in der Wüste in eine Bar möchte, der begibt sich ins *Hotel Mut Talata*. Im Garten ist nahe einem gigantischen, runden Becken eine nette Bar aufgebaut, die jedoch bei zu wenig Gästen geschlossen sein kann.
Auch die Bar des Hotels *Mebarez* sowie *Hamdys Restaurant* bieten den Gerstensaft gut gekühlt an.

Einkaufen

Überall in Dâkhla, vor allem aber in Qasr, findet man **Korbarbeiten**: Hübsche Taschen, Tischsets und Wedel, die die Frauen hier selbst herstellen.

Sonstiges

FESTE – Am 3. Oktober findet alljährlich das **New-Valley-Project-Fest** statt. Es ist ein Nationalfest mit Musik, Feiertagsstimmung und ein paar Reden. An diesem Tag sind Banken und Post geschlossen.

GELD – Die *Banque Misr* in Mût wechselt auch Reiseschecks. ⏱ tgl. außer Fr 8–15 und 18–21 Uhr.

INFORMATIONEN – Es gibt in Mût zwei *Touristeninformationen*. Beide werden von Omar Ahmad geleitet, der auch der Tourismusbeauftragte des New Valley ist. Er weiß eine Menge zu den Oasen und ist nicht nur liebenswert, sondern auch sehr hilfsbereit. Meistens findet man ihn in dem neueren Büro in der Sh. el Sawra el khudrâ, ✆ 821686, 820406 oder 820782, schräg gegenüber von Hamdys Restaurant. Sollte er dort nicht zu finden sein, kann man nach ihm fragen.

MEDIZINISCHE HILFE – Ein kleines Krankenhaus befindet sich an der Straße nach Kharga.

ORGANISIERTE TOUREN – Wie in jeder Oase finden sich jede Menge Anbieter für Touren in die nähere Umgebung (aber auch durch die gesamte Westliche Wüste). Wertvolle Hilfe beim Aussuchen eines Touranbieters bietet Omar Ahmad von der Touristeninformation. Er vermittelt gern und hilft, wann immer er kann. Außerdem nennt er die reellen Preise für Touren. Es gibt diverse Tagesausflüge zu den oben beschriebenen Orten rund um Mût, aber auch 2- bis 3-tägige Touren in die Dünen nahe Dâkhla und mehrtägige Touren in die weitere Umgebung, z.B. ins Große Sandmeer oder zum Gilf Kabîr.
Gelobt wurden die Touren, die Ahmad Hamdys Restaurant anbietet, sowie die seines Bruders Nasser, die mit Geländewagen den Großraum Dâkhlas erkunden. Wer mit Kamelen los möchte, sollte sich an das Bedouin Camp wenden.

POST UND TELEFON – Die **Post** befindet sich hinter der Moschee bei der Busstation. ⏰ tgl. außer Fr 8–15 Uhr. Im gesamten Ort Mût sind inzwischen internationale **Telefon**zellen aufgestellt worden, so dass man mit den üblichen Karten telefonieren kann.

VORWAHL – 092

Nahverkehrsmittel

Die sicherlich beste Art von A nach B zu kommen, ist ein gemietetes **Fahrrad**. Einen Fahrradverleih gibt es im Gardens Hotel und im Restaurant Arabi (s.o.).

Wem das zu stressig ist, der kann nach einem der vielen **Sammelaxis** (nach Qasr 50 pt, nach Balât E£1) fragen. Es gibt feste Stationen, wo sie abfahren (s. Plan), man kann sich aber auch einfach an die Hauptstraße in die gewünschte Richtung stellen und einen **Minibus** anhalten. Wem diese Gefährte zu voll sind, der kann ein Fahrzeug chartern; gute Verhandlungskünste vorausgesetzt, kommt das selten zu teuer.
Außerdem gibt es **Busse** von Mût in die anderen Orte. 3x tgl. nach El Qasr und 2x tgl. nach Balât (die Abfahrtszeiten ändern sich häufig, am besten vor Ort erfragen!).

Transport

BUSSE – Der Busbahnhof befindet sich im alten Kern von Mût (siehe Plan). Hier gibt es einen offiziellen Ticketschalter, an dem man Fahrkarten für Busse, die in Mût starten, auch im Vorhinein kaufen kann.
Es gibt zurzeit keine direkte Verbindung via Abu Simbel nach **Assuan**, obwohl die neue Straße für Pkw zu befahren ist. Ein Problem ist, dass sie zu wenig genutzt wird und Konvois deshalb nicht lohnen.

Busse nach:
KAIRO: 12 Std.; E£45; via FARÂFRA (4 Std.; E£15) und BAHARÎYA (6–7 Std.; E£27) um 6, 10 und 18 Uhr; via KHARGA (2 Std.; E£8) und ASSIÛT (4 Std.; E£15) um 19 und 20 Uhr.
LUXOR: 12 Std.; E£50; via KHARGA (E£8) und ASSIÛT (E£15) mit Umsteigen in Assiût, von wo es regelmäßige Verbindungen nach Luxor gibt.

SAMMELTAXIS – Sammeltaxis in die anderen Oasen fahren nicht allzu häufig und nur, wenn sie voll sind. Es lohnt sich, sie anzuheuern, wenn man zu mehreren ist. Die besten Chancen hat man morgens. Abfahrtspunkt ist nahe dem Mîdân Tahrîr (siehe Plan). Nach KHARGA E£7, nach FARÂFRA E£10.

Tinaida

Etwa 55 km östlich von Mût, an der Straße Richtung Kharga, liegt Tinaida, Ausgangspunkt zu einer Stelle, an der man fantastische **prähistorische Felsmalereien** sehen kann. Bilder von Giraffen,

Antilopen und Fischen zeigen, was für Tiere hier einst lebten. Tinaida war über Jahrhunderte hinweg ein wichtiger Handelskarawanenort. Es war der Kreuzungspunkt der Karawanen zwischen Kharga und Dâkhla und der nach Süden verlaufenden Sklavenstrecke Darb al-'Arba'în (s. Kasten). Eine Art „Ruhm" erhielt das Dorf Anfang der 30er Jahre, als eine Gruppe fliehender Nomaden hier fast verhungert ankam. Etwa 500 Beduinen hatten sich aufgemacht, um vor der italienischen Fremdherrschaft in Kufra zu fliehen. Doch zogen sie unvorbereitet los, und nur durch Zufall konnten 300 von ihnen gerettet werden, als sie kurz vor Tinaida aufgegabelt wurden.

Tinaida ist nur per Taxi oder privatem Pkw zu erreichen.

Darb al-'Arba'în – der Weg der vierzig Tage
Der Weg der vierzig Tage („vierzig" steht im Arabischen für „unendlich viel") verbindet die Darfur-Provinz im Sudan mit Assiût in Ägypten und ist insgesamt etwa 1700 km lang. Er durchquert die Wüste und kommt via Kharga zum Nil. Diese östlichste Karawanenroute der Sahara wurde vor allem aufgrund ihrer Handelsware bekannt: Sklaven.

Heute umranken den Darb Legenden, und wie alle Legenden hat auch der Darb al-'Arba'în etwas Geheimnisvolles an sich... Man vermutet, dass die Handelsstrecke schon zu frühpharaonischen Zeiten bereist wurde, und die römischen Burgen, die sich um Kharga finden, sollen errichtet worden sein, um die Route besser kontrollieren zu können. Ganz sicher jedoch boomte die Straße in frühislamischer Zeit.

Noch immer versuchen **Reisende und Forscher**, den genauen Routenverlauf zu rekonstruieren, doch ist es bis heute keinem gelungen: In den 80er Jahren des 20. Jhs. reiste Michael Asher die Route ab und versuchte nachzuvollziehen, wo genau sie verlief. Doch fand er kein Wasser unterwegs, keine Oasen bis Kharga. Er hatte den Darb al-'Arba'în nicht gefunden.

In den 90er Jahren des 20. Jhs. machten sich zwei junge Frauen mit Kamelen auf den Weg durch die Wüste, um den Karawanenweg zu finden. Ein wahnsinniges Abenteuer: Sie fanden zwar Karawanenrouten, aber nicht den Weg der vierzig Tage.

Und dann kam der Deutsche Carlo Bergmann. Auch er wollte die Route herausfinden, kaufte sich Kamele und zog los. Er glaubt, sie nun auch gefunden zu haben, allerdings fern all der Wege, die andere vor ihm gefunden haben, und sicher ist man sich da auch nicht...

So wird das Geheimnis der genauen Route wohl weiter bestehen bleiben und mit ihm die **Legenden**. Da gibt es zum Beispiel jene von der Karawane eines Prinzen, der einst vom Sudan mit Gold und Edelsteinen beladen loszog, um am Hofe des ägyptischen Königs um die Hand von dessen Tochter anzuhalten. Die Karawane kam nie in der Oase von Dâkhla an. Viele Forscher und Abenteurer haben nach den Skeletten der Menschen und Tiere gesucht, vor allem aber natürlich nach dem großen Goldschatz, der hier inmitten der Wüste unter Sand vergraben sein soll, aber keiner wurde fündig – und falls doch, werden wir es wohl nie erfahren, denn keiner kehrte zurück. Die Wüste hat nicht nur die Karawane, sondern auch alle, die nach ihr suchten, verschluckt.

Nicht legendär, dafür aber umso realistischer und schrecklicher ist die Tatsache, dass allein zwischen den Jahren 650 n.Chr. und 1905 mehr als 10 Mill. **Sklaven** auf diesem und anderen Wegen von Schwarzafrika in alle Welt verkauft wurden. Man trieb sie bis Assiût und verschiffte sie von dort gen Norden. Man trieb sie bis Benghazi (Libyen) und verschiffte sie von dort in den Indischen Ozean. Man trieb sie nach Westafrika und verfrachtete sie von dort in die Neue Welt.

Die alten Ägypter hielten sich Sklaven, die alten Griechen, die Römer und auch die Moslems. In Amerika wurden sie von den Herren der Neuen Welt ausgebeutet und in Europa wurde damit gehandelt. Sklaverei ist also weder auf eine Epoche noch auf eine Ethnie und schon gar nicht auf eine Religion zurückzuführen. Heute gibt es sie offiziell nicht mehr, wohl aber die Legenden und Mysterien, die sich um sie und ihre Wege ranken.

Kharga

Einst war Kharga die vorletzte Station auf dem Darb al-'Arba'in, dem „Weg der vierzig Tage". Hier, wo sich die größte der fünf westlichen Oasen befindet (30 km breit und 185 km lang), wurden einst Sklaven verkauft und dann weiter nach Norden gebracht. Heute ist Kharga Standort eines der verrufensten Gefängnisse des Landes.

Qasr el Kharga (oder kurz einfach nur Kharga) ist „Hauptstadt" des New Valley-Projekts und diesem Status entsprechend leben hier auch die meisten der Neusiedler. Von Oase ist hier kaum noch etwas zu spüren. Kharga ist eine moderne Stadt mit allem, was dazugehört. Doch ist Kharga ohne jeden Zweifel die bedeutendste Oase für Liebhaber archäologischer Schätze. Zu frührömischen Zeiten war Kharga ein lebendiger Ort, dessen Geschichte sich in zahlreichen Sehenswürdigkeiten und Ausgrabungsstätten manifestiert. Alle liegen jedoch außerhalb des schmuck- und gesichtslosen Ortes Qasr el Kharga und sind nur mit einem Pkw zu erreichen.

Geschichte

Die Geschichte der Oase reicht mindestens 2500 Jahre zurück. So alt nämlich sind die Ruinen des **Hibis-Tempels** nahe der Stadt. Trotz der Nähe der Oase zum Niltal finden sich hier erstaunlicherweise (bis jetzt zumindest) keine Hinweise darauf, dass die Oase zu jener Zeit besiedelt war. Licht in die Geschichte Khargas kommt erst mit den Römern, die hier jede Mengen Ruinen hinterlassen haben.

Rom hatte in Kharga eine ständige, gut ausgerüstete Mannschaft, die den Stützpunkt, einer der südlichsten des römischen Reiches, sowie die vielen Handelskarawanenstrecken sichern sollte. Die vielen Forts, die man hier in der Umgebung noch findet, weisen auf diese Rolle hin.

Die Ruinen von **Bagawât**, einem fantastischen koptischen Toten-Areal, beweisen die große Bedeutung der Christen für die Geschichte Khargas. Kharga war wie auch Dâkhla ein Verbannungsort für aufrührerische Sektierer. So lebte hier **Athanasius**, der im 4. Jh. von Konstantin dem Eroberer aufgrund seines nicht konformen Glaubens im wahrsten Sinne des Wortes in die Wüste geschickt wurde. Athanasius gilt als bedeutendster Mann seiner Zeit. Er war es, der das Christentum hier in der Wüste, vor allem aber rund um Bagawât, prägte.

Nach der koptischen Blütezeit lag Kharga viele Jahrhunderte im Dornröschenschlaf, aus dem die Oase erst wieder erweckt wurde, als die **Osmanen** es im 16. Jh. zu einer Garnison machten. Zwar war die Oase bereits vorher peu à peu islamisiert worden, doch gewann sie erst wieder unter den Osmanen an Bedeutung.

Im 19. Jh. konnte die Oase sich mehr oder minder unabhängig machen. Das wiederum rief die **Briten** auf den Plan, die in dieser Region auch aufgrund der bedeutenden Nähe Khargas zum Darb al-'Arba'in um ihren Einfluss fürchteten. Sie bauten eine gut funktionierende Telegrafenverbindung auf, errichteten Forts und nahmen die Hauptstadt Khargas ein. Zu kämpfen hatten die Briten vor allem gegen die **Sanûsi**, die eine europäische Invasion in der Libyschen Wüste nicht in der Form hinnahmen, wie sie den Briten vorschwebte. Doch den Sieg trugen die Briten davon, und so wurde Kharga ebenso wie Dâkhla zu einem höchst beliebten Touristenziel für Briten, die eine archäologische Stätte nach der anderen durchkämmten und die besten Fundstücke mit nach Europa nahmen.

Seit 1958 ist Kharga **Hauptstadt des New Valley-Projekts** und nimmt als solche eine bedeutende Rolle in der Region ein.

Orientierung

Kharga besteht aus mehreren Orten. Der Hauptort ist **Qasr el Kharga** (oder auch einfach nur Kharga genannt). Die Stadt ist weit zersiedelt und hat eigentlich kein richtiges Zentrum. Nahe dem Busbahnhof gibt es ein kleines Hotel und einen kleinen Markt. Die anderen Hotels sowie die Sehenswürdigkeiten des Ortes sind weit verstreut. Man sollte sich auf lange Fußmärsche gefasst machen oder ein Taxi nehmen.

Der zweitgrößte Ort der Oase ist **Bârîs**, das etwa 90 km südlich von Kharga liegt. Hier finden sich Ruinen und ein kleines, recht reizloses Städtchen. Die Oase ist nach Norden hin durch Steilhänge abgegrenzt. Wer aus Assiût anreist, hat eine spektakuläre Anfahrt, denn 25 km nördlich von Kharga führt die Straße steil nach unten und bietet einen fantastischen Blick auf die Senke, in der die vier Oasen liegen.

Nordwestlich von Kharga befindet sich ein großes **Dünengebiet**, das man durchfährt, wenn man von Dâkhla aus kommt. Wer die Möglichkeit hat,

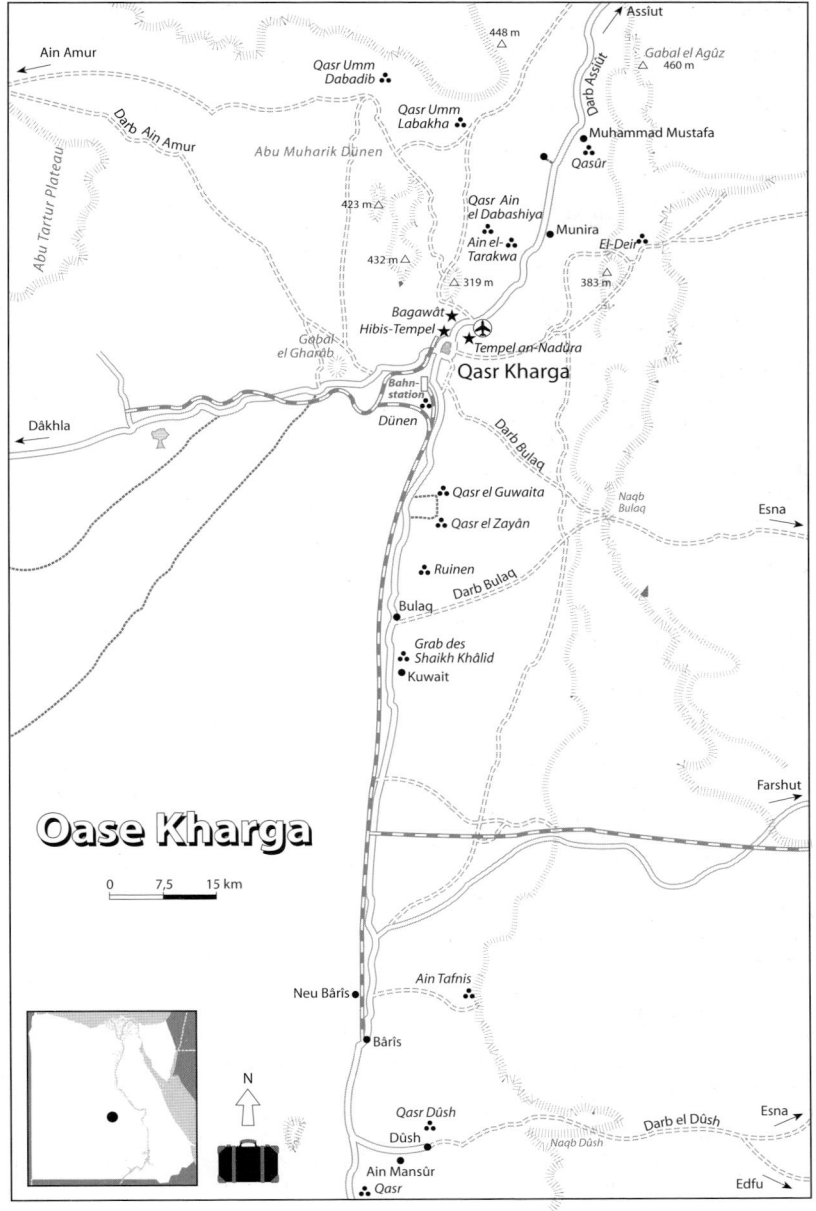

sollte hier stoppen und sich einen Spaziergang durch die Dünen nicht entgehen lassen. Weitere herrliche Dünenfelder gibt es ca. 7 km südlich von Kharga auf dem Weg nach Bârîs. Touristisch interessant sind jedoch vor allem die verschiedenen **archäologischen Stätten** rund um Kharga sowie die Dörfer Bulaq und Nasr wegen ihrer **heißen Quellen**, die Rheuma und Allergien heilen sollen. Wir finden sie einfach nur angenehm und herrlich zum Baden!

Sehenswürdigkeiten

Alle Sehenswürdigkeiten Khargas liegen außerhalb der Stadt. In der Stadt selbst lohnen weder die Altstadt mit ihrem Sûq noch die Neustadt, allein das kleine **Museum** in der Sh. 'Abd an-Nasr ist einen Blick wert. Es zeigt archäologische Funde aus Kharga und Dâkhla. Vor allem die Abteilung, die von einem kanadischen Museum aufgearbeitet wurde, ist sehr sehenswert. Schilder auf Englisch und Arabisch erzählen die Geschichte der Fundstücke. ⏰ tgl. 8–16 Uhr, Eintritt E£20 (10).

Hibis-Tempel z. Zt. renoviert

Etwa 2 km außerhalb von Qasr el Kharga nahe der Straße nach Assiût befindet sich der Hibis-Tempel aus dem 6. Jh. v.Chr., der unter der Herrschaft des Persers Darius I. errichtet wurde. Er gehört zu den wenigen persischen Monumenten Ägyptens und ist sehr gut erhalten. Die Architektur des sakralen Baus orientierte sich an ägyptischen Vorbildern, d.h. er hat ein monumentales Tor, dem theoretisch eine Allee aus Sphingen (diese befinden sich inzwischen im Museum) folgt, die zum Hauptgebäude führt. Am Eingangstor kann man Falken und riesige Wandreliefs, die Darius bei der Begrüßung der ägyptischen Götter Amun, Mut und Chons darstellen, sehen. In der Hypostyl-Halle kann man die Namen von Gerhard Rohlfs und seiner Crew erkennen, die sich hier verewigten.

Der Tempel war bis vor kurzem eine der am besten erhaltenen Sehenswürdigkeiten der Westlichen Wüste. Und wäre der ägyptischen Altertumsverwaltung nicht folgender Lapsus passiert, wäre er es wohl immer noch: Aufgrund von steigendem Grundwasser und damit einhergehender Angst, der Tempel könnte absacken, wurde beschlossen, den Hibis-Tempel von hier auf das Areal von Bagawât zu verlegen. So begann man, ihn Stück für Stück in seine Bestandteile zu zerlegen, um diese dann, nach dem Vorbild Abu Simbels, einen Kilometer weiter wieder aufzubauen. Man teilte also die Steine ein, zerschnitt die ersten, transportierte sie ab und... stellte dann fest, dass der Plan doch nicht realisierbar war! Also wurden die Steine wieder zurückgebracht, z.T. nicht wieder richtig aufeinander gesetzt und die wirklich besonderen Stücke, wie auch die Sphingen, wurden ins Museum verfrachtet. Der Tempel steht nun in einem Gerüst, die Steine sind z.T. zersägt und mit Nummer versehen. Der Zauber dieses einst so fantastischen Ortes ist verflogen. Wunderschön ist jedoch noch immer die Lage am Rande der üppigen Oasengärten sowie die Malereien im ersten Haupteingang, die Darius darstellen. Der Tempel ist zurzeit wegen der Wiederaufbauarbeiten geschlossen, doch lohnt auf jeden Fall auch der Blick von außen, zumal man nur das Hauptgebäude nicht betreten kann. Der Pylon und der einstige Sphingenallee sind frei zugänglich. Wenn das Hauptgebäude wieder zu begehen ist: Eintritt E£16 (8).

Bagawât und Umgebung

Etwa 1 km vom Hibis-Tempel entfernt Richtung Nordwesten liegt die antike Nekropole von Bagawât, die sicherlich interessanteste Sehenswürdigkeit Khargas. Es handelt sich um einen koptischen Friedhof, der aus dem 4. bis 6. Jh. stammt und somit einer der ältesten noch erhaltenen christlichen Friedhöfe ist. Die meisten der 120 Lehmziegelkapellen sind herrlich verziert, darunter die **Exoduskapelle** und die **Friedenskapelle** in der Südwestecke der Nekropole. Beide zeigen alttestamentarische Zeichnungen an den Wänden, wie z.B. Adam und Eva, die Arche Noah, Moses, der die Israeliten durch den Sinai führt, die Heilige Thekla u.a. Trotzdem es ein christlicher Friedhof ist, wurde nach pharaonischen Totenkulten beerdigt, das heißt, die Grabbauten sind ausgesprochen prächtig, wie pharaonische Grabbauten für die Ewigkeit gebaut und den Toten wurden Grabbeigaben beigelegt. Um in die Gräber hinein zu kommen, muss man einen der sich anbietenden Guides engagieren, die einen auch zu den interessantesten Gräbern führen. ⏰ 8–17 Uhr; Eintritt E£20 (10).

Ein paar Kilometer nördlich von Bagawât stößt man auf **Dair al-Kashif**, das Kloster des Mustafa al-Kashîf. Es lag am Kreuzungspunkt der Karawa-

Bagawât – Eine koptische Totenstadt

nen auf dem Darb al-'Arba'în aus dem Sudan und der von Westen kommenden Karawanen auf dem Darb al-Ghabarî. Die Überreste des Klosters stammen aus frühchristlicher Zeit. Das Hauptgebäude war fünf Stockwerke hoch, auch wenn man das heute nur noch erahnen kann. Man kann eine kleine Kapelle mit Wandmalereien hinter dem Hauptgebäude sowie die einstigen Mönchszellen sehen. Eintritt frei.

Römischen Ursprungs ist der **Tempel an-Nadûra**, der hier unter Antonius Pius 138 n.Chr. als Wehrburg errichtet wurde. Es ist nicht mehr viel zu erkennen, doch wenn man sich auf dem Rückweg vom Hibis-Tempel oder Dair al-Kashîf befindet, liegt er auf dem Weg und lohnt einen Blick.

Dünen

Direkt vor der „Haustür" Khargas finden sich die ersten Dünen. Schön ist eine Wanderung durch eben diese, was von Kharga aus sehr gut auch mit öffentlichen Verkehrsmitteln möglich ist. 7 km südlich der Hauptstadt beginnen große Dünenfelder. Wer sie erkunden möchte, braucht nur einen Pickup Richtung Bârîs zu nehmen und sich bei den Dünen, die sich über mehrere Kilometer östlich der Straße hinziehen, absetzen zu lassen.

Der Süden von Kharga

Lohnenswert ist ein Ausflug in den Süden der Oase, d.h. nach Bârîs, der knapp 90 km entfernten Stadt, die als zweitgrößte der Oase gilt, sowie nach Dûsh, wo römische Ruinen zu finden sind. Pickups verkehren regelmäßig auf dieser Strecke. Wer unterwegs aussteigen möchte, muss sich ab dem späten Nachmittag allerdings Sorgen machen, dass er wieder zurück oder weiter kommt. Wer nicht mit den Pick-ups fahren möchte, kann einen der beiden Busse nehmen, die überall stoppen.

Entlang der Straße nach Bârîs reihen sich viele neue Siedlungen, die im Rahmen des New Valley-Projekts gegründet wurden. Dazwischen liegen ein paar sehenswerte Orte verstreut, für den, der die Mühe der Anreise auf sich nimmt. So findet sich zum Beispiel nach 18 km der **El Guwaita-Tempel**. Er geht auf die 25. Dynastie (11. Jh. v.Chr.) zurück, auch wenn die jetzt noch zu sehenden Reste erst aus dem 3. Jh. v.Chr. stammen. Die Anlage wurde unter Ptolemäus III. und Ptolemäus X. im ptolemäischen Stil errichtet und war den Göttern Amun, Mut und Chons gewidmet. Im Tempelinneren kann man Reliefs sehen, die Hapi, den Gott des Nils, darstellen. Der Tempel liegt 2 km von der Hauptstraße entfernt, Eintritt E£16 (8).

7 km hinter El Guwaita, also etwa 25 km südlich von Kharga, liegt **Qasr el Zayân**, ein weiterer römischer Tempel, der zu einer Wehrburg umgebaut wurde. Er war Amenebis, dem Gott der Stadt Tchnonemyris geweiht und wurde im 2. Jh. zum letzten Mal renoviert. Der Tempel ist eher klein, nicht so gut erhalten und lohnt den Eintritt (E£16 bzw. 8) nur für denjenigen, der römische Ruinen liebt. Wer über ein eigenes Auto oder aber über genügend Kondition und viel Wasser verfügt, kann die Verbindungsstraße zwischen beiden Tempeln, die etwa 2 km westlich der Hauptstraße verläuft, benutzen.

Bârîs als moderne Stadt hat eigentlich nicht viel zu bieten. Sehenswert ist jedoch **Bârîs el gedîd** (Neues Bârîs), ein unbewohntes Lehmdorf, 2 km nördlich des Hauptortes. Es wurde in den 60er Jahren von Ägyptens bekanntestem modernen Architekten, Hasan Fathy, als Modell für neue Oasensiedlungen entwickelt. Doch der Sechstagekrieg verhinderte die Vollendung des Paradedorfes und so schlummert das „neue" Bârîs seitdem vor sich hin.

Weitaus sehenswerter sind die Ruinen von **Dûsh**, die sich 13 km südlich von Bârîs befinden (von Bârîs aus gibt es keine Busse, nur Taxis). Diese römische Tempelanlage stammt aus dem 1. Jh. n.Chr., wurde unter Domitian errichtet und war dem Gott Osiris geweiht. Seit 1976 arbeiten hier französische Archäologen, um das Kysis, das alte Dûsh, freizulegen. Bisher konnte man jedoch allein den Tempel von den Sand- und Gesteinsmassen befreien. An der hinteren Mauer sind die Götter Serapis und Isis dargestellt. Diese Wand war von einer mit Gold gefassten Luke durchbrochen, durch die die Priester Opfergaben brachten. Berühmt wurde Dûsh durch seinen sagenhaften Goldschatz, der 1200 Gramm puren Goldes beinhaltete, alles in Form von Schmuck, Ketten und Täfelchen. Man geht davon aus, dass hier, an diesem wichtigen Karawanenstützpunkt des Darb al-'Arba'în, v.a. Schmuggelgut aus Esna und Edfu ins westliche Gebiet gebracht wurde. Die Reichtümer, die sich hier befanden, gehen vermutlich auf dieses Gut zurück.

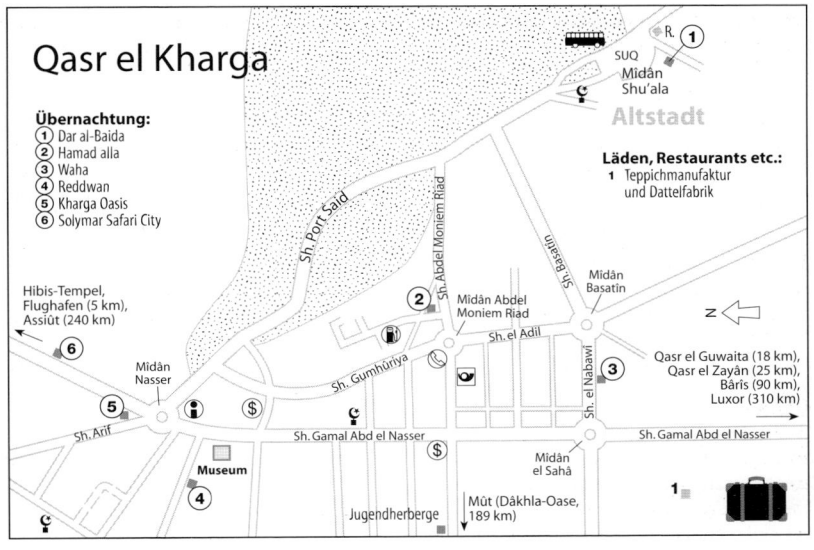

Qasr Umm Labakha und Umm Dabadib

Nur mit Geländewagen zu erreichen sind die beiden unbedingt sehenswerten römischen Forts Qasr Umm Labakha und Umm Dabadib im Nordosten von Kharga. Da man vor allem Letztere nur über schwierige Pisten erreichen kann, wurden sie bis jetzt vom touristischen Massenansturm verschont. Sie liegen in einer einzigartig schönen Landschaft einsam und verträumt. Wer mit dem eigenen Auto unterwegs ist, sollte sich einen ortskundigen Führer mitnehmen, der die Pisten kennt. Vermittelt werden diese von der Touristeninformation in Qasr el Kharga.

Schöner als **Qasr Umm Labakha**, das etwa 10 km von der Straße Richtung Kharga entfernt ist, kann eine Burg eigentlich nicht liegen: Eingebettet in ein kleines Wadi, umgeben von sanften Dünenzügen, in der Ferne die steilen Felswände der Senke, in der die Oase liegt. Die beeindruckenden Ruinen bestehen aus drei Gebäuden (zwei Tempeln und einer Burg), zwei Aquädukten und verschiedenen Felsengräbern. Somit gehört Labakha zu den größten historischen Stätten Khargas. Die Burg war unter der römischen Herrschaft einer der Kontrollpunkte auf dem Darb al-'Arba'în.

Nähert man sich dem Komplex von Süden, ist das erste Gebäude, das man zu sehen bekommt, das Fort. Es steht exponiert auf einem Hügel. Man kann noch immer gut die vier Türme sowie die Grundmauern der Anlage erkennen. Weiter nördlich liegen linker Hand die römischen Felsengräber, die bis ins 1. Jh. n.Chr. zurückreichen. Man kann sie nicht betreten und von außen nur wenig erkennen. Der Tempel, der sich dahinter erstreckt, ist jedoch nicht zu übersehen: Man kann gut die Arkaden und die einstigen Gebetsräume erkennen. Vom zweiten Tempel und den Aquädukten ist hingegen kaum noch etwas zu sehen.

Etwa 20 km über schwierigstes Gelände westlich hinter Labakha liegt am Fuße eines Steilhangs umgeben von herrlichen Dünen die sicherlich schönste archäologische Stätte der westlichen Wüste: Der römische Tempel **Umm Dabadib**, der unter Diokletian (4. Jh.) zu einer Wehrburg umgebaut wurde. Umm Dabadib wurde an einer Wasserstelle entlang der Handelskarawanenstrecke errichtet. Das Gebiet muss schon unter den Ptolemäern landwirtschaftlich genutzt worden sein, doch die Römer, die hier diesen Tempel errichteten, perfektionierten ein unterirdisches Bewässerungssystem, das die Burg mit dem Dorf verband. Reste der dazu gehörenden Aquädukte kann man heute noch sehen.

Das Areal besteht aus mehreren Komplexen: Einer Burg (die eckige Türme hat und noch erfreulich gut erhalten ist), einer Kirche, die in direkter Nachbarschaft zur Burg liegt, Aquädukten und (natürlich) den Resten des alten Dorfes, das direkt hinter der Burg beginnt und bis zum Steilhang zieht. Hier auch, wie bei Labakha, römische Felsgräber zu finden, die einen Blick lohnen. Eintritt frei.

Übernachtung

Trotz eines Hinweises auf einen **Campingplatz** neben dem Hibis-Tempel in der Broschüre des ägyptischen Fremdenverkehrsamtes ist hier kein Zeltplatz zu finden. Alle folgenden Unterkünfte befinden sich, sofern nicht anders vermerkt, in Qasr el Kharga.
Dar al-Baida, Mîdân Shu'ala, nahe dem Busbahnhof, ℡ 921717. Nur etwas für hart gesottene Naturen, aber die einzige Unterkunft beim Busbahnhof.
Jugendherberge, Sh. 'Abd el Moniem Riad, ℡ 922640. Etwas weit von der Stadt entfernt, aber sehr ruhig und sauber.
Hamad Alla**, nahe dem Mîdân 'Abd el Moniem Riad, Handy ℡ 012-7438184. Das v.a. bei Gruppen beliebte Hotel hat saubere Zimmer, die nicht sehr ansprechend und absolut abgewohnt sind.
Hamadalla Safari City**, außerhalb, an der Straße nach Bârîs, etwa 20 km südlich der Ortschaft Kharga, Handy ℡ 012-7472097, ✆ 929372, ✉ hamadallasaharacity@hotmail.com. Sehr schönes, neues Camp mit gutem Essen und freundlichen Leuten.
Kharga Oasis**, Mîdân Nasser, ℡ 921500. Ein Plattenbau mit hübschem Garten und Terrasse. Großzügige Zimmer, sauber und das beste Preis-Leistungs-Verhältnis im Ort.
Reddwan, nahe der Touristeninformation, ℡ 929897. Mäßig saubere Zimmer und mit Frühstück. Sehr einfach.
Solymar Resort Paradise****, Sh. Gamal Abd el Nasser, ℡ 927982, 987986, ✆ 927983, ✉ oasis@solymar-hotels.com. Ein Riesenbau mit sehr schönen Zimmern mit ac und TV. Restaurant, fantastischer Pool sowie ein nachgebautes Lehmdorf als kleines ethnografisches Museum zum Anschauen (mit Café). Gut.
Waha*, Sh. el Nabawî, ℡ 920393. Einfaches Hotel, z.T. mit fensterlosen Zimmern, und nicht immer sauber, aber nett.

Essen und Unterhaltung

Es gibt nicht allzu viele Restaurants in Kharga, die besten Möglichkeiten bieten sich in den Hotels. Ein recht gutes Restaurant ist dem ***Kharga Oasis*** angeschlossen.
Einfache Restaurants befinden sich rund um den Busbahnhof.
Kharga hat zwei Bars. Eine befindet sich im Hotel ***Hamad Allâh***, die andere im ***Solymar Resort***.

Einkaufen

Lohnend ist der Besuch der **Teppichknüpferei** und **-weberei** (nahe der Straße nach Bârîs), wo man zusehen kann, wie Teppiche hergestellt werden. Es handelt sich dabei um eine kleine Manufaktur, in der v.a. Frauen arbeiten. Der Teppich-Manufaktur, die im Übrigen nur auf Arabisch beschriftet ist und aus diesem Grunde nicht ganz leicht zu finden ist (siehe Plan), ist eine kleine **Töpferei** angegliedert. In beiden Werkstätten können die hergestellten Waren direkt gekauft werden ⊙ tgl. außer Fr (Öffnungs- und Schließzeiten variieren).
Nicht weit von den Werkstätten entfernt befindet sich eine kleine **Dattelfabrik**, wo man vom Ernte- über den Trocknungs- bis hin zum Verarbeitungsprozess alles genau anschauen kann. Wer Datteln liebt, wird hier auf seine Kosten kommen. ⊙ tgl. außer Fr zu unterschiedlichen Zeiten.

Sonstiges

GELD – Es gibt in Kharga zwei Banken, die auch Reiseschecks tauschen. Die ***Banque Misr*** befindet sich in der Sh. Gamal 'Abd el Nasser, ⊙ tgl. außer Fr 8–14.30 Uhr, die ***Banque du Caire*** in einer Seitenstraße nahe dem Mîdân Nasr.

INFORMATIONEN – Die offizielle ***Touristeninformation*** befindet sich am Mîdân Nasser,

921206, 921205, ⏱ tgl. 8.30–16 Uhr und manchmal auch noch spät abends. Die Leute sind freundlich und hilfsbereit.

Neben diesem offiziellen Büro gibt es noch die **New Valley Tourist Friends Association**, 905451, am Mîdân Basatîn, ⏱ tgl. außer Fr 17–22 Uhr. Sie informiert über das New Valley-Projekt und hilft bei Fragen gern weiter.

MEDIZINISCHE HILFE – Kharga hat ein kleines Krankenhaus (siehe Plan). Apotheken finden sich überall in der Stadt.

POST UND TELEFON – Die **Post** befindet sich zwischen Midan 'Abd el Moniem Riad und der Sh. 'Abd an-Nasr, ⏱ 8.30–14 Uhr. In der gesamten Stadt gibt es **Telefonzellen**, von denen man mit den gängigen Telefonkarten auch internationale Gespräche führen kann.

SPORT – Heiße Quellen zum Baden finden sich bei den Orten Bulaq und Nasser. Ein öffentliches Schwimmbad ist im Kharga-Club, Sh. Nasser, Eintritt E£2.

VORWAHL – 092

Nahverkehrsmittel

Pick-ups sind die gängigen Verkehrsmittel innerhalb der Oase. Sie fahren unregelmäßig, aber häufig ab der Sh. Nasser und zwischen Mîdân Shu'ala und Mîdân Nasser ab. Nach dem Fahrtziel fragen – die Einheimischen helfen dann weiter.

Transport

BUSSE – Der zentrale **Busbahnhof** befindet sich am Mîdân Shu'ala, nahe dem Eingang zur Altstadt. Er ist im Osten der Stadt und etwas weit von den Hotels entfernt. Wenn man von Dâkhla aus kommt, sollte man sich vorher im Stadtzentrum absetzen lassen, wenn man in einem der Hotels der Innenstadt wohnen möchte. Wer von Assiût kommt und im Solymar Resort Paradise oder dem Kharga Oasis wohnen möchte, sollte auch dies dem Fahrer kundtun, um rechtzeitig rausgelassen zu werden.

Busse nach:
BÂRÎS: Abfahrt um 7 und 14 Uhr; 1 1/2 Std., E£2;
KAIRO via ASSIÛT: Abfahrt um 21 und 6 Uhr; 11 Std.; E£23 bzw. E£37 (Luxusbus);
KAIRO via OASEN: Abfahrt um 6, 7, 14 und 21 Uhr; 14 Std.; E£30 bzw. E£38 (Luxusbus).

SAMMELTAXIS – Es gibt unregelmäßige Sammeltaxi-Verbindungen nach LUXOR über die direkte Straße (also nicht über Assiût). Die Taxis für max. 7 Personen kosten zwischen E£350 und E£500. Außerdem bedienen Sammeltaxis die Strecke ASSIÛT (E£8) und DÂKHLA (E£7) regelmäßig und häufig, vor allem vormittags.

EISENBAHN – Es gibt einen Zug, der freitags um 7 Uhr nach QENA (E£10; mit Anschluss nach Luxor) fährt. Es gibt nur Abteile der 3. Klasse, der Zug braucht mindestens 7 Std. und ist ein Erlebnis für sich – allerdings nur für den, dem Staub nichts ausmacht und der gern auf Holzbänken sitzt...

FLÜGE – Egypt Air fliegt 2x wöchentlich von KAIRO nach Kharga und zurück (E£450). Das Ticket Office befindet sich an der Sh. 'Abd an-Nasr, der Flughafen ist 5 km nördlich der Stadt.

Gabal Uwaynat, Gilf Kabîr und das Große Sandmeer

Diese Region, mehrere hundert Kilometer von den Oasen, dem Nil und dem Mittelmeer entfernt, wird seit Ende des 19. Jhs. von Wissenschaftlern und Abenteurern bereist und erforscht. So unwirtlich sie ist, so fern jeder menschlichen Zivilisation sie erscheint, so tief in der trockensten Wüste der Welt sie auch liegt – hier lebten jahrtausendelang Menschen. Vor knapp 4500 Jahren zogen große Karawanen von Osten nach Libyen und errichteten an diesem heute so fernen, unmenschlichen Ort Lagerplätze. In der gesamten Region finden sich **Kruglager**, d.h. Orte, an denen man früher Wasservorräte vergrub, um auf den Routen durch die Wüste nicht zu verdursten. Damals ritt man noch auf Eseln durch die Wüste und tränkte sie an diesen unterirdischen Lagern. Als das Kamel vor 2400 Jahren in der Wüste domestiziert wurde, brauchte man weit weniger solcher Kruglager als zuvor, da das Kamel viel länger ohne Wasser auskommt als der Esel und auch größere Wasservorräte für den Menschen transportieren kann.

Carlo Bergman, Wüstenwanderer, Geo-Autor und „moderner" Beduine, war es, der Ende der 90er Jahre etwas nördlich des Gilf Kabîr den Fund machte, der die Geschichtsschreibung der Westlichen Wüste revolutionierte. Denn er fand fern der Oasen und des Niltals hieroglyphische Inschriften, die aus dem Alten Reich stammen, sowie Felszeichnungen aus neolithischer Zeit. Dies war der endgültige Beweis dafür, dass hier eine antike Handelsroute nach Zentralafrika verlief, die so genannte „Seidenstraße der Pharaonen".

Heute ist die südwestlichste Wüstenregion Ägyptens rund um den Gabal Uwaynat, den Gilf Kabîr und das nördlich daran anschließende Große Sandmeer ein beliebtes Ziel für diejenigen, die Wüste pur lieben (und mit ihr alle Unannehmlichkeiten, die mehrere Tage ohne Strom und Dach über dem Kopf, ohne fließend Wasser und sanitäre Anlagen mit sich bringen).

Der englische Patient Die Reihe der Wüstenreisenden und -forscher ist lang. Ab Ende des 19. Jhs. erforschten Männer wie Gerhard Rohlfs, Leo Afrikanus, Ahmad Hassanain oder Kamâl ad-Dîn die Westliche Wüste, die bis heute unendlich viele Geheimnisse birgt. Der wohl bekannteste in der langen Reihe der Wüstenabenteurer lebte in der ersten Hälfte des 20. Jhs. und heißt **Ladislaus Lázló Almásy**, besser bekannt als „der englische Patient". Auch wenn die Geschichte des Helden im gleichnamigen Film unter der Regie von Anthony Minghella nach dem Roman von Michael Ondaatje von der wahren Geschichte des Ungarn stark abweicht, so erlangte er dadurch doch Weltruhm. Graf Almásy, 1895 in Ungarn geboren, gehörte zur Luftwaffe der österreichisch-ungarischen Monarchie und ging 1926 als erster Forscher nach Ägypten, um mit einem Auto dem Nil bis in den Sudan zu folgen. Diese erste Reise begeisterte ihn dermaßen, dass er in den Folgejahren immer wieder nach Ägypten zurückkam. Ihn faszinierten die Geheimnisse der Libyschen Wüste, von denen schon der deutsche Wüstenreisende Gerhard Rohlfs berichtet hatte, nachdem er Ende des 19. Jhs. mit einem großen Gefolge den nördlichen Teil des afrikanischen Kontinentes durchreist hatte. Almásy suchte vor allem nach der legendären Oase **Zarzura**, einem prächtigen Tal, das angeblich irgendwann einmal unter Sand begraben worden war. 1932 unternahm der Graf zusammen mit den Engländern Sir Robert Clayton, dem Oberstleutnant Penderel der königlichen Luftwaffe und dem Iren Patrick Clayton eine Expedition, um diesen sagenhaften Ort zu finden. Almásy glaubte, ihn schließlich im **Wadi Abd al-Malik**, einem Tal im Gilf Kabîr, gefunden zu haben. Für die Geschichte und die Erkundung dieser Region waren jedoch andere von Almásy aufgespürte Orte von wesentlich größerer Bedeutung. So entdeckte der Ungar auf der Suche nach Zarzura die grandiose **Höhle des Schwimmers** (s.u.) sowie weitere prähistorische Felsbilder rund um den Gabal Uwaynat und im Gilf Kabîr, die den Historikern heute wichtige Auskunft über die Geschichte der Region geben.
Wahrscheinlich gab es kaum eine Ecke der Sahara, die Almásy nicht kannte. Das machten sich im Zweiten Weltkrieg die Deutschen zunutze, denen der begeisterte Wüstenreisende als Hauptmann der Wehrmacht diente. Er erhielt den gefährlichen Auftrag, deutsche Agenten hinter die feindlichen Linien in Ägypten zu schleusen – ein Himmelfahrtskommando, denn das Große Sandmeer galt als unüberwindbar. Der Weg führte Almásy vom Mittelmeer über den Gilf Kabîr bis an den Nil, wo er die Spione absetzte. Kein Engländer hatte damit gerechnet, doch Almásy hatte das Unmögliche geschafft und war so zum Helden geworden.
Sein weiteres Leben war weniger glanzvoll: Bei Kriegsende geriet Almásy in sowjetische Gefangenschaft, aus der er sich jedoch befreien konnte. 1951 starb er – nicht in der Wüste, sondern in einem Salzburger Sanatorium an der Ruhr.

Der **Gabal Uwaynat**, direkt im Dreiländereck Ägypten, Sudan und Libyen, erhebt sich aus einer Ebene auf 1900 m Höhe. Das Bergmassiv nennt sich „Berg der Quellen", da es einst voller kleiner Regenoasen war, die frisches Grün in das Braun und Gelb der Landschaft brachten. Doch die meisten Quellen trockneten im Laufe der Jahrtausende aus. Dass hier einst eine Savanne war, die vielen wilden Tieren, wie sie heute erst 1000 km weiter südlich anzutreffen sind, eine Heimat bot, ist nur noch schwer vorstellbar. Dass dem aber so war, zeigen Felszeichnungen, die Ladislaus Almásy in den 30er Jahren vor allem in der großen Oase Karkur entdeckte. Zu dieser Zeit lebten im Tal noch Nomaden vom Stamme der Djur'an. Heute ist die Region verwaist, und da sie direkt an der Grenze zu Libyen liegt, ist sie für Wüstenfahrer auch nur mit vielen Sondergenehmigungen zu bereisen.

Das nördlich des Gabal Uwaynat liegende **Gilf Kabîr**, das „große Riff", wie es in Ägypten genannt wird, ist ein Kalksteinplateau, das sich ganz im Süden des Landes, nahe der sudanesischen Grenze, erstreckt. Es liegt auf knapp über 1000 m Höhe und umfasst eine Fläche von 7770 km². Sowohl an der Ost- wie auch der Westflanke bricht es mehrere hundert Meter ab. Es ist von mehreren tiefen Wadis, darunter das legendäre Wadi Abd al-Malik (s.o.), durchzogen, die das Wasser im Laufe von Jahrtausenden ins Riff gegraben hat. An der Südspitze des Gilf Kabir liegt das von Almásy errichtete **Denkmal für Kamâl ad-Dîn**, einen ägyptischen Wüstenforscher, der dem Ungarn als Vorbild diente. An den westlichen Steilhängen findet sich das so genannte **Wadi Sûra**, das „Bildertal", da man hier viele Höhlen mit Felszeichnungen gefunden hat, u.a. die berühmte **Höhle des Schwimmers**, wo man auf sehr gut erhaltenen Zeichnungen schwimmende Menschen erkennen kann – ein eindeutiger Beweis, dass diese Region einst wesentlich mehr Wasser hatte.

Besonders schön sind im Gilf die Plateaukanten im Osten und Westen. Hier finden sich Sanddünen und so genannte Zeugenberge, kleine Berge, die wie Spielsteinen auf einem Spielbrett aussehen. Nördlich vom Gilf erstreckt sich auf einer Länge von fast 800 km das so genannte **Große Sandmeer**. Hier, am Südrand des „Meeres", kann man mit sehr viel Glück das so genannte „Wüstenglas" finden, das wahrscheinlich durch einen Meteoriteneinschlag vor 29 Mill. Jahren entstand. Der mysteriöse Stein ist teurer als Diamanten, da er einmalig ist und nur in dieser Region je gefunden wurde. Die Goldschmiede des Pharaos erkannten seinen hohen Wert und fertigten daraus das berühmteste Schmuckstück des alten Ägyptens, den Skarabäus. Nach ägyptischem Glauben war es göttliche Vorsehung, dass der Stein aus der Wüste im Westen kam, denn dort trat der Pharao die Reise ins ewige Leben an.

Das Sandmeer zieht sich von hier bis zur Oase Dâkhla. Endlos rollen Dünen, z.T. mehrere hundert Meter hoch und viele hundert Kilometer lang, in gleichen Abständen und parallel zueinander von West noch Ost. Diese gigantische Sandwüste zu durchqueren erfordert von den Fahrern viel Können, ist aber für denjenigen, der sich für die Weite und Schönheit der Wüste begeistern kann, das absolute Highlight einer jeden Wüstenreise.

Eine Reise in diese abgelegene Region, nahe der Grenzen zum Sudan und Libyen, ist nicht unbeschwerlich und vor allem auch nicht immer möglich. Sieht man einmal von den oben genannten Unannehmlichkeiten ab, so kommt erschwerend hinzu, dass man mindestens 10 Tage unterwegs sein muss, um auch nur im Ansatz etwas von dieser großartigen Landschaft erleben zu können. Das Gebiet ist zudem militärisch streng kontrolliert, z.T. gesperrt, weswegen eine Erkundung ohne erfahrene Agenturen, die sich auch um Konvoi-Fahrzeuge und Militärgenehmigungen kümmern, unmöglich ist (Anbieter s.S. 292/293). Immer wieder werden Pisten und Wege gesperrt, Durchfahrten durch Minenfelder unmöglich gemacht und Genehmigungen verweigert. Zudem ist eine Reise hierher ausschließlich in der Winterhälfte des Jahres möglich.

Mittelmeer und Delta

HIGHLIGHTS

ALEXANDRIA – Jugendstil-Kaffeehäuser zum Träumen und Genießen, das Labyrinth der römischen Katakomben Qaum ash-Shuqqâfa erkunden und Wachteln spachteln im Malik el Samân

KLEOPATRA-STRAND – Badespaß im Mittelmeer (s. Foto unten)

WADI NATRÛN – Klösterliche Einsamkeit in der Wüste

DER SUEZKANAL – Von Menschen geschaffenes Meisterwerk

PORT SA'ÎD – Mittelmeerflair und köstliche Fischspezialitäten

Die **Küste** zwischen Alexandria und Libyen ist ganz und gar auf den innerägyptischen Tourismus eingestellt. Keine der Siedlungen entspricht auch nur im Ansatz europäischen Vorstellungen davon, wie ein Ferienort zu sein hat. Die Mittelmeerküste deswegen abzuschreiben wäre dennoch falsch. Vor allem Leute, die einen eigenen Wagen haben oder mit einem Fahrer unterwegs sind, finden immer wieder Küstenabschnitte, die wunderschön und vollkommen unverbaut sind, insbesondere westlich von Marsa Matrûh, aber auch auf der Strecke von Alexandria dorthin findet man mitunter Strände, die menschenleer sind und sich hervorragend zum Ausspannen eignen. Das Wasser ist türkisblau, die weißen Kreidefelsen bilden natürliche Buchten und die Strände sind überwiegend weiß und sauber.

Lohnende Ziele sind auf jeden Fall **Alexandria**, und in den warmen Monaten **Marsa Matrûh**, vor allem wegen der schönen Strände, die man von hier aus auch mit öffentlichen Verkehrsmitteln erreichen kann. Für Geschichtsinteressierte lohnt sich auch ein Stopp auf dem Soldatenfriedhof von **El Alamain** und beim deutschen Kriegsmahnmal.

Vorsicht: Minen! Ganze Landstriche in Ägypten sind mit Zäunen umgeben, auf denen Hinweisschilder mit einem Totenkopf: „Danger! Mines!" verkünden. Die umzäunten Minenfelder zeugen von der schrecklichen Kriegsvergangenheit der letzten 40 Jahre. Sie finden sich entlang der Küste des Roten Meeres südlich von Suez, aber auch entlang mancher Küstenabschnitte des Sinai. Doch nirgends sind die Minen so konzentriert wie am Mittelmeer, wo Rommel vor nunmehr 60 Jahren in Ägypten einmarschierte. In der Region rund um El Alamain liegen schätzungsweise noch immer 17,5 Mill. **Landminen aus dem Zweiten Weltkrieg**. Diese Minen sind nicht durch Zäune abgetrennt, sie liegen zwischen unzähligen Leichen im Wüstensand und sind auf keiner Karte verzeichnet. Ein politischer Streit verhindert ihre Entschärfung, so dass jährlich noch immer Hunderte von Ägyptern durch Minen schwer verletzt werden oder sogar sterben.

Die Ägypter verlangen 6 Milliarden US$, um ein minenfreies Ägypten zu schaffen. Sie selbst wollen davon jedoch nur 5% aufbringen. Den Rest soll vor allem die EU beisteuern, die sich jedoch weigert, für die gesamten **Kosten** aufzukommen. In den vergangenen 20 Jahren wurden von den USA, Großbritannien, Deutschland und anderen EU-Staaten insgesamt bereits 20 Mill. US$ aufgebracht, um diese Minen zu entschärfen, doch findet die ägyptische Regierung dies nicht ausreichend. Sie verlangt vor allem von den ehemaligen Kriegsparteien Gelder in Milliardenhöhe. In der deutschen Botschaft in Kairo findet man dies übergezogen und weigert sich, eine Pauschalschuld zu übernehmen. So diskutieren Kairo und die EU-Länder weiter miteinander, scheinen aber nicht zu einem Ergebnis zu kommen. Aus Sicht der Deutschen hat die Unfähigkeit, sich in dieser Frage zu einigen, noch andere Hintergründe: Den Ägyptern wird vorgeworfen, nur das Geld zu wollen statt praktischer Unterstützung – und daran scheint etwas Wahres zu sein. Denn bisher wurden trotz der bereits geleisteten 20 Mill. US$ Unterstützung kaum Minen entschärft. Im Sommer 2003 ließ die Regierung verkünden, von nun an von allen ausländischen **Wüstentouristen** eine pauschale Summe von US$100 pro Kopf zu verlangen. Mit diesem Geld sollen die Minen entschärft werden. Für die Tourismusbranche wäre dieses Gesetz, würde es denn je durchgesetzt werden, eine Katastrophe, da die Preise für eine Wüstensafari in diesem Fall erheblich steigen würden.

Unterdessen diskutieren Deutsche, Ägypter, Briten, Italiener und Franzosen weiter und erklären wohl schon zum hundertsten Mal, dass sie mit der Minenräumung beginnen wollen. Doch da die ägyptische Regierung auf praktische Hilfe verzichtet und stattdessen lieber Geld möchte, wird es wohl noch eine Weile dauern, bis die Minen rund um El Alamain geräumt sein werden. Bis dahin sollte man hier wie auch an der Rotmeerküste nicht von den Wegen und Pfaden abweichen.

Das **Delta** ist zusammen mit Kairo die am dichtesten besiedelte Region des Landes und wird von der Agrarindustrie geprägt. Touristen verirren sich selten in diese Gegend, abgesehen von den wenigen, die den Weg in das sehr schöne **Wadi Natrûn** finden, das ganz im Westen des Deltas liegt. Allein der **Suezkanal** und die Orte westlich der Schiffsstraße, **Port Sa'îd** und **Ismâ'iliya**, lohnen, vom touristischen Gesichtspunkt her gesehen, einen Aufenthalt.

Alexandria (al-Iskandariya)

Alexandria ist ein Ort des Flanierens, der Café- und Teehausbesuche und der Muße. Die Stadt hat ein ganz eigenes Flair, das stark von der Lage am Mittelmeer und der im Vergleich zu den Stätten aus pharaonischer Zeit recht jungen mediterranen Geschichte geprägt ist. Wer hier ein paar Tage bleibt, kann den Atem der Vergangenheit spüren. Alexandria war einst Roms größte Konkurrenz, wurde von Kleopatra regiert und beherbergte eines der sieben Weltwunder, den Leuchtturm. Doch obwohl die Stadt eine lange und wichtige Rolle in der Weltgeschichte spielte, sind nur recht wenige Sehenswürdigkeiten aus dem Altertum erhalten. Oft wird Alexandria daher als die historischste Stadt mit den wenigsten Sehenswürdigkeiten bezeichnet. Man spürt, die Stadt hat Geschichte, man kann sie jedoch nicht fassen. Vielleicht ist es das, was den besonderen Charakter von Alexandria ausmacht.

Heute zählt Alexandria, die sicherlich europäischste Großstadt Ägyptens, ca. 3,5 Mill. Einwohner. In manchen Stadtteilen leben hier (wie in Kairo) über 100 000 Einwohner/km². Die zweitgrößte Stadt des Landes steht jedoch im Schatten der nur etwa 200 km entfernten Hauptstadt Kairo. So besitzt Alexandria z.B. keine eigene Tageszeitung, die Stadt wurde seit den 60er Jahren nicht mehr von einem Alexandriner regiert und auch die Oper von Alexandria soll in Zukunft vom Cairo Opera House geleitet werden.

Die Hauptwirtschaftssäulen der Stadt sind die Schifffahrt, die Industrie und der Tourismus. In den 90er Jahren des 20. Jhs. wurden im überlasteten und manchmal als korrupt verrufenen Westhafen der Stadt etwa 60% des ägyptischen See-Außenhandels getätigt. So baute man 10 km westlich in El Dikhaila einen Entlastungshafen. Wichtige Industriebranchen der Stadt sind die Textil-, Lebensmittel-, Papier-, Düngemittel-, Zement-, Stahl- und Zigarettenherstellung bzw. -verarbeitung. Auch Erdölraffinerien und petrochemische Betriebe sind vertreten.

Von Juni bis September strömen Hunderttausende Badeurlauber aus Kairo und Umgebung als Sommergäste oder Wochenendausflügler nach Alexandria. Dann vermieten viele Alexandriner ihre Wohnungen an die Badegäste. Die „Braut des Mittelmeeres", ein liebevoller Beiname der Mittelmeermetropole, hat jedoch für die Sommerurlauber aus der Hauptstadt an Anziehungskraft verloren. Gestiegene Lebenskosten und der Ausbau der Corniche, durch die einige Stadtstrände an Fläche und Qualität einbüßten, führten dazu, dass viele der wohlhabenderen Ägypter in die Ferienziele an der nordwestlichen Mittelmeerküste und am Golf von Suez ausgewichen sind. Und manch einer kann sich eine Sommerfrische überhaupt nicht mehr leisten und muss zu Hause im versmogten Kairo bleiben. Der neue Provinzgouverneur ist allerdings sehr darum bemüht, die Gebäude, Straßen und Plätze im Stadtzentrum zu verschönern und sauber zu halten, um die Attraktivität der Stadt zu steigern. Geplant sind außerdem der Bau eines Pharaonischen Museums und eines Mosaikmuseums; beide Projekte stecken jedoch noch in den Kinderschuhen.

Geschichte

Alexander der Große suchte nach seinem Ägyptenfeldzug 332 v.Chr. nach einer geeigneten Lage für eine Hafenstadt. Die Stelle des einstigen Ortes Rhakotis schien ihm ideal. Tatsächlich hätte der Namensgeber der Stadt es nicht besser treffen können: Die auserwählte, von zwei Felsspornen umrahmte Bucht war im Norden durch die Insel Pharos und im Süden durch den Maryût-See, der damals eine Verbindung zum Nil hatte, vor Angreifern gut geschützt. Die Stadt wurde schachbrettartig angelegt und mit 30 m breiten Boulevards versehen. Die Insel Pharos wurde durch einen 1300 m langen Steinschüttdamm, das so genannte Heptastadion, mit dem Festland verbunden. Zisternen versorgten die Einwohner Alexandrias mit dem nötigen Trinkwasser. Sie wurden mit Wasser aus

Alexandria: Pompejus-Säule

dem westlichen (kanopischen) Nilarm gespeist. Durch den Damm waren in Alexandria zusätzlich zum Südhafen im Maryût-See ein West- und ein Osthafen entstanden, wovon Letzterer der wichtigere war.

Alexandria entwickelte sich bald zu einem Weltzentrum der Künste und Wissenschaften. Zum einstigen „Museum" (griechisch-lateinisch: „Heiligtum der Musen"), einer Art Wissenschaftszentrum, gehörte die berühmte größte Bibliothek der Welt. Als diese bei der Eroberung der Stadt durch **Cäsar** 48 v.Chr. niederbrannte, gingen ungefähr 900 000 Papyrusrollen verloren. Es war die von ihrem Bruder Ptolemaios XIII. aus Alexandria vertriebene **Kleopatra**, die sich Hilfe suchend an Cäsar gewandt hatte. Doch die Alexandriner verdächtigten den Feldherrn, Ägypten zu einer Provinz des römischen Imperiums machen zu wollen, weshalb es zu Aufständen kam, bei denen Teile der Stadt mit der einzigartigen Bibliothek in Flammen aufgingen. Nach deren Niederschlagung konnte Kleopatra uneingeschränkt über Ägypten herrschen, während Cäsar nach neunmonatigem Ägyptenaufenthalt nach Rom zurückkehrte, wo Kleopatra den Geliebten hin und wieder besuchte. 47 v.Chr. gebar Kleopatra dem römischen Kaiser einen Sohn, Ptolemaios Cäsar, den die Alexandriner Cäsarion („kleiner Cäsar") nannten. 44 v.Chr. wurde Cäsar durch Brutus und dessen Mitverschwörer in Rom erstochen. Ihm folgte **Marcus Antonius**. Wie schon zuvor Cäsar erlag auch er den weiblichen Reizen Kleopatras. Doch die Liaison wurde in Rom missbilligt. Antonius' Widersacher Octavian, der spätere Augustus, besiegte die ägyptischen Seestreitkräfte am 2. September 31 v.Chr. in der **Schlacht von Actium** (vor Nordwestgriechenland). Anschließend wurden auch die ägyptischen Landstreitkräfte geschlagen. Nach dem Einmarsch Octavians am 1. August 30 v.Chr. wurde Alexandria zur **Hauptstadt der römischen Provinz Ägypten**. Die Stadt wurde ausgebaut und galt mit ungefähr einer halben Million Einwohner nach Rom als zweitgrößte Stadt der Welt.

Schon im 1. Jh. n.Chr. wurde das **Christentum** durch den Evangelisten Markus nach Alexandria gebracht (siehe Kasten). Trotz Christenverfolgungen in der Stadt, v.a. im 3. Jh. n.Chr. unter Diokletian, entwickelte Alexandria sich zu einem Zentrum der christlichen Theologie. Die Teilung des Römischen Reiches 395 n.Chr., durch die Ägypten an Byzanz fiel, und die Verfolgung der Kopten im Anschluss an das Kirchenschisma nach dem Konzil von Chalkedon im Jahre 451, ließen den Stern Alexandrias untergehen.

Frühes Christentum in Alexandria Laut Überlieferung war es **Markus**, der Verfasser des ältesten Evangeliums, der während der Regierungszeit Neros das Christentum nach Ägypten brachte. Die ersten Anhänger des Christentums in Ägypten entstammten der dort ansässigen jüdischen Gemeinde. Ein jüdischer Schuhmacher soll als erster Ägypter zum Christentum bekehrt worden sein. Die Quellen über die genaue Ausbreitung des Christentums in Ägypten sind allerdings sehr spärlich. Ein Papyrus aus der ersten Hälfte des 2. Jhs. belegt aber, dass das Christentum zu jener Zeit in Alexandria schon weit verbreitet war. Die Tatsache, dass man im alten Ägypten an eine kosmische Weltordnung und einen Schöpfergott glaubte, war für die recht schnelle Verbreitung des neuen Glaubens in manchen Regionen des ehemaligen Pharaonenlandes von Vorteil. Außerdem war das Land am Nil die Zufluchtsstätte der Heiligen Familie gewesen und die Menschen, die stark unter dem Joch der römischen Herrschaft zu leiden hatten, sehnten sich nach Erlösung.
Unter **Pantaneus** entstand ca. 180 n.Chr. in Alexandria eine katechetische Schule, die sich nicht nur mit theologischen Themen befasste, sondern auch Wissenschaften wie Mathematik lehrte. Die Absolventen dieser Schule gelten in der koptischen Tradition als „Wächter der Orthodoxie". Unter dem nachfolgenden Schulleiter **Clement** unterhielt die Kirche in Alexandria bereits Kontakte zu den Kirchen in Jerusalem und Antiochia (heute Antakya in der Türkei) und gemeinsam setzte man sich mit Fragen wie beispielsweise dem Zeitpunkt des Osterfestes auseinander. Am Ende des 2. Jhs. bestanden in Alexandria und Unterägypten insgesamt ca. 40 Bistümer und in Mittelägypten war das Christentum schon „eingesickert".

Im 7. Jh. folgte eine kurze Zeit **persischer Besatzung**. Doch 642 eroberten die Moslems unter dem Feldherrn **Amr Ibn al'Âs** die Stadt. Diese waren beeindruckt von der immer noch herrschenden Pracht: Sie fanden laut eigenem Bericht 4000 Paläste und 400 Theater vor. Alexandria verlor die Funktion der Hauptstadt zugunsten von al-Fustât, später Kairo (al-Qâhira), das fortan die Metropole des Landes bleiben sollte. Alexandria büßte enorm an Bedeutung ein, und als **Napoleon** 1798 die Stadt einnahm, lebten dort angeblich nur noch 15 000 Menschen.

Unter **Muhammad Ali** erlebte Alexandria eine erneute Blütezeit. Der Pascha ließ den Westhafen erweitern und 1819–1821 den Mahmûdiya-Kanal bauen, um die Stadt wieder an den Nil anzubinden. Dieser sorgte für einen enormen Aufschwung. Die Trinkwasserversorgung der Stadt war wieder gewährleistet und der Bewässerungsfeldbau der Region konnte ausgedehnt werden. Viel wichtiger war jedoch die Verbindung des Kanals zum Hafen, der sich zum größten Umschlagplatz für die begehrte ägyptische Baumwolle entwickelte. Der Hafen galt Mitte des 19. Jhs. nach Istanbul, Marseille und Genua als viertwichtigster Hafen des Mittelmeeres. Viele Ausländer fühlten sich von der prosperierenden Stadt angezogen; ihr Anteil machte über 10% der Stadtbevölkerung aus. Der Sozialismus der 50er Jahre mit der damit einhergehenden Enteignung der Betriebe führte dazu, dass über 100 000 der ausländischen „Neubürger", aber auch Tausende von Juden die Stadt verließen.

Orientierung

Aufgrund der Lage Alexandrias auf einem schmalen Landstreifen von 2–3 km Breite zwischen dem Maryût-See und dem Mittelmeer fällt die Orientierung nicht schwer. Das heißt jedoch nicht, dass es unmöglich ist, sich zu verlaufen. Doch die freundlichen und aufgeschlossenen Alexandriner, die häufiger als in anderen Landesteilen des Englischen oder mitunter auch des Französischen mächtig sind, kennen ihre geliebte Stadt recht gut und helfen in solch einem Fall sehr gern weiter. Die Hauptverkehrsachsen, einschließlich der meisten Straßenbahnlinien, verlaufen von West nach Ost: Das durch die Seitenstraßen oft sichtbare Mittelmeer im Norden gibt meist einen Anhaltspunkt über den eigenen Standort.

Die Stadtmitte, **Downtown** oder City genannt, ist für die Größe der Stadt relativ klein. Sie befindet sich rund um den 350 m langen **Midân Tahrîr**, der leicht an der großen Reiterstatue von Muhammad Ali zu erkennen ist. Hier beginnen die Gassen des Sûqs und treffen die wichtigen Straßen der Stadt aufeinander. Der Platz verbindet sich zum Meer hin T-förmig mit dem Midân Urâbî (Orabi), dessen nördlicher Teil vom Denkmal des unbekannten Soldaten dominiert wird.

Aufgrund der geringen Ausdehnungsmöglichkeiten nach Nord und Süd hat sich die Stadt vom Zentrum aus ungefähr 20 km zuerst nach Westen und mittlerweile auch nach Osten entlang der Küste ausgedehnt. Hier liegen ältere Orte, die mit Alexandria zusammengewachsen sind, aber auch neue **Vororte**, in denen fast die Hälfte der Einwohner Alexandrias zu Hause ist. Dazwischen finden sich immer wieder Gewerbegebiete und direkt am Meer mehr oder weniger schöne Stadtbadestrände. Diese weite Ost-West-Ausdehnung der Stadt hat dazu geführt, dass die Wege in die Stadtmitte immer weiter wurden, und so entwickelten sich in den einzelnen Orten eigene kleine Zentren, in denen man zumindest die Dinge des täglichen Bedarfs und einige Verwaltungsdienste findet. Das Nadelöhr Stadtmitte wird dadurch enorm entlastet.

Die meisten für den ausländischen Urlauber interessanten Unterkünfte liegen nur wenige Hundert Meter vom Mîdân Tahrîr rund um die Plätze **Midân Saad Zaghlûl**, an dem eine Statue des gleichnamigen Nationalisten steht, und **Mîdân Ramla**, der auch oft Mahatta Ramla genannt wird. An Letzterem enden die Straßenbahnen, die vom östlich gelegenen **Bahnhof Sidi Gâbir** kommen. Bahnreisende müssen darauf achten, dass sie bereits hier aussteigen und nicht eine Station weiter zum Hauptbahnhof (Masr Train Station) fahren, weil man vom Sidi Gâbir einfacher in die Innenstadt gelangt.

Direkt beim Bahnhof Sidi Gâbir befinden sich auch die Busbahnhöfe der verschiedenen Gesellschaften. Wer etwas Zeit mitbringt, kann bei der Ankunft, sei es nun mit Bus oder Bahn, in die preisgünstigen, westwärts fahrenden Straßenbahnen einfach bis zur Endhaltestelle Mîdân Ramla fahren.

Vom Stadtzentrum aus kann man sich viele Sehenswürdigkeiten erwandern. Der Sûq, die schönen alten Kaffeehäuser Alexandrias, das griechisch-römische Museum und selbst das Fort des Qaitbey sind bequem per pedes erreichbar. Denn hier heißt es mehr als sonst: Der Weg ist das Ziel! Ansonsten bietet es sich an, verschiedene Besichtigungspunkte nach Stadtvierteln zusammenzufassen und sich mit einem Taxi zum ersten Ausflugsziel bringen zu lassen, von wo aus man sich dann zu Fuß weiter bewegen kann.

Die Straßenbeschilderung im Zentrum Alexandrias ist meistens gut, im ältesten Stadtteil El Anfûshî jedoch eher dürftig. Und Achtung, gleich dreimal findet sich der Name Zaghlûl in Ortsbezeichnungen wieder: Mîdân (Saad) Zaghlûl, Sh. Saad Zaghlûl und Sh. Safiya Zaghlûl.

El Anfûshî

Die ältesten Viertel der Stadt (El Anfûshî, El Gumruk und Ra's el Tîn) liegen auf der Landzunge, dem ehemaligen Damm, der das Festland mit der Insel Pharos verband. Bekannt sind diese drei Viertel aus dem 16. Jh. heute unter dem Namen El Anfûshî. Tausende von Menschen sind hier ständig unterwegs und Autos vermeiden es daher, in diesen Bereich zu fahren.

Unser Rundgang beginnt im Nordwesten des Viertels und führt langsam Richtung Südosten ins Stadtzentrum. Am besten ist, es, man fährt mit der Straßenbahn Nr. 15 vom Mîdân Ramla hierher und läuft dann zurück.

Ganz im Nordwesten von Anfûshî liegt der **Ra's el Tîn-Palast**, den Muhammad Ali 1818, im Rahmen eines enormen baulichen Aufschwungs der Stadtteile El Anfûshî und Ra's el Tîn (arab. „Feigenkap"), als Herrscherresidenz errichten ließ. Als solche diente er auch noch den letzten Königen von Ägypten, bis König Faruk 1952 in einem der rund 300 Räume die Abdankungsurkunde unterschrieb. Den Palast kann man nur von außen betrachten, denn hier residiert heute die ägyptische Admiralität.

Nicht weit vom Palast entfernt befindet sich die **Nekropole von Anfûshî**. Sie besteht aus fünf ptolemäischen Gräbern aus dem 3. Jh. v.Chr. Jedes der Gräber ist in einen Vorraum und eine Grabkapelle aufgeteilt. Die meisten haben herrliche Wanddekorationen, die aber leider stark beschädigt sind. Am bemerkenswertesten ist das Grab Nr. 1, das 1902 entdeckt wurde. Die Motive in der Grabkammer zeigen sehr schön die Vermischung der altägyptischen mit der griechischen Kultur. ⏰ tgl. 9–16.30 Uhr; Eintritt E£12 (6).

Von hier ist es etwa eine halbe Stunde Fußmarsch bzw. etwa 10 Min. mit dem Taxi (E£3) oder der Straßenbahn Nr. 15, am Fischmarkt vorbei, zum **Fort Qaitbey**, dem wohl bedeutendsten Bauwerk Alexandrias. Diese Befestigungsanlage aus dem 15. Jh. erhebt sich an der Stelle des antiken Leuchtturms ganz im Norden der Stadt. Der mamlukische Sultan Qaitbey verwendete zum Bau des Forts die Steine des Leuchtturms, der im 14. Jh. einem Erdbeben zum Opfer gefallen war.

> **Der Leuchtturm von Alexandria – eines der sieben Weltwunder** Ptolemaios II. (285–246 v.Chr.) errichtete auf der einstigen Insel Pharos den berühmten Leuchtturm, der bis zur Zerstörung durch zwei große Erdbeben in den Jahren 1303 und 1326 n.Chr. 16 Jahrhunderte lang Schiffen den Weg in den Hafen wies. Da der Turm eine bis dahin nie erreichte Höhe hatte (man vermutet, dass er 120–180 m hoch war), erklärte man ihn zu einem der sieben Weltwunder der Antike. Der Turm setzte sich aus drei Etagen zusammen, wovon die erste einen quadratischen, die zweite einen oktagonalen und die dritte einen runden Grundriss hatte. Man geht davon aus, dass der Turm tagsüber mit Hilfe von Spiegeln die Sonne reflektierte und nachts ein großes Leuchtfeuer auf ihm entfacht wurde. Bei diversen Erdbeben (das erste war bereits um 700) brach der Turm peu à peu in sich zusammen, bis im 14. Jh. nicht mehr als ein Haufen Schutt davon übrig war.

Die dreistöckige Anlage des Forts wurde zur Verteidigung des Hafens gebaut. Der Hauptturm hat eine Höhe von 17 m und eine Breite von 30 m. Unter Muhammad Ali wurde die Festung umgebaut und erhielt ihr heutiges Gesicht. Im Innenhof fanden zur Zeit der Recherche umfangreiche Umbauarbeiten statt, so dass keines der Gebäude zu besichtigen war. Von den Mauern hat man einen herrlichen Blick auf den Osthafen, in dem viele bunte Boote schaukeln, sowie auf die Corniche und

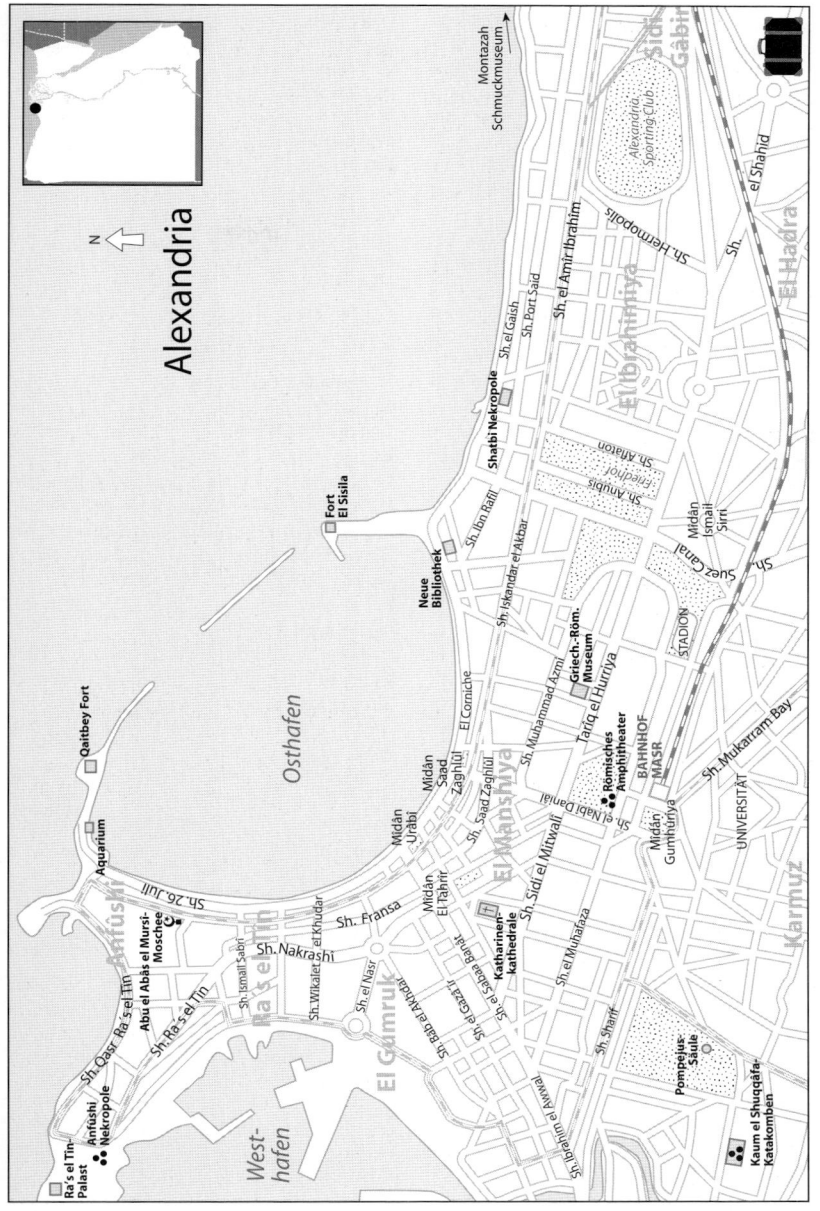

natürlich auf das Meer. Am Fuße der Anlage warten Angler in aller Ruhe auf Fische. Das Fort ist ein beliebtes Ausflugsziel für Familien und Schulklassen. Diese besuchen meist auch das kleine **Aquarium**, das sich schräg gegenüber dem Fort befindet, den Besuch jedoch kaum lohnt. ⏲ Fort tgl. 9–16.30 Uhr, Eintritt E£12 (6). Wer vom Mîdân Ramla kommt, kann mit der Straßenbahn Nr. 15 hierher fahren.

Unser Weg führt zu Fuß weiter gen Süden. Bald schon erreicht man die **Abu el Abâs el Mursî-Moschee**, die den Namen eines andalusischen Heiligen aus dem 13. Jh. trägt. Sie ist die wichtigste und größte Moschee Alexandrias. Mit ihrem Bau wurde 1928 auf den Ruinen einer osmanischen Moschee aus dem 18. Jh. begonnen; vollendet wurde sie 1945. Die Zentralkuppel erhebt sich 24 m über einem achteckigen Grundriss, ähnlich dem Felsendom in Jerusalem. Von hier lässt es sich angenehm nach Süden schlendern. Die Straßen zwischen dem Ost- und Westhafen sind sehr belebt. Vor allem die Shâria Safar Pasha, die Shâria Ra's el Tîn und weiter südlich die Shâria Nukrashî (= Sh. el Mîdân) sowie die Shâria Fransa laden zum gemütlichen Bummel ein.

Sehenswert ist auf dem Weg Richtung Zentrum die kleine **Ibrâhim Tirbâna-Moschee** in der Sh. Fransa. Sie gehört zu den wenigen älteren Gebetsstätten Alexandrias. Bei ihrem Bau im 17. Jh. wurden zahlreiche Säulen aus dem Altertum integriert.

Folgt man nun der Sh. Nukrashî, passiert man die **El Shurbagî-Moschee** aus dem 18. Jh. Auch sie lohnt einen kurzen Blick. Kurz hinter der Moschee beginnt der **Sûq**, der so belebt ist, dass es oftmals kein Durchkommen mehr gibt: Menschenmassen, Verkaufsstände, manchmal Ziegen und Schafe, oder aber Autos versperren den Weg. Am schönsten ist es, sich einfach treiben zu lassen, sei es in einer der belebten Seitengassen oder einfach entlang der großen Straße. Das lebendige Markttreiben endet am Mîdân Tahrîr, um dort in das etwas gediegenere Kaffeehaus-Viertel überzugehen.

Downtown

Zwischen der Corniche und der Tarîq el Hurriya bzw. deren Verlängerung, der Sh. Sidi el Mitwalî, und zwischen dem Mîdân Tahrîr und dem Mîdân Ramla herrscht reger Betrieb. Man sitzt in Kaffeehäusern, Restaurants oder Bars und lässt sich das Essen, den Kaffee oder die Wasserpfeife und abends auch ein Bier schmecken. Man ist unterwegs oder wartet auf die nächste Straßenbahn, geht in eines der zahlreichen Kinos, redet, spielt Backgammon oder lehnt sich einfach nur abwartend an eine Hauswand. Besonders lebendig ist natürlich der zentrale Punkt, der **Mîdân Tahrîr**, auf dem in Teehäusern oder Bars über die Tageseinkäufe auf dem Sûq diskutiert wird. Auch am **Mîdân Zaghlûl** und der **Ramla Station**, dem zentralen Ausgangspunkt für die Straßenbahnlinien und Standort der Post und einiger Einkehrmöglichkeiten, ist immer etwas los; und natürlich flaniert an der **Corniche**, wer sehen und gesehen werden will.

Besonders belebt sind auch die Shâria Saad Zaghlûl und die Shâria Nabî Daniel. In Letzterer liegt die gut bewachte, große **Eliahu Hanabi-Synagoge** vom Ende des 19. Jhs., das einzige jüdische Gebetshaus Alexandrias, in dem noch Gottesdienste abgehalten werden. In ihr werden die Schätze der zerstörten Synagogen Alexandrias aufbewahrt. Von den einst über 40 000 Juden, die nach dem Zweiten Weltkrieg in Alexandria lebten, sind heute nur noch wenige übrig geblieben (s.S. 156). Der Zutritt wird in aller Regel verwehrt.

In der Tarîq el Hurriya kann man durch einen Torbogen einen Blick auf das **Sayyid Darwîsh-Theater** werfen, das zurzeit umfangreich renoviert wird. In der Sh. Safiya Zaghlûl befinden sich viele Bekleidungsgeschäfte.

Direkt südlich der beschriebenen Achse befindet sich das Attarîn-Viertel, das sich bis zum Hauptbahnhof hinzieht. Hier ist auch die **Attarîn-Moschee**. Der Bau war ursprünglich eine Kirche aus dem 4. Jh., die im 7. Jh. in eine Moschee umgewandelt wurde. Der heutige Bau wurde nach der Zerstörung der Moschee im Jahre 1830 wieder errichtet. Südlich davon beginnt der **Sûq el Attarîn** (Sûq der Parfümhändler). Heute werden hier jedoch keine Duftessenzen mehr angeboten. In den Gassen und Straßen zwischen der Sh. Sidi el Mitwalî, der Sh. Attarîn und der Sh. Ismâ'il Mihanâ bieten inzwischen Trödler und Antiquitätenhändler ihre Waren an. Besondere Beachtung verdienen die Fassaden der z.T. kolonialen Häuser. Viele pittoreske Ecken locken den Fotografen, die Antiquitätengeschäfte laden zum Stöbern ein. Doch Vorsicht: Nicht alles, was alt aussieht, ist auch alt, denn viele

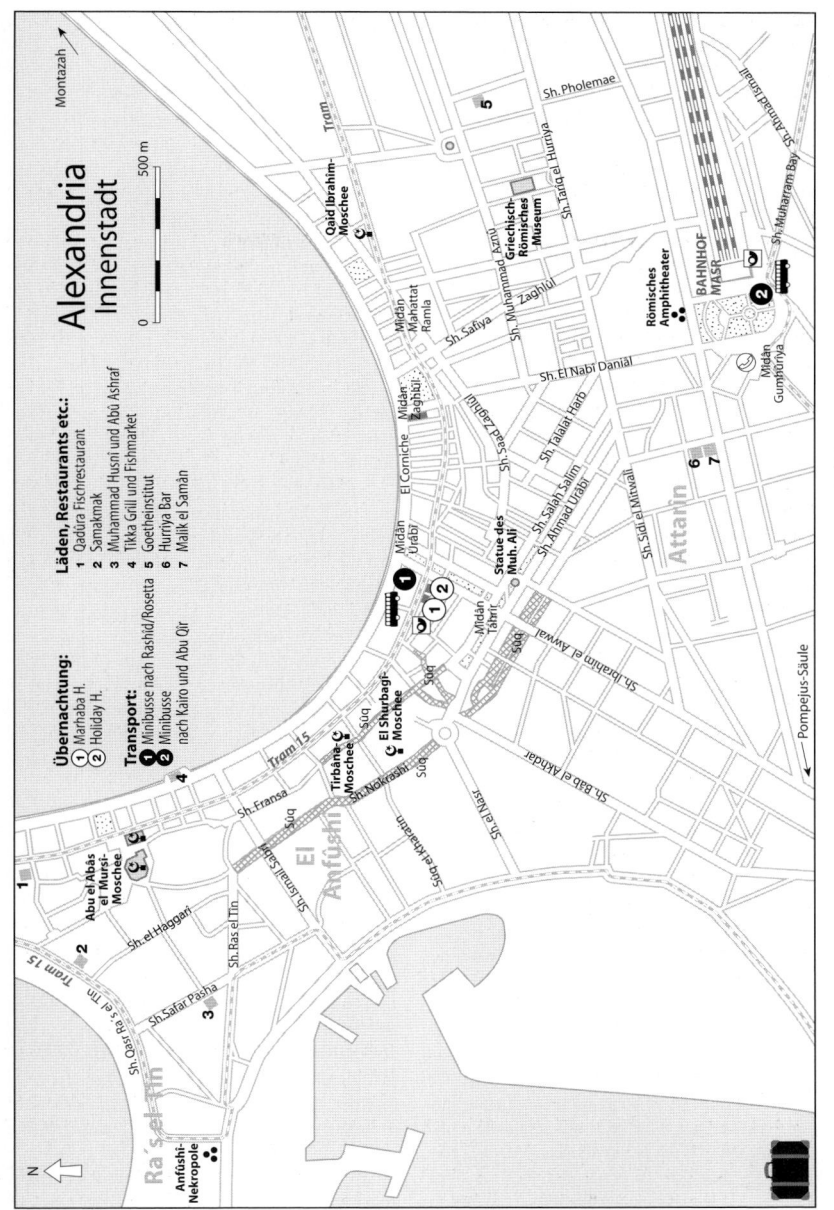

der Möbelstücke, aber auch Lampen, Uhren, Gemälde, Bilderrahmen, Kronleuchter, Statuen, Waffen u.a. werden direkt im Viertel produziert.

Wenn man nun weiter nach Süden läuft, stößt man kurz vor dem Bahnhof auf das römische Amphitheater von **Kaum el Diqqa** aus dem 2. Jh. n.Chr. Es wurde erst 1964 zufällig beim Abriss eines Forts entdeckt. Bemerkenswert ist vor allem, dass es sich bei Kaum el Diqqa um das einzige römische Amphitheater auf ägyptischem Boden handelt. Auf 13 stufenförmig angelegten Marmorsitzreihen fanden in diesem Theater in der Antike ungefähr 800 Zuschauer Platz. Direkt neben dem Bauwerk wurden außerdem die Reste einer großen römischen Bäderanlage gefunden. Bis heute sind die Ausgrabungsarbeiten noch nicht abgeschlossen, denn man hat in dem Bäderkomplex Nekropolen aus dem 8./9. sowie dem 13./14. Jh. entdeckt.

◐ tgl. 9–16.30 Uhr; Eintritt E£6 (3).

Bibliotheca Alexandrina und Nekropole von Shatbi (Maqâbir Shatbi)

Am 16. Oktober 2002 wurde unter viel Aufsehen und im Beisein hoher Staatsgäste die neue **Bibliotheca Alexandrina** (New Library) an der östlichen Corniche eröffnet, nachdem der Eröffnungstermin acht Mal verschoben worden war. Ein norwegisches Architektenbüro hatte den weltweit ausgeschriebenen Wettbewerb gewonnen und 1989 mit dem Bau begonnen. Doch nicht immer lief alles zum Besten: Einmal drang Wasser in das Archiv der unterirdischen Stockwerke ein, ein anderes Mal waren schon eingebaute Materialien beschädigt. Doch vielleicht wollte man die Eröffnung auch immer wieder hinausschieben, da man ein bisschen Angst hatte, sich zu blamieren. Denn noch immer ist nicht ganz klar, womit das 11-stöckige Gebäude gefüllt werden soll. Ideen sind da: Museen, Ausstellungen, ein Planetarium soll es im Inneren einmal geben. Doch woher das Geld nehmen? Um das Bauvorhaben überhaupt beginnen zu können, war man auf Spenden aus aller Welt angewiesen, auch die Bücher sind teilweise Sponsoren-Geschenke. Von den vorgesehenen 8 Mill. Exemplaren stehen erst ungefähr 300 000 Bücher in den Regalen. Alles geht ein wenig chaotisch zu. So ist man sich z.B. noch nicht im Klaren darüber, wie die Bücher, sollten sie denn je zusammenkommen, geordnet werden sollen und ob sie in Zukunft ausgeliehen werden dürfen. Natürlich will die geschichtsträchtige Stadt an ihre Tradition als Standort der ersten Bibliothek weltweit anknüpfen und Alexandria zu einer Metropole der Wissenschaft machen, Modernität und Weltoffenheit demonstrieren. Dafür reichen ein paar Internet-Anschlüsse aber nicht aus. Suzanne Mubarak, die Ehefrau des Staatspräsidenten, beschrieb die neue Bibliothek als „Egypt's window to the world and the world's window to Egypt". Die Alexandriner jedoch bleiben skeptisch. Auch die runde futuristische Architektur stößt bei ihnen nicht nur auf Begeisterung. Die Beschreibungen reichen von „Ufo" bis „ein Haufen Hundesch…".

Am leichtesten ist die Bibliothek zu Fuß zu erreichen (20 Min. ab Mîdân Saad Zaghlûl in Richtung Osten an der Corniche entlang), oder man nimmt ein Taxi.

Auf dem Weg kann man an der im 4. Jh. v.Chr. kurz nach der Gründung Alexandrias angelegten **Nekropole von Shatbi** Halt machen. Sie ist bis jetzt die älteste gefundene Grabstätte der Stadt. Die 1904 entdeckte Anlage ist jedoch nur etwas für Gräber-Enthusiasten. ◐ tgl. 9–16.30 Uhr; Eintritt E£6 (3). Nicht weit davon entfernt liegt ein neuer Friedhof aus dem 19. Jh., in dem nicht-moslemische Verstorbene in jeweils durch hohe Mauern begrenzten eigenen Arealen bestattet werden. Die Nekropole kann auch per Straßenbahn erreicht werden (alle Linien, die nach Osten fahren); Ausstieg an der Haltestelle Shatbi/San Mark.

Museen
Museum der griechisch-römischen Altertümer (Mathaf el Rûmânî)

Der heutige Museumsbau wurde auf Initiative des Khediven Abâs II. im Jahre 1894 an der mutmaßlichen Stelle der ehemaligen großen Bibliothek von Alexandria errichtet. In ihm sind mittlerweile über 40 000 Einzelexponate ausgestellt, vorwiegend aus den Grabanlagen der Umgebung. Die meisten Ausstellungsstücke stammen hauptsächlich aus griechischer und römischer Zeit, doch in den über 20 Räumen findet man auch altägyptische Objekte und koptische Kunst.

Die Museumsräume sind um einen Innenhof angelegt, in dem sich eine Cafeteria befindet, in der sich bei einem Glas Tee die gesammelten Eindrücke verarbeiten lassen. Das Museum beinhaltet die größte Sammlung griechisch-römischer Altertümer in Ägypten und ist sehr sehenswert. Zur Zeit der Recherche wurden die Exponate umgestellt, Säle waren geschlossen und umfangreiche Renovierungsarbeiten fanden statt, so dass eine genauere Beschreibung einzelner Säle oder Objekte nicht möglich war. Niemand konnte uns sagen, wann diese Arbeiten abgeschlossen sein werden. Wir gehen davon aus, dass ein Museumsbesuch nach der vollständigen Neuordnung wie früher einer der Höhepunkte eines Alexandria-Besuches sein wird. Das Museum ist auch während der Renovierungszeiten problemlos zu besuchen; die ungeordneten Verhältnisse beeinträchtigen den Genuss kaum.

Besonders beeindruckend sind eine **Krokodilsmumie** aus dem Fayûm und der fein gearbeitete **Marmorkopf von Kaiser Augustus**. Etwas gruselig wirkt die Holzfigur des von den Ptolemäern in Ägypten eingeführten Zeus-ähnlichen Gottes **Serapis**. Ein **Mosaikfußboden** mit dem Haupt der Medusa und eine **Kopie des Steins von Rosetta** sind sicherlich Glanzpunkte der Ausstellung. Filigrane **Glas- und Terrakotta**-Arbeiten zeugen von hervorragender Handwerkskunst. ◷ tgl. 9–13 Uhr, Fr 11.30–13.30 Uhr geschlossen; Eintritt E£16 (8). Das Museum erreicht man mit dem Taxi oder zu Fuß ab dem Kaum el Diqqa (10 Min.).

Schmuckmuseum (Mathaf el Mugawharât)

Das Museum befindet sich in einem kleinen, überladenen Palast, der aus sich schon einen Besuch wert ist: Bunte Glasfenster reichen vom Fußboden bis an die Decke, und das Badezimmer lässt Normalsterbliche vor Neid erblassen. Die Sammlung besteht aus Stücken der Muhammad Ali-Ära und aus der Zeit der ägyptischen Monarchen. Die Verschwendungssucht der Herrscher zeigt sich hier in goldenen Schachspielen, mit Juwelen besetzten Uhren sowie Halsketten, Armreifen und Ohrschmuck.

◷ tgl. 9–16.30 Uhr; Eintritt E£20 (10). Das Museum erreicht man mit dem Taxi oder der Straßenbahnlinie Nr. 2 bis zur Haltestelle Qasr El Safa – von dort muss man sich zum Mathaf el Mugawharât in der Sh. Yahyâ Pasha durchfragen.

Pompejus-Säule, Serapeum und Katakomben von Kaum el Shuqqâfa

Die fast 27 m hohe **Pompejus-Säule** ist das höchste Baudenkmal der Antike in Alexandria. Sie hat unten einen Durchmesser von 2,70 m, der sich nach oben auf 2,20 m verjüngt. Die Spitze wird von einem korinthischen Kapitell gekrönt. Die Herkunft der roten Granitsäule ist nicht eindeutig geklärt. Möglicherweise wurde sie 297 n.Chr. vom Statthalter Ägyptens Kaiser Diokletian gewidmet (eine Inschrift des Kaisers befindet sich am Sockel der Säule), weil er die Stadtbevölkerung nach einer Belagerung vor einer Hungerkatastrophe rettete. Der Name der Säule geht auf eine irrtümliche Annahme aus dem Mittelalter zurück, wonach hier der römische Feldherr Pompejus begraben sein sollte. Gefunden wurde die Grabstätte nie, doch der Name blieb. In der sehr gepflegten und teilweise begrünten Anlage um die Säule herum befinden sich auch die Überreste römischer Thermen, eine Statue des großen Ramses II., einige Sphingen und ein großer Granit-Skarabäus.

Der Ruinenhügel unter der Säule war der dem Gott Serapis geweihte, vielleicht schönste ptolemäische Haupttempel Alexandrias, das **Serapeum**, von dem außer dem letzten Bauteil, der Säule, nichts mehr geblieben ist. Der byzantinische Kaiser Theodosius ließ die Kultstätte im Rahmen der Heidenverfolgung zerstören. Bei Ausgrabungsarbeiten wurden in den Schatzkammern des Tempels Platten aus Gold, Silber und Bronze gefunden. Die Funktion zweier zu besichtigender unterirdischer Gänge westlich der Säule ist unklar. Die Nischen in den Gängen wurden unterschiedlich interpretiert: Möglicherweise wurden hier Graburnen abgestellt oder heilige Tiere beigesetzt oder aber hier wurden die Bücher des Serapeums aufbewahrt.

◷ tgl. 9–13 Uhr; Eintritt E£6 (3). Hin gelangt man am besten mit dem Taxi.

Dieser Besichtigungspunkt lässt sich gut mit einem Besuch der **Katakomben von Kaum el Shuqqâfa** kombinieren, die nur einen fünfminütigen Fußweg südwestlich von hier liegen. Wie bei den goldenen Mumien in der Oase Baharija war es auch hier ein Esel, der diese größte und bedeutendste römische Grabanlage Ägyptens „entdeckte". Er brach mit einem Bein durch eine Gewölbedecke und ließ so diese faszinierenden Katakomben zum Vorschein kommen. Die bis zu 30 m tief in den Fels gehauene Anlage stammt aus dem 2. Jh. n.Chr. Man kann nur die obersten zwei Etagen besichtigen, denn die dritte wurde aufgrund des eindringenden Grundwassers mit Sand aufgefüllt. Das Grundwasser ist auch schon in das zweite Stockwerk vorgedrungen, doch ausgelegte Holzbretter machen einen Besuch möglich. Eine Wendeltreppe um einen Schacht herum, durch den damals die Leichname in die Tiefe hinab gelassen wurden, gewährt Zugang zum ersten Stockwerk der labyrinthartigen Katakomben. Links von der anschließenden Rotunde befindet sich das **Triclinium**. Dies war ein Raum mit in den Fels gehauenen Liegebänken, in dem die Angehörigen des Verstorbenen den Leichenschmaus einnahmen. Von der Rotunde führt eine Treppe in eine kleine Vorhalle hinab, die den Blick auf die eigentliche Grabkammer freigibt. Zwischen zwei von steinernen Schlangen geschützten Säulen hindurch gelangt man in die **Grabkammer**. Dort befinden sich drei Nischen mit Scheinsarkophagen. Die Nischenrückwände sind mit **Reliefs** geschmückt, die Szenen der altägyptischen Götterverehrung darstellen. Auf dem rechten Relief sieht man den römischen Kaiser mit der ägyptischen Doppelkrone. Er überreicht dem stiergestaltigen Apis einen Halsschmuck. Hinter dem Stier breitet die Göttin Isis ihre Schwingen aus. Das mittlere Nischenrelief zeigt die Götter Thot, Horus und Anubis um eine aufgebahrte Mumie. Um die Grabkapelle herum liegen **Galerien** mit zahlreichen Nischengräbern. Sie sind durch einen Durchgang links und rechts in der Vorhalle erreichbar. Im Durchgang zu einer Nebennische zeigt ein Relief den wachsamen schakalköpfigen Gott **Anubis**. Er trägt eine römische Legionärsuniform, doch auf seinem Kopf ruht die altägyptische Sonnenscheibe. Wie in der ganzen Grabanlage ist hier die alexandrinische Mischung des ägyptischen und griechisch-römischen Stils zu sehen.

◷ tgl. 9–16.30 Uhr; Eintritt 12 (6) E£.

Zu den Katakomben gelangt man mit dem Taxi oder zu Fuß von der Pompejus-Säule (5 Min.).

Strände

Echten Badespaß gibt es in Alexandria nur im Sommer, denn im Winter weht oft ein empfindlich kalter Wind, die Wasser- und Lufttemperaturen sind zu niedrig, und manchmal regnet es sogar. Im Sommer teilt man sich den oft sehr schmalen Strand mit Tausenden von Urlaubern. Die Alexandriner selbst, aber auch Sommerurlauber aus Kairo, geben sich dann dem Strandleben hin. Wer einen ruhigen Badeurlaub erleben will, ist hier am falschen Ort. Ausländische Besucher sind an den Stränden Alexandrias eine Seltenheit. Frauen sollten beim Baden zu freizügige Badekleidung vermeiden.

Die Stadtstrände Alexandrias sind leider alle ziemlich verschmutzt und heruntergekommen. Die Bebauung reicht oft unmittelbar bis an den Strand. Die Eintrittsgebühr beträgt meist E£4, für einen Sonnenschirm oder eine Liege zahlt man extra. Am Strand befinden sich meist Teehäuser oder kleine Lokale, in denen man den Durst löschen und Hunger stillen kann.

Der Strand von **Ra's el Tin** im Norden der Corniche liegt am nächsten zum Stadtzentrum. Mit Straßenbahn Nr. 15 kommt man am einfachsten hin. Im Westen liegt der schöne und sehr beliebte **Âgamî-Strand**. Dorthin fahren Stadtbus Nr. 2 ab dem Cecil (unregelmäßig) oder um 11 Uhr ein Superjet-Bus ab dem Busbahnhof Sidi Gâbir. Die beste Möglichkeit bietet ein Taxi (ca. E£15).

Vom Stadtzentrum aus ostwärts reihen sich 14 Strände bis nach Abu Qîr. Hier ist der recht schöne und lange **Mamûra-Strand** zu empfehlen. Er liegt östlich von Montazah und ist mit dem Taxi (ca. E£15) in einer halben Stunde zu erreichen.

Übernachtung

Als zweitgrößte Stadt hat Alexandria jede Menge Unterkünfte zu bieten. Und dennoch: Wer im Hochsommer in einem der Hotels unterkommen möchte, kann Pech haben und lange suchen, denn dann fliehen die Kairener aus der Hauptstadt und Alexandria kann ausgebucht sein. Wer zu dieser Zeit unterwegs ist und die kühle Meeresbrise genießen möchte, sollte am besten ein oder zwei Tage vorher ein Zimmer reservieren. Die unten aufgeführten Unterkünfte liegen mit Ausnahme des *El Salamlik* und des *Mamûra Palace* im oder um das Stadtzentrum.

UNTERE UND MITTLERE PREISKLASSE – Die meisten günstigen Hotels liegen im Zentrum, vie-

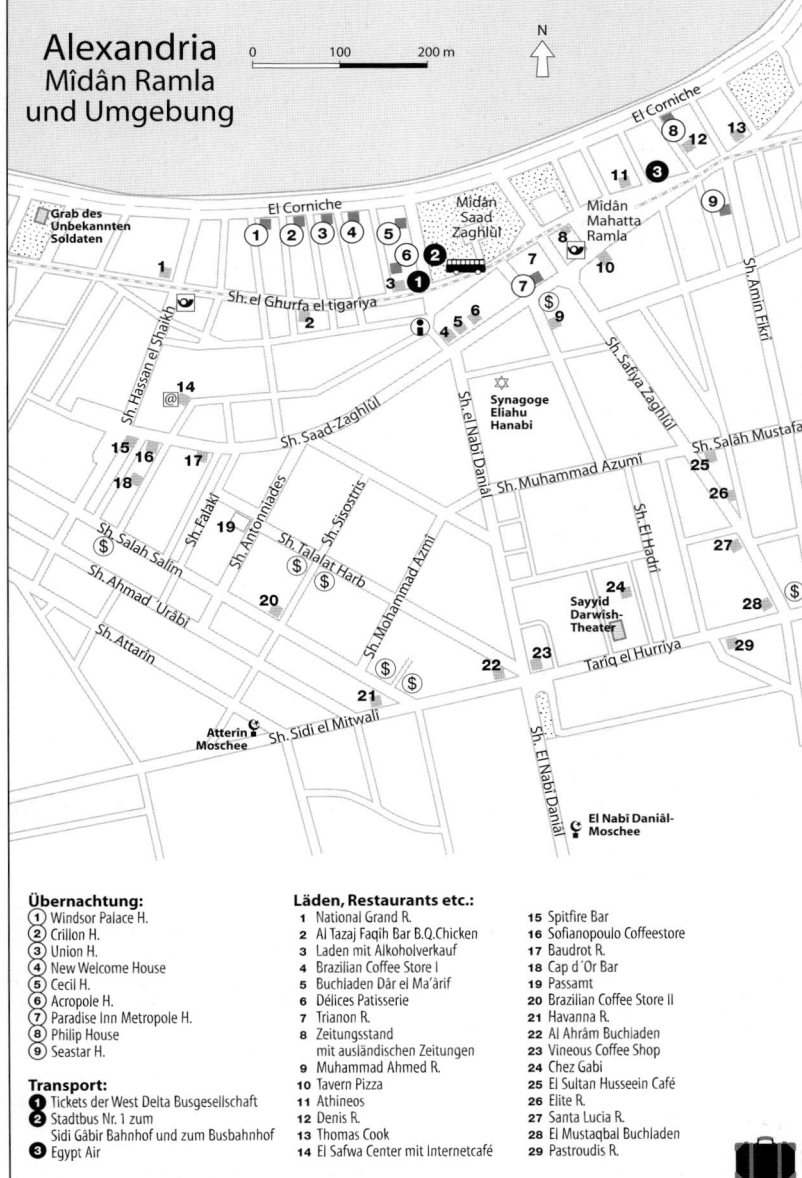

le entlang der Corniche, und viele haben Zimmer mit Blick auf das Meer.

Acropole*, 1, Sh. Gamâl el Dîn Yassîn, Seitenstraße hinter dem Hotel Cecil, ✆ 4805980, Handy ✆ 012/3737692, ✉ ehopop-ihab2002@yahoo. Die mäßig sauberen Zimmer dieser Familienpension haben teilweise Balkone mit schönem Blick auf den Mîdân Zaghlûl.

Crillon*, Sh. Adîb Bik Ishâq, an der Corniche, ✆ 4807340. Angenehmes Hotel mit sauberen Zimmern in hohen alten Räumen und schönen Aufenthaltsräumen. Teilweise mit Blick aufs Meer. Sehr freundliches Personal.

Holiday*, 6, Mîdân Urâbî, ✆ 4803517, ✆ 4801 559. Sauber und freundlich. Zimmer z.T. mit Balkon. Aufgrund der Lage ziemlich laut.

Marhaba*, 10, Mîdân Urâbî, ✆ / ✆ 4800957. Schöne hohe, alte Räume, teilweise mit Balkon zum Mîdân. Etwas abgewohnte Zimmer und vom Platz her dröhnt Verkehrslärm. Ansonsten nett.

New Welcome House, 8, Sh. Gamâl el Dîn Yassîn, Seitenstraße hinter dem Hotel Cecil, ✆ 4806 402. Einfache und ein wenig heruntergekommene Zimmer, z.T. mit Blick aufs Meer. Sehr freundliches Management. Im selben Haus liegen die beiden Hotels El Gameel und Normandie. Diese sind etwas finster und für allein reisende Frauen nicht zu empfehlen.

Philip House*, 1, Sh. Ibn Bassâm, eine Seitenstraße des Mîdân Ramla in Richtung Meer, ✆ 4835513. Die kleine Familienpension liegt in einem schönen osmanischen Haus aus dem 19. Jh. Die einfach ausgestatteten Zimmer haben Flair und manche sogar Meerblick. Die gemeinschaftlichen Sanitäranlagen sind etwas heruntergekommen. Aufgrund des defekten Lifts ist der Aufgang in die zweite Etage etwas beschwerlich.

Seastar*, 24, Sh. Amîn Fikrî, eine nördliche Seitenstraße im Osten des Mîdân Ramla, ✆ 4831 787, ✆ 4832388. Das große, gesichtslose Hotel besitzt 59 saubere Zimmer. Aufgrund der ungünstigen Lage abseits der Corniche und der großen Plätze freut man sich hier besonders über relativ seltene ausländische Gäste.

Union*, 164, Sh. 26th July (El Corniche), ✆ 4807 771, 4807312, ✆ 4807350. Diese Unterkunft ist eine preisgünstige Alternative in Alexandria. Eine schöne große Lobby und saubere Zimmer mit Meerblick.

OBERE PREISKLASSE – ***Cecil********, Mîdân Saad Zaghlûl, ✆ 4877173, ✆ 4855655, ✉ h1726@accor-hotels.com. Das bekannteste Hotel Alexandrias dominiert den Mîdân. Das 1929 eröffnete legendäre Haus besitzt stilvolle Zimmer und wird von der Sofitel-Kette betrieben. Nach und nach werden Stockwerk für Stockwerk renoviert, wodurch einiges an altem Charme verloren geht. Besonders schön ist die Dachterrasse, von der man einen herrlichen Blick auf den Mîdân Saad Zaghlûl und das Meer hat.

El Salamlik Palace*****, beim Montazah-Palast, etwa 20 km östlich des Stadtzentrums, ✆ 5477 999, ✆ 5473585. Das Hotel liegt in einer 1892 vom Khediven Abâs II. errichteten Residenz. Sicherlich die teuerste Unterkunft in Alexandria. Die Suite kostet bis zu US$1800/Nacht! Doch das Gebäude ist ein Traum – ein kleiner Abstecher hierhin nach dem Besuch des Montazah-Palastes lohnt.

Mamûra Palace*****, am Mamûra-Strand östlich von Montazah, ✆ 5473108 oder 5473383, ✆ 5473108. Das sehr schöne Luxus-Hotel gehört zu einer Ferienanlage mit Privatstrand.

Paradise Inn Metropole*****, 52, Sh. Saad Zaghlûl, ✆ 4861465/66, ✆ 4862040, ✉ metropolrh@hotmail.com. Die hohen Räume und die pompöse Lobby dieses großen Hotels in einem Jugendstilhaus schaffen eine elegante Atmosphäre. Kein Alkohol.

Windsor Palace*****, 17, Sh. el Shuhâda, an der Corniche, ✆ 4808123, 4808250, ✆ 4809090. Trotz einiger Renovierungsarbeiten hat das traditionsreiche Haus vom Beginn des 20. Jhs. einen Teil seines Flairs erhalten können. Die Blicke von den Zimmern auf den Hafen sind fantastisch.

Essen

Die Stadt am Meer bietet viel Fisch. Wer keines der leckeren Restaurants ausprobiert, verpasst wirklich etwas.

UNTERE PREISKLASSE – ***Al Tazaj Faqîh Bar B.Q.Chicken***, Sh. el Ghurfa el Tigariya, ungefähr 100 m vom Hotel Cecil entfernt. Ägyptisches Schnellrestaurant, in dem es v.a. Hähnchenspezialitäten gibt. Keine besondere Atmosphäre, aber etwas billiger und auch etwas schmack-

Der Totengott Anubis führt den Toten zum Totengericht

Im Hatschepsut-Tempel; Theben West

Der Luxor-Tempel bei Nacht

Kolossalstatue von Ramses II., Memphis

Niederschlagung der Feinde; Relief in Philae

Viele Hotels bieten Eselsritte nach Theben West an

Westliche Wüste – mehr als Sand, Steine und Gebirge

Balât – Leben im Lehm

hafter als Kentucky Fried Chicken und McDonalds am Anfang der Sh. Safiya Zaghlûl.
Muhammad Ahmed, Sh. Abd el Fatâh el Sayyid. Preiswertes und gutes, einfaches ägyptisches Essen. Fûl ab E£3.
Tavern Pizza, Mîdân Ramla. Im unteren Stock mit ein paar Sitzmöglichkeiten herrscht Selbstbedienung. Oben leckeres Restaurant mit Service: u.a. Pizza (E£6–13), Lasagne (E£5), halbes gegrilltes Hähnchen (E£18) und Filet Mignon (E£20). Außerdem gibt es rund um den Mîdân Ramla jede Menge günstige Restaurants oder Imbisse. Hier kann man gut Fûl und kleine Gerichte essen.

MITTLERE BIS OBERE PREISKLASSE – Downtown: ***Chez Gabi***, in einer Seitenstraße der Tarîq el Hurriya. Dieses sehr gepflegte und angenehme Restaurant bietet v.a. italienische Küche an. Pizza ab E£11, Penne und Lasagne. Ein Stella-Bier kostet E£12.
Denis, Sh. Ibn Bassâm, eine kleine Seitenstraße, die am Ostende des Mîdân Ramla in Richtung Corniche abgeht. Nett und schlicht, mit bemühtem Personal. Die griechische Schrift am Eingang ist ein Überbleibsel aus vergangenen Tagen, mittlerweile ist das Restaurant in ägyptischer Hand. Den Fisch bezahlt man hier pro Kilo (E£30–45), ebenso die Shrimps (je nach Größe E£80–160). Eine genau auf den Punkt frittierte Portion Calamares bekommt man für E£12, das Stella-Bier gibt's für E£7.
Elite, Sh. Safiya Zaghlûl, Obwohl nicht am Meer gelegen, vermittelt dieses barackenartige Lokal eine Art Hafenatmosphäre. Hier wird auch tagsüber schon Bier (Stella E£7,50) getrunken. Dabei schaut man den auf der Straße flanierenden Menschen zu. Es gibt frittierte Calamares für E£18, Coquilles St. Jaques (Jakobsmuscheln) für E£15, Ravioli Bolognese für E£8. Nicht die allerbeste Qualität, aber Atmosphäre und Lage machen das wett.
Havanna, Tarîq el Hurriya. Hier muss man an die Tür klopfen, um Einlass zu erhalten. Aber nur keine Hemmung! Naggy, der Besitzer, freut sich über jeden Gast und öffnet meist persönlich die Tür. Das Havanna ist eine über 80 Jahre alte kleine Bar mit nur sechs Tischen und einer kleinen Speisekarte. Rock- und Beatles-Musik bilden den passenden akkustischen Rahmen. Die recht guten Speisen, die der ruhige und freundliche Naggy serviert, reichen von verschiedenen Pizzen (E£9–18) bis zu Calamari (E£15). Auch Schweinesteak wird serviert. Dieses in Ägypten seltene Fleisch wird in alexandrinischen Hinterhöfen von griechischen Einwohnern produziert. Das Stella-Bier kostet E£6,50.
Malik el Samân, Sh. Attarîn. An Atmosphäre kaum zu überbieten! Das große Freiluftrestaurant wird erst abends aufgebaut; ab 21 Uhr dürfen Gäste kommen, und dann füllt sich das Lokal sehr schnell. Stellwände trennen das Areal optisch von der Nachbarschaft ab, die rhythmische arabische Musik wird aber vermutlich trotzdem zu ihnen dringen. Und was isst man hier? Natürlich gegrillte Wachtel, denn Malik el Samân bedeutet nichts anderes als „König der Wachteln". Und was da nach einer Bestellung serviert wird, macht diesem Namen alle Ehre. Zwei der kleinen Vögelchen mit verschiedenen Vorspeisen und Salaten kosten E£15. Ein Bier dazu kostet E£6 und die anschließende Verdauungsschischa E£1. Eine weitere Spezialität sind die ebenfalls sehr schmackhaften Tauben. Kein Fisch. Sehr zu empfehlen.
Santa Lucia, Sh. Safiya Zaghlûl. Schönes Restaurant mit etwas überteuerten Preisen. Die „französische" Speisekarte bietet viel Fisch und Meerestiere. Lecker.

In und um El Anfûshî: ***Muhammad Husnî*** und ***Abû Ashraf***, Sh. Safar Pasha. Diese beiden Lokale gehören sicher mit zu den Top-Adressen, wenn es um guten Fisch in Alexandria geht. Die beiden benachbarten „Rivalen" bieten gleich schmackhafte und frische Ware. Preise und Service sind ähnlich. Im Husnî gibt es außerdem gute Fleischgerichte. Inmitten der sehr umtriebigen schönen Straße bieten die Restaurants eine Oase der Ruhe. Neben Fisch gibt es hier auch, je nach Tagesfang, Shrimps unterschiedlicher Größe und Hummer. Keine Speisekarte. Bezahlt wird pro Kilo (ab E£30 für Fisch). Kein Alkohol.
Qadûra, Sh. Bayrâm el Tunsî, Das Restaurant liegt zurückversetzt an der Straßenbahnlinie nach Ra's el Tîn, nördlich der Abu el Abâs el Mursî-Moschee. Den Straßennamen kennt hier niemand, das Lokal hingegen jeder. Durchfra-

gen! Mit seinen vielen, auf der Straße aufgestellten Tischen bietet dieses Fischlokal eine ganz besondere Atmosphäre. Keine Speisekarte. Man sucht sich den Fisch aus (ab E£35), der dann komplett mit Salaten und Vorspeisen serviert wird. Rund um die Uhr geöffnet. Sehr empfehlenswert.

Samakmak, etwas zurückversetzt an der Sh. Qasr Ra's el Tîn gegenüber den bunten Bootsbauhütten. Zu erkennen an der roten Markise und der Beschriftung „Restaurant". In dem feinen, gemütlichen Lokal wird Meeresgetier serviert. Samakmak ist eine Anspielung auf das arabische Wort für Fisch – Samak. Fischgerichte ab E£45.

Tikka Grill und *Fishmarket*, an der Corniche in Richtung Ra's el Tîn. Diese beiden großen Restaurants sind in einem modernen Gebäude untergebracht. Beide sind teuer und vornehm. Hier trifft man auf ägyptische Familien und große ausländische Reisegruppen. Hauptgänge ab E£25. Das Fishmarket im oberen Stock ist heller und kleiner. Für die anonyme Atmosphäre entschädigt der grandiose Blick über die Corniche und den Osthafen der Stadt.

Kaffeehäuser

Wer die Kaffeehaus-Kultur liebt, gern eine Wasserpfeife raucht, Tee trinkt und die Menschen beobachtet, hat in Alexandria eine gute Zeit. Die Stadt ist der ideale Ort, um abends zu flanieren. Besonders angenehm ist dies entlang der **Shâria Saad Zaghlûl**, wo abends Straßenhändlern Platz gemacht wird und Autos draußen bleiben müssen.

Ägyptens größtes Kaffeehaus ist, zumindest im Sommer, die **Corniche**, wo sich ein Café neben dem anderen befindet. Hier gibt es Tee, Wasserpfeifen und jede Menge Ägypter, die man beobachten kann oder von denen man selbst beobachtet wird... Vor allem zwischen Mîdân Zaghlûl und Mîdân Urâbî ist abends noch lange Betrieb. Hier gibt es z.B. das *Café de Paris*. Das Meeresrauschen dringt allerdings wegen des Straßenlärms nicht bis zu den Tischen vor.

Um die **Abu el Abâs el Mursî-Moschee** herum befinden sich mehrere gemütliche Teehäuser, in denen man sich nach einem Spaziergang am Kap gut entspannen kann.

Baudrot, Sh. Saad Zaghlûl. Von außen recht unscheinbar, befindet sich hinter dem Café ein im Sommer geöffneter Hofgarten voller Kletterpflanzen. Hier gibt es für E£7,50 auch ein Stella-Bier.

Brazilian Coffee Store, Sh. Saad Zaghlûl, Ecke Sh. el Nabî Daniel. In dieser kleinen, traditionellen Kaffeerösterei wird der Kaffee im Stehen getrunken. Zu Stoßzeiten steht die Kundschaft bis auf die Straße aus und tauscht die Neuigkeiten des Tages aus.

Brazilian Coffee Store II, Sh. Salâh Sâlim, Ecke Sh. Sisostris. In diesem gemütlichen Café kann man sich gut an eines der Tischchen an der Wand setzen und nach den Strapazen eines Stadtspaziergangs die Geister mit den unterschiedlichsten Kaffeespezialitäten wieder beleben.

Délices Patisserie, Zugang sowohl vom Mîdân Zaghlûl als auch über die Sh. Saad Zaghlûl. Hier gilt: Nomen est Omen.

El Sultan Hussein Café, an der Kreuzung von Sh. Safiya Zaghlûl und Sh. Salâh Mustafa. In dem großen, traditionellen ägyptischen Kaffeehaus lässt sich gut das Treiben auf der Straße beobachten. Hier lässt man sich in angenehmer Atmosphäre gern zu einer Partie Backgammon, Schach oder Domino überreden.

National Grand, Sh. el Ghurfa el Tigariya, Ecke Sh. Hassan el Shaikh. Eines der größten alten Kaffeehäuser Alexandrias. Die Spiegel an den Säulen lassen den Saal noch größer wirken, geöffnete Flügeltüren lassen die Gäste am Geschehen draußen teilhaben.

Pastroudis, Tarîq el Hurriya, 1923 von Griechen gegründet. Das schöne, gediegene und legendäre Kaffeehaus ist unbedingt einen Besuch wert. Mit leckerer Patisserie. E£5 Mindestverzehr.

Sofianopoulo Coffestore, Sh. Saad Zaghlûl. In diesem kleinen, wunderschönen alten Eck-Kaffeeladen gibt es keine Sitzmöglichkeiten, aber einen kleinen starken Schwarzen kann man ja auch im Stehen genießen...

Trianon, am Mîdân Zaghlûl. In diesem hübschen, legendären Café mit Jugendstilfresken und Kronleuchter kann man ein gutes Frühstück bekommen, aber auch ein Schnitzel. Der Blick auf den Platz und das Meer ist einmalig.

Vinous Coffee Shop, Tarîq el Hurriya. Schönes, helles Jugendstilcafé mit vielen Spiegeln. Der hauseigene Kuchen ist berühmt.

Unterhaltung

Wirklich besonders und absolut empfehlenswert sind die **Bars** der Stadt. Sie sind nach außen oft „abgeschottet" und nicht gleich zu erkennen. Doch meist lohnt sich die Suche, denn drinnen ist die Freude über den ausländischen Besucher groß. Bis Mitte der 50er Jahre gab es in der Stadt eine Vielzahl von Tavernen. Doch mit der Verstaatlichung der Wirtschaft durch Nasser wurde den Griechen jede Lebensgrundlage genommen, so dass sie zu Tausenden auswanderten, und mit ihnen verschwanden auch die Tavernen.

Zu den angesagten Adressen der Stadt gehören das *Havanna* und *Elite* (siehe unter Essen).
Athineos, Mîdân Ramla. Nette Bar und Cafeteria, in der man auch recht leckeres Essen bekommt. Einen Besuch wert.
Cap d'Or, in der Sh. Adîb, einer Seitenstraße der Sh. Saad Zaghlûl. Nette Bar und sicher einer der verrücktesten Plätze in Alexandria. Die Alkoholauswahl ist groß, eine kleine Speisekarte ergänzt das Getränke-Angebot, Musik und Ausstattung vermitteln nicht das Gefühl, sich in Ägypten zu befinden. Stella-Bier für E£10.
Hurriya Bar, Sh. Attarîn, gute Adresse bei Lust auf billiges Stella-Bier (E£6). Zwölf Tischchen stehen in einem bunt aufgemachten Raum.
Spitfire Bar, an der Kreuzung von Sh. Saad Zaghlûl und Sh. Hassan el Shaikh. Die Wände der kleinen dunklen Bar sind mit Hunderten von Aufklebern zugeklebt. Ein Stella kostet hier E£7,50.
Wer Aufregenderes erwartet, als abends einen Tee oder ein Bier trinken zu gehen, hat es nicht ganz so leicht. Das kulturelle Abendangebot ist wesentlich bescheidener als in Kairo. Die **Kulturzentren**, die den Besuch kaum lohnen, bieten höchstens ab und zu einmal Konzerte, Filme oder Vorträge. Die **Kinos** von Downtown befinden sich in der Sh. Saffiya Zaghlûl (Metro und Rialto) und in der Tarîq el Hurriya (Royal Renaissance).
Veranstaltungshinweise finden sich im Magazin *Egypt Today*. Eine sehr gute Übersicht über Veranstaltungen, angesagte Nachtclubs, Restaurants etc. findet sich unter 🖥 http://alex.yallabina.com.

Einkaufen

Im **Sûq** findet sich fast alles, was das Herz begehrt. Der Markt beginnt am Mîdân Tahrîr und verläuft nördlich entlang der beiden Straßen Sh. Nukrashî (Sh. Mîdân) und Sh. Fransa. Auch in der Straße südlich hinter dem Mîdân herrscht Marktstimmung. Selbstversorger finden in der Sh. Nukrashî Obst, Gemüse, Brot, Fisch und Fleisch. Fast 1 km reihen sich die Stände aneinander.

ALKOHOL – Wer das abendliche Bier nicht in einem der Lokale der Stadt, sondern lieber im Hotelzimmer einnehmen möchte, findet beim Büro der Busgesellschaft West Delta in der Sh. el Ghurfa el Tigariya einen kleinen Laden, der Alkohol verkauft.

BÜCHER – Wer vermutet, Alexandria habe eine ähnlich gute Auswahl an Buchläden wie Kairo, der irrt. In den Buchläden sind manchmal Stadtpläne verfügbar, die jedoch nicht besonders brauchbar sind.
Al Ahrâm Bookshop, Tarîq el Hurriya, Ecke Sh. el Nabî Daniel. Hier gibt es englische Literatur zum Thema Ägypten und Reisen in Ägypten, aber auch Belletristik.
Dâr el Ma'ârif, Sh. Saad Zaghlûl, bietet im oberen Stockwerk englische Literatur.
El Mustaqbal, am südlichen Ende der Sh. Safiya Zaghlûl, nur auf Arabisch beschriftet; hat englische Literatur zur ägyptischen Geschichte.
In der südlichen Sh. el Nabî Daniel verkaufen Händler **Secondhand-Bücher**. Manchmal findet sich ein interessantes englisches Schnäppchen, deutsche nur sehr selten.

ZEITUNGEN UND ZEITSCHRIFTEN – Ausländische Presseerzeugnisse sowie die englischsprachige ägyptische Tageszeitung *Al Ahram weekly* gibt es an einem Stand beim Fahrkartenbüro der Busgesellschaft West Delta an der Südwestecke des Mîdân Zaghlûl. Neben dem Postamt am Mîdân Ramla gibt es einen Zeitungsladen, in dem sogar eine zwei Tage alte *FAZ* oder *Welt* erhältlich ist.

Sonstiges

APOTHEKEN – Apotheken gibt es in Alexandria reichlich. Am Mîdân Ramla befindet sich eine „Nachtapotheke", die allerdings nur bis 24 Uhr geöffnet hat.

AUTOVERMIETUNGEN – *Avis*, im Hotel Cecil, Mîdân Zaghlûl, ✆ 4854202.

FESTE – 20. Juli–20. August: Festival of Tourism
September: Internationales Filmfestival

GELD – *Thomas Cook* am Mîdân Ramla tauscht Bargeld. Einige Banken mit Bankomat finden sich in der Sh. Talaat Harb und der Sh. Salâh Sâlim. Beide Straßen liegen in Richtung Attarîn-Viertel. In der Sh. Salâh Sâlim befinden sich auch einige **Wechselstuben**, in denen man Bargeld eintauschen kann.
Die *Bank of Alexandria* in der Sh. Saad Zaghlûl hat keinen Automaten.
An der Corniche steht ein Geldautomat beim Restaurant Tikka Grill.

GOETHE-INSTITUT – In der 10, Sh. Ptolemae, einer Seitenstraße der Tarîq el Hurriya, ✆ 4879870, ✆ 4874852, ✉ gibibl@internetalex.com. Das Goethe-Institut veranstaltet regelmäßig Film- und Kulturabende mit Konzerten, Vorträgen etc. sowie Ausstellungen. Veranstaltungshinweise unter 🖥 www.goethe.de/na/kai/deindex.htm.

INFORMATIONEN – Es gibt in Alexandria fünf Touristeninformationen, jede an einem gut gewählten Platz. Die Hauptfiliale befindet sich am **Mîdân Zaghlûl**, nahe Mahatta Ramla, ✆ 4851556. Hier versuchen sehr freundliche und bemühte Damen, dem Touristen weiterzuhelfen. Wenn sie mal auf eine Frage keine Antwort wissen, sind sie gern bereit, zu telefonieren, um das Problem zu lösen (was allerdings keinen Erfolg garantiert). ⊙ tgl. 8.30–18 Uhr.
Weitere Touristeninformationen befinden sich im **Flughafen** in Nuzha, ✆ 4202021, ⊙ 8.30–20 Uhr, am **Hauptbahnhof**, ✆ 4925985, ⊙ 8–18 Uhr, am **Hafen**, ✆ 4925986, ⊙ 8–15 Uhr, und am **Bahnhof Sidi Gâbir**, ⊙ 8–15 Uhr. Die letzten vier haben Fr geschlossen.

INTERNET – Alexandria ist für ägyptische Verhältnisse sicher eine sehr moderne Stadt. Dennoch sind öffentliche Internet-Zugänge im Zentrum rar. Ein großes, 24 Std. geöffnetes Internet-Café (E£5/Std.) befindet sich im *El Safwa Center* in einer kleinen Seitenstraße, die gegenüber dem Sofianopoulo Coffeestore von der Sh. Saad Zaghlûl abgeht. Auch im *Hotel Cecil* kann man als Nicht-Gast auf Anfrage ins Internet (E£10/Std., 9–0 Uhr).

MEDIZINISCHE HILFE – Ambulanz: ✆ 123.
Eine Englisch sprechende Ärztin ist **Dr. Ann E.A. Ekdawy**, 39, Kafr Abdûh Rushdî, ✆ 5427114, Handy ✆ 010-1484918.
Das *Alexandria Medical Center* ist 24 Std. geöffnet und liegt im Stadtteil Shmuha (südlich vom Sidi Gâbir).

POST UND TELEFON – Ein **Postamt** befindet sich beim Hauptbahnhof, ein weiteres an der Sh. el Ghurfa el Tigariya, Ecke Sh. Hassan el Shaikh (mit EMS-Service), und eines am Mîdân Ramla. An Letzteres kann man sich unter der Nummer ✆ 4873136 Faxe schicken lassen (60 pt/Blatt). Die Postämter sind tgl. außer Fr von 8–15 Uhr geöffnet.
Das ganztägig geöffnete **Telefonamt** liegt beim Mîdân Gumhûriya hinter dem Hauptbahnhof. Wie überall in Ägypten gibt es auch hier die kleinen Telefonhäuschen, von denen man problemlos mit Karte telefonieren kann. Verkaufsschilder an Ladentüren weisen auf die Karten hin.

VISAVERLÄNGERUNGEN – Eine Visumsverlängerung erhält man problemlos in der 28, Sh. Talaat Harb. Mitzubringen sind der Pass, Geld für die Gebühr (ca. E£12) und ein Passfoto. ⊙ Sa–Do 8–13.30 Uhr.

VORWAHL – 03

Nahverkehrsmittel

Alexandria besitzt ein gutes öffentliches Busnetz. Die Beschriftung der Fahrzeuge ist jedoch nur auf Arabisch. Da Taxis nicht viel kosten und die Straßenbahn eine sehr gute Alternative darstellt, mit der man zu fast allen relevanten Plät-

Alexandria: Fort Quaitbey

zen gelangen kann, ist die komplizierte Benutzung der öffentlichen Busse nicht zu empfehlen. Einzig und allein der Stadtbus Nr. 1 (Abfahrt vor dem Cecil Hotel am Mîdân Zaghlûl) zum Bahnhof Sidi Gâbir und Nr. 2 zum Âgamî-Strand könnten für Touristen von Interesse sein.

MINIBUSSE – Sie sind vor allem ein gutes Fortbewegungsmittel in die westlichen und östlichen Teile der Stadt (z.B. Montazah). Man stelle sich entlang der Corniche an einen Platz, an dem sich schon viele andere Wartende versammelt haben. Bremst ein Minibus ab, so schreit man dem Fahrer das gewünschte Ziel zu. Dieser entscheidet dann, ob man als Fahrgast in Frage kommt. Einfacher ist es, sich einem wartenden Einheimischen anzuvertrauen, der die Fahrt vermittelt. Vielleicht hat er ja gar dasselbe Ziel und schon ergibt sich ein kleiner Plausch.

TAXIS – Die bequemste Art, sich in der Stadt fortzubewegen, und für einen Europäer auch erschwinglich. Die kürzesten Fahrten sollten nicht mehr als E£2 kosten. Innerhalb der Stadt kommt man für ca. E£12 fast überall hin. Verhandlungsgeschick ist allerdings gefragt. Taxis sind in Alexandria überall zu finden.

STRASSENBAHN – Dies ist sicher die beste und auch günstigste (ab 20 pt) Möglichkeit, um in Alexandria herumzukommen. Und wenn man gar einen der modernen Doppeldeckerwagen erwischt, dann macht die Sache richtig Spaß. Meist gibt es bei den Straßenbahnzügen einen Wagen, der für Frauen reserviert ist.
Die gelben und blauen Straßenbahnen sind nur auf Arabisch beschriftet. Fast alle Linien starten an der Mîdân/Mahatta Ramla. Die gelben (Nr. 15) fahren nach Westen zum Ra's el Tîn-Palast, die blauen in Richtung Osten. Die Gleise in Richtung Osten gabeln sich nach ungefähr 2 km und führen dann in verschiedene östliche Stadtteile.

Transport

BUSSE – Der Fernbusbahnhof liegt links hinter dem Bahnhof Sidi Gâbir. Mit dem Stadtbus Nr. 1, der unregelmäßig gegenüber dem Hotel Cecil abfährt, kann man dorthin gelangen, was allerdings sehr unbequem ist, da für Gepäck oft kein Platz mehr im Bus ist. Einfacher ist es mit der häufiger verkehrenden Straßenbahn ab Mîdân Ramla. Die Linien 2, 4, 5 und 6 halten nach ca. 12 Haltestationen nördlich des Bahnhofs (sicherheitshalber beim Einsteigen immer nachfragen). Die dritte Möglichkeit bietet das Taxi. Für alle drei Zubringermöglichkeiten sollte viel Zeit eingeplant werden (mindestens eine Stunde vor Busabfahrt), denn auch die Straßenbahn wird von Verkehrsstaus nicht verschont. Vor dem Bahnhof befindet sich links eine kleine, unscheinbare Fußgängerunterführung, um auf die andere Seite der Gleise zu gelangen.

Die beiden wichtigsten Busgesellschaften vor Ort sind *Superjet*, ✆ 5477999, 5451115, und *West Delta*, ✆ 4270961. Letztere unterhält auch einen Verkaufsschalter an der Südwestecke des Mîdân Saad Zaglûl, was einen vorherigen Gang zum Busbahnhof unnötig macht.

Busse nach:

ÂGAMÎ: mit Superjet um 11 Uhr; 30 Min.; E£15.
HURGHADA: mit West Delta um 6.30 Uhr; 9 Std.; E£60; mit Superjet um 20 Uhr; 9 Std.; E£80.
ISMÂ'ILIYA: mit West Delta um 7, 9 und 14.30 Uhr; 3 Std.; E£20.
KAIRO: mit West Delta von 5–1.30 Uhr halbstündlich bis stündlich; 2 1/2–3 Std.; E£20–25; manche der Busse fahren weiter zum Kairoer Flughafen (E£25–30); mit Superjet von 5–1 Uhr halbstündlich bis stündlich; 2 1/2 Std.; E£20; einige Busse fahren weiter zum Flughafen (E£25). Die VIP-Busse fahren um 8, 10 und 10.30 Uhr und kosten E£5 mehr.
MARSA MATRÛH mit West Delta: 7–2.30 Uhr stdl.; 5 Std.; E£15; sechs der Busse fahren weiter nach Sallûm an der Grenze zu Libyen (9 Std., E£23); mit Superjet um 7.15 Uhr nur im Sommer; 5 Std.; E£25.
PORT SA'ÎD: mit West Delta um 6, 8, 11, 16, 19 Uhr; 4 Std.; E£18–22; mit Superjet um 6.45 Uhr; 4 Std.; E£22.
SHARM EL SHAIKH: mit Superjet um 19 Uhr; 7 Std.; E£80.
SUEZ: mit West Delta um 6.30, 9, 14.30 und 19 Uhr; 4 Std.; E£23.

SAMMELTAXIS – Vor allem für Ziele in der nahen Umgebung sind Sammeltaxis die beste Fortbewegungsmöglichkeit. Der zentrale Abfahrtsplatz für fast alle dieser kleinen Busse liegt südlich hinter dem Masr-Bahnhof. Abgefahren wird meist, wenn die Fahrzeuge voll sind. Der Fahrpreis nach KAIRO (ca. 3 Std.) und MARSA MATRÛH (ca. 5 Std.) beträgt jeweils E£10, nach ABU QÎR (30 Min.–1 Std.) E£1.

Die Abfahrtsstelle nach RASHÎD/ROSETTA (1 Std., E£2,50) liegt an der Nordwestecke des Mîdân Urâbî nahe einem kleinen Teehaus in einer Seitengasse.

EISENBAHN – Die bequemste Art, nach Alexandria zu kommen, ist der Zug. Der Hauptbahnhof ist die **Mahatta Masr**, auf Englisch Masr Train Station. Die Tickets für die besseren ac-Züge erhält man nahe der Touristeninformation, die Tickets für die normalen Züge in der Haupthalle. Wer auf Komfort verzichten kann und sich nicht daran stört, dass der Zug ständig anhält, kann zwischen 6 und 22 Uhr ungefähr stündlich nach KAIRO fahren. Unter den ac-Zügen unterscheidet man noch einmal zwischen ac-Direkt-Zügen (Turbini), die nur 3x tgl. fahren (zurzeit um 8, 14 und 19 Uhr, 1. Klasse, E£22), und Zügen, die zwischen Alexandria und Kairo dreimal halten (Spanish). Letztere verkehren ebenfalls 3x tgl. (um 7, 15 und 19.30 Uhr, 1. Klasse E£20).
Im Sommer gibt es einen Zug nach MARSA MATRÛH für unter E£10 (7 Std.).

FLÜGE – Mittlerweile gibt es in Alexandria zwei Flughäfen, wobei meist der im Südwesten des Stadtzentrums gelegene **Nuzha Airport** angeflogen wird. Als Zubringer empfiehlt sich nur das Taxi (sollte E£10–20 kosten), öffentliche Verkehrsmittel dorthin sind umständlich und große Gepäckstücke im ganz normalen Stadtbus ein Problem.

Es gibt einige wenige internationale Flüge nach Alexandria. Einer davon geht von Frankfurt direkt, einer via Athen. Inlandflüge sind sehr teuer und nur für Leute mit großer Zeitnot zu empfehlen. Nach Kairo gibt es sehr unregelmäßig Flüge, da die Hauptstadt leicht mit Bus und Zug zu erreichen ist. Flüge Mo und Fr nach HURGHADA und SHARM EL SHAIKH kosten einfach E£795.

Büros der Fluggesellschaften:
Air France, 22, Salâh Salâm, ✆ 4838901;
Egypt Air, 19, Mîdân Zaghlûl, ✆ 4836668;
KLM, 6, Tarîq al-Hurriya, ✆ 4828437;
Lufthansa, 6, Talaat Harb, ✆ 4837031;
Olympic, 19, Mîdân Zaghlûl, ✆ 4821014.

SCHIFFE – Von und nach Alexandria bestanden zum Zeitpunkt der Recherche keine regelmäßigen Schiffsverbindungen.

Die Umgebung von Alexandria
Montazah-Palast und Gärten

Die 14 ha große Parkanlage liegt über 20 km östlich des Stadtzentrums am Meer. Alleen, Pinienwälder, Pavillons, Sitzbänke und -gruppen, verspielte Arrangements, aber auch ein McDonalds finden sich hier. Der Montazah-Palast ist ein beliebtes Ausflugsziel ägyptischer Familien, denn wo sonst in Alexandria kann man so friedlich picknicken? Obwohl die Gärten auch für Autos zugänglich sind, hält sich der Verkehrslärm in Grenzen, denn pro Kfz wird eine Gebühr von E£4 verlangt.

Mitten im Park thront der beeindruckende Palast. Der Baustil ist undefinierbar, doch ist venezianischer oder florentinischer Einfluss nicht zu leugnen. Das Gebäude wurde im ersten Viertel des 20. Jhs. unter König Faruk errichtet und war bis zum Ende der Monarchie die Sommerresidenz der Könige. Ab 1952 diente er vorübergehend als Museum. Heute ist er der Öffentlichkeit nicht zugänglich, denn hier verkehren, durch einen Zaun gut abgeschirmt, die hohen Offiziere der ägyptischen Streitkräfte.

Unter dem Khediven Abâs II. war bereits 1892 weiter südöstlich eine Residenz errichtet worden. In diesem Haus befindet sich heute das beeindruckende Luxushotel El Salamlik Palace.

🕐 tgl. bis Sonnenuntergang; Eintritt E£4 p.P., Pkw E£4 extra. Mit dem Taxi oder der Eisenbahn fährt man bis Montazah (ca. E£15), oder man nimmt einen der Minibusse (50 pt), die ab der Corniche regelmäßig hierher fahren.

Abû Qîr

Die Stadt, vor deren Küste die Überreste der antiken Stadt Herakleion entdeckt wurden (s. Kasten), liegt 25 km östlich von Alexandria. Der Strand von Abu Qîr ist am Wochenende ein beliebtes Ausflugsziel für Alexandriner. Diese kommen aber nicht nur zum Baden oder Flanieren hierher: Der Ort ist für seine guten Fischlokale berühmt.

Am leichtesten erreicht man Abû Qîr mit dem Minibus (50 pt) ab dem Hauptbahnhof (Masr Station).

> **Herakleion** Herakleion war lange Zeit eine sagenumwobene Stadt. Kein Mensch wusste, ob sie wirklich existierte. Legenden rankten sich um diesen Ort, der, ähnlich wie Atlantis, im Meer versunken sein sollte. Dann kam im Juni 2001 die Meldung über einen sensationellen Fund: Herakleion existierte! Nicht nur in Sagen und Mythen, es war tatsächlich entdeckt worden: auf dem Meeresboden, 6 km vor der Küste östlich von Alexandria.
> Held der Geschichte ist der französische Hobbyarchäologe **Franck Goddio**. Lange Zeit von seinen studierten Kollegen belächelt und geringschätzig als „Indiana Jones der Meere" bezeichnet, gelang ihm, was vielen seiner ehrenwerten Kollegen versagt geblieben war: Die Entdeckung einer Stadt, die bis dahin nur ein Mythos gewesen war.
> Schon in den 30er Jahren des 20. Jhs. begann man zu ahnen, dass unter der Wasseroberfläche bei **Abû Qîr** die Überreste einer reichen Vergangenheit lagen. Fischer hatten erzählt, dass vor der Küste lange Mauern und herrliche Statuen mit bloßem Auge zu erkennen wären. Prinz 'Umar hörte diese Geschichte und wollte ihr – im wahrsten Sinne des Wortes – auf den Grund gehen. Er schickte Taucher los, die mehrere Köpfe griechischer Statuen sichern konnten. Doch weiter kam man damals nicht, denn die Technik reichte nicht aus, um länger zu tauchen und gründlicher zu forschen. Im Laufe der folgenden Jahrzehnte trübte sich aufgrund von Umweltverschmutzung das Wasser; Mauerreste

und Statuen waren nicht mehr zu sehen. Man vergaß, was man gefunden hatte – bis auf Franck Goddio.

1996 machte er, der von sich behauptet, auf dem Meeresgrund zu Hause zu sein, sich daran, die sagenumwobene Stadt zu suchen. Er und sein Team bestimmten Lage und Grundriss. In minuziöser Archivarbeit, d.h. durch die Auswertung alter Quellen, und mit Hilfe von Archäologen und Althistorikern gelang es ihnen im Jahr 2000 schließlich, eine große Hafenstadt vor Abū Qīr zu lokalisieren. Doch noch wussten sie nicht hundertprozentig, ob es sich bei diesen Funden auch wirklich um das alte Thonis oder Herakleion, wie die Griechen es später nannten, drehte. Man hoffte, man vermutete. Doch sicher war man nicht. Moderne Technologie war unerlässlich. So genannte Magnetometer, hochempfindliche Messgeräte, wurden eingesetzt. Sie tasteten den Meeresboden ab und suchten nach Widerständen – erfolgreich. Goddio und seine Crew begannen zu tauchen. Was sie entdeckten, war mehr, als sie sich je hatten träumen lassen: Tempelmauern, Statuen, Schätze aus Bronze und Schmuck, Sarkophage... nicht enden wollende Reste einer längst vergangenen Epoche. Über 2000 Jahre hatten sie hier gelegen. Vom Wasser umspült, von Fischen umschwommen. Im Juni 2001 dann die wichtigste Entdeckung: Eine Granitstele aus dem 4. Jh. v.Chr., auf der der Name der Stadt geschrieben stand: Herakleion – endlich, der Beweis.

Die Stadt war bis zur Gründung Alexandrias im Jahre 331 v.Chr. eine **blühende Hafenmetropole**. Schon im 6. Jh. v.Chr. wurde es griechischen Söldnern erlaubt, in Naukratis – 100 km südlich von Herakleion – eine Freihandelszone einzurichten. Beide Städte standen in regem Kontakt miteinander. Die Griechen kauften vor allem Getreide und das kostbare Papyrus, verschifften es flussabwärts und weiter übers Mittelmeer in die alte Heimat. Aus Griechenland wiederum wurden Olivenöl und Wein für die griechischen Siedler, aber auch Fertigprodukte wie Sandalen, Kleider und Lampen zum Weiterverkauf an die Ägypter importiert.

Eine blühende Stadt also, und doch ging sie unter – im wahrsten Sinne des Wortes. Zum einen war da Alexandria, das mächtiger und mächtiger wurde, doch war diese neue Stadt nicht allein für den Untergang Herakleions verantwortlich. Ein **Erdbeben** war es, das die Stadt zerstörte. Herakleion war auf Schwemmland errichtet worden, und so konnte die Stadt bei einem Beben im 4. Jh. quasi unbeschädigt ins Meer abrutschen. Davon zeugen heute die langen und praktisch intakten Mauern des Herakles-Tempels, die Goddio entdeckt hat. Es sollte aber noch Jahrhunderte dauern, bis die Stadt endgültig versank. Erst ein erneutes Erdbeben im 14. Jh. ließ die Überreste der Stadt vollends im Meer verschwinden.

Franck Goddio gilt seit dem Fund unter seinen akademischen Kollegen als rehabilitiert. Man erkennt an, dass er, der eigentlich Mathematik studierte, wohl doch ein guter Archäologe ist, und einer, der es versteht, seine Arbeit publik zu machen. Letzteres ruft jedoch wieder Kritik hervor unter all denen, die nicht so viel Reklame für ihre Arbeit machen und weniger lukrative Sponsoren finden wie er, der ja eigentlich gar nicht zum Fach gehört. Mit Millionenbeträgen wird der findige Franzose von der Liechtensteiner Hilti-Stiftung unterstützt. Jährliche Pressekonferenzen präsentieren seine neuesten Funde. Doch ist dies nach seinen eigenen Angaben die einzige Möglichkeit, die schwierigen und teuren Forschungen zu realisieren.

Es ist zu vermuten, dass vor der Küste Alexandrias noch viele weitere Funde versteckt sind, die im Laufe der kommenden Jahre ans Tageslicht zurückbefördert werden könnten.

Westlich von Alexandria

Die Küstenstraße zwischen Alexandria und der libyschen Grenze führt nicht immer am Meer entlang und oftmals ist das Blau überhaupt nicht mehr zu sehen. Trotzdem lohnt es sich, bei einer Busfahrt nach Westen einen Sitzplatz auf der rechten Seite zu nehmen. So wird die recht eintönige, steppenartige Landschaft wenigstens ab und zu durch die verschiedenen Blautöne aufgefrischt. Manchmal suchen auch kleine Kamelherden entlang der Straße nach Futter.

Sehenswürdigkeiten gibt es hier kaum, wer sich jedoch für Geschichte interessiert, kann die spärlichen Ruinen von **Abu Sîr** und die Kriegsgräber von **El Alamain** aufsuchen. Ansonsten ist hier Faulenzen am Strand angesagt, am besten um **Marsa Matrûh**.

Abu Sîr

Die einst römische Stadt hatte einen Osiris geweihten Tempel, dessen Reste bis heute erkennbar sind. Lohnenswert ist der Ausflug für alle, die ein wenig auf dem Kalksteinfelsen mit den Tempelruinen herumlaufen und Osiris huldigen wollen. Man hat von hier oben einen herrlichen Blick auf den nahe gelegenen **Mareotis-See**, der einst ein Hafen für Reisende auf dem Nil war. Nördlich von hier erhebt sich auf einem Hügel ein römischer **Leuchtturm**.

Hierher verkehren keine öffentlichen Verkehrsmittel, man kann jedoch ein Taxi für E£100 anheuern, das dann während der Besichtigung wartet.

El Alamain

An diesem Ort, ca. 120 km westlich von Alexandria, fand 1942 die erbittert geführte Entscheidungsschlacht zwischen den deutsch-italienischen Truppen unter General-Feldmarschall Erwin Rommel und den britischen Truppen unter General Montgomery statt. Die Italiener hatten im September 1940 von Libyen aus eine Offensive gegen Ägypten gestartet, die allerdings von den Briten erfolgreich abgewehrt wurde. Mussolini verabredete daraufhin im Januar 1941 mit Hitler die Aufstellung des „Deutschen Afrikakorps", das den Italienern zu Hilfe eilen sollte. Angeführt wurde die neue Truppe vom „Wüstenfuchs" Rommel. Im gleichen Jahr konnte die Cyrenaika (Nordostlibyen) von den Achsenmächten Deutschland und Italien zurückerobert werden. In den ersten beiden Monaten des Jahres 1942 wurden die Städte Benghasi und Tobruk (beide in Libyen) eingenommen. Bei ihrem Vormarsch Richtung Suezkanal konnten die Verbände der Achsenmächte erst bei El Alamain aufgehalten werden. Mangel an Nachschub und erbitterte britische Gegenwehr, verstärkt durch zu Hilfe eilende Panzerverbände aus Alexandria, zwangen die Überlebenden der deutsch-italienischen Truppen im November 1942 schließlich zum Rückzug bis nach Tunis. Viele tausend Soldaten auf beiden Seiten hatten in dieser Schlacht ihr Leben gelassen oder waren verwundet worden.

So wichtig die Stadt während des Zweiten Weltkrieges war, so unbedeutend ist El Alamain heute. Es ist ein ziemlich langweiliges Städtchen, das nur eine minimale touristische Infrastruktur aufweist und daher besser in einem Tagesausflug von Alexandria aus oder auf dem Weg nach Marsa Matrûh besucht werden sollte.

Die vielen, teilweise namenlosen Kriegsgräber vermitteln einen Eindruck davon, wie gnadenlos die Feldherren und Staatsführer während des Zweiten Weltkrieges Menschen dem „Staatswohl" opferten. Auf dem **Commonwealth**-Friedhof sind 7000 Soldaten begraben: Briten, Franzosen, Neuseeländer, Australier, Griechen, Malaien, Inder, Südafrikaner... Interessant ist auch der Besuch des kleinen **Militärmuseums**. Allerlei Kriegsgerät, das während des Zweiten Weltkriegs in der Wüste eingesetzt wurde, ist im und um das Gebäude aufgestellt. Ein Museumsmitarbeiter erläutert an einem Lageplan, auf dem an den entsprechenden Stellen Lämpchen aufblinken, Frontverläufe, Angriffe und Truppenbewegungen. Dazu dröhnt im Hintergrund aus einem altertümlichen Lautsprecher das Motorengeräusch angreifender Bombenflugzeuge. ⊙ 8–16 Uhr, Eintritt E£5.

Etwa 7 km von hier entfernt, an der Hauptstraße nach Marsa Matrûh, findet sich ein architektonisch sehr schönes deutsches **Kriegsmahnmal**. In einem Rundbau aus Sandstein, hoch über dem Meer gelegen, erinnert es an die Toten des Zweiten Weltkrieges und mahnt Frieden für die Zukunft an.

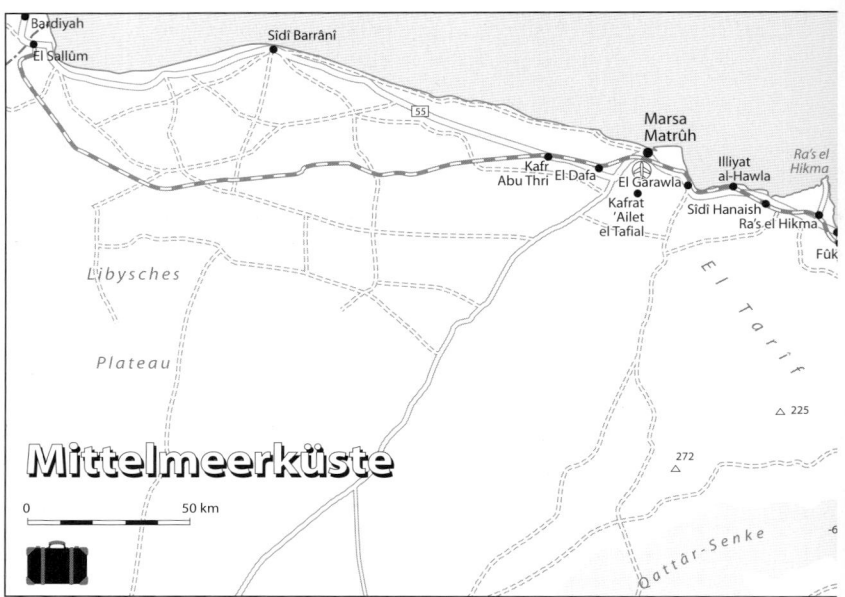

Ansprache des deutschen Botschafters anlässlich des Jahrestages der Schlacht von El Alamain am 19. Oktober 2001

„Meine Herren Offiziere und Veteranen, sehr geehrte Damen und Herren,
vor einer Woche hat Manfred Rommel, der ehemalige Oberbürgermeister von Stuttgart und Sohn von Erwin Rommel, den Nachlass seines Vaters dem baden-württembergischen Haus der Geschichte vermacht.

Rommel ist der Name, der mit der Schlacht von El Alamain so fest verbunden ist wie jener Montgomerys es für die Briten ist. Am 14. Oktober 1944 hat sich Rommel, dessen Name auf einer Liste der Verschwörer vom 20. Juli stand, unter Druck von Hitler das Leben genommen.

Heute gedenken wir aller gefallenen deutschen und österreichischen Soldaten und Opfer des Krieges in Nordafrika und nicht nur der Heeresführer.

Wie Brecht es in seinem Gedicht *Fragen eines lesenden Arbeiters* ausdrückte

Der junge Alexander eroberte Indien.
Er allein?
Cäsar schlug die Gallier.
Hatte er nicht wenigstens einen Koch
bei sich?
Philipp von Spanien weinte, als seine
Flotte
Untergegangen war. Weinte sonst
niemand?
Friedrich der Zweite siegte im Sieben-
jährigen Krieg. Wer
Siegte außer ihm?

Die Schlacht wurde von Soldaten geschlagen. Tausende Deutsche und Österreicher verloren ihr Leben oder wurden vermisst. Welch ergreifende Schicksale verbergen sich nicht hinter diesen nüchternen Zahlen!

Der von Deutschland entfesselte Zweite Weltkrieg hat unendlich viel Leid und Schrecken über die Völker Europas gebracht. Auch wir Deutschen sind längst zu der Er-

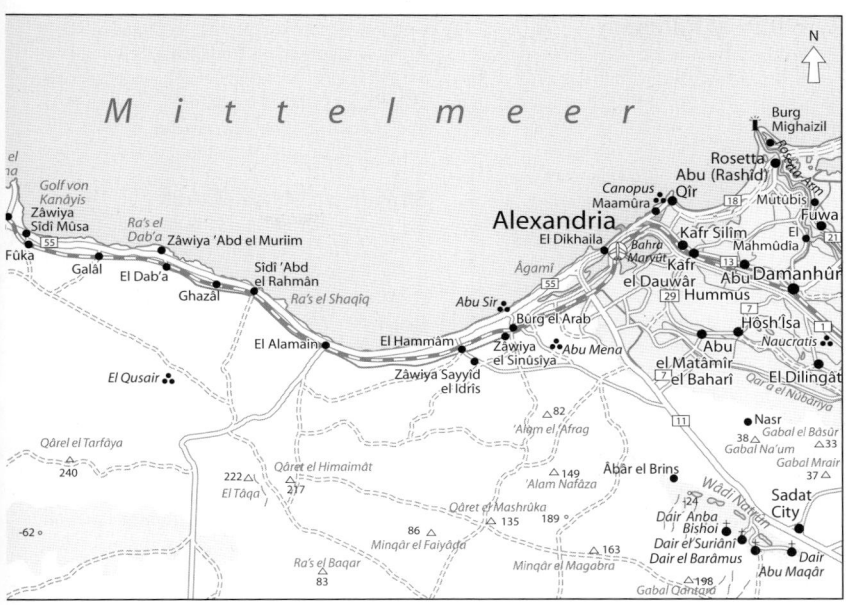

kenntnis gelangt, dass der Sieg der Alliierten über Deutschland die Befreiung von einem unsäglichen Unrechtssystem bedeutete.

Meine Damen und Herren, Sie haben bei der vorangegangenen internationalen Feier wahrnehmen können, wie stark die internationale Solidarität ist. In diesen Tagen ist eine neue Allianz geschmiedet worden, die Allianz gegen den Internationalen Terrorismus. Ich freue mich, dass Deutschland aktives Mitglied dieser Allianz ist. Die Gefallenen und Vermissten von El Alamain gemahnen uns, für eine gerechte Sache einzutreten.

El Alamain ist eine Gedenkstätte für die vielen Soldaten, die in der Überzeugung, ihrem Land treu zu dienen, ihr Leben eingesetzt und dahingegeben haben. Wir gedenken ihrer in Respekt und Dankbarkeit."

Abdruck mit freundlicher Genehmigung der deutschen Botschaft in Kairo.

In El Alamain gibt es nur ein paar einfache Restaurants und keine wirklich empfehlenswerten Hotels. Es gibt die Ferienanlage *Marina* (23 km entfernt), das Nobelhotel *Seagull* (beide nur per Pkw zu erreichen und nur in der Saison geöffnet) sowie das *Al-Amana Hotel* nahe dem Museum. Letzteres hat akzeptable Zimmer für E£20. Ansonsten ist es besser, man besucht El Alamain als Ausflug von Alexandria aus.

Schön ist es, hier an die Strände zu gehen: Das türkisfarbene Wasser ist glasklar und nur wenige Menschen halten sich hier auf, aber ein eigener Pkw ist fast unumgänglich, um hinzugelangen.

Transport

Mit öffentlichen Verkehrsmitteln ist El Alamain leicht von ALEXANDRIA aus mit dem Bus nach Marsa Matrûh zu erreichen (1 1/2 Std., ca. E£7).
Der Bus stoppt etwa 200 m vor dem Museum.
Die Alternative ist das Sammeltaxi ab Alexandria (Abfahrt ab dem Bahnhofsplatz).

Sidi 'Abd el Rahmân

Es gibt drei Gründe, hierher zu kommen: die Strände, das kristallklare Wasser und das Hotel Al Alamain, ✆ 03/4921228, 📠 4921232. Dieses ist zwar überteuert, aber das einzige vor Ort, und da der Strand herrlich ist, scheint es sich halten zu können.

Der Ort ist mit Bussen, die zwischen Marsa Matrûh und Alexandria verkehren (s.o. bei Alexandria), zu erreichen.

Marsa Matrûh

Die Strände rund um Marsa Matrûh, der Hauptstadt des Gouvernements Matrûh, gehören zu den schönsten des ganzen Landes: Kreidefelsen stürzen sich tief ins Türkis hinab, der Sand ist weiß, das Wasser glasklar. Die Strände sind auch der Grund, weshalb Marsa Matrûh von (fast ausschließlich ägyptischen) Touristen aufgesucht wird. Die Stadt selbst (mit immerhin 80 000 Einwohnern) hat kaum etwas zu bieten, ist aber ein netter Ort, ein wenig zu bummeln, und – vor allem im Sommer – die ägyptischen Touristen zu beobachten. Im Winter ist die Stadt wie ausgestorben. Renovierungsarbeiten finden dann statt, viele Hotels sind geschlossen und meist ist man der einzige Gast im Ort. Manche Menschen fühlen sich in solch einer Situation ein wenig fehl am Platz, andererseits kann man gerade im Winter die besondere Ruhe genießen, die der Ort ausstrahlt. Zum Baden ist es dann allerdings zu kalt und nur ganz hart gesottene Naturen machen einen kurzen Sprung in das schöne blaue Nass.

Das Zentrum der Stadt liegt an der Kreuzung der **Shâria Iskandariya** und der **Shâria Tahrîr**. Hier liegen die Teehäuser und Läden der Stadt, die sich vor allem die Sh. Iskandariya entlang ziehen. Ein kleiner Markt mit Obst- und Gemüseständen liegt ungefähr 100 m westlich an der Sh. Tahrîr. Im Sommer ist auch entlang der weitläufigen Küstenstraße **El Corniche** viel los. Sitzgruppen und Sonnenschirme laden hier zum Verweilen ein. Die vielen Badegäste ziehen sich tagsüber aber vor allem an die Strände zurück.

Rommel-Museum

Das Museum liegt ungefähr 3 km östlich von Matrûh (Beschilderung Rumeal). Es befindet sich in einer Höhle aus griechisch-römischer Zeit. Diese benutzte der „Wüstenfuchs" während diverser Kriegshandlungen um El Alamain als Hauptquartier. Außer einer Büste des General-Feldmarschalls, Flaggen, Schlachtendarstellungen, wenigen Fotos und Militärkarten hat das Museum nichts zu bieten. ⏰ ganzjährig tgl. 9–15 Uhr; Eintritt E£5.

Strände um Marsa Matrûh

Bei Ausflügen zum Strand (arab. *shâti*) sollten Frauen darauf achten, keinen allzu knappen Badeanzug mitzunehmen. Marsa Matrûh ist nicht Hurghada, der Badetourismus ist hier ein anderer – ein ägyptischer eben.

An der Corniche westlich der Sh. Iskandariya befinden sich kleinste Badebuchten zwischen den Felsen. Die Straße führt jedoch direkt daran vorbei, so dass es hier ziemlich laut ist. An der östlichen Corniche liegen der **Mubarak-Strand** und danach der **Lido-Strand**. Beide sind nicht sehr sauber. Etwa 3 km im Osten der Stadt liegt beim gleichnamigen Museum der recht saubere **Rommel-Strand**. Im Sommer sorgen hier Teehäuser für das leibliche Wohl. Von einem Fußmarsch hierher ist abzuraten. Es ist sehr heiß und ein Spaziergang entlang der breiten Straße macht keinen Spaß. Der sauberste Stadtstrand gehört zum **Hotel Beau Site**. Ihn können auch Nicht-Hotelgäste gegen eine Gebühr von E£4 nutzen. Ein Sonnenschirm kostet E£15/Tag.

14 km im Westen der Stadt liegt der zauberhafte **Kleopatra-Strand** mit dem Bad der Kleopatra, das sich dort bei einem markanten Felsen befindet. Die Königin der Königinnen hat sich ihren Badeplatz wahrlich gut ausgesucht! Der Strand ist ein Traum mit seinen weißen, aus dem Wasser ragenden Felsnadeln und einer Wasserfarbe, die in allen Blautönen schimmert. Im Sommer ist man hier jedoch nie allein.

Etwa 3 km weiter liegt in einer Bucht der sehr beliebte **Gharâm-Strand**. Von hier kann man sowohl auf das Meer hinaus als auch auf die Silhouette von Matrûh blicken. Der Strand ist im Sommer sehr leicht mit einem Boot von Matrûh aus zugänglich. Deshalb tummeln sich hier oft Hunderte von Badegästen.

25 km westlich von Matrûh liegt der Strand, der seinem Namen alle Ehre macht: der **Agîba-Strand** (zu Deutsch „Wunder"). An den schmalen weißen Sandstrand, der von weißen Kalksteinfelsen umrahmt ist, gelangt man von einem Plateau aus.

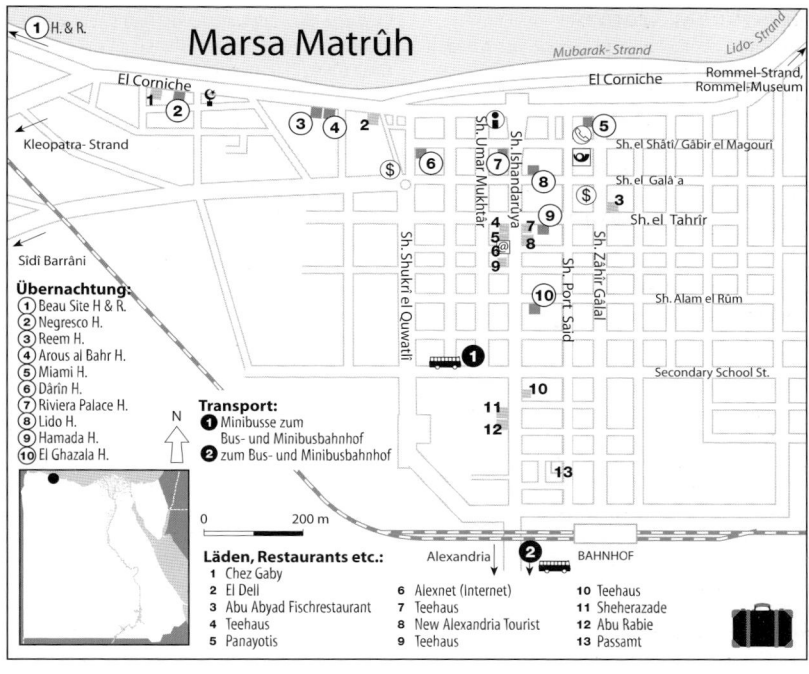

Übernachtung

Die Preise für Hotelzimmer variieren je nach Jahreszeit stark. Sie liegen im Sommer oft doppelt so hoch wie im Winter. Im Winter lassen sie sich gut runter handeln, im Sommer ist das schwierig bis unmöglich. Viele der Hotels haben im Winter ohnehin geschlossen.
Die günstigsten Hotels liegen in der Stadt; für den guten Blick an der Corniche muss man mehr zahlen.

IN DER STADT – *Dârîn***, Sh. Shukrî el Qûtalî, ✆ 4935607. Die Zimmer sind etwas heruntergekommen, der Blick zum Meer verbaut. Für den Preis gerade noch akzeptabel.
El Ghazala, Sh. Alam el Rûm, unweit der Sh. Iskandariya., ✆ 4933519. Das sehr sympathische Hotel mit sehr nettem Eigentümer besitzt 12 absolut saubere Zimmer, teilweise mit Balkon. Die billigste Unterkunft der Stadt ist auch der familiären Atmosphäre wegen bei Rucksack-Reisenden aus aller Welt beliebt.
Hamada*, Sh. Tahrîr, ✆ 4933300. Einfache, abgewohnte Zimmer, teilweise mit Balkon. Für den Preis o.k.
Lido*–**, Sh. Iskandariya, Ecke Sh. Galâ´a, ✆/✉ 4932248. Die Balkone an den kleinen Zimmern sind nett gemeint, eine schöne Aussicht gibt es jedoch nicht. Aufgrund der zentralen Lage kann es hier von der Straße her schon einmal laut werden.
Riviera Palace***, Sh. Iskandariya, ✆ 4933045, ✉ 4930004. Das Hotel besitzt 30 meist kleine Zimmer, die teilweise renoviert wurden. Einige der Räume haben sogar einen eingeschränkten Meerblick. Angenehme und familiäre Atmosphäre. Sicher eines der besten Preis-Leistungs-Verhältnisse in Matrûh.

Marsa Matrûh 361

AM MEER – *Arous al Bahr***, El Corniche, ☎ 4934420, 📠 4934419. Direkt neben dem Reem Hotel; nur arabisch beschriftet. Manche der kleinen Zimmer mit Bad haben einen Balkon. Das Personal ist sehr bemüht.
Beau Site****–*****, El Corniche, ☎ 4934011/12 und 4932066, 📠 4933319, ✉ beausite@hiba.com. Das beste Hotel in Matrûh. Trotz über 200 Zimmern wirkt das Hotel aufgrund des überaus freundlichen Personals fast familiär. Wassersportmöglichkeiten am eigenen schönen Strand und das beste Restaurant der Stadt.
Miami***, El Corniche, ☎ 4931400. In dem großen, braunen Block befinden sich 250 Zimmer. Die Räume sind zwar in Ordnung, aber etwas überteuert.
Negresco***–****, El Corniche, ☎ 4934491/92, 📠 4933960, ✉ negresco_hotel@hotmail.com. Die Zimmer des Hotels sind tadellos, doch der geforderte Preis ist für die gebotene, etwas trübe Atmosphäre leicht überhöht.
Reem**, El Corniche, ☎ 4933605, 📠 4937708. Saubere kleine Zimmer in einem unschönen, lang gestreckten Block. Wie überall an der Corniche ist der Blick auf das Meer sehr schön.

Essen

Die meisten Restaurants liegen entlang der Sh. Iskandariya. Im Winter können Restaurants auch geschlossen sein.
In der westlichen Sh. Tahrîr liegen einfache ägyptische Lokale.
Östlich der Sh. Port Said liegen zwei bei Einheimischen sehr beliebte **Fischlokale**. Der Fisch wird meist pro Kilo verkauft (ab E£10). Das erste rechts ist namenlos.
Dahinter liegt links das *Abu Abyad*. Es ist viel größer, und man kann hier in schöner Atmosphäre bis spät in die Nacht draußen sitzen. Den passenden Weißwein dazu gibt es allerdings nicht.
Abu Rabie, Sh. Iskandariya. Auch bei Einheimischen sehr beliebter Straßenverkauf am südlichen Ende der Hauptstraße. Die Sandwiches sind sehr gut (ab E£2).
Beau Site, El Corniche, im gleichnamigen Hotel. Bietet wohl das beste Essen in Matrûh. Berühmt ist es vor allem für seine Fischspeisen. Der Preis liegt hier allerdings auch ungleich höher als in den anderen Lokalen der Stadt.
Chez Gaby, El Corniche. Das recht unschöne Lokal hat nur im Sommer geöffnet. Die Pizza (E£10–20) ist jedoch sehr lecker.
El Dell, El Corniche. Großes, ganzjährig geöffnetes Restaurant mit Cafeteria.
New Alexandria Tourist Hotel, Sh. Iskandariya. Dieses zweistöckige größte Restaurant im Stadtzentrum hat ganzjährig geöffnet. Schmackhafte Pizza gibt es ab E£8, gegrillten Fisch für E£25, ein halbes Hähnchen oder Kebab kosten E£12. Guter Service.
Panayotis, Sh. Iskandariya. Das kleine, traditionsreiche Restaurant besteht seit 1922 und war das erste Lokal in Matrûh. Allerdings hat es vor fünf Jahren seinen Standort gewechselt. Das Essen ist recht lecker und abwechslungsreich. Angeboten werden u.a. Tomatensuppe (E£3), Pizza E£8–13 und Fischfilet (E£25). Das Stella-Bier dazu kostet E£7,50. Im Restaurant wird auch Bier zum Mitnehmen verkauft. Das Stella kostet dann E£5.
Sheherazade, Sh. Iskandariya. Hier gibt es einfaches ägyptisches Essen zum Mitnehmen. Leckere frische Chips (Chipsy).

Sonstiges

GELD – Die *National Bank of Egypt* in der westlichen Sh. el Galâ´a besitzt einen Bankomaten. In der Sh. Zâhir Galâl befindet sich eine Filiale der *Banque Misr* ohne Bankomat, ⏰ beide So–Do 9–13 Uhr.

INFORMATIONEN – Die *Touristeninformation*, ☎ 4931841, liegt an der Corniche westlich der Sh. Iskandariya im Untergeschoss des Verwaltungsgebäudes des Governorate Matrû. Auf Englisch gibt man hier gern über Matrûh und die Strände Auskunft. Auf Anfrage erhält man sogar einen Stadtplan. ⏰ ganzjährig Sa–Do 9–15 Uhr.

INTERNET – In der Sh. Iskandariya liegt im Zentrum das Internet-Café *Alexnet* (E£4/Std.) Der Eingang befindet sich links des Restaurants Panyotis.

POST UND TELEFON – Am einfachsten telefoniert man auch in Matrûh mit Kartentelefon. Das

Telefonamt liegt in der Sh. Gâbir el Magawî und ist rund um die Uhr geöffnet. Gegenüber liegt das **Postamt**, ⓒ Sa–Do 8–15 Uhr.

VISAVERLÄNGERUNGEN – Das dafür zuständige Amt liegt in einer östlichen Seitenstraße der Sh. Iskandariya in Bahnhofsnähe (siehe Plan). Mitzubringen sind der Pass, ein Passfoto und Geld für die anfallenden Gebühren (ca. E£12). ⓒ Sa–Do 8–14 Uhr.

VORWAHL – 046

Nahverkehrsmittel

Die **Carettas**, zweirädrige Eselskarren, die früher das Stadtbild prägten, sieht man in Matrûh nur noch sehr selten. Neue, v.a. japanische **Taxis** kümmern sich heute um den öffentlichen Nahverkehr. Busse gibt es nicht.
Im Sommer verkehrt ein **Boot** für 50 pt zwischen dem Gharâm-Strand und der westlichen Corniche (Nähe Hotel Beau Site). Zu dieser Jahreszeit tuckert auch eine kleine **Touristenbahn** die Corniche entlang.
Entlang der Corniche und der Sh. Iskandariya werden zur Saison **Fahrräder** für ca. E£25/Tag vermietet.

Transport

BUSSE – Der Busbahnhof liegt etwa 2 km außerhalb der Stadt an der Hauptstraße nach Alexandria. Wenn man sich den langen, unattraktiven Fußweg sparen will, nimmt man sich ein Taxi in die Stadt (E£2–3). Ab dem nördlichen Ende der Sh. Umar Mukhtâr fahren Minibusse (25 pt).
Busse nach:
ALEXANDRIA: mit West Delta zwischen 7 und 15 Uhr fast stündlich sowie um 20, 21 und 2 Uhr; ca. 4 Std.; E£15–20;
KAIRO: 7,12 und 15 Uhr; 6 Std.; E£28–36;
SALLÛM: 7,14,15,16.30,18 und 19.30 Uhr; 3 Std.; E£10;
SÎWA: 7.30,13.30, 16.30 und 19.30 Uhr; 4 Std.; E£12.

MINIBUSSE – Die zentrale Haltestelle der Minibusse liegt beim Busbahnhof. Die Minibusse fahren nach KAIRO (E£20), ALEXANDRIA (E£12), SÎWA und SALLÛM (jeweils E£10).

EISENBAHN – Der Bahnhof liegt im Süden der Stadt. Im Sommer, d.h. zwischen dem 1.6. und dem 14.9., gibt es tgl. morgens einen Zug nach ALEXANDRIA. Eine Fahrkarte für die 2. Klasse kostet E£7. Die Fahrt dauert etwa 7 Std. und ist sehr beschwerlich. Außerdem fährt innerhalb dieses Zeitraums auch um 13.30 Uhr sowie um 22.30 Uhr ein Zug mit Schlafwagen über Alexandria nach KAIRO (E£61).

FLÜGE – Nur im Sommer gibt es für ungefähr E£400 jeweils Do, Fr und So um 10.30 Uhr einen Flug nach KAIRO.

Sallûm

Dieses Städtchen an der Grenze zu Libyen macht einen lebendigen Eindruck. Und doch gibt es nichts, was man hier machen könnte. Die Strände sind schön (wie überall an der westlichen Mittelmeerküste), das Wasser ist herrlich und nur im direkten Stadtgebiet dreckig. Grenzpendler, Libyer, Geschäftsreisende findet man hier, Touristen hingegen kaum – zu Recht, wie wir finden, denn es gibt keine wirklich gute Unterkunft, und auch der Commonwealth-Friedhof, der eine kleine El Alamain-Kopie darstellt, ist nicht wirklich sehenswert. Es gibt eine Post, eine Bank und sonst nicht viel. Hin kommt man mit Bussen ab Marsa Matrûh (4 Std.).

12 km hinter Sallûm liegt Libyen. Ab Sallûm gibt es Sammeltaxis zur Grenze (E£3).

Das Delta

Das Nildelta, die Blüte eines Lotus, dessen Stil der Nil bildet, wird im Westen von der Wüste und im Osten vom Suezkanal begrenzt. Das Delta ist fruchtbarstes Ackerland, von dem jeder Zentimeter ausgenutzt wird: Baumwollpflanzungen, Weinreben, Weizenfelder – all dies macht die Region rund um die beiden noch bestehenden Nilarme zur Kornkammer Ägyptens. Einst standen hier unermesslich schöne Paläste und Tempel, lebten hier

Pharaonen und Könige, wurden hier Götter verehrt und Reiche geschaffen. Doch all das ist in der Zwischenzeit verschwunden, durch den steigenden Grundwasserpegel buchstäblich untergegangen. Darüber wurde gebaut oder gepflanzt.

Wer sich das Delta beschaulich vorstellt und glaubt, hier vor allem pittoreske Felder vorzufinden, die mit Ochsen und Eseln umgegraben werden, und kleine malerische Lehmdörfer, in denen die Bauern am Abend gemütlich vor ihren Häusern sitzen, liegt falsch. Der kleine, überschaubare Ackerfeldbau ist längst einer Agrarindustrie gewichen und so finden sich hier vor allem Städte aus Beton.

Touristen findet man in dieser Ecke des Landes kaum, denn Sehenswürdigkeiten gibt es mit Ausnahme des **Wadi Natrûn**, das streng genommen gar nicht mehr zum Delta gehört, keine wirklichen. **Tanis**, die einstige Hauptstadt der Hyksos-Herrscher, heute eine der wichtigsten Ausgrabungsstätten Ägyptens überhaupt, bietet dem Laien nichts als ein paar Grundmauern. Allein Archäologen sind in der Lage, aus den wenigen Steinen, die hier herumliegen, überhaupt etwas zu erkennen. **Bubastis**, vor 3800 Jahren Hauptkultort der Katzengöttin Bastet bietet nichts als ein kleines, fast völlig leeres Ruinenfeld.

Trotzdem kann es durchaus seinen Reiz haben, gerade im scheinbar uninteressanten Delta herumzureisen. Denn wo kann man ein Land intensiver spüren, als dort, wo es sich nicht für Touristen herausputzt? Die Menschen in dieser Ecke des Landes sind ausgesprochen gastfreundlich. Kaum einer, der ein Bakschisch verlangt, kaum eine Einladung, die nicht ernst gemeint wäre. Wer hier als Tourist, egal in welchem Ort des Deltas, einen Tag in einem Teehaus verbringt, hat das Land und seine Menschen wesentlich besser verstanden als manch ein Pauschalreisender, der auf seinem Kreuzfahrtschiff zehn Tage lang den Nil hinunter schippert…

Das gesamte Delta-Gebiet ist mit öffentlichen Verkehrsmitteln bestens zu bereisen. Das Transportnetz ist ausgezeichnet: Mit Minibussen und Sammeltaxis, aber auch großen Bussen, kommt man problemlos von einem Ort zum anderen. Es gibt keine Konvois und keine Richtlinien, wie viele Touristen pro Bus mitreisen dürfen. Es kann passieren, dass die Polizei darauf besteht, Touristen zu begleiten, doch das ist eher die Ausnahme. Die Delta-Busse fahren in Kairo alle am Turgoman-Bahnhof ab, und zwar im hinteren Teil.

Qanâtir

Qanâtir ist nur 16 km von Kairo entfernt und liegt genau an der Stelle, an welcher sich der Nil in den Damietta-Arm und den Rosetta-Arm gabelt. Die Stadt ist schön und angenehm und bietet zumindest einen kleinen Park, der um den Nilstaudamm herum angelegt wurde.

Das Schönste an Qanâtir ist jedoch nicht der Ort selbst, sondern die Fahrt hierher, denn man kann, vor allem an Freitagen, mit einem **Riverboat** von Kairo aus hierher kommen. Die Fahrt ist ein Erlebnis für sich, nicht nur, weil man sich zwei Stunden lang auf dem Nil fortbewegt, sondern auch, weil freitags in Ägypten Familientag ist und es dann auf den Schiffen hoch hergeht: Musik dröhnt, die Familien packen ihr Picknick aus, Kinder spielen, Männer rauchen Schischa und alle sind hoch erfreut, auf ein paar Ausländer zu treffen, die mit ihnen einen richtig ägyptischen Freitag genießen.

Das Riverboat legt vor dem TV-Gebäude in Kairo ab (Fahrtdauer 2 Std., E£1). Die Boote fahren nur sehr unregelmäßig und oft nur an Freitagen. Nach 10 Uhr morgens kann es schwierig werden, noch ein Boot zu finden.

Wadi Natrûn

Das Wadi Natrûn ist ein kleines Tal etwa 100 km nordwestlich von Kairo, 35 km lang und bis zu 10 km breit. Es hat seinen Namen von dem Natron, das hier seit pharaonischen Zeiten abgebaut wird. Früher benutzte man es zur Einbalsamierung der Mumien, heute verwendet man es vor allem in der chemischen Industrie sowie bei der Glasherstellung.

24 m unter dem Meeresspiegel liegend befinden sich mehrere **Salzseen** im Tal, die im Sommer austrocknen, so dass die Salzgewinnung hier recht einfach ist. Natürliche Vegetation gibt es nur spärlich, weswegen das Tal heute auch nur noch von wenigen Menschen bewohnt wird.

Früher standen hier über 100 **koptische Klöster**, was bereits einen Hinweis auf die Bedeutung des Wadis für Christen gibt. Das Tal bot fliehenden

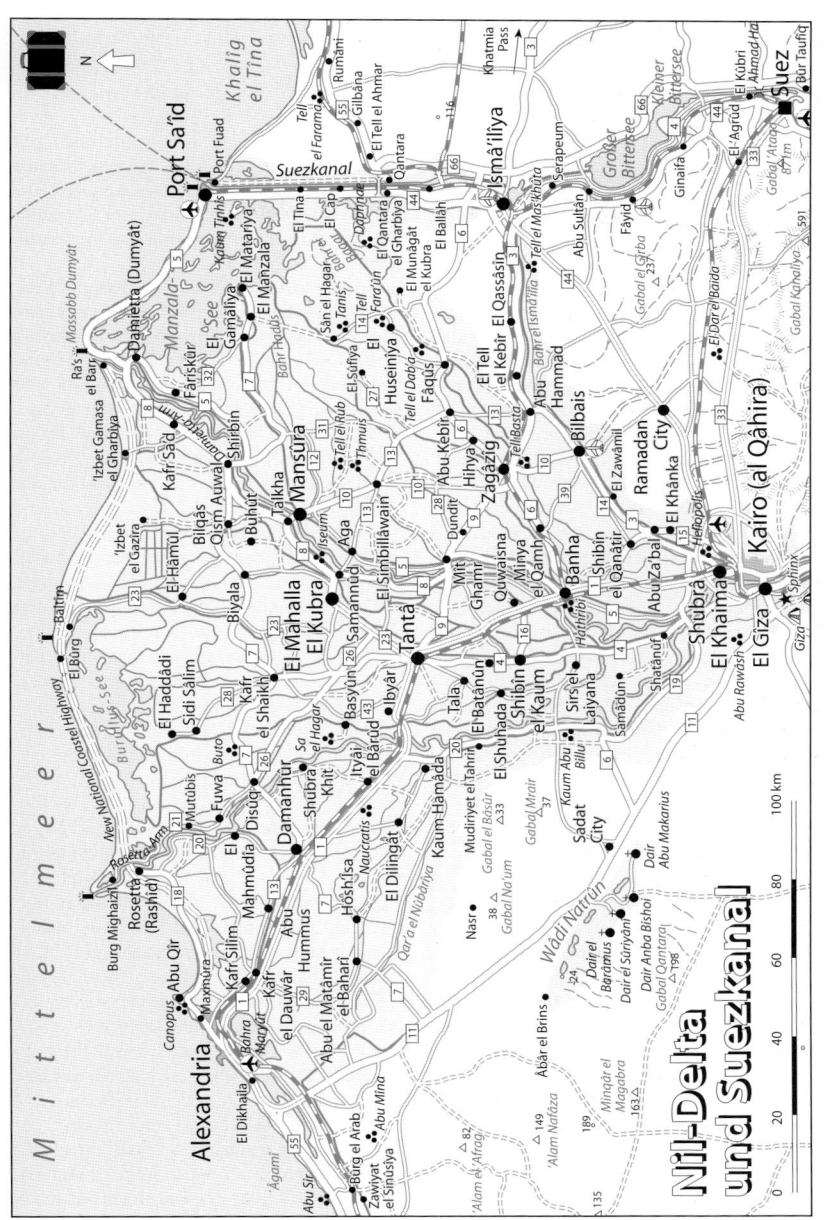

Christen im 4. Jh. Unterschlupf, zuerst in kleinen Höhlen, später in ersten Klosterbauten, die man jedoch schnell zu Wehrburgen umbauen musste, um den angreifenden Feinden trotzen zu können. Anfangs siedelten sich hier auch syrisch-orthodoxe und europäische Christen an; unter ihnen entstand u.a. das Kloster Dair el Suriâni („Kloster des Syrers"). Später, nachdem räuberische Beduinen das Tal immer wieder angegriffen hatten und die Pest im 14. Jh. die Zahl der Mönche stark dezimiert hatte, lebten hier nur noch Kopten; die Syrer und Europäer waren verschwunden. Lange Zeit war das Tal Bischofssitz des koptischen Partiarchen.

Heute leben im Wadi Natrûn rund 20 000 Kopten. Vier Klöster sind noch übrig geblieben. Sie werden von ein paar hundert Mönchen, darunter erstaunlich viele junge Männer, bewohnt und können besichtigt werden. Die Mönche leben von der Landwirtschaft und der Viehzucht – und das erfolgreich! Das Tal hat, so salzig sein Wasser ist, viele grüne Oasen. Mit Hilfe von Ingenieuren, Agrar-Wissenschaftlern und modernster Technik ist den Mönchen (darunter viele Akademiker) die Kultivierung großer Landflächen im Wadi gelungen.

14 km hinter der Taleinfahrt liegen linker Hand die beiden Klöster Dair Anba Bishoi und Dair el Suriâni. Das **Kloster des Heiligen Bishoi** wurde wahrscheinlich im Jahr 390 errichtet. Es wurde nach seinem Gründer, einem jungen syrischen Christen genannt, der auch das Nachbarkloster Suriâni gründete. Die beiden Klöster, die kurz nacheinander entstanden, ereilte dasselbe Schicksal: Überfälle zwangen zum Wehrbau und die Pest raffte im 14. Jh. die meisten seiner Bewohner dahin.

Das Kloster des Bishoi ist rund um eine kleine Kirche errichtet, in der sich auch die Gebeine des Klostergründers befinden. Sie werden in einer jährlichen Prozession am 17. Juli um die Kirche herum getragen. Die Basilika selbst ist sehr sehenswert, ebenso die Festungsmauern der Anlage. ◷ tgl. 9–18 Uhr. Spende erwünscht. Ein Mönch führt durch das Kloster.

Nur 500 m entfernt liegt das „Kloster des Syrers", **Dair el Suriâni**. Das der Jungfrau Maria geweihte Kloster erhielt seinen Namen durch Syrer, die es im 8. Jh. kauften und syrischen Mönchen zur Verfügung stellten. Bis ins 16. Jh. lebten hier syrisch-orthodoxe Mönche, dann übernahmen Kopten das fast menschenleere Kloster und belebten es wieder.

Besonders sehenswert ist hier die Kirche, die aus dem 10. Jh. stammt, mit ihren fantastischen Fresken. Die beiden Hauptfresken zeigen Maria und Jesus. Die anderen zeigen syrische und koptische Patriarchen sowie den Heiligen Markus und den Heiligen Ignatius, Bischof von Antiochia. Der Altar besteht aus schwarzem Marmor und wurde von den Mönchen einst aus Syrien hierher gebracht.

Außergewöhnlich ist die Bibliothek des Klosters. Sie beinhaltet über 3000 alte Manuskripte. Auch wenn heute viele der wertvollen Schriften im Vatikan und im Britischen Museum in London zu finden sind, ist die Bibliothek einen Blick wert. Das gilt auch für den wunderschönen Garten, der sich im Inneren des Klosters befindet und der für die Versorgung des Klosters zuständig ist. ◷ tgl. ab 13 Uhr außer an Feiertagen und während der Fastenzeit.

Südlich der beiden Klöster findet sich das dritte erhaltene Kloster, das des Heiligen Makarius, **Dair Abu Maqâr**. Das Kloster wurde wie die anderen beiden Ende des 4. Jhs. gegründet und nach dem wichtigsten Heiligen und religiösen Führer des Wadis genannt. Makarius lebte hier im 4. Jh. in Höhlen, um die herum seine Anhänger kleine Häuser errichteten. Doch einfallende Beduinenstämme machten schon bald die Errichtung einer Schutzmauer erforderlich. Die Kirche von Makarius entwickelte sich rasch zu einem der wichtigsten koptischen Pilgerorte und wurde im 6. Jh. Sitz des koptischen Patriarchen. Mitte des 20. Jhs. schon fast aufgegeben, leben heute wieder knapp 100 Mönche hier.

Die Kirchen innerhalb der Klostermauern wurden häufig zerstört und dann wieder aufgebaut. Die Hauptkirche ist dem Heiligen Johannes geweiht, die zweite Kirche dem Klostergründer. Hier liegen die Heiligen 49 Märtyrer begraben, die bei einem Beduinenüberfall im 5. Jh. getötet wurden.

Sehenswert und auffallend ist der dreistöckige Wehrturm. Er wurde neben einer Quelle errichtet, so dass die Mönche auch bei Belagerungen und Angriffen durch die Beduinen immer frisches Wasser hatten. Das unterste Stockwerk war für die Vorräte bestimmt, im zweiten Stockwerk schliefen die Mönche, im dritten befand sich eine Kapelle.

Ein Besuch ist nur mit Genehmigung der Klosterverwaltung in Kairo möglich, ✆ 02/5770614.

Das entlegenste Kloster des Wadi Natrûn ist das **Dair el Barâmus**, das „römische" Kloster. Es wurde nach zwei römischen Brüdern benannt, die sich Makarius angeschlossen hatten und vor der römischen Armee geflohen waren.

Das Kloster verfügt über fünf Kirchen im Inneren. Sie sind der Jungfrau Maria, dem Heiligen Theodor, dem Heiligen Georg, dem Heiligen Michael und dem Heiligen Johannes geweiht. Die Kirchen sind reich verziert. Besonders schön ist die Kapelle des Heiligen Johannes. Hier finden sich Fresken und Ikonen. Die Säulen sind römischen Ursprungs. Keine festen Öffnungszeiten.

Übernachtung

Wer in den **Klöstern** übernachten möchte – was generell nur Männern möglich ist –, braucht eine schriftliche Genehmigung von den Klosterverwaltungen in Kairo:
Dair Anba Bishoi, ✆ 02/5914448;
Dair el Suriânî, ✆ 02/5929658;

Sufismus oder islamische Mystik Der Sufismus ist kein ägyptisches Phänomen. In der gesamten islamischen Welt ist diese besondere, mystische Ausprägung des Islams eine mehr oder minder gängige Form der Gottesverehrung. Das Wort „Sufismus" leitet sich von dem arabischen Wort für „Wolle", arab. *sûf*, ab und weist auf den ursprünglich asketischen Charakter der Sufis hin: Ähnlich wie manche christlichen Asketen des Nahen Ostens trugen die ersten Mystiker ein dunkles Wollgewand.

Der Sufismus entstand schon bald nach dem Tode des Propheten aufgrund jener Spannungen, die häufig auftreten, wenn tief gläubige Menschen sich einer weltlichen Herrschaft entgegenstellen. Er erlebte seine erste Blüte zwischen dem 9. und 11. Jh. im Vorderen Orient, und von dort gelangten die Lehren in den folgenden Jahrhunderten nach Nordafrika. Die Menschen, verunsichert über den ständigen Dynastien-Wechsel, über die Kluft, die zwischen Herrschenden und Beherrschten existierte, brauchten einen Halt, etwas Vertrautes. So wurden Helden, kleinere und größere, recht schnell zu **Heiligen** ernannt, wie z.B. Ahmad al-Badawî, der erfolgreich gegen die Kreuzritter kämpfte (s.S. 368). Von den Heiligen erhoffte man sich Segenskraft (arabisch *baraka),* denn sie sind von Gott befähigt, die ihnen gegebene Segenskraft an den Menschen weiterzugeben. Auch wenn es laut Koran keine Heiligen geben kann (Wunder kann niemand außer Gott vollbringen, und selbst der Prophet war nur ein Mensch und somit fehlbar), hat sich der Glaube an Heilige in den meisten islamischen Ländern durchgesetzt. Wer nicht an Heilige glaubt, glaubt zumindest an die „Freunde Gottes", die „Wâlî Allâh", wie sie im Koran genannt werden. Diese stehen Gott durch ihre tiefe Frömmigkeit ein wenig näher als die anderen und können *baraka* geben.

Die **Gräber der Heiligen** wurden bald schon zu Wallfahrtsorten und ein Grabeshüter wurde ernannt. Nahe den Gräbern wurden **Religionszentren** (arab. *zâwiya*) errichtet, zu denen Besucher und Studenten pilgerten, die dort gemeinsam unter der Aufsicht der Grabeshüter lebten. Durch Gesänge, Exerzitien und Geißelungen trat man in den **Zustand mystischer Trance**, die zum Ziel hatte, sich Gott auf einer neuen Ebene zu nähern. „Die Zurückdrängung des Ichs, um sich ganz dem Einen zu öffnen und hinzugeben", das war das Ziel dieser Übungen, fern jeder Politik und ganz gleich, ob außerhalb Unruhen tobten.

Je unsicherer die politische Lage war, desto mehr Menschen sammelten sich um diese Gelehrtenzentren, um sich den Lehren, die von hier ausgingen, anzuschließen.

Der Mystizismus ist bis heute in Ägypten lebendig geblieben, auch wenn die Bedeutung der Bruderschaften inzwischen stark nachgelassen hat. Doch sieht man die Mûlids, die nach wie vor in so vielen Ecken des Landes gefeiert werden, wird klar, dass das Bedürfnis nach Mystik und nach *baraka* nach wie vor da ist.

Dair Abu Maqâr, ✆ 02/5770614.
Das Dair el Barâmus nimmt keine Gäste auf.
Ansonsten stehen das **Resthouse*****, an der Desert Road, und das **Sahara Inn*****, 5 km nördlich davon, zur Wahl. Beide sind nicht wirklich zu empfehlen. Besser ist es, zurück nach Kairo oder nach Alexandria zu fahren.

Transport

BUSSE – Ab Turgoman in KAIRO und ab dem Busbahnhof in ALEXANDRIA fahren Busse der Gesellschaft West Delta stdl. jeweils für E£3 zum Ort Wadi Natrûn (auch Bi'r Hukr genannt). Vom Dorf aus ist ein Taxi notwendig, um die Klöster zu erreichen. Fr und So fahren hier auch genügend Autos, so dass man per Anhalter weiterkommt. Um vom Wadi fortzukommen, postiert man sich direkt am Resthouse, wo die Straße ins Wadi abgeht.

SELBSTFAHRER – Wer mit dem eigenen Pkw (oder Mietwagen) unterwegs ist, fährt von Kairo die Pyramid Road entlang und biegt dann kurz vor dem Mena House nach Norden auf die Desert Road ab. Nach etwa 95 km liegt links das Resthouse (wo man auch übernachten kann); hier geht es links ins Wadi Natrûn ab.

Tanta

Die größte Stadt des Deltas ist Tanta, ein Sufi-Zentrum mit einem großen Mûlid im Oktober, wenn die Baumwollernte eingefahren wird. In Tanta, der Ägyptern zufolge „mystischsten" Stadt des Landes, wird der Marokkaner Sayyid Ahmad al-Badawî, Ahmad der Beduine, als Ortsheiliger verehrt (siehe Kasten). Ihm zu Ehren kommen jedes Jahr im Oktober bis zu 2 Mill. Ägypter nach Tanta.

Wer hier übernachten möchte, findet in der Sh. al Bursa das saubere, nette *Green House***–***, ✆ 330761, ✆ 330320. Von Turgoman in Kairo fahren halbstündlich Busse nach Tanta.

Rosetta (Rashîd)

Rosetta ist ein recht hübsches Landstädtchen, dessen Einwohner vom Feldbau, hauptsächlich der Dattel, und dem Fischfang leben. Der berühmte Rosetta-Stein, dessen Original sich heute im British Museum of London befindet (s. Kasten), hat den Ort bekannt gemacht. Er wurde bei Renovierungsarbeiten im nördlich der Stadt gelegenen Fort Qaitbey gefunden. Durch ihn gelang es, die ägyptischen Hieroglyphen zu entziffern. Die Gründungszeit Rosettas geht auf das 9. Jh. zurück. Im 18. Jh. war die Stadt der wichtigste Hafen des Landes.

Es macht Spaß, durch die belebten Straßen zu schlendern. Die Menschen sind sehr freundlich, denn Touristen sind hier sehr selten. Entlang des Nils liegen große und kleine Fischerboote, hübsche Teehäuser säumen das Ufer.

Orientierung

Die Haltestelle der Minibusse liegt im Südwesten der Stadt. In Richtung Osten führt von hier aus die Shâria Port Said zum Nil. Vorher kreuzt sie sich jedoch mit der in Süd-Nord-Richtung verlaufenden namenlosen „Hauptstraße" des Ortes, die man leicht am dichten Menschentreiben erkennt.

Sehenswürdigkeiten

Der **Sûq** in der „Hauptstraße", auf dem hauptsächlich Obst und Gemüse, aber auch Plastikwaren, Tauben und Fische feilgeboten werden, ist sehr lebendig. Außergewöhnlich für Ägypten sind die Falkenverkäufer (s. Kasten), die hier keine Seltenheit sind. Sehenswert ist der Ort aber vor allem seiner fünfstöckigen **osmanischen Kaufmannshäuser** wegen. Diese imponierenden Prachtbauten aus dem 17.–19. Jh. fallen durch ihre rot-schwarze Ziegelbauweise und die Mashrabîas, hölzerne Fenstergitter, auf. Über 20 solcher Häuser sind noch erhalten. Die meisten von ihnen werden gerade restauriert. Doch einige kann man besichtigen. Dafür muss man beim **Museum** (arab. *mathaf*) im nordöstlichen Teil der Stadt bei einem kleinen Park nicht weit vom Nil eine Eintrittsgebühr (E£6 (3)) entrichten. Die Eintrittskarte beinhaltet auch die Begleitung durch einen selbst ernannten Guide, der nach der Führung ein Bakschisch erwartet, aber in den allerseltensten Fällen Englisch spricht. Wenigstens kennt er die geöffneten Häuser und bestimmt den Rundgang. Bei allen Sehenswürdigkeiten findet bei Eintritt in das Gebäude eine ausführliche Körper- und Taschenkontrolle statt. Außer den Kaufmannshäusern kann man mit dem Ticket auch eine alte Getreidemühle und ein Hammam besichtigen.

Der Streit um den Stein von Rosetta 1799 fand der französische Offizier Pierre François Xavier Bouchard auf der Suche nach Bauholz in der Nähe der Stadt Rosetta einen Stein, der für die Geschichte des alten Ägyptens revolutionierend sein sollte, denn durch ihn konnten zum ersten Mal hieroglyphische Texte entziffert werden. So zufällig der Fund auch war, es war sofort klar, dass dieser immerhin 726 kg schwere Stein historisch von größter Bedeutung sein musste. Man stellte ihn Napoleons Gelehrten zur Verfügung, die ihn nach Frankreich bringen sollten. Das Unternehmen scheiterte jedoch, als die Franzosen nach der Niederlage gegen die Briten in der Seeschlacht bei Abu Qîr kapitulierten. So gelangte der Stein 1802 nach London in das **British Museum**, wo er seither ruht. Obwohl es wiederum ein Franzose war, François Champollion, dem es 1822 gelang, die Texte auf dem Stein zu entziffern (s.S. 73), halten die Briten bis heute an ihrem Anspruch auf den Zuschauermagneten im British Museum fest.

Das erregte im Sommer 2003 den Zorn des Leiters der ägyptischen Altertümerverwaltung, **Zahi Hawass**, der den Stein zurück haben will. Er drohte damit, britischen Archäologen die Grabungslizenzen in Ägypten zu entziehen, wenn das Museum den Stein, der Hawass zufolge den Ägyptern gehört, weiterhin für sich beanspruche. In der Tat ist es fragwürdig, dass ausgerechnet die Briten, die den Stein weder gefunden noch entziffert haben, ihn für sich beanspruchen, weil er in einem Land gefunden wurde, das sie unrechtmäßig annektierten.

Ausschlag gebend dafür, dass Hawass den Stein ausgerechnet zu diesem Zeitpunkt und nicht schon viel früher, zurückverlangt, ist, zumindest offiziell, der 100. Geburtstag des Ägyptischen Museums, zu welchem der Stein ausgestellt werden soll. Inoffiziell tuschelt man, das Jubiläum habe damit gar nichts zu tun. Der „Rückruf" des Steins hänge vielmehr damit zusammen, dass die junge, frisch examinierte britische Archäologin Joann Flechter zu eben jener Zeit behauptete, die Mumie der Nofretete entdeckt zu haben. Dies war natürlich ein Schlag ins Gesicht von Hawass, jenes Mannes, der für sich beansprucht, zu den besten Ägyptologen weltweit zu zählen, auch wenn derzeit (im Herbst 2003) noch nicht ganz sicher ist, ob es sich bei der Mumie tatsächlich um Nofretete handelt.

Hawass ist (verständlicherweise) verärgert, dass in erster Linie das Ausland von Funden aus dem alten Ägypten profitiert. Dass er neben dem Stein von Rosetta auch noch die Büste der Nofretete aus Berlin, die Hatschepsut-Statue vom Metropolitan Museum und sogar den (Frankreich geschenkten) Obelisken auf der Place de la Concorde für sein Land beansprucht, ist dabei nebensächlich. Mit dem Stein von Rosetta soll ein Exempel statuiert werden.

Hawass kämpft bereits seit einigen Jahren dafür, dass Ägypten mehr Anteil an den Ausgrabungen, die im eigenen Land stattfinden, hat. So geht auf ihn das **Department of Foreign Archaeological Missions**, zurück, das die Arbeit ausländischer Archäologen kontrolliert. Während Archäologen vor der Gründung des Departments weder einen Plan des Ausgrabungsgebietes noch einen Bericht über die Grabungen für die ägyptischen Behörden (also auf Arabisch) verfassen mussten, ist dies nun Bedingung, um überhaupt graben zu können. Europäische Wissenschaftler sehen dies als den Akt eines „Machtbesessenen" – für Hawass ist es ein Grunderfordernis.

Die Wahrscheinlichkeit, dass Ägypten den Stein von Rosetta zurück bekommt, ist mehr als gering. Da hilft auch kein Schimpfen und Drohen. Das musste sogar Hawass einsehen, der sich jedoch mit der Abfuhr nicht zufrieden geben wollte. Er schlug deshalb einen Kompromiss vor, nämlich, dass das British Museum ihm den Stein von Rosetta für drei Monate leihweise überlässt. Offiziell beschrieb das British Museum den Vorschlag als „konstruktiv", doch in Wahrheit haben sie wohl (berechtigte) Angst, dass sie den Stein auf diese Weise verlieren. Man darf gespannt sein, wie es weitergeht.

Sehr beeindruckend ist die **El Mahalli-Moschee** in der Hauptstraße. Sie ist eine Verschmelzung zweier älterer Moscheen. Das Innere der Moschee wird dominiert von unzähligen Säulen, die von diversen anderen Gebäuden stammen. In diesem Säulenwald fühlt man sich wie in einem Forst mit unterschiedlichen Baumarten.

Man kann die Fahrt nach Rosetta mit einem Ausflug zum **Fort des Qaitbey** abrunden. Dazu braucht man allerdings ein Taxi – am besten in der Nähe des Museums danach Ausschau halten. Die renovierte Festungsanlage liegt ungefähr 5 km entfernt in einem Dorf nördlich von Rosetta. Unterwegs fährt man an vielen Ziegelbrennereien vorbei. Vom Fort, ⊙ tgl. Sonnenauf- bis Sonnenuntergang; Eintritt E£12 (6), hat man Ausblick auf die Nilmündung. Der westliche Rosetta-Arm fließt hier ins Mittelmeer. Über 6000 km Weg hat das Wasser an diesem Punkt bereits hinter sich.

Frei wie ein Falke? Seit Jahrtausenden wird in manchen Ländern des Orients, wie z.B. Indien, Assyrien, Persien und auch Ägypten, die Jagd mit abgerichteten Falken auf frei lebendes Wildgetier (Beizjagd) durchgeführt. Die **Beizjagd** galt während der Ummayaden- und Abbasidenzeit als Königssport. Zuchtfalken sind laut Kennermeinung nicht so gut für die Jagd geeignet, weshalb wilde junge Falken in eigens dafür aufgestellten Spezialfallen gefangen und abgerichtet werden. Diese Tiere erzielen dann auf dem (nicht immer legalen) Markt sehr hohe Preise von manchmal mehreren Tausend Euro. Alter, Farbzeichnung und Fähigkeiten des Tieres bestimmen der Preis. Das Washingtoner Artenschutzabkommen verbietet zwar den Handel mit Wildfalken, doch vor allem Saudis und andere reiche Golfstaatler frönen diesem exklusiven Zeitvertreib immer noch gern. Gemeinsame Jagden werden organisiert, die oftmals in weit entfernten Ländern stattfinden, da die Beutetiere des Falken im Heimatland selten geworden sind. Man begibt sich für die Jagd mit Gleichgesinnten in die Weite der Wüste, fühlt sich hier frei und ungebunden und präsentiert stolz das imposante Tier.

Übernachtung und Essen

In Rosetta gibt es keine Unterkunftsmöglichkeit, weshalb die Rückfahrt nach Alexandria am gleichen Tag erfolgen muss.

Sollte sich in Rosetta der Hunger melden, so hat man verschiedene Möglichkeiten: Entlang des Nils werden in den verschiedenen **Teehäusern** Kleinigkeiten angeboten (keine Speisekarte – nachfragen!). An der Kreuzung der Sh. Port Sa'îd und der Hauptstraße warten **Fisch-Grills** auf Kundschaft. Sie sind sehr zu empfehlen.

Und warum nicht mal einen Obsttag? Auf dem Sûq entlang der „Hauptstraße" finden sich die verschiedenen **Obstsorten** aus der Region. Und die Preise sind kaum irgendwo billiger als hier.

Transport

Der Minibus in ALEXANDRIA fährt bei einem Teehaus in einer Seitenstraße an der südwestlichen Ecke des Mîdân Urâbî ab. Beim Mahnmal des unbekannten Soldaten weiß man Rat, sollte man die Stelle nicht finden. Über die neue National Coastal Road geht es am Idku-See entlang durch Palmenhaine und Sanddünen. Die Fahrt dauert ungefähr 1 Std. und kostet E£2,50.

Tanis

Tanis war während der Herrschaft der Hyksos Reichshauptstadt, und entsprechend groß und mächtig ist das Trümmerfeld des Tempels, der sich in der Mitte des ca. 4 km² großen Ausgrabungsareals befindet. Der Tempel wurde fast 2000 Jahre immer wieder umgebaut, erweitert, abgerissen und neu gestaltet. Inmitten des Trümmerfeldes finden sich sehr schöne Statuen und in härtestes Gestein geschlagene Reliefs, teilweise noch mit Originalfarbe bemalt. Der Bau wurde aus Hartsteinen errichtet, die man zu Blöcken geschlagen hatte, die bis zu 1000 Tonnen schwer waren. Einst soll dies der zweitgrößte Tempel Ägyptens (nach Karnak) gewesen sein, was angesichts der Größe des Areals durchaus vorstellbar ist.

Lange Zeit glaubte man, in Tanis die Jahrtausende lang vermisste Hauptstadt der Ramessiden gefunden zu haben, da hier Steinblöcke und Säulen gefunden wurden, die viel älter waren als die

Hyksos-Herrschaft. Doch Funde in Qantir, einer weiteren Grabungsstätte im Delta, wesentlich weiter südlich, bewiesen, dass dort die einstige Ramses-Hauptstadt war. Damit wurde Tanis ein wenig der Glanz einer ruhmreichen Vergangenheit genommen, doch der Schönheit der Ruinen tut das keinen Abbruch. ☉ tgl. bei Tageslicht, Eintritt E£10.

Busse verkehren regelmäßig von Kairo nach **Zagazig** (ca. 1 Std., E£4), von wo es mit dem Taxi weitergeht (knapp 80 km). In Zagazig gibt es auch ein paar einfache Hotels.

Der Suezkanal

Der schleusenlose Suezkanal ist 161 km lang. Von Port Sa'îd nach Ismâ'iliya beträgt die Strecke 78 km und von hier sind es noch einmal 83 km bis nach Suez/Port Taufîq. Die Breite an der Wasseroberfläche beträgt zwischen 300 und 365 m. Der Kanal kann jeweils nur in eine Richtung befahren werden, und das in sehr langsamem Tempo von ca. 15 km/h, damit die Sandaufwirbelungen durch den Wellengang nicht zu stark werden.

Ungefähr 7% der weltweiten Seehandelsgüter passieren den Suezkanal. Durch die erzielten Durchfahrtsgebühren bildet er eine der Haupteinnahmequellen Ägyptens.

Den Kanal erreicht man am einfachsten über eine der drei Städte Port Sa'îd, Ismâ'iliya oder Suez. Gilt Ägypten als Geschenk des Nils, so könnte man diese drei Städte als Geschenk des Suezkanals bezeichnen. **Port Sa'îd** wurde 1859 durch den Khediven Sa'îd gegründet. 1860 ließ er **Ismâ'iliya** folgen. Die Stadt trägt den Namen des Khediven, der 1854 den Plänen zum Bau der Wasserstraße zugestimmt hatte. **Suez** wurde zwar schon vor dem Kanalbau gegründet, doch die Bedeutung der Stadt nahm durch ihn enorm zu.

Geschichte

Schon zu pharaonischer Zeit war eine Verbindung zwischen dem Roten Meer und dem Nil und damit bis zum Mittelmeer geschaffen worden. Vom östlichen Nilarm aus wurde unter König Necho II. (610–595 v.Chr.) ein Kanal zu den Bitterseen (beim heutigen Ismâ'iliya) errichtet. Im Laufe der Zeit wurde er ausgebaut, verlängert, aufgegeben, wieder hergestellt und die Lage verändert, bis der **Kalif Al Mansûr** ihn 767 schließen ließ, um den Aufständischen vom Hedschas, einer Region an der Westküste Saudi-Arabiens, den Getreidehahn abzudrehen.

Erst gegen Ende des 18. Jhs. wurde an eine direkte Verbindung des Mittelmeeres mit dem Roten Meer und somit dem Indischen Ozean gedacht. **Napoleon** wollte sich durch den Bau eines Kanals einen Vorteil gegenüber den Engländern verschaffen, doch bei der Vermessung unterlief den Ingenieuren ein Fehler. Sie berechneten irrtümlicherweise einen 10 m hohen Unterschied der Wasserspiegel der beiden zu verbindenden Meere. Ein Schleusenbau wäre zu aufwendig gewesen und so wurde die Idee wieder fallen gelassen. Ungefähr 50 Jahre später (1847) wurde auf Initiative deutscher, österreichischer und französischer Unternehmer eine erneute Vermessung durchgeführt. Und siehe da: Der ursprünglich gemessene Höhenunterschied der Meere bestand gar nicht! Doch der Widerstand aus Istanbul und London und der Tod des großen Reformers Muhammad Ali verzögerten die Verwirklichung der neu ausgearbeiteten Pläne. Als **Ferdinand de Lesseps**, der französische Vizekonsul in Alexandria, 1854 seinem aufgeschlossenen Freund **Sa'îd Pascha**, dem amtierenden Herrscher in Kairo, die neuen Pläne vorlegte, war dieser von der Durchführbarkeit überzeugt. Die Konzession für die Leitung und Nutzung des Kanals sollte nach der Eröffnung für 99 Jahre der *Compagnie Universelle Maritime de Suez* übertragen werden. Der Gewinn sollte unter den Aktionären, den Gründern und der ägyptischen Regierung (15%) aufgeteilt werden. Am 25. April 1859 wurde mit den Bauarbeiten am neuen Kanal begonnen. Bedenken der britischen und osmanischen Regierung, die nicht damit einverstanden waren, dass Sa'îd 44% des Aktienkapitals behielt, verzögerten die Fertigstellung, doch der Bauleiter de Lesseps konnte Napoleon III. als Vermittler gewinnen, und so stimmten Istanbul und London den Konzessionsbestimmungen schließlich zu. Am 17. November 1869 vermengten sich die Wasser des Roten und des Mittelmeeres. Auf die Einweihung des Kanals folgten wochenlange Feierlichkeiten, gekrönt von einem Ball, an dem auch Kaiserin Eugenie, die Gattin Napoleons III., teilnahm, und der Eröffnung der Kairoer Oper. Ein Geleitzug von 48 Schiffen fuhr zuerst durch den Kanal. Mit dem Abschluss der Arbeiten am Kanal war de Lesseps ein Meisterstück gelungen. Nach seinem Erfolg begann er 1879 mit dem Bau des Panamakanals, dort mussten die Arbeiten wegen finanzieller Engpässe jedoch bald wieder eingestellt werden.

Die leeren Staatskassen Ägyptens, in deren Folge hochverzinsliche Kredite aufgenommen werden mussten, führten dazu, dass das Land seine Anteile am Suezkanal zur Schuldentilgung an Großbritannien verkaufen musste. Aufgrund der wirtschaftlichen Misere erhielt Ägypten schließlich eine französisch-britische Finanzverwaltung. Unter Führung des Kriegsministers Ahmad Urâbî (Orabi) revoltierte ein Teil der ägyptischen Armee 1879 gegen den zunehmenden Einfluss Europas und die Ausbeutung des Landes. „Ägypten den Ägyptern" lautete der Slogan des Aufstandes, dem sich große Teile der Bevölkerung anschlossen. Daraufhin besetzten die Briten das Land, um sich den Seeweg nach Indien zu sichern.

Staatspräsident Nasser gelang es erst 1954, einen Abzug der britischen Truppen vom Suezkanal durchzusetzen. Um sein Mammutprojekt eines neuen Hochdammes bei Assuan finanzieren zu können, gab Nasser am 26. Juli 1956 die **Verstaatlichung des Suezkanals** bekannt, was zur so genannten Suez-Krise führte. Noch im selben Jahr marschierten israelische Truppen auf dem Sinai ein, französische und britische Truppen bombardierten die Städte am Kanal. Die USA und die Sowjetunion konnten einen Waffenstillstand durchsetzen und in der Kanalregion wurde eine internationale Sicherheitstruppe stationiert. Die Verstaatlichung der Wasserstraße wurde nach einer Entschädigung der Aktionäre anerkannt. Anfang des Jahres 1967 erzwang Nasser außerdem den Rückzug der internationalen Truppen am Kanal. Doch bald darauf eskalierte der Nahostkonflikt. Am 5. Juni 1967 begann der **Sechstagekrieg**, bei dem Israel die Verbündeten Ägypten, Syrien und Jordanien angriff. Am 10. Juni gelang ein Waffenstillstand. Ägypten hatte die Sinai-Halbinsel verloren und am Suezkanal waren große Schäden entstanden. Der Kanal bildete von nun an die Grenze zwischen den beiden verfeindeten Staaten. Im so genannten **Yom-Kippur-Krieg** im Oktober 1973 konnte Ägypten, mittlerweile unter der Führung Sadats, Teilgebiete an der Kanalzone von Israel zurückerobern. Im anschließenden Waffenstillstandsvertrag erhielt Ägypten die Hoheit über die Kanalzone zurück, die Israelis mussten sich schrittweise aus dem Sinai zurückziehen. Unter großem Aufwand ließ die ägyptische Regierung den Kanal von in den Kriegen versenkten Schiffen frei räumen.

Seit dem 5. Juni 1975 steht diese wohl bekannteste künstliche Wasserstraße der Welt dem internationalen Schiffsverkehr wieder zur Verfügung. Je nach Abfahrtsort und Ziel der Schiffe wird durch die Vermeidung der Umfahrung des Kaps der Guten Hoffnung eine Abkürzung von mehreren Tausend Kilometern oder gar 10 000 Kilometern erreicht. Und der Welt bleibt die gute Hoffnung, dass der Kanal in Zukunft nicht wieder Auslöser einer Krise sein wird.

Port Sa'îd

Port Sa'îd und die Zwillingsstadt Port Fu'âd gehören für uns zu den sympathischsten Orten Ägyptens. Die einzigartige Lage am Kanal und am Mittelmeer verleiht der Stadt ein wunderbares, mediterranes Flair, wozu sicherlich auch die vielen alten Kolonialbauten beitragen, die man überall in der Stadt findet.

Für Ägypter ist Port Sa'îd vor allem als Einkaufsparadies und Urlaubsziel von Bedeutung, denn die Stadt am Ausgang des Suezkanals wurde zur **zollfreien Zone** erklärt. Der Handel ist die Lebensgrundlage der Stadt und alles dreht sich daher ums Kaufen, Verkaufen und Geschäfte machen.

Wirklich Sehenswertes gibt es in diesen beiden Städten nicht, sieht man einmal von der wunderschönen Kolonialarchitektur ab. Dafür macht es Spaß, einfach durch die Straßen zu bummeln, hier einen Kaffee zu trinken, dort eine Schischa zu rauchen und dabei immer wieder auf die prächtigen Häuser zu schauen.

Das **Suezkanal-Haus**, das Vorzeige-Haus der Stadt, wurde 1869 gegründet. Es befindet sich direkt am Hafen neben dem Fähranleger für die Fähren nach Port Fu'âd. Es war lange Zeit Sitz der Suezkanal-Verwaltung und kann heute nur noch von außen besichtigt werden.

Die Stadt kann auch mit einem **Nationalmuseum** sowie einem **Militärmuseum** aufwarten. Ersteres (⊙ tgl. 9–16 Uhr, Eintritt E£6 (3)) lohnt nicht einmal für Museumsfans einen Blick; Letzteres (⊙ tgl. 9–13 Uhr, Eintritt frei) zeigt ein paar

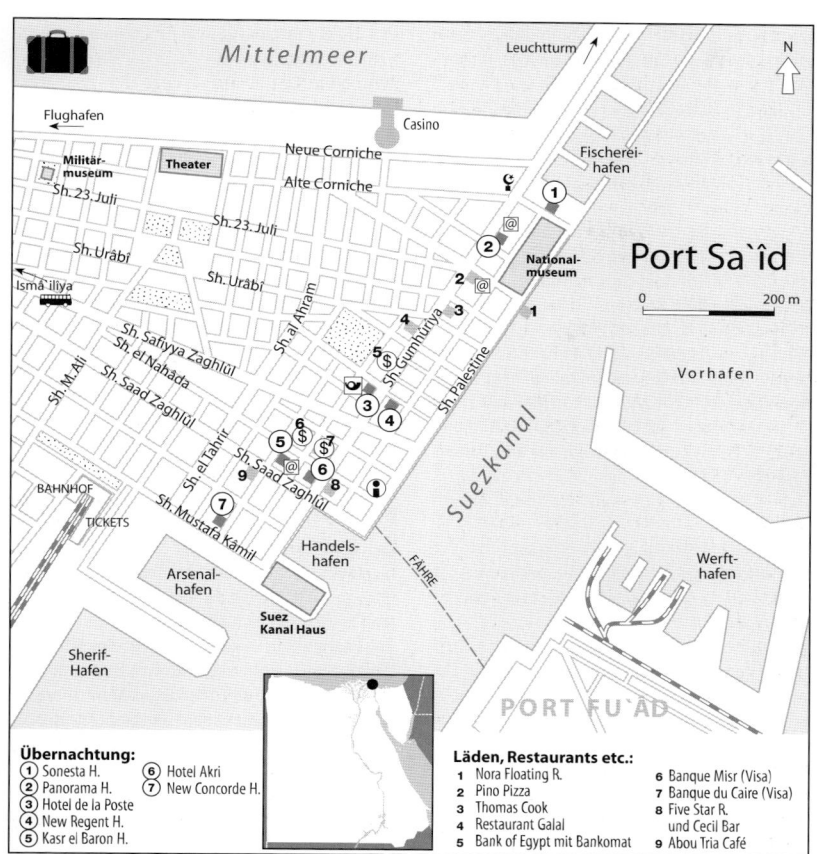

Übernachtung:
1. Sonesta H.
2. Panorama H.
3. Hotel de la Poste
4. New Regent H.
5. Kasr el Baron H.
6. Hotel Akri
7. New Concorde H.

Läden, Restaurants etc.:
1. Nora Floating R.
2. Pino Pizza
3. Thomas Cook
4. Restaurant Galal
5. Bank of Egypt mit Bankomat
6. Banque Misr (Visa)
7. Banque du Caire (Visa)
8. Five Star R. und Cecil Bar
9. Abou Tria Café

Relikte aus der Zeit der Suez-Krise und der Israel-Kriege, z.B. Bomben und Granaten… lauter unerfreuliche Dinge.

Hinweis: Wer nach Port Sa'îd hinein- bzw. hinausfährt muss mit Zollkontrollen rechnen, da es sich um eine Freihandelszone handelt. Ein- bzw. ausgeführte Waren müssen deklariert werden, auch solche, die man woanders gekauft hat (in diesem Fall muss man u.U. nachweisen, dass man sie nicht nicht aus Port Sa'îd hat).

Übernachtung

Akri Hotel**, Sh. Gumhûriya, ☎ 221013. Das älteste Hotel vor Ort stammt aus dem Jahre 1942 und ist, so scheint es, nie renoviert worden. Sehr einfach, aber stimmungsvoll; mit Antiquitäten eingerichtet. Der Aufzug stammt aus dem 19. Jh. Die Besitzer sind sehr nett, sprechen aber nur wenig Englisch. Die einmalige Atmosphäre „bezahlt" man mit einem Minimum an Komfort, keinem warmen Wasser und allereinfachsten Betten. Einigermaßen sauber.

Hotel de la Poste*–**, Sh. Gumhûriya, ✆ 229994, 229655, 228898. Noch so ein stimmungsvoller Bau. Das Haus, aus Holz gebaut, stammt noch aus der Kolonialzeit und ist nicht nur sehr schön renoviert, sondern auch blitzsauber. Helle Zimmer, manche mit Bad, warmes Wasser und eine gute, dem Hotel angeschlossene Patisserie.

Kasr el Baron**, Seitenstraße der Sh. Zaghlûl, ✆ 232300, 338360, @ 334117. Sauberes Hotel mit überwiegend ägyptischen Gästen. Freundliche Leute und ein Internet-Café im Haus.

New Concorde**, Sh. Salâh Salîm, Ecke Sh. Mustafa Kâmil, ✆ 235342, 235341, @ 235393. Saubere, zweckmäßige Zimmer mit Kühlschrank und TV. Nicht wirklich ansprechend, aber o.k.

New Regent***, Sh. Muhammad Mahmûd, Ecke Sh. Gumhûriya, ✆ 235000, @ 224891. Die sehr hübsche Lobby verspricht mehr, als die Zimmer hergeben. Diese sind klein und etwas muffig, aber sauber, z.T. mit Balkon, TV, Kühlschrank, Badezimmer.

Panorama***, Sh. Gumhûriya, ✆ 325101-4, @ 325103. Saubere Zimmer mit herrlichem Blick und Balkon. Das Personal ist freundlich. Was will man mehr?

Sonesta*****, an der Strandpromenade, ✆ 325 511, @ 324825, 🖥 www.sonesta.com/egypt_portasaid. Ansprechendes Luxus-Hotel nahe dem Kanal. Internationaler 5-Sterne-Komfort, Pool etc.

Essen und Unterhaltung

Port Sa'îd ist vor allem für seine **Fischrestaurants** jeder Preisklasse bekannt. Hierher kommen vor allem Angehörige der Kairoer Mittel- und Oberschicht zum Essen, um anschließend die weite Strecke wieder nach Hause zu fahren.

Abou Tria, Sh. Saad Zaghlûl. Kleines Bistro mit gemütlichen Sofas, Billard und lockerer Atmosphäre; vor allem bei der jüngeren Generation beliebt. Sandwiches, Kaffee und ein gutes Frühstück (E£12).

Five Star Restaurant, Sh. Gumhuriya. Gutes ägyptisches Straßenrestaurant mit frischen Fleischgerichten, Futîr, Shawarma und Hähnchen. Ultragünstig und viele ägyptische Gäste.

Galal, Sh. Gumhûriya. Sehr gutes, einfaches Restaurant mit Fisch ab E£15 und Fleischgerichten ab E£10. Frisches Stella für E£6 und wirklich freundliche Leute. Top!

Pino Pizza, Sh. Gumhûriya, Ecke 26th July. Gute Pizza (ab E£13); beliebt.

Nora I Floating Restaurant, am Kanal, ✆ 326804. Sehr edles und gutes Fischrestaurant, das jedoch ab 20.30 Uhr ablegt, d.h. wer zu spät kommt, muss dem Fisch hinterher winken… Hauptgerichte ab E£40.

Weitere, teurere Fischrestaurants finden sich entlang der Strandpromenade.

In der ***Cecil Bar***, nahe dem Five Star Restaurant, kann man gemütlich ein Bier trinken gehen. Ebenso im Restaurant *Galal*. Wer abends noch ein wenig mehr unternehmen möchte, hat kaum eine andere Wahl, als den ägyptischen Besuchern nachzueifern, die hier shoppen bis zum Umfallen.

Einkaufen

Es macht Spaß, hier einzukaufen, auch wenn man dabei nicht an touristenübliche Souvenirs denken sollte. Durch die Freihandelszone kann man hier so ziemlich alles erstehen, was im Rest des Landes „Luxusware" ist: Elektrogeräte, Jeans, Kinderspielzeug, Parfums, Bettdecken etc. Als Europäer wird man kaum kontrolliert, wenn man die Stadt wieder verlässt. Ägypter hingegen haben nur ein bestimmtes zollfreies Kontingent.

Sonstiges

GELD – Die ***Banque Misr*** sowie die ***Banque du Caire***, beide mit Filialen in der Sh. Gumhûriya, haben Visa-Automaten, die ***National Bank of Egypt***, ebenfalls in der Sh. Gumhûriya, hat einen EC-Automaten. ⏲ alle tgl. außer Fr 9.30–14 Uhr. Das Büro von ***Thomas Cook***, ✆ 227559 oder 335260, befindet sich in der Sh. Gumhûriya, ⏲ So–Do 9–13.30 Uhr und 16–20 Uhr.

INFORMATIONEN – Die ***Touristeninformation*** an der Corniche verfügt über einen veralteten Stadtplan und ein paar Info-Broschüren. Wenig gut ausgebildetes Personal.
⏲ tgl. außer Fr 9.30–20 Uhr, zur Mittagszeit häufig geschlossen.

Bick von Port Said auf Port Fu'ad

INTERNET – Drei Internet-Lokale im Osten der Stadt sind auf dem Plan eingezeichnet.

POST UND TELEFON – Die **Post** findet sich – Nomen est Omen – hinter dem Hotel de la Poste, ⏰ tgl. außer Fr 8–14 Uhr. **Telefonzellen** mit internationalen Kartentelefonen stehen überall in der Stadt.

VORWAHL – 066

Nahverkehrsmittel

Innerhalb der Stadt bewegt man sich am besten mit Taxis fort. Keine Fahrt in Port Sa'îd kostet mehr als E£2.

Transport

BUSSE UND MINIBUSSE – Der große Busbahnhof von Port Sa'îd liegt etwas außerhalb im Westen der Stadt. Er ist von Zoll- und Passabsperrungen umgeben. Hier fahren alle Überlandbusse ab. Ein Taxi hierher kostet normalerweise nicht mehr als E£2.

Busse nach:
ALEXANDRIA: 4x tgl., der letzte um 19 Uhr; 5 Std.; E£20;
ISMÂ'ILIYA: stdl. zwischen 6 und 19 Uhr; 1 1/2 Std.; E£5;
KAIRO: stdl. zwischen 6 und 19 Uhr; 3 Std.; E£15;
LUXOR und HURGHADA: 1x tgl.; 8 Std.; E£ 23;
SUEZ: 5x tgl., der letzte am Nachmittag; 2 1/2 Std.; E£8.

EISENBAHN – Wirklich schön ist die Bahnfahrt von Port Sa'îd nach ISMÂ'ILIYA, da die Bahnschienen direkt zwischen Kanal und Straße auf einer Anhöhe verlaufen, so dass man immer mit Blick auf den Kanal fährt. Wenn man dann noch das Glück hat, einem Schiffskonvoi zu folgen, ist der Ausblick perfekt. Da die Züge bis Kairo sehr unbequem sind, sollte man sich gut überlegen, ob man weiter als Ismâ'iliya fahren möchte oder nicht besser in einen Bus umsteigt. Alle Züge, die von hier losfahren, fahren über Ismâ'iliya, so dass man die Stadt fast im Stundentakt ansteuern kann. Der Ticketschalter ist nicht im Gebäude, sondern außerhalb, direkt neben der Zollkontrolle.

Züge nach:
ALEXANDRIA: 7.25 und 18.25 Uhr; 6 Std.; je nach Klasse E£4–15;
ISMÂ'ILIYA: 10, 15 und 20 Uhr: 1 Std.; E£2;
KAIRO: 5.30, 9.45, 15, 17.30, 19.30 Uhr; 4 Std.; je nach Klasse E£2–12;
SOHAG: 9.45 Uhr; je nach Klasse E£10–30, 12 Std.

Die Umgebung von Port Sa'îd
Port Fu'âd

Das nächste Ausflugsziel von hier ist Port Fu'âd, die Nachbarstadt von Port Sa'îd. Man kommt mit der kostenlosen Fähre bei der Großen Moschee von Port Sa'îd hin. Da dies vor allem die Wohngegend derjenigen ist, die mit dem Handel in Port Sa'îd ihr Geld verdienen, ist Port Fu'âd ruhig, sehr grün und angenehm, mit mediterranem Flair, vielen netten Cafés und kleinen Restaurants. Es gibt keine Sehenswürdigkeit im eigentlichen Sinne, aber einfach mal einen halben Tag hier umher zu spazieren, macht viel Spaß, zumal die Menschen hier ausgesprochen freundlich sind. Von Port Fu'âd aus gibt es keine Busverbindungen nach Osten. Alles läuft über den Busbahnhof von Port Sa'îd, da dort die Zollstelle ist.

Manzila-See und Mattariya

Ein beliebtes Ausflugsziel ist auch der See **Manzila**. Auf kleinen Booten kann man auf diesem auf die andere Seite nach **Mattariya** fahren und dabei den See und die Landschaft genießen. Der See ist ein Vogelparadies und freitags ein beliebtes Ausflugsziel für Ägypter. Es gibt keine Infrastruktur am See, so dass man darauf angewiesen ist, Essen und Trinken mitzubringen.

Mit dem Taxi (E£2) oder einem Minibus (E£1) fährt man Richtung Damietta und lässt sich bei der Bootsanlegestelle (Mahatta Safina) absetzen. Die einfache Fahrt mit dem Boot nach Mattariya kostet E£2. Da die Boote nicht allzu häufig fahren, sollte man sich vorher erkundigen, wann das nächste Boot zurück fährt.

Damiette (Dumyât)

Einst rivalisierte Damiette mit Alexandria um den Rang als wichtigster Hafen. Doch das ist lange her. Für die Kreuzfahrer war Damiette die einzige Festung, die sie einnehmen konnten. Drei Jahre lang versuchten sie von hier aus Ägypten zu erobern – erfolglos.

Aus der Zeit, als Damiette noch ein großer Hafen war, stammen viele alte Gebäude der Stadt, die einen Blick lohnen. Wer jedoch großartige Bauwerke erwartet, wird enttäuscht: Sie sind im Laufe der Zeit fast alle zerstört worden. Wer hingegen ägyptische Mittelmeeratmosphäre sucht und dabei keinen Luxus erwartet, ist hier gut aufgehoben, zumal man den Ort in einem schönen Tagesausflug ab Port Sa'îd erreichen kann. Minibusse (1 1/2 Std., E£5) fahren am Busbahnhof von Port Sa'îd ab.

Ismâ'iliya

Ismâ'iliya wurde 1863 als Sitz der Suezkanalgesellschaft gegründet. Ihren Namen erhielt die moderne Stadt, die heute (mit Umland) rund 300 000 Einwohner zählt, von Pascha Ismâ'il, dem Khediven, der zur Zeit des Kanalbaus herrschte.

Ismâ'iliya ist eine schöne Stadt mit hübschen Kolonialbauten, Gärten, vielen Grünflächen und ruhigen, breiten Straßen.

Viel gibt es hier nicht zu sehen, außer vielleicht der Stadt selbst, dem kleinen Ismâ'iliya Museum und den schönen Gartenanlagen. Nett ist eine kurze Taxifahrt zum **Suezkanal** (Fahrt zum Quai Nr. 6, E£2). Von hier kann man sich mit der kostenlosen Fähre auf die andere Kanalseite schippern lassen und mit Glück den großen Schiffen zusehen, wie sie durch den Kanal fahren. Auf der anderen Kanalseite ist ein Kriegerdenkmal aufgebaut, das an den Oktober-Krieg von 1973 erinnern soll. Diese kleine Fährfahrt gibt bei aller Kürze eine gute Idee davon, wie der Kanal mitten in die Wüste eingelassen wurde. Man kann auf beiden Seiten spazieren gehen und den Kanal auf sich wirken lassen.

Sehenswert ist das **Ismâ'iliya Museum**. Das Schönste daran ist das Gebäude selbst. Ferdinand de Lesseps, der Erbauer des Suezkanals, ließ es errichten und stellte dem Museum alle Funde zur Verfügung, die man beim Bau des Kanals gefun-

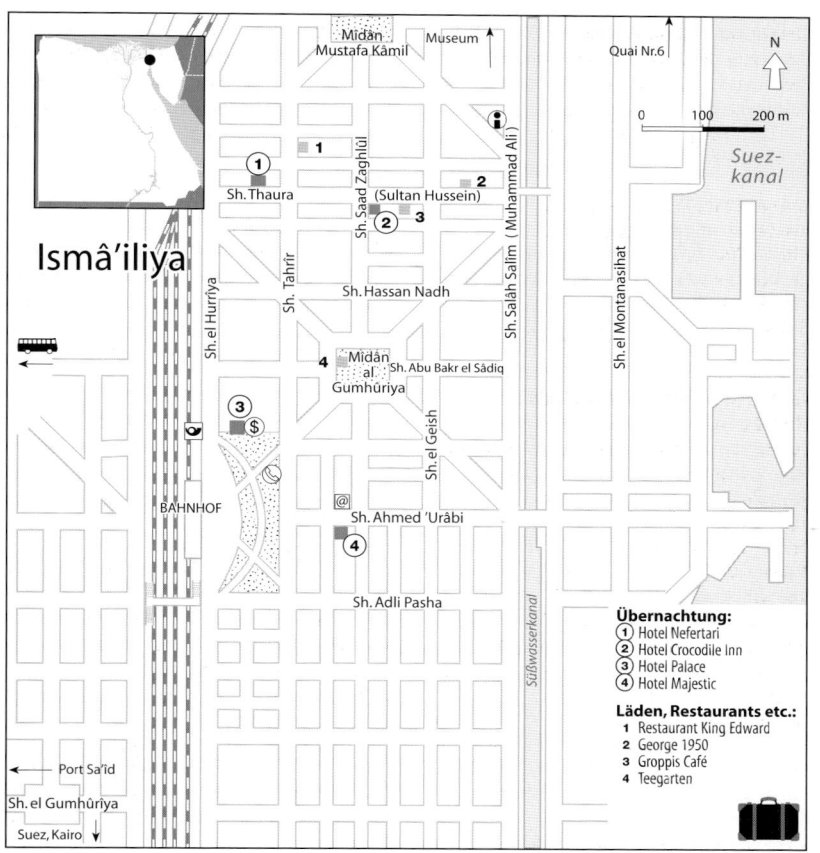

den hatte. Zu sehen sind kleine Statuen, Stelen und ein paar Mosaike aus griechischer Zeit. ⏱ tgl. 9–16 Uhr, Eintritt E£6 (3).

Gegenüber dem Museum ist ein Garten, in dem Stelen ausgestellt sind. Sie lohnen kaum einen Blick (trotz der kleinen Sphinx aus der Zeit Ramses II.). Von außen kann man heute noch das einstige **Wohnhaus von de Lesseps** sehen. Es wird nur für Staatsgäste geöffnet. Wer davor steht, kann erahnen, wie schön Monsieur l'Ingénieur gelebt hat.

Übernachtung

Majestic, Sh. Ahmad Urâbî, ✆ 223607. Sehr einfach, mäßig sauber, dafür äußerst günstig.
Nefertari*, Sh. Tahrîr, ✆ 322822. Sehr abgewohntes Hotel mit mäßig sauberen Zimmern. Überteuert.
Palace**, gegenüber dem Bahnhof, ✆ 326327, ✆ 327761. Schönes Hotel in einem alten Kolonialgebäude mit sehr freundlichen Leuten und hübschen, sauberen Zimmern.

Timsâh Hotel (Crocodile Inn)***, 172, Sh. Saad Zaghlûl, Ecke Sh. Thawra, ℡ 331555, 📠 331666. Modernes Hotel mit netter Lobby und hübschen Zimmern, hell und freundlich.

Essen und Unterhaltung

George 1950, Sh. Thawra. Die Hauptattraktion des Ortes! Sehr schönes Restaurant mit altem Interieur und toller alter Bar. Sehr gute Fischgerichte, europäische Musik und eine angenehme Atmosphäre. Gerichte ab E£25.
King Edward, Sh. Tahrîr (Seitenstraße der Sh. Thawra). Gediegenes Restaurant mit Fisch- und Fleischgerichten auf der Speisekarte. Gemütliche Einrichtung, gemischtes Publikum.
Groppis, Sh. Thawra: Die kleine Filiale des bekannten Kairoer Cafés ist nicht viel mehr als ein alter, wenngleich recht stimmungsvoller Laden mit Süßigkeiten und Säften. Ein paar Tische gaukeln dem Besucher vor, es handele sich hierbei um ein Café. Man bekommt zwar Tee und auch Wasser ausgeschenkt, doch zu essen gibt es hier außer Süßigkeiten nichts.
Kleine und einfache Restaurants finden sich in der südlichen Parallelstraße zur Sh. Urâbî, der Sh. Adlî Pascha, und um die Ecke des Restaurants George.
Das Beste, was man am Abend in Ismâ'iliya machen kann, ist auf ein Bier in die Bar des Restaurants George zu gehen. Hier trifft man auf Seefahrer, Weltenbummler und manchmal auch auf andere Touristen.
Wem eher nach einer gemütlichen Wasserpfeife ist, der kann diese in einem der netten Teehäuser entlang der Sh. Urâbî rauchen oder aber in dem netten Teegarten am Mîdân Gumhûriya.

Sonstiges

FESTE – August: *Internationales Folklore Festival*

GELD – Gegenüber dem Bahnhof sind die *Bank of Alexandria* und die *Banque du Caire* angesiedelt. Einen EC-Automaten gibt es rechts neben dem Hotel Palace.

INFORMATIONEN – Es gibt eine *Touristeninformation* in der Sh. Salâh Salîm, ⏱ tgl. 8–14 Uhr.

Sie taugt jedoch nicht viel und bietet dem Touristen nicht viel mehr als ein paar Broschüren.

INTERNET – Ein sehr gutes *Internet-Café* befindet sich gegenüber dem Hotel Majestic.

POST UND TELEFON – Die **Post** befindet sich direkt neben dem Bahnhof. ⏱ 9–13 Uhr. Telefonieren kann man in Ismâ'iliya, wie überall in Ägypten, am einfachsten von allen **Telefonzellen** aus. Telefonkarten gibt es in vielen kleinen Geschäften überall in der Stadt.

VORWAHL – 064

Nahverkehrsmittel

Das Einfachste ist, man bewegt sich mit **Taxis** von A nach B. Diese kosten in aller Regel zwischen E£2 (zum Bahnhof oder Kanal) und E£5 (zum Busbahnhof).

Transport

BUSSE UND SAMMELTAXIS – Der Busbahnhof befindet sich etwas außerhalb im Westen der Stadt. Taxis hierher kosten max. E£5. Von hier fahren auch Sammeltaxis in die Umgebung ab. Wer Pech hat und gerade keinen Bus in die gewünschte Richtung bekommt, kann versuchen, mit einem der Sammeltaxis weiter zu kommen. Diese fahren los, wenn sie voll sind, und kosten etwas mehr als die Busse.
Busse nach:
ALEXANDRIA: 2x tgl., einmal vormittags, einmal nachmittags; 7 Std.; E£17;
EL ARÎSH: stdl.; 3 Std.; E£7;
KAIRO: alle halbe Std.; 3 Std.; E£7;
PORT SA'ÎD: stdl.; 1 1/2 Std., E£4,50;
SHARM EL SHAIKH: 4x tgl.; 7 Std.; E£25;
SUEZ: ca. viertelstündlich; 1 Std.; E£4.

EISENBAHN – 10x tgl. verkehrt ein Zug nach KAIRO (4 Std.; je nach Klasse E£2–5), SUEZ (2 Std.; E£1–3) und PORT SA'ÎD (1 1/2 Std.; E£1,50–3,50). 2x tgl. fährt ein Zug nach ALEXANDRIA (5 Std.; E£7–20).

Timsâh-See (Buhairat el Timsâh)

Das wohl bedeutendste Ausflugsziel von Ismâ'iliya aus ist der Buhairat el Timsâh oder „Krokodil-See" am südöstlichen Stadtrand. Leider ist dieser See mehr und mehr zugebaut, eine Feriensiedlung neben der anderen verwehrt dem Badefreund den Zutritt zum Wasser. Das Wasser des Sees ist aber ohnehin selten klar und sauber und lädt von daher nicht wirklich zum Baden ein…

Trotzdem ist der See einer der beliebtesten Ferienziele der ägyptischen Mittelschicht. Wer also Lust darauf hat, einmal zu erleben, wie diese Urlaub machen, ist hier bestens aufgehoben, kann sich aber auf recht hohe Preise bei Hotels (die man über jedes Reisebüro in Kairo buchen kann) und Eintrittsgebühren für die Strände gefasst machen.

Suez

Suez (600 000 Einwohner) wird von den meisten Reisenden als Umsteigeplatz und Verkehrsknotenpunkt gesehen, und genau das ist es auch: Da es zwischen dem Sinai und dem Festland liegt, müssen hier viele das Fahrzeug wechseln, sei es den Bus, der hier seine Endstation hat, oder das Taxi, das nicht weiter fahren darf.

Suez (und das dazu gehörende Port Taufîq) ist eine quirlige, angenehme Stadt direkt am Ausgang des Suezkanals. Hier gibt es wirklich keine einzige Sehenswürdigkeit außer dem **Kanal**. Der ist dafür hier, wo er auf das offene Rote Meer hinaus geht, wirklich gigantisch und sehenswert.

Alles, was es in der Stadt an schönen Gebäuden gegeben haben mag, wurde von den Israelis in den beiden Kriegen 1967 und 1973 zerstört, so dass alle heute zu sehenden Gebäude jüngeren Datums sind. Dennoch, oder vielleicht auch gerade deshalb, ist Suez eine lebendige Stadt, die einen Besuch vor allem in den Abendstunden lohnt, wenn überall Buden aufgebaut werden, die Muscheln und Grillfisch verkaufen, wenn die Straßen zu Märkten werden und der Bummel zum Erlebnis.

Übernachtung

Green House****, 2, Sh. Port Sa'îd, ✆ 331443, ✆ 331554, (E) green-house@link.net. Großes Hotel mit schönem Pool und großen Zimmern. Beliebt bei ägyptischen Hochzeitsgesellschaften, Zimmer z.T. mit herrlichem Blick auf den Kanal oder das Rote Meer. Schön, aber eindeutig überteuert. Kein Alkoholausschank.

Sina*, 21, Sh. Bank Misr, ✆ 334181, Einfaches Hotel, akzeptable Zimmer, z.T. mit eigenem Bad.

Star*, 17, Sh. Bank Misr, ✆ 228737. Sehr angenehmes, frisch renoviertes, sauberes Hotel mit freundlichen Leuten und tadellosen Zimmern, z.T. mit eigenem Bad.

Summer Palace****, Port Taufîq, ✆ 224475, ✆ 321944. Schönes Luxus-Hotel mit großen Zimmern und Blick auf den Kanal oder Hafen. Schick und im Preis-Leistungs-Verhältnis besser als das Green House.

White House**, 322, Sh. Salâm, ✆ 227599. Angenehm, sauber, große Zimmer mit eigenem Bad, freundliche Leute.

Essen und Unterhaltung

Suez Fish, Sh. Salâm, kleines, originelles Fischrestaurant in Form eines Bootes. Unten an der Straße ersteht man den Fisch, der dann direkt gegrillt oder gebraten wird. Speisen nach Kilopreis. Frischer, köstlicher Fisch mit sehr guten Beilagen (Salat, Pommes, Reis, Soßen etc.) für E£30/kg, Shrimps und Krebse für E£70/kg. Sehr freundliche Leute, die allerdings kein Englisch sprechen.

Fish, Sh. Salâm, Ecke Sh. Tahrîr. Kleines, sehr gutes und nettes Fischrestaurant mit guter Fischsuppe (E£5) und leckerem Grill-Fisch. Freundliche Leute.

Green House, im gleichnamigen Hotel, gutes ägyptisches Restaurant, das abends mit Live-Musik aufwartet; überwiegend ägyptische Gäste.

Ein **Kushârî-Restaurant** findet sich in der Sh. Salâm, dort gibt es auch Makkaroni-Auflauf. Daneben ist ***Marina***, ein Pizza-Take-away.

Fûl und Taamiya gibt es in der Sh. Tahrîr, gegenüber dem Fischrestaurant.

Außerdem werden abends rund um die Sh. Tahrîr und die Sh. Salâm **Fischbuden** aufgebaut, wo man für wenig Geld Muscheln essen oder sich Fisch grillen lassen kann. In dieser Ecke befinden sich auch die meisten Teehäuser.

Sonstiges

GELD – So gut wie jede Bank hat eine Filiale in Suez.
Die *International Bank* mit einem EC-Automaten hat ihr Büro an der Sh. Salâm, fast schon am Ortsausgang von Suez Richtung Port Taufîq. Die anderen Banken, wie die *Bank of Alexandria* oder die *Banque Misr*, befinden sich weiter nördlich in der Sh. Salâm. ☉ So–Do 9–14 Uhr.

INFORMATIONEN – Es gibt eine *Touristeninformation*, Sh. Marwa, Port Taufîq, ☉ tgl. 8–18 Uhr, Fr nur bis 14 Uhr, mit freundlichem und hilfsbereitem Personal.

POST UND TELEFON – Die **Post** befindet sich in der Nähe der Sh. Salâm im Zentrum (s. Plan). Überall gibt es **Kartentelefone**. Telefonkarten bekommt man in vielen kleinen Geschäften.

VISAVERLÄNGERUNGEN – Das entsprechende Büro, das nur vormittags geöffnet ist, befindet sich etwas außerhalb in der Sh. Hurriya, nahe der Sh. Saad Zaghlûl.

VORWAHL – 062

Nahverkehrsmittel

Zwischen Suez und Port Taufîq verkehren **Minibusse** für 25 pt. Einfach an der Sh. Salâm einem der kleinen Busse winken, Port Taufîq rufen und man wird mitgenommen, sofern das Taxi dorthin fährt. Die blauen Minibusse fahren auch in die Nähe des Busbahnhofs, 50 pt. Ein **Taxi** dorthin kostet E£10.

Transport

BUSSE UND SAMMELTAXIS – Der recht große Busbahnhof liegt weit draußen, ist aber überschaubar. Direkt daneben liegt der Sammeltaxi-Platz. Die Kosten für Letztere liegen etwas höher als für Busse, dafür sind die Taxis bequemer. Sie fahren ab, wenn genügend Leute zusammengekommen sind. Von Suez aus darf mit dem Sammeltaxi nur Tûr Sinai angefahren werden. Wer von dort aus einen Ausflug in die Klöster an der Rotmeerküste unternehmen möchte, kann in Tûr Sinai ein Taxi anheuern. Ein Taxi zum Katharinen-Kloster und zurück kostet rund E£200 insgesamt.

Busse nach:
ALEXANDRIA: 2x tgl., einmal vormittags, einmal nachmittags; 7 Std., E£17;
ASSUAN: 3x tgl.; 14 Std.; E£45;
HURGHADA: stdl.; 4 Std., E£18;
ISMÂ'ILIYA: alle 20 Min.; 1 Std.; E£3; jeder dritte Bus fährt weiter nach PORT SA'ÎD (ab Suez 2 Std.; E£4);
KAIRO: alle halbe Std.; 2 Std.; E£5;
LUXOR: 6x tgl.; 10 Std.; E£37;
NUWAIBA: 5x tgl.; 8 Std.; E£30; via DAHAB (7 Std.; E£25) und SHARM EL SHAIKH (5 Std., E£17); TÛR SINAI via ABU ZENÎMA: alle halbe Std.; 3 Std.; E£12.

EISENBAHN – Sehr schlechte Züge – 3. Klasse mit Holzbänken – verkehren unregelmäßig zwischen Kairo und Suez. Sie sind nicht zu empfehlen.

SCHIFFE – Suez hat einen großen Hafen, von dem regelmäßig Schiffe in den Sudan und nach Saudi-Arabien abfahren. Unregelmäßig kann man hier auch alle anderen Häfen in Afrika ansteuern, dann jedoch nur auf Frachtern oder privaten Jachten.

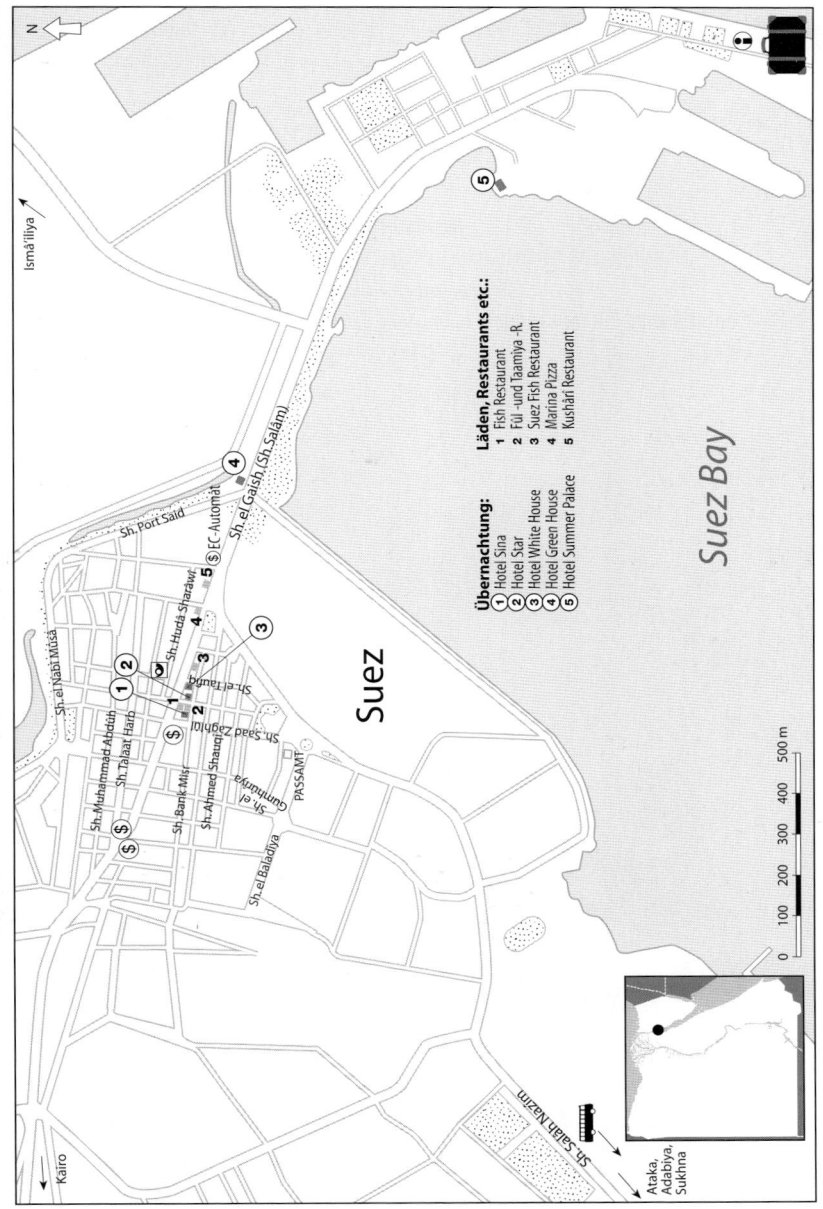

Rotes Meer

HIGHLIGHTS
ANTONIUSKLOSTER UND PAULUSKLOSTER – Klosterleben in der Wüste
EL QUSAIR – Kleinstadtflair am Roten Meer
TAUCHGRÜNDE UM HURGHADA – Aufregende Schiffswracks und bunte Korallenriffe

Die Festlandküste des Roten Meeres ist landschaftlich wunderschön. Die roten Berge der Arabischen Wüste (auch Östliche Wüste genannt) ziehen sich stellenweise bis ans glasklare, türkisfarbene Meer hinunter, beinahe so, als wollten sie es berühren. Dieser Farbkontrast von Rot und Türkis ist es, der die eigentliche Schönheit der Küste ausmacht – wenn diese nur nicht so verbaut wäre! Ägyptens Bauplaner scheinen den Ehrgeiz zu haben, den gesamten Landstrich von Suez bis an die sudanesische Grenze zu erschließen. Dort, wo keine Hotels oder Bauruinen stehen, liegen Minenfelder, Ölraffinerien oder moderne Windkraftanlagen, die mit deutscher Unterstützung errichtet wurden.

Riesige Feriensiedlungen rund um **Hurghada**, seit neuestem sogar bis nach Marsa Alam hinunter, säumen den Strand. Bald ist es so weit, dass man nicht mehr weiß, wo der eine Ort aufhört und der nächste anfängt. Jährlich zieht es mehrere hunderttausend Touristen hierher. Fast alle steigen in einem der All-inclusive-Resorts ab, von denen jedes für sich eine eigene kleine Stadt darstellt. Hier lautet die Devise meist: Bloß nichts selbst organisieren müssen und nach Möglichkeit keinen Schritt vor die Tür setzen. Wer sich doch einmal hinauswagt, ist mit Abfällen, Dreck und Minen konfrontiert.

Hurghada ist aber zweifelsohne ein praktischer Verkehrsknotenpunkt, da sich hier ein internationaler Flughafen sowie der Hafen für die Fähre nach Sharm el Shaikh befinden.

Im Jahre 2002 wurde in **Marsa Alam** ein neuer Flughafen in Betrieb genommen, an einem Abschnitt der Küste, der bis dahin als einziger verschont geblieben war. Hier soll nun ein zweites Hurghada entstehen. Noch ist es allerdings nicht so weit: Die meisten Hotels befinden sich noch im Rohbau und werden wohl, wenn die Touristikflaute anhält, nie fertig gestellt.

Die einzigen wirklich lohnenswerten Ziele an der Küste sind das kleine, ruhige und beschauliche Städtchen **El Qusair** sowie das Hinterland der Küste mit den beiden **koptischen Klöstern** des Heiligen Paulus und des Heiligen Antonius.

Ein großer Prozentsatz der Touristen, die es in diese Ecke des Landes verschlägt, kommt aber ohnehin zum **Tauchen** hierher. Unter Wasser erlebt man eine großartige Farbenpracht, eine natürliche Artenvielfalt und eine aufregend schöne, weitgehend intakte Natur – kurzum all das, was man

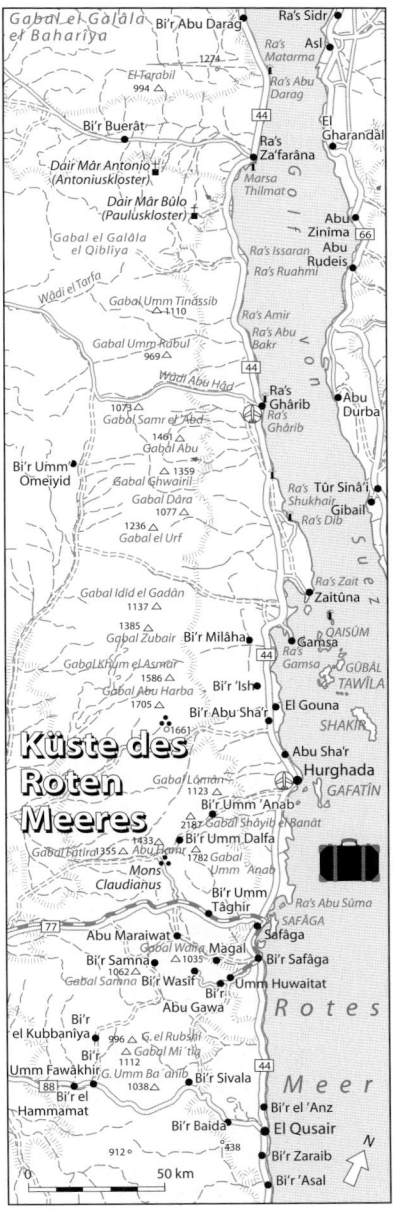

über Wasser vergeblich sucht (Näheres zum Tauchen s. S. 442 f.).

Antoniuskloster und Pauluskloster

Die beiden Klöster St. Antonius (Dair Mâr Antonio) und St. Paul (Dair Mâr Bûlo) gehören mit Sicherheit zu den schönsten Klöstern im Land, was unter anderem an ihrer herrlichen Lage in den Bergen der Östlichen Wüste liegt. Man kann beide in einem Tagesausflug von Kairo oder Hurghada aus besuchen. Inzwischen braucht man dafür auch keine Sondergenehmigung mehr. Wer sichergehen möchte, sollte bei der Klosterverwaltung in Kairo anrufen: für das Antoniuskloster ✆ 02/5906025, für das Pauluskloster ✆ 02/5900218. Die freundlichen Angestellten sprechen zwar kaum Englisch, sind aber sehr bemüht, Informationen weiterzugeben. Keine festen Öffnungszeiten.

Antoniuskloster (Dair Mâr Antonio)

Das Dair Mâr Antonio liegt im Landesinneren, etwa 50 km südwestlich des kleinen Ortes Za'farâna am Fuße des Gabal Galâla el Qibliya. Es ist das älteste koptische Kloster des Landes und gleicht mehr einer Wehrburg als einem Konvent. Grund dafür sind die vielen Überfälle von Beduinen, derer sich die Klöster erwehren mussten.

Das Kloster ist, wie der Name schon sagt, dem Heiligen Antonius geweiht, der im 3. Jh. in Ägypten lebte. Der Sohn aus reichem Hause teilte sein gesamtes Vermögen unter den Armen auf, lebte selbst in Askese und gab sich ganz seinem Glauben hin. Als sich immer mehr Anhänger um ihn sammelten, zog er sich in eine Höhle oberhalb des heutigen Klosters zurück. Dort lebte er in aller Einsamkeit und kam nur noch einmal in der Woche hinab, um zusammen mit seinen Anhängern zu speisen und zu beten. Nach seinem Tod im Alter von 105 Jahren ließen seine Anhänger das Kloster errichten.

Im 8. und 9. Jh. diente das Antoniuskloster vor allem Mönchen, die aus dem Wadi Natrûn vertrieben worden waren, als Zufluchtsort. Später wurde es unter anderem wegen seiner wertvollen Fresken und Schätze selbst zum Ziel von Überfällen durch Beduinen, und man baute die Kirche und die dazugehörigen Schlafsäle zu einer Festung um. Dennoch wurden große Teile der Bibliothek und des Klosters zerstört, als es vor allem im 15. Jh. zu massiven Angriffen moslemischer Fanatiker kam.

Die meisten Gebäude, die man heute vorfindet, stammen aus dem 16. Jh., als die Mönche zusammen mit ihren Brüdern, den Mönchen des Wadi Natrûn, unter dem Patriarchat von Gabriel VII. das Kloster wieder aufbauten.

Der älteste Teil des Klosters ist die **Kirche des Heiligen Antonius**, die im 4. Jh. über seinem Grab errichtet wurde. Die Wandmalereien im Innern, die erst kürzlich vom Byzantine Institute of Archaeology restauriert wurden, stammen aus dem 12. und 13. Jh. Eines darunter zeigt den Heiligen Georg auf seinem Pferd. Die Höhle, in der Antonius lebte, ist bis heute zugänglich: Eine neue Treppe führt hinauf. Von hier oben hat man einen herrlichen Blick auf die Wüste ringsum.

Pauluskloster (Dair Mâr Bûlo)

Das Kloster des Heiligen Paulus, liegt etwa 20 km südwestlich von Za'farâna und ist vor allem aufgrund seiner herrlichen Kirche einen Besuch wert. Auch der Heilige Paulus war, zumindest der Legende nach, ein Sohn reicher Eltern. Als Christ unter Kaiser Decius verfolgt, fand er schließlich in der Östlichen Wüste Zuflucht in einer Höhle. Es ist davon auszugehen, dass er älter war als Antonius, der ihn alten Schriften zufolge zu Grabe getragen haben soll. Viel mehr ist über den Heiligen Paulus leider nicht bekannt.

Die schöne Kirche, um die herum Wirtschaftsgebäude sowie die hohe Schutzmauer errichtet wurden, stammt aus dem 5. Jh. Sie wurde über der Grotte errichtet, die dem Heiligen einst als Wohnstätte diente. Hier finden sich wunderschöne Heiligen-Fresken aus dem 7. Jh.

Das Kloster war nicht durchgehend bewohnt. Als Moslems im 15. Jh. über das Gebäude herfielen, wurde es für 200 Jahre aufgegeben. Im 17. Jh. machte man sich an den Neuaufbau, und seitdem leben hier wieder Mönche. Das gesamte Kloster erinnert heute ein wenig an ein eigenständiges Dorf. Hier gibt es eine Bäckerei, Tierweiden und Gärten.

Ein Windpark am Roten Meer Wer hätte gedacht, dass die Geschichte der Windenergie bereits vor mehreren tausend Jahren im alten Ägypten begann, als man den Wind nutzte, um einfache Schöpfwerke anzutreiben, die zur Bewässerung der Felder dienten? An diese Tradition anknüpfend ist Ägypten heute in Afrika und dem gesamten Orient führend in der Nutzung von **Windenergie** und nimmt unter allen so genannten Entwicklungsländern eine Vorreiterrolle auf dem Gebiet der Erschließung erneuerbarer Energien ein. Windenergie, das haben auch Organisationen wie die Gesellschaft für Technische Zusammenarbeit (GTZ) erkannt, schafft völlig neue, umweltfreundliche Entwicklungsmöglichkeiten. Die gewonnene Energie kann einen Staat unabhängig von Stromimporten machen oder auch exportiert werden und dem Land somit wirtschaftlich auf die Beine helfen. Windenergie ist im Kommen, nicht nur in Entwicklungsländern. So vergab die Welt-Windenergie-Konferenz, die von der World Wind Energy Association veranstaltet und von mehr als 60 internationalen Windenergie-Organisationen unterstützt wurde, am 4. Juli 2002 in Berlin erstmalig den **Welt-Windenergie-Preis**, und zwar an einen Ägypter: Amin Mubarak, Professor an der Universität Kairo und Vorsitzender des Ausschusses für Energie und Industrie des ägyptischen Parlaments. Seit 1981 entwickelt Mubarak für das ägyptische Energieministerium eine Windenergiestrategie, hat an zahlreichen weiteren Windenergie-Programmen maßgeblich mitgewirkt und war für den ersten größeren Windpark in Afrika verantwortlich, den 1992 eingerichteten Windpark bei **Ra's Za'farâna** nördlich von Hurghada. Bis zum Jahre 2005 soll dieser Windpark ausgebaut werden, denn der Wind bläst dort kräftig, im Jahresdurchschnitt gut 9 m pro Sekunde. Der Staat hat bereits 80 km^2 Küstenland zur Verfügung gestellt, auf dem bis 2005 600 MW Leistung erbracht werden soll. Die deutsche Firma Nordex hat den Auftrag bekommen, in der Wüstenregion in einem ersten Schritt 50 Anlagen mit jeweils 600 kW zu installieren. Bleibt nur zu hoffen, dass das recht hoch gesteckte Ziel erreicht wird.

Übernachtung

In seltenen Fällen kann man in den Gästetrakten der beiden **Klöster** schlafen (Männer und Frauen getrennt), aber verlassen sollte man sich darauf nicht. Wenn überhaupt, ist es eher im Pauluskloster als im Antoniuskloster möglich. Laut Klosterverwaltung ist es zurzeit allerdings verboten. Falls man großes Glück hat und die Mönche vor Ort eine Ausnahme machen, sind Gastgeschenke angebracht, die gern auch in Form von Naturalien, wie Tee, Zucker oder Kaffee, angenommen werden.

In Za'farâna gibt es lediglich drei recht teure und für Individualreisende nicht zu empfehlende **Pauschal-Hotels**, die zudem häufig geschlossen sind. Restaurants gibt es keine. Die Mönche servieren aber auf Nachfrage manchmal Tee.

Transport

Es gibt keine öffentlichen **Transportmittel** zu den Klöstern und Trampen ist Ausländern aus Sicherheitsgründen vom Militär verboten. Am besten ist es, die Tour von Hurghada oder Kairo aus zu buchen oder sich zu mehreren in Hurghada oder Suez ein Taxi zu mieten (um E£250 pro Tag). Der Ort **Za'farâna** ist als Ausgangspunkt für einen Klosterbesuch nur zu empfehlen, wenn man gern wandert, und eignet sich auch nur als Startpunkt zum Pauluskloster. Hierfür nimmt man den Bus von Hurghada Richtung Suez und steigt beim Abzweig zum Kloster, wenige Kilometer südlich von Za'farâna, aus. Von der Kreuzung sind es entlang einer beschilderten Piste noch rund 13 km bis zum Kloster. Da die öffentlichen Verkehrsmittel auf der Strecke Za'farâna – Beni Suef keine Touristen befördern dürfen, kann das Antoniuskloster dagegen nicht auf diese Weise, sondern nur mit Taxi erreicht werden.

El Gouna

Der am Reißbrett entstandene Ferienort El Gouna liegt 20 km nördlich von Hurghada auf einer Landzunge umgeben von Lagunen. Hier hat der Baulöwe Sâmih Sawiris, einer der bekanntesten Männer Ägyptens, seinen Traum verwirklicht und eine künstliche Stadt geschaffen, die aus nichts anderem als Hotels, Bars, privaten Strandvillen und Restaurants besteht. Einen einheitlichen Baustil gibt es nicht: Die Architektur ist hier ein wenig nubisch, dort ein wenig mediterran, es gibt Häuser mit Säulen im römischen Stil und Hotelanlagen aus Naturstein.

El Gouna ist ein angenehmer Ort, denn im Gegensatz zu Hurghada und den anderen Städten am Roten Meer gibt es hier keine Baustellen, keine Anmache und wenig Verkehr. Reizvolle Innenhöfe, geschmackvoll eingerichtete Restaurants, kleine Boutiquen unter Arkaden, gepflasterte Sträßchen und verschlungene Wege vermitteln eine bezaubernde, morgenländische Stimmung. Alles ist da, wenn auch künstlich. Es gibt einen Golfplatz, 3- bis 5-Sterne-Hotels, Meeresaquarien, künstlich erschaffene Hügel, mehrere Häfen mit Jachten, die den Besucher von einer Lagune in die andere fahren, und vieles mehr. El Gouna ist hauptsächlich auf gut betuchte Touristen ausgerichtet, die einfach nur ihre Ruhe haben wollen und am Land selbst wenig interessiert sind.

Mittlerweile leben etwa 7000 Menschen in El Gouna, von denen die meisten in den Hotels arbeiten. Ein paar Rentner und andere Winterflüchtige haben sich hier niedergelassen und eine der pastellfarbenen Villen gekauft. Der Ort verfügt inzwischen über einen eigenen Radiosender, eine sehr gute Buslinie (El Gouna-Tours), die zwischen Hurghada und Suez verkehrt, sowie eine Internetseite 🖳 www.elgouna.com, die der Stadt mehr Unabhängigkeit verleihen.

Übernachtung und Essen

Eine Übernachtung in El Gouna lässt sich am besten über ein Reisebüro im Heimatland organisieren. Zur Auswahl stehen fast alle namhaften internationalen Hotelketten, darunter Sheraton, Steigenberger und Mövenpick. Wo man auch absteigt, man kann sicher sein, dass die Unterkunft geschmackvoll und sauber ist.

Al-Khan Hotel****, ✆ 065/545062, ✉ 545061. Etwas günstiger als die internationalen Ketten. Im Kuppelbau errichtet und mit vielen Elementen aus dem Lehmbau – schön.
Dawar al-Uma****, ✆ 065/545060, ✉ 545561. Im Stil der Häuser des bekannten ägyptischen Architekten Hasan Fathy. Sehr zentral und schön.
Sultan Bey*****, pauschal über Reisebüros zu buchen; kleine Apartments mit Küche.
Wer keine Vollpension gebucht hat, kann zur Abwechslung auch in einem der vielen anderen Hotel-Restaurants essen. Für den Transport zwischen den Unterkünften sorgen Shuttlebusse und -boote.

Transport

Die Buslinie *El Gouna Tours* verkehrt stündlich zwischen ihrem Busbahnhof in HURGHADA (s.S. 395) und El Gouna (30 Min.; E£7). Auch von SUEZ fahren mehrmals täglich Busse nach El Gouna (2 1/2 Std.; E£ 38).

Hurghada (al-Gharda'a)

Der einstige kleine Fischerort Hurghada ist heute das größte Wassersportzentrum an der Küste des Roten Meeres und zugleich Verwaltungshauptstadt der Provinz Rotes Meer. Die Entwicklung Hurghadas zur größten Stadt der Region setzte Anfang des 20. Jhs. ein, als die Engländer begannen, hier Öl zu fördern. Mit den Ölbohrungen hörte man allerdings zugunsten einer anderen Stelle weiter nördlich bald wieder auf. Nachdem man Mitte der 70er Jahre das touristische Potenzial der Küste entdeckt hatte, setzte ein Bauboom ein, der bis heute andauert.

Mittlerweile erstreckt sich Hurghada über ca. 40 km an einem schmalen Küstenstreifen entlang. Hier wurde nicht gekleckert, sondern geklotzt, und zwar fast ausschließlich mit Beton. Das direkte Hinterland ist öde, nur die aufsteigende Bergkulisse in der Ferne bietet einen fantastischen Anblick.

Mehrere Hunderttausend Touristen landen jährlich auf dem internationalen Flughafen von Hurghada. Die meisten dieser Urlauber bleiben hier oder steigen in einer der Hotelanlagen, die sich bis Port Safâga und weiter nach Süden ziehen, ab. Waren es bis vor wenigen Jahren vor allem West- und Mitteleuropäer, allen voran Deutsche und Italiener, die hier ihren Urlaub verbrachten, sank deren Zahl mit dem Abwärtstrend in der Tourismusbranche nach dem 11. September 2001 rapide. Was folgte, war ein unerbittlicher Preiskampf: Zimmer und Suiten in Luxus-Hotels wurden zu Schleuderpreisen vermietet und der Service ließ nach. Dann entsann man sich neuer Märkte und setzte vor allem auf russische und osteuropäische Touristen, die von den günstigen Preisen zahlreich angelockt wurden. Dieser Trend hält bis heute an. Der Umsatz ging zwar zurück, doch die Betten sind wieder einigermaßen ausgelastet.

Nachdem sich die Lage im Nahen Osten wieder halbwegs stabilisiert hat, sieht es so aus, als wenn sich die Branche erholen würde, zumindest hier am Roten Meer. Darauf hoffen vor allem die Zehntausende von Ägyptern, die in Hurghada eine Anstellung gefunden haben und von den Touristen abhängig sind. Für sie und ihre Familien gibt es weder hier noch anderswo in Ägypten eine alternative Lebensgrundlage.

Hurghada ist der Ort der Pauschaltouristen. Für einen Individualreisten, der vielleicht mit dem Bus oder Mietwagen anreist, gibt es hier ehrlich gesagt nicht viel zu sehen oder zu tun. Die Stadt bietet keine Altertümer, die Riffs auf der Sinai-Halbinsel sind (noch) intakter und öffentliche Strände sind in Hurghada eine Rarität, da das Bauland zu wertvoll ist. Für viele ist der Ort einfach nur ein Zwischenstopp, während man auf einen Anschlussbus oder auf die Fähre nach Sharm el Shaikh wartet.

Trotzdem lässt es sich in Hurghada ein paar Tage aushalten, vor allem, wenn man mal wieder ein wenig „europäische Luft" schnuppern möchte, Kneipenbesuche und europäische Musik vermisst hat und gern in Discos unterwegs ist. Im Ort werden außerdem vielfältige **Wassersportmöglichkeiten** angeboten.

Trotz manch unverschämter Verhaltensweisen der Gäste aus dem Ausland, die mitunter in Badekleidung durch die Straßen spazieren oder sich betrinken, sind die Menschen hier freundlich und gelassen geblieben. Und so ergibt sich vielleicht gerade hier unerwartet die eine oder andere nette Begegnung.

> **Hinweis für Sonnenhungrige** Im Winter kann es in Hurghada ziemlich ungemütlich werden, wenn der sonst willkommene Wind eine ungewöhnliche Stärke erreicht und recht kühl ist. Die Wassertemperaturen hingegen sind ganzjährig angenehm und sinken nie unter 20 °C.

Sehenswürdigkeiten

Hurghada besteht aus drei Teilen: Im Norden liegt das Viertel El Dahâr, südlich davon schließt sich Siqâla an, und ganz im Süden erstreckt sich das so genannte Touristic Center.

El Dahâr gilt als die Downtown von Hurghada und wird auch vielfach als solche bezeichnet. Hier befinden sich u.a. die Provinzverwaltung, die Große Moschee, die Banken, der zentrale Busbahnhof der Busgesellschaft Upper Egypt und der kleinere Busbahnhof des Busunternehmens Superjet. Außerdem finden sich hier die billigeren Unterkünfte sowie ein Touristenbasar. Die Hauptdurchgangsstraße ist die breite und sehr befahrene **Shâria el Nasser**. El Dahâr kann mit Hurghadas einziger Sehenswürdigkeit aufwarten: dem kleinen **Red Sea Aquarium** an der Corniche, das man besuchen kann, falls man nicht beabsichtigt, zu tauchen oder zu schnorcheln, oder einfach nicht genug von Fischen bekommen kann. In über 60 kleinen Becken schwimmen die Tiere hier gelangweilt hin und her. Manche Aquarien sind auch fast leer, irgendwo versteckt sich vielleicht eine Muräne. Im Eingangsbereich steht ein Becken mit zwei Schildkröten, von denen die größere laut Wärter einem Menschen glatt einen Finger abbeißen kann. Die armen Tiere werden daher als „Mutprobe" von ägyptischen Kindern mit Stöckchen attackiert. ◯ tgl. 9–22 Uhr; Eintritt £E5 inkl. eines Karkadi (Hibiskustee) im benachbarten Aqua-Inn Restaurant.

Siqâla ist zweigeteilt. Im Norden liegen die beiden Häfen, der neue, an dem täglich die unzähligen Tauchboote sowie das Schiff nach Sharm el Shaikh ablegen, und, nicht weit davon entfernt, der alte Hafen, in dem noch Holzboote repariert werden. Man sollte jedoch keine Idylle erwarten. Die Arbeit ist ein harter Job, bei dem viel Abfall anfällt. Die Hauptstraße von Siqâla, die **Shâria Sheraton**, ist im nördlichen Teil nur als Einbahnstraße zu befahren; hier hat sich noch etwas „ägyptisches" Leben erhalten. Im südlichen Teil von Siqâla wird die

Shâria Sheraton zu einer breiten Straße, die mitten durch das Zentrum führt. Die östliche Straßenseite (zum Meer) wird von neuen Ferienanlagen beherrscht, die direkt bis an die Straße heran reichen. Die westliche Seite ist v.a. auf die Bedürfnisse der Besucher aus dem Touristic Center, den südlichen Feriendomizilen, ausgerichtet.

Das **Touristic Center** ist eine Aneinanderreihung von teilweise recht fantasievoll gebauten Feriensiedlungen. Und immer noch kommen neue hinzu. Es handelt sich fast ausschließlich um 4- und 5-Sterne-Anlagen, die über viel Komfort verfügen. Ein hoteleigener Strand, Ausflüge, Tauchboote, Glasboote, Tauchbasen und allerlei sonstige Freizeitangebote gehören zum Standard. Die Hotels können in aller Regel nur als Pauschalarrangement gebucht werden. Einzelgäste sind nicht willkommen, weswegen wir in diesem Buch nicht weiter auf diesen „Stadtteil" eingehen. Angemerkt sei jedoch noch, dass sich im Touristic Center die einzige Touristeninformation Hurghadas (s.u.) befindet.

Übernachtung

EL DAHÂR – Untere Preisklasse: *California*, in einer kleinen Straße zwischen der Sh. Mustashfa und der Corniche (wegen Bauarbeiten momentan etwas schwer zu finden), ✆ 5491001. Empfehlenswerte Unterkunft mit 12 sauberen Zimmern und einer Dachterrasse mit Meerblick, auf der manchmal Essen serviert wird. Für die gute Atmosphäre im Haus sorgt nicht zuletzt der quirlige Nubi an der Rezeption.
Casablanca, etwas abseits an der Corniche in Richtung Siqâla, kein Tel. Sehr einfach und einigermaßen sauber. Die Zimmer haben – eine Ausnahme in El Dahâr – teilweise Balkon mit Meerblick. Nicht super, aber für den Preis und die Lage o.k.
Happy House*, in einer kleinen Straße, die vom Busbahnhof kommend rechts von der Sh. El Nasser abzweigt (hinter dem Postamt), ✆ 549 611, ✉ 5499611. Sehr sauber und sehr bemühte Angestellte. Momentan ohne Rezeption, da an dieser Stelle ein hoteleigenes Diving-Center entsteht.
New Africa*, an einem Platz an einer Parallelstraße zur Sh. el Nasser, nahe der Moschee und dem Busbahnhof der Gesellschaft Upper Egypt, ✆ 548124. Sauberes kleines Hotel, in dem man auch auf andere Individualreisende trifft.
St. George, von der Sh. el Nasser kommend in der rechten Fortsetzung der Sh. Abdel Hassan, ✆ 548246. Sehr angenehmes und ruhiges Hotel inmitten des Sûq. Recht große und saubere Zimmer; eine Dachterrasse ist im Bau.
Shakespeare Hotel*, Sh. Sayyid el Qurayim. Recht sauberes kleines Hotel, dessen rote Polstersessel in den Aufenthaltsecken Gemütlichkeit versprechen.
Direkt am Upper Egypt-Busbahnhof liegen die Hotels *El-Ferdous**, ✆ 542592, und *Reem**, ✆ 547120. Beide sind einfach und einigermaßen sauber, aber laut. Sie lohnen den Preis nur, wenn man aus reisetechnischen Gründen unbedingt in Nähe des Busbahnhofs übernachten möchte. Ali, der junge Besitzer des Reem, ist sehr hilfsbereit.

Mittlere Preisklasse: *El Arosa**–****, schräg gegenüber dem Geisum Village in einer Querstraße zur Corniche, ✆ 548434, ✉ 549190. Frisch renoviertes, helles und freundliches Hotel mit kleinem Pool und Zimmern mit Balkon (teilweise Meerblick). Die Gäste dürfen den Strand des Geisum Village benutzen.
El-Gezira**, neben dem Hotel Horus, ✆ 548 708/09, ✉ 548708. Gleiche Preisklasse und ähnliche Erscheinung wie das Horus. Da es zum Hotel Sand Beach gehört, darf der dortige Strand mitbenutzt werden.
Four Seasons**, Sh. el Mustashfa, Ecke Sh. Sayyid el Qurayim, ✆ 545456, ✉ 549882. Sauberes und preiswertes Hotel mit 14 Zimmern.
Geisum Village***, Corniche. ✆ 546692, ✉ 547994. Große und freundliche Ferienanlage mit den üblichen, aber nicht jeden ansprechenden Einrichtungen, darunter ein überraschend netter Privatstrand.
Horus**, in einer namenlosen Straße: von der Corniche nach dem Shedwan Golden Beach Hotel links eine Straße Richtung Süden hoch gehen, ✆ 549802/03, ✉ 649806. Großer, gesichtsloser 3-Sterne-Block; der freundliche Manager spricht Deutsch.
Miramar**, Sh. Sayyid el Qurayim, ✆ 544404, ✉ 544404. Sauberes, größeres Hotel, dessen

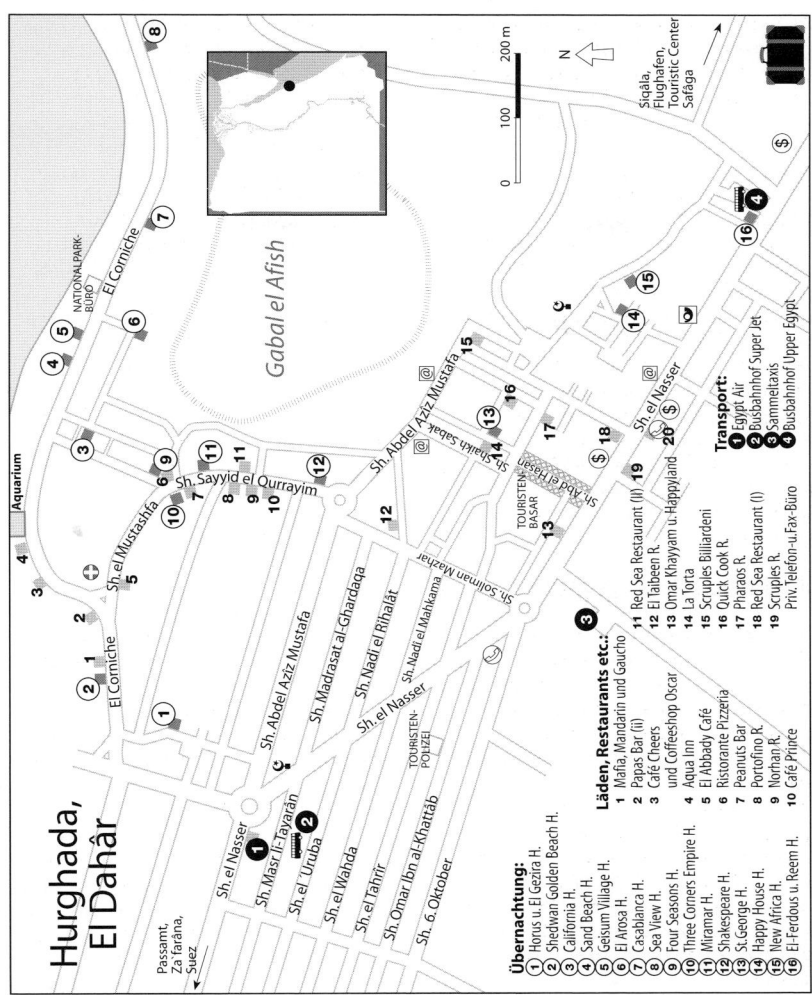

Zimmer alle einen Balkon haben – von den oberen Stockwerken sieht man das Meer.

Sand Beach***, Corniche, ✆ 547822, ✉ 547821. Große Hotelanlage mit sehr vielen Freizeitmöglichkeiten, insgesamt eine Klasse nobler als das Geisum Village.

Sea View Hotel**, an der Corniche in Richtung Siqâla, ✆ 545959, ✉ 546779. Die Zimmer sind recht groß und haben kleine Balkone. Ein kleiner überdachter Pool und eine Bar lassen vergessen, dass die Unterkunft etwas ab vom Schuss liegt.

Obere Preisklasse: **Shedwan Golden Beach Hotel******, im westlichen Abschnitt der Corniche, ✆ 547007, ✉ 548045. Schöne 3-Sterne-Anlage mit fast 400 Zimmern und einem großen Pool; gutes Preis-Leistungs-Verhältnis.

Three Corners Empire Hotel*, Sh. Sayyid el Qurayim, Ecke Sh. el Mustashfa, ✆ 549200, ✉ 549213. Großes 3-Sterne-Hotel in zentraler Lage mit fast 400 Zimmern; die Gäste dürfen den Strand des Amal Village an der Corniche benutzen. Im Vergleich zu früher sehr günstige Preise.

SIQÂLA – Mittlere Preisklasse: Die ersten vier Hotels liegen in der aufgeführten Reihenfolge von Nord nach Süd alle an der Landseite der Sh. Sheraton (siehe Plan).

Golden Sun Hotel*, ✆ 444403, ✉ 444403. Freundliches und sauberes 1-Sterne-Hotel unter Führung einer koptischen Familie; herzliche Atmosphäre – an der Rezeption bekommt man immer mal wieder einen Tee, Süßigkeiten oder darf an der Wasserpfeife ziehen.

Golf*, ✆ 442828, ✉ 442828. 2 Sterne-Unterkunft mit eigenem kleinen Strand in etwa 200 m Entfernung.

White Albatros Hotel*, ✆ 442519. Die Balkone der Zimmer gehen leider zur Straße, aber von der Dachterrasse sieht man das Meer.

Palace Hotel*, ✆ 443352. Etwas muffige Unterkunft, aber für Siqâla recht preisgünstig. Die in zwei „Türmchen" untergebrachten Zimmer haben teilweise Meerblick.

Fantasia*, gegenüber der Ablegestelle der Fähre nach Sharm el Shaikh, kein Telefon. Einfaches, recht sauberes Hotel, das aufgrund seiner Lage oft ausgebucht ist (das Schnellboot zum Sinai verlässt Hurghada frühmorgens.

Zweigt man vor der Sh. Sheraton bei der Meerjungfrau in Richtung Wasser ab, gelangt man zu den Hotels ***Eiffel****, ✆ 444570, ✉ 444572, ***Hawaii****, ✆ 445101, ✉ 445101, und ***Royal*****, ✆ 447728, ✉ 447195. Alle diese Unterkünfte sind groß und anonym, bieten aber saubere Zimmer (mit Frühstück) und einen Strand. Das *Eiffel* besitzt sogar einen Pool auf der Dachterrasse, von der man einen schönen Ausblick genießt.

El Tabia**, wo sich die Sh. Sheraton im Süden von Siqâla gabelt, die rechte Straße ein wenig bergan gehen, ✆ 442350, ✉ 442351. Das einer Festung nachempfundene Hotel wirkt ziemlich kitschig.

Andreas**, neben dem El Tabia auf derselben Straßenseite, ✆ 442251, ✉ 443388. Freundliches Hotel mit eigenem Pool.

Essen

EL DAHÂR – Untere bis mittlere Preisklasse:
Aqua Inn, Corniche, beim Aquarium. Pizza und Pasta zu mittleren Preisen; netter Service.

El-Abbady Café, Corniche, Ecke Sh. el Mustashfa. Großes Kaffeehaus an viel befahrener Kreuzung und gegenüber der manchmal etwas lauten Papas Bar II, aber man kann hier sowohl drinnen als auch draußen gemütlich sitzen und in Ruhe einen Tee oder Kaffee schlürfen. Auch abends gut besucht und beliebt bei Einheimischen.

El-Taibeen, Sh. Suliman Mazhar. Kleines und einfaches ägyptisches Restaurant, in dem vor allem Einheimische die günstige Landesküche genießen, z.B. gegrillte Hackfleischbällchen (E£6), aber auch gegrillte Täubchen (E£10).

Happyland, Sh. el Nasser. Laut, aber günstig; ähnlich dem Omar Khayyam.

La Torta, Sh. Shaikh Sabak. Fast schon europäisch anmutendes Café mit nur vier Tischen, an denen Tee und Gebäck serviert wird.

Norhan, Sh. Sayyid el Qurayim. Hübsches Restaurant mit kleiner Terrasse – für E£13 gibt es beispielsweise Calamares.

Omar Khayyam, Sh. el Nasser, nicht weit der Abzweigung zur Haltestelle für die Sammeltaxis. Recht laut, aber günstig (Bier E£6, Calamares E£10).

Pharaos Restaurant, im 2. Stock eines Gebäudes im Sûq (siehe Plan). Gemütlicher Ort für ein Bier (E£7) und passables Essen.

Quick Cook, im Sûq (siehe Plan). Wie der Name bereits vermuten lässt, gibt es hier Fastfood, z.B. recht gute Sandwiches (ab E£6) und dazu ein Stella-Bier (E£7). Von der kleinen Terrasse hat man einen schönen Blick auf das geschäftige Markttreiben.

Obere Preisklasse: ***Café Prince***, Sh. Sayyid el Qurayim. Auf einer großen Terrasse werden z.B. Pizzas (ab E£9) oder ein halbes Grillhähnchen (E£15) serviert; Bier, Wein und diverse

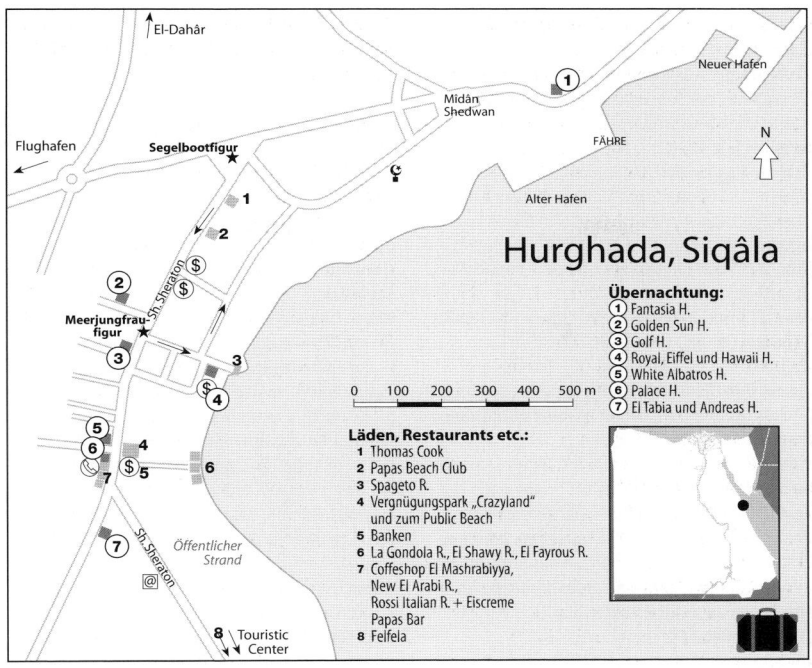

Hurghada, Siqâla

Übernachtung:
1. Fantasia H.
2. Golden Sun H.
3. Golf H.
4. Royal, Eiffel und Hawaii H.
5. White Albatros H.
6. Palace H.
7. El Tabia und Andreas H.

Läden, Restaurants etc.:
1. Thomas Cook
2. Papas Beach Club
3. Spageto R.
4. Vergnügungspark „Crazyland" und zum Public Beach
5. Banken
6. La Gondola R., El Shawy R., El Fayrous R.
7. Coffeshop El Mashrabiyya, New El Arabi R., Rossi Italian R. + Eiscreme Papas Bar
8. Felfela

Cocktails (ab E£13) runden das Angebot ab. Auch von Einheimischen besucht.

Portofino, Sh. Sayyid el Qurayim. Italienische Spezialitäten, die entweder drinnen oder auf einer verglasten Veranda serviert werden – Pasta ab E£10, Meeresfrüchte-Menü ab E£25. Natürlich wird hier auch Alkohol ausgeschenkt.

Red Sea Restaurant (I), an der Kreuzung der Sh. el Nasser und der östlichen Parallelstraße der Sh. Abd el Hassan. Schönes Lokal mit herrlicher Dachterrasse und großer Auswahl an Fischgerichten und Meeresfrüchten (E£19–54).

Red Sea Restaurant II, Sh. Sayyid el Qurayim. Wie im Red Sea Restaurant I genießt man hier auf der wunderschön eingerichteten Dachterrasse bei zuvorkommendem Service eine der besseren Küchen in Hurghada. Angebot und Preis entsprechen dem Schwesterrestaurant.

Ristorante Pizzeria, Sh. Sayyid el Qurayim. Etwas gediegener und teurer als das Portofino. Die Pasta ist frisch, und für die gute Pizza zahlt man zwischen E£10 und E£40.

Scruples, 1. Stock, Sh. el Nasser, schräg gegenüber der National Bank of Egypt. Restaurant-Bar, in der abends zu Discomusik getanzt wird. Bei schummriger Beleuchtung gibt es den Fang des Tages (ca. E£25) und dazu ein Stella-Bier (E£8).

An der östlichen Corniche haben sich rund um das Shedwan Golden Beach drei gute und noble Restaurants angesiedelt: das ***Mafia*** (italienisch), das ***Mandarin*** (libanesisch) und das ***Gaucho*** (argentinisches Steakhaus). Die Preise sind jedoch nur etwas für Leute mit etwas dickerem Geldbeutel, denn hier zahlt man so viel wie in einem gediegenen Restaurant in Deutschland.

SIQÂLA – Im nördlichen Siqâla ist es noch etwas ursprünglicher als im Süden, an den sich das Touristic Center anschließt. Entlang der Sh. Sheraton findet man noch kleinere Essenstände und diverse Lokale, u.a. das Kushari-Restaurant *Spageto*.

Coffeeshop El-Mashrabiyya, Sh. Sheraton. Großes Kaffeehaus, dessen vernünftige Preise und schöne Atmosphäre auch sehr viele Einheimische anziehen.

Felfela-Restaurant, Sh. Sheraton, etwa 600 m südlich von Siqâla (auch per Minibus zu erreichen). Kettenrestaurant mit gutem Essen (auch ägyptische Küche) zu günstigen Preisen. Von der erhöhten Lage genießt man einen tollen Blick aufs Meer.

New El Arabi Restaurant, Sh. Sheraton. Gemütliche Umgebung, zum Essen gibt's Grillfisch (E£15).

Papas Bar, Sh. Sheraton. Hier geht es eher ums Trinken, aber es werden auch kleine Mahlzeiten angeboten.

Papas Beach Club, am Ende der Straße, die bei der Meerjungfrau Richtung Meer abbiegt. Tagsüber kann man in gemütlicher Umgebung dem Plätschern der Wellen lauschen, aber ab 22 Uhr brummen hier die Bässe der angeschlossenen Disco und grelle Strahler erhellen den Nachthimmel. Preise: Stella-Bier E£12, Grillfisch E£20, Pizza ab E£8.

Rossi, Sh. Sheraton, ganz im Süden von Siqâla. Gute Pizza, die jedoch ihren Preis haben (ab E£12). Nebenan gibt's italienische Eiscreme. Auf Höhe des Vergnügungsparks Crazyland geht es zum Public Beach No. 5 ab, an dem folgende drei Restaurants liegen: ***La Gondola***, ***El-Shawy*** und ***El-Fayrous*** (mit großer Fernsehleinwand). Die Preise sind anständig (Mindestverzehr), und man sitzt recht nah oder gar am Wasser. Auch bei Einheimischen beliebt.

Unterhaltung

EL DAHÂR – Hurghadas Nachtleben spielt sich vor allem im Touristic Center ab. In den Discos der großen Hotels (z.B. Inter-Continental und Hilton Resort) und in den „Tanzschuppen" an der Sh. Sheraton (z.B. The Chill und The Wave) geht es erst gegen Mitternacht so richtig rund. Auch in Siqâla wird sicherlich mehr geboten als in El Dahâr, aber natürlich gibt es auch hier einige Lokale, in denen man sich abends und teilweise bis in die Nacht hinein vergnügen kann. Ein Anlaufpunkt sind die Restaurants, die einen eher ruhigen Tagesausklang versprechen. Außerdem haben viele der Geschäfte im Sûq lange geöffnet, so dass man seine Souvenirs bei einem nächtlichen Einkaufsbummel erstehen kann. Länger geöffnet, manchmal sogar rund um die Uhr, haben u.a. folgende Cafés und Bars:

Café Cheers, Corniche. Kleines Café, in dem man bei einem Stella-Bier (E£7) gemütlich den Tag ausklingen lassen kann. Es werden auch kleine Gerichte serviert. ⏲ 24 Std.

Coffeeshop Oscar, Corniche, neben dem Café Cheers. Kleine Speisen, Wein (E£10) und Stella-Bier (E£7); aus den Lautsprechern säuseln manchmal etwas zu laute Popmusikverschnitte.

Papas Bar II, an der großen Kreuzung von Corniche und Sh. el Mustashfa. Abends tanzt hier auf drei Stockwerken der Bär. Für Getränke aller Art ist gesorgt, und gegen kleine Hungeranfälle werden diverse Snacks angeboten.

Peanuts Bar, Sh. Sayyid el Qurayim. Abends kaum zu überhören, v.a. wenn ausländische Gäste Karaoke-Darbietungen geben oder Live-Bands auftreten. An der Theke gibt es alles, was die Kehle begehrt.

Scruples Biliardeni, am westlichen Ende der Sh. Abdel Aziz Mustafa. Dieses Lokal ist v.a. für Billardspieler interessant – mehrere Tische laden zum Spiel ein, wofür man pro Stunde E£10 berappen muss. Kleine Gerichte (Sandwich E£7, Pasta ab E£7) und eine gut sortierte Bar vervollständigen das Angebot.

Scruples Restaurant-Bar, Sh. el Nasser. Das Restaurant verwandelt sich später am Abend in eine Disco mit gedämpfter Musik, aber lebendiger Stimmung.

SIQÂLA – In Siqâla wird abends gebummelt und eingekauft. Hier sind mehr Menschen unterwegs als in El Dahâr. Man muss sich abends nur auf den südlichen Abschnitt der Sh. Sheraton begeben, eine klassische Flaniermeile, auf der sich Geschäfte, Cafés und Restaurants aneinander reihen.

Direkt am Strand geht in ***Papas Beach Club*** die Post ab. Ein Café am Meer findet man an dem südlicheren der beiden öffentlichen Strände von Siqâla, der von Norden kommend kurz hinter der Gabelung der Sh. Sheraton liegt.

Globalisierung auf Ägyptisch – Wasserpfeifen bei „Aldi"

Aktivitäten

SCHNORCHELN UND TAUCHEN – Überall in El Dahâr und in fast jedem Hotel werden Tauchgänge (ab E£40 inkl. Ausrüstung) und Schnorchelausflüge (ab US$40 inkl. Ausrüstung) angeboten. Im Preis inbegriffen sind der Transfer vom Hotel zum Abfahrtsort des Schiffes im Neuen Hafen von Siqâla sowie zumeist ein Snack und Tee an Bord. Im Allgemeinen reicht es aus, sich einen Tag zuvor um eine Buchung zu bemühen. Näheres zum Thema Tauchen sowie eine Kurzbeschreibung verschiedener Tauchreviere s.S. 442.

SCHWIMMEN – Der öffentliche Strand in **El Dahâr** ist aufgrund von Umbauarbeiten seit Jahren geschlossen. In **Siqâla** gibt es zwei öffentliche Strände: Einer liegt in Nähe des Vergnügungsparks Crazyland, ist jedoch nur rund 100 m breit, meist überfüllt und nicht sehr sauber (Eintritt E£3 inkl. Liegestuhl); der zweite, wesentlich größere und ordentlichere Strand findet sich südlich der Gabelung der Sh. Sheraton (nur arabisch beschriftet, Eintritt E£2).

Sonstiges

EINKAUFEN – Hauptanziehungspunkt in El Dahâr ist der **Touristenbasar** rund um die Sh. Abdel Hasan. Hier bekommt man (fast) alles, was sich als Mitbringsel eignet: Papyri, Wasserpfeifen, Bauchtanzkleider, Mini-Pyramiden und -Sphingen, bedruckte T-Shirts, Ledergürtel, Gewürze, Kräuter usw. Die Anfangspreise sind im Vergleich zu Kairo ziemlich hoch, aber die Verkäufer lassen mit sich handeln. An der Haltestelle der Sammeltaxis befindet sich ein **Obst- und Gemüsemarkt**, auf dem auch frisches Brot angeboten wird.

GELD – An der Sh. el Nasser in El Dahâr liegt die **National Bank of Egypt** (mit Bankomat), schräg gegenüber gibt es einen weiteren Bankomaten. Die **Bank of Alexandria** befindet sich in derselben Straße weiter südlich (kein Bankomat). In Siqâla liegen auf der östlichen Straßenseite der Sh. Sheraton die **Commercial International Bank** und die **Banque Misr** (beide mit Bankomat). Alle Banken haben landesübliche Öffnungszeiten (s.S. 59).

INFORMATIONEN – Sehr freundlich und recht kompetent sind die Angestellten in der einzigen **Touristeninformation** von Hurghada, einige Kilometer südlich von Siqâla im Touristic Center, nahe Egypt Air, ✆ 444421, ✉ 444421, ⏰ Sa–Do 8–20 Uhr, Fr 14–20 Uhr.

INTERNET – An Internet-Zugängen mangelt es in Hurghada nicht. Mindestens drei befinden sich im Ortsteil El Dahâr (s.S. 389, Karte), wobei dasjenige in der Sh. Shaikh Sabak am empfehlenswertesten ist (E£4/Std.). In Siqâla gibt es mehrere Internet-Cafés im südlichen Abschnitt der Sh. Sheraton.

MEDIZINISCHE HILFE – Es gibt mehrere Krankenhäuser, von denen das private **Safa-Krankenhaus** nahe dem Busbahnhof in El Dahâr den besten Ruf genießt. Unweit vom Arabia Beach Resort in Siqâla befindet sich eine 24-Std.-Notaufnahme.

POST UND TELEFON – Das **Hauptpostamt** liegt in der Sh. el Nasser.
Überall in Hurghada findet man Kartentelefone und entsprechende Verkaufsstellen. Das **International Tele Center**, im südlichen Abschnitt der Sh. Sheraton in Siqâla, hat durchgehend geöffnet. Das Telefonamt in El Dahâr wird schon seit längerer Zeit umgebaut. Ein kleines privates **Telefon- und Faxbüro** befindet sich in der Sh. el Nasser neben der Bank (s. Plan).

VISAVERLÄNGERUNGEN – Das zuständige Amt liegt ganz im Nordosten der Sh. el Nasser in El Dahâr (zu Fuß etwa 30 Min. vom Upper Egypt-Busbahnhof entfernt; nach dem Red Sea Governorate links und gleich die nächste Straße wieder rechts abbiegen). Mitzubringen sind E£12, der Pass und ein Passfoto – den Rest erledigt schnell und unbürokratisch der Schalter im 2. Stock.

VORWAHL – 065

Nahverkehrsmittel

MINIBUSSE – Entlang der großen Durchgangsstraße Sh. el Nasser in El Dahâr, die weiter südlich Sh. Sheraton heißt, verkehren Minibusse – einfach an den Straßenrand stellen, ein Fahrzeug heranwinken und nach der Destination fragen. Je nach Entfernung beträgt der Preis zwischen 25 pt und E£1. Minibusse bedienen auch die Strecke von El Dahâr zum Hafen in Siqâla.

TAXIS – Taxifahrten zu Zielen innerhalb der Stadt beginnen bei E£2. Bei Touristen setzen die Fahrer die Summe allerdings viel höher an, so dass man einiges Verhandlungsgeschick benötigt, um einen fairen Preis herauszuschlagen.

Transport

BUSSE – In Hurghada gibt es zwei Fernbusbahnhöfe (beide im Ortsteil El Dahâr). *Superjet* hat seinen Busbahnhof und Ticketschalter nahe der Großen Moschee in der Sh. Masr li-Tayarân, einer Seitenstraße der Sh. el Nasser. Von hier verkehren Busse nach KAIRO (10, 12, 14.30 und 17 Uhr, 5–6 Std., E£50) und ALEXANDRIA (14.30 Uhr, 10 Std., E£80).
Wesentlich umfangreicher ist das Angebot von *Upper Egypt Co*, deren Busbahnhof und Ticketschalter einige Hundert Meter südlich in der Sh. el Nasser liegt. Verbindungen bestehen von hier nach ALEXANDRIA: 1x tgl. um 19 Uhr; 11 Std.; E£70; ASSUAN: 4x tgl.; 8 Std.; E£25–35; BI'R SHALATAIN: 5, 14.30 und 19.30 Uhr; 6 Std.; E£30–40; via SAFÂGA (1 Std., E£5) und EL QUSAIR (2 Std., E£10);
DAHAB: 1x tgl. um 9 Uhr; 10 Std.; E£75; via SHARM EL SHAIKH (9 Std., E£65);
KAIRO: 8–2 Uhr alle 2 Std.; 6–7 Std., E£40–50;
LUXOR: 9x tgl.; 4–5 Std.; E£17;
SUEZ: 7–13 Uhr alle 2 Std., 13–1 Uhr stdl.; 4 Std.; E£21–35.
Nahe *Superjet* gibt es einen weiteren Busbahnhof von der Gesellschaft *El Gouna Tour*, die eine gute und schnelle Verbindung nach SUEZ (stdl., 3 Std., E£45) anbietet.
Alle Busse dürfen auch ohne Konvoi vier Ausländer mitnehmen. Nur reine Touristenbusse müssen im Konvoi fahren.

SAMMELTAXIS – Die Haltestelle der Sammeltaxis liegt bei der Telefonzentrale, nahe der Kreuzung von Sh. el Nasser und Sh. Suliman Mazhar. In Hurghada warten meist Fahrzeuge für sieben Passagiere, die losfahren, wenn sie voll sind. Die Fahrt ist etwas unbequemer als mit dem Bus, dafür aber günstiger und familiärer. Selbstverständlich kann man auch als Einzelperson oder Gruppe solch ein Fahrzeug mieten, muss dann aber für die fehlenden Fahrgäste mitbezahlen.
Preise p.P.: EL QUSAIR E£7, KAIRO E£30 (meist ohne Konvoi möglich), MARSA ALAM E£15, QENA E£7 (für Touristen nur im Konvoi), SUEZ E£20, SAFÂGA E£3.
Obwohl es keine offizielle Linie gibt, lassen sich einige der Chauffeure auch zu Fahrten nach LUXOR (ca. E£200 pro Auto) und ASSUAN (ca. E£350 pro Auto) überreden, was jedoch nur in einem der Konvois möglich ist.
Konvois: Die Konvois nach QENA und LUXOR (von dort weiter nach Assuan) starten um 6 und 17 Uhr, selten um 9 Uhr, wobei der Geleitschutz erst eine Stunde später bei Safâga beginnt, wo man auf Fahrzeuge aus Richtung Süden wartet. Nach KAIRO fahren die Konvois um 3 Uhr sowie um 11 Uhr los; eine Stunde später trifft man sich 1 km nördlich von El Gouna. Zumeist kann man jedoch problemlos auch ohne Eskorte nach Kairo gelangen.

FLÜGE – Der **Flughafen** befindet sich ungefähr 8 km südwestlich von Siqâla. Ein Taxi von hier nach El Dahâr kostet um E£20. Täglich gibt es Flüge mit Egypt Air nach KAIRO (8.15 und 19.30 Uhr, E£573 einfach) sowie Mo und Fr nach ALEXANDRIA (E£759) und SHARM EL SHAIKH (E£ 271). Es werden auch einfache Charterflüge in verschiedene europäische Länder offeriert, wobei das Angebot sehr stark variiert. Bei Interesse sollte man sich an ein Reisebüro in Hurghada wenden.
Egypt Air unterhält ein Büro im östlichen Teil von El Dahâr bei der Großen Moschee in der Sh. Masr li-Tayarân, ✆ 547892, ✉ 547893, sowie im Touristic Center einige Kilometer südlich von Siqâla unweit der Touristeninformation, ✆ 447505/06/07, ✉ 447505/06/07.
Internationale Fluggesellschaften sind in der Stadt nicht vertreten.

FÄHREN – Der **Fährterminal** liegt im nördlichen Teil von Siqâla. Der Ticketschalter hat nur unmittelbar vor der Überfahrt geöffnet, aber die meisten Hotels oder Reiseagenturen bieten einen Buchungsdienst an.

4x wöchentlich verkehrt ein klimatisiertes **Speed Boat** (Schnellboot) zwischen Hurghada und SHARM EL SHAIKH (Mo 5 Uhr, Di 5 Uhr, Do 8 Uhr und Sa 8 Uhr; 90 Min.; US$40 einfach). Bei großer Nachfrage wird manchmal auch noch am Freitag übergesetzt. Im Sommer reduziert sich dieses Angebot auf drei Fahrten pro Woche (Mo, Do, Sa). Die Rückreise von Sharm el Shaikh ist auf 18 Uhr festgelegt. Die frühen Abfahrten von Siqâla um 5 Uhr sind für Leute gedacht, die das Katharinenkloster (◷ 9–12 Uhr) auf dem Sinai besichtigen und am gleichen Tag wieder zurückkehren wollen. Man sollte mindestens eine halbe Stunde vor dem Ablegen vor Ort sein, um ausreichend Zeit für die Passkontrolle zu haben. Die Fähre, die über 300 Passagiere fasst, kann auch einige Autos mitnehmen, deren Höhe 1,90 m nicht überschreiten darf. Die Kosten liegen pro Fahrzeug bei ca. US$80 für die einfache Fahrt zzgl. US$40 pro Insasse.

Safâga

Rund 50 km südlich von Hurghada liegt Safâga, auch Bûr (Port) Safâga genannt, in dem eine lange Reihe von Hotelanlagen entstanden ist. Für Individualtouristen dürfte der Ort jedoch kaum von Interesse sein. Safâga erstreckt sich über mehrere Kilometer entlang der Küste und kann grob in Süd- und Nordstadt aufgeteilt werden. Im Süden liegt der ältere Teil mit dem Sûq, einfachen Lokalen, Kaffeehäusern und ein paar Souvenirgeschäften. Noch weiter südlich, nahe dem Busbahnhof, findet man einen verwahrlosten öffentlichen Strand, an dem ein paar Fischerboote im Wasser dümpeln. Eine vierspurige Straße verbindet die Südstadt mit dem rund 2 km nördlich gelegenen moderneren Teil von Safâga, wo sich diverse einfache Hotels, Restaurants sowie zwei Tankstellen befinden und die Straße ins Niltal abgeht. Wiederum nördlich davon folgen die großen Hotelanlagen, die sich fast bis Hurghada erstrecken.

Klassische Sehenswürdigkeiten hat Safâga nicht zu bieten. Wenn überhaupt, dann lohnt nur die ältere Südstadt einen Besuch, in der noch etwas vom typisch ägyptischen Alltag zu spüren ist und die eine recht gemütliche Atmosphäre ausstrahlt. In der kleinen Marktstraße lässt es sich ganz nett bummeln und überall stößt man auf Mekka-Pilger, die auf ihre Überfahrt nach Saudi-Arabien warten. Allerdings ist auch die unmittelbare Umgebung dieses Stadtviertels geprägt von Eisenbahnschienen, Transportbändern und Fabriken – alles Indizien für das in der Region abgebaute Phosphat, das im Hafen von Safâga verladen und verschifft wird.

Übernachtung

Die Hotels in Safâga sind vor dem Hâdj oft mit Pilgern belegt, die auf das Schiff nach Saudi-Arabien warten. Die meisten billigeren Hotels liegen in der Nordstadt.

El-Ezz**, schräg gegenüber dem Maka, ✆ 253 120. Recht sauber und komfortabler als das Maka.

El-Kods**, an der Abzweigung nach Qena, ✆ 253610. Neu eröffnete Unterkunft mit sehr sauberen, großen und freundlich eingerichteten Zimmern (mit ac).

Maka*, ca. 2 km nördlich des Busbahnhofs auf der rechten Straßenseite, ✆ 251866. Sehr einfaches und nicht sehr sauberes Hotel.

Menaville****, das erste der großen Resorts, ungefähr 4 km nördlich der Stadt, ✆ 251760/61, ✉ 251764. Eines der ältesten und größten (301 Zimmer) Resorts in Safâga. An einem ausgedehnten Strand gelegen, aber nur mit HP zu buchen.

Safaga Marina & Hotel***, nördlich der Abzweigung nach Qena auf der Meerseite, ✆ 451133, ✉ 452670. Kürzlich wieder eröffnete Hotelanlage in gesichtslosem Block, aber mit eigenem Strand, Tauchzentrum und der Möglichkeit zu Bootstouren. Als Unterkünfte stehen auch Chalets zur Verfügung.

Essen

In der Südstadt gibt es mehrere einfache und günstige ägyptische Restaurants. Die besseren Lokale befinden sich im Nordteil von Safâga und konzentrieren sich rund um die Kreuzung, an der die Straße nach Qena abzweigt.

Ali Baba Fish Restaurant, nördlich der Straße nach Qena linker Hand, schräg gegenüber dem Hotel El-Kods. Gemütliches Lokal, spezialisiert auf Fischgerichte.

Atoot Fish Restaurant, zwischen der *Bank of Alexandria* und dem Hotel *El-Kods*. Einladendes kleines Restaurant mit gutem Essen – eine Fischplatte mit Beilagen kostet um E£35.

Nada Pizzeria, schräg gegenüber von *Egypt Air*. Die Pizza (E£9–17) erinnern zwar nur entfernt an Italien, ist aber sehr schmackhaft; halbe Grillhähnchen gibt's für E£8. Englische Preistafel.

Sonstiges

GELD – In Safâga gibt es drei Banken, ⊙ 9–13 und 16–18 Uhr, keine davon verfügt über einen Bankomaten. Zwei Banken, die **Banque Misr** und die **Banque du Caire**, befinden sich ungefähr 500 m nördlich der Südstadt, die **Bank of Alexandria** in derselben Straße nördlich des Hotels Maka.

POST UND TELEFON – Das **Postamt** liegt ungefähr 500 m nördlich der Südstadt, ⊙ 8.30–14 Uhr. Über einen zweiten Eingang gelangt man ins Telefonbüro im selben Gebäude, ⊙ bis Mitternacht.

VORWAHL – 065

Nahverkehrsmittel

Safâga ist so lang gestreckt, dass man sich am besten mit einem der **Minibusse** fortbewegt, die in regelmäßigen Abständen entlang der Hauptstraße pendeln. Da in der Südstadt eine Einbahnstraßen-Regelung besteht, fahren die Busse hier auf der Hauptstraße gen Süden und an der Küste entlang wieder zurück nach Norden. Der Fahrpreis von der Südstadt zu den einfachen Hotels in der Nordstadt beträgt 25 pt und zu den noch weiter nördlich gelegenen Resorts ab E£1. **Taxis** gibt es in Safâga nicht.

Transport

BUSSE – In Safâga gibt es nur einen **Busbahnhof**, der im äußersten Süden der Stadt liegt und von Upper Egypt Co betrieben wird. Den ganzen Tag hindurch fahren Minibusse in die rund 2 km entfernte Nordstadt, wo man die einfacheren Hotels findet.

Busse nach:
ASSUAN: 11.30, 16.30, 23.30 und 1 Uhr; 8 Std.; E£20–23;
KAIRO: 12x tgl. um 6, 6.30, 12, 16.30, 18, 18.30, 21, 22, 23, 23.30 und 1.30 Uhr; 8 Std.; E£35–50;
LUXOR: 8x tgl., 7.30–2 Uhr; 5 Std.; E£13–15;
MARSA ALAM: 2x frühmorgens und 5x ab 16 Uhr; 3 Std.; E£15; via EL QUSAIR (1 1/2 Std., E£7);
SUEZ: um 6 und 9 Uhr, zwischen 11–16 Uhr stdl. sowie weitere 5x bis 1.30 Uhr; 6 Std.; E£23–40.
Alle Busse, die von Safâga nach Kairo und Suez fahren, halten in HURGHADA (1 Std.; E£5–7).

SAMMELTAXIS – Die Haltestelle der Sammeltaxis liegt einige 100 m nördlich der Südstadt zwischen Postamt und Banque du Caire. Bei den Fahrzeugen handelt es sich meist um Peugeots mit Platz für 7 Personen. Die Fahrt nach HURGHADA oder EL QUSAIR kostet E£5, nach SUEZ oder MARSA ALAM sind E£25 zu berappen. Nach Luxor kommen Touristen in der Regel jedoch nicht per Sammeltaxi, da die wenigsten Fahrer Lust haben, auf die Konvois aus Hurghada zu warten. Wenn man aber Glück hat und gerade zur richtigen Zeit da ist oder dem Fahrer finanziell entgegenkommt, gibt es möglicherweise doch einen Weg.

FÄHREN – Safâgas Fährterminal befindet sich ungefähr 1 km nördlich der Südstadt. Die hiesigen Schiffsverbindungen dürften jedoch nur für wenige Touristen von Interesse sein, da ausschließlich Saudi-Arabien angesteuert wird – ein Angebot, das besonders zur Zeit der großen Pilgerfahrt sehr gefragt ist und ganz Safâga in einen großen Wartesaal verwandelt.

El Qusair

El Qusair, meist auch einfach nur Qusair genannt, ist eine sehr angenehme, fast schon mediterran anmutende Stadt 120 km südlich von Hurghada. Sie besitzt mehr Charme als jeder andere Ort entlang der Küste des Roten Meeres. Tagsüber ist der ungefähr 50 000 Einwohner zählende Ort recht verschlafen. Abends flaniert man auf der Sh. Gumhûriya oder sitzt am Strand in einem der Teehäuser, die ihre Tische direkt im Sand aufgebaut haben. Dahinter verläuft eine erst wenige Jahre alte, kleine bescheidene Promenade an der Sh. Port Said mit zwei Souvenirläden, die allerlei ägyptische Mitbringsel und Postkarten verkaufen. Die Auswahl ist jedoch beschränkt. Wer Ruhe sucht und nicht auf sportliche Aktivitäten aus ist, kann hier einige erholsame Tage verbringen. Die Leute sind sehr freundlich und hilfsbereit.

Als Hafenort hat El Qusair eine lange Tradition: Hatschepsuts Expedition nach Somalia nahm hier ihren Anfang, und bis ins 19. Jh. hinein schifften sich hier Tausende von Pilgern nach Mekka ein (heute setzen die meisten von Safaga über oder fliegen). Ab 1920 wurde von hier aus das Phosphat verschifft, das in den von Italienern betriebenen Minen der Umgebung gefördert wurde. Seit den 90er Jahren ist es damit jedoch vorbei, da ein Abbau nicht mehr lohnt. Nördlich des Strandes ist aber noch die ehemalige Verladerampe zu sehen.

Für Touristen interessant sind vor allem die zwei Hauptstraßen des Ortes: Die Durchgangsstraße **Shâria el Gumhûriya** und die Küstenstraße **Shâria Port Said**. In der Shâria el Gumhûriya befinden sich viele Geschäfte und Souvenirläden, eine Apotheke, Gemüse- und Obststände sowie das osmanische **Fort**. Letzteres wurde im 16. Jh. unter Sultan Selim errichtet. Ein Zugang ist nicht möglich, da im Inneren Umbauarbeiten stattfinden; geplant ist die Eröffnung eines kleinen Museums. Freitags findet im Ort ein kleiner **Markt** statt, der sehr lohnt, da er noch ursprünglich ist.

Der **Strand** von El Qusair eignet sich auch für Frauen zum Baden. Aufgrund seiner exponierten Lage mitten im Ort ziehen weibliche Badegäste jedoch automatisch die Blicke ägyptischer Männer auf sich. Das bedeutet, das adäquate Badekleidung (am besten ein T-Shirt) angebracht sind, und nach dem Schwimmen sollte man am Strand gleich ein Kleid überziehen. Umkleidekabinen gibt es allerdings keine. 10 km südlich von Qusair liegt der unter dem Namen **Kilo Ashara** (zu Deutsch: 10 Kilometer) oder Zuraib bekannte Strand. Hier ist eine gute Möglichkeit zum Schnorcheln.

Übernachtung

Sea Princess Hotel*, Sh. Gumhûriya, Ecke Sh. Port Said, ✆ 331880. Saubere Unterkunft, alle Zimmer mit frischer Bettwäsche, aber ohne Bad und ziemlich hellhörig. Die kleinen, kabinenartigen Zimmer Richtung Norden (zur Tankstelle) sind vorzuziehen, da es hier nicht so heiß wird. Drei komfortablere (und daher teurere) Räume befinden sich im Bau. Der sehr freundliche und hilfsbereite Besitzer Radwan ist meist anwesend. Verleih von Schnorchelausrüstungen (E£15/Tag) und Organisation von Tauchausflügen über das Hotel Fanâdir.

El Qusair Hotel***, nördliche Sh. Port Said, ✆ 332301. Unterkunft in sehr schönem Kaufmannshaus vom Beginn des 20. Jhs. Die kleinen Räume sind gemütlich und sehr sauber, aber dunkel.

El Fanâdir Hotel****, ca. 2 km südlich der Stadt, ✆ 331414, ✎ 331415. Große Hotelanlage unter französischer Leitung mit Zimmern und 28 Bungalows. Tauchbasis, Hausriff und einmal wöchentlich Abendprogramm.

Flamenco Hotel*****, ca. 11 km nördlich der Stadt, ✆ 333801/10, ✎ 333813. Die schöne und neue Hotelanlage bietet 176 Luxuszimmer und Suiten und wird von einem Österreicher geführt. Hier findet man (fast) alles, was das Herz begehrt.

Essen

Sea Princess Restaurant, im gleichnamigen Hotel. Nur von Okt–April geöffnet, dann gibt es hier u.a. Grillfisch (E£12) und Brathähnchen (E£10).
Amiral, ca. 100 m südlich des Sea Princess. Kleines Fischrestaurant, dessen Zutaten meist aus der Gefriertruhe kommen. Frittierte Calamares kosten E£15.
Marianne Restaurant, an der Promenade. Dieses Lokal genießt die beste Lage im Ort und bietet Sitzmöglichkeiten auf einer kleinen begrünten Terrasse oder an Tischen auf dem Strand. Auch die Speisen sind recht lecker, z.B. vegetarischer Teller (E£7), Hähnchen (E£15), Grillfisch (E£15), Hummer (E£40), Meeresfrüchteplatte (E£55). Eine Alkohollizenz wurde gerade beantragt. Das Restaurant ist auch in den umliegenden Resorts be-

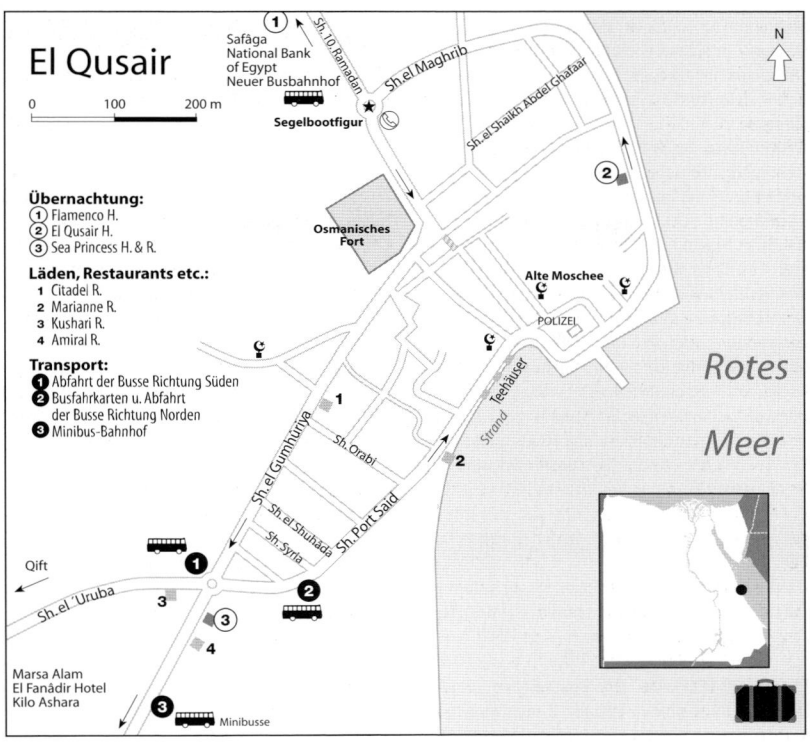

kannt, weshalb hier am Abend oft eine Busladung Pauschaltouristen die besondere Atmosphäre genießt. Empfehlenswert sind auch die Ausflüge, die vom Besitzer des Lokals, Adel Hassan, organisiert werden (siehe Aktivitäten). In der Sh. Gumhûriya liegt das schlichte *Citadel Restaurant* und am Beginn der Sh. Uruba ein günstiges **Kushari-Lokal**, in dem es sehr leckere Speisen gibt.

Aktivitäten

Dem Restaurant Marianne angeschlossen ist *Adel Hassan Jeep Safari*, 334386 oder Handy 012/7361714. Adel Hassan, der Besitzer des Restaurants, kennt die Gegend wie seine Westentasche und wird von vier erfahrenen Wüstenführern unterstützt. Die Touren finden nur bei entsprechender Nachfrage statt, sind aber sehr beliebt und werden häufig auch von großen Gästegruppen aus dem Mövenpick Sirena Beach gebucht. Derzeit umfasst das Programm neben **Schnorcheltrips** drei Kultur-Touren.

Jeeptour in die Gebirgswüste (25 €): Die Tour startet um 14 Uhr und beginnt mit dem Besuch einer Beduinenfamilie, inkl. Teetrinken und Wasserpfeife. Durch wunderschöne Wadis mit einsamen Akazien gelangt man schließlich zu den stillgelegten italienischen Phosphatminen, wo man sich ein Bild von den harten Abbaubedingungen machen kann. Von einem nahe liegenden Hügel betrachtet man den stimmungsvollen Sonnenuntergang, bevor es zurück an den Stadtrand geht, wo der Tag bei einem Abendessen ausklingt. Wer möchte, kann noch auf dem Rücken eines Kamels reiten. Bei der Tour steht

ein Führer zur Seite, der gern Auskünfte über Geologie und das Leben der Beduinen erteilt. Manchmal ist auch die Schweizerin Marianne dabei, dann sind die Erklärungen sogar auf Deutsch.
Stadtführung durch El Qusair (15 €): Bei dem Rundgang streift man historische Moscheen und erfährt sehr viel über die ehemalige Phosphat-Verarbeitung in der Stadt. Inbegriffen ist auch die Besichtigung des Geländes der alten Phosphat-Fabrik mit italienischer Kirche und einem kleinen Museum.
Stars Watching (35 €): Mit Teleskopen ausgerüstet begibt man sich nach Einbruch der Dunkelheit auf einen Berg, um ungestört von städtischen Lichtern einen kleinen Einblick in die Sternenwelt zu bekommen. Ein Kenner gibt Auskunft über Sternbilder und Planeten. Abgerundet wird der Ausflug mit einem Abendessen und einer Beduinenshow.

Sonstiges

GELD – *National Bank of Egypt,* Sh. 10th Ramadan St, nördlich des Telefonamtes, ☉ tgl. außer Fr 9–13 Uhr. Kein Bankomat.

POST UND TELEFON – Das **Postamt** liegt ungefähr 1 km nördlich der Altstadt, Briefmarken bekommt man aber auch zusammen mit Postkarten in den Souvenirläden. Das **Telefonamt** liegt in der nördlichen Sh. Gumhûriya bei der auffallenden blau-weißen Statue eines Segelschiffs. Im Ort verteilt finden sich außerdem diverse Kartentelefone.

VORWAHL – 065

Transport

BUSSE – Qusair besitzt zwei Busbahnhöfe. Der **Neue Busbahnhof** befindet sich ungefähr 1,5 km nördlich der Altstadt und bedient die Strecke Richtung Norden. Täglich um 5, 5.30, 11, 17.30, 20, 20.30, 22.30 und 0.30 Uhr gibt es Busse über SAFÂGA (1 Std., E£5–8) und HURGHADA (2 Std., E£10–15) nach SUEZ (6 Std., E£30–42); die meisten fahren weiter nach KAIRO (9 Std., E£40–55). Tickets hierfür sollten im Voraus gekauft werden, und zwar im **Alten Busbahnhof**, Sh. Port Said, südlich der Strandpromenade. Das Fahrkartenbüro verbirgt sich hinter einer grünen Tür, die allerdings oft verschlossen ist – dann einfach anklopfen, meist ist bis spät in die Abendstunden jemand da. Die Busse Richtung Norden beginnen ihre Fahrt am Alten Busbahnhof (Abfahrt eine halbe Stunde früher als oben angegeben) und fahren danach den Neuen Busbahnhof an.
Die Busse in **Richtung Süden** haben ihre Haltestelle an der Kreuzung von Sh. Port Said und Sh. Gumhûriya bei der Tankstelle. Zwischen 3 und 22.30 Uhr gibt es 8 Verbindungen über MARSA ALAM (2 Std., E£7) nach SHALATAIN (ca. 5 Std., E£17). Die Tickets werden im Bus verkauft.

MINIBUSSE – Die zentrale Haltestelle für **Minibusse** liegt ganz im Süden der Stadt ungefähr 200 m südlich des Sea Princess Hotels und bietet Verbindungen nach KAIRO (E£40), SUEZ (E£25), HURGHADA (E£8) und SAFÂGA (E£5).

Richtung Marsa Alam

Südlich von El Qusair befinden sich viele große Hotelanlagen im Bau. Die Straße verläuft teilweise nur 10 m vom Meer entfernt und bietet herrliche Ausblicke. Nach ca. 70 km, auf halbem Weg nach Marsa Alam, zweigt rechts die Straße zum neuen, 2002 eröffneten Flughafen Marsa Alam ab. Hier landen bereits regelmäßig Chartermaschinen aus Italien und der Schweiz, in Planung sind Flüge aus Großbritannien und Deutschland. Da die Erwerbsmöglichkeiten in diesem Teil Ägyptens sehr beschränkt sind, hoffen die Einheimischen auf Touristenmassen, um in Zukunft vielleicht ein zweites Hurghada entstehen zu lassen – erste Anzeichen dafür sind bereits an der Abzweigung zum Flughafen zu sehen, wo derzeit mehrere Feriendomizile entstehen. Die Hoffnung der Menschen ist nicht ganz unbegründet, denn die Region lockt mit Sonne, Stränden, einer schönen Unterwasserwelt und einer faszinierenden einsamen Gebirgswüste im Hinterland.

Etwa 70 km nach der Abzweigung zum Flughafen erreicht man **Marsa Alam** das schon lange vorher durch halbfertige Hotelbauten angekündigt wird. Seit sich die Minen zur Manganerz-Förderung – der einstige Hauptarbeitgeber des Ortes –

dem Ende zuneigen, setzt man mangels Alternativen auf das Tourismusgeschäft. Noch ist Marsa Alam ein unbeschriebenes Blatt, aber das kann sich bald ändern. Der Bus hält nördlich des Ortes an einer Kreuzung, von der die Straße ins 230 km entfernte Edfu abzweigt. Rund um den Busbahnhof und im Zentrum findet man einige Läden, Teebuden, einfache Restaurants sowie eine Apotheke, aber es gibt keine Sehenswürdigkeiten und derzeit auch keine Unterkunftsmöglichkeit. Die Weiterfahrt ins Niltal über Edfu bleibt Ausländern aus Sicherheitsgründen verwehrt (sie müssen die Straße von Safâga nach Qena benutzen), das Gleiche gilt für die weitere Strecke nach Süden.

Der Sinai gehört zu den schönsten Landschaften, die Ägypten zu bieten hat: Herrliche Schluchten, traumhafte Oasen, fantastische Bergwelten, farbenfrohe Tauchgründe, Sandwüste und Hamada – alles auf einer relativ kleinen Fläche vereint. Niemand, der nach Ägypten kommt, sollte es verpassen, einen Abstecher hierher zu machen, auch wenn er weder tauchen noch wandern möchte. Hier findet man Ruhe, Abgeschiedenheit, grandiose Landschaften und viele freundliche Menschen.

Seit beinahe undenklichen Zeiten kreuzen sich auf dem Sinai wichtige Handelswege der Erde. Vor nunmehr 3500 Jahren bauten die Pharaonen hier die **Straße von Schur**, die vom Nil nach Beerscheba im heutigen Israel und weiter nach Jerusalem führte. Auch die große **Via Maris** („Meeresweg"), die das Niltal mit Mesopotamien verband, folgte der Küstenlinie des Mittelmeeres über den Sinai.

Die Halbinsel ist aber auch für Christen von zentraler Bedeutung, insofern als **Moses** auf der Flucht von Ägypten hier Halt machte und auf dem so genannten Mosesberg die Zehn Gebote empfing. Auch steht hier noch immer der Dornbusch, der einst für Moses brannte, um ihm das Wunder Gottes zu zeigen, und entlang der Mittelmeerküste des Sinai verlief der Weg ins gelobte Kanaan. Später führte die Route moslemischer Pilger auf ihrem Weg nach Mekka durch den Sinai.

Von weitem besteht der Sinai aus nicht viel mehr als Steinwüste und Bergen, die von türkisblauem Wasser umgeben werden. Von nahem ist der Sinai Lebensraum für Tausende von Menschen und Tieren. Auch wenn hier Landwirtschaft so gut wie unmöglich ist, gibt es doch ein paar Oasen, in denen **Beduinen** leben. Diese Beduinen (heute noch etwa 3000) machen den Großteil der indigenen Bevölkerung der Halbinsel aus. Sie leben hier, in acht Stämme aufgeteilt, zum Teil vom Tourismus, zum Teil von der Fischerei oder Viehzucht. Die Beduinen leben auch in den vier Nationalparks Ra's Muhammad, Nabq, Ra's Abu Ghallûm und St. Catherine, wo ihre traditionelle Lebensweise im Einklang mit der Natur besonders geschützt wird. Einige wenige arbeiten als Naturschutzwächter, indem sie z.B. Touristen auf Trekking-Touren begleiten und ihnen viel über ihr tradtionelles Leben und die Natur berichten, wie die Djabaliya, was so viel wie „die aus den Bergen" bedeutet, im St. Catherine Protectorate.

Die meisten Touristen kommen in **Sharm el Shaikh** an und bleiben hier, um Sonne, Sand und Meer zu genießen. Doch wer etwas Zeit hat und unternehmungslustig ist, sollte unbedingt die herrliche Landschaft außerhalb dieses Touristenzentrums erkunden. **Dahab** bietet erholsame Stunden in angenehmer Atmosphäre, der Nationalpark **Ra's Muhammad** ist ein Traumziel für Taucher, und die Region rund um das **Katharinenkloster** ist ein idealer Ort für Wanderfreunde, die die Bergwelt des Sinai erkunden möchten.

Der gesamte Sinai ist touristisch sehr gut erschlossen. An den interessantesten Orten findet man immer eine Unterkunft, und man kommt fast überall mit öffentlichen Verkehrsmitteln hin; wenn nicht, gibt es Taxis.

Westküste bis Ra's Muhammad

Die Westküste des Sinai erscheint auf den ersten Blick wenig beeindruckend und ist touristisch bislang kaum erschlossen – mit Ausnahme von Ra's Sudr, das jedoch kaum einen Besucher zu Begeisterungsstürmen hinreißt. Ölraffinerien verschandeln die an sich wunderschönen Strände, Hotelruinen warten geduldig (mitunter vergebens) auf ihre Fertigstellung, Minenfelder erschweren häufig den Zugang zum Meer... Dennoch: Entlang der Küste und im Hinterland verbergen sich eine Reihe wunderschöner Orte, die durchaus einen Aufenthalt und den ein oder anderen Abstecher lohnen.

Sonnenhungrige und Windsurfer zieht es ins Moon Beach Resort bei **Ra's Sudr**, das nicht nur mit einem herrlichen Strand, sondern auch mit optimalen Windverhältnissen lockt. Ein Tagesausflug von hier führt zur **Qala'at el Gundî**, einer unter Saladin erbauten Burg etwa 60 km nordöstlich von Ra's Sudr.

Der Küstenort **Abu Zenîma** dient als Ausgangspunkt für Touren in die fantastische Bergwelt rund um die verfallene Tempelanlage des **Serabit el qâdim** und zu den gleichnamigen **Türkisminen**. Ebenfalls sehenswert sind das nahe gelegene **Wadi Fugâ'** („Säulental") mit seinen bizarren Felsformationen, das herrliche **Wadi Fairân** sowie das davon abgehende **Wadi Mukattab** („Tal der

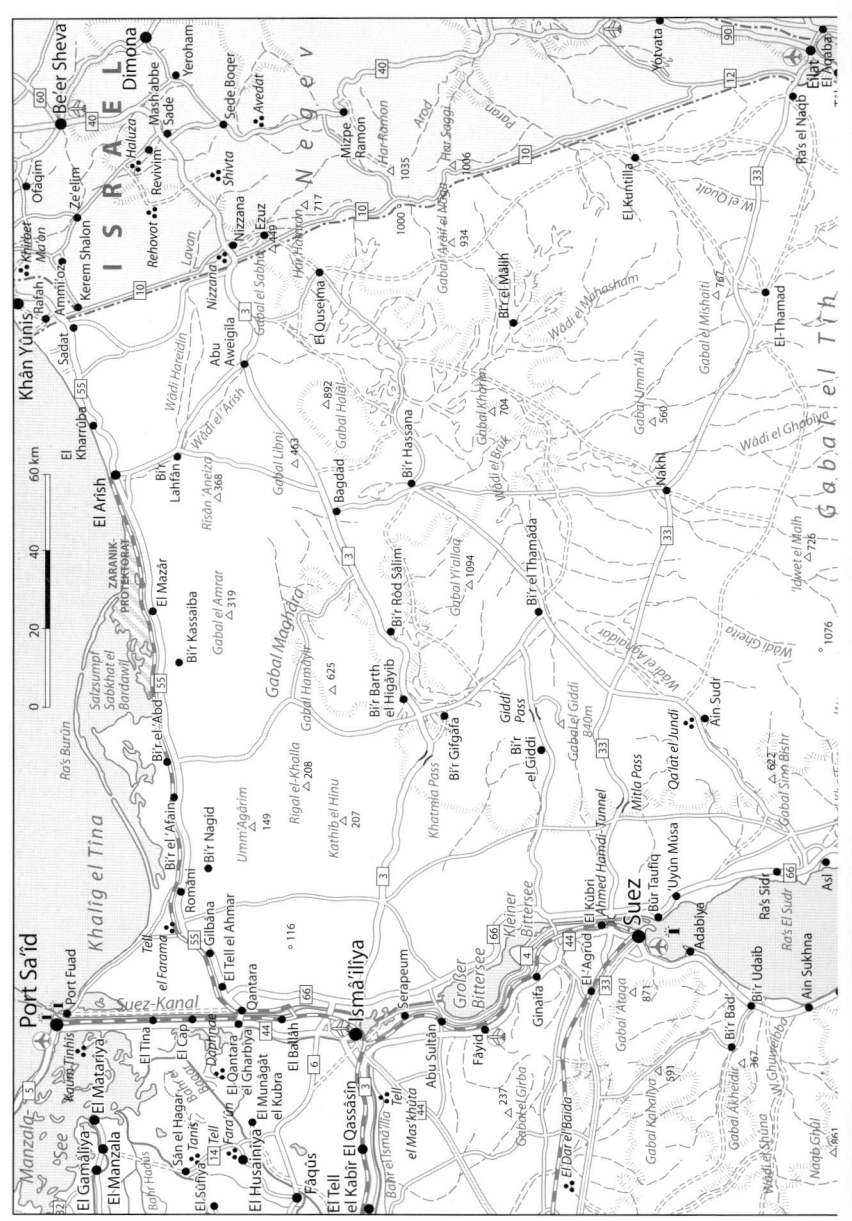

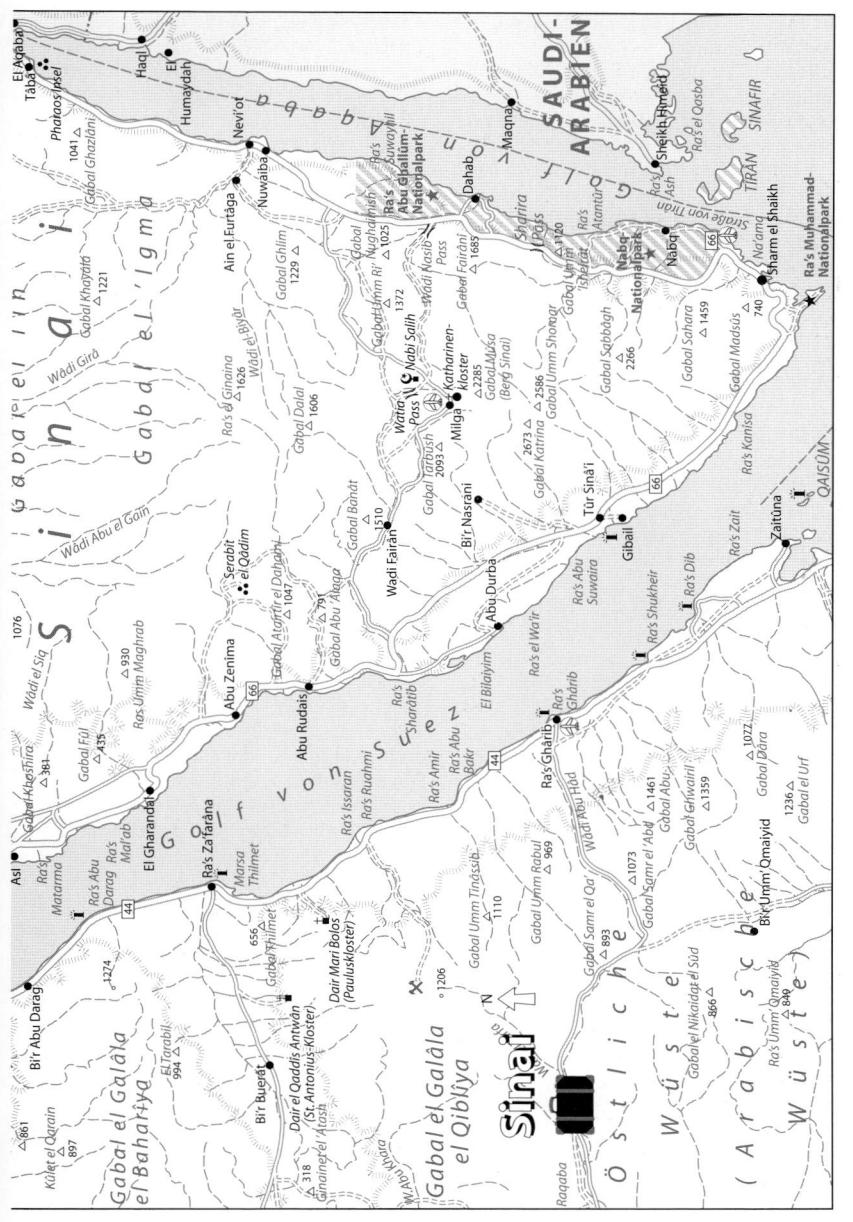

Buchstaben"), das seinen Namen den vielen Felsinschriften verdankt.

Der absolute Höhepunkt dieser Küste wartet am südlichsten Punkt der Halbinsel in Form des Nationalparks **Ra's Muhammad**, eines unvergleichlichen Reviers für Taucher und Schnorchler.

Entlang der gesamten Küste verkehren Busse, die Passagiere an den gewünschten Punkten aussteigen lassen. Einen eigenen Busbahnhof besitzt nur **Tûr Sinai**. Um das Hinterland zu erkunden und Sehenswürdigkeiten wie Qala'at el Gundî, Serabit el qâdim oder das Wadi Mukattab zu erreichen, benötigt man einen Geländewagen, der am besten gleich mit ortskundigem Fahrer gechartert wird (s. S. 407, Abu Zenîma).

Villen sowie verschiedenen, z. T. verfallenen Hotelkomplexen besteht. Allein in den Sommermonaten, wenn viele Ägypter hier ihre Ferien verbringen, ist so etwas wie Leben zu spüren. Dann machen die Surfbrettverleihe auf, denn die Küstengewässer eignen sich hervorragend zum **Windsurfen**, und viele Häuser vermieten Zimmer (nach Schildern, die „Rooms" verkünden, Ausschau halten).

Zum Zeitpunkt der Recherche hatten in der näheren Umgebung nur zwei **Hotels** geöffnet: das *Helnan Royal Beach****, am Strand, ✆ 069/400101, sowie rund 35 km südlich von Ra's Sudr eine wunderschöne Bungalow-Anlage namens *Moon Beach Resort*****, ✆ 069/401500-2, ✉ 401503, die herrlich einsam an einer attraktiven Bucht liegt.

Uyûn Mûsâ

Uyûn Mûsâ (zu Deutsch „Moses-Quellen"), das alttestamentarische Mara, ist ein kleiner Ort 25 km südlich des Ahmad Hamdî-Tunnels, der nördlich von Suez das Festland mit dem Sinai verbindet. Der Name geht auf eine Geschichte des Alten Testaments zurück (2. Mose, 15, 22–25), wonach Moses hier gerastet haben soll. Er wollte von dem Wasser der Quelle trinken, doch es war bitter. Da sagte Gott ihm, er solle einen Zweig in das Wasser werfen. Moses tat wie ihm geheißen, und so wurde das Wasser trinkbar. Heute findet man hier weder Trinkwasser (wenngleich es die Quelle immer noch gibt), noch einen Baum, dessen Zweige bitteres in süßes Wasser verwandeln könnten. Ein Besuch in Uyûn Mûsâ lohnt daher kaum, zumal es auch keine Unterkunft gibt.

Ra's Sudr

Ra's Sudr, etwa 50 km vom südlichen Eingang des Suezkanals entfernt, soll irgendwann einmal ein zweites Sharm el Shaikh werden, und zwar vor allem für die ägyptische Ober- und Mittelschicht. So entsteht hier derzeit ein Hotel nach dem anderen, riesige Hotelruinen, deren Fertigstellung fraglich ist. Denn so türkis das Wasser an dieser Stelle des Sinai auch ist, so wunderschön der goldgelbe Sandstrand, so ist Ra's Sudr mit all seinen umliegenden Ölraffinerien nicht unbedingt ein idyllischer Ort. Hinzu kommt, dass der Ort an sich kein richtiges Zentrum hat, sondern nur aus ein paar privaten

Qala'at el Gundî

Qala'at el Gundî, die „Burg des Soldaten", geht auf den großen ayyubidischen Herrscher Saladin (Salâh ad-Dîn) zurück, der sie 1187 hier an diesem einsamen Fleck im Nord-Sinai erbauen ließ. Die Burg steht auf einem Tafelberg, dem Ra's el Gundî, dem „Kopf des Soldaten", und ist schon von weitem sichtbar. Es ist schwer vorstellbar, dass hier, wo man heute nicht mehr sieht als die Weite der Sinai-Wüste, die tiefen Täler rings um die Burg und die Silhouetten der Berge des Sinai, einst ein Kreuzungspunkt dreier wichtiger Karawanenstraßen war, auf der Tausende von Pilgern auf dem Weg nach Mekka, aber auch Händler, Soldaten und Abenteuerlustige, reisten. Doch wer einmal nach oben geklettert ist, erkennt, dass man von hier einen sehr guten Überblick hat. Späher konnten schon von weitem den Feind erkennen und entsprechende Maßnahmen ergreifen. Die Burg bot allen, die auf diesen Wegen reisten, Schutz und Unterkunft. Außerdem sollte sie im Falle, dass die Kreuzfahrer, die bereits Jerusalem besetzt hielten, weiter südlich ziehen würden, eine feste Bastion für die eigenen Soldaten bilden, von der aus sie operieren konnten – so weit kam es allerdings nie.

Wer die Burg besichtigen möchte, muss den 150 m hohen Tafelberg „erklimmen". Die Außenmauern sind gut erkennbar, das Eingangstor ist fast vollständig erhalten. Im Inneren der Burg kann man noch sehr gut die Reste der Moschee erkennen. Der schöne *mihrâb* und diverse Inschriften in dessen Nähe sind noch gut erhalten. Unter der

Burg liegen riesige Gewölbekeller, die wahrscheinlich einst als Zisterne fungierten. An der Südmauer, nahe einem der runden Ecktürme, kann man die Reste eines kleinen, fast vollständig erhaltenen Hammams, eines Bades, finden, ein Beweis dafür, dass die Menschen auch in dieser Einöde ein wenig Komfort hatten...

Qala'at el Gundî gehört zu den Sehenswürdigkeiten Ägyptens, die man nur mit einem eigenen Pkw oder einem Taxi erreicht. Sie liegt etwa 60 km nordöstlich von Ra's Sudr an einer kleinen Straße, die von der Küste ins Landesinnere führt. Übernachtungsmöglichkeiten gibt es keine, man kann höchstens wild campen, aber Achtung: Als der Sinai noch Zankapfel zwischen Israel und Ägypten war, wurden auch hier Minen gelegt. Daher sollte man sich nicht zu weit von den Wegen entfernen. Essen und Getränke muss man mitbringen. Eintritt frei.

Hammam Fara'ûn

„Pharaos Bad" sind heiße Schwefelquellen, die aus kleinen Höhlen nahe dem Strand erst über den Sand und dann ins offene Meer fließen. Die Quellen, die etwa 100 km südlich von Suez liegen, sind ein beliebtes Ausflugsziel der Einwohner von Suez und Tûr Sinai und so verwundert es nicht weiter, dass man auch hier angefangen hat, Hotels zu bauen, allerdings ohne sie je zu vollenden.

Das Schwefelwasser kommt fast kochend heiß aus dem Felsen, so dass man unmöglich darin baden kann. Das Meerwasser direkt an der Küste vor den Höhlen ist jedoch wunderbar aufgewärmt.

Derzeit gibt es weder eine Unterkunft noch ein Lokal zum Einkehren, aber es ist ein angenehmer Ort, um die Fahrt zu unterbrechen. Die Schwefelquellen sind von der Hauptstraße ausgeschildert und in etwa 30 Minuten zu Fuß zu erreichen.

Abu Zenîma und Umgebung

Abu Zenîma ist ein verschlafenes Nest mit einer langen Hauptstraße, einer Mangan-Fabrik, ein paar Häusern und einem netten kleinen Hotel. Wäre es nicht der Ausgangspunkt für die herrlichsten Berg- und Kameltrekkingtouren quer durch den Sinai sowie zu den pharaonischen Ruinen von Serabit el qâdim und den Türkisminen, wäre es für Touristen nicht weiter von Bedeutung. So aber ist Abu Zenîma zu einem kleinen Zentrum geworden, wenn es auch lange nicht so bedeutend ist wie die Orte an der Ostküste.

Hier lebt Rabia Barakat Selim, der Sohn des großen Scheichs Barakat, des Anführers des Alagat-Stammes, der in diesem Teil des Sinai das Sagen hat. Rabia ist ausgebildeter Bergführer, spricht sehr gut Englisch und bietet in erster Linie Touren in der Region (zu den pharaonischen Türkisminen und zum Beduinenlager seiner Familie), aber auch Sinai-Durchquerungen per Kamel an, die man ohne Führer kaum durchführen kann. Wer keine Lust auf die Anmache und das Überangebot von Trekkingtouren in Sharm oder Dahab hat, ist bei Rabia, der das Gebiet wie seine Westentasche kennt, gut aufgehoben (auch wenn man bei ihm, wie überall, den Preis lange aushandeln muss).

Serabit el qâdim lässt sich nur per Geländewagen erreichen. Wer bis hierher allein unterwegs war, wird nicht umhinkönnen, sich einen Führer anzuheuern, und den stellt natürlich der Stamm der Alagat. Scheich Barakat sorgt dafür, dass kein Tourist die Ruinen sehen kann, ohne dass nicht einer aus seiner Sippe mit von der Partie ist. Das ist aber auch ganz gut so, denn die Führer zeigen einem nicht nur den Weg, sondern machen unterwegs auch auf **Stelen** aufmerksam, auf denen Geschichten über die Türkis-Expeditionen aus pharaonischer Zeit erzählt werden. Neben verschiedenen Tieren sind auf diesen Stelen auch Boote zu sehen, die einst die Meerenge vom Golf von Suez durchfuhren, um den begehrten Stein an den Nil zu bringen.

Noch bevor man zum Tempel von Serabit el qâdim kommt, erreicht man die ersten **Türkisminen**. Sie stammen aus der Zeit um 3000 v.Chr. Schon damals wurden die Könige mit diesem Stein geschmückt. Seit 2000 Jahren liegen die Minen allerdings still.

Nahe den Minen steht der Tempel **Serabit el qâdim** (12. Dynastie), der aus zwei natürlichen Grotten besteht, von denen die eine der Göttin Hathor, die andere dem lokalen Sinai-Gott Sopdu geweiht war. Jede nachkommende pharaonische Türkis-Expedition erweiterte den ursprünglichen Tempel, so dass aus den einst zwei Grotten eine recht große Tempelanlage geworden ist. Gut zu sehen sind bis heute die Grundmauern, die erkennen lassen, wie groß und erhaben diese Anlage einst gewesen sein muss. Die eigentliche Faszination von Serabit el qâdim liegt allerdings nicht in den Ruinen, sondern in der traumhaft schönen Lage hoch oben auf einem Plateau.

Etwa 30 km hinter dem Tempel beginnt der so genannte Forest of the Pillars, das **Wadi Fugâ'** (zu Deutsch: Säulental). Es handelt sich hierbei um ein kleines Gebiet mit röhrenartigen Felsformationen, die teilweise hüfthoch aus dem Sand aufragen. Eine ähnliche Steinformation kommt nur noch in Russland vor, und es bleibt ein Rätsel, wie sich derartige Steinröhren ausgerechnet hier, inmitten der Wüste, bilden konnten. Wer möchte, kann von hier aus weiter ins Wadi Fairân fahren (s.S. 438), was jedoch nur mit Fahrer, Guide und einem ausgesprochen guten Geländewagen machbar ist.

Das **Wadi Mukattab** (ein Seitental des etwa 40 km südlich von Abu Zenîma nach Osten Richtung Katharinenkloster abgehenden Wadi Fairân, s.S. 438) und die **Türkisminen von Maghara** kann man ebenfalls nur mit einem Geländewagen und am besten im Rahmen einer Tour besuchen. Wadi Mukattab, was so viel wie „Tal der Buchstaben" bedeutet, hat seinen Namen von den vielen Inschriften, die hier in den Fels geritzt wurden. Sprachwissenschaftler fanden hier erstmals die altägyptischen Wortzeichen in Konsonantenzeichen umgewandelt, d.h. eine Hieroglyphe stand nicht mehr für ein bestimmtes Wort, sondern für einen bestimmten Konsonanten. Über die Jahrtausende haben Reisende auf dieser alten Handelskarawanenroute hier ihren Namen im Felsen verewigt. Bis heute wird diese Tradition fortgesetzt, weshalb man neben pharaonischen Inschriften moderne Graffiti sehen kann. Am Ende des Tals kommt man schließlich zu den Türkisminen des Gabal Maghara. Die Pharaonen ließen bis zu 1400 Mann starke Bergbauexpeditionen hierher kommen, um den edlen Stein abzubauen. Dass die weit gespannten und trotzdem ungesicherten Decken der Minen noch nicht eingestürzt sind, ist ein Wunder. Auch hier kann man wie bei den Türkisminen bei Serabit el qâdim hin und wieder noch kleine Türkissteinchen finden.

Übernachtung und Essen

Al-Marwa-Hotel**, Abu Zenîma, ☏ 069/420444, saubere, helle und freundliche DZ.

Camp von Scheich Barakat, einfachste Unterkunft nahe den Türkisminen.
Im Wadi Fairân kann man außerdem in einem Kloster übernachten, s.S. 438.
In Abu Zenîma gibt es ein paar Buden, die sehr einfaches Essen verkaufen.

Touren

Rabia Barakat Selim, Abu Zenîma, Handy ☏ 010-5312380, ✉ Rabia@belovedegypt.com, 🖥 www.1worldtours.com/DesertTours. Tagesausflug ab Abu Zenîma ab E£200 p.P., mehrtägige Touren ab US$40 p.P.

Transport

Alle Busse, die zwischen Tûr Sinai und Suez verkehren (stdl.), halten in Abu Zenîma.

Tûr Sinai (El Tûr)

Nach etwa drei Viertel der Strecke von Suez nach Sharm el Shaikh trifft man auf Tûr Sinai, kurz El Tûr genannt. Die trostlose, heruntergekommene Stadt ohne Charme und touristische Infrastruktur ist – man glaubt es kaum – die Provinzhauptstadt des Süd-Sinai. Kaum jemand würde auf die Idee verfallen, hier länger als nötig zu verweilen. Wer aus irgendeinem Grund hier hängen bleibt, z.B. weil das Visum verlängert werden muss (das zuständige Passport Office befindet sich im größten Gebäude des Zentrums), hat zwei **Unterkünfte** zur Auswahl. In der Hauptstraße Richtung Hafen beherbergt ein Plattenbau das saubere *Delmon***, ☏/📠 069/771000, und direkt im Busbahnhof liegt das dreckige und heruntergekommene *Tur Sinai*.

Der **Busbahnhof** befindet sich in der Hauptstraße. Er bietet stündliche Verbindungen nach Sharm el Shaikh (2 Std., E£15) und Suez (4 Std., E£25) sowie 10 Busse täglich nach Kairo (7 Std., E£35).

Ra's Muhammad

Dieser fantastische, auf einer Halbinsel gelegene Nationalpark ist der südlichste Punkt des Sinai und vor allem für seine herrlichen Tauchgründe bekannt (Näheres dazu s.S. 449 f.). 1983 zum Natur-

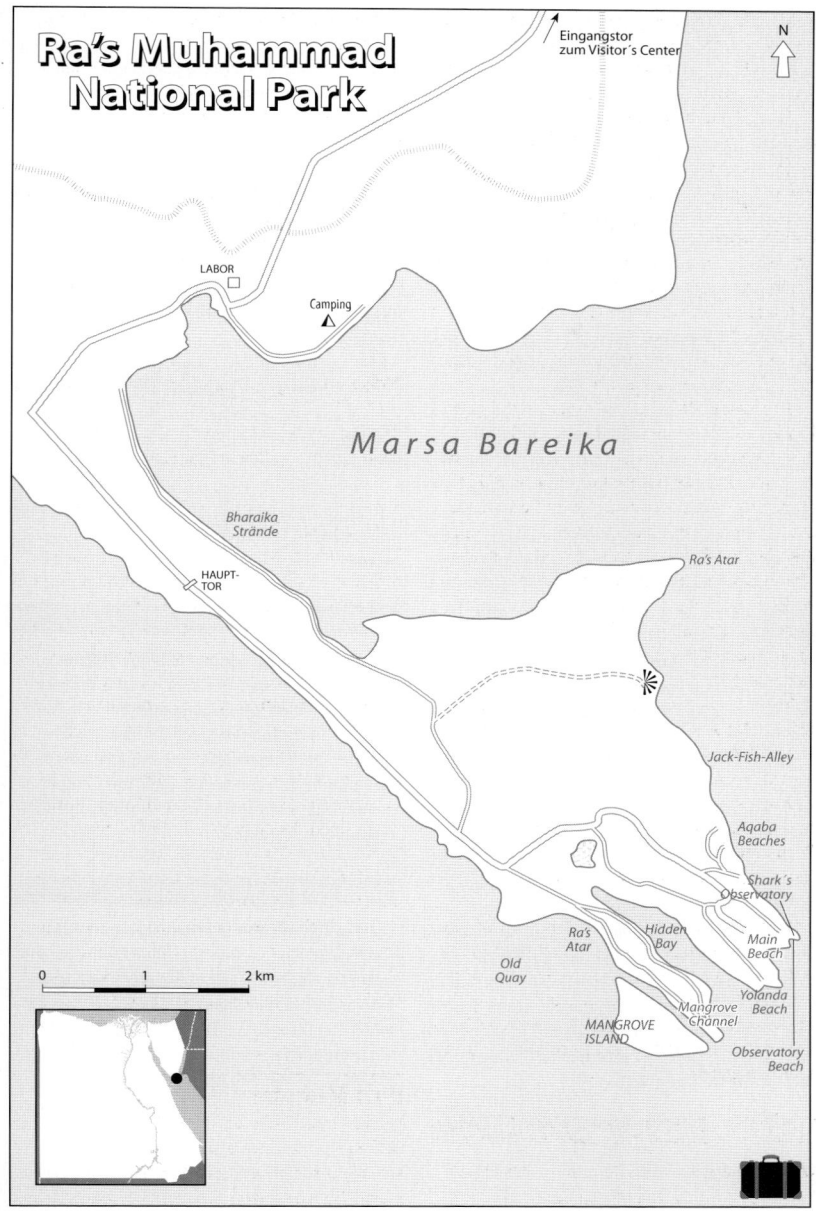

schutzgebiet erklärt, wurde Ra's Muhammad 1988 zum ersten ägyptischen Nationalpark. Die Halbinsel wurde gesäubert und mit gut gekennzeichneten Wegen, einem Visitor's Center, das mehr schlecht als recht Auskunft gibt, Parkwächtern, Rangern und einem kleinen Forschungslabor versehen. Das Campen wurde auf ausgewiesenen Plätzen, die jedoch über keinerlei Einrichtungen verfügen, erlaubt.

Der Park umfasst 480 km^2, der Großteil davon unter Wasser. Er zieht sich von hier bis zur Straße von Tiran, knapp unterhalb des Nabq-Naturschutzgebietes.

Auch wenn für Kritiker noch lange nicht genug für den Schutz der Über- und Unterwasserwelt getan wird, so verhindert der Status des Gebietes als Nationalpark zumindest, dass hier Hotels entstehen. Auch ist die Anzahl der Tauchboote, die hier ankern dürfen, streng limitiert. Dennoch kommen hier jährlich 50 000 Besucher her, die natürlich das Ökosystem stören.

Das Besondere an dieser Halbinsel, die alles in allem etwa 8 km lang und zwischen 700 m und 3 km breit ist, sind die oberirdischen fossilen **Korallen**, deren Alter man auf über 1 Mill. Jahre schätzt. Außerdem lebt hier eine Vielfalt an Tieren und Pflanzen, darunter Echsen, Wasservögel, Mangroven und vor der Küste natürlich jede Menge Fische. Die Unterwasserwelt ist weltweit einzigartig.

Hier, wo der Golf von Aqaba mit dem Golf von Suez zusammentrifft, herrschen Strömungen, die nicht nur riesige **Fischschwärme** mit sich bringen, sondern auch die unterschiedlichsten Korallenarten. Alle 1000 Fischarten, die das Rote Meer beherbergt, kann man hier finden, darunter auch Barrakudas und Haie.

Der „Kap Muhammad", wie Ra's Muhammad übersetzt heißt, wird nur durch ein schmales Band vom Festland getrennt. Die Ostküste fällt steil ins Meer ab. Die höchste Erhebung auf dieser Seite ist mit 50 m **Sharks Observatory**, so genannt, weil man von hier oben oft Haie beobachten kann, die sich im Wasser tummeln.

Auf der südöstlichen Seite der Halbinsel befinden sich die drei **Strände** Shark Observatory Beach, Main Beach und Yolanda Beach. Hier kann man in ruhigem Wasser wunderbar schnorcheln. Der Main Beach, an dem die meisten Taxis ankommen, ist ein sanft zum Wasser hin abfallender Sandstreifen, so dass Kinder hier spielen können. Direkt im Westen daran anschließend findet man die seichte Sandbucht **Hidden Bay**, deren Mündung vollkommen von einem ausgedehnten Madreporenriff (ein Riff mit prächtig gefärbten Steinkorallen) versperrt ist, sowie **Mangrove Island**, die durch den mit zahlreichen Mangroven bewachsenen, so genannten „Mangroven-Kanal" völlig von der Halbinsel abgeschnitten ist.

Die Westseite der Halbinsel ist flach und sandig. Ihre einzige Besonderheit besteht in einem gut geschützten Ankerplatz, der sich auf der Höhe einer halb gesunkenen alten Mole befindet.

Eintritt in den Park p.P. und Auto je US$5 (zu zahlen in US$ oder E£). Unbedingt den Reisepass mitnehmen! Er muss beim Eingang vorgezeigt werden.

Übernachtung

Wer will, kann auf ausgewiesenen Plätzen kostenlos **campen**, es gibt jedoch weder Wasser noch sonst eine Versorgungsmöglichkeit. Man muss alles mitbringen und die Absicht, hier zu übernachten, bereits am Eingang ankündigen. Es versteht sich von selbst, dass der Camper seinen Müll wieder mitnimmt, wozu auch Toilettenpapier u.Ä. gehört.

Transport

Der Park ist mit öffentlichen Transportmitteln nicht zu erreichen. Wer hierher möchte, ist auf einen Pkw angewiesen. Am einfachsten ist es, man mietet sich in Sharm el Skaikh ein Taxi für einen Tag (Kosten ca. E£150) oder schließt sich einer organisierten Tour an, die überall in Sharm el Shaikh und Dahab angeboten wird.

Am Eingang zum Ra's Muhammad-Nationalpark

Ostküste bis Tâbâ

Das Ziel der meisten Pauschaltouristen auf dem Sinai ist **Sharm el Shaikh** an der Südspitze der Sinai-Halbinsel. Vor der hiesigen Küste befinden sich die bekanntesten und wohl schönsten Korallenriffe des Roten Meeres – ein Eldorado für Taucher. Die ägyptische Realität lernt man hier allerdings nicht kennen.

Nördlich der Hotelanlagen Sharm el Shaikhs erstreckt sich der traumhaft schöne **Nabq-Nationalpark**, der im Vergleich zum Ra's Muhammad weit weniger bekannt, aber nicht weniger faszinierend ist.

Individualtouristen zieht es vor allem ins einstige Kifferparadies **Dahab**, das zum Faulenzen einlädt und sich als Ausgangspunkt für Ausflüge per Kamel oder Jeep ins Innere des Sinai anbietet.

Die **Küste von Nuwaiba bis Tâbâ** war einst der wirtschaftliche Hoffnungsträger vieler Klein- und Großinvestoren. Hier entstanden in den 90er Jahren Bungalow-Siedlungen und Hotels, die ganz auf die Bedürfnisse israelischer Gäste ausgerichtet waren, also mit Disco, hebräischer Speisekarte, Billardtischen u.v.m. Durch den zunehmenden israelischen Tourismus nahm der internationale ab, doch das war für die Investoren nicht weiter schlimm, da genug Israelis kamen – bis zur zweiten Intifada im September 2000. Mit ihr kam die Angst der Israelis vor Terroranschlägen und von heute auf morgen hörte der Strom israelischer Touristen auf. Sowohl in Nuwaiba als auch an der Küste nördlich davon bis Tâbâ musste ein Camp oder Hotel nach dem anderen aufgeben und ein Bauvorhaben nach dem anderen wurde gestoppt.

Heute, wenige Jahre nach diesem Einbruch, haben an diesem Küstenabschnitt nur noch wenige Hotels und Camps geöffnet. Nuwaiba selbst hat kaum noch eine nennenswerte touristische Infrastruktur, auch wenn sich hier einige wenige Hotels und Restaurants halten konnten, in denen heute vor allem russische Gäste logieren.

Landschaftlich gesehen ist dieser Küstenabschnitt ein einziger Traum. Doch leider verhindern

Bauruinen und Hotelklötze über weite Strecken den freien Blick auf die Natur. Von den wenigen unverbauten Stränden einmal abgesehen lohnen hier nur wenige Stopps.

Sharm el Shaikh und Na'âma Bay

Sharm el Shaikh wurde von den Israelis während ihrer von 1967 bis 1982 währenden Besatzung des Sinai gegründet, um ein Ferienziel zu schaffen, das nahe dem Mutterland liegt.

Dank der herrlichen Tauchgründe an diesem Küstenabschnitt hat sich hier der große Tauch-Pauschaltourismus etabliert. Sharm el Shaikh ist mittlerweile aber auch zu einem Paradies für Sonnenanbeter avanciert, das Jahr für Jahr Hunderttausende sonnenhungriger Touristen aus aller Welt anzieht. Individualreisende werden es hier schwer haben. Wer von Anfang an plant, seinen Urlaub ausschließlich in Sharm el Shaikh und Umgebung zu verbringen, sollte besser vor der Reise die Pauschalangebote von Europa aus checken.

Die Ferienanlagen von Sharm el Shaikh erstrecken sich inzwischen über 30 km entlang der Küste. Der unschöne und öde Ort Sharm el Shaikh selbst mit seinen fast 4000 Einwohnern liegt im Süden an der **Sharm el Maya Bay**, die rundum fast nur noch von den Privatstränden der Hotels zugänglich ist. Hier befindet sich auch der Jachthafen und der Fährhafen für die Schnellboote nach Hurghada. Etwa 2 km weiter nördlich liegt das schöne **Ra's Umm Sid**, wo es zwar keine Hotels gibt, wohl aber einen privaten Strand. Hier ist ein schönes Riff, die Strömungen sind jedoch stark.

Das eigentliche Ziel der meisten Pauschalreisenden befindet sich noch ein Stück weiter nördlich an der **Na'âma Bay**. Diese Bucht säumen jede Menge erstklassiger Hotels, Clubs und Tauchschulen. Ägypten findet hier keiner mehr. Dafür ist ein internationales Touristenzentrum entstanden, das sich ebenso gut in der Türkei, in Spanien oder der Dominikanischen Republik befinden könnte. Hier gibt es europäischen Standard und eine Promenade, auf der man abends bummeln gehen und gemütlich in irgendeinem Café oder Restaurant sitzen kann. Ganze zwei Restaurants werben damit, dass sie auch ägyptische Küche haben, und die Zeitungsverkäufer haben *BILD* und *Die Welt* im Angebot, während man eine Ausgabe der *Al-Ahrâm weekly* vergeblich sucht.

Nördlich von Na'âma Bay ziehen sich weitere Resorts und große Hotels an der Küste entlang bis zum Nationalpark Nabq. All diese Anlagen, inzwischen mehrere hundert, sind in europäischen Reiseprospekten noch immer unter „Sharm el Shaikh" aufgeführt, auch wenn sie z.T. über 15 km vom eigentlichen Ort Sharm entfernt sind.

Für den Individualreisenden sind vor allem zwei Orte von einer gewissen Bedeutung: Sharm el Shaikh selbst, da sich hier der Hafen für die Schnellboote nach Hurghada befindet und hier der nächstgelegene Ort zum Nationalpark Ra's Muhammad ist, und Na'âma Bay, weil sich hier die großen Tauchbasen befinden und auch die einzigen Hotels, in denen man ein Zimmer bekommen kann, das unter 100 € kostet. Alle anderen Orte (bzw. Resorts) sind für Individualtouristen absolut ungeeignet. Die Zimmerpreise liegen, bucht man vor Ort statt von Europa aus, weit über dem Durchschnitt, und überhaupt liegt das Preisniveau in dieser Ecke Ägyptens bis zu 100% über dem des restlichen Landes.

Übernachtung

Wer kein Pauschalarrangement hat und in Sharm el Shaikh übernachten will, hat nur wenige Hotels zur Auswahl – es sei denn, man sucht internationalen Sterne-Komfort. Da die Betten in den günstigeren Unterkünften schnell ausgebucht sind, empfiehlt sich eine rechtzeitige Reservierung. Nur in der Jugendherberge von Sharm el Shaikh findet sich meist ein Plätzchen, zumindest wenn man nicht gerade während der ägyptischen Schulferien kommt.

SHARM EL SHAIKH – *Jugendherberge (Bait el Shabâb)***–***, nahe dem Hotel Aida auf dem Hügel (nur arabisch beschriftet, zu erkennen an dem großen Tor neben der Moschee und dem Fußballplatz davor), ✆ 660317 und 662497, ✉ 662496. Sehr neue, saubere Zimmer; Männertrakt und Familientrakt mit DZ. Nette Leute, die jedoch kaum Englisch sprechen. Eindeutig überteuerte Preise.

Alle anderen Hotels in Sharm el Shaikh, auch jene entlang der Bucht, sind entweder aufgrund

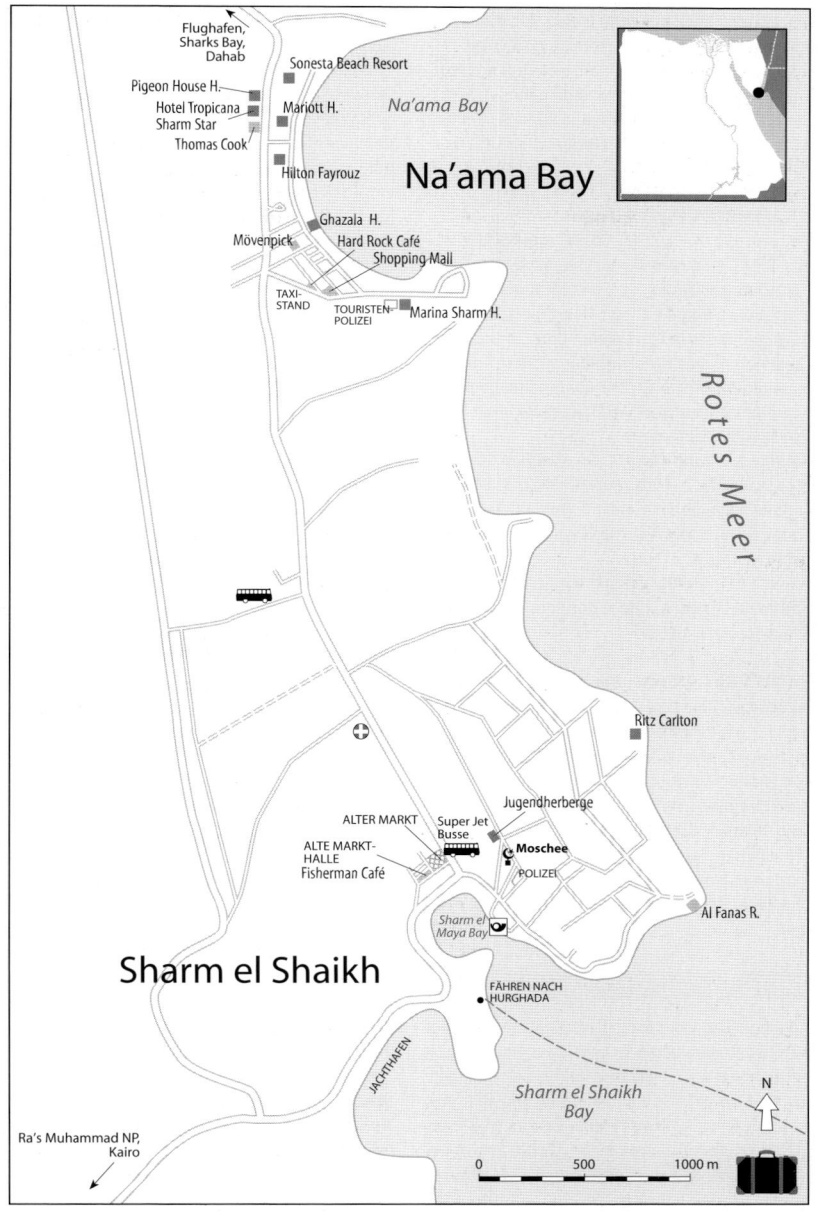

des Wegbleibens der israelischen Touristen seit 2000 geschlossen oder kosten ab US$70 aufwärts. Die Unterkünfte ähneln sich in Standard und Komfort, aber die schönsten befinden sich direkt in der Bucht – übersehen kann sie keiner, denn sie reihen sich wie Glieder einer Kette aneinander.

NA'ÂMA BAY – *Pigeon House***–***, an der Hauptstraße, ✆ 6000996, 600997 und 600998, 📠 600995, ✉ pigeon@access.com.eq. Sehr hübsches und sauberes Hotel mit Atmosphäre, doch viele Gruppen. Preise überteuert, dafür hübscher Innenhof und nettes Café. Unbedingt reservieren! Das Hotel arbeitet mit dem empfehlenswerten *Anemone Dive Center* direkt neben dem Hotel zusammen, wo Hausgäste einen Preisnachlass erhalten.

Tropicana Sharm Star***, direkt neben dem Pigeon House, ✆ 600652 und 600952, 📠 600649. Nettes, gemütliches Hotel mit freundlichem Personal, Pool und Garten. Wird auch von Gruppen gebucht.

Alle anderen Hotels entlang der Strandpromenade sind Pauschalhotels, darunter *Sheraton*, *Mövenpick*, *Hyatt* usw.

SHARKS BAY – *Sharks Bay Camp***, 6 km nördlich von Na'âma Bay, ✆ 600947, 📠 600943. Die letzte Bambushüttenkolonie des Süd-Sinai – einfach, aber sehr sauber, gutes Restaurant, ausgezeichnetes Frühstück (völlig überteuert) und leider extrem laut, da direkt unterhalb des Flughafens gelegen. Hier steigen auch Gruppen ab. Mit öffentlichen Verkehrsmitteln kann man nicht hierher gelangen, sondern muss ein (ebenfalls überteuertes) Taxi von Sharm oder Na'âma nehmen.

Essen

An einem Ort wie diesem kann sich das Angebot an Restaurants sehen lassen. Die meisten Lokale der gehobenen Preisklasse haben sich auf italienische Kost oder Seafood spezialisiert, aber man findet auch jede Menge kleine Bistros. In Sharm el Shaikh gibt es einen kleinen **Markt**, den so genannten Old Market (siehe Plan), mit einfachen Kebab- und Fûl-Lokalen.

SHARM EL SHAIKH – *Al-Fanar*, unterhalb des Leuchtturms in Ra's Umm Sid. Sehr gutes Lokal in exponierter Lage mit großer Terrasse und ansprechenden Innenräumen. Zum Restaurant gehört ein Privatstrand, vor dem sich herrliche Korallenriffe erstrecken (s.S. 415 f., Aktivitäten). Die Preise sind hoch (Hauptgerichte ab E£30), doch das Essen ist gut, und da man sich hier den ganzen Tag aufhalten kann (Hängematten, Strandliegen, Bar usw.), ist der Mindestverzehr in Höhe von E£20 akzeptabel.

Fisherman's Café, am alten Markt. Gutes, einfaches Restaurant mit Bierausschank (Hauptgerichte ab E£15); gemütlich und nett.

Safsafa, in der alten Markthalle. Ausgezeichnetes Fischrestaurant, sehr einfach, aber sehr gut (Fisch nach Kilopreisen). Hier trifft man auch noch auf Ägypter, was in dieser Region eher selten ist.

NA'ÂMA BAY – *Beach Restaurant*, im Hilton Fayruz. Auf Fisch spezialisiert, Zubereitung nach Wunsch.

Hard Rock Café, nahe der Fußgängerzone. Beliebte Fastfood-Kneipe mit Souvenirladen und europäischem Preisniveau.

Pigeon House, im gleichnamigen Hotel. Gute ägyptische und internationale Küche zu annehmbaren Preisen.

Shin Seoul Restaurant, Sharm Shopping Mall. Fernöstliche Küche zu moderaten Preisen.

Tam Tam Oriental Café, im Hotel Ghazala. Gutes Restaurant, das ägyptische Küche serviert (Hauptgerichte ab E£20).

Unterhaltung

Beinahe jedem Hotel ist eine Bar, Disco und/oder Nachtclub angeschlossen. Als Attraktionen locken „Russian Shows" (mit Wodka, russischer Musik und russischen Tänzerinnen) und Tanzgruppen aus dem ehemaligen Ostblock, die den ägyptischen Bauchtänzerinnen Konkurrenz machen. Zum Zeitpunkt der Recherche waren folgende Lokale (alle in Na'âma) besonders beliebt:

Bus Stop, im Hotel Sanafir. Auf zwei Etagen kann man im Disco-Pub trinken, tanzen und Billard spielen. ⏰ ab 21 Uhr, aber vor 23 Uhr ist nicht viel los.

Beinahe jedes Hotel in Sharm el Shaikh bietet ein Abendprogramm

Cactus, Bar im Mövenpick-Hotel. ⏰ tgl. ab 22 Uhr, ein Besuch lohnt sich aber erst ab Mitternacht.

Hard Rock Café, nahe der Fußgängerzone. Beliebte Disco und Bar.

The Spot, Hotel Ghazala. Der angeblich schönste Tresen im Ort – eine Bar im amerikanischen Stil mit viel Neon, kleiner Tanzfläche und Musik aus den Charts.

Aktivitäten

GOLF – Am 1. September 1998 wurde in Sharm el Shaikh das erste Golf-Hotel des Sinai eröffnet, das **Mövenpick** (5 Sterne). Der hauseigene 18-Loch-Golfplatz umfasst 18 künstlich angelegte Seen und ein Clubhaus. Den Hotelgästen steht eine Driving Range mit Golfschule zur Verfügung, regelmäßig werden Turniere angeboten. Auf Anfrage dürfen auch Nicht-Gäste den Platz bespielen. Der Golfplatz ist übrigens sehr umstritten, denn zu seiner Erhaltung wird so viel Wasser benötigt wie in einem Wüstengebiet ökologisch nicht vertretbar ist. Als weitere (fragwürdige) Attraktion der Hotelanlage gilt der Water Theme Park mit einer Fläche von rund 30 000 m^2, bestehend aus verschiedenen Pools und Seen, Grotten, Flüssen, Kinderbereich mit Schiffswrack und einem 4 m hohen Wasserfall. Informationen in jedem Reisebüro.

KAMELREITEN – Die angebotenen Kameltouren (ab E£50) sind höchstens interessant, um einmal am Strand entlang zu reiten und ein Gespür für diese Art der Fortbewegung zu bekommen. Längere Touren ins Landesinnere sollte man unbedingt von Dahab oder Nuwaiba aus organisieren, wo die guten Touren angeboten werden.

WASSERSPORT – Das diesbezügliche Angebot ist unüberschaubar, weshalb man sich am besten selbst umsieht und die Preise und Angebote vergleicht. Folgende Aktivitäten werden überall entlang der Küste bis zur Sharks Bay angeboten: **Tauchen** (ca. 100 €), **Schnorcheln** (ca. 45 €), **Surfen** (E£50/Std.), **Segeln** (Unterricht ab

E£50/Std), **Parasailing** (E£150/Std.), **Bananaboot** (E£20/15 Min.), **Glasbodenboote** (E£30/Std.) und **Pedalos** (E£30/Std.).
Taucher sind sehr gut aufgehoben bei *Sinai Divers*, im Hotel Ghazala, ℅ 069/600697, 🖥 www.sinaidivers.com, wo der freundliche Rolf Schmidt gern weiterhilft. Eine Beschreibung der Riffe findet sich im Kapitel Tauchreviere im Roten Meer, s.S. 442.
Für **Schnorchler** gibt es in dieser Gegend kleine Reviere, zu denen man ohne organisierte Bootstour gelangt, auch wenn man nicht in einem der großen Hotels absteigt.
Am schönsten ist **Ra's Umm Sid**, unterhalb des Leuchtturms am Privatstrand des Restaurants *Al-Fanar*. Der Eintritt von E£20 erübrigt sich, wenn man im Lokal etwas isst oder trinkt, und es lohnt, den ganzen Tag hier zu verbringen. Zwar gibt es heftige Strömungen, doch sind die Riffe noch gut erhalten und wunderschön. Zu erreichen ist das 3 km von Sharm entfernte Restaurant per Taxi oder auch zu Fuß. Schnorchelausrüstung kann vor Ort ausgeliehen werden.
Die Riffe namens **Near**, **Middle und Far Garden** liegen an den Privatstränden der Hotels *Sofitel* (Near Garden) bzw. *Hyatt* (Middle und Far Garden) und sind entweder per Boot zu erreichen oder indem man sich „durchschmuggelt". Wirklich lohnenswert ist nur der Far Garden.
Alle anderen Riffe können nur per Boot angefahren oder im Rahmen einer organisierten Tour besucht werden.

WÜSTENTOUREN – Nur wer nicht nach Dahab oder direkt zum Katharinenkloster möchte, sollte es in Betracht ziehen, hier eine derartige Tour zu buchen: In fast allen Hotels und Reisebüros werden für astronomisch hohe Preise Ausflüge ins Landesinnere angeboten, meist verbunden mit einer Verkaufsshow. Es empfiehlt sich, Trekkingtouren direkt beim Katharinenkloster zu organisieren und Kamel- oder Jeeptouren in Dahab zu buchen, wo die Preise vernünftiger sind und der Service besser ist.

Sonstiges

AUTOVERMIETUNGEN – Fast alle internationalen Autovermietungen haben Vertretungen in Na'âma. Von lokalen Anbietern wird dringend abgeraten, da weder die Insassen noch die Autos versichert sind. Die Preise der internationalen Firmen liegen über dem europäischen Niveau und starten bei US$50/Tag.
Avis, im Sonesta Beach Resort, ℅ 600979;
Europcar, im Hilton Fayrouz, ℅ 600686.

EINKAUFEN – An der Na'âma Bay liegt der sündhaft teure **Touristenbasar** mit Juwelier- und Souvenirgeschäften, Apotheken, Banken und Supermärkten.
Wer frische Lebensmittel sucht, findet diese auf dem so genannten **Old Market** von Sharm el Shaikh. Hier gibt es eine hübsche Markthalle mit Fischmarkt sowie ein paar Lebensmittelgeschäfte – wenn irgendwo in dieser Gegend noch ein Hauch Ägypten spürbar ist, dann hier.

FESTE – **Mai**: Nationaler Angelwettbewerb
Juni: Internationaler Unterwasser-Wettkampf
November: Internationales Angler-Festival

GELD – Fast alle ägyptischen Banken haben hier Niederlassungen, die in Sharm el Shaikh auf dem Hügel und in Na'âma verteilt liegen. Die meisten sind mit EC-Kartenautomaten ausgestattet. In Na'âma gibt es außerdem viele von Banken unabhängige Geldautomaten sowie eine Menge Geldwechsler. Visacard, Mastercard und American Express sind überall gebräuchlich und bekannt.
American Express hat kein eigenes Büro, sondern wird durch die *Egyptian American Bank* im Touristenbasar von Na'âma vertreten, ⏰ 9–14 und 18–21 Uhr.
Thomas Cook unterhält eine Filiale neben dem Hotel Tropicana Sharm Star in der Hauptstraße, ℅ 601808, ⏰ 9–14 und 15–22 Uhr.

INFORMATIONEN – Der meistbesuchte Ort des Landes besitzt keine Touristeninformation! Diesen Service hat die Touristenpolizei übernommen, die Büros auf dem Hügel von Sharm el Shaikh sowie neben dem Marina Sharm Hotel in Na'âma besitzt, ℅ 600675 oder 600311. Die Infos sind jedoch spärlich und gedrucktes Material kaum vorhanden.

INTERNET – Fast jedes Hotel in Na'âma bietet einen Internet-Zugang (ca. E£10/Std.)). In Sharm finden sich Internet-Cafés entlang der Hauptstraße, in Sharks Bay (mit E£20/Std. übertevert) direkt beim Sharks Bay Camp.

MEDIZINISCHE HILFE – Als „Tauch-Hauptstadt" verfügt Sharm über eine **Dekompressionskammer**, die sich im *Hyperbaric Medical Center*, ✆ 660922, befindet. Die normale **Ambulanz** erreicht man am besten telefonisch unter ✆ 600 554. Außerdem hat das *Mövenpick* eine kleine Privatklinik eingerichtet, in der europäische Ärzte Tauchunfälle sowie die kleinen Alltagsbeschwerden behandeln. Auch das Hotel *Sonesta* besitzt eine kleine private Klinik, ✆ 600258.

POST UND TELEFON – **Hauptpost**, in Sharm auf dem Hügel nahe der Jugendherberge, ⊙ tgl. außer Fr 8–15 Uhr. Öffentliche **Telefonzellen**, von denen man auch ins Ausland telefonieren kann, finden sich im gesamten Stadtgebiet von Sharm el Shaikh und Na'âma verteilt. Telefonkarten erhält man in vielen Geschäften.

VORWAHL – 069

Nahverkehrsmittel

Minibusse und **Sammeltaxis** fahren vom Ort Sharm el Shaikh in alle Richtungen und kosten meist nicht mehr als E£1. Allerdings versuchen viele Fahrer, Touristen zu übervorteilen.
Taxifahrten innerhalb von Sharm bzw. zwischen Na'âma und Sharm kosten rund E£10, nach Sharks Bay E£20.

Transport

BUSSE – Im Großraum Sharm el Shaikh befinden sich zwei Busbahnhöfe. Derjenige der *East Delta Bus Company* liegt etwas außerhalb zwischen Na'âma und Sharm und ist nur per Taxi zu erreichen. Er bietet die meisten Verbindungen, u.a.
nach DAHAB: 9x tgl.; 1 1/2 Std.; E£11;
KAIRO: 10x tgl., 7.30–24 Uhr; 8 Std.; E£50;
LUXOR via HURGHADA: 1x tgl.; 11 Std.; E£85;
NUWAIBA via DAHAB: 8, 9, 14.30 und 17 Uhr; 3 Std.; E£25;
SUEZ: stdl.; 6 Std.; E£35;
TÂBÂ: 9 Uhr; 5 Std.; E£35.
Der Busbahnhof von *Superjet* befindet sich unmittelbar in Sharm, in Laufdistanz zur Jugendherberge. Ab hier fahren Superjet-Luxusbusse nach KAIRO (13, 17, 23 Uhr; ca. 8 Std.; E£55) und ALEXANDRIA (15 Uhr; ca. 10 Std.; E£80).

FLÜGE – Der **Flughafen** liegt rund 12 km nördlich von Sharm el Shaikh, 2 km westlich der Sharks Bay und etwa 10 km nördlich von Na'âma. Es gibt keinen Shuttlebus in die Stadt, so dass man auf eines der teuren Taxis (E£20 und mehr) angewiesen ist. Wer hier ankommt und nicht in Sharm bleiben möchte, organisiert am besten in der Gruppe ein Taxi zum gewünschten Zielort, sofern das gebuchte Hotel keinen Flughafentransfer anbietet.
Täglich gehen Flüge nach KAIRO, 1x wöchentlich nach HURGHADA und 2x wöchentlich nach LUXOR. Sie dauern jeweils ca. 40 Min. und kosten zwischen E£700 und E£800 einfach. Außerdem landen hier viele Chartermaschinen aus Europa.
Egypt Air unterhält mehrere Zweigstellen vor Ort, u.a. im Mövenpick Hotel Jolie Ville in Na'âma, ✆ 600314.

FÄHREN – Der **Hafen** befindet sich westlich von Sharm el Shaikh, zwischen Stadt und Jachthafen. Ein Ferryboat von Sharm el Shaikh nach HURGHADA legt jeden Sa, Mo, Di und Do um 17.30 Uhr ab (Fahrtdauer ca. 1 Std.). Die Tickets kann man in fast jedem Hotel oder direkt vor der Abfahrt im Hafen kaufen (US$40 einfach).

Nabq-Nationalpark

Der 600 km² große Nabq-Nationalpark, in dem die nördlichsten Mangroven *(Avicennia marina)* weltweit wachsen und wo die steilen Berge schroff in türkisfarbenes Wasser abfallen, wirkt fast schon gespenstisch schön.

Die hier lebenden Beduinen sind in das Nationalpark-Konzept integriert, solange sie das empfindliche ökologische Gleichgewicht nicht stören. Die meisten der Beduinen leben hier seit jeher vom Fischfang, dem sie auch weiter nachgehen können. Sie dürfen aber ebenso wie die Besucher mit ihren

Autos ausschließlich die Pisten benutzen. Strom gibt es hier nicht.

Im Nabq-Nationalpark findet man noch **Gazellen**. Außerdem wachsen hier 134 verschiedene Pflanzenarten. Die bekanntesten sind die **Mangroven**, die direkt an der Mündung des Wadi Kids liegen, wo Süßwasser ins Meer fließt. Sie bilden einen natürlichen Schutz für die Küste und bieten einen einmaligen Lebensraum für verschiedene Vogelarten. So finden sich hier der **Fischadler** *(Pandion haliaetus)*, der **Löffelreiher** *(Platates leucorodia)* sowie die **Weißaugenmöwe** *(Larus leucophthalmus)*. Auch wirken die Mangroven wie ein Filter, der die direkt davor liegenden Korallenriffe schützt. Im Wurzelwerk leben kleine Tiere, wie Krebse, Krabben, Schnecken u.a.

Doch nicht nur die Mangroven sind hier einzigartig. Die breiten weißen Riffe, die man wunderbar sehen kann, wenn Ebbe ist, und die dem Wasser seine hellblaue Farbe geben, sind Lebensraum für viele Meerestiere. Dort, wo sie ins tiefe Wasser abfallen, sind herrliche **Korallen** zu finden, die sich deutlich von den Korallen im Ra's Muhammad unterscheiden. An manchen Stellen kann man schnorcheln, um sich diese Pracht anzusehen, an einigen wenigen Stellen ist sogar Tauchen erlaubt (siehe Plan).

Etwa auf Höhe des Eingangs zum Wadi Kid findet sich ein **Visitor's Center**. Hier ist ein kleines Informationszentrum eingerichtet worden, das neben ein paar ausgestopften Tieren und einer Multimedia-Show auch Beduinenkleider zeigt. Das Ganze ist nett gemeint, aber nicht besonders informativ.

Eine Attraktion des Parks, die allerdings wenig mit Naturschutz zu tun hat, ist das **Wrack** der *Maria Schröder*, die vor der Küste auf eines der Riffs auflief. Es liegt in der Nähe des Visitor's Centers verrostet, aber malerisch neben kleinen Mangrovensümpfen.

☉ Sonnenauf- bis Sonnenuntergang, Eintritt US$5 p.P. und Auto, Pass nicht vergessen! Bei den Mangroven gibt es eine kleine Cafeteria und saubere Toiletten.

Transport

Am besten mietet man für einen Tag ein **Taxi** von SHARM (E£150) oder DAHAB (E£200) oder besucht den Park im Rahmen eines organisierten Ausflugs (dann kann man jedoch nicht ungestört umher laufen). Wer mit dem **Mietwagen** unterwegs ist, kann damit problemlos die vielen kleinen, sehr guten Pisten befahren. Es gibt zwei Wege in den Park: Der eine geht an der Straße, die von Sharm nach Dahab führt, knapp 25 km hinter dem Flughafen-Abzweig rechts ab, der andere führt vom Flughafen immer die Küste entlang durch vermintes Gebiet (ungefährlich, da abgezäunt) zum Südeingang.

Dahab

Dahab, zu Deutsch: „Gold", verdankt seinen Namen dem goldgelben Sand einer Düne, die kurz vor dem Ortseingang über einem Felsen liegt.

Wie die meisten Städtchen an der Ostküste des Sinai wurde auch Dahab von den Israelis als Feriensiedlung gegründet. Doch während an der Südspitze des Sinai sowie nördlich von Dahab entlang der Küste riesige Feriendomizile entstanden, die vor allem auf die Bedürfnisse israelischer Touristen ausgerichtet waren, gaben sich in Dahab Hippies mit Rastalocken in billigen Hütten ihrem Rausch hin und Dahab verschlief die allgemeine Entwicklung – Gott sei Dank muss man sagen, denn so hat sich dieses kleine Städtchen heute, wo die Hippie-Zeiten längst vorbei sind und auch die israelischen Feriensiedlungen verwaist daliegen, seinen eigenen Charme bewahrt.

Hier stehen weder große Hotels noch haben sich hier irgendwelche Clubs angesiedelt. Man sieht kaum Bauruinen und auch keine aufgegebenen Camps. Sieht man einmal vom Hilton und Helnan in Dahab City ab, gibt es hier nur Camps, kleine Hotels, jede Menge guter Restaurants und eine Tauchbasis nach der anderen.

Dahab ist *das* Ziel für Individualtouristen. Die kleine, höchst angenehme Feriensiedlung hat zwar recht wenig mit der ägyptischen Realität zu tun, lädt aber dazu ein, hier ein paar Tage zu faulenzen. Es lockt eine fantastische Unterwasserwelt direkt vor der Haustür, die nicht nur Taucher, sondern auch Schnorchler erfreut. Dahab ist auch der beste Ausgangspunkt für Ausflüge auf den gesamten Sinai (nachdem es Nuwaiba diesen Rang abgelaufen hat, s.S. 424) und zudem einer der erholsamsten Plätze Ägyptens.

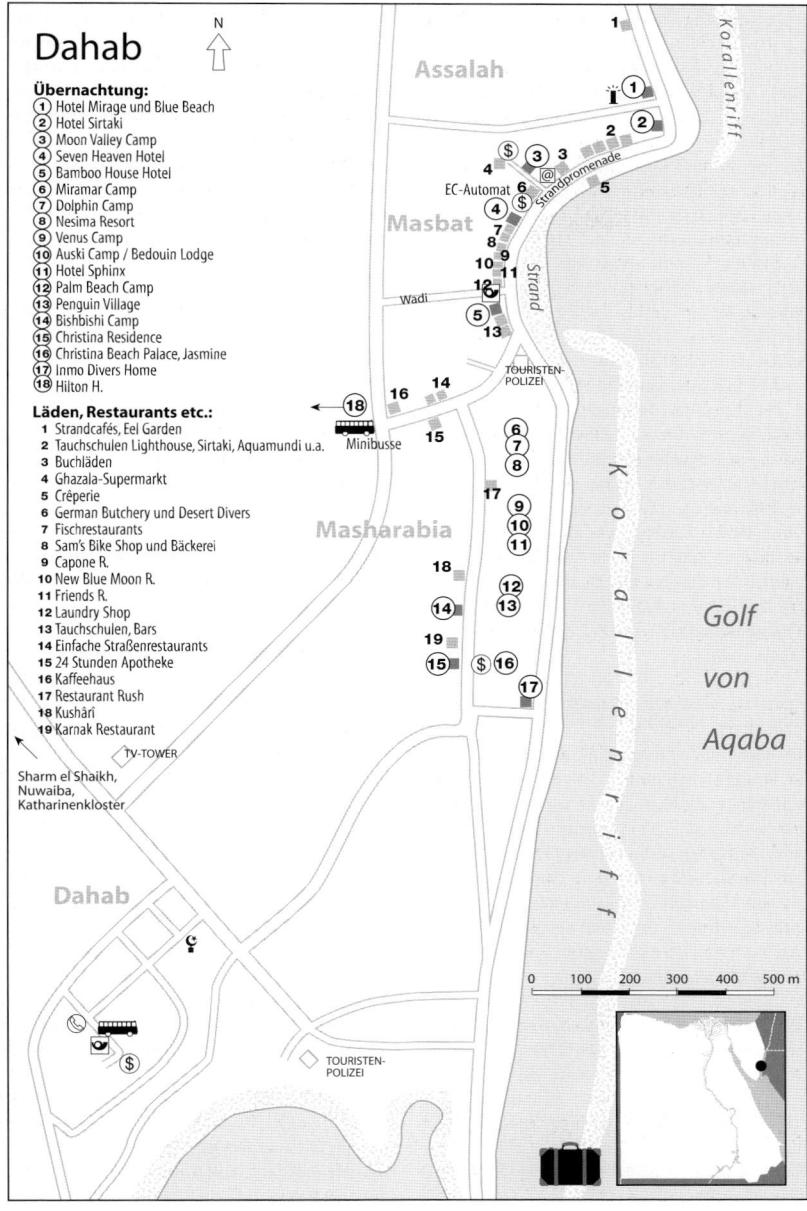

Dahab ist in zwei Teile gegliedert. **Dahab City** mit der Post, dem Busbahnhof, dem Sandstrand und den (wenigen) großen Hotels, darunter das Hilton und das Helnan. Dieser Teil Dahabs ist für die meisten Individualtouristen nur des Busbahnhofs und der Post wegen von Bedeutung. Der Ort ist schmuck- und reizlos. Allein der Strand und die herrliche Lagune lohnen einen Besuch.

Der zweite Teil, 2 km nordöstlich von Dahab City, ist **Assalah** (früher auch oft „Bedouin-Village" genannt), wo sich heute das Gros der Individualtouristen aufhält. Es zieht sich etwas mehr als 2 km am Strand entlang und ist nur wenige hundert Meter breit. Der Strand ist hier nur an wenigen Stellen sandig und ansonsten von einer Riffplatte vom offenen Meer getrennt. Assalah ist wiederum in drei Abschnitte gegliedert: Ganz im Süden liegt Mashraba, der ruhigste Teil von Assalah. Hier liegen die meisten Camps und Hotels. Dort, wo die Fußgängerzone die Strandpromenade erreicht, beginnt Masbat, wo sich die meisten Restaurants und Bars befinden. Masbat reicht bis zum Leuchtturm, also bis zum Ende der Bucht. Dahinter beginnt der namenlose dritte Teil von Assalah. Hier sind noch ein, zwei Hotels, zwei nette Cafés sowie schöne Schnorchelgebiete, wie z.B. Eel Garden, der Aal-Garten, zu finden.

Übernachtung

An Unterkünften herrscht in Dahab kein Mangel: Am Strand stehen Hüttensiedlungen, so genannte „Camps", unterschiedlicher Kategorie – von ganz einfach ab E£5 pro Zimmer bis sehr schick mit 4-Sterne-Komfort und entsprechendem Preis. Da sich die einfacheren Camps kaum voneinander unterscheiden, werden im Folgenden nur einige davon beispielhaft aufgeführt (auf der Karte S. 000 sind – zur besseren Orientierung – weitere eingezeichnet).

UNTERE PREISKLASSE – *Auski (Bedouin Lodge)*, bis **, Mashraba, ✆ 641125, ✉ bedouinlodgehotel@hotmail.com, 🖥 www.bedouinlodgehotel.tripod.com. Sehr unterschiedliche Zimmer (von ganz einfach bis sehr komfortabel), aber alle sauber. Freundliches Personal, gute Atmosphäre, direkt am Strand und eigene Tauchbasis.

Bishbishi*, Mashraba, ✉ bishbishi_dahab@hotmail.com, kein Telefon. Einfache, aber sehr saubere Hüttensiedlung, in der vor allem junge Leute absteigen.
Dolphin Camp*, Mashraba, ✆ 640081, ✆ 640258, ✉ dolphincamp@menanet.net. War eines der ersten Camps dieser Art – großzügige Anlage direkt am Strand, saubere Hütten und Bungalows.
Jasmine**, Mashraba, ✆ / ✆ 640852. Nette Pension mit wenigen Zimmern in einem Holzhaus. Schöne Zimmer, aber teilweise etwas hellhörig.
Palm Beach, Mashraba. Sehr einfach, aber nett. Freundliche Leute, sehr gutes Frühstück und direkt am Strand.
Seven Heaven, bis **, Masbat, ✆ 640080, 🖥 www.7heavenhotel.com. Freundliches und sauberes Hotel mit vier Zimmerkategorien.

MITTLERE PREISKLASSE – *Bamboo House****, mitten im Zentrum von Masbat, ✆ 640263 oder 641188, ✆ 640466, ✉ bamboohousehotel@hotmail.com. Ansprechendes Äußeres; die Zimmer nach vorn sind hübsch, diejenigen nach hinten hingegen ziemlich dunkel und wenig attraktiv. Ac, TV und Kühlschrank in jedem Zimmer.
Christina Residence und *Beach Palace**–****, Mashraba, ✆ 640390 oder Handy ✆ 012-3351226, ✆ 640296, ✉ info@christinahotels.com, 🖥 www.christinahotels.com. Die beiden sehr schönen und extrem sauberen Hotels gehören zusammen und werden engagiert von einem ägyptisch-schweizerischen Paar geleitet. Privatstrand, große Zimmer, super Restaurant und vor allem sehr freundliches, hilfsbereites Personal. Absolut empfehlenswert.
Inmo Divers Home***, Mashraba, ✆ 640370, ✆ 640372, ✉ inmo@inmodivers.com, 🖥 www.inmodivers.com. Sehr schönes Hotel in traditionellem Kuppelbaustil, das sich ganz dem Tauchtourismus verschrieben hat und natürlich eine eigene Tauchbasis besitzt; unter Leitung der Deutschen Ingrid al-Kabany und deren Mann Muhammad.
Mirage**–***, Assalah, nördlich des Leuchtturms, ✆ 640341, ✆ 640332, ✉ mirage@sinainet.com.eg, 🖥 www.mirage.com.eg. Kleines, ruhiges, angenehmes und sauberes Hotel mit zuverlässigem Personal.

OBERE PREISKLASSE – *Hilton Dahab Resort******, Dahab City, ✆ 640310, ✉ 640424. Luxushotel im Bungalow-Stil mit zwei schönen Pools und natürlich einem Privatstrand.
Nesima***, Mashraba, ✆ 640320, ✉ 640321, ✉ nesima@intouch.com. Angenehmes und schönes Hotel der Oberklasse mit ansprechender Architektur und eigener Tauchbasis. Sehr hübsche Zimmer und schöner Pool.

Essen

Im nördlichen Teil von Dahab reiht sich ein **Fischrestaurant** ans andere. Sie haben so klangvolle Namen wie *Capone* oder *Loughing Buddha* und unterscheiden sich in Qualität und Preis nicht sehr. Fast alle bauen vor ihrer Tür abends einen Stand mit frischen Fischen auf und junge Männer versuchen (manchmal ein wenig zu offensiv) potenzielle Gäste in ihr Restaurant zu lotsen. Man sollte sich nicht gleich vom Ersten „abschleppen" lassen, sondern in aller Ruhe das Angebot studieren. In aller Regel ist es so, dass man sich aus den präsentierten Fischen einen aussucht, der dann frisch zubereitet wird. Inklusive Salat, Reis und Pommes, ab und zu sogar einer Suppe und/oder Dessert kostet eine Mahlzeit E£20–25. Die meisten Restaurants haben eine Alkohollizenz. *Capone*, Masbat. Gutes Essen (frischer Fisch) und sehr schönes Interieur.
New Blue Moon, Masbat. Gute Pastagerichte, die auf einer schönen Terrasse am Meer serviert werden.
Friends, Masbat. Hübsch gelegen, freundliche Atmosphäre und sehr gutes Salatbuffet.
Penguin, Mashraba. Ruhige Lage am Wasser, gute Calamari.
Lakhbatita, Mashraba. Ebenfalls am Wasser gelegenes, sehr schönes Restaurant mit edlem Interieur; das italienisch-ägyptische Besitzerpaar bietet ein wenig mehr als das Übliche, nämlich italienische und Thai-Küche. Das Essen ist überaus lecker. Kein Alkohol.
Die *German Butchery* in Masbat und die Bar *Rush* in Mashraba servieren deutsches Essen zu akzeptablem Preis, z.B. Schweineschnitzel, Semmelknödel, Nudelsalat, Apfelkuchen.
Einfache Restaurants, in denen es **Fûl**, aber auch **gegrillten Fisch** gibt und eher die Einheimischen essen, findet man nahe dem Ghazala-Supermarkt in Masbat. Die Speisen sind sehr lecker, aber man sollte sich unbedingt vorher nach dem Preis erkundigen, sonst erlebt man eventuell eine böse Überraschung. Einen einfachen **Kushari**-Laden gibt es in Mashraba in der Hauptstraße.

Unterhaltung

In Masbat reiht sich eine **Bar** an die andere. Fast überall gibt es eine Happy Hour und wird Stella-Bier serviert. Wer seinen Drink lieber ohne laute Musik zu sich nehmen und in aller Ruhe seine Wasserpfeife rauchen möchte, kommt am ehesten in Mashraba auf seine Kosten, wo unzählige **Cafés** und Restaurants direkt am Wasser liegen. Eine klassische Disco (wie z.B. im Hilton in Dahab City) gibt es in diesem Stadtteil nicht, dafür veranstaltet jede Bar und jedes Restaurant hin und wieder einmal eine **Party**. Die Angebotspalette reicht dabei von Sauf- und Kifferparties (Rush) über Reggae-Parties (Loughing Buddha) bis zu Grillfesten am Strand.
Noch einen Hauch von ägyptischem Leben kann man in einem der **Teehäuser** bei der Sammeltaxi-Haltestelle schnuppern.

Aktivitäten

FAHRRÄDER – *Sam's Bike Shop*, nahe dem Capone Restaurant, Masbat, 🖳 www.sinaibiketours.com, vermietet recht gute Räder für ca. E£50/Tag.

KLETTERN – *Sinai Climbing*, Handy ✆ 010-6945287. Organisiert Klettertouren in den Bergen des Sinai.

TAUCHEN UND SCHNORCHELN – Die Unterwasserwelt vor der Küste von Dahab ist berauschend schön, und so tummeln sich vor Ort zahlreiche Tauchzentren und Schnorchelverleiher, die neben dem Ausrüstungsverleih auch entsprechende Touren anbieten. Ein empfehlenswerter Tagestrip führt beispielsweise zum Blue Hole oder zum Nationalpark Ra's Abu Ghallûm, die beide für Taucher und Schnorchler (ca. E£15 inkl. Ausrüstung) gleichermaßen interessant sind.

ORGANISIERTE TOUREN – Dahab hat inzwischen Nuwaiba als Hauptausgangspunkt von Kamel- und Jeep-Touren abgelöst. Fast jedes Hotel und jede Menge kleiner Reisebüros entlang der Strandpromenade bieten ihre Dienste für Ausflüge in die Umgebung an. Die Qualität der Angebote ist unterschiedlich, die Preise ähneln sich.

Angeboten werden vor allem ein- und mehrtägige Touren, sei es zum Schnorcheln oder Tauchen, zum Wandern, Kamelreiten oder Geländewagen fahren (Näheres s.u.). Wer vorhat, eine **Sinai-Trekking-Tour per Kamel oder Geländewagen** zu machen, sollte sich hier in Dahab nach einem zuverlässigen Veranstalter umsehen. Wer dagegen Sinai-Trekking im Gebirge mit Mulis machen möchte, schaut sich besser in St. Catherine um (s. S. 436).

Grundsätzlich sollte man bei mehrtägigen (Nichttauch-) Touren darauf achten, dass man von **Beduinen** begleitet wird und nicht von Kairenern, die das Areal kaum kennen, aber begriffen haben, dass man mit solchen Touren gutes Geld verdienen kann. Die Sinai-Beduinen kennen ihre Heimat, wissen um die besten Plätze und können auch manch nette Begegnung mit einer Familie organisieren. Sie bewegen sich sicher, kennen die Minenfelder und finden immer zur nächsten Wasserstelle. Ihre Tiere sind gut gepflegt und ihre Guides meist ausgebildet.

Eintägige Touren, z.B. zur fantastischen Unterwasserwelt des **Blue Hole** (E£15, inkl. Schnorchelausrüstung), s.S. 421, kann man überall buchen, ebenso Ausflüge in den **Nabq-Nationalpark**, s.S. 417, sowie zu den **Coloured Canyons** (E£100, inkl. Lunch, Tee), Näheres s.u.

Beliebt ist ein Nacht-Ausflug zum **Katharinenkloster** im gleichnamigen Naturschutzgebiet (E£120). Man reist um 23 Uhr ab, kommt in den frühen Morgenstunden am Kloster an, steigt dann mit Kamel oder ohne den Mosesberg hinauf, sieht sich den Sonnenaufgang an und ist 12–14 Std. später wieder in Dahab. Auch bei dieser Tour, die überall gleich viel kostet, kann eigentlich nicht viel schiefgehen. Doch sollte jeder, der ein wenig Interesse an der Bergwelt des Sinai hat, versuchen, sich zumindest ein paar Tage im Landesinneren aufzuhalten. Wenn nicht auf einer organisierten Tour, dann individuell. Das St. Catherine Protectorate bietet die nötige Infrastruktur, um hier ein paar Tage zu bleiben, und von dort kann man auch allein, ganz ohne Führer, wunderbare Spaziergänge machen.

Alle Anbieter sind bei eintägigen Touren mehr oder minder gleich zuverlässig, bei mehrtägigen sollte man sich hingegen nur Agenturen anvertrauen, die Beduinen als Guides haben.

Sonstiges

EINKAUFEN – Da sich in Dahab viele Langzeittouristen aufhalten, gibt es ein paar **Buchhandlungen** mit deutschen, französischen und englischen Secondhand-Büchern; die beste Auswahl bieten die Geschäfte im nördlichen Masbat, nahe dem Leuchtturm. In den **Souvenirläden**, die überall verstreut sind, bekommt man die üblichen Mitbringsel wie Wasserpfeifen, Teppiche, T-Shirts usw. Wer Heimweh nach europäischer Nahrung hat, wird sicherlich in einem der großen **Supermärkte** fündig, z.B. im *Ghazala*-Supermarkt (siehe Plan).

GELD – *Banque du Caire*, gegenüber von Christina Residence in Mashraba sowie in Masbat (siehe Plan), ⏱ 9–14 und 17–20 Uhr, beide haben einen Geldautomaten und tauschen Reiseschecks. Entlang der Corniche befinden sich mehrere **EC-Automaten**.

INFORMATIONEN – Es gibt kein offizielles Informationsbüro. Entsprechende Beratungen werden von den Reisebüros und den Unterkünften übernommen – an keinem anderen Ort in Ägypten findet man so gut informiertes Hotelpersonal wie hier.

INTERNET – Überall in Dahab gibt es Internet-Cafés, einige mit Sat-Server, die einen wunderbar schnellen Zugriff garantieren (um E£5/Std.).

MEDIZINISCHE HILFE – Der **Allgemeinmediziner Dr. Ahmad Sadaq**, Handy ☎ 012-3486209, spricht sehr gut Englisch. Ein Englisch sprechender **Zahnarzt** ist unter Handy ☎ 010-5132329 zu erreichen. Medikamente bekommt man u.a. in einer **Apotheke** nahe der Fußgängerzone in Masbat, ⏱ 24 Std.

POST UND TELEFON – **Hauptpost**, gegenüber dem Busbahnhof, ⊙ tgl. außer Fr 8–16 Uhr. Neben dem Hotel Bamboo House in Masbat verkauft ein so genanntes *Post-Office* Briefmarken und Souvenirs, ⊙ unregelmäßig. Zwischenzeitlich hat Menatel mit seinen internationalen Telefonkarten auch in Dahab Einzug gehalten – die ersten **Telefonzellen** sind aufgestellt und weitere werden folgen.

VORWAHL – 069

Nahverkehrsmittel

Zwischen Dahab City und Assalah verkehren **Pick-ups**. Die Kosten für eine Fahrt liegen bei E£1 pro Person – man sollte sich nicht davon irritieren lassen, dass vor allem am Busbahnhof ein Vielfaches dieses Preises verlangt wird.

Transport

BUSSE – Der **Busbahnhof** befindet sich in Dahab City, auf dem Hügel, nahe dem Ortsausgang Richtung Mashrabia.
Busse nach:
KAIRO: 8.30, 13, 14 und 22 Uhr; 9 Std.; E£55;
LUXOR: 17 Uhr; 18–20 Std.; E£90;
NUWAIBA: 9.30, 10.30, 15, 17, 17.30 und 18.30 Uhr; 1 1/2 Std.; E£10;
SHARM EL SHAIKH: fast stdl.; 1 1/2 Std.; E£10;
ST. CATHERINE: 9.30 Uhr; 2 Std.; E£15;
SUEZ: 8 und 16 Uhr; 7 Std.; E£40;
TÂBÂ: 9.30 und 10 Uhr; 3 Std.; E£20.

SAMMELTAXIS – Verkehren auf dem gesamten Sinai, doch für Touristen kann es sich als ziemlich schwierig erweisen, mitgenommen zu werden. Die Fahrer haben nicht gern Touristen im Auto und verlangen meist Fantasiepreise. Wesentlich einfacher ist es, sich ein ganzes Taxi zu mieten, was z.B. nach Sharm el Shaikh, Nuwaiba oder St. Catherine um die E£80 kostet. Die Haltestelle befindet sich in Masbat (siehe Plan).

Die Umgebung von Dahab

Die folgenden Ausflugsziele können alle im Rahmen einer organisierten Tour besucht werden (s.S. 422).

Coloured Canyons

Der „bunte" Canyon liegt eigentlich viel näher bei Nuwaiba als bei Dahab, trotzdem ist es inzwischen besser, den Ausflug von hier aus zu buchen, zumindest, bis Nuwaiba sich wieder „erholt" hat. Die Coloured Canyons liegen im Tâbâ-Nationalpark und sind so wenigstens etwas geschützt. Es handelt sich um wunderbare Felsformationen und schmale Gänge, deren Wände wie marmoriert aussehen. Gelb-, Rot-, Grün- und Brauntöne herrschen hier vor, und die absolute Stille in den tiefen Gräben der Schlucht ist fast schon beängstigend schön. Kleine Kletterpartien sind unvermeidbar, aber nicht allzu schwierig.

Die Tour wird von verschiedenen Büros in Dahab angeboten. Um hierher zu kommen, ist ein Geländewagen notwendig. Im Normalfall bringen die Jeeps die Kunden bis an das eine Ende der Schlucht und holen sie dann am anderen Ende wieder ab. Unterwegs gibt es ein Mittagessen und natürlich Tee.

White Canyons

Beliebt ist ein eintägiger Ausflug in die White Canyons, eine Schlucht, deren Felsen durch ihre weiße Farbe auffallen. Die übliche Tour führt Richtung St. Catherine zum **Wadi Ghazâla**, dem Gazellental, in dem es früher einmal Gazellen gab. Hier steigt man normalerweise auf ein Kamel um und reitet etwa eine Stunde an diesem herrlichen Wadi entlang. Am Ende wartet der Canyon, den man durchläuft (ca. 1 1/2 Std.), bis man eine kleine Oase erreicht. Hier gibt es Mittagessen und eine Ruhepause. Danach geht es noch einmal eine Stunde auf dem Kamel auf einem anderen Weg zurück bis zum Auto. Die schöne Tour kostet rund E£100 einschließlich Mittagessen.

Ra's Abu Ghallûm

Dieser 400 km^2 große Nationalpark ist märchenhaft schön: Hohe Berge, die steil ins türkisfarbene Meer abfallen, zahlreiche tiefe Wadis, die den Park durchziehen, Frischwasserquellen, Sanddünen und herrliche Korallenriffe.

Allein 165 verschiedene Pflanzenarten kommen hier vor, davon sind 44 nur hier, in diesem außergewöhnlichen, fast schon tropischen Klima, zu finden. Der Park ist für Autos gesperrt, und so ist es nicht weiter verwunderlich, dass man auf dem Kamel hierher kommt. Die meisten Touren gehen via Blue Hole, wohin man mit dem Auto gelangt. Von dort geht es auf dem Kamel etwa 2 Std. weiter bis zum Nationalpark. Die meisten angebotenen Touren starten am Vormittag und schließen ein Mittagessen, Tee und Schnorchelausrüstung ein. Wer will, kann diesen Trip auch über Nacht machen. Diese herrliche Tour kostet ohne/mit Übernachtung normalerweise um E£70/110.

Nuwaiba

Nuwaiba wurde, wie die meisten Orte des östlichen Sinai, von den Israelis gegründet. Doch war dieser Ort nie als Feriensiedlung, sondern als landwirtschaftliches Zentrum gedacht. So gab es hier einige Farmen und einen Hafen.

Nach Abzug der israelischen Truppen 1982 entstand hier peu à peu ein kleines Touristenzentrum, mit ersten Tauchbasen, einem Hotel (dem Domina) und ein paar Camps. Mitte der 90er Jahre wurde dieses Zentrum ausgebaut und die Hüttensiedlung Tarabîn entstand. Der Ort entwickelte sich vom beschaulichen Ziel für Individualtouristen zu einem vor allem bei israelischen Jugendlichen beliebten Urlaubsziel für Pauschaltouristen. Seit 2000 kommen diese nicht mehr und zurück bleibt ein verwaister Touristenort, der eine Tristesse ausstrahlt, die nur im Sommer, wenn ägyptische Urlauber die Stadt bevölkern, verfliegt.

Der Ort erstreckt sich über 10 km am Meer entlang und hat kein Zentrum. Der südlichste Teil Nuwaibas ist **Nuwaiba Port**, der Hafen, wo die Fähren nach Aqaba (Jordanien) abfahren. Hier befinden sich drei sehr schmuddelige Hotels, viele Banken mit EC-Automaten, der Busbahnhof und ein Hilton-Hotel.

Etwa 8 km nördlich davon erstreckt sich **Nuwaiba City**, wo ein paar Hotels und Restaurants sind, ein Platz, der so etwas wie ein Stadtzentrum darstellen könnte, zwei überteuerte Supermärkte, die Post und das Telefonbüro.

Noch einmal 2 km nördlich von hier liegt **Tarabin**, eine Ansammlung von Camps und kleinen Hotels, einstigen Discos und Bars entlang eines recht hübschen, wenn auch inzwischen ziemlich dreckigen Strandes.

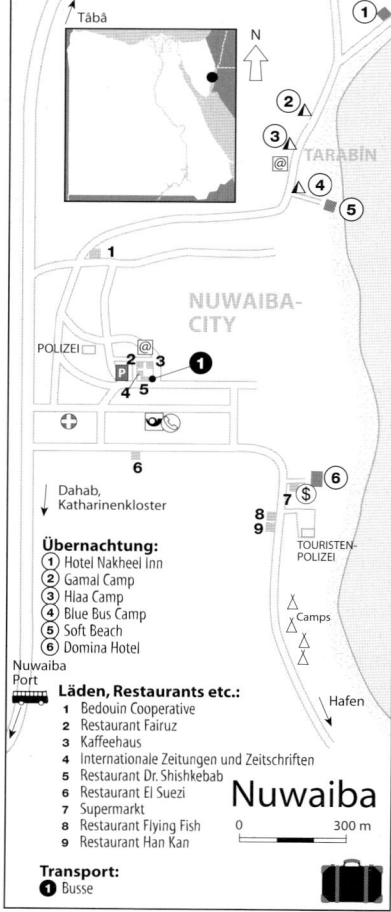

Übernachtung:
1. Hotel Nakheel Inn
2. Gamal Camp
3. Hlaa Camp
4. Blue Bus Camp
5. Soft Beach
6. Domina Hotel

Läden, Restaurants etc.:
1. Bedouin Cooperative
2. Restaurant Fairuz
3. Kaffeehaus
4. Internationale Zeitungen und Zeitschriften
5. Restaurant Dr. Shishkebab
6. Restaurant El Suezi
7. Supermarkt
8. Restaurant Flying Fish
9. Restaurant Han Kan

Transport:
1. Busse

Übernachtung

NUWAIBA PORT – Wer hier ankommt und nicht im *Hilton* logieren möchte, sollte zum Übernachten in einen der anderen Stadtteile ausweichen – die drei Hotels vor Ort sind dreckig und völlig überteuert.

NUWAIBA CITY – *Domina****, nahe dem Supermarkt und der Bank, ✆ 500401/3, ✆ 500038/40, ✉ nuweiba@domina.it. Einziges großes und

Colored Canyons: ein lohnender Ausflug

wirklich funktionierendes Hotel in Nuwaiba. Hübsche Bungalows in einem herrlichen Garten, 2 Restaurants, Pool, Tauchbasis, Verleih von Surfbrettern, Kajaks, Pedalos usw. Empfehlenswert. Südlich des *Domina* befinden sich zwei Camps, die zwar geöffnet haben, aber ziemlich heruntergekommen sind.

TARABÎN – *Blue Bus*, auf einer Düne am südlichen Eingang von Tarabîn, ✆ 500624. Sehr nettes und sehr einfaches, aber sauberes Camp; freundliche Leute, die auch Touren anbieten. Wenn schon Nuwaiba, dann ist dies sicherlich einer der schönsten Aufenthaltsorte.
Gamal Camp, weiter nördlich, ✆ 500595, 500066, ✉ gamalcamp@hotmail.com. Einst sehr schön mit Innenhof und Garten ist dieses kleine Hotel heute vollkommen vernachlässigt. Sollten irgendwann einmal wieder mehr Touristen kommen und sich eine Renovierung lohnen, gehört das Gamal Camp aber zu den besseren Optionen vor Ort.

Hlaa Camp*–**, noch vor dem Gamal Camp, ✆ 500679, ✉ alaahlaa@hotmail.com. Nettes Camp mit sauberen Hütten und sehr schönen Zimmern. Gutes Restaurant, liebenswerte Leute.
Nakheel Inn***, am nördlichen Ende von Tarabîn, ✆ 500879, ✆ 500878, ✉ surf@sinainet.com.eg. Hübsche und großzügige Zimmer mit TV und ac. Eigene Tauchbasis.
Soft Beach, etwas abseits am Ortseingang von Tarabîn gelegen (siehe Plan). Einfaches, ruhiges Camp mit Düne vor der Haustür.

Essen und Unterhaltung

NUWAIBA CITY – *Dr. Shishkebab*, am zentralen Platz. Hier gibt es die üblichen kleinen Gerichte: Fleisch und Hähnchen mit Reis, aber auch wunderbare vegetarische Sachen. Dr. Shishkebab ist ein Original, kümmert sich fürsorglich um seine Gäste und dient auch mit allgemeinen Informationen.

Fairuz, ebenfalls am zentralen Platz. Einfache Gerichte, auch Fisch und Hähnchen.
El Suezi, zwischen dem Hotel Domina und Nuwaiba City. Pizza, Pasta und Ähnliches.
Flying Fish, gegenüber dem Hotel Domina. Gute Fischgerichte, Bierausschank, nette Leute.
Han Kan, neben dem Flying Fish. Koreanisch-chinesische Küche, auch Schweinefleisch-gerichte, immer frische Zutaten.
Domina, beim gleichnamigen Hotel. In einem Beduinenzelt werden Schischas und Getränke aus der dazugehörigen Bar serviert.

TARABÎN – Sehr gut isst man in den Camps *Blue Bus* und *Hlaa,* außerdem bieten mehrere kleine Restaurants ägyptische Küche.

Sonstiges

EINKAUFEN – *Bedouin Cooperative,* im Khan Camp, zwischen Tarabîn und Nuwaiba City. Verkauf von sehr schönen Stickereien, Tüchern und Webarbeiten; die Gewinne kommen den Beduinen direkt zu.
Englischsprachige **Zeitungen** erhält man in dem kleinen Geschäft neben dem Restaurant Fairuz am zentralen Platz in Nuwaiba City.
Alkohol wird in dem kleinen Supermarkt beim Hotel Domina verkauft.

GELD – Die Hauptfilialen der **Bank of Alexandria, Banque du Caire** und **National Bank of Egypt** befinden sich in Nuwaiba Port, ⏰ tgl. außer Fr 9–13 sowie manchmal 19–21 Uhr. Eine Zweigstelle der *Banque du Caire* findet man in Nuwaiba City vor dem Hotel Domina, ⏰ theoretisch wie oben, praktisch: nach Bedarf; hier werden ebenfalls Reiseschecks angenommen.

INFORMATIONEN – Es gibt keine offizielle Touristeninformation, zuständig ist die Touristenpolizei in Nuwaiba City, nahe dem Hotel Domina. Hier spricht jedoch niemand Englisch.

INTERNET – Derzeit gibt es nur zwei Internet-Cafés: eines in Nuwaiba City, nahe Dr. Shishkebab (E£10/Std.), und eines in Tarabîn (E£20/Std.).

MEDIZINISCHE HILFE – Es gibt ein schlechtes öffentliches Krankenhaus in Nuwaiba City (siehe Plan). Wer kann, sollte besser nach Sharm oder noch besser nach Kairo fahren.

POST UND TELEFON – Die **Hauptpost**, ⏰ tgl. außer Fr 8–16 Uhr, liegt in Nuwaiba City. Direkt daneben und an 7 Tagen in der Woche rund um die Uhr geöffnet liegt das internationale **Telefonamt**.

TOUREN – Als es in Nuwaiba noch nicht an Touristen mangelte, war der Ort das Zentrum für organisierte Touren in den gesamten Sinai. Inzwischen sind die meisten Veranstalter nach Dahab abgewandert, und der klägliche Rest kämpft ums Überleben. Wer von hier eine Tour buchen möchte, sollte sich an die *Bedouin Cooperative* im Khan Camp, zwischen Tarabîn und Nuwaiba City, wenden, wo Ausflüge zu den Canyons und Trekkingtouren mit beduinischer Begleitung angeboten werden. Auch Said von der Unterkunft *Blue Bus* in Tarabîn organisiert Wüstentouren. Das Hotel *Domina* in Nuwaiba City bietet Ausritte, Tauch- und Schnorcheltrips (wenngleich die hiesigen Unterwasserreviere lange nicht so schön sind wie weiter südlich) und verleiht Surfbretter und Pedalos.

VORWAHL – 069

Nahverkehrsmittel

Wer sich innerhalb Nuwaibas fortbewegen will, ist auf **Pick-ups** und **Taxis** angewiesen. Die Fahrer verlangen für kurze Fahrten utopische E£5–10, doch aufgrund ihrer Monopolstellung lässt sich dieser Preis kaum herunterhandeln.

Transport

BUSSE – Der **Busbahnhof** befindet sich nahe dem Hafen in der Hauptstraße von Nuwaiba Port. Auf ihrem Weg nach bzw. von Norden machen die Busse einen Schlenker über Nuwaiba City und lassen Passagiere beim Restaurant *Dr. Shishkebab* ein- und aussteigen.

Busse nach:
KAIRO: via TÂBÂ um 9 und 11 Uhr; via SHARM EL SHAIKH um 15 Uhr; 10 Std.; E£55;
SHARM EL SHAIKH via DAHAB: 6.30, 10, 14.30 und 16 Uhr; 2 1/2 Std.; E£20 (Dahab E£10);
SUEZ via TÂBÂ: 6 und 6.30 Uhr; 6 Std.; E£35;
TÂBÂ: 11 Uhr; 2 Std.; E£10.

SAMMELTAXIS – Es gibt nur wenige Sammeltaxis, da selten genug Passagiere zusammenkommen. Taxis tummeln sich jedoch überall im Ort, und man kann sie als Ganzes für Fahrten nach DAHAB und TÂBÂ (je E£80 pro Auto) sowie nach SHARM EL SHAIKH und zum KATHARINENKLOSTER (je E£150 pro Auto) anheuern.

FÄHREN – Vom Hafen in Nuwaiba Port gehen zumindest theoretisch täglich mehrere Fähren nach Jordanien. Die Abfahrtszeiten ändern sich jedoch ständig, und wenn zu wenige Buchungen vorliegen, fallen Fähren ganz aus. Die regulären Abfahrtszeiten sind 6, 12.30, 15 und 18 Uhr. **Tickets** kosten US$32 pro Person bzw. US$93 pro Auto. Es gibt zwei Ticketbüros, eines direkt beim Ableger (Ticket Office 1) und eines im Verwaltungsbereich des Hafens (Ticket Office 2) – die Tickets für die Fähren um 6 und 15 Uhr gibt es im Ticket Office 1 und für die Fähren um 12.30 und 18 Uhr im Ticket Office 2.

Die Küste bis Tâbâ

Nördlich von Nuwaiba, entlang der Küste bis nach Tâbâ, gibt es inzwischen mehr Bauruinen und aufgegebene Camps als funktionierende Unterkünfte. Doch ist die Küste landschaftlich wunderschön und zumindest zwei Unterkünfte unterwegs haben noch immer geöffnet. Diese beiden völlig verschiedenen Hotels lohnen unbedingt einen Aufenthalt.

Als südlichster Haltepunkt bietet sich das **Basata Camp** an, das nicht nur als Unterkunft taugt, sondern auch vom Konzept her interessant ist. Das Camp wurde in den 80er Jahren von Sharîf el Ghamrawy gegründet und hat sich zum Ziel gesetzt, ökologisch vertretbar zu arbeiten. Der Müll wird getrennt, das Wasser selbst entsalzt und mehrfach genutzt, Tauchen ist hier verboten und Strom gibt es auch keinen. Die Gäste leben in einfachen Hütten oder komfortablen Lehmhäusern und können sich in der Küche selbst versorgen (oder aber an den gemeinschaftlichen Mahlzeiten teilnehmen). Das Konzept ist für Südostasien-Reisende nicht neu, doch in Ägypten ist es bisher das einzige dieser Art. Man kann hier in aller Ruhe einen Tee trinken, eine Kleinigkeit essen, den Tag am Strand verbringen (für Nicht-Gäste E£10) oder aber die Lehm-Moschee besichtigen, die mit dem Aga Khan Architektur-Preis gekürt wurde. Basata (was übersetzt übrigens „Einfachheit" heißt) ist nicht nur ein Camp. Es ist eine ganze Philosophie, die Jahr für Jahr viele Gäste anlockt, so dass man eigentlich immer reservieren muss, wenn man hier unterkommen möchte.

17 km südlich von Tâbâ findet sich **Tâbâ Hights**, eine neue Stadt im Aufbau, die allerdings vermutlich kaum je fertig gebaut werden wird. Nach dem Vorbild von El Gouna (s.S. 386) wurde hier eine „Bonbonstadt" in Pastellfarben und mit Kasino, 5-Sterne-Hotels u.Ä. begonnen. Das Hyatt Regency, ✆ 02/5748474, steht bereits und ist sehr gut gepflegt (es sind sogar ein paar Gäste hier), alle anderen Hotelbauten liegen unfertig da. Schade, denn die Bucht ist herrlich und die Lage traumhaft.

Nur 2 km nördlich von Tâbâ Hights ist ein wunderschöner, so genannter **Fjord**, eine Meeresbucht mit kleinem Strand, die jedoch militärisch bewacht wird, weshalb ein Aufenthalt hier manchmal durch Polizeikontrollen gestört wird.

Das letzte „Highlight" dieses Küstenabschnitts ist die Insel des Pharaos, die so genannte **Pharao's Island** oder arabisch: Gazîrat Farâ'ûn. Es handelt sich hierbei um eine kleine Felseninsel, 200 m vom Festland entfernt, auf der im Jahre 1110 von Kreuzrittern errichtete Burg steht. Die Insel ist ein beliebtes Ausflugsziel von Ägyptern, die sich mit einem kleinen Boot von dem gegenüber liegenden Hotel Salah el Deen (benannt nach dem großen Saladin, der die Burg 1170 einnahm und die Kreuzritter vertrieb) hinüber fahren lassen. Der geübte Schwimmer kann auch hinüber schwimmen.

Übernachtung und Essen

Basata Camp**–***, 22 km nördlich von Nuwaiba, ✆ 069/500481, ✉ basata@basata.com, 🖥 www.basata.com. Einfaches, aber sehr schönes, ökologisch geführtes Camp. In der Küche kann man kochen und den Gästen steht ein riesiger Vorratsschrank zur Verfügung – abgerechnet wird auf Vertrauensbasis am Ende des Aufenthalts. Kein Alkohol. Viele Stammgäste, Reservierung notwendig.

Salah el Deen***–****, gegenüber der Pharao's Island, ✆ 069/530340, ✆ 530343, ✉ Tâbârsrt@gega.net, 🖳 www.misrsinaitours.com. Sehr schönes und sehr großes Hotel mit herrlichem Blick auf die Insel. Großer Pool und hübsche Zimmer.

Transport

Es verkehren Busse und Sammeltaxis auf der Strecke zwischen NUWAIBA und TÂBÂ. Wer mitfahren möchte, sollte sich an den Straßenrand stellen und heftig winken. In aller Regel halten Busse und Taxis an, das Problem ist nur: Es gibt recht wenige! Das Basata Camp organisiert alle Transfers von und zum Camp selbst. Einfach vorher anrufen!

Tâbâ

Bonjour Tristesse – es gibt wohl nur wenige Plätze, die trostloser sind als Tâbâ. Jahrelang war der Grenzort Zankapfel zwischen Israel und Ägypten, und als sich die Israelis 1982 aus dem Sinai zurückziehen mussten, blieb Tâbâ zunächst einmal israelisch. Untermauert wurde dieser Besitzanspruch dadurch, dass die Israelis nach ihrem Abzug aus dem Sinai hier ein Luxus-Hotel errichteten, das heutige *Tâbâ Hilton*. Ein Schiedsspruch im Jahre 1989 sprach das Gebiet schließlich Ägypten zu, und die Nachbarn mussten gänzlich das Feld räumen. Das Hotel verkauften sie an Ägypten, behielten aber das Recht, ohne Passkontrollen bis zum Hotel fahren zu dürfen – insofern steht die Unterkunft im Niemandsland und kann heute von beiden Seiten besucht werden.

Tâbâ hat rein gar nichts zu bieten, und nur wer unbedingt muss, sollte hierher kommen. Die einzigen beiden **Unterkünfte** sind das bereits erwähnte *Tâbâ Hilton******, ✆ 069/530300, ✆ 02/5787044 (über Kairo), ein Luxushotel, in dem noch so mancher israelische Gast von den guten alten Zeiten träumt, sowie das neuere und noch teurere *Nelson Village******, ✆ 069/530140, ✆ 530301. In beiden Hotels kann man essen. Außerdem gibt es beim (überteuerten) Supermarkt ein kleines **Restaurant**, das Omelette und Fûl serviert. Die übrigen Einrichtungen beschränken sich auf eine Bäckerei und das Büro von *Egypt Air*, welches jedoch, ebenso wie die Touristeninformation, selten geöffnet hat. Eine Post oder ein Telefonamt gibt es nicht, auch keine Bank, dafür wird in den Hotels Geld getauscht.

Wer nach Israel ausreisen will, was sehr unkompliziert ist, muss eine Gebühr von E£2 pro Person plus E£10 pro Auto entrichten. Ein Visum für die erneute Einreise nach Ägypten kostet E£18.

Transport

BUSSE – Vom Busbahnhof fährt täglich mindestens ein Bus nach NUWAIBA und KAIRO, wobei sich die Abfahrtszeiten überwiegend nach der Nachfrage richten.

TAXIS – Taxis verkehren nach DAHAB (E£350) und NUWAIBA (E£280), aber nicht über die Grenze nach Israel.

FLÜGE – Der Flughafen liegt südwestlich von Tâbâ und ist nur per Taxi (E£20) erreichbar. So, Di und Do geht ein Flug nach KAIRO (9 Uhr, rund E£700), der mangels Nachfrage jedoch manchmal abgesagt wird.

St. Catherine Protectorate

Rund um das Katharinenkloster und die nahe gelegenen Berge Gabal Mûsâ (auch Gabal Horeb) und Gabal Katrîn wurde in den 90er Jahren auf 4350 km^2 das St. Catherine Protectorate eingerichtet. Es dient dem notwendig gewordenen Schutz von Natur und Kultur in dieser Region, nachdem der Tourismus Anfang der 90er Jahre kurz davor war, alles zu zerstören: Wilde Hotelbauten, Müllberge und Fäkalienhügel auf dem Mosesberg, Abholzung der wenigen Bäume für romantische Lagerfeuer, Wasserverschwendung, Missachtung der Traditionen durch rücksichtsloses Verhalten etc. bedrohten das empfindliche Ökosystem.

Das Umweltschutzprogramm, das binnen kürzester Zeit ins Leben gerufen wurde, war erfolg-

Beim Katharinenkloster

reich und so ist das Herz des Sinai wieder so wunderschön wie einst. Der Trekking-Tourismus ist in gesunde Bahnen gelenkt worden, Abholzungen jeder Art sind verboten, so genannte „Ranger" (darunter auch die erste und einzige weibliche Rangerin Ägyptens, s.S. 430) kümmern sich um die Entsorgung des Mülls und lehren Umweltschutz in der Schule. Kooperativen zur Förderung von Frauenarbeit wurden gegründet (so wie die Initiative Fan Sina, s.u.), Kinder alphabetisiert und die Beduinen zu umweltbewussten und Kultur vermittelnden Trekking-Führern ausgebildet. So sind der Naturschutz und der Schutz der Ressourcen ins Bewusstsein der hier lebenden Menschen gerückt.

Wer sich näher mit diesem Thema beschäftigen möchte, sollte das **Visitor's Center** am Parkplatz zum Kloster besuchen (nur schlecht an einem kleinen „I" zu erkennen), das sehr gutes Informationsmaterial ausliegen hat. Hier sind außerdem vier kleine, sehr gute Wanderführer mit Karten und Wegbeschreibungen erhältlich, auf Wunsch sogar in deutscher Sprache. ◐ wie das Kloster. Derzeit ist übrigens ein neues Besucherzentrum im Bau, das wenige Kilometer vor der Kreuzung zwischen Milga und dem Kloster entsteht. Nähere Infos zum Protektorat und seinen Aufgaben bekommt man außerdem unter 🖳 www.stkparks.gov.eg.

Orientierung

Das Schutzgebiet umfasst mehr oder weniger drei Zentren: das **Katharinenkloster** mit Gästehaus (s.S. 435, Übernachtung), Café und Souvenirladen; etwa 2 km vom zentralen Ortseingangskreisel entfernt, **Milga** mit der notwendigen Infrastruktur, etwa 1 km vom Ortseingangskreisel entfernt; und **Fairân**, eine Oase etwa 60 km westlich von Milga. Eine **Unterkunft** findet man in allen drei Orten, wobei Milga die größte Auswahl hat. Die **Busse** aus Kairo fahren über Fairân nach Milga, nicht aber zum Kloster. Den **Moses- und Katharinenberg** (Gabal Mûsâ bzw. Gabal Katrîn) kann man sowohl von Milga als auch vom Kloster aus erklimmen. Für alle längeren Trekkingtouren ist es Pflicht, einen Beduinenführer anzuheuern (s.S. 436, Trekking).

Youssria, Ägyptens erste Rangerin Kurz bevor die Berg- und Unterwasserlandschaft des Sinai ökologisch kollabierte, griff die ägyptische Regierung ein und erklärte sowohl das gesamte Bergmassiv im Süden der Halbinsel als auch die angrenzenden Unterwassergebiete bei Ra's Muhammad, Nabq und Ra's Abu Ghallûm zu Nationalparks. Ziel dieser von der EU finanziell unterstützten Aktion war es, das fragile Ökosystem des Sinai, seine religiösen Orte sowie die Kultur der hier ansässigen Beduinen zu schützen und gleichzeitig den sanften Tourismus zu fördern.

Im Vordergrund stand dabei nicht nur der Erhalt der Umwelt, sondern auch die Ausbildung der hier lebenden Menschen und die Bewahrung der hiesigen Traditionen. Um dieses Ziel zu erreichen, wurden Ranger ausgebildet, anfangs nur Männer, die fast alle den lokalen Beduinenstämmen angehörten. Sie sollten sich um die Realisierung des Konzepts und um die Einhaltung der aufgestellten Parkregeln kümmern. Bald merkte man jedoch, dass dies nicht ausreichte, und so wurde damit begonnen, besser ausgebildete Ägypter aus anderen Regionen des Landes auf den Sinai zu holen, um die örtlichen Ranger zu schulen. Eine davon war Youssria aus Assuan, die erste Frau in dieser Männerdomäne. Seit 1998 lebt die studierte Anthropologin in Milga und ist für die Bildungsprogramme in den Schulen der gesamten Region zuständig. Sie tut alles dafür, dass die Kinder von klein auf lernen, was es bedeutet, die Natur zu schützen und die eigenen Traditionen zu bewahren, und zeigt ihnen, welche Perspektiven ihnen dies eröffnet. Außerdem bildet Youssria junge Beduinen aus, die einmal ihren Job übernehmen sollen.

Voll Enthusiasmus erzählt Youssria von ihrer Arbeit und amüsiert sich über die immer wiederkehrende Frage nach ihrem Status unter so vielen Männern. Ein Problem scheint sie nicht damit zu haben, denn, so sagt sie, „Letzten Endes ist es doch egal, ob ein Mann oder eine Frau diese Arbeit macht, wichtig ist nur, dass sie gemacht wird". Youssria liebt ihren Job als Rangerin, sie liebt es, durch die Gegend zu fahren, bei den Beduinen zu sein und die Familien über Ökologie und Naturschutz aufzuklären. Im Laufe der Jahre hat sie die Menschen hier sehr gut kennen und schätzen gelernt – kein Wunder dass sie sich ein wenig vor dem Moment fürchtet, wenn das Projekt beendet ist und sie an einen anderen Ort versetzt wird.

Katharinenkloster und Mosesberg

Moses weidete die Schafe und Ziegen seines Schwiegervaters Jitro, des Priesters von Midian. Eines Tages trieb er das Vieh über die Steppe hinaus und kam zum Gottesberg Horeb. Dort erschien ihm der Engel des Herrn in einer Flamme, die aus einem Dornbusch empor schlug. Er schaute hin: Da brannte der Dornbusch und verbrannte doch nicht. Moses sagte: „Ich will dorthin gehen und mir die außergewöhnliche Erscheinung ansehen. Warum verbrennt der Dornbusch nicht?"

Als der Herr sah, dass Moses näher kam, um sich das anzusehen, rief Gott ihm aus dem Dornbusch zu: „Moses, Moses!" Und er antwortete: „Hier bin ich!" Der Herr sagte:

„Komm nicht näher heran! Leg deine Schuhe ab, denn der Ort, wo du stehst, ist heiliger Boden." Dann fuhr er fort: „Ich bin der Gott deines Vaters, der Gott Abrahams, der Gott Isaaks und der Gott Jakobs. Da verhüllte Moses sein Gesicht, denn er fürchtete sich, Gott anzuschauen..." (2. Mose, 3, 1–6).

Moses bekam sodann den Auftrag, die Israeliten aus Ägypten zu befreien und ins Land Kanaan zu führen. Dieser Weg brachte ihn wieder bei Midian vorbei, d.h. an den Fuß des Berges Horeb, wo er die Zehn Gebote empfing. Der Berg Horeb ist kein anderer als der heute bekannte Mosesberg. Midian, der Brunnen, an dem Moses seine Frau Zippora kennen lernte, befindet sich im Inneren des Katharinenklosters, und die letzten, scheinbar unverwüstlichen Reste des berühmten Dorn-

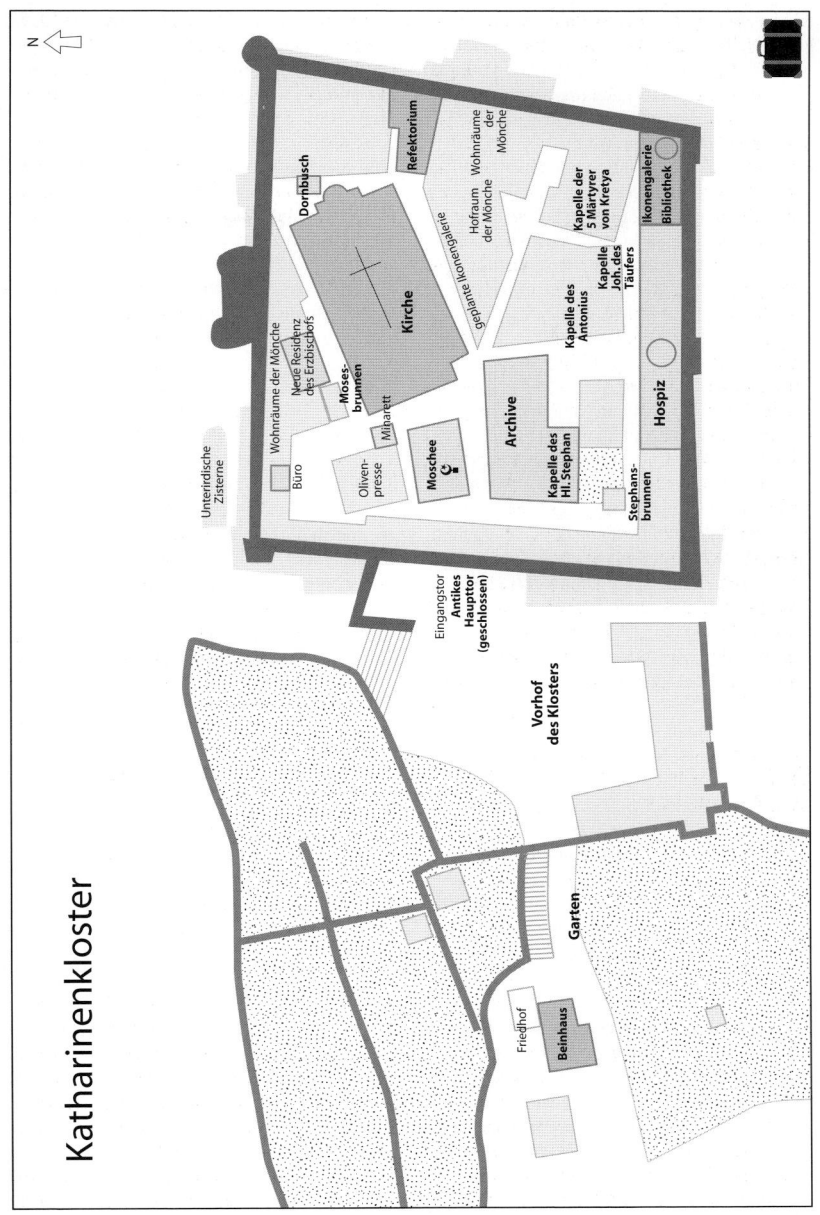

busches stehen heute gut geschützt in der Hauptkirche, ebenfalls innerhalb der Klostermauern.

Die ersten Bauten der Klosteranlage gehen auf das 4. Jh. zurück, als Mönche im Sinai den Schutz der byzantinischen Kaiserin Helena, der Mutter Konstantins des Großen, erbaten. 330 ließ Helena eine Kirche, die der Gottesmutter geweiht war, sowie einen Turm an der Stelle des Brennenden Dornbusches errichten. Zum Kloster wurde die Anlage dann im 6. Jh. unter Kaiser Justinian, der den Bau einer ummauerten Klosterfestung sowie einer neuen, prächtigen Kirche im Inneren befahl. Die früheren Bauten der Helena wurden von dem Neubau umschlossen.

> **Tipp** Das Kloster ist aufgrund der kurzen Öffnungszeiten zwischen 9 und 12 Uhr fast immer ziemlich voll. Die besten Chancen, das Klosterinnere einigermaßen ungestört zu sehen, hat man direkt um 9 Uhr, bevor die großen Busse ankommen. Wer sich früh anstellt, kommt noch vor den Gruppen hinein. Wenn die Massen wieder abgereist sind, kann man nur noch in Ausnahmefällen ins Klosterinnere gelangen (manch ein Mönch drückt schon einmal ein Auge zu und lässt wirklich Interessierte auch außerhalb der Öffnungszeiten hinein).
> Doch die eigentliche Attraktion ist nicht das Klosterinnere: Die Ruhe, die Schönheit und Erhabenheit des Klosters erfährt man am besten beim Blick auf das Kloster. Wer den Hügel nördlich des Klosters nach oben klettert, hat vor allem in den frühen Morgenstunden einen herrlichen Blick auf die Anlage. Wer gar hier oben in der angegliederten Herberge übernachtet, wird sich auch außerhalb der Klostermauern dem Zauber, der von diesem Ort ausgeht, nicht entziehen können.

Im 7. Jh. fand man die Überreste der Heiligen Katharina auf dem Berg, der heute ihren Namen trägt. Sie wurden ins Klosterinnere gebracht, wo sie seither in Frieden ruhen. Katharina war eine Aristokraten-Tochter, die Anfang des 4. Jhs. unter Kaiser Maxentius den Märtyrertod starb, weil sie sich weigerte, dem christlichen Glauben abzuschwören. Der Legende nach sollen Engel ihre sterblichen Überreste hierher gebracht haben.

Die Mönche des Klosters standen mit einer kurzen Unterbrechung während der mamlukischen Ära immer unter dem Schutz der herrschenden moslemischen Sultane. Der Prophet Muhammad persönlich soll angeordnet haben, den Christen im Sinai zu helfen. Ob dies stimmt oder nicht, ist nicht weiter von Bedeutung. Sicher ist, dass die Mönche in diesem Teil des islamischen Staates nie Steuern zahlen mussten. Um diese friedliche Koexistenz zwischen Moslems und Christen zu untermauern, errichtete man im 11. Jh. eine kleine Moschee im Klosterinneren. Heute leben im Katharinenkloster noch 22 griechisch-orthodoxe Mönche.

Klosterbesichtigung

Im Großen und Ganzen sind die Außenmauern des Klosters seit dem 6. Jh. unverändert. Allein die Nordseite wurde mehrmals beschädigt und zuletzt unter Napoleon wieder hergestellt. Das alte Haupttor an der Westseite des Klosters wurde zugemauert und daneben ein kleiner neuer Eingang geschaffen, durch den sich Tag für Tag Hunderte Besucher drängen. Oberhalb des Eingangs kann man einen Trichter sehen, durch den siedendes Öl gegossen wurde, wenn Feinde das Kloster angreifen wollten. Besuchern stehen nur die Kirche aus dem 6. Jh. und das Beinhaus offen.

Als Justinian den Klosterbau befahl, gab er auch die **Kirche der Heiligen Katharina** in Auftrag, die sich im Klosterinneren befindet. Der Bau wurde im Jahre 542 begonnen und neun Jahre später vollendet. Es handelt sich um eine Basilika aus Granit mit je einem Seitenschiff an beiden Seiten des breiten Mittelschiffs, einer Apsis und einem Narthex (einer schmalen Vorhalle). Ihre Mauern, Säulen und Inschriften stammen alle aus der Zeit Justinians. Das antike Dach ist dagegen von innen mit einer Decke aus dem 18. Jh. verkleidet.

Die hölzernen Türen am Kircheneingang sind 1400 Jahre alt. Die griechische Inschrift darüber lautet. „Das ist das Tor des Herrn. Die Gerechten werden dahin eingehen". Im Mittelschiff der Basilika finden sich 12 Säulen, eine für jeden Monat des Jahres, und an einer jeden befindet sich eine Ikone, die einen Heiligen darstellt. Weiter gibt es fünf Kapellen, drei davon entlang der Seitenschiffe, zwei rechts und links der Apsis. Dahinter ist die **Kapelle des Brennenden Dornbuschs**. Hier liegen unter

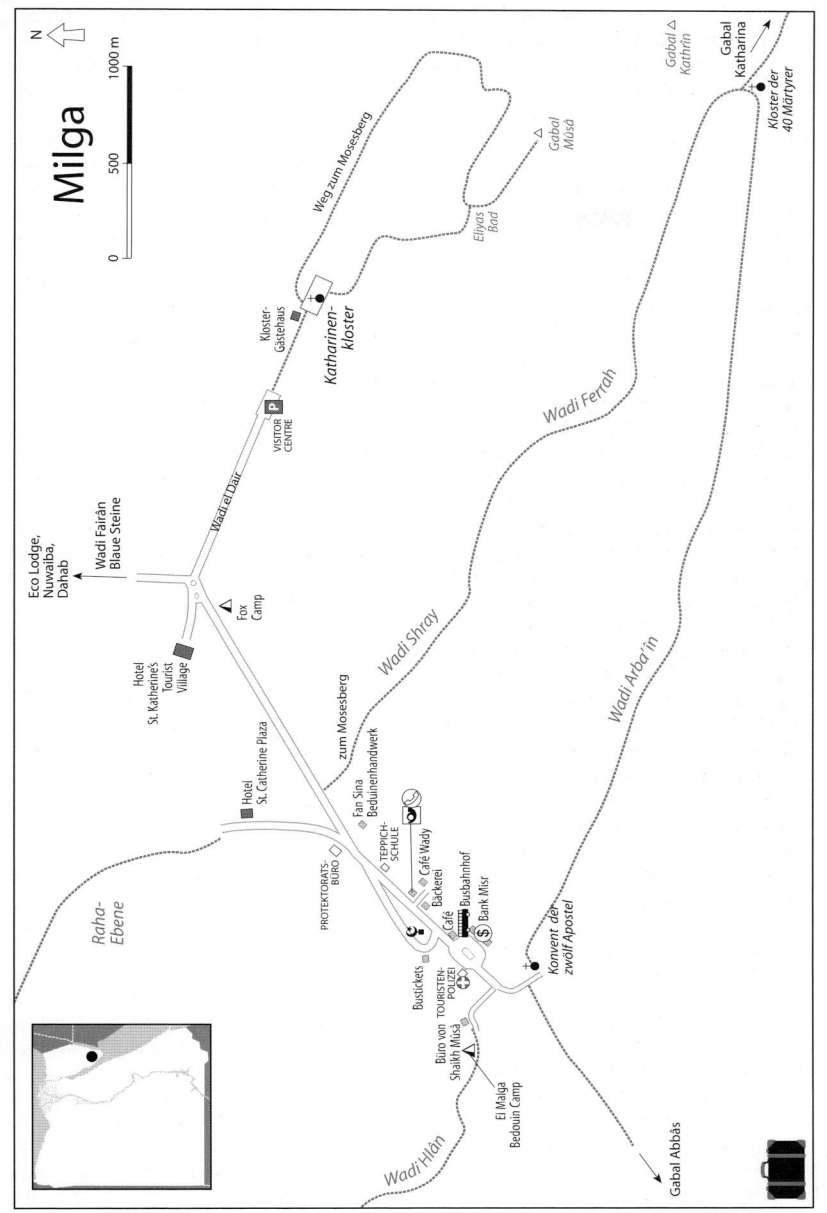

dem Altar die Wurzeln des biblischen Dornbusches, der nur wenige Meter von der Kapelle entfernt steht.

Wirklich beeindruckend ist die **Bibliothek** des Klosters. Über 3000 zum Teil alte, handgeschriebene Manuskripte und weit über 5000 Bücher, manche davon aus der Zeit direkt nach Erfindung des Buchdrucks, liegen hier. Eines der Manuskripte soll angeblich die handschriftliche Zusicherung des Propheten sein, die Mönche auf dem Sinai zu beschützen. Das wichtigste Manuskript der Bibliothek ist jedoch der *Codex Syriacus* aus dem 5. Jh., die älteste syrische Evangelienhandschrift. Leider ist die Bibliothek der Öffentlichkeit meist nicht zugänglich. Besichtigen kann man hingegen das so genannte **Beinhaus**. Hier werden die Gebeine der Mönche aufbewahrt, die im Kloster lebten und starben. Der Grund, weshalb man sie nicht beerdigte, liegt aller Wahrscheinlichkeit nach darin, dass man in den felsigen Boden keine Gräber graben konnte. Unter den Gebeinen findet sich angeblich auch das Skelett des Eremiten Stephanos aus dem 6. Jh. Man erkennt ihn an der schwarzen Mönchskutte.

🕓 Mo–Sa, 9–12 Uhr, an christlichen Feiertagen geschlossen. Spende erwünscht. (Zu Übernachtung und Essen siehe Milga.)

> **Hinweis**: Das Katharinenkloster ist kein Museum, sondern ein aktives Kloster. Man sollte sich entsprechend rücksichtsvoll verhalten. Dazu gehört auch angemessene Kleidung (keine Shorts, Miniröcke oder Tops). Fotografieren ist erlaubt.

Aufstieg zum Mosesberg

Eine der Hauptattraktionen des Protektorats ist die Besteigung des 2285 m hohen Mosesberges (Gabal Mûsâ bzw. Gabal Horeb) zum Sonnenaufgang, ein Trip, der von so ziemlich jedem Reisebüro in Dahab, Nuwaiba oder Sharm el Shaikh angeboten wird. Meist starten die Tourbusse mitten in der Nacht, um in den frühen Morgenstunden am Kloster anzukommen. Gemeinsam mit vielen anderen macht man sich dann an den etwa zweistündigen Aufstieg zum Gipfel und erlebt, ebenfalls in Gesellschaft vieler anderer, ein prächtiges Schauspiel.

Wesentlich tiefere Eindrücke gewinnt man, wenn man dem Berg etwas mehr Zeit gönnt, oder noch besser, wenn man für die Betrachtung des Sonnenaufgangs nicht den Moses-, sondern einen Nachbarberg wählt (einfach einem der zahlreichen Wege folgen, die vom Hauptpfad abgehen; bei größeren Wandervorhaben sollte man jedoch unbedingt einen Bergführer mitnehmen, s.u.). Erst dann kommt die mystische Ruhe und atemberaubende Schönheit des Sinai so richtig zum Vorschein.

Der Aufstieg zum Mosesberg, wo Moses die Zehn Gebote empfangen haben soll, lässt sich problemlos ohne Führer meistern. An der Nordseite des Klosters vorbei geht es in das Tal hinein, das sich von hier nach oben windet und automatisch auf den richtigen Weg führt – es gibt nur einen Pfad hinauf, den man eigentlich nicht verfehlen kann. Eine Alternative für den Aufstieg sind die 3750 Stufen, die hinter dem Kloster in die Höhe steigen und einst von Mönchen als Buße in den Fels gehauen wurden. Viel schöner ist jedoch der Abstieg über die Treppe, von der man einen herrlichen Blick auf das Kloster genießt.

Kurz vor dem Gipfel wird ein kleines Plateau namens **Eliyas Bad** erreicht (hier enden auch die Stufen), wo man im Schatten einer 500 Jahre alten Zypresse eine Rast einlegen und sogar zelten kann. Wer hier jedoch übernachten will, sollte gut ausgerüstet sein, denn die Temperaturen sinken selbst im Hochsommer nachts kräftig ab. Auf dem Plateau liegen außerdem Toiletten sowie ein paar Ruinen, und auf Wunsch kocht ein Beduine Tee. Wer Ruhe und Abgeschiedenheit sucht, ist hier eindeutig am falschen Ort, aber der Sinai birgt noch viele andere tolle, wenn auch weniger bedeutungsvolle Plätze.

Noch relativ unbekannt ist ein dritter Weg auf den Mosesberg, der in Milga (s.S. 434) beginnt. Vom Kreisverkehr bei der Tankstelle am hinteren Ende des Ortes führt ein kleines Tal nach Osten zum Konvent der Zwölf Apostel. Hier startet ein ausgeschilderter Wanderweg, der von hinten auf den Berg führt (s. Karte).

Milga

Milga, oder auch St. Katharine Village, liegt etwa 3 km vom Kloster entfernt und bietet alles, was der

Reisende an Infrastruktur braucht. Es ist ein kleiner, angenehmer und beschaulicher Ort mit angenehmen Menschen und hübschen Ecken. Von hier aus kann man tolle halb- und eintägige Wanderungen unternehmen, kann den Ort als Ausgangspunkt für mehrtägige Trekking-Touren oder Tagesausflüge in die Umgebung wählen, z.B. zu den **Blauen Steinen**, die von einem belgischen Maler namens Jean Vérame angemalt wurden. Man findet sie kurz nach der Kreuzung, wo die Straße von Nuwaiba zum Kloster und ins Wadi Fairân abbiegt, linker Hand, entlang einer Piste.

Milga lohnt sicherlich mehrere Tage Aufenthalt, wenn man an Natur, freundlichen Menschen, beduinischer und frühchristlicher Kultur interessiert ist und dafür gern auf laute Musik, Bars und Badespaß verzichtet.

Übernachtung

KATHARINENKLOSTER – *Kloster-Gästehaus****, ℡ / ✆ 470353, ✉ moussaboulos@yahoo.com. Sehr schöne Anlage und sehr angenehme Atmosphäre. Große, saubere Zimmer, Warmwasser, gutes Essen. Absolut empfehlenswert.

MILGA – *El Malga Bedouin Camp*, ℡ 470042 oder Handy ℡ 010-6413575, ✆ 470042. Kleines, günstiges Camp mit sauberen Zimmern und Bädern, das dem Trekkingbüro von Shaikh Mûsâ (s.S. 436) angegliedert ist. Nette Leute, den ganzen Tag über kostenloser Tee.

Fox Camp*, ℡ 470344 oder Handy ℡ 010-5659 399, ✆ 470034, ✉ gabalyfox2003@yahoo.com. Einfache, etwas schmuddelige Zimmer, gutes Essen.

St. Catherine Plaza Hotel****, ℡ 470189 und 470190, ✆ 470192. Schickes Hotel mit Pool, aber für das kleine Milga viel zu groß.

St. Katherine's Tourist Village****, zwischen Kloster und Milga gelegen, ℡ 470333, ✆ 470325. Bungalow-Anlage auf weitläufigem Areal; große Zimmer mit Satelliten-TV.

Eco Lodge**, etwas außerhalb von Milga im Wadi Sâlih, Kontakt über die Protektoratsverwaltung im Visitor's Center, ✉ info@stkparks.gov.eg. Nagelneue Lodge, die im Sommer 2003 ihre Tore öffnete. Toller Lehmbau, nach ökologischen Richtlinien und ganz im Sinne des St. Catherine Protectorates errichtet, allerdings kein Strom. Wird von Beduinen betreut.

Essen

Einfach, aber sehr gut ist das kleine **namenlose Lokal** oberhalb des Busbahnhofs in Milga, wo man schön mit Blick auf den Platz sitzt. Für E£7 bekommt man hier ein tolles Frühstück mit Omelette, eingelegtem Schafskäse, Brot und Salat; mittags werden kleine Gerichte für E£15 serviert. Das *Café Wady* in Milga, etwas weiter die Straße Richtung Kloster hoch, in einer Seitenstraße bei der Post, bietet nur Kleinigkeiten, aber ebenfalls ein nettes Ambiente. Gut und günstig isst man auch im *Fox Camp*. Wer es lieber etwas gediegener mag, ist im *Kloster-Gästehaus* gut aufgehoben, muss sich jedoch unbedingt vorher anmelden. Einen **Bäcker** findet man gegenüber der Moschee in Milga.

Einkaufen

Fan Sina, Milga, ℡ 470155, ✉ fansina@sinai-net.com.eg. Diese Beduinen-Kooperative wurde von der Protektoratsverwaltung gegründet. Verkauft werden Stoffe, Teppiche, Decken, Schmuck usw., alles von Frauen aus der Region hergestellt. Das Geld kommt den Familien direkt zugute. Sehr schöne Sachen, sehr faire Preise.

Mohamed Mahmoud Elkalini, am Ortseingang in Milga. Kleine Teppichwerkstatt, in der junge Frauen und Kinder (Letztere nach der Schule) die Kunst des Teppichwebens und -knüpfens erlernen – einerseits gehen die traditionellen Muster so nicht verloren und andererseits erhalten die Einwohner des Protektorats Arbeit.

Sonstiges

GELD – *Banque Misr*, Milga, beim Busbahnhof, ⏲ tgl. außer Fr 9.30–14 Uhr.

INFORMATIONEN – In Milga gibt es keine offizielle Touristeninformation, aber viele sehr nette Menschen, die gern weiterhelfen. Ein gutes Beispiel hierfür ist **Dr. Ragab (Samih)**,

✆ 470133, ein Kopte, der neben der Banque Misr einen Papyrus-Shop besitzt, aber weit weniger am Verkauf seiner Souvenirs als an einem netten Gespräch interessiert zu sein scheint. Dr. Ragab kennt sich in der Gegend bestens aus und kann mit hervorragenden Tipps dienen.

MEDIZINISCHE HILFE – Ein kleines, nicht unbedingt zu empfehlendes **Krankenhaus** befindet sich neben der Touristen-Polizei in Milga.

POST UND TELEFON – Die kleine **Post** liegt direkt an der Hauptstraße, ⊙ tgl. außer Fr 8–16 Uhr. Das **Telefonbüro** befindet sich direkt daneben, ⊙ 9–19 Uhr.

VORWAHL – 069

Nahverkehrsmittel

Milga ist so klein, dass man alles zu Fuß erkunden kann. Zwischen Milga und dem **Katharinenkloster** verkehren keine Taxis, aber mit ein bisschen Glück wird man von einem Auto mitgenommen. Es besteht auch die Möglichkeit, sich privat einen Transport zu organisieren, indem man einfach jemanden im Ort anspricht (ein Bakschisch von ca. E£5 ist angebracht).

Transport

Der **Busbahnhof** von Milga befindet sich mitten im Ort am Verkehrskreisel. Er bietet täglich Verbindungen nach KAIRO (6 Uhr, 6 Std., E£37) via Suez; SHARM EL SHAIKH (10.30, 13 und 16 Uhr, 4 Std., E£22) via Dahab und TÂBÂ (13 Uhr, 4 Std.; E£25) via Nuwaiba.

Trekkingtouren Trekking im St. Catherine Protectorate (also nicht nur ein Aufstieg zum Mosesberg) gehört sicher zu den schönsten Ägypten-Erlebnissen überhaupt. Touren werden von allen Seiten angeboten, doch haben sich die Beduinen in Kooperation mit der Protektoratsleitung organisiert und ein offizielles Guide Office eingerichtet: Das Büro in Milga wird von **Shaikh Mûsâ** geleitet, dem Stammesobersten der Gabaliya, desjenigen Beduinenstammes, der hier oben zu Hause ist. Hier werden Bergführer vermittelt. Die Festpreise sind gerecht und kommen dem Stamm direkt zu. Die Kosten liegen bei zwei Personen pro Tag und Person bei 30 € inkl. Vollpension, Lasttier und Bergführer. Ab der dritten Person kostet es pro Tag und Person nur noch 20 €, ab 5 Personen kommt ein Koch mit (sonst kochen die Bergführer). Wer 3 Nächte unterwegs ist, bezahlt 4 Tage, wer 4 Nächte unterwegs ist, bezahlt 5 Tage usw. Man kann das Büro unter ✆ 010-6880820 (Handy) oder ✆ 069/470042 kontaktieren.
Da man für Trekkings in der Region spezielle **Permits** vom Militär braucht, sollte man sich mindestens einen Tag vor dem gewünschten Trekking-Start um einen Guide kümmern, damit dieser noch genügend Zeit hat, alle Papiere zu organisieren.
Die Bergführer verfügen in aller Regel über feste Routen, die zwischen 2 und 15 Tagen liegen. Beliebt sind vor allem 10-tägige Trekkings, die alle Berge rund um das Kloster „abklappern". Dabei läuft man durch wunderschöne Täler und erklimmt Gipfel, von denen man atemberaubende Ausblicke hat. Man sollte bei einer Trekking-Tour weder den Aufstieg auf den höchsten Gipfel des Sinai, den **Gabal Katrîn** (2673 m), noch den Aufstieg zum **Gabal Abâs** (2304 m) verpassen. Letzterer ist nach Abâs Himî benannt, einem osmanischen Gouverneur, der hier oben im 19. Jh. einen Palast errichten ließ. Wenn man Lust hat, die Wanderung auszudehnen, sollte man auf jeden Fall einen Abstecher zum **Galt el Azraq** machen, einem natürlichen Felsbecken mit glasklarem, eiskaltem Wasser. Der übliche Abstieg vom Gabal Abâs folgt dann dem Olivenwadi, dem **Wadi el Zaitûn**, wieder nach unten.
Am besten ist es, man lässt sich vom Bergführer oder Shaikh Mûsâ selbst einen kleinen Plan ausarbeiten, der den Bedürfnissen und Fähigkeiten der Wanderer angepasst ist.

Bei Shaikh Mûsâ und seinen Leuten ist man in guten Händen

Wadi Fairân

Wadi Fairân, auf der Strecke vom Katharinenkloster zur Westküste gelegen, gehört sicherlich zu den von Touristen vernachlässigten Regionen des Sinai – zu Unrecht, wie wir finden!

Die seit der Antike bestehende Oase mit der dazugehörigen Ortschaft befindet sich etwa in der Mitte eines großen Wadis, durch das bei Regenfällen manchmal riesige Wassermassen nach Süden hin abfließen.

In dem wunderschönen Tal finden sich lauter Palmenhaine und Oleandergärten. Obstbäume und Gemüsebeete lassen das Grün inmitten der Steinwüste fast paradiesisch wirken. Die Menschen in diesem vom Tourismus kaum berührten Ort sind gastfreundlich und hilfsbereit.

Seit den 80er Jahren finden hier Grabungen unter Mithilfe des Deutschen Archäologischen Institutes sowie der Antikenverwaltung in Kairo statt. Man hat herausgefunden, dass die antike Stadt **Pharan** Vorgängerin des heutigen Ortes Fairân ist und seit vorchristlicher Zeit erst von Nabatäern, später dann von Christen besiedelt wurde.

Das antike Pharan war offensichtlich eine Bischofsstadt, die einzige im südlichen Sinai. Die frühesten Kirchenbauten, deren Grundmauern man bis heute sehen kann, stammen aus dem 5. und 6. Jh. Zwei weitere Kirchenruinen, in etwa aus derselben Zeit, finden sich gegenüber der Stadt auf dem Gipfel des Berges **Tâhûna**. Ein Aufstieg (1–2 Std.) lohnt der schönen Aussicht wegen. Wadi Fairân wurde aller Wahrscheinlichkeit nach nicht durchgehend von Christen bewohnt, auch wenn viele der Gärten in diesem Tal zum Katharinenkloster gehören, das rund 60 km von hier entfernt ist. Diese Gärten garantieren bis heute die Versorgung der Mönche.

Seit 1978 ist hier ein griechisch-orthodoxes Nonnenkloster angesiedelt, das schöne **Dair el Saghir** oder „kleine Kloster„ (im Vergleich zum „großen" Katharinenkloster), auch Dair el Banât, „Mädchenkloster", genannt. Es liegt in einer herrlichen Landschaft und kann von interessierten Gästen besucht werden. In einer kleinen Cafeteria gibt es Tee; außerdem werden Obst und Gemüse aus eigenem Anbau verkauft. Es gibt zwei Kapellen, die eine ist Moses geweiht, die andere Kosmas und Damianus, der Legende zufolge Zwillingsbrüder, die unter Diokletian den Märtyrertod starben und später heilig gesprochen wurden.

Heutzutage bildet das Nonnenkloster mit seinen herrlichen Obstbäumen, den großen Gärten und seiner einfachen, stilvollen Architektur eine Oase der Ruhe. Wenige Gästezimmer stehen Besuchern zur Verfügung, die länger bleiben möchten und Lust darauf haben, die herrliche Landschaft zu erwandern sowie die Reste der antiken Stadt Pharan zu besichtigen. Der Preis wird ausgehandelt (ca. E£30–70, abhängig auch von der Belegung), eine Reservierung ist nicht notwendig, doch sollte man damit rechnen, u. U. abgewiesen zu werden, z. B. wenn die Nonnen nicht da sind oder an Feiertagen. Auf Anfrage bekommt man möglicherweise auch Essen, aber besser ist es, man bringt etwas mit. Keine festen Öffnungszeiten, kein Telefon.

Ins Wadi Fairân gelangt man von Milga aus mit dem Bus nach Kairo (E£12), ansonsten nur privat.

Die Mittelmeerküste

Im Vergleich zum Süd-Sinai ist der Norden eher langweilig: Weite Ebenen ohne Erhebungen, kleine, nichts sagende Orte, spärliche Vegetation. Allein ein paar Dünen hier und da sind eine kleine Abwechslung auf diesem ansonsten öden Teilstück des Sinai. Einen großen Teil des Küstenabschnittes macht die Lagune des Bardawil-Sees aus, die zwischen Straße und Meer verläuft.

Am Nordrand des Sinai verlief einst eine der wichtigsten Handelskarawanenstraßen, die bereits zu pharaonischen Zeiten genutzt wurde. Auf diesem Weg wanderten Tausende von Soldaten nach Syrien, um die Stadt Qadesh zu erobern und Mesopotamien die Macht zu entreißen, und in jüngerer Vergangenheit direkt nach Israel.

Außer der angenehmen Provinzhauptstadt **El Arish** und dem **Zaranik-Protektorat**, in dem viele Zugvögel Station machen, gibt es hier nichts, was eine Fahrtunterbrechung lohnte.

Der ägyptisch-israelische Grenzort **Raffah** ist als Urlaubsort ungeeignet. Es gibt keine Hotels oder andere Einrichtungen und nur unregelmäßigen Busverkehr.

El Arîsh

Die Hauptstadt der Nordprovinz des Sinai blickt auf eine lange Vergangenheit zurück. Sie diente Jahrhunderte lang Pilgern und Soldaten auf der **Via Maris**, der Handelskarawanenstraße, die Ägypten mit Syrien und Palästina verband, als Stützpunkt.

El Arîsh hat außer einer angenehmen Atmosphäre und einem herrlichen Strand wenig zu bieten. Die 40 000 Einwohner zählende Stadt hat einen Grundriss in Form eines T: Von der insgesamt 15 km langen Küstenstraße, der **Shâria Fu'âd Zikrî**, geht eine Straße nach Süden ab, die **Shâria 23rd July** (später Sh. Tahrîr). Entlang dieser beiden Straßen zieht sich die Stadt. Das Stadtzentrum liegt etwa 1 km südlich der Kreuzung beider Straßen. Hier befinden sich der Sûq, die Bank, die Post, die Station für Sammeltaxis und der Busbahnhof (nur jener von East Delta liegt am Stadtrand).

Ausländische Touristen verirren sich nur selten hierher, und selbst die ägyptische Mittelschicht sucht El Arîsh nur in den heißen Sommermonaten auf. Da die Stadt aber über alle touristischen Einrichtungen verfügt, die man für einen mehrtägigen Aufenthalt braucht, ist sie ein guter Ort, um Ägypten pur mit all seinen Vor- und Nachteilen zu erleben. Außerdem bietet sich die Stadt als idealer Ausgangsort für Ausflüge ins Vogelparadies Zaranik an.

Die Hauptattraktion der Stadt ist der schöne, von Palmen gesäumte **Strand** nördlich der Sh. Fu'âd Zikrî, der leider jedoch mehr und mehr zugebaut wird. Europäische Badende fallen hier auf, weswegen vor allem Frauen besser mit T-Shirt ins Wasser gehen sollten, statt nur im Badeanzug. Sehenswert ist auch das **Sinai Heritage Museum** am Stadtausgang Richtung Raffah, wo man versucht hat, das Leben im Sinai zu veranschaulichen. Ausgestellt werden Beduinenkleidung, traditionelle Medikamente, Kunsthandwerk u.Ä. ⊙ tgl. außer Fr 9.30–14 Uhr, Eintritt: E£1, Fotoerlaubnis E£5.

Übernachtung

*Egoth Obroi*****, Sh. Fu'âd Zikrî, Richtung Naturschutzgebiet, ✆ 351321, ✉ 352352. Herrliches Hotel mit großem Privatstrand, Pool, Bar und Kurzentrum, leider etwas ab vom Schuss.
*Green Land Beach**, Sh. Fu'âd Zikrî, nahe der Moschee, ✆ 360601. Sehr schönes Hotel nahe dem Strand mit großen Zimmern und Balkonen.
*Mecca**, Sh. Salâm, Seitenstraße der Sh. Fu'âd Zikrî, nahe der Kreuzung mit der Sh. 23rd July, ✆ 354632, ✉ 352632. Nettes Hotel mit schönen Zimmern, Warmwasser und sauberen Bädern. Zentral gelegen.
*Moon Light**, Sh. Fu'âd Zikrî, ✆ 341362. Angenehmes Hotel mit sauberen Zimmern. Günstig, nette Leute, gute Lage.
*New Golgen Beach**, Sh. Fu'âd Zikrî, ✆ 260196. Saubere Zimmer ohne Charme, aber zentral und angenehm. Das Schild ist nur auf Arabisch.
*Safa**, Sh. 23rd July, ✆ 353798. 30 saubere Zimmer, die zwar etwas abgewohnt sind, aber komfortabel.
*Sinai Beach****, Sh. Fu'âd Zikrî, südwestlich der Kreuzung mit der Sh. 23rd July, ✆ / ✉ 361713. Ansprechendes Hotel, Zimmer mit Balkonen, die z.T. Meerblick haben.
*Sinai Sun****, Sh. 23rd July, Ecke Sh. Fu'âd Zikrî, nahe dem Strand, ✆ / ✉ 361855. Komfortables Hotel mit ac, TV und allem, was dazugehört, für das Gebotene allerdings etwas zu teuer.

Essen

Den meisten besseren Hotels ist ein Restaurant angeschlossen. Ausgezeichnete Küche (und Alkoholausschank) bietet das Hotel *Oberoi* im südlichen Abschnitt der Sh. Fu'âd Zikrî.
Maxim, am Strand hinter der Touristeninformation; gutes Fischrestaurant, die Preise sind etwas höher als normal (ab E£25), dafür ist das Essen hervorragend; ⊙ nur im Sommer.
Aziz, im Zentrum nahe dem Busbahnhof; kleines Lokal, fast schon eine Institution; hier kann man gut frühstücken und leckere ägyptische Hausmannskost genießen.
Sabry, direkt um die Ecke vom Aziz, lockt mit köstlichen Fûl und Taamiya.
William Star, Sh. Fu'âd Zikrî; gutes Restaurant mit sehr schönen Sitzmöglichkeiten auf zwei Terrassen; auf der Speisekarte stehen Fisch und Hähnchen zu akzeptablen Preisen (ab E£15). Außerdem gibt es rund um den Sûq noch mehrere kleine Lokale, die vor allem Fleischgerichte bieten.

Sonstiges

EINKAUFEN – Donnerstags findet in El Arîsh ein wirklich sehenswerter, völlig untouristischer **Markt** statt, zu dem Beduinen aus der gesamten Umgebung anreisen, um Schmuck und Kleidung, aber auch Nahrungsmittel wie Datteln zu verkaufen. Früchte, Gemüse und Dinge des alltäglichen Gebrauchs finden sich in Hülle und Fülle auf dem **Sûq** nahe dem zentralen Busbahnhof.

GELD – *National Bank of Egypt*, Sh. Tahrîr, nahe dem Sûq, ⏰ tgl. außer Fr und Sa 9–14.30 Uhr; mit EC-Automat. Die *Banque Misr* und die *Bank of Alexandria* haben Filialen etwas nördlich davon in der Sh. 23rd July.

INFORMATIONEN – Es gibt eine kleine Touristeninformation in der Sh. Fu'âd Zikrî, nahe der Kreuzung mit der Sh. 23rd July. Das Personal zeigt sich allerdings wenig hilfsbereit, und Infobroschüren sind nicht vorhanden.

MEDIZINISCHE HILFE – Das beste Krankenhaus vor Ort ist das *Mubarak Military Hospital*, Sh. el Gaish, ✆ 324018. **Apotheken** finden sich im Zentrum.

POST UND TELEFON – Die **Post** liegt in einer Seitenstraße der Sh. 23rd July, direkt hinter dem Sûq, ⏰ tgl. außer Fr 8.30–14.30 Uhr. Das **Telefonamt** befindet sich direkt daneben, ⏰ 9–19 Uhr. Auch kann man im Ort inzwischen überall mit Telefonkarten telefonieren.

VORWAHL – 069

Nahverkehrsmittel

Da die Küstenstraße recht lang ist, ist man auf einen fahrbaren Untersatz angewiesen. **Taxis** kosten im Innenstadtbereich E£3–5. Ein **Stadtbus** pendelt zwischen der Sh. Fu'âd Zikrî und dem zentralen Busbahnhof (25 pt).

Transport

BUSSE – Die lokalen Buslinien nach Raffah und in die nähere Umgebung fahren alle vom **zentralen Busbahnhof** in der Innenstadt am südlichen Ende der Sh. Tahrîr ab.
East Delta hat einen eigenen Busbahnhof weiter außerhalb. Ein Taxi in die Innenstadt (oder umgekehrt) sollte nicht mehr als E£7 kosten. Die Busgesellschaft bietet Verbindungen nach KAIRO (8 und 15 Uhr; 5 Std.; E£35) via ISMÂ'ILIYA (3 Std.; E£10) und nach QANTARA (stdl. ab 7 Uhr; 2 Std.; E£7). Wer in den Süd-Sinai möchte, kann bis Ismâ'iliya fahren, dort den Bus nach Suez nehmen und hier wiederum in den Bus nach Sharm el Shaikh umsteigen. Grenzüberschreitende Busse nach Israel gab es zur Zeit der Recherche nicht, selbst ins östlich gelegene Raffah verkehren nur wenige Busse.

SAMMELTAXIS – Der Abfahrtsort der Sammeltaxis befindet sich neben dem zentralen Busbahnhof am südlichen Ende der Sh. Tahrîr. Bedient werden in erster Linie Orte in der näheren Umgebung von El Arîsh, aber auch Qantara und Ismâ'iliya.

Zaranik-Protektorat

Das Naturschutzgebiet Zaranik ist das nördlichste Naturschutzgebiet Ägyptens: Der 220 km² große Park beginnt etwa 25 km östlich von El Arîsh und endet am östlichen Ufer des Barawil-Sees. Zaranik ist vor allem ein Paradies für Zugvögel, die im Winter auf ihrem Weg nach Süden hier Rast machen. Mehr als 250 Vogelarten hat man hier gezählt, vor allem sind es jedoch Störche, Kraniche, Wildgänse und Singvögel, wie z.B. Rotkehlchen oder Grasmücken, die hier Jahr für Jahr Halt machen. Auf ihrem Weg nach Süden wählen die Zugvögel verschiedene Flugrouten, meist gibt es eine Westroute (über Marokko) und eine Ostroute (über Ägypten).

Das Ziel des Parks ist der Schutz der Zugvögel, denn nach der Überquerung des Mittelmeeres sind diese meist vollkommen erschöpft und lassen sich am erstbesten Gewässer nieder, um sich auszuruhen. Bisher waren das nicht selten die Kläranlagen der Ferienorte entlang Küste des Sinai, verschmutzt mit Industrie- und Chemiemüll, was in den meisten Fällen den Tod der Vögel bedeutete. Man hofft nun, dadurch, dass man den Barawil-See zum Naturschutzgebiet erklärt hat und somit

Lärm und Müll draußen hält, die Vögel dazu zu bringen, hier ihren ersten Zwischenstopp zu machen, bevor sie weiter nach Süden fliegen. Das Konzept scheint aufzugehen, denn Jahr für Jahr landen mehr Vögel hier.

In Sharm el Shaikh, wo die erste Storchenklinik aufgemacht hat, die sich um verletzte und vergiftete Zugvögel kümmert, ist man über diese Entwicklung froh, denn da der See ruhiger geworden ist und immer mehr Vögel dort halten, statt bis Sharm durchzufliegen, muss man hier nun nicht mehr so viele Vögel versorgen wie noch vor wenigen Jahren.

🕐 Von Sonnenauf- bis Sonnenuntergang, Eintritt: p.P. und Auto US$5. Der Eingang ist etwa 35 km östlich von El Arîsh. Wer durch den Park wandern möchte, nimmt ein Sammeltaxi, einen Bus oder Minibus ab El Arîsh und lässt sich am Eingang zum Park absetzen. Pass nicht vergessen! Er muss beim Ticketkauf vorgezeigt werden.

Tauchreviere
im Roten Meer

Wie eine tiefblaue Oase liegt das Rote Meer inmitten der lebensbedrohlichen Wüste. Die Küsten rund um das Nebenmeer des Indischen Ozeans sind zerklüftet, und die Berge im Hinterland ähneln einer Mondlandschaft. In einer solchen Umgebung kann man sich nur schwer vorstellen, dass sich unter Wasser eine völlig andere Welt verbirgt – ein exotisches, farbenprächtiges Paradies mit einer unglaublichen Vielfalt von Lebensformen, die sich allein den Schnorchlern und Tauchern offenbaren. Filigrane Korallenfächer leuchten in allen Farben; scheinbar endlose Schwärme silbrig schimmernder und goldgelber Fische flitzen umher; Mantas scheinen durch das Wasser zu schweben; und immer wieder lassen sich Haie beobachten. Es ist eine Zauberwelt, die sich hier unter Wasser findet. Untergegangene Wracks im Golf von Suez, Nationalparks vor der Küste des Sinai, verschiedene Unterwasservegetationen und Fischarten machen das Rote Meer zu einem Taucherparadies, wie es nur wenige auf unserer Erdkugel gibt. Die Bedingungen sind ideal: Viele der Korallenriffe liegen leicht erreichbar (per Boot und einige sogar zu Fuß) unmittelbar vor der Küste; die **Unterwassersicht** beträgt teilweise über 30 m; und die **Wassertemperaturen** sinken selbst in großer Tiefe selten unter 20 °C.

Es verwundert daher nicht, dass Jahr für Jahr Tausende von Tauchtouristen ans Rote Meer strömen. Die Angebotspalette der hiesigen Unternehmen ist riesig und reicht von Schnupper- und Anfängerkursen über Shore- und Morning-Dives, Nacht- und Wracktauchen bis zu ein- und mehrtägigen Tauchsafaris. Diverse Tauchbasen haben sich auf die Arbeit mit Körperbehinderten spezialisiert, und viele sind aktives Mitglied der Umweltschutzorganisation **Hurghada Environmental Protection and Conservation Association (HEPCA)**, die sich in erster Linie darum kümmert, dass durch achtlos ausgeworfene Anker keine Korallen mehr zerstört werden und Fische durch Überfütterung nicht verlernen, sich in der Natur selbst zu versorgen. Mitte der 90er Jahre wurde ein Großteil der Tauchgebiete unter Naturschutz gestellt, und so bleibt zu hoffen, dass auch die nachfolgenden Generationen noch in den Genuss dieser prachtvollen Unterwasserwelt kommen werden.

Große Tauchzentren mit entsprechender touristischer Infrastruktur, Ausbildungsstätten und einer Auswahl verschiedener Tauchbasen gibt es in **Hurghada**, **Port Safâga**, **Sharm el Shaikh** und **Dahab**. Die folgende Auflistung von Tauchrevieren hat keinen Anspruch auf Vollständigkeit, sondern soll lediglich einen Überblick über die zahlreichen Möglichkeiten im Roten Meer bieten – die besten und ausführlichsten Beschreibungen zu den einzelnen Riffs finden sich unter 🖳 www.sinaidivers.com, 🖳 www.wernerlau.com und 🖳 www.unterwasser.de.

Tauchen und Umweltschutz Ein schonender Umgang mit dem einzigartigen und sehr empfindlichen Lebensraum Meer ist auf allen Ebenen – global, regional bis hin zum einzelnen Besucher – dringend gefordert. Wer taucht, weiß, wie schnell mit den Flossen etwas abgetreten wird und wie Korallen aussehen, die durch einen achtlos ausgeworfenen Anker zerstört wurden. Jede kleinste Veränderung – und sei es auch nur eine Muschel, die als Andenken vom Meeresgrund aufgehoben wird – stört das natürliche Gleichgewicht. In Anbetracht der zigtausend Taucher und Schnorchler, die jährlich in diesen Gewässern auf Erkundungstour gehen, muss jeder Einzelne seinen Beitrag zum Schutz der Unterwasserwelt leisten: Sensibilität heißt das Zauberwort, denn das Meer ist weder eine Mülldeponie noch ein Souvenirladen.

Hurghada und Umgebung

Zwischen Hurghada und dem weiter südlich gelegenen Port Safâga reiht sich ein Korallenriff ans andere. Die Saumriffe vor der Küste gehen quasi ineinander über, und an Stellen mit flachem Wasser finden sich außerhalb der Riffe kleine Fleckriffe. In den Gewässern dieser Region tummeln sich viele verschiedene Fische, darunter Barrakudas, Riffhaie, Doktor-, Wimpel- und Soldatenfische sowie im Winter vorbeiziehende Mantas. Die meisten Tauchausflüge lassen sich problemlos als Tagestour von Hurghada aus organisieren – folgende Riffe (und Wracks) liegen alle nicht mehr als 90 Bootsminuten von der Küstenstadt entfernt.

Umm Qamar (Umm Amar)

Das schmale, lang gezogene Riff erstreckt sich in Nord-Süd-Richtung etwa 90 Bootsminuten nordöstlich von Hurghada. Im Norden und Süden befinden sich schmale Plateaus im 20 m-Bereich, während an der Ostseite eine Wand senkrecht in die Tiefe abfällt. Getaucht wird meist am Südplateau (nahe den Bojen) sowie an der Ostwand. Umm Amar bedeutet übersetzt so viel wie „Mutter des Mondes", was vermutlich eine Anspielung auf die mondförmige Insel ist, vor der das Riff liegt.

Sha'abruhr Umm Amar

Schmales Riff, das 1 km südlich von Umm Amar ebenfalls auf der Nord-Süd-Achse liegt. Da man die Untiefe von außen nicht erkennt, sind hier bereits drei Schiffe auf Grund gelaufen: Am südlichsten Punkt befinden sich die Überreste eines alten ägyptischen Bootes, das der Armee einst als Transportmittel zur Shadwân Island diente; im gleichen Gebiet, aber in größerer Tiefe, stößt man auf ein Tauchsafariboot sowie auf die 1995 gesunkene, unter Tauchern inzwischen berühmte *Colona IV*.

Um das Riff herum befindet sich in 15 bis 30 m Tiefe ein Plateau, das im Süden und Osten schmal und im Westen breit und sandig ist; die Nordseite wird in 25 bis 30 m Tiefe über mehrere Hundert Meter von einem Kamm durchzogen.

Carless

Dieses Riff steigt rund 60 Bootsminuten nordöstlich von Hurghada plateauförmig aus der Tiefe auf und befindet sich hauptsächlich im 12- bis 25 m-Bereich. Nach außen hin fällt es langsam auf 22 bis 24 m ab und endet in einem Steilabfall. Auf dem Plateau liegen zwei Ergs (Sandansammlungen) – der eine im Nordwesten und der andere, kleinere im Südosten.

Small Giftun (Drift)

Etwa 75 Bootsminuten östlich von Hurghada, gegenüber der kleinen Polizeistation auf Small Giftun. Bei Tauchern sehr beliebtes Revier, in dem entlang einer mit Gorgonien übersäten Wand mit der Strömung getaucht wird. Das Plateau variiert zwischen 15 und 25 m Tiefe, während die Wand ins Unendliche abzufallen scheint. Fast immer befinden sich Muränen und Napoleonfische auf dem Plateau, da sie in der Vergangenheit gefüttert wurden. Im September sollte man auf die gefährlichen Riesendrücker aufpassen.

Erg Abu Ramâda

Südöstlich der gleichnamigen Insel, etwa 75 Bootsminuten von Hurghada entfernt, breitet sich gen Osten eine weite sandige Ebene aus. Am Ende dieses Plateaus kommen drei große Ergs in Sicht, die vom Meeresboden rund 18 m aufragen, bis fast an die Wasseroberfläche reichen und vom größten Erg im Süden bis zum kleinsten Erg im Norden eine Linie bilden. Auf der Ostseite des größten Ergs sowie auf der Nordseite des mittleren Ergs befinden sich kleine Höhlen. Alle drei Ergs sind außergewöhnlich dicht mit purpurroten Weichkorallen bewachsen und ein Paradies für Unterwasserfotografen.

South Abu Ramâda

Südlich von Abu Ramâda liegen eine kleine Insel und drei große Felsen. Getaucht wird am Riff südlich der Insel. Östlich der Anlegestellen fällt eine Wand 35 m in die Tiefe ab, und etwas weiter entfernt befindet sich eine blasenförmige Höhle, die mehrere Einstiegsstellen besitzt und eine große Vielfalt an Weichkorallen, Beilbauch-, Kardinal- und Soldatenfischen beheimatet. Im Südwesten ragen zahlreiche Türme auf, um die sich eine Menge Fische versammeln. Der Meeresboden um South Abu Ramâda ist nur spärlich bewachsen und lässt an eine Mondlandschaft denken.

Gota Abu Ramâda (Aquarium)

Ellipsenförmiges Riff rund 70 Bootsminuten von Hurghada entfernt. In 12 bis 15 m Tiefe umgibt ein Sandboden das Riff, an dessen Westseite zwei große Ergs liegen. Von den drei kleinen Türmen im Osten breitet sich ein Korallengarten aus.

El Arûq (The Magic Mushrooms)

Nördlich von Gota Abu Ramâda befindet sich eine größere Anzahl Ergs, die wie Pilze vom Meeresgrund aufragen (ab 12 m). Sie erstrecken sich von Südwesten nach Nordosten und werden in drei Tauchgebiete aufgeteilt: **Aruk Diana** (Südwesten), **Aruk Giftun** (Mitte) und **Aruk Gigi** (Nordosten). Aruk Diana besteht aus sieben Ergs und konzen-

Sinai – herrliche Berge, Schluchten und Klöster

Coloured Canyons; Sinai

Tauchparadies Rotes Meer

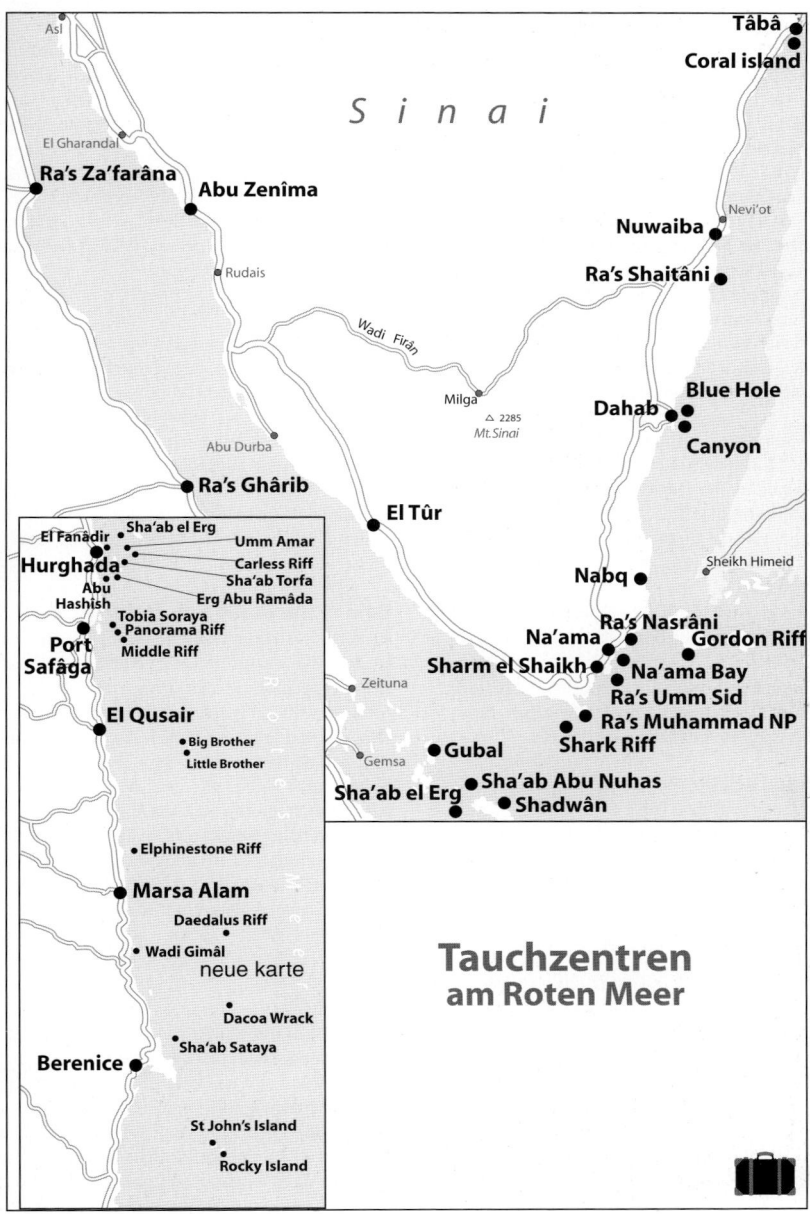

triert sich um einen gespaltenen Erg im Zentrum. Aruk Giftun umfasst ebenfalls sieben Ergs, die auf steinigem Meeresgrund liegen; in einem der kleineren Ergs verbirgt sich eine Grotte voller Glasfische, Rotfeuerfische und Drachenköpfe. Aruk Gigi setzt sich aus elf Ergs zusammen, die in einer Linie so dicht beieinander liegen, dass man jeweils vom einen zum anderen sehen kann.

Sha'ab Sabrina (Sha'ab Sabena)

Sha'ab Sabrina liegt 60 bis 90 Bootsminuten von Hurghada entfernt und besticht vor allem durch seine eindrucksvollen Korallenlandschaften. Das Revier lässt sich leicht an einer Riffzunge erkennen, die auf der Ostseite von Giftun Kabîr aus dem Wasser ragt. Während die Südseite dieser Riffzunge nahezu abgestorben ist, befindet sich auf ihrer Nordseite ein attraktiver Hartkorallengarten, der sich Richtung Nordwesten ausbreitet und abwechselnd aus Korallenwänden und Sandflächen besteht. Rund 150 m der Riffzunge entfernt stößt man auf eine attraktive, flache Lagune.

El Fanûs

Dieser Tauchplatz liegt nördlich von Giftun Kabîr. Am westlichen Ende von Fanûs führt ein schmaler Kanal durch die Riffwand zu einer etwa 9 m tiefen Lagune und einem Korallengarten, der bis in 12 bis 14 m Tiefe reicht und zwei größere Ergs sowie viele vorgelagerte Korallentürme umfasst.

Fanûs East

Schmales Riffband, das sich um eine große Lagune herum erstreckt. An der Ostseite ist das Riff durch einen Kanal vom Festland getrennt und fällt zu einem Korallengarten ab, in dem drei Türme stehen.

Sha'ab el Erg

Weitläufiges Riff in Gestalt eines Hufeisens, das sich nach Süden hin öffnet und eine flache Lagune voller Ergs umschließt. Die ganze Lagune wird betaucht, aber besonders beliebt sind die nördliche Spitze, die östliche Wand sowie die südwestliche Spitze (Gota Sha'ab el Erg). Zwischen dem großen Erg und dem Hauptriff verläuft ein kleiner Kanal; an der Süd- und Westseite befindet sich ein großes, sandiges Plateau mit unzähligen Korallentürmchen und -köpfen.

El Fanâdir

Schmales, lang gezogenes Riff ein wenig nördlich von Hurghada, das am südlichen Ende, an der geschützten Ostseite oder – bei gutem Wetter – am nördlichen Ende betaucht wird. Vier flache, felsige Inseln markieren das Gebiet. Eine Hartkorallenwand fällt in einem Winkel von etwa 60° auf einen sandigen Sims in 12 m Tiefe ab, der etwa 50 m breit ist und nach Norden hin schmaler wird. Dieser Sims fällt nach außen leicht auf 20–25 m ab. Daran schließt sich ein Steilabhang an.

Abu Hashîsh

Die Insel liegt inmitten einer weiten Bucht etwa 90 Bootsminuten nördlich von Hurghada und verdankt ihren Namen den Drogenschmugglern, die sie früher als Zwischenstation benutzten. Richtung Süden erstreckt sich eine 1 km lange Riffzunge, an deren südlichstem Punkt das Tauchrevier liegt. Das Plateau, zwischen 15 und 22 m tief, führt nach außen. Darüber hinaus gibt es eine steile, kahle Wand, an der eine sehr gute Sicht herrscht, sowie innerhalb der Riffzunge mehrere längliche Ergs.

Bain el Gabal (Sha'ab Torfa)

An der Nordseite von Giftun Soraya – durch eine kleine Straße von Giftun Kabîr getrennt – erstreckt sich ein bogenförmiges Riff namens Bain el Gabal. Getaucht wird am westlichen Ende des Bogens in Nähe der fünf Ergs. Unmittelbar daneben liegt das so genannte Banana Reef. Bain el Gabal hat die Form eines Ypsilons und erreicht eine Tiefe von rund 15 m. Im nordwestlichen Abschnitt liegt ein außergewöhnlich attraktiver Erg; die Nordseite fällt leicht ab (bis über 20 m) und ist mit violetten und purpurroten Weichkorallen bedeckt. Weiter entfernt stößt man auf einen mit Fächerkorallen eingekleideten Felsen.

Wracks
El Mina

Etwas östlich des Hafens von Hurghada verbirgt sich unter Wasser das Wrack der *El Mina*, die um 1969 sank und nun auf der Backbordseite liegt. Ihr Bugbereich befindet sich in 25 m Tiefe, der Heckbereich sank auf 32 m ab. Die *El Mina* ist ein Zeugnis der kriegerischen Auseinandersetzungen zwischen Ägypten und Israel, und immer wieder versuchen einheimische Veranstalter, sie als „israelisches Torpedo-Boot" zu verkaufen und die Niederlage so in einen ruhmreichen Sieg zu verwandeln – dabei lässt der ausgebrachte Heckanker mit seinen gut 100 m Kette keineswegs auf ein kurz zuvor erfolgtes Manöver schließen. In Wahrheit handelt es sich um ein Minensuchboot, das nie über Möglichkeiten zum Abfeuern von Torpedos verfügte. Man kann die *El Mina* in aller Ruhe erkunden, denn das Revier erstreckt sich gerade mal über 60 m. An der tiefsten Stelle beginnend nähert man sich über die Steuerbordseite der Explosionsstelle im Bugbereich – hier ist der einzig empfehlenswerte Einstieg in die *El Mina* gegeben. Achtung: Um das Boot verstreut liegt auf dem Meeresgrund scharfe Munition, die man unter keinen Umständen berühren sollte.

> **Die Tierwelt unter Wasser** Das Rote Meer ist berühmt für seinen unglaublichen Artenreichtum, den es in erster Linie seiner isolierten Lage zu verdanken hat. Zu den Meeresbewohnern, die Taucher und Schnorchler unter Umständen zu Gesicht bekommen, gehören **Barrakudas**, **Chromis** (Gelbe Chromis), **Delphine**, **Doktorfische** (u.a. Arabischer und Gelbklingen-Nasendoktorfisch), **Drücker** (Picassodrücker, Rotzahndrücker), **Falterfische** (z.B. der nur im Roten Meer und im Golf von Aden anzutreffende, orange-gelbe Maskenfalterfisch), **Fledermausfische**, **Flötenfische**, die gut getarnten **Flügelrossfische**, **Geisterpfeifenfische**, **Füsiliere**, **Glasfische**, **Haie** (Weißspitzenriffhai, Leopardenhai, Hammerhai), **Kaiserfische**, **Kraken**, **Kugelfische**, **Lippfische** (Napoleon, Mondsichel-Lippfisch), **Makrelen**, **Mantas**, **Meerbarben**, **Muränen** (Schneeflockenmuräne), **Muscheln** (Riesenmuschel, Spanische Tänzerin), **Rochen** (Adlerrochen, Stachelrochen, Blaupunktrochen), **Schildkröten**, verschiedene Fische der Familie **Scorpaenidae** (Steinfisch, Drachenkopf, Rotfeuerfisch), **Seeigel** (Griffelseeigel), **Seepferdchen**, **Sternengucker**, **Süßlippen**, **Thunfische**, **Tintenfische**, **Wimpelfische** und **Zackenbarsche** (Pfauen-, Juwelen-Zackenbarsch).

Ghiannis D

Die *Ghiannis D* sank im April 1983, nachdem sie zuvor in zwei Teile zerbrochen war. Sie ist noch in einem sehr guten Zustand und gilt unter anderem deswegen als eines der besten Ziele im Roten Meer für einen Wracktauchgang. Das Wrack liegt auf 10–27 m Tiefe. Achtung: Die Schrägen und Winkel im Innern des Schiffes führen leicht zu Irritationen in der Wahrnehmung – so taucht man beispielsweise eine Treppe hinauf, hat aber vom Gleichgewichtssinn her das Gefühl, sich abwärts zu bewegen (ein Blick auf die ausgeatmete Luft zeigt, wo oben und unten ist). Zur Erkundung des Maschinenraums, in dem sich eine große Luftblase befindet, wird eine Lampe benötigt. Auf dem Weg zum Bug entdeckt man mit Weichkorallen überzogene Masten, die der Frachter geladen hatte, und Bootsteile. Bereits im Flachwasserbereich liegt der Bug, wo man einen Sicherheitsstopp einlegen und gleichzeitig die Takelage betrachten kann.

Carnatic

Zwischen der *Chrisola K* und der *Ghiannis D* liegt die *Carnatic*, ein Passagier- und Postschiff im Dienst von P&O, das 1869 auf ein Riff auflief und aufgrund des schlechten Wetters nach einem Tag sank. Man erzählt sich, dass von der Goldfracht im Wert von 40 000 Sterling bislang nur 32 000 Sterling geborgen wurden. Das Schwesterschiff, die *Pera Alma*, erlitt dasselbe Schicksal und liegt heute am Riff von Musahjirah (Jemen) auf Grund.

Port Safâga und der Süden

Die Tauchgebiete des südlichen Küstenabschnitts liegen meist weit im Meer, so dass man mehrere Stunden oder gar Tage mit dem Boot hinausfahren muss. Am beliebtesten sind die **Brother Islands** (al-Akhawain), zwei abgelegene felsige Erhebungen, die 33 Meilen nordnordöstlich von El Qusair aus dem Wasser ragen und zu den besten Tauchrevieren weltweit zählen. Beide Eilande, Big and Small Brother, sind von je einem Saumriff umgeben, und so karg sie sich über Wasser präsentieren, so vielfältig ist die Unterwasserwelt um sie herum. Fischschwärme von ungeahnten Ausmaßen tummeln sich entlang der Steilwände, die bunt bewachsen sind mit Weichkorallen, Schwarzen Korallen und Gorgonien. Als häufige Besucher gelten auch

Schildkröten und Haie, darunter Weißspitzenhaie, Graue Riffhaie und Hammerhaie. Ebenfalls auf ihre Kosten kommen Wracktaucher. In Tiefen zwischen 10 und 60 m liegen die *Numidia*, auch Eisenbahnwrack genannt (zur Ladung gehörten einige Eisenbahnräder und -achsen) und die *Aida*, ein altes Dampfschiff aus Glasgow, beide über und über bewachsen mit Korallen und voller Leben. Tauchgänge an den exponierten Brothers sollten nur von erfahrenen Tauchern unternommen werden, da hohe Wellen, kräftige Strömungen und starke Winde beinahe an der Tagesordnung sind. Die mehrstündige Fahrt zu den Eilanden dürfen nur Safarischiffe unternehmen, die über die entsprechende technische Ausrüstung und eine Genehmigung verfügen.

Ebenfalls sehr schöne Tauchgänge verspricht **Abu Kaftân**, ein lang gestrecktes Riff etwa eine Bootsstunde östlich von Port Safâga. Das Revier liegt im Freiwasser, weswegen sich nur erfahrene Taucher hierher begeben sollten. Am Nordplateau sind ein paar Unterwasserberge traumhaft schön bewachsen, und es wimmelt nur so von Fischen. An der Kante zum Freiwasser entdeckt man häufig Haie sowie andere große Jäger, und an der Westseite wachsen bereits in 5 m Tiefe Schwarze Korallen.

Zu weiteren lohnenswerten Revieren im äußersten Süden gehören **Daedalus**, **Zabargad** und **Rocky Islands**, **Elphinestone**, **Abu Dabâb**, **Samadai**, **Wadi Gimâl**, **Sataya** und **St. Johns**. Im Gegensatz zu den Riffen um Hurghada, Port Safâga und dem Sinai sind zwischen den einzelnen Tauchgebieten teilweise große Entfernungen zurückzulegen. Fast alle diese Riffe zeichnen sich durch ausgeprägte Stein- und Tischkorallenformationen aus. Sie sind vielerorts stark zerklüftet und von zahlreichen Höhlen durchzogen (Samadai, Shab Claude, Sataya). Als typische Bewohner dieser Riffe gelten Zackenbarsche, Napoleonfische, Einhorndoktorfische und Wimpelfische. Wo Strömung vorhanden ist, finden sich Barrakudas, Schnapper sowie Weiß- und Schwarzspitzenriffhaie. Mit etwas Glück besteht insbesondere entlang der Steilwände auch die Möglichkeit, Hammerhaie, Seidenhaie und Mantas zu beobachten.

Sharm el Shaikh und Umgebung

Nördlich und südlich von Na'âma Bay liegen zwischen der Straße von Tirân und dem Städtchen Sharm el Shaikh insgesamt 17 verschiedene Tauchreviere. Sie alle können im Rahmen einer 18- bis 100-minütigen Bootsfahrt vom Marina Travco südwestlich von Sharm el Shaikh erreicht werden und heißen deshalb auch *Local Divespots*. Allein acht Tauchgründe konzentrieren sich auf einem 7,5 Meilen langen Küstenabschnitt nördlich von Na'âma Bay: **Ra's Gamila** liegt quasi direkt gegenüber dem Gordon Reef und ist am weitesten entfernt; **Ra's Nasrâni** befindet sich auf Höhe des internationalen Flughafens; danach folgen in geringen Abständen **Ra's Bob**, **White Knight**, **Shark Bay**, **Far Garden**, **Middle Garden** und **Near Garden**, wobei Letzterer am nördlichen Ende der Bucht von Na'âma liegt und auch für Schnorchler interessant ist. Südlich von Na'âma Bay kann man zwischen neun Tauchrevieren wählen: **Sodfa**, **Tower**, **Pinky Wall**, **Amphoras**, **Turtle Bay**, **Paradise**, **Ra's Umm Sid**, **Temple** und **Ra's Katy**. Allen diesen Plätzen gemeinsam ist ihre geschützte Lage und die Morphologie des Saumriffs, welches an diesem Küstenabschnitt ein für seine Entwicklung optimales Ökosystem genießt. Die Reviere eignen sich für Taucher jeden Niveaus und beeindrucken mit ihrer großen Artenvielfalt. Bei optimalen Verhältnissen kann man hier viele Madreporenarten beobachten, und es präsentiert sich beinahe die ganze Palette an Rifffischen – von kleinen Anthias bis zu großen Napoleon-Lippfischen (*Cheilinus undulatus*), von vielfarbigen Falterfischen bis zu Papageifischen und von Drückerfischen bis zu Doktorfischen.

Straße von Tirân

Die Straße von Tirân liegt am südlichen Ende des Golfs von Aqaba und wird im Westen von der Küste des Sinai und im Osten von der Insel Tirân begrenzt. Im Zentrum dieses Kanals befinden sich vier von Nordosten nach Südwesten verlaufende Korallenriffe, benannt nach den englischen Geografen, die im 19. Jh. die erste Seekarte der Region zeichneten: **Jackson**, **Woodhouse**, **Thomas** und **Gordon**. Die Riffe teilen die Straße von Tirân in die so genannte **Grafton Passage** im Osten, die ausschließlich von Schiffen in Richtung Norden benutzt wird, und die **Enterprise Passage** im Westen, die von den Schiffen gen Süden befahren wird. Östlich der Insel Tirân und der nahen Insel Sanâfir – beide im Besitz von Saudi-Arabien, aber unter ägyptischer Verwaltung – lassen die seichten Gewässer keine Schifffahrt mehr zu.

Auf Höhe der Straße von Tirân verengt sich der Golf von Aqaba von durchschnittlich 10 bis 12 Meilen auf 2,4 Meilen, und die Meerestiefe verringert sich von 1270 m auf 71 m in der Grafton Passage bzw. 250 m in der Enterprise Passage. Es ist dieser besonderen Konstellation zuzuschreiben, dass sich das Wasser des Golfs von Aqaba mit dem des restlichen Roten Meeres nur begrenzt austauscht, was wiederum einen Anstieg des Salzgehalts und der Temperatur im Golf zur Folge hat. Außerdem erhöht sich dadurch die Geschwindigkeit der Gezeitenströme sowie die mittlere Größe der Wellen, die vom Wind aufgepeitscht werden. Die starken Nordwinde (die morgens am deutlichsten zu spüren sind) und die topografische Anordnung der Riffe bewirken, dass eben westliche und nördliche Seiten (d.h. die Außenseite) den Wellen wesentlich stärker ausgesetzt sind als die Bereiche im Osten und Süden.

Die für die Straße von Tirân charakteristischen Strömungen liefern genügend Nahrung für die Korallen und somit auch für die Rifffische, die ihrerseits wieder auf dem Speiseplan der pelagischen Raubfische wie Barrakudas, Makrelen, Thunfische und Haie stehen. Taucher in den Gewässern von Tirân können also sicher sein, nicht nur unzählige Korallenformen, sondern auch eine reiche Riff- und pelagische Fauna zu entdecken. Bei der Auswahl des Tauchreviers und der Route muss jedoch immer auf die Winde, die Gezeiten und die von ihnen verursachten Strömungen geachtet werden.

Straße von Gûbal

Die Straße von Gûbal wird im Westen von der ägyptischen Küste und im Osten von der Halbinsel Sinai begrenzt und stellt die Verbindung zwischen dem Golf von Suez und dem Roten Meer dar. Aufgrund seines unterschiedlichen geologischen Ursprungs ist der Golf von Suez wesentlich flacher als der Golf von Aqaba (80 m). Der Kanal hingegen, der die Schiffspassage in der Straße von Gûbal ermöglicht, ist um einiges größer als derjenige in der Straße von Tirân.

Im Nordosten des Kanals befinden sich zwei bis zur Wasseroberfläche reichende Felsen, **Beacon Rock** und **Shag Rock**, zu deren Füßen die beiden **Wracks** *Dunraven* und *Sara H* auf Grund liegen.

15,2 Meilen südlich des Beacon Rock wird die Passage von der **Insel Shadwân** (auf englischen Karten auch als Shaker Island eingezeichnet) begrenzt, und der Südosten zeichnet sich durch zwei imposante, teilweise sichtbare Madreporenstöcke *(sha'ab)* aus, die ein Korallenriff bilden; hier finden sich seichte Lagunen mit sandigem Grund.

Auf Höhe der Westseite der Halbinsel Ra's Muhammad stößt man auf das ungefähr 6 Meilen lange und 2,7 Meilen breite **Sha'ab Mahmûd**, das im Norden und Süden von zwei kleineren Madreporenstöcken, **Sha'ab Surûr** und **Sha'ab el Utat**, begrenzt wird. Sha'ab Mahmûd besteht aus einem Madreporenriff, welches von Nordwesten nach Südosten verläuft. An seiner westlichen Seite wird es von zwei Kanälen, **Small Crack** und **Big Crack**, unterbrochen, aber zur Südseite hin ist es offen und ermöglicht die Einfahrt in eine große, schiffbare Lagune.

Die zweite bedeutende Madreporenformation in der Straße von Gûbal nennt sich **Sha'ab Ali**. Sie liegt im Norden von Sha'ab Mahmûd, erstreckt sich über 8,3 Meilen in Nordost-Südwest-Richtung und ist von der Küste des Sinai durch einen 20 bis 25 m tiefen Kanal getrennt. An der Ostseite von Sha'ab Ali verbirgt sich das legendäre **Wrack** *Thistlegorm*, ein britischer Frachter, der 1941 mit Motorrädern, Lastern und Geländewagen für die Alliierten in Nordafrika beladen unterging. Außerdem gibt es hier eine Lagune (7–10 m), deren nordöstlicher Eingang von einer Reihe heller Bojen gekennzeichnet wird. Tauchboote verbringen hier oftmals die Nacht, um bereits bei Tagesanbruch vor Ort zu sein und den zahlreichen Booten aus Sharm el Shaikh und Hurghada zuvorzukommen.

Ra's Muhammad

Südlich von Sharm el Shaikh liegt das schönste und sicherlich auch bekannteste Tauchgebiet des Sinai: der Nationalpark Ra's Muhammad. Die östliche Küste der Halbinsel besteht aus einem hohen, fossilen Korallenriff, das für wenige Meter vom einzigen Strand des Ortes, dem Aqaba Beach, unterbrochen wird und an der Landspitze von Ra's Muhammad endet. Auf den felsigen Ausläufern, die ungefähr 50 m hoch sind, gibt es einen Aussichtspunkt namens **Shark Observatory.**

Die Gewässer rund um die exponierte Halbinsel Ra's Muhammad zeichnen sich durch starke Strömungen aus, die bemerkenswerte Mengen Plankton und andere nahrhafte Elemente transportieren. Taucher bekommen eine bunte Vielfalt von Hart- und Weichkorallen sowie eine außergewöhnliche Meeresfauna zu Gesicht, zu der vor allem Barrakudas, Makrelen, Thunfische und Haie zählen. Drei Riffe bieten sich hier als Tauchreviere an.

Der Zugang zu **Ra's Atâr** ist nur per Boot möglich, und da es hier keinen Ankerboden gibt, können lediglich Strömungstauchgänge durchgeführt werden. In einer Tiefe von 5 bis 30 m wachsen Korallen, wobei diejenigen im oberen Bereich oftmals sogar schöner aussehen. Häufig sind die Höhlen und Spalten von Hunderten Glasfischen besetzt. Hai-, Manta- und Delphinbegegnungen sind keine Seltenheit. Da man hier jedoch immer auf die Strömung achten muss, ist dieses Riff nur etwas für geübte Taucher.

Das **Yolanda Reef** verdankt seinen Namen dem zypriotischen Frachter *Yolanda,* der hier 1981 auf Grund lief. Prächtige Weichkorallen zieren den Container und andere Wrackteile, und man begegnet jeder Menge Zackenbarsche sowie kapitalen Napoleonfischen. Seltener finden sich hier Haie und Riesenmuränen.

Am **Shark Reef** treffen die Wassermassen des Golfs von Aqaba und des Golfs von Suez aufeinander, was eine einzigartige Artenvielfalt zur Folge hat. Das Riff ist – nomen est omen – Heimat vieler Haie, darunter auch Walhaie. Die Korallen an der Steilküste entfalten ihre gesamte Farbenpracht, und die Schulen von Schnappern können so groß sein, dass sie einer Wolke gleichen.

Dahab und Umgebung

Das Dahab am nächsten gelegene Riff erstreckt sich nur wenige Meter vor dem Strand am südlichen Ende von Assalah. Eine etwa 15 m hohe, leicht geneigte Korallenwand und einzelne Korallenblöcke bieten Lebensraum für zahlreiche Meereslebewesen – von Kaiserfischen über Zackenbarsche, Blaupunktrochen und Feuerfische bis zu Seepferdchen findet man hier fast alles, was das Rote Meer zu bieten hat. Der einfache Zugang und die unmittelbare Nähe zu verschiedenen Tauchbasen machen das Riff zum idealen Anfängerrevier, aber auch versierte Taucher kommen auf ihre Kosten, denn man kann in Tiefen bis zu 30 m vorstoßen.

The Islands

Einer der schönsten Tauchplätze Dahabs, der sich aufgrund seiner maximalen Tiefe von 18 bis 20 m hervorragend für einen Nachmittagstauchgang eignet. Von oben betrachtet ähnelt das Riff zwei sich aneinander schmiegenden Inseln, daher auch der Name. Das Revier bietet Zugang zu drei Sandpools, die man Richtung Norden durchtauchen kann. An der Außenseite befindet sich ein Korallenlabyrinth, wo sich manchmal Gelbschwanzbarrakudas tummeln oder Adlerrochen mit majestätischen Schlägen vorbeiziehen. Der Ausstieg führt durch einen kleinen Tunnel, der sich direkt aufs Riffdach öffnet, so dass man nicht durch Wellen behindert wird.

Three Pools

Der Name dieses Reviers steht stellvertretend für den charakteristischen Einstieg – Korallenwälle unterteilen die Rifflagune in drei Becken, die den Zugang zu einem fantastischen Korallengarten auf der Außenseite des Riffdaches bilden. In den Pools tummeln sich häufig Gelbschwanzbarrakudas, das Highlight jedoch sind die Hartkorallen-Formationen sowie das sich an den Korallengarten anschließende Drop-off. Die aus der Steilwand herausragenden Korallenblöcke scheinen mit ihren Bewohnern, den Glasfischen, eine Einheit zu bilden. Wer sich gen Süden wendet, gelangt zu einer großen Sandfläche, wo in den Morgenstunden Rochen zu sehen sind.

The Canyon

Dieses Revier zählt zu den bekanntesten von Dahab und hat eine Vielfalt an Tauchvariationen zu bieten. Durch das Riffdach zieht sich bis fast ans Ufer eine Lagune, die einen einfachen Einstieg ermöglicht. Wenn man aus der Lagune ins Freiwasser kommt, versperrt ein wunderschöner Korallenblock die Sicht in das klare Blau. Richtung Norden gelangt man zu einem Spalt im Riffplateau, der einst wahrscheinlich durch ein Erdbeben entstand. Dieser Canyon zieht sich durch das Plateau und beginnt in etwa 12 m Tiefe mit der *fishbowl,* die ein bisschen wie ein kleiner Pizzaofen aussieht und zwei Ein- bzw. Ausstiege besitzt. Es empfiehlt sich, dem Spalt bis in etwa 19 m Tiefe zu folgen und dort durch eine breite Öffnung auf 30 m abzutauchen. Hier öffnet sich der Canyon zu einer Höhle, die man nach oben durchschwimmt. Durch die *fishbowl,* die sich an diese „Kathedrale" anschließt und von Glasfischen nur so wimmelt, verlässt man den Canyon wieder. Der Korallengarten des Canyons hat für jeden etwas zu bieten – häufig taucht eine Schildkröte aus den Hartkorallen auf, und auf den Sandflächen finden sich manchmal ein Flügelrossfisch oder ein Skorpionsfisch. Den Abschluss des Riffplateaus bildet ein Steilhang, der in unergründliche Tiefen abfällt.

Bells und Blue Hole

Das berühmt-berüchtigte Blue Hole ist der nördlichste Tauchplatz, der noch mit Fahrzeugen erreicht werden kann. (Vorsicht: Dort kommen jedes Jahr mehrere Taucher ums Leben.) Es handelt sich um ein fast kreisförmiges Loch im Riffdach mit einem Durchmesser von etwa 25 m, das auf über 100 m abfällt. Während das Blue Hole selbst kaum Korallenbewuchs aufweist, bezaubert die wunderschöne Außenwand mit einer Vielzahl von Korallen – darunter filigrane Fächerkorallen, Tischkorallen und Weichkorallen – und einem atemberaubenden Blick ins tiefe Blau.

Das Revier kann auf unterschiedliche Art erkundet werden. Meist erfolgt der Einstieg über den Bells Entry. Nach einer kurzen Kletterpartie an einem Felsblock vorbei wird eine Einkerbung im Ufer erreicht. Taucht man an dieser Stelle ab, so gelangt man zu einem auf einer Seite offenen Kaminschacht, der bis auf eine Tiefe von 27 m senkrecht abfällt. Aber Vorsicht, man darf auf keinen Fall vergessen, am Ende des Kaminschachts – der sich auf seinem letzten Meter komplett schließt – das Jacket aufzublasen, da die Steilwand an dieser Stelle auf eine unergründbare Tiefe abfällt (anscheinend 800 m). An Überhängen entlang bewegt man sich nun mit der Steilwand zur Rechten Richtung Süden. Nach rund 20 Minuten wird der Sattel des Blue Hole erreicht, der durch seine Farbenpracht verzaubert und aus etwa 12 m Tiefe leicht zu erkennen ist. Die beiden Ausstiege des Blue Hole sind aufgrund ihrer charakteristischen Auskerbungen ebenfalls nicht zu verfehlen.

Tauchbasen

Tauchbasen gibt es am Roten Meer in Hülle und Fülle. Die im Folgenden aufgeführten wurden uns von erfahrenen Tauchern empfohlen. Ansonsten ist auch an beinahe jedes gute Hotel (ab vier Sternen) eine Tauchbasis angeschlossen, die nicht selten von Europäern geführt wird. Wer eine Tauchreise plant und auf keine der hier genannten Tauchbasen zurückgreifen möchte, sollte sich von einem auf Tauchurlaub spezialisierten Reisebüro beraten lassen.

HURGHADA – *Diving Center Roland Schumm,* Handy 010-1721123, www.rolanddiving.de;
Aquanaut Red Sea Dive Center, 065/549891, www.aquanaut.net;
Blue Water Dive Resort, Handy 012-812630, www.blue-water-dive.de;
Euro Divers Egypt, 010-1888552, 010-5374744, egypt@euro-divers.com, www.euro-divers.com;
James and Mac Diving Center, Handy 012-311892, www.james-mac.com;
Sinai Divers Hurghada, Handy 012-2294432, hurghada@sinaidivers.com, www.sinaidivers.com.

SHARM EL SHAIKH – *Sinai Divers,* 069/600697, www.sinaidivers.com;
Diving Center Werner Lau Grand Azur Resort & Royal Paradise Resort, 0201/868107 (in Deutschland), www.wernerlau.com;
Anemone, neben dem Pigeon House, 069/600995, anemone@sinainet.com.eg;
Camel Dive Club, 069/600865, www.cameldive.com.

DAHAB – *Inmo Divers Home,* 069/640370, inmo@inmodivers.com, www.inmodivers.com;
Nesima Dive Center, 069/640320, nesima@intouch.com, www.nesima-resort.com;
Sinai Divers Dahab, 069/640100, dahab@sinaidivers.com, www.sinaidivers.com.

Herzlichen Dank an Roland Schumm, Werner Lau, Rolf Schmidt von *Sinai Divers* und Ingrid al-Kabany von *Inmo Divers Home,* von denen die Informationen zu diesem Kapitel stammen. Die Angaben im Text wurden von Rolf Schmidt auf inhaltliche Fehler überprüft.

Anhang

Sprachführer Ägyptisch

Um es gleich vorweg zu nehmen: Arabisch ist eine schwierige Sprache, die man nicht einfach „mal so nebenbei" erlernen kann. Das bedeutet jedoch nicht, dass man dieses Vorhaben gleich wieder aufgeben sollte. Es lohnt auch schon für einen kleinen Urlaub, ein paar Sätze zu lernen – und so viel Arabisch kann jeder schaffen! Schließlich erwartet keiner von einem Touristen in Ägypten, dass dieser die Landessprache spricht. In den Touristenzentren kann man sich meist auch mit Englisch durchschlagen, aber ein paar Worte, ein paar Sätze, Dankesbezeugungen und Höflichkeitsfloskeln auf Arabisch, und das Land zeigt sich von einer ganz anderen Seite! Adressen für Sprachschulen in Deutschland und Ägypten s.S. 60.

Das Ägyptische ist ein Dialekt des Arabischen und unterscheidet sich von der klassischen Hochsprache vor allem in der Aussprache und Wortwahl. Das Alphabet ist jedoch das gleiche. Es besteht aus 28 Buchstaben, die alle, bis auf einen, den Würgelaut ع ('ain), mehr oder minder eine Entsprechung in den europäischen Sprachen haben. Im Arabischen werden keine kurzen Vokale geschrieben, sondern nur lange, was das Lesen für Anfänger manchmal sehr schwierig macht. Außerdem gibt es in dieser Sprache nur drei geschriebene Vokale, das a, das u und das i, auch wenn man manchmal ein o oder e hört. Eine Besonderheit des ägyptischen Dialekts ist die Aussprache des Buchstaben ج (dschîm), der hier gîm gesprochen wird, so sagen die Ägypter z.B. nicht Dschihad, sondern *gihad*.

In der arabischen Sprache wird immer der Langvokal betont. Gibt es keinen, betont man in aller Regel die erste Silbe.

Arabischer Buchstabe	Umschrift	Ägyptische Aussprache
ا	a, manchmal i oder u	wie die deutschen Vokale
ب	b	wie Deutsch b
ت	t	wie Deutsch t
ث	th	stimmloses th wie im Englischen thunder
ج	g	wie Deutsch g
ح	h	gehauchtes h (nur hier im Sprachführer mit h̲ wiedergegeben, sonst im Buch: h)
خ	kh	wie im Deutschen La**ch**en
د	d	wie Deutsch d
ذ	dh	stimmhaftes englisches th wie im Artikel the
ر	r	gerolltes Zungen-r
ز	z	stimmhaftes s wie Bluse
س	s	stimmloses s wie Reis
ش	sh	wie Deutsch sch
ص	s̲	emphatisches s, d.h. ein s, das den nachfolgenden Vokal dunkel färbt (nur hier im Sprachführer mit s̲ wiedergegeben, sonst im Buch: s)
ض	d̲	emphatisches d (s.o.)
ط	t̲	emphatisches t (s.o.)

Arabischer Buchstabe	Umschrift	Ägyptische Aussprache
ظ	z̧	emphatisches z (s.o.)
ع	'	arabischer Würgelaut
غ	gh	ein r-Laut wie im Französischen rire
ف	f	wie Deutsch f
ق	q	ein k ganz hinten im Hals gesprochen
ك	k	wie Deutsch k
ل	l	wie Deutsch l
م	m	wie Deutsch m
ن	n	wie Deutsch n
ه	h	gesprochenes h wie in Betle**h**em
و	w oder û	wie Englisch w oder langes u
ي	y oder î	wie Deutsch y oder langes i

Vier Regeln, die das Lernen erleichtern:

1 Vokal e, meist lang gesprochen ê. Dieser wird vor allem statt einem ai eingesetzt, z.B. *bêt* statt *bait* (arab. Haus).

2 Der Artikel im Arabischen ist immer al-, im Ägyptischen el.

3 Das Verb „sein" gibt es im Arabischen nur in der Vergangenheitsform. „Ich bin groß" heißt einfach nur „Ich groß", *Âna kabîr.*

4 Das Verb „haben" existiert nicht. Es wird durch „bei mir (dir, ihm etc.) sein" wiedergegeben. So heißt z.B.
„Ich habe einen Apfel": *Aindî tufâh,*
du hast: *aindik…,*
er hat: *aindu…,*
sie hat: *aindaha…,*
wir haben: *aindinâ…,*
ihr habt: *aindukum…,*
sie haben: *ainduhum…*

Das Allerwichtigste

Es gibt im Arabischen eine feminine und eine maskuline Form. In Fällen, wo die weibliche von der männlichen abweicht, wurde dies in Klammern dahinter gesetzt.

Deutsch	Ägyptisch (f)
ja / nein	aiwa / lâ
danke	schukran
bitte (Antwort auf danke)	afwan
bitte (um etwas bitten)	min fa_d_lik
bitte (anbieten)	tafa_dd_al (i)
Verzeihung	Isma_h_(î) lî / âna âsif
Macht nichts!	Ma'lesch
Gibt es…?	Fî …?
Ja, es gibt…	Aiwa, fî…
Nein, es gibt nicht…	Lâ, mafisch…
Darf ich…	Mumkin âna…
Hallo	Marhaba
Herzlich willkommen	Ahlan wa-sahlan
Guten Morgen	_S_abâ_h_ el khêr
(Antwort)	_S_abâ_h_ an-nûr oder _s_abâ_h_ el full
Guten Tag / Abend	Masâ el khêr
(Antwort)	Masâ an-nûr oder masâ el full
Wie geht's?	Kîf el _h_âl?
(Antwort, egal wie es einem geht: „Gepriesen sei Gott")	Al-_h_amdullilâh
Bis später	Ilâ liqâ
Auf Wiedersehen	Ma'a salâma
Ich spreche kein Arabisch	Ma takallamisch el'arabî.
Ich verstehe (nicht).	Âna (misch) fâhim.
Ich möchte…	Âna 'awis(a).
Wie heißt du?	Ismak (ismik) eh?
Ich heiße…	Ismî…
Ich bin Deutsche(r) / Schweizer(in) / Österreicher(in).	Âna almânî(ya) / swissrî(ya) / nimsawî(ya).
mit / ohne	bî / bilâ
Woher kommst du?	Anta min feyn?
So Gott will (hoffentlich)	In sha'Allâh

Fragewörter

Wo?	Feyn?
Wann?	Emta?
Wie teuer?	Bi kam?
Was?	Êh?
Wie?	Izzay?
Wie viel?	Kam?
Wer?	Mîn?

Orientierung und Transport

Wo ist…	Feyn …
der Busbahnhof?	ma<u>h</u>atta el utubis?
der Bahnhof?	ma<u>h</u>atta el trên?
die Haltestelle?	el ma<u>h</u>atta?
Wann fährt der Zug ab?	El trên yirû<u>h</u> emta?
Ich möchte eine Fahrkarte nach… kaufen.	Âna 'awes aschtari tazkara ilâ…
1. Klasse / 2. Klasse	daraga ûla / daraga thâni
hin und zurück	raye<u>h</u> gay
Wie weit ist es bis nach / bis zum…?	Add êh ilâ…?
Hotel	funduq
Flughafen	ma<u>t</u>âr
Meer	ba<u>h</u>r
Fluss	na<u>h</u>r
Markt	sûq
(nach) links / rechts / geradeaus	('alâ) schimâl / yamîn / <u>t</u>ûl
weit / nah	ba'îd / qrêb
hier / dort	hina / hinâk
Ich möchte hier aussteigen.	Âna 'awes anzil hina.
Mit Taxameter!	Bil 'adâd!
Stadtzentrum	merkez el medîna
Straße	schâria
Platz	sahat / mîdân

Im Hotel

Haben Sie ein Zimmer frei?	Fî ô<u>d</u>a fâ<u>d</u>i?
Haben Sie ein Doppelzimmer (mit Bad)?	Fî ô<u>d</u>a bi-srîrên (bi <u>h</u>amâm)?
Wo ist die Toilette?	Dort el mayy feyn?
Alles belegt!	Kul schi 'amra!
Ja, es gibt noch ein Zimmer.	Aiwa, fî ô<u>d</u>a fâ<u>d</u>i.
Was kostet das Zimmer?	Bi kam el ô<u>d</u>a?
Bitte reinigen Sie mein Zimmer!	Min fa<u>d</u>lak, na<u>z</u>if el ô<u>d</u>a bita'i!
Es gibt kein heißes Wasser.	Mafisch mayy <u>h</u>arr.
Kann ich das Zimmer sehen, bitte?	Lau sama<u>h</u>t, mumkin an aschûf l-ôda?

Im Restaurant

Ich möchte bitte die Speisekarte.	Âna 'awes listit al-akl, min fa<u>d</u>lik.
Was für Essen gibt es heute?	Fî akl êh innahar<u>d</u>a?
Es gibt…	Fî…
Lammspieße	kebâb
Hackfleischbällchen	kefta

Leber	*kibda*
Gefüllte Kohlrouladen	*mahshi cromb*
Gefüllte Zucchini	*mahshi cosa*
Gefüllte Weinblätter	*wara' ainab*
Bohnen	*fûl*
Nudeln	*makarûna*
Brot	*aish*
Die Rechnung bitte!	*El hisâb min fadlik.*
Das Essen war sehr gut.	*El akl kân quayyis awi.*
Haben Sie…?	*Fî aindek…?*
Bringen Sie mir… bitte!	*Atinî… min fadlik!*
Wasser	*mâ'*
Tee	*schaî*
Kaffee	*ahwa*
Orangensaft	*asîr burta'âl*
Zuckerrohrsaft	*asîr asab*

Bank, Telefon und Post

Post	*bosta*
Brief	*gawâb*
Luftpost	*barîd gawwî*
Paket	*bakêt*
Briefmarke	*thabb*
Wie teuer ist ein Brief nach…	*Bi kam el gawâb ilâ…*
Europa?/Deutschland?/Schweiz?	*Urubbâ?/Almânyâ?/Swissrâ?*
Österreich?	*Nimsâ?*
schicken/senden	*ba'ath*
Telefon	*tilifon/hâtif*
Ich möchte bitte eine Telefonkarte.	*Âna aissa batâ'a tilifon min fadlik.*
Geld	*fulûs*
Kleingeld	*faqqa*
Scheck	*shik*
wechseln	*saraf*
Bank	*banka*
Wo kann ich Geld wechseln?	*Feyn mumkin anâ usaraf fulûs?*
Wie steht der Euro?	*Kam si'r el Euro?*
Pfund	*Ginê*
halbes Pfund (50 Piaster)	*nuss ginê*
ein Viertel Pfund (25 Piaster)	*rub'a ginê*
Piaster	*Qurush*

Zahlen, Zeit und Daten

1	*wahid*
2	*itnên*
3	*tlâta*
4	*arb'a*
5	*khamsa*
6	*sitta*
7	*sab'a*
8	*tmâniya*
9	*tis'a*
10	*ashara*
11	*wahdash*
12	*itnash*
13	*tlâtash*
14	*arba'tash*
15	*khamsta'ash*
16	*sittâsh*
17	*saba'tâsh*
18	*tamantâsh*
19	*tisatâsh*
20	*ashrîn*
21	*wahid wa-ashrîn*
30	*talâtîn*
40	*arba'în*
50	*khamsîn*
60	*sittîn*
70	*sab'în*
80	*tamanîn*
90	*tis'în*
100	*miyya*
101	*miyya wa-wahid*
200	*miyyatên*
300	*talâta miyya*
400	*arb'a miyya*
1000	*alf*
2000	*alfên*
3000	*talâttalâf*
Erster	*awwal*
Zweiter	*tâni*

Dritter	*tâlit*
halb	*nuss*
Viertel	*rub'a*
Drittel	*tilt*
Samstag	*yôm el sabt*
Sonntag	*yôm el ḥadd*
Montag	*yôm litnên*
Dienstag	*yôm el talâta*
Mittwoch	*yôm el arba'a*
Donnerstag	*yôm el khamis*
Freitag	*yôm el guma'a*
Tag	*yôm*
Woche	*usbû'*
Monat	*schahr*
Nacht	*laila, Plural layâlil*
Stunde/Uhr	*sâ'a*
Minute	*da'ia*
Wie spät ist es?	*Sâ'a kam?*
Es ist...	*Sâ'a...*
...halb vier	*...talâta wa-nuss*
...Viertel vor vier	*...arb'a ilâ rub'a*
...zwanzig nach vier	*...arb'a wa-tilt*
...vier Uhr	*...arb'a*
...fünf vor vier	*...arb'a ilâ khamsa*
heute	*naharda*
morgen	*bukra*
gestern	*mbârih*
Januar	*yanâyir*
Februar	*febârir*
März	*mâris*
April	*abril*
Mai	*mâyu*
Juni	*yûnio*
Juli	*yûlio*
August	*aghustus*
September	*sibtimbâr*
Oktober	*uktubâr*
November	*nufambâr*
Dezember	*disambâr*

Sprachführer Ägyptisch

Handeln und Einkaufen

Was kostet das?	*Bi kam hada?*
Das ist zu teuer.	*Da ghâlî awi.*
Ich habe nicht viel Geld.	*Mâ aindî fulûs ketîr.*
Ermäßigen Sie mir den Preis!	*Na'is schwaia el si'r.*
Ich möchte nicht handeln.	*Anâ mish âwis asâwim.*
Haben Sie…?	*Fî aindik…?*
…Leder	*…gild*
…Gürtel	*…hitham*
…eine Wasserpfeife	*…shisha*
…Tabak	*…dukhân*
…Gold	*…dahab*
…Silber	*…fadda*
…Bekleidung	*…hudûm*
…ein Backgammon-Spiel	*…taula*
Das will ich nicht.	*Anâ mish âwis da.*
Ich nehme das.	*Anâ akhud da.*

Gesundheit

Ich bin krank.	*Anâ ayyâni.*
Gibt es hier einen Arzt?	*Fî ḥakîm hinâ?*
Ich hatte einen Unfall.	*Kân aindî hâdis.*
Ich habe Schmerzen.	*Aindî awga.*
Arzt	*tabîb*
Praxis	*iyâda*
Rezept	*wasfa*
Kopf	*ra's*
Auge	*ain*
Ohr	*uthun*
Herz	*alb*
Bauch	*batn*
Rücken	*thaḫr*
Bein/Fuß	*rigl*
Diabetes	*sukâr*
Allergie	*hasasîya*
Asthma	*azmit*
Durchfall	*ishâl*
schwanger	*ḥâmil*
Operation	*amaliya*
Medikamente	*dawâ*

Glossar

Allgemeines

Abd Diener/Sklave
Abu Vater des…
Aid Fest
Ain Quelle
Âlim, Plural **Ulamâ** religiöse(r) Gelehrte(r)
Bâb Tor
Bahr Meer
Bait Haus
Bakschisch Trinkgeld
Banû Stamm
Baraka segensreiche Kraft, die von einem Heiligen ausgeht
Ben/Ibn Sohn des…
B'ir Quelle
Bismillah Im Namen Gottes
Corniche Strandpromenade
Dair Kloster
Dâr Haus
Dhikr permanente Wiederholung des islamischen Glaubensbekenntnisses, bis man in einen Trance-artigen Zustand verfällt, um Gott näher zu kommen.
Djahilîya Zeit der Unwissenheit, d.h. die Zeit vor dem Erscheinen des Islam
Djihâd „Anstrengung", speziell: „Heiliger Krieg"
Djinn, Plural **Djunûn** Geist(er). Es gibt auch im Islam Geister, so genannte „Feuerwesen", die sowohl bösartig als auch gut sein können. Sie werden im Koran erwähnt und spielen im Volksglauben eine wichtige Rolle.
Fatwa islamisches Rechtsgutachten
Feluke traditionelles ägyptisches Segelschiff
Gabal (ägypt.-arab.) Berg
Gallabia arabisches, mantelartiges Gewand, das fast alle ägyptischen Männer tragen
Gemaa (ägypt.-arab.) Platz
Gezira (ägypt.-arab.) Insel
Hadîth die Worte des Propheten, Berichte über seine Handlungen
Hadj Pilgerreise nach Mekka. Der Hadj gehört zu den fünf Säulen des Islam. Jeder Gläubige sollte einmal in seinem Leben nach Mekka gepilgert sein.
Halwayât Süßigkeiten
Hammam Orientalisches Dampfbad
Higâb (ägypt.-arab.) Schleier der Frau
Hidjra Auswanderung des Propheten Muhammad von Mekka nach Medina. Die islamische Zeitrechnung beginnt mit dieser Hidjra im Jahre 622 n.Chr.
Imâm, Plural **A'imma** „Vorbeter" in der Moschee. Unter den Schiiten sind mit A'imma die Nachfahren von Hussein, dem Enkel des Propheten Muhammad, gemeint. Ein Imam kann auch ein politischer oder religiöser Anführer sein.
Kaleche (franz.) Pferdekutsche
Kalif Stellvertreter. Zunächst waren mit dem Titel Kalif die Stellvertreter des Propheten gemeint, die die Gemeinde leiteten; später nannten sich die Kalifen auch Khalîfa Allâh, „Stellvertreter Gottes", um ihren Machtanspruch zu legitimieren.
Khân (pers.) 1. an moslemischen Karawanenwegen gelegene Herberge mit Verkaufsräumen, Karawanserei, 2. mongolischer Fürstentitel
Khanqah eine Art religiöses Lehrzentrum mit Wohnräumen
Khediven Seit Muhammad Alis Zeiten Vertreter der Hohen Pforte (des Regierungssitzes der Osmanen) in Ägypten, die quasi selbstständig in Ägypten regierten.
Liwan von einem Innenhof abgehender und zu diesem hin offener Raum
Madrasa Schule
Masgid Moschee
Mashrabîa Holzschnitzerei an Fenstern oder Türen. Manchmal auch Fenster, in die man von außen nicht hinein-, wohl aber von innen hinaussehen kann, was vor allem für Frauen, die das Haus selten verließen, von Bedeutung war. Im modernen Hausbau finden Mashrabîias kaum noch Verwendung.
Masr Ägypten
Mihrâb Gebetsnische in der Moschee
Minbar Gebetskanzel in der Moschee
Muhâfazat Provinz
Mûlid Geburtstag; in Ägypten werden „Geburtstage" von Lokalheiligen häufig als Volksfest gefeiert, s.S. 49.
Noria Wasserrad
Pascha osmanischer Fürstentitel
Qadi Titel für einen islamischen Richter (dt. Kadi)
Qala'at Burg
Qasr Schloss
Qibla Gebetsrichtung

Ramadan neunter islamischer Monat, der Fastenmonat

Sabîl-Kuttâb Koranschule mit öffentlichem Brunnen

Sâha Platz

Saum das Fasten im Monat Ramadan

Scherif die direkten Nachfahren des Propheten Muhammad durch seine Tochter Fatima

Scheich religiöser Lehrer

Scharia islamische Rechtsprechung

Schischa (ägypt.-arab.) Wasserpfeife

Shâria Straße

Sufismus die islamische Mystik, Näheres s.S. 367

Sunna die „Gewohnheiten" des Propheten; maßgebend für alle Moslems

Sûq Markt oder (persisch) Basar

Sure Kapitel des Korans (insgesamt 114)

Umma die islamische Gemeinschaft

Urf Gewohnheitsrecht

Wadi Tal, Oase

Wikâla Karawanserei

Altägypten

Architrav waagerechter Steinbalken über Säulen

Gau Verwaltungsbezirk im alten Ägypten. Es gab ober- und unterägyptische Gaue. Die aus ehemals eigenständigen Fürstentümern hervorgegangenen Gaue waren in Größe und Zahl nicht konstant. Die einzelnen Gaue hatten Namen und besaßen ein entsprechendes Zeichen. So war z.b. der sechste oberägyptische Gau der „Krokodilsgau" (mit der Hauptstadt Dendera), dargestellt durch ein Krokodil.

Hieroglyphen Schriftzeichen der alten Ägypter. Ursprünglich stand ein Zeichen jeweils für ein bestimmtes Wort, später entstand ein Alphabet von 24 Einkonsonantenzeichen.

Hypostyl Säulenhalle. In Ägypten meist die Bezeichnung für einen Säulensaal aus dem Mittleren Reich mit überhöhtem Mittelschiff.

Ka Die Bedeutung dieses Begriffes ist noch immer umstritten. Ka meint so etwas wie die Seele, die Lebenskraft oder das Unsterbliche eines Menschen. Das Ka eines Menschen fängt bei dessen Geburt zu existieren an; nach dem Tode vereinigt sich der Verstorbene im Jenseits mit seinem Ka, das fortan Opfergaben für ihn entgegennimmt und somit sein Weiterleben garantiert.

Kanopen Vier Krüge, in denen man die Eingeweide des mumifizierten Verstorbenen aufbewahrte und die neben den Sarg gestellt wurden. Ursprünglich waren die Deckel der Krüge gewölbt, ab der 19. Dynastie stellten sie einen Menschen-, einen Pavians-, einen Schakals- und einen Falkenkopf dar. Diese waren die Köpfe der Kanopengötter: Amset, Hapi, Kebehsenuef und Duamutef.

Kapitell ein meist reich verzierter Stein am oberen Ende einer Säule oder eines Pfeilers

Kartusche eine ovale Einfassung, in der der königliche Geburts- und Thronname geschrieben steht

Kenotaph griechisch: „leeres Grab". Das Kenotaph war nicht der Ort, an dem der Verstorbene begraben wurde, sondern ein Scheingrab zum Gedenken an den Verstorbenen, wenn dieser z.B. fern der Heimat gestorben war oder an einem bedeutenden Kultzentrum des Landes ein Zweitgrab wünschte.

Kiosk Ein meist aus Stein errichtetes, auf Säulen oder Pfeilern ruhendes Schattendach, das oft an einem Prozessionsweg errichtet wurde. Darunter wurden bei einer Prozession oder einem Fest die Götterstatue oder Kultbilder gestellt.

Mammisi Geburtshaus. Kleine Tempel, die seit der Spätzeit oft innerhalb der Umwallung des Haupttempels am Prozessionsweg errichtet wurden. Hier wurden kultische Handlungen um die Geburt des Götterkindes (d.h. des jungen Königs) vollzogen.

Mastaba arabisch: „Bank". Grabform, die an eine große Sitzbank ohne Lehnen erinnert. Einfachste Form der Königsgräber und Gräber anderer Nobler des Alten Reichs.

Monolith ein aus einem Stein gehauenes Werk (z.B. Obelisk)

Nekropole eine (ausgedehnte) Totenstadt, die über einen langen Zeitraum als Begräbnisstätte genutzt wurde.

Nemes ein blau-weiß gestreiftes Kopftuch, das dem Pharao vorbehalten war.

Papyrus Die Papyruspflanze war vor allem im nördlichen Teil Ägyptens verbreitet, und so wählten die alten Ägypter als Schriftzeichen für Oberägypten den Papyrusstengel. Die Pflanze fand u.a. Verwendung bei der Herstellung von Matten, Schachteln und Sandalen, am bedeutendsten war sie jedoch als Rohstoff für „Papier". Die ältesten beschriebenen Papyri stammen aus der 5. Dynastie.

Pronaos eine an der Vorderseite ganz offene oder durch Schranken (s.u.) im oberen Teil offene, dem Sanktuar vorgelagerte Säulenhalle.

Pylon griechisch: „großes Eingangstor". Ein von zwei Türmen flankiertes, monumentales Eingangstor zu einem Tempel. Große Tempelkomplexe besitzen mehrere Pylone. Der Durchgang konnte mit einer großen Holztür verschlossen werden. Treppen führten manchmal im Innern auf die beiden Turmdächer hinauf. In die Fassade der Pylone waren oft Aussparungen für teilweise über 30 m hohe, mit bunten Wimpeln verzierte Flaggenmasten eingelassen. Die ersten bekannten Pylone wurden aus Ziegeln errichtet und stammen aus der 11. Dynastie. Ab der Zeit des Neuen Reiches erfolgte die Ausführung in Stein.

Sarkophag griechisch: „Fleischfresser", ein steinerner Sarg

Scheintür Eine in einem Grab in einer Nische meist aus Stein nachgebildete Tür ohne Durchgang. Die Scheintür bildete die Grenze zwischen dem Diesseits und dem Jenseits. Hier wurden dem Toten Opfer und Gebete dargebracht.

Schranken Übermannshohe, über die Hälfte der Säulenhöhe einnehmende Wände zwischen Säulen

Sed-Fest Jubiläumsfest des Königs, das erstmals nach dreißig Jahren Regierungszeit über mehrere Tage abgehalten wurde. An den Festtagen wurden die magischen und physischen Kräfte des Herrschers rituell erneuert, um ihm die Fortsetzung seines Amtes zu ermöglichen. Danach wurde das Fest alle drei Jahre wiederholt.

Serapeum 1. Heiligtum des Gottes Serapis, der Aspekte von Apis, Zeus und Pluto vereint, in Alexandria. Die Makedonen schufen hier einen Mischkult, der von Ägyptern und Griechen gleichermaßen anerkannt werden sollte. 2. Grabbezirk der Apis-Stiere in Saqqâra

Serdab „unterirdisches Gewölbe/Keller". Ein zugemauerter Raum in einem Grab, in dem die Statue des Grabinhabers aufbewahrt wurde.

Sistrum rasselartiges Musikinstrument, das bei Tempelzeremonien, v.a. für die Göttin Hathor, eingesetzt wurde.

Skarabäus Käfer, der als Sinnbild des Sonnengottes galt, da er nach Vorstellung der alten Ägypter aus einer Mistkugel von selbst entstand und somit die Urentstehung verkörperte. Skarabäus-Amulette aus Stein, Keramik oder Metall sollten dem Träger ein langes Leben bescheren. Die Käferabbilder wurden auch als Siegel oder Grabbeigaben verwendet. Noch heute ist der Skarabäus ein beliebtes Schmuckstück in Ägypten.

Stele eine aufrecht stehende Stein- oder Holzplatte mit meist halbrundem oberen Abschluss, auf der Verträge festgehalten oder Grenzen markiert wurden, eines Toten gedacht wurde o.a.

Uschebti kleine Figuren (oft aus Ton gefertigt), die einem Toten mit in sein Grab gegeben wurden. Die Figuren stellen meist Handwerker oder Bauern dar, die dem Verstorbenen die Arbeit im Jenseits abnehmen sollten. Manchmal wurde einem Grab für jeden Tag eines Jahres eine Figur beigefügt.

Bücherliste

Geschichte

Geschichte der arabischen Welt, Ulrich Haarmann (Hrsg.), München 1987. Sehr ausführliches und detailliertes Geschichtswerk. Namhafte Professoren verfassten einzelne Kapitel zu ihren Spezialthemen.

Geschichte der islamischen Welt, Reinhard Schulze, München 2001. Eine sehr gute Einführung in alle wichtigen politischen, sozialen und kulturellen Entwicklungen in der islamischen Welt seit der Entkolonialisierung bis heute.

Unbekanntes Ägypten: Mit neuen Methoden alten Geheimnissen auf der Spur, Vivian Davies und Renée Friedmann, Stuttgart 1999. Neue Erkenntnisse über Alltag, Politik und Religion im alten Ägypten. Schön illustriert.

Das esoterische Ägypten: Das geheime Wissen der Ägypter und sein Einfluss auf das Abendland, Erik Hornung, München 1999. Der Basler Ägyptologe stellt u.a. dar, wie Thomas Mann, Rudolf Steiner und andere bekannte Persönlichkeiten sich vom Wissen der alten Ägypter inspirieren ließen.

Taschenlexikon altes Ägypten, Wolfgang Schuler, München 2000. Wunderbares Nachschlagewerk zum alten Ägypten.

Reclams Lexikon des alten Ägypten, Ian Shaw (Hrsg.), Stuttgart 1998. Aufwendiges, detailliertes, fantastisches Nachschlagewerk.

Kleines Lexikon der Ägyptologie, Wolfgang Helck und Eberhard Otto, Wiesbaden 1999. Handliches, einbändiges Fachlexikon mit ausführlichen, aber nicht immer leicht verständlichen Erklärungen der wichtigsten Begriffe. Vermittelt ein gutes Grundwissen über das alte Ägypten.

Gesellschaft und Politik

Menschenrechte in arabo-islamischen Staaten am Beispiel Ägypten und Sudan, Mark Krieger, Frankfurt am Main 1999. Einführung zur Menschenrechtssituation in Ägypten und anderen Ländern der arabischen Welt.

Umweltschutz in Ägypten – realistische Forderung oder Utopie? Probleme und Chancen einer ökologisch-orientierten Politik in einem Land der „Dritten Welt", Sonja El-Bahay, Münster 1998. Wissenschaftliche Studie, die ausgewählte Umweltprobleme des Landes, die Umweltpolitik der Regierung und die Ursachen für das mangelnde Umweltbewusstsein der Bevölkerung untersucht.

Der politische Harem. Muhammad und die Frauen, Fatima Mernissi, Freiburg 1992. Dieses Buch ist wohl das umstrittenste Werk der marokkanischen Autorin. Sie versucht hierin aufzuzeigen, dass der Islam eine „feministische" Religion ist und der Prophet selbst ein „emanzipierter Mann" war. Für uns eines der spannendsten Bücher überhaupt.

Geschlecht, Ideologie, Islam, dies., München 1991. Dieses Buch von derselben Autorin ist etwas theoretischer geschrieben, aber kein anderes Buch zum Thema reicht an es heran.

Religion

Ägypten: Götter, Mythen, Religionen, Lucia Gahlin, Reichelsheim 2001. Anschaulich werden hier einige der vielfältigen Aspekte der altägyptischen Religion in ihren verschiedenen Ausprägungen vorgestellt. Zahlreiche Abbildungen lockern die Informationen auf.

Die Religion des Islams, Annemarie Schimmel, Stuttgart 1990. Gute Einführung, die alle wichtigen Bereiche anspricht. Supergünstig und auch deshalb empfehlenswert.

Nachrichten von Taten und Aussprüchen des Propheten Muhammad, Sahih al-Bukhari, übersetzt von D. Ferchl., Stuttgart 1991. In diesem Buch sind die wichtigsten Aussprüche und Kommentare des Propheten gesammelt. Übersichtlich nach Themen geordnet.

Der Islam 1, Claude Cahen, Fischer Weltgeschichte, Frankfurt (mehrere Auflagen). Historisch aufgearbeitete Geschichte des Islams bis zum Osmanischen Reich.

Der Islam in der Gegenwart, W. Ende und U. Steinbach (Hrsg.), München (mehrere Auflagen). Sensationelles Buch, in dem sich wirklich alles findet, was es im Islam Interessantes gibt.

Das Leben des Propheten, Ibn Ishaq, übersetzt von G. Rotter, Tübingen 1976. Die wohl bekannteste Biografie über den Propheten.

Der Koran, übersetzt von Rudi Paret, Stuttgart (mehrere Auflagen). Die einzige wissenschaftlich anerkannte Koranübersetzung.

Die Welten des Islam – Neunundzwanzig Vorschläge das Unvertraute zu verstehen, Gernot

Rotter (Hrsg.), Frankfurt am Main 1993. Sehr schön ausgesuchte Aufsätze zum Thema. Interessantes zu allen Bereichen des Islam, wie z.B. Frauen, Black Muslims etc.
Die Kopten: Leben und Lehren der frühen Christen in Ägypten, Emma Brunner-Traut, Freiburg, 2000. Gute Einführung in das koptische Christentum.

Romane und Erzählungen

Menschen am Nil. Zwei Novellen, Jachja Taher Abdallah, Basel 1989. In zwei zeitgenössischen Novellen wird das Leben am Obernil beschrieben. Ausdrucksstark und lebendig wird der Leser in das Denken und Fühlen der Menschen eingeführt.
Staatsanwalt unter Fellachen, Taufiq al-Hakim, Zürich 1982. Ein Tagebuch schreibender Staatsanwalt muss sich mit dem Fall eines Fellachen befassen, der des Mordes angeklagt ist. Gesellschaftskritischer Roman, der die Unterdrückung der ägyptischen Bauern anprangert.
Der goldene Wagen fährt nicht zum Himmel, Salwa Bakr, Basel 1997. In einem wunderbaren Stil wird die Geschichte einer ägyptischen Frau stellvertretend für alle Frauen erzählt.
Kindheitstage, Taha Hussein, Berlin 1985. Der Schriftsteller erzählt hier von seiner Kindheit in Kairo.
Der Prüfungsausschuss, Sonallah Ibrahim, Basel 1993. Fast schon ein Krimi, auf jeden Fall die Klärung versteckter Wahrheiten über die ägyptische Geschäftswelt.
Die Sünderin, Yussuf Idris, Basel 1995. Ein spannendes und unbedingt empfehlenswertes Buch aus den 50er Jahren: Das kriminalistische Element des Romans, ein Kindermord am Nil, bietet einen sehr guten Hintergrund für sozialkritische Betrachtungen der ägyptischen Gesellschaft.
Ramses, Christian Jacq, München 1997. Historischer Roman über Ramses II. in fünf Bänden, verfasst von einem französischen Ägyptologen. Mit Sicherheit keine Weltliteratur, aber recht unterhaltsam.
Das Hausboot am Nil, Nagib Machfuz, Berlin 1993. Dieser Roman beschreibt (wie alle Romane des 1911 geborenen Schriftstellers) gnadenlos die ägyptische Realität. Spannend und lebendig und sehr arabisch (Näheres zu Nagib Machfus s.S. 120, Ägypten und seine Bewohner).

Die Kairoer Trilogie (Zwischen den Palästen, Palast der Sehnsucht, Zuckergässchen), ders., Zürich 1992, 1993 bzw. 1998. Wunderbarer Einblick in das Leben in den alten islamischen Vierteln Kairos in der ersten Hälfte des Jahrhunderts.
Der englische Patient, Michael Ondaatje, München 1996. Grandios verfilmter, poetischer Roman über vier Menschen in einer toskanischen Villa am Ende des 2. Weltkriegs. Im Mittelpunkt steht die Geschichte des „englischen" Patienten, eine Figur, die an den Wüstenforscher László Almásy angelehnt ist (s.S. 332). Dieser erzählt, während er von der Krankenschwester Hana gepflegt wird, von seinen Erlebnissen in der Lybischen Wüste.
Kindheit auf dem Lande. Ein ägyptischer Muslimbruder erinnert sich, Sayyid Qutb, Berlin 1997. Die sehr unterhaltsame und interessante Autobiografie des 1966 hingerichteten Muslimbruders.
Zeit der Jasminblüte, Alifa Rifaat, Zürich 1988. Sehr sensible, schöne Erzählungen, in deren Mittelpunkt jeweils ägyptische Frauen stehen.
Der Sturz des Imams, Nawal Saadawi, Bremen 1991. Die nach einer Vergewaltigung schwangere Hauptfigur des Romans flüchtet vom Lande nach Kairo; ihre Brüder wollen sie, um die Familienehre zu retten, umbringen. Dieses Buch der ägyptischen Feministin und Soziologin erboste mit seiner Kritik an der arabisch-islamischen Männerwelt die Zensurbehörde derart, das sie es auf den Index setzte.
Zeit der Nordwanderung, Tayyib Salih, Basel 1998. Ein Junge erzählt davon, wie er aus dem Sudan nach Norden wandert und zuletzt in London ankommt, wo er sich niederlässt. Bezaubernder, berührender Roman ohne Happy End.
Löwengleich und Mondenschön. Johannes Merkel (Hrsg.), Zürich 1994. Orientalische Märchen über Frauen.

Kunst und Architektur

Lexikon der ägyptischen Baukunst, Dieter Arnold, Düsseldorf 2000. Architektonisches Hintergrundwissen zu den wichtigsten altägyptischen Baudenkmälern (alphabetisch geordnet).
Ägypten – Kunst und Architektur, Matthias Seidel und Regine Schulz, Köln 2001. Detaillierte Beschreibung der bedeutendsten altägyptischen Baudenkmäler und deren Besonderheiten von Ale-

xandria über Kairo bis ins südliche Niltal und schließlich in den Sinai. Zu jedem Text gibt es ein Bild und zu jedem Tempel einen Grundrissplan.

Die Schatzkammer Ägyptens. Die berühmte Sammlung des ägyptischen Museums in Kairo, Francesco Tiradritti (Hrsg.), Frederking und Thaler, München, 2000. Kostspielig, aber faszinierend: Über 600 Farbfotos von Schmuck, Statuen und anderen Schätzen des Nationalmuseums.

Bildbände

Ägypten, H. Kampf und K. Jaath, Luzern, 2001. Auf 208 Seiten werden wunderbare Aufnahmen von Pyramiden, Tempeln und Gräbern aus pharaonischer Zeit gezeigt.

Die Reise zum Nil: 1849–1850; Maxime Du-Camp und Gustave Flaubert in Ägypten, Palästina und Syrien, Bodo von Dewitz (Hrsg.), Göttingen 1997. Ausstellungskatalog zur gleichnamigen Ausstellung des Ludwig.Museums.

Das antike Ägypten. Kunst und Archäologie im Land der Pharaonen, Giorgio Agnese und Maurizio Re, Köln 2001. Überwältigende Bilder und informative Texte.

Sonstiges

Ägypten: eine geographische Landeskunde, Fouad N. Ibrahim, Darmstadt 1996. Das Themenspektrum dieses Buches reicht von der Erdgeschichte Ägyptens über Wirtschaftsanalysen bis hin zur Rolle der Frau. Zahlreiche Tabellen und Abbildungen. Leider z.T. etwas überholt.

Hieroglyphen. Schreiben und lesen wie die Pharaonen, Gabriele Wenzel, München 2001. Praktisches Übungshandbuch zum Erlernen der Hieroglyphen.

Die deutsche Gemeinde in Ägypten von 1919–1939, Albrecht Fueß, Hamburg 1996. Eine Promotionsschrift, die die Geschichte der Deutschen in Ägypten bis zum Ausbruch des 2. Weltkriegs abhandelt.

Umm Kultum: ein Zeitalter der Musik in Ägypten. Die moderne ägyptische Musik des 20. Jahrhunderts, Gabriele Braune, Frankfurt 1994. Eine spannende Biografie über die bekannteste ägyptische Sängerin, die je gelebt hat.

Sharm El-Sheikh: Tauchführer, Claude Cangini, Hamburg 1998. Mit vielen schönen Unterwasserbildern, Beschreibung der 28 besten Tauchplätze, hilfreichen Illustrationen der Tauchrouten und Fauna-Guide.

Hurghada. Tauchen im Roten Meer, Giorgio Mesturini und Massimo Bicciato, Hamburg 2001. Das Gleiche zu den Tauchrevieren um Hurghada.

Zeitschriften

INAMO Vierteljährliche informative Zeitschrift mit Berichten und Analysen zu Politik und Gesellschaft im Nahen und Mittleren Osten. Sehr empfehlenswert! ✉ redaktion@inamo.de.

Zenith Drei Ausgaben jährlich, voll gestopft mit Interessantem und Spannendem rund um das Thema Orient. Nie trocken, nie langweilig. Immer pfiffig und frisch! 💻 www.zenithonline.de.

Index

✻ A ✻

Abâs II. 88
Abbasiden 86
Abd al-Halîm Hâfiz 117
Abdel Fatâh el Badrî 121
Abdou, Fifi 118
Abû Qîr 355
Abu Seif, Salâh 119
Abu Simbel 283
Abu Sîr 357
Abu Zenîma 407
Abydos 210
Achet-Aton 203
ad-Darâzi, Ismâ'il 145
ad-Dîn, Hamza 117
ad-Dîn, Salâh 86
Aghurmi 294
Agilkia 279
Ägyptisches Museum 137
Ahmose 68
Aid al-Adhâ 49
Aid al-Fitr 48
Aids 99
Aish 41
Akhmin 210
Al-Azhar-Moschee 98
al-Badawî, Ahmad 368
al-Bannâ, Hasan 113
Alexander der Große 70, 293, 305, 336
Alexandria 70, 336
al-Ghûrî 146
Almásy, Ladislaus Lázló 332
Altes Reich 66
Altkairo 156
Amada 283
Amenophis I. 69
Amenophis II. 242
Amenophis III. 69
Amenophis IV. 69
Amr ibn al-'Âs 86
Amun 75
Animal Care 225
Anreise 15
Antonius, Marcus 73, 338
Antoniuskloster 384

Anubis 76
Araber 64
Arbeit 57
Architektur, Islamische 121
as-Sâbi' 282
Assiût 205
Assuan 34, 261
Athanasius 324
Aton 76
Ausreise 12
Auto 45
Ayyubiden 86
az-Zubair, Ibn 86

✻ B ✻

Badr 121
Bagawât 326
Bahariya 301
Bait el Wâli 281
Bakhûm, Katherine 121
Balât 318
Banken 24
Bargeld 23
Baron Empain 162
Beduinen 64, 100, 403
Behinderte 33
Bells 450
Belzoni, Giovanni Battista 73, 183
Beni Hassan 202
Beni Suef 199
Berber 66, 296
Bergman, Carlo 332
Bevölkerung 64
bi-Amr Allah, al-Hâkim 145
Bibân el Harîm 232
Bîbân el Mulûk 240
Bilâd el Rûm 301
Bildungswesen 98
Bilharziose 27
Blue Hole 450
Bodenschätze 106
Boot 44
Botschaft 14
Brother Islands 447
Byzantinisches Reich 85

✲ C ✲

Camps	39
Carter, Howard	240
Cäsar, Julius	71, 338
Chahine, Yussuf	119
Champollion, Jean François	73
Cheopspyramide	183
Chephrenpyramide	183
Chons	77
Christentum	85, 114, 338
Christie, Agatha	206
Coloured Canyons	423

✲ D ✲

Dahab	418
Dahshûr	192
Dair Durunka	208
Dair el Abyad	210
Dair el Akhmar	210
Dair el Bahrî	237
Dair el Madîna	233
Dair el Muharraq	209
Dâkhla	314
Dakka	282
Damiette	376
Darau	277
Darb al-'Arba'în	323
Darwîsh, Sayyid	117
Dendera	213
Derr	283
Diokletian	114
Djoser	66, 190
Dritte Zwischenzeit	68
Dynastien im Überblick	71

✲ E ✲

Echnaton	69, 203
Edfu	256
Egyptian National Railway (ERN)	99
Ehe	101
Einkaufen	51
Einreise	12
Eintrittspreise	25
Eisenbahn	42
El Alamain	357
El Arîsh	439
El Fayûm	194
El Gouna	386
El Kâb	256
El Qasr	316
El Qusair	397
Elektrizität	58
Elephantine	264
Ergs	62
Erste Zwischenzeit	66
Esna	253
Essen	40

✲ F ✲

Fähren	18, 44
Fahrrad	48
Familie	100
Farâfra	310
Faruk	88
Fathy, Hasan	319, 328
Fatimiden	86
Fatîr	41
Fauna	64
Fax	54
Fayûm	194
Feiertage, islamische	48
Feiertage, koptische	50
Fellachen	65
Felsengräber	267
Feluke	266
Feste	48
Festivals	51
Film	118
Flinders Petrie	73
Flora	63
Flüge	15
Fotografieren	58
Fotoversicherung	29
Frauen	30
Fremdenverkehrsämter	19
Fu'âd I.	88
Fûl	40
Fundamentalismus	112

✳ G ✳

Gabal el Mauta	297
Gabal Katrîn	436
Gabal Silsila	258
Gabal Uwaynat	331
Gama'a Islamiya	113
Geld	23
Geldkarten	23
Geografie	62
Gepäck	25
Geschichte	66, 85
Gesundheit	27
Gesundheitswesen	99
Getränke	41
Gilf Kabîr	331
Giza	181
Goddio, Franck	355
Götter	75
Gräber	84
Greaves, John	73
Grenzübergänge	16
Gûbal, Straße von	449

✳ H ✳

Haftpflichtversicherung	18
Hamada	62
Hammam Fara'ûn	407
Hathor	77
Hathor-Tempel	286
Hatschepsut	69
Hatschepsut-Tempel	237
Hauptgerichte	41
Heirat	101
Heliopolis	162
Herakleion	355
Hermopolis	202
Hitzschlag	28
Hochdamm	278
Höhle des Schwimmers	332
Homosexualität	33
Horus	77
Hotels	39
Hurghada	386, 443
Hussein	142
Hussein, Taha	120
Hygiene	27, 58
Hyksos	68

✳ I ✳

Imhotep	78, 191
Impfungen	27
Industrie	107
Informationen	19
Inlandflüge	42
Internet	19, 54
Isis	78
Islam	86, 108
Ismâ'iliya	376

✳ J ✳

Juden	156
Jugendherbergen	39

✳ K ✳

Kairo (al-Qâhira)	123
Kairo, Doqqi	160
Kairo, Downtown	126
Kairo, Gazîra	159
Kairo, Insel Roda	160
Kairo, Islamisches	140
Kairo, Totenstädte	152
Kalabsha	281
Kaleche	45
Kalender, islamischer	50
Kalligrafie	121
Kambyses	70
Karawanserei	122
Karnak	216
Katharinenkloster	430
Kaum el Ahmar	256
Khân, Aga	268
Khân, Muhammad	119
Kharga	324
Khubz	41
Kinder	32
Kirche	115
Kitchener Island	267
Kleopatra	71, 338
Klima	21
Klitorisbeschneidung	111
Klöster	115
Kom Ombo	259
Konvoi	47

Konzil von Chalkedon 85
Kopten 66, 114
Koran 110
Koranschule 122
Kreditkarte 24
Kriminalität 55
Kubbat el Hawa 267
Kultur 116
Kunst 116
Kunst, Islamische 121
Kuschiten 70
Kushârî 41
Kutschen 45

✻ L ✻

Landkarten 21
Landminen 335
Landrock, Ernst 172
Landwirtschaft 104
Lehm 319
Lehnert & Landrock 172
Lehnert, Rudolf 172
Lepsius, Karl Richard 73
Lesben 33
Lesseps, Ferdinand de 371, 376
Literatur 119
Lord Kitchener 267
Luxor 36, 216

✻ M ✻

Maat 78
Machfus, Nagib 120
Mädchenbeschneidung 102
Madînat Habu 230
Maharraka 282
Mahmûd Sa'îd 121
Maidûm 194
Malaria 27
Mallâwî 203
Mamluken 87, 316
Mariette, Auguste 73
Marsa Alam 400
Marsa Matrûh 360
Mastaba 84
Mattariya 376

Medien 59
Memnonkolosse 230
Memphis 189
Menes 66, 189
Mentuhotep II. 68
Messen 51
Mietwagen 46
Milga 434
Minen 335
Mini-Busse 44
Minyâ 199
Mittelmeerküste 438
Mittleres Reich 68
Mobiltelefon 54
Moderne Kunst 121
Monatsnamen 50
Montazah-Palast 355
Moschee 121
Moses 403, 430
Mosesberg 430, 434
Mu'ayyad 146
Mubarak, Muhammad Hosni 90
Muhammad 108
Muhammad Ali 88, 92, 150, 339
Muhammad Munîr 118
Muhammad Nagib 89
Muhandisîn 160
Mûlid 49
Mulukhîya 41
Mumifizierung 83
Mûsâ ibn an-Nusair 294
Musik 116
Muslimbrüder 113
Mut 79
Mût 316
Mykerinospyramide 184

✻ N ✻

Na'âma Bay 412
Nabq-Nationalpark 417
Nachspeisen 41
Napoleon 73, 87
Nasser, Gamal Abdel 89
Nasser-Stausee 277
Nationalfeiertage 50
Nationalpark Weiße Wüste
 (Sahrâ' al-Baidâ') 309

Neu-Amada 283
Neues Reich 68
New Valley-Projekt 289
Nilometer 162, 266
Nilreise, klassische 34
Niltal 197
Norden, Frederick 73
Notfall 59
Notfälle, wichtige Telefonnummern 59
Notfallnummern für Kreditkarteninhaber ... 24
Nubien 117, 277
Nubien-Museum 262
Nubier 65, 260
Nuwaiba 424

✳ O ✳

Öffnungszeiten 59
Orakel von Amun 293
Osiris 79
Osmanen 87
Ostern 50

✳ P ✳

Panarabismus 89
Papst Shenouda III. 115
Pauluskloster 384
Pennut 283
Pharaonen-Inseln 162
Philae 279
Pococke, Richard 73
Polygamie 112
Port Fu'âd 376
Port Sa'îd 372
Post 53
Preisbeispiele 25
Preiskategorien der Unterkünfte 39
Privatgräber von Theben West 236
Ptolemäer 70
Pyramiden 34, 84, 181

✳ Q ✳

Qala'at el Gundî 406
Qalamûn, al-Mansûr 144
Qanâtir 364
Qarûn-See 196
Qasr Ibrahîm 283
Qasr Umm Labakha 329
Qena 213

✳ R ✳

Ra's Abu Ghallûm 423
Ra's Muhammad 408, 449
Ra's Sudr 406
Radfahren 48
Ramadan 23, 48, 59, 109
Ramesseum 235
Ramessiden 70
Ramses I. 242
Ramses II. 70, 139, 286
Ramses III. 242
Ramses IV. 240
Ramses VI. 242
Ramses-Mery-Amun-Tempel 282
Rashîd 368
Re 80
Rechtsschulen, sunnitische 147
Reiseapotheke 28
Reisegepäckversicherung 29
Reisekosten 24
Reisekrankenversicherung 29
Reiserücktrittskostenversicherung 29
Reiseschecks 23
Reisevorbereitung 11
Reisezeit 21, 22
Religion 108
Rohlfs, Gerhard 332
Rommel, Erwin 357, 358
Rommel-Museum 360
Rosetta 368
Rotes Kloster 210
Rotes Meer 36, 382, 442

✳ S ✳

Sa'îd Pascha 371
Sadat, Anwar el 90
Sadd el li 278
Safâga 396, 447
Saladin 148, 406

Sallûm	363
Sammeltaxis	44
Sandmeer, großes	331
Sanûsî	304
Saqqâra	190
Scharia	110
Scheich Tantâwî	114
Schlacht von El Alamain	358
Schlangen	27
Schlangenbiss	28
Schwarze Wüste (Sahrâ' as-Saudâ')	309
Schwule	33
Sechstagekrieg	372
Sechs-Tage-Krieg	89
Sed-Fest	191
Segeltouren	266
Sehel-Insel	267
Selbstfahrer	45
Seldschuken	86
Serabit el qâdim	407
Serapis	81
Seth	78, 81
Sethos, Grabtempel	240
Shâli	294
Sharm el Shaikh	412, 448
Shawârma	41
Sicherheit	55
Sidi 'Abd el Rahmân	360
Simeonskloster	268
Sinai	21, 36, 62, 402
Sîwa (Oase)	293
Sîwa (Stadt)	295
Skorpionbiss	28
Skorpione	27
Sohag	209
Sonnenbrand	28
Souvenirs	52
Sphinx	183
Sprachschulen	60
St. Catherine Protectorate	37, 428
Stadtpläne	21
Stein von Rosetta	369
Suez	379
Suezkanal	88, 99, 371
Sufismus	367
Sultan Qaitbey	154

✳ T ✳

Taamîya	40
Tâbâ	427, 428
Tal der Könige	85, 240
Tal der Königinnen	232
Tanis	370
Tanta	368
Tanz	118
Târiq ibn az-Ziyâd	294
Tauchen	36, 442
Taxis	45
Telefon	54
Telekommunikation	53
Tell el Amârna	203
Tempel	82
Terroranschläge	55
Theben	36
Theben West	216, 225
Thot	81
Thutmoses III.	69, 242
Timsâh-See	379
Tinaida	322
Tirân, Straße von	448
Toiletten	58
Toshka	278
Totenglaube	83
Tourismus	106
Trinken	40
Trinkgeld	60
Tulûn, Ibn	86, 149
Tuna el Gabal	202
Tûr Sinai	408
Tutanchamun	69, 139, 240

✳ U ✳

U-Bahn	45
Überlandbusse	43
Übernachtung	39
Überweisung	24
Umm Dabadib	329
Umm Kulthûm	117, 162
Urâbî (Orabi), Ahmad	372
Uyûn Mûsâ	406

V

Vereinigte Arabische Republik	.89
Verfassung	.97
Verkehrsmittel	.42
Verkehrsvorschriften	.46
Verkehrswesen	.99
Visa	.12
Visaverlängerung	.60
Vorspeisen	.41
Vorwahlen	.54

W

Wadi el Sebua	.282
Wadi Fairân	.438
Wadi Fugâ	.408
Wadi Mukattab	.408
Wadi Natrûn	.364
Wadi Rayân	.196
Währung	.23
Wandern	.37
Wäschereien	.60
Wassef, Wissa	.189
Wasserpfeifen	.52
Wassertemperatur	.22
Wechselkurse	.23
Wechselstube	.24
Weihnachtsfest	.50
Weiße Wüste	.36, 301, 309
Weißes Kloster	.210
White Canyons	.423
Wirtschaft	.103
Wüste, östliche	.36
Wüste, westliche	.288
Wüstentouren	.36

Y

Yom-Kippur-Krieg	.372
Youssria	.430

Z

Zabbâlîn	.158
Zaghlûl, Sa'ad	.88
Zahi Hawass	.369
Zamâlik	.159
Zaranik-Protektorat	.440
Zeitunterschied	.60
Zoll	.14
Zweite Zwischenzeit	.68

Über die Autoren

Muriel Brunswig, Jahrgang 1970, ist Ethnologin und Islamwissenschaftlerin mit Studium in Freiburg (Deutschland), Damaskus (Syrien) und Rabat (Marokko). Seit 1989 reist sie durch die gesamte islamische Welt. Ägypten war dabei das erste Land, das sie besuchte. Seitdem hat sie das Land viele Monate bereist und auf diese Weise schätzen und lieben gelernt.

Seit 1998 ist Muriel Brunswig als Reisebuchautorin in Marokko, Syrien und Ägypten tätig und hat in der Zwischenzeit mehrere Bücher veröffentlicht. Seit 2000 ist sie außerdem Reiseveranstalterin für Reisen in den Orient. Ihre Reiseagentur KaravanSerail, www.karavanserail.com, baut dabei auf einen nachhaltigen und sanften Tourismus in Kleingruppen. In der wenigen Zeit, die bleibt, arbeitet sie an wissenschaftlichen Forschungsprojekten mit und berät, organisiert und übersetzt u.a. bei Filmprojekten.

Martin Schemel, Jahrgang 1964, hat Islamwissenschaft und Geografie in Freiburg (Deutschland) und Damaskus (Syrien) studiert. Seit 1986 bereist er vor allem den Nahen und Mittleren Osten, oftmals für mehrere Monate. Ägypten kennt er seit 1999 und besucht es seitdem jährlich.

Wenn Martin Schemel in Deutschland ist, arbeitet er halbtags als Briefzusteller bei der Deutschen Post, was ihm ausreichend Zeit lässt, sich der Wissenschaft und Forschung zu widmen. Als begeisterter Trekker und Ägypten-Liebhaber wird er ab 2004 für KaravanSerail Trekking-Reisen nach Ägypten leiten.

Die orangen Stefan Loose Travel Handbücher
für die spannendsten Fernreiseziele

Ägypten
Muriel Brunswig und Martin Schemel, 480 Seiten
Australien
Anne Dehne, 784 Seiten
Australien – Der Osten
Anne Dehne, 608 Seiten
Bali – Lombok
Stefan Loose u.a., 304 Seiten
Florida
Jeffrey Kennedy u.a., 448 Seiten
Guatemala
Frank Herrmann, 440 Seiten
Indien
David Abram u.a., 1312 Seiten
Indien – Der Nordwesten
David Abram u.a., 704 Seiten
Indien – Der Süden
David Abram u.a., 736 Seiten
Indonesien
Stefan Loose u.a., 800 Seiten
Jamaika
Peter Lukowski, 276 Seiten
Japan
Chris Rowthorn u.a., 760 Seiten
Java – Bali – Lombok
Stefan Loose u.a., 524 Seiten
Kalifornien
Deborah Bosley u.a., 656 Seiten
Kambodscha
Beverley Palmer, 328 Seiten
Kanada – Der Osten
Tim Jepson u.a., 540 Seiten
Kanada – Der Westen
Tim Jepson u.a., 616 Seiten
Kenya
Richard Trillo, 684 Seiten
Kenya – Nationalparks/Strände
Richard Trillo, 376 Seiten
Kuba
Fiona McAuslan, Matthew Norman, 544 Seiten
Laos
Jan Düker und Annette Monreal, 400 Seiten
Malaysia – Singapore – Brunei
Stefan Loose u.a., 680 Seiten
Marokko
Mark Ellingham u.a., 632 Seiten
Mexiko
John Fisher u.a., 800 Seiten
Myanmar (Burma)
Michael Clark u.a., 464 Seiten
Namibia
Livia und Peter Pack, 424 Seiten
Nepal
David Reed, 560 Seiten
Neuseeland
Laura Harper u.a., 832 Seiten
New York
Martin Dunford u.a., 488 Seiten
Südafrika
Barbara McCrea u.a., 800 Seiten
Südstaaten USA
Hrsg. Greg Ward, 480 Seiten
Südwesten USA
Hrsg. Greg Ward, 488 Seiten
Thailand – Der Süden
Richard Doring u.a., 712 Seiten
Thailand
Richard Doring u.a., 816 Seiten
Trinidad – Tobago – Grenada
Christine De Vreese, 332 Seiten
USA (gesamt)
Samantha Cook u.a., 824 Seiten
Vietnam
Mason Florence u.a., 552 Seiten
Zimbabwe – Botswana
Friedrich Köthe u.a., 512 Seiten

Stefan Loose Travel Handbücher – mit vielen aktuellen Reisetipps!

Kartenverzeichnis

Abu Simbel, Großer Felsentempel
   von Ramses II. 284
Abydos, Tempel Sethos' I. 211
Alexandria 341
Alexandria, Innenstadt 343
Alexandria, Mîdân Ramla
   und Umgebung 343
Assiût 207
Assuan 263
Assuan, Zentrum 269
Bahariya, Oase 303
Bawîti 305
Dahab 419
Dâkhla, Oase 315
Dendera, Hathor-Tempel 214
Die Wüste 290/291
Edfu 257
Edfu, Horus-Tempel 258
El Fayûm 195
El Qusair 399
Esna 253
Farâfra, Oase 311
Giza 186/187
Hermopolis 203
Hurghada, El Dahâr 389
Hurghada, Siqâla 391
Ismâ'iliya 377
Kairo 130/131
Kairo, Friedhöfe 155
Kairo, islamisches 136
Kairo, koptisches 157
Kairo, Ramses 134
Kairo, Zamâlik 157
Kairo, Zentrum 132/133
Karnak, Amun-Tempel 223
Karnak, Tempelensemble 221
Katharinenkloster 431
Kharga, Oase 325
Luxor 244/245
Luxor-Tempel 219
Marsa Matrûh 361
Milga 433
Mittelmeerküste 358/359
Mût 317
Na'âma Bay 413
Nasser-Stausee 276
Nil-Delta und Suezkanal 365
Niltal, nördliches 200/201
Niltal, südliches 254/255
Nuwaiba 424
Philae 280
Port Sa'îd 373
Qasr el Farâfra 313
Qasr el Kharga 329
Ra's Muhammad National Park 409
Rotes Meer, Küste 383
Saqqâra 188
Sharm el Shaikh 413
Sinai 404/405
Sîwa 299
Sîwa, Oase 295
Suez 381
Tal der Könige 241
Tauchzentren am Roten Meer 445
Tell el Amârna 203
Tempel von Kom Ombo 259
Theben-West 226/227
Theben-West, Hatschepsut-Tempel 238
Theben-West, Madînat Habu 231
Theben-West, Ramesseum 235
Tuna el Gabal 203
Westliche Wüste 290/291